国家出版基金项目
NATIONAL PUBLICATION FOUNDATION

21
世纪以来
国外文化发展文献选编
丛书主编　沈壮海

湖北省学术著作出版专项资金
Hubei Special Funds for Academic Publications

21世纪以来
英　国
文化发展文献选编

（上）

卢丽珠　王依依　帅颖 等　编译

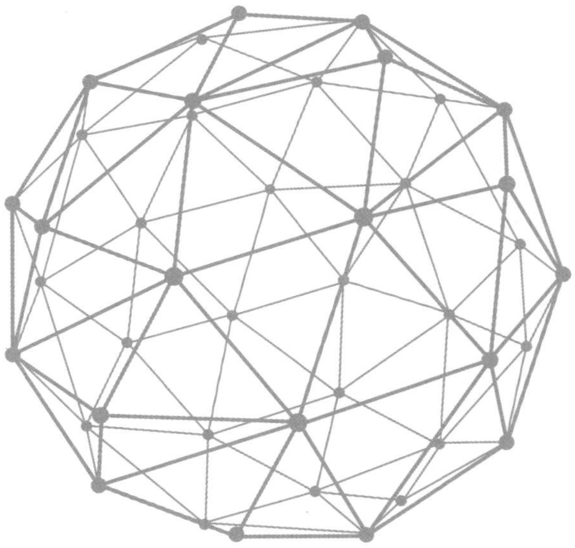

WUHAN UNIVERSITY PRESS
武汉大学出版社

图书在版编目(CIP)数据

21世纪以来英国文化发展文献选编:全二册/卢丽珠等编译.—武汉:武汉大学出版社,2021.12
21世纪以来国外文化发展文献选编/沈壮海主编
国家出版基金项目　湖北省学术著作出版专项资金资助项目
ISBN 978-7-307-21234-3

Ⅰ.2…　Ⅱ.卢…　Ⅲ.文化发展—研究—英国　Ⅳ.G156.1

中国版本图书馆CIP数据核字(2019)第245396号

责任编辑:陈　帆　宋丽娜　　责任校对:汪欣怡　李孟潇　　整体设计:涂　驰

出版发行:**武汉大学出版社**　(430072　武昌　珞珈山)
(电子邮箱:cbs22@whu.edu.cn 网址:www.wdp.com.cn)
印刷:武汉精一佳印刷有限公司
开本:787×1092　1/8　印张:160　字数:2077千字　插页:4
版次:2021年12月第1版　2021年12月第1次印刷
ISBN 978-7-307-21234-3　定价:1245.00元(全二册)

《21世纪以来英国文化发展文献选编》

校译人员名单

卢丽珠　王依依　帅　颖　唐　荔　梅春花　程楚玥
郑华琴　王崇旻　李嘉妮　李　想　董蓝旗　易　晗
吕凤超　肖　硕　郑美娟　路　遥　胡陈陈　覃舒雅
许家烨　周　鹃　彭绮娴

序　　言

沈壮海

建设社会主义文化强国，是新时代的中国共产党和中国人民奋力推进的创造性实践。自 2011 年 10 月党的十七届六中全会明确提出建设社会主义文化强国的战略目标起，创造中华文化新的辉煌、建成社会主义文化强国，便始终是中国共产党带领中国人民实现自己光荣和梦想的重要组成部分，感召、激励着中华民族奋力复兴的不懈探求。2012 年 11 月召开的党的十八大强调："全面建成小康社会，实现中华民族伟大复兴，必须推动社会主义文化大发展大繁荣，兴起社会主义文化建设新高潮，提高国家文化软实力，发挥文化引领风尚、教育人民、服务社会、推动发展的作用"，要"扎实推进社会主义文化强国建设"。2013 年 11 月，党的十八届三中全会通过的《中共中央关于全面深化改革若干重大问题的决定》对社会主义文化强国建设再作出部署，要求"紧紧围绕建设社会主义核心价值体系、社会主义文化强国深化文化体制改革，加快完善文化管理体制和文化生产经营机制，建立健全现代公共文化服务体系、现代文化市场体系，推动社会主义文化大发展大繁荣"。2017 年 10 月召开的党的十九大强调："文化是一个国家、一个民族的灵魂。文化兴国运兴，文化强民族强。没有高度的文化自信，没有文化的繁荣兴盛，就没有中华民族伟大复兴。要坚持中国特色社会主义文化发展道路，激发全民族文化创新创造活力，建设社会主义文化强国。"2020 年 10 月党的十九届五中全会提出了到 2035 年基本实现社会主义现代化远景目标，其中一个重要方面即建成文化强国。2021 年 11 月，党的十九届六中全会通过的《中共中央关于党的百年奋斗重大成就和历史经验的决议》回顾、再现了党和人民百年奋斗的光辉历程、所写就的恢宏史诗，同时也发出了为实现第二个百年奋斗目标、实现中华民族伟大复兴的中国梦而不懈奋斗的伟大号召。第二个百年奋斗目标，即到 21 世纪中叶把我国建成社会主义现代化强国。文化的强盛，既是我们实现这一宏伟奋斗目标的重要条件，也是这一宏伟奋斗目标的内在构成。到那时，我国物质文明、政治文明、精神文明、社会文明、生态文明将全面提升，实现国家治理体系和治理能力现代化，成为综合国力和国际影响力领先的国家，全体人民共同富裕基本实现，我国人民将享有更加幸福安康的生活，中华民族将以更加昂扬的姿态屹立于世界民族之林。

建成社会主义文化强国，需要我们锲而不舍地扎实奋斗，同时，也需要我们放眼当今世界，看清文化图强之路上的世界图景，辨大势，明潮流，从容自信，勇毅前行。

一、战略纷出：当今世界的文化图景

我们所处的时代，是一个文化战略纷出的时代。文化在综合国力竞争中地位与作用的愈益凸显，越来越成为这个时代的鲜明标识；以战略之举激发文化活力、构建文化优势，越来越成为这个时代各国的战略抉择。

在美国，文化问题始终是其《国家安全战略报告》中的重要战略关注。《国家安全战略报告 2006》一如既往以自由的化身自居，声称为了保卫其国家和价值观，“美国寻求在全球推广自由”。《国家安全战略报告 2010》，将实现“道德上的领导地位”与军事实力、经济竞争力方面的领导作用一并纳入“重振美国和领导世界”的战略。《国家安全战略报告 2015》同样将美国价值观视为其力量和安全的源泉。除在国家安全战略等综合性的国家战略中关注、构划文化战略外，美国也多有专门性的文化战略行动计划。如，2006 年，美国国务院发布的《国家安全语言计划》，提出加强青年对“关键语言”的学习，同时，也进一步推进美国文化的输出。同年，美国启动国家艺术政策圆桌会议，基于对艺术之于美国社会发展重要性的认识，着力推动增进公民参与各种艺术活动的机会。2010 年，美国出台《国家战略传播构架》，着力谋求提升美国声誉，塑造“美国是值得尊重的搭档”等国家形象。2011 年，美国总统艺术与人文委员会发布《对艺术教育的再投资——通过创造性学校来赢得美国的未来》，以求通过加强学生创意能力的培养从而增进其在 21 世纪竞争中的文化优势。自 2012 年起，美国国家艺术基金会和美国商务部经济分析局合作的“文化艺术生产卫星账户”定期发布文化艺术对国民经济促进作用的统计报告，为美国文化艺术产业的发展提供宏观数据支持。2016 年，美国国家艺术基金会还发起“创意空间营造项目”，旨在以艺术进社区的形式“推动地方经济发展和社会进步”。

在英国，以创造性、创意产业为核心的文化战略接连推出。1993 年，英国即发布《创造性的未来》战略文本，以“创造性”为引领，规划文化政策，发展创意产业，扩大文化影响。从 1998 年起，接连发布《创意产业纲领文件》，力推创意产业发展。21 世纪以来，更是力度不减。2008 年，发布《创意英国：新经济，新人才》战略文本，以期推动英国成为全球创意中心，为构筑创新型的繁荣经济体提供支撑，被誉为“欧洲意义最深远的计划”。2010 年，发布《促进文化数字化发展》报告，以之为数字革命背景下引发文化领域相应变革的推动力和催化剂。2011 年，推出“非凡英国”(Great Britain)国家形象品牌计划，以求通过一系列品牌的塑造及推广，扩大英国文化影响，传播其国家文化形象。2016 年，在莎士比亚逝世 400 周年之际，发布《文化白皮书》，其战略用意即在阐明“在建设更加公平、繁荣的英国时，文化如何发挥积极作用，使英国成为国际舞台的引领者”。英国伦敦，也于 2004 年发布《伦敦文化都市：实现成为世界城市的雄心》、于 2010 年发布《文化都市：伦敦市长文化战略(2012 年及未来展望)》，以期保持伦敦作为世界文化城市的地位。

在法国，文化一向被视为国家的光芒和财富。有评论将法国称为“世界上为支持创意产业发展准备最充分的国家(尤其是通过法规或税收刺激政策)”。2012 年，法国发布《文化和媒体 2030：文化政策前景展望》战略文本，分析法国文化和媒体领域面对的国际经济、社会、政治等方面的挑战并制定应对方案。半年之后，《文化和媒体 2020：新一代文化与通信部》(2012 年)随即推出。该报告被视为基于前者这张“地图”而制造的“指南针”，提出了近 40 项战略方针，“旨在为现在和未来的文化政策提供一个辅助工具：一张地图、一个指南针、一些航线”。2013 年，发布《文化例外Ⅱ号法令：对数字时代文化政策的贡献》，强调“文化例外不是经济保护主义的工具，也不是文化防御计划。对于国家来说，文化例外使得对创作者的保护、推动文化多样性和文化供给(包括数字文化供给)的调控成为可能”，并提出 80 条建议，以期推进创作者和公众之间的对话，促成文化产业和数字产业之间的谈判和建立长久的稳定结构，“使法国文化例外的所有要素都能加快适应应用革命和数字经济的变革”。

在德国，推进文化发展，也同样被置于重要的战略地位。早在2007年，德国联邦政府就发布了《德国联邦政府文化/创意产业倡议》，该倡议将开发文化创意产业的增长潜力作为优先发展战略，把“文化产业作为发展的动力和当务之急”，要求制定更加统一协调、有效的文化产业政策，以图“通过提升文化/创意产业的竞争力及充分开发其创造就业岗位的潜能，为文化/创意产业开创未来良好局面”。2011年，德国外交部发布《全球化时代的对外文化教育政策——赢得伙伴，传递价值，维护利益》报告，指出德国对外政策的三大支柱，并就如何建强这一支柱提出诸多战略举措。2012年，德国联邦政府还发布《2012年联邦政府文化/创意产业倡议——现状及行动领域》和《文化/创意产业倡议——现状和前景》，要求进一步挖掘国内文化创意产业的潜力，以“充分利用文化/创意产业的创新力，推动德国经济复兴”，“扩大文化/创意产业潜能在国外的知名度，提高文化和创意服务出口量”。同年，德国联邦政府还发布了《2011—2012年度联邦政府关于对外文化和教育政策的报告》，就德国2011—2012年对外文化交流的政策行动进行总结，强调对外文化交流的目的是推进跨文化交流、促进德国价值观的传播、塑造现代德国形象。

在欧盟层面，文化问题也始终被视为重要战略议题。2007年，欧盟委员会发布《全球化世界中的欧盟文化行动议程》，探讨全球化世界中文化和欧洲的关系，提出新欧盟文化议程的目标是促进文化多样性和跨文化对话、加强文化推动创新的催化剂作用、促进文化成为欧盟国际关系中的重要组成部分。有评论称该报告“掀开了欧洲文化政策合作新的篇章”。2010年，又发布《释放文化创意产业的潜力》绿皮书，以期“引发一场关于真正能刺激欧盟文化创意产业的创新环境需求的辩论”，推动欧洲文化创意产业潜力的有效释放。2011年，再提出“创造性欧洲”的新计划提议，囊括欧盟诸多文化和传媒领域的资助计划。2012年，批准在2020—2033年启动“欧洲文化中心城市”项目，致力于强调欧洲文化的多元性以及共性，增强欧洲民众间的相互理解和交流。2014年4月，欧洲各国主管文化和欧洲事务的部长们齐聚巴黎参加以“文化的未来，欧洲的未来”为主题的夏乐论坛，发表《夏乐倡议：文化新欧洲》，希望“欧洲能够将吸引更多新的民众和实现文化民主化作为优先发展战略，成为将所有创作者和民众充分联系在一起的真正的欧洲创作和文化平台”。

在俄罗斯，为“巩固俄罗斯作为伟大的文化强国的地位”，进入21世纪以来，在此前《发展和保护俄罗斯联邦文化和艺术(1997—1999年)》的基础上，接连发布《2001—2005年俄罗斯文化联邦专项纲要》《2006—2011年俄罗斯文化联邦专项纲要》《2012—2018年俄罗斯文化联邦专项纲要》，以求推进文化领域的持续改革，图强止退。2014年12月24日，俄罗斯总统弗拉基米尔·普京(Vladimir Putin)签发第808号总统令，批准通过《国家文化政策基础》，明确俄罗斯国家文化政策的目标、战略任务及政策实施的核心原则，强调国家文化政策是国家安全战略不可分割的一部分，并首次将文化置于国家优先发展方向的框架之下。2016年，俄罗斯出台《2030年前俄罗斯联邦国家文化政策战略》。在该战略中，保障国家领土安全和文化安全，维护全俄罗斯文化的统一性；开发俄罗斯各地区的文化潜力，缩小区域文化差距；提高文化政策主体——各种民间社会机构的作用；提高家庭在传播俄罗斯传统文化价值观和规范教育过程中的社会地位等被明确定位为俄罗斯国家文化战略实施的优先领域和战略重点。

在日本，《文化艺术振兴基本法》于2001年12月公布。制定该法，主旨即在“明确文化艺术振兴的基本理念并确定其发展方向、全面推进文化复兴战略”。该法第七条规定，“为了全面推进振兴文化艺术的相关措施，政府必须制定与其相关的基本方针”。根据这一规定，日本政府于2002年12月、2007年2月、2011年2月接连推出《文化艺术振兴基本方针》第一次、第二次、第三次基本方针，以申明文化艺术振兴的基本理念、基本视点、重点战略、政策举措。第三次基本方针还更加明确地提出：“为了让国民拥有丰富多彩的精神文化生活，同时构建一个充满活力的社会，并增强我国的综合国力，应将文化艺术振兴作为我国一项基本国策，并以‘文化艺术立国’为全新目标。”此外，日本于2004年颁布《文化产品创造、保护及活用促进基本法》，于2007年颁布《日本文化产业战略》，于2009年颁布《日本品牌战略——让软实力产业成为经济增长的原动力》，着力壮大文化产业，推动日本品牌的创造和传播，提升其国家软实力。2010年，日本又颁布《文化产业大国战略》。2012年，日本还制定了被定位为“新成长战略”的“酷日本”计划，借以推动增加就业、增强地方活力、提高日本文化的国际影响力。

在韩国，《创意韩国》战略文本于2004年正式推出。这一文化蓝图强调要“更明确地设定国民共同追求的未来文化与向往的价值”，“使文化成为社会发展的基础和原动力，使所有国民都享有对新文化社会的希望”，并提出了“创意韩国”建设的三大推进目标，即有创意的文化市民、多元的文化社会、充满活力的文化国家，志在将韩国建设成“在全球社会中发挥与第12大经济强国相匹配的文化职能，不仅要面向亚洲，也要面向世界，成为和世界同呼吸的文化国家”。2005年，韩国又发布《文化强国（C-KOREA）2010——以文化来建立富强幸福的大韩民国的未来战略》。这是一份以创造性与文化为基础，突出强调将文化、旅游、休闲体育的多样化资讯应用于产业发展，以求引领韩国国民向收入达到3万美元时代迈进的中长期战略，旨在通过文化建立强大、幸福的大韩民国。其提出的三大政策目标是：成为世界五大文化产业强国；成为亚洲旅游中枢；进入世界十大休闲体育发达国家的行列。2010年6月，韩国完成《文化产业振兴基本法》的修订。该法第一条就开宗明义地指出：“本法以明确扶持和培育文化产业所必需的事项，奠定文化产业发展的基础并提高其竞争力，进而为提高国民文化生活的质量及国民经济的发展作出贡献为目的。”

二、文化发展：当今时代的关键概念

文化战略的纷出，建立在各国对文化重要性深刻认识的基础之上、对当代时代文化发展在综合国力竞争中战略意义凸显这一重要时代特征的把握之上。在各国推出的关于文化发展的诸多重要战略、重要文献中，内含着对文化意义与价值的丰富阐论。

文化连接民生幸福。文化是人创造的，也是人之为人的重要基础，是人之权益的重要构成，与人生质量和幸福紧密关联。在英国《文化白皮书》（2016年）中，文化创造灵感、丰富人们的生活、改变人们的人生观、对个人幸福感产生积极影响等方面的价值被概括为文化的内在价值并予以专门阐述。基于这一认识，该报告强调：“无论背景如何，每个人都应该享有接触文化的权利”；“伟大的机会——受到鼓舞的机会、体验的机会、交流的机会和提升生活品质的机会，蕴涵在国家文化之中”，“唯有这些机会在广大民众之间得到普及，才是人尽其才”；“政府的作用就是成就伟大的文化，推动创造力的发展，并且确保每个人都能接触文化”。从这样的角度出发阐发文化的意义、强调建立文化与民众紧密联系的主张，贯穿在各国许多文化战略、法规等文本中。如，法国《文化和媒体2020：新一代文化与通信部》(2012 年)强调以“新的参考框架来思考和引领文化民主化政策”，在文化领域建立“面向最广大公众的政策”。俄罗斯《国家文化政策基础》(2014 年)所列之第一条文化政策原则即“在享用文化财富、参与文化生活和使用文化组织的权利方面，公民遵循地域平等和社会平等的原则，其中也包括健康水平受限公民”。日本《文化艺术振兴基本法》(2001 年)强调“享有并创造文化艺术属于基本人权”，“文化艺术的复兴应充分体现国民的内心需求”，要“拉近文化艺术与国民的距离”。

文化事关民族认同、社会凝聚。无论一个民族、一个国家还是一个区域，民众的认同和凝聚都是其良性发展的重要基础，而认同与凝聚，都与文化紧紧地联系在一起。文化之广受关注，这也是要因之一。美国总统贝拉克·奥巴马(Barack Obama)曾言：“无论是启迪我们心灵的音乐或电影，还是让我们感动的文学，抑或我们每天依赖的科技，创造和创新都是我们继续发展经济的重要基础，也是构筑我们文化身份的基础。”《全球化世界中的欧盟文化行动议程》(2007 年)强调：“文化，通过开启对话交流，唤起热情渴望，增进团结，消除隔阂，使人类相聚相和。文化是一个社会和社会群体所特有的精神和物质特性”，“文化不但对实现欧盟繁荣、团结和安定战略性目标不可或缺，而且还能够确保欧盟在国际舞台上强大的影响力”。2004 年，欧洲文化基金会反思小组基于历时两年对“欧洲一体化和欧盟扩大进程的文化维度，深化对欧洲层面文化和文化政策的创新理解”的探索，提出《作为文化工程的欧洲》研究报告，认为“当今，文化是最卓越的安全因素”，文化纽带可以在“仇恨和偏见纵行之地培育出信任和对话”。该报告也基于此，主张实行本质更为强大的欧盟文化项目。俄罗斯联邦公众院报告《俄罗斯文化与未来：新观点》(2007 年)亦指出：“文化是促进社会精神统一的渗透性力量，是整个民族团结友爱和保持生命力的条件。哪里有创造、理解和发展，哪里的人就能感觉到自己是整个民族、国家以及世界历史的一部分，文化就在哪里存在。没有这种力量，社会就不会存在。相反，以文化为基础的社会，自身就是牢不可破的力量。”俄罗斯《国家文化政策基础》(2014 年)指出：“确定文化优先地位能够保证社会更高质量地发展，确保社会走向公民团结与统一，以及确立和实现社会发展的共同目标，培养具有高尚道德、责任意识、独立思考和创造力的个体，是实现社会发展共同目标的主要条件。”

文化推动经济繁荣。在新的时代背景下，文化与经济深层交融，已经越来越成为经济发展的有力推动力量。英国《文化白皮书》(2016 年)强调，文化不仅具有内在价值、社会价值，还具有经济价值，有利于经济的增长，能够创造更多就业机会，不仅能带来直接经济收益，还有可观的间接经济收益。该报告援引数据指出，2014 年，英国博物馆、美术馆、图书馆和艺术对英国经济的贡献达到 54 亿英镑，占英国经济总量的 0.3%。在美国，2014 年，被认定为知识产权密集型的 81 个行业直接创造了 2 790 万个就业岗位，并间接支持 1 760 万个工作岗位；知识密集型行业的总增加值占美国国内生产总值的 38.2%，知识密集型行业的周薪比其他行业高出 47%。此外，知识产权密集型产业的商品出口总额占美国商品出口总额的 52%。《2012—2018 年俄罗斯文化联邦专项纲要》称，俄罗斯联邦现阶段发展的特征是社会对文化的关注度日益提高，“文化在人类资本的形成中被赋予了主导作用；文化环境如今逐渐成为现代社会的关键概念”。日本知识产权战略总部等推出的《日本品牌战略——让软实力产业成为经济增长的原动力》(2009 年)强调：“现如今，无形资产和国家魅力正在全球化竞争中显示出巨大的影响力，而正是因为处于这样一个时代，所以更有必要将作为日本优势的软实力变成扩大海外市场、扩大内需的原动力，并以此作为国家战略认真落实。”韩国民间团体、学术界、文化界等组成的宪章制定委员会发布的《文化宪章》(2006 年)指出:“文化既是引领经济发展的强有力的原动力,也是经济发展的终极目标。经济的发展和繁荣在任何时候都必须指向实现人之为人及有品位的生活这一文化目标,从这一文化目标出发获得可持续发展的动力。”

文化支撑国家实力。文化作为一种软实力,与硬实力一样,都是国家实力不可或缺的组成部分。美国总统约翰·肯尼迪(John F. Kennedy)曾言道:对于我们的国家和我们的文明的未来,没有什么事情比充分承认艺术家的地位更为重要……;我对这样一个美国充满信心,它将赢得全世界的尊敬,不仅仅由于它的力量,还由于它的文明。2013 年 7 月 15 日,法国外交部长洛朗·法比尤斯(Laurent Fabius)和文化与通信部部长奥雷莉·菲莉佩蒂(Aurélie Filippetti)联名发表《21 世纪法国文化外交的雄心》,指出:“对于法国而言,没有文化就不能成就任何大事。法国的外交与对外行动同样也要恪守这一原则。法国因为其独特的价值观、文化遗产和创造力,成就了法国的伟大,也获得了世界的尊崇。文化是法国最主要的王牌,是我们的瑰宝。”俄罗斯《国家文化政策基础》(2014 年)指出:“文化发展和人文发展是维护经济繁荣、国家主权和文明独特性的基础”,“文化在当今世界成了社会经济发展的重要资源,且可保障国家在世界的领先地位”。韩国《文化强国(C-KOREA) 2010 ——以文化来建立富强幸福的大韩民国的未来战略》(2005 年)在论述文化重要性日益凸显之时,也强调“文化不仅作为独立的产业具有重要的地位,也是其他产业发展的原动力”,并将文化定位为“全球化时代左右竞争力的核心力量”。日本《文化艺术振兴基本方针》之第三次基本方针(2011 年)亦在强调文化艺术是无可替代的心灵依托(形成民族自豪感与民族身份认同)、是全体国民的社会财产、是创造性经济活动的源泉的同时,强调文化艺术是软实力、是国际合作得以顺利开展的基础,能增强综合国力,强调“必须将文化艺术振兴摆在用以增强我国综合国力的战略位置上”,呼吁“举全社会之力进行文化振兴”。

文化引领未来。英国文化协会 2013 年发布《影响力与吸引力——21 世纪文化和软实力的竞争》指出:“文化既反映社会,也塑造社会,并且会一直如此,这是不言而喻的事实。但在当今时代,普通民众创造文化以及与他人进行文化沟通的能力正经历着一场革命性的变化。”在德国《2011—2012 年度联邦政府关于对外文化和教育政策的报告》(2012 年)中,文化被称为“引路者和对话工具”“德国战略优势的关键因素”。法国外交部长洛朗·法比尤斯(Laurent Fabius)和文化与通信部部长奥雷莉·菲莉佩蒂(Aurélie Filippetti)联名发表的《21 世纪法国文化外交的雄心》(2013 年)则更直截了当地称文化“是法国未来的重要组成部分”,“对文化的投资同样也是对未来的投资”。欧盟委员会的《全球化世界中的欧盟文化行动议程》(2007 年)也用诗意的语言描述了文化所具有的引领未来的力量:“文化在人类发展和社会文明中居于核心地位。文化,可以激发人类对世界的感知,开拓认识世界的新视角,使人类有所希冀,有所梦想。”《创意韩国》(2004 年)强调:“国家的未来,取决于通过文化实现的可持续发展”,“文化是政治、经济发展的基础和目的。我们的文化不仅会成为政治改革和经济增长的基础,而且也会在实现我们最终向往的理想社会的过程中成为核心因素。不考虑文化的社会发展就像失去灵魂的人一样,即使再有更多的财富也无法追求到人生的终极目标——幸福。以这种思路来看,通过文化实现可持续发展是不可再拖延的国家发展新战略,也是新的发展模式”。2005 年,韩国发布的《文化强国(C-KOREA)2010》,副标题即“以文化来建立富强幸福的大韩民国的未来战略”。该战略指出:“文化是培育韩国所拥有的最伟大的资源——创意的孵化器,通过以创造性为基础的文化的产业化,实现可持续发展,将成为国家发展的新模式。”

三、创新创造：文化战略的核心论题

文化的本质在创新创造。离开创新创造，没有文化的产生；离开创新创造，也没有文化的前行。人类社会越是向前发展，创新创造的意义便越是凸显，文化的意义也便越是凸显。综观各国文化战略和相关重要文本，创新创造都是其中核心的论题。

当今时代，是创新创造空前活跃的时代，也是越来越倚重创新创造而前行的时代。美国商务部2019年9月发布的《知识产权和美国经济发展概况(2016年)》指出：创新和创意投入是推动经济增长和发展的要素，是维持美国经济产生强大竞争力的优势所在。在英国，不少人将创新视为“提高国家未来财富创造前景的关键”，是“经济成功的核心驱动力”。2009年，英国战略咨询公司伯恩斯·欧文斯咨询公司(Burns Owens partnership，BOP)和罗伯特·特拉法里尼(Roberto Travaglini)共同组成的研究团队完成欧洲委员会委托的研究任务《文化对创造力的影响》。该研究报告指出：“创造力是经济增长的主要因素，推动了社会和技术创新的前进”，“创造力是一个强大的标题。在西方社会，它象征着成功、现代、新奇和令人兴奋的趋势。不论与个人、企业还是城市或地区创造力联系在一起，创造都能引起人们的直接共鸣，并传达了一个具有活力的形象。创造力是社会上具有积极意义的字眼，不断激发创新和‘进步’”。德国《2012年联邦政府文化/创意产业倡议——现状及行动领域》(2012年)中写道：“创造力是经济发展的核心竞争力和创新的出发点。因此创新常常带来社会和经济的发展”，“创新是经济发展的核心竞争力。如果没有创意，就没有创新，没有创新也就没有经济发展”。《创意韩国》(2004年)以极为开阔的视野，描绘了当今时代创新创造重要性的凸显、各国对创新创造性的普遍关注，分析了创新创造之于经济社会发展等多方面的关键意义，将当今时代称为“创造性成为所有国家话题的时代”，指出：随着以知识为基础的社会的到来，创造性成了很多国家的政策话题。如英国在1998年提出建设“创意英国”、美国在2000年提出建设“创意美国”，许多国家在进入21世纪后，也纷纷发表了建构创意国家的蓝图。“发展的动力在于个人、区域、国家的创造性”，“创造性是以知识为基础的社会所要求的成长动力”，“为什么很多国家都把未来的生死存亡与创造性联系在一起呢?因为创造性不仅被我们社会认为是绝对价值的经济，也是社会的整体生产能力所必需的条件，同时也是引领经济和社会发展的增长动力”。该报告认为：“具有21世纪时代特征的‘以知识为基础的经济’是指知识并不是经济增长的局外变量，而是成为局内变量的一种经济体制。问题是，此时的知识不是与过去一样可以通过背诵和熟练获得，而是要通过创新性思维和革新来获取。所有国家之所以都如此重视创造性，不仅仅是因为要建设文化国家，更是因为新的经济体制要求创新性”，“创造性的价值并不仅仅体现在经济方面。创造性所具有的文化价值被最大化时产生的是人文科学和艺术，创造性所具有的技术价值被最大化时产生的是科学，创造性所具有的政治价值被最大化时产生的是参与民主主义。创造性所具有的经济价值是在21世纪以知识为基础的社会才全面爆发的这个时代独特的现象”。基于这些分析，该报告强调，“一个国家拥有的最伟大的资源是国民的创造性”。

与创新创造重要意义的时代性凸显紧密关联在一起的，是文化价值的被更深度发现、被更广泛关注。这是因为，在创新创造力的涵养、形成及作用发挥的过程中，文化是重要的源泉、重要的滋养、重要的环境。在诸多关于文化发展的国家战略或重要文本中，都内含着对文化与创新创造关系问题的深刻见解。前文述及的研究报告《文化对创造力的影响》(2009年)，研究的目的便是为了更好地认识文化对创造力——经济和社会创新的发动机的影响。该报告将文化界定为"人类表达创造力的一般形式"，强调"文化与意义、知识、人才、产业、文明和价值观息息相关"。报告认为：尽管欧洲拥有非常丰富的产业财富，但人们仍未深刻认识到文化对创造力的贡献，在社会和经济发展中，文化仍被视作边缘产业。报告由此指出："现在，是时候该冒一下创造性的风险，将想象力、诗学、象征、审美或精神性(基于文化的创造力特征)作为促进改革、社会进步和欧洲凝聚力的因素了。"该报告提出的总体建议目标便是"发展一个能刺激并鼓励创造力的欧洲"，"使个体、社会和公共机构及企业都有动力以文化为工具发展社会和经济"。该报告还提出了"提高将文化作为重要创造力之源的意识""在政策上重视文化创造力以推动改革"等五项行动计划。《创意韩国》(2004年)称文化为"培养创造性的孵化器"，并指出："文化之所以能发挥这种功能，是因为文化本身就是创造过程的产物，同时作为精神、物质、情绪及身体活动的最高成就，是可以最直接地认识到创造性的领域。在这个意义上，文化是制造社会、政治、科学、经济创造性的产房。"在建设"创意韩国"的战略中，创造性、多样性、活力是三个紧密关联的核心关键词。从更广的范围看，20世纪末期涌起、至今方兴未艾的创意产业热潮，其灵魂性内容所在，亦即创造性。最早推动创意产业发展的英国，将创意产业视为"来源于个人创造力、技能和天赋，而且可以通过世代的努力和知识产权的开发来获得财富以及创造就业"的产业，视原创力为"创意产业的生命线"。《遥遥领先：英国创意产业的经济效益》(2007年)报告中写道："创意文化领域的特点是，它的主要驱动力量是原创创意内容以及出售创意内容的能力"，"我们国家创造力核心越有创意和活力，创意产业与更广泛的经济和社会领域就越有创意和活力"。报告还指出："没有任何单一的神奇举措能够推动创新和创意产业的发展"，决策者必须"汇聚"各方面的创造力，"国家如何实施教育以及创意产业如何迫切地拓宽自己的多样性，将成为变革的两大驱动力量。包容的、自信的、多样化的、自由表达的社会是这种创造力的孕育者。因此，创意经济和创意社会紧密地联系在一起"。欧盟委员会2010年4月27日发布的《释放文化创意产业的潜力》绿皮书强调："如果欧洲想要在不断发展的全球环境中保持竞争力，它需要在一个新的企业文化中将创造力和创新繁荣发展的恰当条件落实到位"，"未来的繁荣在很大程度上取决于我们如何利用资源、知识和创新型人才来激励创新。基于我们丰富多样的文化，欧洲必须开拓创造附加值的新途径，并且还要开拓共同生活、共享资源和享受多样性的新途径"。早在2008年10月，时任参议员的贝拉克·奥巴马(Barack Obama)也曾专门发表关于支持文化艺术发展的"强有力的纲要"(Platform in Support of the Arts)，要求加大对美国文化艺术的投资，"重塑美国这个伟大国家的创造力和创新力"。

文化孵化创造，文化本身亦始终离不开创造。在各式各样的国家文化发展战略及重要文本中，根据时代提出的新课题，增强文化的创新创造活力，发展创造性文化、推进文化新发展，始终都是重要议题。法国《文化和媒体2020：新一代文化与通信部》(2012年)特别分析了数字技术的发展给文化发展带来的影响，强调要加强对文化和通信产业及其创新的支持，推进文物遗产数字化、文化研究和语言技术探索、艺术文化教育、公众政策中数字文化的实践和使用，将数字化的转变渗透到整个文化产业(视听、报刊和信息、图书、音乐唱片、电影、科技工业、电子游戏和广播)的每一个环节，让文化领域和数字工业的聚合体携手共进。在2014年新年记者会上，法国文化与通信部部长奥雷莉·菲莉佩蒂(Aurélie Filippetti)在演讲中强调："文化创造力为法国提供了在世界舞台上崭露头角的能力——这是国家主权的关键所在，同时也为法国提供了对外展示其多样性和丰富性的能力。法国同样欢迎来自世界各地的艺术家并且希望他们能将法国视为好客之地，特别是创造力之地、思想迸发之地。”同时，她特别阐述数字革命背景下文化和艺术发展的思路：“数字技术改变了艺术和文化的传播和获取方式，也使它们的应用发生了巨大的变革。我的雄心就是让每个公民都能按照自己的方式，构建一个属于自己的‘数字资源库’。这是一个数字文化资源库，能让最大数量的人可以在浩如烟海的文化供给中不致迷失自我，熟练掌握各类创新工具，并能带着批判精神发掘所有可能的应用”，“我的目标是让数字革命使文化资本所固有的潜能得到释放，使其更具有现实意义。数字革命应该是创新的革命，全民的革命”。除了关注数字革命等新的时代条件下文化领域的创造性变革、发展之外，文化领域如何培养具有创新创造性的人才等亦是各国高度重视的课题。《创意英国：新经济，新人才》(2008 年)关注的重点即如何“为年轻人提供更多在校外发展自身创造力的机会；为他们提供更多进入创意产业的结构化途径”，报告为此提出了一系列策略举措，并雄心勃勃地展望：“未来十年，创造力将驱动英国大都市经济的发展”，“创造力将成为城镇、城市以及各个地区经济发展的发动机”，该计划“将带来一系列连贯而全面的措施的出台和落实，将英国建设为全球创意中心”。俄罗斯《国家文化政策基础》(2014 年)指出：“俄罗斯联邦面临着历史性的挑战，即要在短期之内实现国家经济和社会的现代化发展，并走向确保国家和社会可回应当今世界需求的集约化发展道路”，“为了战胜这一挑战，唯一的条件只有面向人以及个体为高质量的创新发展提供有计划的持续投资”。在该文本中，“为每一个人创造潜力的实现创造条件”被列为国家文化政策的重要目标之一。日本《文化艺术振兴基本法》(2001 年) 指出：“在21 世纪的当下，在继承、发展迄今为止所培育出的传统文化艺术的同时，推动具有独创性的新型文化艺术的发展，已经成为我们所面临的紧要课题。”该法将“推动文化艺术发展必须尊重其自主性”列为其提出的八项基本理念之首。其所强调的“自主性”，及该法中同样高度重视的“文化艺术的多样性”、著作权保护、相关的税收优惠政策等，都是与推动文化艺术的创新发展紧密关联在一起的。《日本品牌战略——让软实力产业成为经济增长的原动力》(2009 年)在强调创造性的文化艺术人才培养之时，还特别指出：“更重要的是，日本品牌的中坚力量不必限于日本人，应该让来自亚洲甚至世界各国的多样性人才成为日本品牌各个领域的中坚力量。因此，要从海外积极引进人才，将他们作为未来的中坚力量进行培养。”

四、文化产业：构筑优势的战略支点

着力推动文化产业的发展，是当今时代各国文化战略中无一例外高度关注的战略重点。甚至在西方有关人士眼中，文化产业被视为“21 世纪国家竞争的最后胜负手”，“文化和创意产业是极珍贵的王牌”，“是国家能进行的一项最佳投资”；它已然不是某一国家的专利，“已经成为全球的主题”。

文化产业之所以如此重要，与其作为文化与经济交融之体、作为文化创造力承载与展现之体等特点是紧密联系在一起的。有论者称，在美国经济中，最具活力的领域是创意产业，“从纽约到洛杉矶，在成百座城市里，依靠数以百计的视觉制作公司、互联网公司、有线电视、数码音乐制作公司、衍生品和软件制作的创业企业，美国经济为艺术家们提供了成千上万的就业机会”；“根据国际货币基金组织、世贸组织、联合国教科文组织以及世界银行的数据显示，美国向各地出口的内容产品约占世界出口总额的50%”，且这种趋势还在不断强化，美国“文化产品与文化服务每年的出口增速约为10%”。2021年3月，美国商务部经济分析局发布的《文化艺术生产卫星账户报告——基于2018和2019年的数据》显示，2019年美国有520万人从事文化和艺术产业，为美国经济贡献了9 197亿美元。在为《创意英国：新经济，新人才》(2008年)所作的序言中，英国首相戈登·布朗(Gordon Brown)写道：“创意产业不仅对国家繁荣具有重要意义，也将决定英国是否有能力把文化和创造力置于国民生活的中心。”在德国，文化产业被视为知识和内容型社会的一部分，视为向以知识为基础的经济过渡过程中具有主导作用的力量，是“发展的动力和当务之急”；以支持和扩大德国创新力为目的的创新经济政策必须使创意产业的发展与自己的经济政策成果相统一。欧洲议会通过《1999—2004文化产业报告》(2003年)呼吁欧洲要“制定更积极的文化政策”，且这样的文化政策要充分考虑欧洲文化生产与美国和其他国家文化生产竞争的必要性、内部市场的发展和完善等问题。报告强调：“这些方案加上其他的提议都是为了通过发展欧洲文化产业来支持欧洲文化区的建立，增强欧洲的文化认同以及多样性。这样，欧洲文化中最令人鼓舞、最有创造力的力量就有机会向欧洲公民展示它们的创意。同时，他们还有机会向欧洲外的国家和人民传播欧洲文化认同，这具有特殊的文化和政治价值。”欧盟委员会提出的《全球化世界中的欧盟文化行动议程》(2007年)也指出：“文化产业和创新领域对提高欧洲国内生产总值和就业发挥着重要的作用”，“在全球化竞争中，欧盟文化产业及创造力是一笔宝贵的财富，它加快了欧洲经济发展和竞争力的提高。在支持和推进革新创造中，必须发掘和促进文化的作用。发挥创造力是社会和技术革新的基础，因此也是促进欧盟发展、提高竞争力和增加就业岗位的重要驱动力”。在韩国，第二届韩国文化产业振兴委员会于2000年2月审议通过的《文化产业振兴五年计划》中将韩国称为“已经为进入21世纪——‘文化的世纪’做好准备的民族”，并分析认为：“世界经济的发展已经由以资本劳动密集型为主向以知识为基础的经济结构转型，文化产业上升为知识经济的核心产业”，“特别是文化资讯产业的培育成为国家文化的身份象征和确保国家竞争力的核心课题”，“文化产业竞争力的缺乏意味着民族文化和国家竞争力的丧失”。基于这样的认识，该计划明确提出要将文化产业发展为21世纪新的“国家基干产业”。《日本文化产业战略》(2007年)也不仅阐述了文化产业的经济效应，同时也强调了文化产业的外交意义，认为文化产业可以增进海外受众对日本生活方式、价值观、审美意识的共鸣，加深其对日本文化、艺术和传统的理解，“这种受众对日本综合文化实力的‘憧憬’，能够为各种产业带来中长期正面效果”。

诸多的关于文化产业发展的国家战略文本、相关重要文献中不仅多维地表达了对文化产业发展重要性的丰富认识，也勾画了当今时代文化产业发展、竞争的世界图景。《遥遥领先：英国创意产业的经济效益》(2007年)中，便有专门篇幅分析“创意产业的全球图景”。该报告指出：“就全球层面来说，创意产业非常重要，并且在不断增长。联合国教科文组织对基于消费的数据分析表明，文化产品的贸易在过去10年间增长了50%，从1994年的393亿美元增加到2002年的592亿美元。这些文化产品包括传统商品、书籍、报纸、杂志、其他印刷品、记录媒体、视觉艺术以及视听媒体。”报告还引述了诸多其他相关数据，以具体呈现创意产业发展的客观状况。如，根据联合国贸易与发展会议的数据，密切依赖创意文化投入的产业的全球市场价值估计达到了13 000亿美元，而经济合作与发展组织则指出创意文化产业的年增长率在5%到20%之间；随着高附加值、知识密集型行业的出现以及全球可支配收入的增加，市场对创意产业的产品和服务的需求有望进一步增长，继而推动这些创意产业的增长。

联合国教科文组织德国委员会于2007年发布的《德国文化/创意产业发展报告》同样不惜笔墨地描绘各国推动文化产业发展的状况，着力为德国文化产业同欧洲及国际文化产业发展状况之间的对比提供便利。该报告指出，在整个欧洲，文化/创意产业作为独立的经济部门已经被越来越多的人所接受。2005年，英国设立了“创意产业部”，法国特别制定了全面的创意产业框架方案；2006年，欧洲委员会发表了一份长达300页的关于文化产业经济重要性的研究报告，这表明欧洲已经形成了带有突出重点的已经成形的重要政策战略。中国、印度和澳大利亚的相关人员已经组织了全国和世界范围内的专家会议，就创意产业这个主题进行讨论，并针对创意产业成立了新的研究机构。最近，世界经济合作与发展组织、世界银行、世界知识产权组织、国际劳工组织以及联合国教科文组织等许多组织多次提到创意产业。2007年2月，欧洲各国文化部长及媒体汇聚柏林时，多数欧洲国家表示了对文化/创意产业这一主题的重视。数十年来，文化/创意产业第一次成为欧洲议程中优先讨论的主题。《日本品牌战略——让软实力产业成为经济增长的原动力》(2009年)也特别强调“在海外，一直推行着这样一些全国性经济政策——着眼于软实力给经济活动带来的效果，并将文化商品和品牌振兴置于核心地位”，并历数美、英、法、韩诸国文化产业发展的历程与态势，以之为确立日本“软实力产业”的重要参照。这些分析，无一例外地都是为了在文化产业发展、竞争的世界图景中审视自我、制定本国文化产业发展和应对竞争之策。如同2014年8月28日法国总统弗朗索瓦·奥朗德(François Hollande)在第22届使节会议上所讲的那样：“文化不仅仅是影响力的载体、分享的载体，同时也是经济发展的媒介。我们都知道，文化产业的竞争即将开始。从今年秋天开始，各大运营商都将来法推销它们的产品。我们可以一开始就在文化领域内设置壁垒，拉起警戒线，但是这样一来，我们首先就输了”，“如同高等学校和大学的国际化发展一样，文化产业应该成为我们的一张重要王牌”。

在具体推进文化产业发展方面，各国各有自己的敏锐战略、切实举措。如，在美国，“几百个基金会对文化的不懈支持、激励性的税收政策、工会的积极支持、非盈利机构的核心作用和更近时期的企业文化赞助”，形成推动文化产业发展、构筑美国文化霸权的重要机制。为使文化/创意产业在国际上保持领先地位，德国2008年专门启动德国复兴信贷银行启动资金项目，为文化/创意产业的创业者和自由职业者提供融资。德国2012年8月发布的《文化/创意产业倡议——现状和前景》明确指出，联邦政府文化/创意产业倡议的目标是：加强文化/创意产业的竞争力，充分挖掘该产业的就业潜能，除此之外还应给创新型小企业和自由艺术家提供更多的机遇。该报告提出的实施和扩大倡议的举措有：确保文化/创意产业作为一个独立的经济增长部门；继续推进对国民经济的监测，每年都要掌控文化/创意产业的发展状况；继续针对各子市场的结构、挑战、发展路线和需求开展对话；改善文化/创意产业行业内经济联系；为文化/创意产业企业建立联系网；提供关于融资机会的信息，尤其是对于初始认证阶段的创业者们；审查经济和技术项目的可行性，以更好地资助文化/创意企业的发展；促使自由职业者和文化/创意小企业获得贷款的途径更加便捷；完善准入外贸资助项目渠道，以使本土文化/创意产业的潜能能够更好地在国外显现；继续实行艺术家社会保险并确保其稳定；完善数字版权法律框架，维护创作者和使用者之间利益的平衡。《2001—2005年俄罗斯文化联邦专项纲要》(2000年通过决议，2002年修订)提出要“建设强大的俄罗斯电影产业，打造视听产品生产、租赁和放映的完整、平衡体系，在国家生产生活、俄罗斯联邦主体社会经济发展中切实发挥作用”。俄罗斯《国家文化政策基础》(2014年)提出要“支持国家电影业发展，其中包括制作动画片、纪录片、科普类电影、教学影片、针对儿童群体的电影等，为创意产业发展创造条件”。《日本品牌战略——让软实力产业成为经济增长的原动力》(2009 年)提出要“将提升日本软实力的动画、漫画、电影、电视剧、音乐、游戏等内容产品以及饮食、时尚、设计这些与日本特有的品牌价值创造相关联的产业定位为‘软实力产业’，并且应当综合推进其产业振兴和海外发展”。《创意韩国》(2004 年)不仅提出了韩国进入世界文化产业五大强国之列的目标，还更具体地提出：“随着文化全球化的加速，韩国文化产业通过韩流热潮不断扩大进军世界市场的机会，这要求超越现有的有限水平，制作出具有创造性、综合性、多样性、高质量的资讯。为了实现成为世界文化产业五大强国这一目标，要加强文化产业的竞争力基础，改善文化资讯的创作、流通结构，加强国内需求基础与进军海外的能力，扩充文化产业环境的基础设施，强化扶持机构的效率，促进区域文化产业的积极发展。”

五、遗产保护：文化新生的重要基石

任何文化的前行，都是在既有历史基础上的前行。在这一过程中，如何对待自己的历史与传统，如何对待自己的文化积淀与遗存，是每一个民族、每一个国家都共同面对的课题。注重对历史文化的开掘，注重对文化遗产的保护，是 21 世纪以来各国文化战略呈现出的又一个显著特征。

文化遗产作为过往文化创造的历史遗存，对于文化的发展、经济的繁荣，对于一个民族、国家的继续前行，都具有极为重要的意义。在英国《文化白皮书》(2016 年)中，文化遗产不仅被视为“国家认同感的关键”，也被视为具有长期经济和社会收益的所在。该报告援引数据指出：英国“遗产旅游每年可以创造 260 亿英镑收益，占国民生产总值的 2%”。法国外交部长洛朗·法比尤斯(Laurent Fabius)和文化与通信部部长奥雷莉·菲莉佩蒂(Aurélie Filippetti)联名发表的《21 世纪法国文化外交的雄心》(2013 年)一文中，称“法国文化与遗产是发展法国旅游的重要王牌。我们将支持博物馆走出国门，最大限度地展出它们的收藏品，让它们更好地被世界所认识。我们的非物质文化遗产是法国吸引力的重要组成部分，并为法国带来了积极的影响。美食、艺术生活、专业知识、品牌(尤其是奢侈品)是法国最充分的代表，它们吸引了来自世界各地的不同人群，他们将法国与这些卓越的品牌联系在一起”。2014 年 4 月 4 日，欧洲各国主管文化和欧洲事务的部长们齐聚巴黎参加以“文化的未来，欧洲的未来”为主题的夏乐论坛。论坛发布的一份重要文件《欧洲、文化、数字化：2014—2019 年战略前景》中也专门论及了文化遗产之于欧洲身份强化、欧洲创新发展的意义。报告强调：“丰富的文化遗产和创造活力铸就了欧洲在世界的影响力，并与欧洲身份紧密相关，欧洲文化的吸引力以及文化创造者和文化产业的影响力同样是欧洲经济的推动力”，对创造性、知识和文化遗产的重视应“成为欧洲未来发展的核心对策”。俄罗斯《国家文化政策基础》(2014 年)指出：“俄罗斯——伟大的文化国度，拥有丰富的文化遗产、多世纪的文化传统和源源不断的创造潜力”，“俄罗斯的历史道路决定了俄罗斯文化的独特性、民族意识的特殊性，以及俄罗斯社会生活的价值基础”，“在国家绵延的历史长河中，民族精神体验正是通过文化被保护、累积和代际传承下来的，也正是通过文化确保了多民族俄罗斯的团结与统一，塑造了俄罗斯的爱国主义情感和民族自豪感，并在国际舞台上巩固了俄罗斯的国家权威”。日本《文化艺术振兴基本方针》第一次基本方针(2002 年)指出：“在历史长河中产生、发展、传承至今的物质以及非物质文化遗产是全体国民的珍贵财产，它们对于了解我国的历史、传统、文化是必不可少的，同时也是未来文化进步和发展的基础”，“文化遗产是在我国的历史发展中形成并传承至今的，它反映我国的自然、风土人情、社会和生活，形成了人们丰富的情感和精神活动的轨迹，是我国现代文化的基石”。这些观点，在此后的历次基本方针中，都被反复述及。《创意韩国》(2004 年)指出：“语言、生活文化、文化遗产等传统文化是时代进行再解释和创造的资源，是产生时代独创性的母体”，并强调文化遗产是与文化认同感紧密相关的领域。该战略中提出的第 11 项“推进课题”，即“文化遗产的保存与传统的现代性继承”指出：“一个国家的文化遗产作为该国家历史的物质、精神的结晶，是形成民族成员在思想上的集体意识，确立每个人的民族认同感的基础。”2021 年，美国总统约瑟夫·拜登(Joseph Robinette Biden, Jr)在荒野月(National Wilderness Month)宣言中也特别指出：美国的公共土地和水资源、令人惊叹的风景和文化遗址反映了我们与自然遗产的深厚而持久的联系……在国家荒野月期间，让我们加强与美国荒野地区的联系，加强对荒野的保护，努力保存它们所蕴含的故事、它们所保留的记忆，它们是我们为子孙后代留下的宝贵遗产。

基于对文化遗产重要意义的认识和把握，在当今世界，文化遗产的保护工作，越来越被置于重要位置，各方面均纷纷确立法规、制定战略、传承保护。2011 年 11 月，欧洲议会和欧盟理事会通过第 1194 号决议，制定了欧洲文化遗产标识。保护和推广欧洲共同文化遗产，特别是向年轻一代开展这方面的工作，被视为欧洲文化合作中最具优先地位的目标。法国《文化和媒体 2020：新一代文化与通信部》(2012 年)称，文化遗产的“历史价值、象征价值和它激起的公众情怀都赋予了它在文化行动中无可争议的重要地位”，文化遗产保护“一直都是文化与通信部的中心基础性任务”。该报告坚持“为传承而保护”的理念，对文化遗产的传承保护提出了许多具体举措，如开展评估历史遗迹的工作，与遗产的参与者建立战略性的对话，提升地区遗产和建筑的重要性，将公众置于遗产政策的中心，迎接数字化的挑战和数字化遗产保护的挑战，将遗产政策拓展到国际层面等。在《2001—2005 年俄罗斯文化联邦专项纲要》(2000 年)中，为保护国家文化潜力和文化遗产创造条件，在支持文化生活多样化和文化创新多元化的同时，确保俄罗斯文化发展的继承性，保证国家统一文化空间，是纲要目标的重要内容。在《2012—2018 年俄罗斯文化联邦专项纲要》(2012 年)所列的“最重要的纲要指标和指数”中，排在首位的即“处于合格状态的联邦所属文化遗产的数量占联邦所属文化遗产总数的比重”。在俄罗斯《国家文化政策基础》(2014 年)中，摆在国家文化政策之任务第一条的便是关于俄罗斯联邦民族文化遗产领域的。具体内容包括：在社会意识中承认作为个体和社会发展必备条件的、祖辈积累至今的历史和文化体验的价值；支持发掘、保护、普及俄罗斯联邦民族文化遗产的社会倡议；在个人和法人财产利益之上，切实实现物质和非物质文化遗产保护的社会优先权；完善俄罗斯联邦民族文化遗产项目，以及博物馆、档案馆藏品和国家图书馆馆藏的国家保护体系；建设全俄非物质文化遗产保护体系；保护民族文化传统，支持基于民族文化传统的民族创作，保护民族文化的多样性，将其视为职业文化的重要源泉之一以及民族认同的重要组成部分；在教育进程中，扩大、完善并促进文化遗产项目的现有使用经验，博物馆藏品和档案馆馆藏的现有使用经验，以及俄罗斯博物馆和保护区博物馆科学和信息潜力现有使用经验的系统化发展；加强文化遗产项目的作用，保护城市和社区的历史环境，其中也包括小型城市，为文化认知类旅游的发展创造条件；支持和发展公民参与民族、地方志和考古考察，以及发掘、研究和保护文化遗产项目的工作。《创意韩国》(2004 年)制定的“文化遗产的保存与传统的现代性继承”推进课题提出：“此前的文物政策把重点放在原貌的保存上，导致人们以为文物是给国民带来不便的对象。今后，在提高文物原貌保存质量的同时，要向‘与国民在一起’的文物政策这一方向转变”，“为了保存文化遗产并现代性地继承传统，要加强系统地保存、管理文化遗产的能力，推进对古都及风纳土城的整理与保存工作，通过保存与开发的协调发展减轻国民的负担，提高文物原貌保存的质量水平，改进文化遗产与自然遗产的保存管理体系，通过对文化遗产的积极利用推进传统的现代性继承与再创造”。日本《文化艺术振兴基本方针》第一次基本方针（2002 年）指出：“面对近年来社会结构的急剧变化，应当立足于文化遗产保护和利用的现状，积极探讨有效保护和合理利用文化遗产的相关方案。与此同时，必须夯实文化遗产的修复以及保护、传承的基础，提供学习体验文化遗产的机会，积极推进相关推广和普及活动。”该方针针对当时日本社会结构以及国民意识的变化等，提出了保护、利用文化遗产的 11 条措施。《文化艺术振兴基本方针》第二次基本方针（2007 年）也列专条阐述“文化遗产的保护与灵活运用”问题，并在第一次基本方针有关要求的基础上进一步强调：“在做好国家和地方公共团体对文化遗产的保护和灵活运用之外，地方社会也应当将文化遗产视为国民共同的财产，悉心爱护，营造长期守护文化遗产的氛围。此外，若一定程度的文化遗产出现群聚，应开展研究，探讨综合掌握文化遗产情况的方法，以更有成效地发挥文化遗产的作用，构建文化氛围浓厚的空间。”“确保下一代继承文化艺术”被列入日本《文化艺术振兴基本方针》第三次基本方针（2011 年）所确定的重点战略，该方针强调“应综合性地对属于国民财产的文化遗产进行保护和利用，有计划地、系统地对将成为下一代文化艺术创造根基的文化艺术品和资料等进行收集与保护（建立档案），以确保文化艺术被下一代继承”。

六、国际传播：展现魅力的普遍关注

文化在传播中展现其魅力、实现其影响力；文化也在对传播回馈信息的把握、消化中汲取强劲其生命活力的营养。与此同时，文化在传播过程中所形成的软实力，越来越成为新的历史条件下综合国力的重要构成部分。进入 21 世纪以来，尽管战略出发点不一，但各国对文化国际传播的重视均有增无减。

对文化国际传播的意义的阐发，遍见于各国相关文化战略和相关重要文献之中。英国文化协会的研究报告《影响力与吸引力——21 世纪文化和软实力的竞争》（2013 年）指出：“过去 10 年，各国人民之间文化交流的规模逐渐增大，大多数世界公民置身其他文化之中的事例也呈指数增长，国际交流的很多内容都与文化有关。由此产生的结果就是，当今世界，文化和国际政治存在相互依存的关系，文化在其中既发挥积极作用，也发挥消极作用。在新的全球环境下，民间文化交流为传统的国家外交奠定了基调，有时甚至决定了国家外交的议程，各个国家努力增进对彼此文化的理解，避免文化误解，致力于使本国软实力得到最大化发展。”英国国会议员、外交和联邦事务大臣威廉·海格（Lord William Hague）在为该研究报告撰写的前言中，也专门表达了英国应对这一时代大潮的努力：“英国仍旧是一个现代文化超级大国。但在未来几十年，要保持软实力的竞争力，就意味着要像对待军事、经济和各种外交优势一样，培植和重视文化资产。政府人员决心全力以赴，帮助并展现国民生活的智慧和才华，使之成为世界一流的力量。”英国《文化白皮书》（2016 年）同样浓墨重彩地展现了其在推动英国文化海外传播、提升英国软实力方面的决心和意志，如通过文化出口推广英国，提高英国的世界声誉和软实力，通过“大不列颠推广”计划，利用文化打造“英国品牌”等，以图巩固英国“软实力领导者”的地位。法国也一直不遗余力地推进法语文化的对外传播，保持其魅力攻势。德国外交部的《全球化时代的对外文化教育政策——赢得伙伴，传递价值，维护利益》(2011年)，面对当今世界格局的发展变化、面对德国在世界上“自然”分量正在减少的挑战，强调对外文化教育政策对保证德国在世界上影响力的重要作用。该报告指出：“以教育、交流和对话为途径，建立以文化上的相互尊重为特征的伙伴关系，我们能直接接触到更多人，从而赢得他们的认同，认同我们的国家、我们的价值观和我们的理念。”报告强调，对外文化教育政策是外交政策的重要组成部分，并且也是为外交政策的目标服务的：巩固欧洲、保障和平、维护旧的友好关系。美国《国家战略传播架构》(2010年)称：“通过所有的努力发现，有效的战略传播，对维持全球合法性和支持政策目标有重要意义”，“最高水平的政府，必须提倡和实施一个通过机制和程序得到加强的传播文化”。《创意韩国》(2004年)指出：“一个国家的文化形象，会使人们信任和喜爱这个国家的所有商品，这是即使同样品质的商品也会使人支付更高价格的高附加值经济战略的核心要素。”“文化艺术振兴要以改善国内文化艺术环境为首要目的，进而推动国际文化环境的发展”被写入日本《文化艺术振兴基本法》(2001年)关于文化艺术振兴的基本理念之中，并被一再重申，该法明确要求：国家应推动文化艺术的国际交流，致力于使日本文化艺术全面走向世界。

基于对文化国际传播重要意义的认识，21世纪以来，各国纷纷推出战略举措，着力推进各自文化的国际传播，努力提升自己的文化软实力。2005年，美国总统乔治·W. 布什(George W. Bush)指出：“不得不承认，在讲述美国故事和传播真实美国形象方面，我们确实落后了。”在这一背景下，美国负责公共外交与公共事务的副国务卿卡伦·休斯(Karen Hughes)和她的继任者詹姆斯·格拉斯曼(James Glassman)提出“公共外交2.0”计划，寻求利用社交网站和其他网络媒体来赢得“思想之战”。前文亦曾述及，美国于2010年发布《国家战略传播架构》，该战略进一步明确了美国战略传播的重点，并指出：“尽管美国政府实施全球范围内的审慎交流和洽谈，但工作重点应和总体国家安全的重点相一致。如同国家实力的其他元素那样，交流洽谈工作应该支持政策目标，并且达到相应的效果：(1)使外国受众认清与美国的共同利益；(2)使外国受众相信美国在国际事务中发挥的建设性作用；(3)使外国受众明白面对全球复杂挑战时，美国是值得尊重的搭档。”该战略还具体明确了国家安全参谋部、国务院、国防部、广播理事会、美国国际开发署、情报界、国家反恐中心等在美国战略传播中的角色、职责及行动策略。2002年，美国面向全球尤其重点面向伊斯兰国家推出“向世界营销美国故事”的文化行动，旨在“消除针对美国文化和政策的消极、荒诞的观念，在伊斯兰世界倡导自治、宽容和多元主义的声音”。德国外交部不仅于2011年发布《全球化时代的对外文化教育政策——赢得伙伴，传递价值，维护利益》，将文化教育政策作为对外政策的支柱和核心，还为此专门任命了负责对外文化政策的外交部国务部长，明确提出对外文化政策的推行将在外交部得到最优先的财政支持；如资源有限，必要时将限制甚至暂停对国内项目的支持，优先保障对外文化教育政策的需要。《2006—2011年俄罗斯文化联邦专项纲要》(2009年)强调文化的国际传播是“国际关系体系中国家一体化战略的组成部分”，提出“要增强俄罗斯文化在国外的地位，形成俄罗斯形象——具有伟大传统文化的国家”。对于如何“发展国际合作，加强与世界文化的联系”，该纲要提出了诸多策略，如通过在国外推广和发展俄罗斯文化成果，拉近其与世界文化的目标与任务；在解决国家文化问题时借鉴外国文化组织的相关经验，积极扩大俄罗斯在世界文化进程中的参与范围；举办国际研讨会、学术会议、艺术节，在世界范围内推广俄罗斯表演艺术，在国外推广俄罗斯影片，加强电影业的国际合作，举办国际展会等。《日本品牌战略——让软实力产业成为经济增长的原动力》(2009 年)所确立的日本品牌战略，有两个支点，一个是创造，另一个即是传播。该战略强调，要制定策略，全面支持将海外推广纳入范围的内容产品和商品的制作和开发等；对外传播，不应是片段式的，而应是各个领域同时进行传播，要官民一体形成合力；要明确对外传播的目标和方法，有重点地强化对外传播力度，要多方努力“使‘日本迷’遍布世界各地”。“增强文化传播与国际文化交流”也被列入日本《文化艺术振兴基本方针》第三次基本方针(2011 年)所确定的重点战略之中。该战略强调通过积极地将包含从传统文化到现代文化艺术活动在内的日本文化艺术传播到海外，同时推进各领域文化艺术的国际文化交流，为提升日本的国际形象、增进各国间相互理解作出贡献；主张唤醒作为日本强项的动画、漫画、电影等媒体艺术，以及设计、时尚、饮食文化等“酷日本”的潜力，实现向海外的战略性拓展。

推进文化国际传播的路径是多种多样的。但其中，也有各国普遍关注、借重的关键路径。如，语言推广即是其中一个极为重要的方面。2018 年 3 月 20 日，法国总统埃马纽埃尔·马克龙(Emmanuel Macron)在法兰西学院发表关于法语战略的演讲。他认为，不仅要在法国的领土上进行法语推广，也要跨越国界，在别国的领土上继续进行法语推广以重新塑造法国的影响力和行动能力，“这是法国的责任所在”，“我们的雄心是要建立一个有益的法语、有效率的法语，并将不遗余力地承担起推广法语的责任”。为此，他要求法国文化中心和法语联盟开展积极合作，增进协同作用，共同推进法语的发展，他还寄希望于新一代法语教师的崛起，称法语教师是“伟大的英雄”，“我们国家的历史，是由这些英雄铸就的，是由我们驾驭法语的能力所决定的，是由我们在那些法语已经消退的地区驾驭法语的能力所决定的，通过我们的英雄，我们的法语教师，历史才被成功塑造”。德国《2011—2012 年度联邦政府关于对外文化和教育政策的报告》称“推广德语语言是对外文化和教育政策的重点和核心任务”，“语言推广是一项历史使命”，“说德语的人会对我们的国家感兴趣，比普通人更了解德国，更理解德国的立场”。德国外交部研究报告《全球化时代的对外文化教育政策——赢得伙伴，传递价值，维护利益》(2011 年)将 1 500 所伙伴学校、150 所歌德学院以及德意志学术交流中心、洪堡基金称为其对外文化教育政策的三大支柱。德国歌德学院院长克劳斯-迪特·莱曼(Prof. Dr. H. C. Klaus-Dieter Lehmann)讲道：“在 93 个国家的 150 所歌德学院是德国的宝贵财富”，“语言不仅仅是工具，更是一种文化的载体，使深入了解其他文化成为可能，并为就业和教育的流动性创造了先决条件”，“世界政治的风云变幻赋予了歌德学院新的任务：巩固民间社会，加强合作伙伴关系，民族团结及提供早期教育”。21 世纪以来，俄罗斯接连发布《俄罗斯联邦 2002—2005 年“俄语”专项规划》《俄罗斯联邦 2006—2010 年“俄语”专项规划》《俄罗斯联邦 2011—2015 年“俄语”专项规划》，用意即在维护俄语在俄罗斯境内外的地位和影响力。2007 年 6 月 21 日，弗拉基米尔·普京(Vladimir Putin)签署成立“俄罗斯世界”基金会。该基金会的重要任务之一，即推广俄语、支持境外的俄语学习计划。在文化国际传播的实践推进中，越来越多的国家开始努力更高质量地构建综合性的国际传播体系。如《创意韩国》(2004 年)所指出的那样：“为了通过文化宣传来提升国家形象，需要构建长期的、战略性的文化宣传体系，将文化宣传的核心功能整合、集成化，通过积极推进民间参与来加强文化宣传的力度，开发并扩充文化宣传资讯及其实施方式”；要“在积极应对全球化、本土化等国际环境变化的同时，为了形成开放的民族文化，要从国家主导的以发达国家为中心的单向文化交流中摆脱出来，向使地方自治团体和民间团体成为核心，在接受优秀的海外文化的同时，宣传我国的优秀文化的双向文化交流转换，为了增进我国文化的多样性及提高创造性，要使文化部门更多地参与国际机构的活动，推进国家间的战略性文化交流，加强对地方自治团体及民间部门进行国际交流的资助力度”。在推进文化国际传播的同时，世界各国也普遍注重对他国文化相关方面的吸收与借鉴。

综上，我们从六个方面，粗线条地勾勒了21世纪以来诸多国家文化图强、文化竞争的大致图景。尽管是粗线条勾勒，但从中我们仍不难感受到21世纪这一“文化世纪”生动、真切的世界文化图景，不难感受到各国围绕文化发展所倾注的热忱、所寄托的热望、所推进的热战。对当今世界文化图景、各国文化图强方略的深度认识和准确把握，是我国建设进而建成社会主义文化强国的重要基础性工作。为绘制一幅较为清晰的21世纪各国文化战略进路图、世界文化竞争全景图，从2010年起，我们着手辑、译相关文献，以近百人之力，历时十年，汇成了摆在读者诸君面前的这套《21世纪以来国外文化发展文献选编》，凡八卷，近千万言。付梓在即，感慨万千。既深感译事之不易，也更觉做好这一工作富有重要的基础性、战略性意义。同时，我们也深知，受眼界所囿、收集能力所限，以及翻译、出版周期等方面的影响，书中呈现的文献，肯定存在粗精不一等问题，一些新近的重要文献也尚未能够收录进来，译文离信、达、雅，还相距遥遥。但为了让这些带有鲜明时代特征的文献能够及时整体面世，让关注当代中国文化强国建设的人们能够及时从中有所悟、有所得，而不致其整体推出时成为纯粹的回顾性文献，我们决定以目前的形式推出这部译丛。在选文时，出于篇幅等多方面的考虑，我们对一些大家已相对比较熟悉或易得的一些文献，对一些单篇篇幅过大的文献，暂时忍痛割爱，未辑录入目前这部丛书中，待将来再择时机，以相宜形式推出。所收录文献中，一些观点、判断，带有其鲜明意识形态色彩、价值倾向，读者朋友们阅读时需仔细辨识、辩证取舍。我们也将继续做好这方面的辑、译工作，以使文献更丰富、全面，译文更精准、雅致，努力对社会主义文化强国建设有所贡献。

最后，真诚感谢国家出版基金项目、湖北省学术著作出版专项资金资助项目、马克思主义理论与中国实践湖北省协同创新中心的大力支持，感谢武汉大学出版社为这部丛书的编辑出版付出大量心血，感谢所有参与了这项辑、译、校浩大工程持久战的同事和朋友们！

2021年12月1日于珞珈山

前　　言

英国一直重视文化的发展，是世界上最早发展创意产业的国家之一。二战以后，英国更加大了对艺术和文化的支持，于1965年发布《艺术白皮书》，并在2016年发布了《文化白皮书》，绘制了新时代背景下英国文化发展的战略蓝图。根据英国波特兰公关公司(Portland)与美国南加州大学公共外交研究中心(USC Center on Public Diplomacy)联合发布的《软实力30强：全球软实力排名》研究报告，从2016年到2019年，英国的软实力排名一直位列前两名，在2018年的排名中更是位居榜首。正是源于这样的实力，英国在2016年发布的《文化白皮书》中才有底气写道：英国引领着软实力的发展。

本书选编了21世纪以来关乎英国文化发展的21篇文献。收录了2016年发布的《文化白皮书》，并对文化白皮书中所涉及的文化案例、行动计划、项目和倡议进行了详细的介绍；将英国"创意产业"作为切入点，对涉及的广告、建筑、艺术和古董业、手工艺、设计、时尚设计、电影和录像、互动娱乐软件、音乐、表演艺术、出版、软件和计算机服务、电视和广播等13个行业的发展情况和未来趋势进行了详细介绍；将英国文化协会作为英国文化推广的典范，从工作计划、发展状况、存在问题和改进的空间等多维度进行介绍；将伦敦作为英国文化建设的缩影进行了深入的描绘；对文化、媒体和体育部的年度工作报告进行介绍，让人们更近距离地了解部门工作；对英国文化评价问题进行了介绍，从文化的内在价值、社会价值和经济价值三个层面对文化的重要作用进行了阐释。希望本书能为人们提供了解英国文化政策的一面镜子，并在比较借鉴中，对我国建设文化强国、提升软实力提供重要的参考。

这本书是集体智慧的结晶。沈壮海教授从书稿的基本框架到文献的选编，从翻译初稿到最后定稿，每一步都亲力亲为，为书稿付出了巨大的努力。卢丽珠、王依依、帅颖、唐荔、梅春花、程楚玥、郑华琴、王崇旻、李嘉妮、李想、董蓝旗、易晗、吕凤超、肖硕、路遥、胡陈陈、覃舒雅等都参与了初稿的翻译，彭绮娴、周鹃、许家烨、郑美娟参与了部分书稿的校对工作，之后编译团队不断进行打磨和修改。武汉大学出版社的陈帆编辑和宋丽娜编辑为本书的顺利出版付出了艰辛的劳动，对译稿进行了多次认真细致的修改，在此谨致谢忱。

译稿虽经过多次的打磨，编译团队也力求精益求精，但水平有限，难免存在疏漏和错误。敬请批评指正。

编译者

2021年9月

目　　录

（上）

（下）

创意产业纲领文件

* 文件由文化、媒体和体育部发布于 2001 年。

国务大臣寄语

两年前，我们出版了第一份《创意产业纲领文件》，旨在增强创意产业的意识，了解它们对经济发展作出的贡献，并解决它们所面临的问题。

如今，“创意产业”这一术语已广为流传，家喻户晓；在知识经济时代，创意产业对国民经济的重要性越来越广为人知。创意产业的特殊需求也反映在国家、地区、地方的发展政策上，它已从边缘地带转向主流方向。

如果没有创意产业从业者和政府工作人员的青睐和努力，这一切都不可能发生。谨此向他们表达我的谢意。我们有了良好的开端，但是现在必须再接再厉，确保干劲十足，这样才能将创意产业的潜力发挥到极致。

《创意产业纲领文件》表明创意产业正在不断地获得成功。这些成功案例都是真实的故事，如今在知识经济中发挥着关键作用。当然，所有这一切都是基于原创力——这是创意产业的生命线。21 世纪最成功的社会和经济体一定是富有创造力的。创造力关系重大，它可以让企业获得竞争优势，让社会寻求新的解决问题的方式，改善生活质量。这给英国提供了诸多机遇。我们一直以强大的创造力而闻名世界，同时我们也有着深厚的历史积淀和繁荣发展的现代社会。

我希望将培养创造力作为教育的核心，鼓励开发儿童天赋。这也是为什么我们在去年 7 月启动了一项投资 4 000 万的“创新伙伴关系”项目，联合学校、艺术行业和其他创新型机构给 16 个贫困地区的儿童提供更多的机会。

我希望所有的年轻人都能够通过各种活动来表现和传递他们的创造力，例如给一些年轻人提供在创意企业中任职的机会。去年 4 月，我们发布了《你的创造性未来》，这是首份关于创意企业的就业指导手册，紧接着在 10 月我们还推出了网页版指南。

我希望每个人都能够在博物馆和画廊里体会到我们文化的博大精深，这也是我们开放博物馆和艺术馆并制定“文化在线”计划的原因。

我希望所有的企业都能够进行创新思考，意识到要想成功，创造力不是附属因素，而是必不可少的因素。

我希望在这个日新月异的世界里，创意企业更要继续抓住机遇，跳出框架去思考，大胆创新，快速应对，发挥潜力。

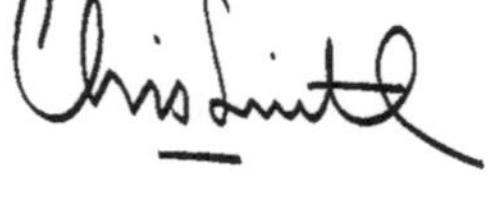

背　　景

创意产业

第一份《创意产业纲领文件》于 1998 年 11 月发布，它首次评估了英国创意产业对经济发展的贡献，明确了面临的机遇和挑战。《创意产业纲领文件》为英国政府和创意产业描绘了一幅行动的蓝图。

在过去的两年里，创意产业特别小组调查了影响创意产业的普遍性问题，并对某些领域提出了建议和意见，如提高技能和加强培训、创意创业融资、知识产权以及出口等。

这些改革的效果是显而易见的。例如，给创意产业带来更好的就业指导，在区域内给创意产业提供合适的融资，为创造者、用户以及民众就知识产权提供更好的信息服务，并给创造性出口商提供更加有效和集中的支持。特别小组还特地考察了电视机出口的增长以及网络给创意产业带来的机遇和挑战。

两年来，越来越多的人意识到创意产业的重要性。

第一，在政府层面，组建了创意产业战略团队协调创意产业的需求，并担任计划和行动的“信息交换中心”。这也是英国首创，团队成员包括来自苏格兰行政院的大臣、北爱尔兰行政院的大臣以及威尔士议会的大臣。多个部门和机构已经就创意产业采取行动。

第二，在创意产业中，工作人员愿意和政府以及其他机构一起解决关键问题，例如音乐界论坛以及创意产业出口促进咨询小组就是很好的典范。

第三，在各地区中，地区发展局和地方文化协会正与其他关键合作伙伴一起，确保当地创意产业的发展。

第四，越来越多的地方政府意识到创意产业对经济发展、复兴和社会包容作出的贡献。例如，谢菲尔德的文化产业区、伯明翰的珠宝区、纽卡斯尔的格兰杰城、贝尔法斯特的大教堂区以及伦敦的城乡交接带等。

方　法　论

通过对《创意产业纲领文件》进行回顾，我们可以对创意产业进行如下的界定，那就是“这种产业来源于个人创造力、技能和天赋，而且可以通过世代的努力和知识产权的开发来获得财富以及创造就业”。

同样，我们保持创意产业的覆盖行业不变，包括广告、建筑、艺术和古董市场、手工艺、设计、时尚设计、电影和录像、互动娱乐软件、音乐、表演艺术、出版、软件和计算机服务、电视和广播。

我们同样意识到了创意产业和其他领域之间密切的经济联系，例如旅游业、酒店业、博物馆和画廊、传承以及体育等。

尽管官方提供的数据显示创意产业得到了发展，但由于其本身的复杂性，要科学地界定创意产业并不容易，所以要得出能够单独识别创意产业的强有力的数据仍然存在一定的困难。相比 1998 年的《创意产业纲领文件》，我们多方搜集资料以确保使用最合适和最新的数据来帮助我们更好地了解创意产业的现状。将这次分布的纲领文件直接和 1998 年《创意产业纲领文件》相比是相当不合适的，因为两个文件中引用的数据来源可能有很大的差异。然而，我们也确定了一些可以进行比较的数据，这一点已在附录中进行说明。在参考文献中也标出了主要来源。考虑到审查小组在当地搜集数据过程中所遇到的困难，我们将在今年晚些时候发布一份报告，就如何获得有关创意产业的更及时、更可靠的数据提供建议。

在这种情况下，搜集和分析数据的前期工作是由伦敦城市大学(City University London，CUL)艺术政策和管理系牵头。我们对这些部门机构、贸易协会以及其他在工作中帮助过伦敦城市大学的机构和个人表示感谢。致谢中还包含了研究人员和政府联系人的名单。获取本报告的电子版可以登录以下网址：www.culture.gov.uk/creative/mapping.html.

成员详细资料——部级创意产业战略团队

Rt Hon Chris Smith	文化、媒体和体育部国务大臣
Rt Hon Hilary Armstrong	环境、交通和区域部国务大臣
Patricia Hewitt	贸易和工业部国务大臣
StephenTimms	财政部大臣
Janet Anderson	文化、媒体和体育部议会副大臣
Dr Kim Howells	贸易和工业部议会副大臣
Michael Wills	教育和就业部议会副大臣
Baroness Scotland of Asthal	外交和联邦事务部议会副大臣
MichaelMcGimpsey	北爱尔兰议会文化、艺术和娱乐大臣
JennyRanderson	威尔士国民议会文化、体育和威尔士语言大臣
Allan Wilson	苏格兰行政院环境、体育和文化副大臣

由上述部门官员支持

第 10 号政策文件

英国文化协会

科技办公室

目　　录

概　　述

收入、就业和出口

英国的创意产业创造了约1125亿英镑收入，雇用了约130万人。创意产业的出口值为贸易平衡贡献了约103亿英镑，并占据国内生产总值的比重超过5%。1997—1998年，创意产业的产出增长了16%，相比之下，整个国民经济的增长率还不到6%。

收入

（单位：十亿英镑）

预计收入总金额112.5①

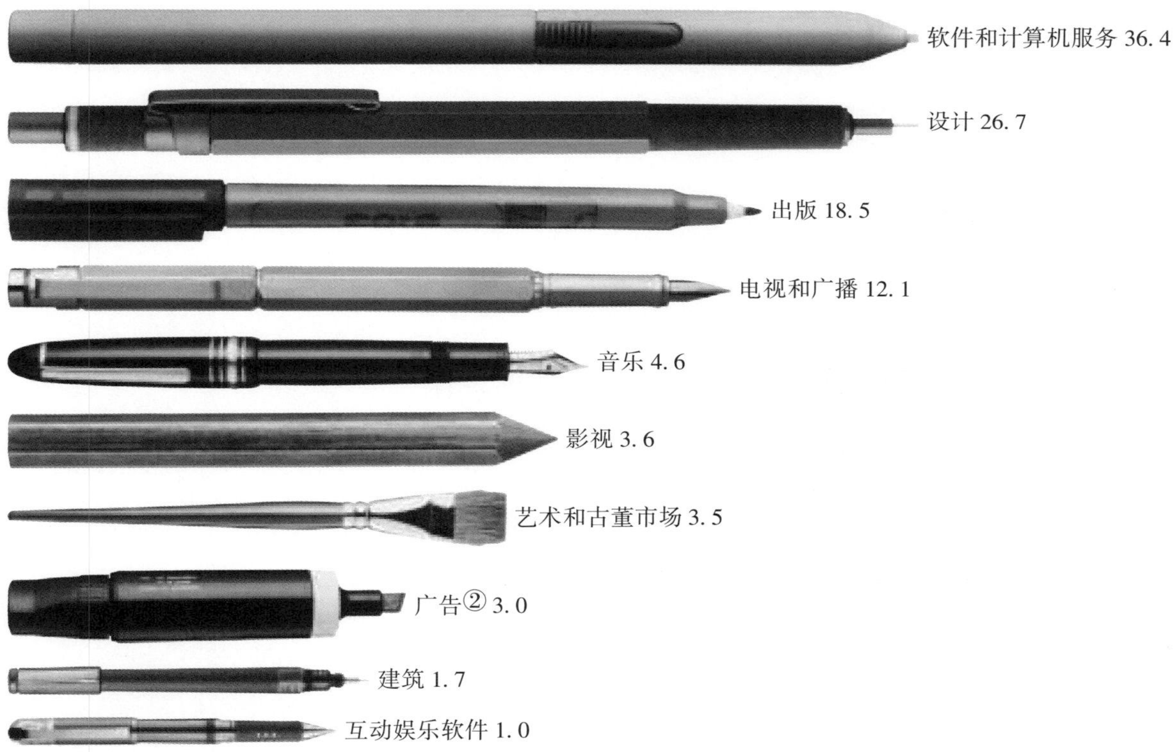

① 由于四舍五入的关系，数字之和可能与总数有出入。

② 总收入达到160亿英镑，其中130亿英镑已从其他创意产业报告的收入中扣除，以避免重复计算。

就业

（单位：人）

预计就业总人数 132.2 万①

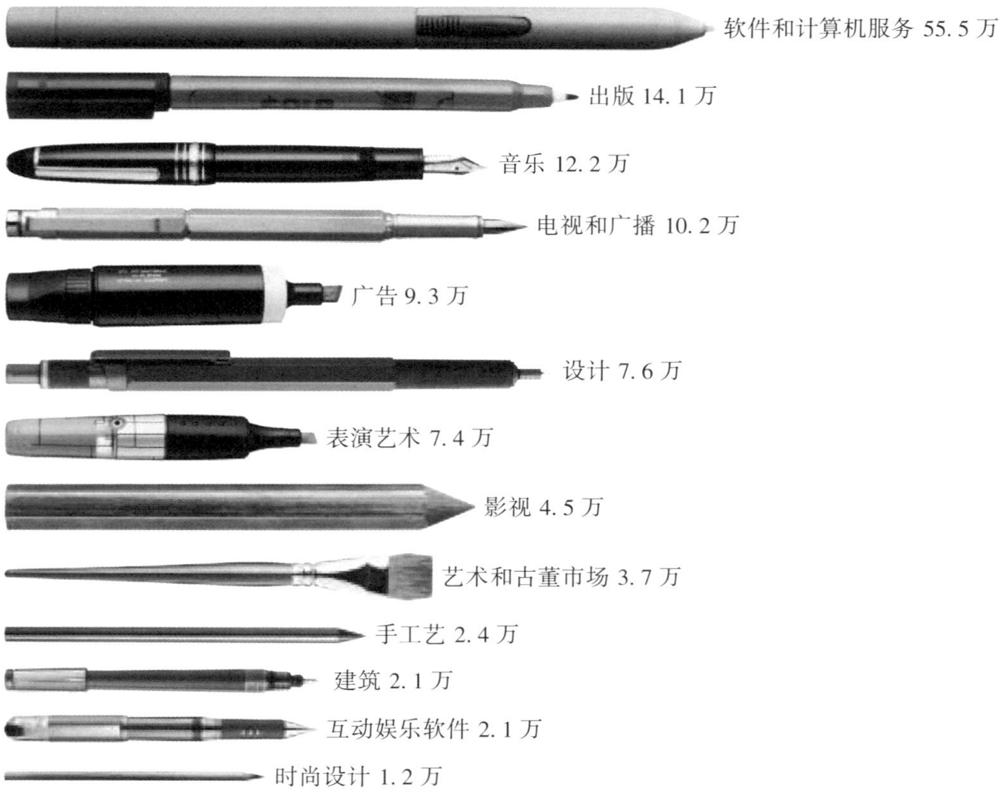

出口

（单位：百万英镑）

预计出口总数 10 252②

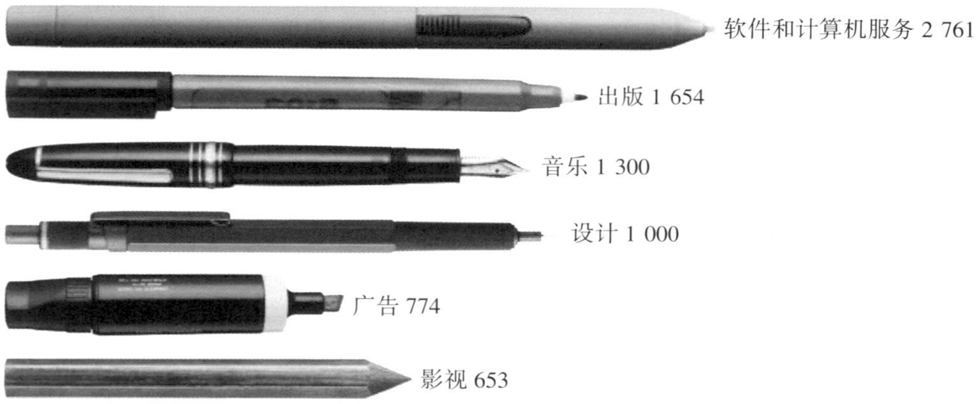

① 由于四舍五入的关系，数字之和可能与总数有出入。

② 由于四舍五入的关系，数字之和可能与总数有出入。

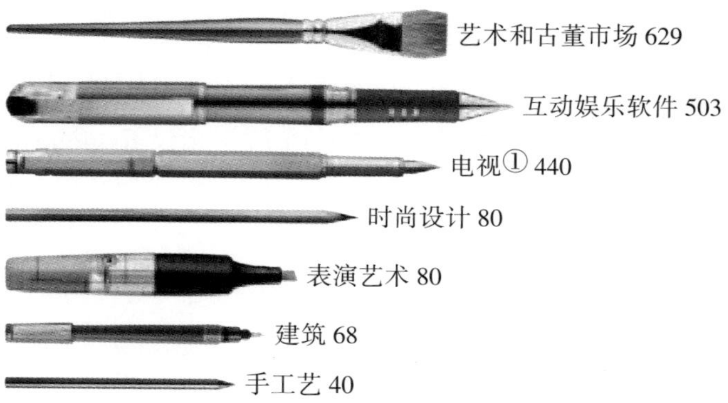

区域概述

尽管伦敦和英格兰东南部仍然是吸引创意产业的主要地区，英格兰其他区域以及北爱尔兰、苏格兰和威尔士等地也逐渐意识到创意产业给社会包容和复兴战略作出了贡献。创意产业不仅创造财富，而且还提供就业机会。最近，一项由贸易和工业部(Department of Trade and Industry，DTI)开展的关于集群发展的研究②证明，在英国很多地区，创意产业变得越来越重要。

电子商务和互联网的影响

电子商务和互联网对所有创意企业的影响都比较大。就电子商务而言，创意产业力图补足和加强现有的贸易模式。通过互联网分销核心产品和服务的企业将会见证宽带的普及带来的显著效果。企业和顾客都希望创意产业能够运用网络来提供公司、交流、产品和服务等基本信息。

创意公司需要继续追求灵活的策略，实现线上线下的互补发展，及时应对短期发展节奏过快的问题，并且预测发展的结果。

创意产业和政府需要继续一起监测发展带来的威胁，并抓住机遇。

出口

在海外市场，英国创意产业的需求量越来越大。创意产业出口促进咨询小组(Creative Industries Export Promotion Advisory Group，CIEPAG)已经为海外市场推广赢得了支持。新成立的英国海外工作小组(Britain Abroad Task Force，BATF)将在提升英国创造力和创新能力方面产生重要作用。英国贸易伙伴和英国文化协会(British Council，BC)将会继续发挥关键作用，通过与海外市场办事机构的共同努力，确保创意出口的持续发展。

合伙关系

合作是创意产业的普遍做法。在国家层面，政府建立了一些机构如音乐产业论坛(Music Industry

① 只包括电视出口。
② 贸易和工业部，2001 年 2 月：《英国的产业集群——第一次评估》。

Forum，MIF），以确保政府和产业在政策制定上能充分合作。在北爱尔兰、苏格兰和威尔士，地方自治政府采取了类似的包容性办法。在英格兰，地区发展局（Regional Development Agencies，RDA）可以利用地方文化协会（Regional Cultural Consortiums，RCC）和行业聚焦机构比如区域群艺馆（Regional Arts Boards，RAB）的专业技能，制定经济发展战略并确保创意产业能保持成功。

创意产业的发展

本报告中每一创意产业都面临一系列问题，影响其发展潜力。这些重要问题包括：

第一，激发年轻人的创造力和创新精神，这样才能长期拥有创意人才。

第二，确保在小学、中学和大学三个层次，我们都能挖掘和培养新的人才。

第三，确保人们拥有取得成功的两个必要因素：创造力和商业技能。

第四，确保民众意识到知识产权对发展长期创造力的重要性。

第五，确保创意产业能够得到恰当的财务支持，财政部门能够认识到投资创意产业的机遇和益处。

第六，面对全球机遇，把英国的创造力和创新推广到全世界，消除自由贸易中的障碍，反对影响英国公司竞争力的措施。

第七，利用电子商务和网络带来的机遇。

第八，确保不对创意产业过度监管。

第九，认识到创意产业和商业创意产业、创意产业和更加广泛的文化产业之间的紧密联系和协同作用，促进英国的文化生活更加多元、更有活力。

第十，根据对创意产业覆盖范围的共识，进一步收集有关创意产业的及时有效的数据。

行业亮点

广告业

英国是最佳的广告实践中心。伦敦——世界三大广告业中心之一——正逐渐把目标放在发展成为以泛欧洲和全球市场为目标的产业基地。在线广告支出的增长势头强劲。

要想找到对经济发展至关重要的技术人才和创新人才依然十分困难。我们仍然需要开发更好的培训方法。广告业也需要培养更多的中小型企业（Small and Medium-size Enterprise，SME），其中从企业到客户的话语权转移值得关注。

建筑业

越来越多的建筑师在海外工作，而且出口收入也在大幅度上升。20 世纪 90 年代中后期，休闲和文化建筑物的项目数量大大增加。国家彩票和地方政府投资艺术和文化项目，对满足项目需求发挥了重要的促进作用。

建筑师对电子贸易和电子商务的使用仍然处在萌芽阶段。由于宽带带宽偏低、建筑设计软件不兼容等问题，信息和通信技术的使用仍存在一定限制。

我们需要更加主动地输出建筑专业知识，女性和少数民族的代表人数不足也是令人关切的问题。

艺术和古董市场

英国是世界上第二大艺术和古董市场的发源地。英国的艺术和古董企业数量在欧洲排名第二，雇用人员数量在欧洲排名第一。伦敦是艺术和古董的中欧商品交易所。英国文化协会在确保英国艺术家的国际知名度方面仍然发挥着重要作用。

一项旨在协调欧盟转售版税问题的立法建议，可能会鼓励供应商把高价值的交易场所转移到纽约、日内瓦和其他非欧盟市场。而在低价值交易中，艺术家为保障其权利付出的成本可能与其所获得的收益不成正比。

手工艺

在英国高等教育领域，越来越多的学生参加手工艺和设计课程，他们在手工制作过程中运用了更高超的技能。英国手工艺在世界上越来越有名气，这部分归功于工艺理事会(Craft Council，CC)为促进出口所付出的努力。对于沟通和营销来说，手工技能越来越重要。

手工艺行业内的信息沟通不畅正在阻碍该行业的发展。我们需要更优质的商品交易会，例如切尔西工艺品展销会(Chelsea Crafts Fair，CCF)。尤其对年轻制造者和大学毕业生而言，需要给从业者提供更好的培训机会来支持他们的职业发展需要。

设计

设计对于经济活动而言是必不可少的。英国在设计学科方面是公认的世界领头者，也是世界上头号设计出口国。2000 年预计出口额达到 10 亿英镑。我们的设计教育体系在国际上享有很高的声誉，这一点在留学生数量的增长上可以看出(1994 年 5 月至 1998 年 9 月增长了 112%)。

虽然已经有一系列的机构可以代表设计行业的各个部分，但目前还没有一个包罗万象的机构可以来代表设计行业的所有部分，并协助制定政策。一些人对最近从设计学校毕业的学生的质量表示了担忧，部分原因是在课程中与导师一对一交流的时间减少了。

时尚设计

英国拥有世界排名第四的时尚设计产业，有 60%的公司出口，未来会引进更多的设计师，可能会使国内市场的销量增加。

网络使年轻的设计师能够以低成本进入市场。

缺乏可靠的行业数据制约了公司判断趋势、抓住机遇的能力。所以，为了确保企业生存和资金供给，设计师应该具备管理企业的能力。设计师和制造商之间的关系应该更融洽，应在伦敦以外发展更多的零售机会。

电影

在 1999—2000 年，英国电影业十分成功，获得了不少奖项。现在的英国电影业比 20 世纪 90 年代初幸运得多，数字化技术可以节约 90%的电影制作和发行成本。数字影院设备的出口潜能较大，DVD

和付费电视也在创造新的市场。

由美国大型公司主导的发行过程对英国电影业并不友好。横跨开发、生产以及分销整个过程的综合型英国公司数量并不多。所以，统计真实可靠的、最新的数据，确保新企业获得投资，走可持续的长远发展路线就十分有必要了。对数字传输的投资同样也是值得思考的问题。

互动娱乐软件

在消费方面，英国是继美国和日本之后的第三大市场。英国可以说是欧洲最重要的游戏产业地域，也是世界上大多数游戏发布商的子公司所在地。大多数游戏工作室只包含一个 5~15 人的工作小组，现在也有很多大型投资的工作室，可能雇用 50 人甚至更多的人。

娱乐软件本身是不稳定的，由于技术以及产品生命周期的限制，导致“饥荒与盛宴”并存。该产业在引入英国资金上仍有困难。技术的发展使得开发者未来可以绕开出版商，与音乐行业的情况类似。该行业还需要更可靠的数据支撑。

音乐

1999 年，英国是世界上第三大唱片销售市场，也是欧洲市场的领导者。在观众和消费方面，音乐消费模式已经越来越多样化了。各个机构部门总计收入达到 3.5 亿英镑。未来两年，在线音乐销售额预计每年都会翻倍。

电子商务正在挑战传统的交付系统，可能会影响某些地方的就业情况。在线发行也会为内容创造者带来问题。例如：维护创造者的权利和薪资，维护消费者利益，因为已经有人察觉到网上付款的危险。隐私仍然是关键的问题，而且互联网盗版也在快速发展。

表演艺术

英国有 800 多家正式的演出剧院，还有 500 多家制作专业戏剧、舞蹈、话剧和音乐剧的公司，以及很多类似的业余组织。这里每年大约举办 550 个艺术节，其中大约有 40 个节日都关于表演艺术。爱丁堡国际艺术节(Edinburgh International Festival，EIF)是目前最大的艺术节。

由于整体上座率保持不变，该行业并没有表现出强劲的增长趋势。同时行业中也未能充分利用表演者和技术人员高超的技能以及新建的和翻新的建筑所占用的资金。由于英国比其他欧洲国家更加依赖市场支持，这就导致了人们害怕在创意产业中承担风险。所以我们有必要鼓励更多的私人投资，为该行业获得更可靠的数据支持。

出版

据预测，1999 年，图书的零售额会比上年度增长 10%。1999 年，出版业出现了 6.9 亿英镑的贸易顺差。超过 80%的英国成年人阅读消费者杂志，而且英国还负责出版世界上 1/6 的新媒体图书。政府的扫盲举措使得销量增加。版权和知识产权保护仍然是关键问题，如付费获得内容。现在我们担忧的是并购速度加快。我们有必要培养技能，无论是技术还是管理方面，尤其在数字出版业，因为此领域中管理人员快速增长就说明存在问题。对企业发展的资金支持和短期现金流管理同样受人关注。

软件和计算机服务

英国是仅次于德国的欧洲第二大信息技术市场。英国公司的出口收入约占总收入的 1/3，而且该行业的就业率一直以两位数的速度增长。英国可以为一些高度发达的行业提供专门的软件技术，例如银行业和金融业。现在，90%的英国员工在和互联网相关的企业中工作（和美国 93%的人员比例持平）。

缺乏专门的技能可能仍然会阻碍增长。

电视和广播

英国电视产业被公认为是欧洲最有活力的产业之一。卫星和有线电视的观众数量一直在增加。2000 年，商业电台预计会以其他媒介两倍的速率增长（12%）。数字技术、网络、电信的发展使得电视和广播业可以有更多的新型服务方式。

《新的通信未来》白皮书中概括了该产业面临的主要问题，包括跨媒体所有权的规范、市场融合的规范和频谱管理。另外，新兴技术（例如视频点播、个人录像机）将会给传统的广播公司带来更多的挑战。

在中短期内没有新的频谱将限制模拟独立本地电台，所以期待数字无线电台的到来。然而作为商业电台的主要收入来源，只有在听众拥有数字化装备的基础上，广告收入才能成为现实。

区域维度

主要问题

就创意产业的发展而言，与英国大部分或所有地区相关的问题包括：

第一，需要规划以便更好地了解现状，并为制定政策提供信息。规划同样需要基于对创意产业覆盖范围的共识。

第二，创意产业策略需要和其他有关策略相结合，包括地区发展局、地区文化协会、学习和技能委员会(Learning and Skills Councils，LSC)以及小型商业机构(Small Business Service，SBS)。

第三，需要提高企业支持机构对创意企业的认识，并提供适当的支持机制，包括帮助创意企业更有效地联网，鼓励沟通和交流。

第四，需要改进有关可用资金来源的建议，并发展制定创意产业的支持机制，如“西米德兰兹郡的创意优势”。

第五，有必要加强现有的并发展新兴的创意集群，同时提供适当的支持机制。

第六，有必要鼓励各地区留住本地创意人才。

规划

我们必须确保能在区域和次区域层面提供有关创意产业的可靠数据。我们在产业规划方面已经做了一些努力，但需要确保这种努力在整个英国变得更加均衡，英格兰的地区发展局、北爱尔兰工业发展委员会(Northern Ireland Industrial Development Board，NIIDB)、苏格兰企业和威尔士发展署(Welsh Development Agency，WDA)都有一项尽可能完整的规划，以作为政策发展的基础。

策略

很多机构在创意产业的发展中都可以发挥作用。这些机构包括：英格兰的地区发展局、地方文化协会、学习和技能委员会、小型企业服务部以及在北爱尔兰、苏格兰和威尔士的相应机构，还有一系列公共资助的行业特定机构，如艺术委员会、设计委员会和电影委员会。我们需要确保他们的创意产业战略相互关联，确保有效地开展有针对性的工作，避免不必要的重复。此外，在适当的情况下，我们需要确保战略性地使用欧盟的资金来支持创意产业。

企业支援机制

小型企业服务部面临的挑战就是要理解创意产业的需要，给产业中有需要的企业提供相应的支援方式——这可能比其他产业涉及更多的同行间学习与沟通活动；而且有必要帮助创意产业更有效地联网，鼓励交流。

金融

确保创意产业持续发展的关键因素就是在企业发展的各个阶段提供合适的财政支援。“西米德兰兹郡的创意优势”(参见“案例分析”)提供了资助的案例，这项资助是根据创意产业的需要量身定制的，问题就是要保证资助可以更广泛地覆盖到其他方面。

案例分析

西米德兰兹郡的创意优势

创意产业基金为西米德兰兹郡提供了风险投资，以帮助创意产业发展。该基金已经设立，由欧洲区域发展基金(Regional Development Fund，RDF)赞助，帮助解决创意产业公司因自身规模较小而导致难以吸引风险投资基金。该基金会为新成立的创意产业提供高达13万英镑的投资。详情请见：www.creative-advantage-fund.co.uk.

集群

最近发布的贸易和工业部集群图①显示了英国境内创意产业集群的分布。成功的集群发展是区域竞争优势的关键，如何确保现有集群的持续成功以及培育新兴集群的发展是当前的挑战。

留住人才

创意企业都抱怨人才流失到了伦敦。如何发挥主动性，让人才留在某个特定区域是面临的主要挑战。

综述

尽管创意产业人员主要集中在伦敦和英格兰东南部——占英国创意产业所有员工人数的一半左右，而且这两地创意产业的员工占比相较全行业来说更高，但是把创意产业描绘成仅仅存在于伦敦或英格兰东南部就大错特错。现实正如创意产业任务小组的报告《地区的规模》和贸易和工业部最近发布的集群图②所显示的一样，创意产业对英国所有区域的经济都作出了杰出的贡献。

英格兰

在英格兰，地区发展局(RDAs)认为，创意产业对区域经济发展作出了重要贡献。和区域文化委员会以及其他伙伴一样，地区发展局面临的挑战就是保证创意产业能尽可能地为经济发展作出贡献，帮助它们成长并创造更多的财富和就业机会。伦敦发展机构已经认识到创意产业是重要领域，并且正

① 贸易和工业部，2001年2月：《英国的商业集群——第一次评估》。
② 贸易和工业部，2001年2月：《英国的商业集群——第一次评估》。

在制订计划来保证给予创意产业合适的支持，帮助其获得成功。

苏格兰

苏格兰企业已经意识到创意产业是苏格兰经济的关键集群。去年 8 月公布的集群发展战略中，概述了未来五年在该领域进行的 2 500 万英镑的投资计划。该政策旨在确保未来 3~5 年内创意产业每年增长 10%，并增加创意输出，使其占苏格兰出口总额的 15%。投资的重点是创建充满活力的商业环境，发展和扩大人才规模和技能基础，不断创新，提高苏格兰创意产业的国际声誉。

威尔士

最新发布的《文化的共同点》报告建议，建立“创意威尔士”作为发展和支持威尔士创意产业的保护机构。在制定创意产业的培训和发展策略方面，新的威尔士国家教育和培训委员会将会参与其中。在《威尔士艺术和文化产业的经济影响》研究报告的支撑下，政府制定了相关策略，关注有发展潜力的次领域，例如音乐、手工艺、设计、电视和广播、表演艺术和电影。

北爱尔兰

在北爱尔兰，文化、艺术和休闲部（Department for Culture，Arts and Leisure，DCAL）及其他三个部门（教育部，高等教育、培训和就业部，企业、贸易和投资部）于去年 11 月公布了一个咨询文件《释放的创造力——发展策略》，其概述了北爱尔兰是如何在学校以及工作场所培养和发挥个人创造力。作为补充，文化、艺术和休闲部还设立了跨部门创意产业行动小组（Creative Industries Action Group，CIAG），通过制定策略以提升行业形象，挖掘发展潜力。此外，文化、艺术和休闲部还资助了一项研究与发展项目，即“创意企业”，由贝尔法斯特女王大学作为主要负责机构。该项目除了会为北爱尔兰提供一份详细的行业简图，还会调查关键性因素（促进因素和阻碍因素）以及竞争优势，并为政府提供政策选择和优先事项草案。

作为该计划的一部分，文化、艺术和休闲部设立了创意产业行动小组来支持这项工作，研究工作正在贝尔法斯特女王大学进行，通过描绘创意产业在经济上的贡献，为政策制定提供参考。这份报告是 2002 年出版的。

区域集中、集群与发展分析

地区	集中和集群	发展注释
东北部	出版、建筑、软件、多媒体、电影、手工艺	围绕着盖茨核德码头区（波罗的海当代艺术和音乐中心）和纽卡索尔的格兰杰镇的文化主导复兴计划的发展。 位于泰恩河畔纽卡索尔的平克大街和乌斯伯恩仓库，以及米德尔斯堡的多媒体交易所，都是由地产主导的创意企业集群。 一个小型的但十分活跃且广受好评的电影集群支撑了泰恩赛德和诺森伯兰郡的 40~50 家小型企业。 在桑德兰（例如国家玻璃中心）和诺森伯兰和达勒姆，与旅游相关的乡村工艺品（礼品之类）组成了重要的集群。 在泰恩赛德以及提赛德的强大的多媒体集群，被地区发展局认为是区域经济策略中的优先集群。 多媒体/软件集群的发展是欧盟资助第 2 项目标中的五个优先集群之一。

续表

地区	集中和集群	发展注释
西北部	电视、音乐、表演艺术、**互动娱乐软件**、手工艺	西北地区发展署(North West Regional Development Agency, NWRDA)以及西北文化委员会(North West Cultural Consortium, NWCC)最近正在描绘该地区的文化集群，其中包括了创意产业。 创意产业主要集中在曼彻斯特和利物浦等大城市、柴郡走廊和南湖地区，但许多地方和次区域战略都认识到创意产业作为关键增长部门的价值和需求。 伦敦和英格兰东南部以外最大的媒体集群。 利物浦是世界上最重要的电脑游戏开发城市之一。 默西塞德郡的研究表明，当地在设计和视觉艺术、音乐、博物馆、画廊以及文物保护方面有大幅度提升。 在西北部，集群发展是重要的区域优先战略。西北地区发展局致力于大量投资创意产业，因为该产业是地区经济增长的关键。
约克郡和亨伯赛德郡	建筑、软件、表演艺术、**网页设计、网络服务、互动休闲软件**	主要集中在： 1. 谢菲尔德文化工业区(Cultural Industries Quarter, CIQ)的媒体、新媒体、视觉艺术以及音乐。 2. 哈德斯菲尔德创意城镇的软件、音乐和设计。 3. 东北林肯郡以及北约克郡的艺术和手工艺。 英国利兹大学的布雷顿霍尔先生代表地区发展局、约克郡大区发展署以及区域艺术董事会，主持了大量关于创意产业和文化产业贡献的研究。
西米德兰兹郡	软件、互动休闲软件、电影、**艺术和古董市场**、广告、表演艺术	表演艺术对旅游业来说越来越重要。伯明翰的珠宝区是创意集群。 作为经济和复兴策略的一部分，地方政府强调创意产业的发展，例如伯明翰、考文垂、伍尔弗汉普顿以及特伦特河畔斯托克。创意产业集群是围绕再生项目开展的，例如卡斯塔德工厂和伯明翰的大挂钩以及伍尔弗汉普顿的灯塔媒体中心。 赫里福德和什罗普群正发展农村创意产业
东米德兰	建筑、广告、电影、出版、电视广播、**网页设计、网络服务**	林肯和诺丁汉正开发正式文化街区。 莱斯特的文化发展战略可能会将该城市建成文化产业区，成为东米德兰的文化创作中心以及文化投资和创意产业的地区标杆。 地区发展局、东米德兰发展署(East Midlands Development Agency, EMDA)已经开始了关于创意产业的研究，从前期的结果来看，发展是在积极推进的。东米德兰经济发展署已经同意投资新项目来支持和发展创意人才。
东部	**软件**、出版、多媒体	电影和电视制作集中在赫特福德郡(里伍斯登和埃尔斯特里演播室)以及诺维奇，主要的媒体和软件集群的中心在剑桥和埃塞克斯。 地区发展局意识到创意产业能够提供就业机会和促进经济增长，于是设立了创意产业部门小组(Creative Industries Sector Group, CISG)。区域文化策略将会支持发展创意产业网络、培训计划和孵化单位，以促进业务增长和改善供应链管理。 该区域的行业中有很多强大的网络和发展机构，尤其是多媒体联盟(Multimedia Alliance, MA)和多媒体培训协会(Multimedia Training Consortium, MTC)。 电影、电视和移动图像业务的发展将受益于即将成立的移动图像开发机构，这是由电影协会赞助的。

续表

地区	集中和集群	发展注释
西南部	电影、电视和广播、建筑、软件、出版、**艺术和古董市场**	西南文化(地区文化协会)成立了创意产业论坛，作为该地区的发展重点。 西南文化提议和地区发展局合作，共同为创意产业描绘图景。 西南技能网(Skillnet South West)和西南艺术正计划设立一项技能发展基金，重点关注艺术、电影和媒体的发展。
东南部	广告、出版、表演艺术、**互动休闲软件、艺术和古董市场、电影和电视制作、网页设计、网络服务、软件**	2000年9月，地区发展局(英格兰东南地区发展署)宣布了首批五家企业中心，强有力地展现了现有的和正在形成的创意产业集群的特征： 1. 布莱顿和霍夫：新媒体和创意产业； 2. 南安普顿：电影和电视制作； 3. 北牛津郡：媒体和赛车运动(聚焦于银石赛道)。 2000年6月，在英格兰东南地区发展署资助学习和技能培训基金的11个资助项目中创意产业获得3项资助(350万英镑资助中的80多万英镑)： 1. 文化遗产行业的管理发展； 2. 视听领域：培训和发展优秀新闻工作者，包括商业广播和制作人员；利用广播培训所有媒体平台(互联网、数字、互动媒体电视、光驱)的人员；以布赖顿集群为基地； 3. 媒体业务网(阶段二)：致力于东南部的媒体和新媒体产业；创造新信息资源、学习网络并提供连锁链接；扩展媒体业务网领导论坛，创建网上社区；现存的创意产业集群继续在布莱顿和霍夫、吉尔福德(小企业互动娱乐软件网络)、牛津(出版业等)开发和扩展。
伦敦	**电影、电视和广播、音乐**、表演艺术、**出版**、设计、**广告**、建筑、手工艺、时尚设计、**艺术和古董市场、互动娱乐软件、摄影**	伦敦发展机构和市长文化策略小组正在起草提案，以确保创意产业的需求反映在大伦敦政府(Greater London Authority，GLA)的经济、交通、空间发展和文化策略中。 东伦敦新兴创意产业位于斯特拉福德的电影和文化区。 在德特福德，新兴创意产业以艺术为主题(视觉和表演)。 围绕设计、新媒体与音乐的城市边缘创意群。
北爱尔兰	电影和录像、电视和广播、软件、出版、表演艺术	文化、艺术和休闲部已经委托创意产业研究和开发项目，并公布了一项在学校和工作场所利用个人创造力的方案。 重要的研究和发展能力，例如声音艺术中心。皇后大学和奥斯特大学都支持北爱尔兰创业中心(NI Centre for Entrepreneurship，NICENT)。 发展贝尔法斯特教堂文化区。 北爱尔兰旅游局(Northern Ireland Tourist Board，NITB)和北爱尔兰艺术协会共同举办的文化旅游项目。 电影制作的增加和当地生产能力的提升。画展大厅制片公司对电影和电视基础设施作出了主要的贡献。 伦敦德里郡的中心是大不列颠群岛最具活力和创新性的多媒体中心。
苏格兰	建筑、出版、电视和广播、广告/公共关系、互动娱乐软件	苏格兰企业网络(Scottish Enterprise Network，SEN)是： 1. 在泰赛德区为创意产业创造学术环境。这是联合项目，包括在阿伯泰大学的计算机游戏中心和虚拟娱乐中心，并且与私人、公共和学术界共同促进区域数字媒体行业的发展。 2. 将哥拉斯加的克莱德河畔的太平洋码头发展为以新媒体为核心的国际媒体中心。英国广播电视台苏格兰和第四台、国家和地区节目都承诺移至该地(视乎规划而定)。 3. 与主要赞助商和合作伙伴认真讨论建设面向创意产业的互动型网站，该网站将会成为给国家所有创意产业提供信息、进行知识产权交流等的主要平台。

续表

地区	集中和集群	发展注释
威尔士	**艺术和古董市场**、手工艺、设计、表演艺术、音乐	“威尔士创造”协会是为联合威尔士众多文化赞助机构以及主要伙伴而建立，包括威尔士旅游局(Wales Tourist Board，WTB)、威尔士发展署(Welsh Development Agency，WDA)、威尔士地方政府协会(Welsh Local Government Association，WLGA)、威尔士国家教育培训协会(National Council for Education and Training，NCET)以及志愿组织。协会的头等大事之一就是要密切关注威尔士的创意/文化产业并制定支持和发展的政策。 最近针对小型企业提供了促进互联网资源使用和知识产权保护的建议和指导。 威尔士国际贸易已经建立了一个创意产业集群小组来开发参与者的国际贸易潜能。 “威尔士技术”(Know How Cymru Wales)项目正在促进大学和企业之间有效的联系。

注：2001 年 2 月，贸易和工业部，《英国的商业集群——第一次评估》。在英国的商业集群中确定的集群用加粗字体表示。

1. 广告

核心活动：

消费者的研究和意见
管理客户端市场营销和沟通方案
明确顾客偏好和反馈
设计广告/促销
公共关系活动
媒介计划、购买和评价
制造广告材料

相关活动：

创意工作室和自由职业者
编辑服务
小册子/出版物
摄影、电影和数字录音
数字内容创作
多媒体和网络制作
市场营销咨询
展览

相关行业：

公共关系
市场推广
直销
设计
电视与广播
电影
市场研究

1. 广告

总收入：30 亿英镑(1998 年)①

出口：8.15 亿英镑(1998 年)，7.74 亿英镑(1999 年)②

就业：84 900 人(1998 年)，92 800 人(2000 年)③

行业收入

1998 年，英国广告业除增值税外，总营业额达到 159.88 亿英镑。其他创意产业营业额估计达到 130 亿英镑。这包括购买媒体空间，其中部分支出也包含在出版、电视和广播的收入内。

1998 年的税前以及资本消费之前的总收入(盈利)将近 14.2 亿英镑，税后以及资本消费之后的收入为 11.15 亿英镑。1998 年，英国 50 家顶级广告机构的平均利润率是 6.5%。④ 1999 年，平均利润率估计达到 8.8%。⑤广告业的利润率已经被曲解，按惯例，代理商通常以客户的名义购买媒体，然后将这部分成本计入佣金。据估计，75%的代理商收入是和广告服务制作有关的，剩余部分则来源于媒体的佣金。

1998 年，广告业对英国经济的贡献(总增加值)达到 35 亿英镑。⑥

广告业的总营业额、收益和总增加值(1995—1998 年) (单位：百万英镑)

	1995 年	1996 年	1997 年	1998 年
总营业额 (总收入)	12 940	13 716	15 418	15 988
收益 (净收入)	1 270	1 603	1 594	1 420
约总值 近似总增加值	2 602	2 974	3 438	3 538

来源：国家统计局：《服务业的行业回顾》。

① 国家统计局，2000 年：《服务业的行业回顾》，总收入达到 160 亿英镑，其中 130 亿英镑是其他创意产业的收入，这一部分被扣除以防重复计算。

② 国家统计局，2000 年：《收支平衡红皮书》。

③ 国家统计局，2000 年：《劳动市场趋势》，1999 年 10 月和 2000 年 10 月。

④ 《营销周刊》，1999 年 9 月 30 日。

⑤ 广告从业者协会：Willott Kingston Smith。

⑥ 国家统计局，2000 年：《服务业的行业回顾》。

英国市场规模

就广告经费而言，英国是世界上第四大广告市场，位居美国、日本和德国之后。就人均消费而言，英国排世界第五。[①] 1999 年，英国广告消费总额(包括直邮广告)为 153 亿英镑，创历史新高。[②]

年度纳税将于 2000 年 3 月结束，广告产业支付的总增加值为 42 730 万英镑，追缴的总增加值是 3 660万英镑，所以该行业产生的净增值税总额为 39 070 万英镑。[③] 1998 年广告业的资本消费额是 27 800 万英镑。[④]

贸易平衡

1999 年海外市场销售的广告服务价值为 7. 74 亿英镑，其中英国公司购买的广告服务价值为 5. 45 亿英镑，净出口为 2. 29 亿英镑。[⑤]然而，要想确定出口的数据是很困难的，因为很多机构实际上都是跨国经营的。

在 15 个顶级跨国广告机构中，大多数的总部都设在伦敦；[⑥]其中 4 个总部设在巴黎，还有 2 个在伦敦共用一个总部。

海外广告交易(1996—1999 年) (单位：百万英镑)

	1996 年	1997 年	1998 年	1999 年
英国海外收入(出口)	565	827	815	774
英国海外支出(进口)	430	393	431	545
净余盈/赤字	135	434	384	229

来源：国家统计局，1999 年：《英国支出平衡红皮书》。

就业

2000 年 6 月，广告业的就业人数为 92 800 人，其中 52 700 人(57%)是女性，32 700 人(35%)是兼职。[⑦]广告从业者协会(Institute of Practitioners in Advertising，IPA)的组成机构(大概占英国机构的 80%)在 1999 年已经有 13 000 名雇员。[⑧]在广告从业者协会就业的人中，51%的人年龄在 30 岁以下，

① 国家统计局，2000 年：《世界广告潮流》。
② 广告协会(Advertising Association，AA)，2000：《广告数据年刊》。
③ 英国财政部海关和货物税：报告 D0831。
④ 国家统计局：《贸易业的行业回顾》。
⑤ 国家统计局：《支出平衡红皮书》。
⑥ 欧洲交流机构协会(European Association of Communication Agencies，EACA)。
⑦ 国家统计局，2000 年 10 月：《劳动力市场趋势》。
⑧ 广告从业者协会，机构统计，1999 年。

82%在40岁以下，6%的人住在伦敦。

1998年支付的总工资和薪金达到了18.07亿英镑。①

1999年广告从业者协会机构审查显示，大中型机构的就业人数正在增加，但是被小型企业数量的减少中和了。这与企业的合并和整合趋势有关，也是向更大规模的经营机构发展的过程。

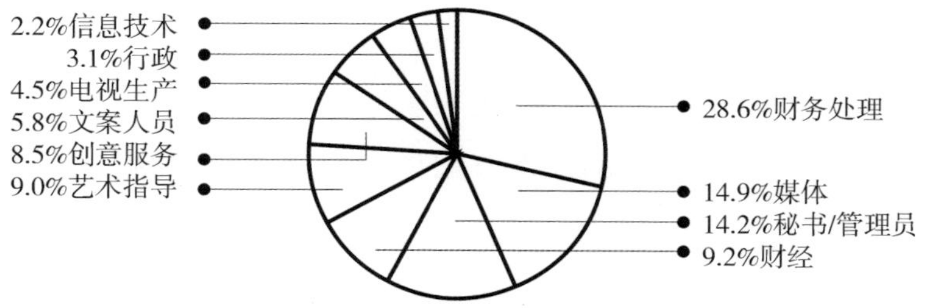

1999年不同行业的员工分布

来源：国际认证协会机构普查，1999年。

行业结构

1998年，广告业的企业数量达11 345家。

广告业是由众多小型机构和少数大型机构组成的。1999年，前50强机构共收入52.31亿英镑，其中前20强收入43.12亿英镑，占总数的82%。②

越来越多的广告商在控股公司名下集聚，业内的并购持续不断。广告公司并购已被证明是一种能够增加竞争力和市场占有率的普遍方式，尤其是能够提高广告商的全球市场占有率。虽然不能和合并的国际大公司相竞争，中小型企业和微型企业也在逐渐关注并深入发展细分市场，这种市场由于自身的规模和需求，可能并不会吸引大型公司。

	客户	广告商	生产	发行分布
活动	提供产品或服务	营销咨询、设计活动、设计媒介排期表以及购买广告版面	生产广告材料	提供广告“版面”
参与者	商业和公共行业组织(包括政府)	201家广告从业者协会的成员以及很多中小型企业	摄影师、设计师、印刷工、研究者、通信服务、邮售商店、电影/电视以及新型媒介工作单位	电视、广播、出版社、户外、电影院、互联网以及新兴媒介、其他(例如环境媒体)

区域规模

大部分广告公司的总部设在伦敦，其中76%的广告从业者协会成员来自伦敦。地方性广告商中，前20家收入合计31 543万英镑，这相当于1999年50家顶级机构收入的6%。③

① 国家统计局，2000年：《服务业的行业回顾》。
② 活动报告，2000年2月25日：顶级的300家机构。
③ 活动报告、多媒体短信、广告从业者协会。

国际赞誉

英国广告公司在广告和活动设计方面以其创意而闻名。英国的广告公司在2000年戛纳国际广告节(Cannes International Advertising Festival，CIAF)上再一次获得最佳新闻和海报以及媒体奖。此外，1999年英国公司在戛纳还获得了年度公司奖的第二名和第三名，而在1996年则囊括前三名。①

国际广告产业有三个中心：美洲的纽约、亚洲的东京、欧洲的伦敦。越来越多的人将英国作为面向英国、泛欧洲、全球市场的活动基地。英国的尖端信息通信技术设施，包括自由网络接入、数字电视以及网络新兴企业的发展，还有英语的使用，都使得广告制作极具吸引力。

另外，英国是最佳的广告实践中心，以自我规制以及评估广告效益的方法闻名。世界贸易组织(World Trade Organization，WTO)认为英国广告标准局(Advertising Standards Authority，ASA)是广告业自我规制机构的典范。广告从业者协会发行的作品包括"广告作品"系列、"电子传媒"以及"广告的卓越"，这是销量第一的广告业最佳实践指南。2000年10月，英国文化委员会、广告从业者协会、公共关系咨询师协会(Public Relations Consultants Associations，PRCA)依靠英国贸易伙伴的资助在上海举办了一个研讨会，分享英国的专业知识并予以展示，目的就是为该行业打开中国市场做准备。

夏纳国际广告节的年度获奖机构(里昂奖项)

获奖者	2000年	1999年	1998年	1997年	1996年
第一名	巴西	巴西	巴西	美国	英国
第二名	美国	英国	美国	美国	英国
第三名	美国	英国	巴西	巴西	英国

来源：《综艺》，《里昂日报》。

次要经济影响

广告业为其他创意产业提供了主要的收入来源。同样，广告活动也受其他创意产业的刺激。

广告业同样雇用了一大批外部供货商，包括摄像师、平版印刷室、通信服务供应商、户外广告牌供应商、调研公司、邮政服务、印刷工、电视/电影制作社以及新媒体专家。很多广告业供应商是小型的、独立的公司还有自由职业者。对他们来说，广告合同是日常工作的重要来源。

广告业对媒体收入的贡献以及支撑服务的使用意味着，广告业直接或间接地成为主要的就业来源。它在经济中也是关键的竞争工具，使得企业不仅在国内市场，而且在国际市场也能占据一定的份额。

① 《综艺》，2000年：戛纳国际广告节，《里昂日报》。

1999年广告业获得的总收入 （单位：百万英镑）

出版社	7 829
电视	4 320
电台	516
网络/网站	306*
电影院	123
表演艺术赞助	70**
合计	13 164

*：国家统计局研究（广告风向报告）估计平均2.5%的营销预算花销在网络/网站营销上。

**：来源：艺术和商业，1998年和1999年艺术投资商业调查。

来源：广告协会，《广告数据年刊》2000年（第19、38页）。

1999年广告支出 （单位：百万英镑）

出版业/广播	366
音乐录音	97
电影院/影片发行商	86
剧院/音乐会/戏剧	34
电脑/电视游戏	32
艺术和古董/拍卖	6
博物馆和画廊	3
合计	624

来源：尼尔森-米尔（2000年《广告数据年刊》报道，第211～215页）。

发展潜力

广告业的表现和经济繁荣发展有密切联系，所以在经济增长期，广告费用增加，反之亦然。从1994年起，广告花费按实值算是逐年递增的，在总增加值（Gross Value Added，GVA）和国内生产总值（Gross Domestic Product，GDP）中的比例也逐年增长，远远超过英国整体经济的增长幅度。

该产业的长期地位将继续坚挺。日益激烈的市场竞争需要商业组织推销其商品和服务。公共部门的广告也有所增加，因为公共机构希望深化公众认识，提高公众意识，提升形象，筹集资金或是促进公众福利。例如，1999年中央新闻署（Central Office of Information，COI）是英国第二大广告商，相比前一年第七的排名有所上升。①

《广告从业者协会：广告风向报告》（2000年10月16日）中有一项关于营销费用的季度调查，显示大多数受访公司（55%）增加了2001年财政年度营销预算。主流观点认为英国市场将会继续增长，到2002年价值将达165亿英镑。

由于世界和英国经济扩张以及越来越多商业和公共机构因为自身宣传的需求，促进了广告业的长期发展。对全球和欧洲活动的需求已经随着欧盟和全球化的发展而增加，但由于区域性广告宣传立法和语言/文化差异的复杂性，使得这种繁荣程度未达到预期。英国完全能够开拓发展中区域，例如东欧和俄罗斯，还有一些发展中国家如爱尔兰、希腊以及葡萄牙之类。合并、股份制和私有化持续发展，导致各类组织需要重新进行形象塑造，也会增加广告活动。

1998年和1999年营销周声誉调查（Marketing Week Reputations Survey，MWRS）对机构进行调研，把创造力归为广告商成功的九大标准中最重要的一条。②所以，发展取决于技能人才和创新人才（这在该行业内经常被认为是困难的），还依赖于更好的培训方法、招聘实践和专业标准的发展。

不断发展的非新闻媒体、赞助和交叉推广成为传统广告形式的补充（有时还取代了传统广告），而这些活动越来越多地与其他行业出现重叠，例如表演艺术行业很快认识到作为目标广告媒介的潜在条件，有机会获得更多赞助或合作伙伴。

① 广告协会，2000年：《广告数据年刊》。

② 《营销周刊》，1999年11月25日。

电子商务/互联网/技术的影响

网络和电子技术对广告业有以下三点显著的影响：

ⅰ）传统广告业使用新的广告版面（网络/新媒体）；

ⅱ）新型“网络公司”使用传统的广告媒介（印刷/电视/广播）；

ⅲ）新媒体广告代理商的出现。

新型广告版面

网络广告的开销越来越多。网络营销预算从 2000 年第二季度 1.5%的营销花费总额到第三季度的 2.5%。[①]其他向广告商开放的领域包括互动电视、无线应用技术、包含广告信息的免费电话、虚拟商业标识。新媒体使市场更为分散，能够更经济、更可靠地开拓新市场。

在英国，提供包月上网且没有通话费用可能会增加上网人数以及上网时间。这可能会影响人们浏览网页的方式和态度，还有可能将它转变为一种娱乐活动，就像看电视，而不是像现在这样是一种有计划的商业活动或娱乐交易手段。把互联网当成一种娱乐媒介会使其变成一种更吸引人的广告媒介，可能会引入一部分在传统广告和媒介上的花费。

新网络客户

互联网初创公司对广告业来说是利润丰厚的市场。新兴公司想要在无形虚拟的市场里与众不同，压力是非常大的。这类企业要求的是清晰的品牌价值和明确的未来发展，他们在传统广告宣传里投入了高额资金。1999 年，互联网服务提供商在广告业上投资 5 700 万英镑，相比 1997 年增长了 3 倍。[②]

新媒体广告商

2000 年，排名前 50 的新媒体广告商收入为 1.68 亿英镑[③]，相比 1998 年的 6 300 万英镑有所增加，并且预计在 2003 年，收入会增长到 3.7 亿英镑。电子商务让英国公司有机会为全球市场服务。很多新媒体广告商诞生，但他们很有可能会被想要提升新媒体竞争力的大广告集团所吞并。

融合

互动性正在逐渐模糊广告业和直接营销的关系。据估计，17%的电视广告都制作了自己的网站，而且 90%的媒体广告现在也提供包括优惠券、互联网地址、免费电话号码等信息，以鼓励直接回应。

虽然新技术的增长机会很大，但随着内部电子媒体资源和知识的增长，这可能对代理机构构成威胁。由于技术和创造力的紧密联系，该行业的供应商也可能成为竞争对手，例如直接向客户提供设计服务的数字打印机。这些问题要求业界作出回应，这是新媒体发展的创造性问题，而不是信息科技问题。

---

① 全国网络与信息培训技术研究，2000 年 10 月 16 日：《广告风向报告》。

② 广告协会，2000 年：《广告数据年刊》。

③ 广告从业者协会/活动报告，2000 年：顶级的 50 家新媒体机构。

数字媒介也改变了产业的资金要求。曾经广告机构的首要资源是人，现在技术的投资也在增加，这可能会给中小型企业带来压力，因为他们缺乏大企业那样丰富的资源。

行业发展——注意事项

在计算机、电话和电视融合的纷繁复杂的格局中，行业内的普遍共识是自我监管而不是立法，自我监管是数字时代唯一可行的运营模式。

日益增长的国际化需求使得全球广告业的发展对英国广告公司来说越来越重要。由于广告行业高度依赖经济发展状况，广告公司已经制定了策略，以降低在全球经济衰退中的风险。

在国际市场里，人员配备和培训问题是市场竞争的关键，这样才能跟上技术的飞速发展。

尽管广告业尽最大努力鼓励一种高效文化，客户仍然没有意识到市场营销能够促进现金流动，也没能正确认识或是衡量品牌效益。

面向中小型企业客户的服务仍有提升空间，广告业几乎没有采取任何措施让较小的企业相信广告的力量。

关于这个行业的总体数据是可以获得的，但通常与营销活动（如直接邮件和市场调查）以及较低形式的广告（如分类广告和列表广告）结合在一起，而这些可能不属于创意行业。

广告业的大部分收入是在代表客户购买媒体版面中得到的，净收入中相当一部分是来自媒体广告投放的佣金，这使得行业的盈利能力和真实的经济影响难以评估。

权力正在从企业转向消费者，从政府转向民众。为了使英国能够从这种民主和经济赋权中获益，英国需要保持在创新、技术和效率方面的领先地位。广告业需要能够在宽松的经济环境下运作，并在政府的保护下，不断推进创意产业的发展。

2. 建筑

核心活动：

建筑设计

规划许可

生产信息

相关活动：

结构环境、景观和其他专门设计

城市规划

施工成本规划和控制

建筑遗产保护

简报写作

可行性研究

项目管理

招标文件评估

施工监理

互联网/电子商务

相关行业：

建造业

结构工程

工程估算

建筑设施

2. 建筑

收入：17 亿英镑(1998 年)①

出口：5 900 万英镑(1998 年)，6 800 万英镑(1999 年)②

就业：24 000 人(1998 年)，20 900 人(2000 年)③

行业收入

1998 年，私人建筑业务总收入 17 亿英镑，和 1997 年相比增长了 43%，那时的收入只有 12 亿英镑。1998 年，私人建筑业务出口的收益估计达到 5 900 万英镑。

私人业务收入预计占整个市场 90%的份额。④剩下的 10%和其他提供建筑服务的组织有关，例如地方政府，但是没有这些活动的收入数据。

英格兰艺术协会对很多建筑项目给予津贴和拨款，1998 年和 1999 年补贴总额为 20 万英镑。

英国市场规模

英国有 6 000 家设计师事务所。⑤市场规模是由私人建筑业务所获得的报酬来衡量的。

1998 年，大型事务所占据了市场上最高的份额；超过 11 名员工参与的业务共获得了该行业所有报酬的 64%。自 1995 年起，大中型事务所也一直在设法扩大市场份额，其利润率增长比小型事务所的利润率增长更快。

大型公司有能力丰富产品线，这是独立执业设计师无法与之竞争的。1998 年，建筑设计占独立设计师收入的 83%，而设计业务大约只占大型事务所总收入的 67%，其他业务包括可行性研究、规划咨询和内部设计。行业中的带薪建筑师在 1996—1998 年间增加了两倍(1995—1998 年间增长了 27%，到 2000 年又增长了 15%)。

事实表明，在 1998 年建筑设计占独立设计师收入的 83%，而占大型设计事务所收入的 67%，大型

① 米尔扎和内西，2000 年：《建筑师的表现》(1999)。

② 国家统计局，2000 年：《英国国际收支差额》(红皮书 2000)，表格 3.9。

③ 皇家建筑师协会，2000 年：《建筑师就业和收入》(2000)。

④ 米尔扎和内西，2000 年：《建筑师的表现》。

评论：1998 年的《创意产业纲领文件》称，15 亿英镑营业额来自标准产业分类下 74.20 组别，包含“建筑和工程活动以及相关的技术咨询”。如果在这种情况下，同样的定义也适用的话，1998 年整个行业总营业额将会是 24 亿英镑，涵盖了 52 500 家企业。(资料来源：国家统计局年度商业调查。)

⑤ 米尔扎和内西，2000 年：《建筑师的表现》。

事务所和独立设计师/微型事务所之间有两极分化的趋势，这种情况在英国各地普遍存在。20 世纪 90 年代，建筑师的数量保持不变，但该行业的结构和营销方式不断变化。自 1995 年以来，区域市场份额大体上保持不变，这意味着这些变化模式正在整个英国发生。然而，考虑到大型事务所集中在伦敦，两极分化现象可能在伦敦更明显。

近年来，设计事务所的收入随着建筑业的繁荣发展逐步上升，1994—1997 年每年以 4%的速率稳步上升。但是，在大型事务所中，建筑师的收入增加得更快。从平均数据来看，微型事务所中每名设计师收入增长约 24 600 英镑，而在拥有 31 名以上设计师的大型事务所中，每名设计师收入增长约 62 832 英镑。

不同规模事务所的业务及其收入情况，1998 年　　（单位:%）

事务所的规模	业务	收入
1~2 名建筑设计师	26	6
3~5 名建筑设计师	19	11
6~10 名建筑设计师	16	19
11 名及以上建筑设计师	39	64

来源：米尔扎和内西，1999 年。

不同规模事务所的市场份额*的演变，1995—1998 年　　（单位:%）

事务所的规模	1995 年	1998 年
1~2 名建筑设计师	9.0	5.8
3~5 名建筑设计师	13.3	11.2
6~10 名建筑设计师	19.6	19.1
11 名及以上建筑设计师	58.1	63.9

* 占开具发票总费用的百分比。

来源：米尔扎和内西，1999 年。

贸易平衡

1999 年，英国出口的价值增长到 6 800 万英镑，创历史新高（据估计，1998 年为 5 900 万英镑）①，进口额达到 1 400 万英镑。贸易净差额是 5 400 万英镑。②

主要是涉及国际项目的大型事务所，一些公司还在其他国家有办事处。

欧盟协调了采购规定，所以在投标项目和竞争项目方面没有障碍。在欧洲外部，可能存在这种障碍。

然而，美国以及环太平洋国家和地区（日本、中国香港、马来西亚、韩国）对英国建筑师来说仍然是重要的国际市场。

① 环境、交通和区域部门，年度建筑数据（Construction Statistics Annual，CSA），2000 年。

② 国家统计局（红皮书 2000），表格 3.9.

就业

2000年，有2.09万名建筑师是全职的，比1995年增长了2%，这说明同期劳动人员下降到23 600名。2000年3月，预计有88%的建筑师是全职，10%是兼职。①这个行业的失业率估计为1%。

就业岗位不足是建筑行业的一个特点：据估计，平均有5%的建筑师未充分就业。2000年，只有1~2名建筑师组成的微型事务所的未充分就业率较高(大多数为独立合伙人)，比率分别是18%和11%。小型事务所中，建筑师的收入可能比大型事务所的建筑师低得多(2.5倍)。这个事实可能与就业不足有联系，因为后者的份额在继续增加。

建筑业仍然是以男性居多的产业：只有12%的女性。尽管女学生的人数持续增加——从1995年的26%增加到2000年的34%——但从事这一行业的女性人数仍然很少。

少数族裔的人数也不多。英国皇家建筑师协会(Royal Institute of British Architects，RIBA)支持了一系列项目，例如建筑师交换项目，鼓励来自不同文化背景的孩子能够参与环境建设，并考虑将建筑师作为他们的职业。②

2000年估计有79%的全职建筑师在私营事务所工作，他们要么担任事务所合伙人，要么担任助理建筑师或授薪建筑师；15%的建筑师在政府部门工作，而余下7%的建筑师则在行业之外的企业担任咨询顾问。③

细分市场：1998年核心建筑服务占据建筑师收入的85%，单独建筑设计大概占据所有收入的3/4。

就业结构(1990年、1995年、2000年)

年份 建筑师数量	1990	1995	2000
建筑师登记委员会	31 400	30 500	29 800
海外	8%	9%	9%
退休	12%	13%	13%
工作	25 400	24 100	23 600
失业	1%	3%	1%
因其他原因而无业	2%	2%	1%
兼职	7%	10%	10%
全职	22 900	20 500	20 900

来源：皇家建筑师协会，2000年。

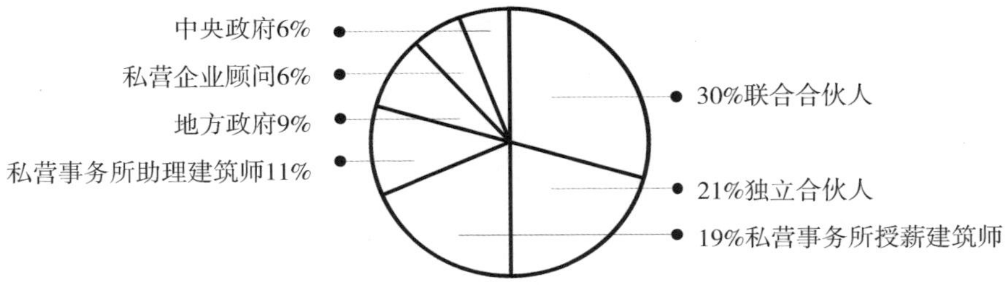

不同就业领域的建筑师占比(2000年)

注：基础为所有全职建筑师。来源：皇家建筑师协会，2000年。

① 皇家建筑师协会，2000年：建筑师就业和收入。
② 希拉里·克拉克，新闻出版人，皇家建筑师协会。
③ 皇家建筑师协会，2000年：建筑师就业和收入。

私营事务所不同种类服务收入(1998 年)　　(单位:%)

核心服务	总费用	咨询	总费用
建筑设计	74	规划咨询	10
内部设计	5	规划监督	2
可行性研究	6	其他	3

来源：米尔扎和内西，1999 年。

行业结构

2000 年，61%的建筑设计师在微型事务所工作，而英国 6 000 个建筑事务所中有近一半的员工人数不超过 5 名。① 16%的微型企业(占所有建筑设计师的 1/4)雇用了 1～2 名职员(相比 1999 年增长了 3%)；12%的企业是大企业。

在过去的几年中，授薪建筑师的数量稳步上升②，然而独立合伙人的数量仍然保持不变。这可能和大型事务所的增长以及市场发展有关，可以从现今建筑产业的良好状态中体现。

在公共部门工作的建筑师数量逐步下降，尽管仍有 15%的建筑师受雇于政府机关、地方议会或者住房协会等领域。

其他活动也经常会涉及建筑师的工作，最普遍的是城镇规划、园林设计以及讲座。越来越多的建筑师参与了各种性质的咨询服务，如古建筑领域。

私营建筑事务所合伙人与授薪建筑师的发展(1996—2000 年)

职员种类＼年份	1995	1998	2000
独立合伙人	10 455	10 500	10 659
变化率		+0. 4	+1. 5
联合合伙人	5 300	5 670	6 270
变化率		+6. 4	+10. 6
授薪建筑师	4 305	5 460	6 270
变化率		+28. 8	+15. 0

来源：皇家建筑师协会，2000 年。

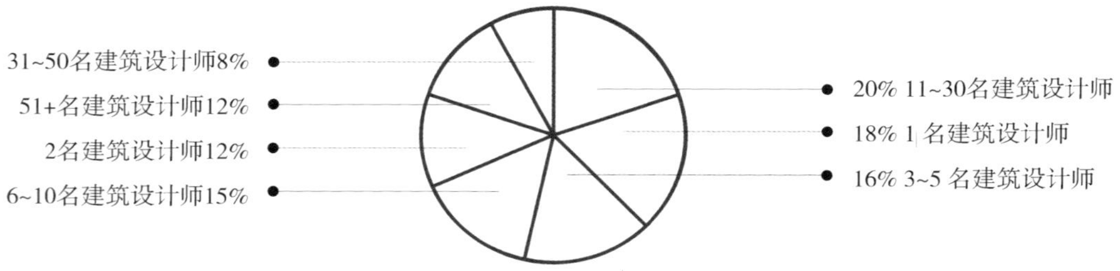

按建筑职员人数计算的建筑事务所占比(2000 年)

来源：皇家建筑师协会，2000 年。

① 皇家建筑师协会，2000 年：建筑师就业和收入。

② 皇家建筑师协会，2000 年：建筑师就业和收入；康诺顿，1999 年：就业和收入调查，《英国皇家建筑师协会期刊》，1999 年 6 月。

区域规模

伦敦聚集了28%的建筑师和私人事务所；44%的建筑师来自伦敦和东南部地区。

1999年，仅伦敦地区的收入就达到6.15亿英镑，占英国总收入的36%。

然而，独立合伙人比例最高的地区在东安格利亚和英格兰西南部。①

各区域的就业领域(2000年)

(单位:%)

区域/就业	北部	西北	约克郡和亨伯河口湾	东米德兰郡	西米德兰郡	东安格利亚	东南	大伦敦	西南	威尔士	北爱尔兰	苏格兰
事务所独立合伙人	28	16	14	24	28	31	28	20	31	23	23	23
事务所联合合伙人	23	32	30	21	25	35	30	30	31	33	22	22
助理建筑师	3	15	10	7	10	6	7	14	5	6	8	12
授薪建筑师	18	18	17	16	14	13	16	23	17	13	16	22
民营企业顾问	5	8	7	9	9	6	7	6	7	4	3	5
地方政府	13	9	13	14	10	8	7	4	6	13	8	11
中央政府	8	2	10	8	4	0	5	4	3	8	19	6

来源：皇家建筑师协会，2000年。

国际赞誉

英国建筑师以其设计的美学品质和前瞻性著称。在欧洲、远东、美国有许多英国旗舰项目，包括由福斯特和合作伙伴在柏林前国会大厦的围墙内建造的备受赞誉的新德国议会大厦(1999年4月投入使用)。

据估计，2000年，大约有3 800名英国建筑师在海外工作，相对于1998年的2 100名提高了80%，他们最主要的工作地点是欧盟、英联邦国家和美国。②

次要经济影响

1998年，建筑产业带给英国经济的总增加值预计达到137亿英镑③(总值，以基本价格计算)。

工作量：1999年，由建筑师参与的建筑工程总价值达到84亿英镑(1999年价格)，相比于1995年的42亿英镑提升了一倍。1999年，来自公共部门的收入占了新订单总额的23.5%。

20世纪90年代后期的娱乐和文化建筑获得的收入有大幅度的提高，这是建筑业活跃状态的很好的体现。1999年，新佣金(1999年价格)从28 500万英镑上升到43 500万英镑，并在2000年第一个季

① 皇家建筑师协会，2000年：《建筑师的表现》。

② 皇家建筑师协会，2000年：《建筑师的就业和收入》；基斯思努克(皇家建筑师协会)。

③ 国家统计局，2000年：1998年度投入—产出供给使用表。评论：数据与标准产业分类下74.20组整体相关；1998年，国家统计局为这一行业分组估计了一个更低的数据(128亿英镑)，《2000年行业回顾，经济，服务业》(1998年数据)。

度保持同样的上升趋势。而且在 2000 年，承包商在公共领域文化建筑的产量价值预计达 6 亿英镑。①

国家彩票资金资助项目以及千年基金(Millennium Fund，MF)是该领域大部分资金的来源，其中既包括新项目佣金也包括建筑翻新费用。在 2000 年 6 月的年终合同中，与国家彩票基金有关的艺术/文化项目的资金招标/签约的价格超过了 3.8 亿英镑。②同期英格兰地方政府投资了超过 1.8 亿英镑用于新建筑和文化建筑物，这相对 1998 年增长了 45%。

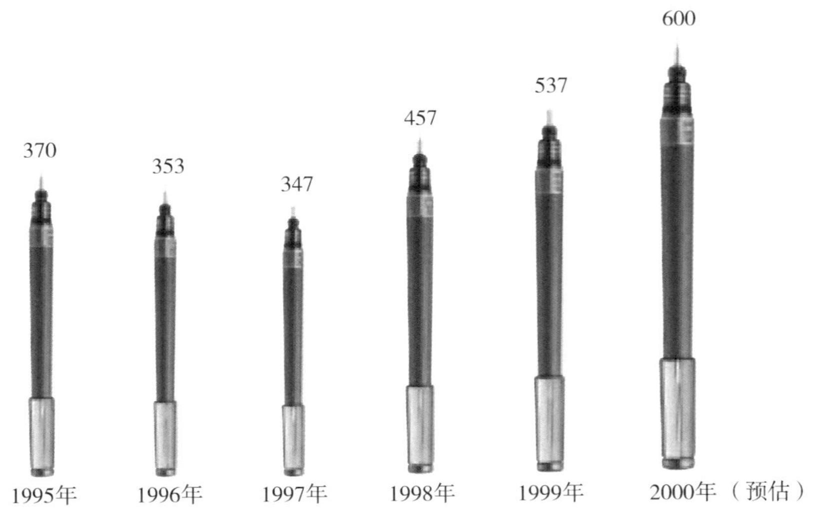

承包商产出的价值：新公共文化建筑物(单位：百万英镑)

来源：结构预测和研究，2000 年。

地方政府新建和改建的图书馆、文化与遗产项目(1998—2000 年) (单位：千英镑)

英格兰地区	总资本支出(1998/1999 年)	总资本支出(1999/2000 年)
东北	12 713	28 379
西北	10 505	20 533
莫西赛德郡	3 061	11 756
约克郡和亨伯赛德郡	5 156	10 384
东米德兰	5 345	3 856
西米德兰	33 909	27 811
东部	7 320	15 526
伦敦	10 018	18 502
东南	32 347	34 621
西南	6 359	12 742
总数	126 733	184 110

来源：环境、交通和区域部门，地方政府财政部门。

发展潜力

由于利息低、消费能力的增加以及“当代生活方式”中消费者权益的发展，带来了 20 世纪 90 年代

① 建筑预测和研究有限公司，2000 年：《建筑预测》(2000—2002 年)，2000 年夏天，第 3 期，第 6 卷。
② 皇家建筑师协会，2000 年：《建筑师的表现》。

末房地产市场的繁荣。繁荣的一项表现为，在以前的工业区内对老建筑进行翻新，并将老仓库改成公寓楼。以 1999 年 10—12 月为例，实施的新项目比同期增长了 40%，翻新率达到 39%。①

人口统计和生活方式趋势在该产业的发展中也扮演着重要角色。据估计，在未来的十年里，英国人口将每年增长 0.2%。②而在其他欧洲国家，人口增长是负的。

在英国，单人家庭和单亲家庭的数量也大大增加，因此家庭的数量比人口增长得快。1998 年，单人家庭占了 22%(1971 年为 17%)。单人家庭中成员年龄为 16~59 岁的增长则更为明显：1998 年此类家庭占家庭总数的 13%。③

以下家庭人口趋势可能对住房有影响：④

第一，1991 年，平均每户家庭有 2.48 人，1998 年下降到每户 2.36 人，而到 2001 年可能下降到每户 2.35 人。⑤

第二，小型家庭导致每户每人身上消耗的资源更多。

第三，业主所有权的种类同样也在增加，业主倾向于花更多的钱在物业上，包括维修、保养、改善和装饰。

第四，1993—1998 年，英国平均每户家庭的周收入增长了 21%，平均每户每周的可支配收入是 360英镑。1999—2000 年，每户每周的平均可支配收入是 379.4 英镑。⑥

未来信息技术的发展(例如，使更有效的家庭—工作环境成为可能)可能会对人们选择工作地点、居住环境和设计方面产生影响。

家庭逐渐成为每天学习、工作和娱乐活动的中心，考虑到空间和能源效率的高水平利用，有必要通过专业的设计来适应多种多样的功能需要。

大型公司市场份额显著增长的结果是产品和服务多样化。这使得他们可以为更多的细分市场服务，从而促进区域经济的发展；反过来，也可能促进商业增长。

20 世纪 90 年代，英国海外建筑业获得了巨大的成功，出口额从 1996 年 5 600 万英镑增长到 1999 年 6 800 万，这可以保证未来有一系列新的国际合作。

电子商务/互联网/技术的影响

到 2003 年，建筑业预计通过网络处理其 560 亿英镑产出的 10%。⑦目前，电子商务主要用于订购建筑产品，但是在不久的将来，可以预见公司通过网络把建筑项目的参与者——客户、承包商、专业人员、商人和供应商更有效地联系起来。建筑师对电子商务和电子商业的运用还在初始阶段，但是到 2000 年时已经有了显著发展。

网络和新型技术不会取代创意过程，但是会促使项目管理更好地实施，提高设计和施工过程的生产力和效率。

① N. 司汤戈，2000 年：建筑师工作负载调查。《英国皇家建筑师协会期刊》2000 年 4 月，第 88~93 页。
② 人口增长可以有效地表明未来住房的需求。
③ 国家统计局，1999 年：综合住户统计调查，生活在英国。
④ 明特尔，2000 年：英国与美国网上购物。
⑤ 国家统计局，1999 年：综合住户统计调查，生活在英国。
⑥ 国家统计局，2000 年：家庭支出。
⑦ 德拉吉，2000 年 3 月 10 日：建筑业，《信息技术，电子商务：让它们参与其中》。

该产业在使用信息、通信技术和互联网时，面临的主要障碍就是网络下载速度慢(即低带宽)以及建筑设计软件的不兼容性。

行业发展——注意事项

新型技术——例如信息和通信技术、预先制造、智能材料、节能通风、热电联产——毫无疑问会对建筑师的活动和工作产生巨大影响。

目前，数字服务在建筑业的供应链中使用并不统一。产生这种现象的原因很可能是对数字技术效率低下的担忧(例如，软件仍在发展阶段，下载速度慢)，因此需要对技术所能创造的机会有更多的了解与信心。

房地产商利用网络运营已经越来越普遍，在不久的将来，建筑师可能会被要求为他们的建筑设计制作网页和网站，这样才能在网上销售房产。①建筑师的培训应该与这些不断变化的需求相适应。

对环境的关注要求建筑师对建筑物的环境质量以及对景观的影响予以更多关注。

英国建筑以其质量和创新设计享誉国外，所以有必要在此基础上改进出口促销的方式。

① 诺维茨基，1999 年 9 月：建筑记录，《未来会有越来越多的顾客网上购物。电子商务会给零售建筑带来厄运吗?》

全球产业收入(1999 年) (单位：十亿英镑)

市场	规模
美国	3.9
欧洲	3.9
日本	2.1
总数	9.9

来源：格林 T 和基恩 B，1999 年，《互动娱乐软件市场评估和预测(1999—2003)》(伦敦，《银幕文摘》)，第 154 页。1 美元=0.6 英镑。

英国市场规模

自从当代手柄游戏机(索尼游戏平台，N64)于 20 世纪 90 年代中期被引进之后，英国游戏市场飞速发展。1999 年，游戏机的销量达到了峰值，产业的年收入将近 10 亿英镑。2000 年，老版的游戏机和限量销售的新版之间达到了平衡，销量预计先会稍微下降，然后在 2~3 年内达到新的水平。

娱乐软件的市场价值总量(1997—2000 年) (单位：百万英镑)

	1997 年	1998 年	1999 年	2000 年(预计)
游戏机/掌机	365	489	574	518
电脑	278	342	395	428
总量	643	831	969	946

来源：格林 T 和基恩 B，1999 年，《互动娱乐软件市场评估和预测(1999—2003)》(伦敦，《银幕文摘》)，第 13 页。

欧洲市场规模

英国游戏机市场很容易成为欧洲最大的市场；电脑市场只比德国的市场略小一些(就单位产品销售额而言)，但是高价格使其价值也更高。

总的来说，欧洲游戏市场发展迅速。1999 年，价值达 39 亿英镑。

欧洲娱乐软件市场(1999 年) (单位：百万英镑)

	电脑	游戏机	总数
英国	394	575	969
德国	361	281	642
法国	224	321	545
斯堪的纳维亚	325	164	489
意大利	137	197	334
西班牙/葡萄牙	100	188	288
比荷卢	116	88	204

来源：格林 T 和基恩 B，1999 年，《互动娱乐软件市场评估和预测(1999—2003)》(伦敦，《银幕文摘》)，第 154 页。1 美元=0.6 英镑。

贸易平衡

英国游戏在全世界的销量都很好，销售额比英国玩家花在进口产品上的金额要多。例如《古墓丽影系列》、《黄金眼 007》、《大金刚 64》、《侠盗猎车手》、《蠕虫》、《司机》、《敲鳄鱼》、《科林麦克雷拉力赛》以及许多其他游戏系列的销售额已经超过几百万英镑。国际发行商也经常雇用英国工作室来转换游戏的格式，或是基于现有的性能开发游戏。

英国文化产业的贸易平衡(1998 年) (单位：百万英镑)

	出口	进口	差值
娱乐软件	503	284	219

来源：格林 T 和基恩 B，1999 年，《互动娱乐软件市场评估和预测(1999—2003)》(伦敦，《银幕文摘》)，第 19 页。

就业

1999 年，英国游戏业雇用了大概 2.15 万名员工，其中大多数从事新游戏的零售和开发工作。

大多数游戏工作室由一个小团队组成，大概 5~15 人。然而，游戏成本和复杂度的增加使得大约 30 家资金充裕的工作室雇用的人数达到 50 人以上，其中有一半的工作室员工超过 100 人。

在其他地方，该行业的就业包含了零售(大多数是在市正中心的大型连锁以及 400 家小型独立商店)、出版和发行。其他的就业是由供应活动组成的，例如包装、法律服务、复制、新闻以及印刷。

英国娱乐软件产业的就业数(1999 年)

开发	5 906
出版业	2 628
发行业	1 049
外设	270
租赁	8 346
包装/印刷	1 200
其他	2 000
总数	21 399

来源：格林 T 和基恩 B，1999 年，《互动娱乐软件市场评估和预测(1999—2003)》(伦敦，《银幕文摘》)，第 18 页。

行业结构

随着行业发展得越来越大，离本土化、爱好导向越来越远，而更贴近被全球寡头政治定义的音乐和电影行业。行业的开发预算已经超过了 200 万英镑，发行商开发国际市场还需要获得国际认证的许可证。发行商可以这样做是因为有货币市场的支持——兼并和收购以便在行业内立足下去。与此同时，更大的游戏开发工作室也正在寻求独立的融资方式，以降低对开发商的财政依赖。

英国大概有 250 家游戏开发工作室，尽管大多数公司是小型企业，雇员也曾是其他大型公司的员工；然而在最近几年里，已经成立了少量的大型独立工作室，包括内部出版工作室、专业转换工作室以及创造原创产品的独立工作室。

英国可能是欧洲最重要的游戏产业国，几乎是世界上所有主要发行商分公司的所在地。大多数英国的发行商是美国公司，还有日本、法国公司，剩下的是英国本土公司。

英国的发行主要由三大公司主宰，分别是品尼高、宝石和中软。这三家公司为大多数行业出版商提供产品。

剩下的经销商组成了中型公司，例如科式传媒、互动创意和星球(其主要业务通常是周边设备和非游戏软件)，还有一些小型的分销商。

在英国，大约有 6 000 家电子游戏和只读光盘的零售店，其中 600 家是独立运行的。该行业最大的零售商是专业游戏连锁店——电子精品(EB)，但它只控制了不到 25%的市场额。

超市业务也在不断发展，超市出售游戏如同超市中有许多音乐和视频出售一样。

游戏开发工作室

产品制造

↓

发行业

销售和市场营销

↓

分销

运输到商店

↓

零售

对消费者销售

区域规模

考虑工作的独立性和创造性，地区对英国开发商来说并不重要——事实上大部分的工作流程是电子的。然而，某些区域已经吸引了一批工作室入驻。区域内如果出现一家大公司会促使当地涌现许多独立的小型公司。例如：沃里克郡(瑞尔、代码大师、闪电战以及智狗)、默西塞德郡(小旅鼠、DID、进化、愤怒、世界街头赛车、卷毛怪物、微小、超现实、螺旋房)、古尔福德(牛蛙——现在已经迁走、狮头、恶魔、标准、玻璃鬼、遗落的玩具、脏脚、库吉)、格拉斯哥/敦提(视觉识别系统、红柠檬、数字桥梁、游戏厨房、DMA、钢铁猴子、视觉科学)。

国际赞誉

英国开发商在海外市场声誉很好。不管是游戏机产品还是电脑产品，都在欧洲的主要市场(法国和德国)以及美国销售得很好。

然而，日本仍然远离英国的产品，日本对其他外来开发商也是一视同仁(日本的市场是由本土游戏主宰)。

新一代游戏机如 Play Station 2(PS2)在技术上比以前要复杂，而通常大家认为英国游戏开发工作室会第一个掌握这种机器。英国公司已经跻身于 PS2 游戏机所谓的“中间软件”销售商之列。中间软件是指那些现成的软件工具，开发商可以购买以加速项目开发。英国工作室标准(Criterion)和数字引擎

(Mathengine)已经把中间软件工具出售给世界各地工作室。

当世界各地的发行商需要一家工作室将一款游戏从一种格式“移植”到另一种格式时，技术能力成为发行商考量的重要因素。例如，一家公司如果已经在索尼 Play station 平台上大获成功，他就可能想推出 N64 平台的游戏。这是一项复杂的任务，不太具有创造性，但是很难完成。数年来，英国专业的“转换”办公室都被行业中某些最大的游戏商用来进行游戏转换。

英国成功开发的部分游戏

远销全球的英国游戏中有小部分的确取得了卓越的成绩。它们是：

· 驾驶：倒影公司的“驾驶”游戏在不到两年的时间内已经有 400 多万的销量。倒影公司为英宝格公司(法国)所有。
· 托卡/科林 · 麦克雷：由英国私企代码大师发布的游戏，总销量达到 420 万。
· 黄金眼 007：瑞尔的邦德被公认为是世界上最佳的游戏之一。任天堂在两年时间内的总销量超过 700 万(任天堂拥有瑞尔 25%的股份)。
· 古墓丽影：劳拉 · 克夫特热经过四期销售使艺奇(Eidos)游戏公司的销量达到了 2 100 万。

次要经济影响

游戏技术逐步发展，扩大了所在行业的次要影响。直接受益者是零售业和出版业，他们在英国分别雇用了 8 300 人和 2 400 人。在其他方面，游戏对电影电视工作者也有明显的影响，现代电视游戏通常包括电影人才(演员、导演、其他人员)和音乐配音。

发展潜力

新一代游戏机的发布(世嘉公司和索尼二代游戏机，还有未来一年半内即将到来的微软 XBox 和任天堂视频游戏机)让游戏机领域面临独特的挑战，游戏产业发行商内部将会重新洗牌。问题可以简单地归结为：如何在发展新的、未经测试的机器开发项目和忠实于现有的平台之间寻求平衡，而现有平台的市场可能在数月内崩塌。这些投资决策之所以重要，主要基于以下四点：

· 软件开发的成本上升；
· 有必要寻找第三方许可证；
· 少量“3A”级产品主导销售市场；
· 新增销售机会不多。

英国开发投资

	1998 年	1999 年
投资(百万英镑)	243	332
年度增长(%)	—	36.5%

来源：格林 T 和基恩 B，1999 年，《互动娱乐软件市场评估和预测(1999—2003)》(伦敦，《银幕文摘》)。

电子商务/互联网/技术的影响

新型游戏机通过数字化视频光盘和互联网宽带连接，给全世界带来娱乐游戏。128 比特热销机器的到来意味着先前平台开创的不仅仅是普通的技术改善。无论是图形的复杂程度、速度还是真实感，玩家都会感觉到明显的不同，但是下一代带来的巨大改变是由运行数字化视频光盘和连接网络的能力所决定的。DVD 功能把游戏机变成视频播放器。的确，日本在索尼二代游戏机发行的那个月，DVD 软件销量从 100 万增长到 190 万。

与此同时，非传统意义上的游戏(数字电视、网络游戏，尤其是移动电话)可以改变玩游戏的方式，并且将迄今为止被忽视的群体引入电子游戏世界。

移动电话上的无线游戏：几乎每个发行商和开发商都有一个无线应用协议(WAP)项目，或者至少开始从事技术上的研究和发展。最重要的原因就是有一个庞大的潜在用户群。最近的预测显示仅仅在英国就有 2 400 万个移动电话拥有者。到 2003 年，全世界可能有 10 亿以上的用户。低成本和无障碍准入也成为该产业在无线应用协议发展中的一大优势。最后，无线应用协议可能可以通过“传统”的在线游戏来回避支付方式这一问题。因为网络用户不愿意使用信用卡支付，手机用户可能更容易接受在他们每月的电话账单上增加一小笔开支。

在线游戏：要从在线游戏中赚钱仍然比较难。在线游戏集成商，例如 Won. net、游戏网(连线游戏)以及巴里世界(Barrysworld)并不收取费用，它们依靠广告和赞助来获取收入。游戏网承认其网上游戏服务实际上是一种增加电子商务网站点击率和建立讨论社区的工具。与此同时，发行商在游戏中加入了互联网多重选项来维持销售。如今，绝大部分游戏支持用户通过集成商在线玩游戏，或者偶尔用专用的服务器。现实生活中，只有一小部分游戏可以长期在线。目前，主要的商品是“雷神之锤”(Quake)、“半条命”(Halflife)、“虚幻”(Unreal)、“暗黑破坏神”(Diablo)、“帝国时代”(Age of Empires)、“命令与征服”(Command & Conquer)以及“家园”(Homeland)。

电视游戏：英国自从数字电视诞生以来，通过连接电视的机顶盒来玩游戏成为现实。英国的互动电视频道即开放电视台(Open TV)，由天空数字卫星电视平台(Sky Digital)提供，并指出游戏是最受欢迎的服务。他们的 7 款游戏每周的点击率达到 120 万次，其中有 40%的玩家是女性。

电子商务：当今市场环境

尽管电子商务很受欢迎，但是，1999 年该行业的网络渠道带来的实际销售额不值一提。当采访英国发行商和经销商时，他们证实了网络销售只占英国总产业收入的 1%。然而，他们普遍认为电子商务将会在三年内占据产业销量的 10%。

电子商务使得发行商有机会销售所有类型的产品。对于游戏产业来说，零售网站的货架空间尤为有限。不存在真正具有产品深度的游戏商店，尤其是与音乐零售业相比，但这是快速转变的市场，几乎不需要“囤积”。大多数客户想要的都是新游戏，所以留下旧游戏没什么用处。

越来越多的英国游戏出版商在网站上出售产品，然而销量极少——出版商说他们每天只卖出几个产品。主要的英国游戏零售商直接从网站上销售产品。在过去的两年里，还有一小部分专门的网络零售商涌现出来，尽管总销售量依然很少：每个销售商的销量只相当于一个独立软件商店的销量。

行业发展——注意事项

游戏行业是由技术驱动的，依赖于不断引入更快、更复杂的图形化硬件平台。这意味着娱乐软件本身是一个具有活力的行业，受有限的技术和产品生命周期限制，使得市场出现明显的高峰和低谷阶段。英国在互动娱乐软件发展方面的创新和英国投资的意愿并不匹配。事实上，1999 年，英国 20 个顶级出版商中只有两位是英国人。这种情形可能变得更糟糕。事实上，伦敦证券交易所(London Stock Exchange)、日经(the Nikkei)或者证券交易所(the Bourse)并不准备像支持纳斯达克(NASDAQ)那样支持英国软件。

一站式电子商务门户网站是必要的。尽管一小部分出版商利用自家网站出售廉价产品，但这种模式还是忽略了一个事实，就是用户想要的是综合性网站，他们可以购买所有系列的产品、玩网络游戏、下载内容、阅读评论以及参加比赛。

从长远来看，当游戏可以直接下载到用户的设备里时，很有可能使开发商绕过出版商，在专门或集成的网站上发布他们的游戏，就像某些音乐家处理 MP3 文件那样。

根据现有的数据和研究结果，《银幕文摘》指出，受娱乐和休闲软件出版协会委托，企业已经采取很多措施来应对行业中可信数据和分析明显匮乏的问题。然而，各个领域的发展仍然有差距。这是如此多样化且差异性极大的行业，很难获得一份详尽无遗的调查报告。

9. 音乐

核心活动：

录音带的生产、发行和零售
乐曲和录音的版权管理
（非经典的）现场表演
管理、表演和推广
作词和作曲

相关活动：

音乐出版
多媒体内容
数字传媒
网络上数字音乐的零售和分配
电脑游戏的背景音乐
艺术和创意工作室
印刷乐谱的制作、发行和零售
乐器的生产、零售和分销
短歌曲制作
摄影
教育和培训

相关行业：

网络/电子商务
出版业
电视和广播
电影和视频
广告业
表演艺术
互动娱乐软件
软件和计算机服务业

9. 音乐

总收入：46 亿英镑(1997/1998 年)①
出口：13 亿英镑(1997/1998 年)②
就业：122 000 人(1997/1998 年)③

行业收入④

1997/1998 年，音乐行业的总收入为 46 亿英镑。
国内消费支出达到 33 亿英镑，同年英国出口只有 13 亿英镑。⑤
同年，音乐产业为英国经济带来的总增加值约为 32 亿英镑。⑥
仅唱片业的增加值就达到了 23 亿英镑。

英国音乐产业预计的增加值(1997/1998 年) (单位：百万英镑)

作曲和音乐发行	122
乐器：生产、零售和分销	344
管理者、代理商和促销商	159
现场表演	571
唱片公司	521
唱片的零售和分销	365
教育和培训	211
其他艺术家的收入[a]	930
总数	3 223

(a)作曲家和表演者/作曲家。

来源：香港兆邦银行和毕马威会计师事务所，1999 年。

① 香港兆邦银行和毕马威会计师事务所，1999 年：《良好表现》
② 香港兆邦银行和毕马威会计师事务所，1999 年：《良好表现》
③ 香港兆邦银行和毕马威会计师事务所，1999 年：《良好表现》
④ 总产业收入是根据国内音乐消费和出口额计算(不包括进口额)。
⑤ 香港兆邦银行和毕马威会计师事务所，1999 年：《良好表现》。
⑥ 香港兆邦银行和毕马威会计师事务所，1999 年：《良好表现》。

英国市场规模

1997/1998年，英国国内音乐消费总值（除了古典音乐会）为33亿英镑。①

自20世纪80年代早期起，音乐产业发展迅猛。尤其是在20世纪最后十年里，音乐的消费模式变得更加集中而又多样；音乐产业的受众更具多样化；民营企业和政府部门对音乐、产业的资助形式也多种多样。

1997/1998年，民营企业在音乐上的投入约1.6亿英镑，②这包括购买音乐服务，再例如，在俱乐部和酒店的现场表演，或授权音乐在独立电台播放。音乐是广播和电视的重要组成部分。例如，在1999年的第一季度，有4 260万人每周会收听一次广播电台，再例如"全英音乐奖"（BRIT Awards）和"一位听众与……"（An Audience with...）之类的节目通常会吸引1 000万名听众，然而老牌的音乐节目，例如"流行巅峰"（Top of the Pops）和"英国音乐"（Compact Disc of UK，CDUK）通常只有100万~300万名听众。③

企业为音乐提供的其他形式的资助就是赞助（这主要是针对古典音乐会，在表演艺术一章中会进行说明）。

1997/1998年，音乐的公共支出（除了古典音乐会以外）约为1.96亿英镑，而且涉及地方政府对音乐场馆和音乐教育的支出以及对军乐队的支持。

1997/1998年，音乐的消费支出总额约29亿英镑。④

1997/1998年，英国参与现场音乐活动（非古典音乐）的人数大概是1 400万人⑤，入场费大概是2.27亿英镑，与1994年估计的1.68亿英镑相比增长了35%。⑥

1999年，录音产品的上市总价格（零售价）约为11亿英镑⑦，与1998年相比增长了1%。

1999年，录音产品和音乐短片的零售价大约是19亿英镑。截至1999年，录制唱片的花销增长了4%，可以和欧洲1%的平均增长率相媲美。⑧

到了20世纪90年代末期，增长开始减缓。在过去的三年里，销售量依然居高不下，没有什么变化。例如，从1995年起，每年的专辑销售量大约都是2亿。20世纪90年代，在唱片、磁带和光盘上的消费支出在整整三年内都没有变化。

1999年，CD专辑占据了将近一半的英国市场，因为音乐购买者每年在专辑上的平均消费大约是79英镑。⑨CD现在是主导形式：1999年，带来的收入是专辑总收入的92%。15~29岁的人是单曲唱片消费的主要人群，占据一半以上的单曲消费份额。

1999年，迷你光盘的销量翻倍，随后迷你音碟机的销量也几乎翻倍了。⑩

1999年，古典音乐在英国录音媒介市场的份额是5.9%。从20世纪90年代起，其市场份额就逐

① 香港兆邦银行和毕马威会计师事务所，1999年：《良好表现》。
② 香港兆邦银行和毕马威会计师事务所，1999年：《良好表现》。
③ 英国产唱片产业协会，2000年：《统计手册》。
④ 香港兆邦银行和毕马威会计师事务所，1999年：《良好表现》。
⑤ 香港兆邦银行和毕马威会计师事务所，1999年：《良好表现》。
⑥ 香港兆邦银行和威斯敏斯特大学1996年：《音乐的价值》。
⑦ 英国产唱片产业协会，2000年：《统计手册》。
⑧ 国际唱片业联盟，2000年：录制音乐的全球销量，1999年；2000年数字唱片业，2000年10月（www.ifpi.org）。
⑨ 英国产唱片产业协会，2000年：《统计手册》。
⑩ 英国产唱片产业协会，2000年：《统计手册》。

渐下降：1990 年，其份额是 11.2%。①

1999 年，英国是世界上第三大唱片销售市场，是欧洲最大的唱片销售市场，其份额达到了 7.6%。②

盗版影响了音乐产业的每个领域，从作曲家、音乐家到零售商。1999 年，估计有价值 26 亿英镑的 19 亿个光盘和磁带在全球盗版音乐市场中流通。互联网盗版正在快速蔓延，国际唱片业协会（International Federation of the Phonographic Industry，IFPI）预计，2000 年，互联网上将会有 2 500 万个盗版文件用于交易。③

国内的各类音乐支出（1997/1998 年） （单位：十亿英镑）

用户消费	2.9
私营企业	0.2
公共部门支出	0.2
总数	3.3

注：本章中，公共部门的支出不包括对古典音乐艺人、表演家和机构的资助，但包括教育和培训费用以及来自国防部对军乐团的资助。

来源：香港兆邦银行和毕马威会计师事务所，1999 年。

音乐消费支出预估（1997/1998 年[a]） （单位：百万英镑）

入场费总数[b]	303
录音制品（全新）[c]	1 793
录音制品（二手）[d]	38
印刷乐谱	42
乐器（全新）	450
乐器（二手）[d]	150
教育（学费和考试）	104
总数	2 880

注：（a）包含增值税。（b）古典音乐会除外。（c）包含音乐视频。（d）数字在一半的基础上有所调整——根据国家会计原则，就二手商品而言，只有零售商和经销商的利润率应该包含在内。

来源：香港兆邦银行和毕马威会计师事务所，1999 年。

大型的主流流行音乐会和摇滚音乐会：演出（1997 年）

音乐会所在地	音乐会数量
容纳不到 5 000 人的场所	8 107
更大的场所	483
户外活动	89
总数	8 679

注：数据是基于注册会计师对核心成员的调查。32 名成员中有 26 人作出了回应（81%），并将不回应者和非成员计算在内。

来源：香港兆邦银行和毕马威会计师事务所，1999 年。

① 英国产唱片产业协会，2000 年：《统计手册》。
② 英国唱片协会，2000 年：《统计手册》。
③ 英国唱片协会，2000 年：《统计手册》。

贸易平衡

1997/1998 年，据估计，英国音乐产品和海外服务的出口额达到了 13 亿英镑。①进口额约为 7.75 亿英镑，这使得贸易净差额达到了 5.26 亿英镑。

例如，在 1998 年，英国艺术家前往北美巡回演出带来了 4 050 万英镑收入；②以下的表格反映了 1996—1998 年英国艺术家的海外收支情况。

1990 年，作曲家和音乐发行商的版权收入达到 3.58 亿英镑。③

1997/1998 年，来自非居民表演者缴税的英国演出收入约为 383 万英镑。④

海外收入和支出(1997/1998 年)

(单位：百万英镑)

海外收入	海外支出	净收入	
音乐作曲和音乐发行	358	187	171
乐器：生产、零售和分配	88	149	(61)
管理者、代理商、促销商	6	—	6
现场表演[a]	108	32	76
录音	728	392	336
录音：零售和分配	不适用	不适用	不适用
教育和培训	13	—	13
平衡项目(支出不明)	—	15	(15)
总数	1 301	775	526

(a)不包括古典音乐。

来源：香港兆邦银行和毕马威会计师事务所，1999 年。

主要的英国艺术家到北美巡演的情况(1996—1998 年)

	1996 年[a]	1997 年	1998 年
前十名艺术家	7	13	14
总演出	428	436	491
预计票房销售带来的总收入	1.138 亿美元	2.137 亿美元	2.239 亿美元
票房总额前 100 的英国份额	15.3%	21%	19.8%
预计回到英国的票房收入	0.219 亿英镑	0.391 亿英镑	0.405 亿英镑

(a)1996 年公布的数据只包括前 50 场演唱会，而不是前 100 场。

(b)计算方法是假设 30%的票房流回到英国。英镑兑换是基于英格兰银行(Bank of England)提供的英镑兑美元的年度平均汇率。

来源：香港兆邦银行和毕马威会计师事务所，1999 年。

① 香港兆邦银行和毕马威会计师事务所，1999 年：《良好表现》。
② 香港兆邦银行和毕马威会计师事务所，1999 年：《良好表现》。
③ 香港兆邦银行和毕马威会计师事务所，1999 年：《良好表现》。
④ 香港兆邦银行和毕马威会计师事务所，1999 年：《良好表现》。

就业

1997/1998 年，音乐产业的全职工作①岗位数约为 122 073 个②，详见下表。

作曲家和音乐家占该产业就业数的 30%，这很好地体现了内容原创性的意义以及其在音乐行业供应链上的表现。

自雇、兼职、临时工作以及身兼数职(通常包含与艺术相关的以及非艺术职业)是音乐产业典型的就业模式。所以，要想量化这种类型的工作就很困难。举例来说，大多数流行音乐家可能未在录音方面取得成功，而是更有可能在酒吧、俱乐部里担任录音乐师。此外，在 1 000 位英国唱片制作人中，据估计只有一半是全职制片人。③

作曲家和音乐家的工作和就业方式通常是很灵活而且具有创新精神的。这一方面是因为音乐产业的特性，奖励创新，回应或者本就身处不断变化的时尚前沿，另一方面是因为创作过程本身的特点即自主性。1991 年人口普查的数据显示，只有 10%的音乐家(各种流派包括古典音乐)是全职。④

各领域的全职工作人数(1997/1998 年)

	音乐家和作曲家	其他	预计就业总人数
现场表演[a]	35 000	11 000	46 000
音乐作曲	1 500	—	1 500
音乐发行	—	1 275	1 275
版权组织	—	913	913
乐器：			
——制作和发行	—	5 700	5 700
——零售	—	4 000	4 000
管理者、代理商和经销商	—	1 126	1 126
唱片：			
——唱片公司	—	7 128	7 128
——录音室	—	660	660
——制片人	—	750	750
——生产商	—	3 000	3 000
唱片的零售和发行	—	18 668	18 668
教育和培训	—	31 353	31 353
总数	36 500	85 573	122 073

注：(a)非古典音乐。

来源：香港兆邦银行和毕马威会计师事务所，1999 年。

① 古典音乐现场表演除外。
② 香港兆邦银行和毕马威会计师事务所，1999 年：《良好表现》。
③ 香港兆邦银行和毕马威会计师事务所，1999 年：《良好表现》。
④ 奥·布莱恩和菲斯特，1995 年：艺术文化产业的就业：《1991 年人口普查分析》。

音乐家的就业状况(1991年) (单位:%)

就业情况	比例
全职员工	10
兼职员工	14
有员工的自雇	4
无员工的自雇	62
失业的或者待业的	11
总数	100

来源：奥·布莱恩和菲斯特，1995年。

行业结构

大部分从事音乐行业的企业是小型企业，这对音乐产业及其所有分支行业来说再正常不过。据估计，其中80%~90%的企业是超小型公司①，员工人数最多9人。

仅唱片产业就有超过2 000家公司。这个范围不仅包括少量的跨国企业集团，即所谓的“骨干企业”，他们主宰着全球市场，也有规模很小的独立唱片公司。小规模的公司倾向于专注艺术家和曲目(A&R)，他们经常将生产、制作和发行进行外包。

音乐出版业的结构也大体类似：5家主要的公司以及200家左右的独立出版商代表了2 500多家联营公司和其他各类公司。出版商的促销作用十分关键，小规模的独立出版商在培养新的作曲人才方面尤其重要。

古典音乐的出版商通常会发行他们拥有的曲目，而流行音乐的出版商会根据专家的意见只发行部分曲目。许多出版商是专门从事音乐教育的。

主要公司——环球音乐集团(Universal Music Group)、索尼(Sony)、贝塔斯曼音乐集团(Bertelsmann Music Group，BMG)、百代唱片公司(Electrical and Musical Industries Ltd.，EMI)以及华纳音乐集团(Warner Music Group)——占据了英国音乐唱片市场大约75%的份额和全球市场80%的份额。②

然而，尽管独立公司没有那些大公司雄厚的资金实力，但是优势是规模小、运行灵活，这样可以更接近音乐市场，识别新的潮流，迅速作出反应，还能在音乐领域开展业务。20世纪90年代，英国获得金唱片的新生代艺术家中，其作品有40%是和独立经营公司合作录制的。大型企业和独立经营的公司之间的合作和兼并在音乐行业并不少见。

阻碍小型企业发展的因素是：小型企业运行时，资金压力大，管理能力有限。这不仅使得小型企业无法投资多种类型的艺术家，还限制了承担风险的能力。财务业绩(以及可持续性)主要依赖企业中的一位唱片艺术家是否成功。所以他们创作新产品的能力是有限的；新产品开发是周期性的，例如，新专辑平均每两年会发行一次，从中获得的财政收入还得维持公司的正常运行，直到下一次唱片的“大卖”。

英国的唱片发行系统包含了200多家公司。③大型公司通常有自身的发行系统(1999年，大型公司

① 国家统计局，业务监控PA 1003，2000年：《英国企业规模分析：商务，能源和产业》。
② 英国唱片业协会，2000年：《统计手册》。
③ 联合企业媒体，1999年：《音乐周目录2000》。

控制了将近 3/4 的经销商市场），还可以和零售店讨价还价，而小型公司就不能这样做了。独立经营公司的唱片同样是由大型公司进行分销。

电子商务的发展以及越来越多的用户上网购买音乐作品开拓了其他营销和分销渠道。这使得小型企业可以克服目前商贸业发展的阻碍，有可能改变现有的产业结构。

零售市场包含了大概 6 400 家柜台零售店，包括专业连锁店（例如维珍集团（Virgin）或者“主人之声”（His Master's Voice，HMV））、独立的专营店、综合型连锁店（例如伍尔沃斯公司（Woolworth's），或者超市（例如森宝利（Sainsbury's））。

1998 年，邮购订单（非网络）市场占了大概 11%的音乐唱片市场，但是因为网上购物变得更加普遍，这个数字以后有可能会有大的改变。

唱片业的供应链结构

	作曲家	出版公司	版权组织	演奏者	唱片公司
活动	创作乐曲 分配版权给出版商	开发和保护作曲家的作品 为作曲家和唱片收取版税	为作曲家和唱片公司收取版税和报酬	音乐演奏	签约艺术家和协调唱片业 为录音制品创造和开发版权
参与方			PRS MPCS	超过 500 名艺术家和团体（总计涉及 2 000 名音乐人）同大型唱片公司签约，另外还有 2 000 家和独立公司签约	5 家主要公司（占据了 75%以上的国内唱片产业收入）以及 2 000 家独立运营的公司
增加值（亿英镑）	9.3	0.96	0.26	3.5	4.05
全职员工就业人数（1997/1998 年）	1 500	1 275	913	46 000	7 128

来源：《创意产业纲领文件（1998）》；香港兆邦银行/毕马威会计师事务所，1999 年。

	唱片制作人	录音工作室	制作公司	发行商	零售商
活动	和艺术家合作制作唱片	录制音乐/制作母版	根据母版制作音频载体	分配音频载体给零售商	销售
参与方	1 000 位音乐制作人，其中有一半是全职工作	360 个独立工作室（很多都隶属于各公司）	150 家公司	超过 250 家公司，5 家主要公司分销了 73%的唱片	6 400 个店面：专业连锁店、独立专业店铺、综合型零售商、超市、其他店面
增加值（亿英镑）	0.14	0.15	0.87	0.86	2.79
全职员工就业人数（1997/1998 年）	750	660	3 000	2 578	16 090

来源：《创意产业纲领文件（1998）》；香港兆邦银行/毕马威会计师事务所，1999 年。

唱片公司市场份额，专辑(1996—1999年)　　(单位:%)

	1995年	1997年	1999年
环球	3.0	4.6	24.2[a]
宝丽金唱片	20.6	19.6	—
索尼	12.0	12.1	14.6
百代	13.4	14.2	13.0
华纳音乐	9.9	7.2	9.6
维珍	8.3	10.3	7.5
贝塔斯曼	8.1	7.8	7.5
松巴	0.4	0.9	2.6
克里莫森	—	1.1	1.7
泰式达	3.3	1.6	1.6
其他(独立公司)[b]	21.0	20.6	17.7

(a)环球公司收购了宝丽金唱片公司，所以市场份额于1999年上升。

(b)个人独立公司合计只占不到2%的市场份额。

来源：唱片业协会，2000年。

不同零售商的单曲和专辑销售市场份额(1999/2000年)　　(单位:%)

零售商的种类	单曲	专辑
专业队伍	64.1	54.5
跨国公司	27.8	20.4
超市	5.6	9.1
邮购和俱乐部	1.0	10.6
互联网	0.5	1.0
其他批发商店	1.1	4.4
总数	100.0	100.0

来源：唱片业协会，2000年。

区域规模

全国销售分布相对均匀，虽然更多的销售是在伦敦进行而较少在英国东北部。

各个地区的单曲零售总额百分比(1999年)

总人口(%)	7”	12”	磁带	光盘	总数
伦敦 19.3	27.7	28.7	18.9	23.7	22.7
南部和东南部 9.2	9.7	10.7	10.0	9.8	9.9
西南 3.0	1.9	2.1	2.9	2.4	2.5
威尔士和西部 7.7	6.8	5.2	7.7	6.3	6.6
中部地区 15.4	14.8	16.1	17.6	15.4	16.0
安格利亚 6.7	8.3	6.7	7.5	7.0	7.1

续表

总人口(%)	7"	12"	磁带	光盘	总数
约克郡 9.9	8.9	7.7	9.6	8.5	8.8
兰开夏郡 11.7	11.5	8.9	11.7	10.7	10.9
东北 5.1	2.7	4.2	4.2	4.2	4.2
北爱尔兰 2.3	1.4	3.1	1.8	2.0	2.0
苏格兰 6.4	3.3	4.6	5.2	7.2	6.5
格兰扁区 2.1	2.8	1.4	1.8	2.1	2.0
边界 1.2	0.2	0.5	0.9	0.9	0.9

来源：华通明略，来自英国唱片业协会，2000 年：《统计手册》。

各个地区的专辑零售总额百分比(1999 年)　　(单位:%)

总人口	黑胶唱片	磁带	光盘	迷你光盘	全价	中间价格	预算	总数
伦敦 19.3	35.4	21.0	27.2	40.9	26.2	30.5	26.3	26.7
南部和东南 9.2	10.4	10.4	10.1	10.2	10.1	9.9	10.6	10.1
西南 3.0	2.0	3.4	2.7	2.6	2.7	2.6	3.1	2.8
威尔士和西部 7.7	7.3	8.6	6.8	4.7	7.1	6.2	7.0	6.9
中部地区 15.4	13.4	15.7	13.8	11.2	14.2	13.1	13.6	14.0
安格利亚 6.7	5.7	7.2	6.7	5.2	6.9	6.2	6.4	6.7
约克郡 9.9	6.3	9.0	7.6	5.3	7.8	7.3	7.7	7.8
兰开夏郡 11.7	7.8	11.0	10.3	8.1	10.4	9.9	10.3	10.4
东北 5.1	3.2	3.8	3.6	3.2	3.6	3.5	3.8	3.6
北爱尔兰 2.3	2.5	1.9	1.8	1.0	1.8	1.7	1.9	1.8
苏格兰 6.4	3.7	5.0	6.4	5.3	6.2	6.4-	6.3	6.2
格兰扁区 2.1	2.0	1.9	2.2	1.8	2.1	2.0	2.2	2.1
边界 1.2	0.3	1.0	0.8	0.5	0.8	0.6	0.8	0.8

来源：华通明略，来自英国唱片业协会，2000 年：《统计手册》。

国际赞誉

英国音乐产业的唱片在海外也是十分畅销的：英国是世界上第二大曲库，仅次于美国；1999 年，英国音乐在销量方面排名世界第三，仅次于美国和日本。

以 1998 年为例，欧洲前 100 名的热门单曲中有 22%来自英国，热门专辑中有 31%来自英国。英国音乐在欧洲、美国点击量分别占比 21%和 28%。[①]

最近，英国音乐在美国市场的表现相对来说并不是很强劲，但英国艺术家还是创造了一系列畅销曲目。这部分归功于当地音乐作品的强大，比如说乡村音乐、带说唱的金属乐。

20 世纪 90 年代，国际上许多英国曲目越来越受人们欢迎(市场份额也越来越大)。本土音乐产业的发展以及对本土音乐人才和本土市场的投资，逐步提高了本土曲目在英国市场所占的份额，而且同

① 国家统计局，1998 年：《文化趋势》，《英国音乐产业：近期发展》。

样对本土音乐品味的发展有影响。1999 年，英国国内原创曲目的平均数量占据全球的 66.2%[①]，这项数据在 20 世纪 90 年代稳步上升，然而国际曲目的份额逐渐减少。

很多英国艺术家的作品仍然在全球市场上热卖，比如电台司令(Radiohead)、克雷格·大卫(Craig David)、索妮可(Sonigue)、七小龙(S Club 7)以及罗比·威廉斯(Robbie Williams)的作品。他们是最近少数几个作品畅销海外的英国表演艺术家。2000 年 12 月第一周，美国前 200 张专辑中就有 24 张是英国专辑。[②]

次要经济影响

与音乐相关的服务业类型很多。下表列出了服务于唱片业的专业公司。

音乐行业通过和广告业互动，同样对某些分支产业产生了间接影响。1999 年，唱片公司花了 1.12 亿英镑做广告；1998—1999 年间，唱片公司在音乐电视(Music Television，MTV)和热门电视一台(Video Hot 1，VH1)之类的音乐电视频道上的广告增加了 163%。[③]

在广告中使用音乐直接影响了作曲家、音乐总监和音乐家的就业以及版税收入机会。

服务于唱片业的专业公司(1999 年)

	公司的数量
艺术和创意工作室	100
宣传和推广公司	166
公关公司	175
其他(摄像师、发型师等)	149

来源：《音乐周目录(2000 年)》，1999 年。

发展潜力

20 世纪 90 年代，国际音乐市场持续增长(增速为每年 2.6%)。[④]随着生活水平的提高，娱乐时间和个人可支配收入不断上涨，本土音乐市场的投资和市场营销也在增长。英国音乐产业依靠自己现有的优势——英语、人才、品牌、投资实力、专业技巧以及基础设施——在国际市场营销方面具有很大的潜力。

在线零售的发展已经对音乐产业有所影响。明特尔公司预计，在未来的四年里——到 2004 年，英国的在线贸易增长可能超过十倍。亨利中心(The Henry Centre)预计，到 2003 年，英国消费者网上购物的开支将达到 275 亿英镑。[⑤]随着硬件成本下降，越来越多人拥有电脑，低成本上网，上网时间变长，连接速度加快，付款更加安全和熟练掌握该技术，所有这些条件都可以进一步推动音乐产业的

① 国际唱片业协会，2000 年：《唱片业》。
② 琼斯，2000 年 12 月 2 日：《音乐周(美国看榜)》。
③ 英国唱片业协会，2000 年：《统计手册》。
④ 国际唱片业协会，2000 年：《唱片业》。
⑤ 明特尔，2000 年 5 月 16 日：《在线娱乐》。

发展。

2000 年，有 32%的英国家庭(780 万)接入互联网①，17%的英国家庭通过网络播放或下载音乐。早期的研究表明(1999—2000 年)，12%的网络用户曾经购买过光盘/影像资料，51%的用户访问过音乐网站。②

音乐产业发展的潜力和网络的发展也是息息相关的。因为后者有可能改变(或补充)音乐传播的方式：通过下载或其他点播业务在线分销音乐，在线购买唱片，买票看现场表演或在线观看网络直播。

然而，网络对音乐产业的影响不能在短时间内全部产生，因为互联网还没那么快普及。当互联网普及时，就可以很高效地以各种方式在线为消费者播放音乐，这尤其有助于减少音乐的发行时间，而传统的零售店是无法做到的。

新的"点对点"商业模式可能会产生越来越多更具有市场针对性的作品，这为未来的发展带来了更多的机会。

电子商务/互联网/技术的影响

电子商务对传统的交付系统发出了挑战，有可能会极大地改变音乐产业本身的经济现状。市场营销、出售、分销和播放功能都可以很方便地由一个网站来实现。从供应的角度来看，这种无缝衔接的方式可能会缩短供应链，尽管会产生过渡性费用，但从消费者的角度来看，这种方式有可能使价格下降，获取作品更加容易，选择范围越来越广。然而，从中期来看，这可能对就业会有不良的影响，尤其是对生产业、分销业、零售业，他们大概占音乐产业就业总数的 18%。

消费者可以下载音乐并储存，这一点几乎免去了生产和分销的成本。1990 年，肖恩・康布司和托丽・艾莫斯(Puff Daddy & Tori Amos)的两首单曲在零售之前一个月先在网上发行，每首支付 1.1 英镑下载费用。③另外一种交付模式就是"电子自动唱片点唱机"(e-jukebox，和即时点播视频相似)，它可以在终端客户的要求下以数字方式传递音频(无需下载)。

这些发展带来的结果就是，很多大型零售商正在扩展他们的业务，包括 MP3 和无线应用协议技术。新型应用比如力拓电话、手机网络电话以及索尼电子随身听已经上市。

另外，日益增长的网购市场意味着，在过去的两年里，出售音乐的网站数量急剧增加，比如主人之声(HMV)、塔尔(Tower)和维珍大卖场(Virgin Megastores)已经开展线上销售。

在英国，书籍和光盘是网上最畅销的商品。④网上购物的一大好处就是十分方便，书籍和光盘在网上畅销的原因就是用户可以很容易地找到特定的商品，这比在实体店购买方便多了。2000 年第一个季度，英国亚马逊的音乐销售额比 1999 年同期上涨了 136%。⑤

据估计，到 2004 年，全球在线音乐销售额可以达到 25 亿英镑，其中英国的销售额可达到 8 000 万英镑。通过下表我们可以发现，和美国以及欧洲其他顶级音乐市场类似，英国在未来两年里的销量每

---

① 国家统计局，调查：《上网(第一版)》，2000 年 7—9 月。

② 国际市场研究公司《"哪个?"(which?)在线网络调查(1999)》。

③ 明特尔，2000 年 7 月 5 日：《唱片、磁带和光盘》。

④ 明特尔，2000 年 6 月 8 日：《英国与美国在线购物的较量》。

⑤ 明特尔，2000 年 6 月 8 日：《英国与美国在线购物的较量》。

年都会翻一倍多①(尽管到2002年，增长有放缓的趋势)。

越来越多的国际艺术家允许人们从网上下载音乐进行试听，像麦当娜(Madonna)、大卫·博伊(David Bowie)等甚至提供的是完整的曲目供用户下载。2000年11月，麦当娜在布里克斯顿学院(伦敦)(Brixton Academy)的音乐会上为4 000名观众演唱，并同时向世界900万名听众进行直播。②出版业、唱片业以及技术产业正在为在线音乐市场的蓬勃发展创造条件。音乐著作权保护协会(Secure Digital Music Initiative，SDMI)是一个由100多家公司和机构组成的联合组织，致力于为音乐的播放、储存和销售制定一个开放的框架和规范。

在线音乐销量(1997—2002年)　　(单位：百万英镑)

	英国	增加%	美国	德国	法国
1997年	1.5	—	24.3	2.2	0.6
1998年	4.0	+166	56.5	5.7	1.2
1999年	8.7	+118	121.3	14.0	3.0
2000年	19.0	+118	247.0	35.0	7.9
2001年(预估)	40.0	+111	469.0	76.2	17.5
2002年(推测)	80.0	+100	802.5	151.0	36.5

来源：欧洲丘比特/明特尔，2000年。③

行业发展——注意事项

网上发行将会发生重要变革，通过更多方式让人们更容易获取音乐。例如，纳普斯特(Napster)之类的服务使得文件共享和免费下载成为可能。然而，总体上，在线音乐交易忽视了音乐创作者和音乐制作投资人的权利。

这会对音乐内容创作的经济状况以及音乐质量产生严重的影响——有可能会损害数字音乐产业本身。英国的版权法一直保护创作者的权利，人们在网络上使用音乐时会付费给创作者。然而，考虑到在线交易并没有地域界限，所以迫切需要制定一个国际框架。

世界知识产权组织(World Intellectual Property Organization，WIPO)1996年发布的《版权和表演和录音制品条约》(Copyright and Performance and Phonograms Treaties)为此提供了基础。欧盟早期批准的版权指令在每个欧盟成员国里实施，这对音乐产业来说是强制性规范。数字发行正成为唱片传播的一种主流方式。对于想要在电子市场寻求贸易和予以投资的唱片公司，版权保护是一个重要的先决条件。我们需要开展对音乐电子贸易的市场研究，因为市场知识对企业的战略发展是必不可少的。

现今网络购物发展的主要阻碍是人们会担心在线付款不安全。

我们需要打击盗版。目前，欧盟正计划出台一项新的指令和其他合作举措，以加强知识产权的实施；打击假冒和盗版已经是欧盟扩大谈判的重中之重。在音乐产业，商业支持需要关注小型企业，有必要对英国公司，尤其是小型公司的国际营销提供支持。

① 明特尔，2000年7月5日：《唱片、磁带和光盘》。
② 赛克斯，2000年11月29日：《伦敦晚报》，“900万粉丝和4 000位名人在布里斯顿观看一位超级巨星的演唱会”。
③ 英国唱片业协会，2000年：《统计手册》。

10. 表演艺术

核心活动:

内容创意

艺术表演制作

现场表演芭蕾舞、现代舞、戏剧、音乐剧和歌剧

巡回表演

服装设计和制作

灯光

相关活动:

旅游业

酒吧和餐馆

商业赞助

艺术节管理

场地管理——剧院、会堂、公共娱乐的地方

教育、社区音乐

销售规划

饮食业

电影原声

节目发布

相关行业:

音乐

电视和广播

设计

电影和视频

出版业

特效

10. 表演艺术

总收入：超过4.7亿英镑(1998—1999年)①

出口：超过0.8亿英镑(1998—1999年)②

就业：75 400人(1998年)，74 300人(2000年)③

本部分主要讨论的是芭蕾舞、现代舞、戏剧、音乐剧和歌剧的现场表演，同时展现了英国交响乐团的作品。核心活动指制作和表演，包括在固定的场所以及在英国国内或者国外进行巡回表演。制作和表演都是高度人力密集型活动，用资本设备替代人力资本的机会相对较少。

主要收入来源(1998—1999年)

	金额(百万英镑)	占总值的百分比(%)
门票收入	450	49
费用(只对音乐行业)	20	2
辅助交易活动产生的利润额		
餐饮、房屋出租、知识产权许可等	N/A	N/A
商业赞助/合伙	142	15
艺术委员会	124	13
地区艺术委员会	30	3
地方政府支出	158	17
英国文化协会对海外巡演的支持	3	—
总数	927	(100)

注：N/A代表数据缺失。

来源：伦敦剧院协会、戏剧协会、英国乐团协会(《了解现状》)；《良好的表现》；艺术委员会和地区艺术委员会年度报告；苏格兰地方议会娱乐预测；苏格兰地方议会(评级审查)；英国文化协会。这些数据包括年度收入和短期项目资助：它们不包括资本发展基金，受众发展补助金或者"稳定"支持的资金。

行业收入

门票收入

1998年，跳舞、戏剧、音乐剧、音乐剧院、歌剧和古典音乐的门票收入超过4.7亿英镑。④

① 《文化趋势》第134页，2000年7月；英国乐团协会，2000年：《了解现状》。

② 温德汉姆报告，1998年：伦敦西区剧院的经济影响；英格兰艺术委员会；苏格兰艺术委员会；国家音乐理事会，2000年：《良好的表现》。

③ 国家统计局，2000年：《劳动力调查(1998)》，2000年夏。

④ 《文化趋势》第134页，2000年7月；英国乐团协会，2000年：《了解现状》。该数据来自实地调查，考虑到无响应的情况。

该产业的数据是由各个管理协会独立收集分析。对于剧院建筑和公司来说，其中两个协会——伦敦剧院协会(Society of London Theatre，SOLT)和戏剧协会（Theatrical Management Association，TMA)对门票收入和观众数量进行了可靠的分析。

伦敦剧院协会会员包括在伦敦西区及其周围的 52 个剧院(1998—1999 年)，他们中有的接受补贴有的是全商业运行模式，其中还包括一大批巡回制片人。戏剧协会负责管理英格兰、苏格兰、威尔士和北爱尔兰的剧院以及更大的制作公司：它有 400 名成员，其中 230 名能够定期发布作品。第三家管理协会——独立戏剧协会(Independent Theatre Council，ITC)负责管理难以评估的更小型巡演剧团。

剧场表演的门票收入属于两大管理协会，包括伦敦西区以及英国其他地区。门票收入从 1996 年的 3. 25 亿英镑增加到 1999 年的 3. 7 亿英镑①，增长了 14%。这表示复合年增长率(Compound Annual Growth Rate，CAGR)为 4%。

剧场作品的大部分门票收入来自伦敦西区(1999 年为 2. 46 亿英镑)。伦敦西区十分注重收入的增长，和英国其他地方 2. 5%的复合年增长率相比，这里的复合年增长率大约为 4%。

1998/1999 年，主要交响乐团的门票收入大约是 0. 5 亿英镑②，四大伦敦管弦乐队的门票收入约为 0. 11 亿英镑。③

1999 年，艺术委员会和地区艺术委员会花费了 1. 24 亿英镑在表演艺术上。1998—1999 年，地方政府在艺术上的收入大概是 1. 58 亿英镑。④ 它被用于当地政府经营的基础设施以及给予独立组织的拨款。1999—2000 年政府提出要缩减表演艺术的净支出⑤至 1. 36 亿英镑(英格兰和威尔士)，其中艺术组织的资助根据计划下降 18%。

1998—1999 年，英国表演艺术的商业赞助总额是 0. 39 亿。⑥

英国国家彩票公司在 1998—1999 年拨划的资金大约为 1. 76 亿英镑。这包括资本发展基金以及对观众拓展类活动、机构“稳定”、教育和培训与千禧年节日活动的资助，还有地区艺术彩票项目对英格兰地区艺术委员会的拨款。

地方政府在表演艺术上的支出(1998—1999 年)　　（单位：百万英镑）

支　出	
剧院、会堂以及公共娱乐场所(英格兰和苏格兰)	81
资助艺术机构(英格兰和威尔士)	5. 9
专业艺术组织(英格兰和威尔士[a])	60. 5
总数(英格兰和威尔士)	147
总数(苏格兰)	13. 7
总数(英格兰、威尔士和苏格兰)	157. 7

(a)包含表演艺术外的机构，但是划拨给他们的款项只占总额的一小部分。

来源：英格兰和苏格兰：CIPFA 娱乐预测。苏格兰：CIPFA 苏格兰等级评估(结果)。

来源：CIPFA 娱乐预测。

① 伦敦剧院协会和剧场管理协会。
② 国家音乐协会，2000 年：《良好的表现》。
③ 英国乐团协会，2000 年：《了解现状》。
④ CIPFA 地方政府评估：CIPFA 苏格兰等级评估。
⑤ CIPFA 地方政府评估。
⑥ 艺术和商业，2000 年：《企业艺术投资》。

累计赤字

该行业的贸易赤字积累相当大(近年来累积的债务)。到 1999 年底，累计赤字超过 0.24 亿英镑(英格兰的补贴行业)。①

英国市场规模

1998 年，舞蹈、戏剧、音乐剧、音乐戏剧和歌剧、音乐的表演的门票收入达到 0.335 亿英镑：平均每个工作日售出 11 万张票。②其中，音乐的门票收入约为 350 万英镑。③戏剧、歌剧和音乐戏剧以及剧院舞蹈的收入是 0.3 亿英镑。

剧院演出

1996—1998 年，门票(SOLT & TMA 剧院)出售的数量没有发生变化，大概是 2 050 万张，而演出的数量稍有增长，达到 4 万场。然而，西区的发展掩盖了英国其他地方的衰弱。从 1993 年起，区域上座率下降了大约 11%，这和演出数量的下降是一致的，地区剧院一直保持了 58%的门票售出率。④

演出(舞蹈、戏剧、音乐戏剧、歌剧)(1996—1999 年)

	1996 年	1997 年	1998 年	1999 年
SOLT 成员	16 084	15 568	16 018	17 089
TMA 成员	23 297	24 535	24 431	22 581
所有	39 381	40 103	40 449	39 670
变动率	—	+1.8%	+0.9%	-1.9%

来源：SOLT 票房数据报告，1998 年，1999 年；匹配时间段的 TMA 观众数据分析。

门票收入(舞蹈、戏剧、音乐戏剧、歌剧) (单位：百万英镑)

	1996 年	1997 年	1998 年	1999 年
SOLT 成员	229	246	258	266
TMA 成员	96	103	110	102
所有	325	339	368	362
变动率	—	+4.3%	+8.6%	-1.6%

来源：SOLT 票房数据报告，1998 年，1999 年；匹配时间段的 TMA 观众数据分析。

音乐会

1994 年，英国广播电视台/艺术委员会管弦乐团评论(Arts Concil Orchestra Review)估计观众人数会达到 610 万。⑤ 2000 年，英国乐团协会(Association of British Orchestras，ABO)的调查⑥表明，1998/

① Hacon，Dwinfour，Jermyn and Joy，2000 年：基于表演指数对长期和定期接受资助的组织进行的统计调查，1998—1999 年，伦敦。
② 《文化趋势》第 134 页，从 SOLT/MTA 中获取数据；英国乐团协会，2000 年：《知道分数》。
③ 英国乐团协会，2000 年：《知道分数》。
④ SOLT 年度票房数据报告；TMA 数据(未发布)。
⑤ 国家音乐协会，2000 年：《良好的表现》。
⑥ 英国乐团协会，2000 年：《了解现状》。

1999 年估计有 350 万观众参与各项活动，但是，因为统计口径不一致，对这些数据进行比较是不合适的。由于以前并没有统计口径一致的数据，2000 年英国乐团协会调查开始绘制纵向数据。①

作为 2000 年调查的一部分，英国乐团协会确定了 20 个管弦乐队，其中包括独立乐团、BBC 交响乐团、室内乐团、自由和短期管弦乐队。调查要求其提供了四年来活动的完整数据，意将这一数据用于预测年度趋势。通过表格可以发现：教育活动(包括学校音乐会、校内教育活动)以及社区活动从 1995—1996 年度的 515 场增长到了 1998—1999 年度的 1 243 场，增长了 141%，而最近两年增长趋势有所下降。

总的来说，管弦乐活动预计场次达到 5 652 场②：相当于每天都有 15 场，其中有 8 场音乐演出是在英格兰和威尔士政府的音乐会大厅举行的。

表演艺术的市场有广泛的受众，但是主要人群依然是老年人，尽管各个分支行业之间存在一定的差异。

20 个乐团的活动(1995—1996 年度到 1998—1999 年度)

	1995—1996 年度	1996—1997 年度	1997—1998 年度	1998—1999 年度
常规演出季的音乐会	357	424	409	408
当地表演	120	97	110	134
外地演出音乐会/活动	421	389	388	386
芭蕾舞/歌剧表演	38	20	21	27
室内乐演出	38	56	76	73
校内教程、学校音乐会、社区音乐活动	515	568	901	1 243
海外巡回表演	66	73	69	80
其他[a]	573	521	513	434
总数	2 128	2 148	2 487	2 785

(a)包括英国广播公司播放节目的演播室摄制、夏季音乐会、英国巡回表演。

来源：英国乐团协会：《了解现状》

表演艺术的观众(观众占比)

(单位:%)

年龄(岁)	剧院的表演艺术	歌剧	芭蕾舞	现代舞	音乐会
15~24	31. 9	4. 6	5. 1	6. 7	7. 8
25~34	35. 0	5. 4	6. 0	4. 8	8. 2
35~44	39. 2	4. 9	5. 8	4. 9	11. 5
45~54	41. 2	7. 8	8. 4	5. 4	15. 7
55~64	38. 2	8. 6	7. 8	3. 5	15. 8
65+	29. 2	5. 9	5. 5	2. 3	13. 8

来源：目标群体指数，英国市场调研局，1998 年；来自生活方式袖珍书，1999 年。

新作品的创作

所有的基金会都给新的作品投资以促进其发展。例如，1998—1999 年度，苏格兰艺术协会提供了专项资金来支持或委托制作 24 部戏剧作品和 12 部舞蹈作品。同年，英格兰艺术委员会资助了 16 万英

① 英国乐团协会只有 60 名成员，而且拥有越来越多的专业乐团。

② 英国乐团协会，2000 年：《了解现状》。该数据是从各个调查反馈中推断出来的，不仅仅由那 20 个乐团可以提供四年的数据。

镑给戏曲写作，还有大概 23 万英镑用来发展歌剧和音乐；大概 15.3 万英镑用来发展舞蹈作品。这些资助都是直接而且专门用于新作品的创作：大多数公司和乐团都想创作新作品，他们本身也想致力于开发新作品。其他艺术协会和地区艺术委员会也采取了类似的行动。

新型创作和新型编舞的创造性并不局限于能获得补贴的行业：1999 年，在伦敦西区(那里大部分是商业演出)17%的演出是五年前的作品，只有 8%的观众观看了这类演出(尽管很多这样的作品最初会获得补贴)。

2000 年，在彩票公益金资助下，索霍剧院(Soho Theatre)重新开放。在第一季度，每当新作品上映尤其是定制戏剧上演时，剧院的上座率达到了 80%，其中 73%的观众是小于 35 岁的。皇家宫廷剧院(The Royal Court)是英国致力于创新的大公司，他有来自英国和世界各地的创意作家来创作新作品。皇家宫廷剧院把许多新兴剧作家的新作品首次搬上了舞台。

“皇家宫廷剧院青年作家”项目还通过一年两次的表演来挖掘新的人才，发掘 26 岁以下作家的作品。

在英国乐团协会的成员中，47%的表演作品来自 20 世纪。1998/1999 年度定制新作中有 2/3 是管弦乐，58 位作曲家创造了 70 部作品。

场地/剧团的数量

英国有 800 多个正式场地都是用来上演专业戏剧表演的(也有业余表演)。①这些场地包括正式的戏剧中心，还有多功能场地、艺术和社区中心以及小部分定期使用的露天场所。其中有 60 多个场地是由剧团管理的，这些剧团每年都会花一部分时间来进行自己的创作。

《1999 年英国及国际音乐年鉴》(*The British and International Music Year Book* 1999)列出了 228 个交响乐乐团和室内乐团，其中只有一部分是由专业人士进行管理的，而且没有几个能雇用专职音乐家参与乐团的管理。

然而每年的剧团数量都有所变化，有 500~550 家剧团制作专业的戏剧、舞蹈、歌剧和音乐剧②，这些剧团包括从国家歌剧到小型合作伙伴。并不是所有的公司一整年都十分活跃。

大概有 2 750 家业余公司会带来戏剧和音乐/歌剧作品。

从 1995/1996 年度到 1997/1998 年度这三年，国家彩票投入了大量的资金来改善和发展现有的设施，有的还投资设施的建设。受益方包括从英国皇家歌剧院到圣安德鲁斯的拜尔剧院，从米尔福德岗的托奇到索尔福德的罗瑞艺术中心。从那以后，艺术协会所掌管的国家彩票资金的分配发生了变化。资金还被用于发展性用途(维持财政有困难的组织，拓展受众以及培训)。

对特定艺术形式设施的资金补助(1995/1996 年度到 1997/1998 年度) (单位：百万英镑)

	舞蹈	戏剧	歌剧
英格兰	47.9	287.4	57.1
苏格兰	5.5	19.1	6.1
威尔士	1.2	6.7	0.7
北爱尔兰	0.3	1.3	0.1
合计	54.9	314.5	64.0

注：根据地区和种类划分的艺术彩票资金的分配。

来源：E.L. 韦勃，南安普顿大学博士学位论文。

① 《英国表演艺术年鉴，1998—1999 年》，《文化趋势》，第 134 页。

② 《英国表演艺术年鉴，1998—1999 年》，《文化趋势》，第 134 页。

贸易平衡

1997—1998年，英国乐团从海外音乐会上获利650多万英镑。海外公司录制电影原声带还获利300万英镑，之后产生的版税等相关费用未计入其中。

剧院和受资助的公共剧场(例如，皇家国家剧院、皇家莎士比亚剧团)有很多商业巡演，就像各种受资助的地方公司一样，受到了英国的支持。1997年，仅西区带来的出口额就大约有2.8亿英镑①，其中包括西区作品海外销售的收益(0.4亿英镑到0.6亿英镑之间)②。此外，来英国剧院观看演出和接受辅助服务的海外游客也带来了额外的收入。

再举些例子，1999年春，《歌剧魅影》创造的利润已经超过了历史上收益最高的《泰坦尼克号》。如今，电影的收入已经逐渐减少，而《歌剧魅影》的收入持续增长，而且音乐剧因为一直在上演，也为很多人提供了就业岗位。截至2000年8月，《悲惨世界》的海外演出带来的收入是9.38亿英镑。③

不是所有海外表演艺术的收入都属于英国，其中大部分版税以及演员与工作人员的薪酬归英国所得，尽管工作人员获得的生活补贴可能用于海外消费，票房收入的一部分也归主办方所有。

无论是伦敦的还是英国其他地方的受资助剧团，他们也进行海外巡回演出。这种渠道得到的净收入总额并不会累计，但是主办方支付的海外巡回费用对于这些剧团来说仍然是财政援助，尤其是如果他们还能吸引来自欧盟的财政支持。

英国作品的海外巡演可以从英国文化协会得到资助。英国文化协会大约花费300万英镑④来帮助英国表演艺术远播海外：费用一部分由伦敦总部负责，一部分由文化协会在各地设立的办公室负责。

英国乐团的海外表演

	音乐会数量	总预计收入(千英镑)
区域性签约管弦乐队	43	651
伦敦管弦乐队	91[a]	3 555
英国广播公司管弦乐队	N/A	N/A
无合同区域管弦乐队	215[b]	2 290[c]
总数	349	6 496

注：N/A表示数据缺失。

(a)四大伦敦管弦乐队和伦敦小型交响乐团。

(b)基于接受调查的22个管弦乐队的数据。

(c)基于英国广播公司/艺术委员会管弦乐评论过去的平均费用来计算的，在1994年，由于通货膨胀而有所上涨。

来源：英格兰艺术委员会、苏格兰艺术委员会、国家音乐委员会，2000年：《良好的表演》。

① 《温德姆报告》1998年：伦敦西区剧院的经济影响。
② 《温德姆报告》1998年：伦敦西区剧院的经济影响。
③ 卡梅隆·麦金托什有限公司。
④ 英国文化协会，演艺部。

节日

每年有多达550个节日，其中40个节日①和表演艺术有着密切的联系。很多其他艺术节中也包括表演艺术。爱丁堡国际艺术节是目前为止最大的表演艺术节：1999年，其营业额达到了570万英镑。其中，35%是公共拨款，33%是门票销售额，28%的收入来自赞助和捐赠，还有4%来自其他商业收入。②爱丁堡国际艺术节自称是“世界上最大的艺术节”，全世界有600家剧团上演了1 000多场表演，售出40万张门票。爱丁堡一共举办了10个节日，包括夏季爱丁堡国际艺术节，它们为城市带来了额外的1.25亿英镑支出，还有大概2 500个全职岗位。③

爱丁堡国际艺术节：大概数据(1999年)

	金额(百万英镑)	占比(%)
门票销售收入	2.1	33
赞助和捐赠	1.5	28
其他商业来源	0.2	4
收入总额	3.9	65
公共部门资助	1.9	35
总营业额	5.7	100
售出门票收入	400 000，所有的76%	

来源：爱丁堡国际艺术节，1999/2000年度《年度报告》。

就业

表演艺术的就业分为雇员和个体经营者。雇员包括很多在辅助活动中工作的人(管理、建设维护)，还有那些从事其他创意工作的人。例如，一些舞台工作人员还有其他技术人员和导演。

由于其他工作者的活动是自由且临时性的，所以很难进行准确统计，例如，国家统计局的年度就业调查中就不包括个体经营者。

然而，《劳动力调查(2000年夏)》指出，有将近7.5万人是“演员、演艺人员、舞台经理、制片人以及导演”。下面的表格显示了2000年夏天和1998年雇员与个体经营者的情况。

很多表演者一年中只工作数周。大多数演员、舞者和很多舞台管理人员都属于英国演员权益协会，这是他们的行业组织。④

大部分权益协会的成员(60%)还从事别的行业，其中大概有12%的人从事教育行业，11%的人从事招待业、饮食业、旅游业，10%的人从事零售业。

① 英国表演艺术年鉴。

② 爱丁堡国际艺术节：《年度报告》。

③ 苏格兰艺术协会，1998/1999年度：《年度报告》。

④ 英国演员权益协会，1999年：《关于成员调查的报告》。2000年，54%的股权持有者是演员，14%是“助演艺术家”，7%是舞者和舞蹈指导，8%是舞台管理人员。其中，只有33%的演员和舞者在一年中表演的时间超过10周，44%的舞台经理一年的工作时间超过10周。

1999—2000 年，50 家地区剧院共进行了大概 2.4 万个演出周①，很多人是分阶段雇用的，大概每次工作 8 周。商业剧院和国际贸易委员会成员的工作时间远远超过 8 周。

管弦乐队雇用音乐家的人数是难以精确评估的，因为他们的工作性质，具体包括有签合同发薪酬的音乐家，有自由职业者，还有只在进行保留曲目演出时需要的专业音乐家。

制作及其他相关环节会直接雇用演员、音乐家、舞者、歌手、技术制作团队、管理人员、前台人员，还有和酒吧以及餐饮业相关的工作人员。如果一个剧院拥有 6~10 名演员，他通常会直接雇用 30 名或更多的全职员工，而且还会有很多签约的兼职人员。

创意职业的就业：演员、演艺人员、舞台经理、制片人和导演

	1998 年夏	2000 年夏
雇员	32 600	32 200
自营职业者	42 900	42 200
合计	75 400	74 300

注：并非所有的表演都是现场表演。

来源：国家统计局《劳动力调查》，1998 年，2000 年夏。

行业结构

表演艺术行业是由很多互相关联的团体组成的。强有力的商业部门(主要聚集在伦敦)在伦敦以及别的区域都有受资助的分支部门。

就表演和创作的数量而言，大部分是由公共部门承担的；就公共收入而言，营业额最大的一部分来自商业部门。受资助部门持续稳定地满足人们的文化需求，同时为一些商业盈利活动提供作品，无论是在表演艺术领域，还是在电影和电视领域。

受资助的表演艺术和商业表演艺术之间有较大的流动性，还流向了其他媒体形式(例如，广播和电影)，每个活动领域都意识到了互相依存的力量。产生流动性的部分原因是，除了补贴之外，还有更大的经济回报。

区域规模

不同剧院的工作重点存在差异，从伦敦西区到地区的剧院都各具特色，也就是说，不同地区的剧院之间都存在着差异。伦敦的西区有大量的音乐剧，地区剧院主要是面向孩子和家庭的表演。下面两个表格列出了不同剧院的工作重点。

最大的创造往往出现在人口最密集的地区：在伦敦、伯明翰、加迪夫、格拉斯哥和利兹等地区有居民歌剧院，在伯明翰、贝尔法斯特、爱丁堡、格拉斯哥、利物浦、伦敦、曼彻斯特以及伯恩茅斯和德比这两个延伸地区还有大型管弦乐队，剧院和剧场随处可见，他们的巡回演出遍布全国各地。

① 权益，2000 年 11 月。

不同表演风格的剧场演出数量(1999年)

	SOLT成员	TMA成员	合计
舞蹈	434	1 038	1 472
歌剧和音乐戏剧	240	713	953
音乐剧	7 721	2 909	10 630
戏剧	7 450	8 900	16 350
儿童和家庭节目	163	6 180	6 343
其他[a]	1 081	4 413	5 494
合计	17 089	24 153	41 242

(a)包括一系列活动：从儿童家庭节目到冰上节目、单口相声和"纪念演出"。

来源：SOLT票房办公室数据报告；TMA未公布的数据。

(SOLT数据代表伦敦西区更大的剧院建筑；TMA数据代表伦敦外的剧院以及一些小型的伦敦市中心剧院。)

不同表演风格的剧场门票收入(1999年) (单位：千英镑)

	SOLT成员	TMA成员	合计
舞蹈	10 663	10 019	20 682
歌剧和音乐戏剧	11 743	8 136	19 879
音乐剧	178 402	22 419	200 821
戏剧	54 859	27 300	82 159
儿童和家庭节目	1 887	23 316	25 203
其他[a]	9 011	15 416	24 427
合计	266 565	106 596	373 161

(a)包括一系列活动：从儿童家庭节目到冰上节目、单口相声和"纪念演出"。

来源：SOLT票房办公室数据报告；TMA未公布的数据。

国际赞誉

现场表演艺术在国外被高度重视，此外还有作品、表演者以及创意人员。尤其是这些戏剧经常在国外上演，版税仍归英国所有。例如，迈克尔·弗莱恩(Michael Frayn)的《落难戏班》(Noises Off)曾在百老汇长期上演。音乐剧《五个叫莫的男子》(Five Guys Named Mo)中的两场由伦敦的斯特拉福德皇家剧院首创，后来在美国进行巡演。

克里斯托弗·汉普顿(Christopher Hampton)翻译的耶斯米娜·雷(Yasmina Reza)的《艺术》(Art)于1996年在伦敦上映，同时也在芝加哥、纽约、悉尼和布宜诺斯艾利斯上演，2000年秋还在美国巡演。

英国的剧院导演一直被人称赞为像电影导演一样成功，成功的戏剧有斯蒂芬·达尔德里(Stephen Daldry)导演的《舞动人生》(Billy Elliott)。

大卫·埃德加(David Edgar)的独角戏《十架苦路》(Via Dolorosa)原本计划在皇家宫廷剧院上演六晚，后来转到了西区，随后在百老汇上演，最近又由斯蒂芬·达尔德里指导，将独白部分拍摄成电影。

通过以下事实，我们可以发现英国电影深受好评：国际知名电影演员热衷于在英国工作，而报酬只比权益协会规定的最低工资高一点。1999—2000年，这些电影明星包括出演《蓝色的房间》(The Blue Room)的妮可·基德曼(Nicole Kidman)、出演《毕业生》(The Graduate)的凯瑟琳·特纳(Kathleen

Turner)和杰瑞·霍尔(Jerry Hall)，还有出演《小鬼长大了》的麦考利·卡尔金(Macaulay Culkin)。

次要经济影响

入境旅游，无论是去伦敦感受艺术气氛，还是上文提到的参加有影响力的节日活动，英国还有许多与艺术相关的旅游。更加突出的次要影响是产品和人力资源从现场表演流向广播和电影。

与剧院直接相关的产业链间接让就业岗位增加，从服装到道具生产商和供应商，到各种各样商品的供应商，再到对外宣传、市场与赞助咨询顾问。

此外，公共交通、酒吧和餐馆、酒店和商店等一系列部门也从表演艺术的受众中受益。

最早的经济影响研究是由约翰·麦耶斯考夫(John Myerscough)于 1998 年进行的。①伦敦西区最近的一项调查显示，1997 年的门票收入为 2.46 亿英镑，剧院观众在节目、饮料和与剧院相关的纪念品上花费了 4 900 万英镑，在餐馆上花费了 1.07 亿英镑。②

大不列颠地区大约有 20 家大型剧院(超过 1 000 个座位)进行舞台剧的巡回演出；音乐厅也采用类似的策略。它们对当地经济的贡献可以从诺维奇(Norwich)的例子中窥见一斑。1998—1999 年，超过 1 500 位艺术家和助演在皇家剧院演出，他们中有些来自受资助的剧团，有些来自完全商业性的剧团。在诺维奇，每人平均表演 4 晚，给当地带来了 25 万多英镑的收入。剧院的门票销售额达到 380 万英镑，其中 30%用于支付工资和薪酬。③

1998—2000 年，对一个较小的剧院——剑桥艺术剧院进行了类似的审查。671 座的剧院带来了丰富多彩的艺术演出，包括戏剧、舞蹈、歌剧、音乐、喜剧和轻松的娱乐活动。1998—1999 年观众人数为 12.6 万人，该剧院每年花大约 45 万英镑在当地的供应商身上，还有 42.4 万英镑用于员工工资：通过支付演员和巡演人员的补贴，为剑桥当地带来了约 10 万英镑的收入。

在过去几年，越来越多的人意识到它的其他的次要影响。表演艺术是创造力的重要源泉。有证据表明，商业界正在从表演艺术中寻找资源为员工培训，例如麦肯锡(McKinsey)、有线和塑料产品集团(WPP)以及帝亚吉欧(Diageo)之类的大型公司已经通过剧院和其他艺术活动来促进团队建设和发展。

20 家类似的大型受资助剧院的分析(1998 年)④

出售门票的数量	220 472
出售门票的百分比	55.5%
每张票的平均收益	9.28 英镑
地方政府对每张门票的资助	2.10 英镑

来源：诺维奇皇家剧院，第六经济调查，1998—1999 年。

发展潜力

很明显，优势地位是存在的。有了国家彩票的资助后，很多组织重新配备了设备，很多艺术建筑

① 麦耶斯考夫，1998 年：英国艺术的经济影响。
② 温德姆报告，1998 年：伦敦西区剧院的经济影响。
③ 诺维奇皇家剧院，1998—1999 年：第六经济调查。
④ 诺维奇皇家剧院，1998—1999 年：第六经济调查。

物进行了翻新，使其更加舒适，可以给用户提供新的体验。就表演者而言，他们也是有潜力的。英国表演艺术的声望很高。现场表演艺术更容易融入技术媒体，但是自从他们直接的盈利能力受到限制后，发展就停滞不前了。

电子商务/互联网/技术的影响

除了最小的剧院外，现在电脑售票对大部分剧院来说都是司空见惯的事，而且大多数剧院都有自己的网站，来提供有关组织的基本信息和某些特定演出的背景信息。除此之外，几乎没有几家剧院开发出其他应用程序，但仍有一些剧院在发展的过程中推出了具有互动性的新举措，还有一些表演者使用电脑和电影技术来增强表演效果。

发展潜力可以用 2000 年 11 月在皇家歌剧院上演的《卡塔卡班诺娃》(*Katya Kabanova*)来进行说明，这部剧是通过广播和英国广播公司的网站同步直播的，后者还提供了歌剧的完整翻译以及图片信息。

行业发展——注意事项

我们有必要获得关于该行业更加连续和及时的数据。

大量的工作已经开始推进：国家彩票的投资给表演艺术带来了更好的物质设施。但由于在使用技能方面的投资不足，那些训练有素和有能力的创造性艺术家的就业仍然面临风险。

与其他欧洲国家相比，对市场的依赖性越来越高，创造性风险承受能力降低。

这一行业的典型特征是，一些机构的行政机构规模小，管理严密，没有多余的资源分配到获取公众支持的程序上，而这些程序在不同的机构中具有不同的标准。

表演艺术的观众一般年龄更大。对教育项目更大力度的投资将会鼓励该行业吸引更多的观众。

为了使该产业能得到额外的财政支持，必须有专门的风险资本来支持发展行业，以提供初始融资并对净利润进行再投资。

商业赞助仍然指向更大、更有威望的机构，而非更小且经常创新的公司。对创新和实验的支持与鼓励需要得到加强。

英国文化协会提供更多的旅游资助和额外的旅游支持，可以促进行业更多地进入海外市场。这也将打开国际合作的大门，进而提高英国的创造力。

私营部门对该行业的支持程度较低(相对静态的)。我们已经采取了新措施为具备天赋的个人减税，至于何种程度的减免能够产生驱动效果有待进一步探讨。

11. 出版

核心活动：

起源

图书出版

· 普及读物（小说和非小说）

· 儿童图书

· 教育图书

学术杂志

报纸

· 全国和地区

杂志

· 消费者

· 公司对公司之间的电子商务

· 顾客

数字出版

相关活动：

互联网和数字传媒

基于光盘的媒体制作

电子储存

图书馆和教育

市场研究

企业管理咨询

学术研究

分销

印刷

纸张和油墨生产

展览和会议

刊头编程

相关行业：

电视和广播

音乐

互动娱乐软件

软件和计算机服务

电影和视频

网络和数字传媒

11. 出版

据估计，英国出版业总价值达到 185 亿英镑，雇用了近 14.1 万人，主要包括三个领域：书籍和学术期刊①、国家和地区报纸、杂志。

出版业的这三个主要领域一直以来从事“纸上印刷”，现在也渐渐投身于发展互动传媒以及投资信息技术。

出版业是全球产业，生产和分配部门一直在进行变革。出版业正在重新自我定位，以便利用信息技术来获得发展。

· 在书籍出版业中有如下划分，例如普及读物(小说和非小说)、儿童图书、教育出版、学术和专业出版(包括学术期刊)。

· 报纸行业分为国家出版(日报和周报)和地区出版(早报、晚报、周报、付费周刊以及免费周刊)。

· 在杂志行业中，消费、电子商务以及顾客杂志之间是有区别的。

1999 年	报纸	杂志	书籍和学术期刊	合计
收入	77.97 亿英镑(a)	62.11 亿英镑(a)(d)	44.76 亿英镑(a)	184.84 亿英镑(a)
出口	N/A	N/A	N/A	16.54 亿英镑(b)
就业	N/A	N/A	N/A	140 800(c)

(a)广告协会，2000 年；广告数据年鉴，2000 年；出版商协会，2000 年；期刊出版商协会，2000 年；报纸出版商协会，2000 年；报纸社会，2000 年。(b)国家统计局，2000 年：《生产调查总结问卷》。(c)出版商协会，2000 年；期刊出版商协会，2000 年；报纸出版商协会，2000 年；报纸协会，2000 年。(d)杂志的收入包括出口额。

注：本章统计数据的来源，除特别说明外，均由期刊、报章及出版界的行业组织提供。

注：N/A 代表没有获得相关数据。

行业收入

图书销售、广告业以及出版业相关的收入(1999 年) (单位：百万英镑)

图书销售收入	
图书出版	3 838
学术期刊出版	508

① 杂志是需要付费的一系列出版物，一般每年至少出两期。学术期刊就属于这种类型。

续表

图书销售收入	
报纸出版(国家)	2 080
报纸出版(地区)	685
杂志出版(顾客和商业)	2 103
图书出版的总收入	9 214
广告业收入	
报纸出版(国家)	1 937
报纸出版(地区)	2 495
杂志出版(顾客和商业)	1 992
广告业总收入	6 424
出版业相关收入	
展览(杂志和国家报纸出版)	1 100
互动产品(仅杂志出版)	450
使用手册(仅杂志出版)	300
合同发布(仅杂志出版)	366
其他收入(包括行政许可、直接市场营销等)(仅杂志出版)	500
出口版税和其他收入(仅书籍出版)	130
出版业相关的总收入	2 846
总收入	18 484

来源：广告协会：《广告统计年鉴(2000)》；期刊和出版业，2000 年。

图书

1999 年，图书出版业发展良好，英国出版的总销售额达到了 38 亿英镑。这项数据包括 8.72 亿英镑的出口销售额，这是以出版商开出发票为依据统计的销售额，而非零售额。

在过去的十年里，该产业一直在发展，而且早期数据显示，这种增长在 2000 年会继续保持，和 1999 年相比，预计零售额将增长 10%，出口额也因为英镑贬值而受益。

1999 年，在世界各地发行的英国学术期刊的订阅收入总额增长了 8%，达到 5.08 亿英镑。

出口市场一直占主导地位，据估计占了总收入的 90%。

大部分学术期刊出版商通过图书馆订阅代理达到超过 80%的批量订阅量。

报纸

报纸出版利润丰厚。在过去的几年里，主要集团一直在创造高利润。自从 1999 年 9 月三一镜报集团公共有限公司(Trinity Mirror PLC)合并后，他作为国家和地区报纸的出版商成为纽约最大和欧洲第二大的报业集团，1999 年 5.94 亿英镑的销售额中利润达到了 1.36 亿英镑。出版国家和地区图书的卫报传媒集团(Guardian Media Group)宣布，到 1999 年 3 月，其利润达到了 4 640 万英镑。地方报纸集团约翰斯顿传媒公共有限公司(Johnston Press PLC)宣布，在其 2.43 亿英镑的营业额中利润达到了 0.66 亿英镑。

1999 年，地方报纸的广告收入(仅次于电视)为 25 亿英镑。

杂志

图书销售现在是消费者杂志出版商的主要收入来源。20 世纪初，发行收入还未达到图书收入的一半。与此同时，价格持续上涨，其他因素提高了图书销售收入的份额。如今，发行收入(17 亿英镑)构成了营业额的主体(64%)。

对于电子商务信息出版商而言，到目前为止，副业收入十分重要。电子产品、展览、指导手册以及其他品牌延伸的价值达到了 14.5 亿英镑，再加上传统的广告业以及图书销售的收入后，该行业的营业额翻了一倍多，达到 30 亿英镑。

商业和专业杂志的收入主要是由广告销售额(12 亿英镑)占主导的(占 82%)，其中图书销售额只有 4 亿英镑。

过去的十年里，消费者杂志纷纷设立(例如，《塞恩斯伯里杂志》(*Sainsbury's Magazine*))成为出版业和市场营销业的重要力量。这个相对较新的出版形式现在价值大概 3 亿英镑。

英国市场规模

1999 年，英国消费者在图书上的开销是 24 亿英镑(占 3.6%)，报纸上为 27 亿英镑(占 4.2%)，期刊上为 12 亿英镑(占 1.9%)，总开销是 655 亿英镑。[①]

图书

1999 年，整个英国图书市场(不包括出口)营业额高达 31 亿英镑(47 亿美元)，如果按人均计算，相当于整个美国图书市场达到了 240 亿美元(160 亿英镑)的营业额。[②] 1999 年，消费者图书市场是最大的行业，总销售额达到了 22 亿英镑。随后是学术专业图书市场，达到了 7.66 亿英镑；教育图书市场(包括英语教育)达到了 2.39 亿英镑。据估计，儿童图书市场的零售价值为 2.89 亿英镑。

学术期刊的收入中来自英国消费者的部分超过了总销售额的 10%(即 0.5 亿英镑)。

消费类图书市场的主要出版商有：英国广播公司(BBC)、哈珀柯林斯出版集团(Harper Collins)、海德兰出版集团(Hodder Headline)、小布朗出版社(Little Brown)、麦克米伦出版社(Macmillan)、奥利安出版社(Orion Publishing Group)、企鹅出版社(Penguin)、兰登书屋集团(Random House Group)(包括环球出版社(Transworld))和学者出版社(Scholastic)。

主要的教育类图书出版商有：剑桥大学出版社(Cambridge University Press)、柯林斯教育出版社(Collins Educational)、海德兰出版社(Hodder Headline)、约翰·默里公司(John Murray)、纳尔逊·索恩斯公司(Nelson Thornes)、牛津大学出版社(Oxford University Press)、培生教育出版集团(Pearson Education)、里德教育和专业出版社(Reed Educational & Professional)。

在学术和专业领域，主要的出版商包括：布莱克韦尔出版社(Blackwell Publishers)、布莱克韦尔科学出版社(Blackwell Science)、剑桥大学出版社(Cambridge University Press)、麦克米伦出版社(Macmillan Publishers)、牛津大学出版社(Qxford University Press)、里德教育和专业出版社(Reed

① 国家统计局：《消费者趋势》，2000 年。
② 基于美国人口普查制造商估计所得。

Educational & Professional)、泰勒与弗兰西斯出版社(Taylor & Fancis)、汤姆森出版社(Thomson)以及约翰威力国际出版公司(John Wiley & Sons)。

1999年，儿童图书出版商排名前十的是布鲁姆斯伯里(Bloomsbury)、多林·金德斯利(Dorling Kindersley)、哈珀柯林斯(HarperCollins)、霍德(Hodder)、瓢虫书籍出版社(Ladybird Books)、海雀书籍出版社(Puffin Books)、赤狐出版社(Red Fox)、学者/河马出版社(Scholastic/Hippo)以及沃克出版公司(Walker Books)。

1999年，英国总共发行了110 155本新书，其中最多(占32%)的是学术类图书。科学、技术和医学(STM)图书占据新书的比重为17.7%，而小说和儿童图书分别占9.8%和8.3%。①

各种促销活动和项目也刺激了图书市场的发展。全国阅读年(1998年由识读基金会(Literary Trust)举办)、政府的国家阅读战略(Government's National Literacy Strategy, NLS)以及在学校图书馆图书上投资了0.66亿英镑，这些图书用在语文课程上；大型活动，例如世界读书日(由英国出版商和书商共同举办)和伦敦图书博览会，都对儿童图书市场产生了积极的影响。

国家奖项和图书奖对获奖图书的销售也有积极的影响。英国有140多个年度图书奖，其中最出名的就是布克奖(Booker)(小说)、惠特布雷德奖(Whitbread)(小说、自传、诗歌以及儿童小说)、斯密斯书奖(WHSmith)(文学作品)、罗纳普朗克奖(Rhone-Poulenc)(科学)、萨缪尔·琼森奖(Samuel Johnson)(非小说)、沃尔森奖(Wolfson)(历史)、奥林奇奖(Orange)(小说)、史马提奖(Smarties)(儿童小说)以及国家出版奖(BP)(自然世界)。

英国图书零售业分为连锁商店(水石书店(Waterstones)、鲍德斯书店(Borders)、奥塔卡书店(Ottakar's)、史密斯书店(WHSmith))、独立书店、超市以及读书俱乐部。最近该行业不断发展，尤其是随着美国大书商的到来，与之形成了激烈的竞争。

网上售书是主要的增长领域(尽管和实体零售联系越来越紧密)，网购为顾客提供了额外服务(因为很方便)，也扩展了图书市场。

自从英国的《图书净价协议》(Net Book Agreement)废除后，折扣越来越多(49%的消费类图书是通过打折买到的)。②英国书商比美国书商打折的种类更多，所以在英国市场上，价格竞争更激烈。然而，大范围的折扣可能会被更具选择性的方式替代，这种方式专注于畅销书的同时，也旨在促进库存的销售。

报纸

很多周报、日报的发行量每年都在下降(2000年4—9月)，但是某些日报效益颇丰。《金融时报》(*The Financial Times*)是英国唯一的国际报纸，其效益增长了15.29%(1999/2000年)，同时因为新闻报道和鲜明特性赢得国际大奖；《苏格兰人报》(*The Scotsman*)同期发行量也增长了6%。

2000年1—6月，美国广播公司超过一半的(52%)地方报纸和四年前相比只有41%的销售额有所提升。

周刊——最大的行业——效益最好，共增长了61%，而且总体增长速率在0.4%以上。区域媒体销售额一年超过6.84亿英镑，其有超过0.4亿份区域报纸售出，同时每周还提供0.28亿份免费报纸。

① 书商，2000年2月18日。

② 书籍营销有限公司。

最佳地方日报有：《佩斯利每日快报》(*Paisley Daily Express*)(14.4%以上)、《爱尔兰新闻报》(*the Irish News*)(2.7%以上)、《维冈晚报》(*Wigan Evening Post*)(2.7%以上)和《科尔切斯特晚报》(*Colchester Evening Gazette*)(2%以上)。

杂志

杂志产业(包括出口)的总价值据估计是62.1亿英镑，不仅期刊、发行、读者和收入大大增加，而且杂志还促进了一系列新活动的开展，增加了收益。利用品牌力量，杂志正在开发一系列品牌产品和服务，包括网站、展览、项目和消费品。主要的杂志基本上是被少数大型出版公司所拥有。主导的消费类的出版商有阁楼未来(Attic Futura)、英国广播公司国际频道(BBC Worldwide)、康泰纳什集团(Conde Nast)、丹尼斯出版公司(Dennis Publishing)、美联社东部内陆消费者杂志(EMAP Consumer Magazines)、未来出版商(Future Publishing)、国际出版公司传媒(IPC Media)、国家杂志公司(The National Magazine Company，今年接管了Aim出版公司以及从古纳亚尔出版公司那里购买了图书)、读者文摘协会(Reader's Digest Association)和D. C. 汤姆森公司(D C Thomson)。

主要的商业和专业集团是半人马通信(Centaur Communications)、经济学家集团(The Economist Group)、美联社东部内陆通信(EMAP Communications)、干草市场商业出版社(Haymarket Business Publications)、里德商业信息、联合企业媒体(United Business Media)以及荷兰联合出版集团(VNU，最近接管了齐夫-戴维斯(Ziff-Davis)商业出版社)。

贸易平衡

1999年，出版业的出口额是16.54亿英镑，进口额为9.54亿英镑。出版业带来了6.91亿英镑的收入。①

1999年，英国图书出版商的出口额是8.72亿英镑(占出版商总额的27.4%)。学术和专业图书出口额占37.7%，消费类图书占31.8%，教育类图书占30.5%。最大的出口市场仍然是美国，占比为17.9%，随后是澳大利亚6.4%，德国6.0%，荷兰5.7%以及爱尔兰5.5%。

1999年，学术期刊的出口额达到4.57亿英镑。据报道，1996年和1997年，英国学术期刊出版商在欧洲大陆出口的销售额两年平均增长值为23%，而在北美1996年和1997年的销售额增长比例分别为28%和29%，在日本两年增长的比例均为7%。1998年，澳大利亚和德国各提供5%的市场份额。②

就业

就业和版税收益

出版商协会估计，有3.65万人从事图书出版，2 300人从事学术期刊出版；而根据期刊出版商协会引用的数据，有5.3万人从事杂志和期刊出版；报纸出版商协会则估计有1.5万人从事国家报纸行，

① 国家统计局，2000年：《生产调查总结卷》。
② 出版商协会，1999年：《1998年期刊趋势》。

根据报纸协会的引述有 3.4 万人在地方媒体工作。出版业总共有 14.08 万名从业人员，但这不包括越来越多的在报纸行业兼职的人员以及自由职业工作者。

就业和版税收入 （单位：英镑）

出版业	
年度平均收入总额	25 090
每周平均收入总额	46 500
出版商、大众媒体的印刷和复制	
年度平均收入总额	24 648
每周平均收入总额	454 00

来源：国家统计局，1999 年。

行业结构

图书

图书出版产业包括了 1.5 万家以上的出版商，覆盖了 4.8 万项版权。[①]然而，只有将近 3 500 家出版商定期发行图书。

报纸

在英国，大概有 112 家报纸发行集团：6 家出版全国性报纸；102 家只发行地方报纸；4 家两者兼有。

20 家最大的地方报纸出版商占的比重为 84%，且占了 95%的周刊审计发行总量。尽管地区传媒不断发展，和其他行业相比，它仍然不太集中，尤其是广播、传媒。大约 44 家地区报纸集团只发行报纸。

杂志

根据布拉德(BRAD)的目录列表，2000 年 12 月有 5 731 种商业杂志和 3 174 种消费者杂志(包括客户期刊)。

出版业的所有行业都经历了重大的全球并购和兼并(包括零售业)，而且这个趋势会继续下去。2000 年 5 月，在图书出版业内，多林·金德斯利被培生集团兼并，斯坦利·索恩斯和托马斯·纳尔逊父子公司(Stanley Thornes and Thomas Nelson & Sons)合并为纳尔逊·索恩斯公司(Nelson Thornes)(1999 年)。在贝塔斯曼公司(Bertelsmann's)收购兰登书屋后，兰登书屋(Random House and Transworld)和环球出版社合并成为兰登书屋集团(Random House Group)(1999 年)。史密斯公司收购了海德兰出版集团。哈珀科林斯收购了第四等级(Fourth Estate)(2000 年)。

在报纸行业，最近的兼并案例有三一镜报集团——最大地方报纸集团和国家集团兼并(1999 年)；

① 书店出版物，1999 年：《英国图书零售》。

新闻搜索传媒集团(Newsquest Media Group)被美国报纸公司甘尼特(Gannett)接管(1999 年);罗德·霍利克(Lord Hollick)将快报集团(Lord Hollick)出售给了北壳集团(Northern & Shell)(2000 年)。

区域规模

图书

英国伦敦的购书者比英国其他地方的人都多,但是约克郡的居民平均购买图书的花销比伦敦人略多。

图书连锁店是读者购买图书的首选地(41.4%),随后是邮购/图书俱乐部(21.7%),网上购书的比重只有 2.3%。①

根据电视地区划分的每个买家的图书采购比例和平均消费

电视地区	采购比例(%)	平均每个买家的消费(英镑)
总数	50.4	77.12
伦敦	54.8	86.21
米德兰	48.4	78.06
泰恩·蒂斯	43.1	61.34
约克郡	47.3	87.61
兰开斯特	51.7	74.87
南部	53.1	76.47
安格利亚	53.9	72.34
威尔士	49.7	76.50

来源:《图书销售年鉴(2000)》,书店出版物。

报纸

需求方显示,70%的伦敦读者阅读全国性报纸,这比英国其他地区要多;81%的伦敦读者阅读地方报纸。地方报纸最大的阅读人群是在苏格兰中部(占 94%)、鲍德斯(占 93%)、北爱尔兰(占 90%)。

伦敦拥有地方报纸的种类最多(210 种),随后是米德兰(204 种)。

地方报纸经销店尤其喜欢糖果制造商、烟草商、报刊经销商(CTNs)以及多样的报刊经销商,它占所有经销店的 67%。

根据英国广告商团体地区划分的地方报纸读者群

地区	地方报纸的成人读者群(%)	报纸的种类
全体(英国)	83.9	1 306
苏格兰北部	89.0	51
苏格兰中部	93.7	88
边界	93.2	25

① 书店出版物,2000 年;《图书销售年鉴(2000)》。

续表

地区	地方报纸的成人读者群(%)	报纸的种类
东北	81.5	46
约克郡	84.1	118
西北	85.8	138
中部地区	84.4	204
英格兰东部	84.4	88
伦敦	80.9	210
南部	82.8	120
西南	82.0	48
威尔士和西部	78.5	109
北爱尔兰	89.9	61

地区：目标群体指数/英国市场调研局，1999/2000年。

杂志

95%的商业和专业人士会定期阅读与他们行业相关的出版物。超过80%的成年人和84%的女性会阅读消费类杂志。

正如图书和报纸业那样，消费类杂志大部分读者群来自伦敦。

根据地区划分的消费者期刊读者分析 （单位:%）

调查区域	普通周刊	女性周刊	普通月刊
伦敦和东南部	36	32	37
西南部和威尔士	14	15	14
中部地区	16	16	15
西北	11	12	11
东北和北部	15	16	13
苏格兰	8	10	9
大伦敦区	12	95	12

来源：《杂志手册》，期刊出版商协会，2000年。

国际赞誉

图书

英国图书出版业一直通过尽可能多的渠道展现写作、设计、制作和销售的能力，这些图书可以满足英国和海外市场。

例如，J. K. 罗琳写的《哈利·波特》(*Harry Potter*)系列丛书已经在200个国家销售了4 140多万册，还被翻译成了大约40种语言。

图书大奖尤其是布克奖吸引了全球读者的目光。企鹅经典丛书(Penguin Classics)的销售向世界证明了英国小说持久的人气和吸引力。

杂志

杂志品牌是世界各地人们所知的，所以极其适合授权和出口，比报纸甚至比电视还要适合，因为电视品牌的语言限制并不会发生在杂志上。杂志标题是全球品牌，但是语言和内容是本土的。

英国很多主要出版商现在已经转向国际市场。传统竞争性的出版社现在联合起来把他们的品牌推向海外，这样就可以获得国际信誉。例如，2000 年 9 月，EMAP 和阁楼未来(Attic Futura)联合起来推出了荷兰版的《男人帮》(*For Him Magazine*，FHM)。现在国际版本已经在 10 个国家发行，而且 EMAP 想在 2001 年 4 月实现在 20 个国家发行的目标。

伦敦的丹尼斯出版授权中心精确掌握了十几个国家文化的细微差别，其中《箴言》(*Maxim*)杂志已经销售。丹尼斯出版社现在在各个国家发展势头都很好——《箴言》是第三大畅销的男人杂志，在美国仅次于《花花公子》(*Playboy*)和《男性健康》(*Men's Health*)。

次要经济影响

图书

将电视剧与图书联系在一起被证明是销售最大化的有效途径。在由图书改编而成的电影和电视剧上映时，图书的销量也随之快速上升。

宠物小精灵(Pokémon)的例子证明电子游戏的火爆也能提高图书销售量。

英国电子艺术公司(Electronic Arts)以 J. K. 罗琳(J K Rowling)的《哈利·波特》系列丛书为基础改编制作了电脑和视频游戏，这种做法和布鲁姆斯伯里公司(Bloomsbury)、华纳公司(Warner)是一样的，这也表明了新型创意产业可以实现互惠互利。①

杂志

B2B 出版商已经在使用大多数现在的发行和交付方式，创造了各种各样的媒体产品。但出版杂志才是他们的核心活动。在 1999 年美国职业摄影师协会增长机会报告中，超过一半的受访者拓展了他们的产品范围，包括人名地址录、租金单、赞助的出版物以及社论式广告。大约一半的受访者组织过展览、会议以及颁奖典礼。

很明显，该产业是欣然接受新型技术的，84%的商业出版社拥有网站，41%的出版商通过 CD-ROM 分配信息。

当前，消费者出版业的品牌扩展活动的价值约为 3 亿英镑，尽管这一数据在未来可能还会有大幅度增长。迄今为止，品牌扩展包括项目、展览以及表演，为顾客和广告商都提供了市场环境。

消费者出版商同样提供了相关的产品、服务和商品，这可以体现并增加品牌价值。这形成了家居用品、金融服务、化妆品和服装以及饮食等杂志品牌。

大部分消费者出版商现在还提供网络产品和其他在线服务来拓展印刷杂志的作用。更加明显的品牌发展体现在电视和广播节目中，最近出台了相关的法律法规对其进行管理。

---

① 明特尔，2000 年，网站。

发展潜力

传统图书市场年年都在发展。与1999年秋相比，2000年秋的零售额增长了10%。

预测表明，儿童图书市场在2004年以前发展得尤为迅速。明特尔预计，到2000年，销售额将增长12%。

在不久的将来，报刊的广告收入预计会比通货膨胀的速率还要快。

电子商务/互联网/技术的影响

新型技术同样对出版业的影响很大。在图书出版行业中，学术和专业出版商向数字出版业投资，而且人们也可以在网上看到大部分期刊的电子版。很多主要的贸易出版商列出了电子书清单，而按需出版为高成本出版创造了高质量的产品。杂志出版公司管理了1 000多家网站，大部分报纸提供了在线以及其他电子服务(声音文本、文字电视广播、通过当地广播和有线电视相连接)。

互联网并没有对图书、报纸和杂志造成威胁，相反，还恰好帮助出版业用一种全新的、激动人心的且低成本的方式向受众传递信息。

数字出版

数字出版业通常指创建于互联网、基于磁盘(主要是在光盘/光驱层面)和其他数字产品的过程，这些产品将信息传递给受众。很多涉及数字内容出版的企业也至少参与了一项创意产业的项目，尤其是广告、设计、电影、互动娱乐软件、音乐、出版业、软件、电视或者广播。

在英国，大部分数字出版活动是由年收入不到500万英镑的公司承担的。收入最高(474万英镑)的来自“网站机构前100强”，他们主要从事市场营销和广告产业。①更宽泛来说包括整个伦敦，收入有80. 5万英镑。②纽约收入是74万英镑③，旧金山收入是360万英镑④，还有英格兰东北部收入是33 1279英镑。⑤

英国预估总收入可能在24亿英镑到50亿英镑之间。

在全球32 162种“新媒体图书”(主要是光盘)中，英国出版的占近17%；在全球3 632种“新媒体图书出版商”中，英国公司占14%。⑥在网络行业，43%的英国“网站机构前100强”都有国际办事处，而且都在迅速扩展。⑦站稳脚跟是个主要问题，然而，很多成功的英国公司因为美国公司而丧失了自主权，具体来说，英国前100家网站机构中有19%为美国所有。⑧

---

① 新传媒时代，2000年9月。
② 新传媒知识，1999年。
③ 永道国际会计师事务所，1997年10月。
④ 永道国际会计师事务所，1997年10月。
⑤ 数字传媒网络，2000年。
⑥ 滑铁卢，1999年。
⑦ 新传媒时代，2000年9月。
⑧ 新传媒时代，2000年9月。

在没有任何官方数据的情况下，英国从事数字出版的工作人员人数是很难估计的。伦敦和东北的调查小组得出的数据分别为 1.5 万人①以及 3 500 人②。在英国，小中型企业中完全或主要从事教育出版工作的人数大概在 8 万到 10 万之间。

英国的数字出版业是由中小型企业主导的。前 100 家网站机构中，公司的最高营业额是 2 100 万英镑，雇用了 130 名职工。这 100 家公司的平均营业额是 470 万英镑。③伦敦其他的“互动传媒”产业也是如此。④在这些区域中，中小型公司占主要地位：东北的“数字传媒公司”中没有一家的员工人数超过了 150 名。⑤

在英国苏塞克斯(Sussex)，企业的工作人员人数平均是 8 名，东北也只有 11 名，伦敦有 20 名。⑥雇用员工数量最多的是这前 100 家企业，平均有 64 名。⑦

在没有任何官方数据的情况下，英国专门从事数字传媒的企业数量是无法估计的。最大的商业数据库列举了大约 496 家公司。⑧这个数据没有充分包含最近快速增长的与互联网相关的企业。区域数据表明，在伦敦，大概有 750 家企业是专门从事互动传媒产业的，苏塞克斯有 350 家，东北有 400 家。⑨英国全国的数量大概在 6 000 家到 9 000 家之间。

英国互动多媒体协会(British Interactive Multimedia Association，BIMA)与电影和电视艺术学院都组织了盛大的颁奖典礼，其中，英国公司收获颇丰。英国新型公司在这些大奖中表现不俗，这就很难进行有效的国际比较。报业的新媒体部门每年会举办新传媒会议，为地方报纸的网上出版活动举办颁奖典礼。他们还举办了类似的讨论会，为网上出版商提供合法的建议。期刊出版商协会创建了一个平台即期刊出版商协会互动(PPA Interactive)，并组织了年度会议、大奖和论坛来提供指导方针和公告，以帮助出版商进行线上发展。

互联网的发展和新型数字出版平台相结合(互动数字电视、电子图书等)，给数字出版带来了很多机遇。企业信心高涨：71%的伦敦公司全身心或者主要从事互动传媒行业，他们希望和 1997—1998 年度相比，1998—1999 年度能够有“更好的”收入，28%的公司不希望有改变，只有 1%的公司预测会有所下降。⑩

1998 年的《创意产业纲领文件》预计：“电子信息市场很有可能因为数字化视频光盘的到来而飞速发展。”事实上，高密度只读光盘作为一种格式来说发展很慢，在 1998—1999 年度，世界上只有 118 张光盘可用，而且开发这种格式的数字出版商的数量几乎没有增长。数字化视频光盘作为视频的载体是十分有用的，有 2 318 个光盘视频可用——它们主要是由电影制作室发行的。⑪

---

① 新传媒知识。
② 城市大学，2000 年。
③ 新传媒时代，2000 年 9 月。
④ 新传媒知识，1999 年。
⑤ 数字传媒网络，2000 年。
⑥ 数字传媒网络，2000 年；新传媒时代，2000 年 5 月；新传媒知识，1999 年。
⑦ 新传媒时代，2000 年 9 月。
⑧ 滑铁卢，1999 年。
⑨ 新传媒知识，1999 年；新传媒时代，2000 年；数字传媒网络，2000 年。
⑩ 新传媒知识，1999 年。
⑪ 滑铁卢，1999 年。

数字出版业：收入和就业

收　　入	就　　业
24亿~50亿英镑	8万~10万人(估计)

来源：城市大学估计，2000年。

行业发展——注意事项

要维护一个健康的竞争性市场来确保创造性、质量、多元性以及消费者的选择。

图书的分销和推广中融入了新技术、提高供应链效率以及报纸和杂志使用的网站都会有助于行业扩展。

需要将版权、数字权限、价格自由以及管理问题视为头等大事。

新兴数字技术发展的背景下员工的技能和培训贯穿于潜在应用的发展和融合中。

促进英国各个年龄段人群读写能力的发展。

在学校课程中仍然把文学当作重要科目，鼓励孩子们阅读书籍。

扩大英语教学，这在海外是一门外语(例如，英国文化协会)。

媒体所有权的改变应该使得传统出版公司扩展到广播以及其他媒体，并分享更大的行业整合带来的利益。

未来的宽频、互动数字电视以及其他传递机制，在出版领域需要更多的技能。

维持和支持现有的自我监管结构是十分重要的，例如广告标准局(Advertising Standards Authority，ASA)和新闻投诉委员会(Press Complaints Commission，PCC)。还有必要和政府合作，确保自我监管原则延伸到网络方面。

确保英国和欧洲在印刷和数字传媒的版权保护方面都有高效和公平的制度，而且要采取有力行动来抵制盗版。

帮助小型出版商将风险资本转向数字出版业。

维持杂志、图书以及报纸零增值税。

12. 软件和计算机服务

核心活动：

软件开发

· 系统软件

· 合同/定制软件

· 整体解决方案

系统集成

系统分析和设计

软件架构和设计

项目管理

基础设施设计

相关活动：

设施管理

咨询和培训

合同工的供应

办公软件和设备

软件维护

硬件设计、制造和维护

信息供应和分配

通信服务

研究和发展

相关行业：

管理咨询公司

电信

互联网和数字媒体

互动娱乐软件

出版业

电视和广播

音乐
电影和视频
设计
广告业
建筑业

12. 软件和计算机服务

收入：303亿英镑(1998年)，364亿英镑(1999年)①

出口：27.61亿英镑(1998年)②

就业：42万人(1998年)，55.5万人(2000年)③

软件开发活动在很多领域都是必不可少的，也是软件和计算机服务领域的中心。软件和计算机服务领域包括了纯粹的编程以及用户所需的所有软件服务。室内软件专业技术在很多领域发展得越来越好，这些领域都是需要进行专门推动的。以上数据已经包含软件发展情况，但是该产业在各个领域甚至是在非产业活动中都有渗透。所以，尽管这个数据十分庞大，该部门的真实程度以及经济重要性绝非虚言。同样，由于供应商和用户的界限模糊，产业的定义有所不同，因此不同来源的数据通常是不能直接进行比较的。尽管这里的分析是以相关数据为根据，计算机服务产业渗透在更多的经济领域，表明其具有更广泛的经济重要性并且代表了通往商业(与娱乐相反)软件市场的通道。

进一步而言，软件产业与互联网和电子商务活动的发展是密不可分的。因为软件能够以一种非实物的形式研发和传播，并且供应链很容易跨国发展，它成了一项真正的全球活动。

所以，该部门很多活动是由内部投资者来投资。同样地，很多本地公司在国外设有分公司或者是在其他公司占有股份，这样才能开拓新的市场渠道以及使用他人的专业知识。这种情况下，在市场和使用先进技术方面，英国一直是遥遥领先。互联网数据中心的分析员指出："英国是信息技术活动的温床，从成熟的电子商务意识到客户关系管理(Customer Relationship Management，CRM)和应用服务提供商(Application Service Provider，ASP，互联网上的软件服务)的采用，再到信息技术软件和服务支出的迅速增长。"

行业收入

产业收入由美国主导，这并不令人感到意外，因为美国是最大的单一市场，拥有普遍通用的语言和较高的技术应用水平。然而，欧洲对这个领域越来越感兴趣，发掘了可以推动下一波发展的力量，尤其是移动设施技术，例如早期推出的全球首个试行通用无线分组器(General Packet Switch Radio Services，GPRS)，它使得人们可以获得数据服务，这是真正接触互联网的第一步——"任何时间、任何地点、任何设施"，更加推动了软件作为中介技术渗入到活动的各个领域。

① 国家统计局，2001年：季度服务营业额新闻发布(2000年第3季度)。

② 国家统计局，1998年：英国贸易服务

③ 国家统计局，2000年：劳动力调查，1998年秋，2000年。

全球信息技术市场收入(1999年)　　(单位：十亿英镑)

市　场	规　模
美国	239
欧洲	154
日本	64
其他地方	83
总数	540

来源：欧洲信息技术实验所(European Information Technology Observatory，EITO)。

英国市场规模

国家统计局估计1999年软件和计算机服务产业的营业额达364亿英镑。理查德·豪威有限公司(Richard Holway Ltd)的独立分析表明，英国是当今世界信息技术国内生产总值第三大国。这使得英国成为欧洲第二大信息技术市场，仅次于德国——德国是当前的领头者，英国占据了20%的西欧信息技术市场(包含硬件)，而德国占据了23%。考虑到德国人口更多，国内生产总值更高，所以市场份额更高，这更能证明英国在该领域的潜力，未来可能有持续的高于平均水平的增长，最后达到和德国抗衡的水平。

英国软件和计算机服务市场(1999年)　　(单位：十亿英镑)

系统软件	0.75
硬件维护	0.92
项目服务	7.25
工具	0.94
应用软件产品和解决方案	4.33
外包/处理/应用管理	5.91
增值服务	0.88
总数	20.98

来源：理查德·豪威有限公司。

欧洲市场规模

1997—1998年度，欧洲市场份额增加了10%，增长比例非常高。

欧洲软件和计算机服务市场(1999—2003年)　　(单位：十亿欧元)

	1999年	2003年(预测)
英国	29.6	49.1
德国	32.3	52.6
法国	19.3	33.6
意大利	9.6	15.5
荷兰	8.5	14.5

来源：皮埃尔·奥迪翁(Pierre Audion)委员会/理查德·豪威有限公司。

贸易平衡

官方数据如下表所示，但是理查德·豪威有限公司的分析表明，实际数据远高于官方公布的数据。以下分析是基于理查德·豪威有限公司获得的数据，数据表明在英国开发并从海外公司分销的软件是通过电子途径提供服务，信息技术是为不在英国的顾客服务，收入也是由海外分公司所得。

英国软件和计算机服务的出口收入在 1999 年增长了 29%，高达 88 亿英镑，其中大概有 10 亿是直接来自英国公司并购的海外软件和服务公司，比如“新型”收购公司。英国软件和计算机服务从并购的公司中获得的收入比自身要高很多。所以，英国软件和计算机服务出口的增长会继续主要靠新收购的海外公司赚取的收入。

在这个领域有超过 10 万家公司，但是只有不到 300 家公司的出口收入是可观的。前 20 强的出口公司占英国软件和计算机服务出口收入的 80%；他们都是公开上市的公司(尽管不全在英国上市)。1999 年，英国软件和计算机服务中的中小型公司只占出口收入的 10%。

英国企业约 1/3 的收入来自出口，而法国和德国的这一比例为 25%～30%。英国的中小型出口企业在出口收入方面往往比法国和德国的企业做得更好，但是法国和德国的大型公司比英国的大型公司更出色。

贸易平衡(1998 年)

(单位：百万英镑)

	出口	进口	平衡
商业服务	262	135	216
通信和电脑服务	1 194	304	1 016
技术服务	112	31	80
营业租赁	1	1	0
文化服务	362	624	-233
贸易相关服务	338	104	300
总电脑服务行业	2 761	1 384	1 378

注：前两栏数据的总和并不等于总额，因为后者包含披露数据(即所有“平衡”栏目都包含了披露数据。)

来源：英国贸易服务，国家统计局。

就业

就业在该领域是个大问题，主要是因为数据一直以两位数的比率增长，而技术型人才的需求又一直很高。

英国电脑相关行业的就业(1998 年秋—2000 年秋)

(单位：千人)

	1998 年秋	1999 年秋	2000 年秋
标准产业分类 92 中代码是 72 的就业总人数	420 000	479 000	555 000
126——电脑系统以及数据处理经理	45 000	51 000	51 000
214——软件工程师	91 000	121 000	129 000

续表

	1998 年秋	1999 年秋	2000 年秋
320——电脑分析师，程序员	92 000	102 000	114 000
490——电脑等运营商	11 000	13 000	16 000
526——电脑工程师等	23 000	28 000	28 000
合计	261 000	313 000	339 000

来源：国家统计局，劳动力调查。《劳动力调查》数据包括雇员、自营业主、无酬家庭工作人员和政府培训计划人员。

行业结构

行业结构是忠诚和竞争的混合体，各个市场和各种技术之间有所不同。由于软件的全球关联性和适用性，所有的大型公司都是跨国的；在英国有外国公司，在国外也有英国公司。还有很多小型公司因缝隙市场发展，或是涌现技术，或是提供本地服务；还有很多重要的中小型公司为特定的细分市场开发软件或和大型伙伴合作，利用大公司的客户支援服务或者获得市场准入。

区域规模

服务端主要集中在和其他产业集中相符合的区域，尤其是英格兰南部、中部以及苏格兰，软件方面尤其集中在剑桥地区。

由于人们意识到公司间的竞争和人才间的互动是十分必要的，因此明显的趋势就是该行业集中于交通方便的区域，例如 M4 走廊。

英国成功的典范

英国有一些高度发展的、特定产业的软件技术，例如在银行业和金融业，仁智集团(Sage Group)是英国、法国、德国以及美国的主要产品供应商，而全球一半以上的财务会计软件市场是由中小型企业占据的。

万盛集团(Misys)是英国最大的独立软件产品公司之一，根据富时 100 指数(FTSE 100)，他还是世界上最大的应用软件供应商之一。万盛集团的核心产业是金融系统，在这方面，他毫无疑问是世界的领导者。

如今，活动在领域前沿的其他一流企业包括霍美思，就像富时 100 指数的万盛集团一样，同时还是全球短信服务系统的领导者，规模很大。新型公司不断涌现：像网上商店之类的公司是第一批“专营公司”应用服务的供应商之一，在高科技公司股票市场普遍波动的情况下成功上市。

次要经济影响

利用商业上广泛应用的软件来提供具有竞争力的服务，是许多大型企业的基本要求，在小型企业中也日益如此。电子商务的影响和交换控制软件产业是密不可分的，企业使用网络的情况也清楚地表明电子商务的重要性；90%的英国员工在和网络有关的企业工作，这个数据可以和美国持平，比例为

93%。33%的英国企业的工作是联系顾客和供应商的在线金融交易——这比美国、瑞典、德国、日本或者加拿大的比例都要高。

发展潜力

行业可能继续保持快速发展的劲头。尽管近期股价出现波动，但就收入而言，该行业的增长率仍然很高，尽管某些情况下会面临创造利润的压力，尤其是硬件公司。

根据对之前的数据进行分析，可以确定该行业的增长率继续保持在两位数，虽然还没有达到 1998 年的水平，但这一数据也不大可能跌至 15%以下，所以，产业的问题是与成功以及持续快速变动紧密相关的。

电子商务/互联网/技术的影响

在许多方面，该行业一直既是最先进的技术和商业方法的提供者，又是使用者。

软件销售模式是有可能发生变化的：最近很多参与方表示希望至少向部分目标用户提供一种服务协议，而不是直接销售产品——他们希望提供年度订阅而不是一次性购买。网络和宽带的普及使得应用服务提供商(application service provider，ASP)的发展成为可能，其中的关键因素就是在网上传输软件的服务。通过一对多的途径，可以将软件维护和支持服务外包，并使其统一化，来提高规模效应。

这种模式有一些关键特征，表明随着技术和商业模式的发展，用户范围越来越广。特别是这种模式独立于任何终端或者电脑，使技能成为核心，能更高效地利用稀缺的专门技术人员。

从很多方面来说，该行业在为员工和消费者提供选择方面起着关键作用，这些选择涉及广泛的行业，包括远程办公、网络和互联网零售等。所有这些都是由软件和计算机部门的活动来实现的。

行业发展——注意事项

软件技术发展速度快，在可预见的未来，行业将在高水平轨道上持续发展，因此专门技术的获取一直值得关注。所以公司要尽可能广泛地接触潜在劳动力市场，持续提供培训，还要开发新的工作方式和市场传输模式，如应用服务提供商模式，以尽可能高效地利用现有人员。

已经有越来越多的终端设备可以连接到网络，包括游戏机、智能手机、个人数字助手、网络平板电脑以及网络电视，与此同时，还有常用设备之间数据连接的发展，关键问题有可能是通用的开发平台、数据交换方式以及交互操作性和流畅的用户体验。这些会在维持和发展商业与私人用户对该行业产品的信任和信心的背景下发挥作用。

软件产业的增长驱动和发展有紧密联系，不仅仅是发展更快的电脑，还需要发展可使用宽频。普通宽带接入方式的发展改变了软件的销售问题，实现了其“虚拟的”本质，就像 MP3 文档在音乐产业中的发展那样。软件的电子传输可以带来好处，例如，可以立即提供新产品；但是它的影响也很复杂，比如增加了用户群体对产品维护和支持的需求，因为产品更新换代的速度太快。此外，由于降低了单位产品生产和传输的成本，对行业竞争产生了潜在影响。

13. 电视和广播

核心活动：

制作

节目和包装（图书馆、销售和渠道）

广播（日程安排和媒体销售）

播送

相关活动：

互联网和数字广播

数字传媒广播

数字和互动电视

电脑游戏

多媒体和数字媒体

个人录像机（PVRs，例如硬盘数字录像机）

视频点播

艺术和创意工作室

公共关系公司

电视广告制作

摄影

硬件生产

相关行业：

广告业

电影和视频

表演艺术

软件和计算机服务

出版业（包括音乐媒体）

互动娱乐软件

销售规划

旅游业

13. 电视和广播

收入：105. 91 亿英镑(1998 年)，121. 36 亿英镑(1999 年)①
出口：4. 44 亿英镑(1998 年)，4. 4 亿英镑(1999 年)②
就业：101 000 人(1998 年)，102 000 人(2000 年)③

行业收入

1998 年，官方给出的电视和广播业的营业额是 105. 91 亿英镑。该数据在 1999 年增至 121. 36 亿英镑。据估计 1998 年的总增加值为 37. 29 亿英镑。④

电视

1999 年，电视广播产业的总体资产据估计大约为 67 亿英镑⑤，和 1994/1995 年度评估的企业规模相比增长了 50%。

净广告收入是商业渠道的主要收入来源，而订阅收入一直在以更快的速率增加。⑥

英国电视业务净流入的情况表(1999 年) （单位：百万英镑）

许可费用	1 748	英国广播公司许可证费用，减去广播和在线节目支付的费用。企业管理费用按 2 : 1 分摊来支持电视活动。英国广播公司全球频道的费用又追加回去了。这一数据截至 2000 年 3 月 31 日。
净广告收入(Net Advertising Revenue，NAR)	3 092	由 1999 年的净广告收入媒体所统计，和国际贸易委员会的数据一致。
赞助	68	这是 1999 年预计的赞助收入。国际贸易委员会的数据加上对其他频道的预测数据。
卫星电视用户费用	979	截至 2000 年 6 月，英国天空广播公司数字高清晰度直播电视卫星一年的订阅费用。
有线电视用户费用	590	根据电视活动，由大卫・格雷厄姆会计师事务所对有线电视收入的估测。

① 国家统计局，2001 年：《分配贸易和服务贸易的新闻，2000(第三季度)》
② 国家统计局，2000 年。这些数据仅包括电视出口。1999/2000 年的广播出口额估计是 653 000 英镑和 803 000 英镑之间(奎恩，2000)。
③ 国家统计局，2000 年：《劳动力调查》，1998 年，2000 年(春季)。
④ 国家统计局，2001 年：《分配贸易和服务贸易的新闻》。
⑤ 大卫・格雷厄姆(David Graham)会计师事务所，2000 年。
⑥ 大卫・格雷厄姆会计师事务所，2000 年：《创造性》。

续表

数字地面转播电视	20	数字营业额，1999年。
出口和广播公司之间的销售额	236	出口和广播公司之间的销售额，减去在英国广播公司的分析中已包含的费用。1999年度。

来源：克里斯·古德尔（Chris Goodall）公司以及大卫·格雷厄姆会计师事务所，大卫·格雷厄姆会计师事务所，2000年，第51页。

电台

商业电台的收入继续增长。截至2000年9月，广告商对商业电台投资了5.22亿英镑，和前一年相比增长了15.5%。到2000年，商业电台占广告市场份额的6%。①

年度（截至9月的财政年）商业电台收入（第三季度1993—2000年）

年份	百万英镑
1993	164
1994	208
1995	260
1996	300
1997	341
1998	400
1999	451
2000	522

来源：BAJAR的无线电联合观众研究，2000年。

英国市场规模

在过去的20年里，看电视仍然是最普遍的娱乐活动，然后是拜访或者招待亲朋好友，再就是收听广播。② 1998年，4岁以上的英国人平均每周会花25小时以上的时间来看电视。③

根据国际贸易委员会的调查，电视仍然是新闻的主要来源。但是在去年，依赖电视获取新闻的人数减少了，从广播中获取新闻的人数增加了。④

电视

英国广播公司和国际贸易委员会中有相当一部分的电视观众。电视观众稍有减少，然而卫星电视和有线电视的观众还在增长。

频道可利用性的增长会导致频道之间的收视重新分配，而不是总的观看电视时间增加。

① 桑普森，2000年。
② 国家统计局，2000年：社会趋势30，综合住户统计调查。
③ 广播听众研究委员会；大不列颠审核有限责任公司；RSMB有限责任公司。
④ 国际贸易委员会，1999年：电视：《公众看法》。

电视观众分布（1993—1999 年） （单位：%）

	1993 年	1994 年	1995 年	1996 年	1997 年	1998 年	1999 年
英国广播公司一台	32. 7	32. 4	32. 2	32. 5	30. 8	29. 5	28. 4
英国广播公司二台	10. 2	10. 6	11. 1	11. 5	11. 6	11. 3	10. 8
独立电视台和早安电视台	40. 0	39. 5	37. 3	35. 1	32. 9	31. 7	31. 2
频道四和威尔士四台	11. 0	10. 7	10. 9	10. 7	10. 6	10. 3	10. 3
频道五	—	—	—	—	2. 3	4. 3	5. 3
卫星和有线频道	6. 1	6. 8	8. 5	10. 2	11. 8	12. 9	14. 0

来源：广播听众研究委员会对频道四的调查，2000 年。

电台

商业电台主要是在地方比较成功，在国家层面，英国广播公司仍然领先。

电台听众分布（1996—1999 年） （单位：%）

	1996 年	1997 年	1998 年	1999 年
英国广播公司网络：				
——一台	12. 4	9. 9	10. 6	10. 4
——二台	12. 8	13. 0	13. 1	12. 6
——三台	1. 2	1. 4	1. 3	1. 3
——四台	10. 7	10. 4	10. 5	11. 0
——五台直播	3. 1	3. 6	3. 6	4. 2
——英国广播公司地方台	9. 3	9. 6	9. 3	10. 7
英国广播公司总数	49. 5	47. 9	48. 4	50. 2
国家电台广告：				
——经典 FM	3. 2	3. 4	3. 7	4. 2
——维珍 AM	2. 4	2. 6	2. 6	2. 2
——大西洋 252	2. 7	2. 1	1. 4	0. 8
——脱口秀	1. 9	1. 9	1. 6	1. 6
所有地方电台广告	38. 2	39. 5	40. 0	39. 0
电台广告总数	48. 4	49. 5	49. 3	47. 8
其他	2. 1	2. 6	2. 2	2. 0

注：电台联合听众研究的报道方法在 1999 年发生变化。

来源：电台联合听众研究，2000 年。

贸易平衡

电视

国际统计局表明，国际出口额有所下降，从 1998 年的 4. 44 亿英镑降到 1999 年的 4. 4 亿英镑。然而，电视公司的进口额则从 6. 92 亿英镑增加到 8. 43 亿英镑。其结果是，1999 年，贸易失衡的状态日益严重，从2.48亿英镑的赤字增长到4.03亿英镑的赤字。这主要是由于英国电视购买了美国电影的播放权。

出口最多的是流向欧盟和美国，大概占据了电视产业出口的64%。

在欧盟，德国和法国是两大主要出口市场，市场份额总共是34%，价值分别达到了0.34亿英镑和0.2亿英镑。进口市场就完全不同了。荷兰、法国和丹麦是主要合作伙伴，价值分别是0.54亿英镑、0.38亿英镑和0.24亿英镑，市场份额为71%。

在美洲大陆，美国拥有最大的份额，其出口额达到1.22亿英镑，进口额为5.53亿英镑(为英国进口额的66%)，导致了4.31亿英镑的负差额。

英国电视经销商协会(BTDA)(在数据采集和管理系统以及国家统计局的协助下)汇集了英国电视节目和格式销售的出口额。1999年，英国电视经销商协会成员的海外电视销总额(就产业大部分的价值而言)达到了3.25亿英镑，而1998年总额达到3.07亿英镑，这表明总销售额和上一年相比增加了将近6%。

英国电视公司的国际交易(电视资料)(1993—1999年) (单位：百万英镑)

	1993年	1994年	1995年	1996年	1997年	1998年	1999年[a]
出口[b]	181	255	245	234	313	444	440
进口[c]	268	317	400	516	606	692	843
净余	-87	-62	-155	-282	-293	-248	-403

(a)初步资料。

(b)其他国家居民的应收限额。包括英国广播公司电影原声以及独立电视新闻的交易额。

(c)应付给其他国家居民的金额。

来源：国家统计局，2000年。

不同地区英国电视公司的国际交易(1999年) (单位：百万英镑)

	出口	进口	净余
欧盟	160	163	-3
欧洲其他国家	207	241	-34
非洲	11	5	6
美洲北部和南部	139	572	-433
亚洲	37	11	26
澳大利亚和大洋洲	46	14	32
全世界	440	843	-403

来源：国家统计局，2000年。

英国电视经销商协会按不同地区划分的英国电视节目播放权出口数据(1998—1999年) (单位：百万英镑)

不同地区的销售额	1998年	1999年
美国	87.0	99.4
加拿大	8.3	8.5
德国	29.5	27.5

续表

不同地区的销售额	1998年	1999年
法国	20.5	19.6
西班牙	10.9	13.4
意大利	9.5	11.0
斯堪的纳维亚	13.0	13.4
其他西欧国家	28.3	26.8
东欧	7.3	7.3
澳大利亚/新西兰	31.9	37.2
拉丁美洲	10.4	8.5
亚洲	30.6	27.5
其他	20.1	24.4
总数	307.3	324.5

注释：初始数据是以美元计算的。

转换：银行同业利率1美元=0.61英镑(1998/1999年度平均数)

来源：英国电视经销商协会，2000年。

电台

英国国际电台销售市场有四大公司，出口总额至少为65.3万英镑。

业内人士①认为，音乐是关键的出口因素，而欧洲是最大的市场。出口有增长趋势，但是英国需要利用原创人才和创新模式，不断改进产品。

英国和德国各自占据了欧盟1/4的视听市场。

根据销售额数据，在1998年欧洲200家电台和电视龙头公司中有39家是英国公司。②其中有23家位列前100名。英国广播公司的服务是世界第一，英国天空广播公司是世界第三。名单上大多数公司只开展电视业务，但是还有6家是“纯粹”的电台公司。最靠前的英国电台公司名列第46名，即英国广播公司全球服务(BBC World Service)。

广播出口估测(1999—2000年)　　(单位：千英镑)

英国广播公司全球服务	253
尤尼克广播公司(the Unique Broadcasting Company)	200~250
智佛(Wise Buddah)	100~150
内阁之声(Ministry of Sound)	100~150
合计	653~803

来源：奎因，2000年。

① 奎因，2000年。

② 欧洲视听观察组织，2000年。

欧盟音像市场规模(1997—1998年) (单位:%)

国家	占比
英国	25
德国	25
法国	19
意大利	10
西班牙	7
澳大利亚	2
比利时	2
荷兰	2
瑞典	2
丹麦	1
芬兰	1
希腊	1
爱尔兰	1
卢森堡	1
葡萄牙	1

来源：欧洲视听观察组织，2000年统计年鉴。

就业

根据国家统计局2000年发布的《劳动力调查》(春季)，1998年电视和电台的就业人数是10.1万人，1999年的人数是8.7万人，2000年的人数是10.2万人。

2000年5月19日，行业管理协会与文化、媒体和体育部视听培训集团进行了史上第一次视听产业普查，统计结果表明有115 769人从事电视、广播以及新型传媒产业。

自由职业者占视听产业工作总人数的比重为35%；但是行业委员会估计，至少还有2万人，甚至更多的自由职业者没有被计算在内，他们代表着将近一半的就业人数。

女性占据了36%的视听产业市场。总的说来，5.4%的就业人口和6.4%的自由职业者是少数民族。普查中还有不到1%的就业人口和0.4%的自由职业者是残疾人。

广播电视和电台是视听产业中提供了绝大多数就业岗位的行业。

根据职业类别划分的雇员和自由职业者的数量(2000年5月)

职业人群	雇员	自由职业者	总数
制造	6 531	3 606	10 137
生产	6 419	8 647	15 066
新闻和体育	9 277	1 881	11 158
无线电广播	6 037	2 756	8 793
电视广播	2 684	225	2 909
节目分布	269	12	281

续表

职业人群	雇员	自由职业者	总数
传送	869	35	904
广播工程	2 330	245	2 575
工作室操作	1 431	193	1 624
新媒体	7 592	3 309	10 901
动画	334	236	570
艺术与设计	1 208	1 919	3 127
摄像	965	2 273	3 238
服装/衣柜	58	816	874
图书馆/档案	1 202	159	1 361
照明设备	1 401	7 159	8 560
化妆和美发	106	798	904
后期制作	4 050	1 498	5 548
音响	787	1 439	2 226
特殊效果	204	23	227
推销员	651	1 478	2 129
其他集团	20 382	2 273	22 655
合计	74 788	40 981	115 769

来源：行业委员会/文化、媒体和体育部视听产业培训集团，2000 年。

不同部门的就业情况（员工和自由职业者）（2000 年 5 月）

部门	总数	百分比
广播电视	24 102	20. 8%
广播无线电	22 899	19. 8%
新传媒	19 966	17. 2%
设施	13 035	11. 3%
独立制片	11 572	10%
商业广告	10 600	9. 2%
有线/卫星	6 077	5. 2%
企业制作	3 550	3. 1%
其他领域	2 628	2. 3%
动画	1 340	1. 2%

来源：行业委员会/文化、媒体和体育部视听产业培训集团，2000 年。

行业结构

尽管英国的商业电视和电台机构越来越多，但仍需要进一步进行所有权整合。

电视

独立电视台所有权进行实质性合并。

付费电视中同样出现所有权集中这一趋势。有五个重要的付费电视“看门人”：一个卫星(英国天空广播公司)，两个有线(NTL 和 Telewest)，还有两个数字地面服务(ONdigital 和 SDN)。有越来越多的内容所有者，但是只有少数大型公司：英国天空广播公司、飞达控股公司、卡尔顿公司、格拉纳达公司以及英国广播公司(在英国电视台的旗下)。1998 年，卡尔顿和格拉纳达(Carlton and Granada)公司所拥有的 ONdigital 的到来对这个结构没有什么影响。①

独立的生产部门仍然不集中。1999 年，563 家独立的公司为地面网络频道制作节目。其中，56%的公司至少为第四频道制作一档节目，26%的公司为英国广播公司二台工作，17%的公司为独立电视台和英国广播公司一台工作，还有 15%的公司是为第五频道工作。1999 年，第四频道在独立制作中依然投资最多，价值估计达到 2.99 亿英镑。大部分公司(79%)每年只制作一档网络节目，只有 2%的公司制作 4 档或 4 档以上的节目。②

尽管独立制作部门仍在发展，英国的制作产业却还是高度集中。英国广播公司的内部制作只占了不到初始生产市场总额的 40%，前 12 家制作公司占据了市场 80%以上的份额。③

英国独立制作的首映节目：不同频道时间和预估价值(1999 年)

	小时	估计价值(百万英镑)
英国广播公司一台	873	121
英国广播公司二台	804	95
独立电视台	889	151
第四频道	2 500	299
第五频道	1 260	77
非地面数字服务	4 113	49
总数	10 439	792

注：非广播公司制作的数据并不一定能反映《1990 年广播法案》中规定的独立制作的数据，这是在《1991 年播放(独立制作)规则》下制定的。估测是从平均成本类型中推断出来的。非地面电视的价值不包括体育转播权。

来源：DGA in PRCA/BARB，2000 年。

产业工作基地　　(单位:%)

地 理 位 置	占比
伦敦	54
英格兰东南部	12
英格兰西南部	6
英格兰东部	4
英格兰西北部	4
苏格兰	4
威尔士	4
英格兰东北部	3

① 实力媒体，1999 年;《英国媒体年鉴》2000 年，第 30 页。
② PACT，2000 年；DGA，2000 年，第 8 页。
③ DGA，2000 年。

续表

地理位置	占比
中西部	3
中东部	2
爱尔兰北部	2
约克郡和亨伯赛德郡	2

来源：行业委员会/文化、媒体和体育部视听产业培训集团，2000年。

电台

广播局最近批准了3家国家的和248家地方的模拟广播电视台，以及34家有线和卫星广播电台，还有一个提供有线服务的广播类机构。

国家数字多路传输服务——数字一号(Digital One)——于1999年11月开始播出。广播局迄今为止奖励了18家地方数字多映厅影院。

最大的4家独立广播公司是国际广播电台集团公共股份有限公司、美联社东部内陆性能有限公司、首都广播公共股份有限公司以及克丽萨里斯广播。

区域规模

超过一半的视听产业都位于伦敦，还有10%以上的在英格兰东南部，其他的平均分布在英国各地。

电视

英国广播公司除了为国家服务外，还提供了为全国和地区专门制作的节目。新闻和时事节目的头条包括了苏格兰、威尔士、北爱尔兰和英格兰各地区。

除了英国广播公司在苏格兰、威尔士以及北爱尔兰的分部以外，英国广播公司还在英格兰有11个地区电视中心：东北和哥伦比亚、西北、北部、中西部、中东部、东部、伦敦、东南部、南部、西部和东南部。所有这些中心都提供了和本地区相关的节目。①

还有15个区域第三频道(独立电视台)许可证和1个提供国家早间新闻的许可证。

独立电视台是有特定数量的地区节目，包括新闻节目，其中每年至少80%的节目必须在当地制作。另外，格兰宾和苏格兰电视台可以单独制作和播放盖尔语节目。盖尔语广播委员会要承担200个小时的盖尔语电视节目，而且随着盖尔语声音节目的范围越来越广，盖尔语电视节目主要在苏格兰播放。实际上，英国广播公司和独立电视台都会播放受到赞助的节目。②

自1982年以来，所有的威尔士语的电视节目——无论来自何种渠道——都被传送到威尔士第四频道从而提供全面的威尔士语媒介服务。在威尔士第四频道成立之前，英国广播公司一台和独立电视台只是零散地播放有限的威尔士语节目。③

① 英国广播公司网站。
② 盖尔语电视以及无线电信息网站。
③ 威尔士第四频道网站。

第三频道(独立电视台)地区和许可

地　　区	许　　可
英格兰东部	安格利亚电视台
边界和马恩岛	边界电视
伦敦工作日	卡尔顿广播
中东、中西、中南部	卡尔顿广播—中部
海峡群岛	多频道电视
苏格兰北部	格兰扁电视
英格兰西北部	格拉纳达电视
威尔士和英格兰西部	哈莱科电视集团
伦敦周末	伦敦周末电视
英格兰南部和东南部	子午线广播
苏格兰中部	苏格兰电视台
英格兰东北部	汀帝电视
爱尔兰北部	阿尔斯特电视台
英格兰西南部	卡尔顿广播—西方国家地区
约克郡	约克郡电视

来源：独立电视台，2000 年。

电台

英国广播公司在威尔士、苏格兰和北爱尔兰都有国家广播电台：电台在线英语广播、威尔士 BBC 广播、苏格兰 BBC 广播、南盖得希尔 BBC 广播、阿尔斯特 BBC 广播和在英格兰的 39 家地方电台。①

自 1991 年 1 月起，广播局颁发了 3 个国家许可证和 135 个新的地方电台的许可证(包括 14 个地区许可证)，总共有 249 个广播电台。

2000 年 1 月新颁发了一个中西部地区许可证。约克郡南部和西部的新许可证也于 2000 年秋公布，并且预计在 2001 年夏颁发；中东部的新许可证预计在 2001 年夏公布，2002 年秋颁发。②

当地数字服务是从 2000 年 5 月开始播送的。在数字广播发展的早期，广播局计划的发展模式将会集中在国内主要的人口中心。目的是促进在除了大伦敦以外的每个主要的集合城市内建立两家地方/地区多映厅影院(除了英国广播公司以及全国商业多映厅影院)。而在大伦敦，已经有 1/3 的多映厅影院。③广播局授予地方广播多映厅影院执照，并为英国广播公司地方广播以及英国广播公司全国广播电台保留了合适的数字容量，这是为了让威尔士、苏格兰或者北爱尔兰的电台能够适应环境。

① 英国广播公司网站。
② 广播局网站。
③ 广播局，2000 年：《袖珍书》。

独立的广播电台许可

电台数量	
类似物	
国家	3
地方：	
——苏格兰	31
——北爱尔兰	5
——威尔士	8
——英格兰	233
数字：	
——国家	1
——地方	21
卫星	67
有线	30
类似附加服务	1
数字附加服务	9

来源：广播局，2000 年。

国际赞誉

英国因创意电视产业而举世闻名，其音像市场也被公认为是欧洲最具活力的市场之一。①

英国连续斩获多项国际大奖：

国际艾美奖

· 1998 年，获得 6 项国际艾美奖中的 4 项。

· 1999 年，获得 7 项国际艾美奖中的 6 项。

· 2000 年，获得 7 项国际艾美奖中的 4 项(包括《格罗丽亚娜》，这是为英国广播公司而创作的)。

蒙特卡洛电视节

· 1998 年，赢得 16 项大奖中的 3 项。

· 1999 年，赢得 20 项大奖中的 5 项。

· 2000 年，赢得 16 项大奖中的 7 项。

2000 年班夫电视节

· 赢得 19 项大奖中的 7 项(包括最佳喜剧奖《其乐无穷》，这是 TalkBack 在第四频道播出的节目)。②

英国广播公司世界服务电台一直享誉全球。1998 年 10 月，联合国秘书长科菲 · 安南将其描述成“可能是英国本世纪给予世界最好的礼物”。③

① 欧洲视听与电信研究所，2000 年。

② 英国电影协会，1999 年和 2000 年，以及国际艾美奖，蒙特卡洛电视节和班夫电视节网站。

③ 《金融时报》，1999 年；《媒体和电信：数字时代的欧洲公共广播》。

次要经济影响

广播产业对经济有各种影响。它和广告业有密切的联系，广告业应该与商业数字电视和电台同步发展。

广播和艺术以及其他创意产业分享了一套互相关联的技术和创意技能。

电视和电台是英国文化在海外传播的窗口，它们对旅游业和出版业产生了深刻的影响，对提升英语形象作出的贡献是十分重要的。

市场和技术的融合将会加强广播产业的次要经济影响。

发展潜力

中央情报局的媒体实验室和广告世界预测，到 2000 年，商业电台将会以其他传媒两倍的速度发展，增长率是 12%。2000 年，这种增长率使得商业电台占据了 6.2%的广告业份额。

预计电视业的增长率是 6%。增长预计来自新型卫星、有线以及数字频道还有第五频道，独立电视台和英国早安电视台的收入将第一次下降至 60%以下。①

电视

广播业的收入预计会继续增长，尤其是来自数字电视这一渠道。广告需求量变多，因为资源是有限的，广播部门的广告价格也会继续上涨。②

个人录像机（PVRs），例如数字录像机，对广告收入会有巨大的潜在影响。可能的情景是“可伸缩广告”：正常播放电视广告，附加交互性功能，成为“商业信息广告”。③

数字电视作为一种未来的分配模式，获得了广泛的认可，这主要依靠英国广播公司的积极参与以及付费供应商的大力推进。公众已经认可数字电视是一种更好的选择，它更加多样，图像更清晰，而且互动性更强。④

如今，模拟电视的服务将会完全转向数字电视，因为几乎所有的观众都可以通过数字化接收主要的免费模拟频道：转向数字服务是所有消费者都可以接受的，95%的人都有数字设备。政府设定的时间表是 2006—2010 年。⑤

因为数字服务越来越普及，以前占主导地位的频道备受压力。⑥

传统广播公司的市场地位因为新兴技术的到来而受到挑战，比如视频点播和个人电视录像机，这些可能消磨时间，还会使频道品牌黯然失色。⑦

---

① 中央情报局媒体实验室，2000 年。
② 实力媒体，1999 年：《到 2008 年的欧洲电视》。
③ 《金融时报》，2000 年：《创意产业》。
④ 实力媒体，1999 年：《到 2008 年的欧洲电视》。
⑤ 文化、媒体和体育部网站。
⑥ TARIS/BARB，1999 年。
⑦ DGA，2000 年。

互动性将会是各种平台之间的新战场。

电台

20 世纪 90 年代，电台广播深受欢迎。以目前的增长率发展的话，商业电台将很快比英国广播电视电台拥有更多的受众。

新型的独立地方模拟电台服务并不太可能被批准，尤其是在大城市。这就解释了人们如此期待数字广播的原因。

1999 年 11 月，随着数字一号开始播送，在英国大部分地区人们都可以听到 10 多个由地面传输的数字电台。

某些付费数字音频服务正在运行之中。其中一个例子就是“音乐选择”(www.musicchoice.co.uk)，它在欧洲好几个付费电视平台上进行播放。

广告和赞助是模拟电台的主要收入来源。在数字电台中，广告收入只有在拥有数字听众的基础上才能实现。①

电子商务/互联网/技术的影响

电视

广播业、电脑以及通信产业的科技发展正对广播及视听业产生重大的影响：

· 数字革命使得广播业可以更高效地使用多种新型广播服务；

· 互联网必定会成为主要的音像服务传播平台；

· 电信的发展使得越来越多的产品和服务可以通过一系列不同的平台予以使用。

这种合并也给广播公司带来了一系列挑战：

· 数字广播的引入意味着在中短期内会产生更多的成本；

· 某种节目权利的谈判将更加复杂而且越来越有必要防止其滥用市场力量。

然而，这也意味着：

· 有可能给尽可能多的观众提供更多的节目选择。

电台

无线通信与电台广播的结合可以带来很多有趣的、互动的、可便携的服务，还有可能创新广告形式。可便携性是无线电接收机的一个重要特性，也是电台为什么能大获成功的原因之一。数字收音机自然成为未来领先的可便携式的多媒体工具。②

如今，相比电台而言，互联网更是推动业务的因素，它减少了货运的成本和时间。

根据《无线电联合听众调查》，通过电台网站收听广播的人数从 5.0%(2000 年 4—6 月)增长到了

① 莫罗尼，1998 年。

② 莫罗尼，1998 年。

6.3%(2000年7—9月)。在15~44岁的人群中，男性占比最多。人们最有可能收听英国国家电台。①

行业发展——注意事项

广告业正在蓬勃发展。数字技术已经开启了一个新时代。广泛的公众讨论预计会阐明未来的发展。文化、媒体和体育部/贸易和工业部白皮书《通信的崭新未来》(*A New Future for Communications*)于2000年12月12日发布，里面包括制定改革广播业和规范通信行业的政府决议。

在行业发展中需要考虑的主要事项：

· 跨媒体所有权的规范；
· 为经济和公众利益规范分销、零售和内容所有权；
· 促进公正有效的竞争；
· 融合市场的统一管理；
· 出口改善；
· 在创新节目上的投资；
· 英国广播公司的未来以及公共广播服务；
· 同时联播和数字转换；
· 频谱管理；
· 在欧盟层面上的政策影响。

① RAB网站，2000年。

附　　录

2001 年《创意产业纲领文件》和 1998 年估计值的比较①

要对自 1998 年《创意产业纲领文件》公布以来的变化进行分析，最好参考下表所示的数据。

收　　入

产业	2001 年纲领文件(十亿英镑)	1998 年(十亿英镑)	百分比变化②(%)
互动娱乐软件	1.0	0.8	17
软件和计算机服务	36.4	30.3	20
电视和广播	12.1	10.6	15
总数	49.5	41.7	19
	(总数的 44%)		

就　　业

产业	2001 年纲领文件(千)	1998 年(千)	百分比变化②(%)
广告	93	85	9
手工艺	24	24	-2
电影和视频	45	48	-8
表演艺术	74	75	-1
电视和广播	102	101	1
软件和计算机服务	555	420	32
总数	892	754	18
	(总数的 67%)		

出　　口

产业	2001 年纲领文件(百万英镑)	1998 年(百万英镑)	百分比变化②(%)
广告	774	815	-5
建筑	68	59	15
电影和视频	653	581	12
电视③	440	444	-1
总数	1 935	1 899	2
	(总数的 19%)		

① 1998 年的数据估算和 2001 年纲领文件显示的数据具有相同的数据来源。
② 计算不可四舍五入。
③ 只包含电视出口。

总体变化刺激收入和就业。三个相关产业的收入总共增长了19%。对于出口和就业而言，分别增长了2%和18%。

2001年和1998年《创意产业纲领文件》的比较

我们列出了2001年和1998年《创意产业纲领文件》的数据，但这两份文件并不能直接进行比较。所以我们认为，从这些数据中得出结论时要十分谨慎。尤其是要记住：

· 每个文件都使用了不同的年份作为参照点。这意味着创意产业统计数据会混合不同年份的数据。同样，有些产业的数据可能会覆盖不同的时间段(例如，广告的收入增长可能反映的是四年以来的状况，而电影的收入增长可能只反映一年的状况)。

· 就数据来源而言，两份报告的数据源相同的情况较少。

· 在统计过程中，对产业的界定也存在差异(例如，有时广告数据只代表广告业，而有时它还可能代表广告和工程服务，出版业对期刊的定义也可能和官方的分类标准不同)。

· 某些数据虽然是对同一数据来源进行整合，但是在整合过程中某些因素已经被省略/补充。

· 即使数据来源一致，随后的修改可能使上次报告中的评估数据无效。

· 在某些数据来源一致的情况下，因为采用的统计方法存在差异也无法对两份报告的数据进行比较。

收　入　　(单位：十亿英镑)

产业	2001年《创意产业纲领文件》	1998年《创意产业纲领文件》
广告①	3.0	>4
建筑	1.7	1.5
艺术和古董市场	3.5	2.2
手工艺	0.4	0.4
设计	26.7	12.0
时尚设计	0.6	0.6
电影和视频	3.6	0.9
互动娱乐软件	1.0	1.2
音乐	4.6	3.6
表演艺术	0.5	0.9
出版	18.5	16.3
软件和计算机服务	36.4	7.5
电视和广播	12.1	6.4
总数	112.5	57.5

① 总收入是160亿英镑，为避免重复计算，计入其他创意产业报告收入的130亿英镑被扣除。

就　业

（单位：千）

产业	2001 年《创意产业纲领文件》	1998 年《创意产业纲领文件》
广告	93	96
建筑	21	30
艺术和古董市场	37	40
手工艺	24	25
设计	76	23
时尚设计	12	12
电影和视频	45	33
互动娱乐软件	21	27
音乐	122	160
表演艺术	74	60
出版	141	>125
软件和计算机服务	555	272
电视和广播	102	64
总数	1 322	966

出　口

（单位：百万英镑）

产业	2001 年《创意产业纲领文件》	1998 年《创意产业纲领文件》
广告	774	565
建筑	68	250
艺术和古董市场	629	1 300
手工艺	40	40
设计	1 000	350
时尚设计	350	350
电影和视频	653	522
互动娱乐软件	503	417
音乐	1 300	1 500
表演艺术	80	>75
出版	1 654	1 900
软件和计算机服务	2 761	—①
电视	440②	234
总数	10 252	7 503

① 1998 年报告没有可靠数据。
② 只包括电视出口。

参考文献(略)

遥遥领先：英国创意产业的经济效益

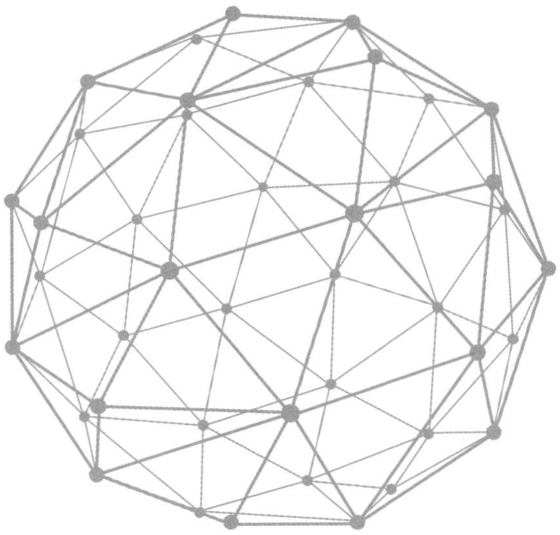

* 文件由文化、媒体和体育部发布于 2007 年 6 月。

目　　录

创意产业
时尚的类型学

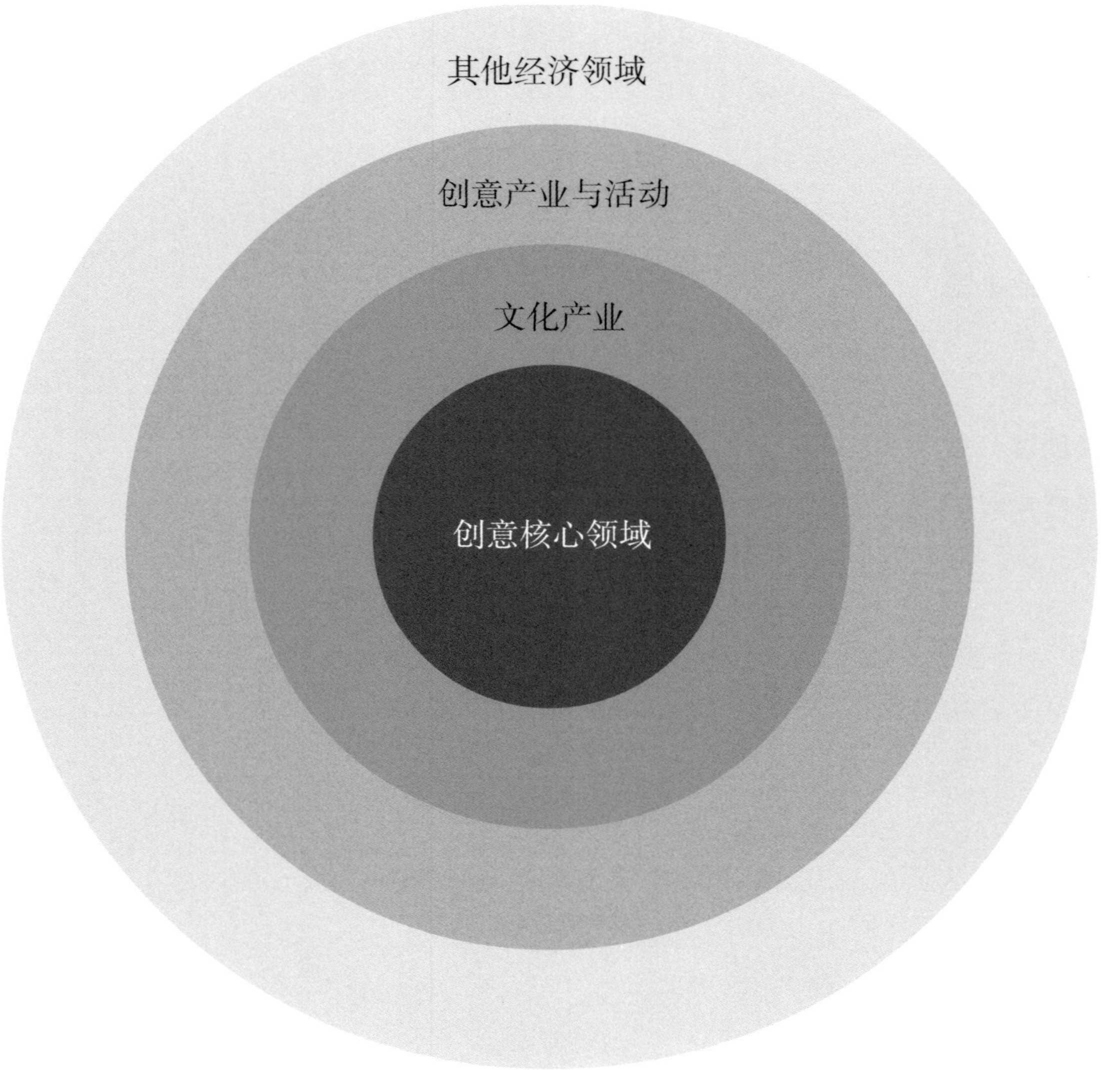

创意核心领域——商业输出包含很高的表达价值并且要受版权保护。
文化产业——活动包括表达输出的大规模复制。要考虑输出产品。
创意产业与活动——表达价值的应用对于这些行业的发展至关重要。
其他经济领域——制造业和服务业受益于创意产业所产生的表达输出。

前　　言

创意经济项目(The Creative Economy Programme)首创于2005年11月，是当时英国文化、媒体和体育部(Department for Culture, Media and Sports, DMCS)所承担的重要工作之一。创意产业的规模可与金融服务业相媲美，现占全国经济的7.3%，平均每年的增长速度为5%(几乎是其他产业增长速度的两倍)。创意经济提供了180万个就业岗位，其中包括从事与创意职业相关工作的人员。

英国的创意产业超过了欧洲其他国家，自21世纪，创意产业已经位居英国经济的中心地位。由于地位至关重要，英国政府与创意产业通力合作，以建立一个各行各业都能得到蓬勃发展的经济结构。

我们关于创意经济的分析首先源于创意产业特别工作组的建立和《纲领文件》(*Mapping Documents*)的发布，该工作是由我的前辈克里斯·史密斯(Chris Smith)在1998年着手进行的。《纲领文件》中所提出的诸多挑战至今仍有意义，但是创意产业自身也在不断变化，尤其是受到技术革新速度和全球化的推动。自从《纲领文件》发布以来，创意产业和创意经济的发展都受到全球的广泛关注。

创意经济项目使早期的《纲领文件》得到进一步发展，工作基金会(Work Foundation)所做的政府报告是该项目的一部分，并为接下来的工作和探讨作出重要贡献。该项目不仅对英国文化、媒体和体育部以及贸易和工业部(Department of Trade and Industry, DTI)有着重大意义，而且对所有政府部门和英国经济有着广泛的积极影响。

工作基金会的分析将经济设计人员、计算机编程人员、设计师和音乐家放在英国的中心地位，也重视像维多利亚与艾伯特博物馆(Victoria and Albert Museum)、大英图书馆(British Library)、英国广播公司(British Broadcasting Corporation, BBC)、国家大剧院(National Theatre)等机构。如此，这些机构的文化影响力和重要经济价值都受到了重视。

工作基金会的报告指出，设计和创新不仅对创意文化产业意义重大，而且对更广泛的经济领域的作用也非比寻常。同时，创意经济项目的成果作为补充出现在2005年发布的乔治·考克斯报告(George Cox's report)中。

此处，我们还提出一系列问题。其中一些问题反映了市场失效，而这恰恰是政府和行业领域关注的地方。然而，就算在市场失效问题十分突出的领域，政府的干预作用可能也无法发挥。

该报告和项目所承担的其他工作必然对公共文化项目提出挑战，因为我们在尽力寻求实现社会和文化目标的最佳途径。

其中有一点已经明确。长时间以来，我们对文化和艺术活动的探讨一直集中在政府对文化机构的资助力度这一问题上。

工作基金会的分析十分坚定地认可公共投资的价值，但也扩宽了我们的视野，其中包括对教育、技能、多元化、网络、文化投资和公共机构作用的认识，对融资、商业技能、知识产权框架的了解，对市场、监管、竞争以及最为关键的证据和数据的收集。

这份报告凝聚了大量的心血，我非常感谢工作基金会的支持以及所有在创意经济项目中帮助过我们的朋友。

毫无疑问，该报告将会引起社会广泛的讨论，而这也恰好是此次分析的目的所在。

特莎·乔维尔

国会议员，英国文化、媒体和体育部国务大臣

前　　言

创意经济项目于2005年11月推出，旨在建立最佳的理论框架来推动创意产业的创新、增长和生产力的发展。创意经济项目被设想为政府与创意产业间持续的迭代关系，凭借这一互动，不仅可以发现创意产业存在的问题，也有助于解决在英国经济中发挥越来越重要作用的创意产业的问题。

2006年底，英国文化、媒体和体育部委托工作基金会承担创意产业性质分析的工作，包括创意产业的规模，近年来影响创意产业相对成功的因素以及前些年绿皮书中预计创意产业将面临的挑战。

其中一个重要的目标就是发现究竟是什么让创意产业联系在一起。众所周知。任何一个领域的参与者之间都会存在巨大的差别。当然，创意产业与更加广泛意义上的商业领域面临着相似的挑战，但是，创意产业的参与者显然有一个共同点，能够让他们感受到属于这个团体的成员关系，那么，创意产业自身明显的特点和挑战又是什么呢?

在展开项目的过程中，我们能够以项目初期所成立的7个工作组的报告作为坚实基础，其中包括教育与技能、基础设施、竞争与知识产权、金融和商业支持、多元化、技术以及证据与分析等方面。

大量个人和组织对于工作的进展发挥了作用，他们涵盖创意产业各个领域以及技能、金融与商业支持、基础设施和地方性政策的某些方面，涉及的内容很多，因此不能一一予以赘述。报告最后的节选证明我们的工作所引起的关注以及所有人所作出的贡献，以便更好地阐明创意产业的重要性。

这十一次行业峰会(eleven industry summits)是由英国文化、媒体和体育部以及贸易和工业部组织的，这些峰会从今年的1月持续到4月，为我们提供了实地验证新兴理论的机会。该报告中的大部分内容是由那些贡献自己时间与想法的人员形成，是整个项目进程中的一部分。同行评审组也对报告作出了有效的反馈，非常感谢他们提出的建设性意见，同时也希望他们能够在报告中提出他们的意见和建议。一般的免责声明适用于本文。

英国文化、媒体和体育部准备了一系列行业描述和分类信息，要求我们将这些内容作为附加内容写在报告之中，以期通过目前拥有的信息尽可能全面地反映创意产业的情况。

这里提出的许多问题无疑对政府如何在多个层面支持创意经济的结构和运作，以及对创意产业本身提出了挑战。在某些情况下，这些问题的确切性质、行动的理由和产业本身或政府承担负担程度均在进行之中。

我要感谢和我一起完成这份报告的团队，这个团队是由工作基金会成员安妮·奥科菲(Áine O'Keeffe)、菲利普·施耐德(Philippe Schneider)、罗伯特·安德里(Robert Andari)以及英国国家科技艺术基金会(NESTA)的成员哈桑·巴克斯(Robert Andari)组成，其中，国家科技艺术基金会对本次工作作出了杰出贡献。该团队为报告的形成付出了非同寻常的努力。同时也要感谢知识经济项目的主任伊恩·布林克利(Ian Brinkley)，他给团队提供了及时的支援。我也不会忘记萨拉·霍尔顿(Sarah

Holden）对我个人无法完成的日程进度的管理。

另外，我们也得到了以下人员的大力支持：创意产业大臣肖恩·伍德沃德（Shaun Woodward），国务大臣特莎·乔维尔和整个创意经济项目团队，尤其是布莱恩·李奥纳多（Brian Leonard）、费尔·克拉普（Phil Clapp）、海伦·威廉姆斯（Helen Williams）和科斯蒂·利斯（Kirsty Leith），还有英国文化、媒体和体育部的证据与分析单位。在英国贸易和工业部，玛格丽特·霍奇（Margaret Hodge）以及她的部长级同事和官员们，尤其是马克·比特森（Mark Beatson）、阿德恩·伯莱泽（Adrian Brazier）和瑞秋·克拉克（Rachel Clark）也都出色地参与了工作。同时，我们也感谢财政部斯图尔特·伍德（Stewart Wood）的慷慨相助。

我们希望这份报告能够阐释许多问题，我们期待接下来的讨论与交流。

威尔·赫顿

工作基金会首席执行官

神秘博士（*Doctor Who*）

威尔士（Wales）制作

几年前，当威尔士英国广播公司接到要求，为新一代人重新拍摄《神秘博士》之时，许多人疑惑这项工作能不能完成。翻拍《神秘博士》的想法是在各种机缘巧合下孕育产生的。朱莉·加德纳（Julie Gardner）不久前被任命为威尔士英国广播公司的戏剧总监；罗素·戴维斯（Russell T Davies）也想重振《神秘博士》的荣光；戏剧调试总监简·特兰特（Jane Tranter）认为是时候翻拍21世纪版《神秘博士》；英国广播公司也承诺要在国内推出更多网络作品。因此，威尔士英国广播公司承担了翻拍此剧的任务。这项工作的前景既令人兴奋又令人畏惧。

市场调查表明，许多观众下定决心不看这部似乎有些过时的电视剧，而大部分观众也暗地里质疑威尔士创意部门能否实现网络推行计划。

三个系列剧集赢得了3 000万的点击量。这也是为何广播杂志最近盛赞《神秘博士》为“苏醒的威尔士龙”。这项由威尔士英国广播公司制作的最为庞大的网络影视剧及其惊人的创造力和受欢迎程度证明了威尔士媒体行业的成熟度和潜力。

在制作高峰期，威尔士英国广播公司位于卡迪夫（Cardiff）的新剧综合工作室有400多名演员、作家、编辑、技术人、设计师和制片人积极工作。8.6万平方英尺的工作室设立了6个舞台，执行制作人罗素·戴维斯和朱莉·加德纳能够综合领导《神秘博士》以及其姐妹篇《火炬木》（*Torchwood*）和《莎拉·简冒险记》（*The Sarah Jane Adventures*）的整个制作，再加上无数的网络互动。

此次尝试的复杂程度和规模实实在在地影响了当地创意经济的发展。仅仅三年间，威尔士英国广播公司的网络制作收入翻了两倍，总值达5 000万英镑。现在，当地企业广泛投资，包括服装供应商、建筑商、支架供应商和舞台电力供应商。

对于许多当地公司而言，这是他们首次涉足大型影视行业。一家更熟悉沙发设计制造生产的地方公司被要求给《神秘博士》的时光机建造一个座椅。圣安森国防航空维修机（Defence Aviation Repair Agency at St Athan）发现，比利·派佩（Billie Piper）居住在他们的一个由起重机吊起的飞机棚里，而并非一架高性能住房式喷气机中。

“神秘博士效应”对于威尔士旅游业也有着直接影响。卡迪夫游客数量明显增加，接近20%的游客说他们是看了《神秘博士》和《火炬木》才来这座城市参观。因此，威尔士首府最近跻身英国十大度假胜地之一。

除了以上直接的经济效益，《神秘博士》的目标与成功也开创了长期的人才培育计划。最初，威尔士英国广播公司坚决要确保《神秘博士》的呈现和开发是由威尔士地区最有潜力与创造力的人来进行，而不是单纯地引进外地经验丰富的制作人员。

虽然有诸多例子，但产品设计师爱德华·托马斯(Edward Thomas)的故事最为典型。托马斯来自斯旺西(Swansea)，几年前离开威尔士去欧洲大陆和南非电影行业工作。如今，他回到威尔士制作《神秘博士》，帮助培训刚刚踏出校门的有着设计天赋的新一代年轻人。威尔士英国广播公司联合威尔士行业总部赛福尔(Welsh industry body Cyfle)制定独特的制作培训计划，让经验不足的年轻人通过参与《神秘博士》和《火炬木》的制作来锻炼专业技能。

威尔士英国广播公司在网络上的成功也培育了一大批一流的创作和导演人才，这些人才为威尔士观众创作英国广播公司地方戏剧(其中包括威尔士语肥皂剧 *Poboly Cwm* 和英语电视连续剧 *Belonging*)，从而也促进了自身事业的蓬勃发展，但在早些年，他们只有离开威尔士才能干出一番事业。

威尔士议会政府的创意产业战略也抓住了《神秘博士》的“晕轮”效应(“halo” effect)所带来的机遇，利用这部电视剧的轰动和成功来刺激威尔士更广阔的影视制作行业的增长。

他们的目标非常明确。正如一位记者指出：“当世界电视行业研究威尔士的人才容量之池，他们会发现事实就如同《神秘博士》的时光机那般，内存比外观所呈现的要大得多。”

第1章　创意产业概览

1.1 英国拥有欧盟最大的创意产业，且其创意产业相对于国内生产总值的比例可能是世界上最大的。创意产业在很多方面都是一种国家资产。在这一规模下，单单就理念创意、形象创意、象征创意、设计创意以及文化表现创意就足以保证该行业会引起充分的注意，这些创意活力需要得到尊重和培养。而且，创意文化产业在经济生活中扮演着越来越重要的角色。该行业占国内经济7.3%，等同于金融服务行业的规模。该行业为100万人提供就业岗位，而另外80万人则在创新职业领域工作。越来越多的英国人的生计将取决于创意产业能否保持其增长趋势。

英国拥有欧盟最大的创意产业，且其创意产业相对于国内生产总值的比例可能是世界上最大的。

1.2 该报告的目的就是为了讨论这一现象背后的驱动因素，理解该行业所面临的机遇和挑战。这会帮助13个行业意识到它们之间的共同点。目前，这13个行业所组成的创意产业的定义是由1998年和2001年英国文化、媒体和体育部出台的《纲领文件》所确立的。这样一来，在面对不同的利益相关者时，他们能够更有效地发声，而且将更有自信代表政府的共同利益。

……创意文化产业在经济生活中扮演着越来越重要的角色。

1.3 两百年前，人们普遍认为艺术和文化与生产资本和劳动力是割裂开来的，尽管艺术和文化有着重要的内在属性，但人们基本把文化和艺术归为非生产类活动。

1.4 如今，人们越来越意识到创意核心、创意产业之外的领域以及更广泛经济领域的创新之间的联系，尽管由于缺乏证据和数据支持，人们仍然很难确定创意产业所涵盖的确切范围。

……人们越来越意识到……创意核心、创意产业之外的领域以及更广泛经济领域之间的联系。

1.5 创造和创新是两个重叠的概念。总的来说，正如考克斯商业创新审查（Cox Review on Creativity in Business）所指出的，创造是新观念的组成，要么是对已有问题的新看法，要么是看待新机遇的新方式，而创新则是关于新理念的成功探索，是实施这些新的理念来形成新的产品和服务或者新的处理事务方式的过程。

1.6 创造与创新这两个概念在经济活动领域变得日益重要。创意产业可以被看作是经济领域的先锋部门、开拓方法、养成创造与创新态度，而其他经济和社会部门从中受益匪浅。这关键取决于有效的传递机制能否发挥作用。

1.7 英国处于强势地位。但是，英国面临来自海外市场的激烈竞争。

知识经济

……知识经济的概念……经历了一场范式转变……

1.8 知识与创新一直在经济领域中扮演着重要的角色。例如，高科技生产和大学是先进的资本主义经济结构中两大长期并存的构建板块。但是，知识经济的概念却得到了进一步的发展。由于企业采用新科技来应对需求结构的重大变化，知识经济的概念经历了一场范式转变，结果，大量的经济活动被归为知识生产的范畴。

1.9 苹果公司的音乐播放器(iPod)、视频点播、网上购物、个性化汽车、名牌服装、体验密集型假期、网上银行以及其他经济活动形式都是针对能言善辩、敏锐精明、受教育程度高、手头阔绰却又要求苛刻的消费者和用户提供的产品。所有的创新性和创造性行为都是为了迎合、回应和顺应这类新型消费者需求。

1.10 重要的是，消费者和制造商之间存在一种信息技术驱动的迭代关系，其中，知识供应总是根据消费者的要求来不断地改善和更新。从这层意义上来说，合作生产是知识经济的核心。

商业成功越来越受到应对能力的驱动。

1.11 在过去的 50 年里，经济生产率和人均收入大体上实现了稳定增长。另外，加工商品的价格相对服务产品的价格有所下降。而且，越来越多的消费者不想也不需要花太多钱来满足自身基本的生活需求——衣食住行以及维持家用的各类商品，因为满足这些需求已经变得相对便宜，而这些需求也不是无限增加的。一旦这类基本生活需求得到满足，消费者就开始追求更为复杂的心理和情感上的消费需求。

无形投资……加强公司创造、管理和利用知识的能力……

1.12 商业成功越来越受到应对能力的驱动。知识经济增长的一大重要指标就是所有工业国家对于“无形商品”平稳投入比重的上升，譬如研发、计算机软件、设计、品牌、人力资本、组织系统等，这类产品的投入比重与工厂、机器和建筑等有形投资具有同等规模。这种无形投资能够加强公司创造、管理和利用知识的能力。更为重要的是，能够提升应对新需求的能力。

创意产业是知识经济的一部分

1.13 创意产业既受益于财富的增长，也同样受益于与之相伴的创意文化品位的增长。有事实表明，人类天生倾向于表达自身最高审美标准以及技术水平的情感和心理感受，无论任何文化角度的感受，包括音乐、戏剧、艺术或者互联网。

1.14 当前创意需求的规模超乎寻常，远远超过现今人们的描述；同时，人们也愿意进行创意类工作。比如，在英国活跃着500万音乐家，其中有125万人在玩乐队，估计每晚有4 500多场现场演出。同样，艺术博览会和文化节的增长势头也很强劲。互动网站的使用是对数百万英国人自下而上的渴望的另一种体现，他们不仅希望参与互动，而且希望以创造性的方式表达自己——而且这种方式已经开始对文化产生影响。值得一提的是，这种踊跃的自我表达也在不同方面开始影响文化。

……当前创意需求……规模超乎寻常，远远超过现今人们的描述。

1.15 正是这种需求保证了创意产业的发展，为创意产业在国际上发挥巨大的影响提供了平台。在一系列创意产业的表现上，如电视、音乐、广告、出版和计算机软件行业，英国仅次于美国，居世界第二位，而我们的创意产业在建筑、电影和设计行业的巨大影响力也不可忽视。

1.16 像英国一样，其他国家也拥有好的教育资源、越来越多的财富以及新技术。这些国家的创意文化产业也在不断增长，然而，英国的经济却要远远超过欧洲的任何一个其他国家。原因究竟为何？

1.17 部分原因是，在最近的15年里，英国的需求增长特别高，当然，英语作为国际语言的地位也给英国制造商提供了全球市场优势。而另一部分原因在于，伦敦作为全球创意工厂，社会环境更加开放、多样化和多元化，形成了一种认知多样化的深度，这一切的核心就是创新。

英语……给英国制造商巨大的全球市场优势。

1.18 创新源于对现有常规、生活方式、礼仪和做事方式的挑战，以及社会想要不断尝试新事物。为了应对早期英国拥护民主制度、进行海外扩张以及施加宗教迫害所带来的不利影响，英国积极努力，现在的伦敦和英国社会已经形成包容与开放的价值观，所以更加乐意容纳“差异”以及由此产生的创造力。伦敦在语言和文化方面的繁荣程度也只有纽约可以与之匹敌。

1.19 英国也开发了有利的公共基础设施来支持创意文化产业的发展。经过一个多世纪的积累，英国如今正在收获由此带来的丰厚回报。

1.20 尽管英国公众对于艺术和文化的直接支持的规模不能与我们的许多同行相比，但英国受益于自身丰富的制度遗产——从英国广播公司到艺术和设计学校，从我们的博物馆到剧院和舞蹈公司。

……英国受益于自身丰富的制度遗产……

创意行业的共同点

1.21 人们通常认为这13个创意行业有许多不同点，也有许多相同点，因为这些行业就是在这样一个大背景下发展起来的。的确，即使是在出版业内部也存在区别，譬如，人们通常觉得报社和教育出版社之间的

……每个创意行业都拥有一个相同的核心的商业模式。

区别要远远大于两者之间的共同点。① 事实上，每个创意行业都拥有一个相同的核心商业模式(core business model)。

1.22 所有的创意行业都源于其商业化表达价值(expressive value)。“表达价值理念”(ideas of expressive value)涵盖最低端的优美动听的歌曲和引人入胜的广告，也涵盖对莎士比亚和汽车新款设计的最新诠释。这些理念创造的新角度、新的愉悦感和新的体验，增长我们的知识，刺激我们的情感且丰富我们的生活。

1.23 在21世纪的前十年，表达价值绝不再局限于传统的艺术形式，而是通过软件程序、视频游戏、互动范围以及互联网上所发现的用户生成的文化材料来表现。

“创意核心”可以理解为“纯粹创意表达价值”的生成。

1.24 “创意核心”(creative core)可以理解为“纯粹创意表达价值”(pure creative expressive value)的生成，既包含传统的高雅艺术，也包括视频游戏和软件。许多创意核心活动受到国家资助才能得以实现，因为没有投资，这类活动就难以推进。

1.25 尽管没有任何形式的支持，其他的创意核心活动也照样繁荣发展，某种程度得益于其更加过硬的创意文化。莎士比亚就不需要任何补贴，他的戏剧自给自足，可以说发展势头越来越强劲。

1.26 然而，许多组织没有投资就无法以现有的规模继续存在。但是，公共资金需要谨慎使用，有策略地分配以避免形成乞讨成性、依赖资助的机构。

“文化产业”……商业化表达价值的原创行为。

1.27 “文化产业”(cultural industries)包括电影、电视、出版、音乐、表演艺术和视频游戏，这些构成了主要依赖于商业化表达价值的原创行为的商业模式。这些文化产业有别于其他类型的创意产业。独立的电视制片人、计算机游戏软件工作室和教育出版社可能有各自不同的市场和受众，但是这些行业都在以某种商业化方式表达价值。

1.28 此外，这些行业组织开展创意活动，必须要经历顿悟、反复和实验过程，而非诉诸任何成形的知识体系——这是将它们紧密相连的另外一大特点。从法律上讲，它们的商业模式更多的是基于对其创意的版权，而不是像制造商那样，因为其独特的功能或目的而为创新申请专利。然而，所有行业都存在大量的知识产权问题。

“创意产业”……生产……高度的表达价值和功能价值。

1.29 从某种程度上分析，“创意产业”是“文化产业”的近亲，相互区别，却又明显来自同样的活动群体。创意产业所生产的产品具有高度的表达价值和功能价值。建筑、设计、时尚、计算机服务与广告都是典型的创意产业，其市场产品要通过文化测试和实用性测试。广告商要销

① 在接下来的内容中，我们将13个创意行业定义为“DCMS 13”(英国文化、媒体和体育部所定义的13个行业)来与狭义的创意产业概念相区别。

售产品，但只有坚定地表现文化才能做到最好。建筑既要注重美学价值又要注重实用性。设计应该体现文化，但是如果产品实用性不强也是没有用的。时尚产品则一定要表现文化的前卫性，同时也要具有实用性。并非所有的建筑、广告、服装和设计行业都需要通过这两项测试，但是创意产业要更加健康、更加生气蓬勃地发展，就要尽可能地进行两项测试。

1.30 围绕表达价值的商业化来建立业务意味着特殊的商业挑战。对电影、小说、绘画、高级时装的需求，对广告、建筑、电脑游戏或新设计的成功的需求，要比对具有更多功能性内容的产品或服务的需求更难预测。

围绕表达价值的商业化来建立业务意味着特殊的商业挑战。

1.31 在拥有相关体验之前，消费者很难(如果不是不可能的话)准确地估计创意或者文化产品带来的回报。然而，许多技术复杂的产品本身就具有这种性质，它们经常可以通过参照某种客观标准来衡量。消费创意产品的回报必定更加主观和社会化，因此，口碑成为需求变化无常的一个特别重要的决定因素，但这让商业策划面临极大的问题。企业通过提高质量和成本来竞争的动机一直存在，而就增加那么几英镑则是成败的关键。

1.32 高端的创意人才会被实现自身艺术梦想的渴望驱动。创新的过程必然包括吸收和综合各种各样个性突出的人才进入成功的团队之中。结果，随之而来的管理挑战尤为尖锐。

挑战与机遇

1.33 尽管在过去十年中，这些行业的平均增长速度快于国内生产总值，但在平均水平附近存在相当大的波动，许多行业出现了发展困难的迹象，并开始制约它们的增长。

……尽管在过去十年中……这些行业的平均增长速度快于国内生产总值，但在平均水平附近存在相当大的波动……

1.34 与整个股市行情相比，媒体行业的股票上市行情则表现更差。尽管由于数据有限，我们得出的结论不那么令人信服，但情况是某些创意产业(例如广告、设计、建筑)，尤其是软件行业，似乎呈现顺周期现象，在经济上升期增长速度要快于平均水平，而在经济低迷期下滑速度更快。同样地，只要一次巨大的成功就能在任何一年内改变其他行业的命运。

1.35 然而，这些长期存在的特征，数字化和互联网正在不断扰乱商业模式与品牌，这在所有的创意产业领域都很明显，尤其是电影、音乐和出版行业。这些商业模式和品牌经过了数十年的努力，逐步增强了保护知识产权的观念，也建立了颇具规模的市场路径，然而，如今却遭受极大的挑战。

……复制和下载变得越来越容易。

1.36 如今，复制和下载变得越来越容易，价格面临极大的下降压力，而互联网给广告行业的收入带来了新的竞争者。另外，所有行业都面临急剧上升的国际竞争压力。个别行业，像计算机游戏设计行业，已经举步维艰。

1.37 然而，改变创造机遇。现在，个体消费者能够获得更加廉价的图书、电影和音乐，反而刺激了他们享受创意文化产品的需求和能力。如果全球化正在加剧英国市场的竞争，那么同样地，它也为英国企业提供能够参与竞争的新市场。

1.38 同等地，互联网和数字化带来的挑战也是世界上所有创意产业面临的挑战。数字化为企业提供机遇，通过不同的渠道供应创意产品，按照顾客的不同需求完善产品。

那些能够最快适应的组织和个人会获得回报……

1.39 譬如，在好莱坞，新的发行渠道为电影制作公司提供了观众价格区分新方式：这既增加了工作室的收入，同时也加大了向顾客展示产品销售渠道的多样性。数字化也改善了小型生产企业的前景，它们可以更加有效地发行自己的生产内容，提高产品的多样性。那些能够最快适应的组织和个人会获得回报，反过来又部分取决于他们本身的效力，也部分取决于支持他们的更广泛的公共和私人机构结构的适应性。

……创意产业以这种方式刺激了更广泛经济领域的创新和创造力……

1.40 越来越多的消费者成为“阶段性”消费体验的一部分，这也影响了消费者的满意度。坐飞机、逛百货商店，甚至是在床上睡觉，都不再是单纯的消费行为，而是用户体验。创意产业的质量和能量为创造性地发展这些体验提供示范，促使大量技能人才迁移到更加广阔的经济领域，让他们能够才尽其用。有证据表明，创意产业以这种方式刺激了更广泛经济领域的创新和创造力。

……有活力的创意产业对英国城市和地区的复兴有着重要的作用……

1.41 此外，有活力的创意产业对英国城市和地区的复兴有着重要的作用。创意产业在格拉斯哥、盖茨黑德和康沃尔郡都成功扮演了重要的角色，譬如，帮助这些地区缩小与伦敦收入和文化的差距。

影响成功的因素

八大领域或动因影响创意产业的效能……

1.42 八大领域或动因影响创意产业的效能，其中有些可能受政府的影响，有些可能受行业的影响。

创意经济的成功动因

1. 需求

英国创意经济的增长和生产力与需求的增长密切相关。全国普遍的受教育程度以及鉴赏需求越高，就越能刺激地方创意与文化活动，从而增加表演者和企业家的人数。让儿童尽早地接触文化，让更多的人接受高等教育，发展英国城市能力，为民众提供全方位的文化创意体验，而且，英国文化机构也尽可能地下放权力，这些都为创意经济目标的实现作出了巨大贡献。

需求……

2. 更加丰富的多样性

多样性对创意产业的持续发展非常关键。我们越推崇多样性、开放性和竞争性，创造力才越有可能得到培养，生产力才越有可能得到提高。创意产业亟待解决多样性的问题，更加系统地考虑内部创新能力。跨学科创新将大量的艺术、科学和社会人才聚集在一起，我们也需要对其予以支持。

更加丰富的多样性……

3. 公平的竞争领域

创新只有在鼓励革新和实验的环境下才能繁荣发展。在一些创意文化产业，譬如电影和视频游戏行业，其特点是大型发行商的数量相对较少。政府可能有充分的理由维持这些不损害消费者福利的产业结构，但是我们也担心，这可能会限制提供给公众的创意产品的多样性，也可能会限制中小型企业的增长。我们需要对此作进一步的调查研究。

公平的竞争领域……

4. 教育与技能——保证平衡与适当供应

关键的创意产业缺乏具体的行业技能，缺乏创意理念商业化的知识。这也适用于更广泛的软技能领域，而软技能则促使隐性知识得到交流和发展。英国强大的艺术设计学校的传统需要加以纪念、培养和发扬。这需要在校学生更深入地了解创意经济领域的职业生涯。

教育与技能……

5. 网络——驾驭能力

很少有创意公司和组织拥有足够的内部技能和充沛的市场知识储备，以充分利用市场机遇或通过内部团队充分的多样性产生创造力。这些公司和组织需要利用网络网罗他人来填补知识和技能要求的空缺。这迫切需要更强大的中间行业，尤其是通过互联网来实现这一构想。

网络……

公共部门……

6. 公共部门——合适的公共建筑、拨款和机构

大多创意文化产业在某种程度上是通过公共扶持和投资来获得特许经营。证据表明，需要更好地理解、发展这种相互作用以及进行相关的改革。

对创意核心部门的拨款必须更有策略地推进，以最大限度地发挥创意和文化影响力，并建立更好或新的传导机制，以鼓励创意核心部门、创意产业和更广泛经济领域三者之间的强烈溢出效应和连通性。

知识产权……

7. 知识产权——一个需要明确定义和加强执法力度的领域

英国的知识产权框架是国内创意产业成败的关键。创意产业的商业模式明显依赖自身版权表达价值的能力。

高尔斯报告(Gowers report)提出一些版权保护措施，包括更清晰地定义版权、更多的教育(例如对于盗版危害的教育)、更强的执法力度和更严厉的惩处措施，而这样的措施并未完全强化版权制度，反而抑制了创造力。实施高尔斯的措施很重要，但是我们需要在不断进行技术创新的前提下对版权制度不断加以审查。

构建更强的商业能力。

8. 构建更强的商业能力

许多中小型创意企业尽管自身具有增长的潜力，但在实践中却难以扩大规模。部分原因在于上述的发展障碍，还有部分原因在于它们自身具体的管理和商业制度的缺陷。同样也存在获得股权和债权融资的结构性问题，需要对此进行进一步考察。

……更加严格地分析创意产业的驱动因素……

1.43 影响这些动因的先决条件是，更加严格地分析创意产业的驱动因素以及创意产业的创造力对更广阔的经济和社会领域的溢出效应机制。这需要更强大的统计工具和更合理的行业运作分类方式的帮助。无法加以测量的东西是不可控的。许多创意产业领域的信息，要么无法在比较的基础上进行收集，要么在数字化环境中明显过时。

有些动因在于政府部门，而有些动因则在于创意产业自身……

1.44 有些动因在于政府部门，而有些动因则在于创意产业自身。应对挑战是复杂的，并且通常是多层次的。不作为是不明智的。这些产业领域面临不断升级的挑战，如果它们的商业活动框架能够得到完善，则会获得丰厚的回报。同样，若是框架得不到改善，那么结果就显而易见了。

成立一个企业

米勒斯·杰克布森(Miles Jacobson)——交互运动计算机游戏

“我们的事业起步非常神奇，因为我们开发的第一款游戏产品实际上来自两名学生，他们就在自己的卧室发明了这款游戏。当有人想要推广他们的游戏，他们表示非常感激。这款游戏并没有获得任何资金支持，最初仅仅是为了好玩而发明的，不需要任何员工，也不需要办公室，而且这款游戏直到现在都仍然没有申请知识产权保护。直到十多年以后，我们坐到现在的位置才开始意识到知识产权的重要性。

那些日子已经过去。如今，游戏开发人员所面临的最大挑战是寻找到不干预创新的资金支持；如果你想要建立一个即将产生价值的企业，那么坚持持有知识产权就非常重要。

游戏行业是一个非常年轻的行业，所以，无论新晋的，还是老牌的游戏开发商，都会在许多固定的筹资途径上遇到阻碍，同时，他们还要尽最大的努力来维持自身的控制权，而控制权对于任何一个创意实体都非常重要。不像乐队那样，只需要有几个能够做其他工作的人或者签约就行。开发游戏要囊括好多人，需要昂贵的设备，可能工作很长时间却仍然处于原型阶段，你也可能仅仅是因为入不敷出带来的绝望而很容易就失去产品的所有权。唱片公司经常会推出一名新的艺人来赌一把，但是在游戏行业赌一把，却要花上百万英镑，风险更高。

非常幸运的是，我们的起步规模非常小，然后经过许多年的组织扩大，逐步成了一个实力强大、在市场上领先的公司。我们能够不费一分一毫地从自己的错误中学习，尽管这些年有些公司为了企业利益企图打垮我们，但我们奋起反击并且取得了胜利。

如果我们现在重新来过，我们可能不会签订原先的合同，可能会在最初尝试时保留更多的自主权，但是之后，我们可能会一直坚持自主权，也许会一份订单也拿不到了！这是一个神奇的行业，游戏出版商经常会要求另外一个游戏开发人员重新做之前的开发人员所创造过的东西，就像百代唱片公司决定找另外四个人组成乐队，然后取名为‘甲壳虫乐队’一般。这似乎听起来很可笑，但这种情况总是会不断发生。

我们很庆幸公司总部设在伦敦。伦敦不仅是英国的创意枢纽，也是欧洲的创意枢纽。团队成员来自欧洲各地，伦敦对于许多人都有很强的吸引力。”

第 2 章　经济效益

2.1　强劲的增长势头、旺盛的创新和创造能力以及对消费者需求的关注是这 13 个创意行业的标志性特征，全部囊括在创意产业的“大伞”之下。①本章节主要介绍这 13 个创意行业的现有规模、增长幅度和效能，运用新的估计值对这些行业的行业结构进行介绍。

英国的创意产业

英国的创意产业在全球居于领先地位。

2.2　英国的创意产业在全球居于领先地位。近几年来，创意产业的表现成为经济领域鲜为人知的成功故事之一。

2.3　创意产业可以视为知识经济领域具有活力的重要部分，在 2004 年占总增加值（Gross Value Added，GVA）的 7.3%（图 2.1 和图 2.2）。②创意产业创造的总增加值是旅游业的两倍以上，现今其产业规模可以与金融服

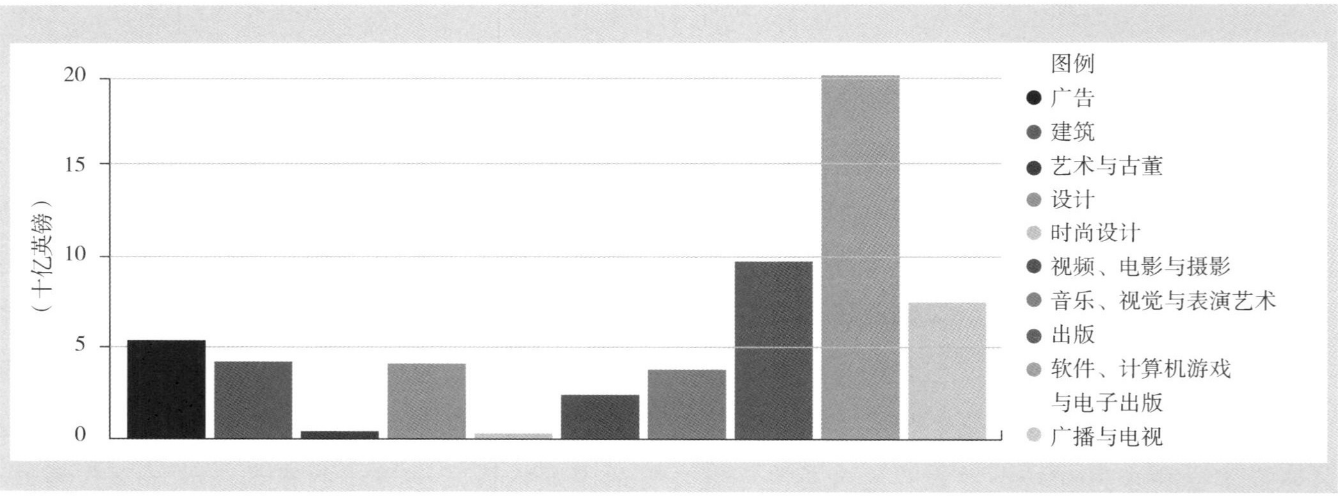

图 2.1　2004 年创意产业各行业的总增加值

数据来源：英国文化、媒体和体育部。

① 创意产业有广告、建筑、出版、广播与电视、电影、音乐、软件与电子计算机服务、电子计算机游戏（互动休闲）、时尚设计、手工、表演艺术以及艺术品与古董市场。这些部门的划分是由英国文化、媒体和体育部创意产业特别工作组首次正式确定下来，并在 1998 年和 2001 年发布的《创意产业纲领文件》中公布。

② 总增加值（GVA）和国内生产总值（GDP）之间的关系是：总增加值（以当年基本价格核算）加上产品税收减去产品补贴等于国内生产总值（以当年市场价格核算）。

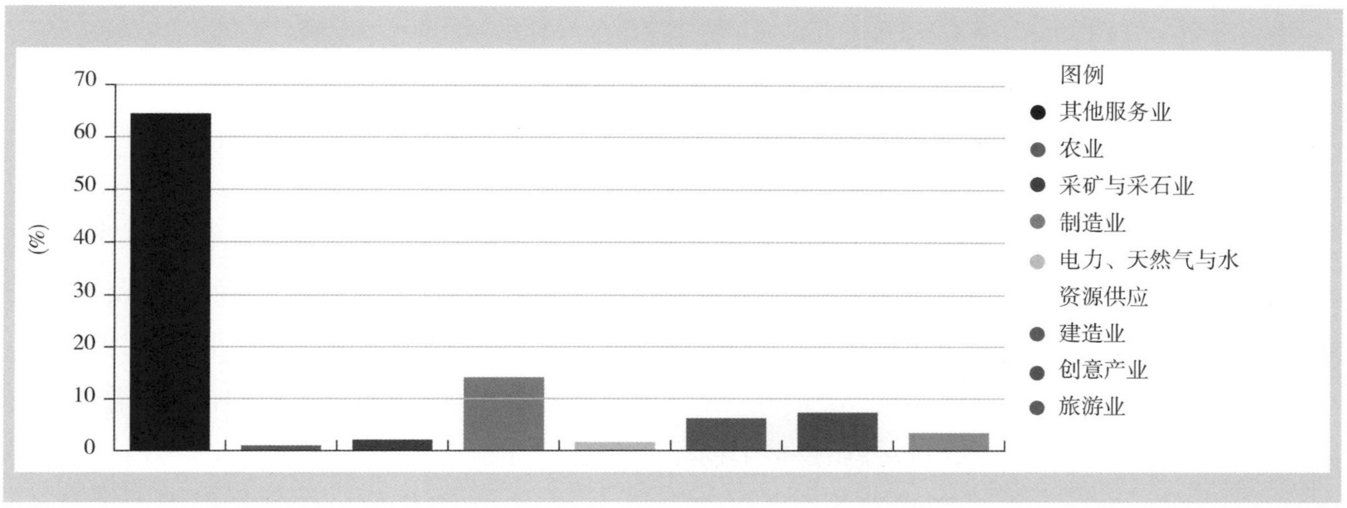

图 2.2　2004 年各行业总增加值占总体经济总增加值的比重

数据来源：英国文化、媒体和体育部。

务业相媲美。①

2.4　软件行业(包括计算机游戏和电子出版行业)、出版业以及电视广播行业创造的总增加值占整个创意产业领域总增加值的约 2/3。

2.5　创意产业也是就业主要领域，提供就业岗位达 100 多万个，占就业总人数的 2.7%。整个经济领域的创意岗位(包括非正式创意产业的工作领域)的就业人数更多，多达 180 万(图 2.3)。②

创意产业也是就业主要领域……

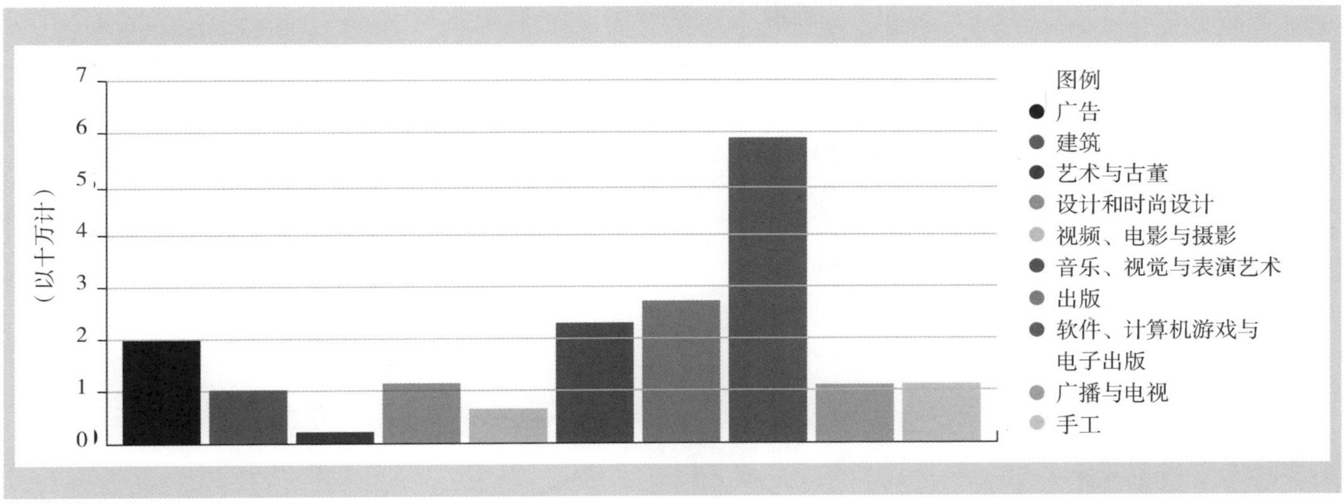

图 2.3　2004 年创意岗位数量

数据来源：英国文化、媒体和体育部。

① 金融服务领域与创意产业领域之间规模的对比困难重重。根据英国国家统计局(ONS)的投入产出表，金融领域与创意领域规模大致相当。英国国家统计局对创意产业投入产出的统计数据不同于英国文化、媒体和体育部所使用的测量值。金融服务领域涵盖银行、保险与养老基金以及辅助金融服务。

② 这些就业和岗位数据只涉及大不列颠岛，也就是说不包括北爱尔兰地区。

最近的效益

2.6　图 2.4 反映了个别行业对于目前创意产业(设计和手工行业除外)的总增加值价格水平的贡献。图 2.5 包括了设计行业，然而，在较短的采样周期内，文化、媒体和体育部从 2000 年才开始用营业额来替代设计行业的总增加值。这些数据都结合了个别行业的总增加值的增长率信息与各行业在整个创意产业总增加值中所占的比重信息。分析图表要比单独看增长率更加直观：一个行业在任何一年都会有很大的增长，然而，如果它在总增加值中所占的比重很低，则表明该行业对整体经济的增长贡献不大。

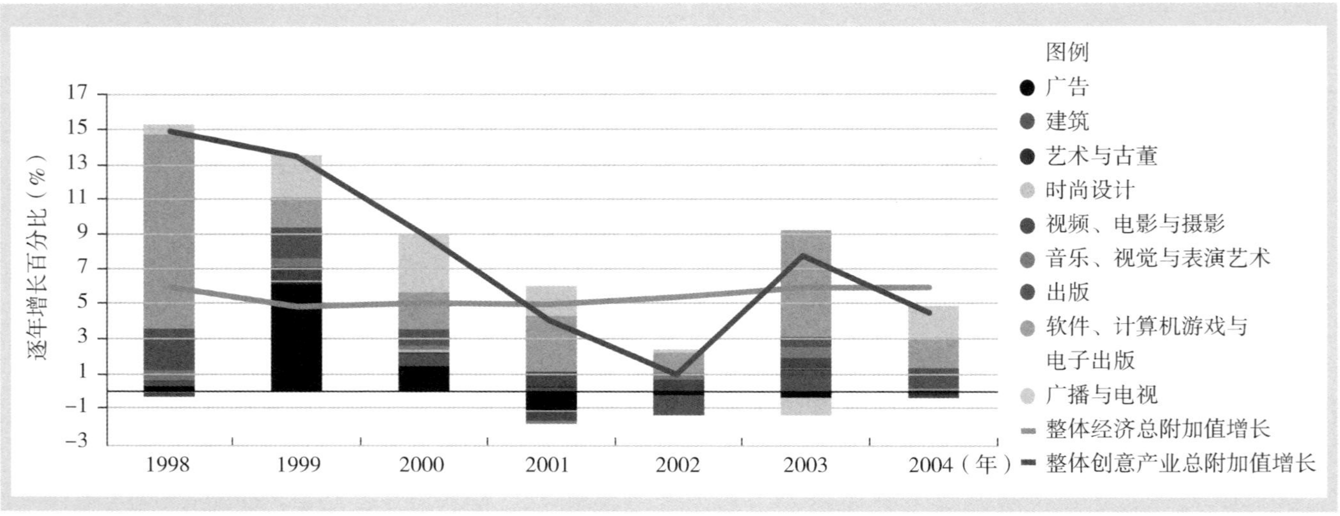

图 2.4　1998—2004 年各行业对创意产业总增加值增长的贡献(目前价格)

数据来源：英国文化、媒体和体育部。

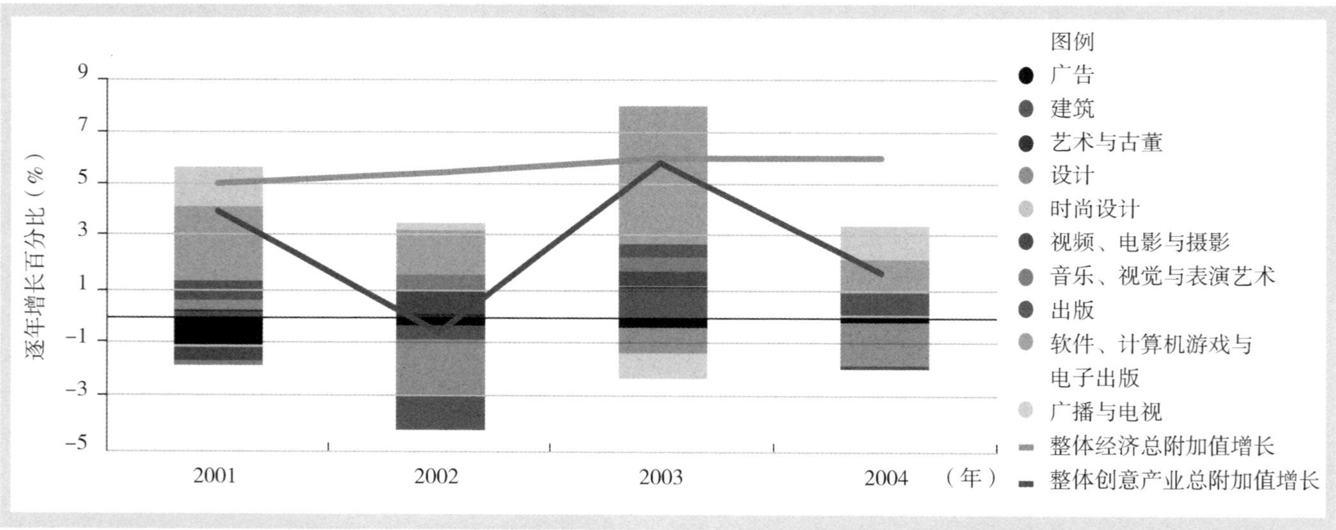

图 2.5　2001—2004 年各行业对创意产业总增加值增长的贡献(目前价格)

数据来源：英国文化、媒体和体育部。

2.7 图 2.4 可以作如下解读。1998 年，创意产业的总增加值整体上（设计和手工行业除外）增长了 14.9%，其中，软件、计算机游戏和电子出版行业占 11%以上，出版行业占 2.4%，其他行业占 1.5%左右。2004 年，这些行业的总增加值增长了 4.5%，其中，广播和电视行业占 1.8%，然后是软件、计算机游戏和电子出版行业占 1.7%，剩下的其他行业只占 0.9%。

2.8 根据上述图表，我们可以得出以下四点结论。

2.9 第一，尽管所获得的是相对短期的统计数据，因此不能根据这些数据得出某些定论，但是可以发现许多创意产业经济活动中有很强的周期性维度迹象，在软件、计算机游戏、电子出版和广告行业表现得尤为明显。

这一模式在英国创意产业的投资支出和英国家庭的创意产品消费支出上也有体现。本章附录中图 A1 和图 A2 表明英国创意产业整体投资支出和英国家庭创意产品消费支出（通过其占全国同类经济的百分比来表示）与总增加值增长成正比。①这说明创意产业比经济领域的其他产业更具顺周期性。

图 A3 和图 A4 表现了创意产业不同时期的利润变化是如何呈现更大的顺周期性特点，其中，创意产业的利润值是通过企业总营业余额（gross operating surplus，GOS）来表示。

2.10 第二，这些特殊行业在近几年的创意产业增长中占了很大的比重。特别是软件行业占整个创意产业总增加值的比重极大。

2.11 第三，最近创意产业相对其他经济产业表现不佳，其中，设计行业的持续疲软是主要原因。

2.12 第四，2000 年和 2001 年创意产业下滑尤为明显，恰巧碰上互联网崩溃。这一点在英国媒体行业股市上有所体现。图 2.6 则表明这些行业的发展仍然滞缓；在 2000 年初互联网开始繁荣之时，这些行业的总增加值达到了峰值，而如今，这些行业就连当时峰值的一半都没有达到。②

2.13 软件行业的波动似乎在一定程度上受到全球因素的推动，近年来出口增长的波动就说明了这一点，尽管创意产业整体的出口表现要比其他经济领域更为强劲。

---

① 图表中的数据是以英国国家统计局对创意产业的划分标准为依据进行统计的，与文化、媒体和体育部制定的标准存在差异。

② 注意：图 2.6 表明整个行业指数及其部分成分在这一阶段发生了明显的变化。同时，自 2006 年起的股价下降可能从某种程度上反映了对于之前通货膨胀水平的乐观评估的修正，而并非实际增长水平的下降。相对于 2000 年的股票整体市场，富时媒体指数也大幅度下降。

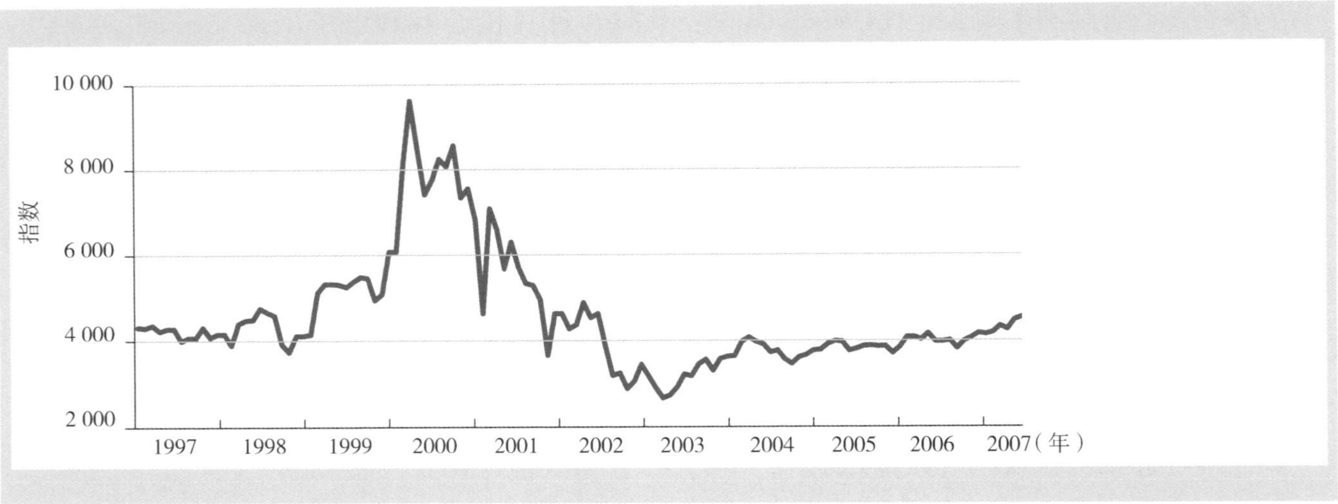

图 2.6　1997—2007 年富时综合媒体指数变化趋势图

注：该数据描绘了每月首次交易的富时综合媒体指数。

数据来源：富时国际有限公司（FTSE International Limited）。

2.14　如图 2.7 所示，2001 年，创意产业的出口总额（设计和手工行业除外）大约增长了 16%。其中，软件、计算机游戏和电子出版行业占 14%以上，将近占全部增长比例的 90%。2004 年，创意产业的出口额增长约为 12%，有超过一半的增长来自软件、计算机游戏和电子出版行业。

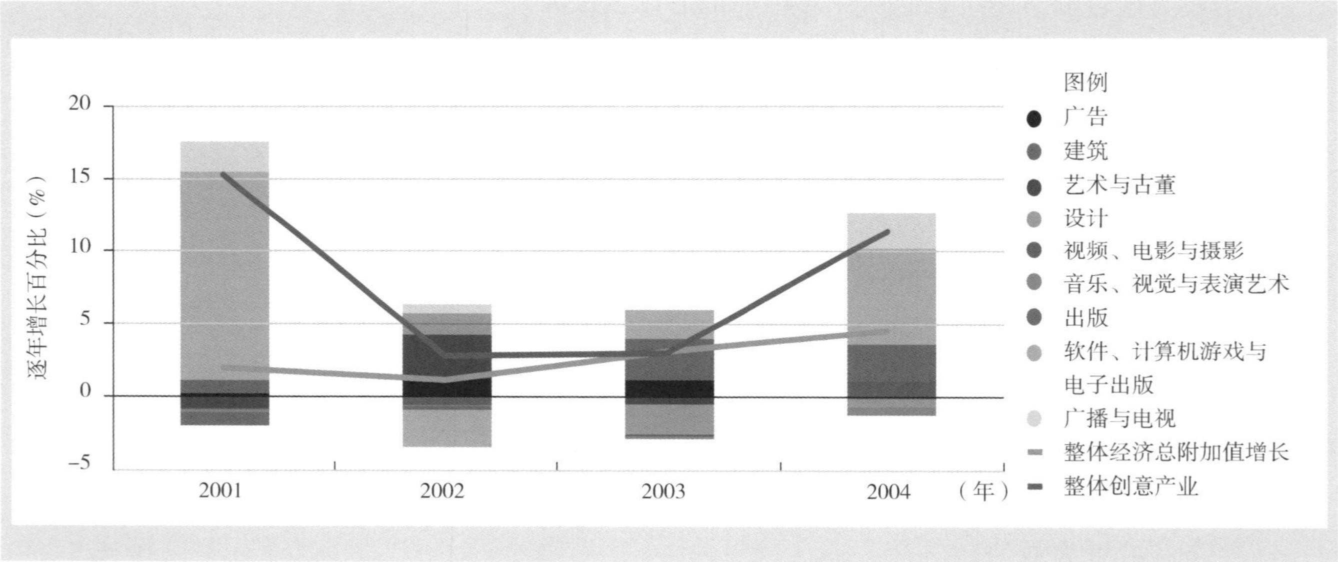

图 2.7　2001—2004 年各行业对创意产业出口额增长的贡献（目前价格）

数据来源：英国文化、媒体和体育部。

2.15　不同于英国文化、媒体和体育部，英国国家统计局为创意产业的分类提供了进口额数据。根据英国国家统计局提供的数据，如图 2.8 所示，创意产业的贸易表现整体上似乎反映了经济领域最普遍的贸易模式。20 世纪 90 年代下半期开始处于贸易逆差状态，之后英国货币的有效兑换汇率(effective exchange rate，EER)持续急剧升值。

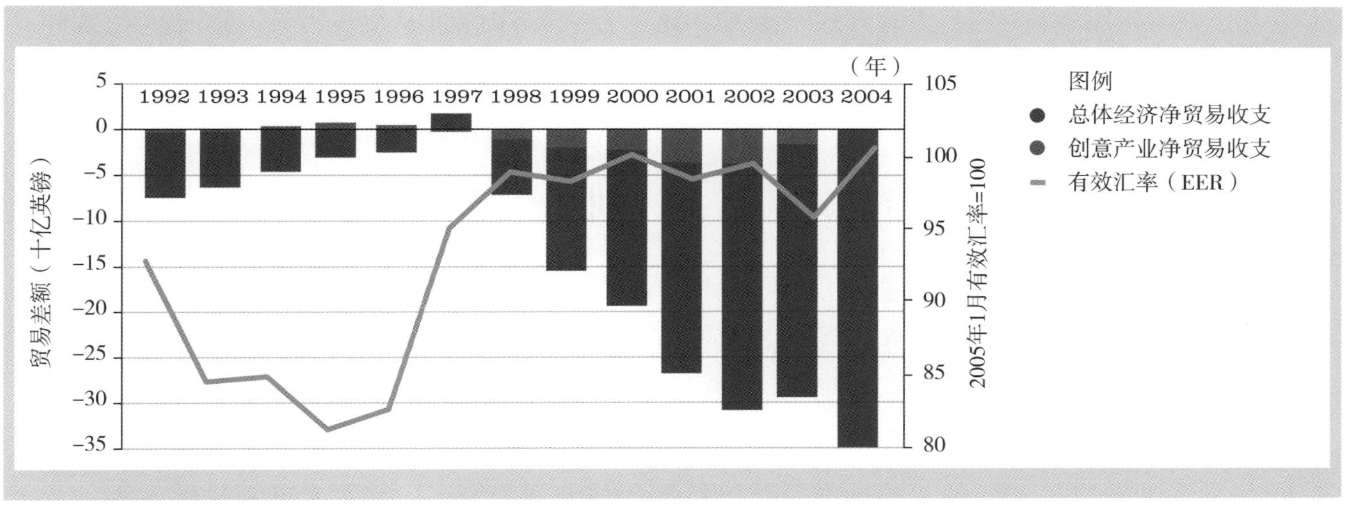

图 2.8　1992—2005 年创意产业与总体经济的贸易收支情况

数据来源：英国国家统计局。

2.16　英国创意产业贸易表现明显强于其他经济领域。2004 年，整个英国经济领域由贸易平衡走向贸易逆差时，创意产业的贸易逆差反而终止。

……创意产业贸易表现明显强于其他经济领域……

2.17　毋庸置疑，创意产业输出的巨大变化在就业数据上也有所反映(图 2.9)。如同其他经济领域一样，就业数据的波动值总体上比总增加值的波动要小，这表明劳动生产率(员工人均总增加值)呈现顺周期性循环的趋势。

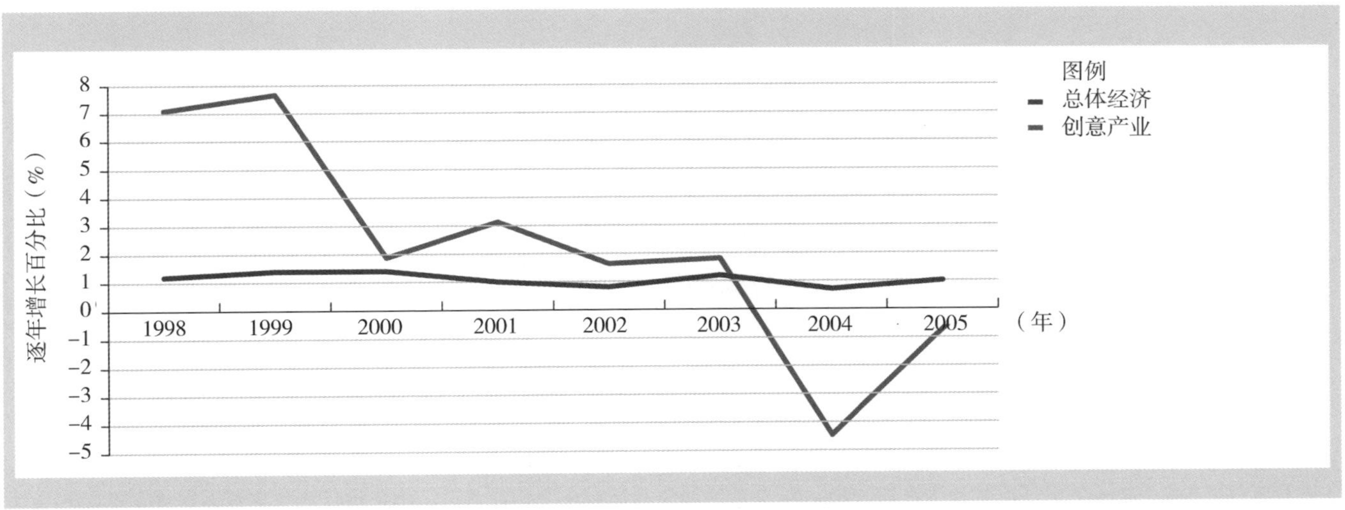

图 2.9　1998—2005 年就业增长：总体经济与创意产业

数据来源：英国文化、媒体和体育部。

2.18 值得注意的是，软件、计算机游戏和电子出版行业的就业情况(如现今统计数据所示)似乎比在软件、计算机游戏和电子出版行业的从业人员数量更不稳定。这表明创意产业总增加值增长下降所带来的不良就业影响，可以通过该行业的失业人群在其他经济领域行业找到类似工作的方式来缓冲，这一点在软件行业中尤其明显。这是该领域和其他经济领域紧密相连的一个绝好例证。

创　新

……创意产业的产出与创新存在固有的联系……

2.19 如同知识经济领域的其他部门，创意产业的产出与创新存在固有的联系，而更加传统的产品生产则并非如此。

2.20 很少有创意产业公布创新指标。例如，研究人员对于创新的定量研究的主要标准总是以科学和技术领域为主，将艺术创新排除在外。尽管如此，2005 年英国创新抽样调查了创意产业中大约 2/3 的部门，初步发现创意产业部门相对许多其他部门更具有创新性。该调查显示，2002—2004 年，大约 70%的创意企业曾参与某种形式的创新活动，相比之下，在其他行业中，这一比例约为 55%。①

2.21 但是，在对以调查结果为基础的创新举措进行解读时要慎重，尤其是对创意产业领域的结果进行解释时更要谨慎。定义具备表达价值的创意产品的前沿知识要比定义产品的创新价值更难，因为淘汰可能是个更为复杂的过程。

生产率增长

2.22 除了这些主要问题外，高的创新率可以推动生产率更快地增长。现阶段还无法准确地估算英国创意产业的劳动生产率，最主要的还是测量的方法问题，但是英国文化、媒体和体育部初步估计在 2000 年到 2004 年，创意产业的整体生产率增长可能已经在某种程度上低于同期阶段的服务领域(图 2.10)。②

① ‘Innovation in the UK: Indicators and Insights’, DTI Occasional Paper No. 6, July 2006.

② 《秋季绩效报告》，英国文化、媒体和体育部，2006 年。总增加值和就业数据均取自英国国家统计局年度商业调查。英国国家统计局年度商业调查所基于的跨部门商业注册机构提供数据不包括营业额低于增值税(VAT)起征点的业务，对该类业务不进行增值税注册。这意味着，一些创意产业覆盖的商业范围可能会很低。此外，生产力评估使用的是所有员工的数量，但并不是全职员工的数量，所以创意企业和其他企业之间的全职与兼职的比例差异可能会导致比较的偏差。由于这些原因，对于生产力数量，尤其是对每年评估值的解释必须十分谨慎。

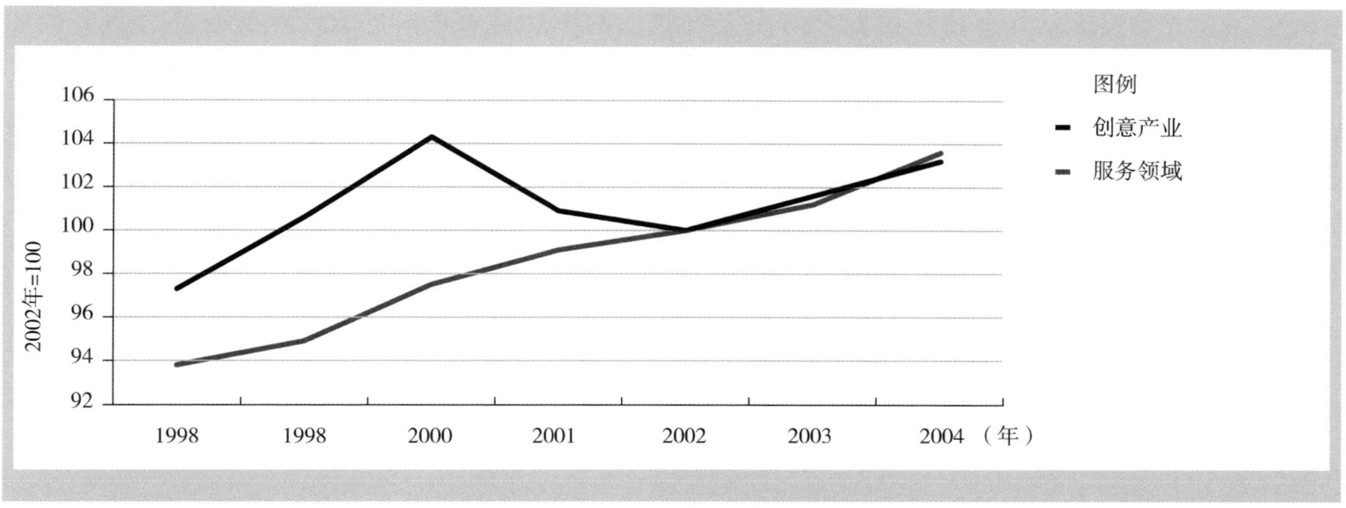

图 2.10　1998—2004 年劳动力生产率指数

数据来源：英国文化、媒体和体育部。

2.23　创意部门之间的表现似乎变化很大。例如，大伦敦政府(2002)报告指出，1995—2000 年，伦敦的许多创意领域(比如建筑和视频、电影和摄影)在所有商业领域中生产率最高，像时尚业等其他创意领域的生产率则属于最低的一类。①

2.24　创新与生产率表现之间的差距(如果在某种程度上存在的话)表明英国的创意企业可能有潜力将更多的创意成功转化为更高的生产率。

创意产业的全球图景

2.25　就全球层面来说，创意产业非常重要，并且在不断增长。联合国教科文组织(United Nations Educational, Scientific and Cultural organization, UNESCO)对基于消费的数据分析②表明，文化产品的贸易在过去 10 年间增长了 50%，从 1994 年的 393 亿美元增加到 2002 年的 592 亿美元。这些文化产品包括传统商品、书籍、报纸、杂志、其他印刷品、记录媒体、视觉艺术以及视听媒体。联合国教科文组织注意到，大量体现文化产品在世界经济中重要性的其他测量值，譬如，根据联合国贸易与发展会议(United Nations Conference on Trade and Development, UNCTAD)的数据，密切依赖创意文化投入的产业的全球市场价值估计达到了 13 000 亿美元，而经济合作与发展组织则指出创意文化产

① ‘Creative London's Core Business’, GLA Economics, 2002. 报告中大伦敦政府对生产力评估值的计算方法不同于英国文化、媒体和体育部对整体创意产业评估的计算方法。

② ‘International fows of selected cultural goods and services 1994-2003: defning and capturing the fows of global cultural trade’, UNESCO Institute for Statistics, 2005.

业的年增长率在5%到20%之间。[①]随着高附加值、知识密集型行业的出现以及全球可支配收入的增加，市场对创意产业的产品和服务的需求有望进一步增长，继而推动这些创意产业的增长。[②]

从区域层面上来说，欧盟是最大的文化商品出口区域……

2.26 高收入经济体在世界市场上保持了自身作为主要出口方的地位，但从1995年起，中低收入经济体出口也实现了平稳增长。从区域层面上来说，欧盟是最大的文化商品(联合国教科文组织的定义范围内)出口区域(占世界出口的51.8%)，但是从2002年起，亚洲就成为第二大出口区域(占世界出口的20.6%)，促进了东亚视频游戏和视觉艺术行业的增长。

中国、印度和创意产业

英国创意产业的前景不仅仅取决于英国方面的因素，而且也取决于更广阔的全球竞争市场，在许多其他行业，最主要的竞争来自两个快速增长的经济大国：中国和印度。

尽管中国和印度都表示过要攀登技术价值链的雄心，并且在一些较高技术领域有很强的表现，但两国的相对优势仍然保持在低技术含量与劳动密集型的制造业之上。2003年，仅制造业和建筑业就占了中国国内生产总值(GDP)的52.2%。[③④]相比之下，国内创意产业的比重却低于1%。[⑤]在印度，农业和制造业几乎占国内经济活动的一半。

即使在亚洲最发达的国家和地区，创意产业从事的活动所占比重也不大。譬如，新加坡大力宣传的创意集群实际上也仅占国内生产总值的2.8%~3.2%。[⑥] 日本创意产业结合产出值在国内生产总值的比重仍然低于3.3%[⑦]，但这些统计所采用的标准与英国文化、媒体和体育部发布的《纲领文件》所采用的统计标准存在差异。中国香港的创意产业只占到其生产总值的2.5%。[⑧]

---

① 'Statistics on International Trade in Services, Vol 1', OECD/Eurostat, 2004.

② 值得注意的是，任何国际间的创意产业比较都不是在对创意文化产业统一定义的基础上进行的。各国对当前统计的分类标准各不相同，要么过于宽泛，要么过于杂糅，这使国际之间的文化产业比较出现困难。

③ 'China Country Profile 2007', Economist Intelligence Unit.

④ 'Changing China — the creative industry perspective: market analysis of China's digital and design industries', UKTI, 2004.

⑤ 'Creative Industries Development Strategy', ERC Creative Industries Working Group, 2002.

⑥ 新加坡政府采取了英国创意产业特别工作组对于创意产业的定义。

⑦ 'Urban Development Needs Creativity: How Creative Industries Can Affect Urban Areas' www1.worldbank.org/devoutreach/ nov03/textonly.asp?id=221.

⑧ 'Baseline study on Hong Kong's creative industries', University of Hong Kong — Centre for Cultural Policy Research, Hong Kong Special Administrative Region Government, 2003. http://ccpr.hku.hk/Baseline_Study_on_HK_Creative_Industries-eng.pdf.

国际竞争不再是制造业的栖息地。据估计，90%的动画产业源于亚洲。[①]其他的贸易行业也同样如此。[②] OVUM（译者注：OVUM 是一家在世界电信产业界富有权威性的中立咨询顾问公司）为英国贸易和工业部在软件和 IT 行业进行了一项研究，研究结果预测，到 2005 年，服务于英国市场的员工中有 21%定居在海外地区和近海岸地带，这一数字到 2008 年底估计可以增长到 36%。[③]

到目前为止，常规任务最适合海外承包，这对于中等收入国家而言是个更大的挑战。[④]对于较高端任务的竞争则主要是“北北事务(北半球国家与北半球国家之间的事务)”，因为劳动力成本对于这类任务的影响相对不那么重要。麦肯锡咨询公司指出，像中国和印度这样的经济体存在人才短缺的现象，譬如，在中国 160 万名工科毕业生中，只有 16 万人被认为适合在跨国企业工作，这跟英国的人才规模基本持平。[⑤]尽管印度商业服务出口在 1994 年到 2004 年间增长了将近 700%[⑥]，但仍然面临明显的技能紧缩问题。

像其他创新活动一样，创造新鲜创意内容并使其商业化能力的培养取决于制度的支持。[⑦]很明显，政策的自由化已经促使中国和印度的公共和私人部门变得不那么依赖于计划经济，而更多地依靠对创意内容的内在价值的利用。随着经济增长福利的扩大，年轻的一代人更加愿意探寻各种可能性和进行冒险：中国版的 YouTude(土豆和优酷网)和社交网站(豆瓣和 QQ)，再加上 340 万以上的博客用户，为中国提供了自下而上的交流平台。[⑧]

另外一个重要挑战是盗版和缺乏严格知识产权保护制度的问题。据估计，仿冒品的生产销售占中国国内生产总值(GDP)的 8%左右。[⑨]

---

① ‘From Made in China to created in China’, M Keane, International Journal of Cultural Studies, Vol. 9(3), 2006.

② A systematic attempt to gauge what is tradable is made by ‘Tradable Services: Understanding the Scope and Impact of Services Outsourcing’, S Bradford and L Kletzer, IIE Working Paper Series No. WP05-9.

③ ‘The impact of global sourcing on the UK software and IT services sector’, A Study by Ovum for the DTI, June 2006.

④ ‘Globalization's Missing Middle’, G Garrett, Foreign Affairs, November/December 2004.

⑤ ‘Offshoring: Understanding the Emerging Global Labour Market; Critical Trends in Economics and Management’, D Farrell ed., Harvard Business School Press.

⑥ 国际货币基金组织收支平衡统计。

⑦ ‘Innovation and Institutions: A Multidisciplinary Review of the Study of Innovation Systems’, Casper and van Waarden eds. See ‘China: The Next Science Superpower’, J Wilsdon and J Keeley, Demos, 2007 and ‘India: The Uneven Innovator’, K Bound, Demos, 2007.

⑧ ‘The Next Cultural Revolution’, Fast Company, Issue 116, June 2007.

⑨ 美国国会—行政部门中国委员会，2005 年。

2005 年，中国的软件盗版率(不合法软件安装的比例)达 86%，居于世界第四位，其中音乐唱片的盗版率由 1998 年的 30%增长到 2005 年的 55%。[1]当然，这些数字很难去核实，但是它们大到足够严重影响中国和印度创意商业的创新动力。

然而，随着中国与印度越来越富裕，两国对全球知识产权规范的遵守也在不断增强。下列图表描绘了各国盗版软件与人均国内生产总值的预估百分比，这正好巧妙地印证了上述观点。事实上，人们很容易忘记，美国是世界上最早出现盗用版权的国家，那时正是美国处于经济腾飞的 19 世纪中期。[2]

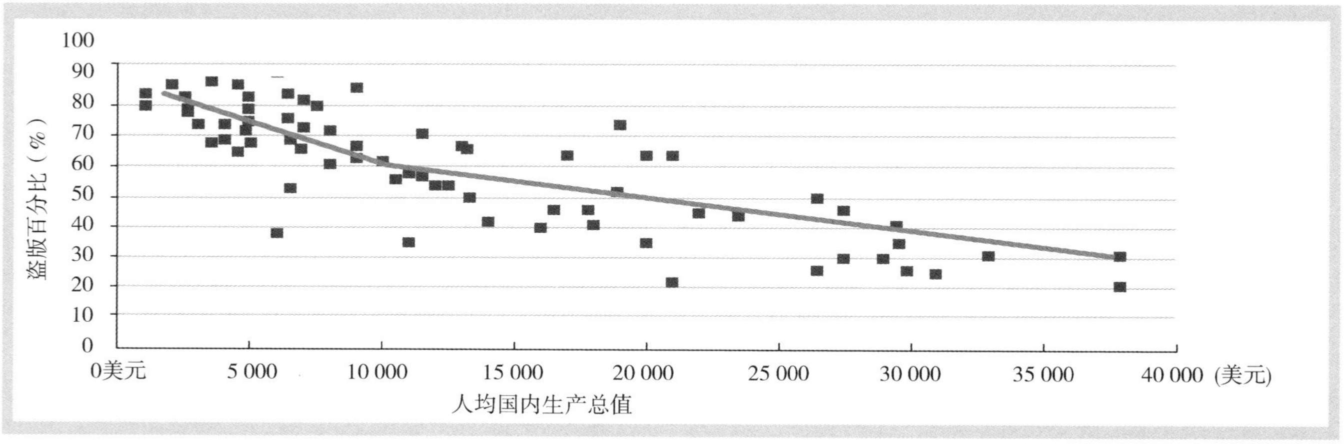

人均国内生产总值和各国盗版软件比率

数据来源：美国瓦里安公司(Varian)，2005 年。

与研究结果一致的是，在这些国家，创意产品目前以模仿为主，而并不是真正具有创造性的，中国许多创意企业倾向于选择低成本生产与派生模式，譬如中国版的《全民偶像》(《超级女声》)以及中国版的《学徒》(《赢在中国》)。[3]

2.27 不同国家统计部门对于创意产业的分类标准不是统一的，这就使跨区域的比较非常困难。但是，从欧盟层面上讲，我们可以说图像行业扮演着越来越重要的经济角色。欧盟委员会的一项研究将创意文化领域定义为包括电影和视频、广播和电视、视频游戏、书籍和新闻出版、音乐、设计、时尚设计以及建筑和广告行业在内的产业领域。2002 年，该领域国内生产总值占欧盟的 2.6%。[4] 1999—2003 年，该领域

① ‘Third Annual BSA and IDC global software piracy study’, Business Software Alliance and IDC, 2006.

② ‘Copyright term extension and orphan rights’, H Varian, Industrial and Corporate Change, vol. 15, number 6, 2006.

③ Keane op cit.

④ 这些领域代表了英国文化、媒体和体育部 13 个行业(DCMS 13)的下属部门。例如，这些部门不包括软件业、表演艺术、工艺品、艺术和古董。

总增加值的整体增长水平达到19.7%，比总体经济的增长水平高出12.3%。该领域的就业人数达到580万(相当于总就业人数的2.1%)。2002—2004年，当欧盟就业人数总体下降时，创意文化产业的就业人数反而增加了1.9%。①

2.28 英国本身就是世界创意产业的领头羊。在未来的工作中，经济合作与发展组织就消除国家间的分类差别将迈出试探性的第一步，并且估计英国创意产业在国内生产总值的比重要高于其他国家(图2.11)。②

经济合作与发展组织……估计英国创意产业在国内生产总值的比重要高于其他国家。

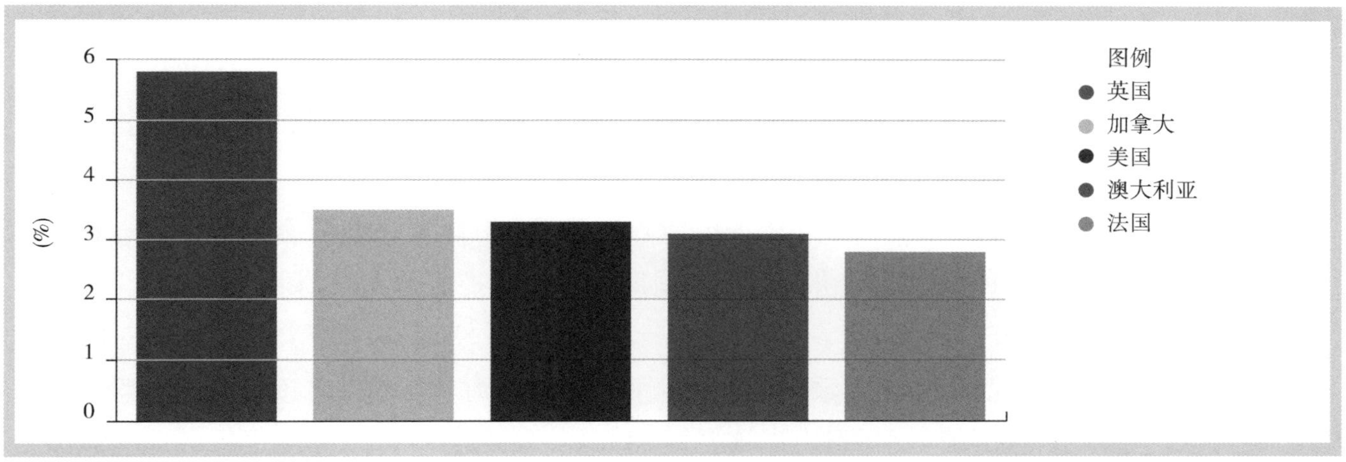

注：使用了1998—2004年几个国家发布的大量官方数据进行统计。

图2.11 经济合作与发展组织关于文化产业对国内生产总值贡献的估值

资料来源：经济合作与发展组织。

2.29 联合国教科文组织估计，按照其给出的定义，英国明显是世界上最大的文化商品出口国，甚至超过了美国：2002年，英国出口的文化商品总额达85亿美元(相比之下，美国76亿美元，中国52亿美元)。③

2.30 国家科技艺术基金会的乐观评估是："……当创意产品和服务的国际市场规模一定(据估计，2009年仅媒体行业收入就达18 000亿美元)，这些创意领域的出口活动相对很小的改善都可能意味着英国收入的显著增加。只有愿意和能够进行创新的商业市场才能不断扩大，创意卓越和商业卓越之间不存在内在冲突。"④

① 'The Economy of Culture in Europe', study prepared for the European Commission, October 2006. http://ec.europa.eu/culture/eac/sources_info/studies/economy_en.html.

② 经济合作与发展组织的评估值不能与本文件中的任何一处英国文化、媒体和体育部或欧盟评估值进行直接比较。这些数据是按照国家文化产业类型学的分类标准得出的，其中包括广告、建筑、出版、视频、电影和摄影、音乐、视觉艺术和表演艺术、出版(包括印刷，这与文化、媒体和体育部确认的13个行业分类标准不同)、广播电视、艺术和古董、产品设计、时装以及工艺品。经济合作与发展组织的定义不包括软件、计算机服务与电脑游戏。See 'International measurement of the economic and social importance of culture', J Gordon and H Beilby-Orrin, 2006. www.oecd.org/dataoecd/26/51/37257281.pdf.

③ UNESCO op cit.

④ 'Creating Growth', NESTA, April 2006.

2.31 英国贸易与投资都集中支持那些拥有最大增长潜力的产业。[①]中国、法国、德国、日本和美国被确定为特别优先市场。

数字化：不断变化的世界

必须在数字化的情境下对英国文化、媒体和体育部定义的 13 个行业(DCMS 13)面临的机遇与挑战进行讨论。价值低廉的软件格式、高带宽的网速和超常电子计算机的处理能力综合在一起，继而通过重新定义基本产业实践的方式重新配置数据生产和交换的信息。数字聚合是线上数字内容囊括所有现存媒体形式的能力[②]，它模糊了出版、广播和远程通信行业之间的传统区别[③]，而消费者可以通过不同的平台与工具接触多媒体内容。创意产业的未来方向则是依靠工具的发展来改善分散资产的联合(比如点对点网络)、用户友好型内容创作软件、最优的搜索引擎、协议的相互适用性和内容扩散的准确测量。

同时，数字聚合的增长会增加对数字商品的需求，而并非对实体商品的需求。数字化使个人面临"信息海啸"和文化超负荷的风险。现今出现了"注意力经济"这一概念，营销和捕捉人类注意力的能力越来越处于中心地位。[④]相比信息传播的传统方式(例如，集中的信息传输范式，像 Xbox Live)，消费者是否更喜欢灵活的互联网作为获取信息的源泉，将对未来的趋势产生重要影响。

未来设想[⑤]

未来的一种设想就是互联网将成为数字聚合的主要驱动力。"长尾"效应[⑥](分销的分散化)允许小角色与主导者开展竞争，绕过实体分销基础设施来满足人们对于"无限多样性"的创意产品的需求，结果造就了一个更加具有多样化、分散性和争议性的领域。英国电影委员会研究发现，在线 DVD 租赁"打开"了利基产品(小众产品)的市场。排名前 100 位的电影在电影院和传统的影碟出租中占 86%~90%，但在网上出

---

① 'Creative industries international trade strategy', UKTI, 2007.

② 'Digital convergence and its consequences', M Mueller, The Public, Vol. 6, 1999.

③ 由商业供应商如 Skype 和 Jajah 公司所提供的互联网语音协议(VoIP)使语音通话通过 IP 网络路径，说明了固定电话和互联网可以实现融合，这是目前电信运营商所面临的颠覆性挑战。See 'Operator Value-Creation Through Technological Convergence: The Case of VoIP', A-G Nystrom and F Hacklin, 2005.

④ 'The Economics of Attention: Style and Substance in the Age of Information', R Lanham, University of Chicago Press, 2006.

⑤ This section draws heavily on 'Three future scenarios for the Creative Content Sector and their implications in the European context', J Mateos-Garcia, W Steinmueller, A Geuna and G Voss, Science Policy Research Unit, University of Sussex, 2007.

⑥ 'The Long Tail: How Endless Choice is Creating Unlimited Demand', C Anderson, Hyperion Books, 2006.

租只占70%。8%的网上电影交易是没有在实体的零售店或录影带出租店出现的电影。①

在这样的环境下，消费者也是数字社区的一部分，能推进内容创新：从联合设计的开放性软件如 Mozilla 公司的 Firefox，到网上社交平台如 Facebook，再到在 You Tube 上重新合成视频。创新的新趋势在电影制作过程中已经有所体现，技术的发展使得独立制作人越来越普遍，让他们能够相互交易脚本，在网上从事电影制作技术，使用数字视频摄像机和电子计算机程序来取代传统的分销渠道。②以2004年的电影《诅咒》为例，该电影在戛纳电影节和圣丹斯电影节亮相。它是在苹果公司免费视频软件“爱电影”(iMovie)上制作完成的，成本只有218美元。③

与此同时，技术领域的进步以及消费者对于设备间不同数字内容的传输需求的上升要求数字平台间要有更大的兼容性。协议的标准化(譬如 OpenGL 有损数据压缩)会使小规模内容制造商克服妨碍他们进入更广阔市场的恶劣条件。

音乐行业则处于向数字分销模式过渡的阵痛期，并且最先受到这些颠覆性变化的冲击。④英国10%的互联网人群通过用户友好型点对点软件程序，譬如比特流(BitTorrent)和 LimeWire⑤来获取盗版内容，高达80%的音乐下载没有付费。⑥同时，唱片公司和艺术家们却可以通过使用互联网来更有效地获得新的听众，像 Myspace 和 Bebo 这样的网站允许艺术家们直接将音乐提供给消费者。分析师预测，到2010年，20%~30%的音乐总销量将由唱片分销转向数字分销。⑦

该行业针对消费者需要更多交流的渴望采取了相应的措施：将消费者转向合法的音乐分销网站，创造更方便的音乐下载支付方式，使用手机作为获取和消费音乐的手段⑧(“realtone 公司”的铃声销售收入在2006年达到1亿美元⑨)以及获取返回目录的访问权：百代唱片集团和苹果公司最近宣布将会放弃对在线销售的档案的使用限制。

① ‘Feasibility Study of a Digital Platform for the delivery of UK Independent and Specialised films to the Home’, UK Film Council, 2006.

② ‘Digital effects in the spatial economy: Towards a research agenda’, A Currah, Area, 35. 1, 2003.

③ http://news.bbc.co.uk/1/hi/entertainment/3720455.stm.

④ ‘Working Party on the Information Economy — Digital Broadand Content: Music’, OECD, 2004.

⑤ http://technology.guardian.co.uk/weekly/story/0,,1752260,00.html.

⑥ The Gowers Review of Intellectual Property, HM Treasury 2006. Accessed at www.hm-treasury.gov.uk/media/583/91/pbr06_ gowers_report _755.pdf.

⑦ ‘The move to artist-led online music distribution: Explaining structural changes in the digital music market’, J Bockstedt, R Kauffman and F Riggins, Proceedings of the 38th Annual Hawaii International Conference on Social Systems, 2004.

⑧ ‘Towards Music Download and Radio Broadcast Convergence in Mobile Communications Networks’, S Grech and S Luukkainen, Wireless Telecommunications Symposium, 2005.

⑨ 音乐峰会简报。

在第二种情形中，网络将被视为由自上而下的“只读”内容过渡到家庭组合设备的传输平台的一个组成部分。在这种情形下，商业内容提供商，譬如苹果和微软公司，则成为“传统广播结构的继承者”①，内容分销的单一化平台使得人们消费创意内容的方式更大程度地受到限制(譬如苹果公司 iTunes 软件只支持苹果 iPod 下载音乐)。

其中，“胜者为王”的模式会蓬勃发展，市场还是主要由资本密集型生产所掌控。数字世界(长尾)驱动的市场也只是夸大其词而已。数字商品的在线分销增加了热卖生产者的成本优势，而其吸引力有限的内容优势则相对没有增加，这导致成功会显著集中于数量更少的畅销商品。事实上，目前的证据表明，少数产品仍然占据网络收入领域的市场。在线 DVD 零售商 Netflix 公司推出 5.5 万种商品，但销售额排名前 50 名的商品所带来的收入就占了全部收入的 30%。同样，亚马逊网站上 2.7%存货的销售收入占其总收入的 75%。②在市场的末端，越来越多的商品基本卖不出去。2006 年 3 月的点击量数据显示，“狂想曲”(Rhapsody)网站上的 110 万首歌曲中，有 22%的歌曲压根就没有被点击播放过，还有 19%的歌曲只被点击播放了 1~2 次。③

商业策略

选择的供大于求将意味着创意产业必须要获得消费者的关注，并且考虑超越传统的竞争力的措施，譬如经济规模。此外，创意产业要追求价值的最大化，轻松地获取和让渡创意资源和创意流程，从不断参与创意活动的消费者那里连续收集反馈，而这样的转变就必然需要：

——增强商业智能与产品内容扩散的测量工具，从而形成更明智的业务决策以及增加应对消费模式的灵活性。在一系列平台上进行内容采样可以更成功地锁定消费者。④

——保持与价值链上多个部门的紧密合作伙伴关系，包括小型创新内容创造者到大型网络运营商，⑤并围绕新技术设计规模与流程，从而降低成本。

---

① Mateos-Garcia, Steinmueller, Geuna and Voss op cit.

② ‘Superstars and Underdogs: An Examination of the Long Tail Phenomenon in Video Sales’, A Elberse and F Oberholzer Gee, Harvard Business School Working Paper Series, No. 07-015, 2006.

③ Ibid.

④ ‘Media and Entertainment 2010 — Open on the inside, open on the outside: The open media company of the future’, S. Berman, IBM Institute for Business Value, 2004.

⑤ ‘Capitalising on Convergence’, Intellect, 2005.

——要让创意公司意识到数字社区和大众生产(peer production)是创新过程的重要推动力量，是支持管理相互关系的新型方式。通过提供新的自由访问，提供定制的工具和开放应用接口来创造和管理创新内容，以推动新消费方式的产生。

就服务能力和品牌认知度而言，在线产品的差异化会一直存在。所以，相对于不太强大的竞争对手，卓越亚马逊网站可能需要对在线书籍收取额外费用。①可能要采用动态的定价方式，对于缺乏价格弹性的商品(比如最新专辑和DVD)的定价会高些。

数字化世界中的知识版权

在这样一个更难实施版权保护的环境下，公司都在探寻不同的方式代替或利用现有的权利来保护自己的创造性产出。一种方式是将无形的软件嵌入到版权实体中去，也称为数字版权管理(DRM)。这可以让内容制作人限制其他人使用受版权保护的材料，例如，它可以防止用户对数字音乐商店下载的音乐进行多次转载。

尽管数字版权管理是许多创意企业的有力工具，但是创意产业和消费者对各自如何能够合法利用创意内容缺乏一定的知识。数字版权管理系统也很复杂，在运行过程中会侵犯公平交易原则。数字版权管理也面临割据市场和创新僵化的风险，尤其是在小型创意内容创造者之间，他们可能会被利基市场(小众市场)边缘化。

保护创意产出的另一种方式就是引进某种法定许可的形式，譬如消除内容控制，以向商品和服务提供商征税来代替，比如互联网服务提供商(Intellectual Property Office of Singapore，IPOS)的价值就是通过文件交换来提高的。收入是依照版权所有者的作品被消费的情况来分配的。②

这一方式有许多好处：它继续基于点对点的方式，不需要特殊的技术，会降低与诉讼相关的交易成本，增强创意作品的民主性。当然，该方式跟所有管理制度一样，也存在许多缺点：它会给予征税机构巨大的自由仲裁权；在缺乏价格机制的情况下，很难确定精准的赔偿方式；同时，该方式可能会增加交叉补贴，扭曲消费者的行为(考虑那些不喜欢音乐和电影的宽带用户)。

---

① ‘Pricing，sunk costs and market structure online：Evidence from book retailing’，H Smith and S Latcovich，Oxford Review of Economic Policy，Vol. 17，2001.

② ‘Impose a Non-commercial Use Levy to Allow Free P2P File-Swapping and Remixing’，N. Netanel，Harvard Journal of Law & Technology，Vol. 17 (1)，2003 and ‘Promises to Keep：Technology，Law and the Future of Entertainment’，W. W. Fisher III，Stanford University Press，2004，特别是第6章提到的“另一种补偿机制”。这两种模式大体相同，但是细节上存在差异，例如，用户在多大程度上将被允许创建新的数字化作品。

数字化管理的障碍

参与数字市场和数字社区的能力取决于网络访问权限。但是，正如首相助理办公室所指出的，成本仍是互联网使用的最大障碍。尽管低收入和高收入家庭间的互联网访问差异有所缩小，但是高收入家庭使用互联网的可能性仍然是低收入家庭的 7 倍。使用量的增加只出现在了 C1 和 A/B 组，D/E 组的联结水平仍然只有 20%，这一模式自 2001 年以来就没有发生改变。相对于单亲家庭，两个成年人和一个以上小孩组成的家庭更有可能使用互联网。①其他的研究也得到了类似的结论。②

行业结构和效益

2.32 在不同的创意行业间大型企业所发挥的作用具有很大差异。③如图 2.12 所示，每个创意行业都有两个测量重要性的简单标准——四个规模最大的公司在整个创意产业营业额比例（CR4——行业前四名份额集中度指标，用集中率-4 来表示）和八个规模最大公司在整个创意行业营业额的比例（CR8——行业前八名份额集中度指标，用集中率-8 来表示）。④

2.33 集中度在行业之间的区别很明显，其中最集中的行业是电视与广播行业、出版与设计行业。⑤这些集中率有时与小型创意企业的数量相关，这些小型企业与大型企业（通常是垂直一体化公司）共同运行。所以，员工人数少于 9 人的商业部门就占了设计行业总营业额的 14%。该比例在音乐和表演艺术行业中上升到 63%，在时装设计行业中这一比例为 58%。

---

① ‘Inclusion through Innovation: Tackling Exclusion Through New Technologies’, Social Exclusion Unit, ODPM, 2005.

② 因此，英国通信管理局消费者权益委员会报告发现，信息和通信技术（ICT）的“非自愿排除”会有超过两倍的可能性影响低收入家庭。非自愿排除被定义为，人们因为支付能力或缺乏覆盖范围的原因，而不是个人选择的原因，有超过两倍的可能性无法接触信息和通信技术，这一情况可能会影响低收入家庭。

③ ‘Creative industry performance: a statistical analysis for DCMS’, Frontier Economics, 2007, forthcoming.

④ 这些营业额的估计值与由英国文化、媒体和体育部发布的总增加值的估计值不一致，它们指使用某种统计方法将这些部门的核心活动数据整合在一起，这一点在 2007 年即将出版的《前沿经济学》中进行证明。需要注意的是，这不符合本报告中第 5 章所提出的“核心”概念。在某些情况下，如果一个企业采用的是垂直整合的管理模式，并且积极参与核心和非核心活动，那么这两种形式的活动也都应该统计在内。从总体上看，前沿经济学对 2005 年创意产业的营业额估计与根据英国文化、媒体和体育部分类标准进行统计的数据的一致程度达到 77%左右。

⑤ 需要注意，这些集中率是指工业通过 SIC 代码来定义，而不是通过“市场”来定义。也就是说，只是进行单方面的考虑，该比率不包括企业的市场力量和竞争程度。

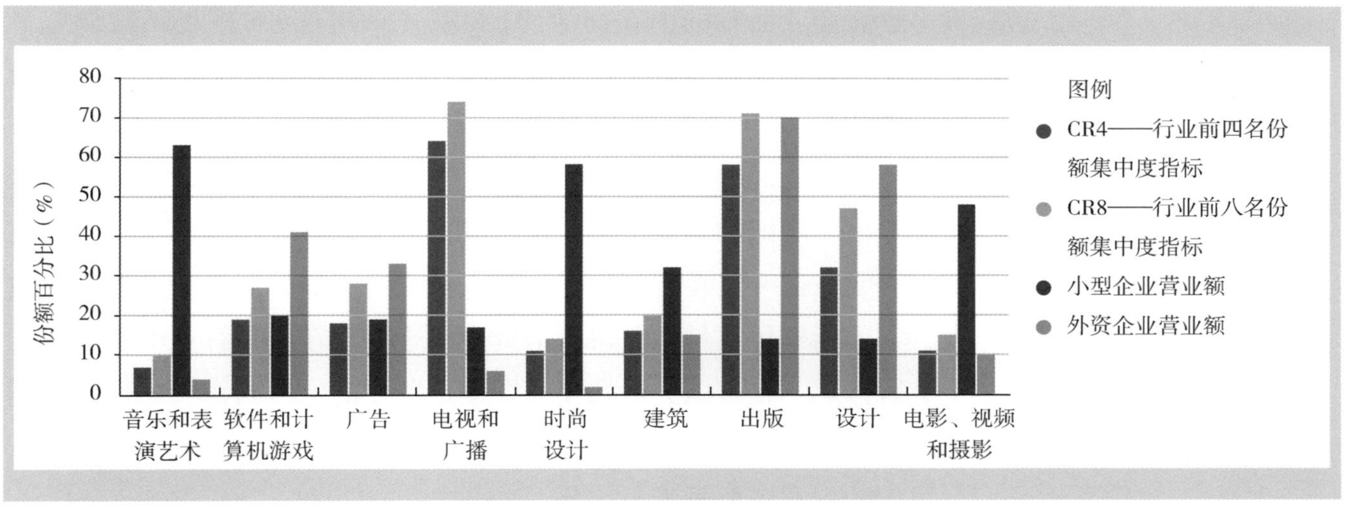

图 2.12　2005 年创意产业领域的行业结构

数据来源：前沿经济学(2007)，即将出版。

2.34　大公司与小公司的共存反映了一大事实，即技术的变化和日益激烈的国际竞争同时驱动了许多创意领域的分化与合并——分化是由于技术和更大的竞争可以满足消费者无限的需求；合并则是因为同样的力量增加了标准产品批量生产规模带来的回报。

……技术的变化和日益激烈的国际竞争同时驱动了许多创意领域的分化与合并……

创意实例

英国设计协会(Design Council)的数据表明，英国有超过 6.5 万家设计企业(英国设计协会，2005)。小型企业占主导地位，其中有超过 75%是小型咨询公司和自由设计人员。只有极少数公司(仅 3%)的年营业额超过 100 万英镑，但调查结果表明，这些公司的营业额在整个行业活动中占了很大的比例(英国设计创新协会(British Design Innovation)，2005)。

2.35　国际比较研究所得数据支持这一论断，即分化和整合的双重过程是对更广泛的结构性变化的反映，但这并非英国独有的现象。美国的普查数据显示，到 2002 年的 5 年时间里，专家设计产业在四大最大型企业的营业额中比例增加了大约 1.2%，同时，企业数量也增长了 15.3%。①

2.36　由竞争与知识产权工作组(Competition and Intellectual Property Working Group)收集的创意产业经济表现的有限证据并没有表明创意产业能带来比其他产业更多的利润。②

① www.census.gov/econ/census02/.

② 工作组特别从一系列创意领域中抽取 6 200 多家企业账户数据进行调查。

2.37 许多创意商业面临的内在高风险(在第 4 章讨论)对市场结构调整具有很大的启示作用。从企业层面上讲，创意产业的高利润率每年都有很大的波动。①

2.38 我们所观察到的创意产业市场结构变化部分地反映了这些不确定性。总体上讲，广阔的金融市场给投资者提供了分散风险的机会，但是有证据表明，这一点在实际生活中却很难实现。如果创意企业的规模更大，它就能够更容易地获得外部资金，这一点在电影行业的发展进程中有所体现：在美国，近几年，即便是独立的电影制作公司也能够利用私人股份市场。②在日益全球化的市场中，这给以跨国公司形式进行组织的创意企业带来了优势。

……在许多英国创意产业中，外国独资公司起着重要的作用。

2.39 如图 2.12 所示，在许多英国创意产业中，外国独资公司起着重要的作用。外国独资公司似乎在出版和设计行业(两大集中领域)占有特别高的总增加值份额。外国独资公司在软件和电子计算机游戏行业中也有重要的影响，占 41%的营业额。

2.40 有趣的是，前沿经济学(Frontier Economics，2007)的报告也指出，外国公司的营业额超过了由部门内部商业登记机构(Inter Departmental Business Register，IDBR)所确定的 10 个独立领域的就业份额，除了音乐和表演艺术行业、古董和手工行业(该领域在任何情况下，外国资本影响都最小)以外。这表明外国创意产业跨国公司的生产力水平要高于其他公司，这一点也同样适用于其他经济领域部门。③

知识经济城市

……相关活动对于经济表现有着重要意义……

2.41 城市以及城市所开展的相关活动对于经济表现有着重要意义。它们利用集中的劳动力资源为雇佣公司提供与所需的工作技能相匹配的员工，给企业提供巨大的市场和供应商，也是部门内部与部门之间进行知识交流的源头。④

2.42 很显然，规模不是成功唯一的决定因素。大城市如果没有多元化的产业基础，就可能发现自身发展相对缓慢，不能应对竞争、贸易与技术的瞬息万变。随着人口规模的增大，交通拥堵、土地与劳动成本也会上升。相比之下，中小型城市可以为企业和行业带来更显著的成本

① ‘Comparative analysis of the UK's creative industries’, Frontier Economics, 2006.

② ‘Inward investment: coming to America’ M Gubbins, Screen International, 23 March 2007.

③ ‘Foreign ownership and productivity: new evidence from the service sector and the R&D lab’, R Griffith, S Redding and H Simpson, 2004. 牛津经济政策审查发现，外商独资跨国公司中每个工人生产附加值的效率比英国独资跨国公司和国内企业平均要高 25%。

④ 最后，这一领域的任何分析尝试都受到不同层次、不同目的以及不同杠杆作用的政策与作用物的阻碍，无论是再生、文化政策、社会凝聚力或者经济发展。

优势。①

2.43 彼得·霍尔(Peter Hall)关于创新城市及其在经济发展中作用的跟踪调查显示，尽管创新的历史很悠久，但并没有表明地理位置就具有独特的重要性。②他对历史上以创意闻名的六大主要城市即公元前5世纪的雅典，14世纪的佛罗伦萨，莎士比亚时期的伦敦，18、19世纪的维也纳，1870—1910年的巴黎以及20世纪20年代的柏林进行了比较。

2.44 这些城市成功的一些动因如下：许多城市规模很大，地位重要，但是仍然需要进一步改善；许多城市欣然接受了社会和经济变革，尤其是雅典、佛罗伦萨和伦敦等城市融入了全球贸易网。

2.45 然而，相对城市吸引远道而来的人才的能力和意愿而言，譬如雅典吸收外邦人和世纪末期维也纳吸收犹太人，在这个过程中，城市自身的财富和资助可能就不那么重要了。人才几乎总是有要去磨合和适应的东西，在一定程度上是因为这些地方经常发生变化，而且经常令人不安，譬如1860年的巴黎和20世纪20年代的柏林。

2.46 然而，研究也指出，秩序太少与秩序太多都会束缚创造力的发展。从这个程度上来看，创意城市"是一个外来人可以进入，并且能够感受一种特别的不确定状态的地方：他们既不会被机遇排斥，也不会因为此处的创造动力流失而受到热情的欢迎"③。

2.47 理查德·佛罗里达(Richard Florida)④的文章确定了一个被城市所吸引的"创意阶层"，这些城市接受多元化，并且依靠多元化蓬勃发展。他得出的结论是，区域经济增长建立在三大创造力元素(技术、人才与融合力)之上，这一结论毫无疑问地影响了关于区域以及城市政策应该如何理解创意经济这一问题的讨论。

2.48 佛罗里达建立了三大创造力指标：民族的多样化、同性恋居民的比重和个人平均申请专利的数量。针对这三大指标进行的民意调查发现：曼彻斯特(Manchester)居于首位；伦敦与莱斯特(Leicester)位于第二；诺丁汉(Nottingham)位于第四；布尔斯托尔(Bristol)位于第五。⑤

2.49 近几个季度以来，人们对佛罗里达的评论褒贬不一，⑥尤其是因为它的研究缺乏创意指数与传统评估经济繁荣的指标(比如总增加值和就业数量)之间的相关性。

---

① See discussion in "Enabling Cities in the Knowledge Economy", A Jones, L Williams, D Coats, N Lee and A O'Keeffe, ODPM, 2006.

② 'Creative cities and economic development', P Hall, Urban Studies, Vol. 37 (4), 2000.

③ Hall p. 646 op cit.

④ 'The Rise of the Creative Class: The Rise of the Creative Class: And How It's Transforming Work, Leisure, Community and Everyday Life' and 'The Flight of the Creative Class: The New Global Competition for Talent', R Florida, Basic Books and HarperCollins, 2003 and 2005 respectively.

⑤ 'The Boho Britain Creativity Index', Demos, 2003.

⑥ See: 'Urban Development and the politics of the Creative Class: evidence from the study of artists', Markusen, 2005; 'The Wrong Stuff: Creative class theory, diversity and city performance', M Nathan, IPPR, 2005; book review of Florida's 'The rise of the Creative Class' E Glaeser, 2004. Accessed at www.economics. harvard.edu/faculty/glaeser/papers/Review_Florida.pdf.

伦敦的地位

伦敦……拥有众多的创意行业……

2.50 伦敦是全球创意商业的中心，与英国其他地区相比，伦敦拥有众多的创意行业。伦敦享誉世界的教育和文化机构提供了丰富的基础设施，伦敦自身也是世界上最多元的城市之一，所以其创意产业成了伦敦经济发展的最大支撑。

该产业比其他主要产业增长得更快，金融和商业服务除外……

2.51 1995—2001 年，伦敦的创意产业比其他主要产业(除金融和商业服务以外)增长得更快。在这段时期里，伦敦创意产业中就业增长占整个伦敦就业增长的 1/5~1/4。①英国任何旨在支持创意产业生产力的政策都以伦敦社会生态学的特殊地位为准。由此可见，伦敦高需求的顾客、创意思想以及中介机构的集中分布对于其接触市场链和供应链是非常必要的。

2.52 伦敦创意产业创造的财富与广大经济领域产业创造的财富相互交织，错综复杂。但是，伦敦创意产业创造的财富似乎更不稳定。大伦敦政府(2007)②报告指出，伦敦创意产业在 2001 年总就业率达到峰值，在接下来的三年，就业率逐年下降，仅 2005 年这一年就业情况有所好转。

2.53 据估计，超过 50%的英国创意产品需求来自商业领域，尤其是广告、建筑、软件行业占了英国创意产业大量的比重。因此，这些创意产品上的支出尤其容易受到任何商业活动发展放缓的影响。

附　　录

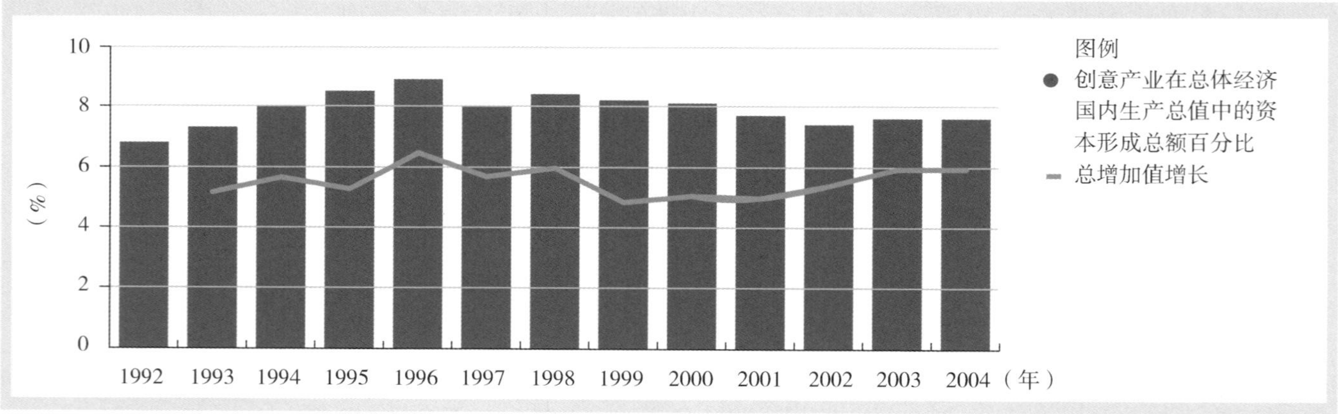

图 A1　创意产业投资顺周期循环

数据来源：英国国家统计局。

① ‘London's creative sector: April 2004 update’, GLA Economics, 2004. www.london.gov.uk/mayor/economic_unit/docs/creative_sector2004.pdf,在报告中可以了解如何计算就业人数的详细信息。

② ‘Measuring Creativity: 2006 update of the GLA's creative industry economic data’, GLA, 2007.

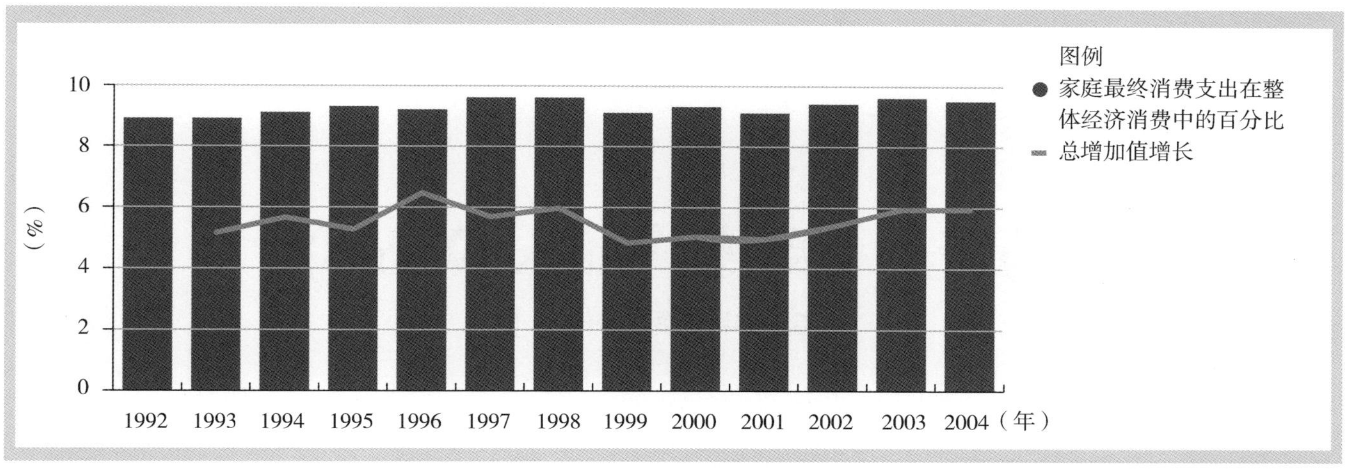

图 A2 家庭消费创意产业产品顺周期循环

数据来源：英国国家统计局。

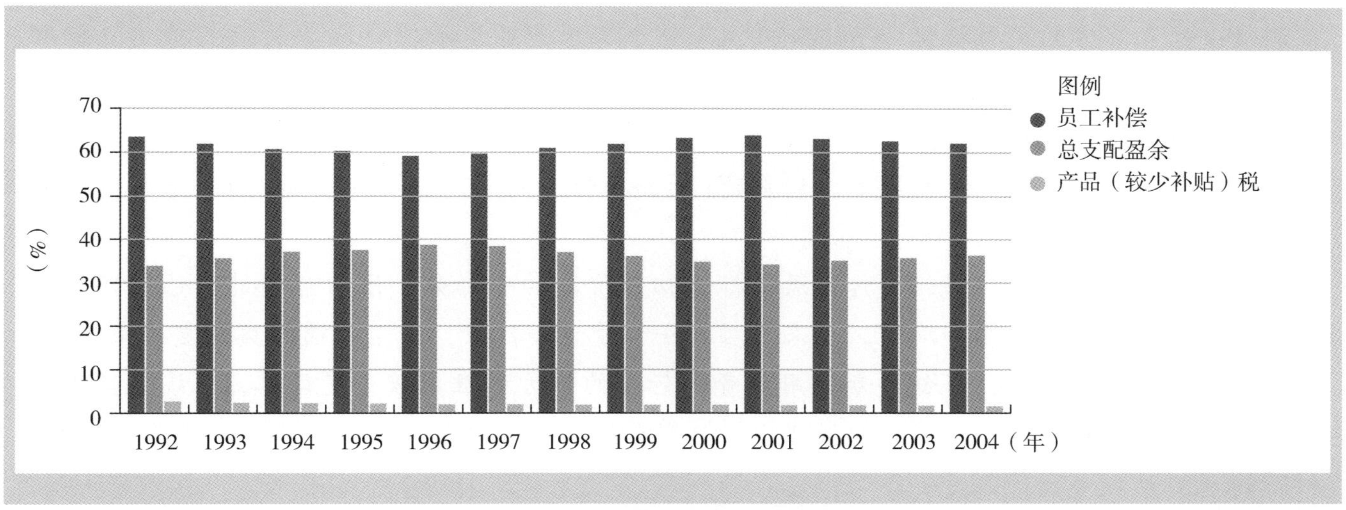

图 A3 劳动力与收入利润比重(1992—2004 年整体经济)

数据来源：英国国家统计局。

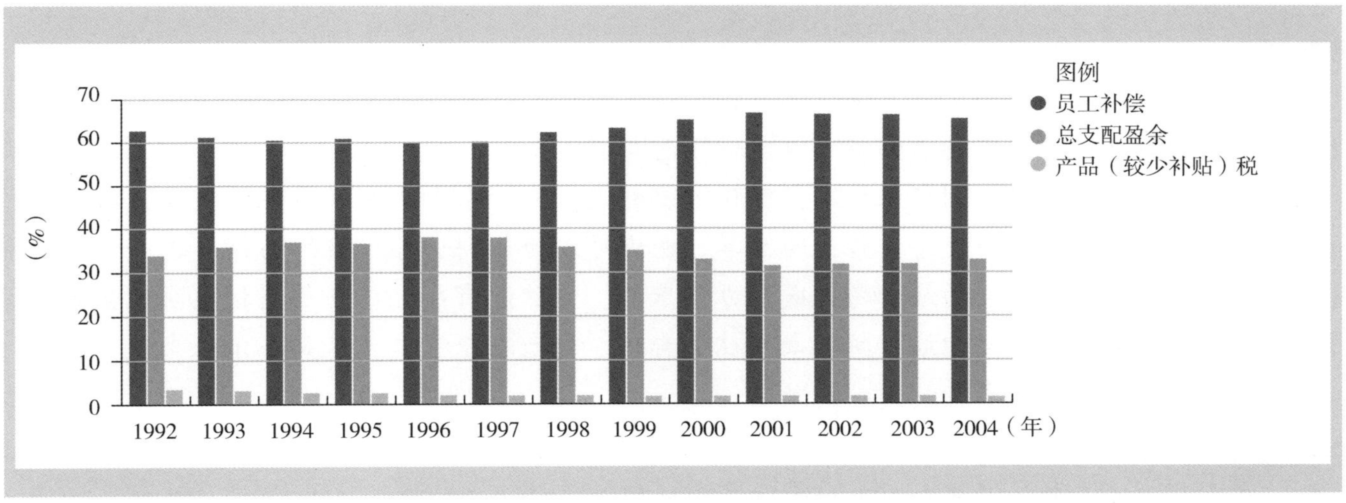

注：员工补偿是指企业应该对员工工作支付的总报酬，而个体经营所获的收入也被包括在公司的总支配盈余里。

图 A4 1992—2004 年创意产业劳动力与收入利润比重

数据来源：英国国家统计局。

马克·沃德(Mark Ward)

滚石唱片公司制作总监

音乐产业有一个巨大的机会来引领减少碳排放和应对全球气候变暖。当乐队在单个大型活动中或在许多不同地点进行巡回演出时，会对环境产生关键影响。我们应该以减少碳排放为目标，使演出无碳排放，完全实现碳中和。

我们建议建立官方的风筝标记(Kitemark)，为整个音乐产业发展提供指导。他们将建立标准并确定行动框架，以使乐队成员、管理人员、发起人、唱片公司等作出明智的决定。在不同性质的巡回演出中，乐队会参加诸如节日庆典或在各大场馆进行表演，每个活动都会对乐队提出挑战，因此，必须对音乐行业可以自己实现的变革与第三方供应商(例如场馆、交通、公司和酒店)为寻求自身发展而要求音乐产业进行的变革进行区分。

乐队肯定是行动的起点，因此，作为风筝标志初始阶段的一部分，乐队应通过自己制定的环境政策阐明其改善环境效益的意图和承诺。如果高层人士接受这一建议，他们将通过舆论支持来推动变革。

作为基准评估的一部分，将创建专门用于音乐行业的官方标准化碳含量计算器。该工具将允许输入包括产生碳排放操作的每一个流程的数据。其中可能包括出行方式的选择、覆盖的里程、参与人数、宣传材料的采购等。

即使不进行碳含量计算，我们也已经知道交通运输是产生碳排放的主要因素。这也是最具挑战性的变量。除非在必须的情况下，一般应尽量减少乘坐飞机，在可能的情况下选择其他出行方式。作为未来的一个目标，演出器材可以通过铁路或船舶等更环保的替代方式进行运送。从车站到会场只有很短的路程。

酒店在协助实现减排方面可以发挥重要作用。要让各个价位的酒店充分意识到注重节能减排能为自身发展带来的好处，并使各类乐队都可以实现绿色巡演。

我们应该鼓励表演场馆达到环保标准，乐队可以利用自身形象加上环境保护的决心，与生态行业的先锋环保企业合作，进而引发整个行业的变革。也许可以为达到这些标准的场馆引进一个信用评级系统。对于巡回演出中所需要的演出场地或举办音乐节，虽然没有制定任何惩罚措施，但会激励这些演出场地和音乐节努力达到巡回演出所要求的环保标准。对所有乐队，尤其是小乐队来说，在这样具有社会公德的场所进行演出本身就是一种激励。

我们应该考虑无门票活动，减少不必要的行政管理支出，减少其他方式的浪费。我们可以减少场地装饰，减少演出废弃物的产生和以更好的方式来处理演唱会产生的食物垃圾。

如果管理人员和唱片公司能够看到绿色巡演并没有财务损失，以及绿色巡演的一系列环保优势，而且向绿色巡演的过渡很迅速和高效，那么随着时间和需求的增长，绿色巡演的成本会下降。政府对鼓励音乐行业变革发挥一定的作用。风筝标记本身可能是一个阶段性措施，还需要继续推出更完善的措施，需要有影响力的乐队、场地经营者和推广者的大力支持。

第3章　知识经济

3.1　创造与创新已经被认为是经济增长、生产力提高和生活水平提升的主要动力。然而，在未来，创新对改善英国经济表现的作用将发挥更加重要的作用。

3.2　开发和利用新颖的产品、流程、服务和系统，以及对那些已经上市产品进行不断升级，对确保像英国一样的高工资国家能够保持和增加其相对高水平的经济福祉会越来越重要。这也是对不断增长的国内需求和日趋激烈国外竞争的应对。

开发和利用新颖的产品、流程、服务……会越来越重要……

3.3　随之而来的现象对“知识型经济”(knowledge-based economy)的转型进行了部分解释。这是技术，特别是信息和通信技术(Information and Communications Technology，ICT)以及数字化同更多挑剔的消费者进行交互作用的结果，继而创造了一个高度依赖知识创新与知识传播的新兴经济体。因此，这也体现了经济增长的早期概念的微妙变化，早期经济增长概念建立在土地、劳动力和资本这三大“生产要素”的组织之上，而这三大生产要素的组织形式要比以往更加有效。

3.4　尽管经济体一直在利用技术发明和科学研究来进行创新，有时甚至从根本上对经济活动进行转变，但是，现在的知识和信息流动对经济有着更加系统性和变革性的影响。生产与消费之间的反馈过程变得更加快捷与深刻，要求产品与生产方式进行不断的升级与创新。创造和创新占据更多的中心舞台，它们既是这些变化的结果，也是这些变化的驱动因素。①

3.5　通过图3.1，我们了解了欧洲在过去十年间的变化。制造业已经缩减员工数量，而在一些“非知识”服务领域(农业、能源和水资源)却出现了就业增长现象。然而，在上述反映的发展趋势中，就业人数最大幅度的增长一直是在知识服务领域(创意和文化服务、金融服务、商业服务、计算机和信息服务以及知识产权交易，包括费用、版税和研发服务)与知识行业(主要是信息和通信技术、远程通信、健康和教育)。

……就业人数最大幅度的增长在知识服务领域……

① 科克(Kok)报告，根据里斯本目标为欧洲各国政府首脑对欧洲竞争力进行了评估，2004年，对知识经济的描述如下：“知识社会是一个更大的概念，不仅仅是增加了对研发的贡献。它涵盖现代经济的方方面面，其中知识就是附加值的核心，从高科技制造业与提供知识密集服务的信息和通信技术到创意产业，比如媒体行业和建筑行业。”(科克报告，2004)。英国经济与社会调查委员会对知识经济的定义还试图说明从有形的实物资产到更加无形的知识资产的转变：“经济成功越来越基于对无形资产，譬如知识、技能和创新潜力，作为竞争优势的关键资源进行有效利用。‘知识经济’这一术语是用来形容这个新兴的经济结构。”(经济与社会调查委员会，2005)

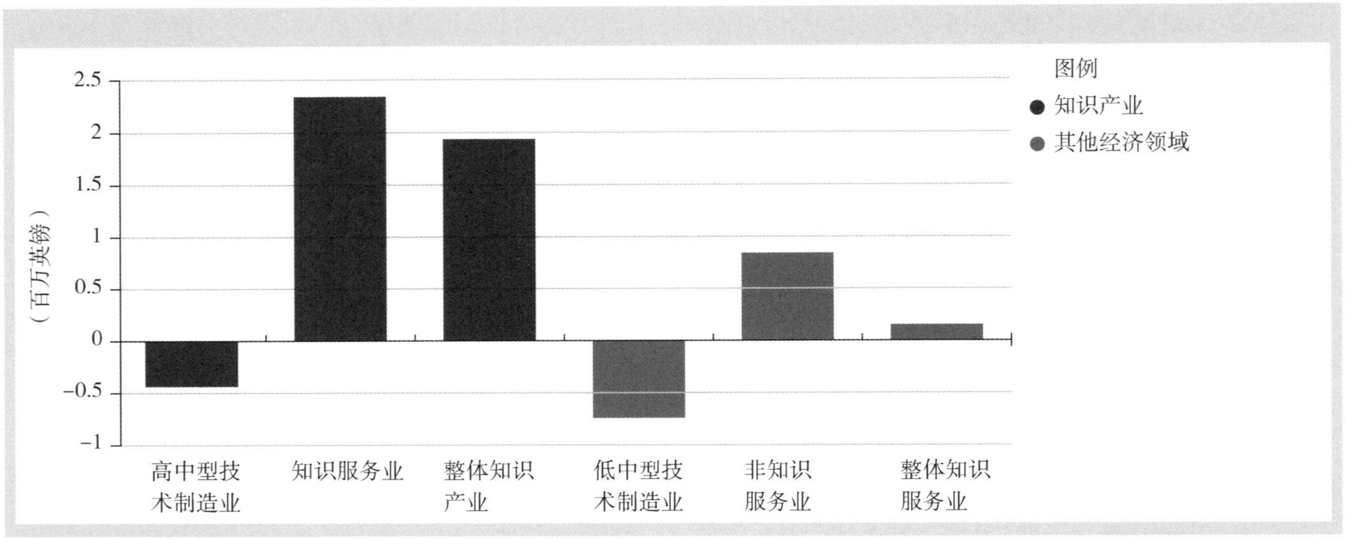

图3.1 1995—2005年就业水平的累积变化

数据来源：欧洲劳动力调查（European Labour Force Survey）。

3.6 工作基金会估计，2002年，英国知识经济在国民收入中的份额将达到41%。

对无形资产的投入……等于或超过……对有形资产的投入……

3.7 这种经济活动的变化模式是由投资格局的重大变化推动的。现在，对所谓的无形资产的投入等于或超过了对有形资产（机器与建筑）的投入。其中无形资产被定义为人力资源和能力、组织能力（数据库、技术、内部流程和文化）、目的适当的计算机软件以及“关系”的资本，例如声誉、品牌和客户及供应商的质量网络。

3.8 而且，整个工业化世界对于广义概念上无形资产的投入有所增加，欧盟与美国对无形资产的投入比对有形资产的投入增加得要快。过去50年，美国对无形资产的投入相对其对有形资产的投入翻了一番（见图3.2和图3.3），结果，脑力劳动越来越重要，而体力劳动失去了优势。

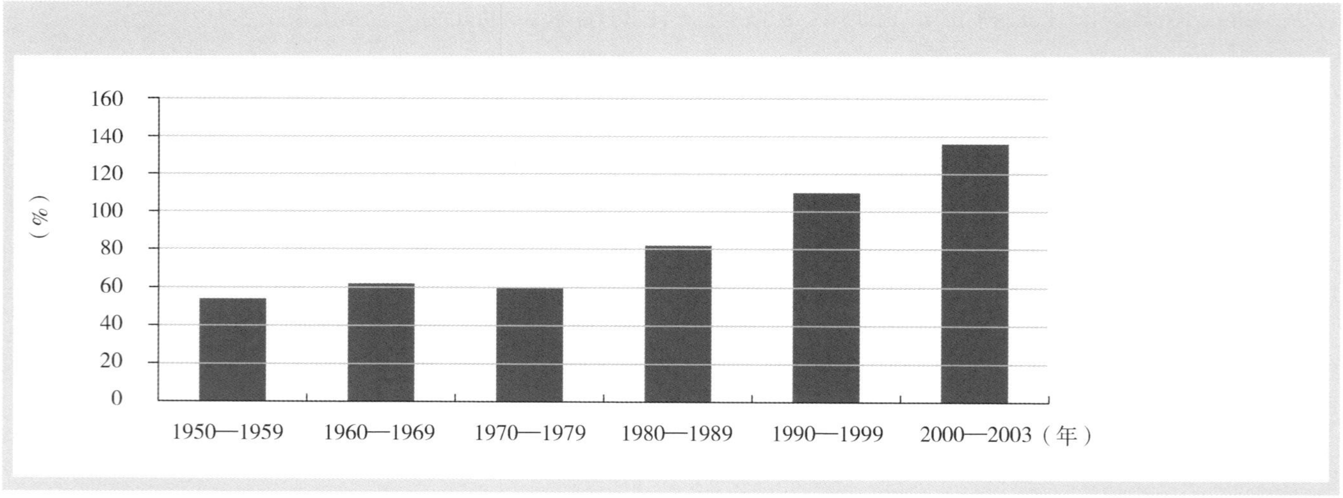

图3.2 1959—2003年美国企业无形资产投资占有形资产投资的百分比

数据来源：科拉多、哈尔提瓦格和西奇尔（Corrado, Haltiwanger and Sichel）（2006）。

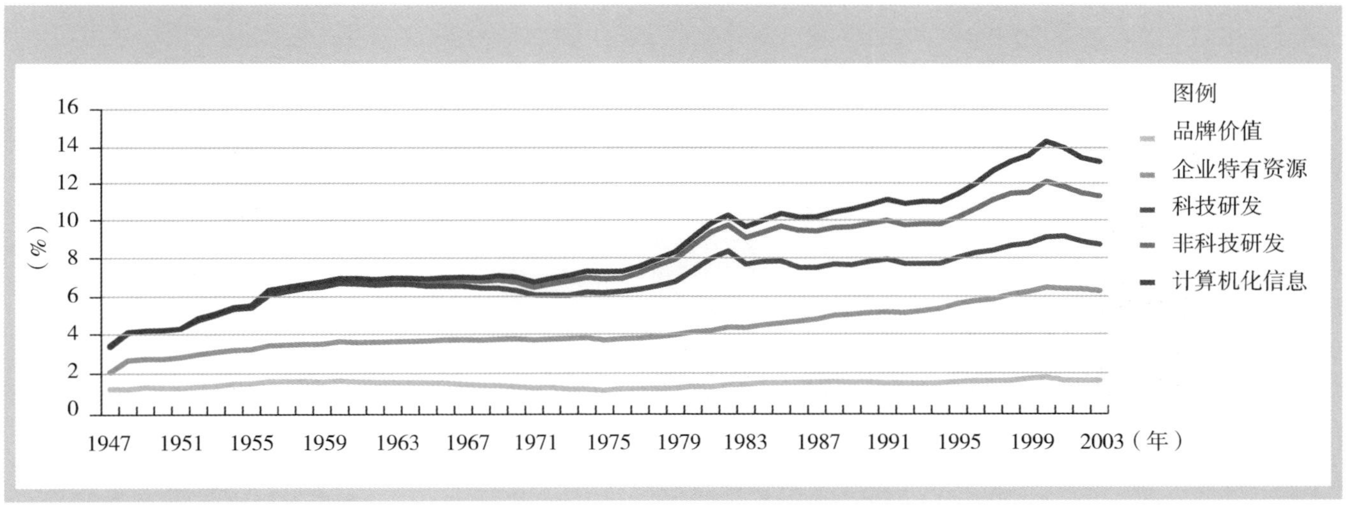

图 3.3　1947—2003 年无形投资在非农企业产出中所占的百分比

数据来源：科拉多、哈尔提瓦格和西奇尔(2006)。

3.9　进行投资是因为它能带来回报。计算机软件、研发、品牌价值、设计和人力资本方面的投资已经证明了投资的高回报率。事实上，美国联邦储备委员会(US Federal Reserve Boar)的卡罗尔·科拉多(Carol Corrado)及其同事约翰·哈尔迪旺格(John Haltiwanger)和丹·西谢尔(John Haltiwanger)估计，美国在 1995—2003 年期间，广义概念上的无形资产投入带来的劳动生产率的增长与有形资产投入带来的增长一样多。①

3.10　艾伦·麦可格拉顿(Ellen McGrattan)和爱德华·普雷斯科特(Edward Prescott)认可这些结论，他们估计商业部门没有统计的无形投资在 GDP 中的比重从 1990 年的 3%上升到 20 世纪 90 年代的 8%以上。因此，1993—2000 年的劳动生产率增长平均每年被少估了 1.2%。②

3.11　英国财政部委托伦敦玛丽女王大学的毛罗·马拉诺(Mauro Marrano)与乔纳森·哈斯克尔(Jonathan Haskel)对英国出现的类似趋势进行了调查。2004 年，私人部门对于无形知识资产的投资占国内生产总值的 11%，与美国的比例持平。通过图 3.4 可以看到英国去年在无形资产领域进行投入的详细情况，共 1 270 亿英镑。③

3.12　这些统计数字背后反映的是创造与创新在经济发展过程中占据越来越重要地位。企业正在对个人和程序进行投资，以促进他们进行研发，提供创新软件，设计和开发创新产品，培育训练有素的人力资本以及更好地管理和整合复杂程序。这一部分是由于变革的需求，这一点稍后会继续谈到；另一部分则是由于技术变革。

① 'Intangible Capital and Economic Growth', C Corrado, C Hulten and D Sichel, Finance and Economics Discussion Series Divisions of Research & Statistics and Monetary Affairs Federal Reserve Board, Washington, D. C, April 2006.

② 'Intangible Capital and Economic Growth', C Corrado, C Hulten and D Sichel, Finance and Economics Discussion Series Divisions of Research & Statistics and Monetary Affairs Federal Reserve Board, Washington, D. C, April 2006.

③ 'How Much Does the UK Invest in Intangible Assets?', M Marrano and J Haskel, Queen Mary, University of London Working paper no. 578, 2005.

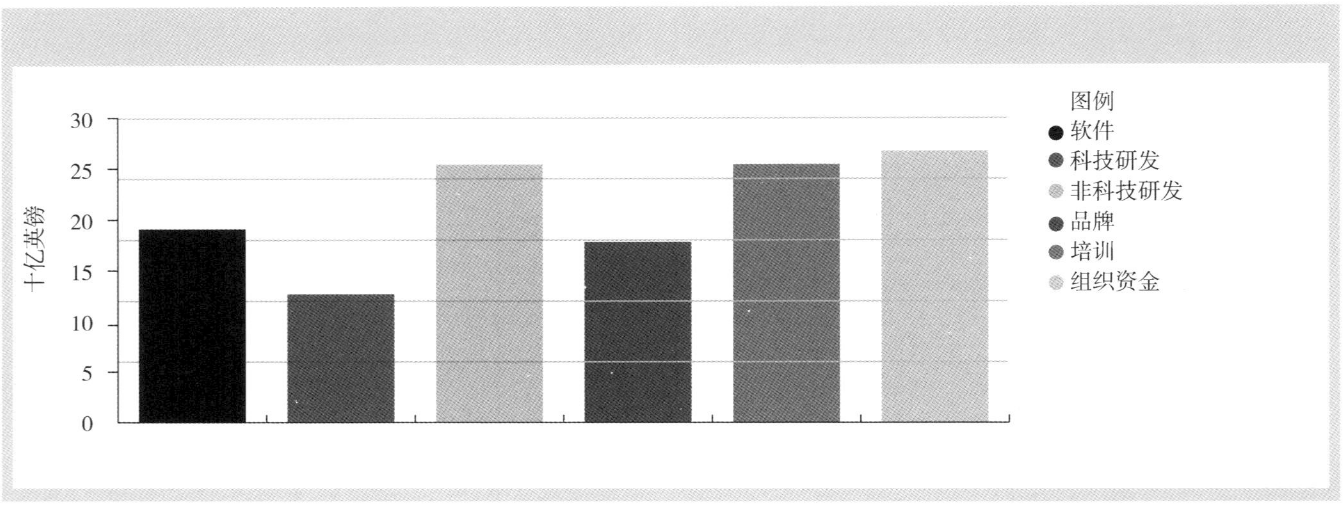

图 3.4　2004 年英国私营部门对无形知识资产的投资

数据来源：马拉多和哈斯克尔(Marrano and Haskel)(2005)。

3.13　美国经济学家大卫·奥特尔(David Autor)、弗兰克·利维(Frank Levy)与理查德·默南(Richard Murnane)分析了这种变化的经济结构是如何影响工作的性质以及所需技能的类型。从图 3.5 可以看出，由上述经济学家所定义的复杂通信和专业思维任务在 1969—1999 年间呈现不断增加趋势，与此同时，常规认知和体力劳动的比例不断下降。[1]

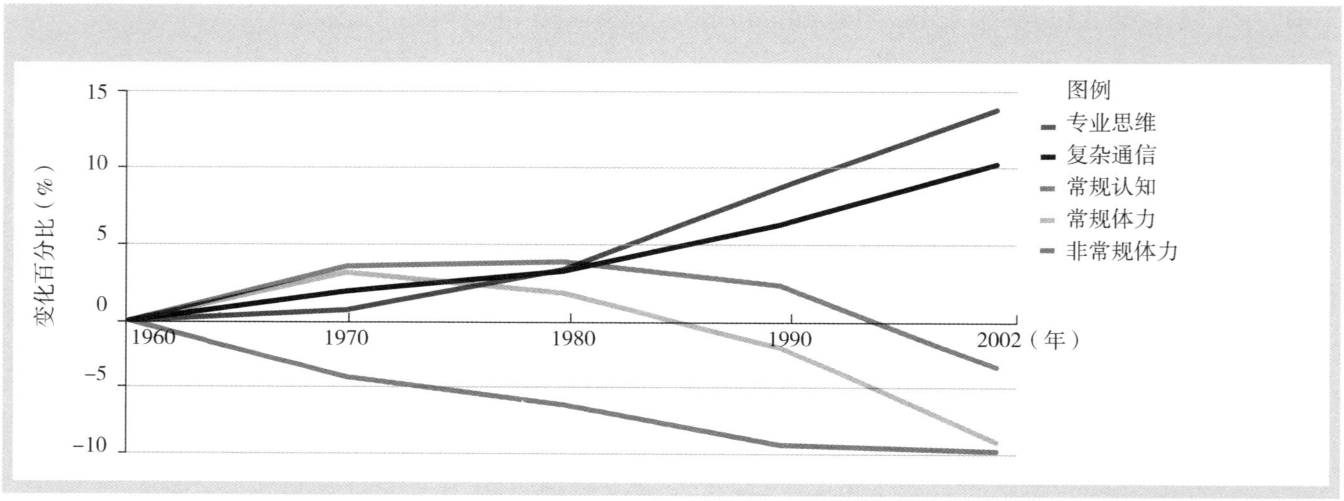

图 3.5　1960—2002 年美国劳动力所从事工作变化的趋势

数据来源：奥特尔、利维和默南(Autor, Levy and Murnane)(2003)。

3.14　许多企业的共同主题是，计算机化使得越来越多单调的、基于规则的任务可以由机器来处理。所以，他们认为，信息也可以通过一系列的逻辑规则或简单的模式识别来进行处理。但是，重要的是，计算机不擅长取代需要用专业思维来推动的工作，专业思维需要做出判断，尤

① 'The Skill Content of Recent Technological Change: An Empirical Exploration', D Autor, F Levy and R Murnane, Quarterly Journal of Economics, 118(4), 2003.

其是在非常模棱两可的情形下需要做出判断时才能更加适用。

3.15 计算机也不太擅长取代基于复杂通信的工作，复杂通信是一种选择和传播信息的能力，也是一种表达特殊的信息解释或者使用信息说服他人(譬如教学、销售、管理和谈判)的能力。①

3.16 麦肯锡咨询公司(McKinsey)对同一现象进行了不同的分类，却得出了类似的结论。②该公司认为，传统的增值方式所产生的竞争优势越来越小。并将这些活动归类为“转型”——即提取原材料并转化为成品，以及“交易型”——比如零售领域和运输领域，这些领域一般基于规则来运行。

3.17 两类活动的成功依赖现有流程的常规化或精简化。如果可以将这些过程进行整理，最佳实践模式则能够很容易地从一个企业复制到另一个企业。

3.18 绩效差距是按每名雇员的利润来衡量的，转型密集型和交易密集型行业内部的领先者与落后者之间的绩效差距正在不断缩小。③换句话说，企业发现越来越难从竞争群体中脱颖而出。在产业领域，大宗交易很难进行细致的计划，企业越是依靠员工的专业能力来解决问题和沟通复杂的想法，即麦肯锡所谓的“默契互动”(tacit interactivity)使企业间的绩效差距越来越大。总的来说，一种新来源的竞争优势正在形成，而其中，创造性地运用知识的能力在此则显现了关键性优势。

3.19 因此，应该从更广泛层面对创意产业进行理解，其中创造力大体上变得越来越重要。我们的任务“不仅是鼓励创意产业，更要鼓励所有产业都勇于创新”④。

3.20 创新在其他活动中具有同样的重要性，比如说，汽油和电力混合动力发动机的推出、新药的引进，甚至新销售建议的提出。所有行业的创新动力都有某些共同的特点，无论是企业家还是表演艺术家都需要一定水平的专业知识、承担风险的意愿和从工作的乐趣中获取动力。

创新具有……共同的特点，无论是企业家还是表演艺术家……

3.21 同样地，为了商业目的来进行创新也面临着相当大的不确定性的困扰，无论是开发新技术还是制作新电影。例如，谁也无法事先保证看起来处于劣势地位的索尼公司在索尼盒式录像机(Betamax)一案上会获胜。创意产业能够成为知识经济中重要的动态元素，但这并不意味着创意产业是创造的唯一动力，或者说创新不再具备广泛意义上的重要性。要想研究推动知识经济与创新出现的因素，考虑需求的作用是很重要的。

---

① ‘The New Division of Labor: How Computers Are Creating the Next Job Market’, Levy and Murnane, Princeton University Press, 2004. For a discussion of the UK, see also Goos and Manning op cit.

② ‘The Next Revolution in Interactions’, B Johnson, J Manyika and L Yee, The McKinsey Quarterly, Number 4, 2005.

③ ‘The Coming Imperative for the World’s Knowledge Economy’, J Manyika, Financial Times, May 16, 2006.

④ Speech by The Rt Hon Gordon Brown MP, Chancellor of the Exchequer at Advancing Enterprise 2005: www.hm-treasury.gov.uk/newsroom_and_speeches/press/2005/press_15_05.cfm.

需求的作用

3.22 英国的消费市场变得更强大，更复杂，也更多元化了，因为在过去40 年间，真实的个人购买力上升了，这是受到生产力和实际工资提高的推动(图 3.6)。

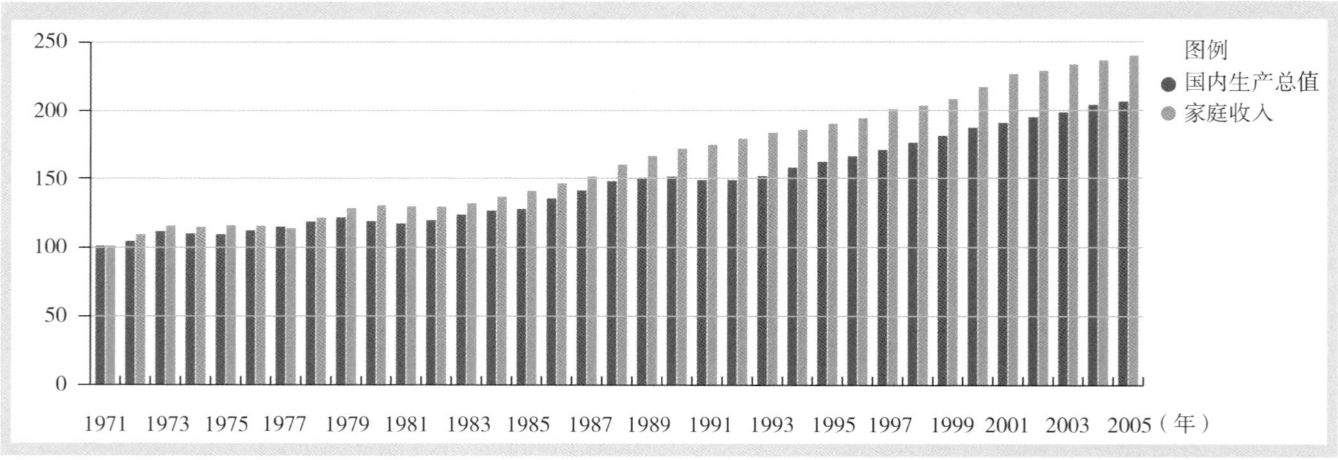

图 3.6 1971—2004 年人均家庭可支配实际收入与人均国内生产总值(1971=100)

数据来源：英国国家统计局。[1]

……消费者变得更加富有，并且受教育程度也更高，对于个性化商品和服务有着更大的需求……

3.23 由于消费者变得更加富有，并且受教育程度也更高，对于个性化商品和服务有着更大的需求，因此他们也就成为知识经济的共同缔造者。新技术使得企业能够更得心应手地应对消费者的需求。[2]企业也极大地刺激了需求的发展：企业既可以充当服务的消费者，也可以充当服务的提供者，譬如软件领域。商业发展为广告和设计等其他行业的发展提供功能。

企业也极大地刺激了需求的发展……

3.24 重要的是，变化的供求特性是知识经济产生的基础，也是创意产业发展的基础。

3.25 所有西方工业化国家已经从生产者主导的标准化的商品、货物和服务市场转向由生产者和消费者共同创造的更加个性化的服务和体验市场。

3.26 美国研究表明，1959 年和 1996 年，大宗商品生产的名义附加值(nominal value added)每年上升 5.6%，“体验”的创造的附加值每年上升 8.9%，这是个性化需求增长的有效佐证(见图 3.7)。[3][4]

① 家庭可支配收入调整为家庭支出平减指数的实际情况。

② 显然，社会为何应该关心更高的收入和教育水平是有理由的。尽管这些原因跟促进我们所谓的“顶点”消费能力的提高完全不相关。然而，针对当前的目标，我们的分析必须关注二者之间的联系。

③ ‘The Experience Economy’, B Pine II and J Gilmore, Harvard Business School Press, 1999.

④ 资料来源：‘The Statistical History of the Unites States: Colonial Times to 1970’, US Bureau of Labor Statistics, Labstat, United States Bureau of the Census; U. S Census, Bureau of Economic Analysis, National Income and Product Accounts, unpublished detail; Strategic Horizons LLP and Diamond Technology Partners, analysis.

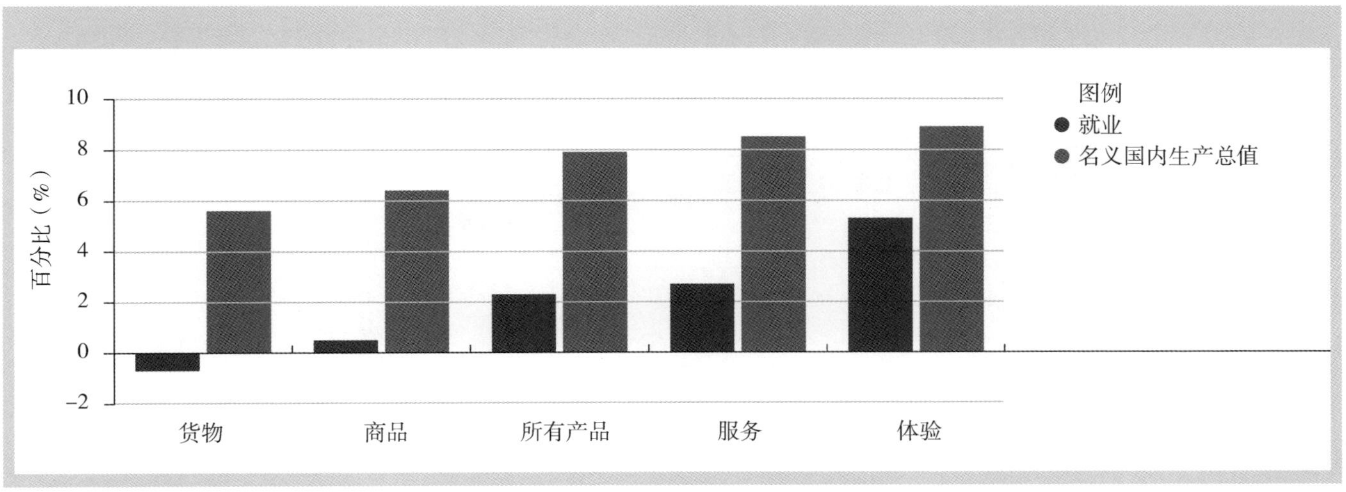

图 3.7　1959—1996 年各类生产活动的就业与名义国内生产总值的增长情况

数据来源：派恩二世和吉尔摩（Pine II and Gilmore）（1999）。

3.27　一些更加个性化的体验型消费趋势可以被解释为家庭基本用品价格下降以及缺乏需求弹性共同作用的结果。随着可支配收入的增加，个人将增长的实际收入中的较大部分用来购买更多精致的、个性化的商品和服务。

个人将增长的实际收入中的较大部分用来购买更多精致的、个性化的商品和服务。

3.28　有些变化是由于更富有的消费者想从自己的购买行为中获取更多的满足，而不是简单的物质消费所导致的。而有些变化则是因为技术、全球化和更广泛经济领域里更加稳定的表现，让我们能够实现种类、速度和能力的阶跃变化，从而满足这些体验、审美、情感以及心理上的个性化需求。

3.29　然而，供给与需求不是静态的，并且在不同的时期发挥不同的作用。1960 年，计算机行业的创新可以理解为在很大程度上是由需求带动的，那时候，计算机都是为专门目的而设计和生产的。随着技术变革，我们开始增强计算机的功能，且降低计算机的价格，此后供给则变得更加重要。计算机功能变得更加强大，并通过不同的方式满足应用需要，这就是供给引导需求。1990 年，一种新的模式变得非常重要，那就是更具个性化的计算机。

在体验上的花费更多

3.30　英国财政研究所[①]推断，1975—1999 年，“面包和黄油”项目的支出占非住房支出的比例从 40%降到 27%。服务业支出所占的比例则从 29%上升到 42%，其中，休闲商品的实际支出增长了 93%，娱乐支出增长了 109%，教育支出增长了 319%，旅游支出增长了 270%（图 3.8）。

① ‘Consumption trends in the UK, 1975-99’, L Blow, A Leicester and Z Oldfield, IFS Reports R65, 2004.

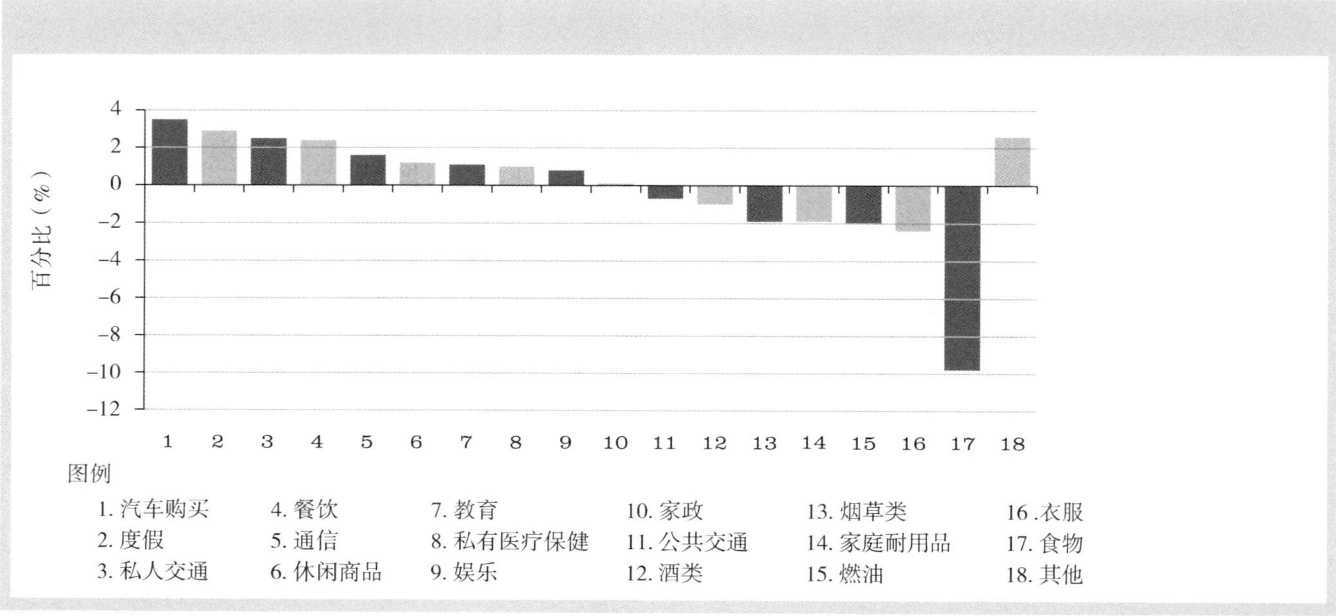

图 3.8　1975—1999 年各类商品的开支份额的变化情况

数据来源：布洛、莱斯特和奥德菲尔德（Blow，Leicester and Oldfield）（2004）。

3.31　1997—1998 年度，家庭的休闲消费首次比食物消费更多。从此以后，家庭收入在电影，视频游戏，戏剧、音乐与表演，卫星电视与有线电视订阅，互联网接入以及 DVD 与视频上的支出翻了一倍以上（图 3.9）。

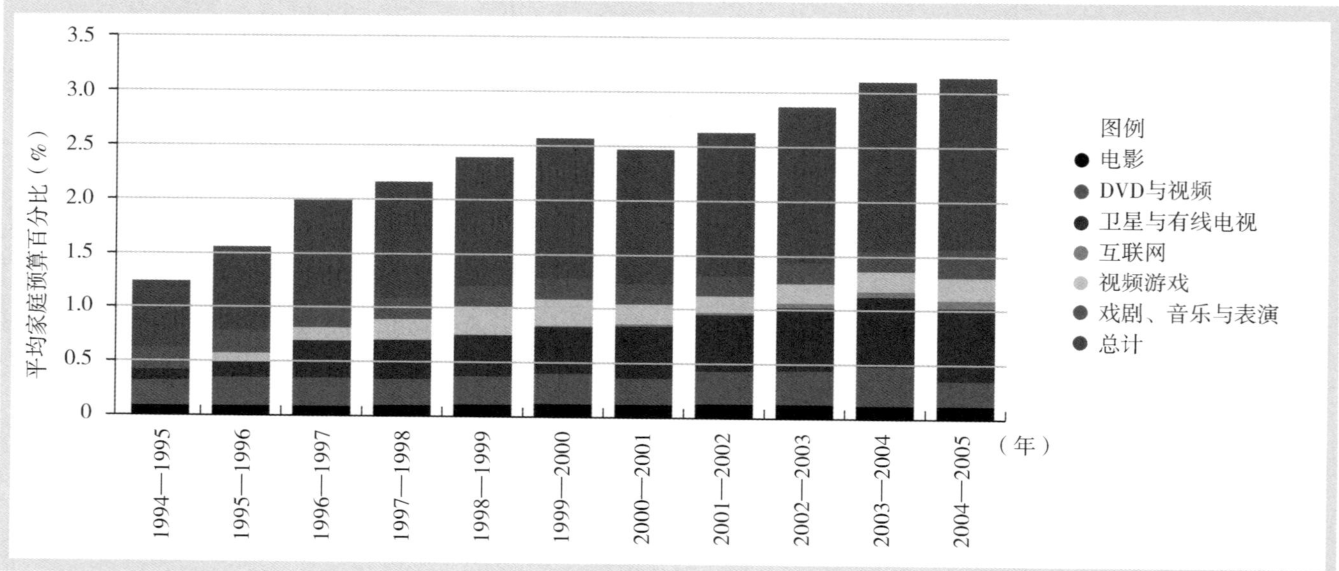

图 3.9　英国家庭每周选择性休闲物品的开支

数据来源：支出与食物调查，家庭支出调查，英国国家统计局。

3.32　此外，这个趋势也在定制的产品和服务中以令人眼花缭乱的方式进行扩散。一项研究①发现，在 20 世纪 70 年代末和 90 年代末之间，定制

① 'The Right Stuff：America's Move to Mass Customization'，Federal Reserve Bank of Dallas，1998 Annual Report.

消费品的数量从5 000上升到2.5万多，这种趋势在各种产品和服务中不断出现，我们可以在汽车、杂志、大学课程、机场，甚至在肯德基菜单选择中都感受到这些变化。①

3.33 定制服务是一个通用术语，用于描述生产商通过多种方式来试图满足那些富有且受过良好教育的个人的不断增长的需求，而这些人往往有着自己的偏好和品位。消费者对体验和对新事物的渴望为企业不断进行产品更新和革新提供动力。结果，产品的寿命大大缩短，商品和服务的重新设计和重新表现需要体现更好的质量或性能。②加快改善质量则是知识经济的又一特点。

消费者对体验和对新事物的渴望为企业不断进行产品更新和革新提供动力……

个性化——“我花钱我存在”

3.34 随着人们越来越富裕，受教育程度越来越高，个人消费从满足低端生理需求和安全需求转向满足高端认知、审美和精神需求，而越来越多的研究开始探讨这种需求的迁移和转变是如何发生的。

3.35 英国的教育水平大幅提高。1970年，大约170万人接受继续教育；2005年，人数超过了500万。1970年，受到高等教育的人数达到了60万；而2005年，该人数达到了250万。

3.36 受过良好教育的人更有可能成为“参与者”，在政治上表现活跃，③也更有可能成为积极的消费者，在品牌与产品之间不断切换(如图3.10所示)，并且更倾向于投诉。2006年的调查④显示，超过60%的消费者愿意花大量时间进行投诉，在2001年这一比例增长了10%；61%的消费者表示，他们希望他们的电话投诉能够在当天得到处理。在2001年，这一比例也增加了10%。

3.37 亚伯拉罕·马斯洛(Abraham Maslow)⑤提出了一个著名的论断：因为个人满足了自己的生理需求，所以他们接下来就开始寻求情感满足，然后是知识成就，就这样不断地提升需求的层级。最后，他们则寻求心灵的审美愉悦和自我实现。

3.38 罗纳德·英格哈特(Ronald Inglehart)⑥认为，这种转变发生在和平和

① 关于创意产业中技术影响的个性化作用，请参阅‘The Long Tail: Why the Future of Business is Selling Less of More’ op cit. See also ‘Superstars and Underdogs: An Examination of the Long Tail Phenomenon in Video Sales’ op cit.

② ‘Quantifying Quality Growth’, M Bils and P Klenow, American Economic Review, Vol. 91 (4), September 2001; ‘Measuring Growth from Better and Better Goods’, M. Bils, NBER Working Paper No. W10606, 2004. 作者认为，相关价格的上涨导致对通货膨胀进行了过高估计。

③ ‘Why Does Democracy Need Education?’ E Glaeser, G Ponzetto and A Shleifer, NBER Working Paper No. W12128, 2006.

④ 由组织发展公司TMI和客户服务研究所(ICS)进行的调查，对6 000人进行了40多个关于他们抱怨意愿的问题询问。

⑤ ‘Motivation and Personality’, A Maslow, HarperCollins. 3rd ed., 1987.

⑥ ‘The Silent Revolution in Europe: Intergenerational Change in Post-Industrial Societies’, R Inglehart, ‘The American Political Science Review’, Vol. 65(4), 1971; see also his ‘Modernisation and Postmodernisation: Cultural Economic and Political Change in 43 Societies’, Princeton University Press, 1997. 1970年，英国的唯物主义者要比后唯物主义者多得多：当把崇尚唯物主义价值观的人数比例从那些支持后唯物主义价值观的人数中减去之时，就会出现一个负值：-29%。然而，到1994年，这一数值急剧降低，只有-7%。

经济日益繁荣的战后时期。他认为，随着对作为权威来源的正式宗教、政治和科学信仰的下降，人们想要参与和自我表达的欲望会迅速膨胀。

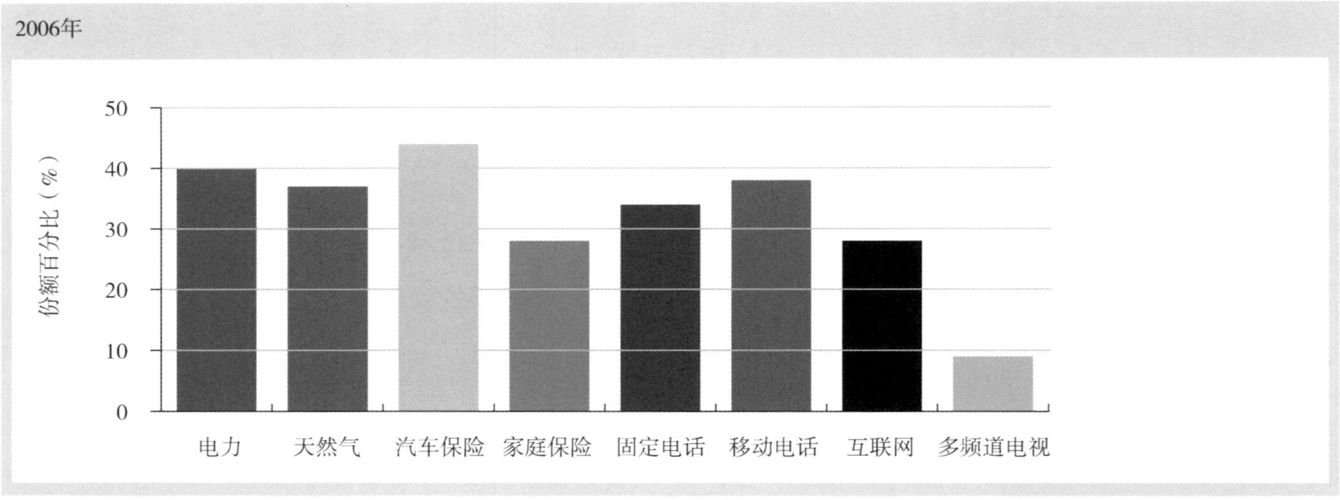

图 3.10　最近两年已经改变供应商的消费者百分比

数据来源：由 Jigsaw 所进行的英国通信管理局决策调查（Ofcom decision-making survey）。基础数据：2006 年 6 月，500 名拥有固定电话和使用公用服务的英国成年人（电力：496；天然气：497；家庭保险：479）以及由国际市场研究公司 Ipsos 所进行的英国通信管理局通信追踪调查。基础数据：2 234 名拥有固定电话的英国成年人，1 883 名拥有移动电话的英国成年人，1 805 名拥有多频道电视的英国成年人，以及 1 242 名拥有互联网的英国成年人。

3.39　图 3.11 是根据一份定期调查得到的图表，这份调查是对不同年份渴望获得成功的人数进行的统计。由此可以看出各年龄阶段的人群在 1986 年和 2004 年间都明显上升，这是婴儿潮中增长最快的一代。

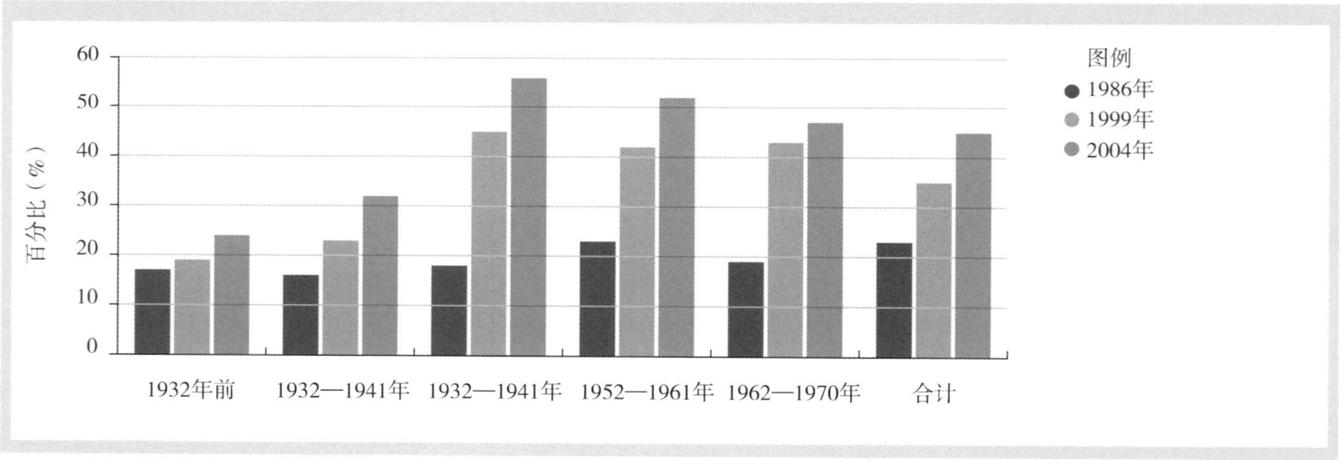

图 3.11　把实现个人成就作为人生第一愿望的人数百分比（通过出生年份分组）①

数据来源：《不断变化的生活》，泰勒·纳尔逊（Taylor Nelson）。

① “如果你只有一个愿望，这些你会选择哪一个？是要更高的评价，要更少的恐惧，要能买得起的东西，要能够实现自己，还是拥有更多的友谊。”

3.40 同样地，如图3.12所示，必须通过新鲜体验满足自身需求的人数也出现同等程度的增加。

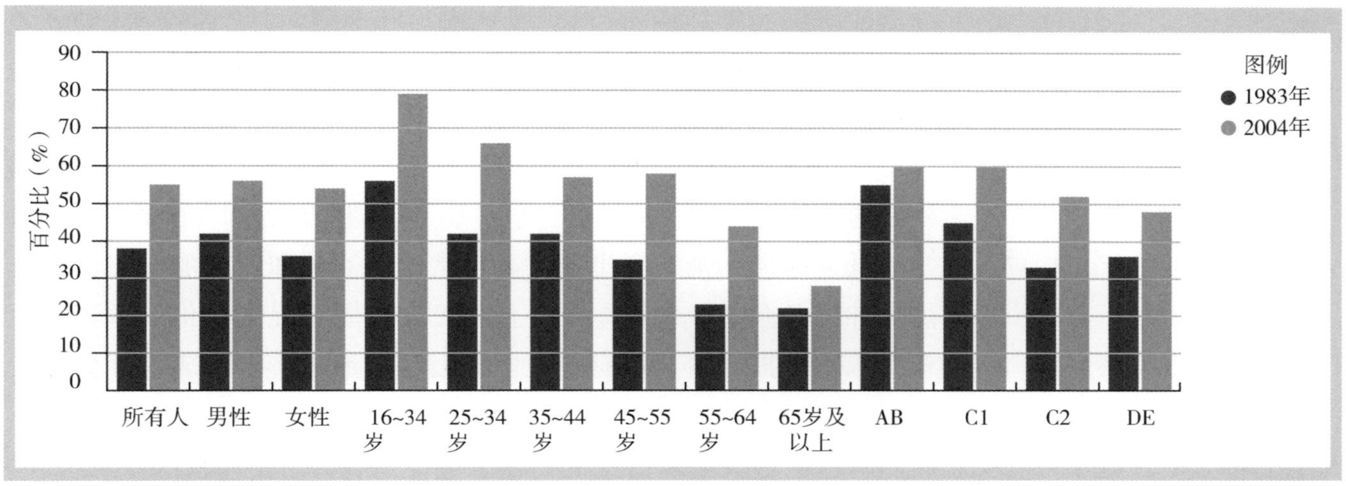

图3.12 强烈或者有感觉自己必须从新的体验中满足自身需求的人数百分比①

数据来源：《不断变化的生活》，泰勒·纳尔逊。

3.41 自我表现的欲望、对新鲜事物的追求、旧的信任等级的瓦解，这三大因素的结合推动了一个新鲜和新颖的消费形式的产生——社交性强的在线网站成为人们青睐的交往空间。

3.42 例如，第二人生（虚拟社交游戏软件）自2003年出现以来，就有了550多万新注册用户。将近26亿林登币（虚拟游戏币）在进行虚拟流通，林登币与现实世界货币的汇率是1美元兑换250林登币。②

3.43 Facebook，MySpace，YouTube和Flickr的使用人数也在迅速增长。在这些新的网站中，技术不是简单地作为合作生产手段来进行使用。技术也起着微妙的作用，支撑着所谓的新兴"播放列表文化"。③

3.44 劳伦斯·莱斯格（Lawrence Lessig）对成年人和儿童进行了区分。现在成年人消费基本上是自上而下提供的文化，而孩子们则"越来越理解文化是由他们自己创作，或者是由他们重新创作，再经混合和再改造所得到的，并且他们可以获得这样的文化，可以通过技术工具对其进行重新创造。对儿童来说，文化不是以最终形式进行传播的。儿童使用我们所未掌握的技术，用一种我们从未见过的方式进行文化体验"。④

3.45 派恩二世和吉尔摩（1999）⑤认为，共同出发点是对个性化体验的渴望，而且商品和服务的成功供应则越来越多地体现为阶段性消费，这

① "对于每件物品，我可以看出，你会不会告诉我，你的需求感觉是强烈、中等、轻微或者根本就没有。首先……为了满足我对新体验的需求。"

② 2006年6月17日。

③ 'Whose Art is it Anyway', J Knell, Arts Council England, 2006.

④ Ibid, p. 7.

⑤ 'How Much Does the UK Invest in Intangible Assets?', M Marrano and J Haskel, Queen Mary, University of London Working paper no. 578, 2005.

是一种吸引消费者参与到四大消费领域中一个或更多领域的消费体验，这四大领域分别是娱乐、教育、审美和消遣。派恩二世和吉尔摩认为，参与活动的过程有两条主轴：从被动参与到主动参与，从吸收到浸入。所以，教育体验（科学博物馆空间画廊）、审美体验（泰特命题（Tate's proposition）：审美体验总是品牌主导）、消遣体验（冒险假期）和娱乐体验（迪斯尼）都有所增长。①

3.46 这一切无法得到保证或不可能按照线性方式来发展。这些价值观和随之相伴的文化传播特别是对教育水平和人口结构具有高度的敏感性。

3.47 在经济低迷时期，消费者迅速提高日常所需商品和服务的开支，而这类商品和服务会敏锐地根据个性化程度或体验情况来定价。随着社会受教育水平的提升以及拥有了更多的财富，追求平等也成为社会发展的重要目标，所以人们想要更多的知识成就和达到自我实现。②这并非人们的新追求，而是富足的财富使得这种追求能够通过更广泛的享受消费来实际体现出来。

3.48 自然科学的新兴见解证实了个性化需求深深植根于人类的生存条件之中。苏珊·格林菲尔德（Susan Greenfield）③主张，个性化是我们大脑的默认状态：个性化并非无知地屈服于基因，而是具有更高的可塑性，在我们活着的每一刻，我们都以个人经验来对个性化进行配置并且还不断进行更新。

3.49 “体验经济”是基于人属于情感与理性并重的生物这一概念之上。支持这一假说的研究者认为，所有思想，无论是否有逻辑，都充满了隐喻，并且受到隐喻的刺激，而隐喻则是创意产业的通用语。④实际上，我们天生就寻求审美价值。最后，没有任何已知的人类文化不用美学来表达，这表明艺术品可能是社会进化或适应性的起源。⑤

消费可以被看作……一种自我表现的形式和个性的发挥……

3.50 因此，消费可以越来越被看作一种自我表现的形式和个性的发挥，其中，文化表达、创意表达和艺术表达都是核心要素。正如社会学家托尼·吉登斯（Tony Giddens）认为，在当今世界，个人通过自己所做的选择来表现自己的身份。⑥这种新兴的消费文化也有自己的弊端。牛津大学的阿夫纳·奥弗（Avner Offer）注意到，这是一种缺少克制的文

① ‘How Much Does the UK Invest in Intangible Assets?’, M Marrano and J Haskel, Queen Mary, University of London Working paper no. 578, 2005.

② See also ‘Cultures Merging: A Historical and Economic Critique of Culture’, E Jones, Princeton University Press, 2006.

③ ‘The Private Life of the Brain’, S Greenfield, Penguin Books, 2002.

④ ‘How Customers Think: Essential Insights into the Mind of the Market’, G Zaltman, Harvard Business School Press, 2003. 根据一些研究，人类在口头交流过程中每分钟会使用六个隐喻。

⑤ ‘Aesthetic Universals’, D Dutton in ‘The Routledge Companion to Aesthetics’, B Gaut and D McIver Lopes eds., Routledge, 2002. See also ‘Homo Aestheticus: Where Art Comes from and Why’, E Dissanayake, University of Washington Press, 1992.

⑥ ‘Modernity and Self-Identity: Self and Society in the Late Modern Age’, A Giddens, Polity Press, 1991. 为何这种现象是通过个人消费而产生，而不是通过其他的活动，比如工作？其中一个原因就是，消费行为常常属于四大环节之末，更加具有自主性：它们不仅与满意的实践瞬间重合，而且不需要后续或进一步的行动。例如，铎诺霍观察到这种实现是“生产者范式”消失的一个关键原因。直到 19 世纪后期，“生产者范式”都一直占据主导地位。越来越多的评论家将工人并没有描绘并为掌控自己劳动的表现生产者，而是不负责任的劳动分工中的高度系统化产业大军。反过来，围绕消费的负面内涵减少，曾经有人认为消费摧毁了劳动成果并且阻止了资本积累。See ‘Work, Consumption and Culture: Affluence and Social Change in the Twenty-First Century’, P Ransome, Sage Publications, 2005 and ‘Freedom of Want: American Liberalism and the Idea of the Consumer’, K Donohue, John Hopkins University Press, 2003.

化，并且倾向于短期主义。①毋庸置疑的是，它是存在的，并且在不断增长。

3.51 个性化、渴望体验且眼光敏锐的消费者的出现不是英国独有的现象，而是一种国际现象。②虽然这种现象目前主要集中在发达国家，但预计会随着中产阶级的崛起而在全球迅速传播。③

个性化与眼光敏锐的消费者的出现是……一种国际现象……

3.52 世界银行(World Bank)④预测，尽管世界人口中中产阶级的比重在1993年到2000年间没有发生变化，但是，到2030年，该群体会超过10亿，成为增长最快的一部分。虽然56%的中产阶级成员目前居住在发展中国家，但按目前的趋势，这一比例到2030年会达到92%⑤，其中，亚洲的增长幅度最大。

3.53 中产阶级的扩大很可能会增加对创意产品和服务的需求。如图3.13所示，2005年，全球娱乐和媒体行业的价值达到了1.3万亿美元，预计增长至1.8万亿美元。⑥

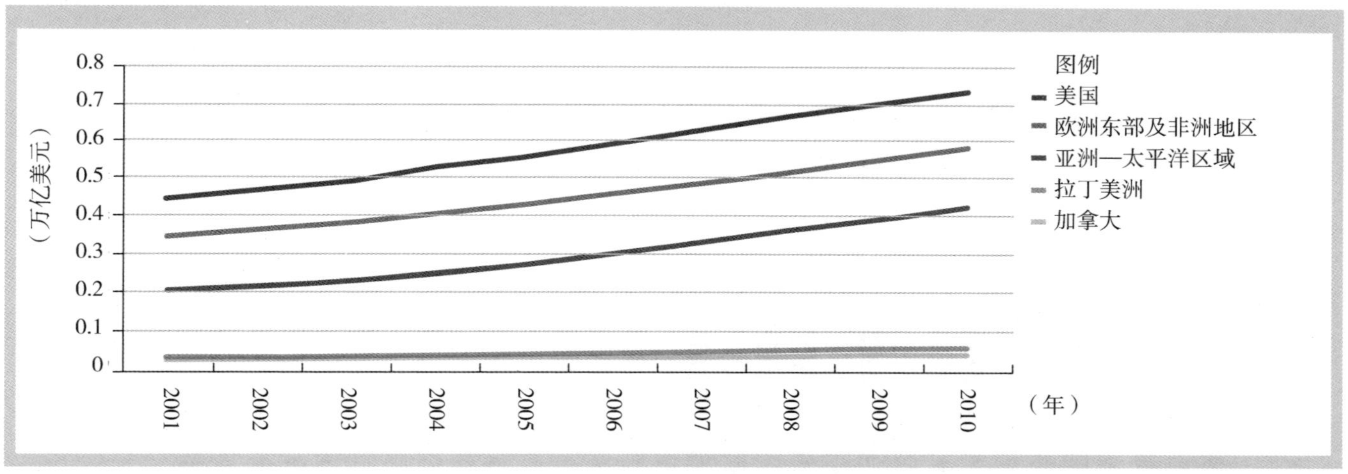

图3.13 全球娱乐及媒体行业区域性预计市场增长

数据来源：普华永道会计师事务所(PricewaterhouseCoopers)(2006)《全球娱乐及媒体展望：2006—2007年》。

3.54 日本首先成为一个消费型社会，这为其他国家开辟了道路，印度可能会紧随其后。麦肯锡全球研究所⑦进行了类似的调查，并且对中国市场的潜力进行评估。结果有些让人难以置信：尽管中国的人口是意大

日本已成为开路开锋；印度可能紧随其后。

① ‘The Challenge of Affluence: Self-control and Well-being in the United States and Britain since 1950’, Avner Offer, Oxford University Press, 2006. 具体来说，奥弗认为，自我约束的社会习俗是通过传统来进行束缚或把个人和社会限定到更加优化的行为进程，由于技术进步以前所未有的更低廉的价格提供了前所未有的商品和服务选择，这些习俗已经被破坏并且逐渐被淘汰。

② ‘Global Entertainment and Media Outlook: 2006-2010’, PricewaterhouseCoopers, 2006.

③ 威廉·伊斯特利认为，中产阶级的出现具有强大的反馈效果，创造了一个更加广泛的改革空间，继而促进社会进一步发展。‘The middle class consensus and economic development’, W Easterly, World Bank Policy Research Paper, 2346, 2000.

④ ‘Global Economic Prospects 2007: Managing the Next Wave of Globalisation’, The World Bank. 2007.

⑤ 2000年，中产阶级人均收入在4 000美元到17 000美元之间，根据购买力给出中产阶级家庭年收入在16 800美元至72 000美元之间，一个发展中国家的普通中产阶级家庭的成员按4.3人计算。

⑥ ‘Global Entertainment and Media Outlook: 2006-2010’ op cit.

⑦ From ‘Made in China to Sold in China: The Rise of the Chinese Urban Consumer’, McKinsey Global Institute, November 2006.

利的 20 多倍，但中国的消费市场只比意大利的消费市场稍微大一点。中国的消费占 GDP 的比重从 1995 年的 47%缩减到 2005 年的 37%（日本和美国的消费占 GDP 的比重分别是 57%和 71%）。

3.55 尽管如此，麦肯锡预测，到 2025 年，中国消费占 GDP 的比重将会上升到 45%，这会使中国成为世界第三大消费市场。[①]如果关于全球中产阶级的增长速度是总人口增长速度两倍的预测具有可信度，那么中国跨国公司不仅会有更大的市场，而且其也会呈现与西方国家类似的消费特点。

3.56 这些新兴市场对进口的创意文化产品的需求是否会和对其他商品和服务的需求一样强烈，这是一个开放性问题。例如，中国的媒体市场就受到了严格的监管和审查。在许多其他类似的情况中，由于文化对国家具有重要意义，受到保护主义措施和补贴的支持。即使没有这样明显的政治利益，文化产品体现了大量的共通性，包括信仰、传统和语言，因为这些共通性将不同群体进行区分并且将群体成员结合在一起。因此，文化产品不可能像其他商品与服务那样容易在世界范围内推广，它具有本土性。图 3.14 以音乐曲目来源占市场价值的百分比作为衡量标准，说明各国对本土制作的音乐的需求非常大。

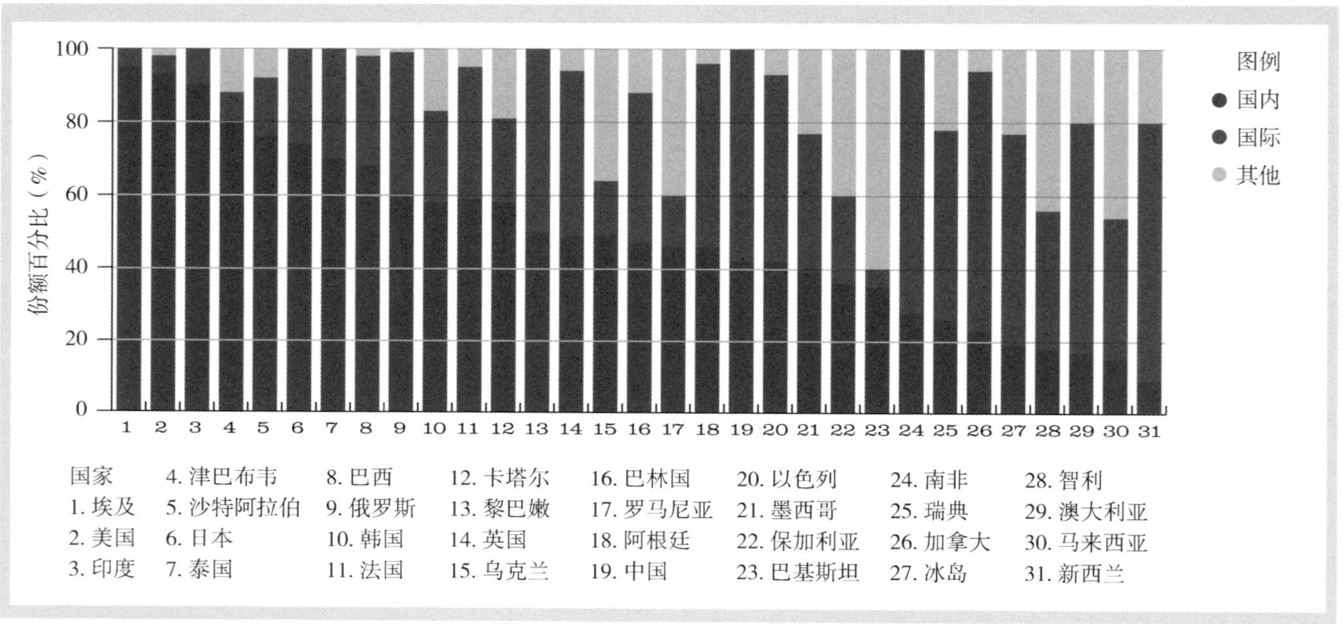

图 3.14 音乐曲目来源市场价值百分比

数据来源：国际唱片业协会（2003）唱片行业数量。

3.57 20 世纪，美国成功建立了一个出口量很高的蓬勃文化产业基地。这个例子很有启发性。然而其经验具有特殊性，很难进行复制。

① 假设中国能够解决从依赖投资转向依靠内需过程中产生的各种失衡问题。

3.58 首先，历史学家唐纳德·沙逊(Donald Sassoon)指出，20世纪美国文化的主导权从某种程度上来说归功于其复杂多样的国内市场，这与传统的欧洲模式完全不同。

> “美国观众是由不同文化背景的人构成的混合体。如果要想在法国取得成功，只需要取悦法国人就好；在意大利，仅仅取悦意大利人就好。但是要想在美国成功，就必须设计出一种产品，让爱尔兰人、波兰人、意大利人、犹太人、黑人、德国人等都能买单。好莱坞在无声电影时代取得的世界范围内的巨大成功就源于美国自身这个大本营……关键的问题在于，在文化产业时代来临之际，美国国内的消费群体在文化上就呈现着各自为营的分割状态，近似一个全球性市场。一旦文化产品通过检验，回报就是巨大的：不仅征服了一个大市场，而且可能征服世界。”①

3.59 从历史上看，另外一个潜在的促成美国吸引力的文化因素就是，美国作为全球霸主仍然提供着许多人们所向往的生活方式。美国已经领先拥有并且将继续享受规模经济分布的巨大优势；这一优势能够支撑全世界的电影制作等行业的大规模生产和营销成本。

英国的优势

3.60 英国文化生产商拥有在英国开展工作的优势以及越来越多样化的社会优势。他们拥有一个有助于他们生产创意内容的国内市场，也有一些发达国家新兴的重要市场机遇。但有一点不同的是，许多国家都有充分的理由来保护和资助本国文化产业的发展。

英国文化生产商拥有在英国开展工作的优势以及越来越多样化的社会优势。

3.61 比起其他许多欧洲国家，英国有很大的优势，但她要保持领先的市场地位所面临的挑战也不容小觑。

供给回应

3.62 创造与创新的重要性促使企业具备更大的组织创新能力，同时通过新型的网络和联盟、信息和通信技术来提升对外发展能力。

3.63 从供应链到内部流程，从生产平台到用户参与，市场的当务之急就是设法解决现代需求的复杂性，并不断创新。②

① ‘On Cultural Markets’, D Sassoon, p. 125 Workshop Paper 2005, Cultural Policy Center, University of Chicago, 2005.

② ‘12 different ways for companies to innovate’, M Sawhney, R Wolcott and I Arroniz, MIT Sloan Management Review, Vol. 47(3), Spring 2006.

3.64 在一个经济体中，“为个人和企业提供激励措施”的机构越多，企业越能积极应对也就越能获得成功。“这些激励措施可以鼓励生产活动，比如技能的积累或者新的产品和生产技术的研发；然而，这些激励也可能滋生掠夺性行为，譬如寻租、腐败和盗窃等。”①

3.65 诚如第2章中对中国和印度情况的介绍，重要的是物质，而不是制度形式。然而，制度所提供的必要技能、动机、价值观念和流程不可能一夜之间就成形。②我们无法避免要在私营和公共部门间建立长久制度的艰苦鏖战。

创新作为一个系统属性

3.66 随着创新和创造需要的增长，服务流程需要被重新思考和概念化。传统上，创新是按照分层和线性方式进行构思的：顶尖的科技大学或大型企业的实验室产生大量的发明，然后这些发明又将被商业化。如果创新薄弱，那是因为大学、研究实验室或者商业化进程存在缺陷。这基本上是这个生产链中每个自上而下功能的推动作用。

3.67 较新颖的理解认为创新是一个更加系统化的过程，强调在一个高技能的、广泛传播的、更加民主化的体系中进行巧妙而有效的协调。

创新的关键技能并不仅局限于研发技能……

3.68 创新的关键技能并不仅局限于研发和营销领域内的活动。员工不再被要求按照机械顺序来运用信息，反而接受邀请参加实验以及提供有关如何改进生产工艺的建议；通过管理实现有效反馈，并将管理作为实践学习与渐进式创新的强大动力。③

网　　络

3.69 由于产品和服务变得更加精细，所以创造价值所需要的知识变得更加专业与分散。④正如在第5章中所探讨的，谁能够最有效地对零散知识进行组织和引领，谁就拥有优势。

3.70 亚当·斯密（Adam Smith）相信，经济的成功归因于“投资人，因为投

① ‘Why Do Some Countries Produce So Much More Output Per Worker Than Others?’, R Hall and C Jones, The Quarterly Journal of Economics, Vol. 114(1), February 1999.

② ‘Offshoring: Threats and Opportunities’, D Trefler, Paper Prepared for the Brookings Trade Forum, 2005; ‘The Writing on the Wall: China and the West in the 21st Century’, W Hutton, Little Brown, 2007.

③ 正如亚当·斯密所指出，“制造业规模化地使用机器生产，其中，劳动力得到了最精细的分工，机器原本是由普通工人发明的，他们只是将机器应用到一些非常简单的操作中，自然而然，他们的思路就转向寻找更方便、更容易的方法来操作机器”。这是国家地理科学教师协会所确定的基调，‘Innovation Gap: Why policy needs to reflect the reality of innovation in the UK’, Research Report, October 2006.

④ 对创意产业影响的一个例子，参见‘The transition to flexible specialisation in the US film industry: external economies, the division of labour and the crossing of industrial divides’, M Storper, Cambridge Journal of Economics, Vol. 13(2), 1989.

资人……能够把最遥远和最不相干的力量结合起来”。亚当·斯密的信念似乎很有先见之明。①他是首位支持网络建设的人。

3.71 如今，关于利用和平衡内部与外部竞争力的问题已经变得尤为重要。任务越来越需要跨越系统与体制的界限——从供应链到大学，包括用户，甚至竞争对手。调查显示，日益增加的战略联盟数量是很好的证明。根据汤姆森财经(Thomson Financial)的调查数据显示，在20世纪80年代，每年公布的新联盟数量不到1 000；到2000年，这一数字已经上升到每年将近1万。②

3.72 网络已经成为新的组织范式。由于各组织机构内部和组织机构之间的界限变得模糊，风险和资源汇集成为可能，组织机构之间的“协同效应”也得到了增强。

3.73 网络正在代替更具传统特点的组织范式，即自上而下的命令与控制以及独立合约。与此同时，信任是网络构建的黏合剂，发挥着越来越重要的作用。

网络正在代替更具传统特点的组织模式……

3.74 但网络自身也存在组织方面的困难。威廉·鲍威尔(William Powell)阐释了网络成功所需要的条件。③

> “通过网络对资源进行配置过程中，个体单元不再独立存在，而是相对于其他单元而存在。需要付出相当大的努力来建立和维持它们之间的关系，但也限制了双方适应不断变化的环境的能力……期望在不断变化，但是变化要视环境而定。要确立共同的发展方向，这是双方相互了解的知识基础，也是双方沟通和解决问题的知识基础。总之，互补和调节是网络成功构建的基石。”

3.75 互补和调节是难以实现的两大关键要素。据估计，只有不到一半的联盟实现了它们的目标，但这一情形有不断恶化的趋势，高达60%的合作伙伴之间存在明显的实力不对称。

合作生产与消费

3.76 企业已经发现越来越多成功的范例都是将消费者纳入到产品或服务的合作生产之中。因此，开源软件(GNU/Linux)、共同生产软件(维基百科)、分布式计算项目(SETI@ Home)等都是应消费者需求而由各大交互式网站所推出的同类业务。

企业已经发现越来越多成功范例都是将消费者纳入到产品或服务的合作生产之中。

① ‘An Inquiry into the Nature and Causes of the Wealth of Nations’, A Smith p.I.1.9, Oxford University Press, Reprinted 1976.

② Cited in ‘Managing Innovation: Integrating Technological, Market and Organizational Change’, J Tidd, J Bessant and K Pavitt, John Wiley & Sons, 2005.

③ ‘The Capitalist Firm in 21st Century: Emerging Patterns in Western Enterprise’, W Powell p. 47 in W Powell and P DiMaggio, ed., ‘The Twenty-First Century Firm: Changing Economic Organization in International Enterprise’, Princeton University Press, 2001.

3.77 这不能仅仅被视为一系列的短暂流行风尚。①维基百科的出现给在线百科全书，如英卡塔(Encarta)带来了竞争冲击，并且可能有最终取代大英百科全书的趋势。

3.78 合作生产已经融入创意公司的商业模式。麻省理工学院的埃里克·希佩尔(Eric Von Hippel)对大量产品开发与改进进行研究，结果表明，10%到近40%的用户参与产品的开发或改进，无论是印刷电路、CAD软件、图书馆信息系统、手术设备、Apache操作系统服务器软件的安全功能，还是户外消费类产品、极限运动或山地自行车装备。②

3.79 与其相关的另一项调查也得出同样的结论。英国创新调查(UK's Innovation Survey)在2000年调查了2 634家制造公司，发现66%的公司的创新知识源于消费者。③

3.80 如果这些用户是"先导型用户"——他们先于其他用户接受市场未来发展的趋势，那么他们的参与通常会使产品更具商业价值。对于这一现象的解释并不难。虽然生产商考虑自身的技术专长，拥有更通用的解决方案手段，但是用户往往更了解自身的需求，以及产品是如何在实际中进行运行的。企业可以利用自身的知识储备逐步创新；只有他们真正地与先导型用户进行对接和合作生产产品，创新才会实现数量和质量上的阶跃变化。④

技术在这一发展趋势中居于中心地位……

3.81 技术在这一变化趋势中居于中心地位，尤其是数据挖掘技术、搜索和浏览技术已经让企业以更低的成本来更好地对整合更远程决策信息进行考量和整合。⑤

3.82 掌握信息和通信技术经济功能最简单的方法就是不把组织和市场看作生产要素的组织者，而是作为知识经济的信息处理器。⑥

3.83 集权式与分权式的信息采集和信息处理各有优势。⑦集权式极大地削弱了规模经济和地方决策者的积极性，并被随之而来的信息成本所抵消。分权式具有一定的优势。信息可能需要以地方环境为依托，地方分权促进自由和创造力的发展，特别是地方决策者的积极性得到了充

① 'The Wealth of Networks: How Social Production Transforms Markets and Freedom', Y Benkler, Yale University Press, 2006. 社会生产是一个根深蒂固的现象，这一现象部分是由于个人如果没有物质激励作为诱因，就会特别倾向于开展相同的项目："道德情操和物质的利益：关于经济生活的合作基础", H Gintis, S Bowles, R Boyd, and E Fehr, MIT Press, 2005. 对Benkler的工作和相关结论持更怀疑态度的讨论，请参阅'Wealth without Market', L Strahilevitz, Yale Law Journal, Vol. 116(7), May 2007.

② 'Democratizing Innovation', p. 20, E Von Hippel, MIT Press, 2005.

③ Cited in 'Think, Play, Do: Technology, Innovation and Organization', M Dodgson, D Gann and A Salter, Oxford University Press, 2005.

④ 冯·希佩尔指出3M公司用户导向型的项目：据估计，用户导向型产品理念进行生产所带来的年销售额是以制造商为中心的生产方式所带来的销售额的8倍。由于用户导向型项目与新产品生产线的理念相关，3M公司相关部门积极对用户导向型项目进行投资，使主打产品的生产率实现前所未有的提升。

⑤ 'The Future of Work: How the New Order of Business Will Shape Your Organization, Your Management Style, and Your Life', T Malone, Harvard Business School Press, 2004.

⑥ 'Organization Design', J Galbraith, Addison-Wesley, 1977; 'Administrative Behavior: A Study of Decision-Making Processes in Administrative Organization', H Simon, Free Press, 1976; 'On the Use of Knowledge in Society', F Hayek, American Economic Review, Vol. 35, (4), 1945.

⑦ Malone op cit.

分激发。但是也要考虑试图协调多项决策所需的成本要素。①

3.84 信息通信技术有可能结合大型组织(规模经济和知识经济)的经济优势而不牺牲小型企业所具有的内在发展优势：自由、动机、创造力和灵活性。

3.85 像特斯科(Tesco)和沃尔玛(Walmart)这样的零售连锁店的发展，很大程度上是建立在各自管理团队所采用的最新管理技术上，由此实现规模经济的双赢，同时也保证各地分店的负责人可以依据当地的贸易环境自行决定更适当的经营策略。

3.86 产生的效应越来越像一个巨大的乐高拼装玩具，其中，任务模块或组件可以进行分离和重组。然而，尽管苹果第四代 MP3 播放器的生产组织变得越来越常规化，但是公司必须继续推进开发创新和创造战略的实施。有些战略试图仅仅只通过利用低工资的劳动力，譬如离岸外包来避免问题的产生，但是这种战略往往只能治标不治本。苏珊·伯杰(Suzanne Berger)和她的麻省理工学院同事进行了一项名为“我们如何竞争”的调查研究，该调查包括了 500 多家美国、日本和欧洲跨国公司的竞争战略，正如他们在调查报告中所指出的，在大多数商品的最终价格中，工资成本只占了较小的比例。②

苹果第四代 MP3 播放器

苹果第四代 MP3 播放器的一个组件——中央微芯片——是由美国波特尔播放器公司(PortalPlayer)提供的。其核心技术是由英国 ARM 公司授权，并由美国和印度的程序员修改。PortalPlayer 公司之后与加利福尼亚州的微芯片设计公司合作，后者将完成的设计发送到中国台湾地区高度资本密集型的建造厂。他们生产的“晶片”上印有成千上万的芯片，这些芯片被切割成单独的磁盘，然后发送给分包商进行单独测试。芯片被封塑后回到中国台湾地区的硅制品公司和在韩国的艾克尔科技公司(Amkor)进行装配，这些产品接着运送到中国香港地区的仓库，之后才被运往中国大陆进行组装。③

3.87 此外，全球劳动力预计在 2030 年达到 41 亿(其中大部分是发展中国家的技术不熟练的劳动力)，劳动力优势是不可能持久的。甚至，劳动力成本低的中国也正在经历着工资上涨，并受到越南等成本更低的新竞争对手的挑战。除了勇于创造，争先创新，别无他法。

① Malone op cit.

② ‘How We Compete：What Companies around the World are Doing to Make it in Today's Global Economy’, S Berger, Currency Books, 2005.

③ An abridged version of the World Bank Box 4. 4, ‘Managing the Next Wave of Globalization’ p. 119, op cit.

凯莉和维多利亚与艾伯特博物馆(V&A):拓宽渠道

维多利亚与艾伯特博物馆的“凯莉—展览(Kylie-The Exhibition)”(2007年2月8日—2007年6月10日)极其成功地展示了英国创意产业的重要性,并且成为博物馆展示创意从业者工作的重要途径,也吸引了大批参观者。

作为世界领先的艺术和设计博物馆,维多利亚与艾伯特博物馆有两项战略目标:在现在和未来,要促进和支持天才设计师和制作者发展英国创意经济,以及鼓励更多观众享受和欣赏设计作品。凯莉—展览是维多利亚与艾伯特博物馆推进这两大目标实现所开展的系列活动。

此次展览已经拉开了帷幕,展示着凯莉这位处于创意金字塔顶端的富有魅力的、国际知名的先行者,其中包括形形色色的创意创造者,有时装设计师和造型师、平面设计师和宣传导演、音乐家和舞蹈指导,以及灯光师和舞台装配工。凯莉展览的后台区允许游客了解“幕后”故事,看看那些坚持凯莉之路的人所进行的工作,展现数百人是如何创造性地投入到凯莉展览的工作中,他们中的很多人都在英国生活和工作。

该展览提供了一个绝佳的机会来增加博物馆的访问量。凯莉—展览吸引了超过25万名游客,其中许多人是第一次参观维多利亚与艾伯特博物馆。事实上,许多游客评论说,他们是第一次在现场了解时尚设计、视频和服饰,这不仅是娱乐,而是生动有趣、创意无限和充满潜力的职业。开幕首日,中央圣马丁艺术与设计学院(Central Saint Martin's College of Art and Design)的整个时尚部门都参与了活动。

此次展览帮助维多利亚与艾伯特博物馆在2007年2月的假期吸引到有史以来最高的周游客访问量,达到了8.8万人次。

如同所有的维多利亚与艾伯特博物馆展览,凯莉展览是一系列事件和基于网络活动的跳板,目的是鼓励创新,鼓励观众广泛地参与。4 000多人欣赏了以凯莉的生活和风格为主题的演出;还有创意工作间为有学习障碍和听觉/视觉障碍的人举办的讲座,以及生动的“凯莉长篇说唱”活动。在网络上,用户可以访问更多的信息,参加比赛,装扮凯莉娃娃和发表自己有关凯莉的评论和回忆,很多人也确实参与其中。

凯莉—展览只是受到维多利亚与艾伯特博物馆支持,展示和激发创意设计使命的一个生动案例。此次展览是基于博物馆特别强大的现代时尚的声誉之上,博物馆举办过大型现代时尚展览,比如范思哲秀(Versace)和薇薇恩·韦斯特伍德秀(Vivienne Westwood),以及免费时尚展览,如奥西·克拉克(Ossie Clark)、让·夏尔·德卡斯泰尔巴雅克(Jc de Castelbajac)、纽约时装秀,还有里程碑式的、人气颇高的运动时尚免费时装秀。

通过成功的巡回展览项目，维多利亚与艾伯特博物馆展示了国内外创意从业者的工作。薇薇恩·韦斯特伍德秀在全球进行了巡演——从上海、中国台北和东京到杜塞尔多夫(Düsseldorf)和旧金山。目前为止，吸引了超过50万名观众。并且，该时装秀会在2008年与我们长期的英国合作伙伴——谢菲尔德画廊(Sheffield Galleries)与博物馆信托公司(Museums Trust)——共同合作完成。维多利亚与艾伯特博物馆的黑色英式展览游历了5个英国城市，接待了14.2名参观者。在伯明翰，博物馆和艺术画廊增加了加文·道格拉斯(Gavin Douglas)的服装设计，其设计灵感来自黑色维多利亚时代展览；道格拉斯在2006年又赢得了一项时尚前沿奖。继维多利亚与艾伯特博物馆展示之后，凯莉到曼彻斯特市立美术馆(Manchester City Art Gallery)、凯尔温格罗夫(Kelvingrove)和格拉斯哥(Glasgow)进行了全国巡演。

维多利亚与艾伯特博物馆不仅面向著名艺术家和设计师，还通过一系列展览、活动和研究培养和培育了新一代的英国创意人才。其中包括广受好评的博物馆每周五进行的晚间节目，参与的观众每次高达6 000人次，还有年度乡村周末游园。乡村周末游园是与设计管理红色项目(Scarlet Projects)合作推出的，已经成为伦敦每年设计领域内的一大盛事，不容错过。

在项目制定过程中，维多利亚与艾伯特博物馆积极咨询创意专业人士，与高等教育机构进行合作；例如，博物馆就是卓越教学设计中心的合作伙伴。我们既招揽了大牌名师，也启用了新兴人才。我们委托他们生产收藏品，开展零售业务以及进行长期重建项目——未来计划(FuturePlan)：譬如，2006年，儿童博物馆新扩建的入口令人惊叹，它是由卡鲁索·圣·约翰(Caruso St John)设计的，而Softroom建筑公司则负责伊斯兰中东地区贾米尔画廊(Jameel Gallery of the Islamic Middle East)的设计。让-保罗·高缇耶(Jean-Paul Gaultier)、奥兹瓦尔德·博阿滕(Ozwald Boateng)等顶级名人，以及加雷思·普(Gareth Pugh)等新面孔都登上了运动时尚潮流的舞台。

第4章 定义创意产业

创意行业与知识经济的增长都是由同样的动力来推动的。

4.1 英国文化、媒体和体育部所界定的13个创意行业与知识经济的增长都是由同样的动力来推动的。无形资产投资的快速增长为广告、计算机软件服务与设计创造了一个活跃的市场，它们共同占据了英国13个创意行业总营业额的将近一半。

4.2 从电影到表演艺术，寻求体验的所谓"顶级"消费者的变化也促进了所有创意表现形式需求的快速增长。数字化既带来了新的竞争挑战，也带来了与消费者进行尝试和共同创造的新潜力。在这些方面，创意产业应该被视为知识经济更有活力的组成部分之一。

4.3 然而，人们往往发现，这13个创意行业有着同样多的不同之处与相似之处。事实上，即使在同一个行业内部，譬如出版业，其中的报社和教育出版社之间的差异也多于两者的共同点。

……每个创意行业都有一个共同的核心商业模式。

4.4 其实，每个创意产业都有一个共同的核心商业模式。所有模式都源于"表达价值"理念，即将这些产业商业化。经济中的其他环节肯定涉及创意原创行为，而知识经济越来越依赖原创新产品和创新体验。此外，经济中的每个环节通过市场定价来使其产出和实现产品商业化。但是这些活动都是有实际效能的。

创意产业的独特之处在于，这些产业的收入是通过其表达价值商业化所产生的……

4.5 创意产业的独特之处在于，这些产业的收入是通过其表达价值商业化所产生的，并且绝大部分的商业营业额来自真正的创意原创行为，在这一点上，就连知识型经济的其他环节也无法企及。

表达价值

表达价值……扩大了文化内涵与文化理解。

4.6 表达价值可以从不同的维度(理念领域)来理解，并且每一个维度都从最广泛的意义上扩大了文化内涵，加深了对文化的理解。大卫·思罗斯教授对下列创意产业领域的表达价值维度进行了界定：[1]

① 'Economics and Culture', D Throsby, Cambridge University Press, 2001, 26.

表达价值

审美价值——反映美丽、和谐、形式以及其他美学特征。

精神价值——这可能是世俗的，也可能是宗教的，它是对全人类所共享的精神内涵的追求。精神价值衍生的收益包括理解、洞察和认识。

社会价值——艺术作品的一个重要方面是它能够将原本独立的个体连接起来。艺术作品阐明了我们所居住的社会的特征，并创造了一个关系和身份能够茁壮成长的环境。

历史价值——历史学家帕朗博指出，"我们每个人是历史存在，按照时间所创造的某个模式继续下去"。从某种意义上来说，艺术作品之所以重要是因为艺术作品本身恰好是它们被创作的那一刻的独特缩影，反过来也呈现了现在这一刻的清晰性与连续性。

象征意义——表现对象是意义的储存库。在某种程度上，个体从一部作品中提取意义，即作品的象征价值会存在于作品自身所表达的意义以及其对消费者所传达的价值。

真实性价值——它强调作品是其所代表的真实的、原创的以及独特的艺术作品。

4.7 本质上，表达价值创造新的见解、新的愉悦感和新的体验，增加我们的知识，激发我们的情感以及丰富我们的生活。

4.8 在21世纪的前十年，表达价值不再局限于传统艺术形式。表达价值(在象征价值的意义上)体现为软件程序和视频游戏，比如《侠盗猎车手》(*The Grand Theft Auto*)和《金属齿轮系列》(*Metal Gear series*)，它是引人入胜的叙述、表现驱动的演绎以及自然画面的结合。[①]表达价值(在社会价值的意义上)体现在用户在互联网中所产生的交互性文化材料的范围之中。

版权与专利法

4.9 重要的是，英国普通法和成文法对版权与专利进行区分的基础建立在知识产权(intellectual property rights，IPR)所定义的表达价值之上。当然，知识产权是企业可以从知识投资中获取利益的一种形式。从

英国普通法和成文法……建立在知识产权所定义的表达价值之上……

① 理查德·波斯纳是一位具有影响力的法律哲学家和法官，在第七巡回上诉法院对一项要将电子游戏当作艺术的案例作出了判决，该案例是著名的美国娱乐游戏机诉讼肯德里克案。

形式上看，商标、设计权和保密协议也涉及知识产权问题，而战略机制，如竞争对手的交货期、商业机密和设计的复杂性也很重要。

4.10 专利是一项发明的技术信息在向公众公开之时向个人所授予的为期20年的限制性垄断权利。关键是专利保护了“有用的想法”。①要想获得专利资格，想法必须具备新颖性、创造性以及工业实用性，而且不能被“排除在外”。美学创作是明确被排除在外的，包括音乐、美术、舞蹈与文学。②

4.11 另一方面是版权保护原创表达。受版权保护的财产是特殊的，因为版权会自动生效，一般是为了作者的利益，这是版权原则发展中已经形成的关键概念。由于历史原因，对于文学作品、戏剧作品、音乐作品以及艺术作品的保护期限是作者有生之年及死亡后70年，虽然也有例外，比如所谓的创业作品。③

4.12 与专利法关注发明和公共领域信息之间的关系不同，版权的独创性审查关注创作者和作品之间的关系，也就是说，表达性输入所带来的技能、劳动和判断的特殊性与意外收获要体现在最终成果之中。④

4.13 创意产业的共同点是，所有创意产业或多或少在其商业模式运行中都会使用版权。⑤事实上，一些美国评论家在此处指的是“版权保护”，而不是创意产业。

与知识经济相比，创意产业面临着更为严峻的挑战：

4.14 创意产业共同的商业挑战可以被视为知识经济领域普遍面临的挑战的升级版本。这里，我们的分析要感谢哈佛大学教授理查德·凯吴斯（Richard Caves），他是第一位成功将契约与组织理论应用到创意产业的理论家之一。

---

① 高尔斯知识产权审查，同上。在某种程度上，这使得卡里亚拉认为，专利与版权主要是从功能性角度进行区分，版权适用于艺术、音乐、文学等非功能性作品，而专利则适用于技术类的功能性作品。‘Distinguishing patent and copyright subject matter’, D Karjala, 35 Conn. L. Rev, Winter 2003.（2003）

② 1977年《专利法》第s. 1(1)(c)条；《欧洲专利协议》第52(1)条；凯龙对穆雷克斯(1996) RPC 536, 606明确地排除了“文学、戏剧、音乐或艺术作品或者任何其他审美创造作品”。PAs 1(2).

③ 对于一般的“70年版权”规则也存在一些例外：计算机生成的作品、英国皇家版权、议会版权与国际组织、用于设计的艺术作品、佚名作者的作品、不属于公共领域的未发表的作品。所谓的企业作品受保护的时间还要更短，譬如录音、广播和有线电视节目以及排印安排。

④ 参见‘Intellectual Property Law’, L Bently and B Sherman, Oxford University Press, 2001. 自然权利的论据在版权中的作用一般要比专利中的作用更大，这并非巧合。也就是说，该法是对于某些正当理念经锤炼后所产生的多种影响的具体表现。

⑤ 设计在注册和未注册的设计权利制度的约束范围内大不相同。然而，为了能够注册，设计必须要能够“悦目”——1949年《注册设计法案判例法》表明，“悦目”指由产品外形、图案或者装饰的特殊性所生成的吸引力能够对顾客的选择产生影响，比如乐高公司诉讼泰科案例(1988)RPC 343, 355。因此，我们可以得出一个合理的结论：不应该纯粹地考虑功能方面的因素。另一个注册障碍在于，申请人必须证明其外观，无论是一般的，还是具体的，对于消费者的重要性——RDA s. 1(3)。随着时间的推移，案例法的发展表明了注册设计制度中存在微妙的美学思想。

创意产业的挑战

1. 无人知晓——个体消费者只有消费和体验了创意产业的产品才知道这些产品对他们的价值。消费者会对被迈克尔·达比(Michael Darby)和艾迪·卡尔尼(Edi Karni)称作是“值得信任的商品”给出评价，但即使在消费之后，其质量也不能完全由买方决定。

无人知晓……

我们很难信心十足地说出一首动听的音乐，或者一部令人上瘾的视频游戏究竟是什么样子的，这与更具功能性的商品形成鲜明的对比，因为功能性商品的属性——速度、准确性、易用性、更高的燃油率之类——可以更容易地被测量并且是以科技前沿技术为基础。①

路易·列维-戛鲍埃(Louis Levy-Garboua)和克劳德·蒙特马可迪(Claude Montmarquette)表示，消费者并不知道自己在文化市场的真正品味。②相反，他们在一系列消费过程中进行非系统的学习，通过反复体验发现自己的真正品位。因为创新产品的种类数不胜数，这种发现过程实际上可能是无止境的。并且，在某种程度上，个人也不能确定自己喜欢什么，所以表达价值型商品的生产者要努力去预测市场，这一点不足为奇。

正是在这种背景下，美国作家和编剧威廉·戈德曼(William Goldman)用这样一句经典名言来评论电影业：“没人知道任何事。”③正如他所言，行业高管可能知道大量行业过去的运行情况，但是，针对未来行业运行情况的预测，知识却毫无帮助。一个结果就是，表面上的确定性可能会在现实中消失得无影无踪。迈克尔·西米诺(Michael Cimino)的《猎鹿人》(*The Deer Hunter*)掀起了一个重要的商业热潮。然而，他的下一部电影《天堂之门》(*Heaven's Gate*)却以失败告终，最终结束了西米诺的职业生涯。④相比之下，像《星球大战》(*Star Wars*)这样的大片也面临同样的境遇。

---

① ‘Free Competition and the Optimal Amount of Fraud’, M Darby and E Karni, Journal of Law and Economics, Vol. 16, (1) 1973; See also ‘The Experiential Aspects of Consumption’, M Holbrook and E Hirschmann, The Journal of Consumer Research, Vol. 9 (2). September 1982; ‘Modeling goes to Hollywood: predicting individual difference in movie enjoyment’, J Eliashberg, and M Sawhney, Management Science, Vol. 40 (9) September 1994.

② ‘A microeconometric study of theatre demand’, L Lévy Garboua and C Montmarquette, Journal of Cultural Economics, Vol. 20 (1) March 1996.

③ ‘Adventures in the Screen Trade’, W Goldman, Warner Books, 1983.

④ ‘Short-Term Projects and Emergent Careers: Evidence fromHollywood’, R Faulkner and A Anderson, American Journal of Sociology, Vol. 92, 1987.

"瀑布效应"(Cascade effects)使创意商品又增加了另一种不可预测性。①产品好坏的不确定性意味着，其他人的判断可以使买家相信某个创意产品的个别优点，继而形成购买的瀑布效应。②因此，口碑、传闻、报纸评论或广播电台播放音乐，既可以帮助做出购买决策，又可以将其扩大为购买力潜在的泡沫。

所有的购买决定都受到社会和朋辈群体压力的影响，但是，在创意产业中，这些影响会更加显著，因为创意产品具有内在的社会维度。例如，音乐市场不仅仅属于"好"音乐，泰勒·考文(Tyler Cowen)认为，"人们购买音乐是为了显示自己的时尚，参与当今潮流，尽可能地与上一代人划清界限"，同样也是因为音乐在客观上确实很"好"。③

针对这些似是而非的理由，创意市场可能背道而驰。④一种产品会变成时代思潮的一部分，但是，一旦有太多人参与一种特殊的时尚，这种产品可能不再具有吸引力，而这种潮流也会消失。正如著名社会学家格奥尔格·齐美尔(Georg Simmel)所指出的，一方面，个人渴望个性与新奇；另一方面，个人又眷念归属感与秩序，而上述现象正是这两种渴望之间不稳定的相互作用。⑤

创意产品的一个更重要的特点是，尽管其他产品通常是在出现了更便宜、更好的有着相同功能的替代品之时就会结束自己的生命，但是，创意产品可以有第二次甚至第三次生命。汽车和个人电脑使得马车和打字机不可避免地被淘汰了；而披头士的歌曲选集或波普艺术作品的收藏在首次引起时尚轰动之后，吸引力下降，但是却可能再次被视为"经典"，反复成为消费潮流。

企业很难及时应对这些结构上的不确定性。一个明显的策略是开发创意产品投资组合，希望至少有一项产品会成功。另一种策略就是利

---

① 'The Impact of the Highly Improbable', Nassim Taleb, Random House Publishing, 2007; 'A Theory of Fads, Fashion, Custom, and Cultural Change as Informational Cascades', S Bikhchandani, D Hirshleifer, and I Welch, Journal of Political Economy, Vol. 100 (5) 1992; 'Increasing Returns and Social Contagion in the Cultural Industries', M Kretschmer, GM Klimis and Chong Ju Choi, British Journal of Management Vol. 10 (1) September 1999.

② 实验证实了这一假说。'Experimental Study of Inequality and Unpredictability in an Artifical Cultural Market', M Salganik, P Dodds and D Watts, Science Vol. 311, February 2006. 作者创造了一个人工音乐市场，其中，14 000 多名参与者下载以前未知的歌曲，他们中有的人有先前参与者的下载信息，有的人则没有。研究发现，那些选定的流行歌曲在以下两种情况下有着明显的差别。当个人独立地作出选择时，歌曲的品质接近于歌曲的流行程度；而当个人可以观察别人的选择时，歌曲的品质则对其在现实世界成功的预测就较弱。在某种程度上，品质"好"的歌曲通常要比品质"差"的歌曲拥有更高的市场份额。作者还发现，在音乐品质排行榜上排名前五的歌曲只有 50%的机会可以在音乐成功排行榜上排名前五，反之亦然。因此，一首 52 地铁乐队的歌曲《Lockdown》在音乐社会影响力的世界排行榜上居于榜首，即使这首歌曲在 48 首音乐品质排行榜上排名第 28 位。

③ 'Good and Plenty: The Creative Successes of American Arts Funding', Tyler Cowen, Princeton University Press, 2006, 120. A classic statement of this position is Pierre Bourdieu's 'Distinction: The Social Critique of the Judgement of Taste', Harvard University Press, 1979/2002; 'Profits Out of the Picture: Research Issues and Revenue Sources Beyond The North American Box Office', C Weinberg in 'A Concise Handbook of Movie Industry Economics', C. Moul ed., Cambridge University Press, 2005.

④ 这一有理有据的观点是由 Kretschmer, Klimis and Choi 提出的，同上。

⑤ 'Fashion' G Simmel, in D Levine, 'On Individuality and Social Forms', University of Chicago Press, 1972.

用明星、续集、精心营销以及不断的改编来减少自身所面临的不确定性。在某种程度上，这些策略是预先承诺的手段，因为没有任何人或企业会冒风险故意销售劣质产品来损害自己的声誉，所以这些策略也可以表明，该产品的质量可能很高。[①]

2. 沉没成本——因为生产一件创意产品耗费的成本已经不可避免地产生了，但在此之前关于这件产品是否会成功的市场信息无法通过任何渠道进行收集，因此风险更大了。电影、音乐或唱片必须要先制作，然后才能进入市场测试。也有一些预防措施可供选择。制作商可以对创作作品进行测试，尝试从投资组合中剔除可能失败的作品；但是，创意产业也存在绝处逢生的例子。

沉没成本……

一种预防沦为"着陆失败者"的方法就是按照一系列步骤来组织创新项目，并且还要在项目周期的所有关键时刻预先准备应急方案。在现实中，这些步骤过程却不如制动行动来得有效。这些确保希望无法战胜现实的机制总是不完美的：应该事先理智地舍弃的项目总得继续完成。

成功与失败之间的差异可能会很大。在电影业，对 2001—2004 年制作的电影的抽样调查表明，一个工作室的投资回报率（return on investment，ROI）从-96.7 %扭亏为盈，达到 677 %以上，投资回报的中位数达到-27.2%。排名前四的电影票房占总收入的 20%，排名前八的电影票房占 30%。[②]

内容生产商——作者、乐队、编剧——敏锐地意识到这种风险，会尽量寻找预先支付保证金的交易，以规避对未来难以预料的实际使用费用的估计。比如，在音乐界，只有非常顶级的乐队会获得除唱片公司给予的定金外的收入，因为实际使用费很少会超过定金和实际费用的总和。

3. 质量选择——在竞争市场不完备的情况下，生产商可能会有策略地投入更多的资金来帮助提高某一创意产品对消费者的吸引力（同样，目前只有消费动机加强了，而消费前期与后期的产品质量难以评估）。数字化不断推动着市场的扩大化和统一化进程，其中，创意公司不仅可以提高自身的利润，而且可以通过增加投入来攫取其他竞争对手的利润。因为一家公司进行投资，另一家公司就要被迫作出反应，这通常会导致相互抵消投资的恶性浪费循环。而在创意产业中，成本上升是一个始终存在的风险。

质量选择……

① 'An Empirical Investigation of Signalling in the Motion Picture Industry', S Basuroy, K Desai and D Talukdar, Journal of Marketing Research Vol. 43 (2) May 2006.

② 'From Storyline to Box Office: A New Approach for Green-Lighting Movie Scripts', J Eliashberg, S Hui, and J Zhang, Wharton School Working Paper, 2006. 这一现象产生了。1998 年，仅有 1/10 的视频游戏盈利。2004 年，3%的主机游戏占了游戏公司总收入的 30%：R Crandall and G Sidak 'Video games, Serious Business for America's Economy', Entertainment Software Association White Paper 2006.

这为大型电影公司、发行商和放映场所创造了相当大的优势，也解释了20世纪初的电影行业极端产业化集中与地理集中的原因，其中，由于好莱坞电影公司的崛起，欧洲电影在美国与欧洲市场被边缘化。①由于电影成本的急剧上涨，只有大型的好莱坞电影公司才承担得起，小型的美国和欧洲生产商根本无法参与竞争。②

而视频游戏行业正在复制这种模式。由于技术的快速进步③——开发PS3(Playsations 3)的图形处理器比第四代英特尔奔腾处理器的功能要强7倍④——视频游戏发行商背负着前所未有的巨大的开发成本，其要比上一代游戏机的开发成本高50%以上。

开发PS3游戏预计会在25个月内耗资2 000万美元，而开发Xbox 360游戏则预计会在21个月内耗资1 500万美元。⑤ Nintendo Wii的游戏开发成本也有可能在18月内耗资1 250万美元。

英国游戏公司越来越无法抗衡成本上涨的态势，最终要么分包给国际出版商，要么被收购。这与20世纪20年代电影业的遭遇相似。

为了艺术而创作……

4. 为了艺术而创作——创意产业中遍布创意人才，这些创意人才从自己所做的事情中获得乐趣和发挥个人作用。人们称他们的工作为“为艺术而创作”。从企业的角度来看，其中一个优点(尽管剥削招致了抱怨)就是他们的“保底”工资——这是企业准备支付给创意人才的最低工资——要低于其产品的边际价值，这使得劳动力特别便宜。⑥其中一个缺点就是，这些“人才”一心一意地关注创意工作的组织开展，这可能会阻碍他们向管理层作出让步或妥协。

“各样化”属性……

5. “各样化”(motley crew)属性——复杂的创意产品需要多样化的投入；高度创造性与更单调的技能和投入的混合，使创造性活动的组织复杂化。例如，为了拍摄电影或录制一段音乐，每名表演者同每位技术员不得不在同一时间以某种最低要求的组织形式来产生有价值的结果。为了将涉及同一演员或者场景的镜头整合起来拍摄，电影可能不

① ‘The Decline and Fall of the European Film Industry: Sunk Costs, Market Size and Market Structure’, G Bakker, 1890-1927, Economic History Review, Vol. 58 (2), May 2005.

② 1914—1927年，福克斯特色影片的平均成本增加了7倍，派拉蒙的成本则在1913—1920年增加了8倍，而华纳兄弟公司在1922—1927年的成本几乎翻了一番。

③ 斯坦福大学的Folding@ Home是一项分布式计算项目，旨在了解蛋白质折叠与错误折叠以及相关疾病，比如帕金森和阿尔茨海默氏症，该项目部分依靠200万个CPU的闲置处理能力，其中包括3万个活跃的Playstation 3s所构成的网络。这些Playstation 3s的集合性能要超越参与该项目的所有其他操作系统的结合功能。PlayStation 3s已经可以实现几周内完成模拟计算，以往至少需要一年的时间。http://fah-web.stanford.edu/cgi-bin/main.py? qtype=osstats.

④ Measured using transistor count, a common measurement of chip complexity: Intel's Pentium 4 (2000) has 42 million, Sony/NVidia's RSX GPU numbers 300 million.

⑤ ‘Next Generation Consoles: Games publishing, hardware analysis and forecasts to 2010’, Screen Digest, 2007.

⑥ ‘Getting the Measure of the Electronic Games Industry: Developers and the Management of Innovation’, A Grantham and R Kaplinsky, International Journal of Innovation Management, Vol. 9(2), June 2005. 文章认为，如果视频游戏开发商提供金融服务，他们将会获得高达3倍以上的收入。

能按情节顺序进行拍摄；每个人都必须到位，一人缺席都可能影响全部工作。我们所面临的挑战就是选择合适的团队成员，协调和组织活动，并且开展合作。

6. 创作过程——创意产业没有大型的科学或技术基础以及形式逻辑结构的支撑。学习和创造往往具有直观性、反复性并在不断试错的过程中实现，它并不具有分析性与清晰性。①因此，创意产业中的知识往往比知识经济中的一般知识更具隐蔽性。创造过程在很大程度上与个人、团队、网络和组织融为一体。无论团队以何种方式进行分解，那么团队所产生的创意知识也可能很快消亡。

创作过程。

4.15 图 4.1 是根据 KEA 欧洲事务委员会(KEA European Affairs)为欧盟委员会(European Commission)准备的《文化经济》报告为基础绘制的。其中，我们用“表达价值”的概念来说明创意产业的组成。创意产业是以核心表达价值的“靶心”为圆心所辐射出来的一系列同心圆组成。②“靶心”代表产生纯粹创造性内容的地方，这是作家、画家、电影制作人、舞蹈家、作曲家、演奏家和软件编程人员的工作领域。

“靶心”代表产生纯粹创造性内容的地方。

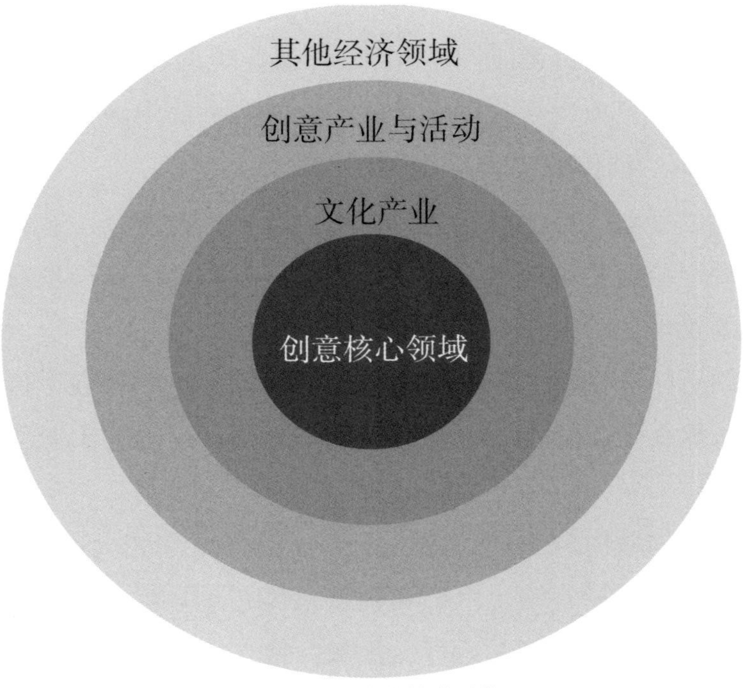

图 4.1 风格化的类型学

创意核心领域——商业输出包含很高的表达价值并且要受版权保护。

文化产业——活动包括表达输出的大规模复制。要考虑输出产品比如电影、出版、音乐、视频游戏的版权问题。

创意产业与活动——表达价值的应用对于这些行业比如设计行业和软件行业的发展至关重要，同时对更广泛的经济领域发展也具有重要意义。

其他经济领域——制造业和服务业受益于创意产业所产生的表达输出，比如苹果的情感音乐播放器以及戴森真空吸尘器，或者零售娱乐，比如英国维珍大西洋航空公司和英国航空公司。

① ‘Technology, Institutions and Economic Growth’, R Nelson, Harvard University Press, 2005; ‘The Economics of Knowledge’, D Foray, MIT Press, 2004.

② 此处引用 2006 年 10 月欧洲委员会所进行的一项“文化经济”研究。

4.16 根据美国小说家唐·德里罗(Don DeLillo)的贴切描述，有一群渴望创作的男男女女，其他人会发现他们的创作如此引人注目，让我们的生活变得快乐满足，充实富裕。

"这是民主的呐喊。任何人都可以创作一部小说，一部伟大的小说。几乎所有街头的业余爱好者……一些无名的苦工，一些几乎没有过梦想的亡命之徒也可以坐下来，找寻自己的声音，碰碰运气，然后开始创作。这是一件非常神奇的事情，让你惊奇地合不上下巴。人才喷涌，思想喷涌。所描写的事物各不相同，所发出的声音各具特色。"①

4.17 虽然创作者在寻求某一受众群体和某一特定市场，但是创作活动是个性化价值的纯粹表达，其中，创作者和用户存在一种独特的关系，双方都从中获益。这是创作表达价值和消费表达价值最强烈的体验形式。它可以是由艺术家作为个体经营者，也可以作为大公司创意生产的一部分，或通过公众支持来产生；在任何一种结构中，必须注意确保创作者有机会尝试和面对挑战。

4.18 重要的是，"靶心"创作不应该仅通过传统的艺术形式进行。计算机软件编程、Web 2.0的推广或者一个视频游戏中新角色的创造都应该属于"靶心"创作的范畴。

4.19 就目前的行业分类而言，表演艺术、艺术、古董及工艺品行业将它们的活动定位在靶心部分，这正是所有创意产业中单纯依靠内容来进行创作的领域。

文化产业仅仅注重单纯的表达价值的商业化……

4.20 紧邻创意核心领域的则是代表主要或仅仅注重单纯表达价值的商业化行业，那就是文化产业，包括音乐、电视、广播、出版、电脑游戏和电影等。

4.21 文化产业领域内公司的传统组织形式使其全部或大部分功能(内容创作、录音、市场营销、生产和销售)都在公司内部完成。虽然这种垂直整合在许多领域仍在运行，比如，目前拥有大型内部游戏开发团队的视频游戏发行商或者大型的音乐品牌公司，譬如百代唱片公司，但是，这种组织形式已经开始逐渐让位于更加网络化的组织形式。

4.22 因此，电影制片厂、唱片公司等要应对大量的独立内容提供商，这些公司可能要给独立的提供商预付款才能换取"一块蛋糕"(创作内容)，然后再对独立创作的内容进行加工。例如，好莱坞电影公司(Hollywood studios)就与大量独立的电影制作商进行所谓的"挑挑看"(pick up)或"抢先看"(first look)交易。

① 'Mao II: A Novel', D DeLillo, Penguin, 1992.

4.23 英国的电视制作也越来越多地使用这种组织模式。英国第四频道就是完全委托独立制作公司来提供电视剧内容。该频道成功地说服政策制定者引进英国广播公司的配额政策，其中，25%的电视支出外包给电视剧内容提供商，后续还有25%将在独立的内容提供商和该广播公司内部的内容提供商之间进行竞争，也就是所谓的创意大赛之窗（Window of Creative Competition，WOCC）。独立的电视制作商已经成为英国电视生态系统中的一部分。

4.24 不过，无论是创意核心领域，还是文化产业，无论内容创作形式与内容处理形式之间的组织联系如何，商业模式的核心还是对生产具有表达价值的原创行为实行版权保护。

4.25 紧邻文化产业的是创意产业。①从分析的角度来看，这些产业都是文化产业的“近亲”，相互区别却又属于同一活动类型。建筑、设计、时装、计算机软体服务和广告都是创意产业，其市场产品要同时通过表达价值的测试与实用性测试。

4.26 创意产业既提供表达价值，又提供功能价值。它们往往要回应用户对量身定做的创意产品的密切需求，是更广泛经济领域的中间投入。

创意产业既提供表达价值，又提供功能价值。

4.27 广告是为了销售产品，但是，如果广告能够成功地表达文化时代的精神，则产生的效果最佳；建筑既要美观，又要实用；设计应该体现文化，但是，如果设计的产品功能不强就没有用处。时尚产品必须处于文化前沿，但是也要具备实用性。并非每栋建筑、每件服饰或每款设计都需要通过这两项测试；但创意产业只有尽可能地通过这两项测试才能更加健康，才变得更加重要。

4.28 这并不是什么新的观点。阿夫纳·奥弗尔（Avner Offer）教授认为在任何时期都特别重要。他引用了通用公司董事长1941年所说的话：“今天，一辆汽车的外观是汽车销售领域中最重要的一个因素，也许是唯一的最重要因素。”1954年，市场调研发现，造型是“制造购买欲望中最显著的因素”。正是设计领域的非价格竞争使得福特公司（Ford）用1949年标志性模型挫败了克莱斯勒公司（Chrysler），而克莱斯勒公司的“气流”（Airflow）设计则完全没有竞争力，影响公司将近二十年的发展。②

4.29 创意产业与文化产业是高度相通的。个人可以同时在这两大产业从事工作，而这两个产业之间的协作也日益增多。两大产业之间也存在许多相互依存的关系。广告行业的支出为商业电视和广播行业提供了大量的资金；而广播行业则服务于电视行业，许多电视喜剧节目最初就

① 注意，这里并不是采用英国文化、媒体和体育部定义的13个更具广泛性的创意行业体系。

② A Offer, p. 194, op cit.

是为广播电台节目而创作的。同样，许多成功的电影剧本也是改编自畅销小说。

创意产业是连通更广泛的经济领域的重要桥梁。

4.30 此外，创意产业是连通更广泛的经济领域的重要桥梁。正如我们下面所要详细介绍的，越来越多的设计师、广告商和软件编程员不只是在创意产业企业内部工作，也在这类企业之外工作。同心圆中的最外圈则代表更广泛经济领域的创造力，该领域与创意产业之间存在着千丝万缕的联系。

4.31 正如第 3 章所讨论的，知识经济的驱动力之一就是对创意企业进行回应。本报告并不认为创造力是创意产业所独有的，只是相比其他经济领域，创意产业的商业模式要更加完全地建立在具有表达价值的原创行为之上。

核心的重要性

4.32 每个创意产业可能会有自己的商业模式，这一模式是其所属产业类型的一部分。但是这些创意产业的创造力与其经济成功究竟有多大的依存性和独立性？它们的创造力对其他经济领域发展具有多大的影响力？

4.33 不像其他经济领域，我们对创意产业间联系的理解相对薄弱，而统计匮乏或者有时完全没有统计会使情况变得更加严重。

创意产业成功的必要非充分条件就是具备一个生机勃勃的产业核心。

4.34 创意产业成功的必要非充分条件就是具备一个生机勃勃的产业核心。如果没有高品质创意内容的供应以及更加广阔的创意内容培植和孵化结构，就不会有可以用来商业化的原创内容。

4.35 第 5 章列出了培养内容创造力的一些背景条件。显然，多样性、开放性文化与具备必备的软硬技能，这三者至关重要，同时，创意产品供应的需求特点也非常重要。

4.36 大部分的核心产业活动都是由才华横溢的内容创作者自发地、通过自筹经费来进行表达价值的创造。但是，要想这样的活动继续得到维持，它就必须有经济作为支持；创作者的付出必须有回报，要么由市场为他们的创意产品买单，如果市场不能完全支付，就需要争取公共资金的支持。

4.37 表达价值的创作成本很高，并且很难获取足够的收入来填补消耗的成本，因为消费者往往会尽其所能地免费使用表达价值，所以，没有公共投资的话，表达价值生产很容易出现后劲不足的问题。

4.38 这就是英国广播公司许可费用案例的实质。广播涉及很高的固定成本：许可证是确保公众支付其所消费服务的保障。

4.39 尽管英国广播公司大致保持着“金发姑娘”的规模，但英国广播公司却已经设法成功地找到了一种持续获得“汇聚”创造力的手段。人们普遍认为，英国广播公司具有很强的创造性。虽然适于英国广播公司的发展规模也面临着非常激烈的挑战，但到目前为止，英国广播公司既没有控制私营广播公司，也没有受到私营广播公司的控制，反而成了为英国创意核心提供经济支持的主要来源。

4.40 英国广播公司也采取了很多措施来实现多样化，以免受商业广告商需求的影响。例如，英国广播公司就是20世纪90年代英伦摇滚成功的关键，对像约翰·皮尔(John Peel)一样的独立DJ也会投入很大的努力对没有经过市场证明的预发行或者新发行的唱片进行推广。①

4.41 1996年，广播一台(Radio 1)播放的1/4的唱片都是“预发行”的，相比之下，两大国家商业广播电台——英国大西洋电台252(Atlantic 252)和英国维珍电台1215(Virgin 1215)则相去甚远，英国大西洋电台252每播放67张唱片才播放一张“预发行”唱片，而英国维珍电台1215则是播放19张唱片才播放一张“预发行”唱片。②

4.42 音乐领域的负责人告诉我们，英国广播公司广播一台播放列表的多样性与客观性是其在英国流行音乐商业中获得成功的关键。英国广播公司也维系着其他四大音乐电台和五大乐团的运行，并且还通过举办一系列音乐节，比如每年的逍遥音乐节与伦敦爵士音乐节，发挥着音乐推广的重要作用，为表演者提供平台来展示他们的才能或者满足他们的成长需求。

4.43 在英国充满活力的独立电视制作过程中，英国广播公司和第四频道(Channel 4)都发挥了不可忽视的重要作用。配额政策和创意比赛之窗(见上文)，与第四频道的授权政策，以及其他陆地、卫星和有线广播商对于独立制作商越来越多的使用，所有这些构建了一个具有创造性的生产部门(通过国内和国际的获奖情况来进行排名)，预计产出将从2004年的7.8亿英镑左右增长到2015年的15亿英镑。③

4.44 受补贴影院在推进创意产业发展方面也起着重要的作用。在美国，过去20年里，在商业性或以营利为目的的百老汇舞台上上演的新戏中，44%都是非营利部门创作的。④这一数字与英国很相似。许多成功的

① ‘Pop music, radio and the public service: BBC Radio 1 and new music in the 1990s’, D Hendy, Media, Culture & Society, Vol. 22(6).

② 一个生动的例子就是，英国广播公司决定播放英国摇滚乐队Cornershop创作的单曲《热情的阿莎》(Brimful of Asha)。尽管乐队签约的是一家小型唱片公司Wiija，在销售排行榜上也没有骄人的成绩，但是，这首单曲却被放在最佳音乐的播放列表上，并且在其公开发行之前，该单曲就高频重复播放了五个多星期。

③ ‘From the cottage to the City: evolution of the UK Independent Production sector’, Mediatique and M Horsman, a Report for the BBC September 2005.

④ T Cowen p. 39, op cit.

英国演员都是在由政府资助的剧院里提升自己的技艺。

4.45 教育出版社认识到图书馆在维持其他非盈利性书籍生产经营上的重要性。博物馆可能为商业型演员提供灵感，为他们提供新的思路。例如，薇薇恩·韦斯特伍德“剪裁和线条”集合(1991 年春款/夏款)的灵感来自在维多利亚与艾伯特博物馆对 17 世纪的服装所进行的研究；同时，英国广播公司通过研究维多利亚与艾伯特博物馆中现代主义展览，激发灵感而制作了以“现代世界奇迹”为标题的四大系列节目。①

重视创意产业在英国经济中的作用

4.46 明确创意产业和其他部门之间的酬劳联系对于巩固创意产业在英国经济中的重要地位是至关重要的。对于这些关系的梳理有助于了解创意产业的驱动力量以及评估一个领域的干预措施如何对另一领域产生影响。

4.47 与创意商业有着很强供求关系的部门可能在创意产业政策的设计和实施中发挥关键作用。

4.48 正如同心圆结构所表明的，创意产业并非孤军奋战。英国国家统计局的数据显示，供应到经济领域中的 55%的创意产品是由其他商业领域所购买的，其中包括其他创意产业企业。②在创意产业中，广告、建筑和软件行业将其绝大多数产品出售到其他商业领域，因此对于更广泛经济领域的繁荣与衰退表现得尤为敏感(如在第 2 章中的讨论)。

4.49 创意产业与更广泛经济领域的企业之间存在紧密的供应联系，这意味着创意产业对于就业和产出有间接影响，而对于总增加值和就业有直接影响。

4.50 这些所谓的乘数效应包括供应商的影响(比如创意企业购买其他企业部门的商品和服务)和间接影响(比如由此产生的家庭收入增加带来更高的消费支出)。

4.51 虽然这些乘数效应所产生的影响大小不一，但有时可能会产生非常重要的影响。一项关于就业的乘数效应的调查报告显示，艺术组织每提供一个工作岗位，那么区域经济中就会产生 1.8 到 2.8 个工作岗位。③尽管这种乘数效应评估方法得到了普遍认可，但其存在的一个主要局限是它并没考虑创意产业额外支出的机会成本。

① ‘Museums and Galleries in Britain: economic, social and creative impacts’, T Travers, LSE, December 2006.
② ‘Creativity, design and business performance’, DTI economic paper No. 15 London.
③ ‘The Economic Importance of the Arts in Great Britain’, J Myerscough, Policy Studies Institute, 1998.

大卫·思罗斯(David Throsby)对此作了解释：

"……尽管外部效应的净价值主要是一项基础设施，譬如美术馆的总经济价值的有效组成部分，测量的难点在于确定测量值的真实净价值究竟有多大。举例来说，所谓关于博物馆的公共投资项目的'乘数'或'第二轮'影响可能在成本效益评估中被合理忽视，因为这种影响可能先在资本投入的其他类似项目中产生。"①

4.52　对乘数效应的适当分析需要在一般经济行为均衡模型中对创意产业产品的额外支出进行模拟。

4.53　有趣的是，与无形资产的增长最为密切相关的三大创意产业中，有两大行业的大量员工在该行业以外的领域工作，这两大行业分别是广告和软件。再加上设计行业，它们是与无形资产的增长最直接相关的三大创意产业，其中无形资产的增长与知识经济的发展密切相关。图4.2就是使用英国文化、媒体和体育部从劳动力调查中得出的评估值对这些就业模式进行了说明，并对英国文化、媒体和体育部划分的13个行业(DCMS 13)中从事自己所属行业工作的创意职业人口的比例也作了说明。根据劳动力调查结果，在艺术和古董行业，100%的专业人士在本行业工作，然而，在广告行业，只有40%的专业人士在自己所属的行业工作。

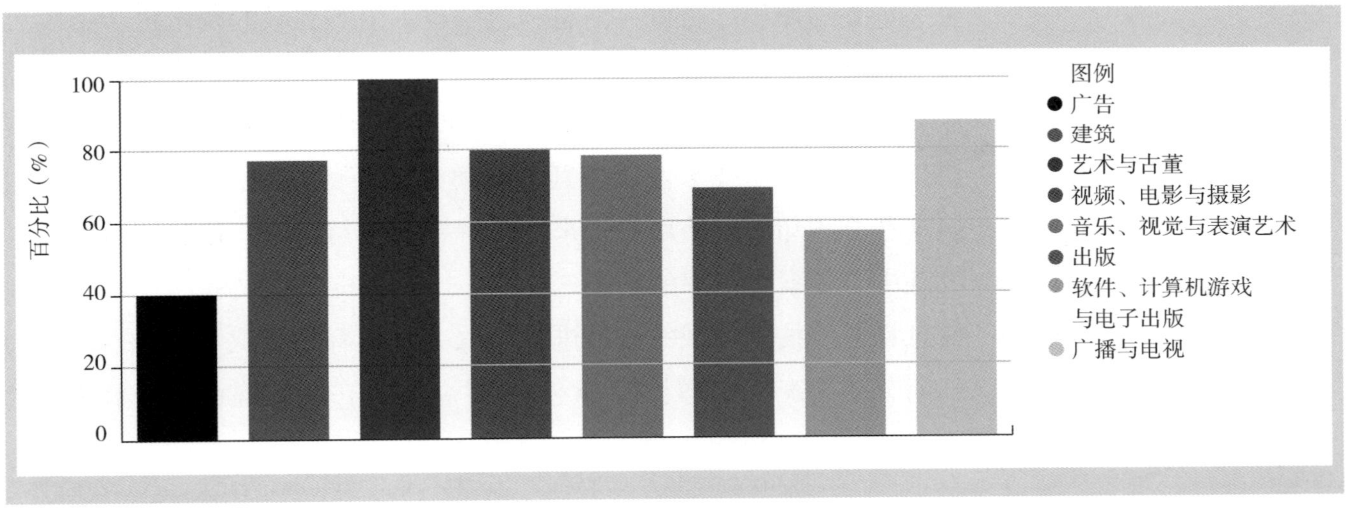

图4.2　2004年在各行业领域工作的员工比例

数据来源：英国国家统计局。

4.54　英国设计委员会付出了巨大的努力来发现设计行业对营业额和利润产生的影响。委员会认为，企业在设计上每增加100英镑的投入，其营

① Throsby, op cit.

业额会增加225英镑，利润会增加83英镑。其他研究表明，在1994—2004年，61家设计密集型公司的富时100指数超过了200%。①

企业越来越将设计视为业务发展的关键……

4.55 这些数据都非常惊人。企业越来越将设计视为业务发展的关键，对于制造商而言，这一比例更是高达41%。②主要原因似乎是，设计使得企业能够走出低价竞争所带来的困境。因此，在企业中，设计是关键策略，只有21%的受访者表示仍会将价格作为发展策略。事实上，像设计一类所具有的非价格竞争特点是市场上尤为重要的竞争力驱动因素，而英国尤为推崇。③

4.56 然而，设计投入与企业绩效之间因果关系的证据更加难以建立。高绩效的企业与其设计支出之间的关系通常可以归结为其他因素，譬如整体竞争力、高资本支出的贡献。这其中的因果关系可能是，高绩效的企业更愿意在设计上进行投入，反过来却不一定成立。④

4.57 尽管有这些警示，一些独立证据表明，投入更多资金在设计上的企业能实现更快的产品增长以及推出更多的创新产品。⑤在提供出口资料的所有项目中，约有一半的贸易绩效得到了提高。此外，大约一半的实际出口额是由“女王出口奖”的获得者所贡献的。这一奖项将申请者的声誉和其所带来的出口额作为评判标准，这直接关系到企业对设计的投资。⑥

4.58 计算机软件也对更广泛的经济领域产生显著的影响。例如，最近几年，对信息和通信技术(包括软件)的投资对英国生产率的增长起着至关重要的作用。全世界信息和通信技术生产领域的技术进步速度要高于其他部门，这导致信息和通信技术产品的相对价格下降，继而商业领域也通过加紧对信息和通信技术的投资来作出回应。有证据表明，信息和通信技术也通过其他渠道来提高劳动生产率的增长速度，但这些方式却无法使用投资来进行解释，换句话说，这些渠道提高了经济中全要素生产率的增长。

4.59 信息和通信技术领域的这种进步可以完全解释估计高达20%~30%的长期劳动生产率的增长。⑦软件产业一直处于信息和通信技术革命的

① Design Council, 2005; www. designfactfinder. co. uk/designcouncil/mainAction. do See also ‘Creativity, Design and Business Competitiveness’ op cit.

② ‘The Role of Design in Business Performance’, B Tether, DTI Think Piece, CRIC, University of Manchester, 2005.

③ ‘How do Creativity and Design Enhance Business Performance? A Framework for Interpreting the Evidence’, P Swann and D Birke, DTI Think Piece, Nottingham University Business School, 2005.

④ ‘Creativity and Design Study for DTI using the Community Innovation Survey’, J Haskel, M Cereda, Crespi and G Criscuolo, C., DTI Think Piece Queen Mary, University of London, AIM, University of Sussex, OECD 2005.

⑤ Haskel et al, op cit.

⑥ ‘Investing in design to improve export potential’, J Whyte, A Salter, D Gann and A Davies, SPRU, University of Sussex, 2002. Cited by B Tether p. 27 op cit.

⑦ ‘ICT-specific technological progress in the United Kingdom’, H Bakhshi and J Larsen, Journal of Macroeconomics Vol. 27, Issue 4 648-669, 2005.

前沿。2003年，软件行业的投资支出只占GDP不到2%的比重，与美国的情况大致相同(图4.3)。

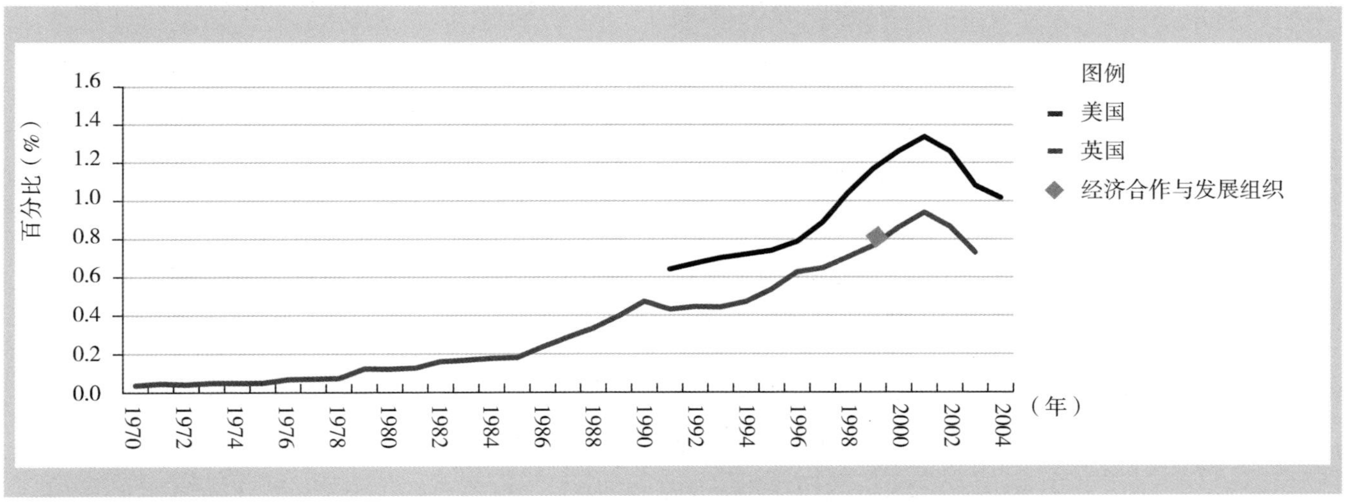

图4.3 1970—2004年软件投资在国内生产总值中所占的百分比

数据来源：英国国家统计局。

“溢出”效应

4.60 溢出效应是指企业或者消费者能因为知识、市场机遇、创新或者技术熟练的员工获得收益，却不用对这些额外的收益进行直接支付。这些都是不需要给予劳酬的收益，也就是说，尽管新想法或新产品的生产者或者消费者作出的一些生产决策或者消费决策会给其他人带来额外利益，但这些生产者或者消费者却不会获得额外补偿。[①]

4.61 简单来说，经济利益来自溢出效应。然而，由于这些溢出效应是无酬劳的，所以，它们与生俱来就有着生产匮乏的倾向。按照惯例，我们都是在科学研发的背景下对溢出效应进行理解，它们为政府干预提供了合理依据。溢出效应当然也适用于创意产业，但是，由于没有更好的统计方法，所以很难确定创意产业领域与创意产业之外的领域存在溢出效应的程度和性质。但是，下列关于溢出效应分类给我们提供了一个有用的框架。

创意产业领域与创意产业之外的领域存在大量的溢出效应：

① ‘Schumpeterian Profits in the American Economy: Theory and Measurement’, W Nordhaus, NBER Working Paper W10433, 2004. 诺德豪斯(Nordhaus)估计，大约只有一小部分，约为5%的创新价值为创作者所有。

“溢出”效应

……组织知识溢出效应

1. 组织知识溢出效应——许多创意企业专门以项目为依托开展工作，其中团队在围绕新项目进行分解和改革之前进行高强度的创造性活动来形成和发展自身的产品。①目前，这一模式正日益关系到其他经济部门的创新，创意企业可以成为其他企业的榜样。②

创意产业可能产生其他的组织知识溢出：毕竟许多创意产业都在不断变化的环境中运行。数字革命正在对媒体、广告等创意企业的商业模式产生破坏性的影响。更广泛经济领域的业务可以从创意产业的经验中学习。

……体验知识溢出效应

2. 体验知识溢出效应——更广泛经济领域的公司可以借鉴创意商业模式，在这样一个特定的领域内提供所谓的体验式服务。这些服务集中于顾客与组织互动时的全部体验，而不仅仅是产品或服务提供后的功能性利益。③这些服务经常被描述为一种性能，包括舞台、演员、脚本、观众和后台区域。④所收集的定性数据表明，体验服务领域的许多领先创新者有意识地在自己的行业之外寻找灵感，包括创意产业。⑤

……跨学科的知识溢出效应

3. 跨学科的知识溢出效应——创意产业也许可以将跨学科工作领域的文化在更广泛经济领域内进行传播。显然，它们有很强的跨学科传统，这些传统在某些情况下推动着具有重大社会意义的创新。

建筑领域的仿生应用⑥，从自然吸取灵感再应用到建筑设计，这方面的例子比比皆是，比如伦敦城的种植区，其中的空气过滤系统像人的肺部一样运行；再比如康沃尔的伊甸园项目，其覆铜屋顶是基于许多植物种子的几何图案。另一个例子就是游戏屋，它吸收计算机程序员、设计师和艺术家的技能来开发在技术上比以往更加复杂的大型多人在线角色扮演游戏（Massively-Multiplayer Online Role-playing Games，MMORPGs）。创造新学科的创新溢出效应可能确实非常显著（例如，近年来纳米技术应用的大爆炸）。

……创业知识溢出效应

4. 创业知识溢出效应——在许多创意领域中有非常多的小型企业和个体商户，这与高度的创业精神是一致的（见第2章）。例如，在电

① ‘Short-Term Projects and Emergent Careers: Evidence from Hollywood’, RR Faulkner and AB Anderson, American Journal of Sociology, Vol. 92, No. 4, pp. 879-909, Jan., 1987, and ‘The institutional embeddedness of project networks: The case of content production in German television’, J Sydow and U Staber, Regional Studies, Vol. 3(3). May, pp. 215-227, 2002.

② ‘Creative Growth: How the UK can develop world class creative businesses’, NESTA Research Report-www.nesta.org.uk/assets/pdf/creating_growth_full_report.pdf, April 2006.

③ ‘Innovation in experiential services: An empirical view’, C Voss and L Zomerdijk, London Business School and AIM research working paper, 2007.

④ ‘Dramatizing the service experience: a managerial approach’, SJ Grove, RP Fisk and MJ Bitner, in ‘Advances in Services Marketing and Management’, TE Swartz, DE Bowen and SW Brown (Eds), JAI Press, Greenwich, CT, Vol. 1, pp. 91-121, 1992.

⑤ Voss and Zomerdijk op. cit.

⑥ 使用生物学和自然系统的原则来了解各种问题，从高效的制造和设计行业来探究社会和经济问题的根源。

影和电视产业就有制片人离开公共广播公司而成立独立制片公司的传统。他们通过利用从之前的职业中获得的知识和经验而取得了成功。如果创意产业的企业家激发冒险精神，并在更广泛的层面上形成一种创业文化，那么可能会产生更加显著的溢出效应。①

5. 工作流动性溢出效应——创意产业能够创造溢出效应的一个最有效的方式就是，专业人士在变换工作时也将可转移的想法和知识带到了其他行业。

……工作流动性溢出效应

在其他经济领域，劳动力流动被看作传递隐性知识的重要途径。②如果劳动力在社会网络，包括对许多行业创新至关重要的创意和非创意企业进行流动，那么它也可以产生溢出效应。③不幸的是，缺少对于有创造力的个人的长远职业目标这方面的数据。关于毕业生短期目标的数据表明，毕业半年后，英国只有1/3左右的艺术与设计专业的毕业生在与他们的学位直接相关的领域找到了稳定的工作，相比之下，对于IT专业的毕业生，这一比例达到了40%以上，对于土木工程专业的毕业生这一比例达到了2/3。④

与非艺术行业相比，艺术行业从业人员拥有两份工作似乎也更为普遍：艺术行业中约有7.4%的从业人员拥有两份工作，而非艺术行业的比例为4.5%。有趣的是艺术家们的第二份工作中高技能含量的比重更高。⑤这与其他国家的创意产业从业人员的经历相似⑥：美国有超过39%的音乐家在其他行业还有一份工作⑦。

总之，这些研究结果表明，拥有创造能力的个人强烈倾向于将自己的才华带到更广泛的工作领域。

6. 需求溢出效应——如同经济领域中的所有行业一样，创意产业中的企业为其他行业的补充产品创造了需求溢出效应。这一点可以从苹果音乐播放器(iPod)补充配件的例子中看出，其中只有一些配件授权给了苹果公司；其他公司从苹果音乐播放器(iPod)配件的销售中获利，但并不给苹果公司任何补偿。此外，苹果音乐播放器本身也确实产生了录制音乐的新需求。⑧

……需求溢出效应

① ‘The Independents: Britain's New Cultural Entrepreneurs’, C Leadbeater and K Oakley, DEMOS, 1999.

② ‘The role of labour mobility and informal networks for knowledge transfer’, D Fornahl, C Zellner, and DB Audretsch, Dordrecht: Springer, 2005.

③ ‘Embodied Knowledge Transfer: Comparing inter-firm labor mobility in the music industry and manufacturing industries’, L Frederiksen and SR Sedita, DRUID Working Paper No. 05-14, www.druid.dk/wp/pdf_files/05-14.pdf, September 6, 2005.

④ ‘What do graduates do?’, Higher Education Careers Service Unit, www.prospects.ac.uk/downloads/documents/HECSU/Reports/WDGD.pdf, 2006

⑤ ‘Artists in figures: a statistical portrait of cultural occupations’, R Davies and R Lindley, London, Arts Council England, www.artscouncil.org.uk/regions/press_detail.php? id=108&rid=5, 2003.

⑥ ‘L'Economie de la culture’, F Benhamou, Paris: La Découverte, 4th ed, 2003.

⑦ See ‘Creative New York’, Centre for an Urban Future, www.nycfuture.org/images_pdfs/pdfs/CREATIVE_NEW_YORK.pdf, December 2005.

⑧ ‘Creative Industry Spillovers’, Frontier Economics, March 2007.

4.62 溢出扩散率显然与采用的速度和广度密切相关。一般情况下，新知识和创新越优于它们可能会取代的东西，就越能更快地得到采用，越是与用户的需求保持一致，越容易被操作，越容易被试验，优势也越明显。

城市与区域再生

4.63 有可靠证据表明，一个大规模的、多样化的艺术人才聚集地可以创造一个艺术和创意产品的“领先市场”。如果这一市场运行正常，当地企业将更好地设计产品，更成功地推销产品，更好地为它们以后进入市场做准备。①这一点从在旧金山湾和洛杉矶大都市地区工作的艺术家中就可以看出来。②

创意企业能够使其所在地对其他行业企业更加具有吸引力。

4.64 创意企业和发达的文化产业能够使该地区更能吸引外来的创意产业来这里发展业务。理查德·佛罗里达有一个非常有争议的发现，“波希米亚人”的出现与美国的整个都市地区的高技术成功息息相关，此处的“波希米亚人”就是指代艺术家和设计师。③

4.65 据说，相比欧洲其他地方，投资银行家更喜欢在伦敦工作，因为伦敦地区有着蓬勃发展的创意文化产业。同样，曼彻斯特和康沃尔(Cornwall)地区也以不同的方式从新兴创意产业中受益，例如，泰特公司(Tate)帮助吸引更富有的游客到康沃尔。

4.66 英国电影协会估计，英国电影业为英国旅游业每年带来了约8 000万英镑的收入。④最近的研究发现，电影和电视节目对英国的旅游业有显著和持久的溢出效应。⑤

4.67 这些说法中有些具有一定的争议。企业做选址决定时也要考虑能找到拥有合适技能工人这个因素，但这一说法反过来也成立：工人重视工作地点、经济适用房和学校等优质社会设施的地区。⑥同样，一些地方政府给予艺术的授权越来越受诟病，它只能引起人们一点兴趣，艺术家发现这些举措很难鼓舞人心。⑦

---

① ‘The artistic dividend: The arts’ hidden contributions to regional development’, A Markusen and D King, University of Minnesota, Humphrey Institute of Public Affairs, Project on Regional and Industrial Economics, 2003.

② ‘Crossover: How Artists Build Careers across Commercial, Nonprofit and Community Work’, A Markusen, S Gilmore, A Johnson, T Levi, and A Martinez., Minneapolis, MN: Project on Regional and Industrial Economics, University of Minnesota, 2006.

③ ‘The Rise of the Creative Class. And How It's Transforming Work, Leisure and Everyday Life’, op cit.

④ ‘Statistical Yearbook 2005/06’, The UK Film Council. www.ukfilmcouncil.org.uk/information/statistics/yearbook/? y=2005&c=12

⑤ ‘How UK films and television programmes promote tourism in the UK’, UK Film Council (2007 forthcoming).

⑥ Nathan for example, examines Florida's thesis for the UK, and finds little evidence for the ‘creative class’ thesis, see ‘The wrong stuff-creative class theory, diversity and city performance’, op cit.

⑦ ‘Culture Vultures: Is UK Arts Policy Damaging the Arts?’, M Mirza, E Belfiore, S Selwood and J Appleton, Policy Exchange, 2007.

4.68 尽管如此，越来越多的城市已经把创意和文化活动摆在其发展战略的中心地位，在某些情况中，比如格拉斯哥和盖茨黑德(Gateshead)地区，取得了非常积极的成效。

……越来越多的城市已经把创意和文化活动摆在其发展战略的中心地位……

4.69 国家地理科学教师协会(2007)认为，英国的政策需要所谓的“智能竞争”(intelligent competition)就是为了避免每个城市和地区都在尝试以同样的方式获取同样的利益以至于出现利益相互抵消的情况。报告指出跨区域的地方发展战略存在高度的同质化倾向。①

4.70 譬如，英格兰地区的九个区域创新和经济战略就是如此，其中有五大区域提到了创意产业。这种方法的同质化增加了不同地区“竞争”文化溢出效应的风险，这就提高了这样一种可能性：对整个英国的溢出净效应不会产生影响。

更广泛的目标

4.71 除了经济溢出效应，创意产业也有更广泛的社会目标，包括替代生活方式的多样性和融合度。研究往往侧重于高雅艺术的作用，同时又明里暗里地指出大众文化倾向于走一条最小公分母的道路。②

……创意产业有更广泛的社会目标……

4.72 创意产业领域也遭到了一些人的否定，他们认为现代剧的叙事方式，譬如《江湖》(*The Sopranos*)变得越来越复杂，许多电子游戏要求抽象问题解决技能。③

4.73 无论多么难以评估，创意产业都产生了广泛的影响。有些人认为它能增强一个国家的软实力，与传统军事实力的影响相媲美。④哈佛大学教授约瑟夫·奈则认为，人们对英国广播公司和披头士的喜爱在冷战期间显著提升了英国的形象。戈尔巴乔夫的一位顾问后来承认道，“披头士是一种拒绝‘体系’的安静表达方式，同时也符合大众的需求”。在世界多极化的大背景下，文化被看作一种应对新的不确定性的方法。这并不是说，文化应该被用作外交工具。但有更多的证据支持这一说法：文化是经济领域中一个非常独特的行业。⑤

① ‘Innovation in UK Cities’, NESTA Policy Briefing, January 2007

② ‘Cultural Economics-Economic Impact assessment’, H Chartrand, submitted to The Royal Commission on the Economic Union and Development Prospects of Canada, Ottawa, December 1983.

③ ‘Everything Bad is Good For You’, S Johnson, Penguin, 2005, ‘Handbook of Computer Game Studies’, J Raessens and J Goldstein eds., MIT Press, 2005.

④ ‘Soft Power: The Means to Success in World Politics’, J Nye, Publicaffairs Ltd, 2004; ‘Save Public Diplomacy-Broadcasting America's Message Matters’, W Laqueur, Foreign Affairs Sep-Oct 1994.

⑤ ‘Cultural Diplomacy’, Demos, 28 February 2007 and ‘Rising to the Occasion. Cultural leadership in Powerful Times’, G Leicester, MMM Provocation, March 2007.

英国媒体城

“英国索尔福德媒体城”将成为英国首个占地200英亩、提供1.5万个创意产业岗位的数字媒体城。

曼彻斯特城区是英格兰北部经济增长最快的地区，同时在知识和创意产业领域打下了坚实的经济基础。英国广播公司决定将关键部门迁回到该城市的心脏地带——索尔福德，这一决定也在为一个更宏大的具有国际影响力的项目推进奠定基础。

到2011年，英国广播公司将会把1 500个就业机会转向索尔福德地区，这里将成为英国广播公司8个部门的所在地，包括英国儿童广播公司(Children’s BBC)和广播五台演播厅(Radio 5 Live)，它是英国广播公司北方基地的一部分。该地区也将为1.55万人提供就业机会，包括1 150个媒体空间、创意及相关企业。英国最大的电视制作工作室也入驻媒体城。

“英国媒体城”将继续推进曼彻斯特-索尔福德知识资本举措的落实，更好地促进区域经济的发展。“英国媒体城”将成为曼彻斯特地区的灯塔，展示英国创意产业将如何改变工作场所，创造就业机会，并带来更好的经济效益。

“英国媒体城”是西北地区的人们在创意产业中施展天赋和技能的机会。

第5章 创意产业的动力

5.1 需 求

5.1.1 正如第3章所讨论的，受过更高水平教育和更富有的消费者(希望从自身的购买力中寻求体验和心理回报)是知识经济的共同建筑师。因此，创意产品的需求特点(特别是通过在文化表达自我的“无人所知”和“自我认同”两大特点)本身就是创意产业面临的一个挑战。

……受过更高水平教育和更富有的消费者……是知识经济的共同建筑师。

5.1.2 在这方面，创意产业和其他产业一样，面临着来自消费者的压力，即使这些压力并不特别巨大。

5.1.3 有大量证据表明，需求绝对是创新和创造的巨大推动力。企业自身对于这一点了解得非常清楚。在各种研究中，新商品和新服务的需求被认为是影响研发水平最关键的因素。因此，先导型用户往往是创新的主要驱动力。①

需求……是创新和创造的巨大推动力。

对创意商品与服务不断增长的需求

5.1.4 不同于其他经济领域的产品，大众对创意产品的消耗越多，对创意产品的需求就越大。② 用经济术语表示就是，创意产品的需求在不断增加边际效用，而并非不断减小边际效用。创意产品的消费成为一种良性循环。通过消费让我们对喜欢的事物了解得更多。

荷兰经济学家弗雷德里克·范德·普勒格(Radio 5 Live)认为，创意商品之所以与众不同是因为：

“文化(也许像‘吉尼斯黑啤’)是一种习得的品位。要理解和欣赏斯特拉文斯基(Stravinsky)的《俄狄浦斯王》(Oedipus Rex)需要对更加传统的交响乐和歌剧有一定的了解和体验。要真正地理解瓦格纳(Wagner)

文化是一种体验商品，其中，人们尝试得越多，对它的了解也越多。

① ‘Demanding Innovation: Lead markets, public procurement and innovation’, L Georghiou, NESTA Provocation 2, February 2007.

② ‘The making of cultural policy: A European perspective’, F Van Der Ploeg, Chapter34 in ‘Handbook of the Economics of Art and Culture’, V Ginsburgh and D Throsby (eds.), North-Holland, Amsterdam, 2006.

的《指环王》(Ring)，需要对它进行一番研究才能充分享受它。文化就是这样一种体验商品，人们尝试得越多，对它的了解也越多。几乎所有的文化产品都是对自己文化资本的投资。从真正的意义上来说，按照新古典理论的假设，对文化偏好的喜爱并非先天产生的，可以通过教育和体验来进行塑造。不同于戈森第二定律(Gossen's second law)所描述的普通商品饱和度，文化商品则显示，随着时间的推移，其边际效用不断增加。毕竟，当你读到第 100 本书的时候你会比之前任何一本都有满足感，因为你的参考框架变得更宽广，视野变得更宽阔。巴赫的最后一场音乐会要比之前的几场更让人印象深刻，因为人们逐渐发现巴赫作品的主旨所在。"①

5.1.5 这一效应并不适用于所有的创意产品。范德·普勒格(Van der Ploeg)认为，该效应对流行文化可能影响较小，因为流行文化往往更容易了解。我们不应该在这样的背景下过分地强调这种效应：随着时间的推移，所谓"低端"文化似乎已经变得更加复杂了，② 并且高端文化和低端文化之间的界线也越来越模糊。更重要的问题是，对创意产品的需求可能趋向于自我强化：对创意商品的需求越能够得到刺激，需求量就越有可能上涨。

5.1.6 对创意产品的意识与品味取决于之前的教育和体验。缺乏这两者，个人可能无法对创意产品的优点作出明智的选择。这些限制的放宽可以被理解为对文化资本存量的投资，能够促使个人有效地参与到文化中去。

……在目前创意需求低的地区激发创造力可能会提升生产率。

5.1.7 这些重要的论据表明，在目前创意需求低的地区激发创造力可能会提升生产率。我们应该付出更大的努力将英国国家文化制度的影响力延伸到其他城镇。通过对区域和各级地方现有基础设施的完善来激发更多的创意需求。

5.1.8 这些制度还要加强人们尽可能在幼年时期接触到文化的可能性。有证据显示，例如，在幼年时(年龄小于 12 岁)上过艺术课程的经历与成年后参观博物馆紧密相关。尽管以这种方式对文化进行支持似乎可能对个人选择产生一定的限制，但并不构成根本矛盾。丰富的文化供给机会将会更多而不是更少。它既不是为了创造，也不排斥文化偏好，它始终对任何不选择文化体验的个人开放。③更重要的一点是，艺术与文化鼓励批判性思考、想象力和同理心，而这些反过来又有利于形成宽容、自由和公平的社会环境。④ 从某种程度来看，社会要让这些价值观得以传承和发展，最好的办法就是让年轻人能

① Ibid n. 188, p. 1197.

② 'Everything Bad is Good for You', op cit.

③ 'Public Benefits and the Arts and Humanities', R Dworkin, Columbia Journal of Art and the Law, Vol. 9, 1984.

④ 'Why aLiberal State Should Fund the Arts: A Normative Justification', O Lev, Tel Aviv University Working Paper, 2006. See also 'Love's Knowledge-Essays on Philosophy and Literature', M Nussbaum, Oxford University Press, 1990.

够参与文化体验。①

5.1.9 显然，创意商品与服务需求面临的最大障碍是支付能力。毋庸置疑，个人收入越高，可以消费的创意产品和服务就越多。②

5.1.10 文化的参与程度越高，对文化创意商品的需求就越高。在英国，听古典音乐会、参加流行音乐会以及参观博物馆和剧院的票价要略高于欧盟平均水平。③同样，教育发挥至关重要的作用。很多国际比较研究都表明，人们的受教育程度越低，对于传统文化和流行文化的兴趣也越低。

5.1.11 因此，教育似乎是弥补文化参与和文化兴趣方面不足的关键所在。④应当强调的是，尽管收入很重要，但收入并非总是影响文化参与的直接因素。政府经常采取措施提供折扣门票，但是都很少关注观众的人口统计特征。例如，对缺席艺术活动的学生的研究表明，主要的参与障碍并不是问题，而是他们相信这样的活动不会有趣，也不会给他们提供社交的机会。⑤

……教育是弥补文化参与方面不足的关键所在。

5.1.12 英格兰艺术委员会还发现，缺乏兴趣是吸引更多观众的主要障碍。据估计，约800万的英格兰成年人不常参加艺术活动，但如果给他们提供完善的演出信息，提供更便宜的入场券以及更贴近家庭生活的更具趣味性的内容，他们就会因此参加更多的艺术活动。⑥

对需求提出“要求”

5.1.13 需求越明智，创新和创意就越可能受到刺激。简而言之，对需求要提出要求。这里涉及消费者与企业的关系，也有企业与企业的关系。比如，英国通信管理局指出，消费者认为比较商家的服务质量要难于比较商家的产品价格，这一观点也适用于创意产业，其产出的表达价值就更加难以比较了。⑦

5.1.14 在企业对企业的服务方面，考克斯审查发现，人们普遍缺乏对活动收益的认识，譬如设计的益处。例如，尽管41%的制造商将设计看作企业整体中的一部分，但是只有6%的贸易和休闲行业、15%的金融业和商业服务持相同的观点，即使设计能够为这些行业部门作出

……人们普遍缺乏对设计重要性的认识。

① ‘Hope for the Future? Early Exposure to the Arts and Adult Visits to Art Museums’, C Gray, Journal of Cultural Economics, Volume 22, Numbers 2-3, June 1998.

② ONS ‘Social Trends 37’, 2007, accessed at www.statistics.gov.uk/ downloads/theme_social/Social_Trends37/Social_Trends_37.pdf

③ Van der Ploeg, op cit., p. 1183.

④ ‘In Art we trust’, F Van Der Ploeg, De Economist, Volume 150, Number 4, 2002.

⑤ ‘Pricing as the Key to Attracting Students of the Performing Arts’, B Kolb, Journal of Cultural Economics, Volume 21, No. 2, June 1997.

⑥ ‘Informing Change: Taking Part in the arts-survey findings from the first 12 months’, Arts Council England, 2007.

⑦ Ofcom, op cit, 2006.

相当大的贡献。①

公共采购

更加明智的公共采购能够刺激创新。

5.1.15 更加明智的公共采购能够刺激创新。公共采购的预算估计为每年1 250亿英镑，这是一笔不小的数目，对于创造和创新潜力相对有限的商品和服务而言，这确实是非常好的发展机会。考虑到这一点，建筑师和广告商在各自举行的行业峰会上提出建议：公共采购可能要求所有公共建筑接受建筑规划和创新，同时，政府可能要认识到品牌化的重要性。

5.1.16 《考克斯审查》建议，采购机构应该进一步拓宽对其自身价值的评估，在现存的范围内更广泛地考虑资金的价值问题。同时，这个问题既跟采购机构的能力和动机相关，也跟采购机构的运行规则相关。因此，必须采取措施提高采购机构的能力，其中的一种方法就是，对一定级别以上的采购机构的负责人员实行强制培训。曼彻斯特大学教授卢克·乔治西奥(Luke Georghiou)还强调，需要通过技术来克服公共服务中可能出现的风险规避。②

5.1.17 明智的公共采购同样会对英国的需求模式产生更广泛的影响，然而，这就需要对知识经济的支持进行更加严格的审视。"苛刻的寻求新奇的顾客意愿以及能够支付经过升级改造的或创新的服务"，豪厄尔斯(Howells)和特瑟(Tether)写道，"这似乎是企业在服务创新中难以克服的一个重要障碍。公共采购在激励服务创新需求方面发挥着显著作用"。③

5.1.18 2007年1月④，政府宣布将精简政府商务办公室(Office for Government Commerce)，并赋予其更大的权力，要对部门表现进行监督和制定部门标准。为了鼓励创新，英国技术战略委员会(Technology Strategy Board)引进创新平台，承诺更好地协调政策与采购的关系。此外，政府已经作出努力来提高公共采购服务技能，尤其是建立网关评价(Gateway Reviews)程序，估计已经节约了10亿英镑的成本。虽然这些发展证明了政策的正确方向，但是，我们并不清楚它们最终将走多远，并在地方层面比如地方政府能发挥多大

① 'Creativity, Design and Business Performance', op cit.

② Georghiou op cit. As the Office of Government Commerce has itself conceded: public procurement has a 'tendency to opt for low-risk solutions, low-margin players and mature technology,' and 'innovation is not routinely welcomed or rewarded.' 'Capturing Innovation: Nurturing Suppliers' Ideas in the Public Sector' p.5, Office for Government Commerce, 2004. See also 'Driving Innovation through Public Procurement', NESTA Policy Briefing, February 2007.

③ 'Innovation in Services: Issues at Stake and Trends', p.8, J Howells and B Tether, Programme (ENTR-C/2001), Commission of the European Communities, Brussels, 2001.

④ 'Transforming Government Procurement', HM Treasury, 2007.

的作用。这一点尤为重要，因为很多政策为小型公司进入公共采购提供了入口。

5.2 教育和技能

5.2.1 我国的创意产业拥有高技能的劳动力，这是我国创意产业能够建立自己的企业，与国际上顶级的企业展开竞争的基础之一。

5.2.2 问题是，究竟是什么技能？在知识经济领域获取、理解和传播隐性知识的重要性不仅对整个经济至关重要，而且对创意产业尤为关键。创意要求把深刻的特定主题的理解与复杂的认知以及人际交往能力进行独特结合。同样，受教育程度和表达能力不断提高的人群，对创意和文化产品有更高的需求。

……高技能的劳动力是我国的创意产业能够建立自己的企业，与国际上顶级的企业展开竞争的基础之一。

理查德·柯蒂斯(Richard Curtis)

“有三样综合事物吸引了我——第一样就是我现在所从事的娱乐/文化领域之间的相互联系。我们之中有很多人从剧院或喜剧俱乐部起步，也就是现场表演，然后很多人在广播电台磨炼了自己的技艺，之后进入电视台，在电视行业与电影行业之间游走。仅仅为了拍摄一个微不足道的快照镜头——我的第一部电影是由梅尔·史密斯(Mel Smith)导演，这位导演是从执导皇家宫廷剧院(Royal Court Theatre)转向执导电视剧《非九点新闻》(*Not the Nine O' Clock*)，这部作品是由约翰·劳埃德(John Lloyd)担任制作人，他在广播电台最开始制作《银河系漫游指南》(*Hitchhiker's Guide*)，这一节目随后成为最畅销系列小说，之后制作电视节目，再就是制作电影。我的第二部影片是由迈克·纽厄尔(Mike Newell)导演，他在电视台接受过培训。我的第三部作品是由罗杰米·歇尔(Roger Michell)导演，我选择他是因为一部名叫《郊区佛爷》(*Buddha of Suburbia*)的电视剧，而当时他在国家大剧院执导一部戏剧——《小不列颠》(*Little Britain*)开始出现在广播电台。塔姆辛·基利(Tamsin Greig)原来是《绿翼》(又译《医生也疯狂》(*Green Wing*))的扮演明星，现在却是英国皇家莎士比亚剧团(Royal Shakespeare Company，RSC)的明星。戏剧、广播电台、电视和电影行业的每个部门都相互支持，相互依赖。没有这四大强盛的行业，别的行业将会受到巨大的影响。

第二个关键点就是“你怎么赋予娱乐和流行文化价值?”比如，我只想说，我认为我工作过最长的领域就是电视喜剧，这是英国生活中极其重要和宝贵的部分，也与英国国情息息相关。通过《全民超人汉考克》(*Hancock*)、《巨蟒》(*Python*)、《弗伦奇与桑德斯》(*French and Saunders*)、《维多利亚·伍德》(*Victoria Wood*)、《是，首相》(*Yes Prime Minister*)、《小不列颠》(Little Britain)、《凯瑟琳·泰特》(*Catherine Tait*)……传授课程，英国每一代人学会了笑，几乎学会了快乐。因为政府经常处理经济福利事业，他们肯定不会忘记激励那些单纯让人快乐的事物——电视和电影将家庭团聚在一起的力量是巨大的——许多家庭通过收看肥皂剧和讨论其中的角色学会了谈论事情——通过观看《X 因素》(*X Factor*)，争论谁应该会赢。它不仅仅是教育我们的教育类电视节目。

最后，我仍然坚信，电视是一个极其重要的——可能有未能得到充分利用的社会变革工具，特别是电影院纪录片盛行的时代，从演员迈克尔·摩尔(Michael Moore)到艾伯特·戈尔(Al Gore)。《凯茜回家》(*Cathy Come Home*)这部影片促使了慈善收容所的创建，罗杰·格雷夫的警局纪录片改变了强奸案的起诉程序，《现场援助》(*Live Aid*)和《第八现场》(*Live* 8)彻底改变了英国对于极端贫困的关注热情，一直到《杰米的晚餐》(*Jamie's Dinners*)，电视已经证明了它可以凸显社会和世界问题，甚至有助于改变这些问题。尤其在现今这个重要的时刻，受到广泛关注的国际问题，比如气候变化、消除极端贫困的战斗和宗教之间相互理解的需要，电视可能是教育和解决问题的关键。而在国内，如果人们觉得年轻人正在丧失对国内政治进程的兴趣，我们会在互联网和电视上找到一种方法来激发他们的政治热情。支持启发性的、有斗志的电视节目，而不仅是把它当作一个供需行业，会为我们建立一个更安全、更美好、更公平的世界起到非常重要的作用。”

5.2.3 英国在培养拥有必要技能的劳动力方面存在根本性弱点，这成为全球化大背景下一个更为迫切的挑战。随着新兴经济体开始以更低的成本提供更高技能的工人，英国的相对优势将越来越依赖其知识经济的实力与技能基础。

5.2.4 英国在技能基础层面上的弱点对于生产力具有直接和间接两方面的影响。直接的影响就是，据估计，薄弱的技能可能是导致英国与法国、德国等欧洲国家之间生产力差距超过1/5的原因。不过，二者之间的关系远比标准增长计算方法所展现出来的影响更为深远。技能影响采用和开发新技术的能力——这对创意产业来说更为重要。①

英国在技能基础层面上的弱点……对生产力有影响。

5.2.5 这从某种程度上也解释了尽管在共同的商业环境中，英国的外商独资企业迄今为何能够比英国国有企业更好地进行信息和通信技术利用。② 据估计，美国和英国之间的管理实践差异解释了两国之间10%～15%的生产力差距。事实上，这项工作表明，与其他主要经济体相比，英国经营很差，这一点表现在国内顶尖企业与底层企业的绩效存在极端两极分化。③

5.2.6 使经营步入正轨是英国创意产业成功的关键，因为技能人才的短缺对公司的创新能力产生了深远的影响。例如，一项欧洲范围内的调查(Europe-wide survey)④发现，如何利用人力资源进行创新是英国最常被诟病的。2005年英国创新调查(UK Innovation Survey 2005)也发现，缺乏合格工人对创意产业的影响比其他产业更大，尽管这一调查所得出的数据差异并不那么显著。

5.2.7 隐性技能很难建立在读写能力和算术能力低下的环境中。一项发人深省的数据显示，500万名成年人不具备合格的读写能力，超过1 700万人存在运算困难。利奇审查(Leitch Review)制定了目标以期对这种情况进行改进。⑤

隐性技能很难建立在读写能力和算术能力低下的环境中。

利奇审查：主要目标

2005年，59%的成年人的技能资格认证至少达到了二级水平，而到2020年，这一比例将会超过90%，这将意味着相比现在的28万，每年会有50万人达到二级水平。

① 'Information Technology, Workplace Organization, and the Demand for Skilled Labor: Firm-Level Evidence', T Bresnahan, E Brynjolfsson and L Hitt, Quarterly Journal of Economics, Volume 117(1), 2002.

② 'It ain't what you do it's the way that you do I. T. -testing explanations of productivity growth using U. S. transplants', N Bloom, S Raffaella and JV Reenen, Centre for Economic Performance, LSE, mimeo, 2005.

③ 'Management Practices Across Firms and Nations', N Bloom, S Dorgan, J Dowdy, T Rippin and J Van Reenen, Centre for Economic Performance, LSE, mimeo, 2005.

④ The European Innobarometer Survey, 2001, accessed at http://cordis.europa.eu/innovation-smes/src/innobarometer2001.htm

⑤ Leitch Review of Skills, accessed at www.hmtreasury.gov.uk/media/523/43/leitch_finalreport051206.pdf

中级技能从二级变为三级，逐步提高中级技能的质量和数量。行业技能委员会制定了雄心勃勃的目标：学徒数量翻一番，达到 50 万。总体而言，这意味着相比于目前的 11 万，每年会有 30 万人达到三级技能水平。

超过 40%的成年人的技能资格达到四级及以上，目前这一比例仅 29%。

5.2.8 存在各种各样的市场调节失调，这意味着从业者所具备的技能未能满足社会需求。这些问题是由教育和培训不足引起的；资金不足限制了教育和培训成本的投入，即使这些成本是最有可能带来积极回报的；对于企业而言，它们担心在培训上的投资得不到回报，因为训练有素的工人可能会跳槽到另一家企业。①

5.2.9 后者被视为新高科技行业领域的共同问题，这些行业需要投入大量的资金来对从业者进行培训，但是所得的投资回报可能也特别高。②企业也可能难以收回培训成本，因为知识在很大程度上是隐性的，所以不能从创造隐性知识的人手中获得知识，并将它转变为专利、期刊文章、软件程序等。

……创意产业都遥遥领先……

5.2.10 在许多方面，创意产业都遥遥领先，其中该产业持有四级劳动力技能资格的人员比例已经达到 40%，提前 14 年完成了计划指标。

5.2.11 这并未忽略一些行业代表在行业峰会上所表达的担忧。电视、广告、出版和音乐行业的代表一致认为，现在不是从业者人数的问题，而是更多在于这些从业者是否拥有特定的才能和专业技能以满足当今创意企业发展的需要。

在这 13 个行业中，某些行业出现了供大于求的现象。

5.2.12 对于毕业生而言，13 个行业中的一些部门是极具吸引力的选择。毕业生的数量与为他们开放的就业岗位数量存在供大于求的关系(虽然在高失业率这个问题上并没有明显体现，但是都充分体现在对个体经营和自由职业的严重依赖)。

5.2.13 这并非一个新现象。法国社会学家兼劳动力市场专家皮埃尔·米歇尔·门格尔(Pierre Michel Menger)指出，创意人才供大于求几乎是艺术劳动力市场上的一个持久现象——19 世纪上半叶，巴黎的小说家和诗人过剩，而在 20 世纪初，英国的音乐家数量是银行职员数量的两倍。③

---

① Leitch Review op cit. p. 59Box 3. 1. See also ‘The Determinants of Children Attainments: A Review of Methods and Findings’, R Haveman and B Wolfe, Journal of Economic Literature, Vol. 35, 1995.

② The management of innovation and technology: the shaping of technology and institutions of the market economy, J Howells, Sage Publishing, London, 2005.

③ ‘Artistic Labor Markets: Contingent Work, Excess Supply and Occupational Risk Management’, P Menger, pp. 765-813 in ‘Handbook of the Economics of Art and Culture’ op cit.

追求创作技巧

5.2.14 本报告的目的不是为了反映技能基础和各个行业的需求。在任何情况下，我们都无法获取必需的数据。但是，大致了解一下这些产业所共有的许多关键和重叠领域，并探讨这些领域会如何影响这些行业的长期可持续发展还是有可能的。

5.2.15 如果更广泛的人群只能够孕育更多的创造力和创新，特别是理解创意产业的动态过程所包含的对话、交流和论证，那么创意长夜将会发展得更好。

5.2.16 创意产业对软技能的了解通常需要利用硬技能，比如管理、营销、预算、商业和信息与通信技术能力，这样就会更好地创建可持续发展的企业。

培育创新和创造力

5.2.17 创新被广泛认为是经济成功的核心驱动力，也是政府的五大生产力驱动因素之一，①贸易和工业部将其定义为“提高国家未来财富创造前景的关键”。②

5.2.18 正如考克斯审查指出的，创新能力取决于创新技能的使用和开发。创造力培养日益被视为学校课程的重要组成部分。

“富有创意的学生将会为一个迅速变化的世界做好准备，其中，他们可能在一生中不得不去适应多种职业。许多老板想要招聘到这样的员工，他们善于发现联系，拥有想法，具有创新思维，能与他人良好地沟通并进行工作，能够解决问题。”③

5.2.19 创新是五大关键组织属性之一，而工作基金会的研究表明，创新对于提升效能至关重要④：可评估的高效能驱动力量、更高的研究水平以及实验与创新所发挥的作用，仅次于人们的参与和员工的贡献。领导风格、内部流程以及文化推动了创造力发展，因而是竞争力的重要来源。

---

① ‘Productivity in theUK: The Evidence and the Government's approach’, HM Treasury, 2000, accessed at www.hm-treasury.gov.uk/media/A72/61/81.pdf.

② ‘Science and innovation investment framework 2004-2014’, DTI, 2004, accessed at www.hm-treasury.gov.uk/spending_review/spend_sr04/associated_documents/spending_sr04_science.cfm.

③ Roberts Report on Nurturing Creativity in Young People, DCMS, 2006, accessed at www.idea.gov.uk/idk/aio/5720952. See also the Gilbert Review on personalised learning —‘Teaching and Learning in 2020 Review Group’, ‘2020 Vision-Report of the Teaching and Learning in 2020 Review Group’, DFES, 2006, and the Davies Review of enterprise in education—‘A Review of Enterprise and the Economy in Education’, DFES, 2004.

④ ‘Cracking the Performance Code’, The Work Foundation, 2005, accessed at www.theworkfoundation.com/Assets/PDFs/Crack_code.pdf.

跨学科技能对创新与学习很重要。

5.2.20 正如第 3 章所讨论，技术变革对那些不能照本宣科的职业具有重要意义，但是这些职业需要更高水平的判断力以及对于模糊性的包容度。①这越来越需要反思能力，在如何解决问题方面能够开拓新思想以及想象力——这些思想元素似乎在艺术和设计环境中显得很“自然”，但大多数毕业生也许低估了这些元素。② 这些跨学科技能包括适应能力、解决问题的能力、开放合作的能力、人际交往能力、领导能力，是创新思维和学习的重要基础。③

两种状态

5.2.21 创意文化领域的特点是，它的主要驱动力量是原创创意内容以及出售创意内容的能力。该领域的特点越来越与大众市场的定制化和服务相关。④英国长期面临的批评就是，英国善于推出创新想法，但是不擅长开发与利用这些想法，尤其在一个瞬息万变的技术环境中。

5.2.22 正如最近一次的圆桌讨论所指出的：“英国的传统强项——风格、审美创新和面向其他国家美学的开放性……还必须要理解数据结构、运算法则、形式与内容展示以及数据并置，这不仅仅对于建立成功的平台至关重要，同时也对利用这些平台来促进创意内容至关重要”。⑤

5.2.23 随着更深入地观察企业的业务能力建设，企业可能存在限制创意想法开发能力的问题。⑥国家地理科学教师协会研究表明，在近 90% 的创意企业中，低于一半的高级管理人员已经接受了企业战略培训。⑦

5.2.24 本着这种精神，美国斯坦福大学和麻省理工学院开发了“T 形劳动力”比喻模型：纵向专业深度很重要，但必须要有对其他学科和专业领域的横向敏感度来加以补充。在创意产业中，这往往是业务和战略技能，尤其是因为创新事业往往涉及灵活的企业管理工作模式。

① ‘Models of Man-Social and Rational’, HSimon, New York, John Wiley and Sons. 1957; ‘How Computerized Work and Globalization Shape Human Skill Demands’, op cit.

② ‘Working Progress: How to Reconnect Young People and Organisations’, DEMOS; see also president of Google China, Li Kaifu's open letter to the Chinese press bemoaning the same problem: http://news.xinhuanet.com/overseas/2006-11/06/content_5296504.htm

③ See also ‘Taxonomy of Educational objectives Handbook 1: the Cognitive domain’ Bloom (1956) cited in NESTA's policy briefing ‘Education for innovation’, April 2007: www.nesta.org.uk/assets/pdf/Education_for_innovation_policy_briefing_NESTA.pdf.

④ ‘Creative Apprenticeship’, W Hutton for Creative and Cultural Skills, 2005, accessed at www.ccskills.org.uk/media/cms/documents/pdf/280905CreativeApprenticehipfinal.pdf.

⑤ Osman Eralp (Spectrum) at Ingenious Media seminar What the creative industries need to do to attract sustainable investment, 11 April 2007.

⑥ NESTA Creating Growth op cit.

⑦ Ibid.

5.2.25 同样，广告业要进行一项有趣的测试，即“对角线思维”，目的是确定申请人是否“可以轻松快速地在线性思维和横向思维过程之间移动，确定人们是否具备创造性且商业化的思维模式”，这是广告从业者研究所总干事提出的。

5.2.26 然而，面临的挑战仍然很严峻：英国科学技术理事会所(Council for Science and Technology，CST)指出，“教育是一项关于理解与想象、培训与技能的事业。然而，英国的学校教育，特别是对16~18岁年轻人的教育，仍然高度专业化”。①

需求主导型的技能系统

5.2.27 正如利奇审查强调的，技能系统应该更要以需求为主导，并且应该更加注意雇主的首要需求，这一点很重要。在这一方面，政府最近在整个英格兰推出了“培训获得”(Train to Gain)计划，这是一项在工作场所中实行的灵活培训计划。政府承诺对这项计划的资助资金到2010年会增加到10亿英镑。2007—2008年，该计划将全面启动和运行，预计每年会增加约17.5万名二级技能资格证书持有者。

……技能系统应该更要以需求为主导……

5.2.28 这可能与创意产业有着独特的关联性。据调查，相比其他劳动力市场，职业资格认证在创意产业市场所扮演的角色并不那么重要。

5.2.29 拥有成功的艺术与设计学校的传统是英国成功的一项典范。英国艺术与设计学院的许多课程都体现了教与学的特点，科德斯特里姆报告对此进行了详细的说明。该报告非常重视激发想象力和创造力空间的繁荣发展，同时也重视技术性技能的发展。特别是，他们提供了加强与产业界联系的机会，为学生提供“实践教学项目”，确保学生能够得到与其所学领域相关职业人员的指导。

艺术与设计学院的传统……是一项典范……

5.2.30 重要的是，这些特殊优势已经在更广泛的高等教育和继续教育领域的改革中得到应用。

5.2.31 同样，仅仅只由雇主的偏好和需求来完全主导技能的发展程度存在一定的局限性。企业的优先需求往往是即时性的，会给更长远的规划带来损失。其中一个确保适应日新月异的技术变革的最佳途径就是，高水平的基础知识和技能以及核心课程需要实现这一目标而不因急切想要满足当今企业的优先需求被过度地稀释。

仅仅只由雇主的偏好和需求来完全主导技能的发展程度存在一定的局限性。

5.2.32 同样地，创新只能建立在高水平的普通教育和技能平台基础之上。我国的任务就是在积极响应创意产业特殊需求的同时实施严谨的核心教育。

……创新只能建立在高水平的普通教育和技能平台基础之上。

① ‘Imagination and understanding: A report on the Arts and Humanities in relation to Science and Technology’, Council for Science and Technology, 2001, accessed at www2.cst.gov.uk/cst/reports/files/imagination-and-understanding/imaginationunderstanding.pdf.

5.3 多　样　性

5.3.1 创意产业的成功归因于它的多样性。创造性和多样性之间存在着复杂的关系，其在创作过程中发挥的核心作用也不容小觑。

多样性通常是从种族、性别、年龄、宗教的角度来进行理解的。

5.3.2 多样性通常是从种族、性别、年龄、宗教的角度来进行理解的。不过，经济学家和心理学家还关注在人们进行交往以产生更好的决策和结果时所表现的“认知多样性”和不同知识储备的能力。

5.3.3 事实上，种族、年龄或性别并非那么重要。虽然这三者之间没有直接的或自动的关系——人类是多种力量的产物——但却可能是认知多样性很好的代表。老人与年轻人、男性与女性，以及白人与非白人经常以不同的方式理解世界。①

5.3.4 斯科特·培基(Scott Page)(2007)是密歇根大学和圣菲研究所(Santa Fe Institute)复杂系统、政治学和经济学教授，他不仅分析了认知层面的多样性，而且对认识的四大分类体系进行了详细描述。②

——不同角度的认知——表现世界的方式。
——多样化的诠释——分类观点的方式。
——多样化的启发式——形成问题解决办法的方式。
——多样化的预测模型——推断因果的方式。

盲人摸象?

……认知的多样性使得群体获得广阔的视角与多样化的假设……

5.3.5 培基(Page)全面解读所有人解决手头问题的认知工具箱。事实上，认知的多样性使得群体获得更广阔的视角与多样化的假设，这些都与创造性产生具有密切关系。

5.3.6 如果人人都使用相同的认知工具来处理问题，即使工具很多，也很可能会在同一个点上陷入僵局。唯有能够以不同的方式来处理问题的人才更有可能使团体脱困，从而使集体的成果得到改善。

5.3.7 培基认为：“只有锯子或者只有锤子，我们都无法创造任何有趣的事物。只有同时有这两样工具，我才能建造房屋、树木堡垒和围墙。”③正是起催化作用的个人或体验帮助团体将一个个单独的个体

① A tentative finding with potentially wide-ranging implications is that women are more likely to engage in interdisciplinary research than men: ‘Women in interdisciplinary science: Exploring preferences and Consequences’, D Rhoten and S Pfirman, Research Policy, Vol. 36(1), 2007.

② ‘The Difference: How the Power of Diversity Creates Better Groups, Team, Schools and Societies’, S Page, Princeton University Press, 2007.

③ S Page op cit. p. 105.

凝结起来。

5.3.8 闻名世界的苹果公司创始人、首席执行官史蒂夫·乔布斯(Steve Jobs)，通过他在大学书法班上的体验，重新认识到字体的重要性。苹果公司通过使用标准化字体系统，推出了按比例隔开的字体和多种印刷字体，随后又授权给微软，改变了桌面排版，让用户可以进行文本打印预览，对新式个人电脑的出现作出了突出贡献。这种洞察力也直接促进对跨学科活动的支持①，对英国传统教育体系的界限提出挑战②。

5.3.9 关于认知多样性有两个主要结论。首先，多样性胜过同质性。③其次，多样性胜过能力，这也是最有趣的一点。需要指出的是，后者只在一定条件下成立：这个问题很棘手，解决问题的人必须多样化，必须相当聪明，并且一起工作的团体必须足够强大，才能实现多样性。然而，在没有得出基本结果的情况下，可以放宽其中任何一个条件。

……多样性胜过同质性……多样性胜过能力。

5.3.10 越来越多的事实证明这些说法。例如，具有不同学科背景的科学家集中在一起才能更加科学地解决问题。④ 研究人员开展一项调查，将企业内部未得到解决的166个科学问题公布在InnoCentive公司的网站上，面向来自150个国家的8万多名科学家征集解决方案。结果发现，把问题交由陌生的“外来人”来解决，问题解决率最终达到了29.5%。有趣的是，87.5%获胜者只解决一个问题，8%的获胜者解决了两个问题，这也证明知识的范围和广度对于解决问题的重要性。

5.3.11 但是，更有趣的是，研究人员发现，获胜者的专业领域与所需解答问题之间的关联性越小，他们就越有可能解决问题。事实上，所有的事情都是一样的。如果解题者认为这个问题完全属于其专业领域之外，那么其成功解决问题的可能性就会增加10%。总之，成功取决于多样性能力的运用。

5.3.12 社会系统创新的前提就是较大的误差。要想出几个成功的点子就意味着尝试很多不成功的方法。据估计，1/3到2/3投放市场的新产品中，有很多不可能产生经济回报。⑤从莫扎特、莎士比亚和毕加索的成功中我们可以发现，艺术创新没有什么不同：例如，造就了“格尔尼卡”(Guernica)的毕加索的素描本，却充满了虚假线索和死

① ‘Imagination and understanding: the arts and humanities in relation to science and technology’, Council for Science and Technology, 2001; ‘Facilitating Interdisciplinary Research’, Committee on Facilitating Interdisciplinary Research, National Academy of Sciences, National Academy of Engineering, Institute of Medicine, 2004.

② 英国的跨学科学术领域对此仍然持怀疑的态度。Crucible举了一个具有讽刺意味的例子：一位剑桥跨学科领域的研究人员被授予跨越化学与化学工程学科领域研究者的称号。

③ ‘Are Two Heads Better than One? Monetary Policy by Committee’, A Blinder and J Morgan, Journal of Money, Credit and Banking, Vol. 37(5), 2005.

④ ‘The Value of Openness in Scientific Problem Solving’, K Lakhani, LB Jeppesen, PA Lohse and JA Panetta, Harvard Business School, accessed at www.hbs.edu/research/facpubs/workingpapers/ papers0607.html#07-050.

⑤ ‘Think Play Do: Innovation, Technology and Organisation’, M Dodgson, D Gann and A Salter, Oxford University Press, 2005.

角。这甚至表明，好点子主要从盲目变化的过程中产生。①

5.3.13 系统也需要技术和思想的飞扬——事实上，如果技术与思想能够蓬勃发展，甚至会比它们所能提供的支持要多。②正是这种“超级繁殖力”迫使创意演员在现有的和新的做事方法之间作出选择，产生一种我们联想到市场竞争等类似现象的选择。

多样性与竞争相互依存。

5.3.14 此外，从根本上来说，多样性先于竞争和选择。没有多样性，竞争只在现有的想法和技术上产生，不能充分地发挥作用。与此同时，多元化需要创新竞争。如果没有竞争，要么由于新的想法和技术没有机会被选择，创新会因此最终消失；要么因为每个新的想法或技术都会被选择，创新会因此变得完全没有结构性。③多样性和竞争相互依存。

“我所有的英雄都是怪人”④

5.3.15 究竟是利用已有的成熟技术和现成回报的旧观念，还是探索具有风险但能够收获巨大长期效益的新可能性，所有机构都必须要尽力在开发与探索之间进行权衡。⑤

5.3.16 萨顿(Sutton)(2006)的观点建立在上述论点之上，并对当前招聘员工和员工留任的管理模式提出质疑，他认为那些可以帮助企业用新的视角看待事物，并且与过去决裂的做法应该发挥更大的作用。⑥例如，企业能够从那些倾向于追随自己内心态度和性格的员工，而并非那些循规蹈矩的员工中受益。这些“走心”的人，用萨顿的话来形容，就是“自我监管能力低的人”：这些人不受社会规范约束，往往漠视外部情况，有时甚至不修边幅，愤世嫉俗。这是布莱恩·爱泼斯坦(Brian Epstein)关于约翰·列侬(John Lennon)的描述，他认为列侬倾向于“出于纯粹的心血来潮与任性而表示自己的不赞同”。

5.3.17 但是，有证据表明，这些个体更可能在已有的思想和行为领域做出变革。在某种程度上，具有很强大的一致性倾向，⑦一种容忍和包

① 西蒙顿(Simonton)指出，因为创造力取决于产生盲变化(即成功的可能性不依赖于任何特定变化的产生)的能力，如果一个越被鼓励产生新的变化与组合新的理念，那么他成功的可能性就越高。在这个意义上，数量无异于品质：见 D Simonton, Psychological Inquiry, Vol. 10(4), 1999.

② ‘Origin of Wealth: Evolution, Complexity, and the Radical Remaking of Economics’, E Beinhocker, Harvard Business School Press, 2006.

③ ‘Neither Chance nor Necessity: Evolutionary Models and Economic History’, J Mokyr, Princeton University Press, 1998.

④ Title taken from ‘Myth Takes’, !!!, Warp Records, 2007.

⑤ ‘The Pursuit of Organisational Intelligence’, J March, Blackwell Scientific Publishing, 1999.

⑥ ‘Strawberry Fields Forever: John Lennon Remembered’, Gabarani and Cullman with Graustak, cited in ‘Weird Ideas That Work: 11/12 Practices for Promoting, Managing, and Sustaining Innovation’, R Sutton, Free Press, p. 43, 2001.

⑦ ‘Why Societies Need Dissent’, C Sunstein, Harvard University Press, 2003.

容离经叛道之人、异端分子、古怪之人、疯子、怪人以及良善的守旧原创思想家的文化可以享受经济效益的回报。[①]例如，有人认为，继宗教改革之后，宗教的正统性下降，个人越来越容易提出不同的观点，这一点体现在康德"敢于知道"的劝谏，支撑了18世纪欧洲的技术变革和经济腾飞。[②]

多样性引导

5.3.18 组织的多样性可能存在一些问题。参与者的价值观越是保持一致(如果说不会完全一样的话)，通过富有成效的对话能够达成一致的机会就越大。[③]但正是因为创意源于价值观的多样性和不同的"认知工具盒"，所以这种一致性很难实现。如果不能做到科学管理，不同意见则产生意见分歧，甚至产生冲突，最终扼杀创造力。[④]

组织多样性可能存在一些问题。

5.3.19 组织的挑战在于，要找到一种方式来利用多样性，而不是阻碍多样性的发展。

5.3.20 过度集中化的决策尽管会防止谈判僵局，却会对创造力产生不利影响。[⑤]同样，激励机制，譬如通过绩效衡量，可能会产生适得其反的效果。[⑥]他们给予那些尝试过和试验过的做事方法以优先特权，并通过评估技术进行评估，继而尽情享受直接和已知的结果。意想不到的是，那些更难界定和衡量的探索活动因此被边缘化。

过度集中化的决策会对创造力产生不利影响……

5.3.21 莱斯特(Lester)和皮奥里(Piore)(2004)则认为，从更加普遍意义上来说，这种心态(他们称之为"分析方法")将创新活动抽象且减少为一个要尽可能高效地解决的问题。这样做，就会忽略了发散和开放对于探究的重要性，以及更加激进和意想不到的创新命脉的重要性。[⑦]

5.3.22 反对这种同质化，作者建议多样性需要在所谓的"解释空间"(比如，一般在大学、工业区、监管领域和公共领域)得到保护。有些

① 'Technology and Tolerance: The importance of diversity to high tech growth', R Florida and G Gates, Washington DC: Brookings Institutions, Centre for Urban and Metropolitan Policy, 2001.

② 'The Gifts of Athena: Historical Origins of the Knowledge Economy', J Mokyr, Princeton: Princeton University Press, 2002; 'The Market for Ideas and the Origins of Economic Growth in Eighteenth Century Europe' presented to a Conference on 'Institutions and the Economy: Historical Perspectives' sponsored by the British Academy, June 2006.

③ 'The Tipping Point: How Much is Broadcast Creativity at Risk?', The Work Foundation, 2005.

④ 然而，并非所有的分歧都产生类似的效果。正如培基所观察，我们所使用的工具箱的差异，譬如启发法，可能要比偏好差异不那么棘手一些；在我们的偏好范围内，目的与结果的差异可能要比手段的差异更棘手一些。

⑤ J Scott 'Seeing like a State: How Certain Schemes to Improve the Human Condition have Failed' Yale University Press, 1998.

⑥ 'Has pay for performance had its day?', J Day, P Mang, A Richter and J Roberts, McKinsey Quarterly, Issue 2 pp. 46-55, 2002.

⑦ 正如莱斯特和皮奥里认为，歧义是进步的标志，而不是落后的标志。他们提出语言学的见解：一门新语言的产生，比如，洋泾浜语到克里奥尔语的发展所表现的特点就是从清晰度转向模糊，与我们所采用的分析性问题解决方法完全不同：see 'Innovation: The Missing Dimension', R Lester and M Piore, Harvard University Press, 2004.

人指出体制结构的不断变化(见对网络的讨论部分)能够以比现在更有成效的方式来处理多样性。①

英国的多样性不强

5.3.23 很难确立多样性缺乏与创造性贫乏之间的直接关系。②但歧视——尤其是普遍性歧视往往会限制个人的思想，反过来，个人思想也可以进行自我强化。③

……多样性缺乏阻碍劳动力市场的运行。

5.3.24 多样性缺乏除了影响问题的解决和对问题的预判，也可能阻碍劳动力市场的运行。

5.3.25 停止工作(例如，因为怀孕)可能意味着企业特有的重要知识的流失。职业隔离可以说是一种刚性形式，会使得不准确的信息或者不合时宜的预期在工人的潜力和他们的实际工作之间制造分裂。工人与工作的匹配很可能会因为歧视而扭曲，而教育差异则影响人力资本的积累。④

……大多数行业是由白人男性主导……

5.3.26 我们还不清楚创意产业的劳动力市场在多大程度上受到这些市场调控失灵的影响。但是，行业本身的证据表明，大多数行业是由白人男性主导：比如，在电影业，95%的劳动力是白人，65%是男性，35%的女性职员收入低于 2 万英镑(与 18%的男性职员相比，尽管男性职员的资历更高)。

在建筑行业也存在类似的情况，94%的劳动力是白人，男性占 82%；在音乐行业，96%的劳动力是白人；而在游戏行业，这一比例甚至高达 96.1%。

在设计行业，95%的劳动力是白人，而在软件行业，这一比例相对要低，88%的劳动力是白人，其中 83%是男性。

---

① 'The Only Sustainable Edge: Why Business Strategy Depends on Productive Friction and Dynamic Specialisation', J Hagel and J Seely-Brown, Harvard Business School Press, 2005.

② 'Making differences matter: A new paradigm for managing diversity', D Thomas and R Ely, Harvard Business Review, 74(5), 1996; 'Demography and diversity in organisations: A review of 40 years of research', K Williams and C O' Reilly III, in 'Research in organisational behaviour', L Cummings and B Straw (eds), Vol. 20 pp77 JAI Press, 1998; 'The effects of diversity on business performance: Report of the diversity research network', T Kochan, K Bezrukova, R Ely, S Jackson, A Joshi, K Jehn, L Leonard, D Levine and D Thomas, Human Resource Management Vol. 42 (1), 2003.

③ 'Categorical Cognition: A Psychological Model of Categories and Identification in Decision Making', J Jackson and R Fryer Jr, NBER Working Paper 9579, 2002.

④ 'The Impact of Women's Position in the Labour Market on Pay and Implications for UK Productivity', S Walby and W Olsen, Report to the Women and Equality Unit, DTI, 2002.

5.4 网　　络

5.4.1 知识在经济中变得越重要，跨界合作就会变得越普遍。①如果市场和技术变化迅速，那么知识和新的解决方案似乎是无限的。没有一个企业不希望调动外部资源来单独运行。根据最近的一项研究显示，源于外部资源的典型创新份额达45%左右。②

没有一个企业不希望调动外部资源来单独运行。

网络构建的理论价值

5.4.2 大量理论和研究表明，网络参与者具有以下显著优势：风险分担；获得新的市场和技术；加快产品推向市场；汇集辅助技能；在没有完整或者临时合同的情况下保护产权和利用外部知识。③

5.4.3 另外，这类接触创设了一种环境，创意摩擦会出现，与此同时，因为多种观点碰撞所产生的辩证思想也更可能出现。这种理念可以应用于企业，它可以在参与网络构建的各团体之间的空白区域来找寻自身的战略性定位，这就是所谓的结构洞，并因此建立更多的联系，反过来会促进更多想法的出现。④ 在一个团体内部平庸的想法可能在另一个集团内部闪亮。⑤

5.4.4 正如第3章所强调的，难以沟通的网络可能会令人沮丧。网络之所以成功是因为具有高品质的沟通能力和强大的承诺，但这两者都需要时间来建立。⑥这强调信任和社会资本的重要性，且被广义地定义为“由社会关系结构所造成并且可以被调动用来促进行动的商誉”⑦。尽管存在概念界定的困难，实证研究强调信任在许多以知识为基础环境中发挥作用。⑧

……网络之所以成功是因为具有高品质的沟通能力和强大的承诺……

① ‘The Era of Open Innovation’, H Chesbrough, MIT Sloan Management Review, Vol. 44 (3), 2003.

② ‘Toward an innovation sourcing strategy’, J Linder, S Jarvenpaa and T Davenport, MIT Sloan Management Review, Volume 44, Issue 4 (Summer), pp. 43-49, 2003.

③ ‘Networking and innovation: a systematic review of the evidence’, L Pittaway, M Robertson, K Munir, D Denyer and A Neely, International journal of management reviews, Volume 5-6, Issue 3-4, p. 137, 2004; ‘Networks of Innovators’, W Powel, and S Grodal , in The Oxford Handbook of Innovation, J Fagerberg, D Mowery, and R Nelson (eds), Oxford University Press, 2005.

④ ‘Structural Holes: The Social Structure of Competition’, R Burt, Cambridge, Harvard University Press, 1992; ‘Structural holes and good ideas’ American Journal of Sociology Vol. 110, 2004.

⑤ ‘Technology Brokering and Innovation in Product Development’, A Hargadon and R Sutton, Administrative Science Quarterly, Vol. 42 (4) 1997.

⑥ ‘Managing Innovation: Integrating Technological, Market and Organizational Change’, J Tidd, J Bessant and K Pavitt, John Wiley and Sons Inc, 2005.

⑦ ‘Social Capital, Intellectual Capital, and the Organizational Advantage’, J Nahapiet and S Ghoshal, Academy of Management Review Volume 23(2), 1998.

⑧ ‘The search-transfer problem: the role of weak ties in sharing knowledge across organization subunits’, M Hansen, Administrative Science Quarterly, Volume 44, 1999; ‘Social Capital and Value Creation: The Role of Intrafirm Networks’, W Tsai and S Ghoshal, Academy of Management Journal Volume 41(4) 1998; ‘Complementarity, Status Similarity and Social Capital as Drivers of Alliance Formation’, S Chung, H Singh and K Lee, Strategic Management Journal, Volume 21, 2000; ‘Learning by association? Interorganizational; networks and adaptation to environmental change’, MS Kraatz, Academy of Management Journal, Vol. 41, pp. 621-643, 1998; ‘The social structure and competition in interfirm networks: the paradox of embeddedness’, B Uzzi, Administrative Science Quarterly, Volume 42, pp. 35-67, 1997.

但是，网络可能会有成本问题和自身局限性……

5.4.5 但是，网络可能会有成本问题和自身局限性。当网络参与者变得过于密集时，信息只在一个小的范围内传播，此时，网络更可能由信任来支配，那样就会出现这样一种危险：联系会变得具有排他性，继而抑制新想法和创新的自由流动。①其中的一个推论就是，人们倾向于歧视外来人员，继而引发公平和效率问题。②

5.4.6 此外，网络的外部杠杆不能与内部的专业知识水平相分离。企业将很难获取一张特定的网络"入场门票"，除非它们能够提供一些独特的东西，而不是简单地通过削减成本来获取回报。③同样，企业必须有足够的"吸收能力"来吸收和利用知识，而这一点经常受到已有知识的影响。④

政府的作用?

……超过1/5的创意产业拥有合作协议，相比其他行业增加了近一倍。

5.4.7 很早之前，合作网络就已经成为创意产业生产过程中的关键，虽然其确切的结构根据所要满足的目标而发生变化。根据2005年的英国创新调查(2005 UK Innovation Survey)，超过1/5的创意产业拥有合作协议，相比其他行业增加了近一倍。

5.4.8 国家地理科学教师协会对创意中小型企业进行的创意商业调查(Creative Business Survey of creative SMEs)就得出类似的结论。⑤它强调约2/5(39%)的企业自成立之初就参与了某种形式的网络，尽管只有少数(16%)的企业经常参与网络，而相似比例(15%)的企业则偶尔参加。60%的企业从来没有参与网络。网络参与度最高的是交互式软件、电视以及广播行业(均为46%)，而网络参与度最低的是设计行业(27%)。企业规模越大(100万英镑以上)越有可能参与网络活动(45%)。

5.4.9 尽管这一点很有说服力(可能是间接证据)，但考克斯审查却发现创意产业仍然面临着去哪里寻求帮助以及如何寻求帮助的问题。政府对企业支持的简化方案(Government's Business Support Simplification Programme)应该解决这类拜占庭复杂性(Byzantine complexity)。其目标是将支持服务企业的数量从2006年的大约3 000家减少到2010年

① 'Social capital: prospects for a new concept', PS Adler and SW Kwon, Academy of Management review, Volume 27, pp. 17-40, 2002.

② 'Equality and Efficiency: The Big Trade-Off', A M Okun, Brookings Institution, Washington DC, 1975.

③ 'Global-local linkages, Spillovers and Cultural Clusters: Theoretical and Empirical insights from an exploratory study of Toronto's Film Cluster', J Vang and C Chaminafe, Circle Electronic Working Paper. Paper no. 2007/03 accessed at www.circle.lu.se/html/working_papers.aspx

④ 'Absorptive Capacity: A new perspective on learning and innovation', W Cohen and D Levinthal, Administrative Science Quarterly, Vol. 35(1) 1990.

⑤ 'Creative Business Research Report', ICM, prepared for NESTA, March 2006.

的不到100家。

5.4.10 虽然大多数网络的形成通常具有组织性，但在某些情况下，协调失灵可能会阻碍企业进行创造。私人和企业可能都不愿意承担高的网络固定成本，尤其是在双方之前没有贸易往来或者在复杂的上游或下游投资是必要的情况下。①

……大多数网络的形成通常具有组织性，但是协调失灵可能会阻碍它们进行创造。

5.4.11 政府在努力调节市场失灵的同时，仍然必须考虑到对于市场失灵的情况和特点的信息，政府自身往往比私有部门要了解得更少。对于这一点，企业也深有同感。

5.4.12 因此，考克斯审查指出，大部分的中小型企业没有向政府求助指导方针。事实上，一项由小企业联合会发起的调查发现，超过20%的企业寻求过或者打算寻求政府支持。

5.4.13 政府的任何回应在之前都会受到其是否有效的质疑，只有在政府的作用过程得到良好的理解与设计的情况下，政府的效力才会被充分发挥，至少会保证政府的回应性与参与性。②

5.4.14 具体的政策建议主要集中在知识转移计划。以兰伯特审查(Lambert Review)和政府知识转移合作伙伴关系(Government's Knowledge Transfer Partnership, KTP)的建议为例，其目标就是为有知识需求的企业提供高等教育机构合作伙伴来共同制定特定项目。结果令人很振奋，2005年，84%的伙伴企业报告说，该伙伴关系对企业的未来业绩意义深远，政府知识转移合作伙伴关系的签约者可以获得经济利益，政府知识转移合作伙伴关系每100万英镑的投资会增加420万英镑的税前年利润。③

……政策建议主要集中在知识转移计划。

5.4.15 虽然，近年来，随着政府知识转移合作伙伴关系引进到一些行业部门中，像家具、游戏和珠宝、出版传媒、体育以及研发部门，并且推行范围也在不断扩大，但到目前为止，该方案并没有使创意产业成为其议程中一个明确的部分。

5.4.16 英国技术战略委员会还为支持创意产业的有效网络提出了知识转移网络的构想(Knowledge Transfer Network, KTN)。知识转移网络活动的中心目标是在创意产业领域创建提供业务支持的互联网门户网站。然而，过去的做法和试点的案例却表明，这一工作的推进很可能会遇到挑战。④

5.4.17 证据表明，许多企业可能对自身利用信息和通信技术的能力缺乏信

① 'Industrial Policy for the Twenty-First Century', D Rodrik, KSG Faculty Research Working Paper 04-047, Harvard University, September 2004.

② 'Beyond Principal-Agent Governance: Experimentalist Organizations, Learning and Accountability', C Sabel in E Engelen & MS Dhian Ho (eds.), De Staat van de Democratie. Democratie voorbij de Staat. WRR Verkenning, Amsterdam University Press, pp. 173-195, 2004.

③ 'Knowledge Transfer Partnerships', Annual Report 2005/2006, DTI, 2006.

④ See Alan Blackwell, CEP consultation. 正如他所指出的，由英国东部与西北部地区的艺术委员会所推出的雄心勃勃的项目以及创意产业中的知识转移与跨学科专业知识的在线工具，由英格兰东部的110个组织实施，如果成功，将能提供严谨的、长期的监管和评估。

心。英国通信管理局指出，相比 72%的员工人数超过 101 名的企业，只有 39%的英国微中小型企业认为信息和通信技术对于确保其组织间信息的充分流动很有必要。①商业法律咨询孵化中心(business and legal advice centres and incubators)的运用，比如伦敦的创意艺术企业中心(Enterprise Centre for the Creative Arts)、“拥有它”(Own It)和梅特加速器(Met Accelerator)，一直有广阔的前景。因为它们成本比较低，参与性强，容易推行。

受语言误导

……推进网络建设与知识转移要求个人和企业能够进行跨学科和跨职业的相互沟通。

5.4.18 推进网络建设与知识转移要求个人和企业能够进行跨学科和跨职业的相互沟通。然而现实可能完全不同②：除了知识的黏性，演员经常无法共享共同的学科语言，只能自说自话。

① ‘SME Engagement with Digital Communications Services’, Ofcom, September 2006.

② A Blackwell, and DA Good ‘Languages of innovation’. To appear in Artistic Bedfellows: Collaborative History and Discourse, H. Crawford and L. Fellman (eds.), University Press of America, 2006. See also ‘Why?: What Happens When People Give Reasons and Why’, C Tilly, Princeton University Press, 2006.

保罗·史密斯爵士（Sir Paul Smith）

设计师兼主席

保罗·史密斯有限公司(Paul Smith Limited)

当你开始着手开创自己的事业时，最困难的一件事情就是要充分了解你正在进入的创意产业。你所了解到的所有信息可能令人泄气，令人担忧。由于当今世界，每个人都想要迅速发展，这一速度要求容不下只能依靠时间来累积的经验。

对我而言，最有效的学习方式是(以我个人为例)通过在服装店工作获取实践经验，认识和体验到与之相伴的现实与责任感，并最终认识到，客户才是上帝，他们向我们支付工资，同时，通过这段实践经历，我也学习了设计。对我而言，大部分的学习是通过在夜校进行纸样制作和剪裁来实现的，而剩下的则是跟我那位毕业于艺术皇家学院的时装设计师女朋友在一起所耳濡目染学到的。而对其他人来说，学习更多的是通过在时尚学院或大学接受正规的培训来完成的。

当你刚步入这个行业时，我认为你会觉得设计和市场营销是关键。然而，你最终会意识到，想法才是最重要的，而让这些想法变为现实却更加重要。因而，拥有良好且全面的业务知识才是当今世界竞争激烈的关键所在。

最大的经验教训就是：在时尚行业，你只有不断地推出下一个优秀的系列，才能得到周围人的认可，并没有人在乎你曾经有多么了不起。

约翰·赫加蒂爵士（Sir John Hegarty）

董事长兼创意总监

Bartle Bogle Hegarty

我非常幸运，能在14岁这样的年纪就参加香雪艺术学校的艺术班。这些艺术班每周六上午开课。这些经历发生在我早期易受影响的年龄阶段，开启了我对创造力和教育价值的思考。如果没有那段经历，我不知道我是否还会追求创意教育。

5.4.19 受加州硅谷经验的启发，决策者没有轻视任何困难和挑战。但是，从某种程度上来说，硅谷案例的成功是由于语言的共同性。Crucible 是研究跨学科设计的剑桥大学网络，其与艺术委员会联盟(Collaborative Arts Unit of the Arts Council)已经探索出能够用于减少学术界、创意产业和其他经济领域之间误解的策略。

5.4.20 除了学科之间的冲突问题，这些误解部分地反映了创意产业对假定的"规定"持谨慎的态度，也部分地反映了一个更为普遍的事实：创新，如果不考虑语言的因素，不仅很难想象，而且在其产生之时，也很难能用语言将其清晰地表达出来。①

就近工作

5.4.21 有效网络的必要前提是社会空间的接近。很多文献对于城市在经济效益中所发挥的作用进行了探讨，认为集群活动会带来以下效益：密集的劳动力市场使雇主的需求与劳动者的技能相匹配，可以同时降低双方的风险；提供接触大型市场和货物供应商的途径；允许个人和企业相互学习，产生知识溢出效应。据估测，如果将城市的规模扩大一倍可以提高 3%~8%的生产率。②

有效网络的必要前提是……接近。

5.4.22 数字网络将使个人和企业超越地理限制，打破了文化生产者全部聚集在一个小区域的现状，比如好莱坞或看见大庄园的持续趋势。③

5.4.23 "混杂团队"、"艺术创作是为了艺术"和第 4 章所讨论的创意过程属性使平衡从分散向聚集倾斜。正如利莫尔(Leamer)与斯托波(Storper)所指出的："面对面接触交流的丰富性与动力，不仅仅源于该方式允许我们看得到对方的脸，能够让我们探测到由视觉接触所发送的有意和无意的信息。而且，共存，也就是彼此足够亲密都可以直接触及对方，会产生可视化'接触'和'情感亲近'，这正是建立人际关系的基础。"④

① Ibid p. 1.

② 虽然大城市更可能包含更多类型的行业，支持前沿创新，但大城市也有其缺点，并且它的缺陷变得越来越多。一些较大的城市缺乏多元化的产业基础，发展不快速，继而无法应对竞争中的变化。随着人口规模的增加，城市拥堵成本以及土地与劳动力成本也随之增加。相比之下，小型城市可以为企业或行业提供成本优势。当较低成本的作用要比聚集的外部性更加显著时，情况尤其如此。不同规模的城市会发挥连锁作用，大型城市依赖城市周边地区的总体健康状况。See：'Evidence on the Nature and Sources of Agglomeration Economics', S Rosenthal and W Strange, in 'Handbook of Urban And Regional Economics', J Henderson and J-F Thiss (eds) 2004；'Devolving decision making：Meeting the regional economic challenge'. 'The importance of cities to regional growth', HM Treasury, DTI and ODPM, 2006.

③ 'The Global City', S Sassen, Princeton University Press, Princeton, NJ, 1991；'The Economic Geography of the Internet Age', E Leamer and M Storper, Journal of International Business Studies, Vol. 32, 2001；'Digital effects in the spatial economy of film' op cit.；'The Changing Place of Cultural Production：The Location of Social Networks in a Digital Media Industry', G Neff, The Annals of the American Academy of Political and Social Science, 597 pp. 134-152, 2005. 'A Flat World, a Level Playing Field, a Small World After All, or None of the Above? A Review of Thomas L. Friedman's The World is Flat', E Leamer Journal of Economic Literature Vol. XLV (1), March 2007.

④ Leamer and Storper op cit p. 652.

互联网依赖所导致的问题就是人与人之间缺少关系纽带……

5.4.24 互联网依赖所导致的问题就是人与人之间缺少关系纽带，也设有邻居或者星巴克等实体场所，也就无法收获交流的惊喜。相比其他行业，创意产业是关于无法编码的模棱两可的信息的传递和交换，它依赖于高层次的信任与共享的语境。事实上，这些效应似乎只在小型的地方企业中发挥作用。例如，一项美国广告行业的研究发现，网络的优势就在于就近，仅仅500米开外，网络的优势就完全耗尽。①总之，人们需要能够同时在同一地点进行交流。

5.4.25 这些观察与发展心理学的观点一致。发展心理学认为，我们的合作能力沿着偏离我们地理空间的方向逐渐变化。②

……信息和通信技术……增加了持续的面对面交流的重要性……

5.4.26 奇怪的是，信息和通信技术并没有减少反而增加了持续的面对面交流的重要性：在某种程度上，它增加了信息流动，不断强调对所有正在流动的信息进行解释的能力。③由此看出，技术联系和社会联系并非零和博弈的竞争对手，而是必要的相互补充。

5.4.27 这些观点在考克斯审查和基础设施工作组（Infrastructure Working Group）对于创造与创新中心（Creativity and Innovation Centres）和创新网格（Creative Grid）的建议中得到体现。双方都指出一些组织机构，比如，布里斯托尔的分水岭（Watershed in Bristol）、曼彻斯特的角落之家（Cornerhouse in Manchester）、谢菲尔德的陈列室（Showroom in Sheffield）、格拉斯哥的灯塔（Lighthouse in Glasgow）的作用以及它们与大型文化基础设施和活动要进行有效的结合。

每个英国城市和地区一开始都试图按照同样的结构模式进行发展。

5.4.28 此外，他们指出，人们日益认识到竞争者的价值，价值1.58亿英镑的新加坡汇城创意中心（Fusionopolis creative centre in Singapore）和韩国的韩国设计中心（Korea Design Center in South Korea）则恰好说明了上述观点。然而，正如我们之前所讨论的，政策制定者需要警惕每个英国城市和地区一开始都试图按照同样的结构模式进行发展。更明智的政策是在现有的优势基础上进行城市建设，因为这些城市已经拥有了特定的优势。

5.4.29 另一种机制可以避免互联网的匿名性，有助于创造面对面接触的机会，包括企业与消费者之间，以及企业与企业之间，这一机制就是展销会。展销会的作用在大量的协商对话（本报告对此也有涉及）中均有提及，特别是游戏、设计、时装设计、美术和手工行业的协商对话。

① 'Networking off Madison Avenue', A Arzaghi and J Henderson, Brown University Working Paper 2006.

② 'Moral Minds: How Nature Designed Our Universal Sense of Right and Wrong', M Hauser, Harper Collins, 2006.

③ Neff op cit.

5.5 公共机构和投资

5.5.1 英国历来就对核心艺术内容创作（在第4章中下过定义）提供公共支持。对于公共投资的情况以及促进创意内容创作机构的建立与支持，我们需要更充分地理解。

英国历来就对艺术内容创作提供公共支持……

5.5.2 简要地介绍这些通常用来论证公共投资的论据还是有必要的。下面的内容就对范德·普勒格（Van Der Ploeg）所阐释的基本原理进行了详细罗列。当然，行业与行业之间相关性将会有所差异：[1]

艺术——公共投资的情况

——每个人都从文化产品的创作中受益，但个体创作者却不能为了自己的劳动成果向每个人收取费用：每个人都可以享受文化，个人的消费其实也不减少其他人的消费（比如，一座城镇的中心或一栋建筑之美）。因为文化具有公共物品的特性，供应商无法完全使自己的劳动成果得到经济方面的补偿，这导致供应的次优水平。消费者会从不需付费的物品中获得收益，而内容生产者也并没有在评估中将这一因素纳入考虑的范围。

——培养品位与刺激需求——这是艺术的重要优势。政府应该对文化领域进行投资，让孩子们可以从小就培养对文化产品的品位，学校和公共广播公司应该在激励和培育人们生机勃勃的生活品位中充分发挥作用。[2]

——提供是否接触文化的机会，否则文化将不会出现在生活中：人们可能会重视参观艺术作品的机会，即使他们可能永远不会有这样的机会。同样地，人们可能不会特别重视艺术品，但可能会从收藏艺术品中获取满足感——遗赠给子孙后代来享受以及为社会资本累积作贡献。

——市场上以营利为目的的内容创作者一定会选择不具风险性的创作——对艺术的公共投资是一种风险投资，要用来支持高风险但有价值的文化活动。

——如果没有公共投资，将会产生一种伦敦偏向：伦敦是英国最发达的市场，自然拥有规模最大的文化产业，可以实现自我发展。但是公共资金受到的最广泛的批评就是，伦敦偏向非常明显，如果没有公共投

① ‘In Art we Trust’, Frederick Van der Ploeg, De Economist, Vol. 150(4), October 2002.

② 外部性与文化经济学家大卫·思罗斯（David Throsby）的“文化资本”概念密切相关：文化产品的鲜明特征有助于文化产品与服务的生产，因为经济价值方面存在完全相关性，譬如，象征意义、社会功能、历史意义、艺术作品的独特性。See ‘Cultural Capital’, D Throsby in ‘A Handbook of Cultural Economics’, R Towse (ed), Edward Elgar Publishing, 2003.

资，这一偏向将会变得更加明显。其中的一种情况就是，把“高端”文化带到更加多样化的场所中，比如公园、图书馆、商场等。

——艺术形式特别是表演艺术是一种劳动密集型活动，而且它通过资本替代劳动力来提高生产率的能力有限。因为生产商需要与其他经济领域保持同步的工资增长，降低生产率的增长就意味着，他们得不断提高单位劳动力成本（也被称为鲍莫尔成本病（Baumol's cost disease））。这一“成本病”会导致价格上涨，假设是弹性需求的话，人们对艺术产品消费比重就会不断下降。一些补偿因素包括，富裕家庭会在创意产品上支出更大比例的可支配收入的倾向，以及对表面上的传统艺术形式进行工艺创新的潜力。

……政府有充分的理由加大对核心领域的公共投资，尽管任何干预都必须建立在对成本和效益进行的详细评估的基础上。

5.5.3 鉴于所有这些原因，政府有充分的理由加大对核心领域的公共投资，尽管任何干预都必须建立在对成本和效益进行的详细评估的基础上。政府也必须鼓励那些获得支持的部门与公众进行交流互动，尤其是那些获得资助的活动，虽然主办方对其寄予厚望，但公众对此并不报有真正的兴趣。因此，政府要尽其所能地将风险降到最小。此外，重要的是，创意领域要能够“汇聚”创造力，而并非对其进行排斥。从长远角度来看，公共机构的公共投资要能真正推进人们所需要的创意产品的生产，没有它们的支持，创新活动将无法开展。唯有如此，我们才能认为公共机构和公共投资取得了成功。

对创造力和创新进行公共投资

5.5.4 混合经济模式横跨公共部门、私营部门和第三部门，对英国的文化艺术活动进行资助。如果英国广播公司也通过许可证费获得公共资助，那么获取创意内容和实现创意内容的创作和创新的规模是非常困难的。

5.5.5 要对艺术和文化所获得的公共支持进行国际定量比较。但研究表明，英国给予艺术文化的直接支持相比欧洲许多其他国家要低（虽然，近几年，英格兰艺术委员会明显增加了预算，这可能帮助英国弥补了部分差距）。[①]这意味着确保资金得到合理的分配特别重要，并且可以避免出现体制僵化和以牺牲更为大众的艺术形式为代价来赋予精英艺术形式以特权的危险。至关重要的是，从核心产业到创意产业的传导机制很强大，并实现了创造性的“汇聚”。

① 'Financing the Arts and Culture in the European Union', European Parliament, November 2006. See also 'The production and consumption of the arts: a view of cultural economics', D Throsby, Journal of Economic Literature Vol. 33 (1), 1994. In addition, see 'Data on Public Spending on the Arts Eleven Countries', Arts Council England, Research Report Number 13, March 1998 and NESTA, Research Division Note 74, 2000.

“汇聚”与“排斥”创造力

5.5.6 传统观点认为，公共资金更多支持艺术领域的尝试，对私人捐助者的依赖可能使文化机构怯于选择要进行的艺术创作，因为要不断迎合捐助者的有条件支持——即使私人捐助者主动提出要进行捐助，然而，英国私人捐助者的规模与美国相比相去甚远。①

……传统观点认为，公共资金支持艺术领域的尝试……

5.5.7 然而，问题在于，如果政府太过于热衷管理效能、审计跟踪和问责机制，公共资金有可能对艺术创作带来不利影响。

5.5.8 未经深入细致的考虑，公共资助倾向于抛开瑞士文化经济学家布鲁诺·弗雷(Bruno Frey)所说的“内在动机”，即个人创新的驱动力量。内在动机是艺术创作的源泉，艺术家忠于自己的艺术观念，而不是受到财政奖励和公共认可的外在驱使。弗雷认为，无论何种形式的资助都存在风险，创新必然是一个不断实验、尝试、发现错误和探寻错误根源的过程。②

但是公共资助可能会伤害艺术创新……

5.5.9 弗雷还指出，任何无导向的努力对于创作过程都至关重要。然而，只要一个艺术家赢得了私营或公营机构的赞助，尝试的机会成本就会变高，其任务就是为赞助人而生产。因此，出现了众所周知的现象：年轻的艺术家要是不为自己的艺术作品收取高额的价格，就会有较低的机会成本，因此，也就能花费更多的时间开展不受指导的、更具有潜在创意的活动。

5.5.10 这并不是说反对赞助支持与公共投资支持。而是说，弗雷认为，这一现象确实提醒我们必须要非常谨慎地思考获得的投资后所应当承担的义务，尤其是来自公共部门的投资。

5.5.11 一些人认为，这种风险在英国正在流行。文化评论员约翰·克奈尔(John Knell)对弗雷的观点进行了回应，他认为资金不应该为了促进艺术和组织创新，或者使公共欣赏和公共参与实现最大化。③人们普遍认识到，资助决策可能会强化保守偏见，建立更加强调延续而非创新的筹资机制，这会削弱对创新的艺术实践和组织实践的支持。为解决这个问题，捐助的资金应该用于“给那些具有冒险性的、有价值的文化活动，为它们提供风险承受资本”。④

---

① 迪马吉奥(DiMaggio)和斯滕贝里(Stenberg)发现市场的自主性(通过政府/基金会的资助、企业馈赠、私人赞助)对美国非营利剧院的创新有着重要的影响，它们要比那些以赚取高收入为目的的剧院更加具有创新性，在编排节目的过程中不会墨守成规。See ‘Why do some theatres innovate more than others? An empirical analysis’, P DiMaggio and K Stenberg, Poetics, Volume 14, pp. 107-22, 1985; ‘Performing Arts: the Economic Dilemma’, WJ Baumol and WG Bowen, New York: Twentieth Century Fund, 1966.

② ‘State Support and Creativity in the Arts’, B Frey, 2000.

③ ‘The Art of Living’, J Knell, a provocation piece forMission, Models, Money; March 2007.

④ Van der Ploeg op cit. p. 14.

英国的回应

人们越来越担心艺术组织所使用的占主导地位的资助模式……

5.5.12 一系列英国文化艺术资助机构所担忧的问题已经在现实中有所反映。人们越来越担心艺术组织所使用的占主导地位的资助模式，许多人觉得这些模式使产业“制度化”（资本不足、风险规避以及对制度化资金的依赖）。同时，人们也认识到，“不以盈利为目的”的心态会使商业合作伙伴边缘化，不利于激发战略思维。创意产业应该在多种资助模式中进行选择。

5.5.13 这当然不是拨款或是以市场为基础的解决方案的问题，而是关于一系列模式的问题。这一问题在日益商业化的混合经济中表现得更为突出，它是从创意产业与创意核心领域的互动中逐步产生的。

5.5.14 英格兰艺术委员会已经意识到这些新的挑战，其推出的最新艺术政策强调向艺术实践的新趋势开放的重要性。想要探索跨学科主题的艺术家会得到明确的支持。①

“许多跨学科艺术家和艺术团体将自己的工作定位于更广阔的创意产业背景之中。他们的工作越来越多地涉及其他学科领域，在受资助的部门和商业部门之间自由地流动。这些艺术家和创作机构往往是一些先驱者，他们的创造力为其他人创造了投资和工作的机会。

与此同时，许多艺术家与文化工作者越来越渴望对超出传统艺术领域界线之外的当代问题，譬如科学、生态学、人类学、卫生、工业或者哲学进行研究，这些艺术家都在积极探索，努力解决我们当代所面临的最迫切的问题，例如，气候变化。”

——英格兰艺术委员会②

5.5.15 此外，最近几年，资助机构的资助对象已经从定向资助机构转向较小规模的地方机构，而它们往往更具有创新想法。（1996—2006年的10年间，对国企进行资助的比例已经从41%下降到30%）。③

5.5.16 然而，克奈尔等评论家认为，一般的艺术和文化资助总是“太过于倾向结构性和持久性——关注机构和建筑，而并非人”。④

5.5.17 事实上，艺术委员会的定期投资组合的40%左右主要来自固定资金，其中包括资本和稳定资金的辅助支持。很大一部分资金都给予组织，它们获取的资助额度比十年前要高。但在十年前⑤，有310

① ‘Arts Policies: Developing arts practice and engagement’, Arts Council England, 2006.

② ‘Interdisciplinary Arts Policy’, Arts Council England, 2006.

③ 然而，关于小型组织是否要比大型组织更具有创新性的实证证据莫衷一是。迪马吉奥和斯滕贝里（1985）发现，大型组织在推进自己的项目时往往很少进行创新。

④ J Knell op cit. p. 38.

⑤ Ibid p. 39.

个组织已经没有获得投资组合，现在有 472 个组织获得投资组合，所以，在僵化和固定的资助背景下进行的地毯式投资并不会对总体发展有推动作用。①

5.5.18 但是，如果艺术资助模式要保持其合法性，受助人就需要付出更多的努力，而且公共资助者也要付出更多的努力来表明他们最大限度地投身于创意事业和公众互动事业的意愿。②创意核心的投资很可能享有高赢利回报，比如，提高文化深度与生活质量，加快创意产业的增长，加快更广泛经济领域中创新和创造的步伐。但是，形成这种状态需要战略性地利用现有投资以及掌握更成熟的评估收益技术。

5.5.19 我们还可能需要进行探索，不仅要探索之前所讨论的文化创意公共投资和创意经济之间溢出效应的性质，还要探索如何加强这种效应的传导机制而不打破文化目标和经济目标之间的平衡。

将公共价值作为可能的解决方案

5.5.20 英国广播公司在其所提交的宪章修订案中提出，公共广播服务的目标是向观众、听众以及在线服务的用户传播公共价值。英国广播公司还推出了一项公共价值测试，用于新的服务领域，并要考察这些新的服务是否要比同类的私营广播公司传播更多的公共价值。政府要求新成立的英国广播公司信托机构(BBC Trust)来负责公共价值测试的运营。宪章修订案对英国广播公司信托机构的成立进行说明。

5.5.21 人们对公共价值的概念有了新的兴趣，同时，英格兰艺术理事会也开展了一项调查，想了解英国是如何激发人们对公共价值的兴趣。公共价值不能被简化为简单的一个个“单元”；相反，这是机构与公众进行迭代双向对话的过程。如果政府资助的艺术团体可以进一步发展这一理念，那么它们也能为解决上述提到的困境作出贡献。

人们对公共价值的概念有了新的兴趣……

……公共机构应该与公众进行迭代双向对话。

5.5.22 政府资助不应该仅限于高雅艺术或者国家文化机构，也应该为年轻的本土音乐家提供公共排练空间，这样也有助于公共价值的创造，就这一点而言，年轻音乐家与类似皇家歌剧院(Royal Opera House)一样的机构并没有什么差异，双方发挥各自的优势进行公共价值的创造。因此，地方年轻音乐家的价值也应该被认可。

① Ibid p. 39.

② ‘Cultural Value and the Crisis of Legitimacy’, J Holden, DEMOS, March 2006, accessed at www. demos. co. uk/publications//culturallegitimacy 2006.

音乐的公共空间

现场音乐论坛的发言人费尔格·夏基(Feargal Sharkey)指出，地方政府为本土音乐家提供排练工作室的重要性，并列举了雷克瑟姆地区(Wrexham)维多利亚青年中心(Victoria Youth Centre)这一成功例子。该中心为年轻音乐家的互动和交流创意想法提供了免费排练空间。“我们拥有价值50亿英镑的音乐产业，这一产业最初是从没有名气的团体和艺术家们在酒吧后台的房间里表演开始的。如果没有他们，现今我们也就不会拥有数十亿英镑的音乐产业。”

5.6 业务创建能力

……在所有的经济领域中……处于起步阶段的企业在资金筹集过程中都会遇到困难。

5.6.1 尽管新企业对于现代经济增长具有非常重要的作用①，但是在所有的经济领域中，处于起步阶段的企业在资金筹集的过程中都会遇到困难。例如，英国的私募股权行业的规模仅次于美国，但只有6%投入到处于起步阶段的企业(2005年，在270亿英镑的总投资中，只有3.82亿英镑投入到处于起步阶段的企业)。②

5.6.2 对各行业所有处于起步阶段的企业进行投资是一项有风险的业务。它们的商业模式可能未经证实，管理团队经验不足以及资产负债表的规模很小。银行和股权投资者在风险评估中要承担很高的固定成本。③其中，如果股权投资者被要求提供非资金支持，比如培训指导或者进驻该公司的董事会，那么它们的持续成本会更高，但这会使它们的投资取得更大的收益。

5.6.3 事实表明，各行业的小型企业在融资中会面临更大的困难。④遗憾的是，几乎没有直接的证据来明确地表明创意产业所面临的融资局限性。然而，一些研究发现，拥有大量小型公司的行业往往会遭受特

① 参见Cincera和Galgau对关于这一主题的文献进行的整理研究。Meges表明企业已经成为美国软件行业新产品与其他创新的主要来源。‘Impact of Market Entry and Exit on EU Productivity and Growth Performance’, M Cincera and O Galgau, European Economy Economic Papers No. 222, 2005; ‘Patents, Entry and Growth in the Software Industry’, R Merges, UC Berkeley School of Law, 2006.

② ‘Making money at the early-stage: the challenge for venture capital in the UK’, NESTA Policy Briefing, 2007.

③ ‘Bridging the Finance Gap: a consultation on improving access to growth capital for small businesses’, HM Treasury, 2003, accessed at www.hm-treasury.gov.uk/media/959/03/adinvest359kb03.pdf.

④ ‘Monetary Policy, Business Cycles, and the Behavior of Small Manufacturing Firms’, M Gertler and S Gilchrist, The Quarterly Journal of Economics, Vol. 109, May 1994.

别严重的周期性衰退。[①]仅仅是因为创意产业有大量小型企业的存在（见第2章），就使其在获取资金上遇到更大的困难。在行业峰会上，一些与会代表提出，这就是事实，但并非所有人都认可这一观点。

5.6.4 但是，普遍认为，创意产业在发展业务的过程中面临额外的障碍——在第4章中有所讨论——这使得创意企业获得资金尤其具有挑战性。

5.6.5 根本问题在于，市场的不确定性会使有效计划或措施无法实施。因为"无人知晓"：艺术产品的偏好具有高度主观性，市场调研和预测试似乎也无法发挥太大作用。这里蕴藏着巨大的风险。[②] 艺术家无法确切地知道创意产品能否吸引受众，因此，创意生产变得更像赌博。[③]

市场的不确定性

5.6.6 由"无人知晓"所带来的巨大不确定性在创意产品收益的高度浮动上有所体现。[④]相对于可以预见的投资回报，投资者对那些不可预见投资回报的产业进行投资时，会收取更高的费用。

……"无人知晓"带来的巨大不确定性在创意产品收益的高度浮动性上有所体现。

5.6.7 许多行业的企业家可能被非营利性的动机所触动——创意产业中的"艺术创作是为了艺术"的情况——这种可能性会进一步增加投资者所面临的风险。[⑤]因此，企业可能特别倾向通过冒险来成为大赢家。有限责任则意味着可能发生的最糟糕的事情是，企业会损失所有的资金。作为投资者自然要收取更高的风险溢价。[⑥]

5.6.8 在这个不确定的环境中，即使是有才华的创作者也要尽力保持自己的业绩记录。[⑦]如果很多创意企业的财富是与无形知识产权资产绑定在一起的，那么选择用抵押品作担保的潜在贷款人，可能并非依靠声誉，因为从本质上讲，这些资产难以估值。因此，那些无法用传

……有才华的创作者也要尽力保持自己的业绩记录。

---

① 'The Industrial Impact of monetary Policy Shocks: Some Stylized Facts', J Ganley, JC Salmon, Bank of England Working Paper 68, 1997; 'The monetary transmission mechanism: evidence from the industries of five OECD countries', L Dedola and F Lippi, European Economic Review, Vol. 49 (6), 2005.

② Goldman's quip should not of course be taken literally; rather, it captures the idea that the risks facing producers of creative products are inherently greater than for many other production activities. See 'Adventures in the Screen Trade' op cit.

③ 见 Creative Industries: Contracts between Art and Commerce, R Caves, Oxford University Press, 2001. 基于互联网的虚拟股票市场，譬如，www.hsx.com 网站，是创意产业用于预测自己产品的未来市场反应的一种方法。投资者根据自己对未来市场结果的判断来进行虚拟股票交易，比如预测一部电影的票房。已经证明隐含在这些虚拟股票价格中的消费者预期对市场的实际表现具有一定的预测能力。见'Internet-Based Virtual Stock Markets for Business Forecasting', M Spann and B Skiera, Management Science, Vol. 49 (10), 2003.

④ Hollywood Economics: how extreme uncertainty shapes the film industry, A De Vany, Routledge 2004.

⑤ 'Comparative analysis of the UK's creative industries', Frontier Economics, 2006, give the example of the UK's crafts industries.

⑥ See 'Theory of the firm: Managerial behaviour, agency costs and ownership structure', M Jensen and W Meckling, Journal of Financial Economics, Vol. 3 (4), 1976 and 'Harsh Default Penalties or Warrants: The Impact of Limited Liability Rules', MA Robe, Working Paper 01-12 01, Kogol School of Business at American University, 2002, for a more recent treatment.

⑦ 技术变化对现有企业模式的破坏性影响使得我们更难使用过去的商业成功案例去分析企业未来的前景。See 'The Broadway Musical: Collaboration in Commerce and Art', B Rosenberg, Bernard and E Harberg, New York: New York University Press, 1993.

统工具对稳健的投资和不合适项目进行区分的投资者，就只能向董事会收取更多的资金。①

5.6.9 在较为传统的产业中，对自身产品可能产生的市场影响，企业要比投资者更容易掌握更完整的信息。然而，拥有好想法的企业可能仍然很难从“柠檬市场”(Lemons)中脱颖而出，并且说服投资者相信自己的产品具有商业潜力。②有趣的是，很多创意产业“无人知晓”的状况其实避免了由于这些信息不对称所导致的额外融资困难。③

5.6.10 许多创意企业所面临的特殊高风险本身不应该成为融资的一大障碍。原则上，金融市场给予投资者很多机会来分散这种风险，这与其他部门大同小异。即使是小规模的④创意企业，如果它们有很好的投资计划，也会发现自己不会因缺少融资而破产。

……缺乏必要的创意专业知识与商业资质的投资管理者。

5.6.11 然而，在现实世界中，创意企业的投资者声称更加难以控制自己的风险。⑤贝茨(Bates)和瑞尔斯(Rivers)(2007)以独立电影制作公司为例进行分析，在电影上映之前，没有人知道电影的价值。⑥投资者寻求足够多的投资基金来管理多元化电影投资组合，但是却缺乏必要的创意专业知识与商业资质的投资管理者。因此，在其他条件相同的情况下，具有更大生产基础的生产型公司对投资者更具吸引力。

5.6.12 许多创意企业所面临的异常高的不确定性可以解释一些投资者似乎不愿意对创意产业进行投资的原因。即使是拥有高水平的专业知识的成熟专业金融中介机构可能也要花费很大的力气从某些金融投资者手中筹集资金。

……创意产业可以帮助投资者了解创意产业的增长模式……

5.6.13 创意企业中可能存在一些优势，可以帮助投资者了解创意产业的增长模式，其中，这些创意产业并不遵循其他行业中更加可预测的模式。不过，目前尚不清楚市场失调是否因为缺少具体的公共支持。

业务技能的弱点

5.6.14 除了在商业模式比较陌生和风险很高的情况下面临吸引投资者的困难外，创意企业在吸引投资过程中还面临着其他重要的结构性障碍。对于许多创意企业，这些障碍使得本来可以争取到的资金，反而变得更加遥不可及。

① See Lev for a discussion of empirical evidence on the cost of capital in cases where intangible assets are important ‘Corporate Earnings: Fact and Fiction’, B Lev, The Journal of Economic Perspectives, Vol. 17(2), Spring, 2003.

② ‘Incentive Effects of Terminations: Applications to the Credit and Labor Markets’, J Stiglitz and A Weiss, American Economic Review Vol. 73(5), 1983.

③ Caves, op cit.

④ Though systematic-or market-wide-risks cannot of course be diversified.

⑤ 技术型公司的受访者指出，英国缺乏一个科技股的公共市场来作为一项减轻风险的退出策略。虽然英国另类投资市场(AIM)越来越具有流动性——自 1995 年成立起，有 2 500 多家公司推出上市——但它在英国没有发挥出像美国 NASDAQ 一样的作用。在英国，投资者主要的退出战略仍然只有企业被收购，通常这些企业计划将自己的业务转移到英国的海外公司。

⑥ ‘Knowledgeable capital: Barriers to investment in the Creative Industries’, J Bates and O Rivers, Centre for Creative Business, London Business School, April 2007.

5.6.15 简单地说，很多中小型企业“已做好吸引外来投资者的准备，却缺乏推进所需的商业计划的技能”。①当然，投资者并不希望所有的创意企业家都成为金融专家，但是这些企业家需要让投资者相信他们会作出负责任的商业决定。

5.6.16 例如，很多创意企业只依靠不健全的商业规划方法，②对市场知识或专家的支持以及相关的金融机遇也缺乏认识。③④这类创意企业所占的比例非常高。

5.6.17 资金/业务支持途径工作组(Finance/Business Support Working Group)确定了一个关键问题，那就是创意企业需要更强大的战略商业意识和创新业务的能力，以便有效利用资金和业务支持。

5.6.18 例如，相关证据显示，许多创意企业对于战略方面的培训存在严重不足。调查表明，大约一半的企业(49%)对所有的高级管理人员完全不提供此类培训。小企业所占的比例更大(那些只聘用一名员工的企业则占57%)。只有34%的创意企业指出，其高级管理人员至少接受了一些管理方面的培训，小型企业中这一比例就更低了。⑤

5.6.19 克莱顿(Clayton)和梅森(Mason)(2006)指出，许多创意产业中存在“生活方式”类的中小型企业，其年营业额“陷入”在30万~40万英镑的“泥潭”中，实际上这类企业可以通过量身定制的支持项目实现更高的增长。⑥ 对于这样的企业，私募股权融资能够发挥重要的作用：现金流动不可能高到能够服务或偿还债务的程度，投资者需要从投资企业所获得的利润中抽取一定的份额来补偿自己所承受的高风险。

非正式股权的作用

5.6.20 经济合作与发展组织指出，“企业天使”(非正式股权)的价值在于，它是英国中小型创新企业私募股权的重要来源。拥有财富的个人对规模较小的企业进行大量的投资，还可以为这些企业提供非金融业务支持。⑦

……“企业天使”是英国中小型创新企业私募股权的重要来源……

① ‘Bridging the Financing Gap-Next Steps in Improving Access to Growth Capital for Small Businesses’, HM Treasury p. 6, October 2003.

② 31%的软件公司与46%的电视与广播已经确立了未来具体的金融目标：NESTA ‘Creative Businesses Research Report’, ICM report prepared for NESTA, 2006. 克莱顿与梅森(2006)在报告中指出，抽样调查中仅有35%的中小型创意企业使用了正式的业务规划技术。

③ 至于其他企业，业务支持简化计划应该会为更加新型和用户友好型的创意企业提供支持服务。

④ 小型企业贷款担保计划支持那些拥有可行商业计划的企业，其中包括创意企业，但是不支持那些没有资产可以抵押给贷款人的企业。该计划为贷款人75%的贷款额提供担保，高达25万英镑，担保最长期限为10年，其中，借贷者支付2%的保险费。该计划不包括一些团体，但包含个体经营的艺术家、作家、作曲家、剧作家、音乐家、演员和戏剧公司。

⑤ NESTA op cit. 部门之间存在差异。在音乐界，只有19%的业主/管理人员进行过业务技能的专业指导或训练。见‘SME Music Business: business growth and access to finance’, Burns Owen Partnership 2006, accessed at www.culture.gov.uk/NR/rdonlyres/76D31D34-6F7D-4A8B-8C27-01B898D829D2/0/MusicBusinessSurvey.pdf.

⑥ ‘The financing of UK creative industries SMEs’, Burns Owen Partnership Limited and Pembridge Partners, Report for the Access to Finance/Business Support Working Group of the Creative Economy Programme, July 2006.

⑦ ‘Promoting Entrepreneurship and Innovative SMEs in a Global Economy: Towards A More Responsible And Inclusive Globalisation’, OECD, www.oecd.org/dataoecd/5/24/31919590.pdf, June 2004.

5.6.21 据估计，目前已经有3 885个“企业天使”利用自己的投资在英国各地的网络上运行，逐步像风险投资基金一样发挥自己的作用。①

“企业天使”往往是通过培训指导以及担任正式管理职务为企业带来宝贵的实战经验。

5.6.22 “企业天使”往往是通过培训指导以及担任正式管理职务为企业带来宝贵的实战经验。但是，许多创意产业的高风险阻止了“企业天使”将创意企业作为投资对象。甚至具有行业特定专业知识的“企业天使”也不愿意接受过高的风险。

5.6.23 这有助于解释为什么大多数“企业天使”投资(无论在哪个领域进行投资)往往都是不规则的，大部分情况下还是被动的。因此，国家科技艺术基金会建议给“企业天使”和企业提供更大范围的联网机会，以便使“企业天使”与企业进行配对，激发产业智能和提高交易佣金。这一点运用于创意产业与非创意产业。②

5.7 知识产权

版权有助于为创意产业创建商业模式框架。

5.7.1 正如第4章所言，版权有助于为创意产业创建商业模式框架。保护表达价值的原创行为是许多创意企业预测未来收入所依靠的基础环节之一。这一环节正在变得越来越重要。

5.7.2 在过去20年里，无形资产的投资急剧上升(见第3章)。据估计，现在，一家典型公司70%的价值都是无形资产，在20世纪80年代初，这一比例仅为40%左右。创意产业的大部分投资受版权保护。③

5.7.3 高尔斯审查(Gowers Review)认为，版权有助于推进英国繁荣发展，而且，作为一种财富创造机制，在提供知识创造与出版所需的动机等方面变得日益重要。但是高尔斯审查并没有对整个知识产权制度进行审查，没有凸显创意产业为版权的主要使用者，也没有制定相应的分析框架来分析版权对创意产业所具有的经济重要性。

经济理论中的版权

5.7.4 创作者自然有权拥有自己的劳动成果，这是一个古老的理论，并在1710年通过的《安妮法案》(Statute of Anne)中得到正式确认。在经济学领域存在这样的假定，如果创作者得到适当的经济回报，那么他们也只有投入创新的动机而已。如果缺乏保护，其他人就会白白占有创作者的劳动成果，因此，创新投资将会低于社会的最优水平。

① ‘Making money at the early-stage: the challenge for venture capital in the UK’ op cit.

② ‘Making money at the early-stage: the challenge for venture capital in the UK’ op cit.

③ Gowers Review op cit.

5.7.5 版权与专利的概念不同，版权不仅使发明人的知识产权得到保护，又使知识得到传播。版权保护原创者的思想与表达价值，部分是因为这些内容太容易传播。然而，问题在于版权增加了那些为生产新知识所投资的知识输入的成本，价格创新者退出了市场，奇怪的是反而降低了创作作品的数量。①这是那些渴望成为获得少一些版权保护的创意"普通人"的创作者的提议。②

版权与专利的概念不同……

5.7.6 正如哈佛大学教授费舍尔③所说，足够的证据显示，两种观点在很大程度上取决于特定行业的特殊情况。他对生物技术、制药、航空和软件产业进行调查，从理论上阐释了知识产权保护阻碍创新的条件以及知识产权保护不阻碍创新的条件。④类似的条件也存在于版权之中。⑤费舍尔认为，在行业具备以下特点的情况下，知识产权保护最有利于创新：

(1)研发成本高；

(2)关于能否产出成果具有很大的不确定性；

(3)竞争对手能够以更低的成本快速地对先进技术进行模仿。

知识产权的重要性在行业与行业之间也不尽相同。

5.7.7 相比之下，知识产权保护在以下情况下则会阻碍创新：

(1)替代机制比如保密、交付时间和学习曲线优势已经为创作者提供了足够的保护；

(2)该领域的创新倾向于高度累积的结果；

(3)非经济动机是创作积极性的重要来源；

(4)采用共同的标准更有益处——所谓的网络外包。⑥

---

① 'The Wealth of Networks: How Social Production Transforms Markets and Freedom' op cit.

② 例如，劳伦斯·莱斯格教授支持互联网通信和信息的可能性能够在版权得到最低限度保护的情况下得到发展的观念。见'Free Culture: The Nature and Future of Creativity', L Lessig, Penguin Books, 2004.

③ 费舍尔基本上着眼于知识产权中以动机为基础的论点。自然权利和以人格为基础的论据则是另一个不应该被忽视的理由子集。'Lockean Argumonti for Provale Intellectual Property' S Shiffrin in S Munzer ed. 'Legal and Political Theory of Property' Dartmouth University 2001. 'The Philosophy of Intellectual Property' J Hughes, 77 Georgetown LJ, 1988.

④ 'Intellectual Property and Innovation: Theoretical, Empirical, And Historical Perspectives', W Fisher in 'Industrial Property, Innovation, and the Knowledge-Based Economy', Beleidsstudies Technologie Economie, Ashgate 2002.

⑤ 'Intellectual Property and Innovation: Theoretical, Empirical, And Historical Perspectives', W Fisher in 'Industrial Property, Innovation, and the Knowledge-Based Economy', Beleidsstudies Technologie Economie, Ashgate 2002.

⑥ 'Intellectual Property and Innovation: Theoretical, Empirical, And Historical Perspectives', W Fisher in 'Industrial Property, Innovation, and the Knowledge-Based Economy', Beleidsstudies Technologie Economie, Ashgate 2002.

斯蒂芬·弗瑞(Stephen Fry)

“我相信，英国文化、媒体和体育部为了让现在的年轻人好好准备 2012 年奥运会而做的一切努力都是好的、正确的、公平的和必要的，但我们应该记住，有些孩子的热情不是由体育而是由艺术点燃的。绘画、舞蹈、戏剧、文学、音乐、雕塑、诗歌、戏曲以及设计、文化、媒体和艺术可以为我们提供一切所必需的。我很幸运，在我的成长过程中，接受政府补贴的戏剧、歌剧和芭蕾巡演点燃了我的热情和梦想。更幸运的是，图书馆活动和巡回展览甚至深入我生长的乡村，让我受益匪浅。我认为，现在的孩子可能有更多参加艺术活动的机会，他们被艺术点燃热情，受到艺术的鼓舞。如果你身处在世界的某个角落，你所希望看到的英国印象，越来越不可能是汽车，也不会是餐馆里的刀具或炊具，更不会是机器、家用电子产品、硬件或者螺母和螺栓：答案可能不确定，但最有可能的答案是播放的音乐是英国的，书店的书籍是英国的，软件和设计是英国的——也就是想看到我们现在为世界所熟知的形象，是文化与思想出口商。英国不再向世界提供锅炉和铁梁，而是通过艺术、想象力和文化创新来提供色彩、生命与活力。”

5.7.8 费舍尔的分析表明，权衡利弊，创意产业将会因为知识产权制度的严格执行而从中获益。最有创意的活动具有高度不确定的回报，包括高昂的前期成本以及很容易被仿造。该论点得到知识产权理论家丹尼斯·卡加拉教授的支持。他认为，创意产业中的基础创新过程具有不同于科技领域的特点，因为新知识很少建立在已有的知识基础之上。[①]

5.7.9 这是版权法区分不受保护的想法与受到保护的想法的一个原因。芝加哥大学威廉·兰德斯(William Landes)教授和理查德·波斯纳(Richard Posner)教授是美国进行知识产权的政治经济学分析的著名学者。他们以此为基础，作出下面的评论：[②]

> “如果间谍小说的作者抄袭伊恩·弗莱明(Ian Fleming)的以詹姆斯·邦德(James Bond)为主人公的小说中的部分情节，他就是侵权。如果他受到弗莱明的启发，决定写一本关于一位生活奢侈的英国神秘特工的小说，那他就没有侵权……小说家通过组合老套的角色和环境来创作新的作品(其中，许多小说要追溯到古代作品)，但是却带有独特的选词、事件和剧中人物。他不创造老套的人物和环境或购买它们。不同于专利中所包含的想法，它们并非新想法，小说家可以零成本地获取，无论是通过对周围世界的观察，还是从长期存在于公共领域的作品之中发掘。”

是否适合数字时代？

5.7.10 按照上述论点，英国的版权法建立在这一命题基础之上：版权法应该为表达价值的创造者提供强有力的保障，同时也尽量允许重要思想的自由传播。版权法为创作者的表达价值提供了保护，但也具有一定的内在灵活性。例如，1988 年版权法的第 29 部分和第 30 部分，设计与专利法令规定了“合理使用”豁免权，即用于研究、私人研习、批评、评论或者以报道时事新闻为目的的复制是合法的。

5.7.11 问题是，数字化为免费复制、文件共享与下载提供了可能性，并且很难监管；数字化也不断挑战以版权为依托的商业模式(见第 2 章数字化的部分中关于版权保护的替代战略的讨论)。高尔斯审查和竞争与知识产权工作组(Competition and IP Working Group)得出以下的结论，非法的文件共享，换句话说就是盗版，正在不断威胁许多创意产业的发展。特别是：

……数字化为非法文件共享提供了可能性……

① ‘Functionality as the Distinction Patent and Copyright Subject Matter’, op cit. 所谓的“混音”文化的出现以及其艺术创新的方法可能会对这一命题提出挑战。正如卡里亚拉所指出的，一个人更可能喜欢或者创建一百种不同的战争小说，而不是创作除结局有所不同的一百种《战争与和平》的版本。不过，在软件领域的创新可能会有不同的表达。

② ‘An Economic Analysis of Copyright Law’, WM Landes and RA Posner, Journal of Legal Studies, Vol. 18(2), 1989.

——“文件共享文化”渗透在互联网之中。其中，在10~25岁的英国年轻人中最常见的犯罪就是互联网盗版，高达80%的音乐下载是没有付费的。英国唱片业协会(British Phonographic Industry，BPI)估计，2003—2005年，文件共享导致英国音乐行业损耗了11亿英镑，随着技术不断提高，这些损失也变得越来越大。损失的销售额从2003年的2.78亿英镑增长到2005年的4.14亿英镑(总零售额达到18.7亿英镑)。①

——2005年，电影票房的损失估计总共达到了7.19亿英镑，而在视频销售方面的损失估计达到了35亿英镑；2006年，将近1/3的用户下载或者观看了某种形式的盗版电影。②

——商业软件联盟(Business Software Alliance)认为，英国的软件盗版现象非常普遍，以至于盗版比例只要下跌10%，就会为英国经济作出110亿英镑的贡献，并且创造3万多个岗位。③

5.7.12 虽然这些数字非常惊人，但有些人认为，点对点文件共享与创意产业收入下降的直接经济关系并不太明确。④2000年到2004年间的唱片销量下滑可能恰逢点对点文件共享技术的兴起，但是，这一下滑也是由更广泛的全球经济放缓以及来自其他娱乐形式的竞争所形成，比如DVD、视频游戏和手机铃声。⑤至于电影业，虽然很难找到直接证据来说明文件共享的存在导致了直接的和可量化的票房收入的减少，但是我们得到业界的告知，随着技术的提高，业余的复制质量将会得到极大的改善。⑥

提升民众盗版意识的案例

在英国，消费者保护知识产权的意识很差，对知识产权盗版行为的惩罚力度不够。

5.7.13 在英国，消费者保护知识产权的意识很差，对知识产权盗版行为的惩罚力度不够。高尔斯审查援引国际市场研究公司的民意调查发现，人们意识到知识产权是无形的，比如商标，但并非更加抽象的形式，比如版权和专利。高尔斯(Gowers)总结，“在英国，目前版

① The Gowers Review of Intellectual Property op cit p. 27.

② Ibid p. 42 and ‘Research and Statistics Bulletin’, Film Council, p. 19 Vol. 4 (2) April 2007.

③ Memorandum submitted by Alliance against IP Theft to the Select Committee on Culture, Media and Sport, July 2006 citing Business Software Alliance/IDC Global Software Piracy Study 2005. www.publications.parliament.uk/pa/cm200607/cmselect/cmcumeds/509/6051607.htm#note10.

④ 见‘Cultures of music piracy: an ethnographic comparison of the US and Japan’, I Condry, International Journal of Cultural Studies, Vol. 7 (3), September 2004; ‘Digital Copyright and the New Creative Dynamics’, P Ganley, International Journal of Law and Information Technology, 2004; ‘The Effect of File Sharing on Record Sales: An Empirical Analysis’, F Oberholzer and K Strumpf, Harvard Business School and UNC Chapel Hill, March 2004, accessed at www.unc.edu/~cigar/papers/FileSharing_March2004.pdf.

⑤ ‘Managing pirate culture: corporate responses to peer-to-peer networking’, D Freedman, International Journal on Media Management, Vol. 5 (3), 2003.

⑥ See also Currah, 2006 op cit.

权明显缺乏公共合法性”，而且公众认为侵犯知识产权的犯罪是“没有危害的”。[①]

5.7.14 产生这一分歧的部分原因在于点对点文件共享的过程，文件共享复制的是非排他性文件（下载一张 CD 并不会取代原件），并且文件共享可以几乎零边际成本地实现。相比之下，实物盗版则传播稀缺和排他性商品，受到刻录媒体成本以及地理和监管干预的约束（通过边境检查和警察搜捕）。

5.7.15 竞争与知识产权工作组认为，业界和消费者明显缺乏关于如何能够合法利用创意内容的知识和意识，如果消费者不知道这些权利是什么，那么就更难让消费者尊重这些权利，所以需要呼吁开展更多的教育。

5.7.16 然而，仅仅靠教育措施可能还不够。正如我们在第 4 章中所了解到的，购买创意商品的理由之一，就是因为其他人也都在进行创意消费，这就是所谓的社会心理网络效应。[②]文化品位受到更广泛的社会和文化背景的影响。文件共享既是一种社会行为，也是一种私人的、自我的行为。只有当消费者认为艺术家和粉丝之间存在直接关系时，他们才会了解网上盗版的实质。[③]音乐的商业化可能破坏了这种关系。

文件共享既是一种社会行为，也是一种私人的、自我的行为。

公共利益

5.7.22 创意产业的持续繁荣要求英国版权法中确立的有效原则在数字化时代也要发挥作用。高尔斯审查得出了类似的结论，同时提议这些原则在运用到数字化创意内容的过程中要更加灵活，更加易于改变形式，并且，如果资料被认为具有变革性，那么就要加大力度排除私人复制和新式特权对版权的侵犯。该审查还抵制将表演者的权限延长到 95 年的提议，并指出这将不利于激励音乐创作。

创意产业的繁荣要求英国版权法中确立的有效原则在数字化时代也要起到作用。

5.7.23 高尔斯审查建议要更好地教育消费者，更多地为企业提供建议，这些提议从根本上都是正确的，但只靠这些提议还是不够的。值得关注的是，在创意产业中，如果我们认真对待高尔斯审查报告中的提议，对侵犯版权的行为加以监管，并强制执行和征收适当的罚款，而且加大执法力度，尤其注重在国际层面上的实施力度，数字化不一定会对创意产业赖以生存的商业发展模式形成威胁。

① The Gowers Review p. 34 op cit.

② See ‘Increasing returns and social contagion in cultural industries’, M Kretchmer, MG Klimis, and CJ Choi, British Journal of Management 10, Special conference issue, S61-S72, 1999 op cit.

③ Condry, 2004 op cit.

5.8 公平的竞争环境

竞争是创新过程的中心。

5.8.1 竞争是创新过程的中心，可以区分想法的好坏，可以对想法进行选择和有利于扩大新技术的影响力，促进生产力的提升，加强设计产业的竞争力。①竞争为企业和个人提供强大的动力，努力实现对创新的精益求精。市场竞争对产业中创新和生产率增长产生特别强大的影响，使参与市场竞争的主体“齐头并进。”②

竞争具有创新性，但也具有破坏性。

5.8.2 竞争具有创新性，但也具有破坏性。所有的企业都从创新的优势中获益，但是，最有活力的企业会摧毁这些优势，它们越是创新，就越会使自己的产品容易过时。然而，对于缺乏创新的企业而言，就更是雪上加霜。③

5.8.3 竞争既有优点，又有缺点。垄断能够为创新实验和试错过程提供更多的资金。④过度竞争还可能增加不确定性，阻碍对创新领域进行长期投资。⑤⑥

5.8.4 英国无疑是一个高度开放的经济体，面临来自海外的激烈竞争。进出口贸易总额(包括出口和进口的商品和服务价值)，相当于国内生产总值(GDP)的比重，英国占比为54%，这一比例要高于美国(24%)、法国(50%)和意大利(49%)，但低于德国(67%)。英国也是世界上第二大服务出口国和第八大货物出口国。在所有世界领先的经济体中，对内和对外投资占国民生产总值的比重是最高的。在一定程度上反映了它对境外直接投资(FDI)设置极低的壁垒。更广泛来讲，在发达国家中，英国的监管环境是最为宽松的，并且，一些商业的启动成本在英国也是最低的。⑦

5.8.5 巴特尔斯曼(Bartelsman)等(2005)发布的报告指出，另一个竞争指标就是企业创新，即进出比率。英国制造业的流失率要高于许多其他工业国家。⑧一般情况下，所有国家服务业的企业创新要高于制造业。⑨

---

① ‘Origin of Wealth: Evolution, Complexity, and the Radical Remaking of Economics’, E Beinhocker, Harvard Business School Press, 2006.

② ‘Appropriate Growth Policy: A Unifying Framework’, P Aghion and P Howitt, Journal of the European Economic Association, Vol. 4 (2-3), April-May 2006.

③ See Boldrin and Levine for empirical examples of highly competitive sectors which have delivered high rates of innovation, such as the sheet music and book publishing industries, ‘Perfectly Competitive Innovation’, M Boldrin and D Levine, 2006, mimeo.

④ ‘A Model of Growth through Creative Destruction’, P Aghion and P Howitt, Econometrica Vol. 60(2), 1992.

⑤ ‘Competition, Innovation and Productivity Growth’, OECD, Economics Department Working Papers No. 317, 2002.

⑥ 因此，竞争和创新之间存在一种平衡：如果企业不受到竞争的刺激，那么企业就没有动力进行创新，但太过激烈的竞争会遏制创新的积极性，因为激烈竞争使得企业无法获得自己努力所得的回报(“创意、设计与企业绩效”，英国贸易和工业部经济研究报告第15号，2005年)。实证数据表明，竞争和创新之间有可能确实存在一个“倒U形”关系。见‘Perfectly Competitive Innovation’, P Aghion and N Bloom; ‘Competition and Innovation: An Inverted U Relationship’, R Blundell, R Griffith and P Howitt, Quarterly Journal of Economics, Vol. 120(2), 2005.

⑦ OECD ‘Economic Outlook’, No. 80, December 2006.

⑧ ‘Comparative analysis of firm demographics and survival: evidence from micro-level sources in OECD countries’, E Bartelsman, S Scarpetta and F Schivardi, Industrial and Corporate Change, Vol. 14, June 2005.

⑨ ‘Business start-ups, closures and economic churn: A review of the literature’, C Robinson, B O’Leary and A Rincon, Small Business Survey, 2006.

5.8.6 第2章说明了众多创意产业中创意核心领域具有分散性，其特点是普遍的低集中率和大量小型企业的存在。第2章还指出，大型垂直整合的公司如何在各领域之间进行创意内容的加工和分销。

5.8.7 在制定政策的过程中，需要考虑的一个问题是创意领域的产业结构是否会对竞争环境带来不利影响。这个问题对于创意产业特别具有挑战性。正如第2章所述，我们所获得的数据是用来描述行业结构而不是市场结构，比如进入市场的壁垒，单纯从这些数据中我们无法推断出产品的市场竞争情况。

在制定政策的过程中，需要考虑的一个问题是创意领域的产业结构是否会对竞争环境带来不利影响。

5.8.8 在本文件中，我们对三种可能的产业结构都进行了解释。第一种解释侧重于生产成本可能高到只有大型企业可以承担的事实。即使产品的产出降低或下降了，这些生产成本依然无法降低。由于固定成本过高的特性，因此，只有生产得越多，生产的平均成本才会越低。

5.8.9 简单来说，在以这些类型的成本为特征的行业中，效率决定了一个行业将会围绕少数的主导大型企业而聚合。①当然，从本质上看，行业集中并不反对竞争。例如，即使在一个行业中只有一家企业服务于市场，只要进出的壁垒足够低(换句话说，市场具有竞争性)，也会出现全面的价值竞争。②

5.8.10 第二种解释指出，进入壁垒和内源性沉没成本是永远失去并且无法恢复的成本(不像固定成本)。③但我们的出发点是在某些行业领域，企业可以在沉没成本的支出中获得高额回报，比如研发支出(它可能会增加产品质量)和广告(它会因为市场激励而提升质量)。

5.8.11 创意产业的市场增长会给新进者创造空间，其他行业也是如此，但它也刺激着现有企业去增加自己的沉没成本。企业自觉提高自己的支出，改善自己产品的(实际的或感觉的)质量，以便从竞争对手那里争取更多业务。这正是我们在第4章中所提到的效应——历史上的美国电影行业与现今的英国视频游戏行业。

5.8.12 沉没成本不断上升的趋势在创意产业中表现得尤为突出，比如在电影、电视和视频游戏行业，预算被看作产品质量的指标(见第4章质量膨胀的讨论)。特别是，在“无人知晓”的市场领域，广告为消费者提供信号，告诉他们可以期待什么样的产品。④ 在电影行业，超出预算(比如因为选用大牌明星)是为了追求更高的品质。

5.8.13 第三种解释强调，企业为了尽力获取高于平均水平的利润而推出的

① ‘Technological Determinants of Firm and Industry Structure’, J Panzar, ch. 1 in R, Schmalensee and R. Willig (eds), Handbook of Industrial Organisation, Elsevier, Vol. 1, 1989.

② ‘Contestable Markets and the theory of industry structure’, WJ Baumol, J Panzar and R Willig, Harcourt College Publishing, 1982.

③ ‘Sunk Costs and Market Structure: Theory and History’ J Sutton, MIT Press, 1998; ‘One Smart Agent’, Rand Journal of Economics, Vol. 28(4), Winter 1997. Also available at http://sticerd.lse.ac.uk/dps/ei/ei8.pdf

④ ‘An Empirical Investigation of Signalling in the Motion Picture Industry’, op cit.

产品之间存在差异。①此处指的是消费者支出结构，而不是企业为了创造业务机会而支出的成本结构。如果消费者想获得多样性的商品或者对行业产品有选择地进行分类，那么企业要么小规模生产，追求产品多样化（非种类提升吸引力），要么瞄准特定的领域形成品牌优势。

创意产业给我们带来的启示

5.8.14 产品的差异化与创意核心领域的零散结构有着很强的相关性。消费者需要无限种类的创意产品，而艺术家则为消费者提供了无限的可能，关于这一点已经在第 4 章中予以讨论。

5.8.15 这有助于解释为何迎合小众品味的小型专门企业会比比皆是，关于这一点，在许多创意内容行业中都有所体现。然而，除了许多小型企业，在 13 个独立行业领域也存在不少垂直整合的大型企业，有时，还会有跨国公司来充当创意生产者与消费者之间的中介机构。

“电子艺术包揽了排名前 20 的视频游戏中的 1/4 份额。超过 80% 的欧洲音乐销售额由四大主打唱片公司掌握。8 个最大的图书零售商差不多占据了英国整个图书市场的 2/3 份额。6 家电影经销商占据了英国票房总额的 87%。”②

在一些行业领域，相对很少的分销商才有能力决定向公众提供哪些创意产品。

5.8.16 竞争政策是否发挥作用取决于将竞争作为“守门员”角色的解析方式。任何解释都要小心谨慎，正如我们前面所说的，“守门员”的出现可能存在重要的经济逻辑，而关于其作用，尽管有诸多批评，但也是非常合理的。然而，在行业峰会上，一些内容生产者就提出了他们的许多顾虑。实际上，在一些行业领域，相对很少的分销商才有能力决定向公众提供哪些创意产品。市场营销中的库存控制成本和规模经济可能导致这些经销商采取大规模生产的策略，包括生产低端产品来向公众发售。③

5.8.17 消费者其实并不知道自己想要什么（见第 3 章），而只是受到了这些围绕产品的群体效应的驱使。我们可以用以下这个事实进行说明：创意产品的质量应该是由个人来感知的，但是现在它是由其他人对产品的做法与想法来决定的。④这种战略并不是最近才推出的。⑤ 例如，这些策略早在 19 世纪晚期就出现在英文出版行业。⑥

① ‘Product Differentiation’, B. Curtis Eaton and R. Lipsey in Handbook of Industrial Organisation, op cit.

② ‘Creative Growth: How the UK can develop world class creative businesses’, NESTA Research Report, p. 28, April 2006.

③ ‘Processing Fads and Fashions: An Organisation-Set Analysis of Cultural Industry Systems’, P Hirsch, American Journal of Sociology, Vol. 77 (4), January 1972.

④ ‘Increasing Returns and Social Contagion in Cultural Industries’ op cit.

⑤ ‘Art Worlds’, HS Becker, Berkely andLos Angeles: University of California Press, 1982.

⑥ ‘Victorian Novelists and Publishers’, JA Sutherland, University of Chicago Press, 1976.

5.8.18 这些特殊研究让我们了解到，存在的结构性因素使得文化产业与提供低端种类产品联系在一起，产品输出倾向于刻板化和标准化，从而限制了消费者的选择。①②

……存在的结构性因素使得文化产业与提供低端种类产品联系在一起。

5.8.19 电影院的观影人数就是一个很典型的例子。英国电影协会的调查显示，三部影片(《赛点》(*Match Point*)、《艺伎回忆录》(*Memoirs of a Geisha*)和《本能2》(*Basic Instinct* 2))吸引了伦敦在2006年1月到8月这个时间段中25%以上的观影人数，而外语片占所有发行影片的40%以上，但占英国票房总量的3.2%。③这一情况与阿雷恩(Allain)和威尔波洛克(Waelbroeck)(2006)针对音乐产业所进行的一项研究所得出的结果相同。④他们认为，由于大型连锁超市的出现以及它们在音乐销售总额中所占的比重越来越大，零售的集中程度可以起到减小音乐种类的作用。

5.8.20 其他两位经济学家——维斯(Weiss)和维特科博(Wittkopp)(2005)⑤强调大型零售商的存在和新产品的推出之间存在负相关。产品的标准化在消费商品的网络分销中发挥明显作用，尽管小众化产品在“长尾”上大量出现⑥，但这些少数产品仍然占据市场的主导地位⑦。

5.8.21 在对电影行业的文化多样性的跨国研究中，莫罗(Moreau)和帕尔帖(Peltier)(2004)指出，国产电影分销的比重与其收益比重存在很强的正相关。⑧ 由于预测“无人知晓”的市场需求存在巨大困难，他们将这种关系解释为，多样性的供应要先于多样化的需求，而不是多样性的需求先于多样性的供应。这很有意思，因为它指出这样一种可能性：分销商选择的产品多样性水平可能不符合消费者理想中的状态。

……规模较大的垂直整合企业可能……进行谈判，进而说明什么是生产者所附加的过度价值水平……

5.8.22 一些内容创作者的另外一个潜在的担忧就是，在许多创意产业中，规模较大的垂直整合企业可能会利用其配送服务供应商的身份进行谈判，进而说明什么是生产者所附加的过度价值水平或者什么是挤压的利润空间。贝茨和瑞尔斯(2007)对一些创意产业中存在的这种效应进行分析。⑨

---

① 赫斯蒙德霍(Hesmondhalgh)提醒人们循规蹈矩的输出即将崛起，毕竟分销商还是依赖于差异性和独创性。同样，范德·伍尔格(Van der Wurg)(2005)则认为，电视行业的竞争已经不能脱离电视产业多样性的背景。见‘Ownership is Only Part of the Media Picture’, D Hesmondhalgh, Open Democracy, issue 8, November 2001 www.opendemocracy.net and Van der Wurg (2005).

② 这些特别的研究要证明多样性的水平一定会低于消费者的兴趣，但缺乏说服力。

③ RSU Statistical Year book 2005/2006 accessed at www.ukfilmcouncil.org.uk/usr/downloads/Yearbook per cent2006.pdf.

④ ‘Music Variety and Retail Concentration’, ML Allain and P Waelbroeck, Telecom Paris Economics and Social Sciences Working Paper No. ESS-06-06, April 2006.

⑤ ‘Retailer concentration and product innovation in food manufacturing’, C Weiss and A Wittkopp, European Review of Agricultural Economics, Vol. 32 (2), 2005.

⑥ C Anderson op cit.

⑦ See chapter 2: ‘Digitisation: the changing world’.

⑧ ‘Cultural Diversity in the Movie Industry: A Cross-National Study’, F Moreau and S Peltier, Journal of Media Economics. Volume Vol. 17 (2) 2004.

⑨ Bates and Oliver op cit. See also ‘From the cottage to the city: the evolution of the UK independent production sector’, Mediatique, 2005, commissioned by the BBC for the case of UK television broadcasting.

5.8.23 可以在“守门员”和生产商之间建立的公平独立的合同基准上对这些条款进行协商，或者通过更加宽松的(有时是正式的)重复关系使其得以内化。①

5.8.24 视频游戏行业就是另一个例子，全球出版商(包括游戏机制造商)在确定利润分配上起着关键作用。出版商争取对知识产权进行控制从而提供游戏开发所需的资金。②因此，小型的英国独立制片公司形容自己陷入《第二十二条军规》(Catch 22)中所描述的状况。金融市场的不完善(见关于企业能力建设的讨论)意味着直到这些企业获得更高的回报之前，他们无法扩大企业规模；然而，这些企业要达到一定的规模才可以与出版商谈判获得更加有利于自身发展的条款，在此之前，他们无法获取更高的回报。

5.8.25 这一分析所引出的一个问题就是，当存在其他分销商的竞争威胁之时，分销商的合同条款为什么没有进行重新协商：尽管分销商有大量创意产品可供选择，但是在创意产业中也存在“好质量难找”的情况。对这些内容创作领域的市场结构的进一步分析可以确保判断这些内容是否属于或者符合竞争所需的条件。③

5.8.26 这一分析也反映技术发展的需要，比如新的分销渠道可能影响了生产企业的分销选择。

5.8.27 可以说，单单产品生产的高额固定成本就能解释为何这些内容创作领域中会存在相对少量的大型分销企业。消费者在购买批量生产的创意产品时，可能很简单地就“掏了自己的腰包”。这些大型经销商的市场主导地位仅仅反映了其提供公共产品和服务的效率，也反映了他们想要的价格。④在这种情况下，政策可能没有起到明显的作用，但是，消费者不会对没有提供给他的产品有什么想法。

……有充分的理由相信要对创意产业结构进行更深入的市场分析。

5.8.28 考虑到这些高风险，我们有充分的理由相信要对创意产业结构进行更深入的市场分析。政策影响很有可能建立在个案分析的基础上。当然，英国主管竞争的机构在评估市场行为时竭尽全力捕捉行业特殊性。电影、音乐、出版和视频游戏等部门召开行业峰会的一个共同主题就是：内容制作商都处在无法摆脱的困境之中。这些领域的小型生产企业因为无法获得更高的收益，无法形成规模效应；然而，为了获取更高的收益，他们需要进行更大规模的生产才能从分销商那里争取到更优惠的条件。这一点要尤为引起关注。

① ‘The New Adhocracy: strategy, risk and the small creative firm’, C Bilton, University of Warwick Research Papers No. 4, 1999.

② ‘Getting the Measure of the Electronic Games Industry: Developers and the Management of Innovation’ op cit.

③ 根据早期的一项电影行业调查，垄断收购委员会得出结论，领先的分销商之间存在激烈的竞争，而且独立分销商要想获得具有明显商业潜力的独立电影的权利，也要进行激烈的竞争，所以，毫无疑问，制片方不得不接受具有压迫性的条款。‘Films: A report on the supply of films for exhibition in cinemas in the UK’, Monopolies and Mergers Commission, 1994.

④ ‘The Classical Hollywood Cinema: Film Style and Mode of Production to 1960’, D Bordwell, J Staiger and K Thompson, Columbia University Press, 198.

学校鼓励创意

电影俱乐部

电影俱乐部为儿童提供了进入电影无限空间的机会。在电影世界中，不同的世界和角色可以丰富、挑战、激励、团结和愉悦他们幼小的心灵。电影俱乐部目前还处在试点阶段，旨在到2010年支持高达7 000所学校成立课后电影俱乐部。

学校获得了由LOVEFiLM提供的DVD、电影银行的授权以及定制的电子邮件和电话支持服务，并且有机会访问电影人才，与电影人才进行交流互动。核心服务就是提供一个量身定制的网站(filmclub.org)，它可以实现用新方法来选择电影，目的是帮助教师吸引孩子们的注意力。

纽波特小学(Newport Primary)是约克郡(Yorkshire)的一所小的乡村学校，是2007年春季学期参加试点的25所学校之一，参加的学校、教师、儿童和家长给予了积极的反馈。

“电影俱乐部已经在纽波特小学产生了巨大的影响。孩子们不仅玩得不亦乐乎，同时也在不断接触他们原本会忽略的电影。”——贾斯汀·里夫(Justin Reeve)，纽波特小学教师

电影俱乐部能够让儿童观看到越来越多元化的电影，提升他们的媒体素养和电影欣赏能力。在纽波特小学试点观看期间(2个不同的组在6至7周期间)，欣赏到很多部电影：《憨豆先生的大灾难》(*Bean-The Ultimate Disaster Movie*)、《胡洛先生的假期》(*Monsieur Hulot's Holiday*)、《酿酒师的百万横财》(*Brewster's Millions*)、《鸭羹》(*Duck Soup*)、《粉红豹的回归》(*Return of the Pink Panther*)、《摩登时代》(*Modern Times*)、《顺时针》(*Clockwise*)、《ET外星人》(*ET*)、《精灵》(*Elf*)、《钢铁巨人》(*The Iron Giant*)、《力大无穷》(*The Mighty*)、《大人物拿破仑》(*Napoleon Dynamite*)。

纽波特小学体验评估

“孩子们都对有机会一起在学校探索新电影以及进入网站选择电影节目有极大的精力和热情。大多数发展课后计划的学校目前已经推出体育活动，而电影俱乐部则为其提供了一个理想的替代选择。”

“老师和家长共同努力为学校电影俱乐部发展提供强大的实际支持并加强对其认同。电影俱乐部所取得的成功也促成其组织一次电影之旅，带领学生前往赫尔电影院(Hull)观看《奇异恩典》(*Amazing Grace*)，这是一部有关废除奴隶制的最新作品。”

7~11岁的两个男孩与四个女孩组成的重点活动小组

“所有的孩子都对自己的学校能够拥有电影俱乐部感到兴奋。他们喜欢共享社会活动，电影欣赏

与体育、戏剧和看电视不尽相同，虽然这些活动他们放学后也很喜欢参加。大部分孩子喜欢为网站写文章，所有的孩子都很高兴能够成为全国性网络中的一员。此外，他们还可以阅读其他成员的电影评论。”

采访电影俱乐部负责教师贾斯汀・里夫

“老师很乐意看到电影俱乐部为学校带来的积极影响，特别是它不仅提供了一个完整的外部供应服务，而且，十分注重孩子们的写作。这对学校积极申报艺术成就奖(Artsmark Award)具有重要作用。”他还认为，“孩子们对生动有趣的图像文本的热情有助于激发他们的写作兴趣。学校教职工也大力支持俱乐部的发展，校长和另外两名教职工还帮助管理俱乐部(俱乐部的员工共有 5.5 人)”。

采访家庭教师协会成员宝拉・马歇尔

“马歇尔夫人(Mrs Marshall)和家长教师协会(Parent-Teacher Association，PTA)为电影俱乐部的发展筹集资金。他们收取少量的茶点钱，所有的利润归俱乐部：俱乐部已经购买了地板垫子，下一步就是购买遮光窗帘。她非常高兴看到自己儿子对俱乐部的喜爱，她认为俱乐部的关键优势在社会方面，它向孩子们介绍了一个更为广阔的电影世界。”

第6章　结　　论

6.1　创意产业是就业和财富创造的重要来源。正如在其他国家一样，随着财富的不断增长和教育水平的不断提高，创意产业在未来一定会变得更加重要，成为新兴知识经济的动态组成部分之一。

创意产业是新兴知识经济的动态组成部分之一。

6.2　不仅如此。创意产业是国家展现表达价值的方式，是快乐、幸福的源泉以及对我们集体创造的文化的补充，创意产业的增长也意味着我们对其要越来越重视。表达价值的过程涉及风险承担、实验和想象，具有更广泛的级联效应。我们国家创造力核心越有创意和活力，创意产业与更广泛的经济和社会领域就越有创意和活力。

6.3　没有任何单一的神奇举措能够推动创新和创意产业的发展。决策者必须“汇聚”所投资的设计行业中所蕴含的创造力，帮助开发以及更好地了解创意产业与其外部领域之间传输创造力的机制，他们必须对政策框架的影响进行监管，并在必要时强化政策框架，包括版权、竞争和融资机制，这对创意产业建立健全的商业模式至关重要。

……没有任何单一的神奇举措能够推动创新和创意产业的发展。

6.4　最重要的一个步骤就是，从把对创意产业的支持理解为提供补贴和补助，转向到对有可能获得重要经济文化回报的创意进行投资。显然，要进行更多的工作来理解核心创意产业内部以及创意产业与整体经济之间的复杂联系和溢出效应，尤其要收集更多的可靠数据，进行系统统计，并在此基础上作出有理有据的判断。

……最重要的就是从补贴和补助转向投资……

6.5　最重要的是，创造力繁荣的经验需要加以推广。这是一个应对挑战、不断消除分歧和进行论证的过程，是创意启发的背景，也是创意思想最终转变为现实，是可以拿到市场上售卖的方式。国家如何实施教育以及创意产业如何迫切地拓宽自己的多样性，将成为变革的两大驱动力量。包容的、自信的、多样化的、自由表达的社会是这种创造力的孕育者。因此，创意经济和创意社会紧密地联系在一起。

附件

创意产业简况：数据与问题

引 言

1. 以下简况是政府自 1997 年起在创意产业的工作中所收集的数据与信息。下面的内容是在英国文化、媒体和体育部协同工作基金会的报告基础上所产生的，对创意产业的 13 个行业进行介绍。内容包括 13 个行业领域规模的数据，其对经济作出的贡献与产业结构，以及对收集的数据开展的讨论。其中还包括由产业代表在讨论中对各部门提出的一系列意见和建议，介绍英国工作基金会的工作和英国创意经济项目(Creative Economy Programme，CEP)的其他工作。

2. 创意产业的定义涵盖以下 13 个行业：广告、建筑、艺术品和古董、计算机游戏、手工艺、设计、时装设计、电影与录像、音乐、表演艺术、出版、软件以及电视和广播行业。①

3. 2004 年，这些行业占总增加值(GVA)②的 7. 3%(最近一年的可用数据)。1997—2004 年，这些行业平均年增长 5%。相比之下，整个经济领域在此期间的平均增长率为 3%。2004 年，出口总额为 130 亿英镑，等同于所有出口商品与服务的 4. 3%。2005 年夏，创意就业总人数达 180 万，其中，超过 100 万个就业岗位属于创意产业，另外 78 万个创意就业岗位分布在创意产业之外。

4. 英国文化、媒体和体育部是第一个对创意产业进行定义和评估的机构，这一概念在世界各地得到了发展。然而，其他组织却以不同的方式对创意产业进行解释和定义。工作基金会报告中的同心圆图从类型学角度对这 13 个行业进行分析，并且区分了创意核心领域、文化产业和创意产业。还有其他的模式也试图用不同的方式对创意产业进行分类。③

5. 本章旨在提供在创意产业项目中所能获取的某些创意产业信息的简况。本章并没有给出一个确定性的结论，而且有一些数据和观点并没有在此处呈现。这份报告是一个长期项目推进过程的总结，并且通过在创意经济计划、政府、行业和合作伙伴的共同努力下，将会继续改善关于创意产业的数据以及对创意产业的认识。创意经济计划的一个特殊作用将会是一个更加全面的研究计划，确定真实状态和统计数据之间存在的差距。

创意产业数据

6. 创意产业评估：创意产业特别工作组由克里斯·史密斯成立于 1997 年，在 1998 年发布了《纲领文件》。这是有史以来第一次尝试定义和评估这 13 个“创意行业”对英国的经济贡献，并且确定它们所面临的机遇和挑战。2001 年对《纲领文件》进行修订，同时为了达到创意经济计划和数据收集的目的，2001 年更新的《纲领文件》列出的 13 个创意行业的定义一直延续至今。

7. 数据收集：2001 年更新的《纲领文件》的重要承诺是，提供更加适时一致的有关创意产业活动的数据。为了实现这一目标，2002 年以来，英国文化、媒体和体育部通过使用由英国国家统计局(ONS)收集的年度综合调查数据，生成了每年的创意产业经济估值。

8. 为了生成反映《纲领文件》中所定义的 13 个行业的数据，英国文化、媒体和体育部采用了英国

① 这是《2001 年创意产业纲领文件》给出的定义。2001 年更新的《纲领文件》指的是作为“互动休闲软件”的视频游戏业。

② 总增加值是通常用于衡量产业对国家经济产生贡献的经济活动的指标。

③ 彭布里奇/BOP 模型(其中部分进入原物/内容/服务/经验)和伦敦商学院模型(其中部分进入过程、产品和媒体业务)。

国家统计局相关的数据，并且必要时只包括行业部门的比例。经济估值包括总增加值、企业数量、出口额以及大多数行业的创意就业总人数(包括创意产业企业的就业和创意产业之外的创意岗位)。①

9. 数据局限性：创意产业经济评估是一致的，具有可比性，且是定期进行信息更新的最佳来源。然而，按照官方行业标准分类统计数据并不能准确反映创意产业的结构，因此，也就难以涵盖创意活动的全部领域。由于这些限制，这些数字应该被视为最佳的估值，而不是准确的估值。为了提供更多产业效能的信息，某些行业也引用了其他数据来源作为替代。

创意产业的问题

10. 创意经济计划：简况的"问题"部分反映了一些在创意经济计划框架下，人们对产业发展的观点和看法。特别是 2005—2007 年，文化、媒体和体育部、贸易和工业部、创意经济计划工作组和工作基金会举办了一系列行业峰会和咨询活动以及网上咨询和双边讨论。本节所叙述的内容有一些是在这一期间所收集的各行业的信息。其中有一些也写入报告，同时也对它们进行分别统计，旨在反映单个行业部门发展的全景。一些在本报告中没有阐释的观点将会在创意经济计划的其他项目中进行说明。

创意产业的定义

11. 技术的影响：创意产业技术变革的快节奏对于创意产业如何运行以及如何继续进行技术变革产生了显著的影响。特别是大量数字媒体的发展以及之前生产和提供创意工作的不同方式的聚集使得一部分传统的行业划分标准已经过时。

12. 例如，数字化使企业拥有新的途径来开发自己的产品，并有机会与消费者进行互动。这促使新企业的出现，对现有企业的经营方式提出了挑战，创造了"新媒体"领域，并在这一领域内进行创新和技术利用以及在传统的产业结构之外进行经营。数字化还向政府提出了新的挑战：如何界定和评估创意产业；如何制定政策来应对这个快速变化的环境。

13. 定义的启示：英国文化、媒体和体育部意识到了《纲领文件》中对创意产业定义存在的不足之处，但是，创业产业将继续在经济层面产生强大的影响力，并成为组织和个人所要重点推进的领域，并作为组织和个人责任的重点。然而，由于技术变革瞬息万变，在下一个创意经济的重要工作推进之时，创意产业的界限可能被打破。

广　　告

描述：广告业的活动被定义为消费者研究和见解，包括识别消费者品位和响应、广告创作、促销、公关活动和广告材料的生产。其中还包括管理客户营销活动/沟通计划、媒体策划、购买和考核。②

① 公报中的所有数字与英国相关，除了就业数是唯一指向英国的出口数据，它主要来源于"国际服务贸易"(International Trade in Services)(英国国家统计局)，并且类似统计不会包括创意产业中某些货物的出口(尤其是音乐行业)。

② 《2001 年创意产业纲领文件》对广告业的定义。

规模：2006 年广告业相关数据如下：①

——2004 年，总增加值为 51 亿英镑。

——2005 年，创意就业总人数达 22.34 万。

——2004 年，出口额达 11 亿英镑。

——2005 年，企业数量为 9 900 家。

其他数据来源与信息：英国是欧洲最大的广告商和世界第三大广告商，仅次于美国和日本（2006 年《广告统计年鉴》）。

2006 年，英国第一次超越美国，跃居世界广告优秀创意排行榜榜首。2006 年，耿氏报告解释了为何 2006 年“最顶级的英国工作是最为辉煌的”。②

伦敦在欧洲代理机构中占据主导地位，因为伦敦是欧洲、中东与非洲的枢纽，拥有主要的代理网络（宏盟集团（Omnicom）/ WPP 集团 /阳狮集团（Publicis）/ IPG 集团）和大部分传媒机构的集中购买办事处（传立媒体公司/竞立媒体公司（Mediacom）/首创媒体公司（Initiative）/实力传播公司（ZenithOptimedia））。③

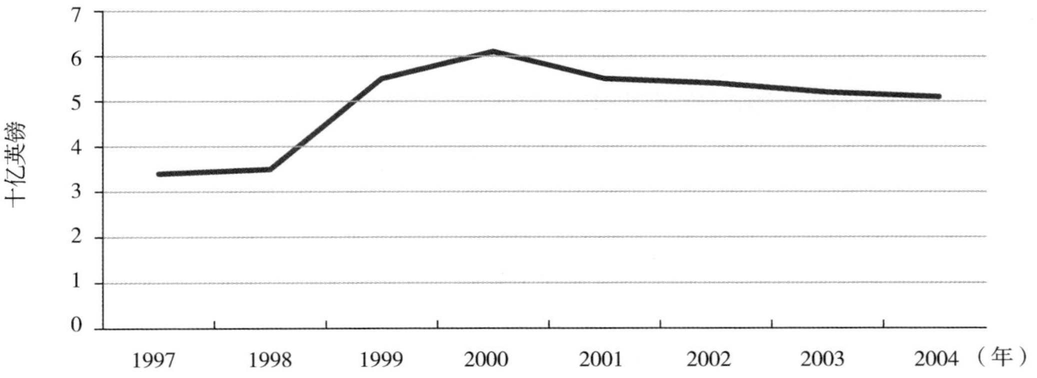

1997—2004 年广告行业的总增加值变化趋势图

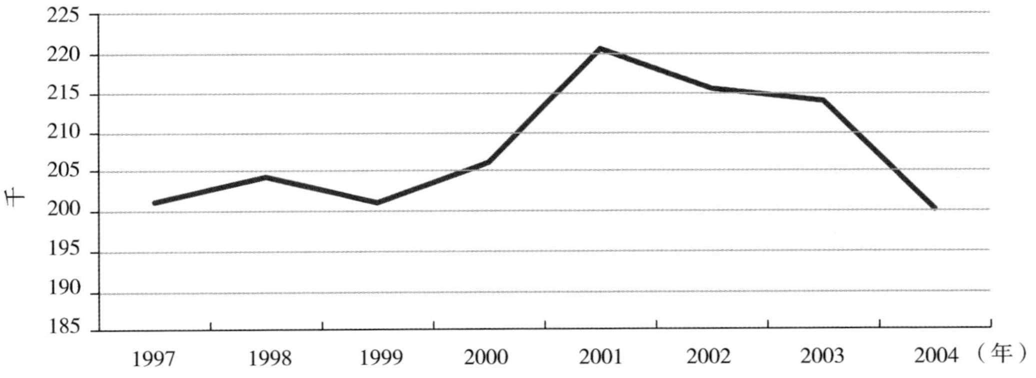

1997—2004 年广告行业的创意就业总人数变化趋势图

① 2006 年英国文化、媒体和体育部创意产业经济评估公报公布数据。对该领域活动的评估使用了标准产业分类 74.40 中的广告数据。

② 2007 年伦敦在全球广告竞争中居主导地位。

③ 同上。

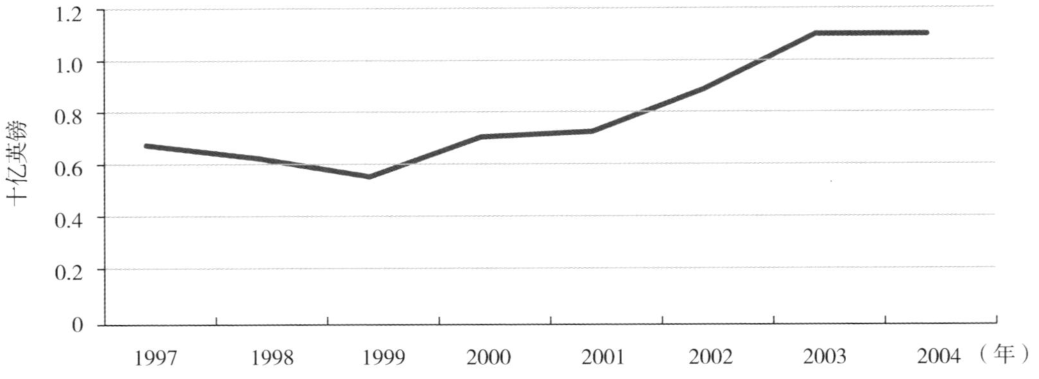

1997—2004 年广告行业出口额变化趋势图

行业结构

供应链的第一阶段——委托企业：大多数广告是受到大型私营企业的委托所生产，向消费者销售产品(因此，广告需求在很大程度上受这些私营企业的驱动)。政府和非政府组织的需求也很明显。

第二阶段——媒体和创意机构：涉及广告/宣传活动的制作/举办。两种代理机构参与了这一阶段的供应链：

——媒体机构，涵盖市场营销相关活动的每个环节；

——创意机构，开展一系列的设计活动，包括市场推广活动、媒体购买、平面广告以及在某些情况下进行公关。

第三阶段——媒体购买：为营销活动“购买”媒体空间，可以是报纸空间、影视节目、在线广告或者任何其他的媒体形式。

尽管最近几年替代性的广告媒介数量增加了，新闻广告仍然是英国最大的广告媒体(以营业额计算)。事实上，2004 年，新闻和电视广告总额占据了英国全部广告支出的 74%。

问题

在创意经济项目峰会及其他相关讨论中，产业代表提出的一些关键问题、思考和讨论要点如下：

——可用的广告媒体数量普遍增加；

——多频道电视的出现对传统电视广告(和其他广告媒体)起到了一种竞争性的约束，同时也抑制了电视广告的平均支出；

——通过互联网传播的广告的支出份额增加；

——媒体买家的整合(广告大买家能确保从媒体所有者那里获得最佳的交易)；

——媒体所有者的整合——世界范围内少数大型跨国公司拥有大多数的媒体资源；

——大多数大学的传媒课程不教授相关技能；

——数字化对传统产业提出了巨大的挑战，小型企业可以通过在线搜索引擎营销进入广告市场，而这种广告模式正在快速发展；

——英国广告产业中只有 4%的员工来自黑人和少数民族族裔，这一结果是产业缺乏多元角色模型和不利于吸引更多不同群体的“村落思想”所导致的；

——广告对于许多公司的商业模式必不可少，而认识到广告产业和经济其他产业之间的相互依存关系是非常重要的。

建 筑

描述：建筑业的活动主要包括建筑设计、规划审批和生产信息。其相关活动包括构造环境、景观和其他专业设计、城市规划、施工成本规划和控制以及施工监测。①

评估：这一领域活动的评估是通过使用建筑和工程活动的数据以及相关的技术咨询。②

规模：2006 年建筑业③的数据如下：

——2004 年总增加值为 40 亿英镑。

——2005 年创意就业总人数为 10. 82 万。

——2004 年出口额为 57 000 万英镑。

——2005 年企业数量为 4 700 家。

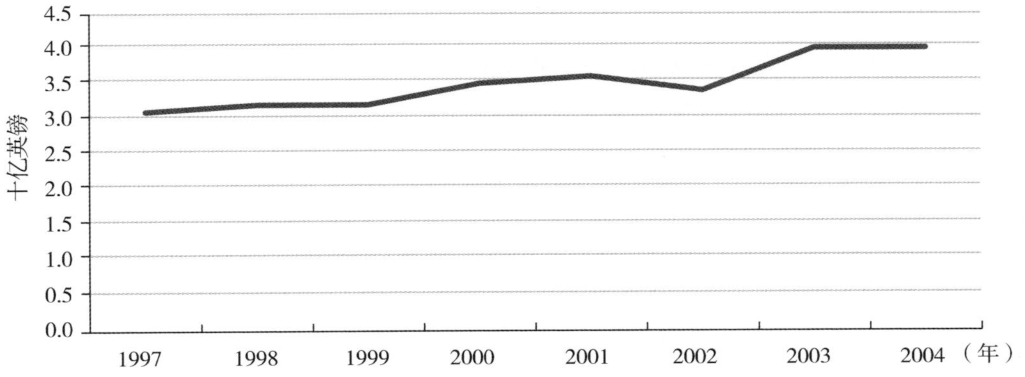

1997—2004 年建筑业总增加值变化趋势图

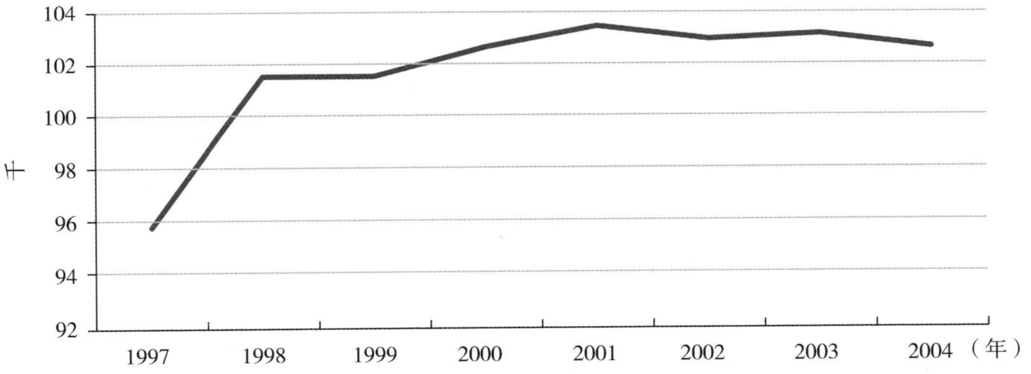

1997—2004 年建筑业创意就业人数变化趋势图

① 《2001 年创意产业纲领文件》对建筑业的定义。

② 针对建筑业我们使用标准产业分类代码 74. 20。该评估中只对一部分(25%)活动进行统计。

③ 2006 年英国文化、媒体和体育部创意产业经济评估公报中公布的数据。

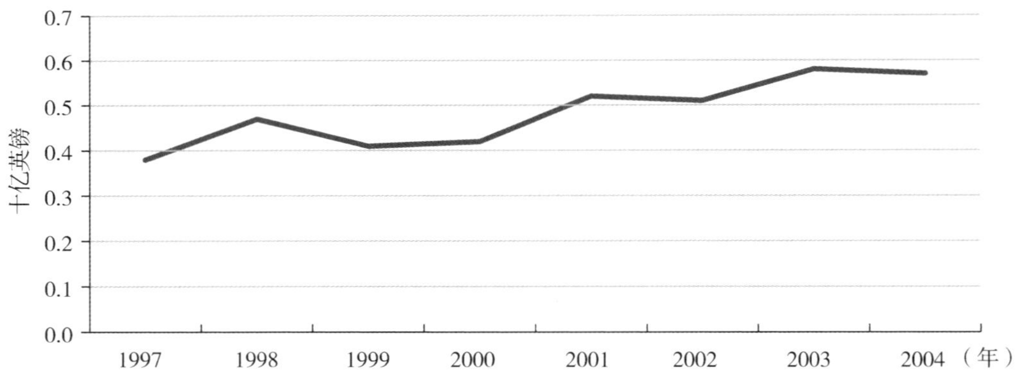

1997—2004 年建筑业出口额变化趋势图

行业结构

供应链：工作委托机构(私人项目和公共项目)

生产/设计：执业建筑师和自由建筑师(工作也可由多领域企业承担)

规划批准：规划部门(规划通常要经过多次反复审查)

该部门的关键活动被分为：

——公共和私人住宅(尽管英国皇家建筑师学会(The Royal Institute of British Architects，RIBA)声称只有 20%的新住宅是由建筑师设计的)；

——商业领域和公共领域，比如学校、医院和公共建筑；

——大型基础设施建设项目，如希斯罗机场 5 号航站楼、银禧延长线的车站。①

英国拥有世界上较大的建筑公司，例如：英国 Aedas 建筑公司是目前世界上第四大建筑公司，在全世界拥有 25 个办事处，其中有 10 个在英国，员工达 665 人。②

问题

在和创意经济计划峰会及其他相关讨论中，产业代表提出的一些关键问题、思考和讨论要点如下：

——体系结构涉及资本“产品”，它影响着地方如何在长时间内发挥作用。它对英国可持续发展议程发挥着重要作用，而气候变化的挑战需要对建筑设计的困难提出更具创意性的应对方法。

——被委托工作的性质的变化，公共委托变得愈发重要。

——公共规划政策对工作性质的持续影响。

——该领域的非专业建筑公司的作用越来越大。

——公共采购服务的性质和文化使小型企业很难签到合同。

——消费者往往希望建筑工作是由一个承包商而不是一个建筑师来承担，其原因可能是不能欣赏设计所蕴含的长远价值，或是资金有限。然而，越来越多的开发商(如 Urban Splash)采取了与上述相反的行为，甚至一些主要的房屋建筑商会让卓越的设计师在董事会中占据席位。

① 2006 年前沿经济学《英国创意产业的比较分析报告》。

② Aedas 建筑公司网站：www.aedas.com。

——随着产业日趋多样化，我们需要采取措施以实现更好的平衡。虽然相对多样化的学生正在学习建筑及相关学科，可是当学生成为雇员，这种多样化就没有那么明显。少数民族和妇女在这一领域明显属于弱势群体。

——最后，业界也认为目前出现的私人融资活动(Private Finance Initiative，PFI)对设计时间和设计思想带来了局限。英国皇家建筑师协会“智能私人融资活动”模型提供了一种替代模型，目前正在被英国皇家税收财政部和开放地理空间信息联盟所使用。

艺术品和古董

描述：艺术品和古董业的活动主要包括艺术品和古董交易，包括绘画、雕塑、纸质作品、其他精美艺术品、家具、其他零散的主题和收藏品。①

评估：该领域的活动很难从国家的官方调查数据中进行区分。国家将其确定为两类，即“商店里二手货物的零售”和“在专卖店里的其他零售”，并将其作为相关企业的分类代码。②因为这些分类相当宽泛，英国文化、媒体和体育部只选择了其中非常小的份额(5%)进行评估。

规模：2006 年艺术品和古董业的数据如下：③

——2004 年总增加值为 4.9 亿英镑。

——2005 年创意就业总人数为 2.29 万。

——2004 年出口额为 22 亿英镑。④

——2005 年企业数量为 1 700 家。

数据收集的局限性：对艺术品和古董业的评估只选取了较大行业类别中很小的一部分(5%)，因为行业本身并没有自己的分类。这意味着下图所示的变化趋势很大程度上反映了整个行业(专卖店里的零售和商店二手货物的零售)，而不是艺术品和古董业的变化趋势。采用此种统计方法得到的数据可能低估了这个行业真正的价值。

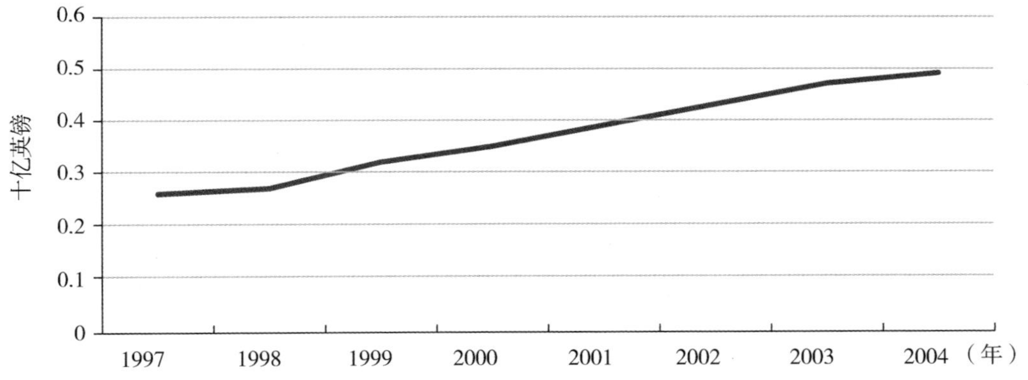

1997—2004 年艺术品和古董业总增加值的变化趋势图

① 《2001 年创意产业纲领文件》对该领域的定义。

② 标准产业分类 52.50 和 52.48。

③ 2006 年英国文化、媒体和体育部创意产业经济评估公报中公布的数据。

④ 需注意，该行业出口额数据的来源与其他评估口径不同。这是因为英国国家统计局提供的该行业出口额数据存在样本大小/方法论方面的问题。相反，英国文化、媒体和体育部使用了《古董交易报》的出口预测来对英国皇家税收与关税局数据进行分析。这只涵盖了对非欧盟国家的出口数据。需要注意的是，出口额可能会大于总增加值，因为出口额重视销售收入，而总增加值去掉了投入的价值。

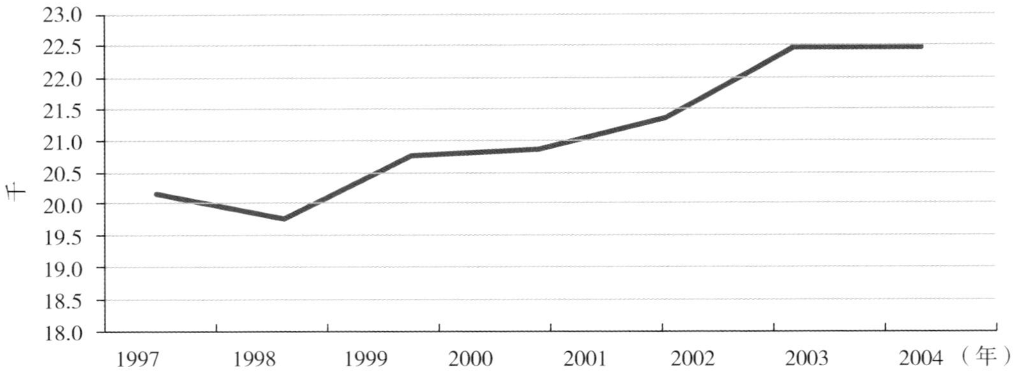

1997—2004 年艺术品和古董业创意就业人数变化趋势图

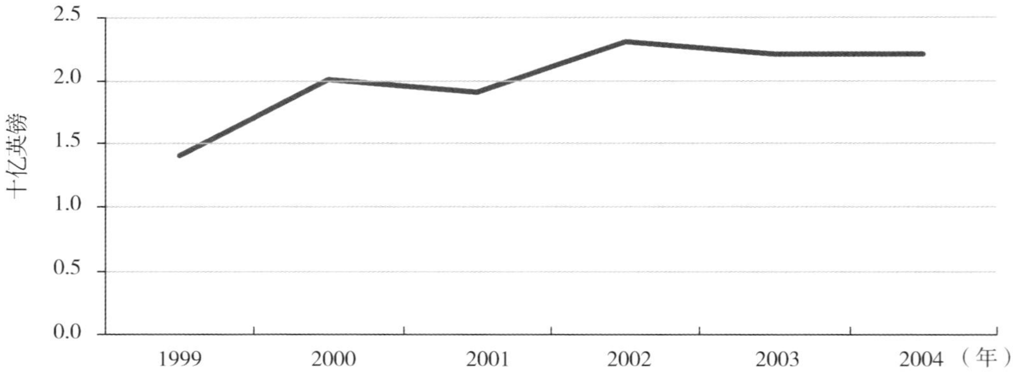

1997—2004 年艺术品和古董出口额变化趋势图

其他数据来源和信息

——2001 年欧洲艺术基金会预估英国艺术市场的总销售额为 67 亿欧元，占全球市场份额的 25%，仅次于美国。[①]该数字是市场销售额，因此与英国文化、媒体和体育部给出的总增加值没有直接的可比性。总增加值去除了企业的投入价值，所以它总是小于营业额或销售额。

——可以想象，在进行资产交易的产业里（如艺术品和古董交易），销售额基本上高于总增加值，因为这些价值会从总增加值中扣除。然而，这个数字并不总是与英国文化、媒体和体育部给出的 4.9 亿英镑的总增加值不一致。这也解释了为什么产业销售收入的出口额可以高于该产业国内总增加值。

——2006 年从非欧盟国家进口艺术品和古董到英国的价值为 240 万英镑。[②]这些物品很有可能被转售给海外买家。

① 欧洲艺术基金会（European Fine Art Foundation）"2002 年欧洲艺术市场"（The European Art Market in 2002）（2002）。

② 源自《古董贸易报》（Antiques Trade Gazette）。创意产业经济预测公报中的出口数据也是采用《古董贸易报》，但是这一数据与 2006 年相关，而出口额数据与 2005 年相关。

行业结构

艺术品和古董市场的核心活动包括：
——当代艺术品
——精美装饰艺术品
——文化遗产的修复和转售
——估价
——编目
——展览会和交易会
——拍卖
——零售。
创作的作品类型包括：
——绘画
——雕塑
——收藏品
——家具。
艺术品和古董市场的交易通常是通过三种类型的代理：
——拍卖行，场所规模较大，专家在场，进行营销和出版，拥有私人客户；
——拥有私人客户的经销商；
——艺术代理商，只服务私人客户。
然而，展示新藏品的商业画廊也可以进入该市场，服务通常不经过以上三种代理的客户。

问题

在创意经济计划峰会及其他的相关讨论中，产业代表提出的一些关键问题、思考和讨论要点如下：

——在英国，限制市场发展的因素是政府对该市场使用财政或其他税收手段，而英国的全球竞争对手(主要是美国)并没有受到本国这一手段的约束。这就增加了市场成本，使得英国市场对于可以选择销售地点的卖家不那么具有吸引力。艺术品和古董市场其实并不反对监管立法本身，假如后者没有在本国和海外市场之间制造竞争失衡的状况。

——教育和技能——最近涌入大量进行古董修复的海外工人和在英国大学学习修复技术然后回国的外国学生。

——公共机构的作用——有很多画廊被收购，比如泰特美术馆。然而，对于一些较小的当代艺术画廊要对其进行收购是很困难的，因此英国艺术委员(Arts Council England)鼓励画廊进行合作来解决这个问题。

——廉价的工作室——可供艺术家创作和发展自己艺术的空间是一个长期的问题，英国艺术委员会尝试通过一些首创的行动来解决这一问题，如ACME(总部位于伦敦的艺术家工作室供应商)和让艺术家拥有立足之地以发展他们的艺术实践的斯派克岛。

工　艺　品

描述：工艺品业的活动主要包括工艺品的创作、生产和展览，包括纺织品、陶瓷、珠宝/银、金属和玻璃。①

测量和数据收集的局限性：工艺品业的商业活动无法在国家公布的官方数据中进行区分，因为收集国家数据的调查没有对低于增值税门槛的小型企业进行统计，而大部分工艺品业企业属于这一类型。②因此，政府提供的总增加值和出口额统计不可用。然而有发表相关的就业预测，但是根据分类为“工艺品业相关职业”的劳动力成员数据，所以会排除那些在工业品业从事其他职业的人员。

规模：2006年工艺品业的最新数据如下：③

——2005年创意就业总人数为9.55万。

其他数据来源和信息

工艺品委员会在发布的《21世纪的发展(2004)》报告中指出，预计在2003年：

——工艺领域营业额为8.26亿英镑。

——工艺品业从业人员大约为3万。

——工业品行业中主要的工艺领域为纺织品(23%)、陶瓷(21%)和珠宝(15%)。

——工艺品企业中有87%为专营商。

——工艺品业的从业人员中有59%为全职。

英国艺术委员会在《在市场中立足(2006)》研究报告中指出，工艺品业将增长60%。

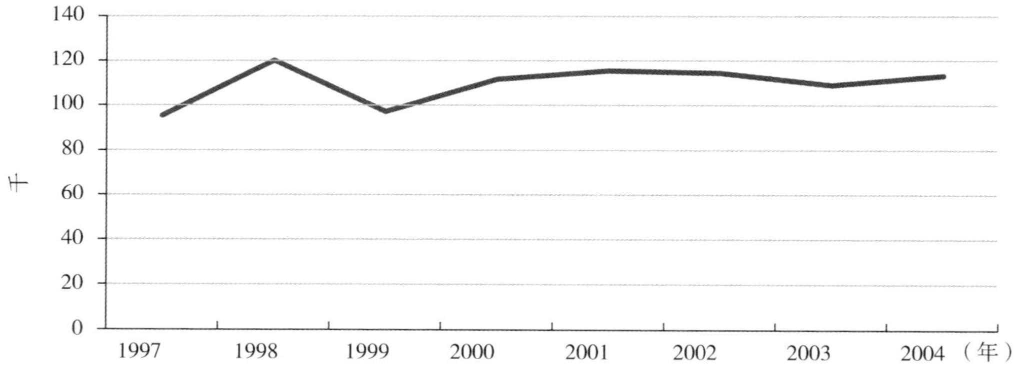

1997—2004年工艺品业的创意就业总人数变化趋势图

① 《2001年创意产业纲领文件》对该行业的定义。
② 年度商业调查(Annual Business Enquiry，ABI)采用标准。
③ 《2006年创意产业经济评估公报》中公布的数据。

行业结构

工艺品业的核心活动是供出售或展览的工艺品的设计和制造。工艺品通常分为：①
——陶瓷
——木制品
——纺织品
——玻璃
——金属
——珠宝
——艺术品。

该行业由大量小型企业(通常是个体经营)组成，大多数的员工是女性，并且是兼职。

工匠设计和生产上面提到的一系列相关产品，并且通过私人出售和工艺品展览的方式在市场上进行交易。

问题

在创意经济计划峰会及其他的讨论中，产业代表提出的一些关键问题、思想和讨论要点如下：

——在将工艺品作为主要收入来源的群体中，只有少数能获得足够的收入(工艺品行业的大部分从业者都处于亏损状态)。在这一行业中女性从业者数量偏多，兼职也是非常普遍的。全职专业人员数量越来越多，并且他们受教育程度也越来越高，很多艺术硕士都进入该行业，组合工作(portfolio working)仍然是常态。

——工艺品市场发展受到限制的原因是基础设施分散并且不发达。整体发展不均衡，即西南部发展好，其他地区如东部地区发展状况不尽如人意。

——一个严重的问题就是高校学校未开设此类专业，并且也未开设手工艺课程。

——对地方博物馆和画廊资金的削减降低了作品展示的机会以及降低了公众收藏这些作品的能力。

设　　计

描述：设计行业的活动主要包括工业组件设计、室内室外设计和设计咨询。设计咨询部门提供的服务包括品牌和企业形象、展览、信息设计、文学、多媒体、新产品开发、包装和网站。②

评估：由于政府统计中没有对设计行业相关数据作统计，所以我们选择了在创意产业经济评估系列公报中发布的由英国设计创新协会(British Design Innovation，BDI)开展的“设计行业估值调查”

① 2006年前沿经济学《英国创意产业的对比分析》报告。

② 这是《2001年创意产业纲领文件》对设计行业的定义。

(Design Industry Valuation Survey)中的营业额和出口额数据。[①] 然而，由于英国设计创新协会提供的数据具有一定的局限性，这里采用设计委员会“商业设计调查”所提供的数据作为衡量设计行业营业额高低的关键因素。

在创意产业报告中发布的就业预测可以作为设计行业劳动力人口数量的重要参考。[②]

规模：2006 年设计行业统计数据如下：

来自设计委员会“商业设计调查”的相关数据

——2004—2005 年度行业总营业额为 116 亿英镑，具体为：[③]

——内部顾问团体营业额 55 亿英镑。[④]

——12 450 个设计公司的营业额为 51 亿英镑。

——47 400 个个体、自由与非雇佣的设计师的营业额为 20 亿英镑。

来自创意产业经济评估公报的相关数据：

——2005 年创意就业总人数为 115 500。[⑤]

数据收集的局限性：设计行业使用的评估方法与其他创意产业使用方法存在差异。用营业额的评估代替了总增加值，尽管在实际中，营业额总是比相对应的总增加值高。[⑥]

创意产业经济评估公报采用英国设计创新协会提供的营业额和出口额数据。但它只是选取一部分样本进行调查，并没有充分涵盖产业中的所有活动。其结果可能会反映样本的情况，也可能会根据选取的样本情况导致统计数据出现波动。此外，如果公司主要业务不是设计，那么这些公司中所涉及的设计相关数据也未列入统计之中。统计的营业额和出口额可能会低于该行业发展的真实水平。针对设计行业统计数据采用的是设计委员会关于营业额的调查结果。

与设计相关的职业的劳动力人口数量可以作为就业人数评估的重要参考，但这样也会将那些在设计行业从事其他职业的人群排除在外。这是对设计和时尚设计行业的总体评估。

其他数据来源和信息

上文对数据统计存在的局限性进行了说明，英国设计创新协会在创意产业经济评估公报中发布的相关数据如下：

——2004 年产业的总营业额为 39 亿英镑。

——2004 年出口额为 5. 5 亿英镑。

设计委员会(Design Council)也对设计行业的规模进行了调查，其中包括与设计行业相关的各个方面。[⑦] 关于调查结果的详细信息如下：

---

① 纲领文件发布后没有与该领域相匹配的产业分类代码。因此，经济评估公报中采用另外渠道的数据来源。英国设计创新协会调查提供的年度数据可作为分析趋势的基础，但是由于其局限性，在未来的版本中会重新考虑它的使用性。

② 基于英国国家统计局劳动力调查的标准职业分类。

③ 由于产业中各领域之间存在重叠，这一部分统计数据超过 116 亿英镑。需要注意的是，这里指的是营业额而不是总增加值，尽管后者运用于其他大多数行业。

④ 针对其他行业，在特定创意产业之外工作的公司内部团体未包含在其中，因此营业额和就业数与其他行业不具有可比性。

⑤ 统计中包含了那些在时尚设计领域的从业人员。

⑥ 总增加值通常用来衡量某个行业对国民经济贡献的经济活动评估手段。通常我们以这个指标对大多数创意产业发展情况进行衡量。

⑦ 同设计咨询公司一样，它们也有内部设计团队和自由职业者。

——2003—2004 年度，英国设计师有 13.4 万名，此外有 5.15 万名设计总监和经理。设计行业总体就业人数为 18.55 万。

——大规模的设计咨询公司很小，设计行业的公司特点就是规模小。59%的设计咨询公司雇佣人数少于 5 人，另外 23%的雇佣人数达 5~10 人。

——内部顾问团体往往比设计咨询公司的规模要大：有一半数量的内部顾问团体拥有 5 个及以上的设计师，而只有 1/4 的设计咨询公司有这样的规模。

——英国设计咨询公司的客户中，有 60%来自英国以外的国家。

——最近的调查表明，在设计行业每投入 100 英镑，营业额会相应增加 225 英镑。①

——在关于面对国际竞争的设计公司和来自大型公司的设计买家的最新调查中，每 5 名设计师中会有 3 名表示自己的国际业务量已经增加，而约一半的人期望在接下来的 3 年里也能如此。另外，在目前还没有接触海外市场的人群中，超过一半的人群正在采取措施积极争取海外业务，并且将其作为未来 3 年的工作重点。②

问题

创意经济计划峰会及其他相关讨论中，产业代表提出的一些关键问题、思想和讨论要点如下：③

——最近发布的创意商业考克斯审查（Cox Review）强调，需要提高对设计行业重要性的认识，要不断提升中小型企业（Small and medium enterprises，SME）的竞争优势。目前正通过地区发展局的努力将设计委员会推出的一系列设计需求计划不断推进。

——公共部门的设计需得到更高效的使用。现在有一些非常好的案例，关于设计如何推动公共采购创新和帮助改善核心公共服务的提供。④

——行业的分散性对技术应用提出挑战，而设计行业目前没有明确的可持续的专业发展道路。设计行业技能发展计划中的“高水平技术成就高价值发展”（Higher Level Skills for Higher Value）对此问题给予高度重视，同时也强调设计公司需要沟通能力强、社会和管理技能更好的毕业生。

——同时设计行业也需要制定专业的实践框架。设计委员会与贸易机构积极开展合作。虽然框架设立并不是强制性的，但是仍需要不断推进进而确立行业基准。

——设计行业需要走向全球以便继续与迅速发展的制造业开展合作。而英国的制造业正在衰退。

——好的设计在推动实现更好的可持续发展和减少浪费中起到了重要的作用。设计行业要优先考虑教育和技能的发展，以满足对可持续产品、服务和业务解决方案日益增长的需求。

时尚设计

描述：时尚设计行业的活动主要包括服装设计、制作用于展览和咨询及其他扩展性需求的服装。⑤

① 设计委员会发布的《关于 2005—2006 年英国设计产业状况的报告》。

② 2007 年设计委员会发布的关于《设计产业调查：国际竞争力的报告》。

③ 这些问题由产业代表提出，但不一定代表英国文化、媒体和体育部的观点。

④ 比如，设计委员会与英国国家医疗服务体系的病患、博尔顿糖尿病网站和肯特县委员会共同开展合作，已经开发新型的更有效的治疗慢性疾病的方法。

⑤ 《2001 年创意产业纲领文件》对时尚设计行业的定义。

评估和数据局限性：该行业的活动很难在官方调查数据中获得。政府提供的数据对与分类代码相关的公司进行统计，但是主要包括服装制作而不是特指时尚设计。[①]由于这些类别比较宽泛，英国文化、媒体和体育部只选取了很小比例(在 0.5%和 2.5%之间)的公司来进行评估。

下面的趋势图很大程度上反映了整个行业的增长情况(主要是指各类服装制作)而不是时尚设计行业的具体趋势。这是一个更值得关注的问题，但是样本量却很少。

规模：时尚设计行业的最新统计数据如下：[②]

——2004 年总增加值为 3.8 亿英镑。

——2005 年创意就业总人数为 11.55 万(包括所有设计师)。[③]

——2005 年企业数量为 1 400 家。

其他数据来源和信息：因为样本量太小，无法给出时尚设计行业年出口额数据。然而，贸易和工业部对该行业[④]进行研究并且预测 2001 年的出口额为 3.9 亿英镑。[⑤]

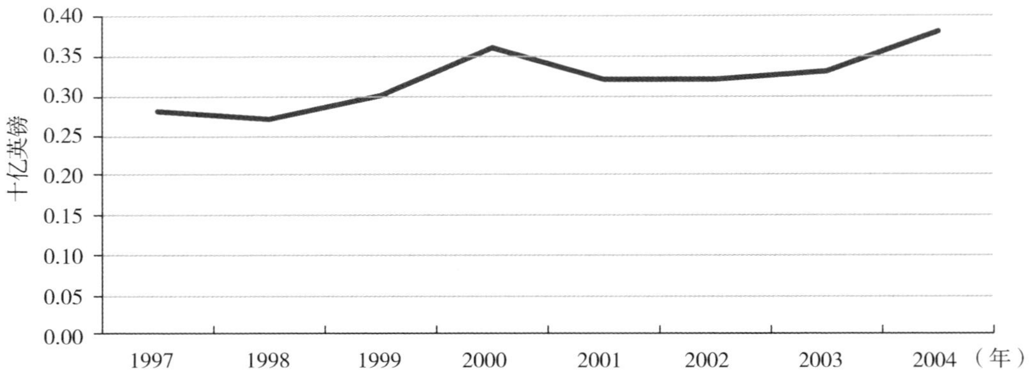

1997—2004 年时尚设计行业总增加值变化趋势图

行业结构

时尚设计行业链有 4 个关键阶段：设计、生产、分配和消费。

设计师：通常选择独立工作。他们既负责一般设计，又负责设计带着自己标志的“设计师”的服装。他们的收藏品和系列产品一般在英国贸易展销会进行展示，并且往往通过自营店进行销售。

生产：生产往往是全球性的以支持整个设计团队的运行。

零售商：零售商的主要功能是销售时装。他们同时也提供越来越多的工作岗位，因为他们通常需要雇佣设计师、采购员和生产管理者、公关和市场营销人员。

① 创意产业经济评估使用标准产业分类 17.71，17.72，18.10，18.21，18.22，18.23，18.24，18.30，19.30 和 74.87 来记录该数据。

② 2006 年创意产业经济评估提供了最新数据。

③ 以上定义的时尚设计行业的就业数在 2005 年预测为 3 400。然而，创意就业总数的预测包含了创意产业中在公司以外从事创意职业中时尚和非时尚设计师。因此，统计公报中是一个设计和时尚设计预测的总和。

④ 贸易和工业部“英国时装设计师行业研究”报告(A Study of The UK Designer Fashion Sector)(2003)。

⑤ 在创意产业经济评估中引用这一数据。

问题

创意经济计划峰会及其他的相关讨论中，产业代表提出的一些关键问题、思想和讨论要点如下：

——在某种程度上，时尚行业缺乏稳健的行业数据。例如，缺乏有效数据来计算从时装设计业到零售鞋、太阳镜、首饰配件、通讯或杂志业之间附加的价值。根据有限的统计数据可以发现，持续增长的时尚零售业是英国时尚行业重要的财富来源，也提供了更多的就业岗位。

——英国时尚业被看成“零售主导”，这是由于一些从高级时尚设计师那里代理和购买系列产品的大型商店占主导地位，以及一些大型高街产业链存在广泛的影响力。

——行业的主要特点是拥有数量众多的小型公司，大多分布在伦敦，而且倒闭率和重组率较高。

——独立的时尚设计师和品牌在运行业务时有时是没有相应的计划的。这就意味着他们在准备系列产品时存在相当高的沉没成本。

——版权法与原创设计相关，但业务极度依赖商标，新设计和生产线的快速和常规生产，以及生产和市场营销方法的独特性使仿造更加困难。

——一般而言，学生都是非常合格的创意技能人才；然而，时尚行业不断变化，这和很多要素相关，比如它拥有更大的国际背景和国际市场。现在需要通过教育和培训来应对这些变化，并且确定该行业在发展变化过程中所带来的不同影响，比如采购和经销。

——伦敦以其非比寻常的时尚风格和“街头”设计赢得了声誉，吸引了来自世界各地的留学生来英国顶尖大学就读。伦敦的产品赢得了广泛赞赏，并影响了全球的时尚风向，然而早期业务阶段大力的商业支持会赢得国际买家更多的信任。

——伦敦时装周上展示了英国时尚的很多特质，然而，与巴黎、米兰和纽约相比，其资源和组织稍显逊色。

——时尚行业涉及的范畴日益广泛，比如T台模特的福利，这也说明该行业缺乏强有力的贸易机制和员工机制。

——出现越来越多的可持续发展问题，这表明材料、产品和生产方法正在进行重大变革。

——经销：零售业持续增长，其功能已经从展览中挑选产品拓展为包括采购和产品开发。

电　　影

定义：电影和录像行业的活动主要包括电影剧本创作、制作、经销和展览。产品包括电影和培训、教育、推广和其他录像。①这些产品主要通过电影院、录像带、数字化视频光盘(Digital Video/Versatile Disc，DVD)和电视等途径被大众所接触。该行业将生产、展览和经销链接起来的同时提供了相关服务如电影和磁带配送和储存，以及买卖电影和录像的经销权。

① 《2001年创意产业纲领文件》对电影业的定义。

评估：这一行业的活动评估使用了电影制作、发行和放映、录像和摄影活动的数据。[①]

规模：2006 年电影业的数据如下。[②]以下数据包括电影录像和摄影活动的总和。

——2004 年总增加值为 23 亿英镑。

——2005 年创意就业总人数为 6. 38 万。

——2004 年出口额为 9. 4 亿英镑。

——2005 年企业数量为 8 600 家。

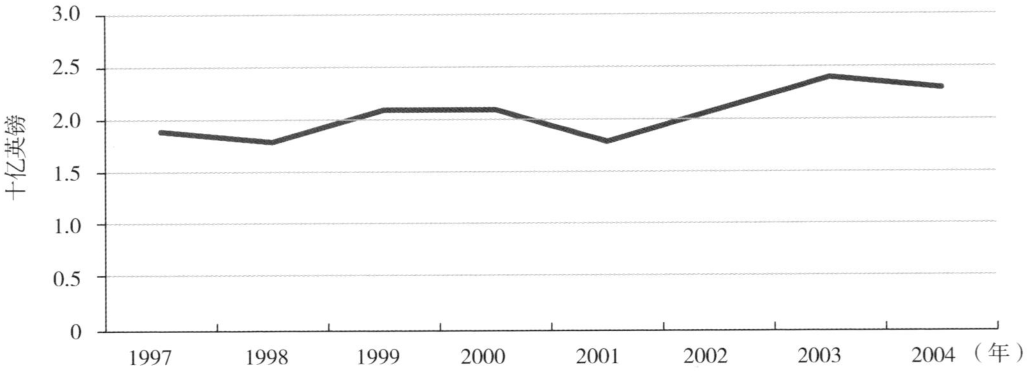

1997—2004 年电影业总增加值变化趋势图

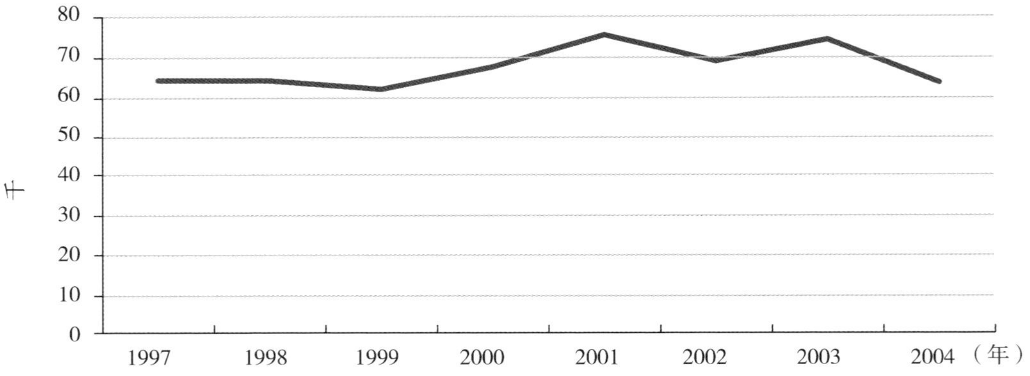

1997—2004 年电影业创意就业总数变化趋势图

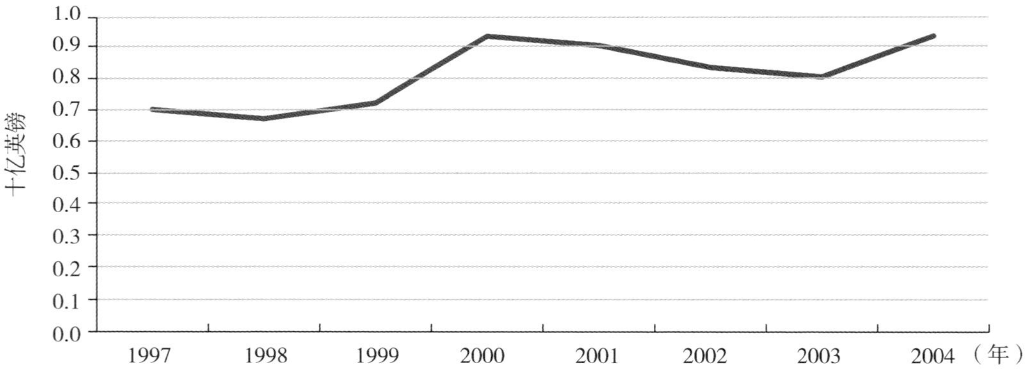

1997—2004 年电影业出口额变化趋势图

① 关于电影的标准产业分类情况如下：92. 11，92. 12 和 92. 13，22. 32 中一部分(25%)是关于食品，74. 81 中一部分(25%)是关于摄影。包含摄影是因为它被定义为创意相关活动，因此，适合本领域的评估目标。

② 2006 年英国文化、媒体和体育部创意产业经济评估提供相关数据。

其他数据来源和信息

英国电影委员会采用与政府相似的方法来进行统计，但没有包括录像和摄影相关数据。这些与电影院上座率和电影发行相关的更加全面的数据在统计年鉴上发布，并可以在其网站上进行查阅。(网址：www.ukfilmcouncil.org.uk/information/statistics/statisticalyearbooks/)

根据电影协会统计年鉴可以得到以下统计数据：

——2005 年，英国的电影娱乐市场在世界排名第三，仅次于美国和日本。美国占全球市场的 43%。紧随英国之后的国家是加拿大、德国、法国、意大利和韩国。

——2006 年，电影院入场人数为 1.57 亿，即在英国，平均每人要去电影院 3 次。最近 10 年，电影院的上座率增加了约 40%。

行业结构

电影产业链有 4 个关键阶段：萌芽、制作、经销和上映。

萌芽：剧本已经完成，各种电影元素到位；导演、选角取决于筹集的必要资金。

制作：独立制作的电影通常是将电影授权给经销商以获得部分资助。授权过程一般是由一个销售代理处理。对于独立制作人来说，几个重要补贴形式包括直接补贴、税收减免、转播和财政补贴。

经销：发行商负责与电影院线协商电影的时长和发行规模。发行商支付电影影片和广告费用，即打印和广告(Prints and Advertising , P&A)支出。发行商也要负责通过零售商店和在线零售商来推进电影 DVD 版的发行。

上映：一部电影取得商业成功的关键一步就是在影院上映，因为这是它能在其他媒介，如 DVD 和电视进行传播的重要条件。电影院和发行商根据预先确立的方案进行票房收入分配。其中发行商获得的那部分收入称为“租金收入”。募款代理商从电影的商业推广中获得收入，并对他们应得的收入进行支配。

问题

在创意经济计划峰会及其他相关讨论中，产业代表提出的一些关键问题、思想和讨论要点如下：

——从包装商品(DVDs)到网络下载的可能性转变将对收入和盈利水平产生影响。

——消费者休闲方式的持续转变，如在网络多人游戏、用户生成内容上花费越来越多的时间等，这将会影响电影院以及在 DVD 和电视上观看电影的时间。

——知识产权犯罪和盗版是英国财政部委托进行的“高尔斯知识产权审查”(Gowers Review of Intellectual Property)中强调的一个重要问题。人们进一步意识到对此需要找到有效的解决方法。

——英国行业内一直比较担心目前的数字影院推广机制(Digital Cinema Initiatives, DCI)的普及(美国采用工作室为主导的国际模式推进数字电影的制作、经销和上映)将会提高小型、独立工作室和后期制作公司进入市场的成本，从而对它们的运营产生影响。

——英国电影业从业人员缺乏多样性。英国电影委员会通过其平等公约和平等领导论坛(Equality Leadership Forum)优先推进电影业就业多样性的发展。

音　　乐

描述：音乐行业的活动主要包括录音的制作、经销和零售、创作和录音版权管理、现场演出(非古典)、管理、代理和推广以及作词作曲。①

评估：官方统计数据不可能轻易将音乐和表演艺术行业进行分开统计。官方统计中采用的标准产业分类不可能将涉及音乐活动的公司与那些视觉和表演艺术的公司进行区分，政府在进行数据统计时会将这些行业都纳入统计的范围。②

规模：英国文化、媒体和体育部公布的关于音乐、视觉和表演艺术行业的最新数据(注意这些数据包括视觉和表演艺术，但是其余部分仅限音乐)：

——2004 年总增加值为 36 亿英镑。

——2005 年就业总人数为 23.63 万。

——2004 年出口额为 1.5 亿英镑。

——2005 年企业数量为 2.9 万家。

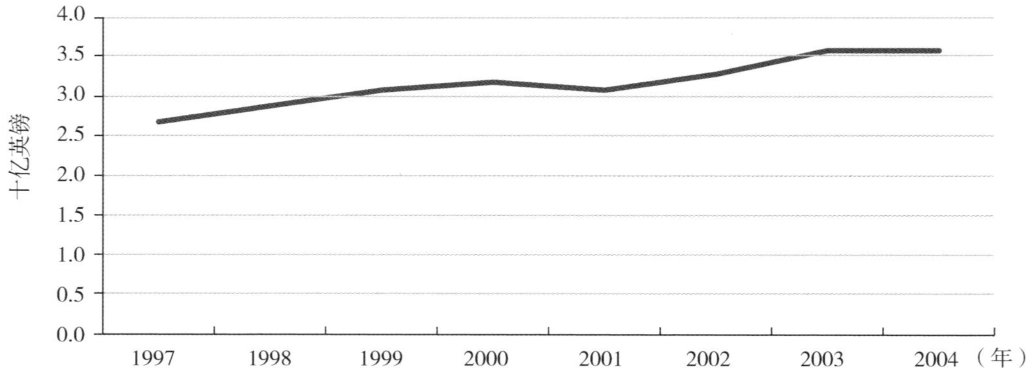

1997—2004 年音乐行业总增加值变化趋势图

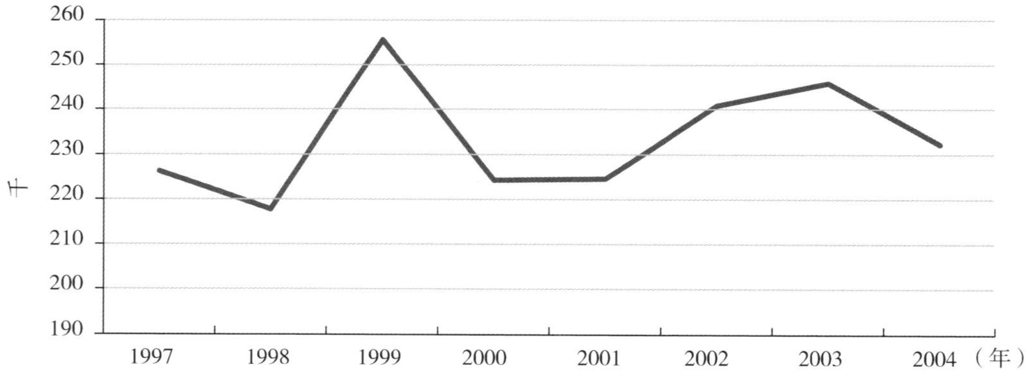

1997—2004 年音乐行业创意就业总数变化趋势图

① 《2001 年创意产业纲领文件》中对这一领域的定义。

② 创意产业经济评估公报提供这些联合领域的政府数据，并且使用录音、艺术、文学创作和解读、艺术设施以及音乐复制、其他未分类的娱乐和休闲活动的数据来对此进行评估。他们使用标准产业分类 22.14，92.31，92.32 和部分 22.31(25%)，92.34(50%)和 92.72(25%)。

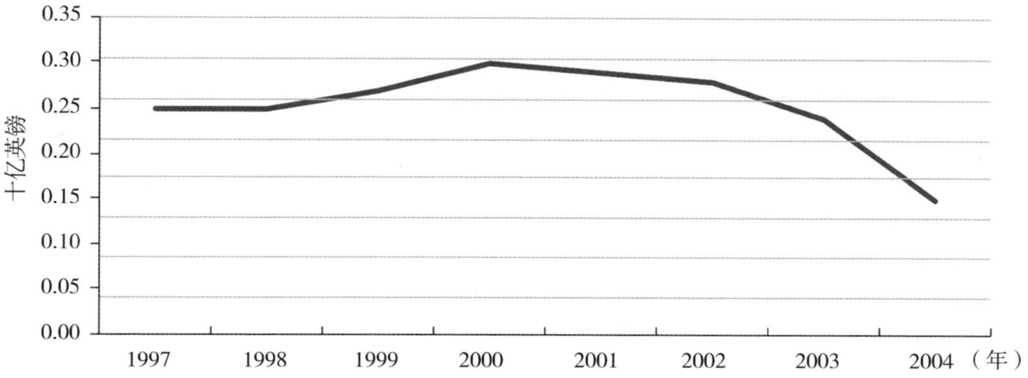

1997—2004 年音乐行业出口额的变化趋势图

局限性

音乐是一个快速发展的领域，标准测量技术在努力地跟上科技的变化，如不断提高新媒体的重要性。特别要注意的是，这只是包括音乐出口数据，并不包括下载。对于出口数据的定义有待进一步讨论，因为它评估的是服务而不是商品，这就意味着行业总出口额很有可能被低估。

其他数据来源和信息

创意和文化技能部主管的技能委员会在《足迹：创意和文化产业的基线调查》(The Footprint：A baseline survey of the creative and cultural sector)(2006)中对国家调查数据进行分析。这包括音乐行业的总增加值和就业预测，大体上采用比英国文化、媒体和体育部提供的更广泛的产业分类标准①，在这一方法论框架下所获得的数据比英国文化、媒体和体育部的预测更具有价值。他们发现：

——2004 年总增加值为 61 亿英镑。

——2004 年创意就业总人数为 95 010。

前沿经济学为英国文化、媒体和体育部②所做的关于音乐行业的评价表明音乐行业是高度纵向一体化，其中主要独立唱片公司承担生产、制作、营销和分销工作。在线营销和分销渐渐变得与主要销售渠道一样重要。每周单曲下载销售额也接近 150 万。③

有 4 个主要的唱片公司——环球唱片(Universal Music)、索尼音乐(Sony BMG)、百代唱片(EMI Music)和华纳音乐(Warner Music)。它们占据了约 80%的唱片销售市场份额。其他独立的唱片公司只占剩下的 20%份额。④

① 这些包括了乐器制造、音频和电视、广播和音响销售。

② 2006 年前沿经济学《英国创意产业的对比分析》报告。

③ 英国唱片产业(British Recorded Music Industry，BPI)报告(2006)。

④ 英国唱片产业报告(2005)。

问题

在创意经济计划峰会及其他相关讨论中，产业代表提出的一些关键问题、思想和讨论要点如下：

——包括 iTunes 和 Napster 在内的主要在线零售商的出现导致网上音乐下载量大量增加。其结果是该行业需要继续调整和完善新的在线商业模式。

——与实体盗版和网络盗版相关的风险和消费者对知识产权作用的混淆。

——现场音乐的发展以及其作为创作者/艺术家/发起人的主要收入来源的重要性与日俱增。

——出口市场整体放缓，因为重心主要放在发展当地市场。

——更多排练、表演和基础录音设备的需求(如现场音乐论坛提议应该大量使用如地方政府拥有的场地以及非上课时间的教育设施等)。

——加强对行业多样性的建设以促进行业发展更加成功，比如通过增加英国城市艺术家在美国的竞争力，因为美国的城市音乐比英国发展得更迅猛。

表 演 艺 术

描述：表演艺术产业的活动包括内容灵感、表演创作、舞蹈、戏剧、戏剧音乐和歌剧的现场表演、巡演、服装设计与制作和灯光。①

评估和数据收集的局限性：根据官方统计很难将表演艺术从音乐行业中进行区分。这是因为两个领域的相关分类之间有着显著的重叠部分，因此不可能具体确定国家官方调查数据中包含表演艺术企业的数据。

规模：2006 年公布的数据显示，2004 年表演艺术和音乐行业总增加值为 36 亿英镑，2005 年创意就业总数为 23.63 万人。更多的信息和趋势图可以在关于音乐行业部分进行查阅。②

其他数据来源和信息

创意和文化技能部在《足迹：创意和文化部门的基线调查》(2006)③中对国家调查数据进行了分析。其中包括定义为视觉、表演和文学艺术的“艺术”领域的总增加值和就业预测。统计中大体采用比英国文化、媒体和体育部提供的更广泛的产业分类标准，在这一方法论框架下所获得的数据也比英国文化、媒体和体育部的预测更具有价值。他们发现：

——2004 年总增加值为 87 亿英镑。

——2004 年创意就业总人数为 186 580。

英国文化、媒体和体育部的“参与”调查提供了人们对英国文化、媒体和体育部推出的活动的参与

① 这是《2001 年创意产业纲领文件》对表演艺术的定义。

② 创意产业经济评估公报提供关于音乐和表演艺术总和的数据。

③ 应该指出的是，创意和文化技能部(Creative & Cultural Skills)的数据是用来参考的，并不代表英国文化、媒体和体育部的观点，并且与其他领域公布的数据不具有可比性。

情况数据。报告①显示在 2005—2006 年：

——26%的成年人观看过剧院表演(不包括戏剧)；

——23%的成年人观看过戏剧；

——4%的成年人观看过歌剧或小歌剧；

——4%的成年人观看过芭蕾；

——2%的成年人观看过现代舞蹈表演。

行业结构

表演艺术行业的活动与新兴和存在作品的订购、现场演出的制作和表演、演出的选角、营销和技术方面相关。表演艺术类型包括：

——舞蹈

——戏剧

——音乐舞台剧

——歌剧。

问题

在创意经济计划峰会及其他相关讨论中，产业代表提出的一些关键问题、思想和讨论要点如下：

——技能和劳动力发展是该领域发展的一个问题。

——在艺术领域，教育很难发挥作用。有证据表明，在表演艺术领域，教育员工尤为短缺。这是艺术家作为教育家的重要性与日俱增的原因。

——新雇佣的人员拥有很多资格认证证书但是能力差。

——管理岗位的技能缺口最大。

——管理技能也存在缺失，管理人员同样也很可能缺乏特定的技能。一般情况下，经理缺乏客户服务以及金融和财会技能。在很多机构，工作人员也同样缺少相关的技术技能。

——基础设施——表演艺术，特别是舞蹈，需要能提供舞者进行排练和表演、公众参与和创作新作品的空间。伦敦仍然保持着自身优势，因为它拥有丰富的基础设施，但其他地区的基础设施建设存在很大的问题。

——表演者的健康——这是舞蹈界存在的一个主要问题，所获得的补贴要用于医治受伤舞者，同时舞者在相当长时间内无法参加表演。

——价值和商业技能——很多表演艺术业的组织机构的发展主要由艺术质量，而不是利润推进的；其结果是该行业中有很多艺术水平很高但收入却很低的从业者。

——在创意领域，表演艺术领域比其他领域更多地依赖政府的资助，认识到这一点尤为重要。然而，许多机构是非营利性的，因此它们采用类似慈善机构的管理模式可能会阻碍机构发展，使它们面

① 英国文化、媒体和体育部：《参与：2005—2006 年度国家文化，休闲和体育年度调查报告》(Taking Part：The National Survey of Culture，Leisure and Sport Annual Report 2005/06)(2007)。

临更大的风险和挑战。如果能进行管理模式改革，它们将可以从一系列不同的投资者那里得到经济支持。

——行业发展存在多样性问题，尤其是黑人和少数民族人群很少能担任重要的领导职务，因此也很难吸引更多样化的观众群体。

——表演艺术领域面临的挑战是利用广播和高新技术发展带来的机会。为了能在英国创意经济的发展中发挥核心作用，表演艺术领域需要开发新的分销策略，从而最大限度地扩大影响力，拓宽获取工作和艺术资源的途径。在 21 世纪，科学技术是提升观众参与度、艺术雄心和创造力的重要抓手。

——在表演艺术领域，特别是音乐领域，一种新的组织形式正在兴起。它将一系列公共服务，包括宣传表演、支持艺术家的职业生涯的发展、创造新工作机会、提供教育和培训以及在一个广阔的空间进行供给协调等有效整合。

——在表演艺术领域，新的联盟已经建立，拥有更多的合作伙伴。这些合作包括大规模组织和主要的高等教育(Higher Education，HE)机构之间建立的正式合作或与新媒体传播平台建立合作关系。

出　　版

描述：出版业的活动包括创作、图书出版、数字期刊发行、报纸发行(国家级和地方级)、杂志出版(客户、企业对企业和客户)和电子出版物。①

规模：2006 年出版业的最新统计数据如下：②

——2004 年总增加值为 92 亿英镑。

——2005 年创意就业总人数为 25.33 万。

——2004 年出口额为 15 亿英镑。

——2005 年企业数量为 6 700 家。

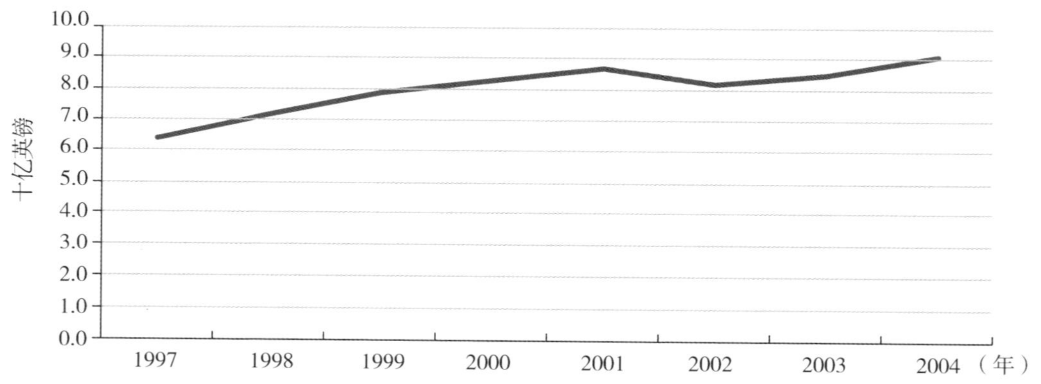

1997—2004 年出版业总增加值变化趋势图

① 《2001 年创意产业纲领文件》对这一领域的定义。

② 创意产业经济评估公报提供相关数据。该领域的活动评估中使用了图书、报纸、杂志出版、新闻机构活动和部分其他出版活动的数据。

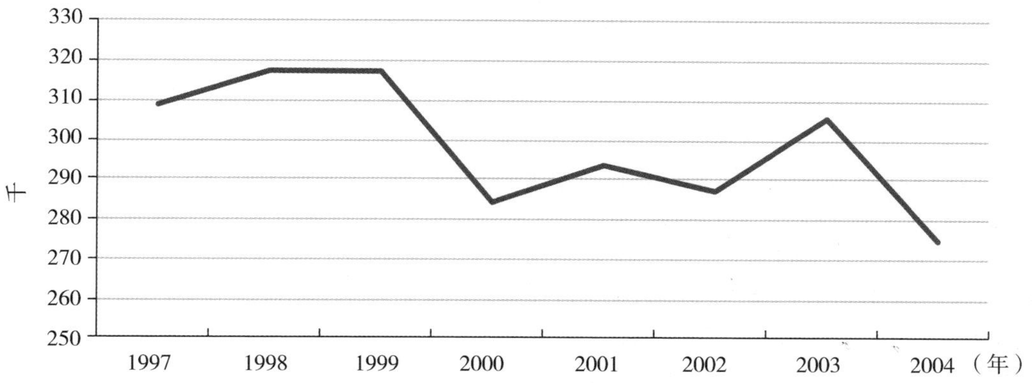

1997—2004 年出版业创意就业总数变化趋势图

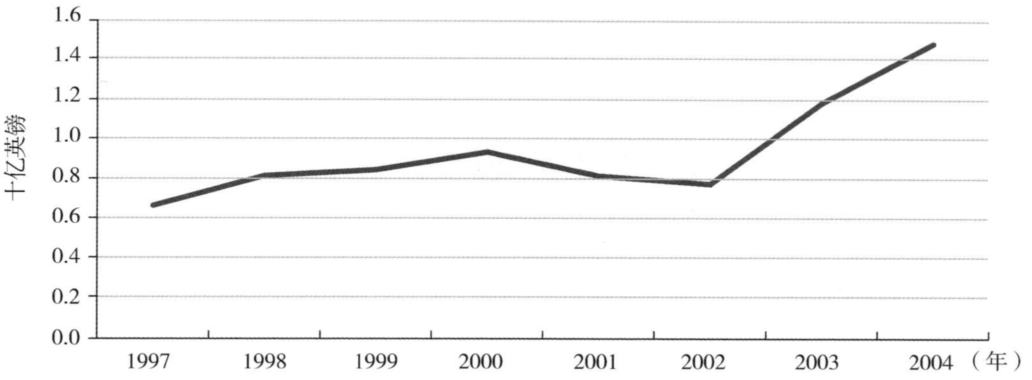

1997—2004 年出版业出口额变化趋势图

其他数据来源和信息

英国拥有欧洲最大的出版业，拥有的企业数比德国——欧洲未来最大的市场多 3 000 家。①

2006 年，前沿经济学应英国文化、媒体和体育部要求所进行的《英国创意产业的比较分析》(Comparative Analysis of the UK’s Creative Industries)提供了以下信息：

——根据出版商协会提供的数据，世界期刊市场预计为 50 亿～70 亿英镑，涉及约 1.75 万家出版商和 3.5 万种期刊。人们还预计，英国占据世界市场份额的 25%～30%，总周转额为 15 亿～20 亿英镑。大多数期刊的出口占销售总额的 60%～75%，对于某些期刊而言，这一比例将高达 85%。

——该行业的特点是拥有少数的大型企业与大型连锁店(如 Waterstones)，其贡献的价值占所有图书销售总额的 43%。②

——2005 年超过 18 万种新书在英国出版(包括面向消费者市场的 12 万种)。印刷图书总量超过 200 万本。③

——近年来，大多数国家报纸的发行量下降。在过去的 3 年，只有独立报社设法增加其读者数量，但是它仍然是业界规模最小的。

——在英国约有 1 300 家地区报纸。根据报业公会提供的数据，84%的成年人阅读地区报纸，超过 70%的成年人阅读国家报纸。

① 欧盟委员会(European Union，EU)、国家教育才能儿童协会(National Association for Able Children in Education，NACE)(2004)。
② 基于英国竞争委员会对市场的评估。
③ 基于英国竞争委员会对市场的评估。

问题

在创意经济计划峰会及其他相关讨论中，产业代表提出的一些关键问题、思想和讨论要点如下：

——通过互联网获取信息的方式正在影响学术出版社的商业模式。

——运用“长尾”发展模式的小型出版商发挥越来越重要的作用，而用户生成内容也逐渐在发展。

——从印刷图书到电子图书的转变影响了产业所需的技能。出版商需要员工具备这两个领域的技能以便顺利完成转型，这意味着他们需要同时具备运行两个商业领域的能力的从业人员。

——出版业是个快速变化的行业。尽管建立了若干企业同盟，但是很难将它们凝聚起来朝着一个方向发展。

软件和计算机服务

描述：软件和计算机服务业的活动包括软件系统的开发、合同/定制软件和服务解决方案、系统集成、系统分析和设计、系统结构和设计、项目管理和基建设计。①

评估：评估这一领域开展的活动使用了出版软件、其他咨询和供给软件以及一部分计算机媒体复制资料。②根据政府官方统计数据无法将软件同计算机游戏和电子出版物进行区分，这里的统计数字包含所有这些领域的数据。③

规模：2006 年软件和计算机服务领域的最新数据如下。④以下数据包含软件、计算机游戏和电子出版物。

——2004 年总增加值为 207 亿英镑。

——2005 年创意就业总人数为 59. 68 万。

——2004 年出口额为 47 亿英镑。

——2005 年企业数量为 5. 12 万家。

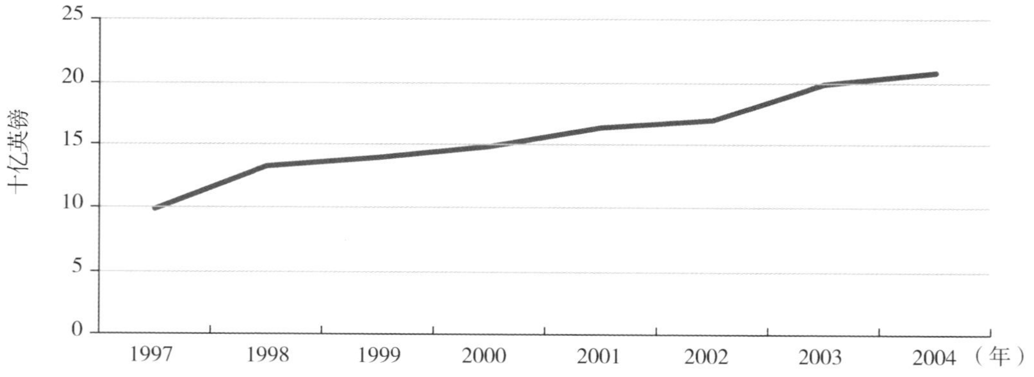

1997—2004 年软件领域的总增加值变化趋势图

① 《2001 年创意产业纲领文件》对其下的定义。

② 标准产业分类 72. 21，72. 22 和部分(25%)22. 33。

③ 应该指出的是，计算机游戏和电子出版在该领域只占据很小的一部分。

④ 2006 年英国文化、媒体和体育部创意产业经济评估公报提供相关数据。

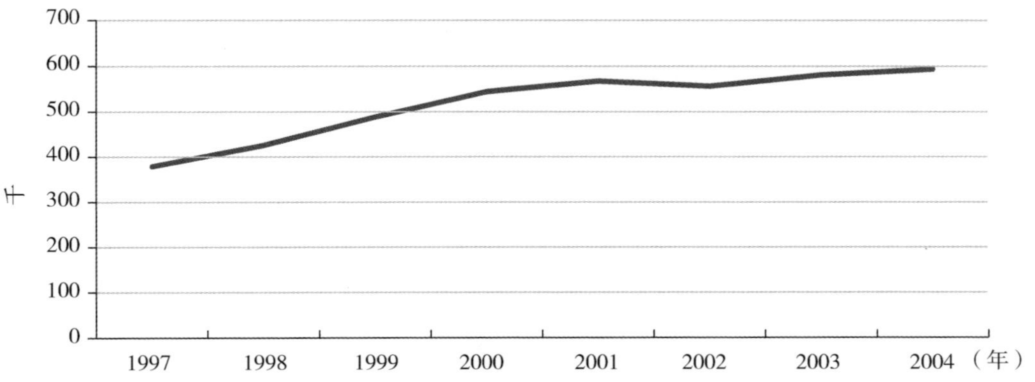

1997—2004 年软件领域的创意就业总数变化趋势图

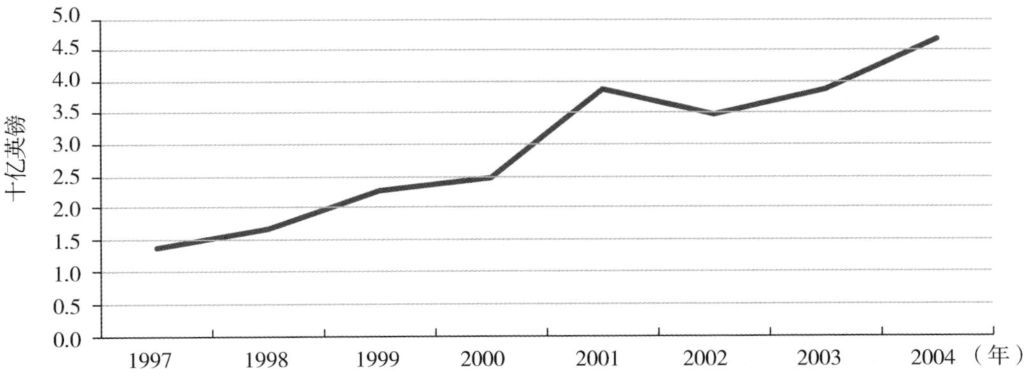

1997—2004 年软件领域的出口额变化趋势图

其他数据来源和信息

——金融服务业是该领域在英国的最大消费者，消费总额超 100 亿英镑，其中 23%用在软件上，33%用在计算机服务上。①

——2005 年底，英国约有 1 000 万宽带互联网用户，占人口总数的 99. 8%。②

行业结构

软件和计算机服务供应链可以分为以下 3 个阶段：③

开发：软件的开发要么是定制，即根据客户的特殊需求设计，要么是使用现成的，如微软的办公软件。软件开发与计算机硬件行业紧密相关，因为软件必须是针对硬件进行设计。

系统设计：设计大型和复杂的商业 IT 系统需要专业知识，基于这一需求出现了咨询业。大型国际咨询公司，如埃森哲咨询公司，专门为大型机构 IT 提供解决方案和信息管理建议。

零售和发展：计算机客户利用一系列资源来完成它们的整体发展，需要从零售商、分销商或 IT 咨

① 英国贸易和投资。
② 贸易和工业部《2006 年 3 月英国宽带现状概要》报告。
③ 2006 年前沿经济学《英国创意产业的对比分析》报告。

询公司那里获取硬件和软件。

问题

在创意经济计划峰会及其他相关讨论中，产业代表提出的一些关键问题、思想和讨论要点如下：

——处于不良运转状态下的教育系统。信息和通信技术技能备受关注，但是我们需要在中等教育方面作出更多的努力来吸引行业所需的数学家和物理学家等。①

——适当技能的缺乏。由于行业发展如此迅速，普通中等教育证书和大学学历都不能让学生具备合适的技能。继续培训和提升那些工作人员的水平同样也是软件和计算机服务业关注的问题，而中小企业没有能力对它们的员工进行培训。

——该行业目前缺乏能够实现快速通信的连接点。人们认为，软件和计算机服务成功的关键在于要在市场需求中抢占先机。

——升级基础设施的重要性。有些公司认为投资下一代宽带的动力不够。

——离岸外包和外包对英国提升竞争力、技能和应对其他挑战产生了一定冲击。廉价劳动力和新兴经济体的技术能力在增加。离岸外包可能会阻碍一些传统信息技术(Information Technology，IT)职业在英国的发展道路，会让一些与初级技能相关的职业消失。必须确保企业在英国具备发展一流技术和开发全球资源的条件。

电视和广播

描述：电视和广播产业的活动包括制作、安排节目、包装(图书馆、销售和渠道)、播放(调度和媒体营销)和传播。②

评估：根据英国文化、媒体和体育部的统计数据，我们可以发现这一领域在国家调查数据中被准确地定义并且易于区分，它属于一个宽泛的产业分类——“广播和电视活动”。③

规模：2006 年电视和广播领域的最新数据如下：④

——2004 年总增加值为 71 亿英镑。

——2005 年创意就业总人数为 10.87 万。

——2004 年出口额为 13 亿英镑。

——2005 年企业数量为 4 400 家。

---

① 政府已作了重要承诺，要增强劳动力科学、技术、工程和数据(Science，Technology，Engineering and Maths，STEM)技能的培养和提升，如根据“科学和创新框架后续计划”采取行动，以及 2006 年 10 月发布的贸易和工业部/教育和技能部(Department for Education and Skills，DfES)科学、技术、工程和数据计划报告。

② 这是《2001 年创意产业纲领文件》对电视和广播行业下的定义。

③ 标准产业分类 92.20。

④ 2006 年英国文化、媒体和体育部创意产业经济评估公报提供数据。

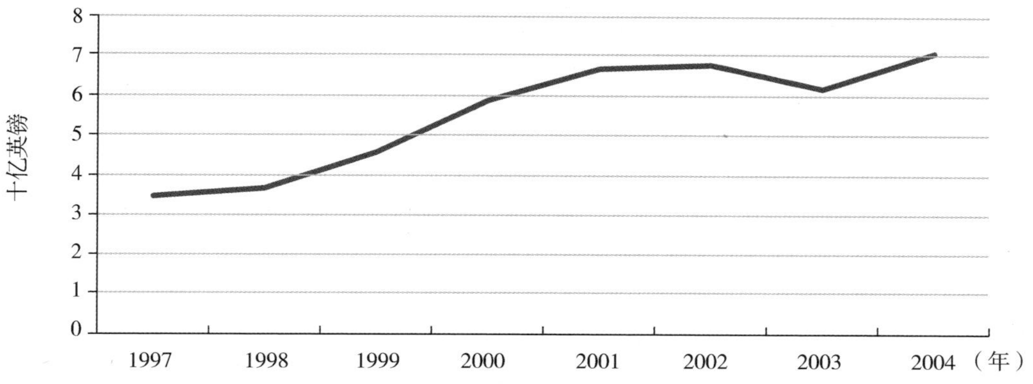

1997—2004 年电视和广播领域总增加值变化趋势图

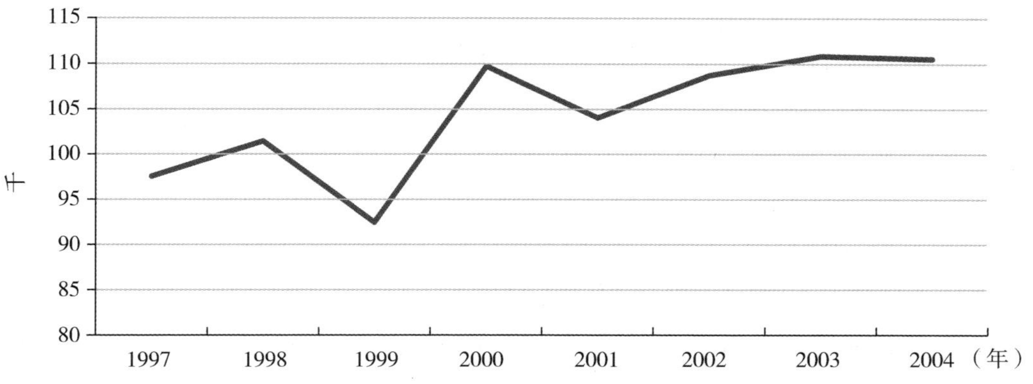

1997—2004 年电视和广播领域创意就业总数变化趋势图

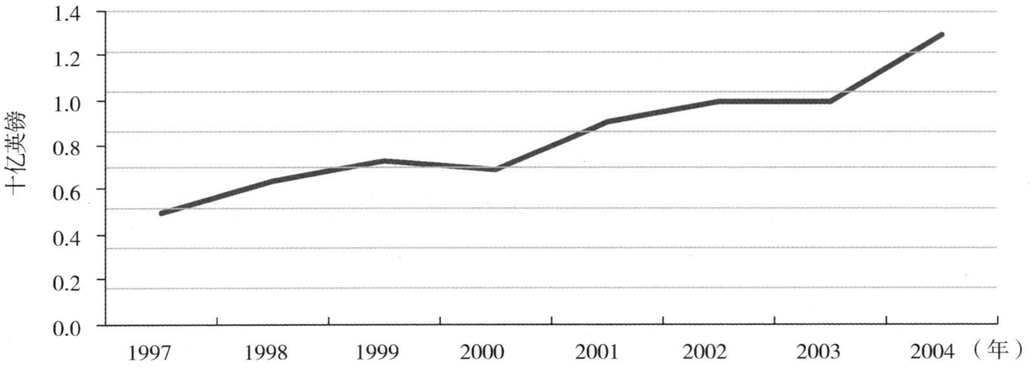

1997—2004 年电视和广播领域出口额变化趋势图

其他数据来源和信息

英国通信管理局提供数字电视的季度在线数据：①

——2004 年第 4 季度，拥有连接着电视主机的数字电视设备的家庭数目增长了 100 万户，达到 1 950 万户以上。2006 年第 4 季度末拥有能接受多渠道电视的家庭总数占 78.6%。

——这一季度售出超过 240 万台数字地面电视机（Digital terrestrial television，DTT），这意味着销

① 英国通信管理局数字电视升级，2006 年第 4 季度统计数据。

售额已超过之前 6 个季度的记录。2006 年第 4 季度的销售额同比增加了 24%，随着综合数字电视(IDTVs)的销售增长，销售额在第 4 季度超过了 100 万。

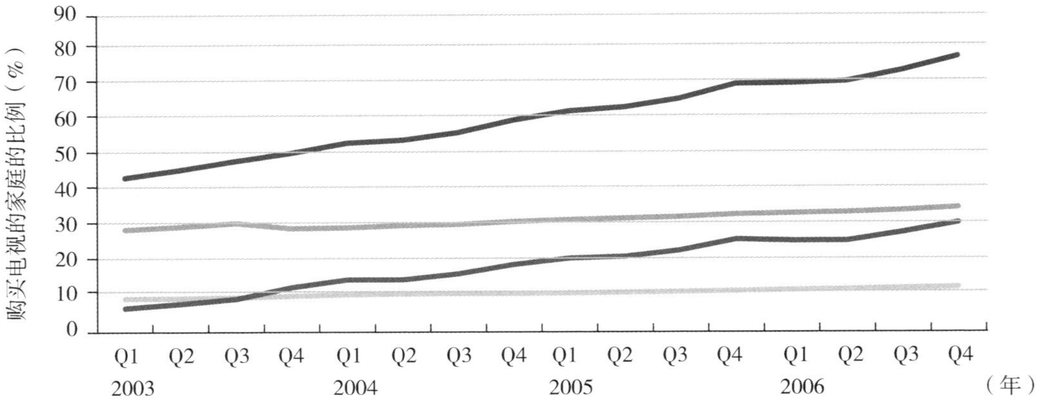

数字电视购买变化趋势图

行业结构

电视和广播业的供应链可以分为以下 3 个阶段：①

——**制作**：电视和广播的节目有两个重要来源：内部制作和外部制作。内部制作团队与委托节目创作的广播公司进行纵向合并。外部制作是委托独立的制作公司或其他广播公司/工作室进行制作，并且制定相关法律规定以确保制作领域内存在最小竞争，为公共广播的独立节目制作设置最小生产配额。

——**播放**：英国的电视和广播是一种混合经济。以下是公共广播机构：电视许可费资助的英国广播公司(British Broadcasting Corporation，BBC)；威尔士第四频道，由英国文化、媒体和体育部提供补贴和来自一些英国广播公司的赞助；第四频道②，是非营利分销公共公司，由广告资助；ITV1 和第五频道，是商业广播电台，偶尔播放公共服务内容。同时，还有纯粹的商业广播机构，它们的资金来源要么是广告和赞助，要么是通过订阅，或者两者兼而有之。英国广播公司和商业公共机构也提供文本服务。商业广播是由广告和赞助提供资金。

——**消费**：最常见的是电视平台地面(通过地面上一个发射台传输信号)，在 2006 年第 4 季度占据整个平台的 51.8%，这些电视主机现在渐渐由模拟转向电子。卫星电视的份额是 34.7%，大部分观众进行了订阅。电缆只占了 13.5%。

——广播的收听方式也各种各样。模拟地面广播几乎无处不在。在 2006 年第 4 季度，16%用户中的成年人拥有数字信号电子广播，38.9%通过电视收听广播，22.2%通过网络，还有 17.4%为 MP3 的拥有者，他们通过“播客”(Podcasts)收听广播节目。③

——传统的电视和广播是两个明确并且独立的实体。日益激烈的竞争和平台之间的“趋同”(比如，广播电台同样可以通过数字电视和网络收听)渐渐模糊了电视、广播和其他内容交互形式的区别，如

① 2006 年前沿经济学《英国创意产业的对比分析》报告。

② 英国通信管理局数字电视升级——2006 年第 4 季度统计数据。

③ 2007 年 4 月 17 日英国通信管理局《广播的未来》报告。

手机、便携式设备和网络。传统的电视和广播仍然是目前广播收听最流行的形式，但不确定这种情况还能持续多久。

问题

在创意经济计划峰会及其他相关讨论中，产业代表提出的一些关键问题、思想和讨论要点如下：

——转换为数字电视将会扩大服务范围并给行业发展带来更多的机会。这很可能会增加目前服务的影响范围，允许目前的参与者不断拓展业务范围，与此同时，广告宣传的收入变得更少。

——广播和听众之间的关系不断变化，出现越来越多的用户生成内容，并希望通过各种平台获得满足需求的服务。

——目前，关于公共广播的义务和关于广播的相关规定需要进行修订以适应不断发展的社会变化。在推进数字电视转换的过程中，政府致力于“公共广播的资金审查”，而英国通信管理局继续推行几项工作来推进公共电视和广播的未来发展。

视频和计算机游戏

描述：这一行业的活动包括游戏开发、出版、分销和零售。①

评估：作为一个相对年轻的行业，根据政府发布的官方统计无法对游戏行业的规模进行评估。这是因为无法在国家正式发布的统计评估数据中对相关企业进行区分。因此，英国文化、媒体和体育部不能得出关于游戏行业规模的预测。②

数据收集的局限性：为了完成中央政府数据搜集(创意产业经济评估)的目标，没有对游戏行业进行明确分类，而是被划归到一个较大的分类框架下，即“软件、计算机游戏和电子出版”。这部分数据可以在软件产业相关统计数据中查阅。③

其他数据来源和信息：娱乐与休闲软件发行商组织(Entertainment and Leisure Software Publisher's Association，ELSPA)提供的其他相关数据见下文，需要注意的是，这些数据只具有参考性，并不一定代表英国文化、媒体和体育部的观点，也不能与其他部门发布数据进行比较。

娱乐与休闲软件发行商组织根据英国游戏销售市场④和其他信息来源搜集并统计数据。

——娱乐与休闲软件发行商组织发现，在2006年，游戏机、个人计算机和手柄游戏软件、游戏机硬件、游戏机和个人计算机游戏周边在英国的销售总额达到21.8亿英镑。⑤

---

① 2001年将游戏行业定义为“交互休闲软件”，并且这样定义其所开展的活动。

② 数据搜集计划将随着对标准产业分类的修订而改变(2007年)。一个新的代码(58.21)将作为“计算机游戏出版”在欧盟的平台上推出，这是政府商谈的结果。2009年发布的数据将按照这一分类标准进行数据统计。

③ 需要指出的是，游戏在该评估中只占了很小的比例。

④ 需注意销售数据并没有同营业额或总增加值数据进行直接对比。

⑤ 图表跟踪/英国娱乐和休闲软件发行商组织。

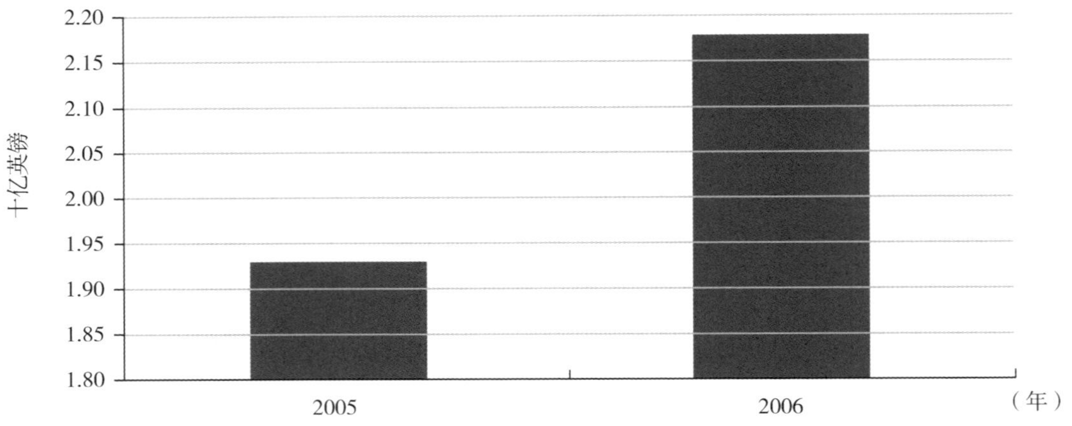

2005—2006 年英国游戏相关软件和硬件销售

来源：娱乐与休闲软件发行商组织。

——英国由此成为世界上第三大销售市场，仅次于美国和日本。游戏销售额占全球份额的 12%。①

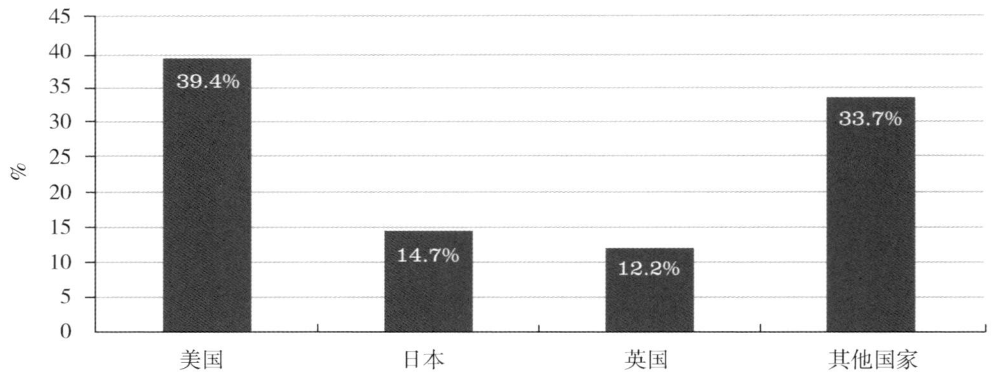

英国在世界游戏软件销售所占的份额

来源：娱乐与休闲软件发行商组织。

——英国拥有欧洲最大的游戏开发社区。②

——2004 年，游戏市场为英国贸易平衡贡献 2. 8 亿英镑。③

——专业的游戏机硬件平台由大型国际公司开发。占市场主导份额的公司有索尼（PS3 和 PSP）、任天堂（DS 和 Wii）和微软（Xbox 360）。索尼是英国市场的领军人物，它旗下的 Playstation 格式在 PS2/Xbox 的销售周期中占了 70%的软件销售额。

——每 5 年发行一款新的游戏机。这样的发行周期使得该行业非常不稳定并依赖高新技术的掌握。自 1995 年 Playstation1 问世以来，游戏设计团队规模也随着新硬件的推出增加了一倍（Playstation1 有 10～15 名开发者，Playstation2 有 20～30 名开发者，Playstation3 有 50～120 名开发者）。

——个人计算机游戏用户仍是市场发展的重要推动力，在过去的几年里，移动电话制造商和网络

① 英国娱乐和休闲软件发行商组织。
② 英国娱乐和休闲软件发行商组织。
③ 2006 年前沿经济学《英国创意产业的对比分析》报告。

运营商以游戏市场为目标，通过移动通信来增加收入。

问题

在创意经济计划峰会及其他相关讨论中，产业代表提出的一些关键问题、思想和讨论要点如下：①

——成本增加和游戏开发的复杂性增加了整合独立团体和出版公司的压力，并且使较小的独立制作公司进入游戏市场变得更加困难。

——网上游戏订阅和数字零售的日益增长可能改变行业的零售情况。

——对游戏开发的业务和项目的需求增加，尤其是依据行业的变化趋势，不断降低开发成本的需求。

——企业需要锁定和吸引不同层次的消费者。

——推进游戏公司发展的国外机构威胁到英国产业创新基地发展和整体效力的提升。

——需要更好地理解知识产权对产业发展的价值。

① 这些问题是由产业代表提出的，并不一定代表英国文化、媒体和体育部的意见。

词汇表

移动3G(3G mobile)

最新一代移动通信技术。第三代技术协议支持高速数据传播，以Mbps计数，能够同时传送声音和数据信息。

亚马逊(Amazon)

亚马逊是位于华盛顿西雅图的美国电子商务公司，它是第一个网络销售公司。

Apache

Apache HTTP服务器，通常被称为Apache，是一个网络服务器，在互联网最初发展阶段中扮演关键角色。

苹果iPod(Apple iPod)

iPod是苹果公司品牌下的便携式媒体播放器，于2001年10月问世。

英国艺术委员会(Arts Council England)

英国艺术委员会是推行英国艺术的战略机构。于1994年成立，当时英国的艺术委员会被划分为3个独立的机构，分别归英格兰、苏格兰和威尔士管辖。它是英国文化、媒体和体育部的一个非政府部门的公共机构(Non Departmental Public Body，NDPB)。自成立以来，英国艺术委员会还负责彩票基金的分配。

英国广播公司(BBC)

就听众数量而言，英国广播公司是世界上最大的广播公司，仅在英国就有2.6万名员工，每年预算超过40亿。1992年成立时被称为英国广播有限公司，后来被授予皇家特许，1927年成为一家国有但独立运营的公司。该公司制作节目和提供信息服务，并且通过电视、广播和网络向全球播送节目。

英国广播公司特许状更新

皇家特许状对英国广播公司的定位、目标和任务作出规定。1996年授予的特许状和协议在2006年12月31日到期。英国文化、媒体和体育部组织大范围的意见征求，以促进新的特许状和协议内容细节的确定。新的特许状和协定于2007年1月1日生效。

Bebo

Bebo是一个社交网站，旨在让网民通过各种方式进行交流。它已经发展成为一个在线社区，用户可以上传照片、写博客和发送信息。

Betamax

一个早期的家庭录像磁带，可以进行录像和播放相应格式的录像。但是随着其竞争对手 VHS 系统的出现，已经被淘汰。

比特流(BitTorrent)

一个点对点文件共享(Peer-to-Peer File-Sharing，P2P)的通信协议。比特流是一种不需要原始分配者来广泛分发大量数据的方法，于是就节省了硬件、主机和宽带资源的成本。

BME

黑人和少数民族

白色和棕色商品(Brown and white goods)

术语"棕色商品"用来描述只能在家里使用的家用电子设备，包括电视、录像机等。术语"白色商品"用来描述家用动力设备，如冰箱、冰柜和烤箱。

C1 和 A/B 群体(C1 and A/B groups)

全国读者调查(National Readership Survey，NRS)社会等级人口职业分类的社会群体。分组为：
A——高级管理、行政和专业群体
B——中级管理、行政或专业群体
C1——监督或文书和初级管理、行政或专业群体
C2——熟练的手工业者
D——半熟料或不熟练的手工业者
E——养老金领取者，临时工或最低等级的劳动者

CAD 软件(CAD software)

计算机辅助设计(Computer-aided design，CAD)是一种广泛使用的计算机工具，协助工程师、建筑师和其他设计专业人员进行设计活动。

凯捷管理顾问公司(Capgemini)

凯建管理顾问公司是一家大型的提供信息技术、咨询、外包和专业服务的公司。

英国工业联盟(Confederation of British Industry，CBI)

英国工业联盟是一个游说机构，主要关注国内和国际事务。它与英国政府、国际立法机构和政策制定者共同帮助英国企业进行更有效的竞争。

CD-ROM

一个包含了可供计算机访问的数据的压缩光盘。光盘的格式最初是为音乐储存和回放而设计的，

之后逐渐改进成适用于储存任何形式的 2 进制数据。CD-ROM 广泛用于计算机软件的分配，包括游戏和多媒体应用。

第四频道(Channel 4)

第四频道是一个向大不列颠联合王国(同样包括爱尔兰共和国)所有区域播送节目的英国公共服务电视台，于 1982 年开播。虽然完全自费运营，但属于公有电视台。它最初是英国独立广播局(Independent Broadcasting Authority，IBA)的一个子公司，现在的所有权和运营权属于第四电视台公司。第四电视台公司成立于 1990 年，它是一个公共机构，在独立广播局取消后，于 1993 年开始接手第四频道的运营和管理。

Computacenter 有限公司

Computacenter 是在西欧运营的一个计算机服务公司。

考克斯审查(Cox Review)

针对企业创新状况的考克斯审查是由英国财政大臣在公布 2005 年的预算中提出的。由乔治·考克斯爵士负责，它的目标是如何更好地推进国家创新能力的发展。它关注小型企业如何使用创意技术，特别关注制造业的创新。审查报告于 2005 年 12 月 2 日发表。

英国手工艺理事会(Crafts Council)

英国手工艺理事会于 1971 年成立。它是国家级手工机构，并于 1982 年被授予皇家特许状。手工艺理事会的目的是促进和鼓励优秀手工艺品的创作，培养、促进和提高公众对手工艺工作的兴趣，让更多的公众能接触到手工艺作品。

英国创意和文化技术委员会

英国创意和文化技术委员会是负责广告、工艺品、文化遗产、设计、音乐、表演、文学与视觉艺术的行业技能委员会。它是一个行业引领机构，旨在对英国教育和技术的发展提供支撑。

创意出口小组(Creative Exports Group，CEG)

由英国文化、媒体和体育部同英国贸易与投资总署于 2002 年成立。创意出口小组负责举办关于创意产业的版权发展问题的全国论坛，对影响商品出口和服务要素进行审查，并思考加强出口的重要举措。

科学和技术委员会(Council for Science and Technology，CST)

科学和技术委员会是英国政府顶级的关于科学和技术政策问题的独立咨询机构。它的职责是就个别政府部门的职责问题向首相、苏格兰和威尔士的首席大臣提出建议。科学和技术委员会的工作主要围绕 5 个大的主题(研究、科学和社会、教育、科学和政府、技术创新)，制定中长期发展战略。

英国文化、媒体和体育部(Department for Culture，Media and Sport，DCMS)

英国文化、媒体和体育部是负责国家关于艺术、体育、国家彩票、旅游、图书馆、博物馆和美术馆、广播，包括电影和音乐行业在内的创意产业、新闻自由和监管、颁发许可、博彩和历史环境方面政策的部门。它同样也负责 2012 年奥运会(Olympic Games)和残奥会(Paralympic Games)的相关工作。

设计委员会(Design Council)

英国设计委员会是一个由英国贸易和工业部同英国文化、媒体和体育部赞助的非政府部门的公共机构，总体目标是通过充分挖掘设计的最大潜力，促进国家繁荣，提升人民福祉。

数字版权保护(Digital Rights Management，DRM)

数字版权保护是一种让内容提供商控制数据重新分配和访问的技术。

下载(Downloading)

通过互联网获取数字内容。

英国贸易和工业部(Department of Trade & Industry，DTI)

英国贸易和工业部旨在为企业创造条件以及帮助英国应对全球化的挑战。作为负责贸易、商业、员工、消费者、科学和能源的部门，该部门的独特地位对应对全球化的广泛挑战具有重要意义，可以促进企业和雇员在英国的繁荣发展。实现这一目标需要与其他部门开展更加紧密的合作，要接触更多的利益相关者，并与政府部门协同工作，充分认识政府在应对全球化过程中所发挥的作用。

英国电子技能组织(e-skills)

政府特许的涉及信息技术和电子通信行业的技能委员会(Sector Skills Council for IT & Telecoms)是联络中心最重要的机构。它的目标是确保英国具有在全球经济竞争中所需的技能，联合雇主、教育工作者和政府共同解决与科技相关的技能问题。所有这些问题必须依靠协同努力才能解决。此外，它提供咨询、服务和项目信息，对英国信息技术相关的技能发展具有显著影响。

电子数据系统(Electronic Data Systems，EDS)

电子数据系统是一个全球性业务和技术服务公司。

电子与音乐工业公司(百代唱片)(Electric and Musical Industries Ltd，EMI)

电子与音乐工业公司(百代唱片)是英国哥伦比亚留声机公司(UK Columbia Graphophone Company)和英国留声机公司(Gramophone Company)于 1931 年 3 月合并建立。百代唱片是世界四大唱片公司之一，也是世界最大的唱片公司之一。

欧盟委员会(EU Commission)

欧盟委员会(欧盟正式的委员会)是欧盟的执行机构。

Facebook

它是一个社交网站，允许用户无限上传图片，分享链接和视频。最初是为大学生开发设计的，但现在面向所有有电子邮箱的用户开放。

Flickr

一个可分享照片的网站、网站服务套件和在线社区平台。除了是一个用户分享私密照片的热门网站，该服务也被博主们作为一个图片库被广泛应用。它的普及推动了创新在线社区工具，允许照片被标记和浏览。

富时国际有限公司(FTSE)

富时国际有限公司是金融时报(Financial Times，F-T)和伦敦证券交易所(London Stock Exchange，S-E)合资兴办的企业，旨在提供股票市场指数和相关联数据服务。富时指数有限公司操作富时 100 指数，是伦敦证券交易所 100 家最大型公司的股票指数。

国内生产总值(Gross Domestic Product，GDP)

国内生产总值是衡量一个国家整体经济活动的指标。它可以通过三种方式进行衡量：生产法、收入法和支出法(更多信息见国际服务贸易网站 www.statistics.gov.uk/about/glossary/economic_terms.asp.个体企业对国内生产总值的贡献是通过总增加值来衡量(见总增加值))。

大伦敦政府(Greater London Authority，GLA)

大伦敦政府是伦敦的战略机构。市长由普选产生，伦敦市民和议会共同组成伦敦议会。大伦敦政府负责的主要领域包括：

——交通
——治安
——消防和应急规划
——经济发展
——规划
——文化
——环境
——卫生。

高尔斯报告(Gowers Report)

2005 年 12 月，财政大臣要求安德烈·高尔斯(Andrew Gowers)对英国产权结构进行独立的审查。该报告对知识产权系统的所有要素进行审查，确保它在激励创意产业发展的同时能最大限度地减少阻碍创意产业发展的要素。该报告于 2006 年 12 月 6 日发布。

总增加值(Gross Value Added，GVA)

通常，总增加值是衡量经济活动的指标，主要用于评估产业对国家经济的贡献。它也用来衡量特定部门/行业的输出和中间消耗的差值。也就是生产过程中使用的物品和服务的价值、原材料的支出和其他投入之间的差值。将经济领域产生的总增加值汇总起来，加上税收和少量的补贴构成整个国内生产总值(见国内生产总值)。

ICT(Information and Communications Technology，ICT)

信息和通信技术。

英国跨部门商业注册机构(Inter-Departmental Business Register，IDBR)

英国跨部门商业注册机构是英国商业的综合数据库，通常被政府用来进行数据分析和抽样调查。

它包含了注册增值税(VAT)的公司、使用所得税预扣法方案的雇主和在英国公司登记局注册的公司。

Indie

一个独立的唱片品牌，并不属于任何一家主要唱片公司。

InnoCentive 网站(InnoCentive website)

InnoCentive 是一个开放式创意公司，关注生物或化学领域的研究发展难题，一旦被确定为“挑战难题”，就将其公开，面向全社会征集解决方案。网站给能最好地解决问题并符合挑战标准的科学家颁发奖金。

英国经济研究所(Institute For Fiscal Studies)

英国经济研究所专门研究英国税收和公共政策。它政治独立，并提供与学术和政策相关的研究成果。

知识产权(Intellectual Property)

因为知识产权保护人们的创造力和创新能力，所以人们能够享有跟实物财产同等的所有权。知识产权的所有者可以控制其使用，并从中得到报酬。该术语通常指的是正式的知识产权，如版权、商标权、专利权和设计权，解释权归英国产权局。知识产权也可以包括如贸易机密、技术秘密和保密协议等非正式保护方法。

互联网服务供应商(Internet Service Providers，ISPs)

互联网服务供应商是向消费者提供互联网及其相关服务准入的企业或机构。

益普索集团(IPSOS)

益普索集团是一个独立调查研究公司，现称为益普索·莫里(Ipsos MORI)调查机构。

知识转移合作机制(Knowledge Transfer Partnerships，KTPs)

知识转移合作机制是一种使公司获得知识、科技和(或)技术的机制。知识转移网络(KTNs)是贸易和工业部科技项目的一部分，旨在提供资金以进一步促进业务和行业积极参与到对科学、工程和技术的投资中。知识转移网络向企业和业务人员、研究和技术机构提供连入网络的机会并进行信息分享。它们在不同主体之间建立联系，帮助产业获得对创新增长具有核心作用的知识和信息。

兰伯特审查(Lambert Review)

英国财政部、教育和技术部同贸易和工业部于 2002 年 11 月共同授权开展兰伯特审查，提出了一系列针对缓解英国强大科技基础和企业界彼此关系的建议。审查结果于 2004 年 12 月 4 日发布。

Limewire

一个点对点的文件共享网站。

现场音乐论坛(Live Music Forum)

现场音乐论坛的召开旨在实现英国文化、媒体和体育部的部长级承诺，要尽最大努力推进 2003 年许可证法案的改革。法案主要关于现场音乐的效益，要对现场音乐法案实施的影响进行监控，提升现场音乐的表演效益。它由来自各行各业甚至非商业部门以及地方政府和酒店业的代表组成。预计在 2007 年 7 月发布相关报告。

伦敦时装周(London Fashion Week)

伦敦时装周是每年 9 月举办的时尚界的盛事，以供时尚设计师或“工作室”展示他们最新的作品。

“长尾理论”(“Long tail”)

该短语最初由克里斯·安德森(Chris Anderson)于 2004 年 10 月在《连线》(*Wired*)杂志上发表的文章中提出，用以描述诸如亚马逊和网飞(Netflix)之类网站的特定商业和经济模式。该模式的原理是销售数以百万计的小数量商品，而不是少数畅销商品。

有损数据压缩(Lossy data compression)

可接受范围内的数据质量降低的数据压缩方法是以大幅度降低压缩率为代价。有损数据格式包括 MP3 和 JPEG。

Misys

一个全球性软件公司，为金融服务行业和医疗保健业提供产品、解决方案和服务。

莫里调查机构(MORI)

莫里调查机构是一个独立调查研究公司，现称为益普索·莫里调查机构。

火狐浏览器(Mozilla Firefox)

一个跨平台的浏览器，支持多种操作系统，如微软 Windows、Mac OS X 和 Linux。

MySpace

一个热门的社交网站，是一个集交友、个人档案、博客、小组、照片、音乐和视频等多种功能于一体的互动平台。

NACE

国家教育才能儿童协会(National Association for Able Children in Education，NACE)。

Napster

文件共享服务，为分散式点对点文件共享程序如 Kazaa、Limewire、imesh 和 BearShare 铺平了道路。对这些程序的使用都是出于相同的原因并且可以下载音乐、图片和其他文件。

英国国家科技艺术基金会(National Endowment for Science，NESTA)

英国国家科技艺术基金会成立于 1998 年，获得来自彩票基金 2 亿英镑的捐赠。英国国家科技艺术基金会对处于起步阶段的公司进行支持，对它们的科学技术和艺术领域发展进行投资，让它们了解创新政策和鼓励它们进行文化创新。2006年英国国家科技艺术基金会额外捐赠750万英镑用来应对长期低利率所带来的影响(2006—2010年每年捐赠额为150万英镑)。

经济合作与发展组织(Organisation for Economic Co-operation and Development，OECD)

经济合作与发展组织将致力于民主和全球市场经济发展的各国政府联合起来，实现以下目标：
· 支持经济可持续增长
· 促进就业
· 提高生活水平
· 维护金融稳定
· 协助其他国家经济发展
· 促进世界贸易发展

英国国家统计局(Office for National Statistics，ONS)

英国国家统计局负责收集和发布英国社会和经济的官方统计数据。

开放图形库(Open Graphics Library，OpenGL)

开放图形库是一个定义了跨编程语言、跨平台的编程接口的标准规格，它适用于三维图像(二维的亦可)。

OVUM电信咨询机构(OVUM)

就科学技术和市场变化对电信、软件和IT服务所造成的影响提供建议的企业。

点对点(Peer-to-Peer，P2P)

一个主要依赖网络中参与者的计算能力和宽带的对等计算机网络，而不是集中于一些数目相对较少的服务器。对等网络主要用来分享文件，包括音频、视频、数据或其他数字格式的内容。

英国联合社(Press Association Group)

一个代表全球信息和媒体服务业的企业协会。

英国出版商协会(Publishers Association)

在英国提供图书、杂志和电子出版物的协会。

R&D

研究与开发(Research and development，R&D)。

地区发展局(Regional Development Agencies，RDAs)

英国的8个地方发展局通过促进区域再生、投资、技能、培训、就业、效率和竞争力等方式来提高国家和区域经济效益，英国贸易和工业部对其进行资助。

Realtone

一个已使用高保真格式如 MP3、AAC 或 WMV 格式编码的铃声，是目前铃声发展的最新技术。

Skillset

视听行业(广播、电影、视频、交互媒体和照片传播)技能委员会。由行业和政府共同赞助，目的是确保英国有足够的技术以确保视听行业保持竞争力。

中小型企业(Small and medium-sized enterprises，SMEs)

中小型企业，即员工少于 250 人的企业。

创意经济项目工作小组(The Creative Economy Programme Working Groups)

英国文化、媒体和体育部同英国贸易和工业部创意经济项目认为创意产业成功的 7 个关键要素是：

· 教育和技术
· 竞争力和知识产权
· 科学技术
· 企业支持和融资渠道
· 多样性
· 基础设施
· 证据和分析

针对这些领域成立了不同的独立工作组。进行调查研究的成员包括非政府部门公共机构、政府部门和行业协会的代表。该工作组于 2006 年 10 月向政府递交了相关报告。

英国贸易和工业部创新调查(DTI Innovation Survey)

英国创新调查提供了创意投入和产出的总体情况，对创意产业和产业在全英范围内进行创新时所面临的挑战做出评估。

英国皇家建筑师学会(Royal Institute of British Architects，RIBA)

英国专业的建筑师机构。

维多利亚与艾伯特博物馆(Victoria and Albert Museum，V&A)

维多利亚与艾伯特博物馆主馆位于南肯辛顿，儿童博物馆位于贝斯娜绿地，档案馆和储藏馆位于奥林匹亚的布莱斯住所。该博物馆于 1852 年建成，面向大众开放，同时也为英国的设计师和制造商提供灵感。

工作基金会(The Work Foundation)

工作基金会是一个非营利机构，将所有工作机构联合起来以寻找提高经济效益和工作环境质量的最佳途径。

汤姆森金融公司(Thomson Financial)

汤姆森金融公司是汤姆森集团旗下的公司，是一家向全球提供信息服务的公司。

TrueType 系统(TrueType system)

Mac 和 PC 系统上最常用的数字字体技术。它最初的字体轮廓标准是于 20 世纪 80 年代后期由苹果公司开发。

英国知识产权框架(The UK IP framework)

英国知识产权局运行的法律框架。

联合国贸易和发展会议(United Nations Conference on Trade and Development，UNCTAD)

联合国贸易和发展会议是联合国大会常设机构之一，专门处理贸易、投资和发展问题。该机构于 1964 年成立，是一个常设政府间机构。

联合国教科文组织(United Nations Educational，Scientific and Cultural Organization，UNESCO)

联合国教科文组织的目标是通过加强国际间教育、科学和文化的合作以促进和平和安全，并进一步加强对正义、法律、人权和基本自由的普遍尊重。

视频点播(Video on demand)

视频点播系统作为交互式电视系统的一部分，允许用户选择和观看视频和网络上的剪辑内容。视频点播系统要么流式传输内容，允许进行实时观看，要么允许下载，节目被完整下载到机顶盒后才能观看。该术语涵盖了广泛范围内的输送装置，包括计算机、手机和任何可以接受网络点播的视听系统。

互联网语音(Voice over IP)

互联网语音是通过网络或其他基于互联网协议的网络进行语音聊天。提供互联网语音服务的公司通常被称为供应商。允许在互联网协议的网络里传输语音信号的协议通常被称为互联网语音或 VoIP 协议。

世界广告研究中心(World Advertising Research Center，WARC)

世界广告研究中心是面向全球市场、广告、媒体和研究团体提供信息、知识和数据的领先供应商。世界广告研究中心是一个独立的机构，与国际贸易协会、行业机构和蓝筹公司开展密切合作。

维基百科(Wikipedia)

一个内容开放的网络百科全书，由志愿者负责运营；其中绝大多数文章可以由互联网用户进行编辑。最初于 2001 年在英国发起，现在大约有 750 万篇用 253 种语言写成的文章，其中 180 万篇文章是英文的。

优酷(YouTube)

2005 年建立一个视频共享网站，供用户上传、观看和分享视频。网站内容十分广泛，包括各种影视剪辑和音乐视频以及业余影片如视频播客和简短的原创视频。

致　　谢

特别感谢以下人士和组织机构在创意经济项目报告编写过程中提供的帮助(略)。

英国文化、媒体和体育部
英国用再生纸印刷

2007 年 6 月

英国2007年创意产业统计报告

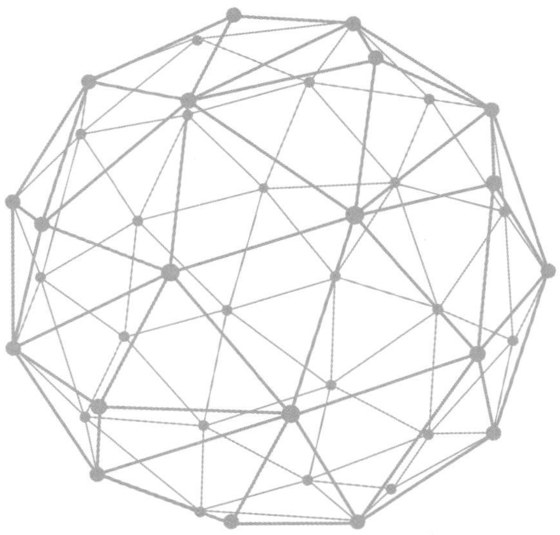

* 文件由文化、媒体和体育部发布于2007年10月。

简介

这是第六次发布创意产业经济评估统计报告。报告数据以官方发布数据为基准。这是按照《2001年创意产业纲领文件》①所提出的要求，积极思考如何提供更多具有时效性和一致性的创意产业行动数据，1998 年和 2001 年版的《创意产业纲领文件》对创意产业的结构做出规定，本报告将以此为基准。

官方数据的国际分类协定并不能准确地反映创意产业的结构，因此，要想对创意产业行动的范围有全面的把握具有相当难度的。受以上条件限制，本报告中涉及的全部数据只是评估值，不能视为国家统计数据。

主要数据

1. 对经济的贡献——总增加值(表 1a 和表 1b)

- 2005 年，去除工艺和设计领域②，创意产业占总增加值(GVA)的 7.3%。
- 在 1997 年到 2005 年期间③，创意产业的年均增长率达到了 6%。同期经济总体的平均增长率仅为 3%。
- 在整个创意产业中，两个创意产业领域的增长值高于平均水平：软件、电子游戏和电子出版(年增长率为 10%)和广播电视(年增长率为 8%)。

2. 服务出口(表 2)

- 2005 年，创意产业服务出口总额达到 146 亿欧元，占所有商品和服务出口总额的 4.5%。
- 创意产业出口总额的 1/3(33%)来自软件、电子游戏和电子出版领域。

3. 就业(表 3)

- 2006 年夏季，创意就业岗位总计 190 万个。其中，创意产业中提供的工作岗位超过 110 万个，还有 80 万个创意工作岗位来自创意产业之外的行业。
- 创意工作岗位的总量从 1997 年的 160 万增长到 2006 年的 190 万，年均增长率为 2%。同期经济总体的年均增长率为 1%。
- 1997 年到 2006 年期间，就业增长最快的领域是软件、电子游戏和电子出版，年均增长率为 6%。设计领域，包括时尚设计的年均增长率(4%)同样高于创意产业同期增长的平均值。

---

① 文化、媒体和体育部，《2001 年创意产业纲领文件》。

② 工艺和设计领域数据是不能列入总增加值的计算，只有在对营业额进行评估时才纳入计算。

③ 以 13 个可以获取到趋势数据的创意行业中的 11 个为基准进行计算(不包括工艺和设计领域)。

4. 企业数量(表 4)

· 2006 年，根据跨部门商务注册机构(IDBR)显示，创意产业的企业数量预计为 120 700 家，占所有跨部门商务注册企业数量的 7.3%。然而创意产业企业所占的真实比例很可能要高于这一数值，因为某些领域，比如工艺领域，主要是由小企业组成的——更多内容见附件 C。
· 创意产业中大约有 2/3 的企业来自两个领域：软件、电子游戏和电子出版(53 500 家公司)和音乐、视觉和表演艺术(28 300 家公司)。

说明

修订

自上次报告发布(2006 年 9 月)以来，对统计方法和数据来源的选取作了一些修订，同时对以前的数据进行了更新。

设计行业的营业额数据不再使用英国创新设计协会(BDI)“设计行业价值调查”提供数据，改为设计委员会“设计行业协会”提供数据。英国创新设计协会数据是基于一项成员调查，因此，人们担心所得数据可能会因为成员的水平，而不是因为行业总体趋势变化而发生波动。设计委员会提供的数据同样反映一个更加广义的设计行业(包括自由设计者和合作设计团队，而不仅仅指设计咨询公司的发展状况)。为了避免提供数据存在不连续性，将会使用设计委员会提供的数据对设计行业统计口径进行更新，每三年更新一次。在新的统计口径中将不会使用英国创新设计协会提供的数据。然而，设计出口的评估值(表 2)依然使用英国创新设计协会提供的数据，因为这些数据依然被认为是目前能够获得的最可靠数据。

除了对设计行业数据来源的修订以外，计算创意行业的总增加值以及创意产业对英国总增加值的贡献的方法也发生了变化。在之前发布的报告中，设计行业的营业额评估值被纳入其他领域总增长值的计算。这是因为从国家统计的总增加值中区分出设计领域所产生的增量是不可能的，这意味着只能将营业额的评估值作为最接近的替代数据。然而，营业额和总增加值①不具有直接可比性，因为营业额总是高于总增加值。在之前的创意产业总增加值的评估中，人们已经了解到评估值可能会比真实值高出一点。除了对设计行业营业额评估数据来源的修订外，我们还决定不再将该行业的评估值纳入创意产业总增加值的计算中(之前在工艺领域我们也采取了同样的统计方法)。关于营业额的数据将会在总增加值表的后面分别列出。

关于修订的更多信息，其中包括对之前发布数据的影响见附件 B。

数据解读

需要提醒读者的是：

1. 所有的数据均为估计值，因为这些数据都是根据创意产业的定义和官方给出的数据作出的推断。相关内容见附件 A。

① 更多信息见附件 B。

2. 我们尽可能使用国家统计局提供的数据作为评估的基础，以确保数据前后的一致性从而使不同领域具有可比性。如果没有国家统计数据，我们会使用其他调查研究所得数据，尽管这些数据可能不是根据同一标准得出。因此，这些估计值以及通过这些估计值得到的总额可能没有国家统计数据那么可靠。

3. 除了企业数量的统计以外，其他数据来自抽样调查。因此，这些数据可能有抽样误差，特别是在需要细致分类但抽样的规模又比较小的时候，因此，我们不应该过分强调数据的波动。

4. 由于我们是按照官方分类结构进行统计，所以我们在进行数据评估过程中有必要将"互动休闲软件"与"软件和计算机服务"放在一起进行统计，将"音乐"和"表演艺术"放在一起进行统计。

5. 所有的表格都是针对全英国的，只有表3(就业)是针对大不列颠的。

未来工作

尽管对设计以及其对总值贡献的计算方法作了一些修订，但本报告在对创意产业评估中采用与往年相同的框架。然而，该框架目前还在审议中，文化、媒体和体育部正在对9月份发布的一份审查报告中提出的改革建议进行意见征求。此外，文化、媒体和体育部对是否有可能通过供应链方式辨识出每个领域的创意进程进展情况进行调查分析。更多的信息可以点击网址：http://www.cep.culture.gov.uk/cepevidence2007。

如果要对创意产业框架结构进行修订，则必须考虑对标准产业分类(2007版)框架所带来的变化。

对审查结果的发布以及报告采用统计方法的审议是文化、媒体和体育部于2005年11月提出的"创意经济项目"(Creative Economy Programme，CEP)的一部分。创意经济项目旨在更好地理解创意经济在英国未来经济中所扮演的角色以及政府在支持这些经济中所扮演的角色。更多的信息可以点击网址：www.cep.culture.gov.uk。

表1a 英国创意产业总增加值

	广告	建筑	艺术品和古董	时尚设计	视频、电影和摄像	音乐和视觉以及表演艺术	出版	软件、电子游戏和电子出版	广播和电视	总额(不包括工艺和设计)①	工艺②	设计
以现行价格计算的总增加值(单位：百万英镑)												
1997年	3 400	3 100	260	280	1 900	2 700	6 500	9 800	3 500	31 500	无	无
1998年	3 500	3 200	270	270	1 800	2 900	7 300	13 200	3 700	36 300	400	无
1999年	5 500	3 200	320	300	2 100	3 100	8 000	13 900	4 600	41 000	无	无
2000年	6 100	3 500	350	360	2 100	3 200	8 400	14 800	5 900	44 800	无	无
2001年	5 500	3 600	390	320	1 800	3 100	8 800	16 300	6 700	46 600	无	无
2002年	5 400	3 400	430	320	2 100	3 300	8 300	16 900	6 800	46 800	无	无
2003年	5 200	4 000	470	330	2 400	3 600	8 600	19 800	6 200	50 500	无	无
2004年	5 600	4 100	490	380	2 700	3 700	9 100	22 600	7 100	55 800	无	无
2005年	6 500	4 700	480	420	2 900	3 300	9 800	24 700	8 000	60 800	无	11 600

① 总额中不包括工艺和设计数据，因为在这两个领域中无法获得总增加值数据。

② 工艺和设计所提供的数据只列入营业额统计，营业额与总增加值之间无直接可比性。更多信息见附件B。设计评估值可能也包括在其他创意产业的活动中，特别是建筑业。

续表

	广告	建筑	艺术品和古董	时尚设计	视频、电影和摄像	音乐和视觉以及表演艺术	出版	软件、电子游戏和电子出版	广播和电视	总额(不包括工艺和设计)	工艺	设计
占英国总增加值的比重												
1997年	0.6%	0.5%	0.04%	0.05%	0.3%	0.5%	1.1%	1.7%	0.6%	5.5%	无	无
1998年	0.6%	0.5%	0.04%	0.05%	0.3%	0.5%	1.2%	2.2%	0.6%	6.1%	无	无
1999年	0.9%	0.5%	0.05%	0.05%	0.3%	0.5%	1.3%	2.2%	0.7%	6.5%	无	无
2000年	0.9%	0.5%	0.05%	0.05%	0.3%	0.5%	1.3%	2.3%	0.9%	6.8%	无	无
2001年	0.8%	0.5%	0.06%	0.05%	0.3%	0.5%	1.3%	2.4%	1.0%	6.8%	无	无
2002年	0.8%	0.5%	0.06%	0.05%	0.3%	0.5%	1.2%	2.4%	1.0%	6.7%	无	无
2003年	0.7%	0.5%	0.06%	0.05%	0.3%	0.5%	1.2%	2.7%	0.9%	6.9%	无	无
2004年	0.7%	0.5%	0.06%	0.05%	0.3%	0.5%	1.2%	2.9%	0.9%	7.1%	无	无
2005年	0.8%	0.6%	0.06%	0.05%	0.4%	0.4%	1.2%	3.0%	1.0%	7.3%	无	无

来源：年度商业调查，所有数据来源于国家统计局，以下除外：

工艺——1998年创意产业纲领文件—营业额—见附件B

设计——设计工业，设计委员会—自然年营业额—见附件B

表1b 英国创意产业总增加值的增长①

	广告	建筑	艺术品和古董	时尚设计	视频、电影和摄像	音乐和视觉以及表演艺术	出版	软件、电子游戏和电子出版	广播和电视	总额(不包括工艺和设计)②
1997—1998年	0%	3%	0%	-7%	-9%	4%	9%	31%	3%	12%
1998—1999年	52%	-4%	17%	7%	13%	4%	7%	3%	21%	10%
1999—2000年	9%	8%	8%	18%	3%	3%	3%	5%	27%	8%
2000—2001年	-11%	3%	10%	-13%	-19%	-7%	3%	8%	10%	2%
2001—2002年	-6%	-9%	6%	-2%	12%	4%	-9%	0%	-1%	-2%
2002—2003年	-6%	13%	7%	1%	11%	4%	0%	14%	-11%	5%
2003—2004年	5%	1%	1%	13%	13%	0%	4%	11%	10%	8%
2004—2005年	13%	12%	-4%	8%	6%	-12%	4%	7%	11%	7%
平均值										
1997—2005年	6%	3%	5%	3%	3%	0%	3%	10%	8%	6%

来源：同表1a。

① 基于表1a的数据计算出的评估值已经暗含了国民生产总值(GDP)的紧缩指数(基准=2 000)，以消除通货膨胀的影响。不必过分强调年份之间的波动(见数据解读部分)。

② 总额中不包括工艺和设计，因为无法获得这两个领域的年度总增加值数据。

表2 英国创意产业的服务出口值①

	广告	建筑	艺术和古董	设计	视频、电影和摄像	音乐和视觉以及表演艺术	出版	软件、电子游戏和电子出版	广播和电视	总额②	工艺	时尚设计
1997年	680	380	无	无	710	250	680	1 400	500	无	无	无
1998年	630	470	无	无	680	250	830	1 700	640	无	40	350
1999年	560	410	1 400	无	730	270	860	2 300	730	无	无	无
2000年	710	420	2 000	1 000	940	300	950	2 500	690	9 500	无	无
2001年	730	520	1 900	1 000	910	290	830	3 900	910	11 000	无	390
2002年	890	510	2 300	1 200	840	280	790	3 500	1 000	11 300	无	无
2003年	1 100	580	2 200	630	810	240	1 200	3 900	1 000	11 600	无	无
2004年	1 100	570	2 200	550	940	150	1 500	4 700	1 300	13 000	无	无
2005年	1 300	650	2 700	700	1 200	180	1 600	4 800	1 300	14 600	无	无

来源：国际服务贸易，所有数据来源于国家统计局，以下除外：

艺术品和古董——英国税务及海关总署的古董贸易报告分析(英国出口到欧盟以外的国家)

工艺——1998年创意产业纲领文件

设计——设计工业价值调查，英国设计创新协会提供自然年数据

时尚设计——1998年时尚设计报告，2003年发布一份关于英国时尚设计领域的调查，这两个调查都是由企业和改革管理部负责，后来由贸易和工业部负责。

表3 创意就业，大不列颠③

夏季④	广告	建筑	艺术品和古董	工艺	设计和时尚设计	视频、电影和摄像	音乐和视觉以及表演艺术	出版	软件、电子游戏和电子出版	广播和电视	总额
创意产业就业数											
2006年	89 900	82 200	21 700	无	3 800⑤	49 100	206 800	195 200	365 900	94 300	1 108 900
非创意产业的创意职业就业数											
2006年	140 400	29 000	无	99 300	114 900	8 400	50 400	74 500	265 400	15 100	797 400
创意就业总数											
1997年	201 000	95 800	20 200	95 000	80 700	64 200	226 300	308 500	379 400	97 600	1 568 700
1998年	204 200	101 500	19 800	119 800	88 800	64 100	217 800	317 100	426 000	101 500	1 660 700
1999年	200 900	101 500	20 800	96 800	93 500	61 900	255 700	317 000	488 600	92 500	1 729 300
2000年	206 000	102 600	20 900	111 300	98 500	67 500	224 300	283 900	544 600	109 800	1 769 400

① 使用的主要数据来源为国际服务贸易，但不包括商品贸易。

② 总额中并不包含工艺和时尚设计，因为这两个领域的数据并不是每年都可以获取的。

③ 这些数据比其他报告表的覆盖面更为广泛，因为它不仅将创意产业中的就业岗位计算在内，而且也将非创意产业中的创意就业岗位包括其中。例如在制造企业中工作的平面设计师。

④ 2006年夏季包括7—9月，之前是6—8月。

⑤ 没有与设计领域相匹配的标准产业分类代码，仅适用于对时尚设计师的评估，见附件A表A1

续表

夏季	广告	建筑	艺术品和古董	工艺	设计和时尚设计	视频、电影和摄像	音乐和视觉以及表演艺术	出版	软件、电子游戏和电子出版	广播和电视	总额
2001 年	220 500	103 400	20 900	115 100	103 000	75 500	224 600	293 300	567 700	104 100	1 828 100
2002 年	215 400	102 900	21 400	114 100	115 000	68 900	240 800	286 800	556 700	108 800	1 830 700
2003 年	213 800	103 100	22 500	108 700	113 200	74 300	245 800	305 200	581 200	110 900	1 878 800
2004 年	200 000	102 600	22 500	112 900	110 400	65 500	232 300	274 300	593 900	110 600	1 825 000
2005 年	223 400	108 200	22 900	95 500	115 500	63 800	236 300	253 300	596 800	108 700	1 824 400
2006 年	230 300	111 300	21 700	99 300	118 700	57 500	257 200	269 700	631 300	109 400	1 906 300
年增长数											
1997—2006 年	2%	2%	1%	0%	4%	-1%	1%	-1%	6%	1%	2%
2005—2006 年	3%	3%	-5%	4%	3%	-10%	9%	6%	6%	1%	4%

来源：劳动力调查，国家统计局—劳动者和个体劳动者，第一和第二职业

表 4 英国创意产业的企业数量①

	广告	建筑	艺术品和古董	时尚设计	视频、电影和摄像	音乐和视觉以及表演艺术	出版	软件、电子游戏和电子出版	广播和电视	总数
1997 年	10 400	3 400	1 500	1 400	4 800	32 600	7 000	49 500	2 300	112 900
1998 年	10 300	3 300	1 600	1 300	5 500	32 500	6 800	52 600	2 300	2 300
1999 年	10 000	3 400	1 700	1 300	6 000	32 200	6 800	55 700	2 700	119 800
2000 年	10 000	3 300	1 800	1 300	6 500	32 500	6 700	56 700	3 000	121 800
2001 年	10 100	3 100	1 800	1 300	6 800	32 600	6 700	56 100	3 400	121 900
2002 年	10 100	3 000	1 800	1 300	7 400	32 300	6 700	55 800	3 600	122 000
2003 年	10 100	3 500	1 800	1 300	7 900	31 500	6 700	53 700	4 000	120 500
2004 年	9 800	4 100	1 700	1 400	8 000	30 100	6 500	49 100	4 200	114 900
2005 年	9 900	4 700	1 700	1 400	8 600	29 000	6 700	51 200	4 400	117 500
2006 年	10 100	5 300	1 700	1 500	8 900	28 300	6 700	53 500	4 700	120 700

来源：跨部门商务注册，国家统计局。

① 根据跨部门商务注册机构提供的数据（见附件 C），因为没有相应的标准产业分类代码（见附件 A，表 A1），未包含工艺和设计领域。

附件A——创意产业与官方数据分类比对

表A1　创意产业与2003年标准产业分类之间可能的关联

纲领文件章节	工业领域	标准产业分类(SIC)		使用代码的比例(＊)
		代码	描述	
1	广告	74.40	广告	
2	建筑	74.20	建筑和工程活动以及相关的技术咨询(‡)	√
3	艺术品和古董	52.48	在其他零售专业商店中出售(‡)	√
		52.50	商店二手商品的零售	√
4	工艺	大部分的企业由于规模太小，没有被纳入商业调查		
5	设计	没有与这一领域相匹配的代码		
6	时尚设计	代码9	服装加工(†)	√
		74.87	其他无法分类的商业活动	√
7	视频、电影和摄像	22.32	录像生产	√
		74.81	摄影活动	√
		92.11	电影和视频制作	
		92.12	电影和视频分布	
		92.13	电影放映	
9、10	音乐和视觉以及表演艺术	22.14	录音出版	
		22.31	录音生产	√
		92.31	艺术和文学创作与解释	
		92.32	文化设施运行	
		92.34	其他无法分类的娱乐活动	√
		92.72	其他无法分类的休闲活动	√
11	出版	22.11	书籍出版	
		22.12	报刊出版	
		22.13	期刊出版	
		22.15	其他出版	
		92.40	通讯社活动	√
8、12	软件、电子游戏和电子出版	22.33	计算机媒体生产	√
		72.21	软件出版	
		72.22	其他软件咨询和供应	
13	广播和电视	92.20	广播和电视活动	

＊由于一些标准产业分类包含的活动不属于创意产业，因此只有包含在这些代码内的那部分活动才被纳入统计(见附件B)。

† 时尚设计中使用的9种服装加工代码分别为：17.71，17.72，18.10，18.21，18.22，18.23，18.24，18.30，19.30。

‡ 在表4(企业数量)中，有两类可以使用更具体的5位数代码，分别是74.20/1(建筑活动)以及52.48/9(其他无法分类的专卖店零售活动)。

表 A2　与创意职业最匹配的标准职业 2000 代码(用来评估创意产业以外的创意岗位数量)

纲领文件章节	行业领域	标准职业分类(SOC)	
		SOC	描　述
1	广告	1134	广告和公关经理
		3433	公共关系官员
		3543	销售人员
2	建筑	2431	建筑师
		2432	城镇规划师
		3121	建筑技术人员和城市规划技术人员
3	艺术品和古董	没有与该领域匹配的代码	
4	工艺	5491	玻璃和陶瓷制造商、装饰者和整理工
		5492	家具制造商、其他工艺木匠
		5493	模型技工(模具)
		5494	乐器制造工和调音师
		5495	金匠、铁匠、宝石工人
		5496	植物摆放者、花匠
		5499	不可分类的手工艺职业
		8112	玻璃和陶瓷工艺人员
		9121	构建和木工交易劳动者(Δ)
5、6	设计和时尚设计	2126	规划与发展工程师
		3411	艺术家
		3421	平面设计师
		3422	产品、服装及相关设计师
		5411	编织工
7	视频、电影和摄影	3434	摄影师和视听器材操作工
9、10	音乐和视觉以及表演艺术	3412	作者、作家
		3413	演员、演艺圈人士
		3414	舞者与编舞人员
		3415	音乐家
		3416	艺术人员、制作人和导演
11	出版	3431	记者、报纸和期刊编辑
		5421	创作者、排版员和印刷填表人
		5422	打印机
		5423	书面和打印终端
		5424	屏幕打印机
8、12	软件、电子游戏和电子出版	1136	信息传播技术经理
		2131	IT 战略和规划专家
13	广播和电视	3432	广播领域相关专业人员
		5244	电视、视频和音频工程师

Δ 仅统计了与标准职业分类相匹配的部分数据。

附件B——进一步说明

1. 分类

如附件A所示，创意产业的定义是基于英国标准产业分类以及标准职业分类。然而，按照这些分类标准就意味着我们必须在更宽泛的工业分类标准中确定其性质，然后进行数据统计。要实现这一目标，就需要在更加宽泛的分类框架下选取部分创意产业进行统计。我们正在对这种统计方法进行审议，关于这一点已经在报告的“未来工作”部分中进行说明。

我们对2003年的标准产业分类作了一些细微的修订。用2003年的标准产业分类来代替1998年的标准产业分类对报告统计结果的影响很小，其中只对时尚设计和软件领域的界定做了调整。因此，2003年以后对于时尚设计和软件领域的统计数据与之前的统计数据并不具有统一性。

最近，对标准产业分类框架的全面修订工作正在进行(标准产业分类2007)。从2008年开始将采用新的标准产业分类进行数据统计，并于2009年公布统计结果。这些修订将对未来发布的统计报告具有重大影响，并将从更宽泛的视角对所修订的统计方法进行审议。

2. 修订

从2006年9月统计报告发布之后，就对以下修订内容进行审议：

国家统计局针对2004年度商业调查提供的总增加值数据来源进行修订，从而对表1a和表1b的数据也相应地进行更新。

对经济发展总体趋势的所有比较数据进行更新，以与最新的国家统计数据相对应。

表2的标题从原来的“出口”改为“服务出口”，因为大多数行业使用的主要数据来源于国际服务贸易，其中并不包括货物贸易。

目前，表3中所列就业数据的“夏季阶段”是指7—9月。2005年以前(含2005年)均指的是6—8月。这是根据国家统计局发布的数据来源标准做出的调整。

表1a和表1b中，设计领域不再使用英国创新设计协会“设计产业价值调查提供数据，改为设计委员会设计行业协会”提供数据。此外，我们去除英国创新设计协会提供的过时数据，开始采用设计委员会提供的最新数据。这样做的目的已经在报告“附注”部分中进行说明。

设计行业的营业额已经不再纳入到创意产业总增加值和英国总增加值的总比例中。对之前发布的系列报告也进行了调整，因此之前的统计中都不包括设计领域。这样做的目的已经在报告的“附注”部分进行说明。

由于对设计行业的数据来源以及使用进行了两次修订，所以表1a中列出的行业总增加值及其对英国总增加值的贡献较之以前发布的版本有了较大的变动。由于不再包含设计领域，因此在2000年到2004年期间，总增加值以及占英国总增加值的比例每年都比之前要低。然而，这并不意味着创意产业规模比预计的发展规模有所降低。我们通过去除设计行业解决统计工作中存在的不一致问题。

在之前发布的系列报告中，从2000年开始统计总增加值以及对英国总增加值的贡献率，因为在此之前，我们并没有获取设计行业的数据。将设计行业从统计中扣除后，我们就不再受到这一限制，因此可以将统计数据一直追溯到1997年，使我们对更长一段时期的总体趋势有所把握。这可以使表1a和表1b的数据对应起来，因为在表1b中，由于无法获取设计行业的年度数据，因此并没有将设计行业纳入统计。

了解更多关于修订的相关信息，请联系文化、媒体和体育部。

3. 总增加值投入产出数据比较分析(表1a和表1b)

创意产业经济评估数据与国家统计局发布的投入产出分析差异很大，因为后者是以产品而不是以产业为基础进行统计的。

最显著的差异体现在投入产出分析并没有考虑到在标准分类框架下获取的大部分数据并不属于创意产业。这就造成了有些统计数据比实际数据要高，比如将“服装”纳入“时尚设计”。

最后，投入产出分析并不包括没有官方数据的行业，比如手工艺和设计行业。本报告使用的数据都是能够获得的最可靠数据，是来自这些行业的评估值(在对总增加值进行评估时，未包括手工艺和设计行业)

4. 营业额数据(表1a & 1b)

由于手工艺和设计行业不能用官方分类的方式进行界定，因此想要通过“年度商业调查”的方式获得总增加值数据是不可能的。我们只能用其他数据来代替。然而，由于下述原因，营业额的总数与总增加值会存在差异。

(ⅰ)营业额数据总是比对应的总增加值数值要大。[①] 基于行业差异，总增加值数据在营业总额的30%到80%之间。

(ⅱ)在其他创意产业中，特别是设计和建筑行业，它们的评估值可能存在重叠的地方。

附件C——数据来源和参考文献

1. 文化、媒体和体育部，1998年创意产业纲领文件(1998).

http://www.culture.gov.uk/Reference_library/Publications/archive_1998/Creative_Indust ries_Mapping_Document_1998.htm

2. 文化、媒体和体育部，2001年创意产业纲领文件(2001).

http://www.culture.gov.uk/Reference_library/Publications/archive_2001/ci_mapping_do c_2001.htm

3. 文化、媒体和体育部决策数据

http://www.culture.gov.uk/Reference_library/Research/det/

4. 创意经济项目

http://www.cep.culture.gov.uk/index.cfm? fuseaction=main.viewSection&intSectionID=3 34

创意经济项目证据发布2007

http://www.cep.culture.gov.uk/cepevidence2007

① 这是因为总增加值计算的是生产的商品和服务的价值与生产中原材料的成本以及其他投入之间的差额。而营业额只用来统计商品和服务的销售额。

证据和分析小组——报告草案

http://www.cep.culture.gov.uk/index.cfm? fuseaction=main.viewBlo gEntry&intMTEntryI D=2991

5. 国家统计局年度商业调查

年度商业调查评估数据包括所有注册了 VAT 和/或 PAYE 的英国公司，并且它们均按照 1992 年或 2003 年的“标准商业分类”进行了分类。年度商业调查中包含来自国家统计局跨部门企业注册的所有商业机构的详细信息。更多关于年度商业调查的信息可参见国家统计局网站。

6. 国家统计局跨部门企业注册

跨部门商业注册是一份关于英国商业机构的综合性列表，用于政府进行数据统计。除了一些非常小的商业机构(自营机构或者没有雇员的机构或者营业额很低的机构)和一些非营利性组织，跨部门商业注册囊括了所有经济产业中的企业。它对某些创意产业比如手工艺的影响比其他产业要大。因为这些创意产业以小企业为主。更多关于跨部门商业注册的信息可参见国家统计局网站。

7. 国家统计局，劳动力调查(LFS)

劳动力调查是针对英国家庭的一份季度性抽样调查。调查的目的是提供关于英国劳动力市场的信息，这些信息可用于制定、管理、评估和报告劳动力市场政策。更多关于劳动力调查的信息可参见国家统计局网站。

8. 国家统计局，国际服务贸易调查

国家统计局进行了一项针对提供商业服务的公司的国际贸易状况调查。更多关于国际贸易的信息可参见国家统计局网站。本报告中所使用的数据是由文化、媒体和体育部委托国家统计局收集的。

9. 设计行业部，设计委员会

这是设计委员会在 2004—2005 年度开展的一项调查，这份调查提供了设计行业所涉及的各方面数据。设计委员会计划每三年进行一次数据更新。

http://www.design-council.org.uk/en/Design-Council/3/Publications/The-Business-of-Design/

10. 设计行业价值调查，英国设计倡议

这是一项针对 4 000 多个注册的设计机构进行的调查，每年由英国设计创新协会组织开展。更多信息参见国家统计局网站。

11. 古董贸易报告

古董贸易报告中所发布的出口数据是通过分析英国税务及海关总署的数据而得到的，该数据仅包含英国对非欧盟国家的出口情况。

http://www.antiquestradegazette.com/

创意英国：新经济，新人才

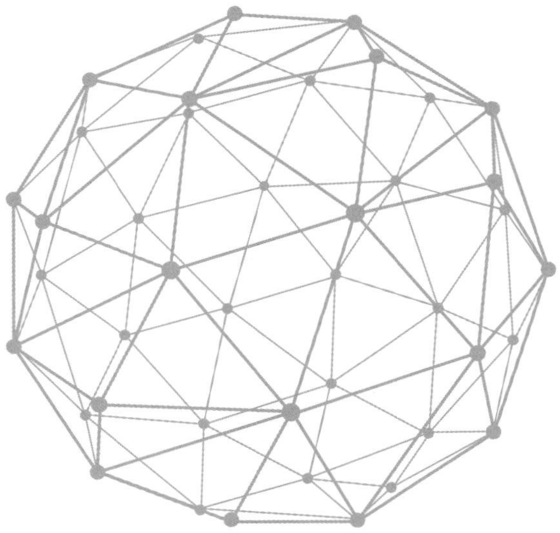

* 文件由文化、媒体和体育部发布于 2008 年 2 月。

我们希望通过文化和体育活动，提升人民的生活质量，帮助人们追求卓越，并促进旅游业、创意产业和娱乐产业的发展。

序　　言

英国是一个创新型国家。每当你踏入其中一个宏伟的博物馆、画廊或剧院，观看我们精心制作的电视节目或者体验天马行空的电子游戏，以及在我们的音乐、电影、时装和建筑中，都可以真切地感受到这一点。创造力是英国文化的核心所在，它是我们民族最典型的特征。

时至今日，英国的创新能力享誉全世界。我们拥有多种多样的创新人才，并且这些人才共同引领艺术向全新且激动人心的方向发展，这也鼓舞了全球各地的人们。英国被认为是创造、创新和卓越的中心，并且人们被这里的创意经济所牢牢吸引。

未来几年，创意产业不仅对国家繁荣具有重要意义，也将决定英国是否有能力把文化和创造力置于国民生活的中心。

我认为，我们有责任让每个人都有机会开启他们的创新天赋。创造力、文化和艺术提高了我们的生活质量。我们国家的天才们发挥了自己的创新天赋，点亮了自己和他人的生活，我为他们感到无比自豪。我们制定的战略旨在帮助更多的人去发现和发挥他们的天赋，并且利用天赋创造一个生机勃勃、娱乐与机遇并存的社会。

该战略同样旨在使具有创造力的人更容易获得成功。在全球市场上，创新能力对我们未来的繁荣昌盛至关重要，我们必须现在就行动起来，使英国的创意产业要吸收更多、更广泛的人才，并且促进创意经济的不断发展。

对于一个快速变化、日新月异的产业领域，该战略可以灵活适应并为其提供支持。我希望，该战略将标志着一个开端，即与我国创意产业建立全新的伙伴关系。然而，这仅仅是一个开端：政府可以提供一个框架，但我们还必须依靠我国的人才，以及该领域内的工作人员的愿景和努力，这样才能建造一个更富创造力的英国。

戈登·布朗（Gordon Brown）

创意中心

创意中心是我们努力的见证，而它的灵感则来自“工作基金会”(Work Foundation)2007 年发布《遥遥领先：英国创意产业的经济效益》报告中的一个图表。它不仅阐述了表达价值如何集中于核心创意领域，而且展示了它如何渗透进文化产业、创意产业和整个国民经济中。

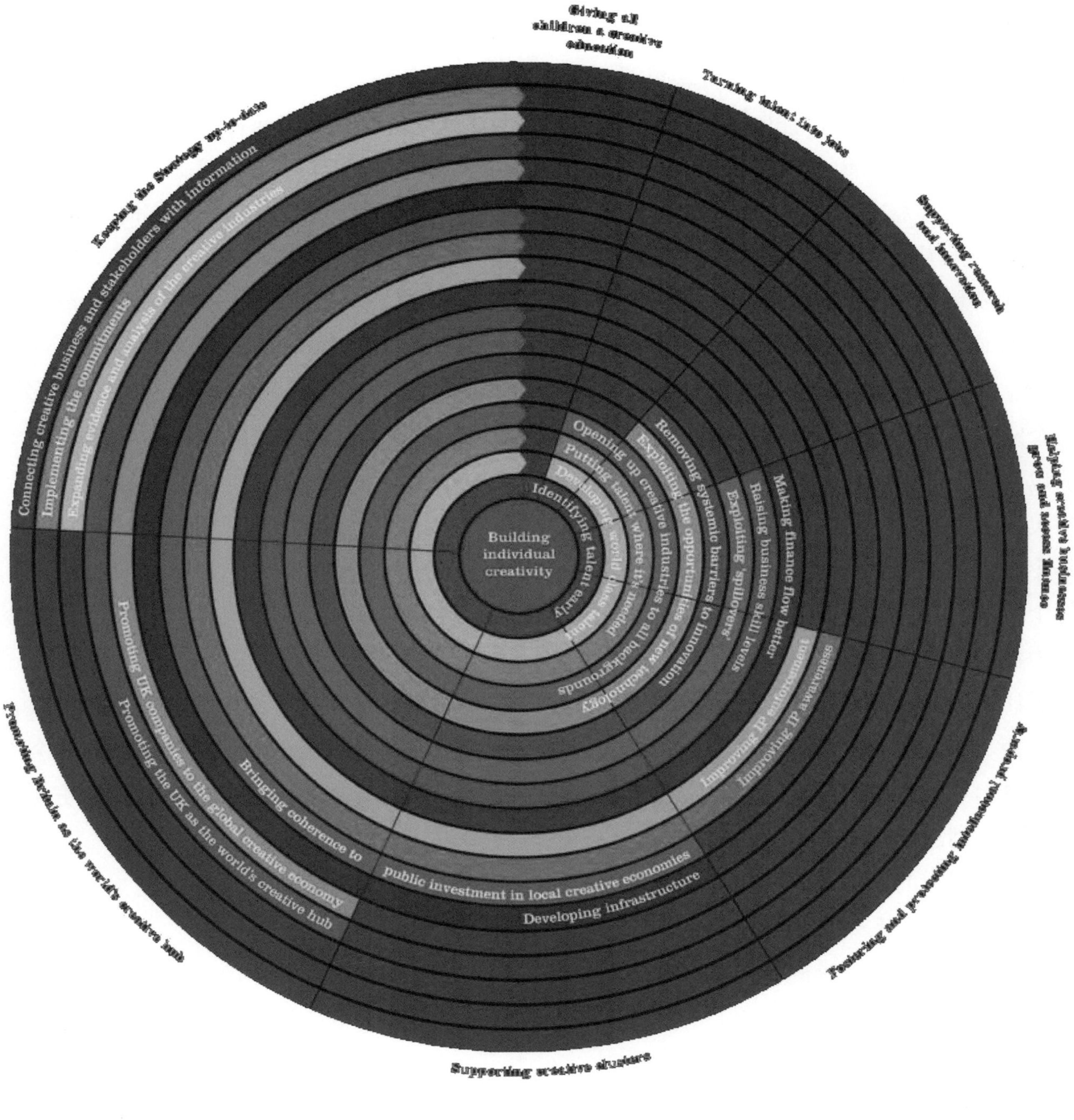

序　　言

英国以创新能力闻名于世。我国的作家、艺术家、导演、设计师、音乐家、喜剧演员和手工艺人用创造力照亮了全球各地人们的生活。

放眼未来，对高质量的英国文化和英语内容的需求将只增不减。这不仅为英国带来了竞争优势，也带来了一大挑战。世界上其他国家——包括发达国家和快速发展中国家，纷纷投入到更加激烈的竞争中，并希望能抓住这些新的机遇。

所以，现在是时候承认英国的创意经济不断取得成功的事实，且在此基础上取得了进一步发展。如果想在未来创造更多的工作机会，我们必须将创意产业从经济政策的边缘转向中心。

政府和商业都面临着挑战，而我们在此提出的行动计划标志着我们的愿景。该计划力图为创意产业提供无与伦比的人才以及与其他产业相关的结构支撑，比如基础设施和技能发展方面的援助。

近年来，我国创意产业的发展速度是其他经济形式的两倍，如今创意产业占 GDP 的 7%以上。为了使其在规模和重要性上持续增长，我们必须努力创造最有利的发展条件，以促进我国创新发展，激发经济发展活力。我们也必须保证具备相应技能的人才来满足创新领域不断扩大的需求。

如今，音乐、电视、时尚和电影这些精彩纷呈的领域似乎对许多年轻人关紧了大门。大多数情况下，一个刚刚起步的创新型事业取决于你的人脉、工作地远近或者你对工作的准备。

所以，这个战略以两个关键建议为基础：为年轻人提供更多在校外发展自身创造力的机会；为他们提供更多进入创意产业的结构化途径。

每个年轻人都有创造天赋，然而不是每个人都有条件去挖掘这些天赋。“发现你的天赋”的新计划将为每个英国的在校学生提供更多的机会，让他们体验高质量的艺术和文化，即为所有人提供谋生技能，又为他们提供新的发展机遇。

为了让这些天赋得到发展，我们需要创意产业的职业供给更公开、更公平，也需要新的教育机会和职业机会。作为政府推行政策改革的主要信号，每年我们将在全国为创意产业增加 5 000 个学徒岗位，我们也倡导创意企业和我们共同努力来实现这个目标。在此基础上，未来我们需要做更多的工作来保护和培育创意企业。

理念是创造力的真正价值所在，我们针对这一产业提出一系列全方位的改革方案，比如保护知识产权和支持创新等一系列具体措施。

最后，我们必须为创意产业走向世界提供机会，并且让它们有机会和业内顶尖的创意产业同台竞技。我们将目光投向世界创意企业大会。它是一个新的年度国际盛事，我们希望它可以成为创意产业的“达沃斯”年会。

英国是一个富有创造力的领军国家，奥运会的到来也将给我国带来新的活力，引起世界对我们的关注，把英国打造成世界创新之都将成为一个可以实现的雄伟目标。

伦敦在其中的地位非常重要，不过我们希望在各大城市中心都能有一个创造性的推动力，带动区域内经济增长。这就意味着每个地区都将有更多创新型工作机会，并且这些工作机会直接向当地的学校开放。这也意味着每一位年轻人都可以切实投身于创新型事业，并发挥自己的才能。

我们感激所有那些投身于创意经济帮助我们取得今日成绩的人们，我们要特别感谢“工作基金会”所做出的努力，其发布的报告《遥遥领先：英国创意产业的经济效益》影响深远，是我们制定这一战略的根本立足点。

我们定会履行已经作出的承诺，积极开展创意产业所亟需的行动。我们的战略也获得了政府至少7 050万英镑的支持，并且所有的政府部门都将全力以赴支持这一战略的实施。

创造力的提升是一个动态的过程，我们将不断回顾并更新这一战略中许下的承诺。但我们坚信，这一战略搭建了一个从草根阶层到国际舞台的稳固平台，这个平台将不断支持创造力的发展。

安迪·伯曼(Andy Burnham)　文化、传媒和体育外交大臣
约翰·休顿(John Hutton)　商业、企业和改革管理外交大臣
约翰·邓汉姆(John Denham)　创新、大学和技能外交大臣
玛格丽特·霍基(Margaret Hodge)　文化、创意产业和旅游业国务大臣
巴罗内丝·瓦德拉(Baroness Vadera)　商业和竞争力政务次官
巴罗内丝·摩根(Baroness Morgan)　知识产权和质量政务次官

要点概述

英国是一个充满创造力的国家，其创意产业[①]对英国的重要性与日俱增。如今，有200万人从事创意工作，每年为英国经济贡献600亿英镑的价值，占英国经济总量的7.3%。在过去的十年里，创意领域的增速是其他经济领域整体增长速度的两倍。随着对创意内容需求的扩大(尤其是在英国)，它也处在持续增长的有利地位。

我们拥有优势，但在下一个十年中，也面临巨大的挑战。随着其他国家也意识到创造力的经济价值，这使得全球竞争更加激烈。面对这样的挑战，我们的创意产业需要最好的商业支撑结构，并且也需要大量人才以满足该行业不断扩大的需求。

政府和企业同样面临着挑战，我们在此提出的行动计划也表明了我们下一步工作的重点。不得不承认英国创意经济不断取得成功的事实，但要在此基础上取得进一步发展。如果想在未来创造更多的工作机会，我们必须将创意产业从经济和政策考量的边缘地带转向中心。政府坚信公共资助可以促进创造力发展，并提升英国的创造力优势，这也是制定战略的基础。政府对艺术事业的支持以及致力于推进公共服务，这些都是政府发挥作用的重要体现。所有这一切构筑了一个注重优秀艺术和文化的国家、一群富有创造力的人们以及一个创新型的繁荣经济体。

未来十年，创造力将驱动英国大都市经济的发展，每个地区都将有更多样化的创意工作机会，当地学校将具有明确的通往创意职业的道路，而每位年轻人都相信自己有机会在创新能力方面切实发挥天赋。未来十年，创造力将成为城镇、城市以及各个地区经济发展的发动机。创意企业也将充满活力，不断革新，取得成功，带来繁荣，并且在全国范围内创造许多工作机会。

该计划涵盖了从草根阶层到全球市场的整个创新化进程。它从学校起步，关注儿童的文化教育。它连接着教育和工作，协助创意产业在2013年将全国学徒岗位增至每年5 000人，这表明政府未来的行动方向。该计划继续支持企业发展，并着眼未来，承诺为世界一流的创新企业提供开拓性的国际活动。综上，这项计划将带来一系列连贯而全面的措施的出台和落实，将英国建设为全球创意中心。

开启创造力天赋

年轻人可以通过多种方式来从艺术和文化经历中获益。观赏、聆听以及参与其中会带来纯粹的快乐和享受，建立信心和提升表达技巧，还有可能点燃梦想和激情。对有些人而言，能否在学校体验最

① 创意产业包括广告、建筑、艺术和古董市场、手工艺、设计、时尚设计、电影、互动休闲软件、音乐、舞台艺术、出版、软件和计算机服务、电视以及广播。

好的艺术和文化将成为开启他们创造力天赋的关键，这种天赋让他们未来有可能投身于创意产业。基于这些理由，我们将推进“发现你的天赋”这一项目的实施：每周为儿童和年轻人提供5小时的文化体验，这些体验建立在国民教育课程和创意伙伴的工作基础之上，目的是在这5小时(校内或校外)内，让英国所有年轻人有机会参与下列活动：

参加高质量的现场演出

参观展览、艺术画廊和博物馆

参观遗址

参与图书馆和档案馆提供的服务

学习乐器

演奏音乐或唱歌

参加戏剧和舞蹈表演

从事创造性写作或听作家讲述写作经验

利用数码或新媒体艺术学习制作电影

制作一件视觉艺术品或手工艺品

3年内，我们将投资2 500万英镑，在10个地区对该项目进行试点，并特别关注有天赋和有特殊需求的年轻人。

在菲戈尔·夏基(Feargal Sharkey)现场音乐论坛的卓越成果的基础上，我们正在启动一项耗资50万英镑的新试验计划，它将为无处施展才华的年轻音乐家们提供实践和现场表演的机会。初始阶段，将建立至少10个新的排练场地，并按照专业标准配备设备。

推进创新人才发展

开启了年轻人的创造力之后，接下来重要的一步是保证年轻人有切实的发展机会，并且保证他们清楚地知道天赋的发展方向。目前，对很多人来说，在创意产业中选择开始自己的职业意味着去伦敦给人免费打工，或者去结识一些能够将自己领进门的人。下面的措施将有助于简化这条通往创意职业的复杂而琐碎的道路，并提供全新的培训和工作机会。

我们希望，到2013年创意产业每年可以提供5 000个正式的学徒岗位。作为政府未来的重点工作，我们要求创意产业在全国范围内提供这些机会，下列机构已经做出了承诺：All Out制作公司、蓝衣(Bluecoat)公司、英国媒体城BBC、伯明翰话剧团、Centini公司、普通人剧院和剧场剧院、艺术基础和创新技术公司、ITV格兰纳达、伦敦奥委会、猴子恶魔(Monkeydevil)设计公司、博物馆、图书馆和档案委员会、利物浦双年展、利物浦国家博物馆、英国国家基金会、NCSoft游戏公司、Objective North公司、皇家利物浦爱乐乐团、英国皇家歌剧院、皇家莎士比亚剧团、圣盖茨黑德(Sage Gateshead)音乐中心、泰特利物浦美术馆、UK Unsigned比赛、统一剧院(Unity Theatre)和环球唱片公司。

文化、媒体和体育部将与非政府部门公共机构以及其分支机构通力合作，商定相关行动，促进更多元化人才队伍的形成。这涉及教育培训、外展工作、优秀经验推广以及为最多元化的公司设立奖项。

我们将建立一个人才通道方案，支持并鼓舞各种背景的年轻人追求创新领域事业。我们希望能对年轻人各个阶段的发展提供支持，提供更充足的信息和更好的指导，包括在儿童时期提供参与学校内外文化体验的机会，在青年时期通过类似“创意机会”计划来提供更好、更广泛的职业建议，以及各类面向青年的职业辅导、人才发掘和国家技能训练营。

我们将进一步研究以确保学生从学习中获得技能，使他们能够对创意经济作出最大贡献。该研究将提出一个挑战，即促进创意产业和学术界之间建立更加牢固的关联，以便在提供技能训练时缩小两者之间的差距。

我们将鼓励雇主和职业技能提供者设立具有开拓性的创意学习空间。除了最近宣布的技能屏和媒体学院网、数字媒体的普适媒体工作室和东方艺术学院，我们也正与创意产业共同努力，开发创新和文化行业的国家技能学院、卓越的电脑游戏中心、新型的服装设计学院、动画制作教育的精修学校以及英国设计技能联盟，以提高设计教育和实践的专业标准。

我们将探讨全新的“学术中心”所带来的影响，这个中心将促进学校、继续教育和高等教育之间的合作，从而为 14~25 岁的年轻人提供点对点的创新技能发展机会。这对伦敦艺术大学(UAL)等艺术学校来说也是全新的工作模式。大学之间将不仅能够共享课程内容、产业联系和学校设施，对学生的指导以及员工、领导和管理者的交流也有重要推进作用。

将创意产业置于经济发展的中心地位

随着更广泛、更全面的创新型人才的出现，下列对科研革新、企业成长、知识产权以及创新集群发展的支持措施将有助于推动创意产业从经济发展的边缘走向中心。

支持研究和创新

技术战略委员会将提供 1 000 万英镑鼓励创意产业开展新型合作研究，推进创新发展。这将鼓励企业携手共进，共享知识和经验，共同发展新理念、新产品、新工艺和新服务。

英国国家科技艺术基金会(National Endowment for Science，Technology and the Arts，NESTA)将启动一项耗资 300 万英镑的创造者成长计划。该计划将帮助中小型创意企业在进行新技术开发过程中明确自身短板，争取更多支持。

技术战略委员会将建设一个针对创意产业的知识转化网络。该网络将创新型企业和技术专家、供应商、客户、高校、科研和技术机构有效地联系在一起，让企业能获得专业知识和相关信息。

将委托创新、大学和技能部开展研究，以更好地量化创意产业的经济效益，并特别关注这些行业创新的增值，这可能对主要依托版权而不是专利发展的相关企业更加有利。

促进创意企业发展

英格兰艺术委员会(Arts Council England)将向兼具完美艺术性和潜在商业价值的项目提供支持，

以实现创意经济计划的目标。英格兰艺术委员会将与地区发展局(Regional Development Agencies，RDA)配合，向小型创意企业提供风险投资。同时，委员会也将扩展文化领导力计划的覆盖范围，从而帮助小型企业开展业务和培训计划。

地区发展局将为创意产业发展指明方向。这一举措将在西南地区、东南地区、西北地区、东北地区以及西米德兰地区进行试点，并且将会关注在商业支持框架下如何更有效地对创意产业提供支持。

我们将鼓励和创意产业企业资本基金(Enterprise Capital Funds，ECF)投标，为创意产业争取更多的投资。我们也将对创意产业进行经济分析，以便了解企业在获得投资过程中可能面临的现实挑战。

促进和保护知识产权

我们将推进互联网服务供应商(Internet Service Provider，ISP)和版权持有人联合开展行动，针对非法共享文件行为的法律规定进行协商，以确保该项立法能够在2009年4月实施。通过自愿性的，最好是商业解决措施是理想的发展方向。如果互联网服务供应商和相关部门之间无法尽快建立合适的联系或者二者之间的合作不够充分，政府将很快做好准备并制定相应法规。我们也将对侵权给予更加严厉的处罚。随着我们步入一个全新的数字世界，这些举措意味着政府将对创意产业给予更强有力的支持。

英国知识产权局(UK-IPO)将实施知识产权(IP)立法执行计划。目标是通过一系列创新举措，比如通过国家卓越中心为地方立法提供专业警务资源，从而更加有效地利用现行的立法制度。我们将推动民众更好地理解知识产权的价值和重要性，并通过学校教育和公众意识提升行动来实现这一目标。

支持创意集群

地区发展局将在两个地区进行创意经济战略框架试点：地区发展局将继续在试点地区推进创意经济战略的发展，并与创意和文化公司、企业合作，进行计划和资源匹配，实现并提高效率，并对优先项目进行战略投资。

政府正在启动审查工作，以发现下一代宽带建设中投资面临的障碍。除了客户的期望不断提高之外，在线电子游戏、视频和音乐发行以及用户原创内容等新型服务的发展也方兴未艾。我们要尽可能消除市场未来发展所引发的阻碍产业发展的因素。

通过与地区政府组织和地区发展局合作，我们将建设一个“地方基础设施目录”。这将有助于各级地方政府确定投资方向(比如多功能办公室和练习室，或对现有场馆进行保护，进行市场推广)，以吸引创意产业的投资，并快速形成自己的创意中心。

英国电影委员会(UK Film Council)将同英格兰艺术委员会、艺术与人文研究委员会共同推进“混合媒体中心”的建设。而诸如像曼彻斯特的角屋、泰恩赛德电影院和布里斯托尔的Watershed独立影院这样受欢迎的文化场馆则有可能成为所在城市的商业创意中心。

根据“现场音乐论坛”上提出的建议，并以伦敦市长制定的工作案例为模板，我们将加强对现场音乐表演场所的保护。我们国家活力四射、各式各样繁荣兴旺的音乐遗产依赖于不同规模和风格的表演场所，我们要对这些场所进行保护。

全球创意中心

英国地处美国和亚洲之间，再加上英国当前的创意经济活力，这些独特的优势推动我们成为全球的创意中心。我们要通过文化交流来发展和维持与美国和亚洲之间的关系。这也促进了创意人才在国家的流动，并不断激活和振兴我们的创意经济。

英国贸易投资总署（UK Trade & Investment，UKTI）制定了一个五年战略计划，以加强英国创意产业的国际竞争地位。该战略是一个刺激全球经济增长的创新的、动态的助推器，将极大地提高我们在全球的影响力。

我们将发起全球创意商贸会议。这将成为创意产业和金融业领袖的年度盛会。我们的目标是要达到“达沃斯”经济论坛的国际影响力，计划于 2009 年春季举办首届会议。

我们将与伦敦市长和其他合作伙伴共同弘扬伦敦的创意节日，并且加强与国内其他重要节日如国际动画节（这是一个在米德尔斯堡举办的动画和电子游戏国际艺术节）和伯明翰国际电影节的合作发展。

不断进行战略创新

这份重要的文件申明了我们的目标，但它作出的承诺只是针对许多正在进行或即将进行的行动的一个高度概括。为了确保我们能灵活地适应创意产业的快速变化，我们将建立一个以大臣为首的新董事会，它将负责这一计划的执行，并应对不断发展的技术和新需求。我们也将继续收集新的数据，并资助新研究工作的开展。最后，我们将建设一个互动性网站，所有利益相关者可以在网站上发布信息，说明面临的新压力和挑战，进行辩论和讨论，并获得有关最新战略的相关信息。

1. 让所有儿童接受创意教育

挑战
培养个人的创造力，及早发掘天赋

⇨

对策
针对儿童和青少年的“发现你的天赋”项目

奇思妙想是创意产业的原材料。但是，不同于那些传统产品，我们不能从地下挖出想法或者从树上摘下这些想法。只能通过个人和集体的才能和创新来产生这些想法。这就是为什么一定要彻底做好基础工作，让所有儿童和青少年都有机会充分展现他们的创新才华。因此，我们将推出针对儿童和青少年的“发现你的天赋”项目，点燃下一代对创意的渴望，并采取措施来发掘可能被潜藏着的天赋。

培养个人的创造力

1.1　创意产业始于个人的创造力。所有儿童的学习经验也是如此。越来越多的人认识到，需要找到一些实用的方法，能应用到从幼儿园一直到大学每一阶段的学习，无论在学术课程或职业培训课程中，无论是学徒培训还是大学教育。在这个科技和社会迅速变革的世界中，创造力培养远远超出了艺术或戏剧课程，要对人们进行技能培养。拥有这些技能，人们就可以创新而自信地应对不断变化的情况和未知的需求，使他们能够解决家庭、学校或工作中面临的问题和挑战，使他们为社区作出积极的贡献。

创意合作伙伴——一个成功的故事

“定期访问创意产业使学习的本质和目的发生了深刻的变化……在所有情况下，课程的相关性都变得更加明朗，对于有的人来说，从根本上改变了他们的愿望……不断改善他们的技能(识字、算术、信息和通信技术、自信、团队合作，展示企业和处理变化的能力)，可能有助于他们未来生活水平的提升。”

英国教育标准局审查

1.2　2005年发布的罗伯茨审查——《在青少年中培养创造力》，探讨了儿童教育中创造力培养的重要性。罗伯茨认为，创造力应该是每一名儿童早期学习的中心，并且现行教育政策(专注于自主性、大胆尝试和个性化的培养)提供了将创造力嵌入其中的真正的机会。这一报告为从幼儿早期到成年阶段创造力培养提供框架。

1.3　罗伯茨审查报告指出，我们的教育制度已为创造力的培养作出了很多贡献。以创意和游戏为基础的学习是早期教育的中心。早期基础阶段力图发展创新和批判思考的能力。在小学阶段，人们认为创新性思维对有效学习必不可少，教授和学习这些技能的机会贯穿在整个课程之中。新的中学课程体系加强了这些能力的培养，新课程体系标准将在今年晚些时候公布，学校有望为青少年提供更多的机会去培养他们的创新性和批判性思维。

1.4　新课程体系有望让学生从学校和学院中获得更多的机会，使他们可以和创新行业的专业人士共同工作。尽管许多学校已经提供了这些机会——通过一系列与艺术组织、广播公司、贸易机构和其他团体的关系——新课程体系有助于创造更多的机会。

1.5　创意伙伴关系是政府的旗舰创意教育项目，它建立在这些原则之上。创意伙伴关系使成千上万家庭经济困难的青少年有机会通过创意组织和个人项目来发展他们的创造力。政府的企业教育战略旨在帮助青少年发展商业和创业技能，使他们具有创造性和创新性。他们从中学会承担管理风险，并且带着决心和动力去做——这让他们有信心在未来成为创新型员工、成功的商务人士以及社会企业家。

现有合作伙伴关系实例

· 创意伙伴关系由英格兰艺术委员会负责管理，它在36个社会或经济高度匮乏地区的1 000多所学校安排了创意产业从业人员，他们将与学生和教师团体开展合作。
· 英国晨曦电影让青少年可以制作简短的数字电影。
· 电影俱乐部使儿童观看的电影越来越多元化，培养了儿童对电影的鉴赏力，提高了媒体素养。
· 青年设计计划由索雷尔基金会创立并运行，它让中小学生有机会与大学生设计师合作来解决实际问题。
· 4个女孩计算机俱乐部鼓励10~14岁的女孩体验信息技术和电子游戏。
· Mediabox平台为英国13~19岁的青少年提供了开发和生产创新媒体项目的机会，这些项目将在电影、电视、广播、网络及多媒体平台开放。

更多详细信息，请访问网址：www.creative-partnerships.com。

承诺1

我们将对“发现你的天赋”项目进行试点，每周为儿童和青少年提供5个小时接触文化的机会。

1.6　所有项目都很成功。但为了让所有青少年从中受益，我们需要做更多的工作。很多青少年发展自身创造力的第一个机会都来自与文化的接触，我们致力于让每一名青少年都得到一次全面的艺术和文化体验，哪怕是很小的机会——这就是我们所说的“发现你的天赋”项目。这将确保所有的儿童和青少年(不论他们住在何处，有怎样的背景)在校内外每个星期都能有至少5个小时的高品质文化体验。

1.7　“发现你的天赋”项目包含：

· 文化相关课程——帮助青少年成为文化世界中有批判力的观众、参与者和创造者
· 通过文化来学习——通过参与艺术活动和其他活动，提高创造力和学识，促进个人发展

1.8 我们希望当地的社区、学校、学院和年轻人自己来设计这个“项目”，但我们希望它至少包括：

· 访问顶级剧院、聆听管弦乐演奏和观看舞蹈表演
· 参观并接触国家和地方的展览、画廊和博物馆
· 参观文物古迹、当代的重要建筑和公共场所
· 有机会参与图书馆和档案馆提供的创新服务
· 学习一种乐器
· 演奏音乐或者参加歌唱表演
· 参加戏剧和舞蹈表演
· 创意写作或者听作家讲述合作经验
· 利用数字或新媒体艺术学习制作电影
· 制作视觉艺术品或手工艺品

1.9 未来三年，我们将划拨 2 500 万英镑用于推进“发现你的天赋”项目的发展。

——将在 10 个地区对项目进行试点，不同的合作伙伴将尝试体验这些不同的项目内容。我们已经在这些领域持续投入了相当多的资金。这些资金为试点工作的推进提供了保障，其中包括最近宣布的 3.32 亿英镑的投入。这笔新投入将用于支持合唱团、乐团、新乐器、表演、音乐课以及诸如博物馆“区域文艺复兴”计划等优秀项目的实施。

1.10 除了确保所有人都能参与以上提及项目，我们也将致力于推进真正的人才培养，使他们获得卓越成就。因此，我们将确保资优方案①能覆盖到更大范围的创新青年，而不仅仅是具有较高学术能力的人。最优秀的 100 万学生将从中获益。我们也将与创新产业界共同合作，促进培养青少年的才能，特别是那些来自贫困家庭背景的青少年。我们将确保他们得到鼓励和支持，充分发挥他们的才能，并有机会进入相应的创意行业。

1.11 在推进这个项目时，我们将与现有网络体系中的专业艺术学校开展合作，颁发新的创新和媒体文凭。艺术网络体系已经覆盖很大的范围，但我们仍将致力于对其进行拓展。

1.12 “发现你的天赋”项目的灵感部分来自我们在改善学生参与体育运动上的成功。在运动方面的类似项目让 80%以上的儿童在校每星期参加 2 小时的运动——预计到 2010 年，实现全体参与。我们现在可以对该项目进行拓展，让所有的儿童有机会把每周运动时间延长至 5 个小时（不论校内还是校外）。青年体育信托基金（YST）一直支持着这一举措的推进，为其提供国家层面的领导和地方政府方面的协作支持。

1.13 我们将成立新的青年文化基金，它将发挥青年体育信托基金在“发现你的天赋”项目实施和监督上的等效作用。该基金将得到创意、文化和教育核心组织包括英格兰艺术委员会、博物馆、图书馆和档案馆委员会、英国电影委员会及专业学校联合会基金的支持。青年文化基金成立后，将推动本地试点计划的发展，推出创新合作伙伴计划以覆盖更多的地区、学校的青少年。

① www.standards.dcsf.gov.uk/giftedandtalented.

提供现场音乐表演和排练场地

我们的目标是打造一系列可持续发展的社区排练场所，它将为青少年提供专业的设施。这是对现场音乐论坛所提出的建议的回应，该论坛由霍尔加尔·萨尔基(Feargal Sahrkey)担任主席。它也是建立在雷克瑟姆音乐排练场所项目成功的基础上，并得到了威尔士议会的支持。

音乐界重量级人物、地方和地区政府及其他合作伙伴将携手努力，在全国各地进行试点计划的推进。未来两年，政府将投入 50 万英镑，用于推进试点项目发展，其关注点在各方面条件都相对匮乏的城镇和农村地区，因为这些地区最需要这类场馆，并可能对这些地区产生很大的影响。

该倡议还将试着把音乐排练活动和社区电台结合在一起，为新兴艺术家和乐队赢得更多的观众，并为青少年提供广播领域的入门经验。我们也将让音乐家和艺术家与这些排练场地建立紧密的联系。

核心行业的合作伙伴的参与将是计划成功的关键。英国唱片业(BPI)、英国独立唱片协会、Sony-BMG 音乐娱乐公司(英国)和 MCPS/ PRS 联盟已经同意加盟。

这些组织处于有利地位，它们将协调艺术家和唱片公司高层次的活动，促进本地工作室的发展，并为有志向的年轻音乐家提供鼓励、建议和专业知识。从长远来看，我们将与其他倡议(如"去的地方")开展合作，鼓励当地社区去寻求更广泛的资金来源，如财政部推出的无人申领资产计划，它使银行不动账户和房屋建筑协会账户中的资金可以用于社会的再投资。

创意目录

1.14　我们也将确保青少年能得到支持，他们需要在学校内或学校外开发自己的创造力。除了为青少年提供音乐排练场地，我们也为年轻企业快速启动音乐项目提供资金。该项目正与英国音乐版权(BMR)开展合作，并得到了教育基金会的支持。这些方案使年轻的创业者在音乐行业导师的支持下，学习如何开展他们的音乐业务。

人才和企业特别工作组

作为政府人才计划的一部分，人才和企业特别工作组已经建立，它将作为政府发展的催化剂，与有影响力的社交网络一起推动和促进才能和创造力的发展，而这是关乎国家未来繁荣的元素。

特别工作组将向青少年推广首相全球奖学金计划，该计划旨在培养可以在全球经济中作出贡献和参与竞争的人才。它还将支持全国性的推动人才发展的艺术节的举办，以及通过互联网为青年人提供其所在社区开展活动的信息。

1.15　我们将帮助青少年了解与知识产权相关的知识，因为他们既可能是买家，也可能是潜在的卖家——比如上传自己的作品到互联网，这将成为他们的文化教育中必不可少的部分(详见第 5 部分)。

总　　结

1.16　我们面临的第一个挑战是：为所有儿童提供创意教育。开发创造力和学习文化是良好教育的根本。对很多人来说，这只是他们美好生活的一部分。但创意产业会从更多的受众和更广泛的人才中有所收益。关于“发现你的天赋”项目的承诺将只是我们工作的第一步。我们需要来自创意和文化产业的热情和承诺，以应对我们所面临的挑战：尤其是为所有人创建更加全面、高品质的创新体验。

2. 人才走向工作岗位

挑战		**对策**
培养世界一流的人才		人才通道
人尽其才	⇨	在雇主和技能培训者之间建立更具代表性的伙伴关系
创意产业要面向所有人		为 14~25 岁年龄段人群提供点对点的创新技能培训
		创意产业提供 5 000 个学徒岗位
		多样性的挑战

人才是创意产业的命脉。英国要想在创意产业领域保持世界领先的地位，就需要在发展创新技能方面具有优势。只有在个人、雇主和政府之间建立新的伙伴关系，释放每个人的天赋，才能实现我们所确立的目标。

无论是电影导演、广告创意人员、芭蕾舞者还是软件设计师，要走上职业生涯的巅峰，必须要靠个人付出巨大的努力。然而，对于那些愿意付出努力的且有才华的人，政府应该尽一切可能为他们的发展铺平道路，帮助他们实现抱负；而对于那些关注人才的企业，政府应该尽一切努力向其提供所需要的人才。创意产业在不断发展壮大，在推进经济增长过程中发挥重要作用，并为更广泛的人群提供发展机会，因此，积极推进现有举措的落实就变得更加重要。

发展天赋将经历几个步骤。“发现你的天赋”项目将确保人人都有机会发现自己的才能。创意发展将推进我们的教育和技能培训系统与创意产业建立伙伴关系，这将为个人决定自身职业发展方向提供支持。我们的高等学校会提供最好的创新课程，以确保学生可以获得追求职业目标的专业的发展建议。而创新产业在政府雄心勃勃的学徒计划和“培训提升”服务的推动下极大地促进人才流动。推进每一项工作的落实就是支持行业通过其行业技能委员会来发展更卓越和更适合的资历和技能。

我们也仍然需要加强创意教育。我们需要帮助有天赋的人走上成功道路。我们也需要找到更好的方法，让企业能通过各种渠道找到它所需要的人才。

培养世界一流的人才

2.1　为有天赋的儿童和青少年提供支持：我们的国家拥有得天独厚的人才。我们发现世界上许多伟大的科学家都是英国人。全球都需要我们的工程师。英国的运动员每年都能取得优异成绩。在创意产业领域，我们的电影制作人、流行歌手、设计师、建筑师和其他许多人在各类世界舞台上都占有一席之地。尽管有很多人取得了成功，也有很多人尚未功成名就。对于有的人来说，成功所需的代价和发展方向并不与他们的个人能力相匹配，而他们也将在其他人生道路上绽放光芒，这也是一个完全理性的个人决定。但对有的人而言，却是因为某些无法控制的原因，即天赋无法获得支持，比如家庭环境、就读学校、所在社区或者接触到的资源。我们认为，应该为所有拥有天赋和决心的人提供成功的机会；因为条件限制而浪费天赋是一种损失。

承诺 2

我们将推出“天赋通道”计划，以支持和激励来自不同背景的青少年在创意产业中得到发展。

2.2　为了解决这个问题，政府将挖掘创造力天赋通道的潜力，这一工作将作为创意经济计划下一阶段的重点工作。“天赋通道”计划的实施将依托我们提到的一系列举措，包括“发现你的天赋”项目和创意菜单、提供更好的职业建议以及提供新的学徒岗位，并制定适用于儿童和青少年的点对点培训方案。我们也将出台新的举措，例如人才识别、人才指导和全国性创新技能训练营。

2.3　在创意产业中工作是许多青少年的梦想，但是他们和他们的职业咨询师往往没有意识到创意产业所重视的技能。人们常常假定：创意职业是为那些具有艺术天赋的人量身定做的。实际上，创意产业需要更多样化人才的参与。

2.4　任何计划接受高等教育的青少年都发现很难在各种课程面前作出明智的选择。例如，目前带有“电影”字样的课程就有 1 000 多门，带有“电视”字样的课程有 350 多门。在技能/英国电影学院(British Film Institute，BFI)数据库①中列出的有关电子游戏的课程就有近百门，而与信息技术相关的课程更是数以千计。

2.5　没有大学文凭的青年人往往很难预见自己将如何在创意产业中发展。即使是对大学毕业生而言，职业路线也不是很清晰。目前，非文科技能和专业知识的需求日益增加。很多软件、电子游戏和新媒体行业的工作已经告诉我们，对数学、物理和信息通信技术技能方面的人才需求持续增长。事实上，许多大学教育的电子游戏课程要求学生在数学和艺术两个领域都达到 A 级标准——目前而言，只有很少数量的学生可以达到这一要求。随着学校更加专注于设计教育，但一些设计公司却发现找到可以通过绘画表达思想的员工变得越来越难。阿德曼动画是《超级无敌掌门狗》的创作者，他们发现很容易找到好的动画设计师，但很难找到能建立他们动画中所需要的核心模型的工程师。

2.6　我们将与创新产业共同探索如何建立对行业所需知识，如数学、工程和信息通信技术等更加广泛的理解。这有可能使人们产生更大的动力去学习那些被认为是枯燥和困难的专业。

2.7　同样，在广播、表演艺术和电影产业中，负责摄像和银幕背后工作的技术人员相当短缺。光靠创意天赋，无法制作电视节目或正片，因此同样需要技术人员、工程人员和信息通信技术人员。

2.8　综上所述，目前的状况与我们的目标还有距离。现在获得不同媒体使用资格证书的青少年供过于求，但那些能够引领产业进入数字化的未来人才极度短缺。

① www.skillset.org/training/coursedatabase/.

清晰的职业路径

2.9　政府要求创意产业与行业技能委员会紧密合作，明晰职业发展路径，并支持有效建议的实施。

2.10　创意和文化技能(CCS)是一个文化创意产业行业技能委员会，预计将在今年春季推出一项计划，相关内容可以登录网址：www.creative-choices.co.uk。这是第一个以产业和用户为主导的在线服务计划，它将充分发挥社交媒体潜力，并为个人提供发展途径。

2.11　2006 年首相宣布推行这一计划，其核心作用是提供行业内所有可用的课程、工作机会和进行人员配置，并对不同板块工作的发挥作用进行比较。计划投资 250 万英镑用于推进这一计划的实施。

行业技能委员会提供准确而可靠的劳动力市场信息(Labour Market Information)，占主导地位和专业的职业服务机构可以对其进行分析和使用。英国技能快线(http://skillfast-uk.org/justthejob)、专业技能(Skillset. org/careers)和电子技能(http://e-skills.com/careers)三个机构已开始运行，并为人们职业发展提供一对一的职业支持和公共事业支持与服务。此外，为他们提供行业最新、最可靠的信息。

2.12　从推出"创意选择"网站开始，它就将自身打造成在线职业支持的市场引领者，对广告、工艺、文化遗产、音乐和艺术等领域提供支持。该网站背后的技术将提供给其他部门，这些部门希望改进行业职业支持的方式，以提供给更多的技术人员。

2.13　"创意选择"将为成人提升与就业服务(Adult Advancement and Careevs Service)提供更广泛的支持。成人提升与就业服务自 2011 年开始全面运行，它将"下一步"(Next Step)和"直接学习"(Learn Direct)两大机构进行合并，并与就业中心建立起紧密的合作关系，为个人职业生涯发展提供支持。这一机构将根据行业技能委员会，如创意和文化技能提供的详细的劳动力市场信息，为特定行业提供必要信息。

创意产业要面向所有人

2.14　对艺术和文化领域来说，这是一个激动人心的时代。世界变得更小，文化也在相互交融中不断催生新艺术形式的产生。移民带来了挑战，但同时也有助于创新。文化多样性是我们伟大的文化资源之一；多样性也将促进新艺术形式诞生，比如《消逝的数量》这样闪光的戏剧、阿克拉姆汗的舞蹈还有在曼彻斯特国际艺术节上上演的原创作品。

萨克勒艺术教育中心(Sackler Centre for Education through The Arts)是维多利亚与艾伯特博物馆(V&A)的创意设计学习中心，2008 年对外开放。维多利亚与艾伯特博物馆将与大学、设计专业人士和其他专业人才开展合作，让年轻人和成年人参与到对消费者做出的设计选择的批判性思考中来。它将鼓励观众发展设计实践技能——从数字媒体和广告到时尚和家居装饰——无论是为了娱乐，还是作为职业生涯的一步。这项工作以研究为依据，对个人和创意经济具有一定的影响。

更多详细信息，请访问网址：www.vam.ac.uk/school_stdnts/education_centre。

2.15　多样性丰富了我们的社会和社区，同时它也是创意产业和商务贸易发展所必需的要素。创意产业如果不能吸引各种族，不论男女或来自各地的创意人才，则将大打折扣。然而，创意产业的工作人员并不总是具有多样性。此外，目前尚不清楚招募的免费青少年实习生（常见于大多数创意产业）的机会是否均匀地分布在所有的社会经济团体。①我们期待从更完善的创意职业道路中找到重要的发展路径，以促进产业多样性的发展。

承诺 3

文化、媒体和体育部将与非政府部门公共机构及其分支机构合作，采取行动推动更加多元化的员工队伍的形成。

2.16 需要进行一些必要的干预才能确保多样性能得到持续性发展。这些干预包括教育和培训、外展工作、推广大多数公司认可的好的经验或设立奖项。我们会与产业界合作，确定合适的项目，并在适当情况下为其提供资助。广播业中的文化多样性网络就是一个很好的例子。它设定目标，并提高了行业对其自身多样性的监管，实现更大程度的多样性。对寻求有效解决方案的行业来说，这是一个需要优先开展的工作。其他行业可以考虑采用类似的做法。

对角线思维™

广告从业者研究所（The Institute of Practitioners in Advertising）正在开发新工具，将于2008年初推出，其目的是帮助用人单位更好地认识来自不同背景和学科的多样化的新员工。

更多详细信息，请访问网址：www.ipa.co.uk。

2.17 发展高水平的技能：英国拥有世界领先的创新教育。在许多英国艺术、设计和技术学校中鼓励创造力的自由发展，而创造力被广泛认为为创意产业的成功作出了贡献。最好的学校除了培养学生技术技能外，十分重视想象力的培养。他们为学生提供机会，让学生可以在"现场工程"（live projects）工作，并接受从业者的指导。他们吸引了来自世界各地的学生，其中许多人留在英国，并对经济发展作出了贡献。

2.18 这些机构并没有停滞不前。大学正在塑造创意产业与技术的接触方式。伦敦大学金史密斯学院设置了一个新的电子游戏和娱乐与游戏产业硕士专业，它将前沿技术、编程能力和创造能力进行融合。伯恩茅斯大学最近建成了一个新的索尼高清媒体中心。2007年法尔茅斯大学开设7个新的创新专业类课程，包括数码动画及性能运动设计。雷文斯本学院在格林威治半岛拥有国家最先进的新设施。所有这些都是技能传媒学院网络（见第2.24段）的一部分。关于此类创新，还有其他的实例。在高度专业化的无线射频识别技术（RFID）领域，条码和智能卡背后的技术、自动识别卓越中心和数据采集技术将有助于建立以英国为主导的独立的欧洲权威。最近，在哈利法克斯建立的这种公私合作伙伴关系将为英国经济带来显著的效益。这些技术在2007年的全球价值为50亿美元（折合24亿英镑），预计未来10年将翻五番。②

① 2005年表演艺术的专业技能调查。

② 《无线射频识别技术在行动》，2007年IDTechEx。

针对 14~19 岁群体颁发的创意媒体文凭以及 IT 业文凭

正在对 14~19 岁青少年的课程进行改革，通过提供可选择性方案涵盖所有经济领域，其中包括 2008 年开始颁发的创意媒体文凭(主要是职业道路资格认证)，以鼓励更多的青少年继续接受教育。在这些认证中，包括 14 个专门文凭，它由专业技能委员会负责，并与雇主、C&C 技能、英国技术快线、教育利益相关者和颁发机构建立合作伙伴关系。在电子技能委员会和雇主的推动下，针对 14~19 岁群体的 IT 文凭也得到了承认。2008 年 9 月将在英国各地 60 多个地方颁发首批针对 14~19 岁群体的 IT 文凭。

更多详细信息，请访问网址：http://yp.direct.gov.uk/diplomas。

2.19　继续教育对创新技能的培养也至关重要。英国学院提供广泛的创意科目课程——许多全国著名艺术家也开始在当地学院开设培训课程。艺术与设计成人教育学院提供先进设备和课程内容以吸引那些难以在其他教育机构中接受教育的青少年。学院也是为 14~19 岁学生颁布新的专门文凭的重要合作伙伴，行业技能委员会也在其中扮演着重要角色。

催化剂项目

催化剂项目将为学院提供新的机会，对未来劳动力培养具有重要作用。英国终身学习计划将帮助学院招聘毕业生、管理人员和专业技术专家。催化剂项目也将为教师、导师和培训师提供技能更新的机会。该项目提供继续教育，它为雇主寻找最合适的人选，并向参与者提供转型所需的持续支持和发展机会。

更多详细信息，请访问网址：www.catalystprogramme.org。

2.20　然而，仅仅依靠这些举措是不够的。作为创意经济计划的一部分，许多大学和学院领导已经开始审视它与政府、艺术理事会和文化机构的关系。利奇报告①指出，高等教育需要做更多的工作来满足企业需要(作为回应，创新、大学和技能部正在为雇主和高等教育制定一项更高水平的技能战略)。虽然实习往往是本科专业课程内容的一部分，有人认为有必要将商业和创业技能作为创意课程的一部分，以发展学生的创业技能。②

承诺 4

我们会开展研究以保证学生在学校所学的技能能够为创意经济作出最有效的贡献。

2.21　英国是优秀的创新教育和创新制度发源地，其成功的基础是雇主参与课程设计。然而，我们清楚地认识到仍然还有很长的路要走。这就要求产业界和学术界要积极应对挑战，要以学生成功为目标，教授学生技能，使他们可以为创意经济作出最有效的贡献。

① 利奇技能审查：《繁荣的全球经济——世界一流的技能》，2006 年 12 月。

② 请参阅创新创业：《创新产业的创业教育》，2007 年。

2.22　为了应对这一挑战，政府已要求布莱顿大学的艺术、设计和传媒学科中心承接重大科研项目，调查与创意和文化产业密切相关的高等教育学科中雇主的参与情况。

2.23　该研究的调查结果有助于确定在以雇主需求为基础的供给中存在的差距，但它也将被作为范例，即如何在高等教育机构、继续教育学院、创意专业人士、创意文化产业以及更广泛的社区之间建立更密切的联系。

承诺 5

我们会鼓励雇主和技能培训者建立具有代表性的创新学习场所。

2.24　我们对现有的创新技能卓越中心进行扩建。最近宣布成立三个新的卓越中心：

- 普适媒体工作室(The Pervasive Media Studio)，它是由英国财政大臣在 2008 年 2 月发起的，其使命是开拓数字媒体。分水岭(Watershed)和惠普实验室合作，其教学与研究工作室将涵盖多个学科，并将与布里斯托尔的多个社区、西英格兰大学、布里斯托尔大学和各大企业开展合作。
- 东区艺术学院(Eastside Arts Academy)是一个全新的创意和数字艺术学院，现有 950 名 14~19 岁的学生。总部设在伯明翰市中心，将为西米德兰兹郡的青少年提供服务。以学生所选择的艺术领域内的才能为标准招收学生。该学院是由奥米斯顿信托和伯明翰城市大学共同出资兴办的，并与 Maverick 电视、伯明翰市议会和其他创意产业建立伙伴关系。它效仿克罗伊登市 BRIT 学校的办学模式，而 BRIT 学校也是该项目的合作伙伴之一。
- 电影和媒体技术网络中心：专业技能(Skillset)是一个行业技能委员会，它支持英国的视听和出版业的技能学习和培训，将高等学校和工业界合作伙伴联系起来，共同支持致力于推动电影发展的电影学院网络中心建设，也为那些致力于电视及互动媒体的媒体学院网络寻求合作伙伴。技能委员会于 2007 年 12 月建设 17 个新技能媒体学院①，涉及 21 个继续教育学院和 15 个高等教育机构，其中包括伯恩茅斯大学、伯明翰城市大学、中央圣马丁艺术与设计学院、伦敦大学金史密斯学院、国家电影电视学院和蒂赛德大学。②大学的选择以现行规定和与雇主联系的实力为基础。技能委员会将与其网络一起加强与业界的合作，并扩大其服务范围，包括为行业新人提供的外展方案、以产业为核心的本科课程、研究和推进伙伴关系的建立以及提供商业支持。

2.25　我们将推进以下 5 个项目：

- 世界卓越中心和动画教育精修学校，与阿德曼动画公司、技能委员会和西南地区发展局建立合作关系。
- 英国技能快线，与贾斯珀·康兰(Jasper Conran)、周仰杰(Jimmy Choo)和其他国家开展合作，目前正在探索一种新型时装学院模式。
- 在适当商业计划推动下，创意和文化产业国家技能学院将设在瑟罗克，它与创意与文化技能和学园音乐集团、百代公司(EMI)、英国广播娱乐电影与影院工会(BECTU)、皇家歌剧院、现场

① 技能媒体学院可以包含一个机构或几个机构共有的一个合作伙伴。
② 登录网址 www.skillset.org/training/san/sma/查看完整列表。

国度(Live Nation)、英国音乐家联盟、英国格莱德堡歌剧院、英格兰艺术委员会和戏剧协会建立伙伴关系。

· 西北地区发展局，与英国其他地区发展局和技能委员会以及高校建立合作伙伴关系，它将推进国家电子游戏卓越中心的建设。

· 英国设计技巧联盟，设计委员会及创意和文化技能对其提供支持，计划 2008 年春季成立，旨在通过活动转型计划①提升设计教育和实践的专业水平。

2. 26　我们热切期盼与其他部门开展合作，以满足它们技术技能的需求，共同推进现有项目，包括全国技能院校和创新、大学和技能部继续教育投资计划等项目的完成。任何单一的发展模式都不能满足所有创意产业参与者的需求，以及它们意向合作伙伴的需求。然而，我们鼓励雇主或利益相关者能够将这些思考进一步深化。

承诺 6

我们将扩大全新的“学术中心”所带来的影响，它支持学校、继续教育和高等教育之间的合作，为 14~25 岁年龄段人群提供点对点的创新技能培训。

2. 27　人的创造力很早就会显现。创造力需要得到持续的支持和鼓舞才能进一步蓬勃发展。一些中学和大学已经做好准备，为学生提供便利的环境，将艺术作为人们核心课程的重要组成部分。然而，对于有些人而言，艺术已成为一种课外活动。

2. 28　如果艺术学校、教师和学生合作得更加紧密，这些问题是可以解决的。这将带来多方面的益处。青少年是新技术的早期使用者，其创造性的应用将带来巨大的经济机会和就业机会。同时，中学、预科和成人教育院校需要课程和产业投入，尤其是互动媒体和可持续时尚新领域，而大学可以为它们提供所需的一切要素。

2. 29　伦敦艺术大学(UAL)等高校呼吁，首相应要求各大学与中学之间建立密切的关系。目前已经创建“14~25 岁学术中心”，它将使伦敦艺术大学与几所中学和继续教育学院建立联系。学术中心关注以下几项工作：

· 高中、学院和大学共享课程和设施共同合作，积极推进针对 14~19 岁群体的创意媒体文凭的颁发；将大学预科开展活动划分为 6 种形式；专业课程内容和电子学习资料共享。

· 指导学生进行交流；向学生展示与学位相关的内容；为优秀学生和有特殊需求的学生提供有针对性的帮助。

· 教职工、管理人员和政府人员的交流，包括：课程教学；教职工与 14~21 岁的学生进行沟通；课程开发投入；竞赛；高等教育和职业咨询；管理支持和指导(包括所有参与的中学和大学)。

· 共享行业和社区联系，包括学校附近的创意企业或已经建立伙伴关系的创意企业；伦敦艺术大学推出的与中学生进行互动的“大企业”支持者；加强伦敦艺术大学网络体系的建设并将其融入

① 英国设计技巧联盟是设计行业的技能发展计划“高价值、高水平技能”的一部分。通过与领先的设计行业和教育机构合作，联盟将支持一个高度熟练的英国设计业的成长与发展，并加大其对整体经济的影响。

到伦敦社区的建设中。

2.30　伦敦艺术大学将与英国儿童、学校和家庭部，创新、大学和技能部，文化、媒体和体育部合作，并对这种模式进行积极探讨。

人尽其才

媒体制作学徒计划

作为“承诺 2”中所提及的学徒计划的一部分，媒体制作高级学徒计划已经在西北启动，资金来自西北视觉传媒、技能、英国广播公司和学习与技能委员会(Learning and Skills Council)。学徒计划允许学生能够根据大学学到的知识在电视、广播、后期制作、在线和新兴技术等领域的研究工作。他们可能是产品运营者、助理、秘书或网络助手。学徒分为三个等级，这是首次专门为媒体行业制定的学徒训练计划。近 300 名青少年申请了为期 18 个月的学徒计划。20 名学徒中，有 7 名为少数民族。

更多详细信息，请访问网址：www.skillset.org/uk/northwest。

2.31　学徒计划的拓展：电影、动画、电子游戏或时尚领域的很多公司选择在英国开发和制作产品，这是因为我们拥有精湛的专业技能水平。然而，我们需要持续确保高水平的技术和专业技能供给。为了保持全球竞争力，我们需要不断对这些技能进行创新，特别是在技术和工艺领域。我们将与业界合作来实现这一目标，这是 2006 年利奇报告中为技能发展所设定的重要目标之一。

2.32　行业本身的作用至关重要，通过与行业技能协会①合作确定适当的资格认证，注重专业的持续发展，以应对不断发展变化的需求，并帮助个人在其职业生涯中获得进步。

承诺 7

从 2013 年开始，创意产业提供学徒岗位的数量达到每年 5 000 个。

2.33　利奇的报告《英国技能》对英国经济的持续发展具有至关重要的作用。能够实现利奇的愿景的一个关键要素是，到 2020 年英国学徒的数量应该提高到 50 万人(在英格兰达到 40 万人)。政府同意并承诺，到 2013 年，为所有符合准入资格的离校生提供学徒岗位。首相于 2008 年 1 月宣布，政府的首要工作是在 2013 年为青少年设立 9 万个学徒岗位。

① 行业技能委员会(共享服务中心)是在英国政府和大臣许可下不断得以发展的机构，它积极应对行业内所面临的技能和生产力的挑战。行业技能委员会由经济和战略产业或产业内有影响力的雇主团体独立运行，它是全国性的机构。行业技能委员会以雇主为主导，积极参与工会、专业团体及其他利益相关者的行业。下面提到的共享服务中心活跃在各大创意产业中：

创意与文化技能——用于广告、工艺品、文化遗产、设计、音乐、表演、文学和视觉艺术(www.ccskills.org.uk)行业；

电子技能——为信息技术服务(www.e-skills.com)；

英国技能快线——为时尚、纺织品服装行业服务(www.skillfast-uk.org)；

技能委员会——为广播、电影、视频、互动媒体及摄影服务(2008 年发布)(www.skillset.org)。

世界一流的技能

在2007年夏季发布的《世界一流技能》报告中，政府表明了它将如何通过技能投资支持雇主和个人的发展，以促进经济技能的不断发展。

更多详细信息，请访问网址：www.dcsf.gov.uk/skillsstrategy。

2.34　创意经济将为实现这一愿景发挥重要作用。在不久的将来，创意文化行业技能委员会将为新的创意学徒计划建立框架。创意学徒将由新的国家学徒服务机构在创意与文化技能机构的支持下运行，它将帮助企业和机构培养青少年的技术专业技能。它们由雇主负责推进，以满足诸如文化场馆运营、技术剧院和音乐业务领域的具体需求，创造了进入这个快速增长的经济领域的新途径。通过业界和政府的支持，创意学徒项目也应消除没有工资的初级职位，这些职位会导致大范围的剥削，也会带来负面影响。

2.35　创意学徒计划将于2008年秋季推出，我们期望能够设立400个左右的岗位，此后将目标定为每年1 000个。政府划拨的资金将依据雇主作出的贡献进行分配。

立足现实：在创意产业设立5 000个学徒岗位

2.36　作为创意经济计划的优先发展项目，我们将在创意产业与其他行业技能委员会之间开展合作，它们包括技能委员会、技能快线和电子技能。我们将扩大创意产业学徒范围，无论从职业层面(例如延长演员的学徒期)还是从产业领域。我们期待高品质的雇主能够发挥积极作用，到2003年，创意产业每年将提供5 000个正式学徒岗位。政府在近期发布的审查报告①中规定学徒制具有一定的灵活度，大型企业雇主也可以根据行业技能委员会认可的标准，选择自主设计学徒框架。

学徒审查——创意产业的潜在收益

最近发布的学徒审查报告指出，需要考虑有针对性的财政激励措施以增加雇主提供的岗位。特别是政府正在考虑为小型企业雇主提供试用工资补贴，以降低雇用青少年的风险，并且帮助他们弥补花费在培训上的时间成本。政府也将给大型企业雇主提供金融刺激，鼓励培训更多的学徒，即所谓“超额培训”。这种模式特别适用于能充分利用承包商的大型公司，以及具有一定经济规模、可以提供优质培训的公司。这些公司将获得长远的商业收益，因为这些学徒将成为它们训练有素的员工。

此外，政府计划提供种子资金，以拓展集团培训协会向新行业输送的模式。这些措施将为创意产业带来重大的收益，创意产业中有少量大型雇主、许多中小企业和个体商人。政府在审查后得出结论，该领域在提供学徒岗位方面具有显著的增长潜力，并将期待产业与新的全国学徒服务密切合作，提供更多的岗位机会。

更多详细信息，请访问网址：www.dius.gov.uk。

① 创新、大学和技能部(2008)：《世界一流的学徒制：释放天赋，培养技能为大家所用》。

总　　结

2. 37　我们所面临的挑战是要确保我们的创意人才是世界一流的，并且创意产业能够获得现在和将来所需的全方位技能。在很大程度上，这反映出个人的努力和奉献。但政府可以通过支持不同年龄层次的人才，各种学习途径以及提供条件来帮助最有才华的人在产业内能够站稳脚跟。

2. 38　我们将进一步了解和分析创新型大学的贡献。我们将明确他们所需要的天赋和技能范围，并设法确保所有人才都可以在创意产业中出人头地，不论他们的背景如何。我们需要来自产业的支持以实现所有这些目标。

2. 39　我们也将努力更新创意产业的技术和专业技能。政府将发挥自身的作用，在创意产业中设立更多的学徒岗位，并帮助创意产业建立卓越中心。我们会与创意和文化部门合作，寻找公司来支持这些学徒岗位和机构。我们将鼓励创意产业通过行业技能委员会确定并明确自己所需的专业技能，并且确定或制定合适的规定。

3. 支持研究和创新

挑战		**对策**
利用新技术带来的机会 消除阻碍创新的系统性障碍	⇨	技术战略委员会将推出一项针对创意产业的1 000万英镑的合作研发项目； 国家科学、技术和艺术基金将投入300万英镑用于推进“创意创新成长计划”的实施； 委托创新、大学和技能部对创意产业中的创新价值进行研究。

创意产业是我们最具创新性的产业。78%的创意企业是活跃的创新者。创意产业也乐于根据市场发展和技术进步改变战略，甚至改变商业结构。创意企业将52%的营业额归因于新产品或改进产品，而其他行业的比例为40%。①所以，创意产业能高效地将思想转变成新的产品和服务，同时这种适应性也将创新推向了重要位置。创意产业想要保持竞争力，就必须保持创新。

3.1 从定义来看，创意产业以创造见长，具体进程是新思想产生—创新—成功开发。不过，它也面临挑战：

· 我们如何在飞速创新的情况下，在利用数字技术的同时，不会存在任何风险？
· 我们如何才能使中小型创意企业从大学和其他业务研究中获益？
· 如何让创意产业通过设计等方式来推动创新经济其他领域的发展，以及如何应对考克斯报告所提出的挑战。②

设计与创意

设计与创意是创新的根本。2005年《考克斯创意企业审查》发布之后，英国更多地利用本国创新技能并采取更多的措施确保英国经济的长期发展。新的大学课程将设计、商业、科学和技术结合起来，通过培育创意专家和商界领袖来支持企业创新；设计委员会的设计需求项目将在2010—2011年度之前支持英国6 500家公司战略性地运用设计来推动创新。最近，塞恩斯伯里勋爵的科学与创新政策审查提出设计需求革新服务（为科技企业提供以设计为主导的创新服务）拓展到大学知识转移部门，以便加强英国的工业和基础科学之间的联系。

① 《对创意产业生产力指标的评估》，文化、媒体和体育部，2007年。
② 2005年财政部发布的《考克斯创意企业审查》。

开发新技术的机会

3.2　创意产业必须应对数字技术提出的挑战，解决面临的隐患和危机。从模拟世界到数字世界的转变也使内容的分配发生变化。这也使其更难以对知识产权进行管理和评估。它正在创造新的商业模式，对它所依赖的价值链进行变革。创意产业需要新的技能，同时需要削减生产和分销成本。虽然这一切对于基于内容的软件、游戏、音乐、电视和广播行业来说是最普遍的，然而对于建筑、设计、时装和广告行业也具有同样深刻的意义。创意产业要想在变局中异军突起，必须有了解新技术的战略能力以及对其进行利用的实践能力。

艺术与人文研究委员会(AHRC)的知识催化剂项目：大学科研为小微企业助力

艺术与人文研究委员会的知识催化剂项目支持创意产业中的小微企业获得艺术和人文科学领域内世界一流品质的科研支持。该项目为在企业中工作的毕业生提供了灵活的资金支持，让毕业生能与高等教育机构学术主管共同工作3~15个月。这一项目的最新成功案例就是西英格兰大学和甘草电影有限公司开展的合作，它们将叙事互动研究应用于制作全新的在线虚拟现实游戏MeiGeist中，该游戏被评为“2007年最佳在线虚拟现实游戏”。

3.3　获得技术：虽然小型企业往往最具创新力，但是它们也可能是最无法承担获得新技术成本的实体。科技创意经济计划工作组指出：“对于许多规模较小的创意企业，它们获得新的交付平台，如游戏机和3G网络的成本过高。它们需要用低成本对设施进行测试和开放。”我们将努力弥补这一差距，比如从伦敦大学关于时尚的倡议项目中吸取经验，为设计师提供高级纸样裁剪工具(见下文)。

使中小型企业获得技术：案例研究

动画：西南地区发展局与Hewlett Packard和Alias建立了伙伴关系，这两家公司正在制作SE3D，它将给予电影制作人、游戏开发和动画制作人访问互联网远程计算机的渠道。SE3D为12组英国动画师提供全新的计算机图形学服务，还提供研讨和指导服务。所有这一切让我们的电影能够斩获国际大奖，而HP也对小型企业开发计算机服务有了更深入的了解。

更多详细信息，请访问网址：www.southwestrda.org.uk。

图案切割：伦敦时装学院(The London College of Fashion)允许应届毕业生用现代图案切割工具和一系列他们本来无法承担的CAD／CAM技术。这将帮助毕业生实现从学校到工作的转变，确保他们使用的工具和技术与行业最新实践保持同步。这也有助于在行业内和未来学生中提升学院的声誉。

更多详细信息，请访问网址：www.fashion.arts.ac.uk。

3.4　支持创新：与其他领域一样，公共资金为研究和发展提供必要支持。因此，我们将推出两项新的措施：一是要加大对创意产业的合作研究；二是为那些希望以创新业务为基础的小型企业提供帮助。

承诺 8

技术战略委员会将投入 1 000 万英镑，用于推进创意产业开展新的合作研究，并推动其进一步发展。

3.5 技术战略委员会①的使命是促进和支持科学转变为先进技术，并继续推动其发展和利用，以促进英国企业的发展，提高国民经济增长，提高国民生活质量。

3.6 技术战略委员会投入 1 000 万英镑用于开展新的合作研究，并推动其进一步发展，它将通过一系列专门针对小型创意企业的措施来实现这一目标。合作科研是技术战略委员会的主要推广机制之一。它促使企业和科研团体携手推进科学、工程和技术等重要战略领域内科研项目的发展，以开发出更好的新产品、工艺和服务。这一计划面向创新产业，它的重点将放在行业所面对的基础性的技术挑战和机遇上，而研究课题的确定要与工业界和研究人员共同进行协商。

3.7 根据最新发布的麦克马斯特报告所提出的卓越艺术建议，我们将与艺术委员会和其他非政府部门公共机构合作，争取确保创意和文化产业中所有中小型企业都能有机会使用这个宝贵的网络机制。

承诺 9

国家科技艺术基金会将会投资 300 万英镑，用于支持“创意创新成长计划”的推进。

3.8 国家科技艺术基金会是一个彩票基金，其宗旨是支持英国的人才、创新和创造力的发展，旨在通过投资处于起步阶段的公司，传播创新政策和鼓励有助于发扬创新精神的文化来改变英国的创新能力。

在新的商业模式下进行创新

数字技术飞速发展正在改变信息在经济领域内的生产和交换方式。新的、日益增加的廉价软件格式、创新的硬件和更快的宽带速度正对商业行为提出挑战。融合使出版、广播和电信之间的区分变得日益模糊。一些消费者越来越容易通过多个平台进行内容访问，这正在努力打破内容生产和消费之间的界限。这些发展对创意产业产生了深远的影响，对广告、电影、电视和广播、音乐、软件和游戏行业产生的影响尤为明显。英国唱片业协会（British Phonographic Industry）估计，数字下载占英国全部音乐单曲销量的比重从 2004 年的 5%增加到现在的 90%以上。

3.9 国家科技艺术基金会将在 2008 年投资 300 万英镑，用于支持“创意创新成长计划”的推进，从而提高以增长为导向的中小型创意企业的创新能力的培养。三个具体行业的试点是为了探索新的商业模式，使创意企业能够在重大的结构性变化中学会使用新技术或利用其他资源。该计划将为我们确定发展创意产业所必需的具体要素提供参考。

① 该委员会是一个企业主导的非政府性质的公共执行机构，由创新、大学和技能部设立。

3.10　我们计划于3月12日与英国电影协会开展合作，进行首批试点，尝试开拓新的商业模式，使数字技术能够在电影公司中得到最大化地利用。

3.11　与此类似，创新、大学和技能部正在制定一项战略，在更广泛的教育改革框架下促进和支持知识转化。

3.12　鼓励更好的网络体系建设：创意企业比其他领域更容易开展合作，并形成合作伙伴关系。① 它们可通过联合、互动或合作的方式形成网络，但大部分创意企业的发展依赖这样一个过程，即创意和创新不断出现，并不断得到推进。这种网络体系通常通过集群来实现，在由大学或者大型、资源丰富的企业聚合而成的网络体系中，其影响可能会非常显著。

东南新闻网(SEMN)

创建于2005年，并以“增长英格兰东南部数字企业的全球市场份额”为目标，东南新闻网由一个产业委员会推动，产业委员会代表来自里德商务国际、微软、ITV、Kuju(游戏开发商)、Ambulant(移动)、狡狐电影(影视制作)和杰克品牌(在线内容)。

东南新闻网一直由东南地区发展局(SEEDA)资助，通过创新方法为数字产业提供支持，董事会成员与东南新闻网理事会中来自国家行业协会、本地网络和Screen South区域机构的26名成员携手努力，确定工作重点，并对开展的活动做出规划。

更多详细信息，请访问网址：www.southeastmedianetwork.co.uk。

3.13　基础设施建设往往是国家和地方各级政府最重要的工作。它们可以促进创意企业之间建立联系，帮助将创新理念融入新产品，并推向市场。在新媒体快速发展的时代，这些网络对区域和次区域而言特别重要，这些网络包括：东南新闻网、西南区域的3CR以及位于西米德兰的数字中心。在索尔福德，新媒体城不仅将有容纳超过1 000个创意企业的空间，还会提供基础设施，使企业能在200平方英亩的场地内形成网络体系。(见第6部分)

档案发展战略

全国各地的档案馆所收录的资源可以激励、支持并促进国家创意生活水平的提升。这些档案构成了我们的集体记忆。10月，我们做出了保护屏幕遗产的承诺，并宣布对由英国电影协会和英国电影学院管理的国家和地区的电影档案馆投入25万英镑的额外资金。

国家档案馆与博物馆、图书馆和档案馆委员会以及其他主要伙伴合作，正在制定一项针对档案馆的发展战略，政府将在2008年推进这一战略的实施。这一战略将致力于保存各种档案；确保重要事件都能进行归档；充分利用档案的创造潜力。这一战略也将解决历史遗留下来而现在仍未解决的数字和纸质档案分离的问题，并制定一个方案，以最大限度地挖掘档案馆为创造者和使用者带来的利益，以及为整个创意文化产业带来的利益。此外，这一战略让我们的档案在数字社会中的重要性日益增加。文化、媒体和体育部，社区与地方政府部将与司法部共同致力于这一战略的推进，大臣与主要利益相关者将定期举行会议。

更多详细信息，请访问网址：www.nationalarchives.gov.uk。

---

①　文化、媒体和体育部，《对创意产业生产力驱动的评估》，2007年。

3.14 还有很多改进的空间。2006 年国家科技艺术基金会开展的一项调查显示，有 60%的小型创意企业从未加入与商务相关的网络体系。①

承诺 10

技术战略委员会将会为创意产业启动知识转化网络的建设。

艺术与人文研究委员会创意经济计划

艺术与人文研究委员会将投资 45 亿英镑，用于创意经济计划的推进，从而支持和促进创新创意产业的发展。该计划将于 2008 年启动，它将通过提供对优秀研究、网络和艺术、人文科学相关人士的访问，从而解决阻碍创新的障碍。艺术与人文研究委员会将与创意产业技术战略委员会的知识转化网络紧密合作，通过新的合作研发和知识交流模式，已成功试行与英国广播公司未来媒体与技术开展合作伙伴关系。

更多详细信息，请访问网址：www.ahrc.ac.uk。

3.15 技术战略委员会将针对创意产业推出一个知识转移网络(KTN)②计划，以协助行业获取知识和信息，进而推进创新发展。这一网络将创意企业、技术专家、供应商、其他相关企业、客户、大学、研究和技术机构以及中介机构联系在一起，从而帮助各大企业之间建立必要的联系。2008 年初将公布负责网络建设和网络管理的机构名单。

国家科技艺术基金会艺术与创新研究计划

国家科技艺术基金会正在进行一项创意产业创造力研究的全球领先计划。其中一个项目是由曼彻斯特大学的创新研究学院负责开展，主要内容是调查广告、广播、产品设计和视频游戏行业的创新本质。新近的研究结果表明，需要制定新的指标来评估这些行业中的创造力。

在其他项目中，关注的焦点是溢出效应。益百利集团和牛津布鲁克斯大学正在使用定量技术，探索通过企业间联系进行的创意产业知识转化是否会促进其他领域的创新。圣马丁艺术与设计学院正进行一项纵向研究，研究美术艺术毕业生如何通过自己的工作实践和经验提升创新能力。

更多详细信息，请访问网址：www.nesta.org.uk。

3.16 根据塞恩斯伯里审查报告中的建议，技术战略委员会③将增加资助的知识转化合作伙伴④，

① 国家科技艺术基金会，《创意商业研究报告》，2006 年。

② 为了对英国贸易和工业部的创新评论(www.berr.gov.uk/files/file12093.pdf)作出回应，创立了知识转移网络。该评论确立了网络渠道和新知识的来源是企业创新绩效最重要的两个决定因素。

③ 技术战略委员会是这个计划的主要赞助商，但其他机构包括艺术与人文研究委员会，也为这一计划的实施提供支持。

④ 知识转化合作伙伴关系促进企业、高等教育和继续教育机构之间一对一关系的建立，它支持高素质、新近取得相应资格的人员在公司里承担具有挑战性或者与商业相关的工作。详见网址：ktponline.org.uk。

同时让它们变得更灵活和具有主动性。这个建议尤其对于小企业和创意企业有更大的帮助，可以让它们获得更大的收益。

破除创新的体制性障碍

3.17　创意产业为英国经济作出了巨大的贡献，并且这些贡献还在不断增长。然而，在思考这些新兴的商业框架时，有时并没有将相应的商业支持考虑进去。电子游戏产业的压力尤为巨大，它们需要在不断加剧的全球竞争和扭曲的税收补贴下苦苦挣扎。我们需要更好地理解创意产业共同的创新能力带来的收益：创新产业真正的价值，并不仅仅是推动新技术或新产品的开发。这与那些主要通过版权和其他(通常未注册)权利，而不是通过专利来保护自己知识产权的行业尤其相关。

承诺 11

将委托创新、大学和技能部开展研究，从而更好地对创意产业的经济效益进行量化，特别是明确创新为这些行业带来总增加值。

3.18　创新、大学和技能部将于2008年春季发布科学与创新战略，并负责开展研究，从而更好地对创意产业的经济效益进行量化，特别是创新给这些行业带来的总增加值。我们的目标是创建最有针对性的财务和商业支持环境，使创新、大学和技能部能够制定未来商业创新政策。

3.19　政府还将提高对目前研发税收抵免制度的认识，并探讨如何使其更便捷地适应小型企业，尤其是视频游戏行业的发展。

总　　结

3.20　我们面临的挑战是如何推动创意产业更具创新力。技术战略委员会和艺术与人文研究委员会将共同出资1 000万英镑，推出一项新的计划来对创意产业的各种思想进行研究。技术战略委员会也将推出知识转移网络，提升业务、研究、消费者和技术专家之间的重要联系，这些要素都是创新产业得以蓬勃发展的必要条件。国家科技艺术基金会将推出一项价值300万英镑的计划，以帮助有潜力的创意产业建立和加强创新能力。政府也将继续对创新和税收扶持政策进行审查，以确保创意产业(包括游戏领域)可以从中受益。

4. 促进创意企业发展并为其争取资金

挑战		对策
利用“溢出效应”	⇨	艺术委员会推动创意经济目标的实现
提高商业技能水平		建立商业连接网，为创意产业发展指明航向
使资金更好地流动		鼓励创意产业申报企业资本基金，使更多的投资资金流入创意产业

就业机会是企业创造的而不是政府创造的。因此，政府应减少干预。然而，创意产业是目前推动我国经济发展的重要引擎，必须持续推动创新，并且为发展经济这一重要任务带来超出自己体量的贡献。政府已经充分认识到要珍视创意经济的贡献，积极主动地与创新产业合作，尽其所能地满足创意产业的现实需求以及未来需求。

企业引领和创造的理念为国家创造了就业机会和财富。政府已经确定从3个方面对创意产业进行支持，同时也会继续实施创意经济计划(Creative Economy Programme)，倾听产业声音，为创意产业提供更多适当的支持。

——只有35%的中小型创意企业使用正式的企业规划技术。

——在音乐行业中，只有不到1/5的企业管理者获得了关于商业技巧的专业指导。

——在年营业额超过100万英镑的创意企业中，有1/3没有明确的财务目标。

国家科技艺术基金会，2006年

4.1 较小规模的创意企业具有一些共同的特点和创意过程，它们的结合产生了一些独特的商业模式。许多创意企业是由人才和创新理念的交互作用而驱动。它们往往依赖不太正式的网络和基于项目的工作开展合作，对于单一项目的产出具有较高的“无计划性”。此外，特别是数字媒体产业，它们的商业模式受到快速和持续变化的影响。

4.2 我们需要更好地了解这些特性，从而使政府的政策能满足创意企业发展的需求，特别是能对企业提供支持、拓宽融资渠道以及实施监管。创新、大学和技能部的科学与创新战略将有助于我们更全面地理解成功的驱动因素。此外，我们还需要更好地了解影响具有大幅增长潜力的企业的特殊情况。

首相已经建立了一个由16名高级业务代表组成的英国商务委员会(Business Council for Britain)，它将就如何才能更好地促进英国经济的长期健康发展为政府提供建议。商务委员会将履行以下职责：

——对政府改善未来经济关键领域商业环境的进展进行监察；

——为政府政策和优先开展工作提供建议；

——在它认为决定英国未来经济福祉的领域开展评估，当问题尤为严重时，委员会将有权成立特别委员会，提出改革的建议。

委员会由渣打银行(Standard Chartered Bank)的默文·戴维思(Mervyn Davies)担任主席。

4.3 有了对状况更好的了解，政府及其合作伙伴就能逐步调整方案，从而支持创意企业，包括那些新兴的和已经建立的企业取得更大的发展。商业支持简化计划(Business Support Simplification Programme)是其中的一个重要内容。

艺术委员会的“拥有自己的艺术”“把艺术带走”计划使每个人接触当代艺术作品或弹奏乐器变得容易。

更多详细信息，请访问网址：www.artscouncil.org.uk/ownart。

利用与文化部门的联系

4.4 正如“工作基金会”发布的《遥遥领先：英国创意产业的经济效益》报告中所指出的，创意和文化部门之间有一种相互依存的关系。我们丰富的文化基础设施和文化多样性已使英国成为蓬勃发展的创意产业中心(产业集群在其中发挥很大作用，在文件后半部分将会对此进行详细分析)。事实上，在过去的10年中，艺术委员会的一项成就就是破除了文化部门和创意产业之间的壁垒。当然，百代公司和小交响乐团是存在差异的。许多创意企业从未想过寻求资助；而许多剧院、歌剧团和乐团则依靠资助。然而，在这中间，存在一个资助和利润交汇的空间，那就是在混合经济中艺术家和组织都能得到蓬勃发展。要高度肯定艺术委员会的作用，因为它将这个中间地带变得适合企业生存。

投资卓越艺术本身可能会带来巨大的商业成功。例如，《历史男孩》和《乔治王的疯狂》都在国家大剧院进行上演，然后获得电影票房的成功。戴姆·朱迪·丹奇、斯蒂芬·弗雷斯和尼古拉斯·辛特纳都清楚，电影行业的商业成功取决于获得公共资助的剧院的良性运行。

4.5 如今，英格兰艺术委员会建议在这些成就的基础上做更多努力。其主要目的是帮助人们接触卓越艺术。然而，对创意产业而言，公共艺术资金是一个强大的刺激，例如，在发展技术的同时发展网络空间，以及承担金融市场不愿接受的风险。

优势创意基金

优势创意基金通过获取股权方式为创意企业投入25万英镑。该项投资带来的全部利润都将用于未来的新投资。自2003年创立以来，该基金的投资已涵盖了广泛的领域，包括电影制作及动漫、软件、电视和新媒体业务。

更多详细信息，请访问网址：www.advantagecreativefund.co.uk。

承诺 12

英格兰艺术委员会将为创意经济计划目标的实现提供支持。

4.6　因此，英格兰艺术委员会将根据创意经济计划的结果和承诺，对下一步的企业计划及其他工作进行推进。英格兰艺术委员会将继续通过其定期资助的机构，通过教育和技能计划的实施以及针对卓越艺术与商业发展相结合的项目支持，推动全社会创造力的发展。文化、媒体和体育部还要求其他机构要明确其投资和政策计划对创意经济和整合计划的影响，使它们能对企业战略的实施带来最大化收益。

社会企业

社会企业是一个具有吸引力的商业模式，特别是对于规模较小的企业，能够为个人和小群体的工人提供可持续性的财政支持，企业可以同时专注创意性和艺术性，并实现商业目标，能将商业目标和社会目标涵盖在一个单一的商业实体中。

4.7　英格兰艺术委员会也将继续与地区发展局合作，从目前的创意产业融资举措中汲取经验，并加大其对小型创意企业的支持。英格兰艺术委员会在文化界开展风险投资计划，有针对性地帮助它们从依赖补贴转移到走上成功发展之路。

创意经济工作组以及其与业界的讨论提高了对所涉及问题的理解，以及针对这些问题所提出的解决方案。在考虑产业对金融和其他政策干预的需求时，可以采用对产业进行分类的发展思路：贝茨与里弗斯确定的三类法就是一个很好的案例，他们将企业分为参与内容创建、创作过程和媒体发展三类。

4.8　“文化领袖计划”是英格兰艺术委员会推出的教育项目之一，它将扩大与企业和商业伙伴的合作关系，从而培养艺术和文化机构的未来高级管理人员。这将帮助它们最大限度地利用其商业活动的经济回报，从而为它们的创造性工作带来更多的收入。

提高业务技能水平

4.9　创意产业的多样性体现在企业类型上。它包括跨国公司、占很大比重的中小企业(例如建筑、时装、工艺品等)以及其他类型的大型和小型企业(特别是涉及软件、出版和电视等业务的企业①)。然而，大多数创意企业的规模不大，有很多独立分销商或公司只雇佣很少的员工。创意产业的工人数量

①　英国国有中小企业雇员比重：时装设计 96%、建筑 92%、软件和电子游戏 57%、电视和收音机 28%、出版 28%。来源：《创意产业绩效：文化、媒体和体育部的统计分析》，载《经济学前沿》，2007 年 8 月。

可能超过个体经营者数量的两倍。①

这种多样性是创意产业发展获得成功的要素之一，1995—2005 年创意公司创造的价值占创意产业增长总值的 48%，其中大部分集中在交易的第一年。②

4.10　然而，通常影响小企业发展的许多问题也会对整个创意产业带来影响，包括缺乏商业规划，不能充分获得最新的技术，易受经济周期影响，或者与金融行业关系不成熟等。与此同时，新技术和日益减少的贸易壁垒也意味着，即使是小型创意企业，现在也会发现它们处在全球经济竞争的洪流之中。

"拥有它"(Own It)项目

"拥有它"项目创立于 2004 年，由伦敦艺术大学负责实施，其目的是试图解决创意企业对知识产权不断增长的需求。通过伦敦发展署(London Development Agency)资助，"拥有它"项目不仅为伦敦的创意产业服务，同时也为自由职业者、企业家和小企业就如何保留、捍卫、洽谈、提升知识产权价值和利用知识产权等问题提供建议。

更多详细信息，请访问网址：www.own-it.org。

4.11　根据现有的发展状况，创意产业面临着特定的或更严重的商业支持问题。很多创意企业没有制定商业计划(占 39%)、无培训计划(占 64%)或没有制定培训预算(占 70%)，③所有这些都会限制企业的发展。然而，这些统计数字与其他类型的公司大致相同。另一项研究④发现，在小型创意企业中，使用正式企业规划技术的比例只占 35%，在音乐界，只有不到 1/5 的企业管理者具备专业指导技术，在年营业额超过 100 万英镑的创意企业中，有 1/3 没有制定明确的财务目标。相比其他经济领域，虽然这些统计数字并不能说明小型创意企业存在很多不同的问题，但是缺乏商业计划和培训的情况在创意经济项目的产业咨询中一直在不断提高。所有这一切都表明，一个承认和理解创意产业潜在特性的商业支持方案是必要的。此外，创意产业的某些领域——特别是时尚领域——缺乏一个探讨自身优势的统一机构。我们将着眼于如何解决这些问题。例如，政府将探讨是否需要支持英国时装协会(British Fashion Council，BFC)，以巩固其现有的优势，引领行业时尚潮流，从而确保任何新的作用都能得到持续的发挥，并且获得商业上的支持。

4.12　在伦敦，缺乏专业的营销技巧、采样和生产支持。我们将支持伦敦时装学院、英国时装协会和其他机构共同确定项目范围，在伦敦建立一个高级时装中心，以提供必不可少的熟练劳动力和机械专业技术人员的培训。该项目由合作伙伴运行，并与现有的采样和生产设施相联系，旨在打造成时尚界典范。

"培训提升"(Train to Gain)项目

"培训提升"服务通过技术经纪人(Skills Brokers)的网络体系，可以帮助创意产业找到合适的

① 文化、媒体和体育部，《创意产业生产力指标的评估》，2007 年 8 月。
② 《创意产业企业层面增长的分析》，载《前沿经济》，2007 年 8 月。
③ 文化、媒体和体育部，《创意产业的生产力指标评估》，2007 年 8 月。
④ 国家科技艺术基金会，《创造增长——英国如何打造出世界一流的创意企业》，2006 年。

商业开发工具和培训课程，从而使企业快速发展。新近公布的学习和技能委员会收益增长计划(2007年11月—2011年7月)指出，该服务将拓展至个体经营者和志愿机构。它还宣布了一项与各个行业技能委员会，包括那些服务于创意产业的各个部门达成的新协议，以改善其与各部门的合作关系。

更多详细信息，请访问网址：www.traintogain.gov.uk。

4.13 政府将与D&AD[1]开展合作，这将有助于促进与设计、广告和通信行业开展对话，以便更全面地了解它们所面临的挑战，以及政府该如何支持它们的发展。

手工艺理事会(The Crafts Council)

手工艺领域拥有近10万名员工，营业额达到8.26亿英镑。由英格兰艺术委员会资助的手工艺理事会为产业发展提供支持，是产业的主要宣传机构。手工艺理事会已经认识到手工艺业对创意经济的重要性：新战略的目的是“在全国范围内建立一个强大的手工艺经济和基础设施平台”。手工艺理事会支持手工艺者的发展，它会向国际设计生产商推介手工艺者，也会借助英国和国际生产商年度展示和Origin平台来提升手工艺者的知名度。Origin成为手工艺者进行作品展示的一个平台，也因此稳步促进英国成为全球创新工艺制作中心。

更多详细信息，请访问网址：www.craftscouncil.org.uk。

4.14 政府通过“商业联系”(Business Link)向新公司和小公司提供商业支持。现在，我们将确保有一个创意产业集群用来支持包括创意产业专家在内的所有人员，使其对创意产业及其特定需求有所了解。

4.15 改进商业发展方向：创意产业中，小型企业的产品具有风险性和创新性的特点，这使得小型企业面临的常见问题往往更加复杂。大部分创意产业的价值归属非物质资产，其价值难以被计算、预测或加以保护。很多在创意领域工作的人都是由创意而不是商业雄心所驱动；他们甚至都不认为是在进行商业活动。通过财政部门和商业支持供应商更好地理解这些特质，将有助于发展我国的创意产业。

4.16 增加商业支持的力度：很多小型创意企业不了解商业支持或来自外部的专业知识的支持，或者未获得相关的支持。因此，我们需要更好地对这些支持进行定位和开展营销活动，并对当地不同的支持服务体系进行简化。商业支持简化计划(Business Support Simplification Programme)的目的是通过“商业联系”为所有企业提供一个明确的商业支持发展路径，简化目前大量存在的供给混乱，提升供给质量。但在这个总体框架下，地区发展局可以通过“商业联系”，并通过调配、市场营销和供应商业通信支持来促进创意产业的发展，进而推动当地创意经济的发展。我们计划通过区域信标远程数据访问网络，并对这一方法进行试点。

[1] 一个教育慈善机构，代表全球创意、设计和广告群体。网址：www.dandad.org。

承诺 13

在西南、东南、西北、东北和西米德兰的地区发展局将为创意产业发展指明航向。

4.17　地区发展局将为创意产业开发一个商业支持线索网络，以确保为创意经济提供最佳服务。在西南、东南、西北、东北和西米德兰，地区发展局最大限度地为创意产业供应商提供支持：

①提高认识，以确保行业能了解可以利用的资源以及获取渠道；

②建立与专业供应商和导师的联系；

③开发和推广满足行业需求的最佳实践经验；

④通过对数据的收集和分析来对创意产业的支持效用进行评估。

改善融资渠道

4.18　英国金融市场在支持商业融资方面排名世界第三。[①] 然而，年度小企业调查（Annual Small Business Survey）（2005 年）显示，约有 2.5 万家企业仍无法获得资金。与此同时，人们普遍认识到，英国创意产业和风险投资之间的关系远不如美国的完善和卓有成效。因此，我们还有更多的工作需要进行。

4.19　金融意识：潜在投资者在对创意企业知识产权的实际和潜在价值进行评估时遇到了困难。在创意经济计划实施的过程中，企业认为，金融市场不愿意充分参与纷繁复杂的风险投资，但是创意领域内一些快速发展的产业就是以此为特征。《高尔斯知识产权审查报告》[②]（*The Gowers Review of Intellectual Property*）建议，政府应考虑是否改进对申报非物质资产的企业的指导，包括提供知识产权示范报告。创新、大学和技能部将这一建议向前推进了一步。这与创意企业发展具有重要的相关性。

企业和创意产业

政府将在 2008 年发布企业白皮书（Enterprise White Paper），为未来 10 年英国的企业设定一个愿景。需要重点思考的是，在整个经济范畴内，政府如何帮助企业建立企业文化，促进对创意产业的支持。

4.20　在这样一个行业里，很多价值都是新出现的、预设的或是未经试验的，对于投资者来说，在进行风险评估和筹集资金的过程中难免会心存疑问。但部分问题可能变得更简单。2003 年 10 月，财政分析指出，许多小型创意企业“缺乏将商业计划上升到可以吸引外部投资者阶段的必要技能”[③]。

4.21　有证据表明，小型创意企业和资金之间缺乏成熟的对话，降低了企业可持续发展的能力，

---

① 《梅肯研究院资本获取指数》，2006 年。
② 《高尔斯知识产权审查报告》，2006 年 12 月，网址：www.ipo.gov.uk。
③ 财政部，《缩小融资差距：为小型企业提高创业投资的下一步计划》，2003 年。

而不是对企业的初创构成障碍。创意经济计划商业能力建设工作组做出了这样的评论：成长中的创意产业最显著的挑战不是在创业阶段，而是那些成立了 3 年或 3 年以上时间的中小型企业而言，仍然停留在拥有 8~10 名员工，营业额维持在 300 万~400 万英镑的境地。

4.22　投资意愿：另外一个问题是业主对所有权的态度。创意产业往往是它们的创始人和所有者高度个性化的创造力的一种体现。与其他经济领域的众多同行相比，它们可能不希望自己的愿景或商业风格被股权融资伙伴的额外需求所淡化。因此，它们可能会限制自身进行债务融资。

4.23　相反，可能会让它们陷入更为不利的局面，因为很多小型创意企业可以用来抵销筹集资金的有形资产相对较少。其实际价值几乎完全依赖无形资产。即使这些都可以进行准确估价和转售，它们为贷款者提供的安全保障仍然很低：在企业亏损的情况下，出售这些资产往往很难筹集到足以抵消公司债务的资金。

4.24　关于投资意愿和理财意识的主题对于创意产业来说并不特别。它们是政府提供的商业支持的基本组成部分。这些领域的商业支持是许多小企业立足并发展的关键。相比那些没有获得外部意见的企业，在得到外部专家指导意见的企业中，有 40%以上的企业更可能在之后 2~3 年发展它们的业务。然而，每年只有 1/4 的英国企业会寻求关于商业事务的意见。

4.25　商业、企业和改革管理部与地区发展局携手努力，致力于帮助新兴发展的企业解决财政意识缺乏问题，为不断发展的企业做正式投资的准备。这也将包括创意产业。商业支持简化计划（Business Support Simplification Programme）的关键是为这种变化注入活力。

4.26　商业、企业和改革管理部与地区发展局还将确保我们的创意产业受益于通过商业联系（Business Link）提供的支持，以确保受特定部门监测其对业务的支持和融资情况的效用性。地区发展局承认，创意产业在推动区域经济发展中发挥的作用，将通过对计划连同新兴的最佳实践的推动来确保创意企业处于获得融资的最佳地位，而这要通过为创意企业配备合适的业务技能，才能使创意企业更容易获得相应的债权和股权。

为伦敦电影产业投资者准备的项目

伦敦发展署（London Development Agency）、英国电影理事会（UK Film Council）和伦敦电影协会（Film London）已经建立合作伙伴关系，准备进行项目试点，其目的是使少数在伦敦的电影制作公司能获得对投资者而言更具吸引力的项目。私募股权资金投资英国电影制作的雄心尚未实现，这是一个商业发展机会。英国电影创作领域显然需要进一步发展业务，以确保这一投资能够发挥作用。这种新的合作伙伴关系的建立是为了与电影公司开展合作。进行合作的电影公司要能够应对挑战并克服目前的结构性困难和财政困难，这些困难会给投资者设置重重障碍。

4.27　增加资金的可利用性：政府也认识到，在更小的市场范围内存在债务融资和股权的财政缺口。小型企业贷款担保（The Small Firms Loan Guarantee，SFLG）为企业发展提供一个可行的商业选择，但是没有可靠的保障来确保债务融资的顺利进行。9%左右的小型企业贷款担保流向创意产业，而借款企业都在考虑小型企业贷款担保的创新使用，以提高服务新市场的能力。

承诺 14

我们将鼓励创意产业参与企业资本基金(Enterprise Capital Funds，ECF)投标——期待这一行动能够刺激投资。

4.28 政府通过企业资本基金计划提供股权资金支持。企业资本基金是商业资金，由私人资金和公共资金组成，用于投资那些追求最高200万英镑的风险资本的小型高增长企业。这些资金已经投入包括软件、数字内容和电影在内的一系列创意产业中。商业、企业和改革管理部企业资本基金计划支持的企业中，约25%为创意企业。[①] 首相已经宣布，在未来三年会提供1.5亿英镑的企业资本基金。政府希望所有经济领域，包括创意产业，都能积极申请。英国电影委员会将申请下一轮企业资本基金，其目的是建立一个专门用于推进视听领域发展的投资基金。

4.29 我们已经从创意产业获得了确凿数据。从大体上看，创意产业在确保股权融资的过程中遇到了特别大的困难，而其他经济领域并没有遇到类似的困难。然而，我们收集到的其他数据表明，创意企业更可能遇到筹资的问题(我们的目标是通过在上文讨论的创业扶持计划来解决这一问题)，而不是产业特有的融资差异问题，当前的股权融资支持计划似乎可以很好地满足创意产业的需求。因此，我们期待对行业发展进行更深入的经济分析，以表明创意产业在确保股权融资过程中所面临的挑战是其他经济领域所没有的。

广告业的贡献

广告是第三大创意行业。2005年，广告业总增加值(一个重要的经济衡量指标)为65亿英镑，出口总额达13亿英镑(文化、媒体和体育部经济评估)。广告业发挥着至关重要的作用，可以促进英国标志性的事件在全球的推广，包括“Live8慈善演唱会”和环法自行车赛“伟大的起点”(Le Grand Depart)的直播，也将对2012年伦敦奥运会的推介起到至关重要的作用。

总　　结

4.30 政府面临的挑战是把创意经济作为经济框架的中心，包括采取措施支持和发展小企业，政府认识到使创意产业继续引领和推动政策发展的思维的重要性，政府也认识到将这些思维转换为创新行动的最佳方式的重要性。

4.31 公共部门可以对小型创意企业和初创企业进行投资，可以通过艺术理事会的投资计划，也可以通过其他资金提供者和非政府部门公共机构，如英国电影协会，博物馆、图书馆和档案馆理事会，地区发展局和地方政府开展工作。

① 17个企业获得资金支持，其中有4个为创意企业，涉及电影(包括特效软件)、软件娱乐和电脑平面设计等领域。

4.32　随着创意企业的发展，政府需要确保我们的商业支持和风险投资政策能够被创意产业所利用，并且与其目标相契合。这可能意味着，了解创意产业特殊需要的专家能够依据商业支持简化计划在商业联系系统中开展工作。

伦敦电影协会“创作金融市场”

2007 年 10 月推出的伦敦电影协会“创作金融市场”（PFM）计划是英国《泰晤士报》第 51 届伦敦国际电影节的合作伙伴。它提供了一个独特的机会，为伦敦和英国电影业引入新的和可持续的发展资金。首次推行的创作金融市场吸引了 70 个高端金融家（包括重要的对冲基金参与者）和 70 个来自英国和国际的生产商参加，项目总价值超过 8 亿美元。像伦敦电影协会举办的所有活动一样，“创作金融市场”邀请来自英国各地的创作者参与活动。

生产商和金融家的反馈充分表明，对于一项能为英国电影业提供大量新的资金的活动而言，仍存在“市场缺口”。伦敦电影协会期待在试点成功的基础上，与英国《泰晤士报》第 52 届伦敦国际电影节继续开展合作，于 2008 年 10 月 20—21 日在伦敦继续推进“创作金融市场”活动。

5. 促进和保护知识产权

挑战		对策
提高知识产权执法力度	⇨	将知识产权引入课程学习 对非法文件共享的立法 网上知识产权犯罪基金
提高知识产权意识		“无假伦敦” 国家卓越中心

与大多数创意产业相关度最大的一个监管框架就是知识产权。知识产权是催化剂，推动创造性活动转变为创意产品和服务。英国提供的知识产权保护超过了国际标准，但新的数字技术的出现对传统知识产权的管理方式提出了新的挑战。

对创造力进行持续的法律保护是必不可少的，政府也必须对能够创造全新机会的市场做出回应，而消费者也会给以热情回应。我们的管理体制必须确保全新的创新活动能够得到广泛拓展，这样消费者就能从中获益，同时也能激发创作者继续创作。所有的知识产权就是在鼓励创新和确保创新能够得到广泛拓展之间寻求平衡。我们要保证我们的制度得到不断发展以实现这种平衡，这样消费者可以从正在发生的信息“大爆炸”中获益，同时也能给创作者正确的激励。

为了实现这一目标，我们必须继续从许多方面积极采取行动。我们需要一个与当今世界相关联的平衡的知识产权框架；需要一个新的商业模式来识别技术的变革(以及内容民主化)，并能掌控内容生产商和分销商所提供的价值；需要正确的执法手段来解决知识产权犯罪；需要加强关于知识产权的教育，并增强对知识产权的认识；需要预测技术的发展，让我们能更加深入地推进知识产权执法。

新的商业模式

5.1　在抵制盗版行动的大背景下，高尔斯报告明确指出，政府更希望内容所有者和网络运营商能够自行找到解决问题的方案，而不是通过政府监管来实现。我们希望看到这种相互合作可以扩展到新的商业模式之中，能创新商业服务，提高选择的空间，并实现物有所值。内容所有者和分销商之间所开展的商务合作变得越来越重要的原因主要有以下两点：

①内容所有者正在寻求新的发展模式，以抵消 CD 和 DVD 下载带来的传统收入的下滑。

②网络运营商为基础设施建设投入大量资金，而日益标准化的接入费用成为其主要的收入来源，它们也在寻求能够产生增量收入的更多方式。它们看到内容能够产生额外的价值，并能够借助内容提

供与竞争对手不一样的服务。

5.2　目前已经在市场上开展了很多商业合作。我们认为，将抵制盗版的措施整合到内容和网络供应商之间更广泛的合作中将有利于为消费者和创造者创造一个健康的数字环境。我们希望尝试通过商业方案来解决盗版问题，包括权利持有人和互联网服务供应商(ISP)之间的协作问题，并期待这些类型的解决方案能得到进一步发展。

加强知识产权立法

5.3　由于大多数创意产业创造的价值来源于无形资产，所以创意企业必须能够准确地对它们的价值进行评估，并坚信它们将会受到法律的保护。这对英国创意产业尤为重要，英国创意产业的内容生产商比分销商多。伦敦商学院(London Business School)最近开展的一项调查研究表明，“内容分销商(制片厂、唱片公司、出版商)比内容创造者更强大。因此，分销商获取创意内容生产者所创造的大部分价值”。

5.4　虽然生产商和分销商之间的关系通常是互惠互利，然而创意产业的持续成功在很大程度上依赖明确的贸易条件和健全的知识产权管理制度。

5.5　网络知识产权侵权持续增长。如果创意艺术家进行创作的结果是无法谋生，那么我们的创意产业将无法得到蓬勃发展。

5.6　最近开展的行动，比如加速扩大贸易标准官员的权力，可以促进知识产权犯罪问题的解决(持续的资金供应已经得到保证，其中包括 2008—2009 年度近 800 万英镑的资金投入，未来三年仍会进一步增加资金投入)，在国家知识产权犯罪战略(National IP Crime Strategy)框架下所推行的各类举措充分表明，我们在兑现解决这些问题的承诺。《2007 年全国知识产权犯罪报告》对我们已取得的进展进行了肯定。然而，进一步的行动是必需的，我们不能沾沾自喜。

欧盟“知识产权 II 号”计划(IPRII)

欧盟“知识产权 II 号”计划支持中国向市场经济的过渡，这样做是为了解除欧洲产业界的担忧，主要目的是提高知识产权在中国实施的有效性，版权执法能力建设是其中的一个重要组成部分。欧盟专家将与中国国家版权局(China's National Copyright Administration)开展合作，对新入职员工进行培训，提高现有员工的能力和知识。英国政府也将与中国政府携手，帮助中国应对网络侵权的挑战，帮助中国建立集体管理网络体系。

知识产权和国际维度

5.7　在海外市场开展商业活动对英国创意产业来说也至关重要，但它们需要相信它们的知识产权能得到妥善保护。在版权无法得到保证的国家，会有明显的市场准入障碍。

5.8　因此，英国知识产权工作从多个层面对英国企业进行支持，通过多边机构(如世界知识产权局和世界贸易组织)开展工作，并与其他欧盟成员国建立伙伴关系，确保各成员国强制执行的法律符合国际规范。然而，合规立法并不总是转化为有效执法。因此，英国知识产权局(UK-Intellectual Property Office，UK-IPO)与主要新兴经济体，如印度、中国和巴西，开展了一系列能力建设项目，这些项目要么是双边的，要么是更宽泛意义上的欧盟项目的一部分，或与国际合作伙伴，如美国专利及商标局(United States Patent and Trade Mark Office，USPTO)开展合作。

承诺 15

我们将就立法问题进行磋商，要求互联网服务供应商和版权所有人开展合作，对非法文件共享采取行动——该项立法在2009年4月实施。

5.9　政府认识到，互联网服务供应商和版权所有人之间进行协商的重要性；我们将鼓励互联网服务供应商和所有相关部门遵从自愿的或商业协议。虽然产业界之间签订的自愿协议仍然是我们的首选，但是如果需要相关的立法，我们也将毫不犹豫地推进立法进程的开展。为此，我们会对2008年监管安排的形式和内容进行征询，并于2009年4月实施。

创意产业知识产权

知识产权本身很复杂，包括知识产权和非正式的知识产权，比如“技术秘密”，可以通过多种手段实现知识产权保护，例如保密协议。虽然在创意产业中，涉及知识产权的主要是版权，商标和产品外观设计很可能会涉及版权问题。对那些进行新技术开发和技术改进的创意企业而言，专利也可能是至关重要的。

同时，正式的知识产权保证了商业技术的安全，属于“非正式知识产权”范围的知识资产占据大部分份额。对知识产权的全方位了解以及如何保护和利用知识产权是关键的商业技能。在不同的司法管辖领域，知识产权法可能会发生相应的变化，例如软件专利，而这些可能会对知识产权战略发展产生影响。

英国知识产权局正在努力以确保英国企业能更好地利用知识产权。它借助政府和相关组织，如商业、企业和改革管理部下设的小型企业服务机构、英国地区发展局、大英图书馆的商业服务和知识产权中心，提供有价值的帮助，并积极开展各类活动，让人们能更好地理解知识产权在商业领域的价值。

承诺 16

英国知识产权局将知识产权立法计划付诸行动。

5.10　英国知识产权局将就目前的立法进程进行改进。它将开展以下几个方面的工作：

①探索自愿执法基金的选择。我们认识到，很多执法机构与行业之间已经建立了有效的合作关系。

我们希望在此基础上继续推进相关工作，并欢迎创意产业为新兴产业投资计划提出建议，以帮助解决实体和在线知识产权盗用的问题，可以用这笔资金建立专门的移动执法队伍，严厉打击各类非法活动。

②开展“无假伦敦”知识产权执法试点行动。以英国电影协会和其他权利所有人开展的工作为基础，“无假伦敦”行动使权利所有人、创意产业、政府和执法机构汇聚在一起，可以最大限度地对资源进行利用，争取在 2012 年奥运会举办之前消除所有的假冒商品。英国知识产权局将在一些主要机构，包括在所有 5 个奥运行政区中开展试点行动。2008 年春末的试点结果可以为该行动在整个伦敦地区的推广奠定基础，同时也为其他城市提供了一个模板。

③建立国家卓越中心，并为其提供资金。建立专业的警察队伍，集中解决知识产权犯罪问题，并为地方层面工作的开展提供国家层面的指导。

④与贸易标准局和地方政府开展合作，使《犯罪行为收益法》(Proceeds of Crime Act)得到最好的落实——在与知识产权犯罪相关的资产中，每月大约产生 50 万英镑的非法所得。

⑤与英国警官协会(Association of Chief Police Officers)开展合作，加强对执法活动的关注，鼓励采取进一步的行动。

⑥建立一个部级行业论坛，让权利所有人、消费群体、政府和技术公司能够对新的思想、面临的问题和新技术带来的挑战与机遇进行深入的讨论。

对侵犯版权行为予以处罚

5.11　侵权是一种严重的经济犯罪。重要的是，所给予的处罚要与对英国创意产业造成的伤害成正比，并且这些处罚能够有效抵制侵权。为此，我们打算向裁判法院提交提案，要对网络侵权和实体侵权给予最大数额(5 000 英镑以上)的经济处罚。

创意经济中的知识产权侵权

——仅 2006 年一年，盗版音像制品和非法下载的价值就高达 4.6 亿英镑。①

——软件盗版数量减少 10%，就会为英国创造 30 万个就业岗位，并且为国家经济带来 110 亿英镑的收益。②

——国际唱片协会估计，2005 年全球盗版光盘的贸易总额达到 450 亿美元，同时，2005 年近 200 亿单曲被非法转载或下载。③

——经济合作与发展组织(Organisation for Economic Co-operation and Development，OECD)报告显示，2005 年约 2 000 亿美元的假冒伪劣商品被缴获，这些商品的实际交易价值很可能已经超过几千亿美元。④

① 英国视频协会/益普索民意调查，2006 年。

② 《2006 年软件联盟和 IDC 全球年度软件报告》。

③ 国际唱片协会，《唱片业盗版报告》，2006 年。

④ 经济合作与发展组织，《假冒和盗版的经济影响》，2007 年。

——最近，公共利益药品中心（Centre for Medicines in Public Interest）发布的报告预测，到2010年，伪造处方药的全球销售额将达到750亿美元。①

尊重他人的创造力——理解知识产权

5.12 人们对知识产权（Intellectual Property Rights）知之甚少。很多公众都不认为免费获取内容或非法进行内容访问是有问题的。② 29%的消费者已获得或看过盗版的视频内容。因而，改进信息及其受众目标对整个知识产权的发展而言是非常重要的。

出版业内容自动获取协议

从网上搜集信息的许可已经成为传统出版商在进行网上新业务开发时所面临的一个重要问题。学生可以使用这些内容，并将它们作为课程学习的参考材料。博主也会提供链接，让他们的思想能得到更广泛的传播。聚合网站通常会从不同来源收集关于一个共同主题的内容。

每个许可都有非常不同的要求，但基于Web的许可证并没有与时俱进。因此，许多出版商都无法像印刷一样将许可与用户的需求相配对。传统的收入预测现在是不可靠的，因为基于Web的资料可以在不经确定原始出处的情况下通过不同方式进行重新组合与编排。现有的在线许可不能对用户的需求进行区分，在应用上受到一定的限制。

一些来自报纸、杂志和内容聚合网站的国际知识产权专家已经制定了可适应不同用途内容的新标准。自2006年以来，英国公司在这项工作中发挥了重要的作用，这项工作一直是由Rightscom有限公司的马克·彼德（Mark Bide）负责。继英国投入50万英镑对这项工作进行试点之后，纽约于11月推出了一个新的内容自动获取协议（Automated Content Access Protocol），以拓展其商业用途的使用范围。未来，它的范围将超越文本，将静止图像、声音和电影都包含其中。

5.13 儿童和青少年同成人一样，是创意产业更大的消费群体。那些有创意的人才应该了解知识产权及其相关的知识，这对未来创作至关重要。英国知识产权的“激发灵感”（Cracking Ideas）项目针对9~11岁的儿童，旨在鼓励儿童进行创新，并向他们展示如何对创新进行保护，并从中获得收益。英国音乐版权（British Music Rights）主要为关键阶段3的音乐教师提供免费、在线的教育服务，内容涵盖了知识产权的相关问题。

5.14 在学校开展知识产权教育是至关重要的，通过学校教育让所有年龄段的儿童都能对知识产权的相关知识有所了解。当他们长大成人时，他们的消费能力也在增加，会成为潜在知识产权的生产者和消费者，这一点尤其重要。

① 彼得·皮茨（Peter Pitts），公共利益药品中心，《21世纪医疗保健恐怖主义：国际药品假冒问题》，2005年。

② 英国视频协会/益普索民意调查，2006年。

承诺 17

我们将推进更好地了解知识产权的价值和重要性的工作。

5.15 政府会与学校和行业开展合作，以确保与知识产权相关的内容作为即将开始的小学课程审查内容的一部分，要考虑将其作为规范进行审查，包括相关文凭和其他相关资质的学习内容。我们将与利益相关者合作，包括建立组群(CREATE Group)、行业和学科协会，以加大教师对知识产权问题的认识，并找出具体的解决方法，它可能被成功纳入学校教育教学内容。我们还将与专业学校合作，特别是那些专注艺术和音乐的学校，在学校和社区中促进知识产权的发展。

5.16 英国知识产权局将与利益相关者开展合作，启动"意识提升计划"，让人们了解购买创意内容所具有的权利。对于格式转换(包括从 CD 转移到 MP3 播放器)应该建立在共同协商的基础上，建议在现行关于非法复制的规则中对例外情况进行说明。

5.17 英国知识产权局希望推行一个能够提高人们意识的更广泛的计划，那就是与利益相关者开展合作，建立共享平台，提供共享信息。这一工作将交由创建组群继续推进。

智库的汇聚

随着数字技术的汇聚，通信和内容访问可以在越来越多的平台(包括移动电话和互联网)和各种类型的设备中实现。而提供各类设备的国内和国际供应商的数量也在大幅增加。消费者现在可以以较低的成本生成自己的内容，并且拥有进行复制和内容分享的设备。

这些变化给企业、消费者和政府既带来了巨大的机遇，也带来了挑战。我们需要考虑如何最好地获得高质量的内容，并赋予消费者相关的权利，同时保持一个充满活力的开放市场，确保在数字技术汇聚的环境下，能够给予内容的创造者和提供者足够的回报。

我们需要确保未来的监管框架能够支持市场的发展，赋予消费者权利并对消费者进行教育，确保英国仍然是创意产业的首选之地。2007 年 9 月，时任文化、媒体和体育部国务大臣的詹姆斯·佩奈尔(James Purnell)，宣布了一项新的"智库汇聚(Convergence Think Tank)计划"，让公众和产业界都能参与讨论，以确定由融合带来的主要挑战和问题，并在合适的时候提出对现有监管框架进行修订的建议。一系列公开研讨会将于 2 月 7 日开始。

智库将充分考虑其他相关举措，包括即将在下一部分提及的关于下一代宽带建设的审查。

更多详细信息，请访问网址：www.culture.gov.uk/convergence。

总　结

5.18 对版权的有效保护，将有利于内容创作，进而加强英国的竞争优势。我们将提高各级各类学校对版权重要性的认识，以便让更广泛的民众都能对版权有更清晰的认识。我们将加强努力，通过建立国家卓越中心，并通过与业界携手合作，来解决知识产权犯罪的问题，增强我们的执法能力。

6. 支持创意集群的发展

挑战		对策
持续为当地创意经济进行公共投入 发展基础设施	⇨	区域创意经济战略 下一代宽带建设审查 地方基础设施目录 混合媒体中心 保护现场音乐表演场地

英国的创意经济由世界上最好的基础设施进行支持。我们有享誉世界的高等学校；我们有很多正式和非正式网络将英国当代最好的艺术实践与它们联系在一起；我们的创意产业在巨大的经济、社会和文化层面上实现"良性循环"。

一些创意企业尤其在它们形成集群的情况下发展势头特别好。当不断进行竞争和合作的企业构成一个集群，就会增强对某一特定地区专业劳动力和网络构建的需求。这些基础设施建设不仅取决于创意产业本身的活力，也会因为公共政策和重大的公共投资得以巩固。

地点很重要。个人与企业分别在不同的地点开展行动。它们的相互作用程度会对创意产业发展起到促进或者制约的作用。把握政策和获得投资权将是创新和商业成功的关键。

东北部游戏集群

英格兰东北部是英国最大的电子游戏公司集散地之一。本地大学为其成功奠定了重要的基础，为其提供了高度熟练的劳动力出口、高科技的设施和紧密的商业联系。该地区的 5 所大学每年会向社会输送 1.4 万名毕业生，很多毕业生都具备专门的软件或数字媒体知识。桑德兰大学设有英国最大的信息通信技术培训机构，而蒂赛德大学被认为提供了最好的电子游戏课程。蒂赛德大学在数字城的发展中同样投资巨大，数字城是国家最先进的研发设施，汇集了各大数字企业和学术研究所。另一个促成该地区行业发展成功的要素一直是 GameHorizon 网络的发展，它将所有的公司聚合在一起，开展合作项目，进行网络协作，促进行业发展。

英格兰东北经济发展署

持续为当地创意经济发展进行公共投入

6.1　个人和企业在不同的地方开展行动；它们二者在特定位置的结合，可以对英国创意产业的发展起到支持或限制作用。[1]因此，重要的是要考虑创意产业及其在区域、次区域和地方经济中所发挥的作用。地点的重要性体现在在合适的空间层次上凸显目标政策所能带来的收益。政府发布的《对国民经济发展和再生的审查》(2007年7月)确定的关键原则可以有助于我们理解个人与企业相互作用的程度对于创意产业发展所产生的影响。这些关键原则是：

①在适当的空间水平中的管理政策；

②角色确保清晰；

③使地方能够发挥其潜能。

索尔福德媒体城

媒体城：在英国西北索尔福德码头的200英亩海滨物业中正在兴建媒体城。这将是一个新型的英国传媒业的创意中心。新建成的创意中心欢迎大小型企业入驻，包括那些进行内容创作、生产和发布的实体公司和初创公司。该中心将有8家英国广播公司部门入驻，并且将为1 000个媒体、创意及相关企业提供空间，同时，英国最大的电视制作演播室也将入驻。

英国企业将与世界各地的组织建立开放的研究和发展网络。它们将成为区域和城市规划的补充，用于提供学术培训、在职学习和创业支持，肩负着培养下一代创意人才的重要使命。

更多详细信息，请访问网址：www.mediacityuk.co.uk。

6.2　伦敦，占据了英国所有创意产业就业比重的1/3，它可能是世界上所有城市或地区中创意产业最密集的地方。毫无疑问，它对英国创意产业基础设施的所有分析都起决定性作用。然而，遍布在英国的许多重要的城市和地区的活动中心也能将各类专业技能进行很好的结合，并将自身努力打造成为全球创意中心。政府希望看到每个地区都能认识其在创意产业中的优势，并积极利用这种优势来推动地区经济的发展；并不是每个地区都应该去尝试复制伦敦模式，但每个地区应该支持这些产业的发展，因为它们有能力带动地方经济发展并能吸纳优秀人才。

获政府资助的文化会激励地方和区域再生

布里斯托尔的分水岭传媒中心(Watershed Media Centre)是电影数字媒体和新技术的主要中心。它没有跟从市场主流提供获取动态图像的服务。它还为艺术家提供机会，让他们开发利用数字媒体和数字电影，并能参与各类学习计划。

更多详细信息，请访问网址：www.watershed.co.uk。

6.3　创意产业对促进地方和区域再生具有重要作用，这就是各政府部门负责人会把创意产业牢牢地放在他们的议事日程上的主要原因。作为以集群为特征的产业，许多植根于特定地区、城市或街区，创意产业在推动地方经济发展的过程中发挥的作用越来越大。创意产业还带来更广泛的社会效益和文化效益。因此，越来越多的地方和地区政府正在制定策略以吸引和支持创意产业的发展，并最大限度地提高它们对人们生活质量的影响以及对他们所在城镇或地区的自豪感和责任感。

① 《社区和当地政府经济学论文：一个干预框架》：www.communities.gov.uk/publications/corporate/economicspaper1。

博物馆、美术馆和图书馆是创意基础设施的主要组成部分，让公众参与到设计中，同时激发人们的愿望，并为创意产业的学生、教师和从业人员提供必要的资源。到维多利亚和艾伯特博物馆参观的游客中有35%都属于这一类；去年，150名世界著名的创意设计师参加了博物馆成立150周年的纪念活动，它成为许多人灵感的来源。

大英图书馆通过社交活动和量身定制的研讨会对企业特别是创意产业提供支持。图书馆的商务和知识产权中心集一流的设施、信息和专业知识于一身，提供了商务和知识产权信息的独特组合，包括免费获得30多个使用价值高的订阅数据库、数以百计的市场研究报告与英国知识产权局的资源。

自2006年3月开放以来，已有2.6多万人使用该中心的资源。2007年开展了一项针对230名用户的独立调查。调查显示，该中心曾协助创建47家新的公司，还要继续增加48家初创企业，创造了115个新的工作岗位。自2006年3月9日中心运行以来，平均每周会举办5个工作坊，拥有超过2 000名参与者，其中一半以上是妇女，1/3以上的人群来自黑人和少数民族族裔社区。

更多详细信息，请访问网址：www.bl.uk/bipc。

承诺 18

地区发展局将在西北和西南两个地区对创意经济的战略框架进行试点。

6.4　地区发展局会建立一个“任务和完成”工作组，对在西北和西南地区推行的创意经济战略框架进行试点。这个工作组将重点开展以下几方面的工作：

①通过确认合作伙伴的作用，推进“创意经济计划”实施，通过联合行动来节约开支，并将回收的资本用于创意经济的发展。工作组将与文化、媒体和体育部，非政府部门公共机构携手，更好地协调地区创意经济的发展。

②与区域信标网络(见4.17)密切合作来推进模式的发展，通过使用新的商业支撑产品，给所有合作伙伴和开展的活动带来最好的影响。

③探索一个更广阔的文化创意战略框架及其对区域的潜在收益。

④与创意行业技能委员会合作，制定和实施区域行动计划。[①]

创造KX (Create KX)

仅伦敦国王十字区就有300家创意和工业公司，在其周边地区拥有另外850家创意公司。这些数字由伦敦发展署与国王十字区合作伙伴、卡姆登和伊斯灵顿议会(Camden and Islington Councils)于2003年共同研究得出。这一发现让“创造KX”得以创建，目的是保护国王十字区的创

① “由三个行业技能委员会推动的区域技能战略(Regional Skills Strategies)鼓励清晰和简单的供给和支持技能的发展、人才的发展，这是以行业技能协议的内容开展的。”(地区发展局工作文件，第5页)

意产业资源。

更多详细信息，请访问网址：www.createkx.org.uk。

南肯辛顿中心

南肯辛顿、帝国学院皇家艺术学院、维多利亚与艾伯特博物馆、自然历史博物馆、科学博物馆和蛇形画廊是一个现成的创意中心。

6.5 在建立试点项目并对这些项目进行评估的过程中，我们需要考虑创意经济对区域增长和未来的区域战略开发和实施的作用。

“居住地”(Living Places)，是政府与其主要文化机构之间建立的一种新型伙伴关系，“居住地”正在努力促进社区文化和体育活动，并将这些活动作为社区生活的重要组成部分。

推动基础设施建设

6.6 创意产业可以增进对城市或地区的认同感：创意产业成功的一个重要因素就是配套设施。丰富的艺术和文化基础设施、大学、酒吧、俱乐部、低成本的办公区和充满活力的公共空间为创意产业的落地生根提供了富饶的土壤。集群在有机地成长，不断地发展其专长、特点和规模。公共政策可以为它们提供更有利的环境，以促进它们的成长。我们将鼓励集群在全国各地得到发展。

伦敦苏豪区的电影

历史上，伦敦苏豪区是一个休闲娱乐区，拥有和文学艺术相连的天然优势，还有蓬勃发展的音乐俱乐部。对于有创造力的人而言，这是一个富有吸引力的生活和工作的地方。随着时间的推移，电影创作公司集群在苏豪区发展起来，它专门从事特效和计算机生成方面的内容。集群的存在促进了更好的网络体系构建，推动了金融和市场营销的发展。创始于1995年的Sohonet，是一个具有开拓性的，由私人提供资助的宽带连接技术，它建立了工作室和后期制作公司联系的桥梁，使数字内容进行高速传输，可以使集群能够更有效地运行，提高联网能力。几个专业银行和经纪公司为该地区的电影发展提供资金。集群还包括一些专业营销公司，将电影集群与本地广告集群连接在一起，将有助于促进新电影的发展。①

承诺19

政府将对下一代宽带建设可能面临的投资障碍进行审查。

6.7 受竞争和有效监管的推动，英国在宽带建设方面取得了显著的成就。这就促成了更多供应商

① 安迪·普拉特(Andy Pratt)，加林娜·戈尔诺斯塔娃(Galina Gornostaeva)，《跨地区生产链和本地集群：伦敦电影业的案例研究》，2007年(即将出版)。

的出现，并为用户提供更加广泛的服务和更加低廉的价格。99.8%的人口能够接入宽带，一半的英国家庭已安装了宽带。

6.8　在宽带的普及过程中，人们看到了增值的机会。在互联网上提供媒体内容，从而产生新的服务，例如在线视频游戏、视频和音乐发行，最吸引人的是用户原创内容。最后要指出的是，这些也许最能反映宽带上网的作用，但同时也向网络供应商提出了最大的挑战，那就是如何才能满足未来发展的需求。

6.9　虽然目前的基础设施能充分满足当前的需求，但是受蓬勃发展的互联网内容(包括由专业人士和家庭原创的内容)的驱动，日益增长的用户期望将促使对性能更加可靠、速度更快和更加匹配的宽带连接需求的产生。人们普遍认识到，目前的非对称用户数字环线技术(ADSL)不能满足互联网的大量需求，而政府要帮助市场创造条件，通过增加投资，加强对宽带的建设力度，满足人们日益增长的需求。

6.10　因此，政府进行审查的主要目的就是找出投资下一代宽带建设的主要障碍。审查详情将由商业、企业与改革管理部在适当的时候公布。通信管理局正在继续进行工作推进，以期在现有监管框架下，结合审查的工作和结论，找到最合适的方法来管理下一代宽带接入。

承诺 20

通过地方政府协会(Local Government Association)与地区发展局，我们将建设一个“地方基础设施目录”。

6.11　我们将建立一个选项目录，为那些希望改善创意基础设施的地方政府提供支持。通过地方政府协会，加之地区发展局，文化、媒体和体育部和其他政府部门的支持，2008 年 4 月可以建成这个目录。目录中所包含的建议主要有以下几个方面：

①制定一个有用的规划框架；

②根据市场需求提供灵活的办公和商业空间，以适应中小型企业的需要，并与 2007 年先期预算报告中公布的商业支持一致；

③提供可用的排练空间和录音室及其他相关设施；

④保护现有的表演和展览场地，并提供新的场所；

⑤保护现有市场，使小型创意企业可以获得市场准入的相关渠道，并提供新的营销机会；

⑥推动高校和企业之间的联系；

⑦鼓励和推动各类节日和活动，使商业和文化都得到发展；

⑧鼓励当地网络的发展，组建有助于当地创意企业发展的网络体系；

⑨提供和鼓励创意人才发展社会和社区项目，在可能的情况下，获得商业上的成功。

承诺 21

英国电影委员会将与英格兰艺术委员会和艺术与人文研究委员会合作，共同推动“混合媒体中心”的建设。

6. 12　英国电影委员会将支持以电影院为中心的大众艺术媒介场馆的发展，这些是城市地区创意经济发展的枢纽。在英国电影委员会与英格兰艺术委员会和艺术与人文研究委员会章程的指导下，我们将与样板场馆合作，利用它们对创意经济的贡献，最大限度地发挥其潜力，促进知识的转化。这些场馆主要包括：

①诺丁汉百老汇；

②曼彻斯特角房；

③利物浦艺术与创意技术基金会(FACT)；

④谢菲尔德媒体和展览中心(展厅)；

⑤纽卡斯尔泰恩河畔泰恩赛德电影院；

⑥布里斯托尔分水岭媒体中心。

曼彻斯特牛津路走廊(Manchester's Oxford Road Corridor)是伦敦以外地区集学术机构、文化场馆及创意企业为一体的地区，也是最具多样化的地区。卓越的创意企业加之领先的科学和技术机构，创造了一个有助于创新、协作和知识转化的环境。

城市的发展目标是推动走廊成为研究和发展的“实验室”，这就需要吸引毕业生和艺术家来这里发展，建立创意产业，并推动创意产业的增长，对城市的经济和社会能力(健康、环境的协调发展和数字技术)产生更广泛的影响。

更多详细信息，请访问网址：www.miriad.mmu.ac.uk/innovation/oxfordroad。

承诺 22

根据“现场音乐论坛”上提出的建议，我们将以伦敦市长制定的工作案例为模板，积极推进对现场音乐表演场所的保护。

6. 13　对现场音乐继续茁壮成长至关重要的是，要让全国各地都拥有场馆，以支持未来音乐家的发展。我们充满活力和多样化的音乐遗产是在由不同规模和类型的场馆构成的庞大体系的支撑下发展起来的。例如，学术小组(Academy Group)刚刚在利兹、谢菲尔德和布莱顿建立了中等规模的场馆。我们鼓励地方政府将现场音乐纳入地方发展战略。

6. 14　现场音乐一直是首都文化生活的重要组成部分，像圆屋、皇家节日音乐厅、高高(KOKO)

和O2场馆，为英国文化欣欣向荣的景象作出了巨大的贡献。然而，伦敦独特的场馆，如斯皮茨(Spitz)和充满传奇色彩的哈默史密斯宫(Hammersmith Palais)却在最近关闭了。

6.15 市长已经明确表示，他希望伦敦成为一个各类场馆可以得到蓬勃发展、音乐家和表演者能茁壮成长的城市。这就涉及已经建立起来的著名场馆，同时也涉及新发展起来的场馆。市长的战略顾问正在研究如何实现这一目标，并使现场音乐有更好的发展前景。

总结

6.16 从总体上看，英国是一个全球性的创意集群。但它也包含了很多不同层级的创意集群。维持和发展这些集群，并为新集群的蓬勃发展提供基础设施，就需要更多的公共投资。我们要确保实施干预措施的目标是发展地方所必需的基础设施，让创意产业蓬勃发展，并对地方、再生和经济发展发挥尽可能大的作用。

7. 推动英国成为全球创意中心

挑战		对策
推动英国公司走进全球创意经济	⇨	英国创意产业的贸易及投资市场战略
推动英国成为全球创意中心		全球创意高级会议

英国在全球创意经济中占据领先地位。绝大多数情况下，创意产业发展依靠英国在创造力和创新方面的声誉。反过来，它们也对我们国家的形象和品牌的提升作出了重要的贡献。未来几年，这种相互依存有可能持续加强。与此同时，随着世界各地新兴国家的收入和期望的提高，它们对创意产品和服务的需求也在不断提升，这同时也促进了新兴国家自身创意产业的发展。这将为英国企业带来更多的机会。但是，这也预示着国际竞争将日益加剧。我们需要尽可能有效地推销自己，对来自世界各地的拥有不同思想的人才持开放态度，并确保伦敦和英国继续被视为最好的贸易市场。

政府将举办一个"国际创意挑战赛"(Creative International Challenge Competition)，要让其成为一个标志性的国际赛事，一个拥有极高知名度和价值的国际赛事，要让各大机构和企业都能参与进来。我们会邀请一些组织提供合作项目，将中国和印度两个新兴国家作为首要合作伙伴。

7.1　英国在不断扩大的全球创意经济中占据领先地位。但是，我们需要不断做好应对，以实力为后盾，并认可其他国家的发展。随着竞争挑战的日益增强，英国作为国际创意中心的地位的概念已经变得越来越具有吸引力。这意味着我们处在创意经济的诸多方面都领先的国际集群中，保持着世界一流水平，像有创意的经纪人一样开展行动。现在的挑战是，如何更清晰地界定这个角色，并帮助那些我们所支持的创意企业、机构和计划都能得到发展。

7.2　政府可以通过文化外交来展示国家艺术和创意产业的实力。但是，我们也可以通过提供一个在理念和技能方面都开放的市场，以英国作为开放社会的传统为基础来提升我们的声誉。我们的言论自由和新闻自由的传统，被广泛尊重；我们的文化多样性得到世界的认可；我们敞开大门欢迎海外学生和创意技术人才汇聚英国。

陶瓷和纺织品

作为一个创意国家，英国的实力通过创意和制造技能的有效结合而不断发展。从 19 世纪开始，我们伟大的设计院校和文化机构就注重推进二者之间的结合。创意和制造技能融合程度最好的产业领域就是陶瓷和纺织品。海外制造基地的建立为这些企业的发展带来了契机，但它们也在不断调整，迈向创意经济的行列。例如，斯塔福德郡的伟大的艺术陶器就是利用先进的电子和计算机驱动技术，加上创新和创意技能，生产出世界一流的领先产品，然后再通过专家技能课程的开发来支持产业的进一步发展，而来自地方和国家的文化基础设施投资也为产业的发展注入了活力。在英国，服装纺织制造缺乏大众市场的需求，前沿时尚和奢侈品牌的特定客户群不断发展壮大，他们越来越坚持质量、原产地、可持续性和专属性，并将其作为高昂价格所应该得到的回报。英国制造的技术纺织品需求日益增加，因为由健康和安全法规所规范的世界市场以及对环境的日益关注，使处于全球经济发展洪流的客户需要更加严格的标准。在21世纪的世界创意经济中，这些行业将继续作为英国最独特的发展优势。

7.3　越来越多的外国政府都意识到创意产业驱动知识经济发展的力量，它同时也是民族身份的象征和经济成功的象征。它们将成为高价值、高水平技术含量和灵活经济体的重要代表。

7.4　英国很可能是第一个认识到创意产业作为一个独立经济领域的重要性的国家，但其他国家和地区也在决心迎头赶上。新加坡、芬兰和新西兰等国家也在实施以创意增长为目标的国家战略。中国的第十一个“五年计划”表达了从“中国制造”转向“中国设计”的雄心。最近，诺基亚在印度的班加罗尔和巴西的里约热内卢创立了“设计绿洲”(design oases)。

7.5　伦敦的创意产业集群与伦敦的全球金融中心的地位相匹配。两者都与更广泛的商业服务发展建立了联系。我们需要优化伦敦的领先地位，但不能忽视对人才、企业和英国其他集群的首要依赖。

7.6　因为英国位于美国主要市场和亚洲新兴市场之间的位置，具有得天独厚的发展机会，是世界创意中心。英国必须致力于成为全球创意经纪人。而要实现这一目标需要以英国文化协会的国际工作为基础，利用政府对创意产业的援助，使其占据新的市场，同时也要依靠有效的国际合作关系的建立。

推动英国成为全球创意中心

一个公平的竞争环境

全球化为创意产业提供了许多机会，我们欢迎竞争，这往往会促进行业质量和效率的提高。然而，英国必须带头抵制以不公平手段进行的非法竞争。例如，这就是为什么我们将与欧洲同行合作，以确定加拿大对视频游戏公司提供的激励措施是否违反了世界贸易组织(WTO)的规则。如果它们确实违反了相关的规则，我们将积极通过世界贸易组织作出回应。

7.7　在创意产业领域，英国拥有许多世界领先的品牌。广告领域的世界摄影比赛(WPP)、音乐领域的百代唱片(EMI)、媒体领域的英国广播公司(BBC)以及在建筑学领域中诺曼·福斯特和理查德·罗杰斯的伙伴关系，它们和很多创意产业一样，在国际上享有盛誉。在英国落户的跨国公司为英国带来了巨大的营业额和就业机会，并通过创新，增强竞争实力，与规模较小的公司进行交易，为英国创意经济的整体健康发展作出了至关重要的贡献。跨国公司选择英国的关键因素包括英国大学和学院的质量以及我们能够保留和吸引最有才华的大学毕业生的能力；英国消费市场的复杂性；灵活的商业环境；质量和知识产权保护的严谨性；能够享有良好的文化设施。①如果我们要吸引和留住国内外具

① 《创意产业中的跨国公司》，《前沿经济学》，2007年。

有创造性的跨国公司，政府必须在这些地区继续为公司优先增加国际流动性和提供熟练的劳动力。英国作为创意产业的世界引领者地位并不是依靠英国本土的所有与创意产业相关的企业。

7.8 然而，伦敦和英国所具有的优势必须得以推介。在商业运作以前，我们必须对英国的声誉和品牌抱有坚定的信心。政府正在制定海外营销策略，它与创意产业在国内的推介紧密联系在一起。所有这一切都是通过我们的创举来加强国际文化外交和推进我们的工作，通过实施更宽松的移民政策，吸引更多的国际创意人才到英国。

英国企业进入海外市场，并同海外市场开展合作

7.9 然而，政府应该发挥一定作用，特别要解决可能会阻止或减少贸易活动的市场失灵问题。例如，政府提供援助，以获得和开拓新的市场和推进全球网络的建立。这一行动将获得来自英国外交使团、英国文化协会和行业协会的支持。借助英国大使馆和高级专员公署(High Commissions)，我们最优秀的创意企业可以在国际舞台上进行展示。我们将继续推动国际政策和法规的实施，以创造一个开放、公平的竞争环境。与此同时，我们希望创意产业能够获得成功，这对创意经济的自由贸易运行是非常重要的，我们必须确保我们的市场也对其他国家或者地区开放。

承诺 23

英国贸易投资总署将制定一个五年战略计划，以“提升英国创意产业的国际竞争地位”。

7.10 英国贸易投资总署正在与商业和公共部门机构携手，尝试为创意产业制定一个为期五年的营销战略计划。该战略将与创意经济计划密切相关，主要包含以下 3 个主题：

①推进更强大的消息传递，与海外采购者和投资者形成共鸣，努力将英国塑造成一个具有启发性、创新性和令人欢欣鼓舞的国家；

②确保我们的推介活动产生最大的影响，例如，利用音乐和时尚之间的联系，并依托各大全球性事件，如将 2010 年上海世博会和 2012 年奥运会作为推介的重要手段；

③发展新举措，将英国整个创意产业发展作为一个目标市场。

艺术大学创意产业观测中心

创意产业的国际比较是至关重要的，通过与其他国家的对比，政府和行业自身要能够了解自身的优势和表现。这对创意产业而言很困难，但艺术大学创意产业观测中心的研究人员可以通过与中国和印度的合作来收集可比较数据。文化、媒体和体育部将支持这一工作的继续推进，其目的是在国际比较上取得显著的进步。

更多详细信息，请访问网址：www.lcc.arts.ac.uk / industries_observatory.htm。

7.11 通过成功地推动英国创意产业的发展，我们重新巩固了英国创新、活力四射的国家形象，

这也会支持政府全面策略的推进，将英国打造成全球经济增长的助推器。

承诺 24

我们将发起全球创意商贸会议。

7.12　我们将以达沃斯世界经济论坛(Davos World Economic Forum)的影响力作为目标，结合英国作为世界领先的创意和经济领域的独特优势，发起全球创意商贸会议。这是对世界创意论坛(World Creative Forum)创始人思想的进一步发展。这将有助于巩固英国作为全球创意中心的地位，也将为创意和经济领域的领导者提供一个平台，以便进行更深入的接触和开展对话。

7.13　随着时间的推移，我们希望论坛能发展成商业议程上具有全球意义的论坛。我们计划于2008年秋季在伦敦进行试点。这一举措还将涉及其他全球中心，例如美国西海岸(American West Coast)发展战略联盟。此外，我们希望论坛的成功举办可以掀起英国其他地区以及全球其他城市创意发展的热潮。

承诺 25

我们将与伦敦市长和其他合作伙伴开展合作，保护伦敦的诸多创意节日，并加强与全国各地重要节日之间的合作发展。

7.14　博物馆和画廊，如泰特(Tate)、维多利亚和艾伯特博物馆，为提升英国创造力的国际声誉作了很多贡献。薇薇恩·韦斯特伍德(Vivienne Westwood)的作品已经在11个国际城市进行展览，深刻地表明了它们的无限潜力。每年都有很多盛大的节日和展示伦敦卓越的创意产业的推介活动，比如伦敦时装周、伦敦设计周以及伦敦电影节。这些和其他推介活动都有利于为英国的工业活动提供工作和灵感，英国工业活动本身就居于世界领先地位，每年的营业额超过200亿英镑；它们也成为旅游经济发展中的关键着力点。但伦敦可以更有作为。文化、媒体和体育部将支持伦敦市长与这些活动的组织者开展合作，最大限度地树立伦敦的全球形象和推动创意产业的发展。

7.15　我们将通过这一工作与全国各地的重要节日合作发展。

7.16　政府将支持这些承诺，并通过其他措施来支持基础设施的建议，其中包括以下两个具体的项目：

①举办伦敦时装周的地点将永久定在伦敦中部，这是由议会规划和其他许可限制决定的。伦敦时装周是时尚界的盛事，它提供了一个让英国时尚行业走向世界的窗口。近年来，它已经与巴黎时装周、米兰时装周和纽约时装周共同跻身为世界四大时装周，而它也以发掘新兴的时装设计师著称。然而，随着日益激烈的国际竞争，伦敦必须更加努力才能保持现在的地位。虽然伦敦时装周是将自然历史博物馆作为临时的秀场，并且运行效果良好，但是拥有一个永久性的场地将有助于负责组织这一活动的

英国时装协会更专注于活动的推介和品牌的建设。

②文化、媒体和体育部最近宣布，将划拨给英国电影委员会 2 500 万英镑的资金，用于支持英国国家和地区发展。英国电影协会建议，在伦敦南岸建设一个新的电影中心，它集图书馆、展览和电影文化于一身，并具有将英国打造成一个国际电影中心的潜力。这一建议还处在早期酝酿阶段，政府正与英国电影委员会和英国电影协会共同努力，决定是否可以满足各类条件，以吸引众多来自公共和私人的资金，使这个项目变为现实，要让伦敦和英国其他地区都能体验文化，都能参与这样的庆祝活动，同时也能享受电影带来的乐趣。政府的支持是有条件的，即英国电影协会能够制定一个可行的商业计划来应对所有的问题。

文化外交

7.17 当更正式的联系途径未能达到效果时，可以通过文化和创意产业来建立、发展和维持国际关系。电影、电视、时尚、设计、艺术和音乐可以将影像和思想有力地传达给广大受众，使不同文化能够相互了解，进行经验分享并建立共同的目标。

7.18 我们需要支持这一有价值行动的开展。我们也倾向于给地理上需要优先发展的国家或地区提供额外的支持，我们正在与印度达成一项高级别项目合作协议。文化、媒体和体育部将努力确保政府、英国文化协会和英国广播公司全球服务与文化领域建立更多的联系，并通过举办论坛，共同商讨需要优先开展的工作和合作。需要通过现有的数据库和规划好的国际文化创意承诺的支持以实现更好的规划，达到更高的效率。以文化、媒体和体育部为基础的资料库也将用于规划部长级别的海外访问。文化节目“联通中国—英国”(The China：UK Connections)就是一个很好的例子。

来自世界的人才：移民政策

7.19 英国创意经济靠来自世界各地的人才滋养，这些人才又吸引众多企业到英国发展。因此，我们需要吸引人才到我们国家。目前政府正在对英国移民政策进行改革，预计于 2009 年完成，它包括一个新的计点积分制、更简单的入境途径和新的签证费用结构。新政策将更加透明，并会确保英国吸引到与英国需要的技能相匹配的人才。

7.20 政府要把创意产业的特殊需求纳入考虑的范围。计点积分制系统将包括一个专门的创意和运动的子类。我们要与相关领域的代表进行协商，共同制定政策。

总　　结

7.21 英国是世界创意之都。我们只有成功应对本文件中所提出的挑战，才可以继续保持世界创意之都的地位。通过对节日和全球创意商贸会议的投入和支持，我们可以表明立场，同时让世界领先的创新商业人士齐聚伦敦。

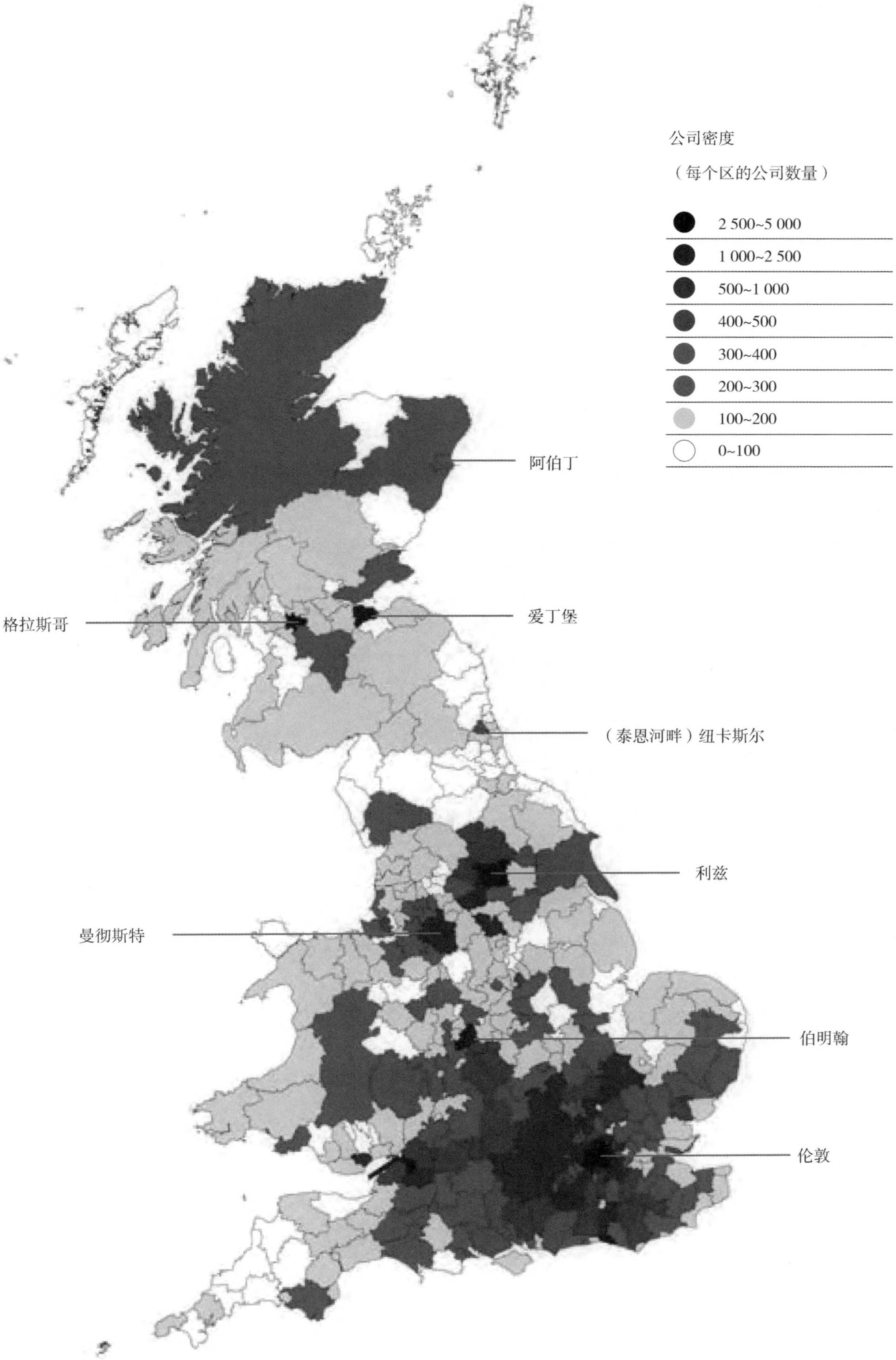

英国创意产业公司密度图

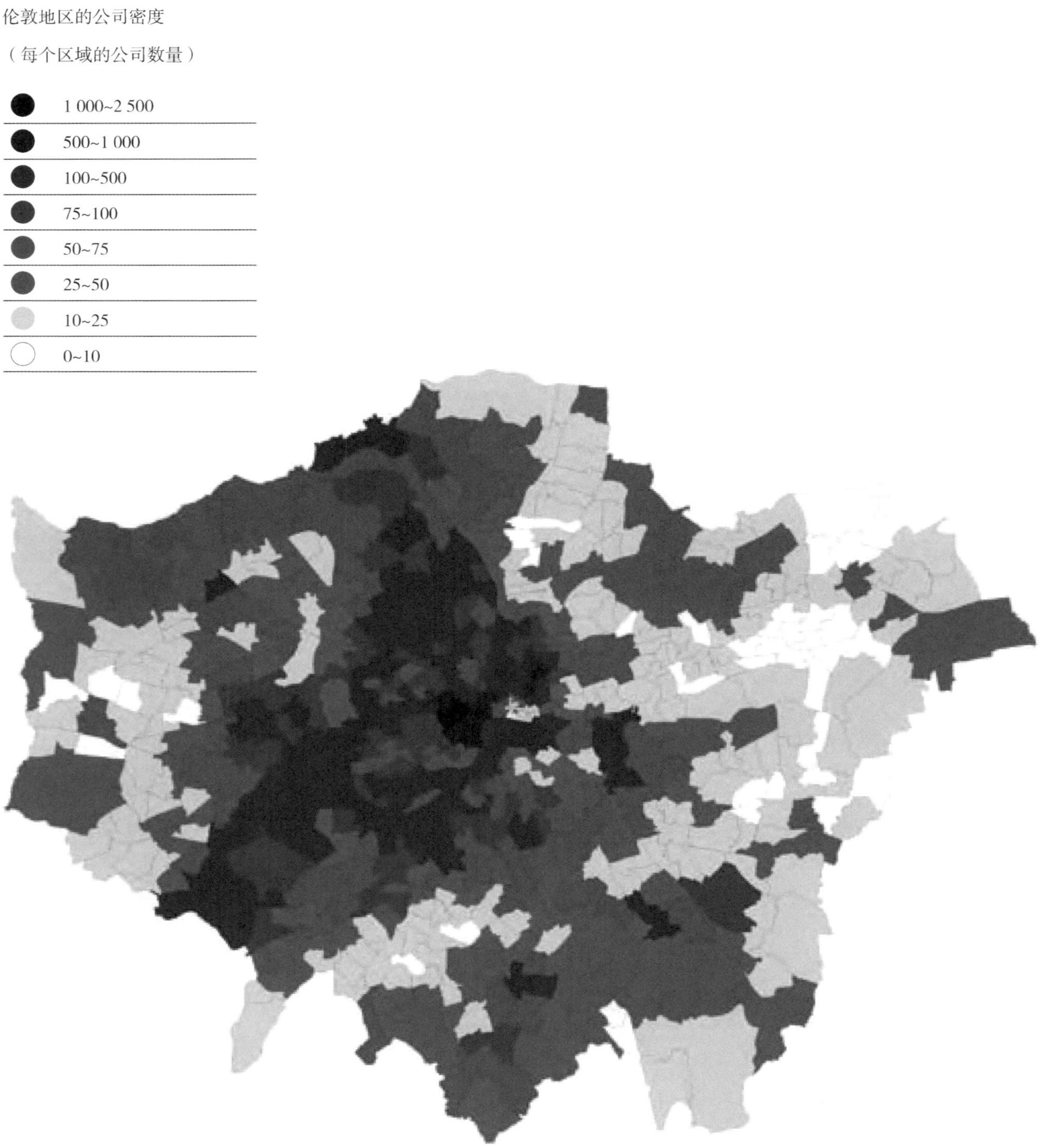

伦敦地区创意产业公司密度图

8. 不断进行战略创新

挑战		对策
加强对创意产业实践的分析	⇨	创意产业发展的实践框架
兑现承诺		创意经济部长级理事会
用信息将创意企业和利益相关者联系起来		互动网站

创意经济战略的发布标志着一个为期两年的创意产业项目推进到了顶点。这一战略由商业、企业和改革管理部，几十个利益相关者组织以及英国财政部(HMT)，创新、大学和技能部(DIUS)，儿童、学校和家庭部(DCSF)，社区和当地政府(CLG)等多个政府部门共同推进。当我们着手兑现承诺时，我们需要合适的交付机构，还需要有使产业和利益相关者都能参与其中的机制，以确保所制定的政策能够与创意产业快速变化的步伐保持同步。

承诺 26

我们将建立合适的机制，以确保创意经济计划与当地发展节奏保持同步。

部级理事会

8.1 “创意经济计划”使产业和其他利益相关者可以开展高级别的对话。它们的参与对于创意产业发展发挥着重要作用。经济增长来自创意经济的不同领域。我们希望，在继续推进落实各项承诺时仍能维持这样的互动水平和提供建议的水平。

8.2 为了更好地解决这一问题，政府将设立一个管理机构，它能调控所有可用的技能、经验和专业知识。它由大臣领导的工作组负责，由核心政府利益相关者的代表组成。此外，工作组还下设一个专门的委员会，将对参与创意产业的创意部门和非政府部门的公共机构的利益进行思考。在文化、媒体和体育部内部也将成立一个计划委员会(Programme Board)。

8.3 这些委员会将确保本文件中所做出的承诺都得到充分的重视，并得以实施。它们也将为未来战略发展提供建议。

互动网站

8.4　我们期盼创意经济战略能够不断进行创新。但是，我们需要推出一项机制，使这种进步与行业本身的进步保持同步发展。

8.5　因此，文化、媒体和体育部将建立一个互动网站。利益相关者可以在网站上发布信息共同讨论战略目标，表明自身存在的压力和挑战。

8.6　文化、媒体和体育部还将与业界探寻发展一系列基于网络的服务和工具的可能性。它要能确定创意产业中的活动者，包括企业、教育机构，特殊项目和创意集群。它可以提供网络设施(利用"创意产业知识转移网络"(Creative Industries Knowledge Transfer Network))。它还能提供一个"创意日历"(Creative Calendar)来帮助企业充分利用年度节庆和其他机会进行展示。

8.7　所建立的这个网站是独立于政府而运行的。在该项目初期阶段，政府将提供资助，以期在短时间内能让其独立运行。

实证和研究

8.8　实证和分析一直是"创意经济计划"的一个重要方面，其所开展的相关研究对政策制定具有重要作用。

8.9　通过"创意经济计划"，我们已经形成了一个完善的研究团体，它所开展的合作和委托的项目成为创意产业发展的实证基础。创意经济计划实证小组(Creative Economy Programme Evidence Group)将相关组织机构整合在一起，为创意经济计划期间所开展的委托研究项目提供建议和指导。相关内容都发布在创意经济计划网站上，网址为 www.cep.culture.gov.uk/cepevidence2007。

8.10　创意经济计划实证小组是由相关政府部门、非政府部门公共机构、国家统计局(Office for National Statistics)、区域机构、行业技能委员会(Sector Skills Councils)、苏格兰行政院(Scottish Executive)和大伦敦政府(GLA)的相关代表，以及包括伦敦经济学院在内的学者们组成。尽管我们已经拥有了一个权威的以实证研究为基础的创意产业，但是对于学者和研究机构来说仍然还有很多工作需要完成，创意产业已经成为他们重要的选题。

8.11　文化、媒体和体育部将继续加强统计框架和研究方法的相关工作，并对创意产业进行评估。我们将继续与研究机构合作，就这些问题提出建议，同时与科研界开展合作，用研究得出的结论来推动政策的发展。

政府权力下放

8.12　在政府权力下放部门工作的公职人员曾参与过一系列与协助本文件的编写有益的讨论。这里所提出的一些措施，比如旨在促进和保护知识产权的承诺将在整个英国范围内实施。文化、媒体和体育部将同政府权力下放部门，包括与之相关的机构进行磋商，确保其职能能够得到有效实施。政府权力下放的相关工作正在开展。例如，苏格兰行政院新近公布了一项经济战略，将创意产业确定为需要优先发展的六大优势产业之一，并正思考如何在这样的背景下改善商业发展服务。

威尔士议会政府

威尔士议会政府对创意产业能为其经济所带来的重大贡献有着非常清晰的愿景。威尔士议会政府通过了题为“创意成功”(Creative Success)的战略。在这个战略中，对企业和政府之间的合作方式进行阐释，并认为这种方式植根于知识产权的创造和利用。它旨在帮助对威尔士的经济发展有显著贡献的企业，并制定政府部门对创意产业进行支持的具体办法。

更多详细信息，请访问网址：www.wales.gov.uk。

北爱尔兰议会

北爱尔兰地方政府将主要目标设为，到2011年，创意产业增长比例高达15%。文化、艺术和休闲部(DCAL)带领创意产业工作组对一系列针对发展北爱尔兰创意产业支持行动进行审议。文化、艺术和休闲部自2008—2009年度开始，3年共获拨款500万英镑，并成立了创意产业种子基金(Creative Industries Seed Fund)。该基金将向新兴创意企业直接提供支持。

更多详细信息，请访问网址：www.dcalni.gov.uk。

总　　结

8.13　创意产业发展迅速，适应并开发新的技术，服务新的受众。英国为维持在创意产业方面的优势，必须推出一系列合适的组织机制。通过设立一个部级工作小组、一个互动网站，进一步鼓励开展实证和理论研究，我们可以确保政府的政策与这些朝气蓬勃的创意产业发展节奏保持同步。

承诺摘要

让所有儿童接受创意教育

1. 我们将对“发现你的天赋”项目进行试点，每周为儿童和青少年提供 5 个小时文化体验的机会。

人才走向工作岗位

2. 我们将推出“天赋通道”方案，以支持和激励来自不同背景的青少年在创意产业中得到发展。

3. 文化、媒体和体育部将与非政府部门公共机构及其分支机构合作，采取行动推动更加多元化的员工队伍的建设。

4. 我们会开展研究以保证学生们在学校所学的技能能够为创意经济作出最有效的贡献。

5. 我们会鼓励雇主和技能培训者建立具有代表性的创新学习场所。

6. 我们将扩大全新的“学术中心”所带来的影响，它支持学校、继续教育和高等教育之间的合作，为 14~25 岁人群提供点对点的创新技能培训。

7. 从 2013 年开始，创意产业提供学徒岗位数量达到每年 5 000 个。

支持研究和创新

8. 技术战略委员会将投入 1 000 万英镑，用于推进创意产业开展新的合作研究，并推动其进一步发展。

9. 国家科技艺术基金会将投入 300 万英镑，用于支持“创意创新成长计划”的推进。

10. 技术战略委员会将为创意产业建设知识转化网络。

11. 将委托创新、大学和技能部开展研究，从而更好地对创意产业经济效益进行量化，特别是明确创新为这些行业带来总增加值。

促进创意企业发展并为其争取资金

12. 英格兰艺术委员会将促进创意经济计划目标的实现。

13. 在西南、东南、西北、东北和西米德兰的地区发展局为创意产业发展指明航向。

14. 我们将鼓励创意产业参与企业资本基金投标——期待这一行动能够使更多资金流入创意产业。

促进和保护知识产权

15. 我们将就立法问题进行磋商，要求互联网服务供应商和版权所有人开展合作，对非法文件共享采取行动——该项立法在 2009 年 4 月实施。

16. 英国知识产权局将知识产权立法执行计划付诸行动。

17. 我们将推进更好地了解知识产权的价值和重要性的工作。

支持创意集群的发展

18. 地区发展局将在西北和西南两个试点地区对创意经济的战略框架进行试验。

19. 政府将对下一代宽带建设可能面临的投资障碍进行审查。

20. 通过与地方政府协会和地区发展局的合作，我们将建设一个“地方基础设施目录”。

21. 英国电影委员会将与英格兰艺术委员会和艺术与人文研究委员会合作，共同推动“混合媒体中心”的建设。

22. 根据“现场音乐论坛”上提出的建议，我们将以伦敦市长制定的工作案例为模板，鼓励对现场音乐表演场所的保护。

推动英国成为全球创意中心

23. 英国贸易投资总署将制定一个五年规划，以“提升英国创意产业的国际竞争地位”。

24. 我们将发起全球创意商贸会议。

25. 我们将与伦敦市长和其他合作伙伴开展合作，保护伦敦的诸多创意节日，并加强与全国各地的重要节日的合作发展。

不断进行战略创新

26. 我们将建立合适的机制，以确保创意经济计划与当地发展节奏保持同步。

文化、媒体和体育部
用再生纸在英国进行印刷

2008 年 2 月 22 日

创造文化空间：大力发展地方文化，为青少年成长成才服务

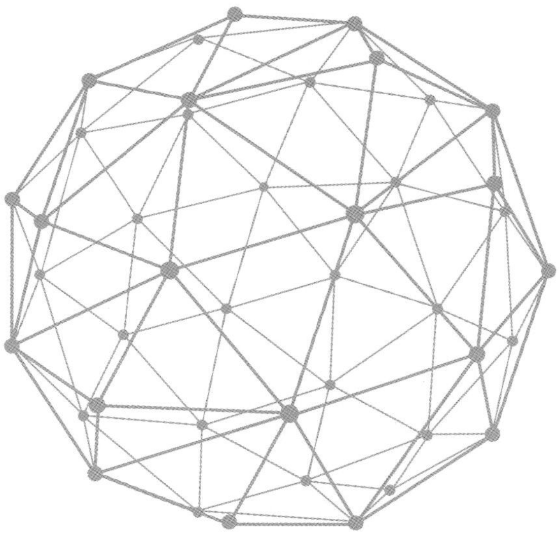

* 文件由文化、媒体和体育部，儿童、学校和家庭部发布于2009年3月。

我们着眼于通过文化和体育活动来提高民众的生活质量，我们支持追求卓越，我们支持旅游、创新和娱乐产业的发展。

文化、媒体和体育部

我们的目标是通过以下方式让英国成为青少年成长的理想之地：

· 让青少年健康、快乐
· 确保青少年平安幸福
· 提供顶尖的教育
· 帮助青少年走上正轨

儿童、学校和家庭部

每一名青少年的文化之旅

前瞻性的设想

根据法律规定，青少年将获得接触文化的机会，每周至少体验 5 个小时的高品质文化生活。

《21 世纪学校白皮书》关于“学生保障条款”作出如下规定：

……通过学校和其他外部机构(如图书馆、博物馆和表演艺术团体)合作伙伴关系的建立，每一名学生都有机会在校内外接触到高品质的文化活动；随着时间的推移，期望文化体验时间达到每周 5 小时。

这是改变青少年在校内外体验文化方式的又一重要举措。

截至目前，我们已完成以下工作：

· 积极加大对文化教育产业的投入，2008—2011 年，向各类机构举办的文化教育项目投入至少 5.7 亿英镑；
· 自 2007 年起，进行中学学习方案的修订，涵盖艺术与设计、文学、音乐和戏剧等多个领域；
· 小学新课程体系中包含新的学习领域，特别关注艺术鉴赏，培养探索、调查和实验能力，培养创新、设计、发明、作曲和编舞能力，培养即兴创作、排练和提炼能力以及展示和表现能力；
· 确保越来越多的小学生至少学习一种乐器。

通过以上这些举措，将文化体验转变为惠及每位青少年的项目。这样，学校、地方政府和文化组织共同努力保证青少年从这些发展带来的机遇中受益。

韦恩·麦格雷戈(Wayne McGregor)

青年舞蹈冠军

“我热爱舞蹈，舞蹈不仅占据我生活中的很大一部分，还为我开启了乐趣之门；我非常高兴现在能有机会为其他青少年开启类似的大门。我很幸运，当我第一次发现我的舞蹈天赋时，就在职业选择上获得了全力支持。不是所有的年轻人在这方面都如此幸运，我很荣幸参与这项振奋人心的计划，相信这项计划将激励和创造更多的机会，让更多的年轻人尝试自己跳舞，并被其内在的力量所吸引。”

类似这样鼓舞人心的例子还有很多，这样的伙伴关系会激发新的热情和兴趣，我们致力于所有的孩子都能拥有这种机会。

比迪克堂幼儿园和海关合作“发掘你的天赋”项目

南希尔兹(South Shields)的一所幼儿园通过文化活动提升了在英国教育标准局(Office for Standards in Education，Ofsted)的排名。比迪克堂幼儿园与海关携手努力，推出的“发掘你的天赋”探路者活动，将幼儿园的排名从“合格”提升到“良好”。

比迪克堂幼儿园和海关的合作项目包括音乐和电影制作，以支持学校的创新和文化发展。最重要的是它给了孩子们机会。

园长马拉·爱德华兹(Myra Edwards)说：“我们有一大批高素质的艺术家，包括声乐联盟和琶音电影，他们与孩子们合作，并帮助我们的教育工作者提升信心，开发出更具创新性的教学方法。教育标准局给出的积极评价是我们努力工作的结果，他们赞扬我们朝着给学生提供更具创意的课程来激励学生的目标前进。”

该项目已经为学校工作人员和学生创造了一个非常积极的环境。2010 年 1 月，教育标准局在最新发布的报告中指出：校内和校外的课程都提供了令人兴奋和激动的活动来促进学习。

马拉·爱德华兹说明了孩子们是如何从该项目中获益：“学校中有许多孩子来自强势家庭背景，尽管如此，这些孩子们满怀热情地迎接艺术家们带来的新体验。每当穿过校园，听到孩子们欢乐的歌声，看到孩子们专注于他们的学习，谈论他们的作业，享受他们的生活，我都十分开心。”

“作为学校，我们致力于使学生们成为‘终身学习者’。我们觉得这个项目是极具价值的。”

《序曲 2012》

“舞蹈之伞”(Dance Umbrella)是世界上最具创新性的编舞团体之一，每年在伦敦举办舞蹈节展示来自世界各地最好的舞蹈创作。

“舞蹈之伞”最核心的使命是把非专业的表演者带入舞蹈节，让他们有机会与世界一流的艺术家合作。

2008 年 11 月，“舞蹈之伞”和来自伦敦 30 多个行政区的年轻人合作，推出了一个大型舞蹈项目。《序曲 2012：力量与激情》是“舞蹈之伞”与“英国青年舞蹈”合作的舞蹈，120 名 8~17 岁的伦敦青少年从身体、情感、艺术和审美多方面领略到专业现代舞蹈的魅力。

青少年和励志编舞家罗斯通·马尔多姆(Royston Maldoom)在皇家阿艾伯特音乐厅与伦敦交响乐团合作演出了肖斯塔科维奇(Shostakovich)不朽的《第十交响曲》(*10th Symphony*)，这一晚的演出吸引了 4 000 多名观众。《每日电讯报》(Daily Telegraph)给予五星评价，并发出这样的赞叹，“(舞者们)充满信念和献身精神的演出，使得每一个表演动作胜过千言万语”；《泰晤士报》(Times)做出了这样的评价：“这真是一个非比寻常的夜晚。”

那些参与演出的人员的反馈也证实了我们的判断，那就是即使没有经验，青少年们同样可以对最高水准的艺术资源作出积极回应。这也表明这些年轻的舞者享受着参与大型演出的机会，每个人都从中获得了自信和自尊，特别是对那些几乎没有演出经验的舞者来说。参与表演的奥蒂莉（Ottilie）是这样形容自己的感受：

“我拥有了那样一段神奇美妙的时光。谢谢！我欠罗斯通及其团队太多了，因为他们已经完全改变了我的生活。”

“我知道我现在有能力做任何事情。”

我们在实现目标的道路上阔步前行。根据“参与”调查项目（Taking Part）的最新数据显示，已经有超过 2/3 的 11~15 岁青少年每周至少参与了 5 小时的校内外组织的文化活动。

为了接触到那些还没有参与文化活动的青少年，也为了让他们能够获得这些机会，我们在全英 10 个不同地区进行试点和积极推出适合儿童和青少年文化教育的新举措。“发掘你的天赋”项目的开拓者们正在帮助我们解决究竟该如何定义提供给儿童和青少年的机会，以及我们应该怎样才能接触到那些没有机会参与的孩子们。

“发掘你的天赋”这一项目把传递机会的责任交给参与合作的地方机构，并且以年轻人为中心来打造这些机会。这一模式为青少年以及他们的家庭产生积极的影响。

现在，我们将运用我们的所学使每一位青少年从这里获益。

发掘的你天赋：北萨摩塞特

“发掘你的天赋”对北萨摩塞特的青少年服务中心产生了十分重大的影响。它已经深入到 1.2 万名青少年中，资助了超过 200 个项目，并且让青少年服务中心的领导者树立了优先为青少年提供文化服务的理念。

在过去的 6 个月里，“发掘你的天赋”采用了文化枢纽中心的结构，从而提供了一种更加具有战略性的项目，这一项目满足当地的需求，能切实解决现实问题。5 个枢纽中心都是由学校、扩展服务中心、青年中心、青少年和文化部门组成，目标是在正式和非正式场合提供统一的教育内容。

40 个合作伙伴由来自各地区最优秀的文化组织构成，其中还包括国家级的组织，比如皇家莎士比亚剧团（Royal Shakespeare Company）、兰伯特舞蹈团（Rambert Dance）、伦敦时装学院（London College of Fashion）以及个别地方实践者。这些合作伙伴都驻在枢纽中心，以促进项目的开展和建立新的合作关系。

枢纽中心模式推进协同工作思维的拓展，提供文化活动开始被视为是地方政府应该完成的工作，而不是额外增加的。这就像把拼图所缺的一角补齐，而不是往一个已经饱和的市场中添加新事物。目前的重点在于对现有工作进行巩固和重新整合。

开拓者已经获得地方政府额外的补贴以支持文化活动的开展。这是一个很好的案例，向我们阐述了如何协调各类文化活动以确保所有青少年在 2011 年 7 月之前都有机会获得高品质、积极的文化体验。

文化对青少年的重要性

卡罗尔·安·达菲(Carol Ann Duffy)——桂冠诗人(Poet Laureate)

“第一首我用心去学习的诗歌是《夜莺颂》，那时候我10岁，刚刚开始学习写作。我的老师蒂舍尔女士(Mrs Tilscher)把我的诗打印出来，这给了我很大的鼓舞。我仍然记得当我看到我的诗跃然于纸上时的激动心情。看到它们从幼稚的笔迹变成打印在纸上工整的印刷体，感觉这一切就像是魔术一样。它们就像有了新的生命，当时我激动得仿佛自己已经出版了一本书。”

我们致力于文化服务的推广普及，因为接触文化确实能给青少年带来了极大的好处：

- 通过创作、表演和享受各种各样的文化体验，青少年有机会发展新的兴趣，提升他们的抱负，并且开发他们未知的潜力。
- 了解艺术并且有机会参加文化活动，为年轻人提高自身技能和社交能力提供了有效的途径。有明确的证据表示，参与喜剧或音乐类的活动可以作为正规教育的补充。此外，还可以为偏离了正规教育的青少年提供新的出路。
- 文化活动对青少年的态度形成也能产生深刻的影响，同时文化活动还可以培养创意产业雇主所需要的技能：创造力、团队工作能力、想象力和自律能力。

特尔福德达人秀(Telford's Got Talent)

杰克(Jack，14岁)正是由于他的“特尔福德达人秀”创意，现在已经开始经营自己的舞蹈团。

杰克和他的朋友西恩(Sian)接触到“青年纽带”组织，并且在当地议会的帮助下申请到1万英镑的活动经费，从而将这个想法变成了现实。

来自该镇最贫困地区之一的杰克加入了团队，并开始编写计划书，进行风险评估，组织试镜、新学员训练营和排练，积极筹备一场演出。

经当地媒体的大力宣传，“特尔福德达人秀”拥有3万多名观众，现场600个观众席位被一抢而空。

这个项目使杰克有机会赢得艺术银奖。作为这个奖项的一部分，他成立了自己的舞蹈团，参加了雕塑、图片修饰等活动，并且采访了音乐剧演员，以了解成为一个真正的表演者所需要的素质。

自从获奖，杰克获得了学校提供的舞蹈教师职位和资金，这将有助于他经营社区舞蹈团。

他的下一步计划是什么？为艺术金奖奋斗。

有关艺术奖项的更多信息请访问：www.artsaward.org.uk。

我们在音乐教育方面的进步已经证明，文化活动对激发和培养青少年兴趣和才能方面有着显著效果。我们希望这些影响能够拓展到其他文化形式中。我们要确保每一位青少年都有机会：

· 体验一系列校内外的文化活动；
· 然后扩展和深化他们特有的兴趣和技能；
· 如果他们有能力和动力，可以将他们的热情投入到创意文化产业中。

昆汀 · 布雷克(Quentin Blake)——插画家

更多信息请访问：www.culturallearningalliance.org.uk。

“对我来说，能够参与到学校杂志的写作、绘画和编辑过程，是很有意义的；但后来发现，更有意义的可能是参加学校莎士比亚戏剧表演。有意义的并不是我所表演的部分，而是整个体验的感受；去理解人物，感受情绪、节奏、重点和对比，尽管很多时候我都是无意识地去体验。”

创造性的合作关系：英国皇家歌剧院

自 2008 年以来，110 所埃塞克斯郡和赫特福德郡的中小学通过与英国皇家歌剧院的创新性合作来达成泰晤士河口区的创造性合作关系。现在正在与超过 100 位艺术家合作，共同培育下一代的创新能力和艺术技能。

与皇家歌剧院的合作开辟了广大艺术家与中小学长期且有意义的合作道路，提供了无数通过学校学习艺术的新机会。具有创新性的专业人士，如诗人、舞者、画家和雕塑家、作家、演员、电影制作者以及摄影师，都与学校合作来激励和支持职工、管理者、家长和孩子们学习艺术。

过去几年成功的项目包括与一名短篇小说家的合作，他带领教师和孩子进行了一次探索之旅——让他们对学校图书馆书籍进行重新分类。他们利用这个机会去探索书籍带给人类的体验，并唤醒了他们对书籍以及对与视觉和声音艺术家合作的热爱。他们使用相机和专业的摄影设备去探索“光与声音”以及“更新材料”的课程领域，把科学和艺术结合起来从而提高孩子们的学习能力。

与英国皇家歌剧院的合作关系也鼓励学校去创造表演的机会与感受文化和艺术的机会，12 所学校在绍森德购物中心进行表演，超过 1 000 名教职工、学生和他们的家庭去观看在考文特公园进行的歌剧和芭蕾表演。

2010 年秋天，位于瑟洛克的新皇家歌剧院生产园即将开业，成为英国有史以来第一个拥有卓越的技术能力、工艺以及表演艺术现场音乐作品的国家级中心。这种创新型合作伙伴关系将有助于提升青少年的志向和技能，同时也为该地区未来青年人的就业开拓了空间。

确保提供文化活动参与机会

目前，普遍认为青少年应该享受高品质的文化活动，而面临的挑战是要确保他们都拥有平等的机会。这种机会要确实存在，并且不受地理因素、人口因素以及社会或家庭情况的影响。

莉莉·艾伦(Lily Allen，歌手)

TuneIn 电台推出，年度音乐

“有段时间，我不擅长做任何事情，我是陷入困境的孩子，不擅长学习，但是她(我的老师)发现了不一样的我，帮我补习，并帮助我重新建立自信。”

“发掘你的天赋”项目的开拓者已经发现了文化活动参与机会的不均等现象。资料显示，来自贫困家庭的青少年无法参与到文化活动中来。

这些孩子本可以从文化活动中受益颇多，但因为各种原因没有参与进来。他们可能会觉得文化活动并不适合他们，或者不太知道应如何参与文化活动。解决这个问题不仅仅是在当地开设更多项目，而是要集中力量接触到贫困家庭的青少年，并且消除他们参与活动的障碍。

“和谐利物浦”(In Harmony Liverpool)项目

受委内瑞拉音乐救助体系(Venezuela's El Sistema)的启发，“和谐利物浦”项目是儿童、学校和家庭部资助的三个社区发展项目之一。这些项目利用音乐给英国最贫困地区的孩子带来生活上的积极改变，同时也给更广泛的社区带去显著的利益。这个项目由朱利安·劳埃德·韦伯(Julian Lloyd Webber)主持，旨在鼓励孩子参与类似交响乐团形式的音乐活动，这些活动让参与的孩子受益良多，为他们在社会和音乐上的成长与发展提供了机会。“和谐利物浦”项目由皇家利物浦爱乐乐团负责，总部设在西埃弗顿(West Everton)，它是西埃弗顿、信仰小学、利物浦音乐支持服务社、希望大学和利物浦爱乐乐团以联合招标与合作方式推进的。

西埃弗顿儿童乐团现在定期在菲尔音乐厅进行演出，并且好评如潮。每名西埃弗顿的适龄儿童都有机会从 4 岁起学习一种乐器。在乐团中，每个人都发挥着积极作用。乐团注重培养儿童领导才能、团队精神、自律意识和沟通能力，让他们学会尊重友谊、享受乐趣和参与积极的社会体验。孩子们以乐团助演的身份去学习、排练和表演，为提高音乐才能和音乐修养奠定了基础。

谈及项目的效果，教师、家长和学生普遍反映他们的注意力和执行力有所提升，日常行为和出勤率得到了改善。

“你可以从学生和教师的行动里看到希望……这是一个奇迹”，一位家长说道。

“‘和谐利物浦’项目正在改变着学校，并为我们的社区带来新的活力。这个项目正在以意想不到的方式改变着孩子们的生活；他们希望参与音乐活动，演奏乐器。它给了孩子们更多的生活目标。”信仰小学的校长说道。

感谢“发掘你的天赋”项目及其他项目的开拓者们，现在我们知道该如何确保提供文化活动参与机会：

· 如果我们想要覆盖到那些没有参加校外活动的孩子们，那么把文化活动纳入日常教学，用以充实和扩展课程也是十分必要的。
· 家长的支持非常重要，我们不能只接触孩子。因此，家庭文化项目及其提供的文化活动参与机会是地方项目的关键部分，包括邀请低龄儿童的父母也参与到文化活动中。
· 年龄稍大的孩子易受同龄人的想法和行为影响，那些邀请青年担任导师或代言人的项目很有前景，可以覆盖到那些平时难以接触文化的孩子。
· 通过正确的方式让年轻人及其家庭获取信息是至关重要的——许多家长和学生表示，他们没有参加活动的原因是他们不知道自己可以参加，也不知道如何参加。

菲兹威廉博物馆（Fitzwilliam Museum）的“热情”活动

菲兹威廉博物馆推出了专门针对年轻人的晚间娱乐活动。将近 180 名年轻人来到博物馆，参加为时数小时的现场音乐、演出、闲聊、动手实验室活动。这是由一群年轻人与博物馆教育团队共同举办的“热情”活动，菲兹威廉博物馆还是第一次举办这种类型的活动。博物馆计划以后每年举办两次类似的活动。

国家的雄心由地方传承

我们给予国家级项目大量资助，然而地方主义发展趋势和“发掘你的天赋”项目的成功意味着我们需要重新思考我们的文化传承模型。《21 世纪学校白皮书》明确指出，预算和决策将逐渐移交给最熟悉该地区和当地青年人的人。

通过“发掘你的天赋”项目，我们明显发现，地方政府往往要充当衔接学校、当地部门和文化部门的角色。地方政府的领导可以将服务进行整合，提供项目执行的全景概况，更重要的是确定与目标的差距。

一个运行良好的项目具有以下特征：

· 得到地方政府各大部门的积极支持；
· 伙伴关系的建立促进地方文化战略的发展；
· 文化传承项目指定专人负责，并确保其走进中小学，延伸到学校及青年服务的更广阔实践中；
· 畅通青年献言献策的通道，并对文化项目推进发挥核心作用；
· 在与地方政府核心部门或群组共同工作中，学校发挥着核心作用。

中小学在整个过程中扮演着关键角色。这不仅仅是因为他们为年轻人提供课程，最重要的是在学校里可以点燃学生的激情和兴趣，并且这种影响可以延续到校园之外。

将旅行和参观作为课外学习项目的重要组成部分，通过扩展服务提供的活动极大地丰富了课程教学，这也使学校有更多的机会提供文化活动。

未来计划中的“塑造学校”项目将为表演和学习新生代艺术提供场所。特别是专业艺术院校作为当地文化活动的中心应该发挥关键作用。

我们为地方政府提供了实时更新的儿童信托基金工作指导，以促进这一模式的广泛推广。地方政府在儿童信托基金组织的安排下，将被授权联合许多机构和组织帮助青少年进步，并确保文化发挥其应有的作用。

校外文化活动

地方政府在当前提供的文化活动参与机会的基础上建立更为常规和优质的路径，以确保能覆盖最难接触到文化的孩子。“扩展学校”和“积极活动”是两个让青少年接触文化的重要项目。

- 到 2011 年，每所学校成为扩展服务的一部分，我们将确保他们提供的艺术和文化参与活动是最好的。
- 青年服务为青年提供一个重要的途径，否则他们可能没有机会参加校外活动，所以我们确保核心条款是要提供文化活动参与机会。在 2010 年 3 月 23 日发表的《年轻人应志存高远——三周年纪念》(尤其是在周五、周六晚上举办文化活动)曾经强调过文化接触途径的重要性。

派工厂(The Pie Factory)

旨在覆盖大多数青年的肯特音乐项目越来越受欢迎。以拉姆斯盖特(Ramsgate)、马盖特(Margate)和布罗德斯泰(Broadstairs)为首，派工厂为一群群游荡在“热点”地区的孩子们带来了城市音乐。

项目的移动设备——一辆改装过的迷你公共汽车载着年轻工人到公园、海边和住宅区，为年轻人谱写、演奏和创作属于他们自己的城市音乐提供帮助。

项目负责人鼓励年轻人用他们自己的经验和想法来塑造音乐，让他们第一次拥有自主权，并且增强他们的信心。

通过与地方议会、警察以及其他青年项目密切合作，派工厂已经帮助年轻人丰富周五晚上文化生活，若无所事事经常会导致反社会行为或犯罪。

项目推出的“家门口”活动还有一个额外的好处，那就是鼓励有兴趣的年轻人参加工作坊，并加入派工厂的授权课程。

最有效地利用文化组织

不仅是地方政府和中小学需要作出改变。

很多文化机构对迷失和叛逆青少年也采取了一系列的积极举措。我们想把这些方法模式化，给青少年创造出一种共享的体验。因此我们请求英格兰艺术协会(Arts Council England，ACE)带领我们进行积极探讨，思考如何能创造出更有凝聚力的领导力，如何进行文化传承。

我们期待学校和文化提供者共同进行文化传承。

很多文化组织表示，它们可以提供一些给青少年带来实实在在福利的项目。这些项目已经成功地获得了地方政府的支持。对其他一些文化组织而言，这是一个巨大的挑战，它们需要获得支持，这样才能以一种全新的方式开展工作。

“走入各地”(Engaging Places)项目

“走入各地”是一项给教师提供资源的项目，这样教师可以使用其他房屋、住所以及工厂开展教学活动。研究表明：90%的学生在教室外上课时能记住更多的知识。作为“走入各地”的项目成员，一所位于伦敦北部社区的特殊学校正在和大英博物馆合作，给学生提供在完全陌生的环境下学习的机会，通过游览这些恢宏的历史场所，增强他们的民族自信心。

在另一个“走入各地”项目里，来自橡树山(Oak Hill)第二学校和第三学校的学生和一个当地的建筑师以及布里斯托尔建筑中心(Bristol Architecture Centre)，开展了一些设计项目，二次开发城市中心码头旁边的荒废土地。这些学生都是被学校开除的，很多都有严重的行为问题。罗伯·迪恩(Rob Deane)老师称，该项目不仅有益于改善学生的行为表现，也帮助他们提高了学习成绩。这个工作项目是如此成功，学生们不由自主地为其鼓掌。

同样是在“走入各地”项目中，肯特郡的切尼特中学学生和当地的档案保管员、历史学家和组织者共同设计了一个粗略的指南，以增强同学们对地区的自豪感。他们调研了克罗斯内斯抽水站(Crossness Pumping Station)——一个位于艾利斯沼泽(Erith Marshes)的精心设计的抽水站。

更多信息请访问：www.engagingplaces.org.uk。

英格兰艺术协会(ACE)，博物馆、图书馆和档案馆协会(Libraries and Archives Council，MLA)，英国建筑与建筑环境委员会(Commission for Architecture and the Built Environment，CABE)，英格兰遗产协会(English Heritage)以及英国电影委员会(UK Film Council)将共同推出一个项目，以提高地方文化艺术组织进行文化传承的能力。

英格兰艺术协会重新设计了风靡一时的学校委托项目“艺术标志”(ArtsMark)来完成这项工作，以支持学校继续改善文化活动参与机会。

实现愿景

政府的作用不仅给年轻人提供文化体验，更要给当地合作伙伴创造繁荣发展的条件。

在国家层面上，有效的文化传承需要明确的方向，即不断宣传文化教育的力量来支持文化教育的发展，传递良好的实践经验，培养文化传承重点载体的能力。为了支持每一份进步，并不断实现地方文化传承的目标，我们要：

- 从儿童或者青年的角度提出好建议。
- 要和类似英格兰艺术协会，博物馆、图书馆和档案馆协会，英国建筑与建筑环境委员会，英格兰遗产协会，英国电影委员会，以及新形态下的文化学习联盟这类合作伙伴共同开展工作，并不断交流文化学习的心得。
- 文化教育基金要积极支持文化活动的开展。
- 继续建立知识数据库来说明什么样的工作是最有效的，与合作伙伴协同努力，建立一个优秀实践个案分析库，来展示他们工作的价值。
- 强调扩展服务在衔接青年校内外经历中的重要性：定期和青年人进行文化交流，强调艺术教育的重要性。
- 与文化学习联盟合作，用文化体验活动能对人生产生影响的理念来构建文化大使网络，进而推动学校与地方政府以及文化组织强有力的伙伴关系的建立。
- 将与大卫·帕特南(David Puttnam)担任主席的文化学习联盟积极合作，建立一个拥有高度认可度的网络来支持文化传承事业的发展。

综合这些举措以及所有相关合作伙伴和青年自身的资质、想象力和专业技能，我们将会逐渐实现我们的愿景。

英国文化、媒体和体育部
再生纸印刷

2009 年 3 月

英国文化、媒体和体育部 2008—2009 年度报告及报表

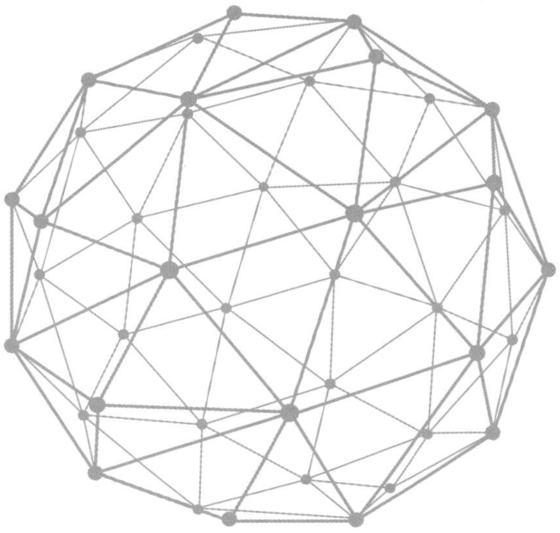

* Annual Report & Accounts 2009

文件由文化、媒体和体育部发布于 2009 年 7 月。

我们的目标是通过推进文化、体育事业来提升生活质量以及追求旅游、创意及休闲产业的卓越和领先。

依照《政府资源与账目法案(2000)》C. 20，S. 6(4)，提交至下议院(House of Commons)。

依女王陛下指示，部门报告提交下议院。

依女王陛下指示，资源报表及部门报告提交上议院。

文化、媒体和体育部

2008 年 9 月年度部门报告及资源报表(截至 2009 年 3 月 31 日)

依下议院要求付梓

2009 年 7 月 16 日

伦敦文仪办公室(The Stationery Office)；2009 年 7 月 16 日

HC 450 34. 55 英镑

这是文化、媒体和体育部系列报告的一部分，并与《主要预算报告(2009—2010)》《公共支出：统计分析(2009)》和《供给预算(2009—2010)：补充预算信息》文件共同反映了 2009—2010 年度以及 2010—2011 年度的政府结算和计划开支总体情况。

ISBN：9780102962123

目　录

序　言

对英国来说，文化和体育事业的重要性从未如此明显。

尽管全球正经历第二次世界大战以来最严重的经济冲击，仍有数以万计的英国民众蜂拥至博物馆、剧院、美术馆和历史古迹，并参加体育赛事。

多亏了政府推出的一系列举措，比如学校提供免费游泳以及诸多体育文化项目，我们从国家层面上支持体育发展，让更多的人有参与文化的机会。这是消除去年经济阴霾的一剂良药。

我们在文化、体育事业上有所成就，并且扩大了参与渠道。扩大参与渠道曾一度被认为是与文化、体育事业发展不相关的，但事实证明它们是相互推进的。

我们在奥运会和残奥会上打破了纪录，在其他体育赛事上也取得了骄人成绩，与此同时，更多的民众也积极参与体育运动。

《贫民窟的百万富翁》(*Slumdog Millionaire*)在奥斯卡大放异彩，音乐剧《比利·艾略特》(*Billy Elliot*)在托尼(Tony)戏剧奖中获得成功，吸引的年轻观众数量也打破了纪录，这在某种程度上得益于“特殊之夜”(A Night Less Ordinary)提供的免费门票，年轻人更多地参与当地社区文化和媒体活动，或者参加我们特有的夏日文化节。

获得欧洲文化之都(European Capital of Culture)殊荣的利物浦取得了更大的成功，我们提议效仿这一模式，在英国每四年开展一次英国文化之都(UK City of Culture)评选。

我们在规定的时间和预算允许范围内筹备2012年伦敦奥运会，由于奥林匹克公园的建设是欧洲最大的建设工程项目之一，奥林匹克运动会将推动英国商业的发展并创造更多的工作机会。数字化转换工作正在进行，并未产生有些人预测那样的灾难性后果。

在经济困难的今年，国家的文化和体育事业成为人民的寄托，这对英国经济复苏以及未来的繁荣至关重要。

《数字英国》(*Digital Britain*)报告概述了英国如何始终处在数字时代的前沿以及如何使已经处于领先地位的创意产业最大限度地增加就业机会。

在过去十年中，英国经历了文化、体育事业的复兴。当下，能参与到这方面的工作中是一件令人兴奋的事情，也是一种莫大的荣幸。

我们部及历任大臣都对有关国民生计的议程作出了不懈努力。这些工作都是关系国民生计的重中之重。我期望我们继续努力并且更上一层楼。

国会议员本·布拉德肖阁下(Rt Hon Ben Bradshaw MP)
文化、媒体和体育部大臣

序　言

2009年对文化、媒体和体育部来说是充满挑战的一年，对于其他政府(Whitehall)部门也是如此。经济衰退不可避免地影响到了我们的工作，我们需要将影响降至最低并为经济复苏做准备，但是这次经济衰退并没有影响我们的部门目标。部门目标仍然是：追求文化、传媒以及体育的卓越发展，拓宽发展机会，将经济效益最大化，在2012年成功举办奥运会和残奥会。

虽然部门目标始终如一，但是我们将优先工作事项改为政府对经济环境变化作出的回应。我们更注重发展创意产业和旅游产业，这两个行业都是雇佣巨头。2007年，仅旅游业就为英国带来了860亿英镑的收入，为150万民众提供了就业机会。2009年6月16日，《数字英国》与商业、创新和技能部(Department for Business，Innovation and Skills，BIS)联合发布的报告中阐述了政府关于全球数字经济的计划。2012年伦敦奥运会将直接带来约60亿英镑的合同，为英国企业提供成千上万的供应链机会。奥林匹克运动会不仅会为伦敦，更会为整个英国留下重要的、积极的遗产。

然而，除了经济价值，我们部门要鼓舞和激发民众，提升民众和社区的生活质量，在充满挑战的经济时代，这显得尤为重要。

文化、媒体和体育部推出了“额外覆盖计划”(Splash Extra Programme)，在夏天为贫困地区青年提供参与体育、多媒体和创意活动的机会，这就是我们可以有所作为的一大力证。通过政府推出的一些举措，比如免费参观博物馆，剧院门票免票和免费提供高质量电视节目以及对于60岁以上、16岁以下的民众提供免费的游泳机会等，文化、媒体和体育部旨在维持且增加机会，使得更多的人能接触到更优质的资源。

部门内部继续改革与完善，并在积极推进两大国家重大工程的实施——2012伦敦奥运会以及数位电视转换中保持了骄人纪录。部门内部重组将更多的资源投入到重点工作中。我们精简机构，提供更加专业化的服务，并且加强了我们与其他政府部门的合作。从部门支出的审查结果可以看出，我们所做工作取得一定成效，核心部门运行成本每年下降5%。

距2012年伦敦奥运会的举办只有3年，作为政府部门，我们有信心与相关行业一起在追求卓越和拓宽民众发展机会方面发挥更重要、更激励人心的作用。

乔纳森·史蒂芬斯(Jonathan Stephens)

常务副大臣

第一部分

一、关于文化、媒体和体育部

文化、媒体和体育部(Department for Culture, Media and Sport)负责执行政府有关艺术、体育、国家彩票、旅游、图书馆、博物馆、美术馆、广播、创意产业、新闻自由和发布、发行相关许可、博彩以及历史环境的政策，它也是 2012 年伦敦奥运会和残奥会的主要负责部门。

我们负责将历史建筑纳入保护范围并且对历史古迹发展进行规划，负责文化产品的出口许可，管理政府艺术收藏委员会(Government Art Collection)以及英国皇家公园(The Royal Parks)。文化、媒体和体育部也有仪式职责，包括协调国事访问的相关工作以及每年在和平纪念碑前举办国家纪念日活动。

我们有责任向那些遭受重大突发事件以及恐怖袭击(如孟买 2008 年 11 月酒店袭击)影响的民众提供人道主义援助。

我们与商业、创新和技能部①进行合作，合作范围主要包括数字转换、设计问题(包括设计委员会的资助)以及与电子游戏产业和出版产业的关系等方面。我们与儿童、学校和家庭部(Department for Children, Schools and Families, DCSF)共同负责儿童游乐政策的推进与实施。

文化、媒体和体育部负责 50 多个机构②，这些机构帮助我们实现战略目标和宗旨。在多数情况下，这些机构积极活跃在推进文化、媒体和体育活动的一线。

二、文化、媒体和体育部战略目标

我们的使命是挖掘国家创意和体育事业的潜力，我们的目标是拥有世界一流的文化、媒体和体育事业，挖掘人才，提高人民生活水平。

我们旨在通过文化和体育活动提高生活质量，追求卓越，并且支持旅游、创意和休闲产业的发展。

2008 年文化、媒体和体育部整体计划与上一个报告年度有关，从 2008 年 4 月开始可以在文化、

① 商业、创新和技能部创立于 2009 年 6 月，是由商业、企业和改革管理部(BERR)与创新、大学和技能部(DIUS)合并而来——本报告所用注释是商业、创新和技能部，如果在其未成立之前，那么注释则是商务、企业和改革管理部或创新、大学和技能部。

② 关于文化、媒体和体育部与公共机构的关系在本文件的资金管理部分进行阐释。有关所有公共机构的管理都被列在资金报表中。非政府部门公共机构在上述报表中占主体地位。在 2008—2009 年度的报表中，还包括 8 个地方文化协会和 1 个非政府部门公共机构。

媒体和体育部的官方网站①上获取相关资料。

所有部门都支持英国财政部制定的部门战略目标(Department Strategy Objectives，DSOs)，该目标确定了 2008—2011 年支出审查期间要优先开展的工作。文化、媒体和体育部有 4 个战略目标②：

目标 1：机遇，保障民众更广泛地参加文化、媒体和体育活动。

目标 2：卓越，支持人才的培养以及文化、媒体和体育事业的卓越发展。

目标 3：经济效益，所有部门都能实现经济效益。

目标 4：青少年的奥运会和体育运动，2012 年举办一届成功的、鼓舞人心的奥运会和残奥会，使更多的青少年参与到高品质的体育运动中。

除了这些战略目标外，我们还制定公共服务协议，确定了更多具体的以成果为导向的目标。

文化、媒体和体育部负责一项公共服务协议的实施(公共服务协议 22——奥林匹克运动会、体育和学校体育)，并且也对其他 6 项协议推进贡献力量。③

文化、媒体和体育部 4 大战略目标以及最新的公共服务协议于 2008 年 4 月生效。更多相关信息在本文件的绩效一节(第四节)中有更详细的描述。

三、年度大事记

下面重点介绍文化、媒体和体育部在经济衰退影响下，在文化、媒体、体育和奥林匹克运动会工作中取得的成就。正如经济衰退对英国家庭和企业产生了不良影响，经济衰退也影响了我们部门的工作。

在过去一年中，文化、媒体和体育部与诸多合作伙伴及赞助商协作调整部门优先开展的工作，来确保民众以及各地在经济衰退中得到支持，并且为创造一个更有力的经济前景奠定坚实的基础。文化、创意和体育机构都继续与当地社区和政府部门合作，制定并且实施相关政策，以期改善当地居民的生活水平以及生活环境。通过持续的投资，文化、媒体和体育部为即将出现的新经济培育了创意人才，提供了资源。比如，在文化、创意和体育相关工作，培训、社区重建项目以及为所有人提供新的文化和体育相关的机会方面，都不断加大投入。

(一)文化

我们致力于发掘更广阔的渠道，让民众有机会接触卓越的文化。

文化、媒体和体育部致力于提供更广阔的渠道，让民众有机会接触卓越的文化，包括艺术馆、博物馆和美术馆、建筑、历史环境、图书馆。

2007—2008 年，超过 2. 79 亿民众使用了公共图书馆。

① www.culture.gov.uk/reference_library/publications/5085.aspx.

② 有关衡量这些目标的详细说明可以参照部门发展目标框架：www.culture.gov.uk/about_us/our_priorities_and_targets/953.aspx.

③ 在英国财政部官网上可以查阅到有关政府账目委员会的详细信息：www.hm-treasury.gov.uk/ psp_index.htm.

2008 年欧洲文化之都——利物浦

利物浦在 2008 年获得欧洲文化之都的殊荣，这是该年所取得的重要文化成就。这一年，保罗·麦卡特尼爵士(Sir Paul McCartney)在安菲尔德体育场(Anfield Stadium)举办的利物浦之声音乐会中领衔表演，西蒙·拉特爵士(Sir Simon Rattle)指挥的国际知名乐团柏林爱乐乐团也在利物浦音乐厅演奏。

利物浦的条件已得到进一步改善，现在拥有新的回声体育馆、英国电信会议中心、新的邮轮码头。对历史著名建筑如圣约翰大厅(St George's Hall)、利物浦世界博物馆以及蓝衣艺术中心(Bluecoat Arts Centre)都进行了大规模的翻修，确保它们成为利物浦人民和游客永久的历史文化遗产。作为 2008 年的欧洲文化之都，利物浦在此期间吸引了 350 万游客。

“特殊之夜”计划(A Night Less Ordinary)

英格兰艺术委员会(Arts Council England)于 2009 年 2 月公布了“特殊之夜”计划的相关细节，该计划将在接下来的两年为 26 岁以下民众提供超过 60 万张免费门票。[①]这些门票在整个英格兰地区都可以使用。参与这项计划的戏院规模各异，大到国家剧院和皇家莎士比亚剧团，小到康沃尔郡(Cornwall)的乡村音乐厅。

“发掘你的天赋”项目(Find Your Talent)

自 2008 年 9 月起，“发掘你的天赋”项目在全国推行。这是一项投资 2 375 万英镑的项目，该项目是与儿童、学校和家庭部合作，旨在通过不同的方式将地方政府、中小学以及国家和地方组织联系起来。该项目为青少年提供每周 5 小时的校内外高质量文化艺术活动机会。[②]

“走入各地”项目(Engaging Places)

“走入各地”项目是由文化、媒体和体育部推出的一项举措，旨在推动有关建筑环境的学习和教学，大到历史建筑，小到居住的街道和邻里建筑，并计划在中学推行新课程。该项目是英国古迹署(English Heritage)和建筑与建筑环境委员会(Commission for Architecture and the Built Environment, CABE)的合作项目，包含建立新型在线教学资源，[③]于 2009 年 1 月 14 日启动实施。

8 亿英镑

2008 年欧洲文化之都项目创造了 8 亿英镑的收入，这对推动地区经济的发展具有重要作用。

500 万游客

2008—2009 年，有 500 万游客参观了配备有工作人员的英国文物古迹，另有 600 万人参观了未配备工作人员的文物古迹。

---

① www.anightlessordinary.org.uk/.

② www.findyourtalent.org/.

③ www.engagingplaces.org.uk/.

“遗产保护改革”(Heritage Protection Reform)项目

“遗产保护改革”项目正在进行中，我们与英国遗产委员会、社区和地方政府以及其他利益相关者共同表示：

——提出了一个有关历史环境的新规划政策声明(Planning Policy Statement)，该声明将在 2009 年夏季发布，以供进一步磋商讨论；

——在 2009 年夏天发布政府对于历史环境的看法和优先事项的明确声明；

——在现有的法律框架下，改变现有遗产认定体系以确保其尽可能有效运作；

——通过遗产网络通道，改善特定遗产资产相关信息的网络获取方式；①

——使民众更深入地参与到文化遗产保护中来，并通过英国遗产委员会的战略性指定计划，采用更有规划、有策略的方案；

——英国遗产委员会持续对地方政府开展培训项目，提升相关能力。

“海洋变化”(Sea Change)项目

“海洋变化”项目是由英国建筑与建筑环境委员会代表文化、媒体和体育部主导的一个项目，旨在 2008—2011 年 3 年期间确保英国海滨度假区的资金援助，通过特定的创意文化和遗产项目的投资，推动那些贫困的海滨度假区的发展和经济复兴。截至 2009 年 3 月末，共有超过 2 900 万英镑投入 28 个度假景点中，用以建造新的演出场所，完善剧院设施，修复景区人行通道，使沙滩设计更加壮观，以及提供新的展览馆。

政府艺术收藏委员会(Government Art Collection)

政府艺术收藏委员会在世界各地的英国政府大楼中进行展示，宣传英国艺术、文化和历史。今年，民众对政府艺术收藏仍然很有兴趣。在常规夜间展览中，我们再次参与了博物馆和艺术画廊月活动②以及伦敦开放日③活动，并且举办了额外的周末展览，以满足更多的需求。

今年新收购的藏品包括当代艺术家吉莉安·卡耐基(Gillian Carnegie)、苏珊·希勒(Susan Hiller)以及拉斐尔前派约翰·布雷特(John Brett)的作品《明十三陵大臣》(*The Ministers, Ming Tombs*)，这是一幅斯坦利·斯宾塞(Stanley Spencer)的特殊作品，现存于北京，正好和 2008 年北京奥运会庆典相得益彰。作为我们对外公开展览的一部分，托马斯·菲利普斯(Thomas Phillips)著名的拜伦勋爵肖像画和爱德华·李尔(Edward Lear)的风景画被纳入名为“东方的诱惑：英国东方主义画作”国际巡回展览中。

“文化奥林匹亚”项目

2008 年 9 月推出的“文化奥林匹亚”④是一项为期 4 年的文化项目，它宣扬奥运会和残奥会精神，让民众认识到 2012 年伦敦奥运会并不只与运动相关。奥运文化是部门与伦敦奥组委(London Organising Committee of the Olympic Games and Paralympic Games，LOCOG)以及一系列公共和私营机构合作推进的，

① www.heritagegateway.org.uk/.

② www.mgm.org.uk .

③ www.openhouse.org.uk/public/london/event.html.

④ www.london2012.com/get-involved/cultural-olympiad/about-the-cultural-olympiad.php.

包括国家和地方机构——文化、媒体和体育部，非政府部门公共机构(Non-Departmental Public Bodies，NDPBs)，遗产信托基金和其他一些英国主导的文化组织。截至2009年6月底，全国已经推行650多个项目，约有100个“奥运文化项目”①被列入励志地标②，预计投入约1 000万英镑。

在开放周，全英国推行了650多个活动。

人道主义援助

人道主义援助组织支持泰萨·乔维尔(Tessa Jowell)担任人道主义援助部负责人。该部门要了解英国重大紧急事故受害者及其家庭的需求，并且改善政府对重大紧急事故的预案和应急措施。

文化、媒体和体育部在2008—2009年起草了一项新的国家战略指导意见，以对民众灾后安置进行全面规划，且由那些负责的企业和政府机构来提供相关服务。计划在今年夏天对草案进行意见征集，正式文件将在年底颁布。

为应对2005年7月7日伦敦恐怖袭击，政府立即成立7月7日援助中心，为受害者提供帮助。2009年3月10日召开会议总结了以前服务的经验和教训，并根据会议精神出台了一个文件③，目的是将此次经验分享给该领域的专家，包括区域和地方紧急事件指挥者，国家医疗服务(National Health Service，NHS)委员、管理者以及应急工作人员和相关机构志愿者。

英国皇家公园与文化、媒体和体育部为52名在2005年伦敦爆炸事件中逝世的民众建了纪念馆。经过和家属协商，纪念馆由年轻建筑师凯文·卡莫迪(Kevin Carmody)和安德鲁·格罗尔克(Andy Groake)设计。52个不锈钢柱子分布在4个不同地方，代表这些受害者在4个不同地点受害以及我们对所有受害者的深切悲痛之情。纪念馆由谢菲尔德(Sheffield)铸钢厂——诺顿铸造制品(Norton Cast Products)建造，并且由阿勒普斯(Arups)和沃尔特·莉莉(Walter Lily)在海德公园 (Hyde Park)安装完毕。文化、媒体和体育部为纪念馆提供了100多万英镑的资金支持，纪念馆在袭击4周年纪念日，即2009年7月7日对外开放。

去年，4 040万名游客参观了国家博物馆和美术馆。

(二)媒体

我们的目标是维持、支持并且保护媒体行业，使之充满活力。

和经济目标一样，我们对于英国媒体行业的重要目标是保障更广阔的文化和公共利益。通过和政府部门、行业内部以及顾客群体的密切合作，我们希望能够繁荣创意经济来确保英国能吸引更多的国内外投资。我们希望公众有机会接触到一个多样的、高质量的创意产业，包括良好的公共服务广播机构，同时确保他们远离负面的、具有攻击性的资源。

“数字英国”(Digital Britain)计划

“数字英国”是我们与商务、企业和改革管理部(Department for Business Enterprise and Regulatory

---

① www.london2012.com/get-involved/cultural-olympiad/culture-projects.php.

② www.london2012.com/get-involved/inspire-programme/index.php.

③ www.culture.gov.uk/images/publications/Lessons_learned.pdf.

Reform，BERR)联合开发的行动计划，以保证在数字通信产业中英国的创新、投资和质量始终处于世界领先地位。2009 年 2 月，《数字英语：中期报告》①指出，这些产业不仅对英国商业有重要的经济影响(因为它们是全球经济活动的基础)，还对文化和生活质量有重大影响。“数字英国”计划的总结报告已于 2009 年 6 月 16 日发布②，其中探讨了未来需要哪些立法性和非立法性措施来支持这些重要部门的发展。

数字盗版

数字科技给媒体和创意产业带来了许多机遇和挑战。比如，音乐和电影供应商迅速采用了新的商业模式来解决非法网络资源共享。对此，在英国通信管理局(Office of Communication，Ofcom)的引领下，2008 年，政府对可能的立法建设进行意见征集，并且和其他 6 大网络服务供应商(Internet Service Providers，ISPs)以及音乐、电影版权所有者共同推出《谅解备忘录》。随后，《数字英国：中期报告》宣布，政府将制定法律来规范网络服务供应商的责任，其中包括要求他们通知那些版权人认为侵犯他们权利的用户。

2009 年 3 月，对报告中提出建立数字版权机构的提议进行公开意见征集。关于立法提议的进一步磋商会和“数字英国”计划的总结报告将一同发布。

数字广播

《数字英国：中期报告》首次明确规定政府在未来实现广播数字化责任，其中数字音频广播(Digital Audio Broadcasting，DAB)是主要推广平台。该报告基于 2008 年数字广播工作组的工作，并且确定了在数字广播升级之前需要达到的标准。“数字英国”计划的总结报告包括这项在 2015 年底落实升级计划的新提议。

数字转换

2008 年 11 月，主要的数字转换项目③始于英国独立电视台(Independent Television，ITV)设立在英格兰和苏格兰交界地区(Border)塞尔扣克郡(Selkirk)发射器的数字转换工作。一项民意调查显示，塞尔扣克地区民众已经对数字转换有了完全的认识。

随后在 2009 年 5 月，英国西南部地区斯托克兰山(Stockland Hill)和灯塔山(Beacon Hill)发射器群组成功地完成了数字转换工作，“帮助计划”(Help Scheme)④开始施行，旨在为 75 岁以上的老年人、残疾人以及疗养院公民提供帮助。

2009 年，英格兰和苏格兰交界地区、西南部各郡(West County)、威尔士(Wales)以及格拉纳达(Granada)地区将近 500 万家庭转用数字电视——这个数据代表了英国 20%的家庭。这些地区都因为“帮助计划”受益，“数字英国”计划也将通过进一步沟通以及延伸项目提供相关信息和建议。

已售出超过 900 万数字音频广播接收机。

---

① www.culture.gov.uk/what_we_do/broadcasting/5944.aspx.

② www.culture.gov.uk/reference_library/media_releases/6220.aspx.

③ 从现在开始到 2012 年，模拟信号电视频道将被当地电视台关闭，信号发射设备将由发射集团关闭，模拟信号电视频道将由数字电视服务代替，通过天线就能接收到频道内容。

④ www.digitaltelevision.gov.uk/helpscheme/hs_home.html.

2008年电影票房达9.5亿英镑，相较2007年，上升了5%。英国电影占总票房的31%，比2007年的28%高。

视听媒体服务(Audiovisual Media Services，AVMS)

2007年12月，欧盟颁布的《视听媒体服务指令》(AVMS Directive)①在管理欧洲电视和视频点播节目内容方面做了重大改革。和其他成员国一样，英国必须在2009年12月之前实施这些改革措施。值得一提的是，该指令要求成员国管理视频点播服务②，同时也允许有意愿的成员国推行电视广告植入③。

本部门在视听媒体服务方面与英国通信管理局紧密合作。2009年3月，宣布对英国视频点播服务推行宽松的、产业引导的严格管理计划，同时英国政府暂无计划改变当下的规定，因此节目中植入广告在英国电视广播中仍是禁止的。

创意英国(Creative Britain)

去年，在与其他政府部门以及公共和私营部门的组织合作中，我们取得了较大的进展，达成了“创意英国”目标。“创意英国”是2008年2月政府颁布的支持创意产业发展的政府战略。④“创意英国”的26项承诺中，18项正在进行或者已经完成。这些承诺包括技术、商业支持，创意集群和创新以及一些重大举措，如为学龄儿童推行的“发掘你的天赋”(Find Your Talent)项目以及创意产业国际网络(the Creativity and Business International Network，C&binet)。⑤这有助于认可创意产业的经济贡献，并且提高政府对其的关注度。

与印度进行联合制作

2008年10月，一项与印度签署的合作生产协议开始生效，英国和印度制片人合作拍摄反映两国特点的电影，以获得相应的国家奖励。该协议将推广那些反映、增强、传达英国和印度文化及遗产多样性的电影，并为两国电影业的发展寻求更多的机遇。

电影资料馆

2007年10月，文化、媒体和体育部宣布将出资保障英国国家和地区电影资料馆的发展。这一重要项目正处于战略规划阶段，目的是确保英国民众及后代能够有机会接触丰富的国家和地区银幕遗产。英国电影委员会(UK Film Council)以及英国电影学院(British Film Institute)正制定一些重要的投资战略，如保护国家藏品和完善数字接入等。第一个项目就是“地区再生”(Revitalising the Regions)项目，旨在保护重要地区的收藏品资料，使其为更多的民众所了解。比如，西北档案馆的藏品记录了文化、视觉和社会历史，囊括曼彻斯特(Manchester)、兰开夏郡(Lancashire)、柴郡(Cheshire)、坎布里亚郡

① http://ec.europa.eu/avpolicy/reg/avms/index_en.htm.

② 视频点播服务使得用户们在自己所选时间就能选择和观看自己喜欢的节目。

③ 植入广告通常是在频道节目中缺乏广告时植入广告，例如，在电视节目秀中，冠名商品或者服务向广播公司和节目制作人支付费用(这往往是没有提及的)。

④ 创意英国：新经济，新人才：www.culture.gov.uk/reference_library/publications/3572.aspx.

⑤ www.cabinetforum.org.

(Cumbria)和默西赛德郡(Merseyside)5大郡市区和郊区生活的方方面面，还有很多专业和业余的镜头，为诸如特伦斯·戴维斯(Terence Davies)导演的《时间与城市》(*Of Time and the City*)一类电影提供新闻影片以及纪录片资料。该影片在2008年戛纳电影节(Cannes Film Festival)首映中好评如潮。

电子游戏

2008年3月，塔尼娅·拜伦(Tanya Byron)教授在《为儿童创建更平安的数字世界》(*Safer Children in a Digital World*)①中建议引入电子游戏分级体系，以便找到一个最佳方法来确保儿童远离不良内容。2009年6月公布的"数字英国"计划报告指出，目前广泛应用于欧洲各国的泛欧洲游戏信息组织系统(Pan European Game Information，PEGI)将作为英国唯一的电子游戏分级体系标准。英国电影分级委员会(British Board of Film Classification)将执行这一新型体系对英国电影和视频光碟进行严格监管，以确保消费者在媒体中获得合适的保护。

87%的5~16岁儿童家里拥有游戏机。

(三)体育和休闲

我们支持旅游和休闲产业的发展，目的是提高体育活动的参与度。

文化、媒体和体育部致力于使更多的人有机会接触到体育运动，鼓励吸纳社区民众，特别是青少年。在动员和激励数百万民众上，体育具有无可匹敌的能力。"活跃民众调查"(Active People Survey)②是欧洲正在进行的有关体育和娱乐的最大型调查之一，该调查测量参与度的诸多重要方面，包括志愿服务。2008年12月公布的最新结果表明，我们在持续的投资中取得了成效，包括成人(16岁以上)中的体育参与人数上升，即从2005—2006年的630万人次上升到2007—2008年的685万人次。我们也支持旅游和休闲产业的发展，使英国大部分地区成为旅游休闲地。

3 600万英镑

"无限体育"项目是新推出的创意试点活动，该项目投资3 600万英镑，预计在2011年吸引超过90万名青年参与体育运动。

奥运会和残奥会的体育遗产

我们希望2012年伦敦奥运会成为全球体育和文化盛会，并为英国留下永久性遗产。作为永久性遗产的一部分，我们的目标是让英国成为世界领先的体育强国，激励民众更加积极地参与体育运动。下面将阐明为实现这些目标所采取的措施。

免费游泳

在今年，文化、媒体和体育部针对不满16岁和超过60岁的民众推出了全国免费游泳项目。这是文化、媒体和体育部，卫生部(Department of Health)，儿童、学校和家庭部，就业和退休保障部(Department for Work and Pensions，DWP)以及社区和地方政府(Community and Local Government，CLG)

① www.dcsf.gov.uk/byronreview/.

② www.sportengland.org.uk/research/active_people_survey.aspx.

共同推进的一项为期两年的项目，投资高达1.4万亿英镑。

该项目于2009年4月1日正式启动，其中，260个泳池面向60岁以上民众，接近200个泳池面向不满16岁民众，提供免费游泳服务。①

社区体育运动

我们正在建设世界领先的社区体育服务体系，目的是使越来越多的社区居民经常参与体育运动。文化、媒体和体育部资助英格兰体育理事会(Sport England)出资建设体育设施及维护设备，并且向全国各地提供体育相关服务。作为奥运会遗产的一部分，我们的目标是在2013年有超过100万成年人能参与体育运动，且每周运动不少于3次，每次不少于30分钟。2008年6月，英格兰体育理事会为实现该目标推出了一项新的策略②，与政府和国家管理部门(Government and the national governing bodies , NGBs)一同为社区体育运动的未来制定出共同愿景，重点在于由政府和国家管理部门推广体育。自此，46个政府和国家管理部门制定了相应计划来发展体育运动，每年拨款1.2亿英镑用于提升民众参与度。

青少年体育运动

我们和儿童、学校和家庭部合作使更多的青年参与高质量的体育运动。共同的国家体育运动战略③通过提供学校、继续教育学院、俱乐部以及其他社区运动设施，使得青年有更多的机会参与其中。作为奥运会遗产的一部分，我们正建设一个世界一流的体育运动体系，让所有青少年每周能有5小时参与到体育运动中(16~19岁青年每周3小时)。

90%

目前90%的5~16岁青少年每周至少参加2个小时体育运动。

3 700万

9大皇家公园每年有3 700万人次参观。

2008年北京奥运会和残奥会

2008年北京奥运会和残奥会中英国运动员的表现十分出众。

奥林匹克代表队超出了预期目标——47块奖牌(预期35块奖牌)；总奖牌榜第4位(预期第8位)。

同时，在残奥会中的成绩也是20年以来成绩最好的一次。残奥会代表队连续三次居奖牌榜第二并且超过了预期奖牌数量，囊括了102块奖牌(其中金牌42块)，我们的预期目标是95块。

这样的成绩反映了政府和彩票基金的大力持久支持对保障运动员的高水平发挥具有重要作用。

政府和英格兰体育理事会从国库和国家彩票基金中划拨2.65亿英镑投入奥运会和残奥会项目以及参加北京奥运会的运动员上。

2012年伦敦奥运会将投入3.04亿英镑的公共资金，以实现进入奥运会奖牌榜前四强和残奥会第二名的目标，其中包括国库和国家彩票基金额外投入5 000万英镑，将原定于从私营企业募资1亿英镑减少到5 000万英镑。

为了从私营企业成功筹集到资金，2009年2月25日，英国国务大臣宣布建立开创性的私营企业募

① 了解更多信息，请登录以下网址：http://www.culture.gov.uk/what_we_do/sport/5809.aspx.

② www.sportengland.org.uk/about_us/what_we_do.aspx.

③ www.youthsporttrust.org/page/pesscl/index.html.

资伙伴关系，即“团队 2012”(Team 2012)。英格兰体育理事会、伦敦奥运会组委会(The London Organising Committee of the Olympic Games，LOCOG)、英国奥林匹克协会(British Olympic Association，BOA)以及英国残奥会协会(British Paralympic Association，BPA)将一道为 2012 年伦敦奥运会筹备阶段以及后续阶段筹集额外资金，资助竞技体育。

在 2008 年北京残奥会上，英国代表团获得了 102 块奖牌，是有史以来获得的最好成绩。

旅游

2008 年 9 月，全球经济低迷开始影响旅游业和酒店行业，需要对部门优先开展工作以及旅游行业发展的重点战略进行重新评估。

2009 年 1 月利物浦国家旅游峰会(National Tourism Summit)召开后，英国首相和国务大臣强调，今后十年体育和文化事业将面临前所未有的机遇，并且为其他城市提供参考。

英国旅游局(Visit Britain)宣布，自 2009 年 4 月起推出 650 万英镑投资项目，该项目针对美国和欧元区游客，强调保障英国高质量旅游的承载能力。针对英国旅游业结构审查仍在进行，2009 年 2 月 11 日，报告提出十大重点建议。[①]英国旅游局作为一个新型的、更加独立的组织机构，通过与地区发展局合作，将推动国内旅游业的发展。

许可和博彩业的管理

与 2005 年相比，文化、媒体和体育部降低了行政管理支出的 43%，高于至 2010 年减少 30%的目标。议会提出立法改革决议，创造一个更快捷、低成本的方式，保证在酒业和娱乐行业许可发行方面作出较小的改变，并且简化村务大厅的机制，预计于 2009 年 7 月施行。

我们将继续与内政部(Home Office)、卫生部紧密合作，规定相关酒类非法销售的强制性条件，以保证采取优化监管措施，并且不会影响到其他合法零售商。

由于经济衰退影响到了博彩业的发展，文化、媒体和体育部就部分博彩机器的奖金和奖品进行了评估，议会推出了一项规定，将当前奖金和奖品限额翻了一倍。同样为了支持博彩业的发展，我们制定了一项规定，在游戏厅增加高赔率游戏机的数量。

(四)2012 年奥运会和残奥会

2012 年伦敦奥运会的目标是举办一届鼓舞人心、安全和包容的奥运会。

2009 年 1 月是伦敦奥运会竞标成功到举办的时间中间点。这是 2012 年奥运会的重要里程碑，伦敦成为世界上第一个举办三次现代奥林匹克运动会的城市。2012 年伦敦奥运会将和以往的有所不同，我们致力于在现在、2012 年和将来，在全英范围内将这种独特的影响最大化。

文化、媒体和体育部是举办 2012 年伦敦奥运会和残奥会的主要负责部门，奥运会执行委员会(Government Olympic Executive，GOE)将与其共同监督和保障整个奥运会的顺利进行。

设立奥运会执行委员会是为了确保能按时在预算范围内举办奥运会，并且给整个英国带来收益。其职责包括发现和解决问题，代表政府负责管理奥运会，对议会和公众负责。

① 实现旅游经济的全部潜在目标：www.visitbritain.com/en/campaigns/tourism-review/reports.aspx.

奥运会执行委员会隶属于文化、媒体和体育部，但是直接向国会议员泰萨·乔维尔(Hon Tessa Jowell)汇报工作，他是内阁大臣、伦敦奥运会财政主计长，直接向首相汇报工作。奥运会执行委员会发布年度报告以及季度财政报告。这些报告可以从政府部门网站下载。①

2012年伦敦奥运会承办合作伙伴

奥运会执行委员会和许多机构有着紧密的合作，每个机构都对举办奥运会有着特定的作用。主要的合作伙伴包括伦敦奥组委(LOCOG)、奥运交付管理局(Olympic Delivery Authority，ODA)、伦敦发展署(London Development Agency，LDA)和大伦敦政府(Greater London Authority，GLA)。

我们与上述以及其他机构合作，以实现承办一届鼓舞人心、安全和包容的奥运会为目标，为英国、也为伦敦留下可持续遗产。

将近1/10的奥林匹克公园工人是实习生。

支持英国经济发展

经济低迷让英国对2012年伦敦奥运会的作用进行了重新界定。希望凭借举办奥运会的机会帮助英国度过经济危机，推动经济复苏。

全球经济规模将在未来20年扩大一倍，如何对此作出回应决定了英国后续的竞争力。

在这关键性的时刻，奥运会有助于吸引国际投资，推动伦敦及全英企业的发展，并且通过提供直接的就业、培训和实习机会，改善民众生活。此外，我们正将东伦敦地区中心地带转变为一个重要的国际中心，这将推动地方、区域和全国经济的发展，并为可持续发展和低碳生活开创先河。

地方参与对于2012年伦敦奥运会的成功举行和奥运遗产至关重要。我们致力于与东伦敦地区的社区合作，确保完全了解他们对奥运会影响力的关注点以及对地区发展的期望。

5亿英镑

截至2009年4月，伦敦奥组委筹集了约5亿英镑赞助，完成目标的2/3。

2008年伦敦发展署对3 000多名当地居民进行访谈，了解他们对于奥林匹克公园遗产的意见。伦敦发展署也在年内举办了120多场社区服务活动。

在时间和预算范围内

奥运计划正稳步推进。尽管受经济衰退的影响，但是凭借严格的成本控制、最大程度经费节约并且对应急资金的合理利用，各项建设都在时间和预算范围内。

截至2009年4月，奥运交付管理局超过1/3的项目已经完工。承办2012年伦敦奥运会水上项目的威茅斯-波特兰港(Weymouth and Portland Harbour)成为第一个提前完工的奥运会场馆。奥林匹克运动场和水上运动中心已经开建。奥运村、伦敦市内自行车馆(VeloPark)、国际广播中心(International Broadcast Centre)和主媒体中心(Main Press Centre)也在建设之中。奥林匹克公园即将成为伦敦一道独特的风景线。

这些准备工作取得的进展极大地改变了奥林匹克公园的景观。2009年3月底，89%的工地清理工

① www.culture.gov.uk/reference_library/default.aspx.

作完成。长达 200 公里的电缆从地上转移到地下的工作也已完成，奥运会场地所有架空的电缆都被移除。奥林匹克公园排水系统改造同样取得进展，90%的下水道都得到了清洗和必要的修缮。

持久的遗产

2012 年伦敦奥运会的核心理念是提供有利于整个英国发展的持久性遗产。我们和 2012 年伦敦奥运会的合作伙伴共同希望通过奥运会改善民众生活，提高体育运动的参与率，为社区带来变化以及改变对残疾人的态度。

《政府遗产计划：在赛前、赛中以及赛后最大限度利用 2012 年伦敦奥运会》报告①发布于 2008 年 6 月，为获得奥运会带来的长远利益规划了优先开展工作。该报告概述了将如何实现以下 5 项承诺：

(1)使英国成为世界领先的体育大国；

(2)改变东伦敦地区核心地带的面貌；

(3)激励年轻一代；

(4)使奥林匹克公园成为可持续生活的样本；

(5)展示英国是一个充满创新、包容和热情好客的国度，同时适合居住、旅游以及经商。

遗产计划发展迅速。支持该计划的免费游泳项目的启动和其他推进举措的进展在后面会作详细介绍。

今年我们与社区和地方政府以及大伦敦政府紧密合作，共同创建了一个公司，以求使 2012 年后奥林匹克公园的潜力最大化。奥林匹克公园遗产公司成立于 2009 年 5 月②，该公司将与五个区③以及当地居民一起，在大额投资和已经存在的转变势头的基础上，将奥林匹克公园转变成对英国和伦敦有价值的财产。

我们在鼓励年轻人参与体育活动方面也取得了进展。约有 5 000 所④学校参与了残奥会交接庆典以及 2012 年伦敦奥运会教育计划。另外，截至 2009 年 6 月，官方标志(Inspire Mark)⑤作为 2012 年奥运品牌家族的成员，对 2012 年伦敦奥运会遗产的贡献正式得到了官方的认可，现在已经授予超过 175 个⑥项目，包括体育、文化、志愿活动、教育、环境，以促进招商引资。

奥运交付管理局继续推进可持续发展的目标，目前奥运会为个人和企业提供了更多的就业、提升技能和合作的机会：

——超过 4 000 人在奥林匹克公园为承包商工作，其中 9%曾经是失业工人；⑦

——奥林匹克公园约 1/10 的工人在接受培训，是学徒或者进行工作实习；⑧

——98%的承包合同交给了英国本地企业，其中 2/3 是中小型企业，半数以下的企业位于伦敦

① 请登录 www.culture.gov.uk/reference_library/publications/5161.

② 奥林匹克公园遗产公司的 4 个创始成员为：伦敦市市长、公共部门和地方政府国务大臣以及奥运会大臣。

③ 格林威治、哈克尼、纽汉姆、伦敦塔桥和沃尔瑟姆森林。

④ www.london2012.com/news/archive/2008—09/the-uk-welcomes-the-paralympic-games.php.

⑤ www.london2012.com/get-involved/inspire-programme/index.php.

⑥ www.london2012.com/news/archive/2009—06/more-than-ten-million-people-to-take-part-in-inspire-programme.php.

⑦ 来源：ODA Employment and skills update—April 2009 www.london2012.com/documents/oda-publications/jobs-skills-futures/jsfupdate-april-2009.pdf.

⑧ 来源：ODA Employment and skills update—April 2009.

以外。①

四、执行及落实情况

战略目标

文化、媒体和体育部年度报告内容包括：

部门战略目标

公共服务协议

“物有所值”项目(Value for Money，VFM)

(一)部门战略目标

《2007 年综合支出审查》(Comprehensive Spending Review 2007)在政府部门战略目标中引入了一项新的绩效指标，该指标是对相关公共服务协议的补充和强化。②

如上文“政府部门目标”中所述，文化、媒体和体育部确立了 2008—2011 年 4 个政府部门战略目标。这些战略目标是全面的，代表了我们的根本宗旨以及未来发展方向。

在与非政府部门公共机构磋商之后，进一步制定了政府部门战略目标指标 1~3。这些指标的制定基于麦克马斯特审查(支持艺术领域追求卓越③)、英格兰体育理事会(Sport England)的新战略④、英国旅游局的战略审查⑤以及创意产业新的行动计划(“新经济，新人才”计划⑥)。

本部分列出了：

——文化、媒体和体育部的战略目标以及 2009 年 3 月的最新数据。

——衡量发展的绩效指标。⑦

——与目标对应的最新成果报告。

以下术语用来评估战略发展目标的进展：

——显著进展：超过 50%的指标有所改善；

——部分进展：50%及以下的指标有所改善；

——没有进展：没有指标得到改善；

① 来源：www.london2012.com/news/media-releases/2009—06/local-businesses-steered-towards-london-2012-opportuniti.php.

② 政府部门战略目标将支持《公共服务协议》中对文化、媒体和体育部所提出的要求。例如文化、媒体和体育部对公共服务协议 22 负责，其主要责任在政府部门战略目标 4 中有说明。

③ www.culture.gov.uk/reference_library/publications/3577.aspx/.

④ www.sportengland.org.uk/about_us/what_we_do.aspx.

⑤ www.visitbritain.com/en/campaigns/tourism-review/index.aspx.

⑥ www.culture.gov.uk/reference_library/publications/3572.aspx.

⑦ 将在和非政府部门公共机构进行商讨之后，进一步完善部门战略目标 1~3 的有关细节。非政府部门公共机构的参考意见是必要的。

——暂未评估：未获得 50%及以上指标进展的一手数据。

部门战略目标 1：机遇

鼓励更多的民众参加文化、媒体和体育活动。

文化、媒体和体育部致力于为民众提供更多的文化和体育活动参与机会。我们将更加关注青少年，确保他们有机会参与高质量的文化和体育活动，使其从中受益。

执行总结：

暂未评估

实际评估：

暂未评估

1. 指标

提高青少年参与文化活动的比例；

提高青少年参加高质量体育运动的比例；

提高成年人参加文化和体育活动的比例。

2. 解释

文化、媒体和体育部承认民众参与文化、媒体和体育活动的机会是不均等的。我们希望为所有人提供更好的机会。政府部门战略目标旨在上述领域提供更多的机会，缩小不同群体之间参与度的差距。

通过为文化和体育领域提供战略支持和资金，近几年在提高民众参与度方面成绩斐然。这主要通过一些重要项目得以实现，如免费游泳和免费剧院。同时，也认识到提高文化和体育参与度对于人生幸福以及创建有活力的社区具有重要作用。

3. 最新数据

指标 1：数据收集始于 2008 年 9 月，使用“参与”(Taking Part)调查数据①。基准数据将于 2009 年 10 月发布。

指标 2：该指标与公共服务协议 22 的指标 5(创建世界一流的体育运动体系，详见后文)相呼应。该措施仍在进行中，已开展部分调查，收集相关数据。我们预计在 2009 年秋季发布相应基准数据。

指标 3：该指标与公共服务协议 21 的指标 6 有相似之处。“建立更有凝聚力、更有自主性和更具活力的社区”——指标 6 旨在提高文化和体育活动的参与度，其中不包括散步和自行车运动(详见英格兰体育理事会 2008—2011 年的战略②)。

2008 年 4 月对指标数据进行收集，采用的是“参与”调查数据。66.3%的中期基准数据已于 2009 年 4 月③公布。

终极基准数据将于 2009 年 8 月在官方网站公布。④

部门战略目标 2：卓越

支持文化、媒体和体育领域的人才培养，追求卓越。

① “参与”调查是 2005 年进行的，旨在提高文化和体育事业参与者和非参与者对其的了解和认识。目前的调查活动是在英格兰和威尔士范围内采访大约 1.4 万名成年人和 3 000 名儿童，搜集有关参与、态度和行为质量的主要数据。

② www.sportengland.org.uk/about_us/what_we_do.aspx.

③ www.culture.gov.uk/images/research/PSA21_Indicator_6_Provisional_results_08_09TPsurvey.pdf.

④ www.culture.gov.uk/reference_library/research_and_statistics/4872.aspx.

文化、媒体和体育部将为最受欢迎的艺术家和体育明星创造更有利的条件，提供一流设施和服务，鼓励和帮助所有人特别是年轻人，施展才华。

执行总结：

暂未评估

实际评估：

暂未评估

1. 指标

改善文化、媒体和体育部和非部门公共机构支持下的艺术组织、博物馆和美术展览馆。

2. 解释

世界性的文化以及体育成就是提升民族自豪感以及英国国际地位的关键因素。文化、媒体和体育部给英国带来了自豪感和声望。取得国际性成功源于多种因素的综合作用。文化、媒体和体育部将资金用于创造良好的环境，比如为优秀运动员提供资助使其可以专注于运动。对于文化机构来说，其主要任务是注重对国家基础设施的战略性投资，以追求卓越，例如确保赞助是由世界一流精英运作。

反过来说，民众也要有需要一流设施和服务的意愿。

我们考虑采用一些额外的指标来衡量部门战略目标，并思考如何实现这些目标。我们将在2009年末确定最终的指标。

3. 最新数据

我们现在考虑的问题是可以从试点项目中吸取哪些经验，包括实施进程和关注重点，来帮助其他博物馆决定采取何种措施。非政府部门公共机构博物馆制定了自我评价和同行评价体系。国家肖像馆(National Portrait Gallery)、自然史博物馆(Natural History Museum)以及泰恩-威尔郡博物馆(Tyne and Wear Museums)率先采用了这套自我评价和同行评价体系，并将于2009年3月公布相关结果。①

英格兰艺术委员会(Arts Council England)的工作分为两类。第一类是监控定期资助机构(Regularly Funded Organisations，RFOs)评价艺术质量“优秀”“杰出”的比例(通过负责领导评价)以及评价艺术家最新艺术活动“高质量”的比例(通过“参与”调查)。目的是比较两种比例的主要增量。第二类是自我评价和同行评价体系。民众意见征集的结果在今年早些时候已经发布，相关评价也正在进行。该指标的目标是，在2010年4月发布相关艺术活动报告以及自我评价和同行评价报告。

部门战略目标3：经济效益

让所有相关领域都能实现经济效益。

文化、媒体和体育部的目标是投资经济效益最大化，提高资金利用价值，充分发挥优势，使其为政府实现长远目标作出贡献，要通过适度而有效的监管提升生产效率，保护消费者。

文化、媒体和体育部积极参与政府的计划，确保在现行经济衰退背景下能够实现经济快速、可持续的复苏。为此，我们采取措施推进数字通信产业的发展，在休闲和文化领域创造更多的就业机会，这是政府推进计划的一部分。

执行总结：

显著进展

① www.culture.gov.uk/reference_library/publications/5934.aspx.

实际评估：

此阶段指标显示有所改善

1. 指标

减少由文化、媒体和体育部规章制度带来的公共行政支出；

增加家庭使用数字电视的比例。

2. 解释

指标 1：减少行政支出

2005 年 5 月至 2008 年 4 月，在 2005 年 3.433 亿英镑行政支出的基础上，文化、媒体和体育部减少了 43%的行政支出，是政府行政支出减少最多的部门之一，超过原定于 2010 年 5 月减少 30%的目标。更多详细情况参见部门简政计划。①

截至 2008 年 4 月，文化、媒体和体育部行政支出基准已经下调至 1.872 亿英镑，进一步的简政工作将继续进行，预计在 2008—2009 年度节约 520 万英镑(有待核实)。

指标 2：增加数字电视比例

(1)政策背景

2008—2012 年，数字转换计划将以地区为基础继续推进，将所有模拟电视信号转换为数字信号会为老年人和残疾人提供便利。为了确保转换后能接收数字信号，观众需要对电视设备进行转换或者升级。

正如本文件所强调的，苏格兰塞尔扣克(Selkirk)地区的 5.2 万户家庭于 2008 年 11 月 20 日成功转换成数字信号，英格兰西南部各郡为接下来进行数字转换的地区。2009 年 4 月 22 日，灯塔山转换小组将完成托贝和南德文郡地区的转换工作。随后 2009 年 5 月 20 日斯托克兰山转换小组将完成埃克赛特(Exeter)、德文郡(Devon)、康沃尔郡(Cornwall)以及萨默塞特郡(Somerset)部分地区的转换工作。

2009 年 4 月底，英格兰西南部各郡 99%的居民都了解数字转换的相关事宜，83%的居民知道应该为此所做的工作，95%的居民家中至少有一台数字电视。数字转换工作进行得十分顺利，重大的技术或者消费者方面的问题尚未出现。

数字转换帮助计划②是由政府和英国广播公司合作推出的，为 75 岁以上老人、疗养院病人、残疾人以及视障人士提供实际帮助，使他们至少有一台电视转换成数字电视。预计有 700 万家庭将在数字转换工作期间得到帮助。

该计划旨在为电视设备转换成数字电视提供帮助，包括地面、卫星、电缆和网络电视，使目标群体能够享受该服务。对所有进行数字电视转换地区而言，提供基本帮助计划存在着竞争：有能力的家庭可以选择不同的设备，但是设备价格和继续订阅的价格存在差异。

(2)进展

2009 年 3 月，英国商务部(Office of Government Commerce，OGC)审查小组对数字转换计划的进展进行审察。该小组认为数字转换计划正按计划顺利进行。

——2008 年 12 月 31 日，2 270 万户家庭(88.9%)主要使用数字电视，超过 60%的家庭的第二台电视也已经完成转换。详见图 1。

① www.culture.gov.uk/reference_library/publications/5674.aspx.

② www.helpscheme.co.uk/.

——英国有约6 000万台电视机，其中2 560万台为经常使用的电视机(一般认为是使用最多的电视机，每个家庭都拥有一台)，3 480万台电视机是家庭的“辅助”电视(放在卧室、厨房等)。

——仅将模拟式地面电视作为经常使用电视机的家庭已降至290万户(11.1%)，今年的下降比例为2.4%。

——数字地面电视大约销售1 250万台，去年为1 060万台。

——数字地面电视或者免费数字地面电视(Freeview)现在仍是家庭经常使用且最为通用的电视平台，2008年第四季度约有980万户家庭使用(38.4%)。使用数字地面电视的家庭达到1 770万户(2008年第四季度为69%)。

部门战略目标4：青少年的奥运会和体育运动

文化、媒体和体育部将在2012年承办一届鼓舞人心的奥运会和残奥会。这会为国家留下可持续的遗产，使更多的青少年参与到高质量体育运动中来。

执行总结：

显著进步

实际评估：

5个指标中有3个得到改善，其余2个仍在改进中。

文化、媒体和体育部关于部门战略目标4取得进展的报告，其口径和政府的一项公共服务协议几乎相同(公共服务协议22——奥林匹克奥运会以及体育和学校体育)。两者使用完全相同的指标，将在本报告关于公共服务协议部分进行说明。

图1：2008年第四季度多频道电视占有率(最新获得数据)

88.9%　多频道电视占有率

88.8%　数字电视占有率

69.0%　使用数字地面电视(包括免费数字地面电视)的所有家庭

38.4%　只使用数字地面电视的家庭

37.0%　卫星(付费和免费)电视

12.8%　有线电视

来源：捷孚凯集团(Gesellschaft Für Konsumforschung，GfK)市场调研。

注：非对称数字用户线路(Asymmetric Digital Subscriber Line，ADSL)电视使用率约0.3%。

非对称数字用户线路是一种提供高速、高宽带互联网连接的系统，也称为宽带。[①]

图2：所有电视中，各种平台使用比例(最新获得数据)

电视总数：约为6 000万[②]

2007年第四季度

34.9%　模拟式地面电视

① www.ofcom.org.uk/research/tv/reports/dtv/dtu_2008_04/q42008.pdf.

② 来源：2008年第四季度英国通讯管理局数字化进展报告

36.9%　数字地面电视
0.4%　宽带电视
6.1%　有线电视
1.1%　免费卫星电视
20.9%　付费卫星电视
2008 年第四季度
27.6%　模拟式地面电视
43.1%　数字地面电视
0.1%　宽带电视
6.2%　有线电视
1.2%　免费卫星电视
20.7%　付费卫星电视
来源：捷孚凯集团 2007 年第四季度和 2008 年第四季度市场调研。
注：由于四舍五入，数据相加之和可能不等于 100%。

(二)公共服务协议(Public Service Agreements)

公共服务协议确立了政府的目标、宗旨以及主要的以结果为导向的指标。这与英国财政部所制定的部门战略目标相一致，是各项《支出预算审查》中支出计划部分中不可或缺的内容。

2007 年 10 月，30 项新的公共服务协议成为《2007 年综合支出预算审查》的一部分，它确定了支出预算审查期间，即 2008 年至 2011 年，政府需要优先开展的工作。每一项公共服务协议的实施都由一个主管部门和一些相关政府部门共同负责，并且还制定了一个交付协议，确立实现目标的相关计划(有相关指标来对目标完成情况进行评估)和主要合作伙伴。更多相关信息可以在财政部官网获取：http://www.hm-treasury.gov.uk/pbr_csr07_psaindex.htm.

正如前文描述和确立的部门目标和宗旨，文化、媒体和体育部在 2008—2011 年负责《2007 年综合支出预算审查》的一项公共服务协议(公共服务协议 22)，并且要对其他 6 项协议的实施予以支持。

截至 2009 年 3 月 31 日，文化、媒体和体育部确定的公共服务协议绩效指标的进展分为以下几个部分——具体细节根据文化、媒体和体育部所发挥的作用情况。包括：

——文化、媒体和体育部公共服务协议指标以及 2009 年 3 月最新数据；
——衡量发展的绩效指标；
——和目标相对的各项绩效的最新报告。

下列术语用于评估《2007 年综合支出预算审查》中公共服务协议各项指标的进展：

——显著进展：50%的指标有所改善。
——部分进展：50%及以下的指标有所改善。
——没有进展：没有指标得到改善。
——暂未评估：未获得 50%及以上指标进展的一手数据。

附录一对 2004 年政府支出计划中公共服务协议的绩效指标进行说明。

公共服务协议 22

承办一届成功的奥运会和残奥会，创造可持续发展的遗产，使更多的青少年参与到高质量的体育运动中来。

奥林匹克计划涵盖下列 4 个关键因素：

——奥林匹克公园以及相关场所和基础设施的建设；

——分阶段发展——确保 2012 年举办一届成功、安全的奥运会；

——筹备奥林匹克遗产计划；

——为奥林匹克公园在奥运会后的转型做准备。

政府授权奥运会执行委员会负责奥运会相关事宜。奥运会执行委员会隶属于文化、媒体和体育部，但直接向奥运会大臣泰萨·乔维尔阁下报告。

公共服务协议 22 确立了政府的主要目标以及 2012 年奥运会和残奥会及体育运动对青少年产生的影响。这些将通过 2007 年 10 月发布的公共服务协议 22 中的交付协议确立的 5 大指标来衡量：

(1)按时并在预算范围内建设奥林匹克公园以及其他奥林匹克运动会场所；

(2)将 2012 年奥运会的后续效益最大化(与社区和地方政府的共同责任)；

(3)奥林匹克公园和其他场馆都是按照可持续原则设计和建造；

(4)提高民众在英国乃至全世界文化、社区以及体育活动中的参与度；

(5)为体育运动创造一个世界一流的体系(文化、媒体和体育部以及儿童、学校和家庭部共同承担责任，由文化、媒体和体育部或者儿童、学校和家庭部管理委员会监管)①。

执行总结：

显著进步

实际评估：

5 项指标有 3 项得到提升，即 22.1(奥林匹克公园和场馆的建设)、22.2(再生)、22.3(可持续发展)，余下两项指标仍在推进中。

总体效益：

建设项目正在公共部门计划的时间和预算范围内进行。如前所述，第一个主要场馆(威茅斯(Weymouth)和波特兰(Portland))已经在 2008 年 11 月提前一个月完工。

为应对经济形势的变化，我们果断采取了行动，即重组国际广播中心/主新闻中心以及奥运村项目的资金，确保物尽其用。我们在承建这项十分重要的建设项目上，成功控制了时间和预算。

关于 2012 年奥运会后续效益最大化问题，我们与地方政府和大伦敦政府共同创立了奥林匹克公园遗产公司(Olympic Park Legacy Company，OPLC)，对赛后奥林匹克公园的使用进行规划和管理。

遗产总规划框架(The Legacy Masterplan Framework，LMF)是由伦敦发展署制定，于 2008 年夏天和 2009 年初面向民众进行意见征集。在遗产总规划框架发布之前，将由奥林匹克公园遗产公司管理。

可持续发展指标绩效显著。

① 有关该指标的进展由公共服务协议 12 委员会进行审查跟进，该委员会负责推进英国政府有关提高全国儿童身体、心理和情绪健康的规定。

2007 年 8 月新推出的青少年体育运动战略①与其预期目标相比，取得了良好的进展，每周可以参加 5 小时运动的青少年人数不断增加(16~19 岁青少年为每周 3 小时)。

上一轮综合支出审查时段(2005—2008 年)数据显示，我们在以下方面取得了较大进展：5~16 岁的青少年参与高质量体育活动比例显著上升，课后运动的比例从 2004—2005 年度的 69% 提高到 2007—2008 年度的 90%。

1. 公共服务协议 22.1

准时并在预算范围内建设奥林匹克公园以及其他奥林匹克运动会场所。

在时间和预算范围内建设一个世界一流的奥林匹克公园以及其他相关场地对于成功承办 2012 年奥运会和残奥会来说至关重要。

位于斯特拉福德(Stratford)的全新运动馆是 2012 年伦敦奥运会和残奥会的主场馆，也是可持续发展奥运遗产的主要部分。大部分主要场馆会在 2011 年完工，以便留有更多试运行的时间。

(1)指标

参照奥运交付管理局为每个项目设定的时间以及分配的预算，取得的进展由重要建设项目的各项表现来评估。

(2)表现

在时间和预算方面进展良好。所有重要的项目都在有序进行，威茅斯和波特兰的奥林匹克体育馆和奥林匹克游泳中心提前完工。奥运村的建设将在 2008 年第三季度开始，国际广播中心/主新闻中心的建设工作也将于 2009 年春季启动。这两个项目都如期进行，相关资金安排也已经到位。

(3)数据来源

奥林匹克委员会和奥林匹克委员会指导小组提供月度报告。奥运会执行委员会提供保障和报告工作，监管奥运交付管理局的预算和进展，控制应急资金的使用。

2. 公共服务协议 22.2

2012 年伦敦奥运会后续效益最大化。

斯特拉特福奥运会场馆的再利用为引领东伦敦中心的转型提供了独特机会。该地区曾是英国最落后的小镇之一。公共服务协议的重要目标之一就是为东伦敦的振兴这一长期目标奠定坚实的基础。

(1)指标

公共服务协议 22 交付协议(PSA Delivery Agreement)规定的成功标准为：

——2008 年 12 月之前确定奥林匹克公园管理框架，并在 2009 年之前确定遗产总规划框架。

——确保遗产总规划框架的计划和项目已经确定并且正在进行，确保 2012 年伦敦奥运会为东伦敦创造了关键的发展机会。

——确保奥林匹克公园的主要基础设施项目的完工。

主要基础设施建设项目取得的进展按照进程以及各项目预算分配的资金进行衡量。

(2)表现

当前，交通以及其他基础设施项目(道路、桥梁、输电线路等)正在规定的时间和预算范围内进行。这些项目将奥林匹克公园建设成奥运会承办场所并且确保其成为遗产。

① www.culture.gov.uk/images/publications/DCMS_playingtowin_singles.pdf.

遗产总规划框架发展的里程碑，即奥林匹克公园遗产发展的空间计划也已实现。奥林匹克公园遗产公司已成立，将在 2009 年秋季正式运行，负责规划奥林匹克公园遗产。

(3)数据来源（遗产总规划框架）

来自奥运会执行委员会的奥林匹克公园遗产团队的最新数据。

有关奥林匹克公园交通性能(确保民众可以在奥林匹克公园以及公园周边顺利通行的相关措施)由奥运交付管理局每月报告给奥林匹克委员会和奥林匹克委员会指导小组。

3. 公共服务协议 22. 3

可持续性

申办 2012 年伦敦奥运会的承诺之一就是保证可持续发展原则贯穿奥林匹克公园以及其他场馆的设计、建设和长期使用中。2011 年，针对奥林匹克公园可持续发展采取的措施成效显著。

在每一个发展阶段，奥林匹克委员会认真对待可持续发展的范围(包括气候变化、废料、健康、生物多样性和包容性)，不仅意味着奥林匹克公园将成为英国未来发展计划的典范，也显示政府的理念，即无碳化设计、减少垃圾以及水资源的浪费，创造并且有效利用再生能源，提高生物多样性，提升英国未来一代的生活质量。

(1)指标

公共服务协议 22 交付协议规定，通过以下 5 大可持续发展的表现来衡量相关进展：

气候变化——减少二氧化碳排放量取得进展，即 2013 年底，奥林匹克公园建设环境二氧化碳排放量减少 50%。

废料——再利用或者回收 90%(按重量计)奥林匹克公园拆迁工作产生的废料。

生物多样性——最低目标是 2014 年以前建成 45 公顷的生物重要性(Biological Importance)新址一期栖息地工程。

健康——这一指标的表现评定将基于奥运交付管理局的目标，即无死亡事故，每百万小时一个或者更少的事故报告。

融合性——为黑人和少数民族工人以及当地工人两大主要群体提供奥运交付管理局对于劳动力需求的趋势变化信息。

(2)表现

取得了较大进展，许多进展超过基准要求，生物多样性的次级指标(见上文)已经制定。气候变化评估下降趋势反映了 50%碳减排目标所取得的进展(目前显示二氧化碳排放量整体下降了至少 45%)，见图 3。

(3)数据来源(奥运交付管理局可持续性报告)

奥运交付管理局可持续性委员会发布季度报告并对其进行审查。2012 年伦敦奥运会可持续委员会为 2012 年伦敦奥运会的可持续性提供第三方审验。

4. 公共服务协议 22. 4

提高公众在英国乃至全世界文化、社区和体育活动的参与度。

奥运会和残奥会将给英国人提供机会参与到与奥运相关的各种活动和项目中来。

从 2008 年开始直到奥运会结束，政府将确保所有人包括较难接触到各类活动的民众，有机会参与到文化、社区和体育活动中来。

4 个现有的项目会对该指标有所裨益：

——英国中小学运动会(文化、媒体和体育部主导)：全国学龄精英运动员的年度比赛

——最佳个人(商务、创新和技能部主导)：目标人群是失业人群以及较难接触到各类活动的民众，该项目的目标是提升参与者的技能，使他们能够有能力找到工作，有参加志愿者服务的机会，或者能够得到进一步培训。

——国际激励(文化、媒体和体育部主导)：一个促进年轻人参加体育运动的国际项目，特别是来自发展中国家的年轻人。

——文化奥林匹亚(文化、媒体和体育部主导)：一个为期 4 年的文化项目，体现奥运会和残奥会的精神(上文对此有说明)。

指标	2008 年 3 月	2008 年 9 月	2009 年 3 月
气候变化	G	G	AG
废料	G	G	G
生物多样性	未评估	未评估	G
融合性	AG	AG	AG
健康生活	AG	G	G

图 3　基准：2009 年 3 月可持续性指标规定下 RAG 情况①

图 4：英国学校运动会(略)

图 5：国际灵感(略)

我们考虑通过公共服务协议对项目内容进行拓展，推出更广泛的奥运遗产参与项目。然而，这不包括体育活动参与度，因为体育活动参与度相关项目由公共服务协议 21.6 进行规定。

(1)指标

参加 2012 年奥运会政府支持项目的英国公民及世界公民的人数。

(2)表现

在衡量成效的标准上取得了一定进展，包括英国学校运动会(见图 4)参加人数有所增加，全球有约 100 万儿童受益于国际灵感项目，见图 5。

2012 年奥运会特定的相关活动参与人数增多。

英国中小学运动会

基准：2007 年表现

最佳个人(伦敦)

基准：无

成效标准：2012 年 2 万人参与

① RAG 状态说明如下：
G 表示绿色：“好，需要改进并系统推进”。
AG 表示黄绿色：“混合情况，有些方面需要重点关注，有些方面状态良好”。
AR 表示红绿：“存在问题，需要重点关注，有些方面需要重点关注”。
R 表示红色：“严重问题，需要采取紧急行动”。

表现：有875人参与，其中844人毕业于11个不同的行政区。2008年9月伦敦发展署推出的最佳个人项目，对伦敦的试点情况进行统计。该项目目前已经在整个伦敦地区进行推广，在今年年底将推广至英格兰东北和东南部。

国际灵感(第一阶段)

基准：无

文化奥林匹亚

基准：根据参与度进行衡量

成效标准：文化、媒体和体育部与其合作伙伴致力于成效标准的制定，以便对该项目进行有效评估。

表现：如上所述，文化奥林匹亚于2008年9月启动，在全国范围内推行650多个庆祝活动。至今，文化奥林匹亚的两大主要项目(“艺术家先行”①和“世界故事”②)正在进行中。

(3)数据来源

个人最佳：伦敦发展署

国际灵感：参照各大核心表现指标，执行委员会的表现报告。

5. 公共服务协议22.5

创造一个世界一流的体育运动体系

通过年轻人体育运动战略项目，政府旨在提升体育活动项目的质量和数量，并且通过学校、继续教育学院、俱乐部和其他社区服务提供者，为5~19岁青少年提供运动机会。通过这个战略项目，将为青少年每周提供5小时的高质量体育活动，以促进身体健康，强身健体，增强自信心，提升社交能力。这项战略仅在英格兰的青少年中施行，并由学校体育项目合作者——体育信托基金和英格兰体育理事会资助。

新战略旨在鼓励青少年(特别是那些难以触及的人群，比如有犯罪/行为问题的人或者辍学的青少年)参与其中，并且保证他们长期参与。上一轮综合支出审查(2005—2008年)显示，5~16岁青少年每周至少参加2小时高质量体育活动的比例有所上升，参加课外体育的时间比例由2004—2005年度的69%上升到2007—2008年度的90%。

五分之一

将近1/5的民众每周至少保证进行3次30分钟的运动。

(1)指数

5~16岁儿童和青少年每周在学校至少进行2小时高质量体育运动的比例，5~19岁儿童和青少年每周额外参加至少3小时体育活动的比例。我们的目标是通过创造一个世界一流的体育运动体系，继续提升体育运动的参与度。同时，该体系能让5~16岁儿童和青少年每周有5小时的体育运动时间，16~19岁青少年每周有3小时的运动时间。

(2)表现

参照之前的公共服务协议指标(2005—2008年)，我们取得了重大进展，超出了预期目标。90%的5~16岁儿童和青少年每周至少进行2小时的高质量体育运动。

---

① www.artiststakingthelead.org.uk/.

② www.mla.gov.uk/news_and_views/press/releases/2009/Stories_of_the_World.

(3)数据来源

儿童、学校和家庭部学校体育调查。

公共服务协议 21

建设更有凝聚力、自主性强和充满活力的社区。

这项公共服务协议是由社区和当地政府主导，要建设更有凝聚力、自主性强和充满活力的社区：

——将利益最大化，而不是排斥拒绝多样化的发展。

——要激发个人积极性，要创造属于自己的生活，不断改善社区和创造更加广阔的生活环境。

——个人生活更加丰富多样，充满活力。

公共服务协议 21 包括 6 大指标，其中一项指标(指标 6)旨在提高文化和体育方面的参与度。

一个有活力的社区有助于人们各尽其能并且享受他人带来的益处。文化和体育在创造一个富有活力的社区方面发挥着重要的作用，活力四射的社区能提升他们的生活质量。参与文化和体育活动对提升社区的凝聚力有积极影响，不同背景的人们能够持续平等地进行互动。

“参与”调查显示，参与文化和体育活动的人们更加了解和信任他们的邻居，体育和锻炼对于社会参与度有着重要作用。文化、媒体和体育部最近推出的“提升民众、提升地区”计划(Lifting People Lifting Places)①对此有进一步的详细讨论。

指标 6　参与文化体育活动的民众比例

我们选择定义该指标的成效标准主要看数据是否有明显增加，即成年人参加两项及以上文化和体育活动的比例。具体活动内容包括以下几个方面：

①过去一年中至少使用一次公共图书馆服务；

②过去一年中至少参观一次博物馆、艺术画廊或者档案馆；

③过去一年中至少参加三次艺术活动；

④过去一年中至少游览两个历史景点；

⑤过去的一周中至少有三天及以上进行 30 分钟的体育活动或者积极的休闲活动。

该指标完成由以下非政府部门公共机构具体推进，具体分工如下：

英格兰体育理事会侧重于推进三项工作：发展、保持和追求卓越。发展旨在使更多的人参与到社区体育中来。目标是在 2012—2013 年度有 100 多万人参与其中，很有可能在此期间达成。实现这个目标的重要举措：60 岁以上的民众可以免费游泳。

英格兰艺术委员会投资了约 880 个艺术组织作为英国艺术推广的核心力量，每年吸引 3 600 万名观众。这些组织在提升艺术参与度方面发挥着重要的作用，并且推出诸如“特别之夜”②项目，为 26 岁以上民众提供 60 万张免费门票。

博物馆、图书馆和档案馆委员会推出的“区域文艺复兴计划”③仍在继续挖掘地方博物馆的潜力，帮助提升服务水平，支持教育、学习、社区发展以及经济再生方面的发展。“区域文艺复兴计划”的目标之一是提高博物馆的公众参与度。“图书馆行动计划(2008—2011 年)”④用工作流来支持各地图书馆

① www.culture.gov.uk/reference_library/publications/6145.aspx.

② www.anightlessordinary.org.uk/.

③ www.mla.gov.uk/what/programmes/renaissance.

④ www.mla.gov.uk/what/strategies/library.

管理机构维持并且提升图书馆的使用率。

英国古迹署正在寻求方法提升历史遗迹的民众参观率。其中一个项目是文化遗产开放日活动①，通过提供免费参观的机会，每年吸引了上百万名游客，而这些文化遗产一般不对外开放或者通常需要收取门票。文化、媒体和体育部将与地方政府和第三方合作，它们对于指标实现发挥重要作用，同时也要与其他政府部门合作来推动各项工作的开展。比如，我们将与社区和地方政府合作，积极参与到增进社区凝聚力建设的工作中。

表现：

暂未评估

通过“参与”调查所得到的数据进行评估，即将 2009 年设置的最终基准和 2011 年最终调查的结果相比较。数据显著变化所需的最小指标是两个百分点。

2009 年 4 月，根据基准期前 6 个月(2008 年 4—10 月)收集的数据确定，中期基准为 66.8%。2008—2009 年将进一步收集数据，在 2009 年夏天发布，并确定最终基准。在 2010 年夏天将对中期进展进行评估，2011 年夏天发布最终评估结果。

为实现新目标所推出的项目已经启动，即建立一个有关参与度的数据库。目前已汇集了 3 年多的数据，“参与”调查已成为一项宝贵资源，可以从中挖掘证据，包括数据建模，寻找出对提高参与度最有影响力的因素以及对长期以来的参与趋势和模式进行详细的分析。

取得的另一项重大成果就是将文化活动纳入地方政府国家指标设置。② 文化、媒体和体育部拥有 4 项指标，其中 3 项是与文化相关的：国家指标 9(公共图书馆的利用率)、国家指标 10(博物馆和艺术画廊的参观率)、国家指标 11(艺术参与度)。2008 年 12 月，有关地方层面文化参与度的首批数据已经发布，现在的工作是在此基础上推进地方政府将文化作为政府优先开展工作。由于许多的文化参与活动发生在社区中，该项工作对于推行公共服务协议 21 来说十分重要。

文化和体育印迹项目是审查期间推出的另一项重大项目。这是由文化、媒体和体育部与非政府部门公共机构共同推出的，旨在解决部门面临的一些关键问题。前期项目的一个重要工作就是系统审查参与度相关数据。该项目形成一个概念性的框架，利用该框架可以进行未来模型和政策的构建。

公共服务协议 21 指标 6 的表现由文化、媒体和体育部与非政府部门公共机构的高级代表委员会进行监管。委员会每季度召开一次会议，对实现目标所面临的挑战和机遇有准确的认识。委员会要与地方政府、志愿者机构和其他政府部门积极开展合作。取得的一项重大成效就是在文化活动中促进人的心理健康，并且建成了相关印迹数据库。这可以用来增进与其他部门的联系，比如与卫生部和卫生策略管理局(Strategic Health Authorities)的联系。

文化、媒体和体育部在加强与社区和地方政府的合作和联系方面取得了重大进展，而社区和地方政府对于总体目标实现发挥主导作用。两个部门目前正在寻求更紧密的合作机会，并思考能否在地方层面开展合作。

其他公共服务协议

除此之外，文化、媒体和体育部协助其他部门主导的公共服务协议的实施：

① www.heritageopendays.org.uk/.

② 国家统计指标(NIS)是衡量英国地方政府优先开展的唯一标准，它是由英国政府批准同意。如今有 188 项国家指标。

公共服务协议 1：提高英国经济的生产力①

创意产业对于英国经济作出了巨大的贡献，2009 年 1 月发布的创意产业经济评估②显示，创意产业 2006 年占英国总增加值的 6.4%，约 600 亿英镑。除了非政府部门公共机构工作之外，文化、媒体和体育部仍继续发挥主导作用：

——与商务、创新和技能部共同推进创意英国项目的实施；

——与商务、创新和技能部共同推出数字英国项目，目的是让英国处于全球数字经济前沿。

公共服务协议 12：促进青少年的健康③

青少年参与体育活动是改善他们健康的重要环节。这也是公共服务协议 22 的重要组成部分。《儿童参与调查(2007 年)》④报告显示，过去 3/4 的儿童参与校外体育活动，其中儿童平均每周有 3 天至少参加 1 小时体育活动。除了非政府部门公共机构对卫生部和儿童、家庭和学校部主导的抵制肥胖项目作出的努力以外，文化、媒体和体育部也在积极推进相关工作的开展：

——限制对儿童播出高热量、高盐度、高糖分食品的广告；

——针对英格兰地区 16 岁以下青少年推出免费游泳项目。

公共服务协议 14：让更多青少年获得成功⑤

该公共服务协议包含的一大指标是使越来越多的青少年参与到积极活动中去，文化、媒体和体育部是关键的合作伙伴。参与体育和艺术活动可以让青少年变得更加积极，促进他们迈向成功。文化、媒体和体育部为青少年提供了一系列文化活动机会，让他们有机会参观博物馆、艺术画廊和参与艺术组织。另外，在今年年初推出了“发掘你的天赋”项目⑥。

同儿童、学校和家庭部合作制定青年体育运动战略，旨在为 5~19 岁儿童和青少年建设一个世界一流的体育运动体系。

公共服务协议 15：解决个人因性别、种族、残疾、年龄、性取向、宗教或信仰因素⑦而带来的不利因素

上文对实现部门战略目标 1(DSO1，机遇)和部门战略目标 4(DSO4，奥林匹克)所开展的工作进行介绍，对我们对公共服务协议 15 所作的主要贡献进行说明。

公共服务协议 20：提高长期住房供应和负担能力⑧

所有社区，尤其是那些依托住房拉动经济增长和再生的社区，能够从文化和体育活动提供的机遇中获益。文化、媒体和体育部认为文化植根于村庄、城镇和城市的公共卫生和交通的发展中。除了非政府部门公共机构积极推动文化对社区发展的促进作用外，文化、媒体和体育部与社区和地方政府密切合作，也在主导相关工作的开展：

——生活场所：英国 5 个文化机构达成一项协议并在此基础上推行一项项目，旨在保障所有社区能够从文化和体育带来的机遇中获益。

——海洋变化：旨在推动海边度假胜地文化创意再生和经济增长项目的实施。

① 商务、创意和技能部起主导作用：www.berr.gov.uk/aboutus/corporate/performance/performance_Framework/page23502.html.

② www.culture.gov.uk/reference_library/publications/5727.aspx.

③ 儿童、学校和家庭部起主导作用：www.hm-treasury.gov.uk/d/pbr_csr07_psa12.pdf.

④ www.culture.gov.uk/reference_library/publications/3681.aspx.

⑤ 儿童、学校和家庭部起主导作用：www.hm-treasury.gov.uk/d/pbr_csr07_psa14.pdf.

⑥ www.findyourtalent.org/.

⑦ GEO 起主导作用：www.equalities.gov.uk/default.aspx？page=1013.

⑧ 社区和地方政府起主导作用：www.hm-treasury.gov.uk/d/pbr_csr07_psa20.pdf.

(三)“物有所值”项目(参照《2007年综合支出审查》)

2008—2011年“物有所值”项目

基于2004年政府支出审查效率项目取得的成果，政府在2007年综合支出审查期间(即2008—2011年)推出了一项更加雄心勃勃和长远的“物有所值”项目。该项目调用所需资源用以改善公共服务，应对未来十年的全球挑战。

文化、媒体和体育部成功地提高工作效率，将在2010—2011年度①实现《2007年综合支出审查》中确定的“物有所值”项目1.68亿的目标。文化、媒体和体育部将会削减5%的行政开支。文化、媒体和体育部的大部分资金来源于非政府部门公共机构，大部分“物有所值”项目将由它们负责支出。

文化、媒体和体育部与非政府部门公共机构紧密合作，合理地节约开支。

所有非政府部门公共机构都从文化、媒体和体育部的资助项目中获取了超过300万英镑的资助(2007—2008年度)，其中“物有所值”项目占3%。非政府部门公共机构制定的“物有所值”项目，计划其在综合支出审查期(2008—2011年)如何节省开支。定期重审并对计划进行更新，以确保其精确性和真实性。

最新表现

取得成效：2009年3月31日，5 220万英镑

节约资本：节约现金流入、计算扣除实施成本，并且可以持续推进。

图6显示节约开支目标的最新进展。在“物有所值”项目运行阶段，根据已实施的计划，文化、媒体和体育部在综合支出审查期(2008—2011年)就可以实现累计节省目标。

尽管文化、媒体和体育部推出项目仍处于起步阶段，一些“物有所值”项目已经发挥作用，比如：

——英格兰体育理事会实现了“物有所值”项目目标，通过重新签订《休闲联系合约》降低了运营成本，节约了110万英镑。并且通过外包合同合理化和加强成本控制，节约了35万英镑行政开支。

——通过改组理事会各部门(加强内部法律顾问团队建设，合并两个高级财务职位，重新对内部审计工作进行招标)，并且受益于各种免费外部调查以及专业技术的发展，英格兰体育理事会节约了近57.9万英镑。

(单位：百万英镑)	截至2008—2009年度第四季度末节约资本	文化、媒体和体育部2008—2009年度确立目标
文化、媒体和体育部内部	—	
资本节省	—	
非政府部门公共机构，其中：	50.8	
——博物馆和美术馆	15.2	
——战略性团体	35.6	
总计节省	50.8	48

图6 “物有所值”项目节约目标推进情况

① 14.8亿英镑的既定目标增加了2亿英镑，以反映文化、媒体和体育部对政府2009年财政预算案中宣布的效率计划50亿英镑的贡献额度。

注：这个目标仅针对节约的全部资本。

——博物馆、图书馆和档案馆委员会关闭 8 个独立的机构并且在委员会内部组建管理团队，通过这些举措在地区层面上节约了 220 万英镑。同时节省了运营和管理费用，仅管理费用就节约了 80 万英镑。

——重新设计帝国战争博物馆(Imperial War Museum)北馆的大厅入口处，改善游客体验，包括重新布置商店和学习区，减少了两块告示牌。游客流量有所增加，零售业比例和利润也有所增加，今年节约费用总计 3.1 万英镑。

——皇家军械博物馆(The Royal Armouries)与文化、媒体和体育部，碳信托(Carbon Trust)紧密合作，推出了一些具有针对性的措施，使得电力消耗下降了 12%，节约了 1.2 万英镑。

——国家美术馆(The National Gallery)通过一系列活动积极开展市场调研，节约了采购成本。并且组建了内部网络，这些针对性措施节约了 3.9 万英镑。

——英国古迹署通过多项地产管理措施节约了 154 万英镑，例如，重新安置伦敦工作人员，设备管理重组，降低租金和税费。

未来计划

根据初步搜集“物有所值”项目的开支节省数据，非政府部门公共机构开始考虑未来两个季度的工作，并以现有进展为基础制定具体计划。例如：

——帝国战争博物馆制定了环境可持续发展战略，通过提高能源利用率和减少消耗来节约资金，并且将继续对采购(包括涉及所有商品和服务)进行审查，使供应商的数量尽可能合理。

——英国古迹署希望对《调查和标准》(Research & Standards)工作实践进行重组和合理化调配以及开发信息技术系统来节约资金。

——英格兰体育理事会根据战略审查①(2008 年 6 月)的意见对部门进行改组，以期在 2009—2010 年度实现既定的节约目标。

——作为“物有所值”项目的参与者，英国图书馆通过取消订阅量最小的期刊、转向使用电子期刊以及对主要图书供应商进行重新招标等方式降低购买支出。

——国家美术馆将通过开展夏季免费展览来降低展览项目的成本，以取代国际互借展览，这将减少展品运输、设计以及市场营销的成本。

——国家肖像馆希望和泰特美术馆共用储存仓库，以寻求更低的储存成本。

——在 2009—2010 年度及以后，对区域文化联合会的清算将有利于节约成本。

文化、媒体与体育部也将与非政府部门公共机构合作来提前审查项目运行第一年的开支节省情况，目的在于找出最佳实践方案并进行分享推广，进而帮助各机构更清楚地认识如何制定未来几年“物有所值”项目节省计划。

2008 年，作为“欧洲文化之都”的利物浦，吸引了众多游客，其中 350 万游客是第一次来利物浦参观旅游。

① www.sportengland.org.uk/about_us/what_we_do.aspx.

五、资源管理

改革

为回应2007年发布的《文化、媒体和体育部能力审查报告》①提出的意见和建议，我们着手进行改革，要将文化、媒体和体育部建设成为更具方向性、灵活性和影响力的政府部门。

第一阶段的改革是对文化、媒体和体育部进行机构重组：

——让工作更有凝聚力，更好地推进优先工作的开展；

——制定政策时更有效地利用相关数据和分析结果；

——利用风险融资协议，文化、媒体和体育部以及非政府部门公共机构的关系向更具有战略性的方向发展。

我们也采用了新的工作模式，包括为关键工作流程制定规划，采用新的管理方法和支持优先项目的推进，制定我们和其他政府部门的参与计划。

当前阶段的改革方案关注机构改革。2008—2009年，文化、媒体和体育部对工作团队进行了关键性重组，开始采用新的工作流程和工作模式，特别是引入新的人力资源信息技术系统——甲骨文公司数据库(2009年夏季推出)，同时草拟一份新的合作协议，其中规定了文化、媒体和体育部各部门之间的合作。

内阁办公室在2009年3月启动了为期两年的针对文化、媒体和体育部能力再审查②的相关工作。

根据能力再审查得出结果，文化、媒体和体育部在以下方面取得较大进展：

——成功进行能力改革，大力推进关键项目包括奥林匹克和数字转换的实施。

——与其他部门共同认定优先开展工作，改进了部门内部的工作模式。

——提升使用相关数据和分析结果的能力。

——引入了更加灵活的政策、更有活力的项目以及项目管理。

——在关注和加强对外联系，如与非政府部门公共机构、英国政府各部门和当地政府的关系方面，有了实质进展。

能力再审查也指出我们在某些领域还存在进步的空间，包括：

——改善内部领导能力和管理能力。

——在新框架内改善团队合作方式。

——继续进行机构改革。

2009—2010年，下一阶段改革的重点就是解决这些问题。为此将继续引入新的工作模式与部门工作人员以及其他资助机构，以便更加有效地开展合作。

战略风险

关于管理目标实现过程中所遇到的风险，文化、媒体和体育部将以财政部推出的最佳实践指南为

① www.dcms.gov.uk/images/publications/CapabilityReviewDCMS.pdf.

② 相关信息可参见文化、媒体和体育部的官方网站：www.culture.gov.uk/reference_library/publications/6023.aspx.

指导。委员会定期对部门理事会认定和负责的战略风险进行审查。并非所有的风险都在可控范围之内，除了下面提到的风险，其他风险可能对部门发展产生不利影响。

例如，文化、媒体和体育部对于灾害及其他意外事件作出迅速而有效反应的能力，这是我们在应对事件本身及其后续影响过程中的抓手。要从发生重大事故的经验中吸取教训。已经制定行动计划，要定期对这些计划进行审查以确保它们能持续发挥作用。

我们要加强工作人员对腐败的认识，并且建立相关的举报政策体系以避免腐败现象的发生。

为确保在既定的时间内成功地实现从模拟到数字信号的转换，我们与战略合作伙伴共同解决已出现的问题，并且发现工作中可能出现的新问题。这一项目以最佳实践为指导，抓住关键时间节点，进行定期审查。转换工作已经完成，前文已作相关介绍。

公共机构

根据《能力审查报告》所提出的意见和建议，我们将继续建立更具战略性和挑战性的合作关系。非政府部门公共机构顾问委员会代表正在商讨如何解决跨领域的战略问题，例如文化、媒体和体育部各部门该如何应对经济衰退。

与此同时，我们正在找寻方法减少对于低风险机构的检查，并且减少它们所要提交文件的数量。我们对财政部资金支出的核心监督方式进行审查，通过投资委员会，采用更具挑战性和战略性的审查方式。通过有计划的资金项目，我们能够为机构提供更好的支持。我们免除了小型非政府部门公共机构的费用，例如国家和地区分析，并且在不影响相关责任和风险管理的前提下，继续考虑改进其他工作。关于非政府部门公共机构常规调查显示，对这些发展所作出的回应是积极的。

2009 年 3 月 31 日，文化、媒体和体育部承担起对推进 54 个公共机构发展的责任，这将有助于部门战略目标的实现。此外，我们与英国商务、创新和技能部共同努力，推动英国通信管理局的发展。文化、媒体和体育部主要负责机构，包括 3 个市政机关、2 大公共广播机构、1 个执行机构(皇家公园)、46 个非政府部门公共机构(35 个执行性非政府部门公共机构、10 个咨询性非政府部门公共机构以及 1 个仲裁性非政府部门公共机构)，还有 2 个受财政部资助的未分类机构(皇室内务府(Royal Household)和教堂保护信托基金(Churches Conservation Trust))。我们将 95%以上的预算开支都用于这些机构的发展，有关补助计划的详细信息后面将作详细介绍。

文化、媒体和体育部资助的执行性非政府部门公共机构的数量在今年减少到 35 个，取消了对地区文化联合会的资助。在推进英格兰地区文化、媒体和体育发展过程中，地区文化联合会作出了巨大的贡献，积极推进良好伙伴关系的建立。2008 年 7 月 2 日，文化、媒体和体育部宣布改革英格兰地区的管理方式。对地区有重大影响的 4 大机构——英格兰艺术委员会(ACE)、英格兰体育理事会(Sport England)、英国文化传统和博物馆(English Heritage and the Museums)以及图书馆和档案馆委员会，都受文化、媒体和体育部的管理，今后要在需要联合开展行动的领域进行更密切的合作。这些机构与关键伙伴，例如地方政府和地方发展局开展合作，能为每个区域确定共同的优先工作以及行动计划，并且指定专门负责人用于推进区域工作的开展。各项准备工作已经就绪，8 个地区文化联合会正在有条不紊地推进中。

公共机构从财政部或者国家彩票公司获得公共资金，因此要对公众、各政府部门负责人以及议会负责。这些机构需要有较多的自由来决定如何运行，但是也需要在辅助部门和议会规定的政策和优先工作框架下开展行动 。

这个框架浓缩在以下几个重要文件中，其中一个或者多个适用于绝大多数机构：

——部门战略目标以及公共服务协议确定了文化、媒体和体育部的主要目标。

——《资助协议》阐明每个机构都将使用分配的公共资金及其原因（包括与文化、媒体和体育部的部门战略目标或公共服务协议的关系）以及为实施这些战略以及核心活动所需资金。该协议由相应机构的高层和文化、媒体和体育部大臣共同签署。

——管理声明和财务备忘录制定了相关规则和指导方针，规定公共机构需要履行的职能；并将对其进行定期审查，但审查基本内容保持不变。

——对于国家彩票公司资助的机构，政策和金融管理和财政须知对彩票基金的使用进行了规定，尤其要注意的是这与对财政部资金的管理方式存在差异。

所有公共机构、公共广播机构和执行性非政府部门公共机构都需要提交年度报告和报表[①]，上交给议会或者保存在议院的资料库中。

我们与英国商务、创新和技能部共同管理英国通信管理局（公共机构）和英国设计委员会（执行性非政府部门公共机构）。更多相关信息可登录商务、创新和技能部网站。[②]

文化、媒体和体育部每年向皇室内务府拨款1 610万英镑来资助皇家宫殿的维修，为皇室提供通信和信息服务以及修缮马尔伯勒大楼，这些皇家宫殿是女王陛下和皇室其他成员使用的宫殿。[③]它们分别是：

——白金汉宫（Buckingham Palace）；

——温莎城堡（Windsor Castle）；

——圣詹姆斯宫（St James's Palace）；

——克拉伦斯府邸（Clarence House）；

——肯辛顿宫住宅区（the residential areas of Kensington Palace）。

最后，文化、媒体和体育部在2008—2009年度也为一些其他机构提供资助，将在资源账目“管理评论”一栏中列出。

地方政府和地区

政府部门更多地参与地方政府和区域事务，充分认识到社区的重要性。我们要在“改进计划”的推进中发挥作用，继续改进地方政府文化和体育服务。“改进计划”旨在支持当地政府作为“区域领导”和当地合作伙伴共同改善当地居民的生活质量。现在已经取得进展，也将继续支持当地政府推进“追求卓越：一年的奋斗”计划[④]的实施。

政府部门将与非政府部门公共机构共同推进“地方政府绩效框架”的落实，包括在国家指标体系下为地方政府确定的4大指标：

——国家指标8：成年人参与体育和休闲活动

——国家指标9：公共图书馆的使用

① 有关这些公共部门的进一步详细信息（包括如何获得其年度报告和报表的副本）以及对不同类型的公共机构特点说明可以登录网站查看相关信息，网址：www.culture.gov.uk/reference_library/6014.aspx.

② www.bis.gov.uk/.

③ 进一步详细信息请访问英国政府官网：www.royal.gov.uk.

④ www.culture.gov.uk/reference_library/publications/5948.aspx.

——国家指标10：参观博物馆和美术馆

——国家指标11：艺术参与度

地方政府根据以上指标制定工作目标，并且对那些有助于委员会提高参与率的项目提供支持。

我们采用新的工作模式与机构和区域组织共同推出一系列新举措。经过地区发展局和区域主管的讨论，新推出的综合区域战略将文化、媒体和体育全面纳入到推动地方发展和创造经济利益的过程中。

管理改革

在保证不影响管理目标实现的情况下，通过工作项目节约资金。2010年政府致力于减少商业方面行政管理支出。2005年，文化、媒体和体育部年度行政支出为3.433亿英镑，2006—2010年将这些支出削减30%，与此同时，加强部门内部人员收集数据和分析数据的能力。

2008—2009年，文化、媒体和体育部根据2003年《许可法案》和2005年《博彩法案》(这两个法案是规章改革的主要部分)，通过一系列立法改革决议，继续减轻对商业施加的不必要压力。截至2008年，文化、媒体和体育部已经将行政支出缩减至1.872亿英镑，减少了43%，并节约了很大一部分商业成本。进一步的简改措施有望在2010年之前步入正轨。

文化、媒体和体育部继续增强其能力以优化监管，进行准确、可靠的效果评估。我们正计划组织一系列的培训研讨会，用以提出更好的管理建议。文化、媒体和体育部正与商务、创新和技能部携手合作，对其立法改革决议所得的经验进行反馈。商务、创新和技能部将经验教训纳入到对政府官员的最新指导文件中，在政府部门之间进行最佳经验分享。

咨询、宣传和广告

2008—2009年用于咨询经费为120万英镑，预算为160万英镑。

2008—2009年用于宣传和广告经费为70万英镑，预算为80万英镑。

回复

所有政府部门都有其相应的回复目标。文化、媒体和体育部目标是在20个工作日内回复所有的信件，定期进行监管，监管结果每年都会发表在议会和内阁办公室网站上。

2008年，文化、媒体和体育部收到了3 949封来自国会议员和皇室需要答复的信件，其中2 296封(58.1%)在20个工作日内进行了答复。同样收到了8 995封来自公众需要官方回应的信件和其他通信，并且在目标时间范围内完整回复了其中7 583(84.3%)封信件。

2008年，由于部门内部重组，回复速度相较于上个年度减慢了。

目前，正在对各项程序进行审查，确保工作达到更高的水平。

可持续发展

文化、媒体和体育部继续将可持续发展理念融入到各个部门之中，并取得进展，提高办公效率。

主要的战略重点仍然是应对气候变化。这一年通过安装新式锅炉和更节能的照明设备，减少了碳排放量。在去年学术文献综述基础上，通过一些创新性研究，我们加深了对气候变化影响文化和休闲产业的了解。

非政府部门公共机构在提高可持续性发展方面取得令人瞩目的成绩。它们采取各种巧妙的方式，利用外展服务来向市民传递相关信息。例如，国家肖像馆通过放置告示牌的方式来提醒游客将不需要的宣传册或者其他可回收的纸张放入垃圾桶，这些垃圾桶给游客带来便利，也符合美术馆较高的美学标准。此外，皇家公园里放有特别设计的并与周围环境相融合的垃圾桶。

2008年8月发布了2008年4月—2011年3月推行的“可持续发展行动计划”(SDAP08)。这一文件包含政策、运营和与非政府部门公共机构合作的相关内容，拟于2011年3月底完成计划指标。了解政府部门的“可持续发展行动计划”及其建议与案例研究的相关信息可登录网站：www.culture.gov.uk/working_with_us/sustainable_development，同时还可以链接到旅游业和采购相关领域的网站。

健康与安全

这一年政府部门修改了2008年11月2日健康和福利日开始推行的“健康和安全政策”，包括保持健康生活方式以及一套全面身体检查，外加来自本耐登保健组织的相关说明。

政府部门继续改善急救措施，提供两个起搏器，以备心脏骤停时使用。目前正在进行一项培训和招募急救员、消防管理员和会使用起搏器的员工。

健康与安全委员会(The Health and Safety Committee)每年仍旧举行4次会议，成员由工作人员代表和工会代表组成。作为工作的一部分，委员会每季度都对政府部门的“健康和安全风险评估”进行全面审查。

公共账户委员会(Public Accounts Committee)建议

以最佳实践为指导，政府部门对其所属机构的发展进行总结，同时积极对公共账户委员会在年末总结提出的所有优秀建议进行积极回应。

有关进展的详细内容请见附录2。涉及的相关报告主要包括：

2007—2008年会议：2007—2008年第28号报告——政府有关数字转换的筹备情况(HC416)①

2007—2008年会议：第42号报告——推进2012年伦敦奥运会和残奥会以及后续体育运动的发展(HC 477)②

2007—2008年会议：第50号报告——2012年伦敦奥运会和残奥会的筹备情况(HC 890)③

2007—2008年会议：第49号报告——在文化、媒体和体育领域高效率利用资助 (HC 641)④

除非另有说明，文化、媒体和体育部并不考虑开展卓有成效的行动。

利用不同的框架、用不同的方式对经费情况进行整合，年度报告和报表表明了文化、媒体和体育部的财政状况。图7显示了相关数据之间的关系。表格列出的对账情况也在金融评论账目中进行说明。

财政部采用了一个协调系统，所有部门都可以为公共支出分配预算进行控制，包括部门本身的开支以及赞助商的开支。预算控制总额分为两种：资源支出和资本支出以及监管部门支出限额(Departmental Expenditure Limits)和年度管理支出(Annually Managed Expenditure)。在支出审察期间我

① www.publications.parliament.uk/pa/cm200708/cmselect/cmpubacc/416/416.pdf.

② www.publications.parliament.uk/pa/cm200708/cmselect/cmpubacc/477/477.pdf.

③ www.publications.parliament.uk/pa/cm200708/cmselect/cmpubacc/890/890.pdf.

④ www.publications.parliament.uk/pa/cm200708/cmselect/cmpubacc/641/641.pdf.

们制定一个为期三年的部门支出限额预算计划，部门预算不可超出设置的限额。财政部通过部门预算和前期预算报告，每年进行两次年度管理支出的审查。

净现金需求和净资源需求的控制总额是议会估算的结果。账目注释 2 中可以看出开支相对净资源需求的骤减。更为详细的净现金需求的对账可以参见注释 4。这两项需求由议会投票表决，文化、媒体和体育部也必须保持在议会控制的总额之内。部门报表中净运营支出也在此列出，其组成成分可以在营业成本表中看到。

英国财政部试图简化政府的财务报表，用更加统一、清晰和直接的方式进行发布，同时英国财政部在咨询的基础上设计了一种呈现政府预算和会计数据的新方法。该新方法被命名为校准(清晰的视线)项目，施政报告于 3 月发布。审查报告的结论不能解决所有分歧，但已经向前迈出了很大一步。2009 年 7 月 3 日发布联络委员会建议报告《财务审查：议会控制和政府预算》之后，新的指标体系将从 2010—2011 财政年度开始在各政府部门中推行。

图 7　2008—2009 年度账户汇总

文化、媒体和体育部

详细的拨款账目：非政府部门公共机构财政补贴　　（单位：千英镑）

	2007—2008 年度结算	2008—2009 年度结算	2009—2010 年度计划
博物馆、美术馆和图书馆	512 924	553 186	538 088
其中：不列颠博物馆	44 898	50 943	52 028
自然史博物馆	45 165	52 887	51 080
帝国战争博物馆	22 177	23 888	24 163
国家美术馆	25 597	26 369	27 287
国家海洋博物馆	18 491	19 570	19 240
利物浦国家博物馆	22 326	22 488	22 965
国家肖像馆	7 038	7 693	7 744
国家科学与工业博物馆	38 484	39 158	40 608
泰特美术馆	45 929	61 385	57 663
维多利亚和阿尔伯特博物馆	42 262	44 860	44 761
华莱士收藏馆	4 156	4 228	4 301
皇家军械博物馆	8 917	8 264	8 474
曼彻斯特科学与工业博物馆	4 171	4 788	4 987
约翰索恩爵士博物馆	1 339	1 339	1 181
霍尼曼博物馆	4 350	4 757	4 566
杰佛瑞博物馆	1 956	1 748	1 791
不列颠图书馆	106 480	106 947	95 464
公共出租版税权	7 488	7 388	7 582
图书馆和档案馆委员会——核心	14 743	16 271	12 740
图书馆和档案馆委员会——区域基金(文艺复兴)计划	45 000	46 215	47 463
图书馆和档案馆委员会——未来框架	1 957	2 000	2 000
英格兰艺术委员会	422 610	436 531	417 223
体育	181 862	203 595	198 122
其中：英格兰体育理事会	113 296	130 163	133 960
其中：足球基金	—	—	15 000

续表

	2007—2008年度结算	2008—2009年度结算	2009—2010年度计划
俱乐部发展计划	—	—	20 000
联合王国体育局	67 305	72 201	62 901
足球牌照局	1 261	1 231	1 261
伦敦2012——奥运会交付管理局	235 903	957 900	1 014 000
古建筑、名胜古迹和遗址	171 768	180 832	175 698
其中：英国古迹署	136 636	129 358	126 801
教堂保护信托基金	3 062	3 162	3 100
国家遗产纪念基金会	10 002	10 000	10 000
建筑与建筑环境委员会	4 690	19 790	19 690
皇室内务府	17 378	18 522	16 107
英国旅游局	50 650	49 900	45 400
广播和媒体	117 927	128 504	141 326
其中：英国电影委员会	25 110	30 064	41 284
威尔士第四台	92 817	98 440	100 042
地区文化联合会	2 149	2 412	0
国家彩票委员会	10 341	6 342	5 664
博彩委员会	3 039	608	500

文化、媒体和体育部

资源预算：部门支出限额　　（单位：千英镑）

	2003—2004年度结算	2004—2005年度结算	2005—2006年度结算	2006—2007年度结算	2007—2008年度结算	2008—2009年度PEOWP†	2009—2010年度计划结算	2010—2011年度计划	2011—2012年度计划
部门、资源支出限额文化、媒体和体育部	1 216 043	1 264 909	1 431 189	1 530 657	1 584 732	1 625 140	1 679 419	1 731 768	—
其中：博物馆、美术馆和图书馆	440 172	408 152	506 321	572 514	588 335	617 783	646 321	658 975	—
其中：博物馆和美术馆	307 405	277 127	359 097	402 278	401 566	429 800	470 094	477 707	—
图书馆	119 213	117 954	97 104	117 691	118 795	125 464	113 822	119 089	—
博物馆、图书馆和档案馆理事会	12 776	12 218	47 377	48 569	61 204	62 519	62 405	62 179	—
文化在线	778	853	2 743	3 976	6 771	—	—	—	—
艺术	328 038	367 077	393 995	387 818	403 748	410 451	412 813	429 545	—
体育	65 953	84 40 3	120 197	135 606	177 431	152 846	185 288	214 940	—
其中：运动和休闲	65 953	77 945	116 140	115 203	152 963	162 987	163 288	164 940	—
奥林匹克运动会	—	6 458	4 057	20 403	24 468	-10 141	22 000	50 000	—
建筑和历史环境	153 117	159 393	149 701	181 299	155 900	173 516	174 011	177 612	—
地区文化联合会	—	1 501	1 650	1 865	2 598	2 395	—	—	—

†《公共支出结算白皮书》(PEOWP)。

续表

	2003—2004 年度结算	2004—2005 年度结算	2005—2006 年度结算	2006—2007 年度结算	2007—2008 年度结算	2008—2009 年度 PEOWP[†]	2009—2010 年度计划结算	2010—2011 年度计划	2011—2012 年度计划
皇家公园	25 706	26 660	31 122	19 202	20 519	22 377	20 324	20 378	—
旅游业	53 039	50 349	51 202	54 978	55 933	55 218	50 901	46 376	—
广播和媒体	108 472	124 981	123 858	122 175	122 828	133 253	137 068	136 387	—
管理和研究	41 546	42 393	48 314	55 200	57 440	57 301	52 593	47 455	—
未分配物品	—	—	4 829	—	—	—	100	100	—
博彩和国家性彩票	2 024	2 996	7 299	13 359	2 010	970	1 213	1 305	—
总资源预算部门支出限额	1 218 067	1 267 905	1 438 488	1 544 016	1 586 742	1 626 110	1 680 632	1 733 073	—
其中：近似货币	1 083 016	1 157 641	1 263 312	1 358 041	1 389 498	1 422 598	1 443 632	1 460 073	—
其中：薪水	410 509	439 988	444 861	508 044	589 363	557 451			
采购	274 933	255 418	309 789	399 512	382 238	421 422	459 083	468 690	—
目前私营部门和国外的拨款和津贴	397 613	467 312	487 872	496 655	563 282	580 520	675 665	655 135	—
目前地方政府津贴	-18	1 334	22 431	24 859	40 241	47 545	39 531	40 547	—
折旧费	62 088	33 703	102 052	101 589	106 084	115 740	112 000	118 000	—

文化、媒体和体育部

资源预算：年度管理支出(AME)　　（单位：千英镑）

	2003—2004 年度结算	2004—2005 年度结算	2005—2006 年度结算	2006—2007 年度结算	2007—2008 年度结算	2008—2009 年度 PEOWP[†] 结算	2009—2010 年度计划	2010—2011 年度计划	2011—2012 年度计划
财力资源年度管理支出文化、媒体和体育部	3 001 763	2 554 054	2 678 700	2 832 000	2 997 800	2 905 987	3 057 000	3 221 000	—
其中：博物馆、美术馆和图书馆	317 641	1 798	—	—	—	—	—	—	—
其中：博物馆和美术馆	1 747	1 798	—	—	—	—	—	—	—
图书馆	315 894	—	—	—	—	—	—	—	—
体育	1 003	—	—	—	—	—	—	—	—
其中：运动和休闲	1 003	—	—	—	—	—	—	—	—
建筑和历史环境	195 500	—	—	—	—	—	—	—	—
旅游业	-1 381	256	—	—	—	—	—	—	—
广播和媒体	2 489 000	2 552 000	2 678 700	2 832 000	2 997 800	2 905 987	3 057 000	3 221 000	—
国家性彩票	716 808	664 920	840 587	837 047	882 351	897 675	892 778	864 455	—
国家彩票	716 808	664 920	840 587	784 201	773 625	773 675	762 778	704 455	—
奥林匹克彩票	—	—	—	52 846	108 726	124 000	130 000	160 000	—
总资源预算年度管理支出	3 718 571	3 218 974	3 519 287	3 669 047	3 880 151	3 803 662	3 949 778	4 085 455	—
其中：近似货币	3 651 952	3 151 974	3 449 287	3 599 047	3 810 151	3 681 875	3 819 778	3 955 455	—
其中：薪水	842 619	910 000	931 700	916 000	1 097 800 975 300	—			

续表

	2003—2004 年度结算	2004—2005 年度结算	2005—2006 年度结算	2006—2007 年度结算	2007—2008 年度结算	2008—2009 年度 PEOWP[†] 结算	2009—2010 年度计划	2010—2011 年度计划	2011—2012 年度计划
采购	2 139 381	2 157 256	2 279 000	2 411 000	2 375 000	2 409 700	2 279 000	2 445 000	—
目前对私营部门和国外的拨款和津贴	662 237	608 038	789 772	735 187	729 672	729 707	719 428	664 406	—
目前对地方政府的津贴	54 571	56 882	50 815	49 014	43 953	43 968	43 350	40 049	—
折旧费	34 000	34 000	35 000	35 000	35 000	84 787	93 000	93 000	—
总资源预算	4 936 638	4 486 879	4 957 775	5 213 063	5 466 893	5 429 772	5 630 410	5 818 528	—

说明：

†《公共支出结算白皮书》(PEOWP)。

†† 在上面的报告中，近似货币在通过经济范畴的部门资本支出限额中可能超过总的近似货币资本年度管理支出，这个问题是因为计算在近似货币部门资本支出限额的其他收入和进账，但是不包括薪水，采购，目前对私营部门、国外和地方政府的拨款和津贴。

文化、媒体和体育部

资本预算：部门支出限额(DEL)

(单位：千英镑)

	2003—2004 年度结算	2004—2005 年度结算	2005—2006 年度结算	2006—2007 年度结算	2007—2008 年度结算	2008—2009 年度 PEOWP[†]	2009—2010 年度计划 结算	2010—2011 年度计划	2011—2012 年度计划
部门资本支出限额 文化、媒体和体育部	186 400	122 019	178 028	279 910	530 403	860 938	404 330	566 330	—
其中：博物馆、美术馆和图书馆	65 449	43 239	110 261	72 916	90 648	101 558	68 762	60 428	—
其中：博物馆和美术馆	46 728	7 974	99 695	39 003	61 377	109 260	61 340	48 356	—
图书馆	2 165	7 900	10 513	33 913	29 206	−8 126	7 422	12 072	—
博物馆、图书馆和档案馆理事会	15 895	24 325	50	65	424	—	—	—	
文化在线	661	3 040	3	—	—	—	—	—	—
艺术	2 876	942	1 401	36 032	27 501	28 066	1 750	1 750	—
体育	44 234	49 529	27 047	139 435	369 140	681 610	269 580	432 580	—
其中：运动和休闲	3 196	21 946	−10 741	50 088	45 548	63 507	47 580	47 580	—
运动与艺术空间	41 038	27 583	2 100	—	—	—	—	—	—
奥林匹克运动会	—	—	35 688	89 347	323 592	618 103	222 000	385 000	—
建筑和历史环境	65 143	21 899	28 666	13 380	37 114	40 041	33 000	34 400	—
地区文化联合会	—	—	—	13	—	—	—		
皇家公园	4 987	2 562	1 463	413	818	2 016	1 400	1 400	—
旅游业	451	764	298	319	412	1 167	300	300	—
广播和媒体	2 040	739	3 072	4 560	—201	3 938	25 203	32 972	—
管理和研究	1 220	2 345	5 820	12 855	4 958	2 542	3 750	2 500	—

†《公共支出结算白皮书》(PEOWP)。

续表

	2003—2004年度结算	2004—2005年度结算	2005—2006年度结算	2006—2007年度结算	2007—2008年度结算	2008—2009年度PEOWP†	2009—2010年度计划结算	2010—2011年度计划	2011—2012年度计划
未分配的物品	—	—	—	—	—	—	585	—	—
博彩和国家性彩票	97	—	641	3 867	1 780	1 389	70	70	—
总资本预算部门支出限额	186 497	122 019	178 669	283 777	532 183	862 327	404 400	566 400	—
其中：固定资产销售的净资本支出	110 022	33 732	118 780	267 765	569 072	1 300 864	1 453 904	1 401 533	—
对私营部门和国外的资本拨款	76 385	78 152	20 516	84 634	84 780	75 290	52 911	53 417	—
给私营部门的净贷款	—	—	—	—	—	—	—	—	—
对公共企业的资本支持	90	90	—	—	35	—	—	—	—
对当地政府的资本支持	—	10 045	39 373	-4 758	-58 063	-89 590	25 000	26 000	—

文化、媒体和体育部

资本预算：年度管理支出

（单位：千英镑）

	2003—2004年度结算	2004—2005年度结算	2005—2006年度结算	2006—2007年度结算	2007—2008年度结算	2008—2009年度PEOWP†	2009—2010年度计划结算	2010—2011年度计划	2011—2012年度计划
资本年度管理支出文化、媒体和体育部	4 000	88 000	107 134	116 870	95 000	81 100	123 000	114 000	—
其中：博物馆、美术馆和图书馆	10 000	10 000	13 134	13 870	10 000	—	—	—	—
其中：博物馆和美术馆	10 000	10 000	13 134	13 870	10 000	—	—	—	—
广播和媒体	-6 000	78 000	94 000	103 000	85 000	81 100	123 000	114 000	—
国家性彩票	1 193 191	1 039 076	987 967	880 450	713 455	647 323	987 2 20	850 614	—
其中：国家彩票	1 193 191	1 039 076	987 967	827 728	646 292	646 323	637 220	591 614	—
奥林匹克彩票	—	—	—	52 722	67 163	1 000	350 000	259 000	—
总资本预算年度管理支出	1 197 191	1 127 076	1 095 101	997 320	808 455	728 423	1 110 220	964 614	—
总资本预算	1 383 688	1 249 095	1 273 770	1 281 097	1 340 638	1 590 750	1 514 620	1 531 014	—
其中：固定资产销售的净资本支出†	114 022	121 732	225 914	384 635	664 072	1 336 764	1 576 904	1 515 533	—
减去折旧††††	96 088	67 703	137 052	136 589	141 084	200 527	205 000	211 000	—
有形固定资产的净资本支出	17 934	54 029	88 862	248 046	522 988	1 136 237	1 371 904	1 304 533	—

说明：†《公共支出结算白皮书》（PEOWP）。

†† 文化、媒体和体育部及公共机构关于土地、建筑设备的支出和销售净额，不包括财务资产和补贴金的支出及公有企业的资本支出。

††† 本数据不包括双方同意、非现金的资源预算贷款。

†††† 包含资源预算。

文化、媒体和体育部

部门支出总额　　　　（单位：千英镑）

	2003—2004年度结算	2004—2005年度结算	2005—2006年度结算	2006—2007年度结算	2007—2008年度结算	2008—2009年度PEOWP†	2009—2010年度计划结算	2010—2011年度计划	2011—2012年度计划
资源预算 文化、媒体和体育部资源支出限额	1 216 043	1 264 909	1 431 189	1 530 657	1 584 732	1 625 140	1 679 419	1 731 768	—
博彩和国家性彩票	2 024	2 996	7 299	13 359	2 010	970	1 213	1 305	—
总资源预算部门支出限额	1 218 067	1 267 905	1 438 488	1 544 016	1 586 742	1 626 110	1 680 632	1 733 073	—
其中：近似货币	1 083 016	1 157 641	1 263 312	1 358 041	1 389 498	1 422 598	1 443 632	1 460 073	—
文化、媒体和体育部资源年度管理支出	3 001 763	2 554 054	2 678 700	2 832 000	2 997 800	2 905 987	3 057 000	3 221 000	—
国家彩票	716 808	664 920	840 587	837 047	882 351	897 675	892 778	864 455	—
总资源预算年度管理支出	3 718 571	3 218 974	3 519 287	3 669 047	3 880 151	3 803 662	3 949 778	4 085 455	—
其中：近似货币	3 651 952	3 151 974	3 449 287	3 599 047	3 810 151	3 681 875	3 819 778	3 955 455	—
总资源预算	4 936 638	4 486 879	4 957 775	5 213 063	5 466 893	5 429 772	5 630 410	5 818 528	—
其中：折旧费	96 088	67 703	137 052	136 589	141 084	200 527	205 000	211 000	—
资本预算 文化、媒体和体育部资本支出限额	186 400	122 019	178 028	279 910	530 403	860 938	404 330	566 330	—
博彩和国家性彩票	97	—	641	3 867	1 780	1 389	70	70	—
总资本预算部门支出限额	186 497	122 019	178 669	283 777	532 183	862 327	404 400	566 400	—
文化、媒体和体育部资本年度管理支出	4 000	88 000	107 134	116 870	95 000	81 110	123 000	114 000	—
国家彩票	1 193 191	1 039 076	987 967	880 450	713 455	647 323	987 220	850 614	—
总资本预算年度管理支出	1 197 191	1 127 076	1 095 101	997 320	808 455	728 423	1 110 220	964 614	—
总资本预算	1 383 688	1 249 095	1 273 770	1 281 097	1 340 638	1 590 750	1 514 620	1 531 014	—
部门支出总额††									
文化、媒体和体育部	4 312 389	3 961 459	4 258 106	4 623 291	5 068 118	5 274 349	5 059 371	5 422 822	—
国家彩票	1 911 849	1 706 812	1 836 387	1 734 280	1 598 329	1 545 646	1 880 659	1 715 720	—
部门支出总额††	6 224 238	5 668 271	6 094 493	6 357 571	6 666 447	6 819 995	6 940 0307	138 542	—
其中：部门支出总限额	1 342 476	1 356 221	1 515 105	1 726 204	2 012 841	2 372 697	1 973 032	2 181 473	—
年度管理总费用	4 881 762	4 312 050	4 579 388	4 631 367	4 653 606	4 447 298	4 966 998	4 957 069	—
地方政府在与这个部门相关职能上的花费（当前花费）	2 102 082	2 099 306	2 228 944	2 335 414	2 428 613	2 453 273			
其中：由以上预算中的津贴出资	54 553	58 216	73 246	73 873	84 194	91 513			
资本花费	444 749	511 010	696 230	644 584	669 373	1 115 470			
其中：由以上预算中的津贴出资†††	94 454	106 285	129 326	77 853	235 399	203 883			

说明：

†《公共支出结算白皮书》(PEOWP)。

†† 部门总预算为资源预算和资本预算减去折旧的总和。同样地，部门支出总限额为资源预算部门支出限额和资本预算部门支出限额减去折旧费的总和，而年度管理总费用为资源预算年度管理支出和资本预算年度管理支出减去折旧费的总额。

††† 包含双方同意、非现金的资源预算贷款，但不纳入对地方政府的资本支援。

文化、媒体和体育部

雇佣资本

（单位：百万英镑）

	2003—2004年度结算	2004—2005年度结算	2005—2006年度结算	2006—2007年度结算	2007—2008年度结算	2008—2009年度估算的	2009—2010年度计划	2010—2011年度计划结算	2011—2012年度计划
资产负债表									
固定资产	68	70	86	96	69	68	70	67	—
其中：土地和建筑物	59	56	70	80	54	51	47	47	—
借方(>1年)	6	2	2						
流动资产	59	42	35	46	131	98	60	60	—
贷方(<1年)	-76	-52	-38	-49	-52	-106	-50	-50	—
贷方(>1年)									
供应品	-4	-2	-2	-1	-4	-4	—		
主要部门内的雇佣资本	51	60	85	93	148	59	76	73	—
非政府部门公共机构净资产	3 237	3 260	3 861	4 244	3 884	4 510	4 781	4 962	—
部门小组中总的雇佣资本	3 288	3 320	3 946	4 337	4 032	4 569	4 857	5 035	—

说明：

1. 结算数值来源于已发布的文化、媒体和体育部综合资源账目(包括皇家公园账目)。
2. 2003—2004年度的数值反映了每五年一次、对博物馆和美术馆土地建筑再评估的影响。

文化、媒体和体育部

行政成本

（单位：千英镑）

	2003—2004年度结算	2004—2005年度结算	2005—2006年度结算	2006—2007年度结算	2007—2008年度结算	2008—2009年度PEOWP†	2009—2010年度计划结算	2010—2011年度计划	2011—2012年度计划
行政支出工资单	18 681	19 847	22 191	25 243	26 047	25 327			
其他	22 933	22 781	26 767	27 345	29 936	29 112			
行政支出总额	41 614	42 628	48 958	52 588	55 983	54 439	50 498	48 600	—
行政收入	-2 231	-2 151	-2 486	-1 520	-1 447	-1 601	-2 291	-2 543	—
行政总预算	39 383	40 477	46 472	51 068	54 536	52 838	48 207	46 057	—
活动分析： 文化、媒体和体育部	39 383	40 477	46 472	51 068	54 536	52 838	48 207	46 057	—
行政总预算	39 383	40 477	46 472	51 068	54 536	52 838	48 207	46 057	—

说明：

†《公共支出结算白皮书》(PEOWP)。

文化、媒体和体育部

在职员工

	2004—2005年度结算	2005—2006年度结算	2006—2007年度结算	2007—2008年度结算	2008—2009年度结算	2009—2010年度计划
文化、媒体和体育部全职员工	510	507	517	464	453	469
加班	10	12	11	10	10	8
总数	520	519	528	474	463	477

续表

	2004—2005年度结算	2005—2006年度结算	2006—2007年度结算	2007—2008年度结算	2008—2009年度结算	2009—2010年度计划
皇家公园全职员工	127	121	92	99	101	109
加班	4	2	2	1	2	2
临时工	3	1	5	0	0	0
总数	134	124	99	100	103	111

说明：

1. 以上数据代表财政年度最后一天在岗工作人员的数量。代理机构的临时工作人员未统计在内。

2. 皇家公园经费不受行政开销控制。

文化、媒体和体育部

国家和地区总支出

（单位：百万英镑）

	2003—2004年度结算	2004—2005年度结算	2005—2006年度结算	2006—2007年度结算	2007—2008年度结算	2008—2009年度计划	2009—2010年度计划	2010—2011年度计划
东北部	148.9	107.5	94.5	120.0	91.6	89.3	82.1	85.8
西北部	242.8	200.4	188.7	181.9	183.2	167.1	146.8	153.5
约克郡和亨伯河	238.7	172.6	161.6	156.0	151.8	146.7	131.4	136.8
中东部地区	211.9	178.9	160.4	134.4	120.0	110.1	99.8	103.3
中西部地区	219.7	179.0	200.9	205.8	144.4	150.0	139.1	133.0
东部	166.8	103.8	108.9	105.8	109.0	104.4	92.1	103.0
伦敦	776.5	637.0	717.0	604.8	572.7	476.5	444.4	472.2
东南部	281.4	173.5	181.4	204.9	195.4	179.5	161.4	168.3
西南部	225.4	158.6	196.9	178.3	149.8	143.5	126.8	131.6
整个英格兰	2 511.9	1 911.2	2 010.2	1 891.9	1 717.8	1 567.1	1 423.8	1 487.3
苏格兰	185.1	152.1	188.4	176.5	93.2	110.1	83.1	94.6
威尔士	162.7	176.3	181.8	186.9	130.5	161.4	148.9	158.9
北爱尔兰	79.2	74.5	103.9	101.7	34.4	33.7	27.1	33.5
可确认的英国总支出	2 939.0	2 314.1	2 484.2	2 356.9	1 975.9	1 872.3	1 682.7	1 774.3
英国外部	250.4	126.3	177.6	180.1	237.1	236.1	237.5	240.1
可确认的总支出	3 189.4	2 440.4	2 661.7	2 537.0	2 213.0	2 108.3	1 920.2	2 014.3
不可确认的支出	2 976.0	3 151.5	3 308.8	3 658.9	3 905.8	4 558.4	4 358.2	4 576.1
总服务支出	6 165.4	5 591.9	5 970.5	6 195.9	6 118.8	6 666.7	6 278.4	6 590.4

1. 以上表格数据与财政部2009年出版的区域和地方分析(CRA)中《公众开支统计分析》第九章统计口径相同。这些数据来自财政部2008年12月公共支出数据库，而地区数据采集则于2009年1—2月完成。因此，这些表格数据可能无法显示目前状况，也可能与各部门报告中的数据存在差异。以上表格未将贬值情况、资本支出费用或是分部门预算中准备金的动用纳入考量；然而纳入考量的有薪酬、采购额、资本支出以及对个人或私营部门企业的津贴和补助金。

2. 按地方分配的部门预算包含对威尔士第四频道(其资助了8个地方文化联合会)的拨款和对大伦敦政府的拨款。一些由政府部门赞助的非政府部门公共机构也按地方资助标准对某些团体提供资助，比如博物馆、图书馆和档案馆理事会就对地方博物馆提供资金资助，而英格兰艺术委员会则给几个经常受资助的地方组织提供支持。

3. 以上数据是根据一个支出分数据库(可确认的服务支出)得出，对这些数据的分析对地方发展具有推动作用，而有益于英国整体的支出则未纳入考量。

4. 表格内支出的功能性分析是根据国际标准的联合国政府职能分类法(COFOG)得出。表中以功能划分的花费开支与《公众开支统计分析》第九章里的统计口径相同，但和报告中其他的战略重点存在一定差异。

5. 在相似的基本信息下，非政府部门公共机构间的分配方法存有争议。例如，一些非政府部门公共机构将预算直接分配至需要的区域，但有些则使用游客调查数据来估量地方预算分配。而非政府部门公共机构如何看待"外国游客"的调查数据也存在许多争议。非政府部门公共机构对分配方法提出的解释通常十分简短，基本细节通常也未附上，这就使评估变得非常困难。由于缺少准确的信息，同时非政府部门公共机构拥有一定的财务自主权，有时不得不接受他们提出的分配方法和数额。然而，文化、媒体和体育部的官员会修改被退回的报告，使其更贴近财务部的指导方针。这一改革对娱乐、文化和宗教领域的影响最大。

6. 要准确预测国家彩票发行基金(NLDF)的分配金额是不太可能的，因为该金额由中奖者从13个独立分配机构支取彩票补助金才算数，其变量太多，导致预测和实际结果有所差异。

7. 国家彩票预算在地方分配上十分依赖估计值，主要因为分配机构在裁定金额时已搜集了地方信息，却是根据现金付款后整合而得出的结果。裁定额可以用几年时间付清，但地方资金分配受时间点的影响。

8. 国家彩票预算在地方分配上十分依赖估计值。主要是因为彩票开销流本身的性质和时间点不同；时间点的不同和预算资金分配阶段有关。分配机构在裁定金额时搜集地方信息，而区域和地方分析则是根据分配方的拨款信息。

文化、媒体和体育部

国家和地区的人均支出

(单位：英镑/人)

	2003—2004年度结算	2004—2005年度结算	2005—2006年度结算	2006—2007年度结算	2007—2008年度结算	2008—2009年度计划	2009—2010年度计划	2010—2011年度计划
东北部	59	42	37	47	36	35	32	33
西北部	36	29	28	27	27	24	21	22
约克郡和亨伯河	47	34	32	30	29	28	25	26
中东部地区	50	42	37	31	27	25	22	23
中西部地区	41	34	38	38	27	28	26	24
东部	30	19	20	19	19	18	16	18
伦敦	105	86	96	81	76	63	58	61
东南部	35	21	22	25	24	21	19	20
西南部	45	31	39	35	29	28	24	25
整个英格兰	50	38	40	37	34	30	27	28
苏格兰	37	30	37	34	18	21	16	18
威尔士	56	60	62	63	44	54	49	53
北爱尔兰	47	44	60	58	20	19	15	19
可确认的英国总支出	49	39	41	39	32	30	27	28

文化、媒体和体育部

2007—2008年，国家和地区可确认的服务支出(以服务性质进行划分) (单位：百万英镑)

	东北部	西北部	约克郡和亨伯河	中东部	中西部	东部	伦敦	东南部	西南部
文化、媒体和体育部									
一般公共服务									
对外经济援助	2.7	8.0	5.8	1.8	3.3	1.9	1.1	0.9	0.7
国际服务总额	2.7	8.0	5.8	1.8	3.3	1.9	1.1	0.9	0.7
经济事务/其他产业	1.0	3.2	1.6	1.3	2.0	2.8	26.5	5.5	2.8
总的企业和经济发展	1.0	3.2	1.6	1.3	2.0	2.8	26.5	5.5	2.8
环境保护/环境保护其他	3.7	12.0	7.0	5.2	6.8	5.3	36.5	7.2	9.3
环境总额	3.7	12.0	7.0	5.2	6.8	5.3	36.5	7.2	9.3
核心和其他健康服务	3.7	12.0	7.0	5.2	6.8	5.3	36.5	7.2	9.3
整体健康	3.7	12.0	7.0	5.2	6.8	5.3	36.5	7.2	9.3
休闲、文化和宗教休闲和运动服务	13.5	44.2	38.8	41.2	34.2	25.3	62.9	44.8	27.1
文化服务	76.6	121.6	111.2	84.5	114.5	100.9	331.8	176.5	123.0
广播和出版服务	0.1	4.0	0.1	0.1	0.2	0.1	3.1	0.1	0.1
宗教和其他社区服务	0.4	1.2	1.5	1.2	1.4	1.6	1.7	1.8	1.5
研发部门休闲、文化和宗教	0.1	0.2	0.2	0.2	0.2	0.1	0.8	0.3	0.2
休闲、文化和宗教，不另分类	2.6	3.4	3.5	3.0	3.6	2.1	26.6	4.6	3.1
休闲、文化和宗教总额	93.3	174.6	155.3	130.1	154.1	130.1	427.0	228.0	155.0
教育(包含训练)教育，不另分类	3.7	12.0	7.0	5.2	6.8	5.3	36.5	7.2	9.3
教育总额(包含训练)	3.7	12.0	7.0	5.2	6.8	5.3	36.5	7.2	9.3
老年社会保障	5.5	17.9	10.5	7.8	10.2	8.0	54.8	10.9	13.9
社会保障，不另分类	-21.9	-56.4	-42.5	-36.6	-45.4	-49.6	-46.3	-71.5	-50.5
社会保障总额	-16.4	-38.4	-32.0	-28.8	-35.3	-41.7	8.5	-60.7	-36.6
文化、媒体和体育总额	91.6	183.2	151.8	120.0	144.4	109.0	572.7	195.4	149.7

	英格兰	苏格兰	威尔士	英国北部	可确认的爱尔兰的支出	英国外部	可确认的支出总额	不可确认的	总额
对外经济援助	26.2	0.0	0.0	0.0	26.2	0.0	26.2	0.0	26.2
国际服务总额	26.2	0.0	0.0	0.0	26.2	0.0	26.2	0.0	26.2
经济事务/其他产业	46.6	4.3	1.4	0.4	52.7	0.9	53.6	0.0	53.6
总的企业和经济发展	46.6	4.3	1.4	0.4	52.7	0.9	53.6	0.0	53.6
环境保护/环境保护其他	93.0	11.3	5.1	3.8	113.2	0.0	113.2	0.0	113.2
环境总额	93.0	11.3	5.1	3.8	113.2	0.0	113.2	0.0	113.2
核心和其他健康服务	93.0	11.3	5.1	3.8	113.2	0.0	113.2	0.0	113.2
整体健康	93.0	11.3	5.1	3.8	113.2	0.0	113.2	0.0	113.2
休闲、文化和宗教休闲和运动服务	331.9	17.3	9.3	9.4	367.9	0.1	368.0	564.8	932.8
文化服务	1 240.5	62.5	36.1	19.3	1 358.5	222.1	1 580.6	0.0	1 580.6

续表

	英格兰	苏格兰	威尔士	英国北部	可确认的爱尔兰的支出	英国外部	可确认的支出总额	不可确认的	总额
广播和出版服务	7.8	0.0	83.5	0.0	91.3	1.8	93.0	3 341.0	3 434.0
宗教和其他社区服务	12.3	1.4	0.7	0.5	14.9	0.0	14.9	0.0	14.9
研发部门休闲、文化和宗教	2.2	-200.1	0.2	0.0	2.3	0.6	3.0	0.0	3.0
休闲、文化和宗教，不另分类	52.5	-1.4	4.0	-0.4	54.7	11.7	66.4	0.0	66.4
休闲、文化和宗教总额	1 647.3	79.7	133.8	28.8	1 889.6	236.3	2 125.9	3 905.8	6 031.6
教育(包含训练)教育，不另分类	93.0	11.3	5.1	3.8	113.2	0.0	113.2	0.0	113.2
教育总额(包含训练)	93.0	11.3	5.1	3.8	113.2	0.0	113.2	0.0	113.2
老年社会保障	139.5	17.0	7.6	5.8	169.8	0.0	169.8	0.0	169.8
社会保障，不另分类	-420.7	-41.7	-27.6	-12.1	-502.0	0.0	-502.0	0.0	-502.0
社会保障总额	-281.2	-24.7	-20.0	-6.3	-332.2	0.0	-332.2	0.0	-332.2
文化、媒体和体育总额	1 717.9	93.2	130.5	34.4	1 975.9	237.2	2 213.0	3 905.8	6 118.8

说明：上表中的总额存在微小的舍入差异。

资源和资本预算

在去年的报告中，文化、媒体和体育部资源和资本预算的支出限额从2003—2004年度到2006—2007年度有显著的变化。这主要与文化、媒体和体育部同财政部共同执行的一项协议有关，将历史储备金纳入非政府部门公共机构的账目。这就意味着要对文化、媒体和体育部进行重审，并对年终灵活资金(EYF)进行结算。

目前，关于文化、媒体和体育部“支出审查”期(2008—2009年度至2010—2011年度)的支出限额可以在文化、媒体和体育部网站进行查询(网址：www.culture.gov.uk)。《中央政府主要供应预算》已于6月发布。

1. 第一个表格着重于资源部门支出限额，下面对年同比差异进行说明。

2. 根据资源部门支出限额表格的部门数据可以发现：

——近几年博物馆、图书馆和档案管理理事会总支出有所增加，主要是各区域文艺复兴支出的增加：自2002年起至2007—2008年度，金额上升至4 500万英镑，在2008—2011年间一直保持相同的增长速度；

——有效使用英格兰体育委员会的财政补贴，是2007—2008年度体育和娱乐消遣支出增加的原因；另外，为准备2008年北京奥运会而划拨给英国体育部的额外资源也得到良好的运用，这也解释了支出增加的原因；

——2006—2007年度和2007—2008年度为筹备奥运会所花费的经费数额反映了资源部门支出限额对伦敦奥组委(LOCOG)的影响。这些计划是为应对奥运交付管理局(ODA)的非现金支出，即资本花费成本。2008—2009年度出现的负值是由于伦敦奥组委入不敷出；

——广播和媒体部分包含对威尔士第四频道(与零售价格指数有关)和英国电影委员会的资助；

——2006—2007年度博彩支出的增加与设立英国政府博彩委员会有关。

3. 转向资源年度管理支出：

——2003—2004年度，博物馆、美术馆和图书馆及建筑和历史环境的大额支出是因为抚恤金政策所作的调整。支出增加是由于一些非政府部门公共机构比照类似方案，将其抚恤金转移至“公务人员养老金计划”。

——广播和媒体的支出只是为了支付英国广播公司许可费；

——经销商可取得的国家彩票总额包含资源和资本。彩票经销商将其收入部分用于应对外部申请，部分用于支持资本或税收项目，或者两者兼而有之的项目。经销商分配资本/资源开销的方式十分多样，因其营运性质和支持的部门皆不尽相同。

——有关奥林匹克彩票，见注释5。

4. 第2个表格为文化、媒体和体育部的部门支出限额数据，它们具有以下显著特点：

——2006—2007年度体育和娱乐的资本结算有所增加，因为英格兰体育理事会因社区俱乐部发展计划削减了1 480万英镑的年终灵活资金。然而，在2007—2008年度，在精细化管理下，体育机构并未超出其开支预算，因此未削减任何年终灵活资金。

——奥林匹克运动会的开支持续增加。2005—2006年度和2007—2008年度奥林匹克奥运会的开支由社区和当地政府拨款支付。自2008—2009年度起，由当地政府和交通部拨款支付。

——2006—2007年度建筑和历史环境的开支减少是由于一个归类问题而致——宗教庙宇修复预算被归为资本，但却被视作资源。年底的纠正案(将资本转为资源)使资本看似减少了。英国文化遗产协会未来几年对地方政府计划的资助有所增加，并由建筑和建成环境委员会管理。

——2006—2007年度和2008—2009年度，在管理和研究机构的领导下，开展的主要行动是为文化、媒体和体育部翻新其位于考克斯街2~4号的办公室。这项行动几乎将所有工作人员都搬迁至开放式的办公空间，空间利用率变得更大，也腾出了其他三处办公大楼。自2007—2008年度起，因为只使用两栋办公楼，所以从安全设施管理和能源节省上都成效显著。

——与广播有关的支出增加和两项资本计划有关。第一项是通过数字化进程来保护脆弱的屏幕文物资源并提供获取这些资源的途径。第二项是关于建造一座世界一流电影中心的提议；文化、媒体和体育部，英国电影协会和英国电影委员会将继续对这一问题进行讨论。

——博彩开支的增加与设立英国政府博彩委员会有关。

5. 在年度管理支出限额内进行资本预算：

——英国皇家税务及海关总署接受与艺术作品价值相关的博物馆和美术馆数据，以代替继承税。

——广播和媒体的数据表明英国广播公司的资源资本花费。

——彩票资金是唯一可以用来补偿资源开支和资本开支的奥林匹克资金流。截至2009年3月31日，奥运彩票基金是奥运交付管理局唯一能获得的重要资金资源。2008—2009年度，几乎所有奥运彩票基金都得用来支付资源开支。2008—2009年度大量的资本开销由政府补贴分担，剩余部分由大伦敦政府和伦敦发展局资助。2009—2010年度国家彩票转移到奥运彩票发行基金的资金现已流通，因此有更多彩票基金可支付资本开销。

6. 最后，关于文化、媒体和体育部的行政预算，2003—2004年度至2007—2008年度之间的增长原因包含人道主义援助部门和政府奥运管理部门(GOE)的创立。

7. 最后一个表格为前两个表格的汇总。

600 000

为配合“特殊之夜”，未来两年将有60万张免费电影票供26岁以下的年轻人使用。

第二部分　2008—2009 年度资源报表

一、2008—2009 年度资源报表的管理评论

文化、媒体和体育部今年首次筹备发布一份综合的《年度报告及报表》，对最佳实践做法进行分享交流。今年晚些时候，我们还将发布《秋季绩效报告》，主要包括本报告第一部分各项计划的执行情况。

资源报表基本筹备情况

文化、媒体和体育部负责两项投票支持的支出项目：

资源需求 1(RfR1)

通过文化和体育活动提高生活质量。该项目包含本部门的行政开支以及划拨给赞助方的财政补贴。

资源需求 2(RfR2)

通过国内广播及其他服务和活动为民众提供丰富多样的文化和体育生活。该项目的资金来源于电视许可管理局分配给英国广播公司的许可费收益。

英国皇家公园是文化、媒体和体育部的代理机构，其年度报告和财政报告皆包含在本资源报表中，同时也将分开发布，具体信息可在 www.roualparks.gov.uk 网站上查看。

(一)资源报表的实体机构

整合后的资源报表涵盖以下机构在 2008—2009 年度的绩效表现：

——文化、媒体和体育部

——英国皇家公园

为实现文化、媒体和体育部的主旨和目标，这两个实体机构开展了下述主要活动，并附上如何获得上述实体机构的详细信息。

1. 机构——文化、媒体和体育部

主要活动

部门的主要活动是将政府政策广泛落实到推进文化和休闲活动的开展中。部门规模不大，行政开支只有 5 400 万英镑(2007—2008 年度为 5 600 万英镑)，同时支持 10 个咨询类非政府部门公共机构、

特别法庭以及各种委员会。文化、媒体和体育部为英国皇家公园及赞助方提供财政补贴及其他资金、资助，共计26.23亿英镑(2007—2008年度为18.22亿英镑)，支持在文化、媒体和体育领域落实政府政策。本部门通过“资源需求2”项目向英国广播公司提供资金支持。

2. 机构——英国皇家公园

主要活动

英国皇家公园主要负责管理8座皇家公园：圣詹姆士公园、格林公园、海德公园、里根公园(包括樱草山)、格林威治公园、里其蒙公园、布希公园及肯辛顿花园；还有布朗顿墓地、维多利亚塔花园和格丝维诺广场花园。英国皇家公园同时也负责维护唐宁街第10、11、12道花园，凯茵绿地，圣马哥丽特教堂绿地，诗人绿地以及朗福德河(汉普顿科特公园内的交流除外)。

(二)未纳入的实体机构

公共部门不属于本部门审计范围，而文化、媒体和体育部肩负主导落实政策的责任(于2009年3月31日结束)，公共部门具体情况如下。这些部门各自发布年度报告和报表，大多数得到文化、媒体和体育部的补贴金(详细状况见资源报表注释2)。

公营公司：

英国第四频道公司

历史皇家宫殿

赛马投注管理局(即Tote)①

通信管理局——与商业、创新和技能部共同管理

公共广播机构：

英国广播公司

威尔士第四频道

非政府部门公共机构：

博物馆与美术馆②

——大英博物馆

——杰弗瑞博物馆

——霍尼曼公共博物馆及公园信托基金

——帝国战争博物馆

——曼彻斯特科学与工业博物馆

——国家美术馆

——国家海洋博物馆

——国家科学与工业博物馆

① 2008年10月英国政府宣布，按照目前市场状况，出售赛马投注管理局是不妥的。政府希望管理局仍维持公有，待市场情况有利于纳税人和竞争再入市。

② 2008年4月8日，大英博物馆转交由大伦敦政府管理。

——利物浦国家博物馆
——国家肖像博物馆
——自然历史博物馆
——皇家军械库
——约翰索恩爵士博物馆
——泰特美术馆
——维多利亚与艾伯特美术馆
——华莱士收藏馆
图书馆
——大英图书馆
——博物馆、图书馆和档案馆理事会
——公共借阅权协会
艺术
——英格兰艺术委员会
建筑与历史环境
——建筑与建筑环境委员会
——英国古迹署
——国家遗产纪念基金会(含文化遗产彩票基金)
旅游
——英国旅游局
创意产业
——设计委员会——与商业、创新与技能部共同管理
——英国电影协会
体育
——足球事务管理局
——英格兰体育理事会
——英国体育局
奥林匹克相关机构
——奥运交付管理局①
——奥运彩票发行中心
博彩和国家彩票
——大彩票基金
——博彩委员会
——赛马投注委员会

① 除了奥运交付管理局和奥运彩票发行中心，文化、媒体和体育部还监管伦敦奥组委——这是一家担保有限公司，为举办奥运会和残奥会比赛项目而设立，也是中央政府的机构之一。伦敦奥组委是在一项联合风险协议的基础上设立的，参与者包括文化、媒体和体育部大臣、伦敦市市长以及英国奥委会。文化、媒体和体育部并未资助该机构。

——国家彩票委员会

地区文化联合会

——东密得兰文化联合会

——东北文化联合会

——西北文化联合会

——东南文化联合会

——西南文化联合会

——西米德兰兹郡文化联合会

——东方生活联合会

——约克郡文化联合会

2009 年 3 月 31 日，所有地区文化联合会停止运行，其资产和债务皆转交给文化、媒体和体育部。约克郡文化联合会于 2008 年 10 月关闭，西北文化联合会则于 2009 年 1 月关闭，其余的文化联合会于 2009 年 3 月停止运行。每个请求补贴的地区文化联合会都从文化、媒体和体育部得到优先清算的补偿金。

文化、媒体和体育部的未分类机构

以下机构从文化、媒体和体育部获得补贴：

——查塔姆海军老船厂

——设计博物馆

——格林威治旧皇家海军学院基金会

——国家煤矿博物馆

——国家影视学院

——国家足球博物馆

——人类历史博物馆

——泰恩威尔郡博物馆

类似非政府部门公共机构，对以下机构削减补助金：

——教堂保存信托基金

——皇家内务部

奥运交付管理局负责奥运会及残奥会的固定场馆和基础设施。2008—2009 年度，文化、媒体和体育部发放 9.579 亿英镑补助金给奥运交付管理局。这笔补助金来源于社区和当地政府以及交通部。

除此之外，奥运交付管理局还获得来自奥运彩票发行中心 1.25 亿英镑的补助金。该款项并未列在文化、媒体和体育部的报表里，但分别计入奥运交付管理局和奥运彩票发行中心的报表里。

2008—2009 年度，大伦敦政府对奥运交付管理局的资助金额达 5 870 万英镑。奥运交付管理局同时也接受伦敦发展署 5 000 万英镑的补助金以及伦敦交通局 250 万英镑的补助金。

伦敦发展署的土地征用和修缮开支属于自身开销，而非政府的奥运会支出。伦敦发展署将从奥运后的土地买卖中收益，以抵消先前的开支。伦敦发展署向伦敦市市长和大伦敦政府汇报。

英国政府向国际奥委会(IOC)保证，若奥运会开支与收益出现差额，包括伦敦奥组委的任何预算赤字，英国政府将作为国际奥委会的最终财务担保人。

伦敦奥组委近 20 亿英镑的预算几乎全由私营机构资助，例如英国赞助商、国际奥委会的捐款、门票收益以及商品销售。根据《主办城市合同》作出的规定，英国政府承担残奥会的开支。

尽管当前经济形势严峻，但伦敦奥组委在英国范围内已募集到超过举办奥运会所需资金的三分之二。

除了这些赞助机构，文化、媒体和体育部还负责国家彩票发行基金及奥运彩票发行基金的运行；两者分开入账，并未合并。文化、媒体和体育部同时也负责彩票基金，该基金的开支由多个彩票发行机构承担，其中几个为非政府部门公共机构。2008—2009 年度，公益事业(The Good Causes)收到来自彩票机构的 13 亿英镑(2007—2008 年度为 13 亿英镑)资助。国家彩票发行基金支出 15 亿英镑(2007—2008 年度为 14 亿英镑)，包含首次转汇给奥运彩票发行基金的 7 300 万英镑。奥运彩票经销商收入 1.39 亿英镑，加上来自国家彩票发行基金的 7 300 万英镑，支出为 1.26 亿英镑(2007—2008 年度支出为 1.99 亿英镑，收入为 1.51 亿英镑)。国家彩票发行基金和奥运彩票发行基金的年度财务报告已经发布，可于国家文书出版署(The Stationery Office)或以下网址查看：http://www.culture.gov.uk/reference_library/publications/default.aspx.

文化、媒体和体育部同时也对其他机构(机构名称列于“报表”注释 2)提供支持。咨询机构、委员会、自筹资金的公营公司、有限公司以及彩票资助机构列于注释 35。

二、财务评论

文化、媒体和体育部开支低于预算(资金)的 1.5%，即 8 000 万英镑(2007—2008 年度为 650 万英镑)，且开支亦少于净现金要求 890 万英镑(2007—2008 年度为 860 万英镑)。由此可见，并未超出议会的限制总额。文化、媒体和体育部在行政开支上支出了 360 万英镑(用于工作人员薪酬、举办奥运会的其他费用)，但在项目开销上我们有 838 万英镑未使用。详细分析请见说明注释 2。

年内文化、媒体和体育部并未要求追加预算(Supplementary Estimate)，因为议会表决通过的所有预算已足够支付部门及其赞助人机构带来的预期开销。部门书面报告中，冬季追加预算正好用于扩增行政预算以及其后的项目预算。由于未对文化、媒体和体育部进行预算追加，因此部门原先规划好的改革并未反映在注释 2 的“预估”(Estimates)中，表现出与规划存在巨大差异的假象。为了应对规模空前的奥运项目风险，同时使政府履行其义务，资金配置需要考虑到每年需求多变的可能性。

文化、媒体和体育部 2008—2009 年度开支低于预期可归因于奥运财政收支状况。2008—2009 年度奥运交付管理局未使用的分配资金为 1.60 亿英镑(14.3%)。若有需要，该资金可供 2009—2010 年度使用，不过需要批准追加预算。开支减少，很大程度上归因于节省，项目准时运行，并且未超出预算。国际奥委会对此赞誉有加。

资源结算和净现金要求均未超出奥运交付局的预算。财政部已批准，可使用未支出的预算来抵消某些部门开支过度的现象。

关于资源花费的预算、账目和开支对账表　　（单位：千英镑）

	2008—2009年度	2007—2008年度
净财力结算（预算）	5 194 213	4 706 516
要删除的调整：		
之前投票通过的规定	—	—
额外的调整包括：		
运营成本表中未投票决定的支出	—	—
运营成本表中统一基金额外收入	（3 060 537）	（2 861 937）
其他调整	80 227	—
净运营成本（账目）	2 213 903	1 844 579
要删除的调整：		
对当地政府的资本津贴	（14 499）	（8 078）
由资本现代化基金筹措的资本津贴	—	—
欧盟收入和相关的调整	—	—
预算之外的投票决定的支出	（2 961 020）	（2 856 110）
额外的调整包括：		
其他统一基金额外收入	2 976 151	2 861 902
非政府部门公共机构的资源消耗	2 320 494	2 535 591
未分配的资源供应		—
其他调整	894 743	867 878
财力预算结算（开支）	5 429 772	5 245 762
其中：		
部门支出限额	1 626 110	1 601 137
年度管理支出	3 803 662	3 644 625

对资源预算结算的分析是基于公共机构提供《公共支出结算白皮书》①中的临时数据。

三、未来财务

文化、媒体和体育部在本轮“支出审查”期（2008—2009年度至2010—2011年度）的支出限额已公布在网站上，网址：http://www.culture.gov.uk/reference_library/media_releases/2157.aspx，《中央政府主要供应预算》已于2009年6月发布，参见http://www.hm-treasury.gov.uk/main_supply_estimates_0910.htm.

投资管理战略

文化、媒体和体育部已成立新的投资委员会来加强资本投资的审查和规划。

① www.hm-treasury.gov.uk/pespub_index.htm.

供应商支付政策

文化、媒体和体育部已签署《即期付款准则》，并承诺遵守 1998 年出台的《商业债务逾期付款(利息)法案》，毫无争议地支付未违背合同条款的所有单据或是 30 日有效期内的单据。2008—2009 财政年度的支付状况分析指出，98.6%的单据(毫无争议地)支付时并未违背任何合同条款或均于 30 日内付清(2007—2008 财政年度为 98.4%)。

2008 年 10 月，英国首相提出，中央政府部门应于 10 个工作日内支付所有商业账单。在此基础上，文化、媒体和体育部的支付率(2009 年 1—3 月)为 85.3%。

成本分摊政策

文化、媒体和体育部遵守财政部和公共事务咨询办公室提出的有关成本分摊和收费的要求。

养老金负债

养老金负债的详细信息参见《薪酬待遇报告》和注释 7a 中说明。

关于国际财政报告转变的准备及其潜在影响的声明

在 2007 年财政预算中，财政大臣宣布，自 2008—2009 年度起，中央政府和公共部门的实体机构账户将按国际财务报告准则(IFRS)执行，并向公共部门做好解释工作。随后，财政部将该政策推延至 2009—2010 年执行；不过在这期间内，已推行一些向国际财务报告准则方向发展的方案。一些重要时间节点如下：

——以国际财务报告准则为基准对 2008 年 3 月 31 日结余情况进行审查，并于 2009 年 9 月 30 日前呈交英国国家审计局(NAO)。

——以国际财务报告准则为基准，在 2009 年 9 月 10 日前完成 2008—2009 年度无形资产账户的设立。

——以国际报告准则为基准设立 2009—2010 年度资源账户，并于 2010 年 7 月 20 日前完成。

文化、媒体和体育部成立一个工作小组，以考量采纳国际财务报告准则的情况，包括评估可能对财政报告产生影响的范围。已咨询关键利益持有人，包括内部审计事务处和皇家公园代表；采纳审计委员会的意见，并已单独咨询过英国国家审计局。

本部门的执行情况高于财政部的要求，并于 2008 年 9 月 30 日前按国际财务报告准则完成全套资源账户的设置。这些成绩获得了多方肯定；更进一步的工作亦受英国国家审计局的认可，已提前设立 2008—2009 年度无形资产账户。预计在 2009 年 9 月 10 日前完成以上任务。

未预料到的是，采用国际财务报告准则会对文化、媒体和体育部的财务报告产生重大影响。虽然部门账户内并无公共融资计划，但为分析账户数据已做了大量工作。本部门希望能继续遵守财政部时间表上所列出的重要时间节点。

四、人力资源管理——文化、媒体和体育部的核心部门

文化、媒体和体育部完全认可贸易和工业部(Department of Trade and Industry)工作组关于人力资源

管理所做的工作，并支持2003年10月发布的职员账户报告。① 文化、媒体和体育部人力资源管理报告由以下5部分组成：职员规模及组成；职员的招募、留任及激励；技能与商业需求下的职员培训和适宜性；报酬；领导和继任。

(一)职员规模及组成

文化、媒体和体育部虽小，但几乎拥有完全的战略功能，其核心职责是政策推进、产业赞助和监管赞助的机构；职员人数不多，负责协助处理调动问题、人力资源及财务事宜等。根据不同的等级结构和职位要求来对职员进行分配。超过半数(71%，2007—2008年度为66%)的职员是中级干部(等级B/高级行政官员/资源行政官员)或高级干部。几乎2/3的职员(65%)未满45周岁，相较去年的3/4有所下降。

部门职员的年龄结构

截至2009年3月31日全职员工，不包括临时工。									
年龄(岁)	<25	25~29	30~34	35~39	40~44	45~49	50~54	55+	总计
%	2	14	20	11	18	14	11	10	100

等级结构

本表不包括大臣、特别顾问和代理与临时工。								
年度全职员工的平均数								
级别							2008—2009年度	2007—2008年度
常务副大臣							1.0	1.0
高级公务员薪酬等级3							2.5	3.0
高级公务员薪酬等级2							10.1	8.5
高级公务员薪酬等级1							25.6	22.3
等级A(更高级)(级别6)							20.6	18.9
等级A(级别7)							94.1	89.9
等级B(高级行政官员/资深行政官员)							154.7	162.7
高级行政官员指南(快速晋升)							16.0	16.3
等级C(行政主管官员)							98.1	117.7
等级D(行政官员/行政助理)							36.5	51.3
合计							459.2	491.6

从上表可以看出，文化、媒体和体育部的等级结构一直在变化，部分原因可能与2012年伦敦奥运会有关。从总体来看，本部门内的奥运执行委员会(GOE)成员的等级高于其他机构。奥运执行委员会的人事安排和评级均由英国商务部审核批准，同时亦与财政部协商。

资深公务员

2009年3月31日在职资深公务员(SCS)有44名。

① www.berr.gov.uk/files/file38839.pdf.

(二)职员的招募、留任及激励

文化、媒体和体育部有多项制度来确保在公平和公开竞争下招募职员，按公务员委员会(Civil Service Commissioners)制定的法规录用合适的新人，并接受内部定期审查；更多细节请登录网址：www.culture.gov.uk/working_with_us/recruitment.

2008—2009 年度，部门通过外部聘用竞争任命了 5 名新员工，具体如下：

(单位：人)

级别	男性	女性	总数	少数民族	残疾人
高级公务员	3	2	5	—	—

此外，并无新职员通过外部招募进入部门。

本部门年度绩效评估体系强调职员发展，包括个人发展目标和业务交付目标、职员发展目标和其他相关的学习目标。部门管理者将这些目标作为未来绩效的评估标准，同时根据文化、媒体和体育部的执行状况进行核心能力评估。

为促进多样化发展并满足业务需求，部门提供了各类的工作选择，包括支持在家工作。目前有 21 人以正规的方式在家工作；然而，也有许多人在部门管理者的协助下在家工作。本部门参与两项中央运行计划，旨在培养具有才干的少数民族公务员和残疾公务员，并为未受关注的群体提供特定的发展计划。①文化、媒体和体育部提供威斯敏斯特假日游乐计划和育儿薪金计划，让职员可以节省育儿开支，同时还拥有雇员支援计划，提供保密咨商服务。

文化、媒体和体育部鼓励所有职员参与员工意见调查，将结果汇报给委员会和整个部门，并发布在部门网站上。②

不断进行调度检验来确保部门运营得当，并提供舒适的工作环境。为追求健康和福祉，本部门提出一系列举措，包括建造体能锻炼中心以及完善自行车设施。

急救人员和消防员的培训计划已实行；一项关于健康、安全和福利的新政策也已出台。

(三)培训

2008—2009 年度，文化、媒体和体育部的学习发展预算为 50.3 万英镑，用于资助为职员设立的学习和发展计划。这些计划有助于提升企业效率，熟悉法规以及提升个人和团队的效率，提供由培训专家制定的模块设计学习和发展活动，遵从政府的优先考量，如政府核心专业技能培训，用以支持必须建立在结构改变基础上的文化发展(2008—2009 年度初期即已实行)，应对《能力审查》所强调的挑战。其重点为项目管理、伙伴关系及利益持有人合作关系、领导与管理、分析及运用资源以及政策制定技巧，这对文化、媒体和体育部成功推进工作计划的实施具有十分重要的作用。

① www.culture.gov.uk/reference_library/publications/3596.aspx.

② www.culture.gov.uk/images/freedom_of_information/109272_report.pdf.

委员会在财政赤字允许的范围内，将学习和发展计划纳入短期、中期、远期的业务需求和职员需求。这些计划使学习和发展小组能够规划具体内容及课程安排，并且为委员会提供定制化的选择。

提到计划运行，学习和发展小组组织定制化的团队发展工作研讨会，提供一对一支援帮助，例如面试准备、心理测试反馈以及个人管理发展教学。核心计划外的学习活动还包括高级及以上的个体进修以及部门管理者认可其长期利益并给予资助的专业资格培训。员工管理协议规定每名职员在一年内至少参加5天发展培训。

(四)报酬

文化、媒体和体育部努力确保支付制度将继续支持商业发展，并足以吸引、保留优秀人才，或者给予奖励。

每年均对执行状况进行正规审查，近几年的优先考量事项为：

——按“同工同酬行动计划”缩小薪酬级别差异，减少同工不同酬的问题。

——维持合理的绩效工资等级，加强工作业绩与薪酬关联性。

——关注本部门的“竞争者”，以确保招募和保留合适的人才。

(五)领导和继任

资深公务员可参与国立政府学院(National School for Government)的培训项目，接受执行管理辅导，参加行动学习小组。文化、媒体和体育部提名推荐职员参加“高层管理与高潜能项目”，旨在帮助可能成为资深公务员的职员，为参与“高层管理准备项目”等级A及A(U)的职员提高成为资深公务员提供可能。2009年1月，委员会致力于运行一项领导培训项目，培训对象为所有资深公务员，注重激发相关领导者的积极性，促使他们支持改革过程。

1. 为职员提供信息和咨询

文化、媒体和体育部认识到职员在实现部门目标过程中的重要性。除了经常与相关工会代表进行讨论协商，本部门每隔一年还会进行职员意见调查，了解员工对部门工作的想法和意见。该调查旨在了解职员对整个部门的看法，以及检验自上次调查以来取得的进展。由此设立焦点小组，根据调查结果来制定和实施改进措施，提高员工满意度，改进组织绩效。

本部门还制定了《职员管理协议》，规定职员和管理者双方的责任，确保定期召开例会。

2. 雇用残疾人士

文化、媒体和体育部不会以任何理由来歧视职员或符合条件的岗位申请者，包括残疾人士。岗位申请表可以用其他格式呈现，如PDF、大字印刷和录音带。

文化、媒体和体育部再次获得“积极对待残疾人‘两个勾’标志”①，这是对我们确保人人享有平等

① 例如，如果一个残疾人士想在文化、媒体和体育部申请一份工作，他们只要能做该项工作的主要部分就可以被保证参加面试。参见该文档第15页部分：www.culture.gov.uk/images/publications/DCMS_Equality_Scheme_2007-2010_Easier_to_Read_Summary_Word.doc.

机会的再次肯定。

文化、媒体和体育部也与残疾人士雇主论坛保持密切联系，商讨关于招募残疾人士和改善其设施的问题。

2009年初，文化、媒体和体育部的残疾相关群体与董事会共同商讨在平等对待残疾人士方面的事宜，会议记录放在2009年12月发布的《国务大臣报告》中。委员会接受残疾相关群体对相关问题所做的评估，认可制定残疾人士政策的重要性。

3. 机会平等及多样性

文化、媒体和体育部强调机会平等，不因职员或申请人的性别、婚姻状况、种族、肤色、国籍、出身背景、宗教信仰、残疾与否、年龄或性取向而对其产生歧视。为确保所有职员皆得到公平、公正的待遇，任何可行措施都是必要的。在职员招募、任用、培训、晋升以及职业管理中，仅根据客观及工作相关的标准。本部门将积极安排弹性工作模式，营造尊重个人差异的文化氛围。不允许存在任何形式的歧视、骚扰及迫害，承诺提供人人能发挥所长的工作环境。

文化、媒体和体育部开展平等机会意识培训项目，对全体职员开放，包括研讨残疾法规。

"平等计划"采取一系列措施来提供平等和多样性化的机会。该计划已多次修订，作为年度进步审查内容的一部分，本部门不断更新其内容，已完成的《平等影响评估》报告相关内容可登录网站：http://www.culture.gov.uk/working_with_us/equality_and_diversity/default.aspx。

拥有多样化的劳动力更有利于业务的开展，通过提高高级职位中女性和少数民族的比例来推进2008—2011年多样性和平等战略的实施。该战略将有助于招募、留住最适任的优秀人才，它与2010—2011年度推出的"人才战略"紧密联系。

文化、媒体和体育部为《国务大臣残疾平等报告》的撰写做好了充分准备，全面巡视各部门，并邀请新的残疾相关群体共同检查已取得的进步。该报告已于2008年12月发布，残疾相关群体与董事会于2009年2月评估所取得的进步。本部门将与残疾相关群体合作进行监管。

本部门审慎考虑了两份报告中关于公共机构委员会多样化发展的建议，并起草《行动计划》作为回应。文化、媒体和体育部的"年度任命计划"①于2009年4月发布，对已取得进步进行详细的说明。

文化、媒体和体育部已正式委派专人制定一项短期内可以实现的高效计划，旨在发展部门目标1、2、3的平等及多样化的策略方针，制定部门高级行动计划，并探讨如何在部内和赞助机构中进行推动。

4. 因病缺勤

截至2009年3月31日，文化、媒体和体育部职员平均每人因病缺勤4.2天。

五、文化、媒体和体育部委员会

委员会用高标准进行部门管理，全力遵守中央政府部门管理条款。部门管理安排的信息收录于

① www.culture.gov.uk/images/publications/AnnualPublicAppointmentsPlan.pdf.

《内部监管报告》。

随着2007年3月《部门能力审查》报告的发布，文化、媒体和体育部的管理结构也相应地作了调整，旨在使部门领导更“果断、团结、透明”。

目前，部门由以下几个部分组成：

(1)委员会——负责优先发展事项及战略方向，由常务副大臣任主席，成员有2名总主任、4名主任以及4名非执行主任。

(2)咨询委员会——协助委员会作决定，从重要赞助机构及其他伙伴中招聘外部专家，提出独立看法、建议，共同面对挑战，改善部门战略管理。咨询委员会由常务副大臣任主席，成员有关键战略伙伴的外部代表(2008—2009年度为11人)、1名非奥运执行委员会的总主任以及4名主任。

(3)执行委员会——负责资源分配，支持完成部门优先执行任务，是负责项目运作及部门核心业务的机构。

执行委员会每半个月召开一次例会，由常务副大臣任主席，成员包括总主任、全体主任、皇家公园总执行官、首席私人秘书及人力资源负责人。

(4)部门服务委员会——提供部门服务管理，协调部门服务与整个部门的关系。部门服务委员会由部门服务主任主持工作，成员为1名非奥运执行委员会的总主任、7名主任以及1名首席私人秘书。

(5)投资委员会——负责规划委员会的发展，批准及监管文化、媒体和体育部的资本开支，包括所有投资成本超过300万英镑的项目或计划。投资委员会由财政主任主持工作，成员为2名主任、1名采购部负责人以及1名政府商务部代表。

(6)审计委员会——协助委员会承担风险、控制和管理责任，向委员会汇报工作，而委员会则依其建议作决定。审计委员会有非执行主任(其中1名为主席)及5名独立的外部成员(2008—2009年度为3名)。

1. 委员会评估

委员会执行一项关于新治理结构的效率评估，新的治理结构体系自2007年能力审查后开始实施。2009年3月能力审查对此进行再次审查，对新治理结构的作用给予肯定，但认为其运行方式仍有改进空间。因此，委员会立即着手制定一项行动计划，积极推进相关工作的完善。

执行委员会中个别成员的表现由部门评价和发展审查流程来评估。常务副大臣与非执行委员会成员每半年会对此问题进行商讨。

2. 文化、媒体和体育部负责人及委员会

常务副大臣为委员会负责人并担任委员会主席。2008—2009年度，文化、媒体和体育部委员会的成员有：

乔纳森·史蒂芬斯(Jonathan Stephens)

常务副大臣

尼古拉斯·霍尔盖特(Nicholas Holgate)

首席执行官(至2008年10月)

安德鲁·拉姆齐(Andrew Ramsay)

项目与合作总主任

杰罗姆・比顿(Jeremy Beeton)

奥运执行委员会总主任

安妮塔・查尔里斯沃兹(Anita Charlesworth)

数据分析主任兼首席科学顾问(自 2008 年 10 月起)

戴维・罗(David Roe)

部门服务主任(自 2008 年 11 月起)

格雷厄姆・特诺克(Graham Turnock)

财务主任(代理)(自 2008 年 12 月—2009 年 3 月)

珍妮・库珀(Jane Cooper)

战略沟通主任(自 2009 年 2 月)

西门・杰吉(Simon Judge)

财务主任(自 2009 年 3 月起)

帕尔米的・维尔(Parminder Vir)

非执行委员

丽兹・福根(Liz Forgan)

非执行委员(至 2009 年 1 月)

达拉・西恩(Darra Singh)

非执行委员

(1)文化、媒体和体育部负责人及委员会成员的任用

该部常任负责人及委员会成员的任命选用均按照《公务员管理法规》的相关规定进行。以上人员各持一份聘用合同，有明确的聘用期(若适任)及终止程序。

(2)非执行委员

帕尔米的・维尔(Parminder Vir)和达拉・西恩(Darra Singh)为 2008—2009 年度委员会非执行委员；丽兹・福根(Liz Forgan)爵士的任期则至 2009 年 1 月 31 日。隔年，委员会新增两名非执行委员：艾莉克斯・克利夫兰德(Alexis Cleveland)、安・格林(Ann Green)。

非执行委员向委员会及审计委员会提供各方面的技能和经验。他们在委员会各项会议上对战略发展、执行情况和风险问题提出独立见解。委员会认为每一名非执行委员都具有独立性，可以作出独立的判断。

(3)委员会领导职位及其他重要利益

文化、媒体和体育部委员会成员要严格履职，不能因职务之便获得领导职位或获得重大利益。

3. 大臣

本年度负责文化、媒体和体育部的大臣为：

安迪・博纳姆(Andy Burnham)阁下

国务大臣

玛格丽特·霍奇(Margaret Hodge)阁下，帝国勋章获得者

文化、创意产业和旅游副大臣(至2008年10月6日)

格里·萨特克里夫(Gerry Sutcliffe)

议会副大臣，主管体育

芭芭拉·福利特(Barbara Follett)

议会副大臣，主管文化、创意产业和旅游(自2008年10月6日起)

史蒂芬·卡特(Stephen Carter)，英国二等勋位爵士

国务大臣(自2008年10月5日起)

本年度，泰萨·乔维尔(Tessa Jowell)担任奥运大臣和财政部主计大臣，直接向英国首相汇报工作。由于乔维尔担任文化、媒体与体育部委员会常务副大臣和奥运大臣，奥运执行委员会作为本部门下属工作司受其管辖。

4. 大臣及委员会成员薪酬

关于大臣及委员会成员薪酬的信息在《薪酬报告》中有详细说明。

(1)审计长

依据《政府资源与会计法案(2000)》任命主计官和审计长为文化、媒体和体育部及部门会计机构的审计员。

国家对审计服务的收费是17.2万英镑(2007—2008年度为12.1万英镑)，这包括文化、媒体和体育部9.1万英镑(2007—2008年度为8.4万英镑)和皇家公园3.8万英镑(2007—2008年度为3.7万英镑)；所有政府账目名义上审计支出为2.5万英镑(2007—2008年度为2.7亿英镑)；另外，为了对国际财务报告准则的执行情况进行审查，文化、媒体和体育部另缴纳1.3万英镑，皇家公园缴纳0.5万英镑，其中包括应财政部要求重新发布2007—2008年度的资产负债表。

(2)相关审计信息的说明

会计人员保证，没有审计信息是部门审计师不了解的。会计人员确保他们知晓相关的统计信息，同时确保部门审计人员知晓相关信息。

5. 关于个人相关信息的报告

2007年12月17日发布的《数据处理程序中期进展报告》(官方报告，第98WS栏)指出，政府要求各部门在年度报告中包含信息风险管理的内容：

“政府应该和议会、公众一起，致力于提高保护信息及行动结果的透明度。各部门应在年度报告中包含信息保护事宜。”

丢失，未经授权进行发布，不安全的处置都可被定义为事件。

受保护的个人信息是指在最狭义的范畴内对其所作出的界定，或政府部门认为应获得类似程度保护的数据，如果数据没有得到有效保护会使当事人面临重大伤害或损失的风险。

由信息泄露本身引发不可接受的损害风险的事件可能不适用于2000年出台的《信息自由法》所规定的豁免情况，或者可能受到英国关于其他信息立法的限制。

表 1　2008—2009 年度，向信息委员会正式上报的与受保护的个人信息相关的事件总结

信息风险声明

会计主任在内部监管声明(SIC)中指出："现在，在部门的风险管理和保障过程中，信息风险更为突出。文化、媒体和体育部仅持有少量的个人信息，而且我认为风险总体水平会变低。因此，我们采用合适的举措对《数据处理报告》(Data Handling Report)中提出的建议作出回应。通过培训增强员工意识，以及发现信息资产所有者存在的高风险个人信息的工作都一直在继续，我已经提醒所有非政府部门公共机构和其他公共机构，部门的赞助商对管理信息风险负有责任。"

事件的日期(月)	事件性质无	相关数据的性质	潜在影响的人数	通报步骤
对信息风险采取的进一步措施	该部门将继续对信息风险进行监管和评估，以便更好地识别和应对风险和工作中存在的弱点，从而使该部门运行系统不断得到完善。			

表 2　2008—2009 年度，其他与受保护人个人信息相关的事件总结

下面的数据为数据控制中心审核后，认为不需要报告给信息委员会的但又应该在部门内进行通报的数据。那些本土化的小数据未统计在内，此处也就未引用。

种类	事 件 性 质	总数
Ⅰ	因保护不周而丢失政府提供的电子设备、装置或者是具有保密性的文件	—
Ⅱ	因保护不周而丢失非政府提供的电子设备、装置或者是具有保密性的文件	—
Ⅲ	对保护不周的电子设备、装置或者是对保密文件缺乏安全处理的措施	—
Ⅳ	未经授权的报告	—
Ⅴ	其他	5

6. 年末以来发生的重大事件

2009 年 3 月 31 日以来发生的重要事件：

——大臣变动

2009 年 6 月 5 日，本·布拉德肖阁下接替安迪·伯纳姆阁下担任国务大臣；2009 年 6 月 8 日，肖恩·西蒙(Siôn Simon)阁下任命为议会副大臣，主管创意产业。

2009 年 6 月 5 日，泰萨·乔维尔成为内阁办公室大臣、奥运大臣和财政部主计大臣。

——"数字英国"计划

6 月 16 日，部门和商务、创新和技能部共同发布了《数字英国白皮书》，确保英国在国际数字经济战略前景中保持优势地位。这份报告对推动和保护英国天才、创意产业的创新以及推进电视和广播框架现代化，提出了行动指南和建议。许多关键措施包括通信基础设施建设，如在 2012 年全面推广最新的宽带服务，在 2015 年更新换代数字广播，通过这些举措我们可以在全球竞争中处于领先地位。白皮书中也提出：通过为期 3 年的国家计划来提高数字参与，以保证每个人都能从"数字英国"计划中获益；用灵活的法律和规章框架来打击数字盗版；数字世界对公共服务相关内容进行更新，包括将第四频道改为免费频道，支持国家、地方和不同地区的新闻播报。

签字同意

乔纳森·史蒂芬斯

会计主任

2009 年 7 月 9 日

六、文化、媒体和体育部核心部门薪酬报告

薪酬政策

首相根据高级人才薪金评定小组提出的独立建议，对高级公务员的薪酬作出规定。在发放议员薪金、养老金和津贴、贵族津贴、大臣的薪金、养老金和津贴以及其他薪酬时，需要根据《大臣及其他官员薪酬发放法案(1975)》(Ministerial and Other Salaries Act 1975)中规定的官员薪酬发放标准，评定小组也会向首相提供意见和建议。

提供建议时，评定小组需将下列事项纳入考虑范围：

——招聘、留任以及激励合适和合格的工作人员，确保他们能各司其职。

——地区/地方劳动市场的变化及其对招聘和人员留任的影响。

——政府提升公共服务的政策，包括对各部门行使职能、服务公众所需达成目标的要求。

——政府部门开支限制规定部门可利用的资金。

——政府的通货膨胀目标。

评定小组将收集到的更广泛的经济思考以及建议采纳的承受能力纳入考虑范围。

关于评定小组工作的更多信息可登录网址：www.ome.uk.com。

服务合同

《公务员委员会录用条例》对公务员的任命作出了规定。该条例规定，任用公务员应当基于公正、公开的竞争，择优录取。也可以有其他的任命方式。

除非下文另有说明，本报告涉及的政府官员任命都是采用公开的方式。除非雇员有不当行为，如若部门提前终止雇佣关系，应按《公务员薪酬方案》规定，对雇员进行相关赔偿。

更多有关英国公务员委员会的相关信息请登录网址：www.civilservicecommissioners.gov.uk。

工资和应领养老金(审计信息)

下面提供部门中大臣和大部分高级管理人员(即委员会成员)的薪酬与养老金的详细信息。

(1)薪酬

		2008—2009 年度		2007—2008 年度
		实物福利		实物福利
大臣	薪酬(英镑)	(精确到百英镑)	薪酬(英镑)	(精确到百英镑)
安迪·伯纳姆 国会议员 国务大臣(从 2008 年 1 月 24 日)	79 312	—	12 817 (76 904 全年折合)	—
芭芭拉·福利特 国会议员 议会副大臣(从 2008 年 10 月 6 日)	12 855 (30 851 全年折合)	—	—	—

续表

		2008—2009 年度		2007—2008 年度
		实物福利		实物福利
格里・萨克利夫 国会议员 议会副大臣(从 2007 年 7 月 2 日)	31 236	—	22 710 (30 280 全年折合)	—
斯蒂芬・卡特 英国二等勋位爵士 议会副大臣(从 2008 年 10 月 5 日)	31 351 (75 242 全年折合)	—	—	—
玛格丽特・霍奇 国会议员 国务大臣(从 2007 年 7 月 2 日至 2008 年 10 月 6 日)	21 377 (40 646 全年折合)	—	26 595 (32 438 全年折合)	—

泰萨・乔维尔担任伦敦奥运大臣和财政部主计大臣期间，也在内阁办公室任职，并且直接向首相汇报工作。其薪酬情况可以在内阁办公室的账务报表中进行查询。

二等勋位爵士史蒂芬・卡特是通信、技术和广播大臣(参与商企监管改革部工作)。

安迪・伯纳姆的薪酬包括 2007 年 6 月因本年度和上一报告年度薪酬变化造成工资延迟发放。

格里・萨特克里夫的薪酬包括 2007 年 4 月因当前和上一报告年度薪酬变化造成工资延迟发放。

		2008—2009 年度		2007—2008 年度
		实物福利		实物福利
官员	薪酬(千英镑)	(精确到百英镑)	薪酬(千英镑)	(精确到百英镑)
乔纳森・史蒂芬斯 常务副大臣	160~165	—	145~150	6
尼古拉斯・霍尔盖特 首席执行官(至 2008 年 10 月 31 日)	70~75 (115~120 全年折合)	—	105~110	—
安德鲁・拉姆齐 总主任	140~145	—	130~135	—
杰里米・比顿 总主任(从 2007 年 8 月 1 日)	260~265	—	145~150 (220~225 全年折合)	—
安妮塔・查尔里斯沃兹 主任(从 2008 年 10 月 1 日)	30~35 (65~70 全年折合)	—	—	—
戴维・罗 主任(至 2007 年 7 月 4 日然后从 2008 年 11 月 1 日)	35~40 (90~95 全年折合)	—	10~15 (85~90 全年折合)	—
格雷厄姆・特诺克 主任(从 2008 年 12 月 1 日至 2009 年 3 月 9 日)	25~30 (80~85 全年折合)	—	—	—
珍妮・库珀 主任(从 2009 年 2 月 1 日)	10~15 (85~90 全年折合)	—	—	—
西蒙・贾奇 主任(从 2009 年 3 月 9 日)	5~10 (95~100 全年折合)	—	—	—

以上信息与常务副大臣及文化、媒体和体育部委员会成员相关。与皇家公园相关的同类信息在单独的报表中查询，已并入文化、媒体和体育部的资源报表中。数额包括在委员会任职期间的奖金，奖

金与前一年度的业绩相关。

安妮塔·查尔里斯沃兹是兼职的，自2008年12月以来的收入相当于全职员工的0.81倍(2008年10月到12月，按0.71倍计算)。兼职工作薪酬是以全年为基准进行计算。

格雷厄姆·特洛克于2009年3月9日之前任职为临时财务主任。

西门·杰吉在2009年3月9日从司法部调到文化、媒体和体育部，3月的薪酬则是由文化、媒体和体育部发放。

在公务员委员会的监管下，经过竞争，杰罗姆·比顿于2007年上任，并签订了截至2012年奥运会和残奥会的固定合同。

财政部和内阁办公室已批准他的薪酬标准，这是根据他在建筑行业的广泛经验以及在规定期限内要应对奥林匹克运动会的独特挑战来决定的。除了年薪，他还能获得与年度特定业绩目标相关的年终奖，他也因为在2010年、2011年和2012年的突出业绩，实现明确可行的目标而获得了一份长期奖金，2010—2011年度的薪酬极有可能增加。2008—2009年度的薪酬则包括一份与上一年度业绩相关的奖金。

政府奥运会执行委员会的财务主任大卫·戈德斯通虽然不是文化、媒体和体育部委员会的成员，但却依然在该职位工作，且每年的薪酬与委员会成员相近，为18万~18.5万英镑，年度奖金和长期奖金也和他们持平。

非执行委员成员的薪酬如下：

(单位：千英镑)

姓　名	薪　酬	
	2008—2009年度	2007—2008年度
帕尔米的·维尔（Parminder Vir)	5~10	5~10
莉兹·福根夫人(Dame Liz Forgan)(至2009年1月31日)	5~10	0~5
达拉·西恩(Darra Singh)	—	—

帕尔米的·维尔和利兹·福根每年的薪酬为7 500英镑，养老金及实物福利并不计入该薪酬方案中。达拉·西恩没有薪酬，但通过英国政府知识管理系统(Ealing Council)的一项服务水平协议能得到每年7 500英镑的报酬。

薪酬

“薪酬”包括基本工资、加班工资、伦敦地区差别工资津贴或伦敦津贴、招聘和保留津贴、个人办公津贴以及其他任何属于英国纳税范围内的津贴。

该报告基于文化、媒体和体育部支付的款项，因此都在报表中有记录。考虑到部门中有众多下议院议员，文化、媒体和体育部仅支付他们承担的部门工作的薪酬，他们作为议员的薪酬(自2008年4月1日起为63 291英镑)及各种津贴则由中央政府支付。然而，上议院(House of Lords)议员的薪酬安排则大不相同：上议院不领取薪酬，而是获得一份额外的酬金，但不是与他们作为大臣身份的薪酬分开计算。全部酬金以及所得津贴等都由文化、媒体和体育部支付，因而也在上表中详细列出。

实物福利

实物福利的货币价值包括雇主所给予的所有福利，并且要纳入缴税范围。

(2)养老金

(单位：千英镑)

大　臣	截至2009年3月31日已满65周岁时应计的养老金	在65周岁时养老金的真实增长	现金等价让渡价值(2009年3月31日)	现金等价让渡价值(2008年3月31日)	现金等价让渡价值中的实际增长
安迪·伯纳姆(Andy Burnham)国会议员 国务大臣(从2008年1月24日)	0~5	0~2.5	37	25	6
芭芭拉·福利特(Barbara Follett)国会议员 议会副大臣(从2008年10月6日)	0~5	0~2.5	25	18	5
格里·萨克利夫(Gerry Sutcliffe)国会议员 议会副大臣(从2007年7月2日)	5~10	0~2.5	102	87	7
斯蒂芬·卡特(Stephen Carter)英国二等勋位爵士 议会副大臣(从2008年10月5日)	0~5	0~2.5	9	0	6
玛格丽特·霍奇(Margaret Hodge)国会议员 国务大臣(从2007年7月2日至2008年10月6日)	5~10	0~2.5	180	162	7

该数据可能与上一年度的账户数额有出入，这是因为现金等价让渡价值的各项系数要与《2008年企业年金体系条例(转移价值)(修正案)》保持一致。

国会议员泰萨·乔维尔阁下担任奥运大臣和财政部主计大臣，在内阁办公室工作，直接向首相汇报工作。她的薪酬明细可以在内阁办公室的账务报表中查询。

史蒂芬·卡特，英国二等勋位爵士，任职通信技术与广播大臣(与英国商企监管改革部)。

大臣养老金

大臣所得的养老津贴是由议会缴纳养老基金(Parliamentary Contributory Pension Fund，PCPF)提供。该方案是依法制定的(依照法律法规参见1993年所修订的法定文件的第3253条)。

根据相关规定，属于国会议员的大臣可获得一份国会议员养老津贴(本报告不包括这份养老津贴的明细)。大臣的福利是以“平均薪酬”为基础来计算的，并参考其工作表现。从2002年7月15日起(针对愿意追溯变更的可从2001年7月5日算起)，福利增长率为1/40，大臣也可以和其他基金会成员一样，选择1/50的增长率和更低的税金。

大臣的福利可在发放国会议员的福利时进行发放，而对于非国会议员的大臣来说，他们的福利则在65周岁退休时发放。养老金与每年的零售物价指数成正比。若大臣选择了1/50的应计比率，则每年缴纳额度为年薪的6%；若选择1/40的应计比率，则每年缴纳额度为年薪的10%。为保证收支平衡，还应按照政府精算师的建议，要让雇主向国库缴纳养老金，缴纳标准为大臣工资额度的26.8%。

大臣年满65周岁可以领取上述提到的养老金，或者是已经达到65周岁就不需要继续缴费。

现金等价转移价值(Cash Equivalent Transfer Value，CETV)

这是对部门成员在特定时间获得的养老金计划福利评估出的资本化价值。接受评估的福利是部门成员将获得的福利，以及根据福利计划其配偶也可获得的福利。现金等价转移价值则是根据养老金计划或是养老金安排所应支付的款项，以保证某一养老金计划成员退出该计划或选择转移到另一个养老金计划时，依然享有另一养老金计划或养老金安排提供的养老金。养老金数额显示了大臣在整个任期内所获得的相关津贴，并不只是现阶段任期的津贴。现金等价转移价值根据《职业退休计划条例(转移价值)(修正案)》计算，且并不考虑因终身津贴税引起的任何实际或潜在的津贴缩减。开始领取养老金时可能要缴纳终身津贴税。

现金等价转移价值的实际增长

这是国库提供的养老津贴的增长原因。它排除了因通货膨胀引起的增长以及大臣所缴纳的部分。在计算期起止处，均采用共同市场估值进行估算。

(单位：千英镑)

官员	养老金和相关的总额	截至 2009 年 3 月 31 日到退休年龄应计的总额	到退休年龄养老金的实际增长现金等价转移价值(2009 年 3 月 31 日)	现金等价转移价值(2008 年 3 月 31 日)①	现金等价转移价值中的实际增长
乔纳森·史蒂芬斯(Jonathan Stephens) 常务副大臣	50~55 以上 总额在 150~155 之间	0~5 以上 总额在 0~5 之间	867	791	11
尼古拉斯·霍尔盖特(Nicholas Holgate) 首席执行官(至 2008 年 10 月 31 日)	30~35 以上 总额在 95~100 之间	0~5 以上 总额在 0~5 之间	522	495	4
安德鲁·拉姆齐(Andrew Ramsay) 总主任	60~65 以上 总额在 181~185 之间	0~5 以上 总额在 0~5 以上	1 334	1 226	22
杰里米·比顿(Jeremy Beeton) 总主任(从 2007 年 8 月 1 日)	5~10	5~10	127	48	68
安妮塔·查尔斯沃思(Anita Charlesworth) 主任(从 2008 年 10 月 1 日)	15~20 以上 总额在 45~50 之间	0~5 以上 总额在 0~5 之间	221	210	2
戴维·罗(David Roe) 主任(至 2007 年 7 月 4 日然后从 2008 年 11 月 1 日)	25~30 以上 总额在 85~90 之间	0~5 的附加 总额在 0~5 之间	518	469	14
格雷厄姆·特诺克(Graham Turnock) 主任(从 2008 年 12 月 1 日至 2009 年 3 月 9 日)	15~20 以上 总额在 45~50 之间	0~5 以上 总额在 5~10 之间	210	182	22
珍妮·库珀(Jane Cooper) 主任(从 2009 年 2 月 1 日)	5~10	0~5	111	104	7
西蒙·贾奇(Simon Judge) 主任(从 2009 年 3 月 9 日)	—	—	—	—	—

西门·杰吉的薪酬由司法部门支付，由于其在文化、媒体和体育部任职不到一个月，津贴细节还

① 该数据可能与上一年度的账户数额存在差异，这是因为在计算现金等价转移价值所使用的各项系数要与《2008 年企业年金体系条例(转移价值)(修正案)》保持一致。

未披露。

以上信息与常务副大臣及文化、媒体和体育部委员会成员相关。与皇家公园相关的同类信息也在各自的报表中显示，已并入文化、媒体和体育部的资源报表中。数额包括成为委员会成员任职期间的奖金。该奖金与前一年度的业绩相关。

雇主不对合作养老金账户缴纳费用。

公务员养老金

养老金福利是通过公务员养老金计划予以保障。自2007年7月30日起，公务员可以在4个既定福利方案中选择其中的一种；或者是最终薪酬方案（基本工资、奖金或者基本工资加成）；或者是职业生涯方案（nuvos）。这些法律规定并非由每年议会投票支持的款项提供资金。以基本工资、基本工资加成或是职业生涯方案等方式支付的养老金随着每年零售物价指数的变化而增加。自2002年10月起纳入养老金计划的人员，可以在既定福利方案中进行选择，或者是选择"现金购买"存托养老金（Stakeholder pension）方案，而雇主缴纳份额占据非常大的比例（合作养老金账户）。

选择第一种薪酬方案的雇员按照收入1.5%的比例缴纳，而另外3种薪酬方案的雇员按3.5%的比例缴纳。在职期间，选择基本工资薪酬方案的员工所得津贴按最终养老金收入的1/80增长。除此之外，退休时会一次性获得一笔相当于三年基本养老金的资金。奖金方案中并没有一次性补贴。基本工资加成方案实质上是2002年10月前计算出基本工资的收益与2002年10月后按照奖金方案计算出的收益的叠加。

选取职业生涯规划方案的成员所获得最终的养老金，即为在参与该方案期间获取的养老金收入。在方案实施年底（3月31日），成员在该年所得收入的2.3%会进入他们的养老金账户。在3月31日财政年度结束后，新的财政年度可获取的养老金则与零售物价指数的变动同步。根据2004年《财政法》的相关规定，选择任意一种养老金方案的人员都可以选择一次性领取养老金。

合作养老金账户属于存托养老金计划。雇主将缴纳3%~12.5%（取决于雇员年龄）资金投入到员工选择的存托养老金计划产品中，员工可以从3种方案中选择1种。雇员不需要缴纳资金，但若他们缴纳资金，雇主要配套最多不超过3%的退休薪金（不含雇主的基本缴纳份额）。雇主也需提供额外0.8%的退休薪金来承担集中债款风险成本（在职死亡和因病退休）。

上述提到的应计养老金是指成员达到退休年龄，或是已到或者超过退休年龄的即将中止缴费的成员都有权领取养老金。选择基本工资方案，或奖金方案，或基本工资加成方案的成员，其法定退休年龄为60周岁；选择职业生涯规划方案的成员，其法定退休年龄则为65周岁。

更多有关公务员养老金计划的信息请点击：www.civilservice-pensions.gov.uk。

现金等价转移价值

这是对部门成员在特定时间获得的养老金计划福利评估出的资本化价值。接受评估的福利是部门成员将获得的福利，以及根据福利计划其配偶也可获得的福利。现金等价转移价值则是根据养老金计划或是养老金安排所应支付的款项，以保证某一养老金计划成员退出该计划或选择转移到另一个养老金计划时，依然享有另一养老金计划或养老金安排提供的养老金。养老金数据显示了大臣在整个任期内所获得的相关津贴，并不只是现阶段任期的津贴。现金等价转移价值根据《职业退休计划条例（转移价值）（修正案）》计算，且并不考虑因终身津贴税引起的任何实际或潜在的津贴缩减。开始领取养老金时可能要缴纳终身津贴税。

现金等价转移价值的实际增长值

这是由国库提供的养老金津贴的增长原因。它排除了因通货膨胀引起的增长以及大臣所缴纳的部分。在计算期起止处，均采用共同市场估值估算的。

签字并批准
乔纳森·史蒂芬斯
会计主任
2009年7月9日

会计主任职责说明

根据《政府资源及会计法案(2000)》，财政部指定文化、媒体和体育部在每个财政年度要提交资源报表，详细说明该年度获取、持有或处理的资源及使用情况。

资源报表建立在收益的基础上，必须真实、公正地反映各部门的具体状况，以及该财政年度的资源产出、用于目标的资源、认可的收益和现金流等情况。

在准备资源报表的过程中，会计主任应遵照《政府财务报告须知》的要求，尤其需要注意以下几个方面：

——遵照财政部公布的报表说明，包括相关报销和信息披露要求，还应遵循统一的账目管理政策；

——合理地作出判断和评估；

——说明是否符合账目管理标准，如《政府财务报告须知》；对报表中任何不符合标准的数据进行说明和解释；

——要在持续关注的基础上准备报表。

财政部已经任命文化、媒体和体育部的常务主任出任部门会计主任一职。

会计主任的职责包括负责维持公共财政的正当性及规则性，落实妥善保存记录和确保部门资产安全，在财政部公布的《公共基金管理条例》中作出相关规定。

内部监管说明

职责范围

1. 作为会计主任，我有职责保持并维护内部管理体系的良好运行，这有利于实现文化、媒体和体育部内部的政策和目标。我也有职责确保公共资金和部门资产的安全，这是《公共基金管理条例》所赋予我的职责。

2. 我已指定皇家公园首席执行官担任皇家公园的会计主任，负责皇家公园内部的年度账目管理。该年度账目已纳入文化、媒体和体育部的资源账户、内部管理的联合说明。我也指定受文化、媒体和体育部资助的非政府部门公共机构首席执行官担任非政府部门公共机构的会计主任。作为文化、媒体和体育部的会计主任，我保证：非政府部门公共机构的内部管理体系符合良好财政管理的要求；财政补贴需与资源预估状况相一致；适度说明文化、媒体和体育部与每个非政府部门公共机构之间的财务关系，并定期审查。

3. 推行额外计划，以保证伦敦奥运会交付管理局（ODA）和伦敦奥组委（LOCOG）内部管理的有效性。

——和其他非政府部门公共机构一样，奥运会交付管理局依照《管理声明》《财务备忘录》开展工作。需财政部批准，奥运会交付管理局制定完备适当的内部审计计划。文化、媒体和体育部作为奥运会交付管理局的风险主管参加审计委员会会议。文化、媒体和体育部参加奥运会交付管理局董事会会议。奥运会交付管理局推进的项目或是对项目进行变更，如若是在委托范围之外，需由奥运项目评审小组进行审批。该小组成员来自相关政府部门的成员，包括文化、媒体和体育部和财政部代表。

——伦敦奥组委具有自主性，体现了其作为民营组织的优势；伦敦奥组委还与奥运理事会成员包括文化、媒体和体育部签订了《合资协议》。奥运大臣与伦敦奥组委每月会面一次，我则与首席执行官每季度会面一次。文化、媒体和体育部在伦敦奥组委董事会中占有席位。

内部监管系统的目标

4. 内部监管系统将风险控制在合理的范围内，而不是试图消除在政策推行、目的或目标实现过程中面临的所有风险；因此，该系统只能提供合理的、非绝对的有效性保证。内部管理系统是基于一项正在进行的项目制定的，该项目旨在对影响部门政策及目标实现的风险进行识别并确定工作开展的优先次序，以便评估此类风险及所带来的可能影响，并高效、低成本地应对此类风险。这一内部监管系统已于2009年3月31日开始在文化、媒体和体育部内部推行。根据财政部的指示，要在年度报告和报表审批通过之后才停止使用。

风险管控能力

5. 作为会计主任，我深知，在文化、媒体和体育部的所有职责就是构建高水平的合作治理体系，包括对整个文化、媒体和体育部内部风险的有效管理。

6. 文化、媒体和体育部的风险管理政策已经取得文化、媒体和体育部委员会同意，现已进入复审阶段，确保该政策成为风险管控最佳手段。该政策确定了风险和风险管控的概念，制定了有助于文化、媒体和体育部风险管控的关键原则，确定了文化、媒体和体育部委员会的一致风险倾向、风险管控过程以及工作人员所发挥的作用和承担的职责。所有工作人员都可以阅读《风险管控指南》。该政策及指南都可在文化、媒体和体育部内网中进行查询。

7. 文化、媒体和体育部设有风险改善管理人员，其通过风险改善管理网络以及与其他部门的内部审计人员进行联系来获取好的实践经验。同时，也从内部审计报告的结果以及与非政府部门公共机构的讨论中学习到新方法。

8. 在部门的培训课程中要涉及风险管控的内容。在针对年轻高级管理人员的一对一培训中，要将风险管控作为培训重点。

风险管控框架

9. 筹建计划和风险登记都已建立或者在进行过程中，以服务于每个部门的部门战略目标（DSOs）和公共服务协议目标（PSA）。文化、媒体和体育部委员会每季度都会对提交的季度报告进行审核，以确保有效监管部门战略目标和公共服务协议的实施情况，监管内容包括系统追踪项目顺利进行，对风险进行评估，提早发现潜在问题，对早期行动给出合理的建议，有悖于部门战略目标和公共服务协议的进程将在秋季绩效报告中予以公开。

10. 我将2008—2009年度正式财政委托书发给各部门负责人，要进一步加强担保进程的重要性，签署内部监管声明给了我极大的信心。

11. 文化、媒体和体育部已与所有直接出资的非政府部门公共机构签订协议，阐明了文化、媒体和体育部的预期目标，或者非政府部门公共机构也会积极推进战略的实施以对接受的公共资助给予回报。具体的财政安排或问责原则也包括在内。分配彩票收入的机构或组织也签订了类似的协议，制定关于该机构或组织是如何分配彩票集资的框架。非政府部门公共机构的会计主任由文化、媒体和体育部任命。根据委任条款，被任命的人员需签订内部监管声明，并要确保遵守公共资金管理和部门协议。

12. 虽然风险管控在纳入所有的进程之前还需要作出更多的改善，但将风险管控已经开始纳入部门进程。文化、媒体和体育部使用自我评估的方法来发现风险。作为商业计划进程的一部分，我们鼓励团队积极发现影响团队目标的风险，评估风险并进行必要的管控。员工可获取有关该部门应对主要风险的指南。审计委员会和文化、媒体和体育部委员会审议通过了一份关于部门面临的7类风险说明，该说明是指导我们应对风险、采取行动的指南。为每类主要风险都制定应急预案以发现产生风险的“触发点”，以便在风险未出现之前就发出预警。所有的风险都由风险责任人(Risk Owners)负责，也就是说，由拥有足够权限的人员来负责应对风险并确保风险得到解决。而且，管控风险的明确责任也分配给特定的负责人。发现的风险以及对风险的统一管控都要记录在正式的风险记录中，以备日后核查。文化、媒体和体育部认识到将风险管控的应对方法记录在案以备核查的必要性，尤其是考虑到结构性变化的因素，这样可以确保在整个工作推进的过程中都采用基于风险的方法。文化、媒体和体育部最近还对其风险管控框架和政策进行了完善。2009—2010年度，我们将在新的框架指导下开展工作。

13. 担保报告程序是风险管理程序的补充。这需要高级管理人员和主任每半年进行一次总结汇报，报告他们是否遵守文化、媒体和体育部的风险和内部管控程序，是否确定预防风险所采取的措施，是否严格实行内部管控并进行审查，是否及时有效地记录相关信息。每年需按要求提交担保报告，相关部门会根据报告对他们的工作完成情况进行绩效评估，并将评估情况提交审计委员会。任何发现的问题及随之产生的风险都会得到解决。该程序正在日益完善中，文化、媒体和体育部也更加重视内部监管程序的作用，强调其重要性，并且确保这些程序能够得到有效的实行。文化、媒体和体育部也将解决内部审计处(Internal Audit Services)发现的问题，这与改进管控和担保框架都有一定关联。文化、媒体和体育部还将更加注重各类核查，对因内部管控缺陷而采取的重大统一行动要予以及时纠正。

审计委员会要对担保报告程序进行审查，这是其应尽的职责。

14. 文化、媒体和体育部已与商务部建立起强有力的战略伙伴关系，越来越多的高质量项目和工程都进行网关审查(gateway review)。我们继续提高项目管理能力，成立独立的项目团队，这将提高我们审查项目的能力，帮助制定高效计划，对那些选择推进的项目进行管理。根据要求，所有工作人员必须参加项目基层工作培训，其他人员则需进行更高级的培训。每年要选派工作人员参加商务部提供的网关审查培训。风险管控将作为项目和工程管理的重要内容进行广泛推广。

15. 向各大臣或者委员会提交文化、媒体和体育部制定的风险管控指南，其中应包括对风险评估的需求，以便对所有行动阶段的特定风险作出判断。

16. 在文化、媒体和体育部内的风险管控和担保程序中，信息风险的重要性更加凸显。文化、媒体和体育部只拥有少量的个人信息，所以我认为整体的风险水平较低。因此，我们采取适度的方法来应对与数据处理审核有关的管控行动，这是集体共同讨论通过的。继续发现具有高风险个人信息的信息资产拥有者，要通过培训来提高员工的风险意识。我已经提醒所有的非政府部门公共机构和其他的公共机构和组织，文化、媒体和体育部将支持监管信息风险工作。

审查的有效性

17. 作为会计主任，我有责任对整个内部管控体系的有效性进行审查。我对内部管控体系的审查是通过内部审查人员和执行管理人员提供的工作信息来开展的，他们都有责任对内部管控框架进行维护和发展。此外，由外部审计人员提交的管理文书和其他报告中所作出的评论也为我的工作提供重要支撑。审计委员会也会根据我对内部管控体系有效性的审查结果提出意见和建议，而且我们也正在推进一项计划，旨在解决体系缺陷并且保证该系统能不断得到改进。

18. 以上列出了内部管控体系的重要组成部分，这些也有助于我对整个体系的有效性进行审查。以下管理机构或组织也为我提供了信息：

——文化、媒体和体育部委员会。定期召开委员会会议，以制定文化、媒体和体育部的长期战略、方向和重点工作。目前，委员会由我、总主任、4 名主任以及 4 名非执行委员组成(2008—2009 年度只有 3 名非执行委员)。

——执行委员会将资源分配给各部门。在重大项目和重要部门业务的处理上采取责任制。责任人包括委员会的执行委员以及文化、媒体和体育部的各位主任。

——审计委员会每年召开 4 次会议，并在风险管控和治理等方面给予我工作支持。委员会主席根据各方意见作出决定。目前，审计委员会包括 1 名非执行主席和 5 名非执行委员(2008—2009 年度只有 3 名非执行委员)。其他参与人员还包括财政主任、国家审计办公室主任和内部审计主管。

——内部审计服务处负责政府内部审计标准办公室的运行，由社区和地方政府提供支持。内部审计服务处需要定期呈递报告，内容包括内部审计主管独立进行风险管控治理计划安排的有效性和合理性，以及就实行的改进措施作出独立判断。在征得管理人员同意的情况下才可以推进改革措施的实行。截至 2009 年 3 月 31 日，没有出现任何重大管理问题需要在内部管控声明中进行通报。

19. 尽管有上述看法，我还是意识到，去年文化、媒体和体育部内部的组织机构有较大的变动。确保内部管控的设计和运行满足文化、媒体和体育部的需要十分重要。我对全体工作人员的表现非常满意。然而，我也非常重视新的风险管控框架的构建，以保证担保程序得到不断改进，以期不断提高内部管控的整体可靠性。

签署并批准

乔纳森·史蒂芬斯

会计主任

2009 年 7 月 9 日

总审计长向下议院提交的证明和报告

我证明，根据《政府资源和会计法案(2000)》，我已对文化、媒体和体育部上一个财政年度的财务报表进行审查。这些报表包括议会提供资源表、综合运营成本报表和确认损益报表、综合资产负债表、综合现金流量表、按部门战略目标划分的净经营成本报表及有关注释。这些财务报表是根据会计政策规定编制的。我还对《薪酬报告》中所需要审计的资料也进行了审核。

会计主任及审计员的职责

会计主任负责准备年度报告，包括《薪酬报告》、根据《政府资源和会计法案(2000)》相关规定并在财务部制定的使用说明的指导下作出财务声明，以保证财政交易顺利进行。以上职责都已在《会计师职责声明》中详细列出。

我的职责是根据相关法律法规以及《国际审计准则》(英国和爱尔兰)，对财务报表和《薪酬报告》中的部分内容进行审计。

我所汇报的内容包括财务报表是否真实与客观，财务报表及《薪酬报告》中需要进行审计的部分是否根据《政府资源和会计法案(2000)》的相关规定并在财务部制定的使用说明的指导下准备。汇报内容还包括我对《公共服务协议》和《管理评论》涉及的信息(不包括《对资源消费预估、账目和预算进行对账》的相关信息)与财务报表中的信息是否一致表明个人看法。我还需汇报与支出和收入相关的所有资源是否都与议会的既定目标相一致，财政交易是否符合管理部门的相关规定。

此外，我还需汇报文化、媒体和体育部是否进行合理的账目记录，是否得到所有审计所需的信息和说明，或者是否公开财政部薪酬和其他交易的具体信息。

监查《内部监管声明》是否体现了文化、媒体和体育部对财政部指示的遵守，并对监查情况进行汇报。我并不需要考虑该声明是否覆盖了所有风险和监管控制，也无需对文化、媒体和体育部的管理程序或是风险监管程序的有效性进行评估。

查看《年度报告》中的其他信息，并审查其是否与所审计的财务报表一致。此类信息包括前言、除去《公共服务协议》部分的第一章、《对资源消费的预估、账目和预算进行对账》以及《附录》。我将凭借我的能力对发现的任何明显错误或是与财务报表不一致的信息所带来的可能结果进行判断。我的职责仅限于上述范围。

审计意见的基础

我根据审计实务委员会发布的《国际审计准则》(英国和爱尔兰)完成审计工作。审核工作包括检查文本内部有关数量、信息公开和财政交易常规信息，这些信息都是包含在待审核的财务报表和部分《薪酬报告》中。审核内容还包括对会计师在准备财务报表中所作出的预估和判断进行评估，审核财会政策是否最适合文化、媒体和体育部的实际情况，是否得到持续落实，是否充分对外公开。

开展审计工作，获取所有我认为有必要的信息和说明，目的是确保我有足够的证据和把握来确认待审核的财务报表以及部分《薪酬报告》中不存在的虚假信息，不管此类虚假信息是故意造假还是因为失误。审查支出和收入是否与议会相一致，审核财政交易是否符合管理部门的相关规定。审核财务报表及部分《薪酬报告》中的信息是否足够完整，并对其作出评估。

意见

我认为：

——根据《政府资源和会计法案(2000)》及财政部制定的使用说明，关于上一财政年度文化、媒体和体育部整体事务、净现金流要求、净资源产量、净营业成本、用于部门战略目标的净营业成本、确认损益及现金流的情况，财务报表给出了真实客观的描述。

——根据《政府资源和会计法案(2000)》及财政部制定的使用说明，待审核的财务报表及部分《薪酬报告》已准备妥善。

——《年度报告》中包括的《公共服务协议》和《管理评论》的信息(不包括《对资源消费的预估、账目和预算进行对账》的相关信息)与财务报表中的信息一致。

关于规律性的意见

我认为，支出和收入与议会的既定目标相一致，财政交易也符合管理部门的相关规定。

报告

我对财务报表没有任何异议。

埃米亚斯·摩尔斯(Amyas C E Morse)
总审计长
国家审计办公室
白金汉宫路 151 号
英国伦敦 SWIW，9SS
2009 年 7 月 16 日

综合资源账户

议会提供资源表

(ⅰ) 2008—2009 年度资源结算总计　　(单位：千英镑)

		2008—2009 年度估值			2008—2009 年度结算			2008—2009 年度净总额与估值比较	2007—2008 年度
资源需求	注释	总支出	拨款	净总额	总支出	拨款	净总额	节余/(超出)	净总额
1：文化、媒体和体育部管理和计划	2	2 747 599	444 569	2 303 030	2 677 762	444 569	2 233 193	69 837	1 850 406
2：英国广播公司	2	2 971 400		−2 971 400	2 961 020		−2 961 020	10 380	2 856 110
资源总额	3	5 718 999	444 569	5 274 430	5 638 782	444 569	5 194 213	80 217	4 706 516
非经营性成本拨款援助			4 850			4 850		—	14

(ⅱ) 2008—2009 年度净现金需求

								2008—2009 年度净总额与估值比较	2007—2008 年度
					注释	估值	结算	节余/(超出)	净总额
净现金需求					4	5 265 269	5 176 229	89 040	4 693 683

(iii)支付给统一基金的收益总计

除拨款援助以外，以下收益与文化、媒体和体育部相关，并要划拨到统一基金账户(现金收入用斜体显示)。

		估值 2008—2009 年度		结算 2008—2009 年度	
	注释	收益	现金收入	收益	现金收入
总额	5	2 971 590	2 971 590	3 060 537	3 056 378

估算与结算之间的差异在注释2和《管理评论》中进行解释。

综合运营成本报表

(截至2009年3月31日)

(单位：千英镑)

	注释	2008—2009 年度		2007—2008 年度	
管理成本					
人工成本	7	28 047		26 040	
其他管理成本	8	26 379		29 671	
管理成本总额			54 426		55 711
运营收入	10		(1 601)		(1 285)
净管理成本			52 825		54 426
项目成本					
资源需求 1					
项目人工成本	7	4 459		4 049	
其他项目成本	9	2 618 877		1 818 267	
少于：收入	10	(463 782)		(26 371)	
			2 159 554		1 795 945
资源需求 2					
项目成本	9	2 961 020		2 856 110	
少于：收入	10	(2 959 496)		(2 861 902)	
			1 524		(5 792)
净运营成本	3, 11		2 213 903		1 844 579

所有的收入与支出都由持续经营得来。

认可的收益和损失的声明

(截至2009年3月31日)

(单位：千英镑)

	2008—2009 年度	2007—2008 年度
再评估有形固定资产后的净收益/(损失)	(1 484)	2 419
再评估持有待售资产后的净收益/(损失)	—	58 400
捐赠资产储备的发放	(68)	(59)
收到的捐赠资产	1 691	4 046
总额	139	64 806

综合资产负债表

（截至2009年3月31日）

（单位：千英镑）

	注释	2009年3月31日		2008年3月31日	
固定资产					
有形资产	12b		67 778		68 745
无形资产	13		89		70
			67 867		68 815
超过一年后到期的债务人	15		—		2 000
			67 867		70 815
流动资产					
持有待售资产	16	—		85 000	
股票	17	—		27	
应收账款	18	74 625		12 148	
银行资金和库存现金	19	23 867		34 022	
		98 492		131 197	
债权人(一年内到期的总数)	20	(105 943)		(51 956)	
净流动资产			(7 451)		79 241
减去负债的总资产			60 416		150 056
负债和费用备付金	21		(1 457)		(2 215)
			58 959		147 841
纳税人的所有者权益					
普通基金	22		33 579		38 769
重估价准备	23a		17 156		102 471
捐赠储备资产	23b		8 224		6 601
			58 959		147 841

签署并批准
乔纳森·史蒂芬斯
会计主任
2009年7月9日

综合现金流量表

（截至2009年3月31日）

（单位：千英镑）

	注释	2008—2009年度	2007—2008年度
来自经营活动的净现金流出	24a	(2 199 432)	(1 818 702)
资本支出、金融投资和销售收入	24b、24c	79 581	(9 746)
部门活动范围外对统一基金的欠款		—	—
应付统一基金的欠款		(3 008 521)	(2 843 143)
融资	24d	5 118 217	4 673 000
期间增加/(减少)的现金	24e	(10 155)	1 409

部门战略目标产生的净经营费用的汇总表

（截至 2009 年 3 月 31 日） （单位：千英镑）

	2008—2009 年度		
	总额	收益	净余
部门战略目标 1	779 469	（22 374）	757 095
部门战略目标 2	741 019	（1 738）	739 281
部门战略目标 3	166 969	（7 825）	159 144
部门战略目标 4	990 305	（433 446）	556 859
英国广播公司	2 961 020	（2 959 496）	1 524
净运营成本	5 638 782	（3 424 879）	2 213 903

2008—2009 年度文化、媒体和体育部的战略目标如下：

部门战略目标 1：机遇　鼓励大众更加广泛地享受文化、媒体和体育。

部门战略目标 2：卓越　支持文化、媒体和体育人才追求卓越。

部门战略目标 3：经济效益　实现文化、媒体和体育部的经济效益。

部门战略目标 4：奥林匹克运动会和适合于年轻人的运动　文化、媒体和体育部将在 2012 年承办一届成功的、鼓舞人心的奥运会和残奥会。这会为国家留下一份持续的遗产，使更多儿童和青少年参与到高质量的体育和运动中。

详细资料见注释 25。

截至 2008 年 3 月 31 日的比较数据

从 2008 年 4 月 1 日起，部门的目标发生变化，将本年度的目标与前一年度目标进行比较是不合适的。

2007—2008 年度的目标数据如下：

（单位：千英镑）

	2007—2008 年度		
	总额	收益	净余
目标 1	186 943	（3 488）	183 455
目标 2	1 114 930	（11 353）	1 103 577
目标 3	144 415	（11 472）	132 943
目标 4	149 907	（3）	149 904
目标 5	281 832	（1 340）	280 492
英国广播公司	2 856 110	（2 861 902）	（5 792）
净运营成本	4 734 137	（2 889 558）	1 844 579

由于其重要性，英国广播公司拨款和来自资源需求 2 的许可费收入数据分别列出。

这与文化、媒体和体育部的目标 2 相关。

2007—2008 年度文化、媒体和体育部目标如下：

目标 1　进一步为儿童提供接触文化和体育运动的机会，并提供机会来全力发展他们的天赋和让他们享受参与其中的益处。

目标 2　增加和扩大文化和体育运动的影响，充实个人生活，强化社区作用，为当前和后代改善生存环境。

目标 3　实现旅游业、创意产业和休闲产业对经济贡献的最大化。

目标 4　通过确保我们的赞助机构是高效的，与其他赞助机构合作来满足个人和群体的文化和体育运动需求，使其更具现代化。

目标 5　举办一届鼓舞人心的、安全而且具有包容性的奥运会和残奥会，并且为伦敦和英国留下可持续发展的遗产资源。

关于部门资源账户的注释

1. 会计政策声明

这些财务声明是依据英国财政部发布的2008—2009年度《政府财务报告手册》(Government Financial Reporting Manual, FReM)起草的。《政府财务报告手册》中的会计政策遵循《英国公认会计准则》(UK GAPP)。从一定程度来看，该准则适用于公共部门，且具有效力。

除了根据《英国公认会计准则》起草的初始财务报表外，《政府财务报告手册》仍然需要文化、媒体和体育部再准备两份初始财务报表。议会提供资源报表和补充说明都显示出净资金需求与净现金需求的结算结果与估算结果存在差异。有关部门战略目标运行成本的汇总报表和补充说明可以对经各位大臣审核通过的文化、媒体和体育部的战略目标的收入和支出情况进行分析。

在《政府财务报告手册》所允许的会计政策选择范围内，从真实和公平的角度看，被选用的会计政策已经被认定为最适用于文化、媒体和体育部的具体情况。文化、媒体和体育部的会计政策一直以来被用于处理与账目相关的重要事宜。

有关核心部门的固定资产已经在另一项说明中进行公开，但是在会计主任看来，核心部门和汇总报表的差异没有必要再通过解释进行说明。

1.1 会计惯例(Accounting convention)

这些报表和说明是根据历史成本原则制定的，目的是对固定成本的库存原料进行再评估。

1.2 账项综合算法 (Basis of consolidation)

这些报表要对以下机构的情况进行汇总：核心部门及其财政支持下的机构，如皇家公园、10个咨询类非政府部门公共机构以及1个仲裁类非政府部门公共机构。这些实体机构属于《政府财政报告手册》(参见2.4节)中所界定的部门。

以下实体由基金承担支出：

——沉船遗址咨询委员会 (Advisory Committee on Historic Wreck Sites)(英国遗址组织为其秘书处)

——政府艺术收藏咨询委员会(Advisory Committee on the Government Art Collection)

——英国历史船舰咨询委员会(Advisory Committee on National Historic Ships)

——图书馆咨询委员会(Advisory Council on Libraries)

——英格兰旅游局(VisitEngland)(其前身为英国营销顾问委员会(England Marketing Advisory

Board))

——法定送存顾问小组(Legal Deposit Advisory Panel)

——公共借阅权咨询委员会(Public Lending Right Advisory Committee)(公共借阅权协会(Public Lending Right)提供资金支持)

——艺术品出口审查委员会(Reviewing Committee on the Export of Works of Art)(博物馆、图书馆和档案馆委员会为其秘书处)

——掠夺咨询小组(Spoliation Advisory Panel)

——宝藏估价委员会(Treasure Valuation Committee)(大英博物馆(British Museum)为其秘书处)

——英格兰及威尔士赛马投注征税上诉法庭(Horserace Betting Levy Appeal Tribunal for England and Wales)(仲裁类)

汇总报表中不包含实体机构之间的交易活动。

1.3 无形固定资产(Intangible fixed assets)

无形固定资产与由第三方开发的软件的使用许可有关，是通过成本进行评估。用于无形固定资产的支出额度超过 5 000 英镑就要资本化。

1.4 有形固定资产(Tangible fixed assets)

各项报表中属于自由持有权范围内的土地和建筑包括：

ⅰ. 归文化、媒体和体育部所有的不动产财产。

ⅱ. 国务大臣名义下归社区和地方政府所有的财产。

有形固定资产以其现行使用价值为标准进行估算。若价值差别不是很大，那么折余的历史成本用来替代当前价值。

根据《财务报告准则》(FRS)第 15 条规定，作为一个实体机构，文化、媒体和体育部拥有自由保有土地和建筑物的当前价值，需按照专业估值每五年进行一次重审。对自由保有土地的最近一次专业估值是在 2006 年 3 月 31 日。因为修改过的历史成本与历史成本并无实质性差别，因而有关上述资产的重审并未根据上述规定的原则进行，在资产负债表(Balance Sheet)中以历史成本呈现。有关皇家公园财产的再估值要每五年一次，并且采用《政府财务报告手册》提供的专业方法进行评估。自 2007 年 4 月 1 日起，皇家公园变更了政府指数再评估政策。皇家公园认为，再评估行动并无任何实质性作用，而且根据《财务报告准则》第 15 条的规定，通过政府指数对资产进行再评估的行动并未能在根本上对价值进行再评估。这些资产的价值以 2007 年 3 月 31 日价值减去折旧价值进行计算。

有形固定资产的最低资本化水平为 5 000 英镑。资本化部分包括为文化、媒体和体育部未来发展的人工成本。

文化、媒体和体育部以及皇家公园拥有大量非运营性遗产资产(non-operational heritage assets)，它们由其名下的历史和文化协会持有。根据《政府财务报告手册》，这些非运营性遗产资产的估算价值为零。

除了一些建筑外，皇家公园的大部分土地以及历史和遗产资产的估算价值都为零。根据《政府财务报告手册》，从 2000 年 4 月 1 日起，政府艺术收藏委员会增加的固定资产要在资产负债表中予以确认。通常情况下增加资产的购买价格会为估值提供合理的依据。

1.5 折旧和摊销(Depreciation and amortisation)

因为自由保有土地和收藏品的使用年限是无限期的或者很长，所以它们的价值并不会有所折损。

折旧费用是自有产权建筑和其他有形及无形的固定资产，在预计的使用期限内，按照平均分摊其价值的方法进行折算。建设中的资产在未投入使用之前是不会有折损的。

资产年限如下表：

土地和建筑物	100 年
住房	100 年
改良的租赁物	根据租赁期限
设备和计算机	3~10 年
固定装置及设备	3~20 年
无形资产	2 年

1.6 捐赠资产(Donated assets)

捐赠的有形固定资产按照其收据上给出的价值进行资本化，且该价值应被计入捐赠资产储备金。捐赠资产的升值、折旧估值以及减损估值和其他固定资产的计算方法相同。升值数额将被计入捐赠资产储备金。每年，资产折旧价值以及任何减值都会从捐赠资产准备金中扣除，并在运营成本报表(Operating Cost Statement)中进行公布。

1.7 研究

研究支出要纳入当年的运营成本。

1.8 运营收入(Operating income)

运营收入是有关文化、媒体和体育部运营活动的收入。提供给外部客户的服务要收取的费用和为公共部门的还款提供服务所获收益都属于运营收入。它包括估算的拨款援助的运营收入和财政部所授权的计入统一基金收入(Consolidated Fund)，都属于运营收入。运营收入被视为增值税(VAT)净收入。

1.9 行政支出和项目支出

运营成本报表对行政收支和项目的收支情况进行分析。行政成本是部门的运营成本。这些成本包括行政成本和相关的运行收入。在注释中对收入进行分析。一部分收入可能依照行政成本控制制度的规定，以行政成本限额为参照确定结算额，并可用于抵销总体行政支出；另一部分收入即运营收入不能用于抵销。总体行政支出要遵循财政部的规定对行政支出和收入以及项目的支出和收入进行区分。

项目成本是指在行政成本控制之外的资源成本。

注释 2 中的其他流动负债项目(Other current column)的支出包括项目人工成本；用于项目开支的资产折旧和成本费用以及部门支付给第三方(完成交付项目以及资助项目管理)的其他费用。

注释 2 中的政府补助项目的支出包括给予非政府部门公共机构和其他定期资助机构(这些补助用来资助这些机构的资源和资本支出)的政府补助以及对于其他机构的特别补贴。

1. 10　专项应付款(Grants payable)

政府划拨的补贴是受让人每年从文化、媒体和体育部获取的经费。政府支付或者应支付的补助金是文化、媒体和体育部每年应付给受让人的经费。

1. 11　英国广播公司的许可费收入(BBC licence fee income)

文化、媒体与体育部已经与英国广播公司达成了一项协议，协议规定，文化、媒体和体育部将会为英国广播公司提供补助资金。上述协议还规定，国务大臣应该向英国广播公司支付与许可证净收入相等的金额。因此，补助金是支付给统一基金的许可费收入中数额较低的部分，还要扣除文化、媒体和体育部的管理费用或是由议会投票表决确定额度。

许可费收入是许可证买方支付给英国广播公司的费用，然后由英国广播公司支付给统一基金。文化、媒体与体育部是统一基金的代理者，从英国广播公司的代理者处收取许可费费用，然后将其转入统一基金。为了凸显文化、媒体与体育部的现金管理责任，特设立一名债务人来管理由英国广播公司代理者收取的但还未支付给文化、媒体和体育部的现金。

1. 12　资本费用(Capital charge)

资本费用是政府部门的资本使用成本，它包含在运营成本之中。资本费用是以所有资产减去负债的平均账面价值为基准，按照英国财政部规定(当前利率为 3. 5%)的实际利率水平计算得出的。以下情况除外：

a. 有形和无形固定资产，其资本费用支出是以初始价值为基准，按照每年的利率进行调整。

——成本的增值

——按照初始资产负债表上的价值进行出售(再加上出售之前所有附带资本支出)

——初始资产负债表价值减少的数额所带来的减值(再加上所有附带资本支出)

——有形固定资产的折旧与无形固定资产的摊销

b. 捐赠资产、财政部主计大臣办公室(Office of the Paymaster General)的现金余额和来自统一基金零资本费用的金额。

c. 收藏品遗产的增值。

1. 13　外汇

以外汇形式发生的收入和支出在长期合同中并未作出规定，外汇收支以交易之日的汇率为准。

1. 14　税收

文化、媒体和体育部需缴纳增值税，《英国标准会计实物公告》(SSAP)第 5 条对此作出规定。不可补偿的增值税款要计入相关支出，并在运营成本报表中有所体现。

1.15 养老金

在职和退休雇员的养老金应按照《公务员基本养老金计划》(Principal Civil Service Pension Scheme, PCSPS)的条款来执行，除了涉及家属的情况以外，计划中确定的福利都是无资金准备且由雇主支付。上述条款在《薪酬报告》(Remuneration Report)和注释 7 中都作出解释。部门意识到这些福利的预期成本是建立在系统性和理性的基础上，在一定时期内，员工以累积的方式向公务员基本养老金账户存入资金。未来的福利可以通过公务员基本养老金计划得到保障，对于已经确定的纳税计划，政府部门负责确定每年应付的税额。

1.16 提前退休成本(Early departure costs)

对于提前退休的雇员而言，部门需要支付超出公务员养老金基本计划规定的福利成本。当提前退休声明得到承认，就意味着部门要承担法律责任，需要全额支付其退休费用。在某些特定条件下，政府部门可以按照公务员养老金表决案的规定提前汇款到财政部主计大臣(Paymaster General)的英格兰银行账户来付清部分或全部的款项。所支付金额是扣除任何此类付款后的净额。

1.17 经营性租赁

按照租赁条款，在租赁期内经营性租赁租金应按照等值金额计入运营成本报表。

1.18 或有负债(Contingent liabilities)

除了《财务报告准则》第 12 条中所列出的或有负债外，政府部门还公开了议会报告及责任制目标中的某些法定或者非法定或有负债。这些负债的经济效益发生转移的可能性很小，但是根据公共资金管理的要求，也将这些数据提交至议会进行审查。

审查内容包括：

——没有通过正常的交易流程而发生的超过 25 万英镑(或者是按照法律规定的少于 25 万英镑)的项目，且上述项目在该政府部门推进实施之前已经通过部门备忘录呈报至议会。

——依照《政府财务报告手册》，(通过正常交易流程产生的)所有超过 25 万英镑(或者按照特定法律规定的少于 25 万英镑或者在资源账户中重要的但交易额小于 25 万英镑)的项目必须被记入资源账户。

1.19 金融工具(Financial Instruments)

政府部门要依据《财务报告准则》第 25 条关于金融工具的介绍(Presentation)，第 26 条关于确认和计量(Recognition and Measurement)，第 29 条对金融工具进行说明。贸易应收款项应根据其账面价值进行兑现，但要扣除抵销预估的不可补偿的资产的补贴。贸易应付款项是短期的，按账面价值进行兑现，并且要意识到这些债务的有效期为一年。

由于《财务报告准则》的实施，不需要对之前的数据进行调整。

2. 资源净需求量总额分析数据

2008—2009 年度资源需求量报表 1

A. 博物馆、美术馆和图书馆(Museums Galleries and Libraries) （单位：千英镑）

	管理费用	其他流动负债	补助金	拨款	净总额	预估额	净总额与预估额差值
国家煤矿博物馆(National Coal Mining Museum)			2 731		2 731	2 731	—
泰恩和韦尔博物馆(Tyne & Wear Museums)			2 362		2 362	2 362	—
欧胜-博物美术馆(Wolfson-Museums and Galleries)			2 360		2 360	2 000	(360)
ISB8 未来愿景(Eye on the Future)			908		908	759	(149)
伦敦设计博物馆(Design Museum)			414		414	414	—
人民历史博物馆(Peoples History Museum)			168		168	168	—
国家足球博物馆(National Football Museum)			103		103	103	—
ISB7 斯塔福尔郡图书馆(Staffordshire Libraries)			66		66		(66)
战略专门调查委员会(Strategic Commissioning)				(2 000)	(2 000)		2 000
其他博物馆及美术馆		403	100	(25)	478	200	(278)
		403	9 212		7 590	8 737	1 147

B. 艺　　术 （单位：千英镑）

	管理费用	其他流动负债	补助金	拨款	净总额	预估额	净总额与预估额差值
掌握乐器计划(艺术委员会发起)			707		707		(707)
政府艺术收藏委员会		697		(345)	352	353	1
ISB8 艺术狂人馆(The Artsmad House)			473		473	310	(163)
ISB8 舞台文本(Stagetext)			399		399	297	(102)
"拥有艺术"(艺术品购买计划)(Own Art (Arts Purchase Plan))(艺术委员会发起)			393		393		(393)
尊重青年音乐指导(RESPECT Youth Music Mentoring)			340		340		(340)
英国青年舞蹈(Youth Dance England)			250	(250)			—
ISB8 南岸水域(South Bank Grey Water)			266		266	236	(30)
ISB8 终身医疗(Lifetime Health)			189		189	318	129
ISB8 音乐素材 (Soundsense)			179		179	165	(14)
ISB8 塞夫顿创意选择(Sefton Creat Alternatives)			66		66	70	4
欧儿里得(Euclid)				50		50	50-
创意伙伴关系(Creative Partnerships)		26	36	(2 537)	(2 475)		2 475
"发现你的天赋"(Find Your Talent)				(2 306)	(2 306)		2 306
其他艺术支持项目		63	166		229	449	220

续表

	管理费用	其他流动负债	补助金	拨款	净总额	预估额	净总额与预估额差值
		786	3 514	(5 438)	(1 138)	2 248	3 386

C. 体　育　　(单位：千英镑)

	管理费用	其他流动负债	补助金	拨款	净总额	预估额	净总额与预估额差值
免费游泳(Free Swimming)		2	10 038		10 040		(10 040)
英国学校运动会(UK School Games)			490		490	250	(240)
世界反兴奋剂机构(World Anti Doping Agency)			378		378	400	22
儿童游乐活动(Children's Play)		164	350		514	500	(14)
体育和文化冠军(Sporting and Cultural Champions)			327		327	1 000	673
温布利(Wembley)		20	119		139	20	(119)
Dancelinks 网站			100		100	150	50
局部扩大协定(Enlarged Partial Agreement)			98	(25)	73	78	5
英国国际象棋联盟(British Chess Federation)			60		60	60	—
ISB9 默西塞德青年飞行员项目(Merseyside Youth Pilot)			16		16		(16)
其他体育赞助项目		81			81	24	(57)
		267	11 976	(25)	12 218	2 482	(9 736)

D. 建筑和历史环境　　(单位：千英镑)

	管理费用	其他流动负债	补助金	拨款	净总额	预估额	净总额与预估额差值
格林尼治皇家海军学院(RNC Greenwich)			2 200		2 200	1 500	(700)
ISB8 社会名流(The Great and the Good)			708		708	424	(284)
肯特郡查塔姆海军老船厂(Chatham Historic Dockyard)			300		300	300	—
减免税款纪念馆(VAT Relief on Memorials)		157	233		390	5 000	4 610
礼仪服务(Ceremonial Services)		386		(25)	361	1 110	749
国事访问(State Visits)		290			290	360	70
人道主义援助团体(Humanitarian Assistance Unit)		277			277	250	(27)
世界文化公约(World Cultural Convention)			129		129	130	1
阵亡将士纪念日(Remembrance)		110		(4)	106	95	(11)
皇家军队阅兵仪式(Trooping Colour)		79			79	47	(32)
其他大事记		58			58	41	(17)
其他遗产类支持项目		98	74		172	305	133
		1 455	3 644	(29)	5 070	9 562	4 492

E. 已注册的宗教场所

（单位：千英镑）

	管理费用	其他流动负债	补助金	拨款	净总额	预估额	净总额与预估额差值
已注册的宗教场所		240	16 107		16 347	15 250	(1 097)
		240	16 107		16 347	15 250	(1 097)

F. 皇 家 公 园

（单位：千英镑）

	管理费用	其他流动负债	补助金	拨款援助	净总额	预估额	净总额与预估额差值
皇家公园办事处		19 363			19 363	20 459	1 096
综合调整		15 984		(12 943)	3 041	0	(3 041)
		35 347		(12 943)	22 404	20 459	(1 945)

G. 旅 游 业

（单位：千英镑）

	管理费用	其他流动负债	补助金	拨款	净总额	预估额	净总额与预估额差值
大伦敦政府的补贴金			1 900		1 900	1 900	—
其他旅游			330		330		(330)
		0	2 230		2 230	1 900	(330)

H. 广播及传媒

（单位：千英镑）

	管理费用	其他流动负债	补助金	拨款	净总额	预估额	净总额与预估额差值
英国国立电视电影学院 (National Film and Television School)			2 978		2 978	2 978	—
英国通信管理局媒介识读(Ofcom Media Literacy)			559		559	1 059	500
尤里卡视听(Audiovisual Eureka)			213		213	393	180
英国通信管理局社区广播 (Ofcom Community Radio)			455		455		(455)
社区传媒(Community Media)			45		45		(45)
电影协会(Film Club)			(3 100)	(3 100)		3 100	
其他广播与传媒机构		94			94	156	62
		94	4 250	(3 100)	1 244	4 586	3 342

I. 创意经济 （单位：千英镑）

	管理费用	其他流动负债	补助金	拨款	净总额	预估额	净总额与预估额差值
创意经济项目		1 683			1 683	3 000	1 317
		1 683			1 683	3 000	1 317

J. 管理和研究 （单位：千英镑）

	管理费用	其他流动负债	补助金	拨款	净总额	预估额	净总额与预估额差值
管理(Administration)	54 426			(1 299)	53 127	49 258	(3 869)
“参与”调查 (Participation Survey “Taking Part”)		2 459		(680)	1 779	1 764	(15)
“活跃人群”调查 (Participation Survey “Active People”)		1 150		(388)	762		(762)
手提包式促销(Tote Sale)		1 163			1 163		(1 163)
研究和其他服务项目		982	40	(273)	749	1 660	911
土地出售		(19)			(19)		19
	54 426	5 735	40	(2 640)	57 561	52 682	(4 879)

K. 英国国家彩票委员会 （单位：千英镑）

	管理费用	其他流动负债	补助金	拨款	净总额	预估额	净总额与预估额差值
来自国家彩票发行基金(NLDF)和奥运彩票发行基金(OLDF)的收入				(6 342)	(6 342)	(6 269)	73
				(6 342)	(6 342)	(6 269)	73

L. 奥　运　会 （单位：千英镑）

	管理费用	其他流动负债	补助金	拨款	净总额	预估额	净总额与预估额差值
收入估算(Estimate income)						(438 300)	(438 300)
来自社区和地方政府的发展援助				(337 000)	(337 000)		337 000
来自大伦敦政府的发展援助(ODA)				(75 027)	(75 027)		75 027
其他奥林匹克事业		(24)	(43)		(67)		67
		(24)	(43)	(412 027)	(412 094)	(438 300)	(26 206)
博彩、许可和赛马 (Gambling Licensing and Horse Racing)		58			58		(58)
博彩上诉法庭(Gambling Appeals Tribunal)		58			58	0	(58)

M. 地方文化协会

（单位：千英镑）

	管理费用	其他流动负债	补助金	拨款	净总额	预估额	净总额与预估额差值
东部生活(Living East)			245		245	215	(30)
东米德兰兹文化(Culture East Midlands)			303		303	215	(88)
东北部文化(Culture North East)			263		263	215	(48)
西北部文化(Culture North West)			399		399	215	(184)
东南部文化(Culture South East)			360		360	215	(145)
西南部文化(Culture South West)			308		308	215	(93)
西米德兰兹生活(West Midlands Life)			294		294	215	(79)
约克郡文化(Yorkshire Culture)			166		166	215	49
ISB8 可持续社区的文化机遇(Cultural Opportunities Sustainable Communities)			74		74	215	(74)
			2 412		2 412	1 720	(692)

N. 博物馆、美术馆和图书馆

（单位：千英镑）

	管理费用	其他流动负债	补助金	拨款	净总额	预估额	净总额与预估额差值
博物馆图书馆和档案馆委员会(Museum Libraries and Archives Council)			16 271		16 271	16 121	(150)
大英博物馆(British Museum)			50 943		50 943	50 875	(68)
自然历史博物馆(Natural History Museum)			52 887		52 887	51 195	(1 692)
帝国战争博物馆(Imperial War Museum)			23 888		23 888	23 588	(300)
国家美术馆(National Gallery)			26 369		26 369	26 869	500
国家海洋博物馆(National Maritime Museum)			19 570		19 570	19 570	—
利物浦国家博物馆(NM Liverpool)			22 488		22 488	22 488	—
国家肖像美术馆(National Portrait Gallery)			7 693		7 693	7 693	—
国家科学与工业博物馆(NM Science & Industry)			39 158		39 158	39 158	—
泰特美术馆(Tate Gallery)			61 385		61 385	78 446	(14 601)
维多利亚与艾伯特博物馆(Victoria & Albert Museum)			44 860		44 860	44 234	(626)
华莱士收藏馆(Wallace Collection)			4 228		4 228	4 228	—
皇家军械博物馆(Royal Armouries)			8 264		8 264	8 264	—
大英图书馆(British Library)			106 947		106 947	106 904	(43)
公共借阅权协会(Public Lending Right)			7 388		7 388	7 432	44
曼彻斯特科学与工业博物馆(MSI Manchester)			4 788		4 788	4 803	15
约翰·索恩爵士博物馆(Sir John Soane's Museum)			1 339		1 339	1 276	(63)
霍尼曼博物馆(Horniman Museum)			4 757		4 757	4 756	(1)

续表

	管理费用	其他流动负债	补助金	拨款	净总额	预估额	净总额与预估额差值
杰佛瑞博物馆(Geffrye Museum)			1 748		1 748	1 748	—
战略咨询委员会(Strategic Commissioning)			4 968		4 968	2 700	(2 268)
文艺复兴计划(Renaissance)和其他区域性基金组织			46 215		46 215	46 215	—
			556 154		556 154	536 901	(19 253)

O. 艺　术

(单位：千英镑)

	管理费用	其他流动负债	补助金	拨款	净总额	预估额	净总额与预估额差值
英格兰艺术委员会(Arts Council England)			436 531		436 531	398 905	(37 626)
音乐彩排空间(Music Rehearsal Spaces)			72		72		(72)
			436 603		436 603	398 905	(37 698)

P. 体　育

(单位：千英镑)

	管理费用	其他流动负债	补助金	拨款	净总额	预估额	净总额与预估额差值
英格兰体育理事会(Sport England)			130 163		130 163	133 163	3 000
英国体育局(UK Sport)			72 201		72 201	50 551	(21 650)
足球许可局(Football Licensing Authority)			1 231		1 231	1 321	90
			203 595		203 595	185 035	(18 560)

Q. 建筑和历史环境

(单位：千英镑)

	管理费用	其他流动负债	补助金	拨款	净总额	预估额	净总额与预估额差值
英国建筑与建筑环境委员会(CABE)			4 790		4 790	4 690	(100)
英国古迹署(English Heritage)			129 358		129 358	128 858	(500)
教堂保护信托基金(Churches Conservation Trust)			3 162		3 162	3 100	(62)
国家遗迹纪念馆(National Heritage Memorial Fun)			10 000		10 000	10 000	—
王室——所居宫殿 (Royal Household—Occupied Palaces)			16 107		16 107	16 107	—
王室——其他			2 415		2 415	0	(2 415)
Seachange(由英国建筑与建筑环境委员会资助)			15 000		15 000	15 000	—
赞助当地政府						10 000	10 000
			180 832		180 832	187 755	6 923

R. 旅 游 业 (单位：千英镑)

	管理费用	其他流动负债	补助金	拨款	净总额	预估额	净总额与预估额差值
英国旅游局(Visit Britain)			49 900		49 900	47 900	(2 000)
地区经济发展局(Regional Development Agencies)			3 512		3 512	3 512	—
			53 412		53 412	51 412	(2 000)

S. 广播与传媒 (单位：千英镑)

	管理费用	其他流动负债	补助金	拨款	净总额	预估额	净总额与预估额差值
电影委员会(Film Council)			30 064		30 064	36 014	5 950
英国电影协会(British Film Institute)						6 000	6 000
威尔士第四频道(S4C)			98 440		98 440	98 112	(328)
			128 504		128 504	140 126	11 622

T. 英国国家彩票委员会 (单位：千英镑)

	管理费用	其他流动负债	补助金	拨款	净总额	预估额	净总额与预估额差值
英国国家彩票委员会(National Lottery Commission)			6 342		6 342	6 339	(3)
			6 342		6 342	6 339	(3)

U. 博彩、许可和赛马 (单位：千英镑)

	管理费用	其他流动负债	补助金	拨款	净总额	预估额	净总额与预估额差值
英国博彩管理局(Gambling Commission)			608		608	500	(108)
			608		608	500	(108)

V. 2012 年伦敦奥运会 (单位：千英镑)

	管理费用	其他流动负债	补助金	拨款	净总额	预估额	净总额与预估额差值
伦敦奥运交付管理局(Olympic Delivery Authority)			957 900		957 900	1 118 000	160 100
			957 900		957 900	1 118 000	160 100
资源需求 1 总额(Request for Resources 1 Total)	54 426	46 044	2 577 292	(444 569)	2 233 193	2 303 030	69 837

2008—2009 年度资源需求量报表 2

A. 国 内 广 播 (单位：千英镑)

	管理费用	其他流动负债	补助金	拨款	净总额	预估额	净总额与预估额差值
英国广播公司(BBC)			2 961 020		2 961 020	2 971 400	10 380
资源需求 2 总额			2 961 020		2 961 020	2 971 400	10 380
文化、媒体与体育部总计	54 426	46 044	5 538 312	(444 569)	5 194 213	5 274 430	80 217

关于资源需求量报表1的总资源结算金额为2 677 762 000英镑(2007—2008年度为1 878 027 000英镑)，这是议会提供的资源报表中给出的金额，该金额由管理总成本、其他日常总开支以及各类补贴组成。

关于资源需求量报表1的项目支出为2 623 336 000英镑(2007—2008年度为1 822 343 000英镑)，包括项目人工成本，该部分成本显示在运营成本报表的附加条目中。上述支出也涵盖了预估值中的其他流动负债条目和补助金条目。

有关预估值和实际值的波动解释以及更多的信息可以参见《管理评论》。

有关资源需求和统计部分的说明

注释2中不同类型支出在表格的纵列中列出，而且与其预估值一一对应。议会批准的资源支出是通过“权责发生制”(accruals basis)的方式进行核算。

列表中的“管理”和“其他流动负债”两栏体现了文化、媒体和体育部以及其办事处和其他实体在资源会计范围内所产生的直接支出。

列表中的“补助金”一栏显示出补助金以及流转到文化、媒体和体育部资源会计范围以外机构的资金。

上述三栏包括资产的现有消费金额，但并不包括核心部门购买资本项目的金额。

A-V部分列表表示对每项资源需求的分析，这是经议会批准，由财政部负责监管实施，因此，这些分析不符合部门目标所作的分析。资源预估分析的分类如下：

——资源需求量报表1中的A-L部分被视为部门开支限额支出，属于中央政府支出。

——资源需求量报表1中的M-V部分以及资源需求量报表2中的A部分被视为预算外支出，即部门开支限额外的其他支出。

上述这些列表中列出的公共机构的公共支出数据是以机构自身的总收入与总支出为基础计算，不含政府补助金部分。

2007—2008年度资源需求量报表1

A. 博物馆、美术馆以及图书馆　　　　(单位：千英镑)

	管理费用	其他流动负债	补助金	拨款	净总额	预估额	净总额与预估额差值
ISB8未来愿景(SBC)	0	0	504	0	504	679	175
英国伦敦设计博物馆	0	0	503	0	503	503	0
泰恩和韦尔博物馆	0	0	2 326	0	2 326	2 326	0
国家煤矿博物馆	0	0	2 809	0	2 809	2 809	0
国家足球博物馆	0	0	100	0	100	100	0
人民历史博物馆	0	0	164	0	164	164	0
战略专门调查委员会	0	32	0	0	32	0	(32)

续表

	管理费用	其他流动负债	补助金	拨款	净总额	预估额	净总额与预估额差值
欧胜博物馆与美术馆	0	0	1 484	0	1 484	2 000	516
欧洲博物馆论坛	0	0	3	0	3	0	(3)
斯塔福德郡图书馆	0	0	112	0	112	102	(10)
其他博物馆与美术馆赞助事业	0	115	0	0	115	0	(115)
图书馆赞助事业	0	0	0	(35)	(35)	0	35
为当地政府提供文化服务	0	0	165	0	165	165	0
2008年欧洲文化之都	0	300	0	0	300	300	0
	0	447	8 170	(35)	8 582	9 148	566

B. 艺　术

（单位：千英镑）

	管理费用	其他流动负债	补助金	拨款	净总额	预估额	净总额与预估额差值
艺术赞助类产业	0	283	59	0	342	440	98
桂冠诗人(Poet Laureate)	0	0	5	0	5	0	(5)
莎士比亚式生活项目(Live Shakespeare Project)	0	0	1 493	(1 493)	0	0	0
ISB8任务模型资金(Mission Models Money)	0	0	30	0	30	250	220
ISB8怀特岛终身医疗(Lifetime Health Isle of Wight)	0	0	290	0	290	279	(11)
ISB8艺术狂人馆	0	0	227	0	227	233	6
ISB8舞台文本	0	0	113	0	113	257	144
ISB8音乐素材(Soundsense)	0	0	173	0	173	185	12
塞夫顿创造型选择(Sefton Creat. Alternatives)	0	0	67	0	67	70	3
ISB8南岸水域	0	0	0	0	0	154	154
拥有艺术(艺术品购买计划)	0	0	366	0	366	621	255
学习乐器计划	0	0	625	0	635	625	0
政府艺术品收藏目录	0	30	0	0	30	0	(30)
政府艺术品收藏委员会	0	409	0	(14)	395	355	(40)
欧几里得	0	0	50	0	50	50	0
尊重青年音乐指导	0	0	382	0	382	333	(49)
青年音乐节"音乐启动"	0	0	993	(1 000)	(7)	0	7
	0	722	4 873	(2 507)	3 088	3 852	764

C. 体　育　类　　　　（单位：千英镑）

	管理费用	其他流动负债	补助金	拨款	净总额	预估额	净总额与预估额差值
英国国际象棋联盟(British Chess Federation)	0	0	60	0	60	60	0
其他体育类赞助项目	0	0	110	(50)	60	70	10
Dance links PESSCL 项目	0	0	200	0	200	200	0
世界反兴奋剂机构(WADA)	0	0	339	0	339	339	0
联邦顾问委员会(CABOS)	0	0	0	0	0	1	1
温布利监控成本(Wembley Monitoring Costs)	0	75	0	0	75	75	0
扩大化的局部协定	0	0	56	0	56	55	(1)
体育平等(Sporting Equals)	0	0	900	0	900	900	0
默西赛德郡青年飞行员培养计划	0	0	49	0	49	65	16
志愿活动补助——参与运动	0	0	0	0	0	7	7
温布利	0	0	472	0	472	0	(472)
儿童游乐活动	0	0	502	0	502	500	(2)
体育和文化赛事冠军	0	0	333	0	333	334	1
英国学校运动会(UK School Games)(遗产信托)	0	0	6 000	0	6 000	3 000	(3 000)
北爱尔兰体育学院(Northern Ireland Sports Institute)	0	0	3 000	0	3 000	3 000	0
	0	75	12 021	(50)	12 046	8 606	(3 440)

D. 建筑和历史环境　　　　（单位：千英镑）

	管理费用	其他流动负债	补助金	拨款	净总额	预估额	净总额与预估额差值
皇家军队阅兵仪式(Trooping the Colour)	0	50	0	0	50	47	(3)
阵亡将士纪念日	0	88	0	0	88	95	7
国事访问	0	172	0	0	172	360	188
其他大事记	0	13	0	0	13	41	28
仪式开支(Ceremonial overheads)	0	350	0	(19)	331	360	29
礼仪服务和人道主义援助组织(HAU)	0	119	0	0	119	0	(119)
伦敦地铁爆炸案人道主义援助组织	0	171	0	0	171	0	(171)
海啸人道主义援助组织	0	1	0	0	1	0	(1)
社区和公共项目人道主义援助组织	0	6	0	0	6	0	(6)
区域观光人道主义援助组织	0	16	0	0	16	0	(16)
世界遗产委员会	0	14	0	0	14	15	1
世界文化公约	0	0	125	0	125	130	5
肯特郡查塔姆海军老船厂	0	0	300	0	300	300	0
其他遗产类赞助项目	0	100	36	0	118	251	133
社会名流	0	0	246	(18)	246	396	150
格林尼治皇家海军学院	0	0	1 500	0	1 500	1 500	0
减免税纪念日	0	152	703	0	855	5 000	4 145
	0	1 252	2 910	(37)	4 125	8 495	4 370

E. 已注册的宗教场所

（单位：千英镑）

	管理费用	其他流动负债	补助金	拨款	净总额	预估额	净总额与预估额差值
已注册的宗教场所	0	232	14 725	0	14 957	15 250	293
	0	232	14 725	0	14 957	15 250	293

F. 皇家公园

（单位：千英镑）

	管理费用	其他流动负债	补助金	拨款	净总额	预估额	净总额与预估额差值
皇家公园办事处	0	32 004	0	(11 142)	20 862	19 992	(870)
	0	32 004	0	(11 142)	20 862	19 992	(870)

G. 旅游业

（单位：千英镑）

	管理费用	其他流动负债	补助金	拨款援助	净总额	预估额	净总额与预估额差值
旅游业第四部分补助金	0	70	0	0	70	0	(70)
旅游策略基金	0	15	0	0	15	63	48
大伦敦政府补助金	0	0	1 900	0	1 900	1 900	0
	0	85	1 900	0	1 985	1 963	(22)

H. 广播与传媒

（单位：千英镑）

	管理费用	其他流动负债	补助金	拨款援助	净总额	预估额	净总额与预估额差值
电影类赞助事业	0	295	0	0	295	156	(139)
英国国立电影电视学院	0	0	2 988	0	2 988	2 900	(88)
尤里卡视听	0	147	0	0	147	393	246
英国通信管理局——媒介识读与社区电台	0	0	1 025	0	1 025	1 059	34
社区媒体	0	0	35	0	35	0	(35)
盖尔语频道(Gaelic TV)	0	0	250	0	250	0	(250)
	0	442	4 298	0	4 740	4 508	(232)

I. 管理与研究

（单位：千英镑）

	管理费用	其他流动	补助金	拨款援助	净总额	预估额	净总额与预估额差值
管理	55 711	0	0	(1 284)	54 427	53 704	(723)
“参与”调查	0	2 957	0	(680)	2 277	2 296	19
其他项目	0	881	0	(4)	877	2 297	1 420
安全	0	0	380	0	380	0	(380)
	55 711	3 838	380	(1 968)	57 961	58 297	336

J. 英国国家彩票委员会

（单位：千英镑）

	管理费用	其他流动负债	补助金	拨款援助	净总额	预估额	净总额与预估额差值
英国国家彩票委员会——来自国家彩票发行基金的收入	0	0	0	(10 341)	(10 341)	(14 000)	(3 659)
	0	0	0	(10 341)	(10 341)	(14 000)	(3 659)

K. 博彩、许可和赛马

（单位：千英镑）

	管理费用	其他流动负债	补助金	拨款	净总额	预估额	净总额与预估额差值
博彩费用收入	0	0	0	(1 177)	(1 177)	(1 835)	(658)
博彩上诉法庭	0	4	0	0	4	0	(4)
	0	4	0	(1 177)	(1 173)	(1 835)	(662)

L. 奥林匹克运动会(指定项目)

（单位：千英镑）

	管理费用	其他流动负债	补助金	拨款	净总额	预估额	净总额与预估额差值
奥林匹克委员会秘书处	0	262	381	(364)	279	1 153	874
奥林匹克运动会——其他项目成本	0	180	0	0	180	2 162	1 982
	0	442	381	(364)	459	3 315	2 856

M. 地方文化协会

（单位：千英镑）

	管理费用	其他流动负债	补助金	拨款援助	净总额	预估额	净总额与预估额差值
东部生活	0	0	230	0	230	230	0
东米德兰兹文化	0	0	243	0	243	243	0
建设可持续社区的文化机遇	0	0	285	0	285	285	0
东北部文化	0	0	220	0	220	220	0
西北部文化	0	0	230	0	230	230	0
东南部文化	0	0	260	0	260	260	0
西南部文化	0	0	230	0	230	230	0
西米德兰兹生活	0	0	223	0	223	223	0
约克郡文化	0	0	230	0	230	230	0
进位差异	0	0	(2)	0	(2)	(2)	0
	0	0	2 149	0	2 149	2 149	0

N. 博物馆、美术馆和图书馆

（单位：千英镑）

	管理费用	其他流动负债	补助金	拨款	净总额	预估额	净总额与预估额差值
博物馆、图书馆和档案委员会	0	0	14 743	0	14 743	14 634	(109)
大英博物馆	0	0	44 898	0	44 898	44 823	(75)
自然历史博物馆	0	0	45 165	0	45 165	45 165	0
帝国战争博物馆	0	0	22 177	0	22 177	22 177	0
国家美术馆	0	0	25 597	0	25 597	25 566	(31)
国家航海博物馆	0	0	18 491	0	18 491	18 411	(80)
利物浦国家博物馆	0	0	22 326	0	22 326	21 826	(500)
国家肖像美术馆	0	0	7 038	0	7 038	7 038	0
国家科学与工业博物馆	0	0	38 484	0	38 484	38 484	0
泰特美术馆	0	0	45 929	0	45 929	45 929	0
维多利亚与艾伯特博物馆	0	0	42 262	0	42 262	42 520	258
华莱士收藏馆	0	0	4 156	0	4 156	4 156	0
皇家军械博物馆	0	0	8 917	0	8 917	8 461	(456)
大英图书馆	0	0	106 480	0	106 480	105 921	(559)
公共借阅权协会	0	0	7 488	0	7 488	7 682	194
法定送存顾问小组	0	37	0	0	37	0	(37)
曼彻斯特科学与工业博物馆	0	0	4 171	0	4 171	4 171	0
伦敦博物馆	0	0	8 809	0	8 809	8 809	0
约翰·索恩爵士博物馆	0	0	1 339	0	1 339	1 072	(267)
霍尼曼博物馆	0	0	4 350	0	4 350	4 350	0
杰佛瑞博物馆	0	0	1 956	0	1 956	1 956	0
战略调查委员会	0	0	4 424	0	4 424	4 700	276
博物馆保护区	0	0	240	0	240	12 157	11 917
文艺复兴计划和其他地区性基金组织	0	0	45 000	0	45 000	45 000	0
政府赔偿计划	0	0	58	0	58	150	92
未来框架	0	7	1 950	0	1 957	1 900	(57)
未分配给博物馆的补贴金	0	0	0	0	0	4 445	4 445
未分配的跨部门补贴金	0	0	0	0	0	13 000	(13 000)
MGL 未分配的跨部门补贴金	0	0	0	0	0	5 764	5 764
	0	44	526 448	0	526 492	534 267	7 775

O. 艺　　术

（单位：千英镑）

	管理费用	其他流动负债	补助金	拨款	净总额	预估额	净总额与预估额差值
英格兰艺术委员会	0	0	422 610	0	422 610	422 255	(355)
	0	0	422 610	0	422 610	422 255	(355)

P. 体　育　类

（单位：千英镑）

	管理费用	其他流动负债	补助金	拨款	净总额	预估额	净总额与预估额差值
英格兰体育理事会	0	0	113 296	0	113 296	113 296	0
英国体育局	0	0	67 305	0	67 305	67 305	0
足球许可发放部门	0	0	1 261	0	1 261	1 261	0
利谷体育中心	0	0	(7)	0	(7)	0	7
未分配的体育财政补贴	0	0	0	0	0	11 111	11 111
	0	0	181 855	0	181 855	192 973	11 118

Q. 建筑和历史环境

（单位：千英镑）

	管理费用	其他流动负债	补助金	拨款	净总额	预估额	净总额与预估额差值
英国建筑与建筑环境委员会(CABE)	0	0	4 690	0	4 690	4 690	0
英国古迹署	0	0	136 636	0	136 636	136 883	247
教会保护信托基金	0	0	3 062	0	3 062	3 000	(62)
国家遗产纪念基金会	0	0	10 002	0	10 002	10 002	0
王室——所居宫殿	0	0	17 378	0	17 378	16 107	(1 271)
AHED 未分配的财政补贴	0	0	0	0	0	4 701	4 701
	0	0	171 768	0	171 768	175 383	3 615

R. 旅　游　业

（单位：千英镑）

	管理费用	其他流动负债	补助金	拨款	净总额	预估额	净总额与预估额差值
英国旅游局	0	0	50 650	0	50 650	50 650	0
地区经济发展局	0	0	3 600	0	3 600	3 600	0
	0	0	54 250	0	54 250	54 250	0

S. 广播和传媒

（单位：千英镑）

	管理费用	其他流动负债	补助金	拨款	净总额	预估额	净总额与预估额差值
电影委员会	0	0	25 110	0	25 110	25 110	0
威尔士第四频道	0	0	92 817	0	92 817	94 311	1 494
	0	0	117 927	0	117 927	119 421	1 494

T. 英国国家彩票委员会　　（单位：千英镑）

	管理费用	其他流动负债	补助金	拨款	净总额	预估额	净总额与预估额差值
英国国家彩票委员会	0	0	10 341	0	10 341	14 001	3 660
尚未分配至国家彩票公司的财政补贴	0	0	0	0	0	82	82
	0	0	10 341	0	10 341	14 083	3 742

U. 博彩、许可和赛马　　（单位：千英镑）

	管理费用	其他流动负债	补助金	拨款	净总额	预估额	净总额与预估额差值
博彩管理局	0	0	3 039	0	3 039	4 220	1 181
尚未分配到博彩管理局的财政补贴	0	0	0	0	0	108	108
	0	0	3 039	0	3 039	4 328	1 289

V. 2012年伦敦奥运会（政府开发援助补贴金）　　（单位：千英镑）

	管理费用	其他流动负债	补助金	拨款	净总额	预估额	净总额与预估额差值
伦敦奥运交付管理局	0	0	235 903	0	235 903	275 451	39 548
	0	0	235 903	0	235 903	275 451	39 548

W. 文化在线　　（单位：千英镑）

	管理费用	其他流动负债	补助金	拨款	净总额	预估额	净总额与预估额差值
文化在线（Culture Online）	0	6 781	0	0	6 781	6 975	194
	0	6 781	0	0	6 781	6 975	194

	管理费用	其他流动负债	补助金	拨款	净总额	预估额	净总额与预估额差值
资源需求1总额	55 711	46 368	1 775 948	（27 621）	1 850 506	1 919 126	68 720

2007—2008年度资源需求量报表2

A. 国内广播　　（单位：千英镑）

	管理费用	其他流动负债	补助金	拨款	净总额	预估额	净总额与预估额差值
英国广播公司（BBC）	0	0	2 856 110	0	2 856 110	2 856 110	0
资源需求2总额	0	0	2 856 110	0	2 856 110	2 856 110	0
文化、媒体和体育部总金额	55 711	46 368	4 632 058	（27 621）	4 706 516	4 775 236	68 720

3. 净运营成本结算及行政预算对账表

(a)净资源结算与净运营成本对账表　　(单位：千英镑)

	注释	结算总额	预估值	2008—2009 年度结算总额与预估结余/(预估超额)	2007—2008 年度结算总额
净资源结算	2	5 194 213	5 274 430	80 217	4 706 516
非供应收入	5	(2 980 310)	(2 971 590)	8 720	(2 861 937)
净运营成本		2 213 903	2 302 840	88 937	1 844 579

(b)结算与最终管理预算　　(单位：千英镑)

	预算	2008—2009 年度结算总额	2007—2008 年度结算总额
行政预算总额	55 539	54 426	55 711
免税收入与行政预算	—	(1 601)	(1 285)
净总额与行政预算终值	55 539	52 825	54 426

上述列表中，行政预算总额 55 539 000 英镑来自春季补充预算文件和 2009 年 3 月 31 日下议院第 240 号文件中关于新财政年度预算第二部分。有关国家支出预算与结算总额的波动解释以及其他更多信息可以参见《管理评论》。

4. 资源现金需求对账单

(单位：千英镑)

	注释	预估值	结算总额	2008—2009 年度结算总额与预估结余/(预估超额)	2007—2008 年度结算总额
资源总额	2	5 274 430	5 194 213	80 217	4 706 516
资本：					
固定资产类收购		4 850	5 496	(646)	9 760
投资		—	—	—	—
非运营拨款援助：					
固定资产出售收益		(4 850)	(4 850)	—	(14)
利息调整					
非现金项目		(9 161)	(9 896)	735	(105 501)
非现金运营资本变动		—	(7 492)	7 492	82 735
一年以上到期的应收款项的变动		—	(2 000)	2 000	—
供应的减少/(增加)	21	—	758	(758)	187
净现金需求		5 265 269	5 176 229	89 040	4 693 683

有关国家支出预算与结算的波动解释，以及其他更多信息可以参见《管理评论》。

5. 上交到统一基金账户中的收入分析

（单位：千英镑）

	注释	2008—2009 年度预计收入	2008—2009 年度预计进款	2008—2009 年度实际收入	2008—2009 年度实际进款
运营收入和进款——超出拨款援助部分		—	—	20 803	15 587
非拨款援助类别的其他运营收入和进款：					
资源需求 1		—	—	11	11
资源需求 2		2 971 590	2 971 590	2 959 496	2 960 253
	6(a)	2 971 590	2 971 590	2 980 310	2 976 151
非运营性收入和进款——超出拨款援助部分	6(b)	—	—	80 227	80 227
其他非拨款援助类别的其他运营收入和进款		—	—	—	—
统一基金收取的其他金额		—	—	—	—
上交到统一基金账户中的现金结余		—	—	—	—
上交到统一基金账户中的收入总额		2 971 590	2 971 590	3 060 537	3 056 378

6(a)运营成本报表中记录的收入与支付给统一基金的运营收入对账单

（单位：千英镑）

	注释	2008—2009 年度	2007—2008 年度
运营收入		3 424 879	2 889 558
两项资源需求之间的贸易调整		—	—
总收入	10	3 424 879	2 889 558
拨款援助收入		(444 569)	(27 621)
上交到统一基金账户中的净运营收入	5	2 980 310	2 861 937

6(b)非运营性收入——超出拨款援助部分

（单位：千英镑）

	注释	2008—2009 年度	2007—2008 年度
固定资产出售收益		85 077	—
拨款援助		(4 850)	—
上交到统一基金账户中的非运营收入	5	80 227	—

7. 统一基金员工数量以及相关成本

(a)员工成本

（单位：千英镑）

	2008—2009年度 总额	2008—2009年度 长期编制员工	2008—2009年度 内部借调员工	2008—2009年度 临时雇工	2008—2009年度 大臣	2008—2009年度 特别顾问	2007—2008年度 总额
工资和薪金	26 188	21 700	406	3 716	210	156	23 978
社会保障基金	1 879	1 827	16	—	19	17	1 828
其他养老金成本	4 439	4 378	31	—	—	30	4 283
净成本总额	32 506	27 905	453	3 716	229	203	30 089
其中：核心部门	28 047	23 873	453	3 289	229	203	26 040

整合后的报表包括文化、媒体和体育部的员工成本2 804.7万英镑(2007—2008年度为2 604万英镑)，并且计入行政成本，皇家公园员工成本则计入项目成本，数额为445.9万英镑(2007—2008年度为404.9万英镑)。

公务员基金养老金计划是一项无资助的多雇主共同确立的福利计划，但是政府部门无法判定其相关资产和负债份额。2007年3月31日，通过养老金精算计划对其进行价值评估。更多相关信息可以参照内阁办公室的公务员养老金资源的账目，网址为：www.civilservice-pensions.gov.uk。

2008—2009年度，根据薪金级别差异，雇主按照四种养老金税率(17.1%~25.5%)标准向公务员基本养老金计划缴纳税额，总金额为503.3万英镑，2007—2008年度为480.2万英镑，税率为17.1%~24.3%。负责养老金计算的精算师将根据一个全面的估值计划，每四年对雇主的捐税进行一次核查。从2009—2010年度起，税率将调整为16.7%~24.3%。缴纳养老金税率要与2008—2009年度后退休的雇员相匹配，而不需要考虑已领取养老金的人员累计支付的福利成本。

雇员们可以选择开设一个合作养老金账户，它由存托养老金与雇主捐税组成。雇主将1.8万英镑(2007—2008年度为3.6万英镑)的养老金支付给一个或者多个由三个指定存托养老金提供者组成的小组。雇主的缴纳额与年龄相关，按照应付养老金额的3%~12.5%标准缴纳。雇主缴纳的养老金要与雇员按照不超过应支付养老金额3%的标准相配套。

除此之外，雇主专门缴纳的153.8万英镑，即应付养老金额中的0.8%，需要转入公务员基本养老金计划中，用于雇员因公死亡和因病退休的金额开销。

作为合作养老金提供者，核心部门需在资产负债表日之前缴纳的捐税为4 175英镑(2007—2008年度为零)，皇家公园应缴纳税额为零(2007—2008年度为1 000英镑)。

需在资产负债表日之前预缴的捐税额度为零(2007—2008年度为零)。

无人因健康问题提前退休(2007—2008年度提前退休的有7人)；应支付的额外养老金为零。

(b)雇员人数

根据目标任务对雇员进行分配是依据资源需求量报表 1 的总成本分配比例进行预估。在实践中，雇员可能在任何时候都有多重目标工作，并不会单纯地按照成本比例进行任务分配。本年度，奥运会执行委员会成员负责部门战略目标 4 的大部分工作，全职工作人员为 94. 8 名。

2008—2009 年度

目标	总数	终身编制员工	内部借调人员	临时雇员	大臣	特别顾问
部门战略目标 1	239. 6	213. 9	1. 3	22. 6	1. 3	0. 5
部门战略目标 2	149. 7	136. 6	1. 2	10. 2	1. 2	0. 5
部门战略目标 3	43. 2	38. 1	0. 3	3. 5	0. 8	0. 5
部门战略目标 4	185. 4	171. 5	1. 6	11. 8	—	0. 5
总数	617. 9	560. 1	4. 4	48. 1	3. 3	2. 0
其中：核心部门	499. 8	459. 1	4. 3	31. 1	3. 3	2. 0

雇员的总平均人数包括皇家公园的 128 名(2007—2008 年度为 99 名)雇员，其中有 6 名是高级管理人员。128 名皇家公园雇员数量是年度平均数字，其中包括 17 名临时工和 7 名合同工。

皇家公园雇员按照其支出的相同比例分配了目标任务。文化、媒体和体育部的员工则依照资源需求量报表 1 中的总成本比例进行目标任务的分配。

部门的目标任务自 2008 年 4 月 1 日开始发生变化，因此，用上一年的目标任务数据与本年度的数据进行比较是不合时宜的。

2007—2008 年度

目　　标	总　　数
目标 1	71. 5
目标 2	386. 6
目标 3	40. 0
目标 4	41. 6
目标 5	76. 9
总额	616. 60
其中：核心部门	517. 60

部门战略目标和具体目标都在部门战略目标的净运营支出的汇总报表中进行描述。

8. 其他行政支出

（单位：千英镑）

	2008—2009年度	2007—2008年度
营业性租赁的租金收入	6 295	6 517
利息费用	—	—
非现金项目：		
折旧与摊销	3 875	3 115
审计人员报酬与支出	91	84
其他审计服务	13	—
对《政府整体财务报告》进行审计的工作人员报酬	25	27
基本建设投资成本	732	2 447
出售固定资产（获利）/亏损	（13）	（140）
提供资源	（218）	452
提前退休支出	—	603
其他类型支出：		
房屋设备	4 514	5 463
信息技术维护与支持	3 389	3 245
咨询公司	1 220	1 163
专业服务	2 574	2 695
其他	3 882	4 000
	26 379	29 671

审计费用理论上为9.1万英镑，没有审计成本方面的费用。对《政府整体财务报告》进行审计的附加费用为2.5万英镑（2007—2008年度为2.7万英镑）；对《国际财务报告准则》（IFRS）的资产负债表进行审计的费用为1.3万英镑。对审计以外的工作，审计人员无任何报酬。所有的开支，包括皇家公园办事处的行政开支，这些都包含在整合项目成本中（见注释9）。

9. 项目成本

（单位：千英镑）

	2008—2009年度	2007—2008年度
资源需求1：项目成本		
目前拨款及其他当前支出	2 585 464	1 787 768
资本拨款及其他资本支出	27 887	18 942
提前离职补贴	194	291

续表

	2008—2009 年度	2007—2008 年度
提前退休成本——皇家公园	99	45
养老金储备——皇家公园	—	298
非现金项目——文化、媒体与体育部：		
折旧	—	5 653
出售地产和房产的(盈利)/亏损	(19)	—
出售固定资产的(盈利)/亏损	57	1 201
非现金项目——皇家公园		
折旧与摊销	3 740	2 305
理论收入	(68)	(59)
审计人员报酬与费用	38	37
其他审计服务	5	—
基本建设投资成本	1 385	1 504
出售皇家公园固定资产的(盈利)/亏损	95	282
	2 618 877	1 818 267

	2008—2009 年度	2007—2008 年度
资源需求 2：项目成本	2 961 020	2 856 110
	5 579 897	4 674 377

10. 收入

按照类别和活动对运营收入进行分析，分析结果见下表。

资源需求列表 1 （单位：千英镑）

	2008—2009 年度总收入	2007—2008 年度总收入(经重列)
行政收入：		
来自租户的租金收入	1 059	655
彩票发行基金	257	294
欧盟退款		147
快速分流计划	31	—
退税额	33	76
政府奥运会执行委员会	204	75
上诉费追缴	—	60
其他收入	3	118
资源需求 1：行政收入总额	1 601	1 285

资源需求列表 1 中的项目收入 （单位：千英镑）

	2008—2009 年度总收入	2007—2008 年度总收入（经重列）
国家彩票发行基金——政府发放给英国国家彩票委员会进行彩票监管的补贴金报酬	4 625	9 315
全国自由俱乐部发放许可费用	40	—
博彩管理局应收费用收入	—	1 177
补贴金补偿	—	18
OLDF——政府发放给英国国家彩票委员会进行彩票监管的补贴金报酬	1 677	1 026
皇家公园：来自收费优惠、门票、手续费、资助和赞助的收入	12 877	10 925
皇家公园：服务	66	217
“活跃”项目	412	—
礼俗	18	19
合作研究	272	—
艺术品	275	—
图书馆赞助事业	25	—
政府艺术收藏委员会	70	4
战略传播	2 000	—
“发现你的天赋”行动	2 306	—
创意合作伙伴关系	2 537	—
青年舞蹈节	250	50
电影协会	3 100	—
“莎士比亚走进生活”工程	—	1 493
大英图书馆之旅	—	35
足球授权局发放的许可证费用	9	9
奥运会资本拨款	432 530	—
奥运成本回收	11	364
英国古迹署——“参与”调查	80	80
英格兰体育理事会——“参与”调查	600	600
青年音乐节成本回收	—	1 000
其他收入		239
资源需求 1：项目总收入	463 782	26 371
资源需求 1：行政与项目总收入	465 383	27 656

资源需求 2	2008—2009 年度总收入	2007—2008 年度总收入（经重列）
资源需求 2——英国广播公司已收许可费收入	2 957 353	2 859 002
资源需求 2——应收费用	2 143	2 900
资源要求 2 项目收入	2 959 496	2 861 902
总收入	3 424 879	2 889 558

对上一年度其他收入项进行重新统计分析，退税、政府补助、礼仪以及青年舞蹈节的相关数据予以单列。

英国广播公司

根据 2003 年《通信法案》第 365 条的规定，英国广播公司负责收取电视许可费用，并有权收回其许可证。由于许可费规避，2008—2009 年度预计有 1.959 亿英镑(2007—2008 年度为 1.819 亿英镑)的许可费未收取。上述费用的上涨反映了逃税率的增长(从 2008 年 3 月的 5.1%增长到 2009 年 3 月的 5.3%)，同时也反映了住户数量的增加。逃费是依据住户以及其他场所拥有电视机的数量，然后较之于每年 3 月生效的许可数量进行预估的。英国广播公司正在采取措施来解决逃费问题，到目前为止，这些措施有实用性，且富有成效。

政府部门出售固定资产的销售收益为 8507.8 万英镑(2007—2008 年度为 1.4 万英镑)。

11. 支出机构的净运营成本分析

支出机构　　（单位：千英镑）

		2008—2009 年度预估值	2007—2008 年度实际总额
核心部门	66 705	57 561	49 489
皇家公园办事处	20 459	22 404	29 805
非政府部门公共机构	2 044 549	1 969 101	1 710 130
其他中央行政机构	118 049	117 441	27 440
地方政府	18 114	13 529	3 924
其他机构	35 154	32 343	29 583
净运营成本——资源需求 1	2 303 030	2 212 379	1 850 371
英国广播公司——国内广播	2 971 400	2 961 020	2 856 110
英国广播公司已收取许可费用	(29 971 590)	(2 957 353)	(2 859 002)
——应收取费用	—	(2 143)	(2 900)
净运营成本——资源需求 2	(190)	1 524	(5 792)
净运营成本——文化、媒体和体育部	2 302 840	2 213 903	1 844 579

12. 有形固定资产

(a)核心部门

（单位：千英镑）

	建筑物	计算机	地产及家具	设备及收藏	固定财产及总额
成本与价值					
2008年4月1日成本与价值	10 656	12 554	4 455	5 778	33 443
新增固定资产	764	2 326	189	268	3 547
转让	(34)	(66)	(2 331)	—	(2 431)
2009年3月31日成本与价值	11 386	14 814	2 313	6 046	34 559
折旧费用					
2008年4月1日折旧费用	2 201	7 258	2 862	—	12 321
收取年费	818	2 732	374	—	3 924
转让	—	(66)	(2 320)	—	(2 386)
2009年3月31日折旧费用	3 019	9 924	916	—	13 859
账面净值					
2009年3月31日账面净值	8 367	4 890	1 397	6 046	20 700
2008年3月31日账面净值	8 455	5 296	1 593	5 778	21 122

(b)汇总

（单位：千英镑）

	建筑物	地产和房产	计算机	设备和家具	固定财产和收藏品	建造中的固定资产	总额
成本与价值							
2008年4月1日成本与价值	90 559	5 481	13 255	8 846	5 778	184	124 103
新增固定资产	1 056	823	2 331	188	268	2 494	7 160
转让	(206)	—	(73)	(2 558)	—	—	(2 837)
从建造中的固定资产中转让价值	102	—	—	—	—	(102)	—
重新估价	(2 555)	6 027	—	—	—	—	3 472
2009年3月31日成本与价值	88 956	12 311	15 513	6 476	6 046	2 576	131 898
折旧费用							
2008年4月1日折旧费用	41 746	305	7 443	5 864	—	—	55 358
收取年费	2 904	207	2 794	598	—	—	6 503
转让	(110)	—	(71)	(2 516)	—	—	(2 697)
重新估价	(967)	5 923	—	—	—	—	4 956
2009年3月31日折旧费用	43 573	6 435	10 166	3 946	—	—	64 120

续表

	建筑物	地产和房产	计算机	设备和家具	固定财产和收藏品	建造中的固定资产	总额
账面净值							
2009 年 3 月 31 日账面净值	45 383	5 896	5 347	2 530	6 046	2 576	67 778
2008 年 3 月 31 日账面净值	48 813	5 176	5 812	2 982	5 778	184	68 745
资产融资：							
持有							67 778
融资租赁							—
2009 年 3 月 31 日账面净值							67 778
有形固定资产分析数据							
有形固定资产账面净值包括：							
2009 年核心部门							20 700
2009 年办事处							47 078
2008 年核心部门							21 122
2008 年办事处							47 623

注释：

修订后的历史成本核算(Modified Historic Cost Accounting)。

调整后的历史成本核算从未在核心部门的报表中出现，这是因为在主会计长看来，其影响微乎其微。

有关捐赠资产的增值资产

本年度，皇家公园办事处收到捐赠资产的价值为 169.1 万英镑。大英图书馆北边的土地资产已于 2008 年 6 月 13 日出售，其销售收益为 8 501.9 万英镑。

重新估价

皇家公园重新估价后的价值为 347.2 万英镑。

温莎置业

本年度，公园街 21 号以 5.8 万英镑的价格售出。在温莎市剩余的 3 处自由持有置业将归入国务大臣名下。

地产和房产的账面净值组成（单位：千英镑）

	2008—2009 年度	2007—2008 年度
自由持有	38 471	46 903
租赁——短期	6 912	1 910
	45 383	48 813

非运营性历史遗产(Non-operational Heritage Assets)

由文化、媒体与体育部所拥有的非运营性历史遗产的价值为零。这是因为：第一，此类资产没有市场；第二，市场价值并不能真实反映这些国家遗产的价值；第三，这些资产一旦损坏，不可被其他事物所代替，更不能重建。自2000年4月1日起，政府艺术收藏委员会购买的新增固定资产都要按照原价在文化、媒体和体育部的资产登记表中进行登记。这是根据《政府财务报告手册》的要求对收藏品进行增补，当2000年3月31日前拥有的重要收藏品未被资本化，购买价格信息通常会为资本化提供一个可靠的依据。

其他非运营性历史遗产

阿普斯利邸宅(Apsley House)：其价值为零，因为文化、媒体和体育部认为任何估价行为都不能真实反映该国家遗产的价值，因为它现在已经成为惠灵顿博物馆(Wellington Museum)，且里面保存了许多与曾经居住在这里的第一任惠灵顿公爵(Duke of Wellington)有关的手工艺品和纪念品。阿普斯利邸宅及其收藏品都是按照固定风格创造出来的艺术品，只对其部分进行估价都是不合时宜的，因为这不能反映其整体的真实价值。自2004年4月1日起，阿普斯利邸宅的管理和维护都移交给英国古迹署。

威灵顿拱门(Wellington Arch)和大理石拱门(Marble Arch)：其管理职责于1999年4月1日移交至英国古迹署。

奥斯本宫(Osborne House)：其所有管理职责归英国古迹署，并受到英国古迹署政府补助金的资助。

特拉法加广场(Trafalgar Square)：其管理职责于2000年10月1日移交至大伦敦政府。

伦敦市的58处雕像：其中47处雕像的管理职责于1999年4月1日移交至英国古迹署；特拉法加广场上9处雕像的管理职责于2000年10月1日移交至大伦敦政府，余下两处雕像的管理职责归文化、媒体与体育部。

布莱斯宫(Blythe House)

布莱斯宫目前为大英博物馆、科学博物馆和维多利亚与艾伯特博物馆所有。尽管与博物馆相关的所有资产问题已经移交至文化、媒体和体育部大臣，但不动产所有权仍然归主管环境的国务大臣所有。这三个机构都是布莱斯宫的持有者。2009年3月31日，莱坊国际公司和杰拉尔德公司对它们的股权分别进行了专业估值，总估价为1 840万英镑。根据《财政报告准则》第5条“交易实质”报告的相关规定，上面提到的3个博物馆的资产负债表中要公开此股权信息。2009年3月31日，布莱斯宫在3个博物馆资产负债表中的综合价值为1 840万欧元，其中包括各自用于装修的电力设备和机器设备。

萨默赛特宫(Somerset House)

萨默赛特宫信托基金成立于1997年，其目的为保护和发展萨默赛特宫及其周围开放给公众的空间，这是一个具有担保性质的私人有限公司，同时也是一个注册的慈善机构。文化、媒体与体育部对英国政府持有的萨默赛特宫的不动产进行管理，确保萨默赛特宫信托基金租赁期持续到2125年。

北安普顿展厅(Apethorpe Hall)

北安普顿展厅是国务大臣基于强制购买令所购买的，并于 2006—2007 年度将其移交至英国古迹署。

皇家公园

根据注释 1.4 补助金中所提到的会计政策，对地产和房产进行了估值。根据《英国皇家特许测量师学会鉴定与评估手册(2008—2009 年度)》，Grant，Mills & Wood 公司承担了对皇家公园资产进行专业估价的职责。该公司是调查者、估价者，同时也是皇家特许测量师学会(Royal institute of Chartered Surveyors)的成员。

自由保有土地并未扣除折旧费用，该土地的估值为 2 万英镑，还要加上 1999—2000 年度土地购买费 3 万英镑。

自由保有房产的公开估值为 242.1 万英镑，公开折旧费用为 154.4 万英镑，本年度折旧费用为 6.3 万英镑，这些费用都在上述表格中列出。2008 年 3 月 31 日，这些房产的账面净值为 87.7 万英镑，2009 年 3 月 31 日的账面净值 81.4 万英镑。

皇家公园对里士满公园(Richmond Park)中的彭布罗克屋(Pembroke Lodge)拥有 99 年的租赁期，到 2009 年 3 月 31 日还有 82 年的租赁期。包括地产和房产在内的所有财产，其可变现成本为 367.7 万英镑(2007—2008 年度为 371.2 万英镑)。

13. 无形固定资产

(单位：千英镑)

	软件许可证费用
成本和价值	
2008 年 4 月 1 日成本和价值	1 647
新增固定资产	27
转让	—
2009 年 3 月 31 日成本和价值	1 674
摊销	
2008 年 4 月 1 日摊销费用	1 577
收取年费	8
转让价值	—
2009 年 3 月 31 日摊销	1 585
账面净值	
2009 年 3 月 31 日账面净值	89
2008 年 3 月 31 日账面净值	70

无形固定资产的分析

无形固定资产的账面净值组成

（单位：千英镑）

	软件许可证费用
2009 年核心部门	89
2009 年办事处	—
2008 年核心部门	70
2008 年办事处	—

14. 金融资产

文化、媒体和体育部没有账面价值的固定资产投资。

申办 2012 年奥运会和残奥会由国务大臣、伦敦市市长和英国奥林匹克协会共同推进。

根据签署的联合协议，2012 年伦敦奥运会有限公司(London 2012 Ltd)是具有担保性质的有限责任公司，同时也是成功申办奥运会的载体。该公司已经停止运行。2012 年伦敦奥运会有限公司的知识产权及其运营资产已经移交至伦敦奥组委，它是一个独立的担保有限责任公司，以 2012 年伦敦奥运会名义开展商业活动。

国务大臣是伦敦奥组委的一员，他同时还兼任奥运会大臣一职。该公司的另外两名成员是大伦敦政府和英国奥林匹克协会。有关 2012 年伦敦奥运会和残奥会的更多信息可以登录 2012 年伦敦奥运会官方网址：www.london2012.com。

15. 长期应收账款(Long Term debtors)

（单位：千英镑）

	2008—2009 年度	2007—2008 年度
放弃租赁 Fortress House 应得收益	—	2 000

2005—2006 年度，由于放弃租赁政府地产 Fortress House，文化、媒体和体育部获得 1 200 万英镑的总收入。由于正在对地产进行重新开发，因此上述收入是分期支付的。最后一笔收入在本年度到账，比预计的时间提前了。

16. 出售持有资产

（单位：千英镑）

	2008—2009 年度	2007—2008 年度
大英图书馆北边的地产	—	85 000

于 2008 年 6 月 13 日售出。

17. 股票

（单位：千英镑）

	2008—2009 年度	2007—2008 年度
转售零卖的动产（皇家公园）	—	27

18. 应收账款

（a）根据类型进行分析

一年之内到期的金额（单位：千英镑）

	2008—2009 年度	2007—2008 年度
应收账款	5 365	1 992
存款和放款	210	176
增值税	972	1 750
从统一基金中获得的金额	61 129	217
英国广播公司收缴的许可费	2 143	2 900
其他应收款项	440	2 455
预付款项和应计收益	4 366	2 658
	74 625	12 148

根据《政府财政报告手册》，英国海关与消费局征收的销项税要扣除对外包服务征收的不可补偿的进项增值税的应收账款。英国广播公司所收取的许可费将上缴至统一基金，应收账款中的 491.6 万英镑也应上缴至统一基金。

（b）政府内部结余

（单位：千英镑）

	一年之内到期的应收账款	一年之后到期的应收账款
其他中央行政机构结余	67 611	—
地方政府结余	410	—
英国国民保险信托基金结余	—	—
公营公司和贸易基金结余	2 332	—
部分合计：政府内部结余	70 353	—
政府以外机构结余	4 272	—
截至 2009 年 3 月 31 日	74 625	—
其他中央行政机构结余	4 562	—
地方政府结余	314	—

续表

	一年之内到期的应收账款	一年之后到期的应收账款
英国国民保险信托基金结余	—	—
公营公司和贸易基金结余	2 900	—
部分合计：政府内部结余	7 776	—
非政府机构结余	4 372	—
截至 2008 年 3 月 31 日	12 148	—

政府内部结余定义为：在《政府整体财务报告》所制定的会计边界范围内，文化、媒体和体育部与其他机构的结余。本注释提供了文化、媒体和体育部与政府其他部门之间的重要应收账款余额。应付账款结余可参见注释 20(b)。

19. 银行存款和现金

（单位：千英镑）

	2008—2009 年度	2007—2008 年度
4 月 1 日结余	34 022	32 613
净现金(支出)/收入	(10 155)	1 409
4 月 1 日结余	23 867	34 022

英国财政部主计大臣办公室提供了活期存款银行服务。下面是 3 月 31 日公布的结余情况：

（单位：千英镑）

	2008—2009 年度	2007—2008 年度
英国财政部主计大臣办公室结余	23 703	34 039
英国财政部主计大臣办公室透支	—	(12)
商业银行和现金	164	(5)
	23 867	34 022

20. 一年之内到期的应付账款余额

(a)按类型进行分析

（单位：千英镑）

		2008—2009 年度		2007—2008 年度
税收和社会保障		558		521
应付账款		2 324		2 377

续表

		2008—2009 年度		2007—2008 年度
其他应付账款		1 793		547
收入和递延收益		17 901		14 260
支付给统一基金的额外收益				
——已收到的	60 421		31 351	
——应收到的	2 143		2 900	
统一基金应得的超出营业性拨款援助部分				
——已收到的	15 887		—	
——应收到的	4 916		—	
统一基金总额		83 367		34 251
		105 943		51 956

上表中的 214. 3 万英镑(2007—2008 年度为 290 万英镑)指的是英国广播公司应收取许可费用。所收取费用都应上交到统一基金账户中。

(b)政府内部结余

（单位：千英镑）

	一年之内到期的应收账款	一年之后到期的应收账款
其他中央行政机构结余	91 905	—
地方政府结余	574	—
英国国民保险信托基金结余	—	—
公营公司和贸易基金结余	—	—
部分合计：政府内部结余	92 479	—
非政府机构结余	13 464	—
截至 2009 年 3 月 31 日	105 943	—
其他中央行政机构结余	36 092	—
地方政府结余	344	—
英国国民保险信托基金结余	—	—
公营公司和贸易基金结余	—	—
部分合计：政府内部结余	36 436	—
非政府机构结余	15 520	—
截至 2008 年 3 月 31 日	51 956	—

21. 负债和费用备付金

（单位：千英镑）

	提前退休成本	其他	总额
2008 年 4 月 1 日结余	1 310	914	2 215
本年度备付金	516	—	516
无需冲回备付金	—	(338)	(338)
本年度所需备付金	(569)	(367)	(936)
2009 年 3 月 31 日结余	1 248	209	1 457

(a)提前退休成本

对于提前退休的雇员而言，文化、媒体和体育部及其办事处要为他们支付超出正常公务员基本养老金计划的额外成本，也就是要为他们支付在提前退休日期和正常退休日期之间每年要向基本养老金计划支付的养老金。一旦以预估值为基准设立备付金，就使提前退休计划具有约束力，这就意味着政府部门需要全额支付预估款项。备付金一直没有减少，因为基本上没有太大变化。

(b)其他

在皇家公园报表中还记录了用于损害赔偿的备付金，金额为 20.9 万英镑。

关于奥西奈克宫(Oceanic House)的折旧备付金已在文化、媒体和体育部报表中删除，因为不再需要这一数据。

22. 普通基金

普通基金表示在会计范围内总资产减去每一个实体机构的负债，在一定程度上，总资产并不用其他储备金和融资项目表示。

（单位：千英镑）

	2008—2009 年度	2007—2008 年度
4 月 1 日余额	38 769	46 369
议会资金净额：		
实际所用金额(Drawn down)	5 118 000	4 673 000
批准金额(Deemed)	—	20 466
预备金中的净融资额	—	—
年终调整：		
供应债务人/(债权人)——本年度	61 129	217

续表

	2008—2009 年度	2007—2008 年度
运营活动转移净额：		
运营成本净额	(2 213 903)	(1 844 579)
CFERS 应偿付给统一基金的款项	(2 057 637)	(2 861 937)
非现金支出：		
资本成本	2 117	3 951
审计人员报酬	172	148
对出售地产的重估储备的转让	83 500	—
重估储备的转让——皇家公园	1 432	1 134
3 月 31 日前的结余	33 579	38 769

英国广播公司收取的许可证费用为 214.3 万英镑(2008 年为 290 万英镑)，这些都包括在 CFERS 应偿付给统一基金的款项之中。

23. 储备金

(a)重估储备

重估储备反映了指数化和重估调整的累计余额中未实现的部分(不包括捐赠资产)。

(单位：千英镑)

	2008—2009 年度	2007—2008 年度
4 月 1 日结余	102 471	43 234
转让	(83 500)	—
本年度重估后的增长值	(383)	60 371
转移到一般储备金	(1 432)	(1 134)
3 月 31 日结余	17 156	102 471

(b)捐赠资产储备

捐赠资产储备反映了捐赠给该部门或者其办事处的账面净值。

(单位：千英镑)

	2008—2009 年度	2007—2008 年度
4 月 1 日结余	6 601	2 614
本年度新增固定资产	1 691	4 046
本年度折旧费用	(68)	(59)
3 月 31 日结余	8 224	6 601

24. 有关现金流汇总表的说明

(a)运营成本与运营现金流的对账单

(单位：千英镑)

	注释		2008—2009 年度		2007—2008 年度
运营成本净额	11		(2 213 903)		(1 844 579)
非现金交易调整	8，9				
折旧费用		7 615		11 073	
审计费		147		121	
《政府整体财务报告》审计		25		27	
资本成本		2 117		3 951	
出售土地(盈利)/亏损		(19)		—	
出售其他资产(盈利)/亏损		(23)		1 343	
待售持有资产的转让		—		85 000	
资产重估		102		—	
捐赠资产		—		4 046	
名义收入		(68)		(59)	
舍入调整		—		(1)	
			9 896		105 501
营运资本而非现金的变动：					
超过一年期应收账款的减少/(增多)		2 000		—	
待售持有资产的(增多)/减少		—		(85 000)	
存货减少/(增多)		27		(10)	
应收账款(增多)/减少		(62 477)		956	
减去与未通过 OCS 项目有关的应收款变动		60 912		(217)	
应付账款的(减少)/增多		53 987		4 617	
应付给统一基金的应付账款变动		—		18 793	
减去与未通过 OCS 项目有关的应收款变动		(49 116)		(20 466)	
储备金的其他变动		—		1 890	
备付金(减少)/增多	21	(758)		(187)	
			4 575		(79 624)
从运营活动中流出的现金净额			(2 199 432)		(1 818 702)

(b)资本支出和财务投资分析

(单位：千英镑)

	注释	2008—2009 年度	2007—2008 年度
有形固定资产增值	12	(5 469)	(5 693)
无形固定资产增值	13	(27)	(21)

续表

	注释	2008—2009 年度	2007—2008 年度
捐赠资产		—	(4 046)
		(5 496)	(9 760)
固定资产出售收益		85 077	14
净现金收入/来自投资活动		79 581	(9 746)

(c)根据资源需求对资本支出和财务投资进行分析

(单位：千英镑)

	资本支出	债务等	拨款援助	净总额
资源需求 1	(5 496)	—	85 077	79 581
资源需求 2	—	—	—	—
应收账款/应付账款的净流动	—	—	—	—
2008—2009 年度总额	(5 496)	—	85 077	79 581
2007—2008 年度总额	(9 760)	—	14	(9 746)

(d)融资分析

(单位：千英镑)

	注释	2008—2009 年度	2007—2008 年度
来自统一基金(供款)——本年度		5 118 000	4 673 000
来自统一基金(供款)——上一年度	2	17	—
来自统一基金(非供款)		—	—
来自预备金中的预付款		—	—
向预备金的投入		—	—
净融资额		5 118 217	4 673 000

(e)净现金需求与现金增多(/减少)的对账单

(单位：千英镑)

	注释	2008—2009 年度	2007—2008 年度
来自统一基金(供款)——本年度		(5 176 229)	(4 693 683)
来自统一基金(供款)——上一年度	24(d)	5 118 000	4 673 000
来自统一基金(供款)——上一年度——校正	24(d)	217	—
统一基金应得金额——上一年度已经收到的和正式付款		2 900	—
统一基金应得金额——已收到但未正式付款	20	(31 351)	(12 146)
统一基金应得金额——应收金额	20	76 308	31 351
综合调整	20	—	(13)
现金增多/(减少)		(10 155)	1 409

25. 综合报表中部门战略目标所需运营成本的说明

外部项目援助和其他日常性支出分配如下：

（单位：千英镑）

	2008—2009年度
部门战略目标1	763 628
部门战略目标2	725 957
部门战略目标3	163 575
部门战略目标4	970 176
资源需求1总额	2 623 336
资源需求2总额	2 961 020
总额	5 584 356

自2008年4月1日起，文化、媒体与体育部的目标发生了一定的变化，因此将这一年度的数据与上一年度进行比较是不合时宜的。

（单位：千英镑）

	2007—2008年度
目标1	181 398
目标2	1 081 856
目标3	140 131
目标4	145 460
目标5	273 471
资源需求1总额	1 822 316
资源需求2总额	2 856 110
总额	4 678 426

文化、媒体与体育部的非政府部门公共机构有责任根据部门目标对来自部门的政府补助金进行分配。为此，部门要出台指导意见。主要非政府部门公共机构的内部审计师要对文化、媒体和体育部内部数据进行审查。

为了使大部分非政府部门公共机构能够公平地获取资金，就需要这些公共机构对文化、媒体和体育部的目标进行解读。如果非政府部门公共机构作出了不同的解读，那么就需要制定不同的分配方案。不同的非政府部门公共机构会制定不同的分配方案是可能的。政府部门认为这些可能出现的不同分配方案并不会带来重大影响。

文化、媒体和体育部的资助部门需要通过部门战略目标对项目支出进行分配。

部门战略目标所使用资本　　（单位：千英镑）

	2008—2009 年度
部门战略目标 1	40 150
部门战略目标 2	7 980
部门战略目标 3	5 120
部门战略目标 4	5 709
	58 959

（单位：千英镑）

	2007—2008 年度
部门战略目标 1	14 716
部门战略目标 2	87 769
部门战略目标 3	11 369
部门战略目标 4	11 801
部门战略目标 5	22 186
	147 841

除去皇家公园的所用资本外，文化、媒体和体育部的大部分资本都用于行政支出。由此可见，皇家公园所用的资本按照其支出情况以相同的比例分配给不同的目标。所用综合资本的余下部分按照行政总成本的比例进行分配。

26. 资本承付款

在资产负债表日尚未划拨的资本承付款见下表。

（单位：千英镑）

	2008—2009 年度	2007—2008 年度
文化、媒体和体育部	—	247
皇家公园	554	2 210
	554	2 457

27. 租赁承付款

(a) 运营性租赁

根据租赁期的长短，本年度以及下一年度的运营性租赁承付款需交纳的租金情况见下表。

运营性租赁承付款 （单位：千英镑）

	2008—2009年度	2007—2008年度
土地和房屋：		
租赁期在1年以内	—	—
租赁期在1~5年	1 840	580
租赁期在5年以上	4 620	5 871
	6 460	6 451
其他：		
租赁期在1年以内	—	—
租赁期在1~5年	477	314
租赁期在5年以上	—	57
	477	371

(b)融资租赁

文化、媒体和体育部没有重要的融资租赁。

28. 私人融资计划的合同承付款

文化、媒体和体育部没有需要报告的承付款。

29. 其他融资承付款

文化、媒体和体育部没有其他需要作出的承付款。

30. 金融工具

《财务报告准则》第25条关于金融工具介绍：《财务报告准则》第26条关于金融工具的确认和计量以及《财务报告准则》第29条关于金融工具的规定在2008—2009年度首次进行普及应用。《财务报告准则》第29条规定要进行信息公开，允许这些账户的使用者来评估金融工具对财政状况和运行情况的作用，以及评估这一阶段金融工具所带来的风险性质及程度。由于文化、媒体和体育部的主要活动是非交易性质的，以及政府部门所采用筹集资金的方式，文化、媒体和体育部不会遭受实体企业所面临的金融风险。与遵从《财务报告准则》的典型上市公司相比较，金融工具在创造或者改变风险的过程中，其发挥的作用极为有限。对于借贷或者投资过剩基金，文化、媒体和体育部的权力有限。金融资产及金融负债在日常运营活动中产生，而且并不能转变部门在开展活动时所面临的风险。

议会每年都对部门投入的资金数额进行投票，因此部门不会面临严重的流动性风险(liquidity risks)。

文化、媒体和体育部没有任何融资租赁和贷款。除了财政部主计大臣办公室账户和MASS账户(该账户是由皇家公园开立的一个商业银行账户，是其经营性收入的一部分)中的余额外，部门没有任何现金余额。其金融资产和金融负债要么为零，要么有固定利率，因此文化、媒体和体育部不会面临任何重大利率风险。

政府部门有最低外汇交易限额，外汇交易产生的任何应付账款或者应收账款都是短期的。因此，政府部门不存在汇率波动的风险。

31. 或有资产(Contingent Assets)

2006 年 3 月 31 日公开了一项属于 2012 年伦敦奥运会有限公司的或有资产。正如注释第 35 条中所指出的，2012 年伦敦奥运会有限公司已经停止运营。根据清算结果，要向文化、媒体和体育部偿付 13.3 万英镑。

32. 根据《财务报告准则》第 12 条公开的或有债务

皇家公园

皇家公园有很多未处理的人身伤害赔偿要求。如果有一定数额的备付金，那么问题就有可能解决。如果没有任何备付金，那么就无法确定问题能否得到解决。皇家公园的相关报表公开了备付金。

33. 根据《财务报告准则》第 12 条规定，无需公开或有负债，但根据议会报告和责任制的相关要求，要列出或有负债的相关信息

(a) 可量化

通过提供担保金及赔偿金或者给出同意协助书，文化、媒体和体育部获取可量化或有负债见下表。因为在结算过程中，经济效益转移的可能性微乎其微，根据《财务报告准则》第 12 条规定，这些都不是或有负债。

由上可知，要依照《财务报告准则》第 26 条的规定进行确认。公共资金管理要求将合同中涉及的所有潜在成本都必须呈报给议会。这些成本的具体数据见下表：

(单位：百万英镑)

	2008 年 4 月 1 日	本年度增多金额	本年度具体化负债额	本年度到期的承付款项	2009 年 3 月 31 日	通过部门会议记录呈报至议会的金额
担保金						
借给历史皇家宫殿的设施	4.0				4.0	无往来记录
赔偿金						
政府赔偿金计划	4139.5	490.8			4630.3	4530.3
借给政府艺术收藏委员会的艺术品	2.5				2.5	2.5
从英国皇室典藏借出的艺术品	208.6	119.9			328.5	328.5
总额	4354.6	610.7			4965.3	4965.3

2009年3月31日，文化、媒体和体育部上报至英国财政部的年度申报表，显示其赞助相关机构的或有债务为49.613亿英镑。

其中包括：政府赔偿金计划(Government Indemnity Scheme)规定的法定负债额46.303亿英镑(2008年3月31日为41.395亿英镑)。当筹备展览或者为研究或者展览需要长期贷款时，这一计划会为博物馆、美术馆和其他机构的私人贷款者提供有效保护；负责赔偿英国艺术品的非法定负债额为3.285亿英镑(2008年3月31日为2.086英镑)；借给政府艺术收藏品委员会的艺术品价值为250万英镑(2008年3月31日为250万英镑)。在这些赔偿计划中的债务增减受所借贷艺术品的价值和数量的影响，且每年都在变化。

政府赔偿计划并不包括苏格兰博物馆和威尔士博物馆的贷款，而是分别以苏格兰大臣和威尔士大臣的名义对其进行补偿。

(b)不可量化

通过提供担保金及赔偿金或者给出同意协助书，文化、媒体和体育部获得不可量化或有负债见下表。因为在结算过程中，经济效益转移的可能性微乎其微，根据《财务报告准则》第12条规定，这些都不是或有负债。

非法定

如果在灌木公园(Bushy Park)中的临时通过权被撤销，那么应支付不可量化赔偿金。

皇家军械库和英国水道局(British Waterways Board)签订有关利兹皇家军械库博物馆选址问题的赔偿契约。

文化、媒体和体育部以及英格兰体育理事会各自给银行一笔赔款作为某些特定情况下英国国家体育馆项目(English National Stadium Project)的安全信托基金。

有一笔补偿金专门用作皇家公园之前的警务人员可能提出的索赔。

奥运会和残奥会

英国政府向国际奥林匹克委员会(International Olympic Committee)作出承诺，如果奥运会成本和收入出现赤字现象，英国政府要作为经济担保人，为伦敦奥运会组委会的预算缺口提供担保。英国政府已经推行了一项公共部门经费筹集计划，已筹资93亿英镑，主要用于奥运交付管理局建造奥运会和残奥会所需的基础设施和场馆。所筹集的经费还包括20亿英镑的应急经费。英国政府希望将经费控制在93亿英镑以内，并定期公布有关筹备进程及其支出的最新信息。英国政府还制定2012年伦敦奥运会公共服务协议目标(即公共服务协议22)，要从这场横跨全英的赛事中构筑不朽的遗产，这是英国政府不可推卸的责任。2012年奥运会和残奥会是全英国的共同事业，中央政府和地方政府将携手努力为奥运会的积极举办贡献力量，并构筑属于英国的精神遗产。

数字转换(Digital Switchover)

数字转换援助计划(Digital Switchover Help Scheme)于2007年5月4日提交至英国议会进行审议。《数字转换援助计划协议(修订版)》(Revised Digital Switchover Help Scheme Agreement)(7523号文

件)附件1第一段指出:"一旦成本超出6.03亿英镑,那么超出部分便不由英国广播公司的任何项目、服务或者其他资源来承担。"如果有需要或者预期有需要,将在适当的时间确定实现目标的精准机制。

34. 损失和专项支付

(单位:千英镑)

	2008—2009年度	2007—2008年度
总数为16例(2007—2008年度为10例)	114	317

特别说明:在2008—2009年度和2007—2008年度,没有任何一例支出超过了25万英镑。

35. 关联交易

文化、媒体和体育部以及皇家公园持有利益登记表,如有要求要提供查阅服务。

文化、媒体和体育部是皇家公园的上级部门。除此之外,该部支持注释2中列出的所有机构,而且对下列彩票资助机构负责,这些彩票资助机构被视为关联方,其中一部分受国库资助:

——英格兰艺术委员会

——大乐透基金

——国家遗产纪念基金会(包括文化遗产彩票基金)

——奥运会彩票经销处

——英格兰体育理事会

——英国体育局

——英国电影委员会

这些机构被视为关联方,在本年度与文化、媒体和体育部有许多重要的贸易往来。

作为一名非执行委员,莉斯·福根(Liz Forgan)是国家遗产纪念基金会和文化遗产彩票基金委员会委员,同时也是大英博物馆的一位理事。莉斯·福根于2009年1月31日卸任其董事职务,正式成为英格兰艺术委员会的主席。

安·格林(Ann Green)于2009年4月被任命为非执行委员。她是皇家军械库的主席。

本年度,文化、媒体和体育部与自负盈亏的公共广播机构如英国第四频道公司没有任何重要的业务往来,而其也被视为一个关联方,这是因为国务大臣有任命其委员会成员的权利。

以下非政府部门公共机构和委员会的非执行顾问都被视为关联方,因为它们接受来自文化、媒体和体育部的资金支持:

——沉船遗址顾问委员会

——国家历史船舰顾问委员会

——政府艺术收藏顾问委员会

——图书馆顾问委员会

——法定寄存顾问委员会

——英国旅游委员会(其开支由英国旅游局提供资金来承担)

——公共借阅权顾问委员会(由公共借阅权协会提供资金支持)

——艺术品出口审查委员会

——损坏顾问小组

——戏剧信托基金(由英国古迹署提供资金支持)

——宝藏估价委员会

以下审判机构也被视为关联方:

——英格兰和威尔士赛马博彩征税上诉法庭

皇家公园基金会也被视作一个关联方,该基金会是登记注册的慈善类机构,由皇家公园建立以支持其开展工作。

2012年伦敦奥运会有限公司也是一个关联方,这是因为前任国务大臣曾是该公司的成员。2012年伦敦奥运会有限公司的创立是为了2012年奥运会和残奥会的申办。由于上述目标已经实现,所以该公司目前已经停业运营。

本年度,文化、媒体和体育部和其他关联方开展了重要的关联交易,具体情况见下表。

(单位:千英镑)

关联方	交易性质	2008—2009年度收入	2008—2009年度支出	关系
伦敦伊灵区(LBE)	免费游泳项目的补贴金	93		达拉·辛格,文化、媒体和体育部的非执行委员会成员,是伦敦伊灵区的主管
伦敦伊灵斯顿区(LBI)	免费游泳项目的补贴金	56		辛格女士,达拉·辛格的夫人,在伦敦伊灵斯顿区工作

本年度,没有任何大臣、委员会成员、大客户经理或者其他关联方与文化、媒体和体育部进行任何重要的贸易往来。

特萨·乔韦尔(Tessa Jowell)是英国政府内阁办公室负责伦敦奥运会的大臣,也是主计长。她负责奥运会项目的全面实施。她是奥组委的成员,她任命了政府开发援助董事会的成员和伦敦奥组委成员。

皇家公园为咨询委员会和管理委员会的非执行委员维护登记表,并供随时查阅。

36. 第三方资产

文化、媒体和体育部无《政府财务报告手册》中定义的第三方资产。

37. 部门管辖范围内的实体机构

在部门管辖范围内的实体机构详见注释1.2。皇家公园的年度报告和报表是分开公布的。非政府部门公共机构没有设立单独的报表。

38. 资产负债表日后大事记

2009 年 7 月 16 日，议会批准财务报表，之后发生的重大事件主要有：橄榄球世界杯(Rugby Union World Cup)。

7 月 28 日将公布 2015 年橄榄球世界杯的承办国。如果英国取得了橄榄球世界杯的承办权，当资金缺口超过 200 万英镑，文化、媒体和体育部同意将承担 8 000 万英镑赛事费用中的一部分(最多承担 2 500 万英镑)。议会通过文化、媒体和体育部 2009 年 5 月 5 日的会议纪要了解到这项潜在的或有负债。

附录1

2004年政府开支计划制定的公共服务协议目标

在本附件中，英国就尚未进入最后评估阶段，但仍在继续推进的文化、媒体和体育部，公共服务协议对此进行总结。

有关这些公共服务协议的更多详细资料可以登录英国官方网站①，参见2005—2008年度《公共服务协议技术说明》(以下简称《技术说明》)。根据英国国家审计办公室公共服务协议4的建议方案，对《技术说明》进行修订，并于2007年11月发布。

下面的报告用了这些术语来评估2002年政府开支计划(SR2002)和2004年政府开支计划(SR2004)制定目标的推进情况。

如果是对最终结果进行评估，将会使用如下术语：

——达到目标：按照预定日期完成了目标。

——部分完成：既定目标中的两个或者更多元素或者一些元素——但不是所有元素——按照预定日期完成。

——未完成：目标未完成或者逾期完成。

如果是对正在推进的目标进行评估，将会使用如下术语：

——提前：如果进度超出了计划或者预期。

——正常进行：进度和计划与预期相一致。

——进度延缓：进度比预期要慢，例如参照《技术说明》中的目标标准。

——尚未评估：对目标进行评估的数据尚未获取。

公共服务协议2

这是卫生部和儿童、学校及家庭部的共同目标。该目标已经发展成为一个全国性的目标，也是公共服务协议12的一个指标：提高儿童和青年人群的健康水平和幸福指数。

效能总结

尚未评估——根据2007年《英格兰健康调查报告》(HSE)，在过去的2~3年中，有迹象表明肥胖

① www.culture.gov.uk/reference_library/publications/3692.aspx.

率呈现剧增的趋势(2007 年《英格兰健康调查报告》公布的数据为 15.4%)。但是，这种趋势还需要至少一年的新数据进行佐证。

指标

为了完成公共服务协议目标，到 2011 年，2~10 岁的肥胖率最多只能增长到 18.1%，这就意味着至少要防止 3.4 万名儿童发胖，或者是让 3.4 名儿童脱离肥胖的行列。

1995—2006 年，《英格兰健康调查报告》中报告的 2~10 岁的肥胖率呈线性增加，每年增长 0.5%，因而，2006 年预估肥胖率为 16.1%。

描述

英国政府为自己设定了一个新的核心目标，要让每个人都能达到和保持健康体重，可以成为逆转全国肥胖和超重人口上升大潮的第一大国。尤其要指出的是，在解决全国范围肥胖问题的大背景下，国家的目标(以及 2020 年儿童计划目标)是到 2020 年将儿童的超重和肥胖比率降至 2000 年的水平。

英国政府还制定了详细的“健康体重，健康生活”计划。这是一项跨政府部门的战略①，于 2008 年 1 月发布。它规定 5 大行动类别，为每一个公民提供了信息和机会使其达到和保持健康体重。“健康体重，健康生活”计划：《一年的成效》②于 2009 年 4 月出版，对计划进度以及未来优先开展工作进行评估。

为了帮助人们保持健康的体重，政府号召社会上的每个人参与“改变生活”③的全国性运动，让父母更容易选择更健康的食物，鼓励他们参与更多的活动。通过和政府其他部门、国民健康医疗、学校、志愿组织以及商业和媒体合作伙伴合作，目前工作进展得非常顺利。

公共服务协议 3

截至 2008 年，实验组中 16 岁及以上的青少年接受文化和体育活动的机会有所增加。

2008 年 12 月，发布了 2007—2008 年度《参与活动调查报告》④，这表明公共服务协议 3 进入了最后评估阶段。

总体效能总结

部分完成

该公共服务协议通过下列部门目标对结果进行评估。在达到每个目标前必须要满足两项指标条件：

1. 基线评估和最终结果的差异至少为 3 个百分点(或者，如果将博物馆和美术馆的客流量纳入统计范围，差异可为 2 个百分点)。

2. 基线评估和最终结果之间的显著差异必须在 95%的水平上才具有统计学意义。

下面列出 4 项目标(总计 20 项)满足两个指标条件：

① www.dh.gov.uk/en/Publicationsandstatistics/Publications/PublicationsPolicyAndGuidance/DH_082378.

② www.dh.gov.uk/en/Publicationsandstatistics/Publications/DH_097523.

③ www.nhs.uk/change4life/Pages/Default.aspx.

④ www.culture.gov.uk/images/research/PSA3_report_12_08.pdf.

——参观历史景点的人群中，黑人和少数族裔所占百分比需上升 3 个百分点。
——参观博物馆和美术馆人群中，黑人和少数族裔所占百分比需上升 2 个百分点。
——参观博物馆和美术馆人群中，具有较低社会经济背景的人所占百分比需上升 2 个百分点。
——参加艺术活动的人群中，黑人和少数族裔所占百分比需上升 3 个百分点。

体育目标

实验组每年至少参加 12 次体育活动的人数比例提高 3 个百分点，将一周至少进行 3 次中等强度运动，每次至少运动 30 分钟人群比例提高 3 个百分点。①在这部分的统计中，这些实验组被分为女性，有一定残疾的人士，来自社会经济较低层次人群以及少数族裔。

效能总结

未完成

体育运动的实际调查数据

表 9 对过去 3 年搜集的参与体育运动人群的最终数据进行统计。通过比较 2005—2006 年度的基线估值和 2007—2008 年度的最终结果，可以发现参加运动的女性人数和有一定残疾的人士的人数显著的减少。

表 10 显示了每一目标是否满足两项指标条件的情况。但是 4 个实验组中没有一组满足了两项指标条件。

表 9　过去 4 周实验组参加体育运动的情况表　（单位：百分比）

	2005—2006 年度	2006—2007 年度	2007—2008 年度
黑人和少数族裔	53.3（±2.2）	51.9（±2.4）	52.6（±2.3）
有一定残疾的人士	32.3（±1.3）	31.2（±1.5）	30.1（±1.3）
社会经济较低层次群体	43.4（±1.1）	42.2（±1.3）	43.8（±1.2）
女性	47.7（±1.0）	46.2（±1.1）	46.1（±1.0）
所有成年人	53.7（±0.8）	53.4（±0.9）	53.6（±0.8）

表 10　体育运动目标满足指标条件情况表　（单位：百分比）

	2005—2006 年度	2007—2008 年度	2005—2006 年度与 2007—2008 年度百分比差值	差异置信区间	2005—2006 年度与 2007—2008 年度百分比显著性差异
黑人和少数族裔	53.3	52.6	−0.6	±3.2	否
有一定残疾的人士	32.3	30.1	−2.2	±1.9	是
社会经济较低层次群体	43.4	43.8	0.4	±1.6	否
女性	47.7	46.1	−1.6	±1.4	是

① 百分数指的是增长的百分点。

进行中等强度运动的最终数据

表 11 对过去 3 年搜集的进行中等强度运动人群的最终结果进行统计。通过比较 2005—2006 年度的基线预估值和 2007—2008 年度的最终结果，可以发现，参加中等强度运动的来自社会经济较低层次群体人数显著上升。

表 12 显示了每一项目标是否满足两项指标条件的情况。4 个实验组中没有任何一组满足两项指标条件。

表 11　过去一周中实验组参加中等强度运动的情况表　（单位：百分比）

	2005—2006 年度	2006—2007 年度	2007—2008 年度
黑人和少数族裔	19.2（±1.7）	19.6（±1.9）	21.0（±2.0）
有一定残疾的人士	9.5（±0.8）	9.4（±0.9）	9.7（±0.8）
社会经济较低层次群体	15.2（±0.8）	15.3（±0.9）	16.5（±0.9）
女性	18.5（±0.8）	18.3（±0.9）	18.6（±0.7）
所有成年人	20.9（±0.6）	21.5（±0.7）	22.5（±0.7）

表 12　中等强度运动目标的指标条件完成情况表　（单位：百分比）

	2005—2006 年度	2007—2008 年度	2005—2006 年度与 2007—2008 年度百分比差值	差异置信区间	2005—2006 年度与 2007—2008 年度百分比显著性差异
黑人和少数族裔	19.2	21.0	1.8	±2.6	否
有一定残疾的人士	9.5	9.7	0.2	±1.2	否
社会经济较低层次群体	15.2	16.5	1.3	±1.2	是
女性	18.5	18.6	0.1	±1.1	否

艺术活动目标

至少用 2 年时间，将实验组中参加艺术活动的人数比例提高 2 个百分点。将每年至少参加 2 次艺术活动的人数比例提高 3 个百分点。在这部分统计中，实验组被分为有一定残疾的人士、来自社会经济较低层次群体以及少数族裔。

效能总结

部分完成

参加艺术活动的最新数据

表 13 对过去 3 年搜集的参加艺术活动人群的最终数据进行统计。通过比较 2005—2006 年度的基线预估值和 2007—2008 年度的最终结果，可以发现，参加艺术活动人数比例无任何显著变化。

表 14 显示了每一目标是否满足了两项指标条件的情况。3 个实验组没有任何一组满足两项指标条件。

表13　在过去的12个月中实验组中参加艺术活动的情况表　（单位：百分比）

	2005—2006年度	2006—2007年度	2007—2008年度
黑人和少数族裔	20.8（±1.7）	20.1（±2.0）	20.3（±1.9）
有一定残疾的人士	18.9（±1.2）	19.8（±1.3）	18.7（±1.1）
社会经济较低层次群体	15.3（±0.8）	14.3（±0.9）	14.5（±0.8）
所有成年人	24.1（±0.7）	22.8（±0.7）	22.6（±0.7）

表14　艺术活动目标的指标条件完成情况表　（单位：百分比）

	2005—2006年度	2007—2008年度	2005—2006年度与2007—2008年度百分比差值	差异置信区间	2005—2006年度与2007—2008年度百分比显著性差异
黑人和少数族裔	20.8	20.3	−0.5	±2.6	否
有一定残疾的人士	18.9	18.7	−0.3	±1.6	否
社会经济较低层次群体	15.3	14.5	−0.8	±1.1	否

参加艺术活动的最新数据结果

表15对过去3年搜集的参加艺术活动人群的最终数据进行统计。通过比较2005—2006年度的基线预估值和2007—2008年度的最终结果，可以看出黑人和少数族裔参加艺术活动的人数比例明显增加。

表16显示了每一目标是否满足两项指标条件的情况。3个实验组有一组满足两项指标条件：黑人和少数族裔参加艺术活动的人数比例明显增加，增加了3个百分点。

表15　过去12个月中实验组参加艺术活动的情况表　（单位：百分比）

	2005—2006年度	2006—2007年度	2007—2008年度
黑人和少数族裔	23.5（±1.9）	22.8（±2.2）	27.2（±2.0）
有一定残疾的人士	24.1（±1.3）	24.2（±1.4）	25.1（±1.3）
社会经济较低层次群体	17.4（±0.9）	17.4（±1.0）	18.3（±0.9）
所有成年人	33.7（±0.8）	33.0（±0.9）	34.3（±0.8）

表16　艺术活动目标的指标条件完成情况表　（单位：百分比）

	2005—2006年度	2007—2008年度	2005—2006年度与2007—2008年度百分比差值	差异置信区间	2005—2006年度与2007—2008年度百分比显著性差异
黑人和少数族裔	23.5	27.2	3.7	±2.7	是
有一定残疾的人士	24.1	25.1	1.1	±1.8	否
社会经济较低层次群体	17.4	18.3	0.9	±1.3	否

博物馆目标

将实验组中参观博物馆和美术馆的人数比例提升 2 个百分点。在这部分的统计中，实验组被分为有一定残疾的人士、来自社会经济较低层次的群体和少数族裔。

效能总结

部分完成

表 17 对过去 3 年搜集的参观博物馆和美术馆人群的最终数据进行统计。通过比较 2005—2006 年度的基线预估值和 2007—2008 年度的最终结果，可以看出参观博物馆和美术馆的黑人、少数族裔以及来自社会经济较低层次的群体人数比例显著上升。

表 18 显示了每一目标是否满足两项指标条件的情况。三个实验组中的两组满足两项指标条件：黑人和少数族裔以及来自社会经济较低层次的群体参观博物馆和美术馆的人数比例显著增加，增加了至少 2 个百分点。

表 17　过去 12 个月实验组参观博物馆和美术馆的情况表　（单位：百分比）

	2005—2006 年度	2006—2007 年度	2007—2008 年度
黑人和少数族裔	35.5（±2.3）	33.6（±2.4）	39.3（±2.3）
有一定残疾的人士	32.1（±1.4）	31.1（±1.5）	33.2（±1.4）
社会经济较低层次群体	28.3（±1.0）	28.3（±1.1）	30.6（±1.0）
所有成年人	42.3（±0.8）	41.6（±0.9）	43.6（±0.8）

表 18　参观博物馆和美术馆目标的指标条件完成情况表　（单位：百分比）

	2005—2006 年度	2007—2008 年度	2005—2006 年度与 2007—2008 年度百分比差值	差异置信区间	2005—2006 年度与 2007—2008 年度百分比显著性差异
黑人和少数族裔	35.5	39.3	3.9	±3.3	是
有一定残疾的人士	32.1	33.2	1.0	±1.9	否
社会经济较低层次群体	28.3	30.6	2.3	±1.4	是

历史环境目标

将实验组中参观指定历史遗址的人数比例提升 3 个百分点。在这部分的统计中，实验组别被分为有一定残疾的人士、来自社会经济较低层次群体和少数族裔。

效能总结

部分完成

表 19 对过去 3 年搜集的参观指定历史遗址的人群的最终数据进行统计。通过比较 2005—2006 年

度的基线预估值和2007—2008年度的最终结果，可以发现黑人和少数族裔以及来自社会经济较低层次群体中比例显著上升。

表20显示了是否每一目标都满足两项指标条件的情况。三个实验组中有一组满足两项指标条件。黑人和少数族裔中参观遗址的人数比例明显上升，至少上升了3个百分点。

表19　过去12个月实验组参观历史环境遗址的情况表　（单位：百分比）

	2005—2006年度	2006—2007年度	2007—2008年度
黑人和少数族裔	50.7（±2.4）	48.3（±2.9）	54.1（±2.4）
有一定残疾的人士	59.5（±1.5）	60.2（±1.7）	60.9（±1.4）
社会经济较低层次群体	57.1（±1.2）	57.3（±1.4）	59.4（±1.2）
所有成年人	69.9（±0.8）	69.3（±1.0）	71.1（±0.8）

表20　参观历史遗址目标的指标条件完成情况表　（单位：百分比）

	2005—2006年度	2007—2008年度	2005—2006年度与2007—2008年度百分比差值	差异置信区间	2005—2006年度与2007—2008年度百分比显著性差异
黑人和少数族裔	50.7	54.1	3.4	±3.4	是
有一定残疾的人士	59.5	60.9	1.5	±2.0	否
社会经济较低层次群体	57.1	59.4	2.3	±1.7	是

公共服务协议4

提高旅游业、创意产业和休闲娱乐业的生产率

效能总结

进度延缓

指标

在公共服务协议4中，通过总增加值除以就业总人数来对三大产业的生产率进行评估。总增加值和就业总人数的数据来源于国家统计局的《年度商业调查》，可以在“旅游相关产业和其他休闲娱乐产业”以及“创意产业”两部分的内容中找到基线预估值和最终结果。

以年增长百分比形式呈现的生产率要比整个服务产业的生产率的增幅要高。

描述

文化、媒体和体育部力求在微观经济层面上支持这一目标的实现，制定旨在对其资助的行业产生影响的方案。具体表现为两种形式：一是研究旨在深入了解上述产业的驱动力；二是通过研究和其他

证据制定政策。

这些方案带来的影响是通过分析旅游业、休闲娱乐业和创意产业对英国生产力的贡献来衡量和评估。这些方案包括：

——《许可法案》(Licensing Act)的实施

——《博彩法案》(Gambling Act)的实施

——数字转换的实施

——旅游计划的推进，包括 2012 年及以后的旅游战略

——创意产业计划

有关生产率绩效的基准年数据是在 2004 年统计的，生产率变化趋势、更新数据、包括 2006 年和 2007 年(这是最新数据)在内的修订数据都可以在图表 21(略)中见到。

最新数据

有关生产率的指标实际变化参见图表 21(略)和图表 22。

评论

2006 年和 2007 年的修订数据表明未能按时完成目标任务，尤其体现在创意产业。虽然在 2007 年对创意产业、旅游和休闲娱乐产业的生产率预估水平均高于基准年，但是其增长率还是低于服务业的整体水平。

2006 年休闲娱乐业的生产率急剧下降是由于对广播和电视产业的营业额及总增加值的修订造成的。①之所以要进行修订，是因为有关 2006 年及之后的产业报告性质发生了改变。在确认对源数据进行高估之后，对 2000—2004 年的总增加值序列进行下行修正。有关该调整的进一步详细数据可以参见文化、媒体和体育部 2009 年 1 月发布的《创意产业经济学评估》。②

由于这些原因，有关创意产业的附加生产指数已经在以上的图表中有所呈现，但是按照公共服务协议《技术说明》中的规定，这些图表内容并不包括广播和电视产业。我们发现 2005—2006 年度生产率下降趋势仍然十分显著，这是由于包括广告业在内的其他产业的总增加值小幅度下降造成的，到 2007 年，生产率得到提升，高于整体服务业的水平，尤其是软件服务和供应领域生产率增长明显。

旅游和休闲娱乐业已经实现了生产率的继续增长，这是受各领域联合(尤其是博彩活动、有许可证的餐馆和咖啡厅以及旅行社/旅游经营商)所产生的总增加值和就业水平稳步上升的驱使。然而，这些行业的生产率增长仍然稍稍低于整个服务行业。

更新后的生产率指数同时还反映了最新发布的整体经济和服务业两个系列数据，并将这些数据纳入到目标进展的报告中。国家统计局将于 2009 年晚些时候发布 2008 年的初步数据。

《公共服务协议》衡量的局限性将会在公共协议目标的《技术说明》③中进行解释。特别是使用了较容易出现抽样变化的低水平结果，这也意味着数据会存在波动。无可否认，这些数据是准确的，但要

① Standard Industrial Classification 92.20 (SIC2003)—"Radio and Television activities". 来源：Annual Business Inquiry, Office for National Statistics.

② 100. DCMS Creative Industries Statistical Bulletin, January 2009：http://www.culture.gov.uk/reference_library/research_and_statistics/4848.aspx.

③ 101. SR2004 PSA4 Technical Note：www.culture.gov.uk/reference_library/research_and_statistics/6241.aspx.

综合考虑几年的变化趋势和平均值，而不是仅仅将任何两年的数据进行对比，采用这样的研究模式才是最明智的。

表22 生产率指数的年同比增长变化 （单位：百分比）

产业	2001年	2002年	2003年	2004年	2005年	2006年	2007年	1998—2007年平均百分比	2005—2007年平均百分比
旅游相关产业以及其他休闲娱乐业	3.3	3.2	0.0	2.0	1.3	0.4	3.5	2.3	1.9
创意产业	-4.9	-0.7	3.0	5.3	5.0	-8.9	5.3	0.8	-2.0
创意产业(不包括广播和电视产业)	-4.8	-0.8	4.1	6.1	5.8	-2.8	5.1	1.9	1.1
服务业	1.8	0.8	1.6	1.7	1.4	2.3	2.4	1.8	2.4
整体经济	1.6	1.1	1.9	1.9	1.1	2.1	2.2	1.9	2.2

附录 2

公共账户委员会建议

以下列出的公共账户委员会建议尚不完整或者说尚未完成，参见注释。

2007—2008 年度阶段：《2007—2008 年度第 28 号报告——关于政府进行数字转换工作的准备》（下议院（HC）第 416 号提案）

政策建议和结论

公共账户委员会结论（4）：启动科普兰（Copeland）援助计划，科普兰是第一个要进行数字转换的区域，实施该计划预示着人们对该计划的需求比政府预测要低，而且这些预测似乎已经过时。基于边境地区的具体情况，各部门需审查该计划是否已经覆盖到足够多的人口，并审查是否已经实现计划目标。边境地区将成为第一个实现数字转换全覆盖的地区。鉴于此次审查在 2009 年 10 月开始的格拉纳达数字转换计划之前进行，英国各部门要修订既定计划以及修订其所需的经费数量。

回复

建议被部分采纳

各部门将和英国广播公司一起继续对该援助计划的资金进行审查。英国政府认为，决定科普兰、苏格兰边境地区和英国部分西南各郡（这只占了全国人口的 1.5%）所需的数字转换资金的适当水平为时尚早。

2009 年 11 月，格拉纳达（Granada）将成为第一个实现数字转换的大城市，届时，对该援助计划严格受限的资金水平进行审查将是明智的。最近，援助计划已经拓展到所有养老院的居民，这意味着更多的潜在弱势群体能够享受到数字转换电视带来的福利。该援助计划的拓展范围将会包含在现有预算之内。

建议和结论

公共账户委员会结论（7）：各政府部门依靠自愿性标签以及数字英国（Digital UK）的推进都是为了使消费者在日益发展的数字转换背景下不至于陷入模拟电视的消费误区中，但到目前为止，尚未取得成效。“数字滴答”（Digital Tick）已经引入近 4 年，但是在 2/3 使用“数字滴答”标签的商店中，只有一半员工了解其意义何在。如果依靠标签来保护消费者，那么各部门应该计划到 2008 年底如何使至少 95%的零售商（通过销售）使用这个标签，并如何使至少售卖电视机的商店中 90%员工理解“数字滴答”

标签的含义。这将大大降低消费者在不知情的情况下购买配置过时电视机的风险。

答复

建议被采纳

截至2009年4月，售出的90%以上(95%)的电视都为数码电视，售出的录音机中超过3/4是数码录音机。2008年3月的调查显示，90%购买模拟信号电视机的消费者了解他们所买的电视机将需要进行数字转换。大型百货商店例如约翰·刘易斯百货、迪克森百货集团和科梅百货，都公开承诺将停止售卖模拟信号设备。

自2008年初以来，数字英国正在实施一系列措施来支持数码电视零售业的发展。这些措施包括指定盖可(Gekko)作为销售代理，为光顾商店的零售团队提供支持，鼓励这些商店和“数字滴答”标签计划签约，并且为它们提供建议、培训和所需的资料。

数字英国要保障“数字滴答”标签的普及率到2009年3月保证有86%的零售商(销售电视机顶盒和电视机)使用“数字滴答”。

目前，零售商对于“数字滴答”的接受程度在全国范围内已达到59%(2008年4月比例为43%)。越靠近数字转换区域，“数字滴答”的普及率越高，在那些区域，零售团队发挥重大作用。

2007—2008年度阶段：《第15号报告——2012年伦敦奥运会和残奥会的筹备情况》(下议院第890号提案)

建议和结论

公共账户委员会结论(3)：尽管公共账户委员会之前提出了相关建议，但有效的项目管理安排并未得到落实。伦敦获得奥运会主办权已经有3年，但是文化、媒体和体育部的项目计划以及风险管理安排尚未得到全部推进。2008年底，文化、媒体和体育部要按照工作部署全面推进。重点将主要包含以下几个方面：

——规划方案要把各交付机构的重大活动有效整合起来，然后对规划方案中出现的重叠部分、空白部分或者存在重要依存关系的部分进行确认。

——对每个交付机构存在的风险进行综合分析，使用统一的标准对其重要性进行分级，明确所要采取的应对措施。

——对每个交付机构无法控制的风险进行识别。应该对产生风险的可能性以及对其潜在影响进行明确评估。应确定应对措施，并且进行责任分配。

——定期和简便快捷地将(个体组织和整体规划方案存在的)更为重大的风险上报至奥林匹克委员会，并对所作出的决定进行备案。

——备忘录是为了确保整体规划方案和风险评估标准得以及时更新。

回复

建议被采纳

参照英国奥运会执行委员会(Government Olympic Executive)提出的整体规划方案，我们给出的最初回复是对交付组织的计划和活动进行整合，确保对规划方案中存在依存性、重叠部分、空白部分和关键活动进行有效识别，从而确定风险范围。规划方案的第一版已于 2008 年 9 月提交至奥运会委员会。

英国奥运会执行委员会同时还为整体计划制定风险管理框架。这一框架确保采用共同的和一致的标准对整体计划的风险进行识别和管理，并采取积极行动降低风险水平。2018 年 12 月开始全面推进框架的应用。

修订

目前规划方案已被用于指导工作的推进，并对其进行定期维护和更新，以反映现实的变化。随着利益相关方对方案的进一步细化，规划方案的应用范围将进一步拓展。这将有助于实时跟进并报告整个奥运项目的进程，也可使风险的识别和管理成为可能。

风险管理框架已得到全面的实施和应用。

采用奥运会组委会及其督导委员会(Steering Group)同样的方法对主要交付利益相关方的风险和问题识别、解决和监管方法(包括评估标准)进行评估，通过对可能性和影响力的评估，来识别所有组织机构所面临的风险，并且在整个规划方案中不断地进行解释说明。

通过英国奥运会执行委员会规划方案的报告机制，主要交付利益相关方要让奥林匹克委员会及其督导委员会意识到，应对任何一个风险或问题都需要多个利益相关方的合作，同时也需要奥林匹克委员会及其督导委员会的指导。风险报告中清楚地确认了机构所面临的风险，也指出了解决或者应对这些风险所需采取的措施以及项目的进度。通过对可能性和影响力进行评估进而确定所面临的风险等级。

通过英国奥运会执行委员会推进的常规上报程序，主要交付利益相关方和整体规划方案所面临的最为严重的风险和问题已经呈报至奥林匹克委员会及其督导委员会。会议讨论及其决议已经记录在案。

《英国奥运会执行委员会项目管理办公室手册》(GOE Programme Office Handbook)对涉及最新规划方案和风险及问题的评估的相关协议、进程、范本和指南都作出了说明。

建议和结论

公共账户委员会结论(4)：除了 2012 年伦敦奥运会和残奥会的筹备工作之外，还在推进其他一些旨在复兴东伦敦经济的公共资助项目，这些项目也同样与奥运会和残奥会的举办相关联。文化、媒体和体育部决定将要用来评定奥运会和残奥会影响力的评估方法和衡量标准，这样就可以对收益进行清晰的评估。文化、媒体和体育部需要认真思考，如果没有奥运会和残奥会，东伦敦经济复兴计划将如何推进，同时也要考虑如何将这些复兴行动所产生的影响和奥运会及残奥会的影响进行区分。

回复

建议被采纳

在最初的回复中，文化、媒体和体育部宣布已经组建了一个工作小组来配合评估工作，会对整个奥林匹克大家庭包括伦敦奥运会和残奥会组织委员会、大伦敦府以及伦敦发展署进行评估。为了支持这一工作的推进，文化、媒体和体育部将提出制定合适评估方法的建议，强调明确了解奥运会和残奥会的特定影响的必要性，包括其对东伦敦经济复兴的影响。这将对如何决定哪些活动应该包含在有关奥林匹克的评估中以及如何跟进奥林匹克活动与其对东伦敦影响两者之间的联系提供重要指南。文化、媒体和体育部计划于 2008 年末给出相关建议。

修订

在制定 2012 年奥运会和残奥会评价框架的过程中，文化、媒体和体育部已经给出了有关评价范围和方法的建议，并且将这些建议的适用范围拓展到整个奥林匹克大家庭。在这一框架基础上，文化、媒体和体育部正在计划如何对奥运会和残奥会进行“元评估”，旨在对整个奥林匹克大家庭的评估结果进行整合，对 2012 年伦敦奥运会的影响和给英国留下的遗产进行全面评估。

2007—2008 年阶段：《第 28 号报告——为 2012 年伦敦奥运会和残奥会的成功举办所作的筹备工作》(下议院第 477 号提案)

建议和结论

公共账户委员会结论(1)：文化、媒体和体育部尚未启动从私营部门筹集 1 亿英镑的筹款计划。这笔资金是用于为竞技体育提供支持。计划提出两年来，我们首次对这项具有挑战性的计划表示担忧。部门计划在 2008 年北京奥运会后开始筹资，但并没有确定通过什么来吸引私营部门的捐赠者，也不能保证一定能够完成筹资目标。文化、媒体和体育部应与其顾问开展合作，就如何吸引私营部门捐助者以及如何制定切实可行的筹资时间表以完成筹资目标提出建议。

回复

建议被采纳

在之前的回复中，我们提到要与英国体育快车道有限公司合作开展“奖牌希望”计划。

修订

2009 年 2 月 25 日，英国国务大臣宣布一个具有开创性的新合作伙伴即团体 2012(Team 2012)，它的任务是以确保私营部门为有希望参加奥运会和残奥会的英国运动员提供长期资助。伦敦奥组委、英国奥林匹克协会、英国残奥会协会和英国体育局已经同意积极开展合作，为 2012 年伦敦奥运会及未来的精英体育项目筹集额外资助。这一举措建立在“奖牌希望”的基础上，作为伦敦奥组委的官方赞助计划，伦敦奥组委将获得更多的商品销售权利。这一举措将为赞助商提供与参加英国世界一流体育表演计划(WCPP)的奥运会和残奥会运动员合作的机会。各级地方企业以及私人赞助者也将有机会参与其中。

建议和结论

公共账户委员会结论(2)：英国体育局应该将 2008—2009 年度从私营部门募集来的第一笔 2 000 万英镑的资金投资于体育事业，但是英国体育局尚未收到这笔款项，因而无法实现上述目标。如果文化、媒体和体育部不能完成 1 亿英镑的筹资计划，或者很晚才能完成筹资目标，那么英国队在 2012 年伦敦奥运会上获得奖牌的概率将会下降。英国体育局应该明确在 2008—2009 财政年度该采取何种举措来解决资金缺口问题，也应该考虑清楚单项运动将会受到何种影响。在制定应急计划过程中，英国体育局应该力争确保部分资金，用在 2012 年伦敦奥运会上极有可能获得奖牌的项目和运动员身上。

回复

建议被采纳

文化、媒体和体育部以及英国体育局采纳了委员会的建议。在我们之前的回复中，我们确信文化、媒体和体育部将会弥补 2008—2009 财政年度私营部门的资金缺口，并制定英国体育局的投资准则，要将资金用于在 2012 年伦敦奥运会上很有可能获得奖牌的运动员和运动项目上。

修订

在 2008—2009 财政年度，文化、媒体和体育部解决了 2 000 万英镑资金缺口。英国体育局会在 2008 年 12 月 2 日和 2009 年 1 月 29 日召开会议，与会代表以英国体育局的投资准则为基础，确立了 2009—2013 年投资计划。

建议和结论

公共账户委员会结论(3)：有关资金何时到位的担忧给英国体育管理机构的工作带来了不确定性，使他们很难在不确定的财政承诺基础上提前推进计划的实施。2008 年北京奥运会后，当面临资金短缺的情况时，英国体育局和各体育项目团队应共同推进应急计划的实施。为了帮助各体育项目团队备战 2012 年伦敦奥运会，在对 1 亿英镑筹资计划的最新评估基础上，英国体育局应该与各体育项目团队共同商议资金的分配问题。

回复

建议被部分采纳

我们早些时候的回复确定英国体育局的主要投资准则，并表示任何来自私营部门的资助都应该按照“不打折扣”的原则分配到体育项目团队中。

修订

如前所述，英国体育局董事会根据其投资原则和可用的公共资金，向体育项目拨款。2009 年 2 月 25 日，英国国务大臣宣布成立“团体 2012”，它的作用是在 2012 年伦敦奥运会之前从私营部门筹集资金，并为参加奥运会和残奥会运动员提供长期的资金支持。在北京奥运周期的最后 3 年和 2012 年伦敦奥运周期的 4 年中，私营部门的资助将都注入公共部门的 5. 5 亿英镑投资中。

建议和结论

公共账户委员会结论(4)：文化、媒体和体育部以及英国体育局对 2012 年伦敦奥运会和残奥会的奖牌榜目标要求很高，而且英国体育局承认运动员表现要跃上新的台阶才能实现上述目标。今年晚些时候举办的北京奥运会和残奥会，将会为英国体育局对于 2012 年伦敦奥运会和残奥会的奖牌榜目标提供一个重要参考。英国体育局应该在北京奥运会结束的 6 个月内发布一项行动计划，阐释英国体育局将如何解决英国代表团存在的不足。英国代表团在北京奥运会的表现评估对于 2012 年伦敦奥运会和残奥会上英国奖牌总目标设定以及个人项目目标设定所带来的影响也应该在行动计划中进行详细的阐释。

英国体育局同时还应该意识到在资金分配目标上作出的任何改变所可能引发的结果。

回复

建议被接受

之前的回复中提到在北京奥运会后将对英国体育局2012年伦敦奥运会任务推进情况进行审查。

修订

北京奥运会及残奥会是史无前例的盛会，彰显了中国政府的力量，我们要为2012年伦敦奥运会和残奥会继续作出更大的努力。

2008年北京奥运会后，对2012年伦敦奥运会任务评估结果于2008年12月公布。英国体育局宣布了2012年伦敦奥运会的远大目标——在奥运会奖牌榜上力争前四，在残奥会奖牌榜上力争亚军，以及在更多的体育项目中赢得更多的奖牌。

英国体育局继续同各个体育项目团队开展合作，通过对2012年伦敦奥运会任务的实施，发现在实现效能和目标过程中遇到的问题和挑战。

建议和结论

公共账户委员会结论(5)：根据英国发布的2006年报告，英国体育局决定用更广泛的指标体系来衡量其工作。如果轻而易举就完成所有指标任务，那就意味着制定的目标没有发挥应有的作用。英国体育局已与文化、媒体和体育部形成共识，将各体育项目目标的75%作为绩效目标。我们认为将英国体育局为其他体育团体设定的75%的目标作为衡量其自身效能的指标并不令人满意。在2008年4月至2011年3月的新资助协议期内，英国体育部和文化、媒体和体育部认为英国体育局的目标要与各体育项目目标的总和保持同样的水平。

回复

建议被部分采纳

最初回复明确指出，文化、媒体和体育部以及英国体育局要充分考虑公共账户委员会提出的建议，使英国体育局每年为各大赛事制定的总体目标更具有合理性。

修订

英国代表团在北京奥运会上的表现说明，英国体育局在奥运会和残奥上的目标引领英国铸造辉煌。

英国已经就2012年伦敦奥运会和残奥会上要实现的目标达成共识，即在奥运会奖牌榜上位列前四，在更多的体育项目上获得更多的奖牌；在残奥会奖牌榜上获得亚军，在更多的体育项目上获得更多的奖牌。

文化、媒体和体育部和英国体育局每年在第一季度召开的审核会议上就每年制定的重大赛事总体目标进行审核并达成共识。

在2009年4月的审核会议上，文化、媒体和体育部以及英国体育局一致认为使用奖牌数范围的方法来确定体育比赛的目标。(奖牌数的上限表示有可能出现的最好结果，而下限则代表不可接受的结果）。英国体育局取大部分重大赛事的奖牌数总和的中间值作为目标。在 2009—2010 年度，将奥运会奖牌数定为 37 枚，残奥会奖牌数定为 117 枚。

建议和结论

公共账户委员会结论（6）：文化、媒体和体育部旨在确保 2012 年伦敦奥运会前后国民体育参与率要持续增长，但是并无明确事实证明在奥运会和残奥会上获得奖牌会对社区的体育参与率产生一定影响。文化、媒体和体育部确定一个目标，即到 2012 年，希望有 200 万甚至更多的人参加体育运动或者体育活动。部门应该根据目前掌握的数据来探究竞技体育的成功对于体育参与率的影响力，并积极开展新的研究以弥补研究中存在的空白。为了更好地推进这项研究，文化、媒体和体育部应该和英国体育局以及英国各大体育理事会开展合作，制定有关如何利用 2012 年伦敦奥运会和残奥会的成功举办来提高国民体育参与率的行动计划。

回复

建议被采纳

早些时候的回复是，文化、媒体和体育部将这一研究作为英国合作研究项目（Joint Research Programme）的一个招标项目，其目的是更为深入地了解英国各个行业的体育参与率。

回复中还提到英国体育局要继续在普通民众中开展“体育爱好”调查。在北京奥运会结束之后，启动的社会调查仍在继续推进中。

修订

文化和体育调查计划（CASE）第一阶段的调查工作已经启动。伦敦大学政策实践信息中心和矩阵智慧集团联合组建的一个研究团队正在对公众文化和体育参与的驱动力和影响力的关键证据和数据进行分析，分析结果将于 2010 年初发布。

“体育爱好”调查结果已于 2008 年 12 月 29 日公布。此次调查是在全英范围内抽取 2 111 名 16 岁及以上的成年人作为样本。涉及国民体育参与情况的调查，主要是让受访者回答英国代表团在北京奥运会上取得的成绩是否会促进他们参加体育运动或者增加对体育的兴趣。18%的受访者给予肯定回答（362 名）。在这些受访者中，48%的人表示比起北京奥运会举办之前，他们对运动的兴趣大大增强。14%（约占全英民众的 2%）的人表示他们已经开始从事一项新的体育活动；7%的人表示他们曾参加过一项在北京奥运会之前他们不曾尝试过的运动；还有 7%（占全英民众的 1%）的人表示相比于北京奥运会举办之前，他们现在更加频繁地参加体育运动或者体育活动。

建议和结论

公共账户委员会结论（7）：英国体育局认为优秀运动员能够发挥模范作用，可以激励各行各业的青年人从事体育运动。目前英国体育局尚未掌握其资助的 1 400 名优秀运动员的背景数据，由此可以看出英国体育局并没有意识到这些信息的重要性。然而，我们认为这些信息能清晰地描绘正在接受公共资助的运动员的整体状况，同时也为文化、媒体和体育部、英国体育局以及英国各大体育理事会相互合作提供重要支撑。通过协同努力，要将这些体育项目在更广泛的社会人口分布中进行普及。无论是普通民众还是体育精英都能参与到体育运动中。和其他彩票经销商一样，英国体育局应该搜集其资助的运动员的社会经济和教育背景数据，没有任何理由拒绝此项工作的推进。

回复

建议被采纳

早期回复指出英国体育局持有目前其资助的1 400名世界一流优秀运动员的性别、年龄、民族和残疾情况数据，但是没有关于他们教育背景的信息。

文化、媒体和体育部以及英国体育局认为这些信息对于制定更具广泛性的体育政策能发挥作用，同意在英国运动员年度调查中增加教育背景的相关内容。该项调查于2008年11月启动，将于2009年3月公布调查最终结果。

修订

英国体育局开展的下一轮关于专业运动员的调查中将会包含有关教育背景的相关内容。但是，下一轮的调查已于2009年秋季启动(在夏季赛季后)，因为英国体育局正力图使其运动员调查结果与本年度末的体育审查报告(是2012年伦敦奥运会任务报告的组成部分)尽可能保持一致。

建议和结论

公共账户委员会结论(8)：英国体育局的目标是建立一个世界一流的优秀运动员支持体系，并将一直推进。实现这一目标的关键在于英国体育局是否有能力与公共部门、私营部门和社会团体开展有效合作。文化、媒体和体育部应成立一个指导小组协调所有在2012年伦敦奥运会举办之前、举办期间和举办之后为实现体育目标所开展的活动。该组织的职责应该是为其成员创造机会，共同努力，推进各项举措有效落实，最大限度地提高英国的体育收益和提升其后续影响力。一个关键的目标应该是加强普通运动与高水平运动之间的联系，以便最大限度地利用为体育参与和优秀运动员的培养所投入的资金所带来的机会。

回复

建议被采纳

英国在早期的回复指出，拟组建一个新的体育遗产委员会，由体育大臣担任主席。

修订

2009年3月31日举行委员会第一次会议。

2007—2008年会议：《第49号报告——使资助在文化、传媒和运动行业发挥更大作用》(下议院第641号提案)

建议

公共账户委员会结论(1)：文化、媒体和体育部不需要资助方按照固定模式对其成本情况进行汇报，而且很少鼓励资助方对其资助项目成本进行比较。文化、媒体和体育部应该率先垂范，鼓励资助方在对等的基础上对资助成本进行评估和上报。如果有效率低下的迹象，文化、媒体和体育部就必须要求这些资助方找出成本的驱动因素，并寻求节约成本的方法。

回复/进程

建议被部分采纳

为了确保优秀经验得到推广，各经销商财务总监就支出方面的问题的讨论仍在继续。大型彩票基金正在继续开发自己的成本核算系统，并计划于2009年9月系统完成时进行普及推广。

建议

公共账户委员会结论(2)：在2006—2007年度，英格兰艺术委员会的艺术资助项目向个人艺术家提供的每一英镑补助金都需要花费35便士的成本，相比而言，其他项目的成本在3到8便士之间。英格兰艺术委员会将大部分资金用来支持艺术家个人的工作，但是目前还不清楚推进这项工作的具体支出。英格兰艺术委员会应该：

——分别确认与申请人共同推进的工作的成本，并评估这些工作的成本是否与所提交的成果相匹配；

——评估这些资助单纯的行政支出是否和其他资助项目的支出相一致，如果不一致，那么就需要向其他资助方学习，并思考如何进行程序精简。

回复/进程

建议被部分采纳

从2010—2011年度开始，为节约补助金和彩票管理支出，英格兰艺术委员会组织实施新的评审过程，将评估和监管功能进行整合，并将这些功能交由曼彻斯特资助中心，这一举措预计将为管理艺术计划补助金的直接成本降低150万英镑。一旦采用这样的评审流程，这将会使计划的直接开支变得更为公开透明。

建议

公共账户委员会结论(3)：一般来说，英国古迹署为每一项修缮宗教场所资助计划(Repair Grants for Places of Worship scheme)提供将近1万英镑的资助，并计划提供技术支持，比如派遣检测员和建筑师为申请者提供服务，这项服务支出占据一半以上的经费。英国古迹署应该对这些资助的花费情况进行监查，并对技术支持费用进行单独计算。英国古迹署还应该设法削减用于技术支持的开支，例如采用风险评估的方法确保专家支持水平尤其是建筑师的支持，与每一项工程的需要相匹配。

回复/进程

建议被部分采纳

英国古迹署继续寻求削减修缮宗教场所资助计划开支的方案，而且英国古迹署正在和合作投资方遗产彩票基金会进行商榷，讨论提高计划管理效率的具体事宜。

按照公共服务协议报告中的要求，建立了宗教联系数据库，英国古迹署目前正向全国宗教团体寄送信件，对修缮宗教场所资助计划进行宣传。

建议

公共账户委员会结论(4)：申请资助是一个较为复杂且耗费时间的过程，但是资助方并没有去深入了解它们制定的申请流程给申请人所强加的义务。以大型彩票基金走进社区计划为例，申请人平均需要21天来准备申请过程，但是只有1/5的成功概率。资助方应该定期监测申请者在申请资助过程中填写表格和提供必需资料需要花费的成本。只要有可能，资助方应该通过简化申请表格、改进指导和提供建议以及只要求申请者提供资助所需的信息来使资助申请变得更为便捷。

回复/进程

建议被采纳

大型彩票基金的业务重组流程是专门为解决申请者的成本问题。目前确定的上线日期为2009年11月30日，并于2010年4月1起全面推行网上申请。

资助方广泛推进网上申请也有利于降低申请者的成本。通过对这些申请的准确识别，也有利于改进系统，削减成本。

建议

公共账户委员会结论(5)：大型彩票基金已经提高了全英和来自其他社会团体的申请成功率，但是其他资助方有可能开展更多的工作来提高潜在资助申请者获得资助的意识以及激励他们提出更多高质量的申请。资助方可以借鉴大型彩票基金的做法，比如拓展区域服务。它们应该在区域内开展和其他合作伙伴的合作，如与当地政府共同推出一站式服务，并开展活动以推动资助计划的发展和提供咨询服务。

回复/进程

建议被采纳

彩票发行机构通过彩票论坛(Lottery Forum)来分享其优秀经验，而且在网站上(网址为www.lotteryfunding.org.uk)不断刷新和更新信息，其目的在于使潜在申请者能够以最小成本成功地申请到彩票资金的资助。

建议

公共账户委员会结论(6)：资助方共享资助流程和成本的信息并没有产生多大积极效果。文化、媒体和体育部应该在整个行业中采取积极行动，共享关于资助计划的管理成本信息。它应该：

——和彩票论坛开展合作，以发挥其在共享优选方案中的作用，并对资助发放过程的成本及有效性进行比较。

——促进行业内部或者行业之间的信息交流和优选方案的学习交流，例如，帮助资助方建立基准俱乐部。

回复/进程

建议被部分采纳

彩票发行机构将继续通过彩票论坛来分享其优秀经验。然而，由于其业务多种多样，并不适合推行统一的经验，各大机构要结合具体情况采取适合自身发展的方案。

建议

公共账户委员会结论(7)：虽然委员会建议资助方应开展合作，以使办公场所更加合理化，并节约成本，但是它们还是独立开展工作。部门在共享服务、共享系统和共享设施推进方面几乎没有进展，因此，文化、媒体和体育部应该鼓励各实体机构进行共享和开展合作，比如共享办公场所。部门应该要求具有地区影响力的资助方，对共享办公空间和设施的支出和利润进行有效评估。

回复/进程

建议被部分采纳
英国旅游局正在逐步停止租赁办公大楼，并开始迁往有多余办公区间的公共机构进行办公。

建议

公共账户委员会结论(8)：资助方已经采购并开发了属于它们自己的信息技术系统以对资助进行管理，但是在分享每个系统的优势和劣势方面所做甚少。这表明资助方不愿意开展合作。文化、媒体和体育部应该促进资助方在研究、测试、采购和开发新系统方面开展紧密合作。在批准资助新的信息技术系统之前，文化、媒体和体育部应该对新系统的共享范围进行评估对其他资助方已使用的系统进行调整。

回复/进程

建议被部分采纳
彩票发行机构之间已经展开有关探索共享某些服务可能性的讨论，但是其业务的多样性意味着通用系统并不一定合适。

建议

公共账户委员会结论(9)：尽管线上申请能够削减经费，简化申请程序以及提升申请人对申请过程的体验，但四个资助机构中只有英格兰体育理事会有能力受理线上申请。资助方应该展开合作，探索如何提高网上申请的普及率。作为一个起点，大型彩票基金应该和其他相关方合作，使网上申请工作得到进一步推进。

回复/进程

建议被采纳
大型彩票基金正在推进新型资助体系的实施。目前确定的上线日期为2009年11月20日，预计在2010年4月全面开通网上申请。

大型彩票基金和英格兰艺术委员会已经就大型彩票基金新系统的信息共享能力展开初步讨论。英格兰艺术委员会已经为线上资助申请系统启动政府商务办公室的竞标流程，并于2010—2011年度在对资助申请者开放。

建议

公共账户委员会结论(10)：彩票发行机构已经建立了一个通用网站，该网站将申请人推荐给予其背景最为相关的发行机构，但是资助方还没有为资助申请建立一个类似于英国已经存在的一站式服务网站。美国建立了一个通用网站，26个联邦资助机构共同使用网站信息，申请者可以通过网站了解资助信息，并在网上提交资助申请。文化、媒体和体育部应该鼓励资助方开展合作，以便更好地利用技术，为人们提供服务，比如可以利用科学技术开发一个类似于美国的共享资助申请系统。

回复/进程

建议被部分采纳

彩票发行机构正在继续更新网站信息(网址 www.lotteryfunding.org.uk)，这样彩票资助的潜在申请者对合适的发行机构和他们能够申请的项目有更清晰的认识。

索　　引(略)

致　　谢(略)

参考文献

文化

——2007—2008 年度参观公共图书馆的人次超过 2.79 亿。

来源：Annual Public Library Statistics published by Chartered Institute for Public Finance and Accountancy（CIPFA）in 2008

——2008 年欧洲文化中心计划用 8 亿英镑来提升区域经济。

来源：Liverpool'08 European Capital of Culture，2008

——2008—2009 年度有 500 万人次参观了英国古迹署管理的资源，估计有 600 万人次参观了非其所管理的资源。

来源：English Heritage Annual Report 2008/9（due to be laid in the Houses of Parliament 15 July 2009）

——去年有 0.404 亿人次参观了国家博物馆和美术馆。

来源：DCMS monthly museums figures published online

媒体

——售出了超过 900 万台数字音频广播设备。

来源：Digital Radio Development Bureau

——2008 年电影票房为 9.5 亿英镑，相比于 2007 年增长了 5%，其中有 9 部英国产电影，占票房总收入的 31%，2007 年所占票房比例为 28%

来源：Cinema attendance facts www.cinemauk.org.uk/mediacentre/_39/ Production statistics published by UKF

www.ukfilmcouncil.org.uk/ news? show=15119&page=3&step=

——5~16 岁的人群中在家拥有游戏主机的比例为 87%。

来源：Safer Children in a Digital World-The Report of the Byron Review

www.dcsf.gov.uk/byronreview/pdfs/Final%20Report%20Bookmarked.pdf

体育和休闲娱乐

——耗资 3 600 万英镑打造的创新品酒师课程 Sport Unlimited，2011 年将吸引 90 万甚至更多的青年人参与。

来源：Sport Unlimited Delivery Plan, PE and Sport Strategy for Young People, Sport England, April 2008

——5~16 岁的人群中，每周将会参加至少 2 小时体育运动的比例达到 90%。

来源：School Sport Survey 2007/08, DCSF

——8 个皇家公园每年的参观访问量达到 3 700 万人次。

来源：Visitors To The Royal Parks：Results Of Steady State Count (2007)

——2 000 万人可以享受免费在全英格兰的游泳池游泳。

来源：www.culture.gov.uk/what_we_do/sport/5809.aspx

2012 年奥运会和残奥会

——近 1/10 的奥林匹克公园员工接受了培训、参加实习或者是工作实习

来源：ODA Employment and skills update-April 2009

——伦敦奥运会组委会筹集了价值 5 亿英镑的赞助款项，完成既定目标的 2/3。

来源：London 2012 website, presented to IOC in April

www.london2012.com/news/media-releases/2009-04/strong-partnership-brings-good-progress.php

——2008 年，伦敦发展署持有 120 项社区外展活动，伦敦发展署向 3 000 多名当地人征集对奥林匹克公园遗产的意见。

来源：Opportunities for 2012-Legacy Now Update February 2009

www.legacy-now.co.uk/userfiles/file/Opportunities_for_2012_-_legacy_Now.pdf

——超过 4 000 人次在为奥林匹克公园承包商工作——其中 9%是失业人口。

来源：ODA Employment and skills update -April 2009

http://www.london2012.com/documents/oda-publications/jobs-skills-futures/jsfupdate-april-2009.pdf

——政府发展援助已经完成其计划，对拆建废料再利用率和循环使用率达到 90%的目标。

来源：London 2012 Olympic and Paralympic Games -Annual Report 2009

www.culture.gov.uk/images/publications/DCMS_GOE_Annual_Report_2009.pdf

Performance and delivery

——在推行利物浦“2008 年计划”期间，第一年有 350 万人次来利物浦参观。

来源：

www.culture.gov.uk/what_we_do/communities_and_local_government/6015.aspx

国家出版基金项目
NATIONAL PUBLICATION FOUNDATION

21
世纪以来
国外文化发展文献选编
丛书主编 沈壮海

湖北省学术著作
Hubei Special Funds for Academic Publications 出版专项资金

21世纪以来
英 国
文化发展文献选编
（下）

卢丽珠 王依依 帅颖 等 编译

WUHAN UNIVERSITY PRESS
武汉大学出版社

英国2008年创意产业统计报告

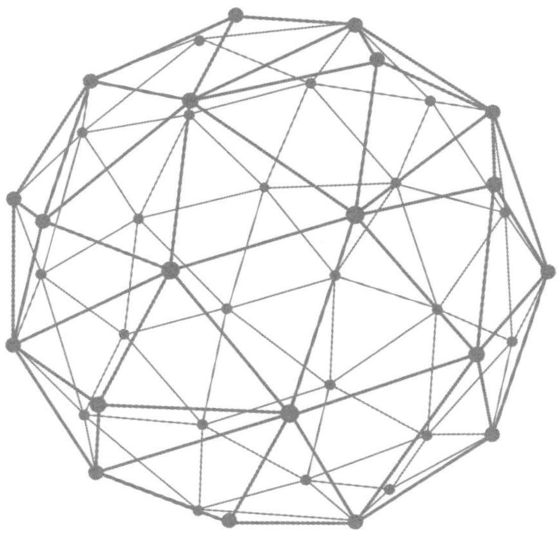

* 文件由文化、媒体和体育部发布于2009年1月。

目　　录

一、引　　言

本报告是第 7 份年度创意产业统计报告。2001 年《创意产业纲领文件》①(*Creative Industries Mapping Document*)发布后，每年发布创意产业统计报告成为惯例。该系列报告是官方数据源开发的成果，其目的是提供更及时、一致的创意产业活动数据。在 2001 年版以及早前的 1998 年版纲领文件中概述了创意产业的各种行业，为创意产业系列统计报告的形成奠定了基础。

政府统计所用的国际通用分类并不能准确地反映创意产业的结构，难以展现创意产业活动的全部类别。由于这些限制，本报告中的数据都是估算值，不能视为国家统计数据。

二、重要调查结果

1. 对经济的贡献——总增加值（表 1a 和表 1b）

· 创意产业，不包括工艺和设计业，占 2006 年总增加值的 6. 4%②。

· 1997—2006 年，创意产业年均增长率为 4%③。与之相比，整体经济在此期间年均增长率为 3%。

· 软件、电子游戏和电子出版业拥有最高的年均增长率（每年 8%）。

2. 服务出口（表 2）

· 2006 年创意产业的服务出口总额达到 160 亿英镑，相当于所有商品出口和服务出口总额的 4. 3%。

· 31%的创意产业出口额是由软件、电子游戏和电子出版业创造的。

3. 创意产业就业(表 3)

· 2007 年夏季，创意产业创造了近 200 万个就业岗位，包括 110 多万个创意产业工作岗位，以及 80 多万个创意产业之外的其他行业的创意性工作岗位。

· 创意性工作就业总人数从 1997 年的 160 万人增长到 2007 年的 200 万人，年均增长率达 2%，与之相比，在此期间，整体市场经济年均增长率为 1%。

① 文化、媒体和体育部 2001 年《创意产业纲领文件》。
② 11 个创意行业不包括工艺和设计业。
③ 11 个创意行业不包括工艺和设计业。

· 1997—2007年，软件、电子游戏和电子出版业以及设计和时尚设计业的年均就业增长率皆为5%，是创意产业中年均就业增长率最高的。

4. 企业数量(表4)

· 2008年，创意产业中跨部门商务注册(Inter-Departmental Business Register，IDBR)的企业大约有157 400个，占跨部门商务注册企业数量的7.3%。进行商务注册的创意企业的真实比例可能更高，因为某些行业，比如工艺业，包含绝大多数小企业(详情见附录C)。

· 创意产业中约2/3的企业包含在如下两类行业中：一是软件、电子游戏和电子出版业(75 000个企业)；二是音乐、视觉和表演艺术业（31 200个企业)。

三、注意事项

1. 修订

从2007年开始，统计报告对方法和数据源进行了修订。

广播和电视业着重修订了总增加值数据(表1a/表1b)。经鉴定，广播和电视业2005年的部分数据被高估，2000—2004年的数据也被高估了。英国国家统计局(Office for National Statistics，ONS)年度商业调查(Annual Business Inquiry，ABI)的修订政策意味着，其对2005年之前公布的数据没有进行更改。但是，2000—2004年出版业的总增加值已经随着就业趋势进行了修改。以上调整导致2000年以来的创意产业总增加值都被低估了。

表4显示，2008年创意企业的数量有明显增加，是因为跨部门商务注册报告中数据的涵盖范围有了变化，增加了采取预扣所得税(Pay As You Earn)的企业的数据，而这些企业并没有进行增值税注册登记(扩展了此前只包含进行增值税注册登记的企业数据)。这种变化影响到跨部门商务注册的数据报告，同时，创意企业的绝对数量增加，其占企业总数的比例保持不变。

更多修订细节，详见附录B。

2. 数据解读

所有读者都应注意：

①所有的数据都是估算值，建立在创意产业定义和官方数据使用定义一致的假设上。这些在附录A中有所显示。

②估算时尽可能地根据国家统计(National Statistics)数据，确保各行业数据具有一致性和可比性。对于无法获取的国家统计数据，则采用其他研究数据，这些数据可能没有经过相同的质量检测，因此，估算数据及估算的总量也许不如国家统计数据那般可靠。

③除了企业数量，其他数据来源于抽样调查。这些数据会受到抽样误差的影响，尤其是在详细分类中抽样样品数量较小的情况下。因此，对于数据的波动不应过度解读。

④由于使用官方分类结构，有必要将“互动休闲软件”和“软件与计算机服务”相结合，以及将“音乐”和“表演艺术”相结合来进行估算。

⑤除了表 3(就业)是涉及大不列颠的，其他表格都适用于整个英国。

3. 工作展望

本报告大致保留了历年来创意产业的架构。但是，这个架构目前正处于审查阶段。文化、媒体和体育部将商议在 2009 年提出的变革，详情可于接下来几个月获取。2007 年 9 月，文化、媒体和体育部发表了一篇着眼潜在变革的文章，详情请访问链接：http://www.cep.culture.gov.uk/cepevidence2007。

任何架构的改革都会在考虑标准产业分类（Standard Industrial Classification，SIC）(SIC 2007)近期调整的基础上来实施。

公布报告的数据来源和审查报告的研究方法是推广“创意经济”项目(Creative Economy Programme，CEP)的方式之一。该项目由文化、媒体和体育部于 2005 年 11 月推出，旨在更好地理解创意产业在英国未来经济中可能扮演的角色，以及政府在支持这些产业发展中应发挥的作用。“创意经济”项目组在 2008 年出版了《创意英国：新经济，新人才》(*Creative Britain：New Talents for the New Economy*)，并与企业和管理改革部(Department for Business Enterprise and Regulatory Reform，BERR)以及英国创新、大学与技能部(Department for Innovation，Universities and Skills，DIUS)合作，达成 26 条协议，概述政府将如何支持创意产业。相关出版物和“创意经济”项目的更多信息，请参阅网址：http://www.culture.gov.uk/reference_library/publications/3572.aspx。

表 1a　英国创意产业总增加值(Gross Value Added，GVA)

	广告	建筑	艺术品和古董	时尚设计	视频、电影和摄影	音乐、视觉和表演艺术	出版	软件、电子游戏和电子出版	广播和电视	总量(除工艺和设计业)①	工艺②	设计②
现行价格下总增加值(单位：百万英镑)												
1997 年	3 400	3 100	260	280	1 900	2 700	6 500	9 800	3 500	31 500	N/A	N/A
1998 年	3 500	3 200	270	270	1 800	2 900	7 300	13 200	3 700	36 300	400	N/A
1999 年	5 500	3 200	320	300	2 100	3 100	8 000	13 900	4 600	41 000	N/A	N/A
2000 年	6 100	3 500	350	360	2 100	3 200	8 400	14 800	4 800	43 700	N/A	N/A
2001 年	5 500	3 600	390	320	1 800	3 100	8 800	16 300	4 800	44 700	N/A	N/A
2002 年	5 400	3 400	430	320	2 100	3 300	8 300	16 900	5 000	45 000	N/A	N/A
2003 年	5 200	4 000	470	330	2 400	3 600	8 600	19 800	4 900	49 200	N/A	N/A
2004 年	5 600	4 100	490	380	2 700	3 700	9 100	22 600	4 900	53 600	N/A	N/A
2005 年	6 700	4 700	460	430	2 900	3 300	9 600	24 700	4 900	57 700	N/A	11 600
2006 年	5 300	4 700	490	450	3 800	3 400	9 500	24 500	5 100	57 300	N/A	N/A

续表

	广告	建筑	艺术品和古董	时尚设计	视频、电影和摄影	音乐、视觉和表演艺术	出版	软件、电子游戏和电子出版	广播和电视	总量(除工艺和设计业)	工艺	设计
占英国总增加值的比例												
1997年	0.6%	0.5%	0.04%	0.05%	0.3%	0.5%	1.1%	1.7%	0.6%	5.4%	N/A	N/A
1998年	0.6%	0.5%	0.04%	0.04%	0.3%	0.5%	1.2%	2.2%	0.6%	6.0%	N/A	N/A
1999年	0.9%	0.5%	0.05%	0.05%	0.3%	0.5%	1.2%	2.2%	0.7%	6.3%	N/A	N/A
2000年	0.9%	0.5%	0.05%	0.05%	0.3%	0.5%	1.2%	2.2%	0.7%	6.5%	N/A	N/A
2001年	0.8%	0.5%	0.06%	0.04%	0.3%	0.4%	1.3%	2.3%	0.7%	6.4%	N/A	N/A
2002年	0.7%	0.5%	0.06%	0.04%	0.3%	0.5%	1.1%	2.3%	0.7%	6.2%	N/A	N/A
2003年	0.7%	0.5%	0.06%	0.04%	0.3%	0.5%	1.1%	2.6%	0.7%	6.5%	N/A	N/A
2004年	0.7%	0.5%	0.06%	0.05%	0.3%	0.5%	1.1%	2.8%	0.6%	6.6%	N/A	N/A
2005年	0.8%	0.5%	0.05%	0.05%	0.3%	0.4%	1.1%	2.9%	0.6%	6.8%	N/A	N/A
2006年	0.6%	0.5%	0.05%	0.05%	0.4%	0.4%	1.1%	2.7%	0.6%	6.4%	N/A	N/A

来源：英国国家统计局的年度商业调查。工艺和设计业例外。

工艺：1998年《创意产业纲领文件》营业额，参阅附录B。

设计：设计行业(The Business of Design)、设计委员会(Design Council)年度财政营业额，参阅附录B。

注：①总量不包括工艺和设计业，因为总增加值不适用于这两个行业。

②适用于工艺和设计业的数据是营业额，与总增加值不具有可比性，更多信息请参阅附录B。设计业的估算数据还包括其他创意行业相关的活动，如建筑业。

表1b　英国创意产业总增加值的涨幅①

	广告	建筑	艺术品和古董	时尚设计	视频、电影和摄影	音乐、视觉和表演艺术	出版	软件、电子游戏和电子出版	广播和电视	总量(除工艺和设计业)②
1997—1998年	0%	3%	0%	-7%	-9%	4%	9%	31%	3%	12%
1998—1999年	52%	-4%	17%	7%	13%	4%	7%	3%	21%	10%
1999—2000年	9%	8%	8%	18%	3%	3%	3%	5%	4%	5%
2000—2001年	-11%	3%	10%	-13%	-19%	-7%	3%	8%	-4%	0%
2001—2002年	-6%	-9%	6%	-2%	12%	4%	-9%	0%	2%	-2%
2002—2003年	-6%	13%	7%	1%	11%	4%	0%	14%	-4%	6%
2003—2004年	5%	1%	1%	13%	13%	0%	4%	11%	-4%	6%
2004—2005年	13%	12%	-4%	8%	6%	-12%	4%	7%	-1%	5%
2005—2006年	-23%	-2%	3%	2%	27%	3%	-3%	-3%	0%	-3%
平均(1997—2006年)	2%	2%	5%	3%	6%	0%	2%	8%	2%	4%

来源：同表1a。

注：①表1a中估算的数据带有隐性的国内生产总值平减指数(基数=2000)，从而去除了通货膨胀的影响。不宜过度关注年度数据的波动(参阅“注意事项”)。

②总量不包括工艺和设计业，因为总增加值不适用于这两个行业。

表 2 英国创意产业服务输出[①]（单位：百万英镑）

	广告	建筑	艺术品和古董	设计	视频、电影和摄影	音乐、视觉和表演艺术	出版	软件、电子游戏和电子出版	广播和电视	总量[②]	工艺	时尚设计
1997 年	680	380	N/A	N/A	710	250	680	1 400	500	N/A	N/A	N/A
1998 年	630	470	N/A	N/A	680	250	830	1 700	640	N/A	40	350
1999 年	560	410	1 400	N/A	730	270	860	2 300	730	N/A	N/A	N/A
2000 年	710	420	2 000	1 000	940	300	950	2 500	690	9 500	N/A	N/A
2001 年	730	520	1 900	1 000	910	290	830	3 900	910	11 000	N/A	390
2002 年	890	510	2 300	1 200	840	280	790	3 500	1 000	11 300	N/A	N/A
2003 年	1 100	580	2 200	630	810	240	1 200	3 900	1 000	11 600	N/A	N/A
2004 年	1 100	570	2 200	550	940	150	1 500	4 700	1 300	13 000	N/A	N/A
2005 年	1 300	650	2 700	700	1 200	180	1 600	4 800	1 300	14 600	N/A	N/A
2006 年	1 400	740	3 100	830	1 100	270	2 100	4 900	1 400	16 000	N/A	N/A

来源：英国国家统计局国际服务贸易。艺术品和古董、工艺和设计业例外。

艺术和古董：《古董贸易公报》，基于英国税务及海关总署所提供的数据（仅包含英国向非欧盟国家的出口数据）进行分析。

工艺：1998 年《创意产业纲领文件》。

设计：英国设计创新部（British Design Innovation）年度财政数据“设计行业估值调查”。

时尚设计：《1998 年时尚设计报告》《关于 2003 年英国时尚部门的研究》，两者都属于企业和管理改革部（后改为工业贸易部（Department for Trade and Industry，DTI））。

注：①使用的最重要的数据源是国际服务贸易（不包括国际商品贸易）的数据。

②总量不包括工艺和时尚设计业，因为并非每年都能获取这些行业的数据。

表 3 大不列颠创意就业[①]

夏季[②]	广告	建筑	艺术品和古董	工艺	设计和时尚设计	视频、电影和摄影	音乐、视觉和表演艺术	出版	软件、电子游戏和电子出版	广播和电视	总量
创意产业中的就业											
2007 年	93 800	90 000	21 800	—	4 400[③]	50 300	220 500	214 400	360 900	91 000	1 147 100
创意产业之外的创意性就业											
2007 年	153 400	30 700	—	109 700	126 300	15 100	42 300	61 400	280 000	12 300	831 100
总的创意就业量											
1997 年	201 000	95 800	20 200	95 000	80 700	64 200	226 300	308 500	379 400	97 600	1 568 700
1998 年	204 200	101 500	19 800	119 800	88 800	64 100	217 800	317 100	426 000	101 500	1 660 700
1999 年	200 900	101 500	20 800	96 800	93 500	61 900	255 700	317 000	488 600	92 500	1 729 300
2000 年	206 000	102 600	20 900	111 300	98 500	67 500	224 300	283 900	544 600	109 800	1 769 400
2001 年	220 500	103 400	20 900	115 100	103 000	75 500	224 600	293 300	567 700	104 100	1 828 100
2002 年	215 400	102 900	21 400	114 100	115 000	68 900	240 800	286 800	556 700	108 800	1 830 700
2003 年	213 800	103 100	22 500	108 700	113 200	74 300	245 800	305 200	581 200	110 900	1 878 800
2004 年	200 000	102 600	22 500	112 900	110 400	65 500	232 300	274 300	593 900	110 600	1 825 000

续表

夏季	广告	建筑	艺术品和古董	工艺	设计和时尚设计	视频、电影和摄影	音乐、视觉和表演艺术	出版	软件、电子游戏和电子出版	广播和电视	总量
2005 年	223 400	108 200	22 900	95 500	115 500	63 800	236 300	253 300	596 800	108 700	1 824 400
2006 年	230 300	111 300	21 700	99 300	118 700	57 500	257 200	269 700	631 300	109 400	1 906 300
2007 年	247 200	120 700	21 800	109 700	130 700	65 400	262 800	275 800	640 900	103 400	1 978 200
年度涨幅											
1997—2007 年	2%	2%	1%	1%	5%	0%	2%	-1%	5%	1%	2%
2006—2007 年	7%	8%	0%	11%	10%	14%	2%	2%	2%	-6%	4%

来源：英国国家统计局劳动力资源调查（Larbour Force Survey，LFS）——雇员与个体经营者，主要与次要工作。

注：①这些数据覆盖的范围比其他报告更广泛，因为不仅要计算创意产业的工作岗位，还要计算其他产业的创意性职位，例如，制造业的美术设计师。

②从 2006 开始，夏季指 7—9 月，2006 以前指 6—8 月。

③在英国标准产业分类中没有与设计业相匹配的代码，所以估算数据只是针对时尚设计业，请参阅附录 A 中的表 A1。

表 4　英国创意产业企业数量①

	广告	建筑	艺术品和古董	时尚设计	视频、电影和摄影	音乐、视觉和表演艺术	出版	软件、电子游戏和电子出版	广播和电视	总量
1997 年	10 400	3 400	1 500	1 400	4 800	32 600	7 000	49 500	2 300	112 900
1998 年	10 300	3 300	1 600	1 300	5 500	32 500	6 800	52 600	2 300	116 200
1999 年	10 000	3 400	1 700	1 300	6 000	32 200	6 800	55 700	2 700	119 800
2000 年	10 000	3 300	1 800	1 300	6 500	32 500	6 700	56 700	3 000	121 800
2001 年	10 100	3 100	1 800	1 300	6 800	32 600	6 700	56 100	3 400	121 900
2002 年	10 100	3 000	1 800	1 300	7 400	32 300	6 700	55 800	3 600	122 000
2003 年	10 100	3 500	1 800	1 300	7 900	31 500	6 700	53 700	4 000	120 500
2004 年	9 800	4 100	1 700	1 400	8 000	30 100	6 500	49 100	4 200	114 900
2005 年	9 900	4 700	1 700	1 400	8 600	29 000	6 700	51 200	4 400	117 500
2006 年	10 100	5 300	1 700	1 500	8 900	28 300	6 700	53 500	4 700	120 700
2007 年	10 600	5 700	1 600	1 500	9 300	27 700	7 000	56 800	5 000	125 300
2008 年②	13 200	8 500	1 600	2 800	11 000	31 200	8 200	75 000	6 000	157 400

来源：英国国家统计局跨部门商务注册。

注：①由跨部门商务注册估算（请参阅附录 C）。因为在英国标准产业分类中没有与工艺和设计业相匹配的代码，所以工业和设计业被排除在外（请参阅附录 A 的表 A1）。

②2008 年创意企业数量明显增加，是因为跨部门商务注册报告中数据的覆盖范围有了变化，包含采取预扣所得税的企业，而这些企业并没有进行增值税注册登记（扩展了此前只包含进行增值税注册登记的企业的数据）。

附录A　按照官方数据分类标准对创意产业进行分类

表A1　创意产业与2003年标准产业分类匹配假设

纲领文件章节	行业	标准产业分类		代码采取比例（*）
		代码	描述	
1	广告	74.40	广告	
2	建筑	74.20	建筑和工程活动以及相关技术咨询(‡)	√
3	艺术品和古董	52.48	其他专营零售商(‡)	√
		52.50	商店中的二手商品零售	√
4	工艺	大部分企业规模太小，所以没有被企业调查选中		
5	设计	没有与该部分相匹配的代码		
6	时尚设计	9个代码	服装生产商（†）	√
		74.87	其他未分类商业活动	√
7	视频、电影和摄影	22.32	视频复制	√
		74.81	摄影活动	√
		92.11	电影和视频制作	
		92.12	电影和视频发布	
		92.13	电影放映	
9和10	音乐、视觉和表演艺术	22.14	录音出版	
		22.31	录音复制	√
		92.31	艺术和文学创作和表演	
		92.32	艺术设备运营	
		92.34	其他未分类娱乐活动	√
		92.72	其他未分类文娱活动	√
11	出版	22.11	图书出版	
		22.12	报纸出版	
		22.13	期刊、杂志出版	
		22.15	其他出版	
		92.40	新闻通讯社活动	

续表

纲领文件章节	行业	标准产业分类		代码采取比例(*)
		代码	描述	
8和12	软件、电子游戏和电子出版	22.33	计算机媒介的复制	√
		72.21	软件发行	
		72.22	其他软件咨询工作和供给	
13	广播和电视	92.20	广播和电视活动	

注：*由于部分标准产业分类包含创意产业外的活动，所以只估算代码中的部分活动(请参阅附录B)。

†9个服装制造代码被用于时尚设计：17.71、17.72、18.10、18.21、18.22、18.23、18.24、18.30、19.30。

‡对于表4(企业数量)，针对这两类也可以使用更具体的5位代码，它们是74.20/1（建筑活动）以及52.48/9(未分类的专营店的零售)。

表A2　最适合创意产业的2000年标准职业分类(Standard Occupational Classification，SOC)代码

(用来估算创意产业外的创意性职位数量)

纲领文件章节	行业	标准职业分类	
		代码	描述
1	广告	1134	广告和公关经理
		3433	公共关系官员
		3543	市场营销相关的专业人士
2	建筑	2431	建筑师
		2432	城市设计规划师
		3121	建筑技术人员以及城市规划技术人员
3	艺术品和古董	该类职业没有相匹配的代码	
4	工艺	5491	玻璃和陶瓷制造商、装饰工和修整工
		5492	家具制造商、其他木工手艺人员
		5493	样板师(模具)
		5494	乐器制造商和调音师
		5495	金匠、银匠以及宝石工人
		5496	插花人员和花卉研究者
		5499	未分类的手工工艺者
		8112	玻璃和陶瓷工艺制造者
		9121	建筑和木工行业的劳动者(Δ)
5和6	设计和时尚设计	2126	设计和开发工程师
		3411	艺术家
		3421	平面设计师
		3422	产品、服装以及相关的设计师
		5411	编织工以及纺织工
7	视频、电影和摄影	3434	摄影师以及视听设备运营商
9和10	音乐、视觉和表演艺术	3412	作者、作家
		3413	演员、演艺人员
		3414	舞者以及编舞

续表

纲领文件章节	行业	标准职业分类	
		代码	描述
		3415	音乐家
		3416	艺术人员、制片人以及导演
11	出版	3431	新闻记者、报纸和期刊编辑
		5421	创作者、排字人员和备印人员
		5422	打印人员
		5423	装订工以及印刷精加工师
		5424	丝网印刷工人
8 和 12	软件、电子游戏和电子出版	1136	信息与通信技术管理人员
		2131	信息技术战略规划专业人员
13	广播和电视	3432	广播相关专业人员
		5244	电视、视频以及音频工程师

注：Δ 只采取标准职业分类中的一部分。

附录B 其他注意事项

1. 分类

如附录A所示，创意产业的定义是基于英国标准产业分类和标准职业分类。这意味着对于英国标准产业分类来说，为了保证本报告的预估值更加准确，需要在更广泛的行业编码中界定创意产业。利用更广泛代码中的一部分代表部分创意产业，如前文“工作展望”中所提到的，这种方法目前正在审核中。

本报告对2003年英国标准产业分类进行了细微修订。1998—2003年英国标准产业分类的修订对本报告的影响较小，只有时尚设计业和软件业的界定受到了影响。因此，从2003年起，这些行业的数据与往年并不完全一致。

英国标准产业分类结构的全面修订将于近期完成，其已开始执行。这些变化会对未来系列报告产生重要影响，这些影响会在全面审查报告的调研方法时得到解决。

2. 修订

自2007年9月发布上一版报告以来，统计报告已完成以下内容修订。

①在广播和电视领域，总增加值数据有了很重要的修订(表1a/表1b)。在广播和电视业2005年的数据中发现了一些高估值，同时，2000—2004年的数据也发现了同样的情况。英国国家统计局年度商业调查的修订政策意味着，其对2005年之前公布的数据没有进行任何更改。但表1a和表1b使用总增加值主要是为了进行趋势分析，所以，需要对2000—2004年公布的数据做额外调整。在此期间，总增加值已被调整，采用广播和电视业的就业趋势(从“劳动力资源调查”中获取数据)代替总增加值的发展趋势。通过上述方式，随着时间的推移，该系列报告保持更加一致的发展趋势，使用者可以根据发展趋势来分析增长模式(表1b)。但是，这意味着该系列报告中英国标准产业分类92.20的数据和官方公布的年度商业调查的数据不同。原始数据请访问链接：http://www.statistics.gov.uk/abi/Section_o.asp。上述调整导致2000年以来的创意产业的总增加值都被低估了。

②除了英国标准产业分类92.20，英国国家统计局已对2005年度商业调查的多个标准产业分类的总增加值数据进行了修改，所以表1a和表1b都相应地进行了更新。

③整体经济数据的比较已经更新，用以反映最新的估算值。

④表4显示，2008年创意企业的数量有明显增加，是因为跨部门商务注册报告中数据的涵盖范围

有了变化，增加了采取预扣所得税的企业的数据，而这些企业并没有进行增值税注册登记(扩展了此前只包含进行增值税注册的登记企业数据)。这种变化影响到跨部门商务注册的数据报告，同时，创意企业的绝对数量增加，其占企业总数的比例保持不变。

3. 与总增加值投入产出分析相比较(表 1a 和表 1b)

创意产业经济估算和总增加值投入产出分析有显著的差异，总增加值投入产出分析是基于产品，而不是行业。

总增加值投入产出分析与创意产业经济估算最显著的差异在于，总增加值投入产出分析未考虑到大部分根据标准分类产生的数据并不是创意活动的结果，致使其被过高估计，比如用“服装”来代替“时尚设计”。

最后，总增加值投入产出分析剔除了缺少官方数据的部分内容，比如工艺和设计业。本报告对其他部分内容采用了现有的最佳数据，数据来源于业内人士预测(虽然在估算总增加值时工艺和设计业依然被剔除在外)。

4. 营业额数据(表 1a 和表 1b)

由于无法使用官方分类来识别工艺和设计业，所以，不能通过年度商业调查获取总增加值的数据。因此，使用其他来源的数据估算营业额和总增加值，其结果有所不同，具体原因如下。

①营业额数据总是比相应的总增加值数据大[①]。不同的行业，总增加值仅为营业额的 30%~80%。

②在进行数据估算时，有些创意产业的数据可能有重叠，尤其是设计和建筑业之间的数据。

① 这是因为总增加值衡量的是商品服务产生的价值与原材料以及其他投入成本之间的差额。营业额仅仅衡量售出的商品和服务的价值。

附录 C　来源和参考文献

1. 文化、媒体和体育部 1998 年《创意产业纲领文件》

2. 文化、媒体和体育部 2001 年《创意产业纲领文件》

3. 文化、媒体和体育部工具箱

4. “创意经济”项目

2007 年公布的“创意经济”项目数据。

证据与分析小组：报告草案。

5. 英国国家统计局年度商业调查

年度商业调查估算涵盖了整个英国进行增值税和/或预扣所得税注册登记的企业，并按 1992 年或 2003 年标准产业分类进行归类。年度商业调查包含来自国家统计局跨部门商务注册的企业的详细信息。更多关于年度商业调查的信息，请参阅英国国家统计局网站中“年度商业调查”。

6. 英国国家统计局跨部门商务注册

跨部门商务注册是供政府做统计用途的英国企业详细列表。除了一些很小的企业(个体户和那些没有员工以及营业额低的商户)和一些非营利机构，跨部门商务注册几乎涵盖了经济领域所有的企业，因此，会影响到部分创意产业，比如工艺业。之所以能对工艺业产生较大影响，是因为大部分工艺业企业都是小企业。更多关于跨部门商务注册的信息，请参阅英国国家统计局网站中“跨部门商务注册”。

7. 英国国家统计局劳动力资源调查

劳动力资源调查是对英国私人地址住户进行的每季度抽样调查，其目的是为英国劳动力市场提供信息，来开发、管理、评估以及汇报劳动力市场政策。更多有关劳动力资源调查的信息，请参阅英国国家统计局网站中“劳动力资源调查”。

8. 英国国家统计局国际服务贸易

国家统计局会对提供商业服务的企业的国际贸易情况进行调查。更多信息，请参阅英国国家统计局网站中“国际贸易”。本公告所使用的数据是文化、媒体和体育部特意委托国家统计局提供的。

9. 设计委员会设计企业调查

这项调查是由设计委员会在 2004—2005 年度开展的，用于提供有关设计行业的多方面的数据。设计委员会旨在每三年重复调查一次。

10. 英国设计创新部设计行业估值调查

这是一项由英国设计创新部开展的关于4 000多个设计注册机构的年度调查。更多信息，请参阅英国设计创新部网站。

11.《古董贸易公报》(*Antiques Trade Gazette*)

本报告使用的出口数据是由《古董贸易公报》根据英国税务及海关总署的数据提供的，只包含英国向非欧盟国家的出口数据。

文化都市：伦敦市长文化战略
（2012年及未来展望）

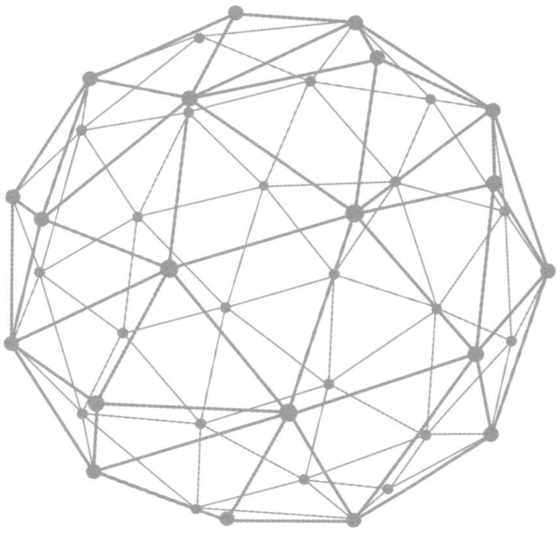

* 文件由大伦敦政府发布于2010年。

目　　录

市长寄语

当人们提到伦敦，或是谈论在伦敦居住或游览时喜欢的事物，总会发现说的都是文化。

不论以何种标准进行衡量，你都会发现，伦敦是一个文化重地，在世界享有盛誉。伦敦的博物馆比巴黎还多，伦敦有4处遗址被联合国教科文组织列入“世界文化遗产”，伦敦拥有的书店数量是美国的2倍，每年举办30 000多场现场音乐表演。

伦敦不仅有国家博物馆、地标性游览胜地和著名的学府，还将创意、美丽和历史类的主题贯穿整个城市。对一些人而言，他们最宝贵的文化体验可能并不是参观了一个著名的博物馆，而是参观了伦敦东区的艺术馆，观看了卡姆登的乐队表演，或是发现了17世纪巴洛克风格的代表建筑。当然，对其他更多人来说，文化不仅是休闲活动，还是生活——伦敦的创意产业充满活力、蕴含商机，为数以万计的伦敦市民提供了就业机会。

这一切都需要持续的支持与引领。如果不能时刻认识到国家文化宝藏的价值，不为基础设施建设投资，不保护我们的财富、建筑和遗产，不教育或者引导未来一代去体验文化的价值和创造文化的乐趣，那么我们将会失去很多。人们关心近期国家和地区公共财政的缩减对艺术和文化产业带来的影响，本文化战略就是在这样的背景下制定的。众所周知，这是一个充满挑战的时期，但是我决意为了伦敦去争取它应得的和需要的支持。

作为伦敦市长，我希望伦敦不仅是世界上最伟大的文化城市，还是一个能吸引世界各地和全国各地游客的城市。同时，无论经济形势如何，我都希望伦敦市民能永远积极向上，并尽情地享受这座城市所带来的一切。

我们要充分利用2012年伦敦奥运会这一千载难逢的机会，向世人展示伦敦最伟大的魅力。

同时，我也希望在地方层面上参与文化活动的精神不会被束缚，要确保所有的伦敦市民，无论身处何地，抑或背景如何，都能够充分地享受这一切。

这一战略将有助于实现所有的目标，甚至更多。所谓的单一文化机构并不存在，大伦敦政府也不是艺术和文化的主要直接投资者。但是，我坚信，通过与战略融资机构、当地政府和文化产业内各类伙伴紧密合作，我们有能力提供必要的支持与资金供给，消除发展的障碍，实施能让伦敦文化蓬勃发展的政策。

鲍里斯·约翰逊

摘 要

伦敦是世界最重要的文化、艺术和知识中心之一，有着无与伦比的艺术藏品、历史文物和跨越时空的建筑。同时，这座城市也引领着当代文化的潮流，吸引着艺术、时尚、电影、设计、音乐和戏剧界的骄子。

“伦敦市长文化战略”承认文化和创意产业在将伦敦塑造成世界城市中所发挥的作用，积极倡导对文化持续的支持和投资。它强调，在经济发展不稳定和快速转型时期，人们会更加关注文化产业，尤其是政府对文化产业的政策和投资。同时，该战略也对当今社会背景下如何最大限度地推动伦敦文化生活的繁荣发展进行了思考。

与“伦敦市长交通战略”和“伦敦市长经济发展战略”不同，“伦敦市长文化战略”并没有指定一个单独的机构负责文化事务，大伦敦政府也不是文化产业的主要直接投资者。因此，在整个“伦敦市长文化战略”实施过程中，由市长确定发展重点，指导和协调文化产业和伦敦政府的行动，通力合作，形成合力。

伦敦文化战略小组负责战略的推进，白教堂艺术画廊主管伊娃娜·布雷兹维克(Iwona Blazwick)担任小组组长。伦敦文化战略小组是由市长建立，由文化产业的主要机构和组织的相关人士组成。伦敦文化战略小组开展了大量的调查和研讨活动，以增进对伦敦文化产业的了解，深化对市长及其合作伙伴可能实施的活动的理解。

下文对“伦敦市长文化战略”中的重点工作进行介绍。

1. 保持伦敦作为世界文化城市的地位

伦敦是世界公认的艺术、文化以及商业创意产业中心。这些产业对伦敦经济的发展做出了重大贡献，不仅提供了大量的就业机会，创造了180多亿英镑的营业额，还在促进伦敦旅游经济发展以及保持伦敦创意和商业国际中心的地位上发挥了重要作用。

然而，要保持这一地位，需要持续的投资和支持。近期的经济衰退对文化产业产生了一定的影响，特别是私人赞助与捐赠不断减少。预计未来几年，公共支出也将降低，这一趋势引起了人们的普遍关注。

市长将会一如既往地强调支持伦敦文化产业的重要性，促进对创意商业和产业的支持。此外，市长还会与文化产业携手，共同应对各类挑战，比如环境问题、过度的监管政策和可能会扼杀创造力的实践活动。

2. 拓宽接触文化的途径

伦敦以其深厚的国家和国际文化底蕴而闻名，与此同时，它也为城市居民提供了获取高质量地方文化服务的途径。伦敦市不同地区提供的文化服务差别很大，尤其是在外伦敦，文化产业面临资源和认可度的巨大挑战，无论是当地，还是区域资助机构提供的资助，都远低于平均水平。

市长正尝试通过其他方式来改善高质量艺术和文化活动的接触和参与途径，其中包括解决人们关心的各类问题，尤其是交通问题。市长也支持区域资助机构尝试不同的方法更好地参与外伦敦的文化产业，支持地方政府提高文化服务的质量，比如支持公共图书馆。同时，市长的支持有助于增加获取文化的各类举措，包括各项活动，尽其所能支持伦敦的免费文化活动和文化节。

3. 教育、技能和职业

文化可以使伦敦年轻人的生活充实而愉悦。许多组织机构做了大量出色的、多样化的工作。但是，由于地理和社会经济背景的差异，仍有部分年轻人没有接触文化服务的机会。

要增加人们接触文化教育的机会，并不是要成立更多组织或实施其他的政府项目，而是需要一种战略举措，它有助于协调现有的活动，在文化机构、学校和当地政府之间建立联系，提高高质量文化供给的意识。谈到音乐教育，市长承诺，将通过“赋予音乐重要性：2010—2012 年伦敦音乐教育”战略和一年一度的“伦敦韵律”活动来实现。基于此，“伦敦市长文化战略”将努力提高所有艺术形式的教育供给质量。

未来，伦敦文化产业的竞争力很大程度上要依靠人才和劳动者的技能。许多伦敦的高等教育机构拥有文化领域的专家，尤为重要的是，他们的学术能力吸引着世界各地的学子。这些学子是推进伦敦创意产业发展的无与伦比的后备人才。市长支持伦敦的大学为文化产业提供促进创新的资源和技能，同时，这些大学也努力向伦敦市民开放，让他们获得更多知识和提高专业技能。此外，通过提高实习和学徒教育的质量，鼓励志愿活动，通向文化产业的道路将变得更加美好。

4. 基础设施、环境和公共领域

伦敦的自然环境与其文化供给之间存在很强的相关性。尤其重要的是，伦敦的规划和发展进程要推动文化的繁荣发展，就要加大对场馆和公共空间的建设。

市长为伦敦量身定制的空间发展战略——“市长伦敦规划”是实现这一目标的重要机制。它明确地阐述了文化将在伦敦未来的发展中发挥的战略性作用。通过“伦敦大户外”计划，市长表达了他对美好城市设计的支持，通过《更好街道、更多绿色和水系空间》的实施文件，辅以投资，为振兴伦敦的公共空间描绘了蓝图。

文化和创意产业也是城市再生的重要因素。市长与合作伙伴共同努力，争取在多斯顿交汇站、布里克斯顿镇中心和奥林匹克公园等优先建设地区最大限度地利用文化提供的机会，扩大就业市场，促进企业发展。城市景观是历史与传统的反映，需要保护和颂扬。《伦敦规划》草案明确指出：为了保护伦敦的建筑环境，要付出不懈的努力，要保护的不仅是标志性建筑，还包括伦敦居民区独到的建筑风格和特点。

此外，还要继续努力增进公众对伦敦历史的参与和理解。鉴于此，在文化与遗产部门的协助下，市长举办了“伦敦故事”活动。它以一种全新的方式为机构展现历史和收藏品提供了机会，并且鼓励所有伦敦市民颂扬和欣赏这座城市的历史。

伦敦也可以因公共艺术、盛大的活动和节日而大放异彩。市长会继续关注高质量公共艺术的发展，积极支持伦敦地铁的“地铁艺术”和第四柱基委托项目等举措，后者为伦敦最高档次和最受关注的艺术作品提供了展出的机会。

伦敦因其节日而著名，这些节日不仅使伦敦的公共领域充满活力，也吸引了来自世界各地的游客。伦敦市长与各区其他合作伙伴紧密协作，保证现有的和新的活动能够在整个伦敦范围内开展。这些活动具有重要的文化意义，可以推动社区发展，为伦敦的旅游经济做出贡献。

5. 2012 年的文化和伦敦

作为世界上最盛大的体育赛事，2012 年伦敦奥运会将是对伦敦丰富的文化和国际化的独特礼赞。我们对此寄予厚望，目前的挑战是要让整个部门通力合作，构建伙伴关系，并在国际友人、年轻人的参与下和追求卓越的奥林匹克精神的指引下雄心勃勃地开展工作。

大伦敦政府除了要完成官方文化奥运项目，还要推动全城计划的发展，以各类形式的节日、产品、展览和文化活动来激活伦敦的空间和建筑。

大伦敦政府要发挥重要作用，将文化部门的热情与项目理念相融合，并协调城市的各种庆祝活动，工作的重点是保证尽可能多的人有机会参与和享受文化奥运，并且提供高质量的技能培训、商业支持和志愿项目。

伦敦，尤其是东伦敦的自然和社会经济遗产，是成功举办 2012 年奥运会的关键，文化在其中发挥的作用尤其重要。伊丽莎白女王奥林匹克公园将会是欧洲 150 多年以来最大的公园，在规划与设计初期，艺术家们就参与其中，以保证 2012 年奥运会结束后能继续吸引游客。

伊丽莎白奥林匹克公园最重要的遗产是阿塞洛米塔尔轨道塔，一个标志性的雕塑和旅游景点，建造在园区的中心。该建筑所需的大部分资金由私人赞助，由获奖艺术家安尼施·卡普尔(Anish Kapoor)与著名结构建筑设计师塞西尔·巴尔蒙德(Cecil Balmond)合作设计。它是英国同类雕塑中最高的，比自由女神像还高，登上它可以欣赏到独一无二的伦敦美景。

伊丽莎白女王奥林匹克公园会成为改造后的东伦敦的中心区域，同时，园区周边和整个奥运会主办区也会获得大量的投资，用于整修建筑和翻新历史遗迹，这些都会使公共领域得到明显改善。

6. 发布文化战略

为了实现“伦敦市长文化战略”的目标，并对实施过程进行监控，大伦敦政府正与许多机构和个人开展合作。

伦敦文化战略小组在其中发挥着至关重要的作用，伦敦议会、各区主导的伦敦文化改进项目以及 2012 年伦敦文化奥运委员会的作用也不容忽视。大伦敦政府官员正积极地与这些团队进行接洽。与已有团队合作，而不是成立新的团队具有双重意义：一方面，可以更好地协调彼此之间的关系；另一方面，可以避免重复。大伦敦政府也在努力为促进伦敦文化产业的发展提供坚实的事实和政策基础。

简　介

21 世纪伊始，伦敦是最重要的文化、艺术和思想生活的中心之一。伦敦拥有近 2 000 年的历史，是世界文化的宝库，拥有举世无双的艺术藏品和历史文物，还拥有跨越时空的历史建筑。同时，这个城市不断引领着当代文化的潮流，吸引了艺术、时尚、电影、设计、音乐和戏剧界最杰出、最优秀的人才。“市长文化战略”承认文化和创意产业在将伦敦塑造成世界城市中所发挥的作用，积极倡导对文化持续的支持和投资。这一战略是在经济发展不稳定和快速转型的大背景下提出的。在这种背景下，对伦敦文化和创意产业价值的清醒认识比以往更加重要。

人们普遍认同文化是伦敦成功的重要因素，这也是人们来伦敦旅游的主要原因，70%的游客选择伦敦的理由是文化。伦敦是世界上最受欢迎的旅游城市之一，每年接待的游客数量相当于巴黎和纽约接待的游客数量的总和。人们移居伦敦，因为这里是世界上最具国际化和最受欢迎的城市之一；企业迁移到伦敦，因为这里吸引着各个产业的优秀人才。

伦敦的商业创意产业为英国经济带来了大量收益。2010 年发布的《大伦敦政府经济》的最新官方数据显示：2007 年，伦敦有 797 000 人从事创意产业相关的工作，其中 386 000 人从业于创意产业，另有 411 000 人在创意产业之外从事创意性工作，创意产业的总增加值是 185. 45 亿英镑。[①]

“伦敦市长文化战略”强调文化对人类的历史和认识的价值。纵观历史，公元前 5 世纪到公元前 4 世纪的雅典、15 世纪的佛罗伦萨、20 世纪早期的巴黎，这些城市都曾是重要的文化“熔炉”，它们聚合了新的理念，并将思想家和艺术家汇集在一起。今天，伦敦也可以向世界宣布，它已经成为这样一座城市，为真正塑造和改变世界的辩论、讨论、发明和创意提供空间。仅仅为了这个理由，大伦敦政府就应该战略性地支持这个城市富有生机的文化景观，并且帮助个人和机构应对所面临的挑战与机遇。

自 2004 年“伦敦文化战略”首次发布以来，世界发生了很大的变化。2005 年，伦敦获得了 2012 年奥运会和残奥会的举办权。同年，伦敦市民经历了 7 月 7 日的爆炸案悲剧。过去两年，英国进入自 20 世纪 20 年代以来最严重的经济衰退。终于，2008 年伦敦选举了新市长，2010 年 5 月英国组建了新一届政府。因此，“伦敦市长文化战略”不仅要以 2004 年的“伦敦文化战略”为基础，也要充分考虑所有上述因素。同时，需要指出的是，在制定这一战略的过程中伦敦也发生了巨大的变化，尤其是在政府政策方面，因为要不断地适应变化，这让伦敦的政策更加难以制定。

1. 关键主题

不管当前的经济环境如何，伦敦的文化产业始终保持着良好的运行状态。商业剧院的票房创 25 年

① 由于没有更多更新的数据，我们还无法判断，在经济衰退的背景下，创意产业将如何应对。但是在经济衰退之后，尤其是 2006 年以后，创意产业都能复苏。所有情况表明：一旦经济条件好转，这一产业会保持其优势地位，持续创造大量就业机会，为伦敦带来收益和财富。

来最高，2009 年夏天博物馆和画廊的游客数量创造了新纪录。尽管如此，企业赞助和公共资助明显承受着压力，这些领域的显著下滑阐明了一个复杂且脆弱的资助体系。受补贴的部门与商业创意产业相互依赖的程度日益紧密。在获得补贴的剧院中，接受培训的专业人才通常会在商业电影产业中从业；在伦敦外西区剧场中排演的舞台剧和音乐剧通常能为商业剧场带来巨大收益。另外，商业赞助和私人捐款保证了伦敦的文化产业能持续增长和创新。

市长以及主要资助机构，比如英国艺术委员会、英国文化遗产委员会和遗产彩票基金发挥了关键的作用，共同倡导对文化产业的不同领域进行持续投资，加大建筑、文化生产和劳动力质量等方面基础建设的力度。市长还承诺，要向那些为伦敦带来持久经济价值的文化和创意项目提供资金支持。这些大型的投资项目包括萨瑟克区(Southwark)泰特现代美术馆的扩建、布里克斯顿区(Brixton)黑人文化档案中心的建立、格林尼治区(Greenwich)“卡蒂萨克”号巡洋舰和伊丽莎白女王奥林匹克公园的阿塞洛米塔尔轨道塔的翻新。值得一提的是，这些项目还吸引了大量的私人投资。此外，一系列有利于维护商业创意产业发展的活动，比如伦敦时尚周之类的高端展示活动，也得到了市长的支持。大伦敦政府也与一些机构密切合作，共同致力于促进创意和文化产业中劳动力的发展，尤其要保证创意和文化产业能吸引更多后备人才，并为他们提供实习和培训的机会。

在现今的经济环境之下，相比于以往的文化战略，我们更关注的是提高文化产业的效能。尽管文化机构在过去 20 年变得更加高效，并具有企业的特征，但是我们清楚地认识到经济危机带给文化产业内的从业人员更大的激励，他们要寻求多种途径加强合作，减少重复浪费。大伦敦政府采取了许多举措，比如“伦敦文化改进”计划。这一计划旨在提高地方文化服务部门，比如图书馆、博物馆和档案馆的效率。在帮助协调产业的信息与证据，向公众和产业传递举措与计划的效能方面，大伦敦政府扮演着重要的角色。伦敦的文化产业相当复杂，大量的资助计划、举措和政府机构让人感到迷惑。这种状况极容易造成浪费，降低效率。一个更加协调一致的战略方案将有助于解决该问题。

预算的压力仍是大多数文化机构所关心的主要问题，尽管如此，令人振奋的是，很多机构并没有停滞不前。数字技术革命已经开始对文化产业产生影响，这些机构进行了新型艺术实践、线上内容、不同的商业模型和应对环境挑战的尝试。大伦敦政府和英国艺术委员会之类的资助机构发挥了愈来愈重要的作用，为各文化机构提供建议和指导，使其能从改变中获益。我们正积极地努力，为文化产业提供更多有效而实用的指导。

“伦敦市长文化战略”确认了 2012 年伦敦奥运会和残奥会的重要性及其对文化机构和公众的意义。大伦敦政府及其下设机构将与国家合作伙伴携手，将奥运会举办成一次不同凡响的文化盛会，并借助这一盛会来激励年轻一代，为英国留下难以忘怀的记忆。伦敦能够成功申办奥运会，部分原因在于对文化项目的热情投入，以及让东伦敦实现重大而持久的转变的承诺。市长将会与伦敦奥组委、奥运交付管理局以及文化奥运组委会携手前行，共同努力，确保文化的意义不仅在于一次成功的奥运会，也将使这次奥运会成为伦敦永恒的遗产。

直至 2012 年，我们有机会礼赞伦敦的多样性和国际化。这座城市欢迎来自全球的艺术家，新的社区也会不断地构建身份意识和加强彼此的联系。市长强烈地意识到，伦敦的国际化不能被不必要的阻碍所牵绊，一定要生机勃发。市长也欢迎政府审查新的签证积分体系对文化产业的影响。同样，他希望地区的行政体制不会阻碍社区之间的交流。人们普遍认为，许可证发放手续、健康和安全问题以及谨小慎微的文化氛围会挫伤人们组织非正式街头庆祝活动的积极性，或是抑制志愿活动。为此，我们与伦敦各区合作，消除人们的顾虑并鼓励志愿活动，尤其是在 2012 年奥运会和钻石庆典期间。钻石庆典是一项重大的国家庆典，在英国历史上只举办过一次，其重要性可想而知。

对文化产业来说，最大的挑战在于，要与整座城市新的受众和艺术家建立联系。在伦敦，为了能让民众更好地贴近文化，还有很多工作需要做，尤其是要加强与外伦敦地区组织的合作。

市长极力支持像“大舞汇”这样在城市中心以外开展的全伦敦范围的活动，我们也在与伦敦议会一起探讨“伦敦市民卡片”实现的可能性，它涵盖很多方面，包括文化，还会让更多观众，尤其是年轻人和其他社会团体，享受城市为他们提供的服务。交通仍是伦敦文化产业发展所面临的重要问题，大伦敦政府与伦敦交通局积极合作，以保证其关于交通的意见能够引起关注。

支持年轻人的发展，包括为他们提供更好地接触高质量文化和教育体验的机会，是市长当选以来做过的最重要的承诺。我们正与公共机构和志愿团体合作，加强城市的音乐教育以及补习教育。过去10年，虽然教育的普及取得了相当大的进展，但由于缺乏战略框架，很难对其水平和质量进行评估。此外，尽管有很多适合年轻人的活动，但我们更希望，不论何种背景的人都可以参与高质量的教育活动。更重要的是，我们应该乐于向年轻人挑战，给予他们最好的支持，而不是通过低估他们的能力或忽略其兴趣来保护他们。从长远来看，一个更具有战略性和合作性的举措将意味着可以实现更多目标。

最后，我想感谢伦敦文化战略小组的成员们，他们为本战略的修订提供了意见和帮助，尤其是组长伊娃娜·布雷兹维克，她为本战略的修订提供了重要的支持。我还要感谢文化产业的从业人员以及关心伦敦文化产业发展的所有人，感谢你们为此付出的劳动以及提出的想法和建议。

市长艺术和文化顾问　穆妮拉·米尔扎(Munira Mirza)

2. 战略范围

伦敦的文化产业涵盖面非常广，包括国家博物馆和举世闻名的遗址、大型商业创意产业、志愿艺术组织、电台与电视广播、文化奥运项目、无数的活动和节日，以及很多其他方面的活动。没有任何一种单一的战略能够对此进行足够翔实的描述，因此，本战略不是根据艺术形式或产业类别来构建，而是确认和强调与整个文化产业相关的交叉主题，市长在此过程中发挥了重要作用。因此，本文件的结构安排如下。

第一部分：描述伦敦文化产业的规模及主要特征，强调现阶段，尤其是当前经济环境下所面临的最紧迫的问题。

第二部分：描述伦敦文化服务的分布、影响参与度的主要壁垒以及拓宽伦敦市民接触文化的途径。

第三部分：教育与技能，不仅要为儿童和年轻人，还要为学生、新的文化产业从业者以及专业人士提供高质量的相关服务。

第四部分：如何让伦敦的自然环境、遗产和公共领域得到更好的理解和保护，并且为伦敦创造性地发展提供条件。

第五部分：2012年伦敦奥运会，以及如何让文化产业为文化奥运项目、伊丽莎白女王奥林匹克公园遗产以及城市更广阔地发展做贡献。

第六部分：如何通过合作伙伴和积极行动来实施本战略。

3. “伦敦市长文化战略”、大伦敦政府和伦敦文化战略小组的作用

“伦敦市长文化战略”是市长为伦敦文化制定愿景、目标和工作计划的主要途径。它是1999年《大

伦敦政府法案》(2007 年对该法案进行修订)中所规定的法定战略。这些法案规定了市长和大伦敦政府在文化方面的责任。市长应该对所有的法定战略进行审阅和修订，以保证它们能切中和满足伦敦市民的需求。

自 2008 年市长选举以来，大伦敦政府就开始着手制定具体的工作计划，来支持文化的发展。这一战略勾画了市长管理的前景以及开展的主要工作，同时对一些正在实施的举措、研究和项目也做了阐释。尽管大伦敦政府肩负着文化的战略责任，但是在伦敦，并没有设立一个专门的文化机构负责，大伦敦政府也不是文化的主要直接投资者。因此，大伦敦政府和市长要与合作伙伴共同确立优先开展的工作、提供引导、鼓励创新、进行项目试点以及取得长足的进步。在这样的影响和倡导下，市长能够作用于这些变化，并对文化产业的投资进行有效的协调。

根据《大伦敦政府法案》，市长成立了伦敦文化战略小组，负责战略宣传和对战略实施进行监督，该小组由从文化领域的主要机构和组织中选出的 25 名代表组成。伊娃娜·布雷兹维克担任组长，她是白教堂艺术画廊的主管。伦敦文化战略小组每季度进行一次会面，将文化领域内的各类代表聚集起来，制定并审查发展战略。

4. 修订"伦敦市长文化战略"的原因

2004 年，伦敦发布了名为《伦敦文化都市：实现成为世界城市的雄心》的文化战略。它具有重大意义，第一次对伦敦文化发展的前景和目标进行了规划，对伦敦文化产业的规模和特征制订了大量基线数据。因此，在公共和私有机构可持续性投资的支持下，伦敦文化产业在政策决定者之中享有全新的较高声誉。目前，文化产业已经有了很大的进步，特别是开展了一系列有助于推动伦敦公共文化生活的活动。

自 2004 年以来，英国发生了很多大事：伦敦选举产生了新的市长，他对文化领域有自己的思考和工作的重点，尤其是围绕教育、与年轻人的合作和改善整个城市文化服务的质量和一致性；伦敦成功申办 2012 年奥运会和残奥会；一个具有挑战的经济与融资环境；2010 年选举产生了新一届政府，为文化、经济发展和其他很多方面的政策环境带来了改变。其中许多变化当然是持续的，因此，很有可能在合适的时候对战略中的许多政策进行修订和更新，这要根据具体的环境而定。

5. 战略修订过程

2008 年底正式启动"伦敦市长文化战略"的修订工作，同时召开了伦敦文化战略小组的成立大会，并发布了《旅游指南》(*Direction of Travel*)。自此，伦敦文化战略小组的成员与大伦敦政府的官员携手努力，举办了一系列活动，以增进对伦敦文化产业的了解。同时，大伦敦政府会同伦敦文化战略小组成员和其他合作机构，希望通过"伦敦市长文化战略"支持和实施那些具有潜力的活动计划。这些活动主要包括以下几种。

①一系列工作组，或是一次性的圆桌会议，通常由伦敦文化战略小组成员主持。这些研讨会的宗旨是对特殊问题进行详细的探讨，从更广泛的利益相关者手中获得事实依据、发展理念和形成建议，并将其反馈给全体小组成员。研讨会涵盖的议题非常广泛，包括年轻人才的出路、文物遗产部门、艺术家工作室、实习和奖学金、外伦敦的艺术和文化等。

②公共协商的过程。正式发布的《旅游指南》和《文化战略(草案)》让大伦敦政府收到了 100 多份回

复意见。这些意见对提出的工作要点和重点进行了评论。我们联系了大部分提出意见的人士，并对他们进行了单独的访谈，以期对他们提出的问题进行更全面的探讨。

③大伦敦政府也与其他机构合作，举办了各类会议和活动，邀请行业内的代表共同讨论与其共同利益相关的诸多问题。比如，大伦敦政府与伦敦议会组织所有伦敦地方政府中分管休闲或艺术事务的官员共同开展活动，推选了专门负责文化事务的代表，并召集伦敦所有的音乐服务机构开了一次以音乐教育为主题的会议。

④定量研究。众所周知，战略需要由最新的、准确的数据和信息进行支撑。为此，大伦敦政府经济学部分析了国家官方数据，对伦敦创意产业的规模和主要特点进行评估，并将评估结果发布在2010年2月的《伦敦创意产业劳动力(2010年更新版)》中。此外，大伦敦政府还委托咨询团队，对伦敦的文化反馈进行了电话调查。

除了上述几点之外，市长艺术和文化顾问与大伦敦政府官员也进行了大量的个人访谈，举办了很多研讨会，参与实地视察、工作坊和其他活动。通过这些活动，利益相关者可以有更多机会探讨“伦敦市长文化战略”，强调工作的重点以及面对的机遇和挑战。总之，在正式磋商之前，所有这些都向我们展示了一个全面而广泛的社会现实，它使我们与行业建立联系，并寻找到尽可能多的观点和视角。

6. 政策环境的改变

在战略研讨期间，政府政策和机构发生了很多巨大的变化。这些变化包括一些国家文化机构，比如英国电影协会，博物馆、图书馆和档案馆协会(MLA)的撤销或重组，以及政府对伦敦的安排。尤其是伦敦发展署将于2012年3月撤销。市长提议，伦敦发展署有经济发展和再生功能，其应该在大伦敦政府内部进行重组。家庭和社区办事处(Homes and Communities Agency)使市长在投资方面拥有更直接的控制和选民职责。“伦敦市长文化战略”反映了2010年秋天的形势，未来数月还有可能发布更多公告。

7. 与其他市长战略结合

“伦敦市长文化战略”是市长的12个法定战略之一。市长法定战略还包括“伦敦规划”“交通战略”和“经济发展战略”等。很多战略都是在同一时期制定的，并经历了类似的磋商过程。“伦敦市长文化战略”受市长其他战略的影响，但反过来又影响和支持其他战略。很多对文化产业至关重要且与之息息相关的问题，比如规划条例或对商业的专家支持可能会在“伦敦市长文化战略”中有所阐释，但是在其他战略中，这些问题会得到更具体的介绍。为了充分地展现文化，“伦敦市长文化战略”与其化战略进行了紧密的配合，共同为支持伦敦文化发展制定统一的框架。如果对这些战略涉及的问题感兴趣，请访问网址：www.london.gov.uk/shaping-london。

8. 市长的体育计划

这里对《伦敦体育的未来》中所概括的市长体育计划进行总结，相关资料可以访问以下链接：www.

london.gov.uk/archive/mayor/publications/2009/docs/sporting-future-2009.pdf。

9.《伦敦体育的未来》

伦敦成功申办奥运会的一个重要因素在于，伦敦承诺会利用奥运会来改变伦敦的体育风貌，提高大众的体育参与度，与年轻人共同解决诸如肥胖、健康医疗和犯罪等问题。这对伦敦来说尤为重要，伦敦不同地区对体育的参与度存在显著差异，肥胖问题严重以及其他一些社会经济因素阻碍了大众运动和体育活动的开展。

因此，2009 年 4 月市长专门发布了体育发展战略——《伦敦体育的未来》，这是对其法定战略的重要补充。这一战略概述了市长所要实现的目标：一是保证伦敦的体育遗产；二是保证奥运会和残奥会留下的物质资产的利用率持续增加，并有助于解决根深蒂固的社会问题，让这些物质遗产的价值得到凸显。这一战略围绕着 4 个主要遗留目标展开，每个目标都有更详细的可交付成果和资源分配：

①让更多人行动起来；

②改进体育基础设施；

③培养能力和技能；

④将体育为社会带来的收益最大化。

为了实现这些目标，市长正在审查一项价值 1 550 万英镑的社区体育投资项目。很多合作伙伴都给予了配套资助，这就意味着，到 2012 年，将会有 3 000 多万英镑投资用于伦敦体育事业的发展。

市长的大部分投资集中在以下 3 个领域。

①设施：700 万英镑资金将投入各类设施的建设。奖金将用于填补大项目的资金缺口，或作为规模较小社区或房地产项目的主要资金来源。总计将设立 60 多个奖项。

②技能：300 万英镑资金将用于体育和休闲行业中各项技能的培训，这些技能包括教练、志愿活动和俱乐部运营。我们正在与一些机构建立合作关系，为伦敦的“啃老族”提供系统培训，使他们能顺利就业。

③参与：400 万英镑资金将用于提高大众的体育参与度，尤其要将重点锁定在不活跃的群体中。这些资金也会用于支持一些创新项目，其目的是利用体育来帮助解决一些更为广泛的社会问题，如犯罪、失业等。

除了上述 3 个方面的工作外，市长每年会为大约 240 家俱乐部和社区团体提供最高 1 500 英镑的小额免费体育补贴基金，使其能够为伦敦市民提供免费的体育训练。

市长推动社区体育发展的方法关键在于，认可现行的良好做法，并与这一领域中活跃的地方、区域和国家机构建立合作关系。因此，市长将努力协调并促成整个伦敦的合作，利用资金和战略影响将包括政府和第三产业在内的所有合作伙伴聚集起来，完成 2012 年的共同目标。

完整的《伦敦体育的未来》和更多关于市长正在进行的体育项目和资金流向的详细信息，请查阅网址：www.london.gov.uk。

一、保持伦敦作为世界文化城市的地位

(一)伦敦：21 世纪的文化大都会

伦敦拥有相当丰富的文化资源，以至于人们对此习以为常。每天，伦敦市民在公交车上埋头读报，在经过建筑奇迹，世界著名画廊、博物馆和著名的遗产古迹时也不会抬头看。70%的游客选择伦敦的理由是文化。伦敦每年接待的游客数量相当于巴黎和纽约接待的游客数量的总和。[①] 伦敦能够获得 2012 年奥运会和残奥会举办权的重要原因在于卓越的文化和创意产业。

伦敦文化产业最突出的特点是，能获得商业和公共财政双重补贴。只有少数几个世界城市可以与伦敦相比。一般而言，因为具体界定和评估方法的不同，与其他城市的比较会出现一定的偏差。尽管如此，将伦敦与其他世界城市进行比较是有益的，可以让人们了解伦敦文化生活的规模和丰富程度。就一系列重要的指标来看，伦敦都是卓尔不群的，具体指标见表 1.1。这是过去 15 年对文化构架进行大量投资的成果。从英国皇家植物园到“贝尔法斯特”号巡洋舰，遗产彩票基金对 20 个最主要景点中的 13 个给予了 2.38 亿英镑的投资[②]。同时，2000 年泰特现代艺术馆的开放、2008 年伦敦艺文中心音乐厅的开放以及皇家节日音乐厅和白教堂艺术画廊的翻新，使伦敦文化场所的数量、规模和质量都有所提升，向世人充分展示了世界最伟大的艺术创作。

表 1.1 主要文化指标

指　标	伦敦	纽约	巴黎	上海	东京
公共艺术画廊数量	92	N/A	59	6	40
专业艺术高等教育机构数量	12	7	3	15	N/A
国家博物馆数量	22	16	19	6	8
其他博物馆数量	162	85	138	100	71
联合国教科文组织世界遗产数量	4	1	2	0	0
公共图书馆数量	395	255	303	248	369

来源：2009 年文化审计。

伦敦除了拥有许多国家宝藏，4 座历史悠久的教堂，成百上千的博物馆、图书馆、画廊、历史遗址和大学以外，它同样处于全球当代艺术的前沿。对世界上的许多人来说，伦敦的吸引力在于其流行文

① 数据来自伦敦旅游局官方网站：www.visitlondon.com。

② 数据来自遗产彩票基金网站：www.hlf.org.uk。

化和创意产业，还有存在于伦敦的活跃的非正式商业活动。比如，康登(Camden)的现场音乐表演、查令十字街(Charing Cross Road)的书店、肖尔迪奇(Shoreditch)的酒吧和俱乐部，或主要的体育和音乐会场地，如温布利(Wembley)和O2 体育馆。与其他世界城市相比，伦敦的创意产业同样成绩显赫，见表 1.2。

表 1.2　创意产业指标

指　标	伦敦	纽约	巴黎	上海	东京
音乐场所数量	400	151	122	148	132
每年音乐表演场数	32 292	22 204	3 612	11 736	7 419
每年戏剧表演场数	17 285	12 045	15 598	3 117	8 281
剧院及音乐厅数量	215	111	158	137	132
电影院数量	105	264	88	49	105
书店数量	927	498	1076	300	N/A
夜店、酒吧等数量	306	279	277	N/A	N/A
节日数量	200	81	40	22	N/A

来源：2009 年《文化审计》。

1. 作为国家和国际中心的伦敦

伦敦的创意产业生机勃发，因为伦敦是一个国际中心。伦敦是人才、资本、商品和服务交换的重地。毫无疑问，过去 400 年，伦敦一直保持着历史经济地位。随着国际贸易的出现，伦敦一直处于中心地位，在亚麻、丝绸、茶叶、糖或是制成品的贸易活动中提供经纪服务，将买家与卖家、投资者与企业家紧紧地联系在一起。在许多方面，今天的伦敦在世界创意经济中也扮演着同样的角色。伦敦不仅是创意产品之源，也是包括出版商、参展商、外包商、经销商、金融家、经纪人和代理商在内的重要行业中介商中心。

伴随商业贸易的发展，各民族、商业、游客和学生都汇聚在一起。移民潮、有利的监管条件、开放的精神以及商业自由都是保证伦敦吸引世界各地最具才华和创业精神的人才的因素。伦敦多次在其竞争力及其作为商业地点的国际基准中获得高分，很大一部分原因在于其人口所具备的技能和知识。表 1.3 根据人力资本标准，对世界上一些主要城市进行了排序，以此来衡量这些城市的智慧水平。需要说明的是，排序参考了许多因素，比如教育资质的水平等。

表 1.3　人力资本指数

城　市	排　名	人力资本分数
伦敦	1	23
巴黎	2	22
东京	3	19
纽约	4	18
多伦多	5	17
亚特兰大	6	15
洛杉矶	7	12
芝加哥	8	9
法兰克福	9	8
新加坡	10	8

来源：普华永道《2007 年机遇城市报告》。

在文化和创意产业的特殊背景下，城市的竞争优势主要来源于它的国际化特质。伦敦与纽约并称世界上最具多样性的城市，伦敦拥有几百种语言和100多个少数民族群体，少数族裔人口超过10 000人。正是这种文化和风格的多样性激发了文化产业的活力，推动了创新的发展。不论是时尚设计师将具有少数民族特点的面料和图案融入设计，还是新型都市音乐的出现，抑或无数来自世界各地的艺术家参与许多不同的艺术节，都是活力和创新的重要体现。

在文化产业中，很多人热衷于将伦敦的多样性带来的收益最大化，大伦敦政府与战略和资助机构密切合作，共同支持此项工作的开展。伦敦发展署支持了许多展示城市不同文化的项目，比如诺丁山(Notting Hill)近期开展的"帐幕艺术"活动和布里克斯顿(Brixton)的新黑人艺术档案中心的建立。

大伦敦政府正积极与文化产业内的伙伴合作，共同探索如何让政策持续地对多样性进行反映。比如，前市长在任期内成立了遗产多样性特别小组，过去3年，该小组开展了研讨会和会议，并于2009年发布了成果报告——《嵌入文化遗产》。报告对身份、种族多样性、劳动力代表和关于遗产故事讨论的复杂性进行探索，并为产业内的争论做出有价值的贡献。此外，大伦敦政府也必须要倾听关于文化多样性政策变化的意见，并且正视人们对政策实施越来越关心，保证艺术家和观众不会先入为主或是被机构或政策制定者限制。

伦敦不仅吸引人们来生活和工作，也吸引了大量海外游客。伦敦是世界上游客数量最多的城市，比排在第二位的香港领先很多，每年接纳的游客数量相当于伦敦居民总量的两倍，见表1.4。

表1.4　2007年世界二十大旅游城市

城　市	排　名	游客数量(千人)
伦敦	1	15 340
香港	2	12 057
曼谷	3	10 844
新加坡	4	10 284
巴黎	5	8 762
纽约	6	7 646
安塔利亚	7	7 292
多伦多	8	6 627
迪拜	9	6 535
伊斯坦布尔	10	6 454
罗马	11	6 123
巴塞罗那	12	5 044
首尔	13	4 994
上海	14	4 800
都柏林	15	4 627
吉隆坡	16	4 403
芭坦雅	17	4 387
麦加	18	4 200
莫斯科	19	4 050
澳门	20	3 953

来源：欧睿信息咨询公司。

伦敦的大学也成功吸引了来自世界各地的留学生，伦敦正在日益成为一个全球市场，见表 1.5。这一点非常重要，不仅是因为莘莘学子为伦敦带来了将近 15 亿英镑的收入①，更重要的是，他们初次到伦敦的大学求学之后，便会与伦敦这座城市结下不解之缘，即使回国发展事业和商业多年，这种联系依然存在。

表 1.5　伦敦留学生

	伦敦	纽约	巴黎	上海	东京
高等教育留学生的数量(人)	85 718	64 253	50 158	26 190	40 316
留学生占学生总数的比例	22%	12%	16%	3%	N/A

来源：2008 年伦敦发展署《文化审计》。

这就是伦敦所拥有的资本，它的创意经济和国际形象的力量。有时候人们可能会忘记，比这些更重要的是，伦敦是英国首都，它的很多伟大的文化机构属于每一个英国人。一些评论员近期表达了对伦敦可能进入新爱德华时代②的担忧，即伦敦可能越来越与英国其他部分疏离，越来越自成一派。尽管有些伦敦市民可能会欣然接受，并为伦敦大都会的特殊性而自豪。但是，伦敦与英国其他部分的疏离，不论是对伦敦还是对英国的文化产业来说，都是有百害而无一利的。

伦敦与其他世界城市，如北京和德里，建立了坚实的关系，同样，与英国其他城市和地区建立更为亲密的关系也能造福伦敦。2012 年，我们拥有史无前例的机遇，通过新技术，伦敦可以与英国其他地区同步庆祝钻石庆典、奥运会和残奥会。我们要承认，伦敦在英国创意经济中的特殊地位。因为伦敦高度专业化的劳动力市场、更紧密的与金融和经济的联系，以及更加发达的国际供应链，使其成为全球创意中心。尽管如此，伦敦仍旧需要在全球范围内吸收技术劳动力、创意人才和汇聚企业力量。为此，市长将继续提倡为伦敦和其文化产业投资，保证伦敦可以完成其作为国家首都的使命。

2. 创意与商业之间的关系

伦敦的文化和创意产业在规模和地位上都有所提升，部分原因在于，伦敦作为全球金融中心所拥有的优越条件。伦敦的创意产业既是经济成功的原因，也是经济成功的结果。近几十年来，伦敦在世界二级证券市场占 70%的份额，在衍生市场占 50%的份额。《欧洲城市监测报告》显示：在欧洲城市中，伦敦的商业位置得天独厚，无论是从技术劳动力方面所建立的优势、市场参与，还是从国际交通枢纽等方面的因素来考虑，伦敦都位列榜首。尽管文化和商业之间可能存在一定的张力，但是必须承认，经济发展通常是对艺术和文化的私人慈善和商业赞助背后的驱动力，过去 20 年，伦敦从中获益颇多。

当今，世界重要的创意中心——伦敦、纽约、东京等同样也是全球工业、金融和贸易交换中心，这符合历史发展的规律。文艺复兴时期的意大利城邦，或是维多利亚时代公共博物馆和图书馆繁荣发展的英国，都充分表明商业并不是文化生活的障碍，相反，它是文化生活的后盾。税收、私人慈善

① 数据来源：www.londonhigher.ac.uk。
② 见崔斯特勒姆·亨特在 2007 年 3 月 4 日《观察家报》上发表的文章。

(2009年英国文化产业获得的捐助总额达到3.63亿英镑①)、商业赞助、资本投资、供应链活动，或是简单地说，工作基金会所指的“顶端消费者”购买大量的新兴创新文化产品，这些都可以说明，伦敦的商业和金融服务行业对文化产业的发展具有重要的推动作用。

商业和文化的关系是相互的，文化从伦敦的经济发展中获益，受城市资助的艺术、文化和遗产也可以为商业带来巨大的利益。由于制造业滑坡，伦敦越来越成为全球专业服务中心，创意和文化所发挥的作用也愈发显得重要。与纽约和巴黎相类似，伦敦的文化环境是构成其竞争优势的一个重要因素，很多伦敦市民明确承认这一事实。根据大伦敦政府的调查，87%的受访者认为，伦敦的“文化景观”是其经济繁荣的重要保障。

由于劳动力和资本可以在全球范围内自由流动，同时，需要越来越多地考虑到位置和监管机制等方面的要素，因此，一个城市提供的文化服务对劳动力和资本来说具有决定性的作用。研究表明，现代以服务为导向的企业，不论是大型跨国公司，还是处于起步阶段的公司，都会将公司设在可以让它们找到所需的专门人才和技能的地方。2005年，在伦敦市对全球中心的竞争力的研究中，技术人员的可获得性是决定竞争力的最重要的因素。正是一个城市的文化供给，在一定程度上吸引和留住了专业人才。就这方面而言，伦敦的文化产业是其中的首要资源。将富有声望的、世界级的机构与非正式的、较小的生态场所、节日、文化盛事和夜间经济活动相结合，对市长的伦敦经济和文化政策来说十分关键。

必须承认，伦敦受公共资金资助的文化机构对商业创意的成功发挥了巨大的作用，2009年伦敦西区41%的戏剧最初都是在受资金资助的文化机构中进行上映。② 朱迪·丹奇夫人评论道：“我们电影产业的健康发展有赖于我们健康发展的剧场。”2009年获学院奖的《贫民窟的百万富翁》中许多享誉全球的演员，是从受公共资金资助的表演艺术部门开始学习表演技艺。英国广播公司一直坚持培训和专业发展的传统，这长久以来被认为是英国商业电影、电视行业成功的重要原因。③

具有讽刺意味的是，国家政府的文化产业政策专注于工具参数和评估风险，低估和误解了受资金资助的文化机构真正长期的社会经济价值。最近以创新为主题的工作④表明，有必要将公共领域打造成一个信任、公开和相互包容的空间，唯有在这样的环境中，创造性才能得到蓬勃发展。这些空间主要包括教育机构、业余组织和受公共资金资助的艺术部门，它们不会自然而然地在市场经济中出现，必须要依靠公共资助。公共资助与文化的关系比其与研究和发展的关系更密切，它不只是简单地提供创意产业生产的产品和服务，还要提供风险投资，同时还要为在市场难以开展的实验提供便利。如果想要获得创意和商业的成功，这样的勇气和自由值得鼓励，而不应被过度规范化的条款、期望和目标所阻碍。

3. 伦敦文化和创意产业中的数字技术与创新

过去10年，促进文化和创意产业改变的最强大的动因之一就是数字技术的持续影响，以及创意商

① 来源：艺术与商业部，网址：www.artsandbusiness.org.uk。
② 来源：伦敦剧院协会。
③ 见2006年工作基金会发表的《伦敦：一次偶然的成功》。
④ 莱斯特，皮奥雷：《创新：缺少的维度》，哈佛大学出版社2004年版。

品和服务生产、分配和消费方式的彻底颠覆。这在音乐产业中体现最明显，短短 4 年，数字下载在总销售额中所占的比例从 0.4%上升至 20%①。此外，很多评论家认为，在电影、电视和出版业，同样的因素也在发挥着作用。

在伦敦，进行数字技术和通信开发的环境极其优越。伦敦的数字音频广播电台比英国其他地方都要多，84%的家庭连接在非捆绑的本地交换器中，75%的家庭连接着维京传媒宽带，而英国的平均水平低于 50%②。在英国其他地区，尤其是农村地区，面临着电信基础设施薄弱的挑战，而在伦敦，这种情况基本不存在。

数字技术的公共政策，如《数字英国》的报告(2008 年)依旧忽略其给文化产业带来的机遇。虽然在《数字英国》中涉及广播和商业创意产业，但是，对于数字技术如何改变艺术与文化的生产和体验方式以及其潜能却鲜少提及。为了驱动商业市场的发展，数字媒体正在创造新的艺术形式，让越来越多的人可以以新的令人激动的方式参与到文化中。伦敦的主要文化机构，如国家剧院、泰特现代艺术馆和维多利亚与艾伯特博物馆都成功利用数字技术，将它们的藏品与产品带给新的受众。还有类似交叉实验室一类的项目，将广播公司、电视制作方、游戏设计师、剧院制作方以及数字媒体公司聚合在一起，以打造全新的互动娱乐模式。在大伦敦政府的支持下，2010 年格林尼治开办的雷文斯本学院新校区将为数字技术及应用的开发提供主要的研究资源。

文化产业的创新越来越依赖新型的合作与联系。行业内正在发生普遍且迅速的变化，任何一个文化机构，不管其资源多么丰富，都没有能力完全理解和利用创造性机会。正是由于这个原因，近年来，伦敦建立了许多网络，将广大的创意专业人员与技术人员、企业家及投资者联系起来。其中包括非正式的网络，比如 Tuttle、Chinwag 和 NMK，不仅提供强大的线上服务，还有实体空间。类似医院之家和哈勃之类的会所，以及很多文化机构，比如皇家艺术协会、大英图书馆和当代艺术学院，都成功发展了实体空间、提供技术支持和能使专业互动蓬勃发展的各类项目。应该承认，这种网络应该是伦敦文化基础设施的重要部分——不仅是社交场合，还是伦敦创意产业得以创新、合作和保持竞争优势的重要手段。

除此之外，要开放伦敦文化机构中的丰富文化资源，还有很多工作要做。近几年来，高等教育机构与商业之间的“知识转移”一直是政策制定者关注的焦点，但是大伦敦政府与博物馆、图书馆和档案馆协会③所开展的工作表明，通过更好地开放伦敦博物馆、图书馆和档案馆的资源，可以有效地促进文化机构与商业企业，尤其是创意产业中的商业企业良好关系的发展，有助于鼓励创新。不论是维多利亚与艾伯特博物馆中的时尚与纺织藏品，还是伦敦城市大学里的女性图书馆，都富含精心策划的创意与数百年前延伸至今可以为当代创意专业人员和企业家带来灵感和启发的知识。

将新技术与现有的艺术形式、机构和建筑进行结合，创作出了一些振奋人心的作品。比如，安东尼·戈姆雷(Antony Gormley)的第四柱基的《一个和另一个》，在国家肖像美术馆中安装网络摄像头与数字显示屏是创作不可或缺的。同样，表演艺术也尝试将网络与移动技术融入实体产品。比如，苏豪剧院与意外媒体合作的“苏豪”项目，就是邀请人们参与一个既是在线游戏又是实时戏剧的项目。很多

① 国际唱片业协会，网址：www.ifpi.org。

② 见 2009 年通信管理局发布的《国家与地区》。

③ 见伦敦博物馆、图书馆和档案馆协会 2008 年发布的《知识转移项目成果》。

机构，比如分流(Shunt)、捉迷藏(Hide and Seek)、万物博物馆和东倒西歪剧团(Punchdrunk)创造性地利用伦敦的空间与建筑，站在时尚前沿，不断地思索视觉艺术、设计与戏剧如何引发当代观众的想象力。

案例分析：朱莉的自行车

朱莉的自行车是由音乐产业中一群关心气候变化的资深人士成立的，短短两年，它就发展成创意产业中的一股重要力量。有行业明确而专门的支持，一小队产业、科学和能源专家通力合作，在他们各自的行业内推行节能减排的政策，并采取必要的行动。

作为一个以产业为主导的组织，朱莉的自行车致力于英国创意经济的增长，其能否对与碳排放相关的不断增长的成本与监管压力做出正确回应，在很大程度上决定了其未来的竞争力。科学的严谨与深层次的行业知识相结合，意味着其在行业内占据着得天独厚的位置，可以准确地判断低能效是在什么地方、如何产生的，并且采取必要的集体行动，以解决能效低的问题。比如，通过对音乐产业供应链的分析，朱莉的自行车计划减少该行业90%的碳排放，方式是让主要品牌签订协议，将唱片的塑料包装改为纸质包装。同样，各大场馆与音乐活动也已承诺每年减少碳排放，加入绿色产业以及朱莉的自行车创意产业认证计划。

更多详细信息，请访问网址：www.juliesbicycle.com。

4. 应对环境挑战

市长将应对气候变化作为工作的重中之重，并制定了雄心勃勃的目标，即到2025年减少60%的碳排放。市长所有的战略和举措都是围绕着这一目标而制定的。尽管文化和创意产业的人均二氧化碳排放量低于伦敦诸如制造业、建筑业或交通业一类的其他能源密集型产业，但是它是伦敦最大、最高端的产业，因此有助于市长减排目标的实现，并使好的实践做法在更广泛的范围内推广。

要解决这些问题，除了需要环境与政策的推动，强有力的商业支持也是必不可少的。文化产业，与其他产业一样，在矿物燃料价格有可能上升，政府对过度使用能源实施调控、征税与处罚的情况下，也需要对经济挑战做出回应。行业的健康发展及其国际竞争力取决于其是否能有效地应对商业挑战。

目前，市长与创意产业内的组织机构，比如朱莉的自行车、英国艺术委员会、临界点以及弗雷兹艺术博览会携手，发行了《绿色音乐、绿色银幕、绿色戏剧以及绿色视觉艺术》的最佳实践指南，类似的指南也开始在时尚产业中得以应用。这些行动已经开始产生一定的实际效应，鼓励各大机构采取新的工作方法，以减少能源使用，大大地节省了生产成本。在多数情况下，这节约了大量的能源：国家剧院通过使用LED照明节省了10万英镑，相当于每年减少30吨的二氧化碳排放量；松木工作室计划在现场建造国际街景，可以减少77%的二氧化碳排放量。在海克尼，阿克拉剧院计划建设一个新的场馆，将成为英国首个低碳剧院。伦敦通过创意和文化产业的结合来解决这些问题，这在全世界范围内都是领先的。

绿色旅游的出现也对文化产业产生了影响。伦敦博物馆中心正开展一项支持计划，通过设置绿色旅游奖，对小型博物馆进行评估。博物馆荣获这一奖项，就可以将自身发展为环保的、可持续发展的旅游景点。

政策行动 1. 1

市长正与区域文化机构联合，以加强行业对新技术、环境和经济挑战的理解，增进应对意识。包括制定与产业相关的最佳实践绿色指南，倡导降低碳排放所带来的竞争优势。

(二)当前经济环境

与 2004 年发布的第一版《伦敦文化战略》相比，2012 年版“伦敦市长文化战略”是在经济极其不确定的环境下产生的。创意经济的高增长和就业以及公共投资水平的不断提升，使得许多以前制定的政策不再适用。的确，过去 6 个月，经济发生了大幅迅速而巨大的变化，因此，很难设想未来几年文化产业运转的经济环境。

1. 对伦敦创意产业的影响

截至目前，伦敦创意产业的官方数据仅更新至 2007 年，希望未来政府能提供关于文化产业发展的最新统计数据。大伦敦政府提供的过去 10 年创意产业的数据①表明，创意产业与伦敦整体经济的发展趋势相一致。图 1. 1、图 1. 2 提供的文化产业总增加值和就业情况都对这一结论进行了说明。

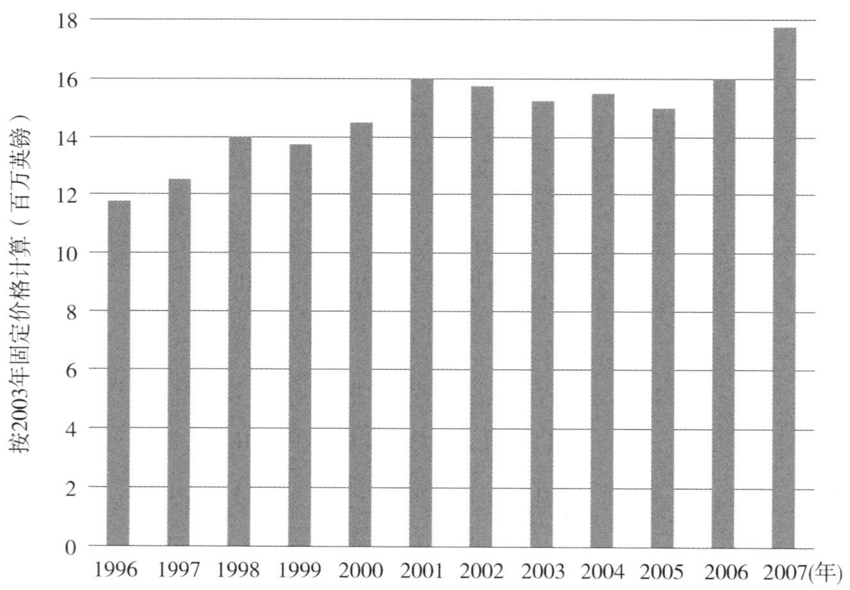

图 1. 1　伦敦创意产业预估总增加值

来源：2010 年《大伦敦政府经济学》。

① 这里的创意产业的定义是由文化、媒体和体育部根据标准产业分类代码制定的。

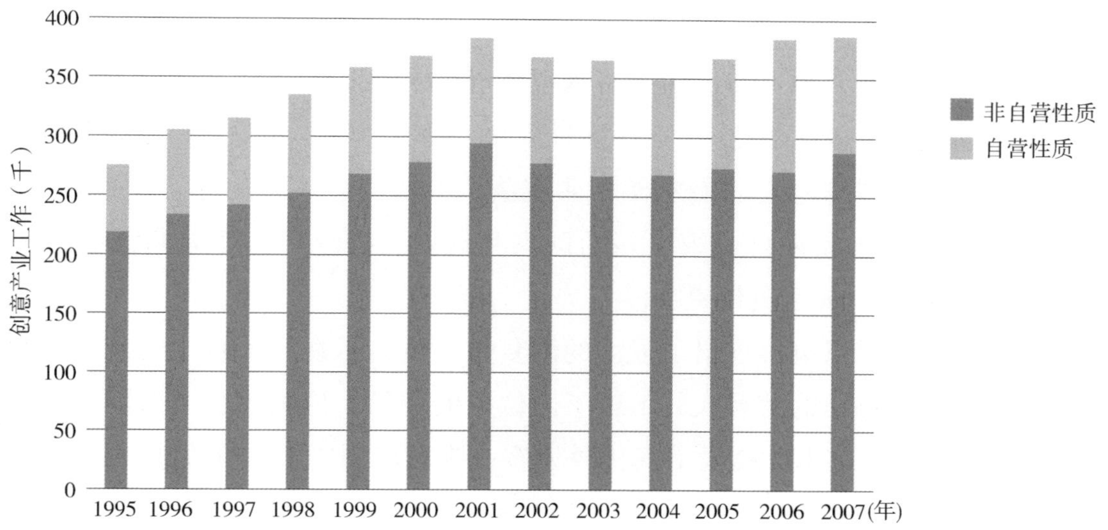

图 1.2　伦敦创意产业劳动力

来源：2010年《大伦敦政府经济学》。

从广义上看，图1.1、图1.2存在内在的一致性，对20世纪90年代以来创意产业持续的增长进行说明，从图中可以看出，年增长率在2001年达到峰值，接下来几年大幅收缩，然后逐渐恢复到2001年之前的水平。由于数据只回溯了12年，在此期间只出现了一次经济衰退，即2001年互联网泡沫造成的伦敦总体经济小幅下滑，一年内萎缩了0.5%。图1.1、图1.2同时也表明，伦敦创意产业的经济表现周期性比较明显。只要整体经济略有收缩，创意产业的营业额和劳动力规模就会大幅下降，2004年较2001年下降幅度超过10%。就总增长值和劳动力规模来看，直到2006年才恢复到2001年的水平。

毋庸置疑，这次的经济下滑更加明显，持续的时间也更长。因此，保守估计，未来2~3年，伦敦要为行业规模的缩减做好准备。尽管如此，仍存在令人振奋的消息，那就是伦敦的创意产业已经从之前的衰退中强势复苏，它的教育机构、高度专业化的劳动力市场、出口收入和享誉全球的企业的高度集中都蕴含着根深蒂固的力量，因此，它可以战胜这次衰退，并在几年后繁荣发展。

2. 持续的文化消费：上座率、观光和票房收入

尽管普遍趋势如此，但是文化消费能更好地经受住经济衰退的考验。例如，西区剧院就创造了25年后又一个最佳年度纪录。伦敦剧院协会(SOLT)对伦敦市中心的52家商业剧院的收益进行了汇总，其中2009年的参观人数较上一年上升了5.5%，这一数据本身就创造了纪录。商业剧院的总收入也上升了7.6%，首次超过5亿英镑。同样，伦敦现场音乐也得以持续繁荣，创造的收益首次超过唱片的销售，2008年O2体育场出售了200万张门票，举办了140场活动，成为世界上最受欢迎的音乐演出场所。电影上座率也居高不下，2008年全国票价上升了1%，票房收入上升了3%。每周有527部电影在英国和爱尔兰上映，比10年前增长了1/3，由英国出品包括联合摄制的电影，占市场价值的31%，比去年上升2%①。

① 来源：《2009年英国电影协会统计年鉴》。

视觉艺术发展成果喜人，全英国的视觉艺术占据了全球艺术市场的 30%①。泰特现代艺术馆每年吸引将近 500 万名游客，2008—2009 年，国家肖像美术馆的参观人数达到史上最高，参观人次达 180 万，白教堂艺术画廊的上座率也比 2009 年 4 月重新开放时翻了一倍。同时，弗雷兹艺术博览会巩固了其作为世界领先的当代艺术展的地位。2009 年，弗雷兹艺术博览会 4 天接待了 6 万名游客，126 位海外参展者。超过 40%的注册买家来自英国以外的国家和地区。据统计，因为弗雷兹艺术博览会的展览，游客在伦敦的花销超过1 100万英镑②。

伦敦成立的机构与遗产景点也表现出了强大的恢复力，经久不衰。2009 年，国家博物馆，比如国家海洋博物馆和自然历史博物馆的游客人数出现了两位数的增长。伦敦塔和圣保罗大教堂也出现了类似的增长，分别接待了 239 万名和 182 万名海内外游客，为城市创造了大量收益。

这应该归功于那些迅速且积极应对当前经济环境的行业组织。更重要的是，要向英国和整个世界证明：不论经济衰退带来何种影响，伦敦仍旧“开门迎客”，伦敦的创意产业可以创造财富。比如，近期英镑国际汇率降低，这意味着对海外游客和企业来说伦敦变得更加实惠。因此，“电影伦敦”正积极努力地对英国主要的电影制作进行保护，以免资源流失到别处。

同样，伦敦主要的创意产业节——弗雷兹艺术展、伦敦设计节、伦敦时尚周以及伦敦电影节，都生动地彰显了伦敦文化的生命力，展现了新、老创意人才的风采，并吸引着买家、客户和顾客，更为重要的是，吸引了全球媒体的关注，这是伦敦能够持续获得成功的关键。

(三)对文化的私人与公共资助

人们除了关心商业创意产业，同时也关心经济衰退对补贴或慈善艺术文化产业所带来的影响以及未来私人与公共资助的情况。在策略研讨过程中，这明显成为未来几年文化产业所面临的最大挑战，不管是战略资助机构、完善的文化机构或是志愿组织以及以社区为基础的机构，都是如此。

1. 私人捐助与支持

过去 25 年，伦敦的艺术与文化机构取得了重大进步，扩宽了财政基础，将公共资助与增长的私人投资(包括个人捐赠和企业捐赠)结合在一起。因此，现在的伦敦与英国其他地方存在很大的差异，前者所获得的私人投资与资助保持着非常高的水平。伦敦的艺术机构获得了英国私人捐助总额的 69%，2008—2009 年度英国私人捐助总额达到 4. 49 亿英镑③。从通济隆公司赞助英国皇家歌剧院和国家剧院的打折门票，到英国石油公司与国家肖像美术馆的长期合作，都是通过商业与艺术产业之间建立积极关系的方式，使伦敦市民和游客可以尽情享受文化带来的乐趣。

在很多情况下，这种支持不仅限于经济层面，还包括对理事会和管理委员会进行指导、宣传以及提供专业知识。在英国艺术委员会的支持下，伦敦商界的资深人士为艺术和文化机构辛勤地付出，为

① 见欧洲艺术基金会 2009 年发布的《全球化与艺术市场》。
② 数据由弗雷兹艺术馆提供。
③ 见艺术与商业部 2010 年发布的报告《2008—2009 年对文化的私人投资》。

其提供宝贵的经验，提高了整个产业的行政、管理和治理水平。

尽管如此，由于从私人捐助获得的资金总额开始下滑，伦敦目前也面临着危机。去年，伦敦私人总投资(投资总额 4.77 亿英镑)较之前下降了 8%，创历史新低，这与英国总体的下降趋势(7%)保持一致。来自企业赞助、私人捐助和信托基金的私有资助都有所下降，其中企业赞助的下滑幅度较去年有所减缓。要做出准确的预测存在一定的困难，但艺术与商业所做的调查研究显示，至少要到 2010—2011 年度，私有资助才有可能恢复到原来的水平①。

2. 公共资助：国家、地区与地方

很明显，未来几年，对艺术与文化的公共资助会处于比较低的水平。由于前所未有的债务水平和对一线公共服务的需求，从国家到地方的所有政府机构都将在有限的经济预算下运转，这一状况已经很久没出现过。今后，在医疗与教育预算都有所削减的背景下，对文化进行投资变得愈发困难。与此同时，奥运会也意味着要对资金的优先使用进行重新分配，至少在 2011 年之前，用于文化产业的国家彩票收益将全部用于奥运会。

真正令人焦虑的是下一个财政年。所有的公共部门都要进行支出审查，不仅文化、媒体和体育部及其准官方公共机构面临着预算削减的可能，还有很多为文化产业进行投资和提供文化服务的其他公共机构也面临着同样的境遇。这在地方层面表现得更为突出。必须承认，伦敦各区是伦敦文化的重要资助者，2008—2009 年度，其投资超过 4 亿英镑②。面对税收收入下滑、中央政府资助缩减与服务需求日益增强的情况，很多人担心，未来几年，各区要保持同样的支持水平是非常困难的。

重要的是，必须充分意识到私人与公共资助并不是简单地进行互换，而是互相激励，公共资助是提高私人投资的重要有效手段。公共资助用于文化机构的每一分钱都能获得更多回报。近几年蓬勃发展的机构都是那些善于采用最具企业化的混合经济模型的机构，它们与企业捐赠人和政府资助者都能顺利合作，同时还通过开辟新的收入来源扩宽其财政基础。

3. 推动投资与支持

鉴于这些挑战，重要的是给予文化可持续性的投资。过去 10 年，伦敦和英国的其他地区都从对文化产业可观的公共投资中获益。即将到来的奥运会和残奥会为伦敦带来了向全世界展示自我的机会，因此，必须保证资金的投入。

据报道，在经济下滑的情况下，很多企业、个人和公共机构不愿继续对艺术和文化进行资助，在他们看来，艺术和文化一无是处，是奢侈品。但是，伦敦的文化不是奢侈品，而是其成功不可或缺的一部分，为提高伦敦市民的生活质量做出了巨大贡献。难怪大伦敦政府的调查结果显示，71%的受访者认为，在经济困难时期，纳税人的钱依然应该投入伦敦文化，相比之下，只有 16%的受访者持反对意见。市长可以利用公共平台为伦敦市民和文化产业代言，敦促公共和私有部门的负责人维持投资以及对文化产业支持。市长同样也可以对地区机构施加更直接的影响，以此维持对文化的投资。

① 见艺术与商业部 2010 年发布的《2008—2009 年度文化私人投资》报告。

② 来源：伦敦委员会。

2000 多年以来，从亚里士多德的“净化说”，到现代对经济活动影响的衡量和解决社会排斥的尝试，人们一直就艺术与文化的重要性进行争辩。伦敦的公共机构进行文化投资的原因很多，可以为开展行动所取得成果和提供高质量文化服务提供有力的论证。市长将会继续不遗余力地推进艺术和文化的发展，他始终坚持这样一个简单而明晰的信条：艺术和文化是文明社会的基本特征，所有政府机构都有责任为了人民的利益进行艺术和文化的投资以及支持艺术和文化的发展。一些文化活动可以产生直接的社会经济效益，还有一些则不然。重要的是，资助者要充分意识到文化以其特有的方式给伦敦及其市民带来了巨大的价值。

大伦敦政府并不是一个提供资助的机构，但它拥有一定的资金，可以用于开展活动和提升伦敦的文化格调。与此同时，大伦敦政府正在努力获得更多资助，以保证这些活动促进民间融资、实现商业可持续发展以及减少伦敦纳税人的成本。此外，伦敦市长还会支持一些文化项目与工程的发展，以解决市场失效的问题，并实现获取企业支持、技术、商业推广、就业与再生的目标。产业咨询和大伦敦政府经济部的工作将会继续为伦敦的创意产业提供实证基础与研究资源，并为工作的推进提供信息。

政策行动 1.2

伦敦市长将会通过各种平台继续大力支持伦敦文化产业的发展，让私人和公共资助者了解文化对伦敦的重要性以及保持投资的必要性。

4. 资本项目：在充满挑战的环境中保持雄心

近年来，伦敦文化产业获得了大量的资本投资。从多个渠道获得的公共与私人投资，让伦敦建起了很多新的建筑，文化机构的翻新、再开发和改善工作也得到推进。从自然历史博物馆的达尔文中心到白教堂艺术画廊的重新开放，这些项目让机构重新焕发活力，为规划赋予新的目标和雄心。就地方层面而言，成功的文化设施通常是社区的关注点，可以推动夜间经济的发展，为地方建设做贡献，并有助于吸引开发商、雇主和其他经济发展代理商。目前，伦敦正在推进一些振奋人心的项目，它们获得了公共和私人足够的支持，比如泰特现代艺术馆扩建，并计划 2012 年开放；新的摄影师画廊，计划在 2011 年全面开放；还有一些仍在开发的项目，比如阿鲁纳时钟项目，将会是世界上第一个大型天文钟。

然而，必须承认，一些项目面临着严峻的挑战，要从中吸取教训。大型资本项目具有其内在复杂性，对于特定的项目和机构来说，所面临的许多问题都是具体的。这里不对每个个案进行详尽的探讨，但需要强调的是，资本项目要想成功，需要有一个长期的收入模型、明确的目标和真正的市场需求。与其被宽泛的理想和政治欲望牵着走，重大投资更应该建立在强大的商业案例事实和受众明显需求的基础上。

如果一个备受瞩目的资本项目失败，或是大大超过了原先预期的公共支出，就很容易抑制大胆的想法，并且提高风险规避，尤其是在融资机构中。这种压力，加之减少的公共和私人资助，意味着近几年投资可能会大幅下降。然而，从外伦敦艺术中心到地方博物馆，再到西区剧院，无论是新修建筑，还是翻新和升级已有建筑，都需要大量的资金。现代观众的要求标准更高，同时还要满足更多类别的使用者和参观者，尤其是残障人士的需要。《残障歧视法》颁布之后，许多文化场馆都不符合残障人士的使用要求。

虽然未来几年很难有新的资本项目和收益出现，但重要的是不能完全丧失雄心。伦敦很多机构都在制定令人振奋且精心思量的计划，以此来增强它们的活力，为所服务的观众和社区带来乐趣。经济发展机构和地方政府应该与其紧密合作，才能理解如何达到共同的目标，以及如何对规划、房地产管理和投资战略更好地进行支持。值得注意的是，雄心并不一定是大型或非常昂贵的代名词。在很多情况下，通过合作和创新的方式可以发展诸如艺术家工作室等重大并能自给自足的资本项目。

与此同时，相关机构、伦敦各区和其他组织必须团结协作，以便从现有资产和项目中获得更大的收益。比如，在伦敦的图书馆分支机构、遗产空间、市政厅、教堂大厅，还有体育与社区设施中，都存在可利用的空间，可以对这些空间进行有效升级和翻新，以满足开展文化活动的需要，这样就不必花费大量资金建造全新的专门场馆。此外，还要抓住一切可以抓住的机会，确保文化设施的建设纳入新的发展，比如，随着最近皮姆利科学院的重建，皮姆利科图书馆建设完成。

大伦敦政府将会对有可能成为城市重要文化资源的大型资本项目进行监管。通过大伦敦政府和发挥作用的新兴机构为此类项目提供资金，主要是基于经济理由，而非文化理由。这些理由并不是相互排斥的，成功的项目可以显著推进经济活动，同时实现文化目标。需要考虑的标准包括国际推广和加强伦敦对游客的吸引力，这有助于制定更宏大的再生战略或提供商业支持和技能培训的设施。基于这些方面的考虑，近几年，大伦敦政府主要资助了几个重大项目，比如泰特现代艺术馆的扩建、格林尼治的新雷文斯本校园、布里克斯顿的黑人文化档案中心、西伦敦的利瑞克·汉默史密斯剧院以及伊丽莎白女王奥林匹克公园公共区间项目。大伦敦政府将会与相关文化机构合作，在伦敦开展更多精彩而大胆的项目。

政策行动 1.3

通过相关的政策规划、支持和直接投资，市长会对伦敦范围内经过深思熟虑且雄心勃勃，并可以为伦敦的文化和经济生活做出巨大贡献的资本项目给予大力支持。

(四)环境监管

为了给文化机构提供积极的投入支持和足够的资金，伦敦市长迫切需要确保监管与风险成正比，消除不必要的官僚主义，创造一个能让艺术家和机构繁荣发展的环境。遗憾的是，过去10年，越来越多的条例和日益严重的官僚主义倾向制约和阻碍了文化活动的开展。以文化产业中的志愿活动为例，大伦敦政府的调查结果显示，47%的受访者指出，如果没有那么多繁文缛节，他们愿意更多地参与志愿活动。问题不仅在于国家或欧洲法规的制定欠缺思考，还在于这些法规是如何在整个政府中被理解和被实施的。在法规实施过程中，经常会遇到一个麻烦的问题：除了这些法规自身是过度的、有害的，由于它们自身的复杂性，在整个伦敦范围内实施必然存在很大差异，进而造成更加严重的混乱和不稳定。

因此，有些建议的出发点是好的，是为了保护和推动文化产业的发展，但是在实施过程中压抑了创造力的发展，对创意产业产生了反作用。大型、资金充足的机构或场馆存在优势，但是指导授权、移民或环境法律的金融和规模经济组织、志愿团体和俱乐部就没有这么幸运了。政府希望住宅区的街道更加安静、对学校旅行有更好的监管、边境更加安全，但是为实现这些目标所制定的干预措施却带来了影响范围更广的结果，其中很多措施毋庸置疑会对伦敦的文化产业带来伤害。

在"伦敦市长文化战略"的实施过程中，将重点强调官僚主义在哪些方面并且如何对文化产业的专业人员、观众、消费者以及其他许多群体造成影响。他们为艺术产业积极地付出，却发现越来越难参与和享受伦敦的文化生活。下面是文化产业特别关注的问题。

(1)签证积分体系

对于有意向在英国开展表演或举行展览的非欧盟的艺术家而言，英国内政部新的签证积分体系手续特别烦琐，而且费用高昂，导致伦敦的一些小型艺术场馆取消了部分表演，并缩减了场馆规模。

(2)《2003年授权法》

文化、媒体和体育部发布的《2003年授权法》要求，所有的音乐表演，即使是不超过两人的原声表演，都要有许可证，这结束了"酒吧两人表演"免税的传统。这样一来，伦敦酒吧和小酒馆的活力和自主性势必会萎靡。零售商注册协会表示，自《2003年授权法》发布以来，音乐消费占零售额的比例下降了19%。①

(3)犯罪记录署审查

2009年开始的新审查制度，主要是针对与儿童或易受伤害的成年人接触的成年人，这项制度对文化产业有特别的影响。作家、自由音乐家、戏剧老师、演员和艺术家与儿童及学校的接触由来已久，一般来说，这种接触都是志愿性质的。当然，儿童保护极其重要，但是与犯罪记录署审查相关联的新的延迟、行政管理负担和费用可能会对此造成阻碍，许多行业内的领军人物认为，这些审查带有一定的约束性。

(4)活动与许可协议

小型社区活动，包括义卖集会和街头派对，可能被过度监管所扼杀，伦敦文化和社区组织都对此表示担忧。小型社区活动存在的核心问题主要与伦敦各区对道路封闭和保险实施的不同政策(将引起成本过高以及通知期限过长的问题)有关，同时也与各地方议会支持活动和帮助机构引导这些活动的能力水平差异有关。

在这些问题上，伦敦市长没有太多直接权力，但是他可以利用其职能抵制从地方到欧盟层面的所有过度监管政策或做法。这些过度监管政策或做法会对文化活动造成不必要的阻碍，增加机构负担，使伦敦作为文化中心的国际影响力大打折扣。伦敦市长可以通过不同的方法来实现这个目标，可以利用其公共角色畅所欲言，呼吁人们特别关注监管问题，也可以通过正式协商程序，比如，就签证积分体系的问题，伦敦市长已经写信给国家内政大臣，反映这一体系给伦敦许多群体，包括文化产业的相关群体所带来的困难。

还有人担心，伦敦警察局的推进活动风险评估表(也称为"696表格")要求音乐场馆提供即将开展活动的信息太过繁冗，并会造成一定干扰，给承办者和艺术家带来一定的约束。大伦敦政府与伦敦警察局紧密配合，积极参与到表格修订的协商。大伦敦政府表达了行业的担忧，并保证修订后的表格能够继续保持其社区安全功能，同时又能更加适应伦敦现场音乐产业的发展。市长还支持以区为主导采取的举措，比如伦敦盛事论坛。这些举措的主要目的是支持社区和文化组织能够遵守监管规定。

① 文化、媒体和体育部:《2003年授权法》，2009年4月，第29页。

政策行动 1.4

伦敦市长将会抵制制约行业发展的监管政策，将会与各机构紧密合作，充分考虑过度监管带来的不利影响，力争为伦敦的文化产业建立一个合适的监管环境。

(五)推广、旅游业、营销以及对内投资

在当今经济压力下，伦敦要向全世界的投资者、企业和游客推广自己，比以往任何时期都要重要。《市长经济战略》充分强调："市长将与合作伙伴携手，加强伦敦作为全球领袖的推进工作。"伦敦是远近闻名的商业中心，但是当今的经济危机意味着，更加需要向海外企业和投资者展示伦敦的魅力。同时，也需要重新提炼伦敦的优势方面，强调伦敦经济的多样性，向世界宣告伦敦在很多方面处于世界领先地位，不仅是金融服务业，还有很多行业，当然也包括创意和文化产业。

对于已建立起来的市场和新兴市场来说，文化都是强有力的促进工具，有助于企业与国外投资者建立商业关系。伦敦的创意产业已经高度国际化，举例来说，十大跨国广告公司中2/3的公司将欧洲总部设在伦敦，同时，拥有海外客户的英国设计公司中3/4的公司也将总部设在伦敦①。我们要充分发挥伦敦在这方面的巨大潜能，帮助伦敦创意企业拓展海外市场，让文化更好地为伦敦的推广做贡献。

同时，2012年奥运会和残奥会也为伦敦提供了一次非常难得的获取新观众的机会，也是伦敦向英国以及世界其他国家和地区的游客和企业展示伦敦魅力的重要机会。据统计，约100万人将会到体育馆观看奥运会和残奥会，40亿人将会通过电视看转播，数百万名来自伦敦周边和世界各地的游客将会云集伦敦。

案例分析：电影伦敦——制片金融市场

与英国电影协会的伦敦电影节携手，制片金融市场使伦敦电影节不仅用来展映最新的电影，也有助于确保未来的电影节将有一系列高质量的英国和国际电影进行首映。

2007年"电影伦敦"创立了制片金融市场，它已经成为推动电影产业发展的重要平台。作为英国独一无二的大事，制片金融市场致力于开发和促进建立全新的金融关系，保证新的投资可以流向文化产业。两天多的时间密集地举办研讨会、活动和招待会，让来自英国和海外的制片方和金融家能够进行网络会谈和面对面地交谈。2008年，该市场展示了近150个电影项目，总价值超过10亿美元。

通过与罗马国际电影节、墨尔本国际电影节发展合作关系，制片金融市场不断进行国际性的拓展。2009年，制片金融市场获得了来自布鲁塞尔媒体办公室的投资，为欧洲制片方和金融家提供了更多机会，为欧洲电影从业人员提供了接触电影市场更好的渠道。"伦敦市长文化战略"旨在增加英国与欧洲合拍片的份额，在国际电影发展日程中，提高制片金融市场作为真正全球市场地位的影响力。

① 英国设计理事会2005年发布的《设计商业》。

独立电影的融资格局一直在变化，而制片金融市场也在不断地适应这种变化。在经济滑坡的大背景下，对于金融家而言，最关键的就是能够接触高质量的电影作品，因此“电影伦敦”借助制片金融市场和其他活动，继续将有才华的制片人和投资者联系起来，保证伦敦作为电影制作国际市场的地位也变得更加重要。

更多详细信息，请访问网址：www.filmlondon.org.uk。

1. 文化与旅游业

伦敦文化产业与旅游经济存在很强的相关性。纵观世界，伦敦因其文化机构、其所涵盖的范畴和质量以及其培育新人才和创新能力而闻名。随着 20 世纪下半叶国际旅游浪潮的到来，从“摇摆六十年代”到英伦摇滚，伦敦吸引了世界连续几代人的眼球。表 1.6 将伦敦与其他世界城市的游客量进行了详细对比。尽管需要对数据进行深入解读，但不可否认的是，许多伦敦的文化景点吸引了众多来自海外以及英国本土的游客。

表 1.6 游 客 量

指 标	伦敦	纽约	巴黎	上海	东京
游客总量前五名的博物馆和美术馆(百万人/年)	20.4	8.3	20.2	N/A	6.7
参与嘉年华/节日的估计人数(百万人)	2.0	2.5	N/A	0.5	N/A
每年的国际游客数量(百万人)	15.6	8.1	9.7	4.3	1.5
每年游客人数占人口总数的比例	208%	99%	85%	24%	12%

来源：2008 年大伦敦政府发布的《文化审计》。

除了国际游客，伦敦的旅游经济也从当日往返的短途游客中获得收益，他们被认为是文化活动的主要消费者。大伦敦市政府的一项调查显示，2007 年伦敦从休闲一日游中获益 1.81 亿英镑，其中，9 600万英镑来自英国其他地区的游客，他们的总支出达到 122 亿英镑①。

大家一直都认可，伦敦的旅游业和文化产业之间关系密切，伦敦的博物馆和美术馆吸引了数以万计的国际游客——以大英博物馆为例，每年的国际游客数量达到 500 万。不管怎样，这绝不仅仅是作为国家机构和获得补贴的结果。一直以来，伦敦西区剧院是一笔重要的财富，它吸引了来自世界各地，尤其是北美地区的游客。同样地，伦敦著名的现场音乐场馆也吸引了很多英国其他地区和世界其他国家、地区的观众，尤其是年轻人，他们迫不及待地想要见到已经享誉国际的艺术家以及新兴人才。

虽然文化与旅游业存在联系，但伦敦政府并没有充分利用二者之间的联系。例如，调查显示，关于假日目的地的选择有 1/10 是基于电影②。然而，尽管有许多著名的深受大众喜爱的电影场景是在整

① 来源：大伦敦政府委托益普索莫里调查机构开展的 2008 年伦敦一日游游客调查。
② 牛津经济研究院 2007 年发布的《英国电影产业的经济影响》。

个伦敦的标志性建筑前取景，但是直到现在，发展伦敦的“电影旅游业”或是对其潜在价值进行评估的行动寥寥无几。

2. 伦敦推广委员会

为了抓住这些具有战略性的机遇，伦敦市长专门发起成立了伦敦推广委员会(PLC)，由伦敦所有推广机构的高级代表以及包括创意产业在内的产业人物组成。伦敦推广委员会由市长亲自主持，与市长的经济发展战略密切相关。它负责引领伦敦发展，并专注对伦敦进行推广。许多伦敦推广委员会的机构会进行资金分配，但是其工作不在于更多推广资金，而在于更好、更巧妙地对资金进行分配。因此，其开展的活动要相互联合、卓有成效，并产生尽可能大的影响力。

伦敦推广委员会不仅关注旅游业的发展，还努力让伦敦与世界各地建立更广泛的联系，发展伦敦品牌，吸引全球的企业、投资者、游客和学生。任何发展伦敦品牌和讲好伦敦经济故事的尝试，都必须反映伦敦雄厚的人才资源和提供的丰富的文化服务，并将伦敦的文化和创意产业置于中心地位。

伦敦的这个定位意味着充分利用其在国际舞台进行展示的机会。比如，在2010年上海世界博览会上，将伦敦作为文化、商业和旅游胜地进行推广。伦敦的互动式展览启发人们去思考这样一个问题：未来如何利用可持续设计和发展的理念，创造一个更加美好的城市？这也与世界博览会的主题“城市，让生活更美好”相契合。游客有机会来探寻伦敦的历史，分享伦敦现在的喜悦，亲身体验2012年奥运会和残奥会这样的盛大活动如何塑造伦敦的未来。

此外，市长与伦敦推广委员会以及文化机构合作，为伦敦创意产业和节庆活动提供经济上的支持。这种高端国际推广对伦敦的创意企业来说至关重要，类似伦敦时尚周、伦敦建筑节以及伦敦设计节之类的活动不仅为伦敦带来了大量海外客户和买家，同时也让世界更加关注伦敦。这些活动不仅促进了伦敦经济的对内投资，也是英国产业日程和伦敦文化生活的重要组成部分。近期，伦敦推广委员会积极工作，使这些更加深入大众的活动得到更广泛的支持。

政策行动1.5

通过伦敦推广委员会以及与一些公共机构和行业伙伴合作，将伦敦的文化产业向全球市场进行推广，这样不仅有助于文化产业自身的发展，同时也能在广阔的经济背景下为伦敦带来更大的经济效益。

(六)创意企业支持

伦敦许多创意企业之所以成功，是因为它们不仅具备创业和管理知识，还有创意和技术能力。遗憾的是，并不是每个创意企业都能如此。要做到持续增长，金融、管理和营销方面的知识和技能是必不可少的。但是在很多情况下，有些极具潜力的企业并不具备相关的知识和技能。在创意产业中存在一些特殊的问题，比如了解和维护知识产权，这对商业成功非常关键。

根据政府最新的“商业支持简化”程序，市长正努力保证为伦敦的商业提供高质量且易获得的支持，以保证现有政府投资的咨询项目——“商务通”(Business Link)能为伦敦创意企业提供合适的服务。

“商务通”为经营中小型企业的负责人或是创业者提供咨询服务，以零成本为企业提供实用信息和商务指南，并给予更多专业帮助。“商务通”从 2010 年开始对交互合作伙伴进行指定、选择和绩效管理，这已经成为伦敦经济的重要组成部分，其所提供的支持必定会对文化产业产生积极的影响。

尽管如此，在一些情况下，一般的商业支持只能产生有限的价值。一个创意企业要从支持机构中获得真正的价值，需要得到更深层次的支持和对其所处行业的理解，包括其所在行业的价值链、市场机遇和竞争压力。更加具体的服务提供者和服务计划，比如“拥有它”(Own-It)、“时尚企业中心”(Centre for Fashion Enterprise)和“电影护照”项目(Film Passport Programme)，都为伦敦的创意企业提供了更多量身定制的服务，以及更加集中的商业技能和建议。虽然政府一直担心此类服务激增很可能引发市场混乱，但是成功和有价值的项目不会为企业带来损害。对小型企业和初创公司提供的高质量的、相关性的支持行动应该保留。

政策行动 1.6

保证对伦敦创意企业和专业人员提供高质量的、相关性的支持，包括合适的、有针对性的供给，同时保证主要的服务项目，比如，伦敦“商务通”，能对伦敦经济的重要产业产生积极有效的影响。

二、拓宽接触文化的途径

(一)伦敦的文化服务

伦敦因其丰富的国家和国际文化而闻名，更重要的是，其为伦敦市民提供了接触当地高质量文化服务的途径。对许多伦敦市民来说，国家博物馆和西区剧院并不是他们获取文化服务的主要途径，其主要通过当地政府支持发展的本地场馆和服务获取文化。就这一点而言，还有很大的进步空间。大伦敦政府进行的一项调查显示，78%的伦敦市民认为伦敦的文化场馆举办的活动质量高，仅有6%的人认为质量低。但是，就地方水平而言，其提供的文化活动质量明显下降，只有39%的受访者认为地方提供的文化活动质量高，差不多同样比例的人(36%)认为其提供的文化活动质量低。

丰富的文化机构、博物馆和遗产遗址绝不是每个城市都有的。伦敦有285个由英国艺术委员会持续资助的机构，威斯敏斯特、卡姆登、陶尔哈姆莱茨和伊斯灵顿区各有30多个，而有些区则只有1个，甚至1个都没有。其他的文化服务，包括电影院也是如此。伦敦有105家电影院和500多块电影屏幕，而有2个人口超过20万的区——沃尔瑟姆福雷斯特和刘易舍姆，和英国其他许多城镇一样，一家电影院都没有。同样，在伦敦西区有很多商业剧院，与之形成鲜明对比的是，在伦敦其他地方只有少数独立和公共资助的剧院，许多区的商业剧院少之又少。

同样，伦敦的创意企业和就业水平也不均衡。这并不足为奇——这一现象已经存在很多年，在许多地区，创意企业以集中经济活动的创意产业集群的方式聚集在一起。在伦敦，这些集群在西区和东区的中心区域，显得尤为突出。

文化供给水平、资助和行业活动的差异，至少可以在受众人数和文化参与度上有所反映。表2.1给出了2009年伦敦各区国家指标11的数据。国家指标11测量了过去12个月出席或参加过3次及以上艺术活动的人数在成年人口中所占的比例，这已经成为英国衡量文化参与度的标准方法。

表2.1说明伦敦在文化服务方面存在高度的差异性。事实上，值得注意的是，在伦敦存在全国艺术参与度最大的差异水平，在肯辛顿和切尔西区，艺术参与度达到全国最高水平(66%)，而在纽汉区，艺术参与度则为全国最低水平，仅达到29%。

表 2.1　过去 12 个月 16 周岁以上参与 3 次及以上艺术活动的人数所占比例

地　　区	所占比例	地　　区	所占比例
巴金和达格南	33.5%	豪恩斯洛	40.8%
巴尼特	49.8%	伊斯灵顿	60.7%
贝克斯利	42.9%	肯辛顿和切尔西	66.2%
布伦特	42.0%	泰晤士河畔金斯顿	55.3%
布罗姆利	52.4%	兰贝斯	53.7%
卡姆登	62.6%	刘易舍姆	51.0%
克罗伊登	45.2%	默顿	50.4%
伊灵	46.2%	纽汉	28.8%
恩菲尔德	44.2%	雷德布里奇	43.2%
格林尼治	47.2%	泰晤士河畔里士满	62.8%
哈克尼	51.7%	萨瑟克	47.4%
哈默史密斯和富勒姆	55.0%	萨顿	48.9%
哈林盖	51.7%	陶尔哈姆莱茨	41.2%
哈罗	43.1%	沃尔瑟姆福雷斯特	41.5%
黑弗灵	42.3%	旺兹沃思	60.5%
希灵登	42.3%	威斯敏斯特	54.3%

来源：文化、媒体和体育部发布的《2009 年活跃人群调查》。

1. 外伦敦

伦敦市长尤其关注的是那些在外伦敦地区工作和生活的人所面临的难题和挑战。①人们普遍认为，外伦敦不是一个很好的代名词——外伦敦并不意味着次级区域。事实上，很多区都有很多种空间和社会特征，这些通常与内伦敦地区和外伦敦地区都有联系。然而，对于在外伦敦地区工作的文化领域的专业人士而言，他们在获得认可、赢得观众和获取资源等方面都面临挑战，毫无疑问，这一情况应该得到重点关注。

尽管过去 10 年，公众对伦敦文化活动的参与度有所增加，但很多伦敦本地人，尤其是来自外伦敦地区的人，仍然不会参观或是喜欢上伦敦的文化场所。最近的一项研究②显示，外伦敦地区 45%的居民每年有 3 次及以上机会参与文化活动，而在内伦敦地区，这一比例达到 54%。有很多复杂的理由可以对这一现象进行解释——年龄、收入以及内伦敦和外伦敦地区居民的流动性。民众参与文化活动的一个重要推动力就是伦敦的文化场馆。伦敦的文化场馆主要集中在市中心，这和人们预料的一样。在内伦敦，每个区大约有 140 个基础设施，而在外伦敦地区，每个区只有 100 个基础设施。

在一定程度上，区域资助模式是发展不均衡的一个反映。例如，2008—2009 年度，英格兰艺术委员会对艺术项目划拨的资助中，超过 80%的资助划拨给内伦敦地区的个人和机构③。2/3 的遗产彩票基金流向内伦敦地区。重要的是，要充分意识到这样醒目的数据所暗含的复杂事实。一个机构可能获得来自某个特定地区的资助，但是也可能参与到伦敦包括外伦敦地区的社区服务和教育活动中。同样，

① 大伦敦政府采用了伦敦委员会对外伦敦的划分：巴金和达格南、巴尼特、贝克斯利、布伦特、布罗姆利、克罗伊登、伊灵、恩菲尔德、哈林盖、哈罗、黑弗灵、希灵登、豪恩斯洛、泰晤士河畔金斯顿、默顿、纽汉、雷德布里奇、泰晤士河畔里士满、萨顿以及沃尔瑟姆福雷斯特。

② 文化、媒体和体育部发布的《2009 年活跃人群调查》。

③ 英格兰艺术委员会发布的《2009 年地区报告》。

最近几年，英格兰艺术委员会以及遗产彩票基金郑重承诺，要在伦敦开展工作，这可以通过资助划拨情况得到印证。然而，这些努力要取得成效，是需要时间的。

从表面上看，在地区层面上资助的不均衡与地方政府文化发展情况相匹配。通常来说，内伦敦地区用于文化的人均花费为69英镑，而外伦敦地区用于文化的人均花费为54英镑——这一差距超过20%。这一点非常重要，因为地方政府不对艺术机构进行资助和扶持，而艺术机构更加难以得到地区和国家的扶持，也很难让赞助商相信这些项目是可以维持的。人们应该意识到，外伦敦地区对其他服务业的投资比内伦敦地区更多，而且投资形式多种多样，例如室外空间、公园以及地方音乐服务①。对于投资机构来说，重要的是要意识到地方政府在文化服务上所做出的努力要与它们特定的环境相符。

政策行动2.1

市长正在和文化机构、地方政府和战略融资机构携手并肩，鼓励它们积极努力，保证为整个伦敦地区提供更广泛的、高质量的文化服务。

2. 交通的重要性

决定伦敦市民在多大程度上可以参与以及参加文化活动的另外一个关键因素就是，公共或者私人交通。伦敦的交通运输系统给人们留下极其深刻的印象——仅地铁就有270个站台，拥有250英里的轨道，是世界上最长的地铁系统。然而，外伦敦的交通网并没有伦敦市中心发展得好。外伦敦地区文化场所少，加之交通不便利，人们很难到达文化场所聚集的市中心。

就像在“伦敦市长交通战略”中所描绘的那样，伦敦交通局及其合作伙伴正在采取一系列措施，改善伦敦各地的交通系统，使人们能够更方便地参与文化活动。其核心是要制定一个交通设施投资项目，使交通运输系统具有更大的容量和更紧密的连通性，主要包括以下项目：“横贯铁路”项目(Crossrail)、地铁网的升级、码头区轻轨铁路的加长火车、伦敦地上铁(London Overground)的发展和扩大、泰晤士联线以及国家铁路服务(National Rail services)的加长火车。现在很多公交服务，尤其是在晚上和周末，也变得愈加频繁，因为引进了新的服务项目以及改善了服务信息，使旅途变得更加便捷。此外，伦敦新公交车的标志性设计是以双层公交车(Routemaster)为基础，但是又带有独特的未来主义风格。它一定会成为21世纪伦敦的标志，而且还将使乘公交车去参加文化活动变得更具有吸引力。

市长同样也积极鼓励更多人在伦敦周边散步和骑自行车，这会促使更多当地人参与文化活动，并且在往返文化场所的旅途中增加身体活动，享受到更多乐趣。2010年夏天启动的“巴克莱自行车出租”计划，短短10周就带来了100万次的自行车旅行，然而“清晰伦敦”(Legible London)系统更好地为人们提供找到主要场所，包括文化和旅游景区的方式。

(二)提高伦敦文化服务的品质

2009年初，伦敦市长发起成立了外伦敦委员会，由二等勋位爵士威廉·麦基负责，其目的是寻求

① 特许财政和会计学会(网址：www.cipfastats.net)。

可以完全实现外伦敦经济、社会和文化潜力发展的方式。它给予了很多有关集中文化景点和鼓励文化区发展的建议，这些极大地丰富了《伦敦规划替代草案》及其文化服务。为了对此进行支持，“伦敦市长交通战略”将改进大都市以及城镇中心之间及其内部的连通性作为工作的重点。

英格兰艺术委员会、遗产彩票基金和其他资助机构采取措施，缩减对伦敦各地资助水平的差距，市长对它们所做的努力表示欢迎。这样做的益处已经慢慢显现，在雷德布里奇、布伦特以及黑弗灵区有了全新的或者是翻新的博物馆，并且在外伦敦地区的很多场馆之间开发了“旅游路线”。这并不需要立即将公共资助由市中心转向外伦敦地区，而是要为那些长期以来文化基础薄弱的地区逐渐提高文化服务的质量和规模。有一个很好的例子，伦敦博物馆中心已经为市内各地区规模较小的博物馆的发展提供资金。通过增强这些博物馆工作人员的管理能力、知识以及技能，来提高外伦敦地区博物馆的质量标准和投资水平。

外伦敦地区的机构和场馆不要把彼此当成竞争对手，而是要乐于接受合作的机会，以此来降低项目的成本，并提高项目的知名度。各类机构还要和伦敦市中心的主要文化机构合作，因为后者有可能通过全新的旅游和伙伴关系计划来拓展它们在伦敦的活动范围。受博物馆、图书馆和档案馆协会再生项目的资助，伦敦博物馆中心推动了大英博物馆将古老埃及标志性雕像盖尔·安德森猫(Gayer-Anderson Cat)借给布伦特博物馆。在这一塑像展出的短短时间内，布伦特博物馆的访客量就增加了 8 000 人次，这是该项目成功的一个最好例证。

在外伦敦地区艺术和文化产业工作的人，从对活动更大的认可和宣传支持中获益。这些地方的文化机构需要更加努力地工作来拓展和吸引观众，但是它们经常发现没有充足的资金来实现这一目标。在区域层面受到资助的文化活动具有独特的价值，从大伦敦政府的评估和磋商中可以明显地看到，外伦敦机构的强大支持使这些活动得以继续进行。

大伦敦政府 2007 年启动了一项活动——“东部节日”，通过这项活动可以看到外伦敦地区的文化活动是如何开展的。“东部节日”有明确的目标，即把东伦敦地区的文化机构聚合在一起，以吸引更多游客，并更好地对这一地区进行开发。2007 年起，“东部节日”展现了东伦敦地区的文化和创意机构的工作，建立了新的伙伴关系，开辟了新的工作领域，并刺激了旅游业的发展。同时，“东部节日”是对文化更深层次的探寻，是一场观念上的深刻变革，已经成为检验活动主题与地区相关度的一面镜子。另一个展现外伦敦地区文化活动的例子就是大伦敦政府与英格兰艺术委员会对伦敦爵士音乐节的支持。它的部分设计理念是通过高质量的巡回演出，让外伦敦地区的小型场馆来承办大型活动。基于这一理念，2009 年爵士音乐节在巴尼特、克罗伊登、里士满、格林尼治、纽汉以及泰晤士河畔金斯顿区的 50 多个场馆举办了 250 多场活动。

类似伦敦爵士音乐节、“大舞汇”、“伦敦故事”以及“发现泰晤士河”(伦敦最大的社区考古项目)一类的项目，或是类似 2012 年奥运会和残奥会以及钻石庆典的国家庆典，都可以作为未来战略关系和次区域合作的起点。以伦敦西部联盟为例，它将伦敦西部各区联合起来，与大伦敦政府就共同发展跨区文化活动和项目展开讨论，并确保文化在经济发展目标中占一席之地。我们支持这些举措，同时，各区也可以通过规划框架、自发开放景点和建筑、给予收入资助或是简单地提供建议和指导等方式对此进行大力支持，最终目标是要文化在伦敦各地区繁荣发展，并获得更多地区支持资金。

同时，技术在拓展首都文化供给上也发挥了重要作用。英国国家剧院现场直播项目的成功启动就是科技基础设施普及高质量文化活动的例子。“国家剧院”项目是由英格兰艺术委员会赞助，将戏剧舞台表演在整个伦敦和世界各地的影院中进行播放。其他机构，比如皇家歌剧院和皇家莎士比亚剧团也开始进行类似大胆的尝试。应该鼓励这些由主要文化机构进行的试点项目，虽然有些人觉得现场表演无可取代，但是现代制作人都善于和更懂得利用数字工具和传送平台，使我们有机会将世界级的艺术和文化作品奉献给伦敦更多的观众。

政策行动 2. 2

大伦敦政府的活动小组与当地政府和行业机构合作，共同支持伦敦已经存在或者新近出现的高品质的节庆、活动和文化项目，增加伦敦的受众数量以及他们的参与度。

1. 参与的社会壁垒

伦敦市以及内伦敦与外伦敦之间的资金和供应分布并不均衡，但空间格局并不能完全解释文化参与的差异。举一个明显的例子，外伦敦泰晤士河畔里士满区63%的居民每年会有3次及以上接触艺术的机会，而在内伦敦陶尔哈姆莱茨区，这一比例仅为41%①。除了地理因素之外，还有很多其他因素可以用来解释文化参与的差异。

大伦敦政府对阻碍文化参与的因素的研究得到了很多回应，截至目前，最普遍的因素就是成本以及时间，见表2. 2。然而，不同人群之间存在明显的差异，女人更容易将成本视为阻碍因素，而且她们还需要照顾家庭(11%的女人持这种看法，而只有4%的男人持这种看法)。然而，在18~24周岁人群中，60%的人认为没时间是主要的障碍，在55~64周岁的人群中，只有36%的人持此种看法。

表 2. 2　未参与文化活动和赛事的原因

因　素	比例(%)
时间/太忙	44
成本/太贵	35
不感兴趣	9
来去不方便	8
要照看家庭	8
真的不想去	5
健康原因	4
与我的兴趣无关	4
其他兴趣/不喜欢	3
年龄不合适	3
不适合在那	2

来源：大伦敦政府。

很多组织和赞助机构的研究表明，不同人群的参与水平存在差异。英格兰艺术委员会在全国调查了人们对艺术的参与情况。种族以及教育水平等因素很可能与人们对艺术的参与度有一定的关联，见表2. 3。

① 文化、媒体和体育部2009年组织的“关于文化、娱乐和体育的国家调查”。

表 2.3　不同群体参与艺术活动的情况(%)

	2005—2006 年度	2006—2007 年度	2007—2008 年度
种族			
白人	48.4	47.4	47.6
黑人或者少数族裔	42.6	41.7	43.0
社会经济团体			
高水平社会经济团体	53.3	52.0	52.0
低水平社会经济团体	37.9	36.9	37.5
最高资历			
学位	62.5	60.0	59.4
A 级	54.2	52.9	52.2
A 级以下	47.2	45.7	44.1
无学历	30.8	31.8	32.7

来源：英格兰艺术委员会。

从关于“文化、娱乐和体育的国家调查”中获取的数据显示，不同群体参与艺术活动的情况存在差异。女性受访者、无非限制性残疾人以及那些来自白人家庭的人的艺术参与度明显偏高。社会经济团体、宗教背景、教育水平以及年龄也对艺术的参与度有很大的影响，年轻人(16~24 周岁)和老年人(65 周岁以上)的艺术参与度都相对较低①。

这些一般性的结论在具体的文化细分领域以及伦敦市民之间形成了共鸣。例如，不同人群对“你在过去的一年中参观过伦敦博物馆吗?”这个问题的回答存在很大的差异。那些具有黑色族裔背景、社会地位较低以及身体有残障的人所给出的回答大部分是否定的。此外，不同年龄阶段的人群之间也存在明显差异，详细数据见表 2.4。

表 2.4　伦敦博物馆的参观情况(%)

	是	否
社群		
ABC1	61	30
C2DE	43	57
种族		
白人	59	41
黑人和少数族裔	44	56
残疾		
是	42	58
否	56	44
年龄		
16~24 周岁	53	47
25~44 周岁	58	42
65 周岁以上	54	46

来源：伦敦博物馆、图书馆和档案馆协会，伦敦博物馆中心。

① 大伦敦政府 2010 年发布的《伦敦做好接待残疾游客的准备了吗?》。

关于参与壁垒的问题多种多样且十分复杂，通常也引发学者、社会学家以及文化决策者之间的讨论与争议。但是，以这样的方式为决策提供支撑是十分关键的，同时也尽可能详细、准确地理解因果要素之间的关系，并做出适当的干涉措施。例如，大伦敦政府最近完成了对伦敦残疾游客的需要和期待的研究①，并且以此为基础为旅游业，包括文化景点的发展，制订了一个扶持计划，以提高人们对这一问题的理解以及为残疾游客提供服务的水平。通过努力开发更加精细的指标和开展研究活动，伦敦文化产业具备建立智能市场的潜力。这对于规划的宣传、进行更有针对性的市场营销以及其他旨在拓展新观众的活动来说是无价的。伦敦市长感谢大伦敦政府、伦敦博物馆中心、英格兰艺术委员会以及伦敦首席休闲官协会为此做出的努力。

大伦敦政府在提高文化参与活动方面存在一定的局限性。作为一个战略机构而非支付或者赞助机构，它无法通过补贴票价或者改革学校课程之类的措施来解决某些最普遍的难题，例如，成本问题以及兴趣的缺失。然而，要进行很多战略的干涉，就要与大伦敦政府合作，共同解决这些困难。很多举措都在文化策略中有所阐述，具体包括以下几方面的内容。

①改善地方文化服务，这是人们进行文化体验和走进文化的重要因素；

②投资以及推广经济适用的或者免费的文化活动，可以通过整个伦敦的文化活动以及类似“伦敦故事”或者“大舞会”之类的节日庆典来实现；

③增强学校、家庭以及文化机构之间的联系，激励人们更好地进行文化参与，并且给予不同背景的人以信心和理解文化形态的能力；

④进行研究和制定政策，加强对壁垒的理解，以及了解造成参与差异的原因，以通告大伦敦政府和合作伙伴的投资和规划。

2. 交通解决方案

伦敦市长一直在改善伦敦的交通系统，并努力实现他的首要目标，即保证为伦敦市民和游客提供一个安全、灵活、价格实惠以及可持续发展的环境系统而努力，所有这些都是为了能适应各类选择和旅行的需要。对于伦敦的交通运输系统，市长正在实施50年来最大的一项投资计划。这项计划包括交通线路升级，在大部分交通网络中安装空调、将码头区轻轨铁路的运输能力提高50%、横贯铁路的延伸(这将伦敦铁路的容量提高10%)，以及加大对自行车道和高效能源公交车的投入。

从本质上看，这些重要的基础设施建设是宏大而又长期的工程，但是会为文化产业以及广大群众带来巨大的经济收益。除此之外，还有很多具体问题，比如大型客车停车位也对文化机构造成一定的影响。伦敦一直存在大型客车停车的问题，尤其是涉及非预定的或者是包车服务。大型客车是一种重要的交通方式，很多人乘坐它来参观英国最知名的文化景点，包括英国国家博物馆、国家机构以及伦敦西区剧院。不仅游客选择乘坐大型客车，伦敦各地的学童和老人也会乘坐大型客车往返各大文化场所。目前，伦敦市中心大约有200个大型客车停车位，但是保守估计每天至少有500辆包车会到达伦敦。下车和停车困难加剧了伦敦的交通堵塞，也限制了乘坐大型客车的游客来伦敦参观。

大伦敦政府正在和伦敦交通局共同开发一个计划，以更好地推广专为大型客车使用的保留区，最大限度地减少对当地居民的负面影响，并且还为城市的文化和旅游经济带来收益。目前，已经开始对

① 来源：伦敦议会2009年发布的《文化和体育的满意度及参与度》。

计划实施的可行性进行调研，并将得到一个费用较高的解决方案，但它很可能为文化产业带来巨大收益。

政策行动 2.3

市长正与伦敦交通局以及合作伙伴一起，寻找解决文化产业目前所面临的具体运输问题的实际解决方案，而这需要领导和统筹。

(三)提高地方文化服务

可以说，在伦敦的任何地方，决定文化服务的范围和质量的最关键的因素是地方政府做出的承诺。当伦敦市民被问及为什么认为文化活动的质量很低时，他们给出的理由大部分(67%)是“议会投资的活动没有去的必要或者没有兴趣”。一般来说，尽管伦敦地方政府与大批合作伙伴提供了各种各样的服务、项目和活动，伦敦市民依然持此种观点。伦敦所有的区政府是伦敦文化活动最大的赞助商，在 2008—2009 年度，投资额度高达 4 亿多英镑，相当于每年为每位伦敦居民投资 53.90 英镑，每周支付 1.04 英镑。图 2.1 大体上呈现了这些文化支出的分配情况。

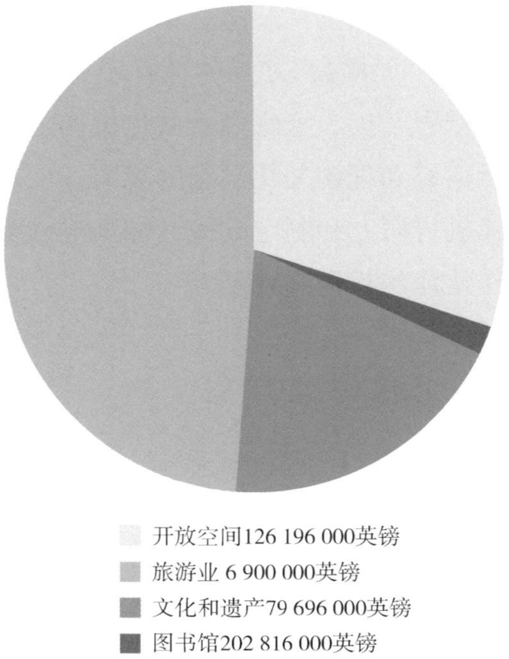

图 2.1　2008—2009 年度伦敦地方政府文化支出情况

来源：伦敦议会。

不管在伦敦还是在其他地方，地方政府都承受着史无前例的预算压力，并面临着对未来资助的艰难抉择。如果不提供法定服务(其中大部分是文化供给)，地方政府很可能要遭受损失。此外，尽管今后人们会更加关注公司和慈善事业对文化的支持，但是这些支持无法与地方政府的投资相匹敌。伦敦艺术和文化遗产机构是国家形象的代表，最有可能从这种资助中获益。

各区都直接提供很多文化服务，比如图书馆。但是不同的地方政府所采用的供给方式是有区别的，而且现在诸如休闲设施或者园区管理一类的服务通常会外包给商业运营商或者信托公司。特别是，伦敦区计划和当地社区的小型第三产业组织和志愿团体紧密合作，占据那些为居民提供最需要的文化服务的有利地位。就这一点而言，很多文化服务都被认为和英国政府一流的“大社会”政策相一致。

政策行动 2.4

市长正在和伦敦议会以及个别地方政府紧密合作，强调文化服务在居民供给和提高人们生活质量中发挥的重要作用，鼓励更多跨区的合作伙伴关系，以促进创新，提供高品质的服务。

伦敦各区特别倾向强调文化对提高伦敦市民生活质量的作用，以及它所拥有的满足地方政府优先开展工作的潜力。这样做，各区能意识到文化会发挥更广泛的作用，它可以通过很多不同的方式来提高社区生活。大伦敦政府的调查结果显示，84%的伦敦市民认为，城市的文化景点是高品质生活的重要保证。

文化活动可以把社区结合起来，形成社会凝聚力，鼓舞和激励各个年龄段的人积极参与社区生活，并且对人们的生活产生积极的影响，比如促进终身学习、减少犯罪和减轻对罪犯的恐惧感、传递信心以及促进幸福安康。很多区出于经济方面的原因，大力支持文化产业的发展。比如，通过创意小区的发展来带动商业的发展、促进就业和经济的再生；或者通过旅游业的发展促进经济的发展，因为文化资产和服务是塑造地方特色以及吸引游客的重要因素。伦敦市长在和各区定期会面与合作的过程中，将会继续强调投资文化的重要性以及为当地带来的收益。

当然，并不是每个机制或者服务都能实现这些目标，而且个别项目的成功将在很大程度上取决于当地的情况。但是存在这样一个普遍的事实，即人们参与文化和体育活动的程度与人们对居住地的总体满意度之间存在一定的关联，而且在伦敦，这种联系更加紧密(根据国家指标5的测量结果)。似乎所有层面的文化供给都是如此，由地方政府运营或者扶持的博物馆、美术馆、剧院以及音乐厅更是如此。相比公交服务、垃圾收集或者家庭回收，博物馆、美术馆、剧院以及音乐厅与议会表现和居民满意度的关联更加紧密①。

伦敦市长强烈支持伦敦地方政府作出的承诺，即通过与他人合作，提高文化服务的水平，以改善整个地区的文化生活水平。这些工作主要是由伦敦首席休闲官协会(CLOA)和“伦敦文化改进”计划(LCIP)负责指导，它们是地方政府的组成部分。此外，伦敦议会的“文化、旅游和2012年论坛”，伦敦的英格兰艺术委员会，伦敦博物馆、图书馆和档案馆协会，伦敦英格兰体育，英国文化遗产委员会和伦敦政府办公室也都参与了这些工作。“伦敦文化改进”计划在提高效率和改进状况方面处于领先地位，而且对于打造伦敦地方政府专业人士的网络体系具有重大影响。通过这个网络体系，他们能够互相学习、分享最佳做法以及改善所提供的文化服务的质量。所以，两个参与的区已经提高了对文化的“星级”评价。

这一成功案例得到伦敦雄心(Capital Ambition)战略管理委员会的认可，并对下一步计划给予资助的奖励，这样，伦敦地区改进与效能伙伴关系(RIEP)就拥有更进一步提高文化服务的空间，可以寻求在文化遗产、活动、筹资、旅游业和儿童服务等主要领域建立合作伙伴的新方法。例如，它最近与伦敦电影协会携手努力，启动了一个新的合作项目，目的是让各区可以吸引更多电影制作。大伦敦政府与“伦敦文化改进”计划紧密合作，还在诸如旅游业、文化和儿童服务等重点领域进行战略资源投入。通过伦敦活动论坛(London Events Forum)，协助那些肩负相应责任的地方政府官员来改进各区以及跨区的活动。

在一系列政策范围内，伦敦市长支持地方政府扮演民主责任机构的角色，自由地提供选民最需要的设施和服务的层次和种类。同时，伦敦首席休闲官协会以及“伦敦文化改进”计划的工作表明，各区之间进行更广泛的合作和互相学习的益处，伦敦议会的政策性文件《扮演自己的角色：文化和体育对伦敦地方生活的贡献》也因此大受欢迎，它提供了伦敦文化和体育的普遍原则，并确定了优先开展的工作，得到所有区的支持。

大伦敦政府还和伦敦议会合作，探讨引进“伦敦市民卡片”的可行性，对各区制定的地方规划进行补充。它将会利用新技术建立激励机制，使伦敦市民能参与一系列的活动和享受地方服务，包括文化服务。

① 伦敦发展署2004年发布的《支持人才进企业》。

要实现这个计划非常复杂，伦敦交通局、地方政府、文化供应商和相关机构的代表已经举办了多次利益相关者研讨会，并进行了多次访谈。该计划将分阶段进行，第一阶段的工作将于 2011 年启动。

伦敦公共图书馆

在文化领域的投资中，伦敦地方政府将近 40%的投资用于图书馆。对于地方政府而言，这是少有的一种文化服务形式，其与伦敦市的投资比例保持大致相同的水平。1964 年，《公共图书馆法案》发布，其规定地方政府必须提供免费的图书馆服务。根据政府的国家指标 9(衡量过去一年成年人使用图书馆的比例)的测评结果，内伦敦和外伦敦的成年人使用图书馆的比例几乎相同。在内伦敦，这一比例维持在 52%，在外伦敦，这一比例维持在 51%。

如今，伦敦公共图书馆通常被认为处于危机之中，风雨飘摇，因为它们不断受到预算削减的严重影响，未能成为地方政府优先开展的工作以及列入支出预算计划。真实的情况并非如此，而且也相当复杂。毫无疑问，过去一年，很多图书馆承受了巨大的财政压力，然而，今年的状况无疑会更加严峻，很多伦敦图书馆会继续提供使用者高度认可的服务。根据“公共图书馆使用调查”的最新数据，超过 87%的伦敦受访者认为，图书馆服务“不错”或者“很好”，只有 1. 6%的受访者认为该服务“不好”。然而，该服务确实存在很大的提升空间，并且伦敦各地图书馆服务的测评指标，包括每个市民的借阅量和访问次数以及运行成本，都存在一定的差异。

具有讽刺意味的是，威胁伦敦图书馆的财政削减恰恰是推动图书馆蓬勃发展的另一种方式。最初的证据表明，很有可能是因为经济不景气，更多的人会到公共图书馆寻求职业发展和就业方面的建议。职业发展的文献、免费使用电脑和互联网的需求很大。例如，2009 年初，威斯敏斯特图书馆的报告显示：与上一年相比，游客数量增长了 10%，会员人数增长了 33%，特别是关于简历、信函写作和财政建议的图书需求急速增长。

很多英国图书馆的建筑是在 20 世纪六七十年代建立起来的，这一事实容易使人们产生错觉，认为它们是静态的机构，并一直提供同样的服务。实际上，很多伦敦图书馆一直在发展，并且还成功地开辟了很多全新的服务，以提高服务质量，扩大服务范围。最近几年，伦敦晚上和周末开放的图书馆数量一直稳步上升，无线网络也愈加普及，图书馆的成人学习和扫盲计划已经为将近 1 万名居民提供基本的技能帮助，而且伦敦博物馆、图书馆和档案馆协会还对图书馆如何对地方企业和企业家进行支持进行了试点调查。可能最振奋人心的是，新建的标志性图书馆建筑以及在波拉德山、佩卡姆、巴金、希灵登和谢泼德林区等处的翻新的图书馆建筑不仅是当地社区的重要资源，还是伦敦图书馆永葆活力的象征。

案例研究：谢泼德林区图书馆

2009 年秋天，伦敦最新的图书馆——谢泼德林区图书馆对公众开放。谢泼德林区图书馆坐落于欧洲最大的城市购物中心之一——韦斯特菲尔德购物中心的中心地带。它占据了两个楼层，拥有很多现代图书馆的功能和服务，不仅提供图书和光盘、儿童教育资源和公共使用的电脑，还为青少年和年轻人建立了一个专门的“冷静”(chill out)空间，为他们提供音乐和游戏软件。

另外，图书馆还是一个工作区域(Work Zone)聚集地。哈默史密斯和富勒姆委员会(Hammersmith & Fulham Council)与就业中心(Jobcentre Plus)以及伊灵·哈默史密斯和西伦敦大学(Ealing Hammersmith & West London College)紧密合作，共同为韦斯特菲尔德零售商和其他当地雇主提供招聘服务。工作区域为工作面试和各类工作培训提供建议，例如食品卫生认证，这是能够创造就业机会的地方餐馆和零售店最需要的一个认证。为了进一步促进就业，图书馆可以为当地居民的抚育费提供经济上的援助。图书馆在当地社区广受欢迎，图书馆开放的第一个月就吸引了将近1 500名读者，相比之下，它所代替的乌克斯桥镇上的旧图书馆分馆每月只有200人到访。

图书馆的建造和运行并没有花地方纳税人的钱，它所获得的资助来自社区收益，这是在规划许可后，根据106条款协议(Section 106 agreement)进行商谈取得的结果。无论是资金资助，还是实现各类服务(这些服务要尽可能地满足当地居民和商业贸易发展的需求)的方式，都是伦敦图书馆保持活力和持久价值的鲜活体验。

更多详细信息，请访问网址：www.lbhf.gov.uk。

创新还可以实现节约支出，以及提供更新型的服务，而且图书馆的管理者已经证明，可以通过一种更加智能和更加协调的方式开展工作，这样就可以在不影响服务质量的情况下削减开支。通过更好地利用数字技术，购置和开发软件系统，并且跨区在后勤安排和减少重复劳动方面开展更大规模的合作，图书馆可以用较低的行政和管理成本，为用户提供无缝和高质量的服务。除此之外，最近在私有领域的技术创新，例如，布鲁姆斯伯里的公共在线图书馆，一个向所有出版商开放的以出版商为主导的在线图书馆供应计划，它所提出的新型模式和合作关系可以为用户提供全新并且更好的服务。

伦敦市长强烈支持图书馆工作人员、地方政府和其他机构为创新所做出的努力。最近几个月，伦敦博物馆、图书馆和档案馆协会和“伦敦文化改进”计划共同对“伦敦图书馆改革”计划(LLCP)进行监管，以推动这一计划的实施，以及解决很多战略性和资源分配的问题。它同样在寻找不同的管理模式，探索如何通过适当的共享或是外包来提高服务效率，与此同时，还能继续坚持地方民主责任制。重要的是，“伦敦图书馆改革”计划为用户带来具体而长期的效果，例如改进库存、更加灵活的开放时间、数字技术的改进使用以及更多的便捷。人们清晰地意识到，为了实现这些目标，还要节约伦敦图书馆的服务开支，这样才能带来新的投资和实现现代化。必须给在该领域工作的人提供支持和必要的鼓励，使他们能做出大胆而又适当的决定，并且确保图书馆能够在伦敦市民未来的生活中继续扮演重要的角色。

三、教育、技能和职业

（一）吸引年轻人参与文化活动

2008 年，伦敦市长发布了“行动时刻”计划，其愿景是为年轻人创造机会和预防暴力。该计划重点支持年轻人发展，使他们一直接受教育，发展他们的品格和增强责任意识，增加他们参与运动、音乐和文化的机会，传播最佳实践，以及满足监禁人员的需要。

文化产业在促进年轻人发展方面发挥了巨大的作用，它使伦敦年轻人的生活充实而愉悦，具有建设性和文化性。近些年来，很多政府政策都狭隘地强调受教育程度的差异，制定了不同的政策和给予不同的资助，在监管和评估领域关注的则是学习目标、资质和通过率。所以，尽管获得 5 个普通中等教育证书的学生数量确实有提高，但是伦敦学校提供丰富、多样和高品质的文化教育和体验的能力的差异仍然巨大。当然，很多教育专家和父母都清楚地意识到这一点，并且理解儿童获得的专业技能、训练和好奇心能使他们拥有自信，可以让他们在未来的教育和职业上取得成功，终身兴趣浓厚，心情愉悦。

当然，很多伦敦公立的初等学校和中等学校确实在课内、课外提供了很多各种各样且高品质的文化活动计划。但是事实并非如此，和那些具有地理优势或者父母具有较高经济收入的儿童和年轻人相比，很多伦敦的儿童和年轻人并没有机会进行文化体验。根据大伦敦政府的调查数据，33%的受访者认为，当地为年轻人提供的文化教育供给是丰富的，7%的人认为很丰富，大约 26%的人认为水平很低，并且还有 19%的人声称完全不知道。然而，关于儿童参与文化活动的数量和文化参与的品质的基线数据十分薄弱。

伦敦文化战略小组建立了一个工作组，正在详细研究文化供应不协调的各种原因。财政资源、父母和学生的热情、教师的激情、校长的领导以及地方政府和组织的支持都被认为是重要的因素。同样重要的原因还包括活动信息交流和协调的方式。大伦敦政府的调查强调“关于活动更准确的信息”被认为是伦敦提高文化机会的重中之重，其次是削减参与成本。

在伦敦，制定文化教育战略的关键在于开展卓越的工作和依托现有的组织，而非创建新的组织。尽管学校的作息时间表被文化活动排得满满的，但还是应该采取更多行动，为年轻人提供更多文化体验。的确，伦敦文化战略小组发现，一些老师认为被大量的文化信息和机会所“轰炸”，但是却无法评估哪个活动更加有意义。例如，政府为地方政府投入大量的资金，用于推行国家音乐计划：“唱起来”（Sing Up）与“和谐”（In Harmony）计划。与此同时，文化领域内非正式学习提供者的数量也大大增加，这在伦敦表现得尤为突出。大伦敦政府提交的报告显示，在伦敦，大约有250个这样的组织，每年为数万名儿童和年轻人提供参与文化项目的机会①。在个体层面，正式和非正式的文化教育领域越来越紧密地融合在一起；在区层面，“伦敦文化改进”计划中的“与儿童服务携手并肩”更好地推进了文化和儿童服务项目之间的合作关系，但是要在整个伦敦范围内进行推广还需要更多努力。

当谈及文化教育时，重要的是要超越简单地“参与”，并坚持我们的雄心。通常认为，年轻人应该只会喜欢能与他们直接关联的艺术，因此，文化活动和文化教育就应该迎合这种需要。这种“急于相关”(rush to relevance)的冲动使年轻人变得有些傲慢，并且限制了他们的视野。这不是从艺术形式中挑选另一种，或者是诋毁某些类型的创意活动，而是要确保所有的伦敦年轻人，无论他们的背景如何，都得到激励去获取各种各样的文化供应。很多组织机构的工作都表明：当那些来自相对贫困家庭的儿童和年轻人有机会去学习、创作和体验他们通常认为很难并且陌生的古典音乐、戏剧、文学和其他艺术形式时，会提高他们的鉴赏力，使他们迸发生命的激情。

一个很好的例子就是儿童艺术节(Children's Art Day)，这是大伦敦政府在伦敦开展的一个全国性活动，伦敦所有的画廊、博物馆和学校都积极参与。每年7月，为时一周的庆祝活动给予数万名儿童、家庭和老师接触视觉艺术的机会，培养了他们对视觉艺术的兴趣，提高了他们的专业知识和技能。

不仅仅是艺术和创意产业能够激发年轻人的热情。从2001年起，遗产彩票基金开展了“青年之根”(Young Roots)资助计划，这一计划专门为那些想要探索和享受文化遗产的年轻人设计。仅在伦敦，就有80多个类似“青年之根”的公共资助项目，同时，还有各种私人资助项目，例如“丛林之根”(Grove Roots)，这一项目旨在帮助年轻人理解拉德布罗克丛林地方社区的历史和发展代际关系，同时学习各种各样的实用媒体和专业技能。

伦敦博物馆同样为伦敦市民提供了体验高质量文化教育供给的机会。国家博物馆是吸引游客的重要机构，也是收集、保存和研究的机构，同时也是教育中心，为各类人群提供成熟的文化项目。比如，伦敦交通运输博物馆提供了各种各样的学习机会，包括通过美术馆和图书馆，让人们进行自主学习以及推动年轻人参与，让年轻人对参展作品进行评价。

政策行动3.1

市长将会确保大伦敦政府支持的文化活动和项目能够成功地调动儿童和年轻人的积极性，并且有助于培养他们对艺术、遗产和文化的探索和渴望精神。

1. 补习教育

实现文化教育目标的一个途径就是，通过对伦敦补习教育的支持和战略援助，也就是通过课外教育活动，让儿童拥有更加集中和丰富的学习和文化体验。“补习教育”这个概念由来已久，兴起于19世纪的教育改革，但是与当今伦敦的文化教育仍有着全新而又重要的相关性。

这种类型的课外活动的重要性不仅体现在文化领域。众所周知，来自贫困地区的年轻人是不太可能取得好成绩或者继续接受高等教育。例如，在伦敦可以享受免费午餐的学生中，只有1/3的学生在

① 萨顿信托2009年发布的《提升贫困社区内弱势背景的年轻人的高等教育率》。

英国普通中等教育证书考试中获得了5A＊-C等级，相比之下，在不接受学校救济的学生中，这一比例超过50%①。一项长期追踪学生表现的研究表明，国内的补习教育活动可以显著提高学生的学业成绩，缩减贫困家庭的学生和家庭环境较好的学生之间的学术差距。课程与资格考试委员会建议，地方政府和学校现在应该正式确立和补习教育机构之间的联系②。

在英国，有很多类似的机构。最好的机构用各种不同的教学方式让儿童投入学习，并且提供课外教育活动，还提供某些特定领域的集中学习，例如音乐、艺术、科学以及数学，可以提高学生受教育的程度，并且最终减少弱势群体在发挥潜力时所面对的障碍。

大伦敦政府对国家课程并没有直接的权力，也没有能力为文化教育提供资金。但是可以采取更多措施来支持教师和父母更好地了解有助于补习学习的项目。大伦敦政府有意向同伦敦现存的补习学习网络开展合作，以提升它们的形象，让伦敦的教师和父母对其有更深的了解。围绕音乐教育所开展的行动只是一个开始，其他类型的文化活动可以以此为参照。

大伦敦政府正在和各类合作伙伴和资助机构探讨某些可能存在的机会，除了支持补习教育机构在某些最贫困地区大力开展活动，还需要立即采取更加切实可行的措施，促进补习教育的发展。比如，市长在市政厅举办了一系列活动，来推进各类机构为儿童提供文化体验、促进公立学校教师的参与并且使他们在参与过程中获得知识和技能。同时，市长也会为学校、企业和文化机构举办其他的活动，让人们邂逅和了解伦敦开展的活动。

在伦敦各地开展补习教育的一个建议就是，雇佣本科生和研究生担任教师和辅导员。这种做法的好处是可以提高这些本科生和研究生的教学技术水平，并且提高他们从事专业教学或者参与工作的能力。很多事实表明，这种朋辈教育形式对学生和教师都有益处，并且这种模式已经在伦敦的补习学校成功开展。“造就天才”(Generating Genius)是一个在东伦敦地区开展的项目，它提供科学工程培训，利用科学技术专业本科生的技能来支持学生参加实践活动。西维塔斯(Civitas)也在伦敦各地运营补习学校，雇佣数学和英语专业的本科生进行教学，我们还可以动员数以万计在伦敦学习艺术、传媒、设计和其他创意学科的学生参与到这一工作。

政策行动3.2

市长将会开展关于文化和补习教育的试点项目，并且以此为基础，在这一领域开展更多相关活动。

2. 音乐教育

越来越多人承诺支持年轻人参与文化活动，大伦敦政府也正在和很多机构一起，共同为伦敦音乐教育的发展制定政策。这涉及伦敦文化和教育产业内很多普遍性的问题，尤其关注音乐教育面临的具体问题。当然，这并不是刻意去优先发展某个领域或是某种艺术形态，而是确定音乐教育在服务地方时所面临的某些具体的问题，这些问题可以通过大伦敦政府在整个伦敦范围内的更强大的协调和支持来解决。

伦敦的音乐教育产业高度多元化，并且正在开展很多卓有成效的工作，各类法定的和非法定的机

① 详情请参见网址：www.suttontrust.om。

② 来源：《2009年技能就业人口普查》。

构都为年轻人提供了多样的选择。根据伦敦英格兰艺术委员会的最新研究，2007—2008年度抽取的26家音乐机构为5万多名年轻伦敦市民提供了参与音乐制作的机会，从小学生的工作坊到现场表演，从一对一的艺术家到录音工作，无所不包。

然而，尽管活动形式丰富多彩，伦敦的音乐教育和培训并不完整，尤其是乐器教学。不是每个人都可以接受乐器学习的费用，这通常取决于父母的支付能力。并不是所有的学校都能从投入的用于学生拜访音乐家或者参观艺术机构来强化课程学习的经费中受益，在伦敦，并不是所有的年轻人都能走进录音棚制作和录制他们的音乐。令人感到震惊的是，在伦敦的不同学校中，音乐教育的雄心和力度差异特别显著，即使是那些地理位置邻近的学校，其开展音乐教育的情况也相去甚远。

为了让人们了解提高音乐教育质量的综合水平以及协调性的有效途径，2009年，音乐教育峰会(Music Education Summit)在市政厅正式举行，来自整个伦敦音乐产业的180名代表参加了这次会议。峰会之后，主要的产业合作伙伴就进一步深化思想和可能采取的行动进行了认真磋商，并且英格兰艺术委员会借调了一名成员对计划进行宣传。

因此，2010年3月，市长专门为音乐教育制定了题为“赋予音乐重要性”的战略，其目的是用两年时间改善音乐教育。关键问题是，要建立市长音乐教育基金，来资助伦敦地区的音乐服务项目、乐队和合唱团的合作伙伴，目的是为年轻人提供向专业音乐家学习并与之共同工作的机会，唤起年轻人的音乐抱负。

“伦敦韵律”(Rhythm of London)是该战略中另外一个重要组成部分，它是一项年度活动，主旨是展示年轻人创作的最好的音乐，并且让伦敦的年轻人和他们的家庭充分意识到学习音乐和演奏音乐的广阔机会。小学和中学受邀在校内外举办各类音乐活动，无论规模如何，都可以吸引学校社区内成员的积极参与，并向人们展示伦敦所提供的各种各样的音乐机会，包括大伦敦市政府资助的项目，例如“地铁街头艺术”(Busking Underground)。

2009年9月首次出版发行了《伦敦韵律手册》，并将会定时更新。它是伦敦服务、设施和资源的指南，为年轻人提供接受音乐教育的机会。《伦敦韵律手册》被分发给学校、青年组织、图书馆、音乐部门以及相关部门，并且还提供了电子版，供人们随时下载使用，目的是鼓励尽可能多的人去了解音乐，并获取他们所需的信息和指导。

如上所述，尽管关于音乐教育有很多具体问题亟待解决，但是大伦敦政府正致力于加强文化领域内各种各样的教育供给。无论是视觉艺术、戏剧、文学、电影，还是其他艺术形式，我们的雄心都是放飞梦想，努力保证伦敦举世闻名的文化组织和机构、学校以及其他文化获取网络之间建立联系。

案例研究：发现伦敦交响乐团(LSO Discovery)

伦敦交响乐团已经成立了100多年，是世界上最知名的表演和录音乐团之一，近些年来，因创新和对音乐教育的执着而闻名于世。

“发现伦敦交响乐团”是伦敦交响乐团的教育和社区项目，已经和伦敦区建立稳固的关系，并且与东伦敦地区的学校和地方政府开展合作。这样的跨区和跨部门的合作对于发现伦敦交响乐团十分重要，让它成为一个长期的计划，而非一系列一次性活动的简单堆砌，能为人们提供各种各样的大量的活动，并且参与活动的人数也在不断增长，每年有3万多名成年人和儿童能欣赏到伦敦交响乐团的音乐，并与音乐家进行接触，要么是在伦敦交响乐团的驻团场地巴比肯艺术中心，要么是在次区域中的很多学校、社区中心以及其他活动场馆。

这些活动包括针对5周岁以下儿童的工作室和音乐会、星期六早晨音乐会以及青年和社区唱诗班。所有这些活动都使成千上万的人在很小的时候就可以有机会欣赏到现场音乐演奏。通过其“未来合作伙伴”计划(Future Partnership programme)，具备多种才能的年轻音乐家可以有学习乐器的机会，并且能聆听和欣赏不同风格的音乐。例如，伦敦交响乐团拥有世界一流的数字生产和录音设备，能够管理电脑工作室，并把城市和乡村音乐结合成新的音乐形式展示给听众。此外，“发现伦敦交响乐团指挥”计划(LSO Discovery Conducting programme)，在过去6年，开设了指挥大师班，由伦敦交响乐团的首席指挥或者主席进行授课，并且遴选出3名指挥，在公开演出中担任整场演出的指挥。与之相媲美的是，它的委托计划使新兴的作曲家能够为乐团创作新的作品。

更多详细信息，请访问网址：www.lso.co.uk。

政策行动3.3

借助市长的音乐教育战略，大伦敦政府围绕伦敦音乐教育进行了多方面的指导、协调和支持，并和地方政府、战略机构以及音乐合作伙伴携手努力，提供建议、给予支持、展现各种机会，还开展了旨在提高伦敦音乐教育质量、稳定性和形象的试点项目。

(二)技能、准入和劳动力的发展

无论是在私有经济、公有经济，还是通常情况下的混合经济中，伦敦文化和创意产业的竞争优势主要取决于劳动力的创意、技能和商业技能。从后现代产业中最新的编辑软件到保护中世纪手稿的传统技术，这些技能对于行业本身而言，都是高水平、具有实用性并且是行业自身所特有的。研究表明，71%的伦敦创意媒体劳动力都具有研究生学历，相比之下，整体的就业人群中只有35%达到了这一水平①。重要的是，无论是对即将入职的从业人员，还是现在的专业人才，所提供的这些技能都应该具有高质量和保持高度的相关性。只有雇主和专业人士自身参与到产业设计、信息提供和技能传承的过程中，才能实现这个目标。

这些不仅仅适用于创意产业。《2006年利奇评估》支持在公共领域创建一个技能供给市场，保证产业能引导一个需求导向系统，用以回应雇主和学习者持续提高技能的需求，关键是要发挥产业技能委员会(Sector Skills Councils)的作用。有3个与文化产业相关的产业技能委员会，它们是技能小组(Skillset)、创意和文化技能协会(Creative and Cultural Skills)以及英国终身学习委员会(Lifelong Learning UK)。所有这些产业技能委员会都发挥着重要的作用，它们与雇主建立联系，保证对技能的投资能够满足他们的需求。

① 大伦敦市政府经济部2009年更新《伦敦创意劳动力》。

在伦敦创意产业工作的人，将近 30%是个体经营者①，而且在诸如电影或者音乐之类的特定行业中比例更高。所以，这类劳动者不太可能会终身学习，因为自由职业者不太可能为自己的培训买单。同时，大部分公司雇佣的员工人数都在 10 个及以下，规模小的公司很难利用这些机会及时更新技术和跟上市场的发展节奏。

“在伦敦”(Within London)是伦敦技能和就业委员会(LSEB)制定和监管技能政策的战略。市长是伦敦技能和就业委员会的主席，负责确定伦敦技能投资的战略方向。伦敦技能和就业委员会是由来自伦敦的主要雇主代表以及负责资助和提供技能培训的机构的代表组成。目前，伦敦技能和就业委员会拥有来自主要创意产业的雇主代表和大伦敦政府并肩作战，以保证伦敦技能和就业委员会能够关注并解决文化产业面临的问题和需求。未来数年，技能培训体系的需求量会更大，包括为个人和企业提供驾驶培训。创意和文化产业有自己的特色和需求，而且伦敦技能和就业委员会要进行全新的统筹，确保为文化产业提供适时的培训。伦敦将在 2011 年 10 月举办 2011 年世界技能大赛(World Skills 2011)，市长的目的是，最大限度地发挥这项赛事的作用，唤起伦敦市民对职业技能的热情，促使他们追求卓越。

尽管创意和文化产业需要不断补充和更新其技能基础，但幸运的是，想要进入并希望在这个产业中寻求发展的人不计其数。每年夏天，进入英国就业市场的本科毕业生中，11%的人毕业于创意艺术和设计专业，总量接近 2.5 万人。他们中的很多人或者毕业于伦敦的大学，或者满怀在创意产业立足的希望来到伦敦②。

目前的状况是人才供大于求。因此，相关的行业技能委员会要以准确、及时和相关的劳动力市场情报为基础，为年轻人提供具体的建议和信息。那些有意向进入该行业的人需要得到一份对可利用机会的现实评估，而且不能抑制他们的热情和雄心壮志，并且确保他们能直接接受雇主认可的卓越教育和培训中心的培训，这样他们才有更好的机会进入该行业，并且拥有更大的发展空间。

政策行动 3.4

通过伦敦技能和就业委员会，市长与雇主和公共资助者共同保证技能和就业投资能够满足伦敦经济发展的需求，包括一些核心领域，比如创意和文化产业。

1. 高等教育

伦敦的创意和文化产业大部分是由高等教育机构来支撑的。伦敦总计有 40 多家高等教育机构，它们凭借自身实力构建了一个规模庞大的经济领域，拥有 40 多万名学生，将近 10 万名员工，预计收入超过 100 亿英镑③。这些高等教育机构包含重点高校，还有规模较小的专业培训学校，比如音乐学校、戏剧以及艺术学校，不仅培训未来的从业者，还为伦敦的非商业表演、制作和展出提供重要支撑。文化和创意产业中的学术专家具有教学和科研优势，为伦敦的大学吸引来自世界各地的学生。这还意味着，伦敦的企业能够获得无与伦比的劳动力资源。同时，它的影响远远超出文化和创意产业本身。2008 年，国家科学、技术和艺术基金会(NESTA)与中央圣马丁学院(Central Saint Martins)开展了一项

① 来源于高等教育统计局，网址：www.hesa.ac.uk。
② 来源于伦敦高等教育统计局，网址：www.londonhigher.ac.uk。
③ 来源于伦敦博物馆、图书馆和档案馆协会 2009 年发布的《文化产业的实习调查结果》(注：该报告还未公布)。

研究，对校友数十年的事业发展情况进行跟踪调查。研究表明，中央圣马丁学院的毕业生从事多种多样的工作，而且那些学美术的毕业生是以各种各样不同的方式来为经济发展做贡献。

伦敦的大学是卓越的研究、学习和教学中心。但是现在它们都处于危机之中，因为即将到来的公共支出削减会对学术标准以及工作人员和学生的教育经历和质量造成一定程度的威胁。除了这些传统的优势以外，重要的是要意识到伦敦的大学有无限活力，也要意识到文化产业正迅猛发展。伦敦的大学需要不断地开展各式各样全新的创意活动，其在伦敦的社会和经济生活中扮演着与 20 世纪完全不同的角色。

伦敦的大学尤其扮演着一个新的角色，那就是进行知识转化、企业支持，并帮助培育和孵化下一代创意企业。无论是支持伦敦城市大学的家具制造商、格林尼治雷文斯本学院、中央圣马丁创新中心的电视制作和开发中心，还是支持玛丽女王的数字音乐中心，伦敦的大学一直在为创意产业提供源源不断的创新、技能和商业支持。同样，不应该忽视继续教育的作用：威斯敏斯特金斯威学院在伦敦苏豪区的 01 实验室一直是视听产业的主要资源。

除了对创意企业支持外，伦敦很多高等教育机构同样努力地与文化建立更广泛的联系。伦敦艺术和文化交流中心(LCACE)一直在开展创新活动项目和知识交流活动。市长也支持伦敦国王学院的一项计划，那就是使用萨默塞特宫的全新空间来放置科学和艺术收藏品，并且与公众建立更广泛的友好关系。此外，最近宣布的对盖德霍尔学校的“巴比肯校园”项目进行投资，是与伦敦交响乐团共同合作的一个项目，目标不仅是要建立世界领先的表演艺术的教育和培训中心，还要提供令人振奋的机会，以争取更多新的观众，并建立年轻人和艺术专家之间的重要联系。

案例研究：时装企业中心

位于伦敦时装学院哈克尼校区的时装企业中心，培养了众多时尚设计人才，使年轻的创意人才能够将其愿景转变为切实可行的行动，甚至在很多情况下转变为高速增长的贸易。这样做可以解决多年来一直困扰伦敦产业长期发展的问题，那就是尽管世界上有很多著名的时装设计师都是在英国接受的培训，但是他们都不约而同地在世界其他时装产业中心，如纽约、米兰和巴黎发展他们的事业。

通过为年轻的时装设计师提供配有定制设备的工作间、贸易建议、市场营销支持以及让他们走进时装产业专业人士和指导者的圈子、对年轻的时装设计师进行密集的基础训练，使他们获得了关于企业技能以及建立和发展时装企业所需要的专门知识。时装产业自身所提供的特定支持是非常有价值的。

尽管设立在伦敦时装学院，但时装企业中心的项目不仅仅针对伦敦时装学院的毕业生而设计，相反，所有展现企业家资质和开启创造需求以及进行预售的人都是符合条件的，并且时装企业中心会根据设计作品的质量和商业雄心进行仔细遴选。

在短短几年内，时装企业中心就培育了包括埃德姆、曼妮什·阿洛拉、马里奥·施瓦博、理查德·尼科尔以及彼特·皮洛托在内的很多著名的设计师，成为伦敦时装周的宝贵财富，他们所建立的时装品牌得到大众的认可。时装企业中心接受来自大伦敦政府的资助，成功地扮演着培养未来一代时装贸易企业的孵化器角色。

更多详细信息，请访问网址：www.fashion-enterprise.com。

2. 走进产业和学徒制

尽管很多年轻人想要从事与创意和文化相关的工作，却没有一个单一而清晰的获取工作的说明。尽管越来越多的相关行业技能委员会正在进行关于职业咨询和指导的工作，但是在其他职业和领域中普遍存在的标准、透明的准入点以及渠道，在文化产业中需另当别论。

对很多年轻人来说，无论他们接受了正规教育还是非正规教育，都无法清楚地知道如何在文化产业中起步，结果是很多人进入文化产业依赖的是自己的人脉和所得到的建议，这对那些有家庭支持和来自特定背景的人十分有利。尽管以宣传手册或是网站形式提供的信息和文献具有一定的价值，但人们感觉这样的建议过于被动。通过个人参与、传帮带以及其他更多直接的方式，年轻人可以更好地寻找创意产业的就业机会，这才是人们进入创意产业所需要的路线。

对于那些没有学术背景的人尤为如此，并且文化产业会因为更多对创意产业工作感兴趣的人才而受益。对于那些没有教育背景但有意向进入文化产业的人们来说，在职学习是取得进步的一种基本手段。以工作为基础的学习有助于发展技术创新技能以及获取更多专业“软技能”。这些“软技能”对于建立在合作和人际关系基础上的产业以及需要特定知识的产业来说是必不可少的。

“创意学徒”(Creative Apprenticeships)计划将会在一定程度上使初等的以工作为基础的学习变得正规化，并且给予学习者一定的资金资助，这将成为人们进入文化产业的一种途径。“创意学徒”计划由创意和文化技能部门建立，专门提供在职和离职培训，为年轻人在工作场所获得技能和知识提供机会，使他们能从继续教育培训中获得学历。已经有很多伦敦本地的文化机构参与该计划，这将有助于建立雇主和继续教育机构之间的合作伙伴关系，以及提高人们对创意和文化产业的认识。实际上，文化产业还存在很多成功的学徒制模式，只是程序上存在差异，这对于那些想要寻求认可、支持以及不会被这种新模式所吞噬的人来说极其重要。

案例研究：“联合音频媒体教育服务”项目

多年以来，“联合音频媒体教育服务”项目，也就是通常我们说的JAMES，一直是创意产业中的典范，它们自身的技能和专业发展需求都是独占鳌头的。就像专业录音服务协会(APRS)、音乐制作商协会(MPG)以及英国银屏协会等教育部门一样，“联合音频媒体教育服务”项目完全是由经验丰富的音频专家进行管理，他们不断地努力，确保该产业能长期保持良好的运行状态，并希望他们花费如此长时间获取的技能不会就此失传。

为了实现这一目标，“联合音频媒体教育服务”项目开展了一系列的活动，使教育和产业能有效地联系在一起。与高等教育机构和继续教育机构、产业技能委员会“技能组”和其他培训机构携手，“联合音频媒体教育服务”项目将专业人士和供应商“链接”起来，无论是雇主还是学生，要保证技能的供应能更好地满足他们的需求。人们开展这项计划的一个主要方法是，借助已经确定的委托项目。确保学习经历高质量与时俱进，并与雇主和学生的需求相关，始终是一项挑战，但是近年来，传媒和视觉艺术课程和资质激增。日益增加的选择机会也为人们带来了麻烦：质量的差别是巨大的，在大学选择错误的课程也是一个十分昂贵的错误，而且会使年轻人的事业走上歧途。通过对教育供应商的接触、支持和严格评估，“联合音频媒体教育服务”项目能够对那些最好地满足产业需求的课程进行认证。这个质量和相关性的基准有助于提高供应商的标准，还帮助潜在的学生及其父母进入正常的申请流程。

最近，“联合音频媒体教育服务”项目开始了 WITS 计划这一试点，目的是让毕业生或者研究生有机会参加认证课程的学习。这些课程以他们的工作需要为基础，是专门为他们精心设计的培训计划，其目的是使实习生拥有一个牢靠的职业技能的基础，这对他们以后在该领域的发展是有帮助的。此外，还要确保雇员尽可能从自己的经验中受益。“联合音频媒体教育服务”项目所获得的成功充分表明，在满足教育需要的同时，音乐和传媒产业要确保所提供的技能培训与产业发展高度相关，并且要将高质量作为重要标准。

更多详细信息，请访问网址：www.jamesonline.org.uk。

3. 实习

因为缺少进入文化领域的正式渠道，对那些想进入创意和文化产业工作的人来说，一个最普遍的方式就是实习。

当他们表现良好时，实习就意味着有天赋和决心的个人可以依靠甚至完全绕过正式教育，他们的职业经验、诀窍以及参与对他们在该行业取得进步和成功都是至关重要的。同样，实习和工作经历提供了一种重要的方式，即人们可以对自己是否真正喜欢从事该行业进行“测试”。这对于那些已经事业小成的人来说尤其有用，因为他们对进入艺术和文化产业感兴趣。

然而，在行业进行实习的传统会对公平性和劳动力多样性带来麻烦。很难确保那些有着才能和决心的人是最容易进入这一行业的，相反，还有少部分幸运儿，他们可以通过联络人和个人支援来获得实习机会，并且有能力承担无薪实习。考虑到更多艺术人文专业的毕业生，大家更应该关注的是如何区分那些有相关工作经验或者没有任何工作经验的人。同样，对实习生自身的资质也要进行考虑。对于商业领域和公共资助领域的雇主来说，他们急切想要将成本降至最低，其雇佣实习生并不是为了培养人才和未来的员工，而是把他们当作廉价劳动力。他们有这样的想法是可以理解的。

为了更好地理解文化产业实习的问题，大伦敦政府，伦敦博物馆、图书馆和档案馆协会以及伦敦博物馆中心共同进行了一项简单的研究。尽管研究主要关注的是博物馆部门，但还是得出了一些有益的结论，印证了我们经常提到的一些问题。例如，受调查的机构中只有很小一部分支付了实习生费用，还有将近 1/3 的机构不支付任何费用。招聘的方式也不正规，通常情况下，1/3 的机构依靠“口头宣传”，而其他机构则完全不对招聘岗位进行宣传，只是在招聘进行的时候直接回应。大部分机构没有正式的实习政策①，这一点无须惊讶。

因此，2010 年 3 月，市长和伦敦博物馆中心起草了在博物馆实习的最佳实践指南。现在，这份指南还在进一步的商讨之中，其目的是建立一个基准，以保证实习生的招募尽可能公开和透明，实习安

① 伦敦博物馆、图书馆和档案馆协会，网址：www.mlalondon.org.uk。

排尽可能合理，并且保证实习的质量。

政策行动 3.5

市长和文化合作伙伴共同努力，正在监管一个旨在使文化领域的实习机会对实习生和雇主都更加开放和具有价值的试点项目，这个项目的目的还包括完善相关实习条款，提升实习质量。

4. 文化产业的志愿活动

在将公共资助作为艺术发展主流模式以前的将近一个世纪，英国人民不断对艺术文化领域进行投资，支持并且推进其发展，在维多利亚时代的伦敦尤其如此。19 世纪下半叶，政府几乎没有或者很少投入资金，但是艺术得到了前所未有的发展，很多宏大的项目和基础设施还在继续为伦敦文化生活服务。

我们生活在一个与以往大不相同的世界。关键是要时刻提醒自己：正如一个世纪前那样，伦敦的文化产业不仅需要依靠技术精湛的劳动者或者各项资助计划的支持，同样需要依靠志愿者——慷慨贡献自己的时间和精力，并且以多样的方式管理文化机构、举办节日庆典和开展文化项目的人。从监督财务账目到驾驶小型公共汽车发放传单，伦敦的志愿者大军为伦敦的文化服务做出了巨大的贡献。伦敦更小规模的、更具地方性的文化机构更需要志愿者，因为志愿者活动对它们的运行至关重要。在很多情况下，这些志愿者不是“业余者”，而是技术精湛的专业人员，他们为文化产业贡献了自己的知识和专业技能。意识到他们的关键作用十分重要，伦敦博物馆中心(London Museums Hub)估计，如果没有志愿者所做出的贡献，超过 2/3 的伦敦博物馆将不能对外开放。

市长希望看到整个伦敦志愿工作繁荣发展，而非仅仅在文化领域。市长本人对伦敦志愿周(London Volunteering Week)给予了极大的支持，通过与伦敦志愿服务委员会的合作以及伦敦志愿中心的网络系统，人们希望重塑伦敦公民的自豪感以及更好地参与到伦敦生活和文化中去。市长在大伦敦市政府网站专门提供在线志愿资源平台(网址：www.london.gov.uk/volunteering)，为人们提供关于志愿活动的深层次建议，并给予指导，同时，还提供了一个可供检索的获取志愿机会的数据平台。

四、基础设施、环境和公共领域

(一)计划、建筑环境以及再生

2009 年 10 月公布的《伦敦规划替代草案》是市长实现建筑环境愿景的主要机制。《伦敦规划替代草案》意义重大，确保了文化对伦敦未来所发挥的战略作用，同时，阐释了建造这样一座城市的重要性，即“这个城市要使感官愉悦，要对其建筑和街道进行精心设计。在拥有最好的现代建筑的同时，也能充分利用伦敦大部分的建筑遗产”。它还概括了伦敦建筑环境在未来数年将会遇到的众多挑战，包括日益增长的人口数量、负担得起的住房和高质量的运输网络的迫切需求、日益加剧的全球商业竞争以及解决气候变化的需要。

伦敦的自然环境及其文化供给之间具有强烈的相关性。对于很多游客来说，伦敦重要的文化景点都外观宏伟，宫殿、肯辛顿的国家博物馆、皇家公园和遗产遗址都是如此。过去数千年中，伦敦以自己的城市风光、标志性的建筑以及耀眼的风格而闻名遐迩。它既有历史建筑，也有当代建筑，将丰富的遗产和现代创新充分结合起来，还为全世界顶级的建筑和设计实践提供基础。为了保护和增强这些机构及其周围环境的整体性，在《伦敦规划替代草案》中确定建立战略文化区(Strategic Cultural Areas)。

在更基本的层面上，文化和周围环境的关系是不可或缺的，创意表演和展出都是在特定的空间和实体背景下进行的，例如，在音乐场所、酒吧、剧院、艺术画廊或者是街头举行庆典。因此，重要的是城市的规划和发展进程要根据居民的需求和愿望，并能允许这样的空间蓬勃发展。在可能的情况下，要积极创造机会，将文化、创造性和好的设计融入建筑环境。从伦敦中心的大型纪念碑到当地大街的日常体验都要体现这种理念。皇家公园管理模式的改变为重塑文化和公共领域的关系提供了机会。市长希望看到一个更加灵活的统筹方案，使公园与城市周围的建筑融合起来，让更多合作伙伴共同携手，使伦敦市民可以更好地享受文化。

对于规划的很多争论自然聚焦在所确定的各项重点工作以及平衡社会不同部门，如文化机构、居民或者道路使用者之间经常产生的冲突。有很多好的实践让我们充分认识到，经过仔细考量的城市设计可以成功应对这些挑战，并使各类不同群体从中受益。例如，最近伦敦皇家行政区的肯辛顿和切尔西与伦敦交通局以及其他部门合作，对展览路(Exhibition Road)的交通状况进行改善，给行人和车辆带来了方便。此外，这些改变也极大地加强了公共领域的功能，每年来参观英国国家博物馆的游客达 1 100 万人次以上。

2009 年 11 月，市长在其宣言书《伦敦大户外》(*London's Great Outdoors*)及其相关的实施文件《更好的街道、更多的绿色和水系空间》中表明了他对良好城市设计的支持。总之，这些政策文件是对大伦敦市政府未来工作的展望，并为其开展工作提供指导方针，那就是如何与各区、开发商和其他赞助商携手努力，为伦敦的公共空间，如公园、广场、水道和街道注入新的活力。大伦敦政府小组还在伦敦各地的改进项目中投资超过 2.2 亿英镑来实现这些目标。

《伦敦规划替代草案》和《伦敦大户外》提议，应该同“通过文化进行伦敦的地方构建”进行充分的结合。2009 年早期，在英格兰艺术委员会和大伦敦政府的支持下，《伦敦居住地伙伴关系》(*London Living Places Partnership*)得以发布，它表明文化可以更多地参与到规划和发展进程之中。还有一个更具有协调性的战略方法，那就是承认文化不仅能为自然环境增加生气，还有助于实体设施自身的建设，所得到的收益非常显著。这不仅涉及单个建筑，最近伦敦各地的例子，从国王十字车站到巴金中心，都证明了整体规划为地方带来的收益。《伦敦规划替代草案》鼓励各区和其他合作伙伴共同选定“文化小区”，推动“文化小区”建设，并且根据发展简报(development brief)对新的艺术、文化和娱乐活动进行指导和调整，使它们能够更有效地为再生做贡献。

交通对公共领域建设做出了重要贡献。良好的交通运输规划把社区联系起来，强化街区功能以及促进可持续性的旅游发展。伦敦交通局通过对“区域基础”计划(Area Based Schemes)的资助，为公共领域建设做出了很多贡献。这些计划的目的是为当地带来整体的变化，使地方社区的生活质量得以提高，并且人们可以在地方区域内外自由活动。这项资助划拨给城镇中心以及车站周边地区。伦敦交通局还致力于自然环境的保护和环境质量提升，例如，通过树木和设计行动小组(Tree and Design Action Group)，最大限度地减少交通服务和基础设施对环境造成的影响，此外，还加强诸如树冠覆盖率之类的城市特征。

通过《伦敦居住地合作伙伴》的实施，将文化机构与关于规划、交通、再生以及住房的主要公共投资机构联系起来，但是将文化融入伦敦的基础设施建设仍有很大的空间。在各区尤其是区政府层面上，要通过各区发展框架，将各区规划部门和文化服务进行更好的整合。同样，还应确保长期的空间规划要与各区的文化、娱乐和体育设施相匹配。

“2012 年大街”(High Street 2012)是文化和规划进行很好协调的一个典型案例。“2012 年大街”是市长与伦敦泰晤士河通道发展公司、伦敦交通局、英格兰遗产委员会以及塔尔哈姆莱特和纽汉区合作的一个雄心勃勃的规划，它将抓住 2012 年奥运会这个千载难逢的机会，对伦敦的一个贯穿路线进行重大改造。这条从伦敦市到斯特拉福德的 A11/A118 通道，穿过塔尔哈姆莱特中心，沿途经过伦敦很多著名街道，如白教堂大街和堡路。通过更好的设计、引导标识、公共领域的改进、绿地和行人走道的建设，创造一条繁荣的“大街”，鼓励地方企业的发展，让它们拥有一种遗产感、社区感和身份归属感。

尽管公共政策为城市发展提供了框架，私人开发商在伦敦建筑环境发展方面仍扮演着重要的角色。在伦敦，越来越多的开发商认同与历史遗址建立联系、在新的规划中反映出他们的身份和地域感，以及将艺术要素整合到建筑构造之中的优势。这和公共义务并没有太多关联，而是直接商业回报的一种反映，它创造了很多吸引个人和企业的创意空间和地点，增强该地区的生活和工作质量。《伦敦规划替代草案》鼓励各区确保文化目标在主要的发展提案中得到强调，并且充分考虑到公共义务的战略重点。无论是文化机构还是艺术家和设计师本人，都应该利用各种机会与开发商建立友好关系。需要强调的是，它们之间的合作要超越简单地支付某种公共艺术的层次，而是要从彼此的合作中产生创意，并获得商业利益。

对于伦敦而言，建筑和设计是重要的产业，在伦敦，有很多享有世界盛誉的活动。市长将会通过支持那些用来展现伦敦建筑公司和设计机构的工作的活动，来继续支持这些产业的发展，并且也会支持关于伦敦建筑和自然环境的持续不断的全民大讨论。同时，市长赞成广受公众欢迎的“伦敦开放日”(Open House London)计划。每年，伦敦的数百栋建筑，无论是私人的还是公共的，无论是新的还是旧的，都会向公众开放，让公众能更广泛地融入城市建筑。

政策行动 4.1

市长会同一批公共和行业合作伙伴，正在推进伦敦高质量的城市设计，以及加强伦敦公共领域的建设，承认文化机构在形成战略、规划进程和从事个人计划方面所发挥的关键性作用。

1. 夜间文化经济

对很多伦敦市民来说，伦敦生活的某些最刺激的事情与其晚上或夜间经济相关：无论是白天还是夜晚，他们可以在伦敦各地享受各种社会、娱乐以及文化活动。

伦敦活跃的夜间经济吸引着来自全国各地的游客，创造了众多就业机会，为城市带来巨大的收益，然而，需要在居民和商业需求以及他们对安全、噪音和过度消费酒精的担忧之间寻求一种平衡。晚上要继续提供文化供给，同样也要提供公共服务，要解决 24 小时街道清理和废弃物处理问题，需要更多警察巡视，要提供更多紧急服务以及夜间公共交通的运行。《伦敦规划替代草案》鼓励各区在地方发展框架中充分重视晚间和夜间娱乐活动，并对其进行管理和协调。这必须解决基本需求问题，要提供公共交通、治安和环境服务，并尽可能降低它们对其他土地使用的影响。还要考虑夜间使用的积累效应以及饱和水平。一旦超出这一水平，将对环境和当地居民的生活质量产生不可接受的影响。通过一种以事实为基础的方法，采取集计划、许可、治安、运输和街道清理于一体的措施，用以管理伦敦的夜间经济，在对当地情况进行充分考虑的前提下决定是在特定区域还是在更广泛的区域内开展活动。更长远的目标是，加大文化和娱乐场所的建设，而不仅仅是增加餐饮场所。这将有助于维持一种公共领域向所有人开放的氛围，而且得到使用者的尊重。对于外伦敦来说，这一点尤为重要，因为那里的文化设施比较落后。

近年来，伦敦的夜间生活已经变得多样化，因为城市的很多画廊和博物馆在夜间也会开放。这类似 LATES 之类的提议所积极倡导的，LATES 提议是大伦敦政府于 2007 年提出的，用以协调文化机构开展的各项活动，为增加这些文化机构的空间和收藏品的活力提供新的解决方式。还有“第一个星期四”倡议，它由白教堂画廊负责进行协调，鼓励伦敦东部 100 多家画廊和博物馆在每月的第一个星期四夜晚向公众开放。此外，最近几年，很多伦敦的图书馆做出了巨大的努力，来延长它们的开放时间，每周开放时间超过 60 小时的图书馆的数量已经从 2002 年的 12 个稳步增长到 2008 年的 35 个①，但是不同地区之间也存在很大的差异。

当然，在伦敦很多地方提供一个多样化并且安全的夜间文化生活还存在很多障碍，在正常营业时间之外开放博物馆、画廊或者其他古迹遗产的成本过高，还要增加对噪音、酒精和交通安全的考虑。

① 文化、媒体和体育部 2000 年发布的《文化：再生的核心》。

伦敦交通局通过“夜间安全旅行”“许可微型出租车”以及“召集出租车”计划来解决这些问题。重要的是，当地居民参与了关于夜间经济增长的讨论，这让他们有当家做主的感觉。

案例研究：“点亮伦敦”

显而易见，建筑、规划、城市设计和公共艺术在塑造公共领域和建筑环境方面发挥着重要的作用。很多人没有意识到灯光在改变城市面貌和感觉方面做出的贡献。然而，对于很多城市而言，包括伦敦，在日落以后可以通过很多方式表现城市活力，居民无论是去剧院还是电影院，去听音乐会或仅仅去酒吧和俱乐部消遣，大部分伦敦居民的生活是发生在人造灯光的背景之下。

“点亮伦敦”是一个新的提议，由“户外艺术”提出，并得到市长的支持。这个提议关注灯光的创意潜力，认为灯光能够改变公共领域——加强伦敦的公共空间，使其更具吸引力，而且还能营造一种更强烈的身份感、丰富社区活动、提升公共安全和创造生机。

“点亮伦敦”已经确定了一些核心原则，勾画出它的雄心，并制订了具体的措施。为了实现这些目标，“点亮伦敦”还会在城市各地使用智能和优质灯光。了解城市策略、地方策略、规划框架，参与因地制宜的具体项目并给出建议，这些有可能激励他人并且开启一个关于灯光的全市范围的对话。“点亮伦敦”计划由主要的公共机构、艺术家、城市设计者以及灯光专家组成工作小组。这充分体现了“点亮伦敦”所遵循的多学科融合与相互合作的理念。各类专业人士和机构合作，使灯光为城市添彩，而且能够更加梦幻地展现伦敦的魅力。

更多详细信息，请访问网址：www.artintheopen.org.uk/research/light_london.html。

2. 文化和再生

近年来，英国和国外的政策决策者对文化与城市再生的联系怀有极大的兴趣。基础设施，包括改善了的交通运输网络和住房，都为当地发展做出了杰出贡献，文化设施的供应和对创意企业的支持同样提高了居民的生活质量以及促进了经济发展，创造了更多就业机会。①《伦敦规划替代草案》鼓励各区推动和发展现存的新文化景区和旅游景区，尤其是在外伦敦积极开展行动，这样也有利于城市文化再生和城镇中心的翻新。

雄心勃勃的文化项目有助于为伦敦的某些地方，如德特福德以及国王十字街注入新的活力，迄今为止的经验都表明，具有里程碑意义的文化建筑物是很有能可能成功的，只要他们和地方社区产生共鸣并且继续延续某地的独特特征。新思路可以带来新的想法和动力，成功的项目还可以从现存的文化供应中演变而来，而非来自突然建成的新建筑物。

需要认识到，大型资金项目经常是有利于再生的，但是仅有基础设施本身不足以维持这种效果，一般而言，高质量的文化活动和持续的计划是项目成功的关键之处。刘易舍姆区对德特福德的改造是

① 2007年刘易舍姆再生项目组发布的《人、地方、繁荣：2007—2020年刘易舍姆再生战略》，引自大伦敦政府2009年发布的《通过文化塑造伦敦》。

经过细致规划的，将艺术、文化、经济、景观和城市设计进行充分整合。委员会帮助其建立了一个独立的机构，现在叫作“创意进程”，和广大地方创意社区的利益和活动相呼应。持续的计划，包括德特福德设计节、德特福德 X 以及德特福德项目网站，都是为了弘扬地方遗产和文化以及实体再生。当地政府的积极参与以及可持续的、高质量的文化活动的充分结合有助于刘易舍姆区的身份构建，让人们产生地方归属感。当地居民认为，这些文化供给、地方遗产和独具特色的城镇中心都成为他们热爱刘易舍姆的重要原因。①

案例研究：“德特福德”计划

德特福德是伦敦历史的一部分，与 17 世纪和 18 世纪伦敦的商业成功密切相关，但是在 20 世纪的大部分时间里却命运多舛。第二次世界大战期间，德特福德遭到了猛烈轰击，然后又经历了数十载的经济危机，在其历史上具有非常重要地位的河畔和造船工业也已经崩溃。很多 20 世纪五六十年代的现代公共房屋和建筑都没能维持德特福德的特质或者振兴它的经济。

但是 21 世纪的最初几年是充满希望的。部分原因是德特福德大力发展文化和创意产业，让很多人对城镇中心的再生充满了浓厚的兴趣。最近的一个例子就是“德特福德”计划，是当地设计公司 Raw Nerve 和房地产开发商 Cathedral Group 的合作项目，该计划正在把德特福德大街后面的一个废弃院子转变成一个生机盎然而且充满创意的地方。其活动计划源自戏剧性的时尚，2008 年 2 月 14 日清晨，给了德特福德人一个“35 吨重的情人节礼物”——一节 20 世纪 60 年代的 57 座的火车车厢，现在已经转变成了一个社区咖啡馆和酒吧。

备受赞誉的设计师莫拉格·麦耶斯格接受委任，为车厢创造视觉身份。它的存在吸引了很多新的游客前来参观，并且也在报纸和媒体上广为宣传。更重要的是，这个项目在当地社区一直受到欢迎，他们与 Raw Nerve 设计公司积极开展合作，一起想主意，并且参与计划德特福德项目的未来。

更多详细信息，请访问网址：www.thedeptfordproject.com。

再生项目的质量取决于其做出的长期承诺，而非寻找速成的方法，不然很多措施就会失去动力，在开幕仪式和庆典之后，活动也会变得索然无味。所以，通过空间和资源的供应来支持地方和草根组织，有助于维持再生项目的能量，而且使资本项目继续进行。

领导能力和良好的管理，尤其是在各区内，也是文化繁荣发展的关键因素。市长将会继续支持这些倡议，例如，通过伦敦居住区“合作伙伴关系”以及“伦敦文化改善”计划来分享最佳实践，有助于经验的共享。市长还和伦敦委员会共同倡导，要将文化作为战略计划的组成部分，这对伦敦所有的区都有非常重要的作用，因为伦敦委员会承诺过要为伦敦市民的生活、工作创造最佳的环境。

市长还会支持伦敦其他再生计划的发展，这样可以有效地把文化作为一个广泛的、多方面战略的一部分，而且还能通过和现有的组织和社区接触，来提高人民的生活质量，并为经济增长提供坚实的基础。为布里克斯顿的黑人文化档案中心建立一个新的中心就是一个很好的例证。它阐释了文化项目如何与当地和更宽泛的再生计划相适应，支持新城镇广场的建设，强化布里克斯顿的旅游供应。伦敦

① 国家艺术家工作室供应商联盟 2008 年发布的《2012 年伦敦奥运会对 5 个奥林匹克自治市的艺术家工作室的影响》。

横木站以及其他交通枢纽的发展为再生计划带来了特别的机会，还有诸如把阿克拉剧院作为多斯顿交汇站城镇再生项目计划的一部分，都充分说明了在这一地区各处开发新的创意和商业活动中心是大有可为的。可以说，东伦敦的奥林匹克公园是世界上迄今为止最受瞩目的再生项目。由此可见，文化在打造一个成功又有吸引力的城市过程中发挥着重要的作用。这样的城市不仅能吸引游客，也有能力举办各类大型活动。

在任何情况下，市长和地区机构共同努力，确保文化组织在规划初期就能参与其中，并且会通过具体例证让政府相信其可以获得更大的利益。当然，也要认识到再生过程中文化的局限性，不能将其视为解决所有社会问题的“灵丹妙药”。与此同时，理解文化在这些主要项目中发挥的作用是十分重要的，要清楚地意识到文化是促进长期战略改革和发展的重要一环。

政策行动4.2

市长将会确保文化和创意产业的发展，并将其融入再生和经济发展计划，同时要承诺为伦敦周边地区的发展做出实实在在的贡献。

(二)创意工作空间

艺术和文化对城市再生做出贡献的一个重要方式就是通过工作坊和艺术家工作室。从柏林到布鲁克林，创意专家，尤其是视觉艺术家，租用廉价的场所用于生活和工作，因为长期面对遭受去工业化和经济衰败的破旧地方，他们更容易从中得到灵感，激发创作的想象力。在伦敦，情况尤其如此，以前艺术家经过艰苦的努力已经将城市外围和东伦敦变为享有国际声誉的艺术中心，他们改造了以前破败的建筑物，对周边地区文化和社会再生做出了重要的贡献。

英国将近2/3的艺术家工作室都在伦敦，大部分集中在哈克尼东部和塔尔哈姆莱特区。哈克尼的艺术家工作室和创作团队数量最多，伦敦58%的整栋艺术家工作室建筑和53%的创作单间都聚集于此，塔尔哈姆莱特区只拥有伦敦28%的整栋艺术家工作室建筑和43%的创作单间①。仍然有很多人期望在伦敦工作，艺术家工作室供应商ACME还有3 500多名艺术家等待进驻艺术家工作室。

一个具有讽刺意义的事实是，艺术家从事以文化为主导的再生工作，他们既是先驱者，也是受害者。精品咖啡店、酒吧、零售商店以及其他商业类的发展，让艺术家提高房地产价格以吸引私有开发商，但是艺术家自身又无力负担。在伦敦，情况更是如此，伴随着与奥运会相关的经济活动和投资的出现，工作室面临的压力也越来越大，这也意味着伦敦东部的艺术家和从业者慢慢开始离去，而新艺术家也不愿意到这里发展。《伦敦规划替代草案》鼓励各区通过地方发展框架，对创意工作、表演空间以及相关的设施进行保护。

国家艺术家工作室供应商联盟(NFASP)开展的一项研究表明，5个在奥林匹克区的艺术家工作室正面临特殊的挑战。对于短期租房的很多群体来说，房租上涨可能会对他们今后的生存造成影响，而长期租房的群体要面临租约复议，一些以前建立的工作室也要进行修整，这些因素使艺术家的未来充满了极大的不确定性。与此同时，对艺术家工作室的强大需求一直存在。

① 伦敦规划议会和住房委员会2006年发布的《不能忘怀：伦敦战争纪念碑的回顾》。

除了要考虑主要从业人员对价格实惠的住房和住宿的巨大而不断增长的需求，还要解决社会贫困和交通基础设施的问题，在这样的境遇下，政府办事处很难或者不愿意仅仅为艺术家和创意人士的利益而加大对工作室的投资。要鼓励地方和区层面规划办公室，支持和探索新型发展模式，让开发商、工作室供应商以及当地政府合作，寻求解决问题的方案。唯有如此，我们才能取得更大的进步。

政策行动 4.3

市长将会委托相关机构对伦敦艺术家工作室的状况，尤其是它们的影响和面临的核心问题，进行一项可行性研究，确定一个有助于维持伦敦工作室运转的行动计划。

伦敦最近的经济状况意味着，很多商业建筑已经闲置或者废弃不用。根据大伦敦政府的数据，截至 2009 年底，伦敦的零售单间中大概 8.5%是闲置的，伦敦中心地区(伦敦各地的差异十分显著)将近 10%的办公区也空无一人。因地制宜的项目或者临时的艺术家工作室或画廊可以为停滞的建设项目或闲置的商店和仓库注入发展所需的能量。英格兰艺术委员会及社区和地方政府提出的“闲置场所艺术”的提议广受欢迎。提议的目的是帮助艺术家把闲置的商店转变为活力四射的艺术场所。尽管这是一个全国性的计划，但是可以利用的资源非常有限。更多地方计划很可能对伦敦的大街带来更大的影响，而且《伦敦规划替代草案》鼓励各区通过地方发展框架支持“将闲置建筑物用作表演和创意工作的临时场所”。

案例研究：埃克米工作室(列文路)

这个艺术家工作室于 2009 年在塔尔哈姆莱特的列文路开放，它向人们阐释了商业开发商和公共机构的合作到底能带来什么。它是由埃克米慈善工作室和天鹅房地产集团合作设计建成的，英格兰艺术委员会为其提供了部分资金。这个 21 层的艺术家工作室采用的是混合使用模式，里面有 60 多个价格低廉的单间，可以用来租赁和进行产权共享。

所有合作伙伴都有自己的目标，这些目标彼之间又有重叠——埃克米想为伦敦艺术家提供负担得起的工作场所，天鹅房地产集团需要满足地方规划要求，伦敦的塔尔哈姆莱特区将创造就业机会和促进经济发展作为优先开展的工作。这一项目成功地满足了所有的需求。这样的合作伙伴关系应该进一步予以鼓励，大伦敦政府和其他地区机构联合规划者、开发商、赞助商、地方政府和工作室供应商方面发挥了作用。

更多信息，详见网址：www.acme.org.uk。

(三)城市景观、遗产以及公共艺术

伦敦的文化生活不是任何一个特定历史时刻的建筑、艺术家、机构或观众，而是包含了城市的历史和传统、曾经的成就和发展，以及数百年来演化而成的各种各样的文化遗产。

除了博物馆收藏品和档案、作为文物登记在册的建筑以及城镇风貌以外，伦敦的文化遗产还包括工业场址、海运和运输史、自然文化遗产、历史景观、人们的记忆和体验、人类的故事、社区、场所和活动，还有文化传统。伦敦地铁拥有和管理60个登记在册的地铁站，它们都得到了精心的保护，体现了伦敦地铁对优秀设计和工艺的长期承诺。据此，要和市长优先发展的其他战略，如经济发展、旅游业和吸引年轻人战略一样，文化遗产要融入文化战略。

1. 建筑和文化遗产

伦敦的建筑环境优雅，拥有很多标志性建筑，但是整体的环境比所有建筑简单相加要好很多。游客可能会赞赏很多按照固定模式建设的场所，但是这些场所会因为周围的环境和空间背景而魅力大增。伦敦环境的优势部分在于其所处的历史时期、风格和特征的多样性。的确，无论是在伦敦，还是在英国其他地方，大多数“作为文物被保护登记在册的建筑物”本身都不是标志性的，但是从文化遗产的角度来考究，它们是我们需要赞誉的某个特定时期、风格和特征的典型代表。因此，这个战略和《伦敦规划替代草案》之间的联系非常紧密，要用历史特征与地方特色相结合的原则来指导战略方针的制订，并且要将其作为地方发展框架的一种必需。如果伦敦作为一个整体，能保持其独特的文化丰富性，那么这将确保伦敦周围地区或者乡村所构成的美丽图景中的每一个都可以保持自身的典型风格和身份标志。

英国遗产协会通过了“遗产处于危机之中”计划，该计划明确指出，建筑物和纪念碑都处于危机之中，其中一个重要的例子就是伦敦的纪念碑，因此，要通过持续的努力来维系和保护伦敦的历史建筑环境。伦敦地方议会最近的一项关于伦敦6 000个战争纪念碑的报告①强调指出：战争纪念碑被摧毁、偷窃和忽视，并且还有更多处于危机之中。在多数情况下，地方战争纪念碑保护规划是薄弱的，有些地区甚至不知道本地纪念碑的具体位置，这些纪念碑的保护和维持完全依靠志愿者和社区团体。

在英国的任何一座城市，那些想要进行城市开发和建造的人的雄心，通常和那些想要保存和保护城市遗迹的人的意愿相背离，在伦敦，二者之间的张力更加明显。一直以来，尤其是在过去的25年，伦敦的动态经济对土地价值造成极大的压力。然而，通过熟练的城市规划和对历史环境更充分的理解和赞赏，可以使这个问题得到解决。如果地方政府和其他人可以帮助改变这样一种观念，即历史环境是一种阻碍，而不是创造独特和理想社区的一种资产，那么问题就会更容易得到解决。有时，伦敦和英国其他地方进行的再生项目没能抓住这一点，而是执着于清理现存的基础设施，重新设计古代城市风貌，委任公共艺术家和实施的建筑设计不过多地考虑历史背景和认同感等要素。相反，更好地理解当地的文化和历史遗产，并且赞赏地区文化遗产的价值和吸引力，这些都是再生带来的益处，可以为真正建立一种地方意识和归属感提供机会。

在这种情况下，正如我们在其他章节中讨论的，外伦敦各区还是存在某种特定的潜力。伦敦中心的遗产古迹，例如威斯敏斯特教堂和皇宫、伦敦塔以及格林尼治海事博物馆举世闻名，每年都吸引了数百万名游客。但是伦敦各地的建筑、景观、纪念碑和其他名胜古迹也具有其独特性，它们是真正的迷人景点，人们也应该对其倍加珍视。近年来，遗产彩票基金和英国遗产协会一直积极寻找机会，对大批遗址遗产进行保护和修复。通过协调市场营销活动以及对“集群营销”的鼓励，例如，历史伦敦乡村旅游线路或者是贝克斯利的“遗产季”，可以将这些遗址遗产在伦敦的游客和伦敦市民当中进行

① 社区和地方政府2010年发布的《规划政策声明5：历史环境的规划》。

推广。

除了保存和保护之外，要努力提高公众的参与度以及对伦敦历史环境的理解，这一点也非常重要。在很多情况下，文化遗产一直是改变我们看待世界的方式的一个重要动力。因此，大伦敦政府在文化遗产部门的支持和鼓励下启动了“伦敦故事”(Story of London)计划。这个一年一度的伦敦节庆是对伦敦过去、现在和未来的颂扬，该计划在30个区开展，与100多个机构建立合作关系。该计划给遗产和其他文化组织和机构提供机会，让它们以一种全新的和激励人心的方式来呈现它们的历史和收藏品，并吸引越来越多的观众。

案例研究：瓦伦丁大厦

瓦伦丁大厦最初是在17世纪晚期建成的，但是在后来的几百年中进行了大范围的翻新。瓦伦丁大厦不是伦敦一个宏伟的宫殿，而是一个庄园住宅，每一个小房间都具有历史价值和绝美之处。1912年，地方委员会获得了其使用权，20世纪的瓦伦丁大厦用于各种各样的市政用途，后来又闲置了15年。在伦敦雷德布里奇区和遗产彩票基金的资助下，大厦在2007—2008年度进行了彻底的翻新。

重新开放的瓦伦丁大厦，通过当代艺术家源源不断的安置项目，已经将自己塑造成外伦敦东部众多的“隐藏瑰宝”之一，一个历史遗迹、艺术和工艺品工作坊以及展览中心的集合体。它和维多利亚与艾伯特博物馆开展合作，借用博物馆中的收藏品，使人们能够观察了解18世纪上流家庭的生活。它与地方学校共同努力，将重建的维多利亚时代厨房和牛奶厂作为教育项目的重要组成部分。

重要的是，大厦自身的翻新和大范围的景观重塑以及对周边花园和公共场地的改善是同步的。大厦的景观得到补充，其本身也是一个十分迷人的景点，有围墙花园、池塘和湖泊、洛可可式的洞穴以及玫瑰花园。这已经成为当地居民休闲和散步的一个好去处，而且生动地展现了在伦敦各地创造重要的、深受大众喜爱的文化和遗产中心的可行性。

更多详细信息，请访问网址：www.valentinesmashion.com。

由伦敦文化遗产所激发的兴趣和热情，可以在考古学中体现出来。人们越来越深刻地意识到，考古学对强大社区、教育、经济和生活质量的创建做出了直接而又重大的贡献。公众的考古发现由“可移动文物”计划(Portable Antiquities Scheme)记录，正在更新伦敦的地图，其中将5 000多个发现登记在册。作为一个可以追溯到罗马人或者更古老人民的居民点，伦敦是考古兴趣的重要发源地之一，而且要按照政府规划政策的相关规定，将伦敦的文化遗产作为城市规划过程中一个主要的物质要素进行考虑。①

地产业是通过考古调查发现新知识和教育资源的主要贡献者。大部分考古调查都是将城市规划与发展进行结合的条件下开展的。除了主要的专业团队，还有数千名考古志愿者团队在伦敦积极开展工作，他们活跃在泰晤士河畔，这些志愿者主要由当地历史学和考古学爱好者组成，大部分志愿者是无报酬的，而且它们的参与也证明了当地历史使社区理解自己的历史和塑造未来方面的力量。它们的工

① 大伦敦政府2008年发布的《伦敦，文化审计》。

作通常是和博物馆、大学联合进行的，例如伦敦大学著名的考古研究所、考古协会和地方当局。伦敦考古学家的很多发现都具有极大的意义，而且融入了国家课程。它们一样有着巨大的吸引力，而且经常为大众传媒和学术文献所关注，例如，最近第一个莎士比亚剧场的发现，的确成了全世界的头号新闻。考古学是很多文化政策决策者似乎都会忽略的一部分，部分原因是这些决策者大部分的活动与城市规划和城市发展的政策问题更加紧密相连。然而，要继续推进文化政策的发展，就要积极支持考古学的发展，尤其是提高公众意识并对他们的工作给予高度评价。考古团队已经参与到“伦敦故事”项目，向民众展示他们所开展的工作，还可能会招聘新的考古志愿者和爱好者。

政策行动 4.4

市长支持伦敦文化遗产的发展，他希望通过“伦敦规划”来保护历史建筑环境，同时通过“伦敦故事”和其他活动让尽可能多的伦敦市民理解、发现和欣赏伦敦的文化遗产。

2. 公共艺术

艺术和公共领域整合在一起的最显著和最受关注的方式就是公共艺术，它为伦敦的公共空间增加色彩、促进城市和谐、焕发城市热情以及为城市营造戏剧氛围。

近年来，很多人开始爱上公共艺术。英国各地新建立的公共纪念碑和雕塑的数量从 20 世纪 70 年代的 84 个增长到 20 世纪 80 年代的 185 个，90 年代的 659 个。伦敦也不例外。尽管没有对伦敦的公共艺术数据进行专门的统计，但是毫无疑问，伦敦的建筑物和雕塑层出不穷，而且通常是与各种各样的住房和商业建筑的开发和再生项目相关，并直接从中获得资助。

如果艺术作品的创作过程是经过深思熟虑、作品质量有保证、能够引起大众足够的兴趣和得到大众的喜爱，就应当给创作者丰厚的艺术奖金，否则，公共领域就有被平凡和质量不高的作品充斥的危险。在几乎任何情况下，公共艺术都应该与环境融合为一体，而不应该仅仅被当作放置在某处的一个孤零零的摆设。我们很容易举出一些过去 10 年所创造的备受瞩目的艺术作品，还有类似“北部天使”之类的成功作品，但是我们还应看到，还有很多雕塑并不为公众所喜爱，它们完全被忽视，废弃在那里。

大伦敦政府希望公众用创新模式申请艺术委托项目，也认识到每个委托项目需要考虑如何最大限度地鼓励公众进行申请。公共艺术最近一次大繁荣发生在维多利亚时代的鼎盛时期。当时的雕像和雕塑一般是由公众捐款修建的，而不是由开发商或者再生机构赞助的。这样的机制可以保证公众积极参与公共艺术创作，而不是过多地考虑艺术本身存在的优势。

最近几年，出现了大量的公共艺术委托项目，我们可以从中总结大量的经验，并且积累很多好的实践方法，这些可以使我们对实施过程中遇到的各类困难进行更好的监督。“开源艺术”是在 2007 年的开放日活动中启动的，吸引了众多人才和专家为伦敦公共空间的发展提供信息和指导。同时，地方当局、开发商和其他艺术专员都可以利用这些资源，来确保伦敦公共艺术项目的质量和活力得以维系。

大伦敦政府小组通过自己的渠道来支持高质量的公共艺术和设计的发展，其中最著名的就是伦敦交通局推出的“地铁艺术”计划。艺术是伦敦地铁的历史和身份的核心要素。一个多世纪以来，英国地铁已经委托顶尖艺人、设计师和建筑师来设计站台、标志语、海报和艺术品。“地铁艺术”为地铁独特的环境和乘客量身定做的当代艺术项目继续了伦敦地铁的传统，促进了数百万次的日常旅行，反映了伦敦作为文化之都的多样性和国际重要性。这个项目展示了各式各样临时的和长期的艺术作品，规格大小不一，除了大型作品，例如，格洛思特地铁站如站台般大小的艺术品，还有小巧而独具匠心的类似袖珍地铁站图一类的艺术作品，每年能吸引 1 500 万名顾客。

最近完成的一个长期艺术品就是克努特·亨里克·亨里克森在国王十字街地铁站的“周而复始”项目。

大伦敦政府与英格兰艺术委员会和其他赞助商合作，共同启动了伦敦最知名的公共艺术项目——“第四基柱”计划。这个计划旨在推动国家和世界顶尖的艺术家为特拉法加广场的第四基柱创作艺术品。在过去的 150 多年，第四基柱一直都是闲置的。第四基柱展示了英国备受瞩目而且饱受争议的艺术作品，如马克·奎因著名的雕塑《怀孕的艾莉森·帕拉》、托马斯·斯特的《一个酒店的模型》、安东尼·戈姆利的《一个和另一个》(此项目在 2009 年夏天吸引了全球媒体的兴趣)，以及茵卡·休尼巴尔的《瓶中的尼尔森战舰》。所有开展的活动以及第四基柱儿童和公众投票体系学校奖学金，都是为了让尽可能多的伦敦市民参与到关于第四基柱及其他们想要在第四基柱上安放的特定类型的艺术作品的公众讨论之中。

政策行动 4. 5

通过“第四基柱”计划、“地铁艺术”和一些因地制宜的项目，市长将会继续保证用高质量的公共艺术来加强公共领域建设，并为激发伦敦的生活活力做出贡献。

(四)节日和激活公共空间

每年，伦敦各地都会举办很多大型户外文化盛事，其中包括 200 多个节日，比纽约、巴黎和上海的总和还要多①。节日反映了伦敦的活力和多样性，提高了其全球声望，而且为伦敦市民创造了一种怦然心动和振奋人心的场景。它们是人们和其他人，不同的文化和地域之间发生联系的方式。

除了鼓励社会和群体参与外，伦敦的节日还为旅游经济做出了巨大的贡献。大型的节日活动，例如“中国新年”和“伦敦同性恋嘉年华”分别吸引了多达 25 万和 50 万名游客。我们对这些节日的经济效益进行了评估研究，塔尔哈姆莱特的巴莎吉·梅拉和萨瑟克区的嘉年华显示，每个游客的消费大约在 14. 71 ~ 15. 01 英镑。

最近一项关于文化活动公共投资的评估强调了大伦敦政府和伦敦发展署的重要作用，认为没有二者的支持，很多活动无法开展。更重要的是，这些活动吸引了更多游客到伦敦旅游，进而增加了伦敦的旅游收入，为地方创造了更多就业机会，促进伦敦的经济发展。同时，评估报告也强调，要更好地明确这些活动的目标，更好地协调与合作伙伴之间的关系，保证资源能够得到合理利用，尤其要围绕国际焦点和经济发展目标开展活动。

21 世纪早期，大伦敦政府开始支持一个拓展城市故事的计划，努力通过现代管理机制让更多资金流向这些计划，例如市长的泰晤士河节日、中国新年、圣·帕特里克日、圣·乔治日、伦敦同性恋嘉

① 大伦敦政府 2010 年发布的《伦敦活动评估》。

年华、伦敦梅拉以及诺丁山嘉年华——所有这些都代表了伦敦社区的独特文化。大伦敦政府还致力于举办备受瞩目的全球盛事，例如，新年焰火，它可以让所有伦敦市民，无论背景如何，都可以聚集在一起。为了使计划具有旺盛的生命力，并确保其经济价值，大伦敦政府将会对以往开展的活动进行定期审查，并且推出新的活动，来应对新的要求和优先开展的工作。2009年6月，大伦敦政府创造了一个新的节日——伦敦故事，用来回味和探索伦敦的历史，将文化遗产和文化产业用一个共同的主题结合起来。大伦敦政府还与合作伙伴共同挖掘举办新活动和重大庆典的可能性，例如，2011年英国艺术节的60年华诞，2012年女王的钻石庆典，2012年狄更斯诞辰200周年纪念日，当然还有2012年奥运会和残奥会。

对英国而言，2012年的钻石庆典将是一件具有重要意义的大事，因为女王是英国历史上第二位执政60年的君王。1897年，英国为维多利亚女王举行过庆典活动。如今，大伦敦政府正在和大伦敦代理机构、伦敦议会、王室、伦敦各区政府以及其他机构共同努力，协调庆典的各项活动。

这些活动既包括重大活动，也包括小型活动，伦敦将重点放在国家层面和地方层面的庆祝活动上。

活动项目每年都会改变，对大伦敦政府和合作伙伴而言，永远都需要拥有创造新活动和新计划的灵活性。大伦敦政府将会基于以下标准来支持活动的开展，同时开发测评工具，对这些活动的经济影响和价值进行仔细评估：

①最有可能推进旅游业发展、与国际市场建立联系和为伦敦经济发展做出贡献的活动；

②具有重大文化意义并对伦敦社区社会发展做出贡献的活动；

③能够振奋人心、推进伦敦多样化发展以及铸就受人欢迎的世界一流城市的活动。

当前，政府希望在特拉法加广场的使用问题上实现一种平衡，让它成为展示和开展文化活动的主要公共场所，同时又是具有历史意义、能够吸引游客的重要景点。自2008年起，在广场上举办的、由伦敦活动(Events for London)团队支持和管理的活动数量逐渐减少，因为这些活动被认为对环境有一定的影响，于是立即着手对安置设备进行改革，以期减少对环境的影响。目前，对活动的质量和规格有更严谨的考虑，其中包括颇受好评的伦敦设计节棋盘安装、“锦标赛”以及“幽灵森林”。“幽灵森林”是一个戏剧性的新艺术作品，由非洲雨林中巨大的树桩构成。特拉法加广场举办的活动变少了，但是这并不意味着伦敦的活动变少了。相反，其目的就是鼓励这种高质量活动能够遍布整个首都。未来几年，伊丽莎白女王奥林匹克公园将会在新建成的体育场馆和周边的公共区域提供这种机会。正在进行的工作要对奥林匹克公园未来的用途进行评估，大伦敦政府参与其中，希望保证在奥运会后，节庆、活动(不管是体育类还是非体育类)，以及各类基础设备都能继续焕发生机，让公园里和公园周围的观众都能受益。

节庆在伦敦经济中扮演了重要的角色，为伦敦的创意产业提供了展示的平台。市长将会继续在为伦敦商业吸引游客、加强对内投资和出口销售的基础上，继续支持各种推广活动。大伦敦政府的伦敦活动团队将为伦敦继续创造和发展本土活动，伦敦旅游局的一支有竞争力的团队在积极为全球独立体育和文化活动进行投标，这将为伦敦带来巨大的经济和社会利益。其取得了一些备受瞩目的成果，包括2007年环法自行车赛的启动，还参加了英格兰国际足球协会2018年世界杯投标，所有这些努力都可能会对城市产生巨大影响，尤其在2012年奥运会之后。

节庆和公共活动的增多，尤其是各级地方政府活动的增加，就意味着会展开关于资金和关注度的更多竞争。在当前的经济气候中，必须要保证资源得到有效利用。大伦敦政府与伦敦各区政府以及其他合作伙伴一起，保证对开展的活动进行更好的协调和管理。比如，通过集中资源和利用数字工具及频道取代传统营销手段。一旦活动得以确立，可以以更低的成本取得同样影响力巨大、同样成功的结果。“伦敦飞轮”，现在的“天空之旅”，2008 年和 2009 年的大型自行车骑行活动，相较 2007 年来说，为大伦敦政府减少了 1/3 的成本，但每年都吸引了更多的参与者。再比如说，圣・帕特里克日，虽然大伦敦政府 2009 年的预算比去年减少了 20%，但是活动一样成功。文化和社区机构同样表达了对小型社区活动，包括义卖集会和街头派对可能被过度监管扼杀的忧虑。伦敦各区对道路封闭和保险实施不同的政策，这种不一致可能导致高昂的成本和更长的通知期。考虑到这些现实情况，需要具备各项能力的工作人员引导申请人完成程序。遗憾的是，各区的管理能力不一，只有少量专门负责活动的团队。这意味着，在很多情况下，申请人得自己完成这些程序，这会让人望而生怯。大伦敦政府与伦敦活动论坛紧密合作，让活动分布到伦敦所有的区，并且为他们推荐改善活动管理和运行的方法。大伦敦政府同时将会努力宣传最佳办事指南，通过发放许可证，设立运行、规划与安全组，改善活动管理并定期集合等方式，对伦敦中心区域开展的主要活动进行管理，而 2012 年成立的城市运营组将会改善伦敦的活动策划过程。大伦敦政府也会利用其影响力，为施加于活动组织者的许可证发放、道路权限、卫生安全、保险和无数其他要求的管理，提供一个更理性和现实的办法。

政策行动 4. 6

市长将会继续直接支持伦敦众多的节庆和文化活动，与更广泛的伙伴合作，保证伦敦现有的活动得以延续，新的活动可以开展，希望能够吸引尽可能多的伦敦市民参与其中。

五、2012年文化与伦敦

(一)世界上最伟大的展示

2012年，全世界都将目光聚焦在伦敦，将会有近100万人在奥运会和残奥会期间来到体育馆，超过10亿人收看电视转播，数以万计从英国和世界各地而来的人们在这一年来到这座城市。

2012年伦敦奥运会不仅是一场体坛盛宴，也将是对21世纪伦敦丰富的文化和国际性的礼赞。伦敦，一个容纳了300多种语言和拥有大量团体的城市，将热情欢迎来自世界各地的客人，并同他们一起在文化活动中感受人类友谊所带来的喜悦。2008年，北京让世界惊叹，我们也将用自己独特的方式向世界展示伦敦的魅力。

当然，伦敦的每一年都非同寻常。伦敦会定期举办海量的文化活动，这是它赢得2012年奥运会主办权的一个原因。这为那些打算在2012年策划和举办文化活动的人来说是一个特殊的挑战，他们在思考如何能让2012年开展的系列活动更加特别。我们加倍努力工作，投入了大量资金，积极推进文化奥运(每个主办城市都必须实施的一个为期四年的文化计划)。现在要关注2012年，关注奥运会比赛的重要时段，我们要举办世界一流的庆典，要真正让伦敦文化传统的影响力更上一层楼。

2012年伦敦文化奥运委员会成立于2009年，由皇家歌剧院首席执行官托尼・霍尔(Tony Hall)负责，同英国的合作伙伴携手，为文化奥运和伦敦奥组委文化组提供指导。2012年伦敦文化奥运委员会由来自主要利益相关者的代表组成，这些利益相关者包括大伦敦政府、英格兰艺术委员会、英国广播公司和文化界的名人。

委员会负责整个英国的文化奥运项目，包括2012年6月21日至9月9日的最后庆典。庆典活动贯穿整个奥运会和残奥会。为了这一庆典，专门设立了一个核心合作委员会，它由世界级文化合作伙伴和出类拔萃的艺术家，当然包括英国顶级艺术家组成。这一节日庆典的核心活动都委托给艺术家负责，很多艺术家与市长办公室有合作关系。这一节日庆典涵盖了多种文化形式，从食物到电影，从莎士比亚到时尚，从诗歌到流行音乐，从嘻哈到遗产无所不包，希望让人们有毕生难忘的文化体验，很多活动都是免费的，很多英国和世界最优秀的创作者参与其中，很多大型项目已经公布，包括“音乐之河”，即一系列在标志性地点举办的免费音乐会，还有“大舞汇”，2012年“大舞汇”已经成为英国范围内的社区庆祝活动，约有500万人准备参加。文化奥运的核心在于给年轻人创造机会，因此，有教育工作坊来提升他们的创意技能，有数字项目将全世界联系在一起，将英国联系在一起。委员会正在制订节日庆典的遗产计划，其中涉及文化、经济、社会和数字等领域的目标，这一计划将于2012年秋季公布。

火炬传递、开幕式、闭幕式、颁奖仪式和欢迎仪式对每届奥运会和残奥会来说都是不可或缺的，是庆典和盛大演出的聚焦点。这些活动将由伦敦奥组委进行指导，准备工作已经完成，创意团队也已就位，史蒂芬·戴德利(Stephen Daldry)和电影导演丹尼·鲍尔(Danny Boyle)将负责开幕式的相关工作。

作为补充，市长制定了一个全伦敦范围的、为期 7 周的户外节日，保证伦敦市民和游客能在奥运会期间收获惊喜，拥有愉悦的体验。一些大规模的活动，包括城市户外的环游项目，会在伦敦最具标志性的地点举行，在城市中心也会有很多富于艺术创造性的活动。在奥运会期间来伦敦的游客大多并不主要是为了观赏一场戏剧或是参观一个画廊——更确切地说，他们对城市的体验主要是通过公共领域来实现的。因此，大伦敦政府要努力实现的是，通过世界一流的演出和活动，让伦敦的街道、公园和广场充满生机，为奥运会创造一种真正的节日和庆典氛围。

整个伦敦到处都会安装"直播点"，让人们可以观看体育馆内的赛况，让整个城市沉浸在奥运会的氛围中，文化活动将会根据体育赛程进行安排。一些直播点每天将会吸引 5 万人次。伦敦奥组委将设两个永久性的屏幕，分别在伍尔维奇(Woolwich)和沃尔瑟姆斯托(Walthamstow)，大伦敦政府每天至少设 4 个临时直播点。

由"伦敦 2012"(London 2012)发起的"激励马克"(Inspire Mark)计划，首次允许非商业性机构进行与伦敦 2012 年奥运会相关的项目，并可以获得正式的品牌认可。已经有许多新的合作伙伴和艺术合作单位因为奥运会而兴旺发达，这不仅使 2012 年超凡脱俗，更有助于建立一个永恒的文化遗产。

虽然奥运会是一项全国盛事，向世界展示了整个伦敦，也让整个伦敦参与其中，特别是在伦敦东部和格林尼治、哈克尼、纽汉、陶尔哈姆莱茨以及沃尔瑟姆福雷斯特 5 个"主办城区"产生了共鸣。2008 年，伦敦创办了"创造节"，以展示和探寻伦敦丰富的文化和特色。在短时间内，它就把自己塑造成了重要的文化盛事，拥有新的视觉艺术设施、音乐表演和参与型艺术创作委托。

文化产业对推动 2012 年英国的发展充满了激情，大伦敦政府和其他机构在其中扮演的角色也必不可少，要帮助解决有关赞助、品牌规则、物流、推广和协调方面复杂的问题。为了让文化产业机构和个人能更好地理解现有的机遇，2009 年 11 月，大伦敦政府和伦敦文化战略小组发布了《伦敦文化与 2012》战略指南，对奥运会的项目、活动、领导机构以及如何参与进行说明。这份指南将会定期更新，汇集各个机构，包括"伦敦 2012"(伦敦奥组委和伦敦奥运交付管理局)，文化、媒体和体育部，伦敦各区以及地方文化机构的所有信息。

大伦敦政府，作为更广泛"城市运营"(City Operations)规划的一部分，同时在城市庆典的策划和协调中发挥着主导作用，要保证文化奥运以及奥运会本身得以顺利进行，对公共服务、交通、网络、商业，当然还有伦敦市民的损害降到最低。作为协调工作的一部分，大伦敦政府启动了"文化日记"项目，一次性将 2012 年所有的文化组织和生产者需要的信息整合起来。这是一个在线工具，可以帮助人们有效地进行项目规划，避免冲突，最终为 2012 年伦敦的文化供给提供一个全面的营销规划。"文化日记"也将为伦敦大事协调日程表(LECC)服务，它将受专门为 2012 年设立的集中大事计划委员会监督。

政策行动 5.1

市长将开展协调工作，为伦敦 2012 年的文化供给提供支持，并与行业伙伴以及行政和管理机构合作，确保在奥运会和残奥会的筹备阶段使文化奥运改变伦敦市民的文化生活。

案例分析：大舞汇

第三届“大舞汇”活动于2010年7月开展，为切合奥运会和残奥会“创意、雄心和参与”的主题，向人们发出了公开的邀请。

这项由大伦敦政府组织的每两年一次的盛大表演体现了舞蹈的伟大力量，它能够激励和鼓舞不同年龄段、文化背景和能力的人们，促进不同合作伙伴之间的协作，协调众多活动议程，将体育活动、文化以及学校统一起来。2010年，“大舞汇”在公园、商店、地铁站、学校、电影院、街道上举行了850多场活动，参与人次超过100万，成为伦敦多样性和创造性的重要体现。

作为伦敦的英国遗产信托计划，“大舞汇”将在英格兰艺术委员会的支持下，成为英国的永久财富，它让文化和体育活动的参与度不断提高，让伙伴关系得以持续，在意想不到的地方举办别具一格的活动，增强人们的技能，使人们拥有不一样的体验。在过去几年丰富经验的基础上，2012年的“大舞汇”将会有新的突破，将包括编舞委托以及在特别的地方举办适合大众参与的舞蹈活动。据统计，全英国将有500万人参加。为了激发年轻人的梦想和培养他们的创造力，“大舞汇”将会设立示范项目，进行培训和职业发展规划，以及与合作伙伴，包括当地政府、博物馆、档案馆、图书馆、休闲中心、学校、体育合作伙伴、社区团体和志愿机构共同开展活动。

更多详细信息，请访问网址：www.bigdance2010.com。

(二)创造机会

有一点很重要，那就是奥运会和残奥会的影响不仅局限于六周的体育和文化庆典，它们的影响将更加深远。它们将会促进新商业机会的发展，推动伦敦东部基础设施的建设，同时也会刺激伦敦市民，尤其是那些住在伊丽莎白女王奥林匹克公园附近的五个主办区的人们的雄心。在伦敦申办2012年奥运会主办权时，承诺要对伦敦东部进行改造。伦敦东部经历了连续几十年的工业衰退，存在许多经济、社会和卫生问题。虽然我们不能指望文化或创意产业包治百病，解决所有的社会问题，但是它确实有助于激发人们的斗志，为年轻人创造发展的机会，让奥林匹克公园和五个主办区变成充满活力和魅力四射的地区，适合居住、工作、游览和从事商业活动的地区。

市长与主办区以及伦敦的文化伙伴合作，共同努力，优化由文化奥运带来的培训和工作机会，并在2012年奥运会前后和奥运会期间拓展文化活动。其中包括地区项目，也包括在奥林匹克公园及其周边地区开发更具地域性的项目的潜能，比如三个米尔斯工作室、广播媒体中心、艺术家工作室以及哈克尼·威克(Hackney Wick)的持续视听产业的发展。

有一项“数字媒体学徒框架”的举措，由行业技能协会、技能小组制定，由大伦敦政府“奥运机会”项目资助，于2010年4月正式启动。在2012年奥运会广播媒体机会的启发下，很多活动中心都进行了学徒培训，为学生提供从科技进步到卫生安全的所有产业信息，为学生向产业进军做好各方面的准备，同时，也能让学生获得实用技能。在一个由研究生占主导的产业中，学徒培训将为学习者提供就业和接受高等教育的另一个途径，并为他们提供工作所需的资格证书、网络信息和经验。

另一项与奥运会相关，旨在提高技能和就业机会的举措是2012 伦敦文化技能基金。该基金由伦敦发展署投入120 万英镑资金，由英格兰艺术委员会负责管理，旨在支持以社区为基础的组织和文化机构，帮助伦敦市民参加文化活动，为职业培训和就业铺平道路，推动伦敦市民在奥运会筹备期间参与文化奥运。

同时，市长强烈希望借2012 年奥运会的机会，为整个城市的志愿活动增加活力。2012 年伦敦将招募7 万名志愿者。从服务员到语言服务到急救护理，志愿者将承担很多重要任务。已经有20 万人报名成为志愿者，由此可见，奥运会带来的激情。市长支持“个人卓越计划”(Personal Best Programme)，希望与学习与技能委员会(LSC)和就业中心共同努力，让一般不愿意参加志愿活动的个人和团体也能参与其中，或是为那些没有资格证书的人提供培训或志愿活动的机会，为他们的工作提供基本技能。2009 年10 月中旬，来自不同背景的9 500 名伦敦市民参与了这个计划，其中67%是黑人或少数族裔群体。“伦敦2012”将会保证所有的“个人卓越计划”毕业生获得2012 年奥运会志愿者的面试机会，1/10 的奥运会志愿者将从他们中间产生。此外，“伦敦大使志愿计划”也将招募约8 000 名志愿者，来欢迎和帮助伦敦的游客。

并不是每个想成为2012 年奥运会志愿者的人都可以心想事成，但是可以将他们的热情用到别处。市长的体育遗产规划《伦敦体育的未来》明确承诺，要与主要伙伴，比如伦敦体育学院和伦敦志愿者技能协会合作，培训体育行业的志愿者。这些志愿者将会支持伦敦体育俱乐部的发展，积极支持2012 年奥运会，保证为奥运会提供充足的工作人员。在文化产业内，伦敦博物馆中心给予小型博物馆极大的支持，为它们提供培训服务，使小型博物馆能够为被奥运会激励做志愿者的人提供高质量的志愿服务岗位。部分工作正在伦敦的主要文化区开展，与推广活动以及艺术家和社区合办的公共活动共同开展。

奥运会和残奥会为伦敦企业提供了重要的商机，使它们不仅能在国内和国际市场上进行推广，还能够获得与奥运会相关的商务合同。到2012 年，整个“伦敦2012”供应链将有可能产生75 000 个个体合同，从建筑业到酒店业无所不包。这些合同的一部分涉及设计、数字媒体和创意服务等领域，伦敦的机构可以进行投标。大伦敦政府与伦敦商业网络和“伦敦2012”紧密合作，共同设立了一个名为“竞争”(CompeteFor)的免费在线服务项目，将2012 年奥运会供应链中的买家和潜在供应商联系在一起。“竞争”保证整个伦敦各大企业，尤其是中小型企业，可以获得有关这些商业机会的信息。那些意向提高投标技术的机构，可以在“伦敦供应”(Supply London)项目中寻求支持。

政策行动5.2

市长正努力保证2012 年奥运会能为伦敦市民提供经济机会，尤其是为小型企业以及寻求技能发展和就业岗位的年轻人提供机会。

(三)保护公园的遗产

还有不到三年的时间，伦敦奥运会将画上句号，届时，运动员、管理者和主办者都会将注意力转移到2016年里约热内卢奥运会。但是，从很多方面来看，最艰难的工作才真正开始。以前，在奥运会结束后，一些主办城市的奥林匹克公园就不知该何去何从，地方社区也很难对遗留下来的空间和设施产生归属感。在对2012年奥运会遗产的开发过程中，我们从往届奥运会以及伦敦和英国的文化再生计划中吸取了很多有益的经验教训。

伊丽莎白女王奥林匹克公园将是欧洲150多年以来建立的最大、最重要的园区。要让公园成为一个吸引人们观光、工作和生活的地方，文化在其中发挥着非常重要的作用。同时，文化还有助于当地人归属感的形成。2008年，奥运交付管理局建立了一个小组，以确保艺术与文化能融入公园的设计。这个小组的首要目标是将艺术融入公园的设计，这里的融入并不是简单地“添加”。这就要求他们与开发商、规划师进行紧密合作，为艺术创造更多机会。

大量艺术家，包括许多在伦敦发展的艺术家提出了申请。250多名艺术家表达了为奥运会场馆的桥梁和地下通道贡献思想和提供艺术建议的想法。比如，一群年轻的艺术家正在为整个园区和公共领域进行构思，他们设计了绿植、长椅和林荫道的入口，而北部顶端房子周围的护栏不仅实现了它本身的功能，而且是一个美丽又有趣的艺术创作。

从长远来看，将艺术与设计融入公园空间和结构的演变非常重要。从交通通道和指路标示到灯光与风景，从喷泉与水流到雕塑与装置，甚至是奥运会建筑本身的遗产用途都应该体现艺术与设计的完美融合。在每一种情况下，优秀的设计和创意都能让公共领域超脱功利或者平庸，创造出永恒的价值和不朽的奇迹。这是一个21世纪的公园，距伦敦市中心有20分钟的车程，它能让游客感受到伦敦的创意能力。

其中一个关键元素是阿塞洛米塔尔轨道塔，它由安尼施·卡普尔设计，与英国奥雅纳工程顾问公司合作完成。它将成为公园的核心作品，成为伦敦的地标，成为伦敦2012年奥运会的永恒艺术遗产。这座钢制雕塑高达115米，是英国同类作品中最高的，它将被放置在公园南部，在体育馆与水上项目场馆之间，作为一个永恒的旅游胜地，在未来的岁月中将会为游客带来一个别样的伦敦。除了伦敦发展署投资的310万英镑公共资助外，阿塞洛米塔尔轨道塔的大部分资金来自私人捐助，为保证轨道塔的商业性可持续发展，将会对其进行管理。

除了雄心勃勃和充满新意，重要的是要认识到公园的遗产价值，思考如何将其融入地方规划。轻叩人们现有的社区意识和对地区的感情，可以让他们以积极和自信的心态来应对发生的变化。伦敦奥运交付管理局近期开展的“记忆马拉松”项目是成功实现这一目标的重要举措。与艺术家共同在专门设计的26英里365码的环公园马拉松路线中散步，途经5个奥运区，有104名当地居民在属于自己的400米延展地上展示关于奥运会和残奥会深刻记忆的个人藏品。这里面，许多不同的故事被拍成了电影，将会在很多地方播映，对那些居住在公园附近的人来说，这个影片见证了当地环境发生的巨大改变。

除了基础设施建设和专门的艺术委托，要保留公园的遗产价值，关键是它吸引游客的能力以及承办各类不同的文化和娱乐活动，包括展览、音乐会、嘉年华、舞蹈表演、节庆，以及发展餐厅和酒吧夜间经济的能力。奥运会的利益相关者成立了奥林匹克公园遗产公司，其职能是为奥运会后公园的使用提供一个清晰的发展战略，其中包括阿塞洛米塔尔轨道塔的管理。作为伦敦的主要景点，要保证轨道塔在商业上的成功，同时又要满足当地居民的需求。

虽然伊丽莎白女王奥林匹克公园将是改造后的东伦敦景观的中心，但其不会是一个独立的资产。

我们与伦敦交通局以及伦敦泰晤士河河口开发公司合作，在主办奥运会的五个区，为改善公园周边的公共区域投入了大量资金。文化方面的考虑是其中的重要因素，还包括价值 85 万英镑对公共艺术创作的资金投入，用以补充伦敦公园本身的艺术委托，加强灯光和公共空间建设，并且在哈克尼威克提供一个专门的艺术家创作中心。

政策行动 5.3

市长将会保证文化在维护 2012 年奥运会和残奥会遗产价值中发挥充分的作用，不仅要推进基础设施建设、设计和公共艺术项目的发展，同时也要让社区和年轻人，尤其是东伦敦地区的年轻人参与其中。

六、发布文化战略

(一)市长和大伦敦政府的角色

大伦敦政府是伦敦的战略机构，负有制定和实施伦敦文化战略的法定责任。尽管如此，其文化范畴还是与市长其他的法定范畴有所差异。就交通和经济发展战略而言，伦敦交通局和伦敦发展署会协助市长进行相关战略的实施，但却不存在对等机构来协助市场进行文化战略的实施。确实，在伦敦，不存在单独的文化交付机构。大伦敦政府也不是伦敦文化产业的主要直接资助者。在伦敦，已经有很多类似的机构负责国家彩票收入和其他公共资金的分配。

因此，大伦敦政府和市长所发挥的作用是与整个文化产业和其中无数的机构建立合作伙伴关系，确定重点开展的工作，提供指导以及实现长期改进的目标。文化产业庞大、复杂且高度独立。因此，这个战略的作用至关重要，有助于更好地利用现有资源，制定创新方案，并能将文化与伦敦其他重要战略有效地衔接起来。

市长的职责在于提升文化的重要性，保证有合适的投资用于支持文化产业的发展，让文化产业免受不必要的官僚主义和各项干预的影响。市长可以通过他的影响力，为文化产业带来变化，并释放资源。在某些情况下，他在非文化原因方面的倡议会对文化产业本身产生巨大影响。比如，倡议保持伦敦作为金融中心的优势地位，可以直接保证为文化产业提供更强有力的企业和私人赞助。同时，市长提议保持对伦敦交通领域的投资，有助于让所有的伦敦市民更多地参与文化和休闲活动。

1. 市长任命和战略协调

2007年的市长权力审查让市长拥有任命一些文化产业机构成员的权力，使文化战略中所阐释的市长与伦敦文化战略小组的区域工作重点以及伦敦支持艺术发展的主要战略投资机构形成了强有力的统一阵线。

市长有权在国务大臣的许可下，任命英格兰艺术委员会中的伦敦代表。这些被任命的代表独立于市长办公室，主要对他们所服务的机构负责。

除了这些正式任命以外，涉及文化领域的非政府部门公共机构(NDPBs)，如英国文化遗产委员会，在制定它们的国家战略时应当咨询大伦敦政府。同时，文化战略也会让这些机构知晓大伦敦政府的工作重点，并有助于保证这些战略能与随后为行业带来的利益更好地统一起来。

政策行动 6.1

在《大伦敦市政府法案》的指导下，市长成立了伦敦文化战略小组，对文化战略进行监管，并提供进一步的意见和建议。

2. 伦敦博物馆

2008 年 4 月起，伦敦博物馆由大伦敦政府和伦敦金融城公司共同管理。大伦敦政府接管了文化、媒体和体育部的职能，包括为伦敦博物馆提供资金以及任命博物馆理事会成员。

伦敦博物馆包括位于伦敦金融城公司伦敦墙遗址的原伦敦博物馆，位于西印度码头的伦敦道克兰博物馆、伦敦考古博物馆(MOLA)以及位于哈克尼的伦敦考古档案馆与研究所(LAARC)。伦敦博物馆和伦敦道克兰博物馆一周七天对公众开放，从 2010 年 4 月起可以免费参观。这两个博物馆每年吸引游客 50 万人次。

博物馆内有大量的收藏品、数百万件物品，还收集了很多非正式文献，内容涵盖考古学、社会和劳动史、口述历史、美术和装饰艺术、服装和摄影等多个领域。它们被正式认定为国家文物，最能代表欧洲乃至世界城市发展的历史。

大伦敦政府的新角色意味着博物馆与伦敦政府以及文化产业的关系更为紧密。同时，大伦敦政府应该使文化战略与其他的相关政策，尤其是涉及旅游业、推广和激励年轻人参与的政策产生更大的协同效应。伦敦博物馆中心是由博物馆、图书馆和档案馆协会根据报告《地区再生》成立的，伦敦博物馆是其主要合作伙伴。伦敦博物馆的合作伙伴还包括杰弗瑞博物馆、霍尼曼博物馆和伦敦运输博物馆。

通过伦敦博物馆中心以及与大伦敦政府的密切合作，伦敦博物馆引领着整个地区的众多博物馆开展广泛的走进博物馆项目以及教育和收藏项目。

政策行动 6.2

通过持续的支持、金融投资和发展伙伴关系，支持伦敦博物馆成为世界一流的城市博物馆。

(二)合 作 共 享

为了实现战略目标，并对战略实施过程进行监控，大伦敦市政府将特别通过伦敦文化战略小组，与一系列文化机构建立合作关系。

2008 年新的市长政府成立以后，伦敦文化战略小组的成员进行了更新，负责对战略修订进行监管，小组中的每一位成员都在各自的领域中发挥着积极的作用。伦敦文化战略小组将继续发布文化战略，不断地为政策的制定和执行提供建议。

除了伦敦文化战略小组外，还有许多类似的团体和合作伙伴会定期会面，为伦敦提供战略支持。这保证了许多不同领域的战略和工作项目得到统一，并且保证文化产业在伦敦政府在不同层面上制定的广泛发展政策和投资计划中得到适当的凸显。就这一点而言，以下组织的工作尤为重要。

(1)伦敦居民区伙伴关系

由国家主导建立的地区机构，比如英国文化遗产委员会和英格兰艺术委员会，和主要投资及基础设施部门，比如伦敦泰晤士河口发展公司以及伦敦议会，汇聚在一起，共同保证文化能够融入伦敦的发展。伦敦居民区伙伴关系十分关注伦敦泰晤士河口区的发展，现在，那里是主要的投资区，为文化可以获益同时又做出贡献提供了重大机会。

(2)2012年伦敦文化奥运委员会

委员会成立于2009年，旨在为文化奥运提供指导与支持，保证创意活动项目能够展示伦敦的风采，并在奥运会之后成为英国的永久遗产。市长办公室是其代表，保证伦敦的文化产业在所有的奥运会项目中得以体现。

(3)首席休闲官协会(伦敦)

伦敦设立了一个很活跃的首席休闲官协会分会，拥有来自33个地方政府和行业机构的高级代表。首席休闲官协会(伦敦)每季度会面一次，旨在分享最佳实践方法，提升文化服务的质量和创新文化服务。首席休闲官协会(伦敦)与文化改进项目密切合作，保证高级官员的加入，是大伦敦政府进行磋商的重要平台。

(4)“伦敦文化改进”项目

“伦敦文化改进”项目旨在支持伦敦各区的文化服务改进工作，除了3个区，其他所有区都签署了这项项目协议。在与各行各业的合作中，这个项目关注改进和效能，通过许多不同的合作项目使文化服务对人民生活产生最大的影响。这一项目已经获得了来自伦敦英格兰艺术委员会，伦敦博物馆、图书馆和档案馆协会，伦敦英格兰体育理事会，英国文化遗产委员会，伦敦政府办公室，伦敦卓越中心，伦敦博物馆中心以及伦敦议会等机构的资金和技术支持。这一项目已经取得了切实的进展，最近获得了“首都梦想”以及伦敦地区议会的进一步资助，改进了伙伴关系并提升了效率。

(5)伦敦议会

大伦敦政府与伦敦议会在广泛的政策领域开展紧密合作，从交通到环境变化无所不包。在文化领域更是如此，大伦敦政府受邀参加“伦敦议会文化、旅游业和2012论坛”，以保证市长能够充分理解伦敦各区议员持续关注的问题。论坛所形成的政策文件——《发挥它们的作用：文化和体育对当地生活的贡献》，阐释了伦敦文化和体育的原则和优先开展的工作，而且由于这份文件提供了由33个地方政府与大伦敦政府以及其他机构合作完成的用以支持伦敦文化的普遍框架，得到了人们的赞同。

市长强烈支持这些合作伙伴和市长代表的工作，伦敦文化战略小组的成员以及大伦敦政府官员定期与所有这些团体接触，他们主要关注机构的增加与文化产业所采取的举措。尤其是在地区层面上，近几年建立了一些新的机构，比如博物馆、图书馆和档案馆协会区域委员会，影视机构和地区文化联盟，它们都在短时间内创立、重组，然后关闭。由于担心由此带来的沮丧与困惑情绪，市长不希望再建立任何新的组织或正式代表机构。然而，上面提到过的现存机构提供了文化产业参与伦敦政策制定的方法。

除了文化战略，大伦敦政府官员与市长其他法定战略的发展紧密协调，尤其是《伦敦规划替代草案》提出的经济发展战略和交通战略，这些都有可能对城市的文化生活以及文化产业带来重要影响。

最后，还有一点很重要，那就是文化工作者以及伦敦市民自身都有机会改变和影响城市的文化政策。市长致力于建设一个透明和公开的政府，尽可能多地了解伦敦市民的意见和想法。伦敦文化战略小组会邀请行业代表以及公众成员，参加每年举行一次的公开会议。市长也会定期与各区领导和政要举行会谈，就他们所提出的重要文化议题展开讨论。

（三）取得成果和政策推进

除了接受伦敦文化战略小组的合理建议和指导，对市长而言，从学者和政策制定者那里获得最新的思想、事实以及研究成果也具有重要价值。为了实现这一目标，市长帮助成立了伦敦文化政策智库。它为大伦敦政府和其他战略机构提供对伦敦文化产业的研究和政策指导。伦敦文化政策智库举办的论坛让文化政策的领军人物可以探讨、分析政策问题，分享最新研究成果，以保证人们尽可能多地了解伦敦政府的文化政策和干预措施。同时，在更广阔的战略背景下，它要通过提倡高标准、明确现有知识的差距以及推进新研究项目的开展等方式，来改进那些围绕伦敦文化和创意产业进行的研究，进一步提升研究的质量和保证研究的一致性。

此外，大伦敦政府继续提供关于伦敦创意产业规模和主要特征的高质量数据。这项工作最初在 2002 年启动，并出版了具有开创性的出版物——《创造力：伦敦的核心商业》。此后，又进行了 3 次数据更新，最近一次更新是在 2010 年。这一出版物的内容包括文化产业修订总营业额预算以及关于创意产业在伦敦的地理分布的更详细列表。

政策行动 6.3

市长通过文化政策智库以及大伦敦政府经济部获得了即时更新的、可进行定性和定量分析的事实依据，向人们宣传伦敦文化战略小组所开展的工作和伦敦所制定的文化战略。

（四）进展监管

文化战略确立了伦敦文化产业工作的重点和关注点，保证其与更广泛的政策环境及其他战略紧密配合，概括了市长将要实施的主要干预措施。

文化战略反映了伦敦和文化产业内所发生的变化，并且就如何应对这些变化给出了一些指导。它制定了很多目标和干预措施，比如改进伦敦获取高质量文化的途径、清除文化参与的障碍、举办一次成功的文化奥运。这些举措都列在文件最后的战略成果表格中，并且交由大伦敦政府以及伦敦文化战略小组进行监管。大伦敦政府也将与区域机构合作，对长期指标，如文化参与度、年轻人的参与、与文化相关的旅游人数以及创意产业规模进行跟踪调查。

术 语 表

英格兰艺术委员会(Arts Council England) 英格兰的一个全国性艺术组织，负责将政府补助金以及彩票基金划拨给艺术家以及各大艺术组织。

开源艺术(Art in the Open) 是开放参观日的一部分，为地方政府、开发商以及其他艺术专员提供伦敦公共空间的艺术信息和指导。

地铁艺术(Art on the Underground) 一个旨在丰富地铁环境和伦敦市民日常体验的现代艺术项目。

英国电影协会(British Film Institute) 为了推广电影，使人们更好地接触、欣赏和理解电影的国家性组织。

伦敦商业联系(Business Link for London) 伦敦的商业服务组织，负有辅导和支持整个首都小型企业的责任，其合约现由伦敦发展署管理。

伦敦雄心(Capital Ambition) 伦敦的地区改进与效率伙伴组织，支持政府和伙伴在当地服务的交付中认识和实现效率、改进和创新。

首席休闲官协会(Chief Leisure Officers Association，CLOA) 由当地政府或非营利性分配信托的经理组成的职业协会，致力于公共领域中文化和休闲的发展。休闲俱乐部首席执行官协会伦敦分会中的高级代表是由33个当地政府以及行业机构代表组成。

社区和地方政府(Communities and Local Government，CLG) 负责地方和区域政府政策的政府部门，职能包括住房、城市再生以及社会凝聚力。

创意学徒(Creative Apprenticeships) 由政府支持的让非毕业生进入创意产业就业的项目，既提供职业培训，又提供正式文凭。

创意和文化技能协会(Creative and Cultural Skills，CCS) 这是广告、手工艺、文物、设计、文学、音乐、表演和视觉艺术的行业技能协会，旨在协调产业、教育和政府的关系，以便人们获得的教育和技能可以更好地满足行业的发展需求。

创意产业(Creative Industries) 文化、媒体和体育部对创意产业的定义是“基于个人创意、技能和才能的产业”，主要包括以下分支：广告、建筑、艺术与古董市场、电脑与电子游戏、手工艺、设计、时尚设计、电影与录像、音乐、表演艺术、出版、软件、电视和广播。

“英国国家艺术教育”项目(Creative Partnerships) 国家项目，由创意、文化与教育部运营，项目设计与学校以及创意专业人才培养密切相关，培养小学生的技能，唤起他们的热情。

创造、文化与教育(Creativity，Culture and Education，CCE) 负责运营诸如“创意学徒”之类的

项目的国家机构，旨在激励孩子和年轻人提出创意和不断学习。

文化奥运(Cultural Olympiad) 国家文化庆典项目，向世界其他地区展示英国的艺术与文化魅力，将伴随 2012 年夏天举办的为期 12 周的节日庆典达到高潮。

文化、媒体和体育部(Department for Culture，Media and Sport，DCMS) 负责文化产业的政府部门，包括广播、国家彩票和奥运。

设计伦敦(Design for London) 伦敦发展署的一个单位，对伦敦的基础设施、公共领域和建筑环境进行投资，提供改善建议和指导。

英国遗产协会(English Heritage) 国家政府在有关英国历史建筑环境保护方面问题的专家顾问组织，也负责非彩票基金在历史建筑、古代遗迹、注册公园和花园、考古遗址和宗教场所的分配。

伦敦盛事(Events for London) 市长办公室、伦敦发展署和伦敦旅游局的合作伙伴组织，旨在通过运营伦敦本土的活动和节日以及举办主要的国际盛事，让伦敦成为各大盛事的举办地。

主办区(Host boroughs) 将举办 2012 年奥运会的伦敦的 5 个区，包括哈克尼、纽汉、陶尔哈姆莱茨、沃尔瑟姆福雷斯特和格林尼治。

电影伦敦(Film London) 伦敦的地区银幕机构，致力于支持和推广伦敦的电影和电影制片的发展。

第四基柱(Fourth Plinth) 位于特拉法加广场西北侧闲置的基柱，从 160 多年前广场建成起就一直荒置，现在是作为现代艺术展示的重要场所。

大伦敦政府(Greater London Authority，GLA) 负责贯彻执行伦敦政府职能的机构，它由市长、地方议会及其职能部门组成。这些职能部门包括伦敦发展署、伦敦交通局、伦敦警察局、伦敦消防和紧急救济局等。大伦敦政府实行内部分权，市长扮演行政角色，代表大伦敦政府作出决策，伦敦地方议会则行使监督权力。

遗产彩票基金(Heritage Lottery Fund，HLF) 为了将彩票基金划拨给全英国的各个遗产项目而成立的组织，在伦敦设有一个专门的地区小组。

激励马克(Inspire Mark) 与 2012 年伦敦奥运会相关的品牌商标，由伦敦奥组委管理。伦敦奥组委是一个非商业性组织，负责奥运文化和项目的推广。人们可以向其提出申请，如果申请成功，可将 2012 年伦敦奥运会的标志用到营销的商品上。

伦敦议会(London Councils) 由伦敦 32 个区和伦敦开发公司的代表组成的机构。

"伦敦文化改进"项目(London Cultural Improvement Programme，LCIP) 这个项目的目的在于，支持伦敦各区文化服务改进，重点在于通过合作和分享成功经验来实现创新，并提升效率。

伦敦文化战略小组(London Cultural Strategy Group，LCSG) 所有成员来自伦敦文化产业的代表，由市长任命，对文化战略进行监督及审查。

伦敦活动论坛(London Events Forum) 由当地政府的活动专员、大伦敦政府和伦敦旅游局组成的网络，为形成伙伴关系和共享成功经验提供机会。

伦敦奥运会和残奥会组委会(London Organising Committee of the Olympic Games and Paralympic Games，LOCOG) 由政府负责管理，用以监督 2012 年夏季奥运会和残奥会的策划与发展的机构，也包括文化奥运。

伦敦发展署(London Development Agency，LDA) 伦敦的地区发展署以及大伦敦政府的一个功能机构，为伦敦经济进一步发展和城市再生分配资金。将于2012年3月停止运行，但是根据提议，其职能将由现存机构负责。

伦敦高等教育统计局(London Higher) 代表伦敦40余个公共资助的大学和学院的组织。

伦敦居住地伙伴关系(London Living Places Partnership) 英国在伦敦地区设置的分支机构，将文化机构和主要公共投资机构紧密联系在一起，确保文化能够融入伦敦的发展与再生计划。

伦敦博物馆中心(London Museums Hub) 由伦敦博物馆、伦敦运输博物馆、霍尼曼博物馆和杰弗瑞博物馆联合成立，为了在伦敦推行再生计划，改善首都非国家级博物馆的质量，提升其效能。

伦敦规划(London Plan) 市长为伦敦制订的计划和空间发展战略。

伦敦技能和就业委员会(London Skills and Employment Board，LSEB) 由市长任主席，由伦敦主要雇主和技能资助机构的代表组成。伦敦技能和就业委员会致力于提高成年人技能，并为就业问题提供支持。

博物馆、图书馆和档案馆协会(Museums，Libraries and Archives Council，MLA) 为博物馆、图书馆和档案馆设立的国家机构，在伦敦设有专门的工作小组，该协会将于2011年3月停止运行。

国家科学、技术和艺术基金会(National Endowment for Science，Technology and the Arts，NESTA) 由国家彩票基金会资助建立的机构，鼓励科学、技术和艺术创新，推动创意发展。

非政府部门公共机构(Non-Departmental Public Bodies，NDPBs) 类似英格兰艺术委员会或英国遗产保护机构之类的政府机构，不直接对部长负责，在资金和其他决策上有一定程度的政治独立性。

奥运会交付管理局(Olympic Delivery Authority，ODA) 负责奥运会场馆和基础设施的开发建设，以及2012年以后的使用管理。

奥林匹克公园遗产公司(Olympic Park Legacy Company，OPLC) 负责在2012年伦敦奥运会之后对奥林匹克公园及其设施进行长期规划、发展、管理和维护的公共管理部门。

外伦敦(Outer London) 由巴金和达格南、巴尼特、贝克斯利、布伦特、布罗姆利、克罗伊登、伊灵、恩菲尔德、哈林盖、黑弗灵、希灵登、豪恩斯洛、泰晤士河畔金斯顿、默顿、雷德布里奇、里士满、萨顿和沃尔瑟姆福雷斯特等区构成。外伦敦委员会成立于2009年，负责对外伦敦地区所面临的社会经济问题以及文化问题进行调查。

伦敦推广委员会(Promote London Council) 由市长任主席，由伦敦推广和投资机构的代表构成，就伦敦如何被推广为旅游和商业目的地提供指导。

皇家公园办事处(Royal Parks Agency) 负责保护和管理伦敦的8所皇家公园以及许多其他开放空间。

技能基金资助机构(Skills Funding Agency) 成立于2010年4月，代替原来的学习与技能委员会，负责资助和调控继续教育和技能培训。

伦敦剧院协会(Society of London Theatre，SOLT) 由伦敦中心城区的50多家剧院的制作方、剧院所有人和经理共同组成的协会。

英格兰体育理事会(Sport England) 为英国的体育发展提供战略指导，负责分配国家彩票基金，推动达成政府的体育发展目标。

技能小组(Skillset) 行业技能委员会，支持对创意媒体产业，包括动画、电脑游戏、设施、电影、互动媒体、照片成像、出版、广播与电视等领域进行技能培训。

泰晤士河口区(Thames Gateway) 从黑墙隧道沿泰晤士河延展至肯特和艾赛克斯地区。该地区已经被规划为国家城市再生和住宅的重点地区。

剧院信托(Theatres Trust) 由政府授权，对剧院进行运营保护的组织。

伦敦交通局(Transport for London，TfL) 市长领导的大伦敦政府的一个职能机构，负责伦敦的地铁、巴士的运营以及其他服务，同时调控出租车和私人出租汽车。此外，还负责伦敦道路交通网的运营。

伦敦旅游局(Visit London) 负责向海内外游客进行伦敦旅游推广的机构。

附　　录

关键主题	为实现此目标所采取的行动	伙伴机构	日期	市长的角色
保持伦敦的地位				
政策1.1 与区域文化机构联合，以加强行业对新技术、环境和经济挑战的理解，增进应对意识	出版《绿色创意产业手册》，为伦敦企业提供应对环境挑战的实用建议	区域机构，包括英格兰艺术委员会及伦敦分会，博物馆、图书馆和档案馆协会以及许多不同的行业机构	2009年该系列第一本书得以出版，2010年10月出版《绿色视觉艺术》	合作伙伴
政策1.2 在地方、国家和地区层面重视和推动伦敦文化和创意产业的发展，让政府、企业和个人捐赠者为伦敦的文化产业投资	市长将会在许多高端活动上公开提倡对文化的投资	地区与国家机构以及组织，包括英格兰艺术委员会及伦敦分会，博物馆、图书馆和档案馆协会，遗产彩票基金，英国遗产委员会，伦敦议会和艺术与商业委员会	正在进行，2009年9月在维多利亚与艾伯特博物馆举办了专门的活动，还有许多其他正在开展的活动	推广
政策1.3 通过政策规划、扶持和直接投资，支持那些有助于伦敦文化、社会和经济生活发展的资本项目	在格林尼治半岛的雷文斯本学院校区进行知识转移和数字媒体的孵化	伦敦发展署、格林尼治议会、HCA、高等教育基金委员会	2010年10月雷文斯本学院的新校区开放	合作伙伴
	资助萨瑟克区泰特现代艺术馆的扩建，扩展艺术馆展览和教育空间，改善建筑南侧的公共领域	伦敦发展署，文化、媒体和体育部，萨瑟克议会，英格兰艺术委员会	计划于2012年完成	合作伙伴
	资助建立黑人文化档案馆中心，这是一个新的遗产建筑，是推动布里克斯顿城镇中心再生计划的一部分	伦敦发展署、遗产彩票基金、伦敦朗伯斯区	2011年开放	合作伙伴
政策1.4 市长将会抵制制约行业发展的监管政策，将会与各机构紧密合作，力争为伦敦的文化产业建立一个平衡的监管环境，将会充分考虑过度监管所带来的不利影响	哈默史密斯剧院的扩建，让它可以成为一个专门的教育中心，为更多的社区提供表演艺术课程	伦敦发展署、英格兰艺术委员会、哈默史密斯和富勒姆区	计划于2011年完成	合作伙伴
	为支持能够支撑伦敦作为创意中心的竞争力的监管框架而进行研究，并准备证据	伦敦推广委员会、伦敦优先组织	正在进行	合作伙伴
	继续监控现行的移民积分制度，以及这一制度为不同行业，包括创意产业带来的影响	伦敦文化战略小组、大伦敦政府移民与避难许可组、英国边境署	就这一问题与伦敦边境署举行定期会面	合作伙伴
	与伦敦盛事论坛合作，调查户外活动，包括街头派对和义卖集会的许可证发放手续	伦敦盛事论坛、伦敦议会	每两年与伦敦盛事论坛进行会面	
	与产业以及监管机构合作，调查《2003年授权法》对伦敦场馆和音乐行业的影响	伦敦文化智库	2010年3月召开了影响调查会议	

续表

关键主题	为实现此目标所采取的行动	伙伴机构	日期	市长的角色
政策1.5 通过伦敦推广委员会以及与一些公共机构和行业伙伴的合作，将伦敦的文化产业向全球市场进行推广，这样不仅有助于文化产业自身的发展，同时也能在广阔的经济背景下为伦敦带来更大的经济效益	伦敦推广委员会的成立，为伦敦的推广和投资提供战略指导	包括伦敦投资局、电影伦敦、伦敦旅游局、伦敦盛事、伦敦研究局和“伦敦2012”在内的伦敦机构，以及包括英国旅游局、英国贸易投资总署、英国电影协会在内的国家机构	正在进行	领导
	资助伦敦创意产业的国际性推广活动，比如伦敦时尚周、英国电影协会的伦敦电影节和伦敦设计节	伦敦推广委员会、伦敦旅游局、伦敦投资局、电影伦敦、艺术协会	年度活动	领导
政策1.6 保证对伦敦创意企业和专业人员提供高质量的、相关性的支持，包括合适的、针对性的供给，同时保证主要的服务项目，比如伦敦“商务通”，能对促进伦敦经济发展的重要产业产生积极有效的影响	主流以及特殊商业支持项目，包括商业联系、时尚企业中心、电影伦敦	伦敦商业联系，行业伙伴	正在进行	合作伙伴
扩展接触文化的途径				
政策2.1 市长正在和文化机构、地方政府和战略融资机构携手并肩，鼓励它们积极努力，保证为整个伦敦地区提供更广泛的、高质量的文化供给	外伦敦地区文化小组会面，探讨外伦敦地区的文化产业面临的问题	英格兰艺术委员会、伦敦议会、遗产彩票基金、电影伦敦、外伦敦委员会、伦敦文化战略小组	2009年成立小组并定期召开会议	合作伙伴
政策2.2 大伦敦政府的活动小组与当地政府和行业机构合作，共同支持伦敦已经存在或者新近出现的高品质的节庆、活动和文化项目，增加伦敦的受众数量，提高活动参与度	伦敦爵士音乐节、伦敦电影日、“伦敦故事”——这些活动都专为外伦敦的观众定制	伦敦区，还包括遗产彩票基金、英国遗产委员会、伦敦博物馆中心、英格兰艺术委员会及伦敦分会、电影伦敦在内的机构	正在进行，2009年9月在维多利亚与艾伯特博物馆举办了专门的活动，还有许多其他正在进行的活动	合作伙伴
	伦敦区电影资金挑战，为伦敦新秀制定的短期电影制作计划	电影伦敦、伦敦区	年度活动，7月份举行	
政策2.3 市长正与伦敦交通局以及合作伙伴一起，寻找解决文化产业目前所面临的具体运输问题的实际解决方案，而这需要领导和统筹	实施大巴停车券计划，增加伦敦的大巴旅游	伦敦交通局、伦敦区、文化代表团体	停车券计划的可行性调查在2010年夏天结束，伦敦交通局已经开始考虑实施	领导
	“伦敦卡片”，让更多伦敦市民获得包括文化和休闲在内的服务和供给	伦敦议会、伦敦交通局	在2010年11月进行的可能的小规模实验性计划	领导

续表

关键主题	为实现此目标所采取的行动	伙伴机构	日期	市长的角色
政策2.4 市长正在和伦敦议会以及个别地方政府紧密合作，强调文化服务在居民供给和提高人们生活质量中发挥的重要作用，鼓励更多跨区合作伙伴关系的建立，以促进创新，提供高品质的服务	与市长优先开展的“伦敦文化改进”项目密切合作：各区旅游支持、儿童服务与文化服务之间更好的合作，以及图书馆改造计划	伦敦议会、“伦敦文化改进”项目合作伙伴	正在进行，大伦敦政府进行资金投入，推进伦敦议会文化、旅游业与2012论坛常规会议的召开、伦敦当地政府艺术网络以及其他类似团体	推广
教育、技能与职业				
政策3.1 市长将会确保大伦敦政府支持的文化活动和项目能够成功地调动儿童和年轻人的积极性，并且有助于培养他们对艺术、遗产和文化的探索和渴望精神	儿童艺术日——包含伦敦元素的全国性的活动，目的是鼓励年轻人体验艺术	全国美术馆教育协会	年度活动，7月举行	领导
	第四基柱学校奖——伦敦小学和初中生的艺术竞赛	英格兰艺术委员会、第四基柱艺术创作小组	正在进行，与第四基柱艺术创作同步进行，下一场在2010年9月举行	领导
政策3.2 市长将会倡导并提高补习教育产业的形象，并提供战略支持	为伦敦的补习教育提供入门指南；在市政厅主办了一个形象提升活动，与私营组织合作，让组织得以扩展	私营组织赞助商	2010年12月推出宣传手册，并举行活动。2010—2012年，私营组织支持	合作伙伴
政策3.3 借助市长的音乐教育战略，大伦敦政府围绕伦敦的音乐教育进行多方的指导、协调和支持。它与地方政府、战略机构和音乐合作伙伴携手努力，提供建议、给予支持、提供各种机会，还开展了旨在提高伦敦的音乐教育质量、稳定性和形象的试点项目	音乐教育基金，让音乐教育提供者和当地政府结成合作伙伴关系	伦敦音乐服务、伦敦乐团协会	2010—2012年	领导
	“伦敦韵律”，年度音乐教育活动，为伦敦提供展示的机会	伦敦音乐服务、学校、艺术组织和社团	年度活动，4月举行	领导
政策3.4 通过伦敦技能和就业委员会，市长与雇主和公共资助者共同保证技能和就业投资能够满足伦敦经济发展的需求，包括一些核心领域，比如创意和文化产业	伦敦技能与就业委员会有来自创意产业的代表，会定期与他们会面	伦敦技能与就业委员会、伦敦发展署、技能小组、创意文化技能协会	伦敦技能和就业委员会正在开展工作，每3个月进行一次会面	领导

续表

关键主题	为实现此目标所采取的行动	伙伴机构	日期	市长的角色
政策 3.5 市长和文化合作伙伴一起，正在监管一个旨在使文化部门成为对实习生和雇员更加开放和具有价值的地方试点项目，这个项目的目的还有改进实习条件、提升实习质量	用来测试实习和奖学金效率的试点项目，以解决文化机构多样性的问题。这一项目将试图与其他更主流的就业与技能举措，比如由大伦敦政府主导，旨在与对当前文化实践带来长期、有广泛影响的项目建立紧密联系	伦敦博物馆中心	2010 年 4 月发布指南草案	合作伙伴
基础设施、环境和公共领域				
政策 4.1 市长，会同一批公共和行业合作伙伴，正在推进伦敦高质量的城市设计以及加强伦敦公共领域的建设，承认文化机构在形成战略、规划进程和从事个人计划方面所发挥的关键性作用	围绕伦敦的城市公共领域改进开展的 2.2 亿英镑投资计划，包括一系列高端文化元素、博览会道路(2012)、商业街(2012)、达尔斯顿镇中心、奥林匹克公园周边等	伦敦发展署、设计伦敦、伦敦各区、伦敦交通局	项目已经启动，2012 年完成	领导
	保证《伦敦规划》为伦敦的文化和创意产业的繁荣发展提供足够的空间，让伦敦的文化和创意产业融入地方的发展计划，平衡伦敦不同组成部分之间的需求	大伦敦政府伦敦规划组	已经通过协商，《伦敦规划》预计于 2010 年发布	领导
	点亮伦敦——一项照明计划，保证将好的设计原则和能源效率融入艺术照明和首都的照明	设计伦敦、开源艺术、开放参观日	将于 2010 年进行战略推进。直到 2012 年，主要的照明委托项目将融入城市改进计划	合作伙伴
政策 4.2 市长将会确保相关文化和创意产业的发展，并将其融入再生和经济发展规划，同时承诺为伦敦周边地区做出实实在在的贡献	资助阿尔科拉剧院，将新场馆地址的可行性调查作为达尔斯顿镇中心发展规划的一部分	伦敦发展署、英格兰艺术委员会、哈克尼议会	可行性调查将在 2010 年春天完成	领导
政策 4.3 市长将会委托相关机构对伦敦艺术家工作室的状况，尤其是它们的影响和面临的核心问题进行一项可行性研究，确定一个有助于维持伦敦工作室运转的行动计划	由大伦敦政府领导，与产业部门合作进行可行性研究，来绘制供给分布和评估经济影响	例如，国家艺术家工作室供应商联盟之类的行业部门	将在 2010—2011 年度进行可行性研究	领导
政策 4.4 市长支持伦敦文化遗产的发展，希望通过《伦敦规划》来保护历史建筑环境，同时通过“伦敦故事”和其他活动，让尽可能多的伦敦市民理解、发现和欣赏伦敦的文化遗产	伦敦规划的发展	遗产彩票基金、英国遗产保护机构、伦敦各区	已经通过协商，《伦敦规划》将在 2011 年发布	领导
	“伦敦故事”——纪念城市的过去、现在与将来的年度合作活动	伦敦博物馆中心、遗产彩票基金、英国遗产保护机构、伦敦各区、开放参观日以及许多其他文化机构	每年 10 月举行的年度活动	领导

续表

关键主题	为实现此目标所采取的行动	伙伴机构	日期	市长的角色
政策 4.5 通过“第四基柱”计划、“地铁艺术”和一些因地制宜的项目，市长将会继续保证用高质量的公共艺术来加强公共领域建设，并为增强伦敦活力做出贡献	在特拉法加广场的第四基柱委员会计划	第四基柱委员会小组、英格兰艺术委员会	正在进行，大约每两年进行一次新的项目委托	领导
	努力竖立新的纪念碑或维护和保护现存纪念碑的志愿活动得到持续的指导与支持	伦敦各区	正在进行	合作伙伴
	努力建立新的公共艺术设施或维护和保护现存公共艺术设施的志愿活动得到持续的指导与支持	开源艺术、英格兰艺术委员会	正在进行	合作伙伴
	持续支持地铁艺术项目	伦敦各区、英格兰艺术委员会、伦敦画廊	正在进行	合作伙伴
政策 4.6 市长将会继续直接支持伦敦众多的节庆和文化活动，与更广泛的伙伴合作，保证伦敦现有的活动得以延续，新的活动可以开展，希望能够吸引尽可能多的伦敦市民参与其中	在伦敦的户外空间进行的大伦敦政府节庆项目，比如“新年前夜”、圣·帕特里特节、圣·乔治日、伦敦市长的泰晤士河畔节等	伦敦发展署、伦敦各区，一系列文化、商业和社区组织机构	正在进行	领导
	在整个伦敦室内和室外场所举办的大伦敦政府的文化活动，比如复活节、“伦敦故事”、“伦敦韵律”等	伦敦发展署、遗产彩票基金、英格兰艺术委员会以及一系列文化组织机构	正在进行	领导
	实施和监控伦敦盛事战略，以此获取高端国际体育和文化活动，比如世界骄傲活动和 2018 年世界杯的举办权	伦敦盛事	正在进行	领导
	与奥林匹克公园遗产公司以及伦敦发展署合作，为奥林匹克公园发展设计一个强有力的活动项目	奥林匹克公园遗产公司、伦敦发展署	直至 2012 年，也包括奥运会之后	合作伙伴
	为伦敦的活动组织者建立一个共享信息、建议和资源的网络体系	伦敦盛事论坛	每年举办两次会议，许多子团体承担正在进行的工作	合作伙伴
2012 年文化与伦敦				
政策 5.1 市长将开展协调工作，为伦敦 2012 年的文化供给提供支持，并与行业伙伴以及行政和管理机构合作，确保在奥运会和残奥会的筹备阶段使文化奥运改变伦敦市民的文化生活	推进高质量的 2012 年文化奥运伦敦计划的发展，包括一些主要的项目，例如“激励马克”项目以及其他活动	文化、媒体和体育部，伦敦奥组委，奥运交付管理局，伦敦旅游局，英格兰艺术委员会，英国广播公司，博物馆、图书馆和档案馆协会，遗产信托，奥林匹克彩票经销商，5 个主办区和许多文化机构	文化奥运的重点工作将于 2012 年 1—9 月进行	合作伙伴
	成立了 2012 文化规划小组，来协调伦敦本土的活动	伦敦各区，伦敦机构，包括英格兰艺术委员会、伦敦旅游局和 5 个主办区	成立于 2009 年 11 月	领导
	“2012 文化日记”是协调各类活动的在线工具，它是城市运营小组的一部分	伦敦旅游局、英格兰艺术委员会以及行业机构	2010 年 7 月启动	领导
	“大舞汇”，伦敦范围内两年一度的参与性活动，目的是向不同年龄阶段的人群推广各类舞蹈	英国遗产信托、英格兰艺术委员会	2010 年 5—8 月和 2012 年全年	合作伙伴
	运用手册、活动和在线资源，为文化和创意产业提供如何参与的建议	伦敦奥组委	2009 年 11 月启动“伦敦文化与 2012”计划，每年进行常规更新	领导

续表

关键主题	为实现此目标所采取的行动	伙伴机构	日期	市长的角色
政策5.2 市长正努力保证2012年奥运会能为伦敦市民提供经济发展机会，尤其是为小型企业以及寻求技能发展和就业岗位的年轻人提供机会	伦敦发展署2012文化技能基金，140万英镑的补贴项目，专门用于培训，使人们能把握与奥运会相关的机会	伦敦发展署与英格兰艺术委员会共同管理	已投入资金。项目在2009—2012年进行	领导
	“竞争”网站：包括文化和创意产业的线上采购机会	伦敦发展署	2008年启动了“竞争”网站，在2009年手册中向文化产业推广	领导
政策5.3 市长将会维护文化在保留2012年奥运会和残奥会遗产价值中发挥充分的作用，不仅要推进基础设施建设、设计和公共艺术项目的发展，同时也要让社区和年轻人，尤其是伦敦东部的年轻人参与其中	参与奥运交付管理局公共领域委托组，“引领艺术与设计”项目	奥运交付管理局、伦敦发展署	委托项目将于2012年完成	领导
	阿赛洛米塔尔轨道塔，是一个115米高的雕塑，将一直成为奥林匹克公园的主要旅游景点	奥运交付管理局、伦敦发展署	2010年3月宣布，将于2012年奥运会开幕之前完成	领导
	伦敦发展署的奥林匹克公园周边计划，保证公共领域的设计和艺术委托项目能够恰当地融入公园周边地区，确保当地艺术家团体参与规划	奥运交付管理局、伦敦发展署	6个公共领域项目计划在2010—2012年完成	领导
发布文化战略				
政策6.1 在《大伦敦政府法案》的指导下，市长成立了伦敦文化战略小组，对文化战略进行监管，并提供进一步的意见、建议	伦敦文化战略小组对文化战略以及持续的政策问题进行监管	伦敦文化战略小组	成立于2008年，每季度会面一次	领导
	大伦敦政府进行了4项任命，包括任命英格兰艺术委员会伦敦分会长	英格兰艺术委员会伦敦分会	正在进行再次委任，任命需得到文化、媒体和体育部的授权	领导
政策6.2 通过持续的支持、金融投资和发展伙伴关系，支持伦敦博物馆成为世界一流的城市博物馆	对博物馆进行持续的战略、管理和经济支持。这包括伦敦现代画廊重新开放以及任命伦敦博物馆委员会的官方代表	伦敦博物馆、伦敦金融城公司	伦敦现代画廊将在2010年5月开放。2010年春，将任命官方代表	领导
政策6.3 市长通过文化政策智库以及大伦敦政府经济部，获得了即时更新的、可进行定性和定量分析的事实依据，并向人们宣传伦敦文化战略小组所开展的工作和伦敦所制定的文化战略	2010年最新版《伦敦创意产业劳动力》	大伦敦政府经济部	2010年3月发行	领导
	成立伦敦文化政策智库，对正在进行的政策进行研究，并对其成果进行评估，对市长战略提出意见	文化战略小组	成立于2009年，每个季度会面一次	领导

促进文化数字化发展

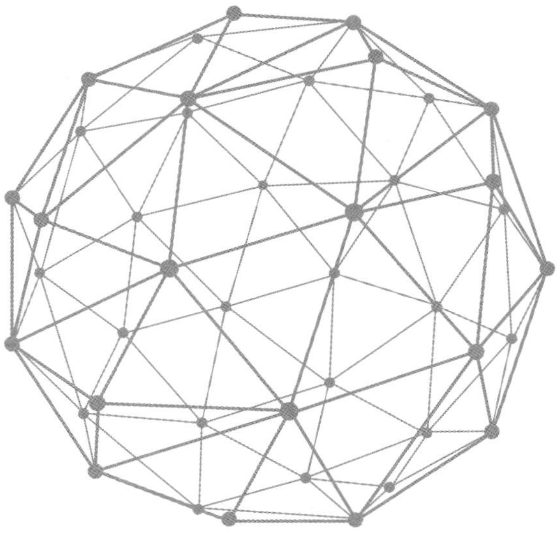

* 文件由文化、媒体和体育部发布于 2010 年 3 月。

目　　录

序

回望过去10年的改革历程是件非常有趣的事情。2000年，并非每个博物馆或美术馆都有官方网站。而在最近公布的世界十大博物馆网站中，有4个是英国网站。10年前，并非所有的公共图书馆都提供互联网访问链接，对互联网的1.2亿英镑彩票投资改变了这种状况——现在，所有的公共图书馆都提供互联网访问链接，并且在绝大多数情况下是免费的。谁能想到大英图书馆(British Library)竟然将和网络书商达成协议，向其提供6.5万种几乎绝版的19世纪书目呢？谁又能想到皇家歌剧院(Royal Opera House)和国家剧院(National Theatre)会在电影院进行直播放映？

互动得很出色的机构和觉得很难互动的机构之间还是存在一定差距。英格兰艺术委员会(Arts Council England，ACE)最近公布的研究资料表明，大部分艺术机构主要将网站用于发布活动项目信息，只有少部分机构会通过网络与用户进行互动，例如，允许用户自由使用数字化内容，并用来创作和分享文化作品。

这并不是说，我们可以一夕之间消除差距，必须还要充分保护艺术家的知识产权。如果不培养有创造力的天才，并允许他们蓬勃发展，就不可能产出创新的内容——不管是共享，还是其他方式。同时需要考虑成本或风险。我们已经在各种各样的数字化项目中投入了2亿英镑，所以不算是从零开始。

同时，我们还要在推动数字参与方面发挥重要作用。2010年3月，政府公布了"全民数字参与计划"(National Digital Participation Plan)，旨在到2014年，让使用互联网的人数增加750万。促进数字参与联盟(The Consortium for the Promotion of Digital Participation)将在推进这项工作方面发挥主导作用，该组织的许多成员正通过文化让更多人上网。

我们的目标是通过使用数字媒体，鼓励新用户喜欢上丰富多彩的艺术和文化，而对那些已经了解并渴望获得更多艺术文化体验的用户，则要丰富和深化他们的体验。

我非常感谢乔纳森·德罗里(Jonathan Drori)，为了帮助我们，他提供了分析和结论，也放在本报告的建议部分。乔纳森在起草建议时广泛征询了部门意见，并结合了自己在其他事务中获得的经验。他为部门创立了"文化在线"(Culture Online)项目，该项目虽然存在时间相对较短，却获得了28个主要奖项，包括4项英国影视艺术学院奖(British Academy of Film and Television Arts，BAFTA)。

我也感谢所有出席或帮助促成两场研讨会的人。我于去年10月和今年3月主持了两场极其有益的研讨会，希望其他人能够主动主持开展这样的研讨会来分享想法，形成新的伙伴关系。

依照网站创建的精神，这是一个互动的过程，因此我希望，这只是开始。

商业经济学硕士(Master of Business Economics，MBE)、国会议员(Member of Parliament，MP)、文化旅游大臣(Minister for Culture & Tourism) 玛格丽特·霍奇阁下(Rt Hon Margaret Hodge)

2010年3月

背　　景

数字媒体已经成为现代生活的基本要素，这意味着，所有向公众提供服务的人必须转变思想，不要再认为虚拟网络是可有可无的额外服务，而是要认识到，互联网是服务的核心部分，能为人们提供越来越期待的东西。

《数字英国报告》(*Digital Britain Report*)体现了政府的战略远见，旨在确保英国在全球数字经济中在创新、投资和质量方面处于领先地位。

数字经济要求我们致力于确保人们有蓬勃发展的能力，使所有人都可以参与到数字社会当中，还提供运用数字技术达到社会效益和经济效益最大化的政策。

艺术和文化组织需要在实现数字化目标中发挥重要作用。过去 10 年，博物馆、美术馆、档案馆、图书馆、电影业、表演和视觉艺术组织开发并运用数字技术的新方法，吸引了新用户。这些已经很好地证明，互联网和网络媒体开拓了新的道路，彻底改变了艺术和文化机构与用户沟通互动的方式。

1. 利益

数字化给公众带来的利益是显而易见的，至少可以了解、接触到丰富的文化内容，或者从中获得乐趣。对更具创造性的人来说，他们有机会参与、重新阐释文化内容，甚至加以创新。

企业也能从中获得新的发展机会。通过数字访问提供越来越多的文化资产，为创意经济创造越来越多的机会。对艺术和文化机构而言，也能获得商业利益。随着艺术和文化机构对数字领域日益了解和熟悉，他们会更有信心与伙伴合作，尝试新的商业模式和工作方式。

2. 挑战和机遇的程度

虽然数字化已经取得进展，但社会仍然存在数字化差异。尽管对于许多人来说，使用互联网已经是一项基本的生活技能，但英国仍有超过 1 500 万名成年人不使用互联网，目前在英国约有 40%的家庭没有安装宽带。

不使用互联网的人基本上是社会经济低水平群体、老年人和残疾人。在最少使用互联网的人中，约 19%是有孩子的家庭。

有证据表明，不使用互联网的人认为没有上网的必要。许多文化机构正引导人们接触网络，例如，促进数字参与联盟正积极发挥作用。

政府正履行承诺，开放资源用于更多的用途。在蒂姆·伯纳斯·李爵士(Sir Tim Berners-Lee)和奈杰尔·沙德博尔教授(Professor Nigel Shadbolt)以及其他人的建议下，我们最近创建了网站：http://data.gov.uk，旨在增加政府数据的可访问性，使那些有技术和能力的人提出激动人心的创造性新用途。

《数字经济法案》(*Digital Economy Bill*)新法规也将方便使用无主作品，但如果版权所有者之后主动现身或被追踪出来，其权利仍然受到保护。

所以，在当今社会，最有前瞻性的艺术和文化机构正在寻找新的方法，与那些使用日益复杂化的数字访问用户打交道。与此同时，许多人仅仅将互联网作为传播信息的方式，就像传统的印刷。

我们要鼓励、支持所有机构开发新方法，使用新兴技术分享数字内容，并寻找新路径吸引更多的用户。

为此，英国文化、媒体和体育部已委任乔纳森·德罗里结合自身的经验，征询部门意见，发掘真正的挑战和机遇。本报告提出了乔纳森在一些关键领域的结论和建议，我们将其作为该行业的最佳实践建议，希望其能成为引发变革的推动力和催化剂。

文化、媒体和体育部

2010年3月

3. 数字参与

英国政府在促进更好的数字参与方面有共同的愿景和战略。

政府制定了目标，要将英国不使用互联网的1 250万人减少60%，这是政府缩小数字鸿沟计划的基础，2010年3月2日政府公布"全民数字参与计划"，提出要缩小数字鸿沟。

这项计划得到促进数字参与联盟的专业知识和技术支持：60家公共和私人组织帮助人们增强从互联网中获益的信心，并能从数字社会中获取更多。

数字参与财团为开展这项计划做出了重大贡献，包括英国通信管理局(Office of Communications, Ofcom)、谷歌、英国广播公司(British Broadcasting Corporation, BBC)、天空新闻台(Sky)、英国网络中心(UK Online Centres)和英国老年人慈善基金会(Age UK)在内的60个财团成员，正合力帮助英国政府实现目标，提高全民上网的积极性。

"全民数字参与计划"由英国商业、创新和技能部(Department for Business, Innovation and Skills, BIS)与文化、媒体和体育部(Department for Culture, Media and Sport, DCMS)联合支持，了解该计划的详情，可以访问网址：www.bis.gov.uk/assets/biscore/corporate/docs/p/plan-digital-participation.pdf。

前　　言

数字媒体项目和服务需要组织机构在快速变化的社会背景下，考虑所有权、品牌、监管和商业模式等棘手的战略问题，掌握和协调多种新技能。

本报告旨在为文化行业的决策者提供指导，加快促进公众对文化机构的数字访问，鼓励更快地将数字技术用于产生效益的地方，让更多人参与进来，提高体验质量，节省成本。

我们理应为英国文化机构世界一流的质量感到自豪。英国文化机构已经形成质量监管的传统，与监管文化携手并进，监管资产被分配到了哪里，如何被分配的，以及分配给了谁，甚至包括它们是如何被描述的。但数字革命带来了快速的变化，包括内容的产生和发现、分布和操作，以及共享和销售的方式。数字技术从根本上改变了产品体验，带来参与合作的期望，挑战了传统的机构和部门的界限。

许多组织对达成合作关系是非常谨慎的，以免合作削弱其品牌效益，或是危及未来的收益，而且认为，免费使用资源的趋势将会威胁到收益。数字化相关的活动，例如存储、操作和分布，可能代价高昂。实现大规模的数字访问需要新的商业模式，可能会有争议地引起版权方面的改变，例如无主作品和格式转换等。

需要注意的是，尽管数字服务有时可能会取代实体服务，比如在网络找一篇文章，而不是去图书馆查询，但在很多情况下，数字服务只是一种补充，而不是替代。观众在现场目睹真正的文物，或者亲自拿着武器在城堡的废墟上参与一场刀剑格斗，没有人能轻视这种身临其境的巨大价值和带来的快乐。数字服务可以补充、提升这种体验，并且提供全新的体验，但是永远不会替代实体服务。

如果被滥用，数字技术确实也会造成令人尴尬并且浪费资源的错误。但数字技术也能用刺激兴奋的手段来吸引新的和现有的用户，并利用稀缺资源创造出更大的价值。数字技术还可以使公众与专家们一道参与创造新方法，这些专家——演员、管理员、导演和口译者，能够拯救“资产”，将它们变成经验。

如果管理得当，允许应用新技术进行低成本和低风险的小规模实验，那么可在随后迅速扩大有效的部分。数字技术已经在行业内产生巨大影响——事实上这里提到了好几个例子。

只要有意愿和想象力，数字访问和参与度还有巨大的发展空间。

最后，我要感谢所有共享自己专业知识的人，以及允许实验源于自身经验假设的人。如果你们有进一步的建议，我也很欢迎。

乔纳森·德罗里

邮箱：dcms@ jondrori.com

一、主要结论和建议

1. 策略

一旦一个文化组织有权使用国库购买的资料，那么其目标就应该是迅速向公众提供相关资料。（见第二部分“战略”节）

所有的文化组织都应该有全面的数字战略，符合该组织的总体战略目的，并明显符合它的愿景和使命。（见第二章“战略”节）

2. 领导力和组织文化

需要更多有数字化意识的人成为文化机构的信托人和管理者，成为地方当局的民选领导人和高级管理人员。他们能够自信地为新的服务和合作给予指导，并做出决策。（见第二章“领导力”节）

这是一种有趣的文化，需要开展快速的小规模实验，补充对现有质量和整体性的追求。管理不当往往会扼杀数字访问的创新，阻碍其快速扩张。鼓励数字访问意味着用一种与大规模遗留系统管理截然不同的方法来管理技术。需要更好地将技术融入创意流程。（见第三章）

3. 心态：控制和信贷

关于资料所有权以及目前过分强调控制的目标和措施，组织机构的态度要有所转变。这些目标包括点对点共享、企业联合组织和其他类型的重新使用。（见第二章“领导力”节“理念体系”内容）

公共组织和个体会经常争夺信贷和荣誉。如果组织和个体能够更谦让，更懂得分享，或者至少是预先分配好联合项目可能带来的信贷和荣誉，可能会建立更多有价值的合作伙伴关系。政府具有重要的作用，因为信贷通常来自政府。积极倡导所有政府部门和机构的合作可能会有所帮助。（见第二章“领导力”节“理念体系”部分“贷款和关注”）

与其总是试图引导用户进入某个单一的网站，不如通过社交网络、其他机构和媒体组织访问组织资料。公共部门资助者需要改变评估文化组织的方法，以鼓励分享。（见第二章“理念体系”节）

4. 商业模式

与现在的公共价值截然相反，我们对未来的财政价值估计可能过于乐观。组织过于担心更多资料免费会减少商业销售额，然而这将推动有价值的服务发展，甚至可能进一步提高利益和收入。获得“现有公共价值”的措施值得反思。(见第四章“商业事务和模式”节)

有用的商业模式是允许其他人自由使用数据库的内容，任何后续收入都要共享(可能会有诚信谈判)，这样不会使声誉受损。组织可能被期望提供个人免费使用资料服务，然而他们也许会希望分享由此带来的任何商业收入，这也是可以理解的。(见第四章“商业事务和模式”节)

那些想把某些皇家版权资产商业化的人，需要有一个简单的价目牌(许可证)。这可能会刺激更广泛地使用内容，并且为政府提供一份透明的税收。

5. 权利

组织将根据需要决定是否允许用户浏览并转发给他人，或者是否能够进行“混搭”。“知识共享”(Creative Commons)提供了一种可能提供权限的模型，例如，供权利持有者选择“永久使用”或“允许再次使用”。(见第四章“商业事务和模式”节“版权和所有权”)

6. 数字化

需要将重点从以数字化项目为目标(例如，目标是收藏数字化)，转向使现有资产进入公共领域，提高用户访问率，然后战略性地确定差距。(见第四章“用户范围”节)

7. 整个行业

该行业需要简单、常规的方法鼓励创新，来完成第一阶段的项目审批。新项目和服务需要有人支持、开发和引导，否则将无法创立。通常情况下，在商业案例中，项目确定之前不能将资源合理化分配，没有个人的努力是不可能实现的，这是无法摆脱的困境。(见第二章“领导力”节“结构性问题”)

移动(定位)服务可能对部门相当重要，因此可能会授权成立一个特殊的利益集团。(见第四章“技术”节)

共享市场数据、对整个行业的分析和洞察力，以及对所有人都有用的市场调研都有巨大发展空间。(见第四章“用户洞察力”节)

整个行业的数字导向“网络”可能也有发展空间，只要这种包容性的设计是用来补充，而不是取代现有的活动。

二、组织战略和领导力

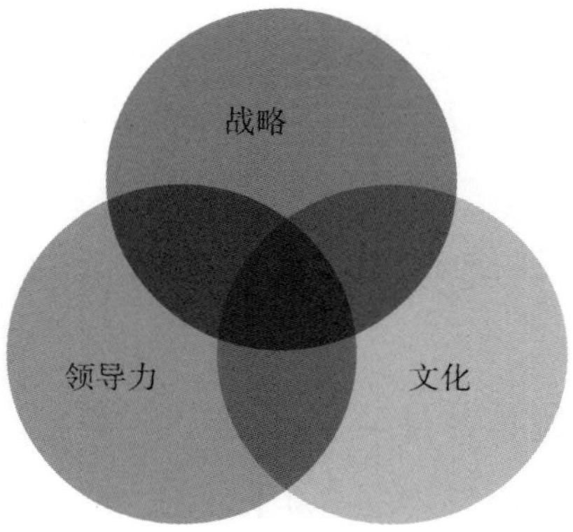

要做出正确的决策，充分利用新技术，需要有组织战略、领导力和文化。这显然不是唯一的因素，明显地，一些因素如创造力、艺术才华和管理才能、财务控制、良好的治理和健全的管理也很重要，最有可能抑制或鼓励数字访问的阶跃性变化，在这个阶段经常有问题需要解决。

（一）战　　略

部署组织战略的人需要考虑全局。首先，需要有强烈的政治意愿去提供资产，从而提高公众的参与度；其次，公众会期望能够访问、重新分配，甚至操纵越来越多的资产，并能够进行评论。

并不是所有文化组织都有一项总体数字化战略，能够符合该组织的总体战略目的，并明显地符合其愿景和使命。考虑到社会的快速变化，制定或者认同数字战略的受托人和执行董事会必须做好经常重温这个话题的准备。

董事会需要具备战略性眼光，知道哪些资产需要数字化以及如何使用这些资料。通常情况下，这些决策应该是战术性的，而不是战略性的，需要根据收藏中哪些部分是由某个特定的捐赠者或者基金会提供资金来进行数字化。

很多情况下，人们会把数字化活动看作一种附加功能，或者认为数字化是在与现有服务进行竞争甚至可能破坏现有的服务。很多年来，在组织的非数字化活动中，比如表演和展览、推广工作和访客项目等，数字技术成功地发挥着通知、扩散、支持和发展活动的作用。

文化机构无可非议地为高质量和完整的工作而感到骄傲。多年来，文化机构已经建立了质量监控的传统，需要监控资产，看资产被分配到哪里，是如何被分配的，甚至是如何被描述的。

公众数字访问要求巨大、快速、跳跃式发展，意味着放弃严格控制每一种使用的形式和环境，并允许通过合适的技术接口访问资产。对使用的控制应该降到最低，如不能破坏机构的声誉，如果有盈利，需要同意共享收入(可能需要诚信谈判)。

董事会所要讨论的关键领域是所有权、品牌和信用问题。在政治环境中，对于什么将免费提供(需要什么样的许可证)以及什么可能会收费，需要确立一些通用的原则。董事会在意识到许多组织将需要放松控制的同时，还要考虑组织和个人希望谁获得信贷以及如何获得。

> 最好的文化组织已经知道如何接触用户，抓住他们的注意力，激发他们的兴趣，已经知道如何选取不同的用户，如何创建极好的用户体验。现在面临的挑战是，如何将这种经验和理解运用到网络数字空间上，分享数字资产，以不同的方式解决不同用户的需要——就像在实体空间中做得那样好。
>
> ——“文化24小时”(Culture24)主管　简·福克斯(Jane Finnis)

> 文化组织的数字足迹和实体足迹一样重要……并且对其持续存在和发展也是至关重要的。
>
> ——自然历史博物馆(Natural History Museum)　艾尔莎·巴里(Ailsa Barry)

在行业层面，组织间常见的数字政策和战略方法都是有用的，例如，在告知大型商业公司可能的谈判方式上，或者是在组织如何奖励贡献方面。在这种情况下，“行业”不应该再被视为狭隘意义上的“博物馆和美术馆”或者“表演艺术”，而是要比这种意义广泛得多。应对数字机遇的关键在于更紧密的合作伙伴关系，不仅包括所有文化、媒体和体育部主体部门之间的合作，还包括与其他政府部门，尤其是旅游和教育相关的部门之间的合作。

约克艺术画廊(York Art Gallery)

允许公众有更大的控制权，并使他们能够为彼此增加价值，这意味着文化上的转变。最大的发展是允许公众以非技术的方式参与进来——邀请公众在画作周围用粉笔评论。做好了这种心态上的转变，允许公众参与网络环境构建和评论就变得简单多了。

获取详细信息，见网址：www.yorkartgallery.org.uk。

> 让其他人和组织使用您的数据变得更加容易和诱人。
>
> ——华盛顿特区(Washington DC)史密森尼学会(Smithsonian Institution)
> 受托人　德里克·西弗斯(Derek Sivers)

(二)领　导　力

要使公共数字访问有阶跃式的发展，受托人和高级管理董事将需要获得新的专业知识，接受不同的想法，并考虑组织内部的结构性问题。

1. 专业知识

本报告的编著者坚持认为，在地方政府、理事会和受托人的领导班子中，没有足够自信讨论并在数字战略和政策方面作出决策的人。受托人是因为资历和智慧而被雇佣的，普遍认为，他们不太可能成为数字原生代。

(1)董事会层面

那些为你提供最新东西的人很容易迷惑你。董事会成员需要足够的实践知识，才能提出明智的问题。

——执行制片人　克莱尔·哈尔卡普(Claire Harcup)

让更多的人了解数字机会，将会降低一些风险，诸如董事会拒绝有价值的项目，或是未能鼓励管理者考虑新的数字方法，还将降低采用未经仔细考虑的数字战略带来的风险。

在董事会层面，除了需要具备特定专业知识的首席信息官(Chief Information Officer，CIO)和首席技术官(Chief Technology Officer，CTO)，还需要综合知识面广的人员。在这种情况下，有必要区分常规“IT 系统”(人力资源、财务等)的采购和管理知识。常规“IT 系统”具备实用程序的部分属性，“技术”更灵活，也因此更容易造成小规模的失败。

有一群蓬勃发展的数字专业人才，他们处在相对良好的关系网中。然而，他们经常抱怨，很难让高级管理人员和受托人了解并接受他们的想法。董事会层面经常缺乏关键的专业知识，有时表现为代表团成员的不自信，这是可以理解的。

董事会需要专业知识，来了解实际上应该关心什么，然后让人们去做。他们需要移除障碍，而不是设置障碍。他们应该鼓励技术创新和小规模实验……为这些腾出时间，并推广员工可以迅速向他人学习的方法。

——参与数字化项目的非政府部门公共机构(Non Departmental Public Body，NDPB)高级经理

(2)个人和组织学习

领导和总经理如何获得所需要的技能呢？借鉴他人的经验显然是一种方法。好的工作方法需要在不同的论坛广泛分享。不过需要记住的是，人类往往从“错误”中学得更好。犯错误，然后纠正，对于个人和组织学习都是重要的过程，但这个过程需要发生在彼此信任的环境中。许多人不愿意分享他们

的经验，是因为害怕遭遇负面宣传或声誉损失。

每个受托人和高级经理都应该是他们信任的小型团体的成员。在这个团体中，人们彼此可以提出技术上的建议，或者试验自己的想法。有些团体可能每一两个月碰面吃个工作午餐，可能还会带来一位演讲嘉宾。更重要的是，并不只是“向那些准备转变的人布道”。新人加入这些团体的时候，要理解其中的信任和机密，团体必须包括受托人和高级管理人员，以及真正领导和建设项目的管理人员。分享“失败”以及成功的经验，并对他人的策略持开放性的态度都是非常重要的。

2. 理念体系

(1)放松控制

组织机构的理念体系目前偏向于创建内容和服务、吸引观众、监控资产的使用方式，以及将获得的知识最大化。

理念体系部分来自对质量和完整性的态度，这是可以理解的。纯粹从权利角度来看，允许重新使用大部分版权过期的作品应该是相对简单的，而对其他资产的使用或操作可能会受到道德权利的制约。但完整性问题可能会影响所有的作品，因此需要考虑。(操纵文件“重写”历史就是风险)多年以来，虽然英国广播公司一直允许网站的所有者使用他们的标题，但对品牌、编辑干预甚至布局都是有要求的。

组织需要放松对内容和服务的严格控制，例如，使数据更容易获得、理解其他行业、允许受众运用自己有用的见解和专业知识做出显著贡献。

也有人担心现在赠送的有价值的东西，将来可能会收费，如果想在数字访问方面达到预期的巨大发展，这种心态就需要转变，要转向共享，而不是独占。我们默认，除非有特殊的理由，资产应该是共享可用的。

公众可以通过各种方式获取资料。传统意义上，人们可能把精心撰写的经验加以密切控制和品牌化，但是供他人分享，甚至操作和重新分配资产可以控制得比较宽松。特别是机构数据库的内容，应该允许通过技术接口供人们使用，可以要求有许可证，这一点任何人都能理解和接受。这将导致更多的实验和更多从意想不到的地方出现的跨行业实验。持有资产的组织不应该认为他们必须，或者应该全靠自己或者与明确的合作伙伴完成这一切。

> 组织必须认识到，需要转变把人们吸引到单一目的地的理念，转变控制的心态理念。要少强调目标网站，多强调人们已经参与的网站。必须大力进行内容创作。
>
> ——集合信托(Collections Trust)　尼克·普尔(Nick Poole)

> 很少有机构理解世界已经改变……旧秩序是坐下来欣赏，而新秩序是建立社区并帮助创建内容。
>
> ——数字化企业家　斯宾塞·海曼(Spencer Hyman)

许多文化组织已经成为艺术品和手工艺品的守护者，并且深信他们的专家地位。但是互联网使知识的交流变得越来越便利，动摇了这种信心的坚实基础。我们需要接受挑战。在这个世界，专家和爱好者能够平等地辩论。这为我们提供了与意义世界而不是金钱世界中人们共事的机会。

——布里斯托尔(Bristol)分水岭媒体中心(Watershed Media Centre)主管
迪克·彭妮(Dick Penny)

理念体系是很难改变的，因为它是组织文化的一部分。有些人会比其他人需要更多的帮助和鼓励。

(2)分享专业知识

①文化组织是卓越的专业知识智囊库。馆长、管理员、艺术家、执行者和委员们有许多新的机会互相分享或者向公众分享他们的见解，包括简单的电子邮件实时通信、公共论坛和更引人注目(但耗时)的社交媒体应用程序，所有这些都值得研究。文化组织活动经常受到公众的高度重视，机构工作更加透明，可以提供有价值的反馈，诸如人们对什么感兴趣，对什么想多了解一些。

②机构并不是创造性人才唯一的存储库。如果公众有权接触和使用资产，那么，公众和创造性的行业结合就可以成为创造力和创新的源泉。人们已经为各种移动平台开发了成千上万个应用程序就可以证明这一点。

③商业部门一直在探索商业模式和应用程序，为此，在解释著作权法和测试技术的极限方面开发了丰富的专业知识和技能。在没有任何人试图推销或销售的理想环境下，“双方”还可以进一步从彼此身上学到更多。

(3)现在的公共价值和未来的商业收入

在金融不稳定的时期，文化组织可以在免费开放数字资源后进行收费，这是可以理解的。越来越多的公众希望可以使用更多的公共资源。向公众隐瞒某些如今明确且有价值的东西，最终并不会使该资源在未来实现其价值，考虑到社会变化的速度，这是有风险的。

文化、媒体和体育部及其他部门可能要进一步思考对“现有公共价值”采取合理措施。

(4)与执行者和艺术家的关系

创作者——作家、演员、艺术家、舞蹈家和音乐家——将可以对与新的数字服务相关的版权和作品完整性发表看法，他们的意见需要被理解和纳入考虑。从现场表演到数字域名的衔接需要认真思考，以确保表演者和观众之间维持稳固的关系。

这可能需要更频繁地融资，组织需要与尽可能多的人分享资源。

——皇家歌剧院　托尼·霍尔(Tony Hall)

人们对未来的商业价值过于乐观，但对眼前的公共价值不够重视。

——皇家歌剧院　托尼·霍尔(得到许多其他人的呼应)

如果不在乎谁获得荣誉，就可以完成惊人的事业。

——哈利·杜鲁门(Harry S. Truman)

太多人关心的是他们分得的那块蛋糕的大小——而不是蛋糕总体的大小。

——数字企业家　斯宾塞·海曼(得到许多其他人的呼应)

(5)贷款和关注

对于许多公共机构和个体来说，从政府、地方当局获得贷款以及受到公众关注是其成功的关键。这经常使合作变得困难，特别是好几个组织认为他们是在争夺相同来源的资金或审批的时候。由于机构在来自公众、融资行业或者政府的资金和贷款中竞争，实际上比较难以开展合作，这被视为零和博弈。

即便没有公开承认，但竞争的态度使同一行业不同主体之间更难合作，这对于能提供更好的数字访问的项目来说是额外的障碍。

由执行董事会和董事主导的组织需要开发一种新的“自我精简”的方法，在愿意分享组织和个人贷款并提前讨论未来打算的基础上进行合作。

3. 结构性问题

组织机构需要考虑一些结构性问题，包括组织内部的问题以及如何处理与其他组织的关系。

(1)角色

传统上来说，大部分行业是分等级的。新媒体的发展破坏了这种层级结构，使角色定位往往变得模糊。

文化行业的组织和政府机构针对各类活动有不同的管理部门，如教育、市场营销、管理、金融和战略，这是很正常的。数字服务带来挑战，同时也带来了发展的契机，超越所有部门走捷径，经常迫使部门发生转变，这从根本上影响了部门的工作方式。

数字服务往往是发生在边界地带的创新。数字访问项目在同一组织或同一行业内的综合团体、多学科团队中蓬勃发展，还可能涉及商业机构和其他公共机构。

尝试新的组合方式和帮助人们采取新的工作方式是值得的。

数字世界是网络世界。机构应进一步开展文化交流合作，特别是跨越传统边界的合作，例如，行业内部、不同行业之间以及地方和国家机构之间展开合作。

(2)无法摆脱的困境

新的项目和服务机构需要有人支持、开发和引导，才能创立。通常情况下，在商业案例中，资源在项目确定后才能合法化，但是没有个人的努力是不可能实现的。

确定项目或服务机构、商业模式和用户体验等通常需要少量的开发资金和些许努力。创意产业的部分行业做得很好，例如，开发新的戏剧或电视节目模式。我们需要努力推动数字服务项目的发展，发现可以使他人获取数据的新方法。

> *缺乏洞察力是一个问题，但即使有洞察力，也没有足够的方法融入一个组织——该如何获得解决方法并实现它们呢?*
>
> *——文化、媒体和体育部首席信息官　马克·奥尼尔(Mark O'Neill)*

> *最难的是让人们思考事情之间的联系。首先想到的应该是"与谁一起做这项工作更好""谁会对实现这个感兴趣"。*
>
> *——文化、媒体和体育部首席信息官　马克·奥尼尔*

(3)伙伴关系

新的伙伴关系显然还有发展空间，特别是那些通常不会合作(如行业内外)的大型组织以及大型组织与小型组织之间。要使合作伙伴关系蓬勃发展，潜在的合作伙伴需要在一开始就坦诚、明白地告诉对方，参与某个特定项目或计划的理由。特别是，所有的合作伙伴都需要真正明白，他们希望通过伙伴关系提高受众量、收入、效率、组织影响/声誉、个人影响力(声誉)。

(人们想要因为他们所做的事情获得信誉，这是很自然的。令人信任的伙伴关系的标志是合作者能够从一开始就坦诚相待，个人或组织的信誉是关键因素，还包括想要如何处理合作关系。)

涉及几个组织的合作尤其困难，因为会涉及额外的复杂问题，即由谁来领导，以及理所应当由谁来领导。

自由职业者或外部承包商可以作为最后的解决方式，至少他们不是跟某个组织息息相关的。但这也存在风险，他们可能是由来自合作伙伴的代表组成的"指导小组"管理，而小组里每个人都在以不同的方式引导着他们。

显然也有例外，同一行业内部没有充分合作，例如，表演艺术之间、视觉艺术和博物馆之间以及图书馆和美术馆之间。至少还需要更多讨论将其融合在一起，最好是与其他非营利组织，如英国皇家空军博物馆(Royal Air Force Museum，RAF Museum)、议会、英国皇家植物园邱园(Royal Botanic Gardens Kew，RBG Kew)、国民信托(National Trust)、英国文化协会(British Council)和旅游机构。

三、组织文化

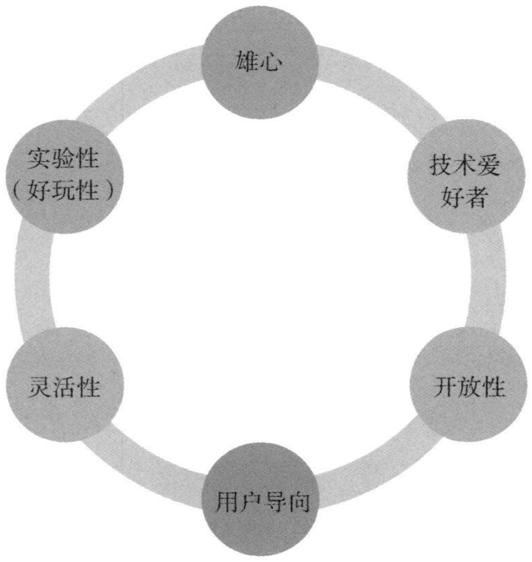

数字访问的发展取决于技术创新部署工作的新方法，以及解决诸如版权和信贷问题的新途径。这些都与组织文化密不可分。

本节只讨论组织文化中最有可能影响公共数字访问的内容。

1. 雄心

整个组织都需要有抱负，即让公共访问的规模实现真正重大飞跃的壮志雄心。

2. 技术爱好者

对工程和技术的矛盾态度已经由专业机构很好地证明过，并不在本报告的讨论范围。一般来说，很少有人真正了解技术，也极少有人把技术视为商业不可分割的一部分，因而技术往往管理不善。人们普遍不了解技术人员是如何工作的，能为其提供什么，需要提前明确指定什么，什么可以晚些时候决定或是什么能够轻易改变。

解决方式是创建由技术专家和其他专家共同工作的整合团队，最具创新力的组织通常都这样做。

3. 开放性

网络团队、IT部门、策展人、作家、演员和艺术家有着不同的工作方式，对流程和期限、前期规范与灵活性、语言的用法和彼此间关系的处理都有不同的方法。数字项目若要跨越界限，通常需要与不同的团队一起工作。他们可能会寻求帮助，尤其是当毫不相干的团体的文化与组织盛行的文化需要不同的时候。

从小型项目开始，人们可以适应对方的“古怪”方式。

4. 用户导向

组织需要形成公众需求导向的盛行文化，而不是受制于内部结构或是由组织利益或自我提升驱使。事实上，公众包括许多不同的次群体，在决定是否服务或者如何服务他们之前需要理解这一点。

考虑到行业内部结构和文化行业内次群体的力量，需要尽最大努力来使组织的不同团队关注用户需求。这样做，其往往会意识到使资源为其他组织所用可能是服务用户的最好方式。

5. 灵活性

拥有灵活开发新服务的能力，并不意味着组织本身不能以稳定一致的方式运作。提到数字发展的时候，新型数字化服务的快速、灵活、增量和迭代开发与老派规格有根本的不同，老派规格有庞大且昂贵的多合一系统。许多机构并没有真正理解这一点。

对数字服务来说，通常最好是80%正确且迅速(并且准备改善)，而不是99%正确但缓慢。其关键是要知道什么样的错误是可以接受的。

6. 实验性(好玩性)

数字化发展的乐趣在于简单和低廉的小型实验。快速创建小型实验，甚至勾勒出可视化草图是非常有用的，因为这允许每个人都迅速参与和发表评论。这些小型实验可能是内部的，可以与潜在合作者或公众共享。

> 在过多承诺之前，组织需要让人们能玩，能参与。
>
> ——艺术营销协会(Arts Marketing Association)　朱莉·奥尔德里奇(Julie Aldridge)

将理念转为不断创新，不仅在于向公众提供什么服务，还在于运行的商业模式和合作伙伴关系。

> 你必须点燃很多柴堆——因为不知道哪一个会有用。如果真的在创新，你根本不能确定究竟哪一点会发挥作用。这对于总是习惯严格控制质量的组织来说是很难适应的。什么是“质量”的观

念需要转变，要接受实验性的或仍在发展的经验。

——英国皇家植物园邱园　迈克·桑德斯(Mike Saunders)

组织创新不能只是口头敷衍，更应该倡导寻求宽容而非许可的文化。他们倡导建设性的同行评审以及志趣相投者的反馈，鼓励人们分享成果，寻求他人的帮助。在文化机构中，不仅要从组织内部寻求帮助，还应从其他公共服务部门寻求帮助。目前，这种方式较为凌乱无序和封闭。为了让资助者高兴，也有将小型实验和项目“运转”作为成功案例的报告。在某种程度上是有害的，尤其是关于究竟什么有用、什么没用的重要反馈，会向行业隐瞒，甚至可能对组织自身隐瞒。

泰特美术馆(Tate)2015 年设想

泰特美术馆尝试把实验置于所做的一切工作之中。

泰特美术馆 2015 年的设想包括以下愿景，支持该组织转向数字访问。

①开放性：对新思想开放；鼓励辩论、交流和协作；欢迎泰特美术馆内外的所有人。

②全球性：凭借泰特美术馆的项目和收藏引导英国走向世界，也让世界走近英国。

③开创性：鼓励，前沿，有想法。

获取更多信息，详见网址：www.tate.org.uk/about/ourpriorities。

四、数字项目和服务的基本要素

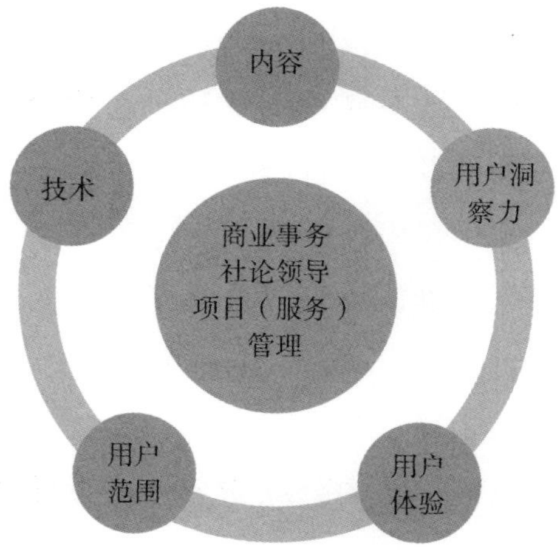

越来越多的机构将会通过合适的技术接口，使其资源为人所用，这样，其他人可以有效地运作和开发服务项目，促进公众参与。任何人要促进或发展服务项目，都需要精心策划和管理集成方式中的关键领域。

(其他因素，如整体营销、分销和审慎的财务控制也同样重要，但特别适用于数字访问。)

为什么强调一体化呢？在开始建桥时，没有人不考虑桥上要通行什么车，桥要通向哪儿，为什么需要建桥，要建什么桥，要花多少钱，用什么材料建造等。数字项目也是如此，需要方方面面的构想和管理。有一点要重新强调，那就是数字项目不应该被视为“IT 信息技术”项目！

组织机构并不需要拥有所有的功能。通常情况下，供应商有必要与他人建立联系或者合作伙伴关系，例如，分包技术或设计工作，或与拥有用户的公司合作。

(一)商业事务和模式

注意：这里的“商业模式”并不一定指营利性活动。

人们强烈认同，组织需要明确某个特定项目或计划的目标，这个目标通常可以分为 3 个方面：收入(包括节约成本)；用户范围；声誉(或影响)。每个项目应该专注其中 1 ~2 项目标。这将有助于组织仔细思考商业模式。例如，如果另一个组织利用资源出售服务项目，他们是否期待获得收入分红，还是只从根本上关心用户数量的增加？

1. 开放还是保留?

尽管政治导向转移，公众的期望不断增加，但文化机构还是对免费提供版权过期的作品有些担心，这是可以理解的。文化机构主要是担心未来潜在收入的损失，以及数字化、存储和分配的成本。

> 一些组织本能地储存一些资源，没有其他的理由，仅仅是觉得将来可能会有用或者有价值。
>
> ——英国皇家植物园邱园　迈克·桑德斯

本报告的著者普遍认为，组织对资源的未来价值评估过于乐观。在特定的金融不稳定时期，其不愿意免费开放未来可能收费的资源，这是可以理解的。

> 组织过于关注成本而不是公共价值，这可能有点太幼稚了。
>
> ——安吉拉·麦克法兰教授(Prof. Angela McFarlane)

潜在的未来金融价值需要与当前免费作品的公共价值小心翼翼地保持平衡。更好地实现公共价值的措施可能需要计划，包括估测声誉、用户范围和影响力，提高和丰富人们的生活等。

2. 新兴的模式

成功的新兴商业模式是使用相对简单的技术接口，允许对所有想做实验的人开放组织的数字化资产。这可能会受某些条件限制，通常包括以下两方面:

①品牌的限制;

②权利的限制。

在某些情况下，有多名权限所有者的话，情况会很复杂。在其他情况下，权限地位可能非常简单。无论是哪种情况，权限信息对任何潜在的用户都是非常有价值的。

①确保不会损害组织的声誉;

②要求互惠的网站链接;

③分享收入。

希望将资产用于非商业活动的组织或公众可能被允许这样做。然而，任何获得收入的人必须将盈利归还给机构，或是谈判收入分配份额或合理收费。(商业公司提供免费开放的作品是希望看到投资的回报，对于风险和资本支出也同样寻求相应比例的收入份额)

分享用户数据——来自合作伙伴的在线报道，对于发展技术接口和重新使用数据至关重要。

通过这种新兴模式，公众能很快获得资料。该模式鼓励开发商和企业家同时兼顾公共服务和商业应用，对经济、资产所属的组织、商业公司和公众都有利。

组织应该综合考虑营利和非营利的战略。通常，免费提供的作品(例如海报、卡片、会员资格、书)和未来的潜在销量有一定关系，但行业内并没有很好地理解这种关系。这将受益于机构之间广泛的小规模实验和数据共享。

《卫报》“开放平台”项目(The Guardian Open Platform Project)

《卫报》新闻与媒体部有巨大的数据库内容，可以追溯到多年前。他们并不是一直严格控制所有事情的发展，而是决定在明确使用管理商业条款的情况下，让人们通过应用程序接口访问数据，例如，将未来的收益分享链接到《卫报》。

我们不可能全靠自己来开发所有内容的用途和价值。而且，这样可以使我们的内容遍布网络，这是一种我们永远做不到的方式。

——《卫报》新闻与媒体部(Guardian News and Media)业务总监和专业董事科林·休斯(Colin Hughes)

休斯表示，“开放平台”项目中已经有大约1 000名开发人员使用《卫报》的内容，主要集中在美国和英国。这使得许多应用程序和商业模式是基于内容本身的，广泛而深远地影响了该组织的态度和能力。

获取更多信息，详见网址：www.guardian.co.uk/open-platform。

对于到底什么该免费，什么该收费，人们有相当大的争议，甚至解释、目录、标签和资产本身又有多少内容要收费？此外，机构之间的小规模实验和学习交流是关键。

3. 使公众能够增加价值

专家学者和非业界公众可以使用用户资料，如照片、文本或投票，来丰富组织内容。用户资料的汇集可能完全独立于任何一个文化机构，文化机构也许会鼓励甚至主持相关收集工作。

亚马逊网站的访问者可以写评论，也可以投票决定评论是否有帮助。他们通过系统评论推荐“其他人喜欢这个并且买了这个”，来为评论社区增加价值。

银河系动物园(GalaxyZoo)通过公众识别太空照片中的星系，并将其进行归类，由此形成了世界闻名的宝贵资源，发现了新天体。

大英博物馆(British Museum)通过官方网站提供人们所需的教育/非商业用途的图片。用户不必通过工作人员的介绍和推荐就可以下载想要的东西，这样可以节省资金。大英博物馆以简单的方式传播其内容，并鼓励广泛使用，因为公众认为使用系统更方便。随后，一些用户希望将图片用于商业用途，他们可以到博物馆支付费用或进行谈判。目前，只能通过网站一个接一个地发布图片，而不是通过一个技术接口就能让各式各样的计算机应用程序立即使用所有图片。

获取更多信息，详见网址：www.britishmuseum.org。

4. 为资源数字化和发布付费

数字化及相关的存储、操作和推广活动的成本是高昂的。大规模的数字访问需要新的商业模式。有一种常见模式被认为是“免费并收费”或“免费增值”，免费提供部分内容，有些则需要收费。许多成功案例表明，在免费和收费之间很好地维持了平衡关系(有两个未能保持平衡)。其中一个可能误判的平衡关系案例是《末日审判书》(*Domesday Book*)，它的搜索工具很差，但如果能向公共领域完全开放的话是可以更加有用的。事后看来确实如此。

在英国大规模数字化进程中最著名的例子也许是国家档案馆(National Archives)提供的“人口普查数据”项目，该项目是和一个商业合作伙伴共同完成的。用户可以免费访问1841—1911年的基本人口普查数据，但要想看到更详细的数据或者要打印记录的话，则需要支付费用，在这一点上，国家档案馆和商业伙伴之间存在意见分歧。

大英图书馆馆藏丰富，需要巨额款项才能将其数字化。通过与商业伙伴合作，大英图书馆没有花费国库一分钱，便完成了19世纪65 000本(2 300万页)版权过期书籍和200万页报纸的数字化工作。

这些资料免费供大英图书馆用户和大学以及学院的研究人员使用，也通过筛选出来的图书馆终端向公众开放。所有的资料都可以在网上付费使用，可能很快会按需印刷，这样，大英图书馆将收到版税。

许多机构使用企业筹款活动来帮助支付资源数字化和发布的费用。联合信息系统委员会(Joint Information Systems Committee，JISC)和英格兰高等教育基金管理委员会(Higher Education Funding Council for England，HEFCE)代表接受高等教育的用户资助了资源数字化和发布。个人捐赠者偶尔也会对特别感兴趣的领域慷慨解囊，然而这只是数字化进程的一种战术，远非战略。

5. 创作

缓解内容创作压力催生了新的商业模式。例如，语音讲解器过去由制作公司生产，资料由他们和文化机构共同拥有，现在，越来越多的文化机构能够创作优质的资料，拥有播客的所有版权，从而在多个方面重复使用。很快，游客们连讲解器都不需要了，因为他们越来越多地使用移动设备。

6. 可持续发展服务

虽然不是所有的事情都需要可持续，但关于可持续发展确有很多值得探讨的地方。只要做好规划并认可、明确用户开销等花费，一次性项目也很好。如果是一项服务，需要明确其服务期限，提前考虑好如何实现该服务的可持续发展。通常情况下，可持续性是试行阶段的主要测试内容。公共部门和商业部门的不同之处在于，后者测试可持续性是将其作为一个至关重要的问题，而公共服务经常测试用户体验，却在试行时忽略了可持续性问题。

7. 版权和所有权

(附录详细讨论了相关权利。)公共部门信息办公室(Office of Public Sector Information，OPSI)和知识共享组织的办公人员都可以提供有用的帮助。

许多组织要求掌管版权和知识产权，令人困惑的是，什么组织允许掌控，什么组织有望掌控，什么组织必须掌控。并不是所有人都认为，一切内容都应该向公众开放。

一般来说，向公众开放的作品包括以下几种。

①版权过期或版权开放的作品。在这种情况下，作品的图像或图示可能归某个机构所有，公众用户使用将需要许可证。

②无主作品——版权持有人未知。

③有版权保护的作品。

如果想要使数字化内容访问有飞跃性发展，默认的是向公众开放版权过期的作品。公共机构拥有这些作品的图片和图示，应提供给公众，这样，不需要申请即时可用的许可证(如知识共享或类似的证明)便能使用。想要将此类作品用于商业获利的人可能要协商缴纳一定的费用。

尽全力推进使用无主作品，即著作权未知或者经过努力搜索后仍无法查出著者的作品。《数字经济法案》的提议得到了文化行业的广泛支持，使得使用无主作品更加方便。如果著作权所有者之后出现或被找到，法律仍然保护他们的著作权。

通常情况下，作品往往包含多种权利。例如，一部已经存档电影的不同权利可能归属不同的人或组织，包括导演、作曲家、音乐家和演员。重要的是，人才联合会要考虑到商业模式，这些权利所有人才乐意尝试。参与者需要现实地看待潜在的收入，理解预付款和版税之间的关系。小额的预付款可以给一个项目带来飞速发展的机会。特许使用金对管理人员来说可能会很昂贵。此外，版税只能由原持有人(演员、作曲家等)或权利代表放弃，或随后协商。这会产生一些问题，例如，在签订原始合同的时候没有预见到某些新技术的发展。

显然不能指望向公众免费提供所有新授权的作品，合同谈判应该在增加公共访问量的背景下进行。公众，实际上还有商业公司，需要明白，有版权的作品都将附有著作人格权，这意味着可以进行修改和混合式使用(混合不同来源的数据创建新服务)的作品有限，再创作者可能需要得到授权。

(二)社论领导和项目管理

社论领导和项目管理具有不同的功能，不同的人和机构对其的关注点也不同。项目管理通常强调按时交付和按照预算交付。

社论领导的重点通常是在用户体验上。授权的社论领导者代表用户做出决定。他们可能利用用户研究完成这一点，但不同于传统大型科技项目管理的方式。传统项目管理可能会咨询意见领袖的意见，但项目管理者通常没有影响力或技巧去大刀阔斧地改革，甚至取消正在进行的项目。

考虑到通过使用合适的技术接口不断增加数据量，文化机构可能将保留或取消社论领导和项目管理功能。这些活动可能会被外包出去，逐渐由公众通过社交网络接管，或由其他能够访问机构数据的组织接管。

良好的创意项目和服务需要社论领导和项目管理。创意行业通常将这个角色交给制片人或监制。头衔并不重要，重要的是功能。他们的任务是在预算内按时向观众输送大型项目和服务。无论其背景如何，如果要求在技术领域内运作，都不太可能发挥效用。

社论领导和项目管理需要执行，胜任的人需要有执行的权力和环境。

（三）内　　容

内容不仅包括作品本身，如文本、图像、视频和声音，还包含使用说明（大小、来源、权利信息）和解释，最关键的是公众或其他用户的评论和加注。内容也是对物理空间，包括访问、开放时间和项目的数字化描述，以及对在线资源的描述。一旦数字化，内容就变成了数据。

如果能将作品以用户觉得有趣的方法加以整合，对用户来说会更好。用户通常对主题内容（如亨利八世、足球、药物或歌剧）非常感兴趣，而不是某个特定的文化机构。可以肯定的是，一旦数据可用，人们会发现许多新的有趣的整合方式。

"文化24小时"集中提供成千上万所英国博物馆、美术馆、档案馆和图书馆的链接、活动一览表和教育资源，根据受众研究，将资料以话题和主题的方式加以整合。为了获得更多用户，同时将资料发布在"文化24小时"网站上，该网站通过技术共享接口（应用程序接口）提供数据，这样，其他的组织也可以方便地使用这些信息。

获取更多信息，详见网址：www.culture24.org.uk。

（四）用户洞察力

除了已经讨论的公共价值措施，行业还需要采取更复杂的策略，解决分享和受众认可问题，同时要考虑资料的重组与再次使用。到现在为止，大多数机构已经从追踪页面浏览量转向追踪访问者的浏览时间，但鉴别用户或使用内容方面的措施仍然比较匮乏。

目前，似乎有强大的阻力阻止组织将作品提供给他人使用。

至少目前来看，关键是确保通过合作伙伴和数据库的技术接口，共享作品使用的数据。

对公众而言，最重要的是能够获取作品。然而，组织需要了解什么样的人以什么频率在什么情况下使用作品，同时还有品牌特性。相较于公众来说品牌特性对组织更重要，付费的机构想在公众心目中脱颖而出，这是可以理解的。

可以在组织的服务器上保存作品，但要想作品出现在其他机构网站上，仍然需要利用技术接口，通过中介构建应用程序。这种方法的优点是，作品的所有者可以计算作品使用的次数——尽管是服务器的“点击率”，而不是网页的浏览量。

通常来看，最资深的董事会和受托人都对用户数据和目标知之甚少。

我们可以向商业部门学习，查看以下 3 项关键指标。

①新用户的数量（和成长速度）。不仅在组织的网站上，还在其他任何地方。

②参与度。例如停留时间、完成的任务等。

③用户的收入/利润。这可能很难，但从成本角度来看肯定可以获得。在公共服务案例中，需要公共价值的相关策略，可能是用户阶段成本或使用成本。

> 我们需要改变公共部门资助者评估文化组织的指标——目前的指标都是关于所有权，而不是关于共享的，都是机构活动，而不是更广泛的文化经济。
>
> ——布里斯托尔分水岭媒体中心主管　迪克·彭妮（受到广泛呼应）

> 有人指责国家机构不想把资料内容放在其他服务器上，因为他们想增加自己服务器的点击率。
>
> ——集合信　托尼克·普尔

> 我们需要对网络用户和潜在的网络用户进行更加复杂的跨领域思考分析。
>
> ——大英博物馆　薛西斯·马自达（Xerxes Mazda）

数据共享、分析和思考有巨大的发展空间，适用于所有人的联合委员会研究也是如此。非政府部门公共机构，包括国家博物馆（National Museums）、现代语言协会创建博物馆（MLA-fostered museums，MLA 为 Modern Language Association）、艺术委员会和英国古迹署（English Heritage），没有理由不立刻共享用户数据。有人认为，英国广播公司作为公共机构，也应该共享（访问）整合的公共服务市场研究数据。在某些情况下，慈善部门可能也要进行数据共享，例如，国民信托、皇家鸟类保护协会（Royal Society for the Protection of Birds，RSPB）、林地信托（Woodland Trust）。

> 共享数据将是极好的，可以想象仪表板、标准检查程序……这将有助于真正了解一个行业。
>
> ——艺术营销协会　朱莉·奥尔德里奇

除了联合研究，还需要设计合理的测量方法和数据共享方式，这些数据包括影响力、销售/访问、在线参与，甚至包括人们在谈论什么。

美国印第安纳州（Indiana USA）的印第安纳波利斯艺术博物馆（Indianapolis Museum of Art）已经开发出一种仪表板，可以快速给出易于理解的组织关键性能指标，而且博物馆决定将其公开。用户可以很容易地看到访客的数量、租借的艺术品、节约的工作时间、教育旅游参与度和志愿者工作时间——甚至带有邮政编码的会员交互地图。

获取更多信息，详见网址：www.imamuseum.org。

(五)用 户 体 验

全面考虑用户体验。不能仅仅孤立地考虑数字化服务，而应思考如何将其与真实世界的体验融合起来。为了做到这一点，需要对用户体验有整体的认识。

最成功的数字化项目是将用户旅行概述做成故事板，让人们围观和评论。这是快速的、重点突出的方法，仅需纸、笔和几个工作人员。

设计与信息构架

信息构架应该反映用户的需求，此构架不太可能符合一个组织或合作伙伴的结构。因此，不可避免地，新型数字服务将使与角色和职责相关的决定变得困难。

(六)用 户 范 围

无论采取什么样的营销和分销方法，最重要的是，在项目开始就要考虑到这些，并管理其他要素。这适用于通过访问数字资料才能实现全部潜在价值的数字化活动。

最重要的新兴主题是，组织应该让能接触用户的工作人员来操纵和重新发布内容。这可能会遇到限制，包括道德权利和完整性问题，以及可能的品牌问题和使用数据的共享。

通过确定一些市场渠道，如正规教育，可以将文化内容迅速覆盖到这些领域。

事实上，大型组织提供所需的规模和营销花费，可以使网站脱颖而出吸引用户。但组织可能会将内容供他人使用来获利。营销预算较低的小型组织可能会寻求与大型机构合作，同时与社会媒体网络、媒体机构、在线查阅工具和一对一团队进行合作，这些都是最有效的。可以通过超链接进行资料共享，促使用户回归网站。

联合和共享资料的方法意味着需要更复杂的使用测试，以便组织可以决定努力的方向和资源分配的位置。

(七)技　　术

1. 数据

大量有价值的信息存储在机构的电子数据库内，大部分都不对公众开放。这些数据包括音乐、电影、视频、文本、图形和图像，以及关于资料的“元数据”信息，其中可能包括标题、版权信息、说明书、作品的尺寸或状态等。

人们一致呼吁，要采取通用的方法标记和描述资料，他们认为，文化行业有太多特定和专有的体系。这显然是有用的，但不应该以此为借口拒绝提供数据。通过编程接口提供材料的发展空间较大，只要描述得当，标签体系的差异可能并不重要。

然而，匹配不同元数据需要做大量工作。这是重新使用的关键，通常也是无法形成合作伙伴关系的原因。

元数据的标准是复杂的。书籍、电影和音乐的在线销售大规模领先，原因之一是良好的元数据标准，如国际标准图书编号(International Standard Book Number，ISBN)、国际标准音乐编号(International Standard Music Number，ISMN)等。

2. 数据库和接口

许多机构数据库已向公众部分开放。现在可以在线欣赏许多英国收藏的物品。

但以下 4 个因素会使这些数据库更有价值。

①如果不知道数据的内容，就没有人可以用数据来做任何事情。数据库的存在(关于内容的描述，而不是内容本身)理所应当为公众所知，并提供给他们使用。数据库及其所包含的元数据字段的说明应该是公开的。这相对比较容易，也将使其他公共机构、商业组织和公众开始应用这些数据。

②实际的数据应该以最低的费用提供给公众，除非有不得已的理由(如拥有作品许可权的艺术家仍然在世)。当然，还要仔细考虑支持数字化、操作和推广所需要的商业模式。

③实用的元数据以及数据本身应该公开，即通过让其他计算机读取和操作信息的方式公开。最可能是通过应用程序接口提供所有数据，使具有访问权限的人使用这些数据，并结合其他信息开发全新的应用。

想象一下，你带着移动设备站在威斯敏斯特桥(Westminster Bridge)上，能够看到公共收藏中在这个景点创作出的所有作品，比如著名的华兹华斯(Wordsworth)十四行诗。一旦数据库可用，制订并提供适用于全英国的有趣的教育服务将是一项很简单的任务。

④每一部作品，或每一件物品，都应该配有独特的识别标识符——实际上就是统一资源定位符(Uniform Resource Locator，URL)。这意味着，不同类型的服务可以强调历史、位置、形状，只要确信指向同一个对象，可以允许简单的混搭设计。想象一下，我们能够要求所有来自印度南部的物品在 5 英里范围内展示出来，并且通过数字化访问。

> 任何资助者都应当坚持，尽可能重新利用现有的数据集和系统——支持可持续性。
>
> ——“文化 24 小时” 简·福克斯

知识共享和万维网联盟(World Wide Web Consortium，W3C)正从事该领域相关工作，也有商业公司活跃于这一领域。

国家信息数据集的功能可能不会经常性变动，在不同环境中可以多次使用。相关例子包括“文化 24 小时”和陆地测量部测绘数据的场所数据和访问数据。

3. 灵活开发

为了充分利用这些数据库，开发部门需要知道其存在，以及信息的格式和可供使用的接口(应用程序接口)。

> 这就好比一个上锁的资料柜被卡在废弃的厕所里，厕所门上写着“小心美洲豹”。
>
> ——《银河系漫游指南》(*The Hitchhiker's Guide to the Galaxy*)，
>
> 道格拉斯·亚当斯(Douglas Adams)

应用程序接口必须能让人理解和使用，但也需要为人们所知。成功的传播方式是设立“黑客日”，技术人员、开发人员、业务人员、用户和内容专家——任何感兴趣的人都会被邀请参加这项 1~2 天的活动。重要的是，需要了解文化内容的人(例如策展人、作家)来最大程度上利用这些内容。“黑客日”可能由一个机构或一个部门发起，对各种数据和接口加以说明的同时，迅速地集体讨论出应用程序原型以及什么值得去做。

成功的“黑客日”可能开发出易于理解和讨论的应用程序。代码一般不会正好匹配或立刻投入使用，需要进一步开发。此外，上述活动需要管理得当，使开发人员对有兴趣的数据集和接口工作感到满意，同时，机构也能在潜在用户和使用方面满足其需求。

“黑客日”是社交性质的，重要的是培养开发商和“文化人”的团队意识。“黑客日”形成的人际关系网是很有价值的。

要注意，采购方法、治理机制、预算和灵活网络开发的文化和传统的大型信息技术行业有很大不同。现在有低廉、快速的方法开发实验系统并扩大其规模。

> 我们需要雄心壮志，还有大量的小规模技术实验。
>
> ——英国电影协会(British Film Institute，BFI)　保拉·乐蒂(Paula LeDieu)

“新西兰数字”计划(Digital New Zealand，DigitalNZ)是倡议寻找、共享和使用新西兰的数字化内容，包括政府部门、公共资金资助组织、私营部门和社区团体的数据内容。虽然内容本身归属于单个机构，但人们已经可以通过应用程序接口访问元数据。这可能是一种有用的折中方法，允许机构控制原创内容，即便可以获取内容，也不同意开发多种新的应用程序。

获取更多信息，详见网址：www.digitalnz.org。

遗留系统涉及以前的重大投资。通常来说，组织的专业知识或者传统顾问可能与传统 IT 系统有关。这促使僵化呆板的大规模采购实践系统长久存在，一开始就明确规定了详尽的细节。更好的方法是文化、传媒和体育部可以指导他们获取良好的资源。

4. 数字化

文化行业在将作品录入电子数据库时面临不同的技术挑战。

对一幅画进行数字化操作要比将整部电影数字化容易得多，而后者又比将歌剧数字化容易得多。电影和歌剧的数字化进程慢于美术馆，部分原因是资料本身的性质，还有更为复杂的版权问题。

按照目前的法律，未经许可不能将无版权作品数字化。公共部门信息办公室提议图书馆、档案馆、博物馆和美术馆应同意将其收藏进行“格式转换”（即数字化）来保存，但如果该作品仍然有版权，那么没有版权所有人的许可，也无法向公众提供这些作品。

事实上，是否应该优先进行数字化仍然意见不一。

大家明确认同的是，如果广泛的数字化没有思考如何推广和使用这些资料，就不应该成为资助的首要目标。数字化和访问之间有一种平衡关系，可能整个行业并不相同。

需要将重点从以数字化项目为目标（例如，目标是将收藏中的 X%进行数字化）转向专注于向公众开放现有作品，扩大用户范围，然后战略性地找出差距。

我们已耗费 2 亿英镑对图书馆和博物馆的作品内容进行数字化——让我们一起努力把内容传播给人们。

——集合信　托尼克·普尔

我们过于强调数字化，而不是经验。

——执行制片人　克莱尔·哈尔卡普

5. 公共基础设施

在一个组织内部，如果中央系统设置正确的话，数据可以共享，用于多个用途。例如，一份完好的图像收藏记录可用于分类、保存、研究、在线销售，包括通过应用程序接口转载，建成在线展览，打包成一个学习资源包——所有这些都来自同一项数字记录。

在整个行业，当组织联合起来使用公共平台或基础设施时，就形成了范围经济和规模经济。这同样适用于游戏，基础引擎可能重复用于多个应用程序或推广手段。

平台所节约的成本与其耗费的时间之间存在一种折中关系。因此，平台运营商需要进行整体安排，即使没有昂贵律师和谈判代表的小型组织也知道使用平台或系统也是值得的。

皇家歌剧院的全资子公司——精品画廊（Opus Arte）成立于 1999 年，旨在通过光盘和电视节目提供古典音乐。目前，通过与数字银幕（DigiScreen）合作，国际影院的观众可以观看录制的表演。其他组织已开始使用这个平台，包括格林德波恩歌剧院（Glyndebourne）。

获取更多信息，详见网址：www.opusarte.com。

国家剧院已经成功尝试了新技术直播，将国家剧院演出的高清直播数字化，从而在整个英国和世界各地的影院中直播。他们正努力使影院的观众感觉到这些演出像特殊活动。原则上，其他剧院也可以使用这个平台。

获取更多信息，详见网址：www.nationaltheatre.org.uk/ntlive。

6. 新技术

关于新技术的详细讨论不在本报告的范围内，但管理者至少应该理解和接触以下技术，因为已经影响到文化产业。

①社交媒体，比如 Facebook、LinkedIn、MySpace。

②个人出版，如 Blogger、WordPress、Ning。

③定位服务——移动设备非常精准地知道地址。这使导航和地图工具得以发展，如用户能够通过谷歌纵横在地图上看到他们的联系人。

④增强现实——应用程序将计算机生成的图像或声音叠加到真实世界，从而添加了另外一层意义。其中一个颇受欢迎的应用程序是当手机指向天空的时候，可以添加夜空地图，以及各个星星和星座的名字。

⑤图像识别——像普林克软件(Plink)和可以进行视觉搜索的谷歌图像搜索(Google Goggles)等应用。用手机相机拍下一本书，就能立即在亚马逊上搜索到价格并下单。拿到一张不知名的图片，就可以立即搜寻到该图片的说明网页。

⑥音频识别——应用程序，如音乐雷达(Shazam)能识别大部分录制音乐，提供关于该唱片艺术家的信息，并提供立即购买服务。

⑦群体智慧——应用程序，如全景相机(Photosynth)可以结合许多摄影师的照片来建立不同地点的三维模型。

亚马逊网站刚建立的时候，拥有不同职称的优秀图书编辑来撰写编辑和评论，更重要的是，他们决定网站各个页面的展示内容（比较策展人选择展示什么内容）。现在，亚马逊网站上显示的是通过“群体智慧”产生的个性化和自动化内容，不再由编辑决定放什么内容在首页。同样的事情发生在博物馆策展人身上。

①协作计算工具——维基百科是众所周知的例子，任何人都可以建立共享文档和办公工具。

②协同过滤——基于他人行为的推荐引擎。

③游戏——公共创意行业有机会与所有领域的专家紧密合作。这些超出了本报告的探讨范围，例如游戏。

如果你看过很多现在颇受欢迎的战争游戏，如使命召唤(Call of Duty)、荣誉勋章(Medal of

Honour)，就会发现它们本质上是虚拟的历史重演。这些游戏已经有了增值内容(真实士兵的见证、地图、文物等)——为什么不是博物馆的资料内容？要做到这一点，开发复杂游戏的公司必须能使用博物馆的资料内容，但首先需要双方进行对话。

——现代语言协会　凯蒂·帕卡卡(Katie Pekacar)

受托人和管理层一对一示范相关发展是很有帮助的，最好是来自组织的员工。

五、10件必须要做的事

①确保有数字化战略，并符合组织机构的愿景和使命。

②确保其他人和组织的数据使用变得容易和具有吸引力，允许并鼓励他人分享、使用并重新推广公共内容。当为其增加价值的时候就庆贺吧！

③记住，创新发生在边界地带。跨组织跨行业整合多学科团队，让商业团体和其他公共部门机构参与进来。尝试新的组合。

④遏制你和组织的自负。愿意放弃或分享，并提前讨论打算怎么做。将所有公共意见提交给领导。

⑤从整体上考虑用户体验。不要孤立地考虑数字化服务，而要思考如何把它们融入现实世界体验。开发用户旅程有助于思考数字体验和现实世界体验是如何相辅相成的。

⑥确保受托人和高管之中有一群了解数字世界的人，并且后者并不完全是首席信息官/首席技术官。

⑦要有趣。鼓励快速的小规模实验，无论是内部发展或向公众提供材料——不需要一次性完成这些！

⑧记得整合技术——不是一个多余的补充。

⑨要以用户为本，而不是由管理结构或技术“解决方案”所驱使。

⑩对于新合作伙伴关系，公开希望增加的收入、用户范围或(个人或组织的)声誉，以及准确说明期望。

六、致　　谢

我的方法是基于自身的经验，还有文化、媒体和体育部小型研讨会提出的一系列假设。在与一些专家讨论这些假设之后，我起草了一系列文件，并于 2009 年 3 月在泰特美术馆主持召开了一场研讨会。

本着群策群力和沟通交流的精神，重复的同行评审过程相对较快。我尤其感激文化、媒体和体育部的曼迪·巴里(Mandy Barrie)和保罗·克莱格(Paul Clegg)的总体指导，也感谢目前所有作出评论的人。

艾尔莎·巴里(Ailsa Barry)，自然历史博物馆

布丽姬特·麦肯齐(Bridget McKenzie)，流动协会(Flow Associates)

卡洛琳·金贝尔(Caroline Kimbell)，国家档案馆

克里斯·道斯(Chris Dawes)，文化、媒体和体育部

克里斯汀·瓦尔(Christine Wall)，英国古迹署

克莱尔·哈尔卡普(Claire Harcup)，独立执行制片人

科林·休斯(Colin Hughes)，《卫报》新闻与媒体部

丹·泰格(Dan Tagg)，独立技术专家

大卫·罗文(David Rowan)，连线英国(UK Wired)

大卫·萨贝尔(David Sabel)，国家剧院

黛博拉·兰姆(Deborah Lamb)，英国古迹署

德里克·西弗斯(Derek Sivers)，史密森尼学会

迪克·彭妮(Dick Penny)，分水岭媒体中心

多米尼克·雷德利(Dominic Ridley)，商业信息系统

艾伦·弗莱明(Ellen Fleming)，妇女基金会(Foundation for Women，FFW)

弗朗西斯·布林德尔(Frances Brindle)，大英图书馆

伊恩·蒂瑟普(Ian Thilthorpe)，泰恩-威尔郡档案馆和博物馆(Tyne and Wear Archives and Museums)

简·福克斯(Jane Finnis)，文化 24 小时

吉尔·韦伯(Jill Webber)，大英图书馆

约翰·纽比金(John Newbigin)，文化 24 小时

约翰·斯塔克(John Stack)，泰特美术馆

乔恩·金斯伯里(Jon Kingsbury)，英国国家科学、科技和艺术资助(Britain National Endowment for Science，Technology and the Arts，NESTA)

朱莉·奥尔德里奇(Julie Aldridge)，艺术营销协会

凯蒂·帕卡卡(Katie Pekacar)，现代语言学会

林恩·布莱得利(Lynne Brindley),大英图书馆
曼迪·威廉姆斯(Mandy Williams),杰佛瑞博物馆(Geffrye Museum)
马克·奥尼尔(Mark O'Neill),文化、媒体和体育部
迈克·桑德斯(Mike Saunders),英国皇家植物园邱园
迈克·斯塔布斯(Mike Stubbs),反盗版联盟(Federation Against Copyright Theft, FACT)
尼克·诺斯(Nick North),奥比斯(Orbis)主管
尼克·普尔(Nick Poole),集合信托
保罗·格哈特(Paul Gerhardt),创意档案馆(Archives for Creativity)
保拉·乐蒂(Paula LeDieu),英国电影协会
彼得·白金汉姆(Peter Buckingham),英国电影委员会(UK Film Council)
安吉拉·麦克法兰教授(Prof. Angela McFarlane),英国皇家植物园邱园
理查德·德弗雷尔(Richard Deverell),英国广播公司
罗伊·克莱尔(Roy Clare),现代语言学会
莎莉·卢顿(Sally Luton),英格兰艺术委员会
西蒙·贝尔(Simon Bell),大英图书馆
斯宾塞·海曼(Spencer Hyman),企业家
史蒂夫·罗文(Steve Rowan),知识产权局(Intellectual Property Office)
汤姆·奥利瑞(Tom O'Leary),英国议会(UK Parliament)
汤姆·舒勒(Tom Schuller),英国全国成人继续教育协会(National Institute for Adult Continuing Education, NIACE)
托尼·艾格(Tony Ageh),英国广播公司档案库(BBC Archives)
托尼·霍尔(Tony Hall),皇家歌剧院
威尔·龚帕兹(Will Gompertz),泰特美术馆/英国广播公司
薛西斯·马自达(Xerxes Mazda),大英博物馆

感谢麦克米伦出版公司(Macmillan Publishers)和查理·坎贝尔·维克托有限公司(Charlie Campbell, EdVictor Ltd)允许使用《银河系漫游指南》中道格拉斯·亚当斯的引言。

乔纳森·德罗里——大英帝国司令勋章(Commander of the British Empire, CBE)获得者

乔纳森建议公共机构采取创新的推广策略,运用新媒体和技术进行项目设计和管理。他是媒体变革(Changing Media)咨询公司的主管,也是“文化在线”(文化、媒体和体育部的项目,鼓励新观众参与艺术和文化)的创会理事。在该项目中,他的团队因风险管理和创新赢得了很多国际奖项和国家审计署的嘉奖。此前,他是英国广播公司的在线运作主管,在那之前是英国广播公司教育频道的数字媒体主管。作为一名导演和执行制片人,他执掌过 50 多部受欢迎的英国广播公司电视连续剧。

乔纳森是英国皇家植物园邱园、林地信托、自然银幕、“文化 24 小时”的受托人,温盖特基金会(Wingate Foundation)的主席和布里斯托尔大学(Bristol University)的客座教授,专门从事教育技术的使用。他是政府“数字化特遣部队”(Digital Inclusion Taskforce)的一名成员。

附录　权利说明

1. 术语

版权是基于“知识产权”这个术语以及专利和商标进行说明的。

版权是知识产权的一种类型，它在一定时间内赋予作者一些与作品相关的权利，包括作品出版、发行和改编的专有权，超过期限之后，作品属于公共领域。欧盟和美国的个人作品版权期通常是作者生前加去世后 70 年。版权适用于以独立的实体形式固定于某种媒介上的思想或信息的任何可表现形式。

无主作品是一种很难或根本不可能联系到版权持有人的版权作品。这可能是因为作品是匿名出版的，大家根本不知道作者是谁，或者是因为作品根本没有以传统形式出版。关于作者的信息可能已经遗失。即使知道作者是谁，也没法了解谁继承了版权或现在拥有版权。

道德权利是版权作品创作者的权利，包括归属权、匿名或以笔名出版作品的权利和保护作品完整性的权利。保护作品的完整性可以防止作品被改变或扭曲。在任何可能有损艺术家与作品关系(即使作品已经不归艺术家所有)的事务中，道德权利都可以发挥作用。道德权利不同于任何与版权相关的经济权利。即使一个艺术家已经将所有权出让给第三方，他们仍然拥有该作品的道德权利。

在欧洲大部分地区，作者不可能出让他们的道德权利(不像版权，版权被视为一项财产，可以像任何其他财产一样被出售、许可、贷款、抵押)。然而，他们可以同意不实施道德权利。这样的条件在欧洲的合同里是非常普遍的。请注意，道德权利由个人持有，而不是公司。

数据库权利保护数据库的结构，未经所有者同意不得复制。请注意，这不同于数据库的内容，内容将由其他权利保护。

政府能做些什么来鼓励广泛地访问机构作品呢?

2. 版权过期的作品

例如古典绘画、希腊雕塑、莎士比亚戏剧。

在这种情况下，机构可以选择如何处理作品的图片或模型。但是要记住，即使版权过期的作品也可能有某些版权，例如，作品照片的版权。这种版权很可能归机构所有，但在很多情况下，个体摄影师也拥有版权。在某些情况下，机构可能会发现，比起向权利所有人付费或者跟他们谈判，重新拍照要更便宜，也更容易。

如果组织将收藏的图片供任何人用于任何目的，他们会担心损失零售业务。有些人免费提供作品的条件是，任何商业用途都要进行协商，并且任何收益都要共享。一些机构可能与商业公司签订合适的合同，以免作品全部自由出版，危害自己的权益。

对于版权过期的作品，组织可能在是否要跟公众共享上，比如说高分辨率图像，存在强烈的意见分歧，但至少这是他们的权利，虽然要有一些附加成本。

政府如何帮助提供更多的作品？

①将想要的结果构建到融资协议里。

②对找到合理提供作品方法的组织予以奖励。

3. 无主作品

我们的机构中存在大量找不到版权所有者的作品。

政府如何帮助提供更多这样的作品呢？

特别允许教育和文化机构使用无主作品(《数字经济法案》第 42 条)。

可能需要建立一项基金，以便版权所有者出现时可以支付版税，基金可能由第三方设立。

4. 仍在版权期内的作品

(1)著作权人允许使用

著作权人可以讲清楚，允许机构用作品做什么，不能做什么。著作权人可以选择将版权出让给某个机构，虽然不太可能这么做。最重要的是，著作权人可能会同意不执行任何道德权利。记住，公众中有创造力的人可能会希望把作品改编或者将作品“混搭”，所以需要仔细考虑道德权利。

政府如何帮助提供更多这样的作品呢？

鼓励模板合同的生产和传播，个人和小型机构可以很容易地与版权持有者交易。这些合同应包括对政府最重要的事情，即非商业/教育使用。知识共享提供了一组非常有用的许可协议模板。

鼓励说服版权持有者分享，并公开感谢他们的做法。

(2)著作权人不允许使用

如果欧盟指令和国际条约没有重大(也许有争议)的改变，这是政府或公共机构最难影响的。

先做 1、2、3！

注意，有些作品可能有几个版权持有者。例如，英国广播电视的大部分电视档案，包括演员、音乐人、导演、作家以及英国广播电视本身作为出版商都拥有单独的出版权。

我们的目标是通过文化和体育活动提高所有人的生活质量，支持追求卓越，支持旅游、创意和休闲行业。

文化、媒体和体育部

2010 年 3 月

文化价值评估

——致文化、媒体和体育部的报告

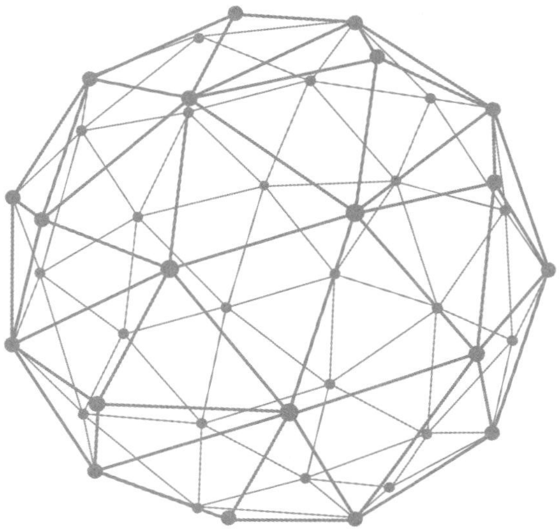

* 文件由艺术与人文研究委员会、经济与社会研究委员会项目研究员戴夫·奥布莱恩博士发布于2010年12月15日。

在艺术与人文研究委员会以及经济与社会研究委员会的共同资助下，这项工作才得以完成，资助编号是RES-173-27-0202。我对艺术与人文研究委员会指导小组以及所有在“附录1”中提到的人员和组织表示感谢，感谢他们抽出时间来分享关于文化价值这个棘手问题的看法。如果没有文化、媒体和体育部哈曼·萨格的密切关注和大力推动，《文化价值评估》是不可能完成的。他一直在参与这项研究，为促进该研究项目的完成做出了重要贡献。最后，我还要特别感谢所有在文化、媒体和体育部从事证据分析工作的同事们，他们使我的这次实践项目妙趣横生、富有挑战并且深受启迪。很高兴能和他们所有人共事。按照标准学术惯例，本报告中表达的所有观点均为个人观点。

目　　录

摘　　要

文化产业正面临一个难题，即怎样用决策者能够理解的方式来证明其价值。正如史密斯(2010b)说的那样，艺术和文化组织面临着比 20 世纪早期更加严峻的形势。所以，和其他政府部门相比，仅仅强调将艺术和文化部门作为特殊部门对待是远远不够的(马塔拉锁，2009)。自 20 世纪 80 年代起，文化产业的价值通过对经济(例如麦耶斯考夫，1998)或者社会(例如马塔拉锁，1997)的影响来展示。然而，近年来，中央政府和公共资助的某些文化产业领域的部门都意识到，为了更加清楚地表达文化的价值，需要采用中央政府制定政策所适用的方法。所以，文化产业需要使用经济学的某些工具和概念，用政策评估和评价所通用的语言来充分表达自身的价值(巴克什、弗里曼和希钦，2009)。

公共政策的其他领域(最明显的是健康和环境领域)已经逐渐采用那些主流政策评估使用的评价工具，并因此提升了公共决策的质量。在文化政策方面，我们需要使用同样的工具。因此，文化、媒体和体育部(DCMS)、经济与社会研究委员会(ESRC)以及艺术与人文研究委员会(AHRC)开启了本项目——《文化价值评估》。作为经济与社会研究委员会/艺术与人文研究委员会联合研究项目的一部分，文化、媒体和体育部与一名学者共同完成了关于衡量文化价值方法的多学科文献综述。本报告概述了这项工作，包括文化、媒体和体育部打算采取的后续计划。文化、媒体和体育部的“文化和体育证据”(Culture And Sport Evidence，CASE)项目已出版该领域著作《“文化和体育证据”项目 2010b》，本报告是对这一项目的补充，尤其对财政部发布的《中央政府评估绿皮书》(以下简称《绿皮书》)中推荐的关于政策评估的方法给予特别关注(英国财政部，2003)。

《绿皮书》强调，有必要对政府决策进行成本效益分析(Cost Benefit Analysis，CBA)。因此，本报告采用了一系列与此种方法一致的手段，在存在产业差异的背景下，这种方式既是政府决策适用的通用表述，也同样适用于文化产业，因为整个文化产业的运行都建立在一系列截然不同的假设和概念的基础上。通过讨论支撑经济概念和文化价值的理念，描述其他政府部门关于处理评估文化相关问题的经验，本报告可以厘清这些问题。为了便于使用，这些方法的重点下文阐明。

本报告的主要焦点是，详细考核《绿皮书》中提到的经济评估方法，以及“文化和体育证据”项目推荐的主观幸福感/收入补偿方法(2010b)。本报告认为，叙述性偏好法，例如《绿皮书》中曾明确支持的条件价值评估法，应被用于文化政策的决策。

因此，本报告可能会受到某些部门关注，既包括文化产业领域需要与政府打交道的部门，无论其是直接联系，还是通过独立机构(Arm’s Length Body，ALB)，也包括文化、媒体和体育部的决策者们。本报告对于任何机构为政府商业项目如新建建筑物或类似资本项目制订预算，以及决策者们为文化产业制定新政策，都具有重要作用。文化产业是一个丰富的、混合的经济产业，既包括具有国际视野和商业目标的大型企业，也包括以本地业务为主的新兴企业。然而，无论企业的规模或前景如何，或者与中央政府的关系如何(例如独立机构)，理解中央政府用于决策的框架结构的重要性总是必要的。

只有使用公共政策和文化价值的语言全面表达文化各种形式的利益时，才可以作出中央政府和文化产业都能接受的融资决策。本报告旨在一定程度上在这些机构之间建立起沟通的桥梁。为促进这一目标的实现，本报告建议：

①文化、媒体和体育部应该为评估文化价值制定清晰的指导方针，正如报告中所说，这一评估是基于和《绿皮书》一致的经济评估方法。同时，政府已经就如何使用叙述性偏好法之类的技术方法开展深入研究，但到目前为止，还没有针对文化领域的具体方法。所以，文化、媒体和体育部应该创建一个手册，总结中央政府对该领域的想法，还要以文化部门和参与经济评估的团体都能够理解的方式进行阐述。其目标是清楚地表明文化、媒体和体育部想要文化部门评估什么，以及怎样去评估。这将可以避免长期以来整个文化领域遭遇的关于数据收集和方法论的批评(赛尔伍德，2002；美国电影电视剪辑师协会，2009；“文化和体育证据”项目，2010a)。

②为了更好地贯彻指导方针，文化、媒体和体育部需要和文化经济学领域的学者建立更密切的联系。这将有助于在文化、媒体和体育部的委托下，运用第 5 章提到的经济评估方法，特别是条件价值评估法以及选择模型法，开展实证研究，评估文化的价值。这些研究将会是本领域杰出的、面向公众的最佳实践范例。

③文化、媒体和体育部还应该调查现有的数据库是否可以使用建议②中的经济评估方法，对文化开展多标准分析，类似交通运输部门的使用方式(英国交通运输部，2009)。

④文化、媒体和体育部，艺术与人文研究委员会以及经济与社会研究委员会应委派一名后续的负责人来实施这些建议，重点是建议①。

方法	评估内容	要回答的关键问题	优点	缺点
条件价值评估法	经济价值，包括选择和非使用价值，例如，在一个城镇或是城市，拥有一座博物馆带来的经济价值	我们该如何获得用户和非用户对文化的评价，用于成本效益分析	叙述性偏好法，尤其是条件价值评估法，在环境和运输经济学中已经明确确立，而且英国财政部的《绿皮书》中也有推荐，社区和地方政府部门正在使用它们，还有环境、食物和农村事务部，商业、创新技能部以及运输部 为了进行成本效益分析，对文化活动和机构进行货币化评估	叙述性偏好法十分复杂，而且该方法实施起来十分昂贵 对于该方法有各种各样的技术上和哲学上的批判
选择模型法	经济价值，包括选择和非使用价值，例如，选择一项政策的价值，如延长建筑的开放时间，而不是新建建筑	我们该如何获得用户和非用户对文化的评价，用于成本效益分析	与条件价值评估法有类似的优点，并不直接询问用户是否愿意付费，所以可以避免对条件价值评估法的某些批评 有助于理解有明确选择的价值	与条件价值评估法存在的问题类似 不直接评估商品，而是评估不同选择的价值

续表

方法	评估内容	要回答的关键问题	优点	缺点
享乐价格法	经济价值，不包括选择和非使用价值，例如，住得离剧院很近，所以可以随时前往的价值	商品或服务与市场价格之间的关系是怎样的	通过基于复杂技术的市场价格来揭示与某个特定商品或者服务相关的价值	通常是基于财产价格，在文化领域内与商品以及服务没什么逻辑关联 较少用于文化领域 并没有充分体现非使用价值以及使用价值
旅行成本法	经济价值，不包括选择和非使用价值，例如，参观免费画廊的价值	人们愿意为购买商品或服务花费的时间，人们如何做出价值判断	体现人们对商品和服务市场价格的选择 用来评价各种各样的文化商品和服务，以及对价值做出比较	可能会低估那些只进行短期旅行的人们 并没有充分体现非使用价值以及使用价值 可能会要求潜在昂贵的重要研究
主观幸福感（Subjective well Being，SWB）	任何活动的影响，例如，参加一个舞蹈班或者参观文化遗址，通过幸福感和收入的关系加以理解	我们如何评价文化带来的幸福感的改变	可以避免很多经济评估方法存在的不足 文化、媒体和体育部用它来评估文化活动的参与情况	仍然不能充分理解收入和幸福的关系 在发现能和现有的经济评价形式相对抗或取而代之前，该方式需要更多的研究
质量调整生命年（Quality Adjusted Life Years，QALYs）	人们一年的生活质量和长度评价。例如，参与和健康相关的社区艺术小组的影响	我们如何决定分配医疗保健资源	可以对各种完全不同的卫生干预进行成本效益分析 避免采用货币形式衡量人类的生命	针对卫生部门而言 技术问题还有待讨论
非经济评价形式法	文化活动对个人以及社会的影响	如何避免以货币为标准来评估文化的价值	该方法源自文化领域 避免出现关于经济评价技术的哲学层面的异见	没有一种方法是被普遍认可的 没有一种方式符合《绿皮书》的建议
多标准分析法	使不同形式的数据具有可比性	我们如何用不具有可比性的数据做出决策	有助于整合定性的、定量的以及货币化的数据 在判断标准权重时可引入专家意见	仍然需要评估文化价值，所以无法避免本报告中提及的困难 每项标准的相对权重可能会引起争议

一、引　　言

20世纪80年代，随着中央政府对艺术的资助发生变化，文化的价值问题一直悬而未决，例如，根据文化产业自身情况来证明其价值，或者按照评论家(兰德，2004；霍尔登，2004，2006)所描述的文化产业“内在”价值，而非“工具”价值。哈桑·巴克什、艾伦·弗里曼以及格雷厄姆·希钦撰写的宣传册于2009年初出版，呼吁重新讨论经济评价工具与内在价值之间的关系。鉴于此，文化、媒体和体育部(DCMS)、经济与社会研究委员会(ESRC)以及艺术与人文研究委员会(AHRC)共同启动了一个项目，来探索政府决策制定过程中用于评估文化价值最好的方法。

在评价文化行业的工作进程中，有必要阅读本报告。自20世纪80年代起，文化产业的价值是通过“影响力”来实现的，无论是经济影响(例如麦耶斯考夫，1998)还是社会影响(例如马塔拉锁，1997)。然而，近年来，中央政府以及部分公共资助的文化产业都意识到，需要通过使用和中央政府决策一致的方式来更加清楚地表达文化的价值。文化、媒体和体育部的“文化和体育证据”项目实现了这一点，该项目旨在开发潜在的评估方法，用于中央政府政策的制定。本报告是对这一项目的补充，尤其对英国财政部部长发布的《绿皮书》中推荐的关于政策评估的方法给予特别关注(英国财政部，2003)。

本报告的主要焦点是，详细考核《绿皮书》中提到的经济评估方法，以及“文化和体育证据”项目推荐的主观幸福感/收入补偿方法(2010b)。本报告认为，叙述性偏好法，例如《绿皮书》中曾明确支持的条件价值评估法，应被用于文化政策的决策。

因此，本报告可能会受到某些部门关注，既包括文化产业领域需要与政府打交道的部门，无论其是直接联系，还是通过独立机构，也包括文化、媒体和体育部的决策者们。本报告对于任何机构为政府商业项目，例如新建建筑或类似资本项目制订预算，以及决策者们为文化产业制定新政策，都具有重要作用。文化产业是一个丰富的、混合的经济产业，既包括具有国际视野和商业目标的大型企业，也包括以本地业务为主的新兴企业。然而，无论企业的规模或前景如何，或者与中央政府的关系如何(例如独立机构)，理解中央政府用于决策的框架结构的重要性总是必要的。

为了使这个过程更加清晰，并推荐符合《绿皮书》标准的文化评估方法，本报告作为“文化价值评估”项目的第一阶段的一部分，包括英国政府的商讨以及与文化产业、学者和顾问的对话。“附录1”中有完整的名单。本报告以这些对话以及广泛的理论研究，形成了报告主体部分的文献综述和建议方案。

本报告着力于文化评估的问题，认为文化无可争议地是一种无形的商品，难以定义(第二至第四章)，并进一步思考英国政府如何处理和评估类似的无形资产问题，可能更具争议的是，引入环境和运输领域制定政策时已经运用得比较成熟的技术手段。

要想使用技术来理解个人对商品和服务的偏好，本报告推荐文化、媒体和体育部采用的叙述性偏好法来开发指导方针以及案例(第五章讨论)，以便于评估非市场商品。这些方法与英国财政部在《绿皮书》中对估值方法的指导非常吻合(英国财政部，2003)。本报告还建议使用价值或者利益转让法，使一次经济评估的结果能被转移到另一情形中，这可能是抵消叙述性偏好法工作时间成本的有效方式。报告中接下来的章节(第五章第二节至第七章)也考虑到其他评估方法，包括显示性偏好技术法、主观幸福感、质量调整生命年以及非经济评价形式法。本报告指出，所有这些方法都具有优势，但是总的来说都不具有叙述性偏好法的潜在优势，后者作为政府部门普遍接受的方法，得到广泛使用。

本报告认为，尽管对于想要衡量以及判断文化价值的政府决策者来说，经济学方法是最有用的，但这些方法不能单独使用。首先，如果要获得文化部门的支持，评估就必须使用文化话语；其次，关于经济评价方法在多大程度上可以覆盖文化评估各个方面的争论仍在继续(巴克什、斯洛索比，2010)。本报告强调，经济学的分析方法必须置于关于文化价值的充分、详细的叙述中(第七章第二节)，或者作为多标准分析方法的一部分(第八章)。文化价值的叙述特别重要，可以为人们理解文化价值提供一种框架，但是无法通过与其他公共决策相当的方式来表现文化创造的价值。叙述性叙事提醒我们，要以多种方式解释文化。政治决策在经济评价中不仅仅以纯技术手段为主导，也不应该是。然而，如果经济评价方法没有提供数据的话，对文化价值的丰富描述也就不具有影响力了。

价值评估方法的开发过程与具体部门和相关学术领域的历史发展过程截然不同。然而，无论是英国卫生部(Department for Health，DH)采用的质量调整生命年，还是英国环境、食物和农村事务部以及英国交通运输部(DfT)采用的偏好性方法，都存在共同点。这些方法来源于学术研究以及与政府官员开展的对话，从这些方法的描述中可以得出一个核心观点，政府的明确指导对确定采用某种方法起到决定性作用。尽管方法本身面临着相当大的争议，例如叙述性偏好法过去(而且现在还)备受来自环境经济学的争议，但政府明确的指导意味着，这些方法已经被确定为在政策制定过程中用于统计不同形式价值数据的普遍方法。这在本报告的最后将会谈到(第九章)。

二、文化评估的困境

一开始，为了更好地理解文化产业的评估问题，有必要思考为什么这是个棘手的问题。文化产业的评价问题起源于以下 3 个方面：“文化”一词的含义，在文化领域内进行价值评价所面临的压力以及在文化领域内进行统计测量所面临的困难。

(一)理解文化的意义

人们已广泛接受，曾经十分熟悉的“文化”具有了不同的概念，十分复杂，难以完全确定。维多利亚时期，文化与道德提升以及精神发展密切相关，这些可能都是来自对“世界上最伟大的思想以及话语”的思考(阿诺德，[1869]1993)。然而，到了 20 世纪 60 年代，在英国，文化开始呈现出一种更接近人类学的理解，关注意义的建构和传播(麦格圭根，2004)，其中文化是一种“生活方式”(威廉姆斯，2010)，因为它被认为是有意义的手工艺品以及物品。

不仅在英国存在争议，德国和法国社会学界还进一步将如何理解文化这一问题复杂化。德国浪漫主义者对比了文明和文化之间的差异，这种差异现今仍然体现在德语中(伊莱亚斯，2000)。这种差异有助于形成“文化”的现代观点，即将文化视作创意成就和艺术品制作，不同于贵族观念中在社会地位方面表现为礼貌言行。这使得文化评价过程中出现了很多一直存在且悬而未决的主题，包括文化的概念用于表达民族成就，卓越的概念用于表达文化素养，文化和文化参与的概念(布迪厄，1984)指明社会身份，文化判断和偏好的相对性和个性亦是如此。那些以布迪厄著作为判断基础的作家(例如贝内特等，2009)，专门阐明当今争论中仍然存在十分明显的“高雅”文化和“低俗”文化之分，就像画廊、剧院以及歌剧院的艺术，只有那些社会地位高的人才能享受，这与大众文化不同，后者以电视和流行音乐的形式出现(尽管 2007 年德索普以及尚的作品挑战了这一形式)。

所以，文化的定义仍然是当今争论的主题，影响了关于文化的政策以及媒体讨论(迈尔斯和沙利文，即将出版；琼斯，2010)。概念的复杂性基本解释了为什么文化如此难以评价。

(二)文化领域的价值判断

作为一种生活方式，文化的“精英”形式和“大众”形式之间可能存在对立，上文已经讨论了对文化进行界定所面临的困难。这种困难使得难以在文化领域中做出判断，尤其是关于分配资金的决策。对巴比肯的前总理约翰·图萨来说，美学价值应该作为决策的重要范畴：

> 莫扎特之所以是莫扎特，而不是别人，是因为他的音乐，而不是因为他在萨尔斯堡创立了旅游业或者是将他的名字作为堕落的巧克力以及杏仁蛋白软糖的品牌。毕加索的重要之处在于，他教授了多种观察事物的新方式，而不是他在古根海姆博物馆的画可以复兴一个衰败的西班牙北部港口。凡·高受到重视是因为他的画作及颜色的那种疼痛感或者是强烈感，而不是因为他使向日葵和木制椅子变得流行。绝对质量在尝试评价艺术方面至关重要，所有其他的因素十分有趣也很有用，但都是次要的。
>
> 图萨，1999；里夫斯引用，2002：36

然而，有几位作家注意到了美学价值的相对性和社会建构的本质及其与等级的明显关系，例如贝内特等(2009)以及布迪厄(1984)，这些作家中最有名的是吉普森(2008)。在极端情况下，审美价值的相对性导致价值不具有可比性或完全违背常理，考恩明确指出了这一点(2006：6)：

> 很难决定，莎士比亚的《哈姆雷特》是否就比《李尔王》更出色，而且更难的是说服别人接受我们的观点或者明确这一排名意味着什么。多少格什温(Gershwin)歌曲加起来等于一首肖斯塔科维奇(Shostakovich)交响曲？是不是海顿(Haydn)的四重奏比海明威(Hemmingway)的短篇故事更好呢？怎样对一首布莱克(Blake)的诗和一场现代的芭蕾舞表演进行比较呢？

考恩发现的困境并不仅仅是为在哲学上进行讨论。对于英国政府而言，美学判断问题是由独立机构处理的，例如艺术委员会，但是这些独立机构在进行决策时也需要对文化价值进行评估。2008年，麦克马斯特(McMaster)在评述中提出了新的尝试，即在判断卓越性时采用同行评议机制。

(三)文化评估

一直以来都有人质疑文化领域的评估，西维森(2002：85)引用米塞尔(1983)的评论：

> 艺术本身的概念是无法界定的，而且任何想要评估它的举动都不能代表其本质。

这个评论反映了图萨的观点，即美学价值应该是文化领域判断的基础。然而，自20世纪80年代起，对文化产业的评估建立在文化领域能达到的社会和经济目标基础上。这种评估方式一直广受批评(例如贝尔菲奥尔，2002；梅利，2002)，其中米塞尔的假设在批判时并不明显。塞尔伍德(2002)尝试分析文化领域的讨论遭到了最多的批判，因为艺术和文化领域的统计数据可能会提供信息，但无法理解该领域的价值问题。塞尔伍德记述了文化的工具性作用的发展过程，以及随之而来的数据收集实践过程，以影响力为维度的统计数据(尤其是对社会政策所做的贡献)缺乏可靠性。这些数据是定性的、描述性的，与中央政府投资决策时所用到的决策框架并没有什么关系。

现在，文化领域的评估问题尤其紧迫，考虑到史密斯(2010B)所称的艺术基金所面临的“冷峻氛围”的情况。在政府决策框架内证明文化的价值一直未能解决，考恩(2006)和克莱默(2004)之间的争论表明，一部分人试图通过美学方法描述文化，另一些人则寻找其他方法，且主要为经济学方法。现在，这种争论是关系到文化领域生死存亡的问题(斯科特和索伦，2009)，在以下情况中：

> 该产业不能以一种连贯和有意义的方式清楚地表达其价值，而且还忽视了为收集证据建立系统的必要性，以及忽略了建立一套统一的指标体系来证实文化的价值(2009：198)。

然而，图萨和米塞尔采用的美学方法很难将文化产业和政府决策机制联系起来，政府决策机制是以经济理论和货币价值为基础建立的。例如，当讨论如何评价博物馆时，普拉扎的作品(2010：156)表现出文化领域和政府的决策框架之间的距离感：

> 很明显，博物馆的非市场价值(意味着如社会艺术、文化、教育、建筑和声望的价值)不能通过金融交易的方式计算出。

塞尔伍德(2010：5)引用莱斯特和夏普(2010：11)的话来总结这一困境：

> 我们发现，艺术文化领域内的每个人都在努力谈论“价值”。将艺术和文化的所有价值与货币估价联系起来是毫无益处的，而且对于想要证明艺术是某种特殊案例而言，也是没有帮助的，这和其他所有优先支出是不同的，接受独特的标准。

我们还存在资助文化的难题，即在不断改进的资助体制中，从文化的视角而非经济或者社会影响的视角，如何最好地叙述文化价值？在公共、私人和志愿文化机构的“混合经济体”及其所提供的文化活动范围内，文化领域需要采取一种方法，使价值可度量(史密斯，2010b)。下文深入具体地分析了文化价值的意义，以及文化价值的概念在英国资金决策过程中如何运用，之后，本报告提出了一种分配方法。本报告借鉴环境和运输经济学的方法来回答斯蒂尔(2004)以及吉普森(2008：14)所提出的问题：

> 如果我们认为要支持一个人或者一个团体的文化，也就是决定不支持另外一方的话，那我们根据什么来做出这些决定呢？
>
> 当前，中央政府的状况是零和博弈。根本就没有足够的资金来运转，那我们又如何分配它们呢？

三、价值及其评估

贯穿文化价值讨论的核心关键问题是界定“价值”的概念。如同“文化”一词的定义不清晰，令人费解，“价值”一词在使用和理解的过程中也可能面临类似的情形。布劳格等学者(2006：23)认为，“价值”一词包含各种含义，即

> 对某些人来说，它可能意味着经济价值——和其他事物相比，一个产品或者一种服务到底有多大价值。价值还和在某个特定时间对某种具体服务的偏好和满意度相关。最后，诸如安全、统一这类价值，对其的争论来源于道德伦理方面，还将继续引发更激烈的争论。

在从文学角度讨论文化价值的时候，面临的主要问题是价值多面性，因为很多关于“价值”的讨论关注的是文化产品和服务的哪些特征具有价值，而不是怎么去评估它们。所以，很多关注文化价值问题的作者和机构(例如，斯科特，2009；美国电影电视剪辑师协会，2007；麦克马斯特，2008)，依据“在这些事物中看到的品质和特点”(梅森，2002：7)，总结出了文化价值的定义。

价值同样被用来描述“道德、原则或者是作为行动指导的想法”(梅森，2002：7)，其中价值反映的是文化活动的意义和重要性(迈尔斯和沙利文，2010；里夫斯，2002：35)，而不是价值的经济概念。价值的概念采用了类似的突出文化活动特征的方法来描述价值。了解文献中对价值和价值观的阐释是十分有意义的，然而本章并不打算对这些方法进行评判。这也可以进一步说明，讨论文化价值是多么复杂。

经济学意义上的价值是基于个人收益及其偏好满意度，可以从顾客为了获取这种商品或服务所付出的代价得知(斯罗索比，2001：19)。这些价值往往在市场价格中得到体现，尽管人们愿意为了更好的商品或服务支付更高的价格。愿意支付的价格和实际价格之间的差额称为消费者剩余。然而，如果一种商品或服务没有市场，也就谈不上价格一说了，例如，在英国，进入博物馆不需要门票，或者历史建筑的美学价值，可以从商品或服务的机会成本中看到的价值——无论是依据支付的意愿还是放弃资源的意愿，例如放弃时间(马尔根等，2006)。将价值理解为个人偏好的反映，是英国政府决策中使用价值概念的基础。

中央政府的评估方法以及《绿皮书》

英国财政部就根据特定政策进行资源分配所需的评估和评价方法规定了指导原则。所以，理解指

导原则十分重要，这样才能理解评估文化价值最适宜的方法，以及这些方法中哪些是最适合英国财政部的方式。这些指导原则在《绿皮书》中有所体现(英国财政部，2003)。

《绿皮书》中采用的是标准福利经济定位方法，该方法在财政部的指导原则中十分普遍(例如，英国财政部，2008)。在这个框架内，政策的目标应该是使社会福利最大化，其中福利就是个人收益的总和。所以，福利最大化也可以理解为高效地分配公共资源(英国财政部，2003：1)。通常，市场不能高效地分配资源，例如当商品和服务具有公共商品的特征时，就既可能由一人充分享用，同时又不影响其他人拥有的份额，或者很难阻止人们消费它们(里奇等，2007：15)。还有市场交易导致的外部因素可能引发市场失灵，其中第三方会增加成本或是从交易中受益，或者因信息和竞争力的缺失导致市场不能完全运作。所以，市场失灵是政府干预的重要时机。选择纠正市场失灵的政策需要仔细考虑任何特定政策会带来的收益。

为了达成这一点，英国财政部建议，任何政策决策都应该首先进行成本效益分析，这样才能保证政策的潜在成本低于会带来的收益。成本效益分析被人们理解为“尽可能以量化为货币的形式对提案开展成本效益分析，包括市场不能提供令人满意的衡量经济标准的项目”(英国财政部，2003：4)。

成本效益分析框架要求将尽可能多的成本效益量化成货币价值(英国财政部，2003：4)。这里我们意识到，金钱是一种衡量工具，是不同价值相比较的标准。为了使成本效益分析有效，英国财政部建议，在对提案的影响进行评估时，都应当附上货币价值，同时，成本效益分析应当包含政策实施后所有可能发生的情形下的成本和效益。所以，有必要(基于英国财政部的成本效益分析框架)确保在成本效益分析中讨论文化价值。文化、媒体和体育部的“文化和体育证据”项目现在的工作已表明，关于如何最好地评价资助文化带来的效益，政府缺乏清晰的理解(“文化和体育证据”项目，2010b：4)。此外，正如第二章第三节中所描述的，使用货币价值来描述艺术和文化的价值是十分困难的，而且在很多评论家的眼中，也是十分不可取的，或者是极度不合适的。

通常，评价文化的方式是通过理解其社会和经济影响。经济影响可以用于使文化政策融入成本效益分析框架。很多评论家(例如考恩，2006：15)认为，由此可能产生的风险是减损文化带来的利益，使文化和其他受政府干预的产业没什么不同，不能充分展现文化给个人带来的利益，而这恰好是《绿皮书》所要求的。所以，文化评估问题便成为，如何将社会和经济影响外的文化的独特方面更好地融入《绿皮书》推荐的福利经济学范式的经济语言。正如克拉克(2006：62)在讨论中所证实的，把对文化领域价值的理解融入中央政府评价决策的标准框架是十分有必要的。考虑到在不久的将来，削减公共部门开支的呼声会越来越高，这更是不可避免的(塞尔伍德，2010)。

四、文化价值

第三章强调了对文化领域的评估要与《绿皮书》的概述框架相符。本章将试图从有利于政策制定的角度来对文化价值进行界定，同时，也应当考虑到文化领域既可能适宜于经济分析，也可能与经济分析相抵触(道尔，2010)，具体原因已在第二章有所阐述。通过揭示现有文献中文化价值的含义缺乏统一性，以及如何才能最好地测量和展现文化的价值，本章对现有经济评估方法进行了可行性论证。

(一)什么是文化价值?

毋庸置疑，现今关于这个主题的文献并没有对文化价值的明确定义。“文化”和“价值”本身就具有许多不同的视角和表达方式，其中部分会互补，然而也有一些似乎是互相矛盾的(贝内特、贝尔菲奥尔，2008)。尽管对该术语的意义，人们还缺乏共识，但是有两种表述能够代表最常见的“文化价值”所具有的含义：第一种出现在约翰·霍尔顿(John Holden)的著作中，来自英国智囊团德莫斯，重点关注文化内在的、工具性的以及制度化的价值；第二种来自澳大利亚经济学家大卫·索罗斯比(David Throsby)的著作，他试图将文化价值和第三章中所讨论的其他经济价值区别开来。

对霍尔顿(2004，2006)来说，文化价值可以被理解成工具性价值、制度化价值以及内在价值。这三种价值形式相互依存，并且依靠彼此形成文化价值的总体概况。工具性价值是在社会和经济政策背景下使用文化概念时产生的，例如，提高考试成绩或者解决社会排斥问题。制度化价值指的是马克·莫尔(Mark Moore)关于公共价值的著作(1995)中讨论的那种价值，机构可以通过动员其成员的方式来建立。内在价值是文化领域特有的价值，其他领域没有这种价值。这种价值很难被定义，但是霍尔顿认为，它和美学方面的卓越性以及个人的享受程度相关。所以，内在价值是高度主观化的，而且很难使用霍尔顿提到的其他两种价值中涉及的产量或成果这类语言来描述。

霍尔顿的“价值三角论”引发了广泛的争论(例如，塞尔伍德等，2005)，文化遗产彩票基金(HLF)还使用这种三角论作为评价框架的依据。文化遗产彩票基金在一系列定性调查工作中采用霍尔顿的想法，而且还构建了对项目创造的制度化价值的叙述(这种方式在第七章中谈及)。然而，霍尔顿十分具体地讨论了内在价值及其评估，强烈怀疑可以通过成本效益分析之类有用的方法来进行评估。这里的内在价值和第三章讨论的经济价值相差甚远。

另外一位颇具影响力的文化价值理论家大卫·索罗斯比(2001)认为，经济价值和文化的内在价值之间有着更加密切的联系，尽管他一直试图分离这两者。大卫·索罗斯比把文化价值解构成美学的、精神上的、社会的、历史的、象征性的以及真正的价值，每种都为文化客体、机构或体验的整体价值展现了不同特征。索罗斯比主张文化价值(可以)和经济价值分离，正如人们可以通过价格或支付意愿来表达自己的喜好，最近巴克什和索罗斯比(2010)力图阐明这种关系，认为文化价值在决定经济价值方面扮演着重要的角色(尤其是就审美体验的品质而言，2010：55)。对于休伊森等评论家而言(2010)，索罗斯比关于文化价值的概念和霍尔顿的内在价值以及制度化价值密切相关，其中文化价值是所有工具性价值的基础。

对于索罗斯比来说，经济评估方法能够展示部分文化价值。实际上：

> 对遗产项目的市场和非市场优势进行一次彻底的经济评估，将会告诉我们很多关于该遗产的文化价值，因为通常来说，人们因为文化的原因对事物的评价越高，就越愿意花费更高的代价得到这些事物。然而，这还不能说明整体情况，因为文化价值还有某些方面不能以货币的形式来衡量。(索罗斯比，2006：42)

经济价值不能充分体现文化价值，因为文化价值有自己的独特之处，尤其是在社会方面，不能仅仅以货币形式来衡量。克莱默(2002，2004)对文化价值的理解也支持这一点，他坚信这种价值形式超越了经济价值所能涵盖的内容。例如，对于国家认同感的价值，作为一种“英国式”或“法国式”的感觉(索罗斯比，2006：42)，个人是很难以金钱的形式来表达这种感受的，因为它们根植于共享的社会经历之中，而不是个人收益之中。同样地，从概念上来说，抵制货币化还有许多好处，经常引用的例子便是信托基金——如果人们用金钱来衡量它的话，就会彻底误解信任的意义(引用“文化和体育证据”项目，2010B：18)。最后，索罗斯比(2001)同意霍尔顿的观点，即事物的内在品质不能用经济评估的框架来理解。索罗斯比认为，在做出决策时，需要某些形式的文化评估，尽管他还不清楚这一判断是基于什么样的标准。然而，

> 无论经济评估多么细致、严谨，在对文化遗产进行决策时，独立的文化价值评估总是十分重要的(2006：43)。

(二)文化价值批判

索罗斯比坚持认为，需要对文化价值评估进行补充，这是十分重要的，可以提供很多信息(尤其是最近几年，巴克什和索罗斯比的研究中用到了这一点，2010)。然而，根据霍尔顿对内在价值的理解所设立的文化价值的基本假设及其推论，以及索罗斯比(2001)对文化价值的概述，文化价值同时遭到了3种形式的批评：首先，那些想要解构和彻底否定内在价值概念的研究者，认为内在价值的概念在决策中是毫无作用的；其次，一些研究者认为，文化价值包含在商品或者服务的经济价值中；最后，相关的、更加实用的批判认为，在现有决策背景下，如果不采用文化经济价值的概念，就不可能在成本效益分析中展现文化的效益(根据第三章的讨论)。

1. 内在价值和工具性价值的区分既无必要亦不明确

一直以来，内在价值备受争议，受到文化政策研究领域以及经济学家的批评。其基本的论点是，

价值的所有形式都是社会建构的，因此无法证实事物、行为或者机构拥有内在品质。吉普森和佩德布里(2009)在讨论文化遗产时谈到了这一点，例如巨石阵作为文化遗迹，经过了很长的历史时期才被接受，这期间对其有过多种不同甚至相互矛盾的解读，这些不同解读往往和该时期的目标以及需求相关。这些目标和需求产生于更广泛的意识形态和政治讨论，即关于相互冲突的立场中间，哪种价值取向具有优先地位。(2009：4)因此，他们对历史遗迹是否具有任何内在价值持怀疑态度。这并不是说文化没有价值，而是文化通常对个人或团体有价值，而非具有超越人类思维的永恒价值(美国电影电视剪辑师协会，2009：11；皮诺克，2006；朗伯尔德，2010。而且依多科(2005)对经济评价的问题有相似的讨论)。琼斯(2010)参与了关于这个问题的讨论，以更广阔的“生活方式”或文化基础设施为视角描述文化间的差异，其认为，正是机构促进了文化的延续。对于琼斯来说，重要的是理解文化价值问题如何成为人类历史上争论的永恒话题。然而，只要这些内在问题仍然存在，对于如何对文化基础设施做出最佳判断的问题，就需要更实用的解决方案(琼斯，2010)。

最后，内在价值一直受到质疑，因为它依赖于内在价值和工具性价值的默示区分。来自文化领域的评论家(例如科尔斯，2008)质疑这种划分方式，因为这种划分表明文化参与采取了某种“纯粹”的形式，而霍尔顿提出的这些价值可以清楚地得到分解。吉普森进行了更强烈的批判(2008：4)，他反对做这样的区分，因为关于工具性价值的含义缺乏共识，而且关于哪些价值形式(如学习结果)应当被认定为工具性价值或内在价值也存在分歧。

2. 经济价值中的文化价值

索罗斯比在研究中特别提到关于文化价值概念的第二类更为尖锐的批判，即经济价值中存在文化价值。诸多作家(皮诺克，2009；依多科，2005；贝得特等，2004；梅森，2002)认为，尽管索罗斯比对文化价值的区分引人深思，但人们获取文化价值是需要或愿意付出代价的，无论是美学的、精神的、象征的抑或历史的价值，都反映在文化经济价值中。就本质而言，这是当代经济学所采用的主流假设(《绿皮书》中采用的类型)与其他未采用这类术语的知识体系(正如第三章第一节所讨论的)之间开展的学科辩论。在此，无法解决这一争论(或者可能根本解决不了)，但忽视对文化价值的经济批判的后果仍然是值得思考的。

3. 评估文化价值时忽略经济价值方法所导致的弊端

本节讨论文化价值的主要问题，即我们是否接受索罗斯比的主张，即在制定经济和政治决策时，文化价值应当独立于经济价值单独考虑。下文是针对巴克什等学者(2009)关于运用经济学方法评估文化所撰论文进行的回应，可以作为争论观点的总结：

> 我知道，没有经济学理论接近巴赫(Bach)的伟大作品《马太受难曲》或者伯恩斯坦的电影《西区故事》所展现的内在价值，或是它们如何丰富甚至改变我们的人生。
>
> (史密斯，2009；巴克什等，2009)

在讨论环境评估时，这类叙述也十分常见，即使用经济价值来评估像环境这种无形的事物是不合适的(皮尔斯，1998)。

依多科(2005)在如何评价文化遗产的讨论中直接表达了反对的观点。如果文化有内在价值，那么内在价值明显不能被衡量，因为它是事物的内在本质。所以，我们不能说，一个事物比另一个事物有更多或更少的价值，因为内在价值明显不能被定义、衡量(这正是第二章第二节考恩所提到的困境)。如果不能做出比较，那么又怎么知道如何(以及在什么程度上)分配政府支出这类稀有资源呢?

本报告讨论的很多内容质疑了从社会或经济影响的角度对文化进行评价的有效性。大家都认为，这种文化评估方式在文化领域并不奏效。所以，评估文化的问题在于，如何将文化最好地融入政府的决策框架。由于这一框架基于经济价值，所以深入发展依多科(2005)的研究成果十分有意义，他探讨了在成本效益分析中使用经济评价方法来展现文化的重要性以及做出关于支出决策的判断。莫拉托和马赞迪(2002：68)认为，在文化评估中运用经济学方法以及限制非经济学方法，都将产生重要的政治后果。

> 如果经济评价的另一种方式是让文化遗产价值接近零的话，文化产业将会因此受到严重的损害。忽视经济优先权会导致对文化资产的低估。这和其他公共优先权相比，直接地或间接地减少了文化机构的财政资源规模。

五、经济评估方法

上文已经描述和探讨了文化价值相关的问题，提出需要找到一种按《绿皮书》中建议的经济术语来对文化进行评估的方法。下文提出了一系列方法，聚焦于偏好法。这些方法，尤其是运输和环境领域确定的评估方法，有各种积极作用。然而它们也有缺陷，特别是必须记住，应用评估方法的哲学的和方法论假设的成本。

(一)叙述性偏好法

关键问题

如何获取用户和非用户关于文化的评估，以便在成本效益分析中使用?

这类方法的主要优势

环境和运输经济学中已明确形成叙述性偏好法，尤其是条件价值评估法，英国财政部发布的《绿皮书》中强烈推荐这些方法，社区部门和地方政府，环境、食物和农村事务部，商业、创新和技能部以及运输部门也使用这些方法。

对文化活动和机构进行货币化估价，以便于成本效益分析。

如果以金钱为测量单位，容易对个体进行整合。

主要缺点

运用叙述性偏好法是复杂且昂贵的(就时间和金钱而言)。

对于这类方法有一系列方法论的和哲学的批判，例如货币估价可能在收集数据时受到提问方式和支付方式的潜在影响。

当一种商品没有市场价格时，经济学家会研发出一套方法来推断其经济价值。叙述性偏好法旨在获取商品或服务的总经济价值，并通过在假定的商品或服务市场内询问人们的偏好来实现。总经济价值的概念由几部分组成，大致分为使用价值和非使用价值(如图1所示)。

使用价值通常通过市场价格以及人们对市场中某种商品或者服务的支付意愿(价格和支付意愿之间的差价就是消费者剩余)来体现。然而，如今很多文化产业对使用者免费提供(例如博物馆、美术馆或者公共艺术)或者因补贴而下调票价，所以不能完全反映使用价值或者任何消费者剩余，因为价格不能作为参考指标。这一现象十分复杂，因为即使价值显现，也有可能延期，而且由原始生产者外的

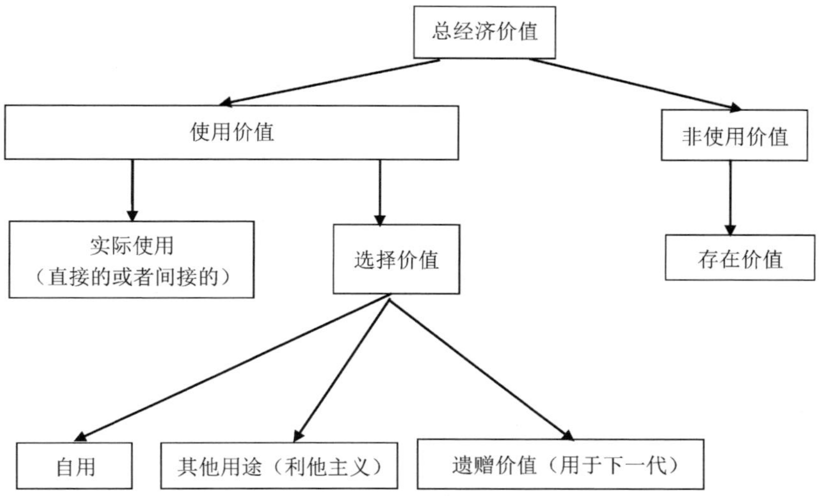

图1　总经济价值

来源：皮尔斯等，2002。

其他人获取，正如艺术家生涯中艺术作品的出售价格逐步提高。与延期价值相关的是，选择文化商品或者服务产生的经济价值，无论是此刻为了他人(利他价值)，还是今后为了下一代(遗赠价值)。最后，即使不使用或者不接触，人们也可以从现有的文化商品或者服务中获取价值。非使用价值在文化领域尤其重要，因为它包含了文化带来的重要好处(里奇等，2007：21)。所以，对非使用价值进行评估是为了识别文化的某些益处，例如人们对地方文化机构的自豪感，或者文化遗产对人所具有的意义，尽管这些并不会直接给他们带来利益。

叙述性偏好法在环境和运输领域广泛使用，1989年“瓦尔迪兹”号灾难后正式确立，那时美国国家海洋和大气治理署(National Oceanic and Atmospheric Administration，NOAA)成立了一个工作组，其中包括获得诺贝尔桂冠的经济学家，来探索使用条件价值评估法解决环境的价值问题是否合适。这项工作(阿罗等，1993)成为条件价值评估法最佳实践指南的基础，也成为环境评估研究广泛使用这类方法的起点(努南，2003)。现在，英国政府诸多部门都推荐这项方法(例如环境、食物和农村事务部，交通运输部和英国情报服务社)，财政部的《绿皮书》也推荐使用皮尔斯等的《叙述性偏好法的经济评估》中提出的官方指南(2002)。官方指南覆盖了第三章和第四章一、二节中讨论的很多问题，同时还论述了使用叙述性偏好法准确评估无形商品或者服务的经济时具有的各种优势。除了官方指南所提及的用途，环境、食物和农村事务部也使用了这项方法，包括评估英格兰灾区的环境面貌变化带来的价值(依多科，2005)和生物多样性的好处(克里斯蒂等，2004)，此外，交通运输部也将其用于评估交通环境造成的影响(依多科，2009)。

皮尔斯等(2002：30~34)明确指出，需选择合适的方法进行价值评估。当需要对商品或服务的使用价值和非使用价值进行评估时，叙述性偏好法是唯一一套可用于此类评估的完善的工具。然而，无形和非市场商品的使用价值可以通过显现性偏好法来获取(第五第二节中提及)，非使用价值的评估只能通过叙述性偏好法来解决。

1. 条件价值评估法

最常见的叙述性偏好法就是条件价值评估法，其广泛应用于环境评估中(依多科，2006：30)。然而，这类文献数量巨大，对其进行综述超出本报告的范围。本报告基于贝特曼等人对使用该方法所做的总结，以及文化领域之外的其他领域使用该方法评估商品或服务时所产生的文献来开展分析。(2002)基于环境商品和服务评估与文化评估之间的相似(努南，2002，2003)，文化领域越来越倾向于使用条件价值评估法(陶斯，2007)。实际上，近期成果中将文化产业比喻为生态学(奥康纳，2004；琼斯，2010)有效地阐明了这些相似之处。

条件价值评估法旨在了解人们愿意为某种特定的商品或服务付出的代价，例如，图书馆提供的服务或者观看一场芭蕾舞表演。这类方法是基于为评价非市场商品建构的假定市场，然后通过直接询问人们支付的意愿或者接受相应补偿金的意愿，来给商品标上价格。莫拉托等在如何将条件价值评估法应用于文化遗产的讨论中总结了这一点：

> 条件价值评估法研究的目标是以货币的形式，引发人们对非市场商品或服务的数量和质量变化的偏好，例如档案遗产。借助一份合理设计的调查问卷，假设一个能够对这类商品或服务进行交易的市场。

假设的市场也定义了商品本身，例如对档案的遗产而言，意味着由谁提供、如何资助这些制度性内容。在随机抽样调查中，人们被直接要求表达，在商品或者服务供应水平变化时，他们的最大支付意愿(以及可接受的最小支付意愿)(2000：89)。

这概述了条件价值评估法的步骤，其中精心设计评估问题以及假设市场是十分重要的。皮尔斯等(2002：53)详述了这些步骤，包括确认受访者清楚了解调查的目的，明确他们对评估的商品或者服务的普遍态度，理解受访者的社会和经济特点，以及探索在评估前对商品或服务的使用(或者非使用)情况。

专家的意见对于完善条件价值评估法是十分重要的(德拉托雷、梅森，2002：3)，因为关于评估商品或服务的专业知识对形成评估问题和评估环境来说非常必要(梅森，2002：14；莫拉托，2000；依多科，2005)。

一旦完成这些步骤，便结束评估。在条件价值评估法中给予一种商品或服务价值是十分困难的任务，需要经过深思熟虑、精心研发以及十分详细的问题准备，避免引发“无意义的”回答(皮尔斯等，2002：49)。因此，在引发假设性的支付意愿或接受意愿的评估场景中，必须包含对商品或者服务的明确定义和交付这种商品或服务的明确方法，必须详述负责交付的机构，以及今后(假设性的)收集支付的方式。皮尔斯等(2002：49)强调了引导性方法的重要性，尤其是在此方面，条件价值评估法在经济学文献中受到严厉批判。

最近，条件价值评估法被用于评估各种文化商品和服务，包括但不限于：

①当地足球俱乐部(巴罗，2008)；

②加拿大广播公司(芬等，2003)；

③爱尔兰公共广播(德拉尼、奥图尔，2006)；

④一家芬兰博物馆(托赫莫，2004)；

⑤举办奥林匹克运动会的好处(依多科，2005)；

⑥德海姆教堂(威利斯，1994)；

⑦越南的世界遗址(图恩、那伍鲁德，2008)；

⑧丹麦剧院(汉森，1997)。

然而，英国在进行文化评估时并未广泛使用条件价值评估法，该方法主要集中于历史环境领域使用(依多科，2005)。博物馆、图书馆和档案馆(Museums，Libraries and Archives，MLA)理事会有两项主要研究使用了这一方法，分别是英国图书馆服务评估以及博尔顿博物馆、图书馆和档案馆服务评估。

最有用的研究是尤拉(2005)对博尔顿博物馆、图书馆和档案馆服务的评估。这项工作是基于斯佩克求姆对英国图书馆的研究，使用条件价值评估法来评价英国图书馆提供的服务。该服务针对用户和非用户投入3.63亿英镑，其中财政补贴8 300万英镑。运用条件价值评估法使得尤拉可以评估博尔顿地方社区博物馆、图书馆和档案馆服务的成本和效益，展现用户和非用户如何评估这项价值1.04亿英镑(其中公共资助650万英镑)的服务。

尤拉的工作特别有趣，因为它表明了采用叙述性偏好法的优点和缺点。一方面，对博尔顿博物馆、图书馆和档案馆的公共资助产生的收益进行成本效益分析，这些数据是十分有效而且有用的。确实，尤拉研究的关键结论是，条件价值评估法对于评价地方博物馆、图书馆和档案馆服务来说是合适的。另一方面，该方法遇到了一系列相互关联的问题，包括哲学的、实践的和方法论的问题，在接下来的批判中会具体谈到。

(1)条件价值评估法的哲学批判

条件价值评估法采用了与《绿皮书》中国家经济价值评价相同的理论假设。索罗斯比在一次条件价值评估法的讨论中(2003：276)总结了以下假设：

> 这是由个体决策者组成的经济模式，他们在面对已知的限制时，做出合理的举动来努力将其作用最大化。假定商品之间的偏好系统表现良好，个体可以对福利做出最佳判断，个体的偏好在集体中具有相等的权重，而且社会福利的功能除了包含构成社会的个体的福利外，并没有其他的内容。

正如前文所论述的，许多人认为，基于上述假设的评估并不简单地适用于文化领域。福卡德最近对经济评估的评论总结了这一点，其认为条件价值评估法之类的方法永远不能获取想要评估的事物的本质，因为：

> 他们假设了一个市场或是一种商品，而定义这种商业或市场的经济条件恰好是以不存在这样的市场为前提。

对于像克莱默(2004)之类的评论家而言，通过个体效用来评估文化的行为可能会改变其性质，忽视文化的基本价值，导致错误的结论和政策决定。斯诺鲍和韦伯(2008)继续发展这类批判，采取类似第四章讨论的索罗斯比的想法，即通过假设个人效用理论不能理解文化的社会层面，尤其是当可能需要很长一段时间才能显现出优势时。

克莱默(2004)和福卡德(2010：13)在这类批判的基础上，认为假设可以对个人偏好进行汇总，从而产生相应的总社会价值，这是一个谬误。基本上，个体效用的积累忽视了偏好形成的社会属性，以及当个人独立做出购买决策时，对商品或服务可能产生的反直觉描述（福卡德对自然环境的讨论）。

此类方法的反对者吸收了行为经济学的最新成果（多兰等，2010），对人们是否符合理性的、个体效益最大化的传统模型提出了质疑。行为经济学的批判表明，行为准则、过程和结果对公平的需求以及人们进行判断时的有限理性都可能损害条件价值评估法中评估结果的准确性。

最后，还有条件价值评估中所做出的判断的性质问题，它可能转变为政治性决策。正如盖里（2008）和皮诺克（2009：362）共同讨论的那样，人们既是公民也是消费者，而且在做出决定时可以运用不同的逻辑，这些决定是关于他们作为顾客对某种商品或服务的支付意愿，以及作为公民对资金资助的支持（依多科，2005：12；马尔根等，2006：63）。所以，条件价值评估法可能会为了成本效益分析，冒险将政治决定降至方法层面，曲解政治决定的民主本质。

（2）条件价值评估法的实践和方法论批判

条件价值评估法的实践批判关注的是该方法是如何被运用的。该方法的运用成本较高，需要具备相应的专业知识才能实施，而且如果使用不当的话，会带来潜在的误导性结果（皮尔斯等，2002：29）。因此，条件价值评估法的现行工作在质量上差别很大（努南，2003），而且英国也缺乏研究和数据，从而无法总结出"最佳实践"方式。

特别是在文化领域，在正确运用条件价值评估法时缺乏指导实践是个严重的问题。正如牛顿（2007）和拉分斯科洛夫（2010）探讨的，人们很少被问及对非市场商品的评估判断，所以对调查所涉的问题及内容必须经过相关专家的充分研究和设计（依多科，2005）。

如果运用不当的话，条件价值评估的结果可能会面临某些方法论问题，这会直接影响该方法得出的最终货币数据。问题的形式也会影响相关研究（即诱发影响，马罗，2007），在提供更多信息的研究中总是表现出更强的支付意愿（信息影响）。无论是现金，还是税收增加时，付款的方式也可以影响价值。当被要求做出价值判断时，个体通常会关注有待评估的物品，这意味着他们会比平时更加重视商品或服务，因为他们被要求这样（聚焦效应，史密斯和萨克斯，2009；多兰和怀特，2007）。有批评认为，条件价值评估法可能与经济理论的假设不相符，因为其中接受数据的意愿通常高于支付的意愿（依多科，2005：16）；商品或服务水平的增长并不意味着支付意愿也会相应地提高（称为对范围的不敏感）；而且群体或个人支付商品或服务的意愿总是高于对商品或服务本身的总体评估。最后，人们可能会因为各种原因而没有支付的意愿，可能是被问及这个问题时的情绪抵触，也可能只是夸大对商品或服务的真正评估，因为他们认为对这些内容表现出关注将获得社会认可，从而让自己显得更加高尚（哈克尔和普鲁克内，2005）。

2. 选择模型法/联合分析法

解决条件价值评估法所面临问题的方法之一是选择模型法，也叫作"联合分析法"。这是叙述性偏好法的另一种主要形式。选择模型法是基于对商品和服务的属性和特征进行描述，通过可能的政策选项制造这些属性上的差异（皮尔斯等，2002：54）。选择模型法不会直接询问个体的支付意愿，相反，他们的评价来自对选择的回应。选择通常包括财政价值，例如价格或税收水平，从而将个人对商品特征或属性的偏好转化为货币化评估(普罗云斯，2008)。如果政策制定者们试图理解商品特定属性的价值，以及该属性与其他属性有何种关系，这种方法尤其适用，例如博物馆里人员配置情况与开放时间之间的关系。

最近，选择模型法比条件价值评估法更加有优势，而且一些研究者(尤其是斯诺鲍，2008)认为，前者比后者更加有效。对于斯诺鲍(2008)来说，如果使用选择模型法，对条件价值评估法的方法论批判和实践批判是可以避免的，通过提供清晰、明确的选择，而不是直接询问支付意愿，可以避免战略战略性选择及抗议性零观察现象(图恩和那伍鲁德，2008)。最近，纽卡索大学在研究中运用这一方法来评估各种各样的文化和遗产商品，包括博物馆和画廊设计(金霍恩和威利斯，2007)、博物馆和画廊产生的文化资本(金霍恩和威利斯，2008)以及哈德良城墙(威利斯，2009)。该方法还被用于针对英国博物馆的政策建议(阿珀索拉基斯和加夫瑞，2010)。

然而，和条件价值评估法一样，该方法同样受到哲学层面的反对以及类似的限制，这是因为正确使用该方法需要成本和专业技能。这使得崔(2009)认为，该方法的运用需要同条件价值评估法一样谨慎，建议仅在需要对商品或服务的特定属性进行评估时才使用。

(二)显现性偏好法

以偏好为导向的其他评估方法是以人们在现实市场中的具体行为为基础。这些显现性偏好法可以分成两类：一类是享乐价格法；二类是旅行成本法。这两种方都是基于人们在现实世界中的个人偏好而推断出的评估。所以，分析现有行为可以显示偏好，这与在假设情形下要求人们说出他们的喜好是完全不同的，这正是上一节讨论方法的基础。

这两种方法都被用于评估文化商品和服务，成为叙述性偏好法的有益补充。尽管它们有各种优势，但并不能获取非使用价值以及使用价值，正如上一节讨论的，这些价值是文化价值中十分重要的方面。

1. 享乐价格法

关键问题

商品或服务与市场价格之间存在什么关系?

主要的优点

以复杂方法为基础计算出市场价格，展现某种特定商品或服务的价值。

主要的缺点

通常基于房价，与文化领域的商品以及服务没有逻辑联系。

在文化领域很少用到。

通常只能获取使用价值。

享乐价格法是一种通过观测价格波动对某种商品或服务的影响来表现偏好的方法。商品的总价值被分解成几部分，来分析商品或者服务的个体属性在何种程度上影响总体价值。通常的市场价值是基于房地产市场，环境经济学在本领域中用于显示房地产价格和商品特定属性之间的关系时变得十分复杂，例如，住在公园或者绿地附近的影响(史密斯，2010a)。

马尔根等(2006)是环境建设委员会(Commission for the Built Environment，CABE)的成员，他们探索了在评价优秀设计对城市环境的价值时使用该方法的有效性，这是个和文化一样无形且存在广泛争议的问题。马尔根等(2006)发现，尽管这种方法提供了有效的数据，而且不会像叙述性偏好法那样招致很多哲学和方法论的批判，但这种方法实施起来仍然存在某些困难，包括在整体房价中分离出单独的变量，尤其是与审美相关的，评估公共资助空间的财产和评估私人财产之间的差异，还包括显现性偏好法存在的传统问题，例如缺少非使用价值。

另外，尽管斯蒂尔(2004)认为，可以运用享乐价格法来评估电影的价值(基于电影院地点)，但是很少运用这种方法来评估艺术，该方法仅限于评估文化遗产。最近的例子是，欧洲首例研究是由路基格鲁克(2006)开展的，他对两个荷兰城镇进行评估，认为城镇15%的房地产价格受到建筑物历史属性的影响。然而，该研究在案例研究领域内仍然使用条件价值评估法，来获取历史环境的非使用价值和使用价值。

2. 旅行成本法

关键问题

根据人们愿意在购买商品和消费服务的路途中花费多长时间，可以推出人们重视什么。

主要的优点

基于市场价格，直接表明人们对商品或服务的偏好。

用来评估一系列文化商品和服务，并进行评估比较。

主要的缺点

可能会低估旅行时间有限的群体。

无法获得非使用价值以及使用价值。

可能需要潜在昂贵的基础研究。

显现性偏好的另一种主要方法就是旅行成本法。和享乐价格法有着类似的设定，人们对某种特定商品或服务的评估可以通过分析他们的偏好得出。在旅行成本法中，市场行为就是人们在购买商品或服务时愿意在旅途中花费的时间。货币价值可以根据一致认同的成本推导出，例如，使用交通运输部对时间和燃料成本的估算(弗雷斯特等，2000)。

和享乐价格法一样，旅行成本法避免了为商品或服务创建假设市场的问题，所以也避免了叙述性偏好法常见的批评。对这种方法的主要反对意见在于，实施的基础是假定旅行的时间和成本可以准确地显示人们的偏好。对于弗雷斯特等(2000)来说，这种方法计算出的价格可能会产生偏差，要么高估了价值(因为人们享受他们的旅行，或者说旅行是经历的一部分，所以并不能真正反映旅行的机会成本)，要么低估了价值(忽略了不需要远行就能获取商品服务的人对价值的认识，马尔根等，2006)。

旅行成本法用于评估文化领域内各种各样的活动以及机构，包括苏格兰博物馆(贝克等，1998)。阿尔贝里尼和隆格(2006)使用其评估阿美尼亚遗产地，展现重要的使用价值，正如近期丰塞卡和雷贝洛对葡萄牙上杜洛河的葡萄酒产地这一世界遗产地的地位评估。旅行成本还用于进行价值比较，包括用于评估西班牙的4种不同文化商品(包括一个文化节和历史文化名村)(贝得特等，2004)。旅行成本法的比较研究同样是伯特等的目标(2005)，他使用这种方法来比较和对比荷兰博物馆的价值，旨在将研究结果用于政府决策。尽管他们发现这种方法可以有效地产生比较估值，但它是基于一个具体的荷兰博物馆用户数据库，这在英国很难如法炮制。

与英国关联性最强的研究来自弗雷斯特等(2000)，他们想运用旅行成本法对地方剧院财政补贴进行决策，研究结果表明，与观众的旅行成本相比，对曼彻斯特的剧院补贴是合理的。

(三)效益和价值转移方法

基于实际需求，尤其是偏好性测算方法相关成本的考虑，催生了新的方法，将某种情境下初步调查获得的价值转移运用于具有类似特征的其他情境中。这就是价值或者效益转移。在环境评估中，主要获取与人们支付意愿相关的成本以外的其他问题。然而，由于缺乏文化领域的经济评估研究，这种方式未用于衡量文化价值。

方法论方面的指导来自环境、食物和农村事务部(伊多克，2010)，最近，纳鲁德对该领域的研究也提供了补充。通过计算原始研究中经济评估的平均水平(平均支付意愿)或者利用原始研究的支付意愿功能(即哪些因素影响了评估)，可以使用两种方法对其他政策背景下得出的价值数据加以运用(伊多克，2005)。该方法取决于原始案例研究得出的十分有效的数据，还取决于一个基本假设，即原始环境和新政策环境之间有着高度的相似性。例如，对于文化遗产来说，对象具有绝对唯一性，而且不可替代，价值转移方法不合适(伊多克，2005：15)。如果背景具有相似性，例如，在有着相似的地理、人口和社会经济特征的市镇设立图书馆，效益转移是有可能的。

然而，当前文化领域几乎没人使用这种方法，因为缺乏高质量的经济评估研究，无法开始任何转移(伊多克，2005：79；“文化和体育证据”项目，2010b)。在文化遗产方面，普罗云斯等(2008)只发现30项研究适合成为价值转移的基础。普拉扎指出，研究人员发现，即使研究进展顺利，用这种方法得出的货币价值数据存在“巨大”偏差(普拉扎，2010；156)。布朗(2004)发现，评估英国遗产地时误差为3.65%～110.8%，而且，最近图恩等(2009)发现，东南亚国家之间文化遗产转移的误差为46%～129%。

因此，在不同案例研究中尝试使用价值转移方法的优势前，还需要开展大量研究，为在文化领域各种情形下实施高质量的经济价值评估奠定基础。

(四)结　　论

本章概述了用于衡量文化相关经济价值的两种主要方法，分别是基于叙述性偏好法和显现性偏好法。正如第四章中提出的，2010 年巴克什以及索罗斯比的研究也证明了，这些方法衡量的经济价值将会在很大程度上呈现文化产生的效益，但也可能忽略某些社会形式或文化形式的其他价值(索罗斯比，2001)。索罗斯比(2003：280)也承认：

> 个体形成对某种文化商品的偏好很可能是因为商品的很多可归结于文化价值的共同属性，表明商品经济价值的上述定义在很多情况下可能与文化价值密切相关。但是这种关系并不绝对。

尽管关系十分密切，本章讨论的所有批判还暗含对这些方法的重要警示。这些方法论问题和实践问题，尤其是和叙述性偏好法相关的问题，一直以来都是争论的主题，但是技术创新(哈克尔和普鲁克内，2005)和对最佳实践达成的共识(伊多克，2005)正慢慢地消解这些问题带来的潜在影响。主要的哲学批判是无法解决的，因为取决于人们是否接受当前英国中央政府使用的经济评估范式。艺术和文化领域中的许多人，连同经济领域的人士(例如戴蒙德和豪斯曼，1994)，对这个视角及其相关方法表示高度不满。尽管在经济环境领域内出现了类似的争论，考虑到环境、食物和农村事务部以及交通运输部在《绿皮书》的框架下对采用偏好为导向的评估方法做出了明确的指导和规定，导致该方法在交通和环境产品的评估上被广泛采用(史密斯和萨克斯，2009：864)。

文化领域可能需要从文化、媒体和体育部及其独立机构，例如艺术委员会中得到更有力和更明确的指导，比如哪些方法最适用哪些场景。当前，正如本章所阐明的，在评估英国文化产业时并没有充分运用这些方法(“文化和体育证据”项目，2010；博物馆、图书馆和档案馆，2008)，而且在文化、媒体和体育部表明偏好哪种评估方法之前，情况依然是这样，其他政府部门使用这些方法时也是这样(第九章中会讨论)。考虑到偏好性评估方法所具有的优势，以及尤拉(2005)在其研究成果中展示的在博尔顿用于评估博物馆、图书馆和档案馆服务的应用情况来看，这一领域值得文化、媒体和体育部投入更多的研究，以充分挖掘这些方法在运用上的可能性。

总而言之，偏好性评估方法肯定是有必要的，下面的评论可以作为总结，这些评论来自关于在文化领域有效运用条件价值评估法所展开的讨论。正如莫拉托和马赞蒂(2002：66)所言：

> 尽管经济评估批判者很快发现了评估方法的缺陷，但寻找更佳的、更有效的替代经济评估方法的过程依然是缓慢的以及更有效的选择。目前，其他非经济评估方法要么处于起步阶段，要么根本不存在。尽管可以确定这些替代方法存在，但如何将其以一种合理的、可靠的以及可行的方式整合起来仍是难题。

为了对这一评论进行回应，文化领域开展了很多相关研究，第七章将阐述这类替代性评估方法仍然缺乏共识与明确的范围。所以：

> 即便调查方法存在诸多明显的缺陷，条件价值评估法仍然会继续使用，直到有人提出的替代方法足以替换它为止。(爱泼斯坦，2003：260)

六、幸福和健康评估方法

本章将会概述两种方法，为前文讨论的经济评估方法提供其他选择。这些方法包括以主观幸福感为基础的测算方法，最近，文化、媒体和体育部将其用于评估文化参与度（文化、媒体和体育部，2010）以及质量调整生命年，一种健康领域用于判断成本效益的方法。

（一）主观幸福感和收入补偿

关键问题

如何评估文化带来的幸福感变化？

主要的优点

从幸福感和收入的关系中推断出价值，从而避免询问人们的支付意愿。

开始用来评估文化活动参与度，例如文化、媒体和体育部的“文化和体育证据”项目。

实现《绿皮书》要求的货币化价值。

使用这种方法的潜在成本可能低于叙述性偏好法。

主要的缺点

还未充分了解幸福的决定因素。很难将文化的作用从诸多相关因素中区分出来。

就货币化的幸福而言，重要的问题是收入和幸福之间的关系，这将用于确定货币化价值，但对其中的关系还未能充分了解。

对众多个人的主观幸福感汇总计算存在问题。

需要高水平的专业技能才能实施。

在其结果可以匹敌或者代替现有经济评估形式之前，需要进一步的研究。

文化、媒体和体育部最近实施了一项价值研究，来源于“文化和体育证据”项目中的文化参与度。该项目旨在使用幸福感来评估文化。项目研究与第四章的讨论从同一个起点开始，即由于对文化的经济价值缺乏认识，政府在干预文化方面发挥的作用有限，而在“文化和体育证据”项目中则表现为对文化活动的参与价值缺乏认识（“文化和体育证据”项目，2010b：5）。“文化和体育证据”项目发现了第五章的讨论中提及的相同问题，即现有经济评估方法存在不足，进而提出应当采用一种新的方法评估参与度价值，也就是根据人们的主观幸福感进行评估。

主观幸福感方法为第五章讨论的方法提供了另一种选择，过去 10 年还引发了很多争论，吸引了许多人。这个方法是一种新兴的评估方法，以全球各种政府部门及其他机构对幸福感的广泛兴趣为背景(例如，英国财政部，2008；斯蒂格利茨等，2009)。阿林(2007：46)已经注意到定义幸福所面临的困难，即“对幸福并没有单一的定义。幸福、生活质量、喜悦、生活满意度以及福利这些词通常是可以互换的”，而且“幸福最好被视为多维度的、不断变化的概念”(2007：49)。尽管存在定义方面的问题，目前已经存在一系列得到认可的统计方法，用于表现人们对自身幸福感的描述。

调查认为，主观幸福是“个体对幸福的自我评价”(阿林，2007：46)，这种自我评价通常通过数值或定性量表分析得出(范·霍恩，2007)。个体被要求在等级 1 ~10 或 1 ~7 的量表中评估他们的幸福感，或者是在“一点也不满意”到“相当满意”的范围内描述对生活的满意度。所以，主观幸福感调查直观地表现了人们的感受，而不是以替代物的形式，例如支付意愿(范·霍恩，2007)。评估通过了解事件或活动对人们幸福感的影响来获取，然后转变为实现同等幸福感的变化需要花费的收入成本，即所谓的收入补偿。有一系列研究使用此方法对健康和环境问题进行了评估，例如空气质量(列文森，2009；威尔施，2006)。当“文化和体育证据”项目(“文化和体育证据”项目，2010b：34)使用主观幸福感评估文化参与度时，发现(不考虑非免费的文化活动的参与付费)：

①一周至少做一次运动，平均每个家庭每年的收入补偿价值 1. 1 万英镑；

②一周至少去一次电影院，平均每个家庭每年的收入补偿价值 9 000 英镑；

③一周至少去一次音乐会，平均每个家庭每年的收入补偿价值 9 000 英镑。①

主观幸福感方法可以带来很多信息，尤其是处理现实世界的行为，避免在假设市场中存在偏好导向性问题(“文化和体育证据”项目，2010b)。然而，它遭受了各种各样哲学上和方法论上的批评。主观幸福感方法以及收入补偿评估面临着哲学问题，关注的是幸福界定和衡量的相关问题，其中不同个体和国家之间的定义是不同的(英国财政部，2008：10)。多兰和怀特(2007)进一步拓展了这些问题，讨论了幸福的内在相对性以及与呈现“现场”幸福感的复杂判断有关的方法问题。英国财政部(2008：64)关于幸福的讨论报告也表明，有人反对使用以幸福感的评估为基础测量方法，这是因为对于以幸福为依据做出政策性决策受到普遍争议。个体的主观幸福感可能会和更广泛的社会目标不相容，有人认为政府应该考虑提升个体选择的能力，反对提升幸福感中潜在的家长作风。然而，英国财政部审议主观幸福感方法，认为符合他们的目标。

除了主观幸福感评估的成本外，主要的方法问题聚焦于收入补偿的评估。多兰和怀特(2007)意识到，需要有更多的研究来探讨收入和幸福之间关系的真正本质，这是英国财政部所支持的(2008：29)。由于参与度和结果之间的关系缺乏明确证据，进一步研究收入和主观幸福感之间的关系，以产生可靠的货币化评估，在文化部门变得更加复杂(第 7 章也有所讨论)。然而，琼斯(2010)以及迈尔斯和沙利文(即将发表)已经开始质疑文化、媒体和体育部干涉的目的仅仅是为了提高参与度；克利夫特等(2009)描述了我们是如何仍然不理解参与文化活动与其带来的各种利益之间的关系；加洛韦(2008)在综述中指出了这一问题，发现文化参与度与效果之间具有十分强烈的关联性，但是缺乏类似健康领域影响的强有力的数据。这些问题仍在继续，正如“文化和体育证据”项目(2010a)所讨论的，在文化

① 应该注意到，这些数据是每年每户的，而不是个人的数据，它们和条件价值评估法不一样，后者是用来衡量个人效用的。多兰和麦特卡尔夫(2008)将主观幸福感评估和条件价值评估的数据相比较，来评估一个再生项目，这表明条件价值评估的数据低于主观幸福感评估的一半。然而，主观幸福感方法和条件价值评估法之间的关系仍需要进一步研究，才能充分被理解。

领域缺乏对参与度和效果之间关系的随机控制实验。

收入和主观幸福感的关系以及文化参与度和效果的关系都存在问题，这意味着还需要进一步努力，使主观幸福感评估和现有的经济评估形式保持相同水平。但这并不意味着放弃这些方法，未来的继续研究很可能会促进更稳健的评估。当前，多兰和麦特卡尔夫(2008：25)指出：

主观幸福感方法关于非市场商品产生的货币价值的研究仍然处于起始阶段，毫不夸张地说，落后于显现性偏好法以及叙述性偏好法关于商品的研究30年之久。

(二)质量调整生命年

关键问题

如何在医疗保健行业中对资源分配做出决策？

主要的优点

能够对通常差异较大的医疗干预措施进行成本效益分析。

健康领域面临着所有政府部门都遇到的问题，即如何最有价值地分配稀有资源(威廉姆斯，1994)。因此，在医疗健康行业产生了一种特殊机制，帮助理解政策选择尤其是医疗干预措施的成本效益，即质量调整生命年。质量调整生命年是根据生命的质量和长度来衡量干涉的结果(国家临床医学研究所(National Institute for Clinical Excellence，NICE)，2008)。质量调整生命年为卫生干预措施的结果提供了共同的量化标准(史密斯、理查德森，2005)，所以根据成本效益，可以对原本差异较大的医疗实践、技巧和方法进行比较(与偏好导向性成本效益框架相反)。

质量调整生命年的实证研究的基础是，让人们对健康状态赋予一定的价值，例如残疾或是得了慢性疾病，并将其与任何可能导致死亡的治疗风险相比较。然后，各种健康状况在量表中得以分级，从十分健康(质量调整生命年1)到死亡(0)，现在正在使用各种各样的分类量表，例如，健康效用指数或欧洲五维健康量表(EQ-5D)(史密斯等，2009)。这些表格要求人们对在健康状态不佳时，为维持更长、更好的生活，愿意承担的死亡风险进行评级，问卷的关注点是人们是否愿意为特定的健康状态承担风险，或者是否愿意花费时间去改善健康(即所谓标准博弈法，温斯坦等，2009，以及时间权衡法，诺德等，2009)。

质量调整生命年最常引用的例子来自英国国家临床医学研究所(NICE)(加里森，2009)，他们通过计算一项干预措施所产生的质量调整生命年与该干预措施的成本之间的比率，从而做出是否推荐该措施的决策(国家临床医学研究所，2008)(尽管质量调整生命年的准确财政价值仍然遭受非议，例如，梅森等，2008)。值得注意的是，国家临床医学研究所使用了成本效果分析(CEA)，而非成本效益分析(CBA)的框架，但这仍然符合《绿皮书》的要求。在健康领域，关于质量调整生命年还有很多争论，对其实践应用(金德等，2009)和假设假设的前提都存在质疑(海多克，1992)。方法问题包括，应当由谁做出关于健康状况的判断，质量调整生命年的数值在何种程度上受到年龄的影响(诺德等，2009)。

质量调整生命年对文化、媒体和体育部文化价值评估的作用体现在两个方面，作为实践性方法，或者为评估方法提供案例研究。

威得利等(2009)发现，为了了解教育或者犯罪的影响，可以开发一种质量调整生命年方法。然而，这需要更多的研究。教育和刑事审判对干预措施和效果之间的因果关系(甚至是相互关系)的理解更加透彻。至于文化领域，现有文献表明需要更多的实践，例如艺术疗法以及作为医药的艺术(克里夫特等，2009；加洛韦，2008)，这是由于因果关系的复杂性，在各种艺术形式以及应用情境中都有所不同(克里夫特等，2009：13)。

当任何人想要直接将质量调整生命年移植到文化领域时，更加重要的问题就出现了。质量调整生命年假定，非常健康的质量调整生命年价值为 1，死亡的质量调整生命年价值为 0。我们很难看到文化领域如何运用这一方法。在质量调整生命年的框架内，健康是直接以生命长度来衡量的。确实，就像维恩斯特等(2009：5)讨论的，“在使用质量调整生命年时，假设的前提是，在资源有限的情况下，决策主体都希望实现健康价值的最大化或改善健康状态”。这里的根本问题是，不仅很难设想某些形式的“完美”文化参与(质量调整生命年的文化价值为 1)，而且这有违英国提供文化服务的“就近原则”(格雷，2006)，还将招致政府鼓励参与文化活动这一目标的大量批判，更不用说参与程度的最大化了(吉普森，2008；迈尔斯、沙利文，即将发表)。

质量调整生命年的主要效用来自可德尔等(2010)，他们强调评估方法的领导力需求。当 1999 年英国引入质量调整生命年来做出健康决策时，政府和学术界对其适宜性和可行性有相当大的争议。强有力的领导使质量调整生命年成为关键的评估工具，用于判断健康干预的成本效果。尽管成本效果分析与成本效益分析的判断不同，值得注意的是，在某个领域里明确的方法选择和指导对于促进政府部门采纳推荐的方法具有重要意义(正如第九章讨论的)。

七、文化领域方法

关键问题

如何才能以直观地吸引文化部门的方式来评估文化?

主要的优点

方法来源于文化领域。

避免由经济评估方法引发的哲学批判。

主要的缺点

缺乏统一方法。

缺乏统一单位标准，结果无法累计。

没有哪种方法与《绿皮书》的建议相符，所以不能用于成本效益分析。

本报告大部分关注符合《绿皮书》推荐的价值评估方法，也就是衡量经济价值的方法。然而，文化领域内还有各种各样的方法，来试图获取非货币形式的文化价值。正如下文所阐述的，这些方法可以为文化价值的经济评估提供叙述框架。同时，还部分回应了指责，即经济评估方法将资源配置的困境留给技术部门而不是决策部门去决定。这些方法的主要问题在于，其并不直接符合《绿皮书》设置的框架，因为不提供文化价值的货币化评估。然而，对于这些方法并没有统一的认识，这意味着这些方法形式泛滥，特别是试图表现文化领域成果价值的方法。最后，根据最近的"文化和体育证据"项目的报告(2010a)，文化领域的很多研究对于政府决策来说并不是真正有用。通常来说，这些方法主要分为两大类：①根据文化政策、实践和规定的结果来理解文化价值的方法；②为描述文化价值提供框架的方法。

(一)结果本位方法

当前，文化领域内有太多方法用于文化评估，但对任何一种方法或者一套标准都未达成共识。某些方法关注的是个体文化参与度的定性叙述(例如斯科特，2009；巴拉德利等，2009)，其他方法则关注文化参与的定量认识(例如，文化、媒体和体育部的参与调查)，抑或关注上述两种方法的结合(例如，贝内特等，2009)。这些方法中的价值显然不是经济价值，而是基于对个人、群体以及他们参与度的文化价值。

这些方法结合的原因在于，他们都想评估文化机构或者文化项目的活动，然后根据这些评估，建构文化价值的案例。其中最著名的例子来自博物馆、图书馆和档案馆领域，博物馆、图书馆和档案馆委员会开发了用于评估该领域的各种各样的结果指标（胡珀-格林希，2004）。这些通用指标收集了关于参与博物馆、图书馆和档案馆活动的学习成果（通用学习成果）以及社会成果（通用社会成果）数据，显示如何衡量文化参与的效益，并确定其价值。这种方法以改善和发展机构（Improvement and Development Agency，IDeA）的方式来展现对地方政府文化投资的回报。这些方法显然遭遇了塞尔伍德在 2002 年批判文化数据收集时确认的相同问题，例如，与其他领域决策中收集的证据形式相比，过度加工的数据不能直接被用于政策制定，而且缺乏说服力。对文化参与程度的影响力进行判断的方法方面，似乎过去十年的评估和研究并没有什么进步，塞尔伍德（2010：4）引用了全国博物馆董事会议一位成员的话，即“就文化影响力的实际证据而言，是没有多少的”。

过去五年，该研究领域的主要趋势是回应内在价值。关于文化内在价值的争论有些有趣的发现，研究试图对霍尔顿所谓的文化的“内在价值”（2004，2006）进行直接测量，这类价值也就是索罗斯比（2001）界定的文化价值。这些方法与美国的咨询顾问沃尔夫布朗有密切联系，建立在兰德的《缪斯的礼物》（2004）的基础上，其中内在价值可以根据人们的着迷程度、从文化参与获取的价值以及所有社会共享经验的范围进行衡量。美国关于内在价值的讨论使得布朗（2007）得出英国文化领域所熟悉的结论，即

> 非营利艺术机构的真正效益并不是物质上的，财务审计也只能呈现机构运营状况的部分内容。为了充分理解其情况，我们需要一种广泛认可的方法来评估所产生的效益。

为解决这一问题，布朗开发了一系列艺术和文化项目的态度调查，聚焦于获取观众的着迷程度、智力启发、与作品的情感共鸣、精神价值、作品的创新程度以及作品对人们和他人关系的影响（布朗和诺瓦克，2007：9）。随后，会将这些态度得分与个人接受意愿的调查数据做比较。巴克什、马特奥斯-加西亚以及索罗斯比（2010）在关于国家剧院的创新研究中使用了类似的态度量表，新经济基金会的《获取观众体验研究》也推荐这一量表（NEF，2008）。巴克什和索罗斯比（2010）在最近的工作中使用了这些技巧，尝试将态度研究和经济价值联系起来，而且认为在进一步发展下，这类调查将会至关重要，有助于理解运用第五章提及的经济方法所得出的文化价值。

然而，布朗和诺瓦克总结了所有类似影响研究的关键警告（2007：21）：

> 影响分数反映了，在特定场合和时间中，艺术家和观众之间独特的共生关系，而且不应该用于评估或者比较艺术家及其表现的价值。

所以，这些方法和本章讨论的所有其他方法都面临着同样的问题，他们不能解决第二章中考恩所表述的那种困境，即如何出于资助目的在艺术家和不同艺术形式之间进行比较。但是正如克拉克和马尔（2008：51）所承认，在文化遗产彩票基金评估框架的讨论中：

> 这里有一个发人深省的问题，即文化价值框架是否可以转换用于对申请程序的评估，我们在

文化评估中获得的信息在多大程度上可以用于对资金资助的评估决策?

当考虑到投资回报时，例如，将新经济基金会研发用于第三产业的投资社会回报框架，用于探索博物馆、图书馆和档案馆投资社会回报框架时(2008)，当然有可能理解相对于产出目标，资金在多大程度上具有成本效益。然而，正如依多克(2005)讨论的，在做出比较资助决策时，尤其是针对不同形式的文化，这种方法的用途是有限的。本节描述的方法是用来说明和解释特定的表演形式或文化经验对观众的影响，至于在《绿皮书》推荐的成本效益分析框架内如何展现文化的效益，这些方法并没有提供直接的解决方案。

(二)叙述方法

文化领域内的另外一种常见的方法就是叙述文化的价值，使用各种框架(例如美国电影电视剪辑师协会，2007；朗博尔德，2010；麦克马斯特，2008；英国遗产保护原则，2008)，这可以作为第七章第一节讨论的各类研究的起点。这些方法源于赫休森的观点(2006：28)，他认为，内在价值只能被表达，无法被衡量。这些叙述方法中发展得最好的是英国电影委员会对文化影响力的测量(英国电影委员会，2009)。

该方法是以两组英国电影为调查对象，随机选出200部电影，还有200部电影由专家选出。每部电影都根据其文化影响做了“标记”(英国电影委员会，2009)，就其对英国文化的影响而言，包括票房和视频画质，传媒和文化的引用等级，影片的恶评或审查级别，以及该电影是否获取“时代精神”，或者反映了英国社会更广泛、更深远的变化。这种方法是高度定性的，反映了专家以及大众对电影的解释学判断。这种方法的主要长处在于，它对文化价值进行了强有力的叙述，这恰恰是索罗斯比(2001)所呼吁的衡量形式。这种叙述文化价值的方式是极其重要的，因为它能为经济评估手段提供背景，并使其具有意义。就像陶斯(2010)所说的，如今经济学领域盛行的正统思想并不关注偏好、选择以及效用等原因，而只热衷于收集这些领域的个人数据。叙述文化价值有助于理解经济价值背后的意义，在任何关于资源分配的决策中都是必不可少的。然而，它们几乎没有为成本效益分析提供相应的数据，所以对于想要在《绿皮书》框架内做出政策评估和评价的决策者来说是有问题的。

八、多标准分析方法

关键问题

如何运用不具有可比性的数据做出判断?

主要的优点

有利于整合定性的、定量的以及货币化的数据。

可以在标准的权重上引入专家意见。

主要的缺点

对文化价值进行评估,不能避免上述章节提到的困难。

对每项标准赋予的相对权重可能引发争议。

第七章认为,有必要回应文化领域内盛行的文化价值思考方式、理解价值叙述以及货币化数据的需求。问题是如何将文化价值的概念和经济数据进行整合。文化价值的概念来源于文化领域,以美学判断和态度调查为基础,而数据来源于文化的经济评估方法。尽管巴克什和索罗斯比(2010)创造了这样的框架,但尚未得到英国财政部的批准,而且在文化领域内的应用前景如何仍是未知数。所以,在做出结论之前,考虑《绿皮书》中提出的决策工具是有指导意义的,这些工具可以将不同形式的数据整合到信息相称的结构中。这种方法就是多标准分析法,最近,社区和地方政府部门(Communities and Local Government, CLG)在做出决定时,也使用它来解决某些难题。社区和地方政府部门的指南(2009:20)概述了这种方法:

> 多标准分析法通过参考决策机构的明确目标在不同选择间建立偏好,还为其确定了可测量的标准,来评估目标的实现程度。

该方法在决策时先确定各项标准的权重,再赋予每个独立方面相应的分值,使用软件来为每个决策选项进行排序,包括"不建议采取行动"这一选项(社区和地方政府部门,2009)。多标准分析法通常被用于环境建设有关的决策(马尔根等,2006:31),交通运输部也在《新型交通评估方法》中推荐使用(交通运输部,2009)。这里的多标准分析法将环境影响因素如碳排放,和交通时间以及无形价值例如文化遗产的重要性进行了整合。

文化、媒体和体育部可以为文化决策制定类似的多标准分析框架。然而，多标准分析法并不能解决文化价值评估的问题，它需要一种可以得到数据的方法。用于特定决策的文化价值数据可以与参与率、环境影响以及观众数量等其他因素一起被评分和权衡。这种决策形式有助于提高文化决策透明度，避免因单纯依据经济数据决策而受到批评。

九、方法的选择：中央政府指导的必要性

本报告展现了文化价值评估的一系列方法，探讨了他们对决策的有效性，例如资助投资方案，这需要按照《绿皮书》中规定的方式进行评估。在为文化价值评估项目提供下一步做法的建议前，本报告以两个简单但重要的问题结束：为什么报告中提到的方法已被政府部门采纳？以及尤其是为什么《绿皮书》推荐了叙述性偏好法？

这两个问题，后者更为直接，第五章对经济评估方法的讨论已包含这一点。经济评估方法中使用了叙述性偏好法和显现性偏好法，这是当前主流经济学家为了获取非市场价值所认可的方法，所以是符合《绿皮书》框架的。正如第六章所表明，主观幸福感的发展利用了幸福和收入之间的关系来获得货币的价值，目前还处在发展的早期阶段。尽管英国财政部已经表明对幸福感一直很有兴趣(英国财政部，2008)，但主观幸福感/收入补偿方法未来是否会纳入《绿皮书》的框架目前仍然未知。

各个部门采纳的经济评估方法是更加复杂的问题，尤其是当方法论的发展和决策过程之间的关系不够直接的时候(纳特力等，2007)。尽管存在不足，但从中央政府环境和交通政策中采纳叙述性偏好法的有关论述中，我们可以认识到部门领导和指导的必要性。

《文化价值评估》报告人员的主要任务之一就是通过和其他部门展开沟通，从而理解评估方法的设计和实施过程。与英国交通运输部以及环境、食物和农村事务部的公务员讨论表明，环境和交通评估确定采用叙述性偏好法的过程中，部门领导发挥了至关重要的作用。该讨论赞成汉利和斯巴什(1993)、皮尔斯(1998，20002)以及汉利(2001)等人的观点，确认了联合外界因素可以为在方法论方面确立部门领导地位创造环境。

20 世纪 80 年代起，皮尔斯(1998)和汉利(2001)的讨论关注的是成本效益分析的发展和使用，他们的发现包含了成本效益分析框架内叙述性偏好法的使用。利用成本效益分析法是十分重要的，该方法强调了成本和效益的货币价值。对成本效益分析法的需求是由一系列因素的影响促成的，包括 20 世纪 80 年代起中央政府坚持效益优先，公共政策的讨论中对环境的关注不断增加，以及欧洲共同体指令中注重对环境成本和效益的量化。20 世纪 60 年代起，交通运输部使用了成本效益分析法(毁誉参半)，皮尔斯(1998)指出，在环境、食物和农村事务部(以及英国财政部)采纳叙述性偏好法的进程中存在几个标志性事件。这些事件都发生在 20 世纪 90 年代，特别体现了中央政府放松管控以及税收政策对环境问题日益关注的趋势。

1997 年，英国环境、运输和区域部门的建立对于使用成本效益分析法来说十分关键。环境、运输和区域部门回应了各种各样的法律法规，坚持对环境政策的成本和效益进行货币化分析(皮尔斯，1998)。该部门还试图在新部门的政策领域内整合经济评估的各种方法，其中某些部门和机构经常使用这一方法，例如卫生安全局(皮尔斯，1998：92)，但是在其他部门和机构中还存在“严重矛盾”。

要解决这些矛盾，取决于政府的明确指导以及强有力的领导。这种指导方式使用叙述性偏好法（皮尔斯以及奥兹德米罗格鲁，2002），采纳新型交通评估方法（New Approach to Transport Appraisal，NATA），一种将经济评估方法和环境影响整合起来的多标准分析法。新型交通评估方法已于近期更新（英国交通运输部，2009），表明对交通领域的评估将致力于经济评估工作。

皮尔斯（1998）认为，环境经济领域内评估工作的规模可能使中央政府难以避免使用某些评估方法，值得关注的是，当时的交通部如何制定指导方针，来应对那些文化领域今天仍面对的问题（皮尔斯等，2001）。针对环境政策制定的经济评估受到了诸多反对，包括新古典经济框架对环境问题是否适用，自然世界具有独立于个人偏好的内在价值，环境评价的货币化会损害这种价值，认为它应该像任何其他商品一样进行交易，还有各种对经济方法运用在方法论上和实践上的反对意见（皮尔斯，1998：96）。然而，本报告并不认为中央政府的领导解决了将经济方法用于环境评估的所有反对意见，相反，在讨论将叙述性偏好法用于文化评估时，我们遭遇的潜在反对意见和环境评估是相同的，中央政府的领导最终促成了将经济评估融入环境和运输决策（例如，环境、食物和农村事务部，2010）。

在发展质量调整生命年方法时也发现了类似的叙述，在理解成本效益分析法以及使用质量调整生命年的讨论中，医学界发挥了更重要的作用。20世纪80年代中期，英国出现了大量的争议，为了对公共资助医疗健康的资源进行最佳分配（斯坦顿，2005），通常，医疗人员和经济学家就如何最好地解决这个难题存在相左的意见（斯坦顿，2005）。确定采用质量调整生命年的关键时刻是在1999年创立国家临床医学研究所时（NICE），中央政府明确表示，为了评估新医疗技术和疗法而使用成本效益分析（巴克斯顿，2006）。

令人吃惊的是，在运用经济评估方法解决文化问题时，就如何将其运用到质量调整生命年上，遇到相同的反对意见，尤其是反对对个体生命进行“标价”（西莱特，2003）。质量调整生命年方法的采纳是中央政府应对这些反对意见的典范（可德尔等，2010），因为国家临床评价研究所的成立和质量调整生命年方法的采纳密切相关。所以重要的是，同样的步骤，即来自中央政府的清晰领导加上决策过程中的公开性，一样适用于英国的文化政策。

十、结论和建议

本报告概述了当前文化价值相关的争议。文化价值是一个十分复杂且理解困难的术语，对于如何最好地评估或者描述它，并没有跨学科的共识。本报告描述了关于文化价值的各种争议，表明如何区分文化的内在价值和工具性价值问题，是很多文化价值讨论的基础，但是很可能是无益且具有误导性的。所以，本报告采用了一种实用的方法来解决文化价值的问题——在英国财政部《绿皮书》的指导下解决价值评估问题。

对现有文化价值措施的概述表明，尽管每种方法都有缺陷，但现有的经济评估方法是目前《绿皮书》唯一推荐的方法。尽管主观幸福感/收入补偿方法以后可能成为《绿皮书》建议的一部分，但本报告概述的其他文化评估方法要么在被应用于实践政策前仍需要广泛的研究，要么不符合《绿皮书》的原则。

在文化领域，经济评估方法使用较少，所以如果文化、媒体和体育部想要实现这种评估形式带来的潜能，就需要大力倡导。没有文化、媒体和体育部的清晰指导以及明确承诺，经济评估方法将不会成为文化价值评估的标准方法，尤其是文化领域内普遍对经济评估方法持质疑态度。任何对英国文化政策近代史的考察都认为，收集的数据以及证据要面对一套混乱和矛盾的方法，来证明文化的价值。本报告的基本结论是文化、媒体和体育部有可能纠正整个问题，使用叙述性偏好法对文化价值进行评估，并制定详细指导，明确表示这将是中央政府思考文化领域政策时的标准评估方法。

总的来说，报告建议：

①文化、媒体和体育部应该为文化价值评估提供明确的指导方针，正如报告中所说，这一评估是基于和《绿皮书》一致的经济评估方法。同时，中央政府详述了如何使用叙述性偏好法，目前为止，未具体针对文化领域做详细说明。所以，文化、媒体和体育部应该创建一个手册，总结中央政府对此领域的思考，这样，文化领域以及参与经济评估的人士都可以获取。其目标是明确文化、媒体和体育部想要文化领域去评估什么，以及希望评估如何实施。这会有助于回避长期以来在文化领域内对数据收集和评估方法提出的各种批判（塞尔伍德，2002；美国电影电视剪辑师协会，2009；文化、艺术和体育证据计划，2010b）。

②作为指导方针的一部分，文化、媒体和体育部值得与文化经济学领域学者发展更加紧密的关系。这将会有助于文化、媒体和体育部使用第五章提到的经济评估方法来进行一系列实证研究，评估文化的价值，特别是条件价值评估法和选择模型法。这些研究将会是该领域最佳实践中重要的和可公开获取的范例。

③文化、媒体和体育部还应该调查，现有的数据库是否可以联合建议②中的经济价值一起使用，开发对文化的多标准分析，类似交通运输部门的使用方式（英国交通部，2009）。

④文化、媒体和体育部，艺术与人文研究委员会以及经济和社会研究委员会应该指定后续工作人员跟踪实施这些建议，尤其是建议①。

附　　录

附录 1：咨询的组织和人员名单

马丁·艾莉森	改进和发展机构
亚历克斯·阿波斯托拉基斯	朴次茅斯大学
安迪·巴罗	索尔福德大学
蒂姆·贝克	贝克·理查兹公司
埃利奥诺拉·贝尔菲奥尔	华威大学
凯特·贝拉米	国家博物馆董事会
弗兰考·比安基尼	利兹都会大学
布莱恩·比格斯	利物浦蓝领展览中心
罗伊·博因河	杜伦大学
亚当·布朗	曼彻斯特智慧公司
艾伦·布朗	沃尔夫布朗
凯瑟琳·邦廷	英格兰艺术委员会
彼得·坎佩尔	利物浦大学
劳拉·克莱顿	英国古迹署
马克·科利特	伯恩斯·科利特公司
塔米辛·科克斯	英国区域卫生局通信系统
威廉·戴维斯	牛津大学
简·道森	2008 年欧洲文化之都—利物浦影响力研究项目组
本尼迪克特·波拉纳	英国皇家艺术学会
保罗·多兰	伦敦经济学院
塔比瑟·埃尔威斯	威普咨询公司
苏珊·加洛韦	格拉斯哥大学
利萨尼·吉布森	莱斯特大学
阿比盖尔·吉尔摩	曼彻斯特大学
克莱夫·格雷	德蒙福特大学

詹妮弗·盖伊	关于观众发展机构
露西·黑迪	新慈善基金
罗伯特·休伊森	英国迪莫斯智囊团
约翰·奥尔登	英国迪莫斯智囊团
凯文·琼斯	加迪夫商业学校
萨姆·琼斯	英国迪莫斯智囊团
比琳达·基德	利物浦爱乐乐团
克里斯·兰德	艾塞克斯大学
汤姆克·拉斯卡	利物浦大学
加雷斯·马厄尔	文化遗产彩票基金会
凯文·马什	矩阵咨询公司
弗朗索瓦·马塔拉索	咨询公司
吉姆·麦圭根	拉夫堡大学
艾勒赫·麦克拉波拉	博物馆、图书馆和档案馆委员会
露丝·梅尔维尔	2008 年欧洲文化之都—利物浦影响力研究项目组
葆拉·梅里	诺丁汉大学
罗伯特·梅特卡夫	牛津大学
安德鲁·迈尔斯	曼彻斯特大学
穆尼拉·米尔扎	大伦敦政府
格里·莫里亚蒂	咨询公司
安德鲁·纽曼	纽卡斯尔大学
朱莉·牛顿	卡迪夫大学
凯特·奥克利	伦敦城市大学
贾斯汀·奥康纳	昆士兰科技大学
谢普里·奥尔	伦敦大学学院
埃杰·厄兹代米尔奥卢	依多科公司
克莱夫·帕金森	曼彻斯特城市大学
萨拉·皮提亚-亚当斯	利物浦大学
安德鲁·皮诺克	南安普敦大学
安迪·普拉特	伦敦国王学院
尼尔·雷文斯克罗夫特	布赖顿大学
凯特·朗博尔德	伯明翰大学
卡罗尔·斯科特	卡罗尔·斯科特联合基金公司
萨拉·塞尔伍德	萨拉·塞尔伍德联合基金公司
哈维尔·斯坦齐奥拉	利兹大学
大卫·斯蒂尔	英国电影委员会
爱丽丝·沙利文	教育研究所

马丁·汤普森　2008年欧洲文化之都—利物浦影响力研究项目组
大卫·索尔斯比　麦考瑞大学
露丝·陶斯　伯恩茅斯大学
波莉·维扎德　伦敦政治经济学院
安迪·奥比　新经济基金会
肯恩·威利斯　纽卡斯尔大学
凯瑞·威尔逊　利物浦约翰摩尔大学
克利斯朵夫·耶茨　大英博物馆

附录2：政府组织咨询名单

英国政府内阁办公厅
社区和地方政府部门
英国卫生部
英国交通运输部
英国就业及退休保障部
英国财政部
国家统计局

英国2010年创意产业统计报告

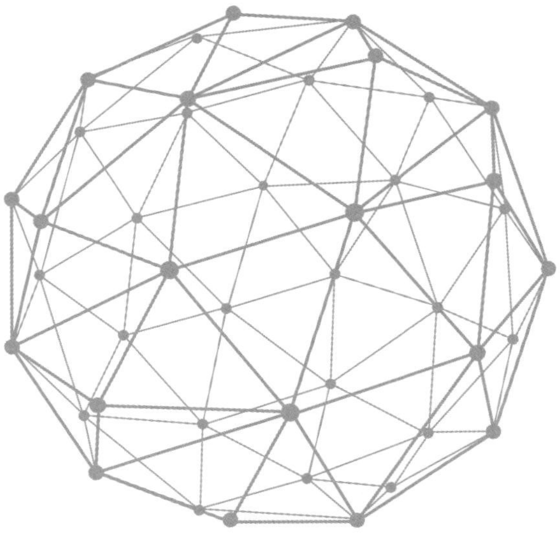

* 文件由文化、媒体和体育部发布于2010年12月9日。

我们的目标是通过文化和体育活动提高所有人的生活质量，支持所有人追求卓越，支持旅游、创意和休闲行业。

实验统计数据

因为这是我们首次尝试使用新的标准产业分类来评估创意产业的数据，这一系列经济评估数据被视为实验统计数据，因此，所选数据仍在不断完善，请务必谨慎对待。我们将在与用户进一步协商之后改进使用的方法和分类标准。如果您有任何意见或建议，请填写报告发布页面上的反馈表，或与我们联系，邮箱：CIEEBulletin@ culture.gsi.gov.uk。

请注意

本报告的评估数据是使用最新的可用数据得出的关于创意产业的基本状况，由于标准产业分类代码进行了更新，不应该将本报告的评估数据与先前的评估数据进行比较。请参见“技术说明”，了解此次变更的全部细节。我们是首次尝试用新的标准产业分类代码进行数据评估，评估结果可能不久之后会进行更新。

目　录

附录 A　官方纲领文件规定的创意产业分类

附录 B　2003 年与 2007 年标准产业分类代码对照

附录 C　辅 助 说 明

附录 D　来源和参考文献

一、主要统计结果

1. 对经济的贡献——总增加值(表1)

创意产业(Creative Industries)(不包括工艺业)总增加值占2008年英国总增加值的5.6%。

在所有创意产业中，软件和电子出版(Software & Electronic Publishing)业的增加值占总增加值的比例最高(2008年是2.5%)。

2. 就业(表2)

2010年夏季(7—9月)，创意就业岗位总计将近230万个，其中创意产业工作岗位近130万个，创意产业之外的其他产业的创造性工作岗位近100万个。

软件和电子出版业是所有创意产业中拥有创意员工数量最多的，超过60万人。音乐、视觉和表演艺术(Music and Visual & Performing Arts)业拥有个体经营者数量最多，超过20万人。

3. 企业数量(表3)

2010年，在跨部门商务注册中，创意产业预计共有182 100个企业，占企业总数的8.7%。创意产业企业的真实数量可能更多，因为某些行业，如工艺业，主要包含小型企业。

创意产业中将近2/3的企业归于两个行业：软件和电子出版业(81 700家公司)，音乐、视觉和表演艺术业(30 800家公司)。

4. 出口

2008年创意产业的服务出口总额达到173亿英镑，占所有商品和服务出口总额的4.1%。在此次统计报告中，创意产业的评估数据还没有完全更新，因为其仍然使用的是2003年的旧标准产业分类代码。只有将国家统计局颁布2007年新标准产业分类代码用于出口数据，才能进行完整的数据评估。

5. 注意事项

此次报告将变更的标准产业分类代码应用于软件和电子出版业类别，这似乎是总增加值低于2007

年的原因。2007 年标准产业分类代码大幅提高了我们进行评估分类的能力，因为我们现在可以更好地排除那些主要活动不具有创造性的企业。如果这些企业(标准产业分类代码 62.09)包括在内的话，预计 2008 年实际总增加值会比 2007 年更高(略低于 7%)。如果将这些企业的数据从之前的评估数据中去除，预计 2007 年的总增加值是 5.2%。更多细节，请参阅“技术说明”。

表 1　英国创意产业总增加值(2008 年)

行业	基本价格的总增加值(百万英镑)	占英国总增加值总额的比重(%)
1. 广告	7 800	0.7
2. 建筑	3 600	0.3
3. 艺术品和古董	300	0.03
5. 设计	1 600	0.2
6. 时尚设计	100	0.01
7. 视频、电影和摄影	2 700	0.3
9 和 10. 音乐、视觉和表演艺术	3 200	0.3
11. 出版	10 100	1.0
8 和 12. 软件和电子出版	26 400	2.5
8 和 12. 数字和娱乐媒体	200	0.02
13. 广播和电视	3 200	0.3
创意产业总增加值	59 100	5.6
所有产业总增加值	1 053 9002①	

来源：国家统计局年度商业调查。

注：1. 现有数据无法评估工艺业的总增加值。

2. ①的数据来自《国民经济核算蓝皮书》(*National Accounts Blue Book*)，并根据实际情况有所调整，因为年度商业调查没有覆盖英国所有经济类别。详情请参见“技术说明”。

表 2　英国创意产业就业(2010 年 7—9 月数据)　　(单位：人)

行业	创意产业员工	创意产业的个体经营者	其他行业从事创造性工作的员工	其他行业从事创造性工作的个体经营者	就业总人数
1. 广告	89 100	25 400	163 800	21 000	299 200
2. 建筑	63 300	35 300	26 300	3 500	128 400
3. 艺术品和古董	6 600	3 200			9 800
4. 工艺			66 300	45 100	111 400
5. 设计	35 000	56 600	113 500	20 400	225 400
6. 时尚设计	2 500	3 700	3 200	400	9 700
7. 视频、电影和摄影	26 000	13 300	10 700	10 500	60 500
9 和 10. 音乐、视觉和表演艺术	67 200	136 300	33 300	69 000	305 800
11. 出版	151 100	20 500	55 700	9 300	236 600
8 和 12. 软件和电子出版	347 000	81 000	290 600	34 500	753 000
8 和 12. 数字和娱乐媒体	5 600	700			6 200
13. 广播和电视	77 300	37 300	10 500	7 200	132 300
总计	870 600	413 200	774 000	220 700	2 278 500

来源：国家统计局劳动力调查。

（单位：人）

创意产业就业人员	1 283 800
创意产业之外的企业就业人员	994 700
创意就业总人数	2 278 500
就业总人数[①]	29 189 000
创意就业总人数占就业总人数比重	7. 8%

注：1. ①的数据来自2010年11月《劳动力市场统计公告》(*Labour Market Statistics Bulletin*)。

2. 这些数据的覆盖范围比其他公告更广，不仅将创意产业的就业人员计算在内，还将创意产业之外的企业的创造性工作就业人员计算在内，如在制造公司工作的平面设计师。

3. 现有数据无法评估的某些类别行业的就业情况，已经在表格中留白。

表3　英国创意产业的企业数量(2010年)

行业	企业数量	占创意产业企业数量比重(%)	占企业总数比重(%)
1. 广告	14 800	8. 1	0. 7
2. 建筑	11 500	6. 3	0. 5
3. 艺术品和古董	2 700	1. 5	0. 1
5. 设计	14 200	7. 8	0. 7
6. 时尚设计	900	0. 5	0. 04
7. 视频、电影和摄影	9 900	5. 4	0. 5
9和10. 音乐、视觉和表演艺术	30 800	16. 9	1. 5
11. 出版	7 700	4. 2	0. 4
8和12. 软件和电子出版	81 700	44. 9	3. 9
8和12. 数字和娱乐媒体	200	0. 1	0. 01
13. 广播和电视	7 700	4. 2	0. 4
总计	182 100	100. 0	8. 7
企业总量	2 100 400		

来源：国家统计局跨部门商务注册。

注：现有数据无法评估工艺业的企业数量。

二、技术说明

（一）创意产业的定义和评估

1. 创意产业的定义

2001年《创意产业纲领文件》（*Creative Industries Mapping Document*）将创意产业定义为“源于个人创造力、技能和才华，通过产生和利用经济属性创造财富和就业机会的有潜力的行业”，包括：

①广告；

②建筑；

③艺术品和古董；

④工艺；

⑤设计；

⑥时尚设计；

⑦视频、电影和摄影；

⑧互动休闲软件；

⑨音乐；

⑩表演艺术；

⑪出版；

⑫软件及计算机服务；

⑬广播和电视。

2. 评估内容

根据《创意产业纲领文件》对创意产业所作的定义，评估创意产业对经济的贡献，包括4个方面：

①总增加值——参见下文的解释；

②就业；

③企业数量；

④出口。

本报告既从整体的创意产业来评估这些方面的数据，又对上面列出的行业分别进行数据评估。

3. 评估原因

2001 年《创意产业纲领文件》中提出，要考虑如何统计更及时、连贯的创意产业活动数据，要完成这一系列工作，需要对官方数据源不断进行开发。对于许多为创意产业制定政策、支持其发展，或者在该行业工作的人来说，本报告中的数据是他们重要的信息来源。这些数据是这个领域唯一可用的数据源之一，是由我们与几个创意产业组织紧密合作得出的。这些创意产业组织包括：英国国家科学、科技和艺术资助协会（Britain National Endowment for Science，Technology and the Arts，NESTA），技能小组（Skillset），英国电子技能组织（E-skills），创意文化技能协会（Creative and Cultural Skills，CCS）。

4. 评估方法

我们通过使用标准产业分类代码评估创意产业，这些代码将在下文进行更详细的解释。我们（从《创意产业纲领文件》中）挑选最符合创意产业定义的代码，并使用这些代码的数据得出估算值。本报告中数据的完整代码列表可以在附录 A 中找到。

5. 总增加值

总增加值代表个体企业、行业或部门为经济做出的贡献。广义上说，总增加值是通过企业、行业或部门产生的收入减去为了获得产出而消费使用的商品和服务来进行评估的。

因此，总增加值是官方统计中用于评估产业对经济的贡献所使用的标准方法，并可以进行跨部门/行业比较。其计算方法如下：

总增加值+产品税-产品补贴=国内生产总值

所以，国内生产总值（Gross Domestic Product，GDP）和总增加值密切相关，通过税收和补贴，总增加值可以更准确地评估创意产业对经济的贡献。

更多关于总增加值的信息，可以访问国家统计局的网站。

（二）标准产业分类和标准职业分类

1. 标准产业分类定义

英国标准产业分类是对企业参与的活动类型进行归类，提供了一个收集和展示企业数据的框架。更重要的是，英国标准产业分类与欧盟统计局（Statistical Office of the European Communities，Eurostat）

的国家电子顾问委员会(National Advisory Committee on Electronics，NACE)提出的 4 级分类类似。这意味着，整个欧洲的企业数据分类是一致的，不同的国家数据可以进行比较。

标准产业分类通过分级的方式对企业进行分类，开始是非常基础的(1 级)水平，然后，越来越详细地分级，直到细化至 5 级水平。然而，即使这种细化的级别，也不可能使每个行业都有代码(有些代码分级实在是太细了)，所以，有些行业可能与其他的行业一起构成一个类别。

2. 标准产业分类代码更新(详见附录 B)

2008 年 1 月，标准产业分类代码从 2003 年版更新至 2007 年版。代码列表中删除了一些旧代码，因为行业不再相关；增添了一些新代码，因为有新的行业出现；还有一些代码被移动、分解或与其他代码合并。关于标准产业分类代码更新的更多信息，可以访问网址：http://www.statistics.gov.uk/methods_quality/sic/downloads/SIC2007explanatorynotes.pdf。

去年，更新的 2007 年标准产业分类代码已经应用于国家统计局的多个数据集，其中包括本报告评估使用的 3 个主要数据集：

①年度商业调查；

②跨部门商务注册；

③劳动力调查。

然而，2007 年标准产业分类代码尚未应用于国际服务贸易(International Trade in Services，ITIS)数据发布。其使用的仍然是 2003 年标准产业分类代码，并定于 2011 年 3 月更新。鉴于这是本报告进行出口评估的主要数据源，我们决定在此次报告中不公布详细的出口评估值。这是因为其在总增加值、企业数量和创意产业就业人员方面的数据与本报告不一致，本报告使用的是 2007 年标准产业分类代码更新后的数据源。因此，本报告只公布了出口的主要发现。要了解更详细的结果，请您留意 2010 年 2 月的出口评估数据。

标准产业分类代码的更新对此次报告发布有重大影响。一些新增的类别使报告中能够提供之前未能统计的行业(例如设计业)。现在，计算机软件等领域也有更详细的可用数据了：以前许多不同的活动会共用一个代码，现在，这些活动已经分离出来，有自己的代码。

因此，本报告能够更精确地界定创意产业，并对其进行数据评估，2008 年和 2007 年的数据之间的差异可能反映了这一点。不过，仍要记住，本报告的数据只是评估数据，而且使用的数据源(以及相应的标准产业分类代码)并不完全符合对创意产业的定义。标准产业分类代码的每一次更新都应该提升数据的准确性，但还是会包含一定程度的评估。

3. 标准职业分类定义

标准职业分类是一种根据工作类型对个人职业进行的分类。和标准产业分类一样，它提供了一个框架，可以为重要调查收集数据，比如劳动力调查。最近一次更新标准职业分类是在 2000 年，并将在 2011 年再次更新。

和标准产业分类一样，标准职业分类代码先将职业归类到一个非常基础的(1 级)水平，然后进行越来越详细的分类，直到细化至4级水平。

（三）数 据 解 读

所有的读者都应该明白：

①所有的数据都是估算值，因为标准产业分类和标准职业分类代码使用的数据源并不总是完美地映射到我们感兴趣的创意产业领域。在附录A中，尝试将数据映射到这些行业。

②本报告采用的更新的标准产业分类代码和不同的统计方法意味着，这些评估数据不应该与2010年2月产生的2007年的评估数据相比较。本报告纯粹是使用最新可用数据得出的对创意产业的简单印象。

③数字产业和创意产业有相当大的重叠区，因此，任何数字产业的评估数据都不应该与创意产业的评估数据进行比较或合并。相似地，如果评估时包括其他数字产业(例如电信)，将大大增大得出的数据。本报告努力改善了数字产业的评估方法，保证其与创意产业的一致性。

④尽量将国家统计局的数据源作为评估的基础，以确保部门之间的一致性和相容性。对于国家统计局无法提供的数据，由于其他研究使用的是可能没有经过相同质量检测的数据，因此，这些评估数据和一些可能包括这些评估的数据，可能无法和国家统计局提供的数据一样准确。

⑤除了企业的数量之外，其他数据来源于抽样调查。因此，这些数据可能会受到抽样误差的影响，特别是当样本规模比详细分类小的时候。

⑥由于数据源使用的是标准产业分类代码，有必要把“音乐”与“表演艺术”结合起来进行评估。

⑦由于需要一个单独的“电子游戏”类别，因此将之前使用的“软件、电子游戏和电子出版”类别划分为两个小类。其中，现在的“数字和娱乐媒体”与电子游戏行业非常相似，尽管其中一定比例的企业是属于其他数字媒体的，但目前无法将该类别进行进一步划分。

⑧除了表3(就业)是指大不列颠岛①，其他表涵盖整个英国 。

（四）未来的工作

1. 创建回溯时间序列

本报告是使用最新数据对创意产业进行的简要概括，并未尝试将这些数据与先前的版本进行比较。尽管新的2007年标准产业分类代码允许改善评估创意产业的方式，却也为与前几年的数据进行比较带来了重大的挑战。

尽管国家统计局为更好地将旧的2003年标准产业分类代码映射到新的2007年标准产业分类代码提供了指导，但其并未对现在使用2007年标准产业分类代码的数据源进行任何追溯工作。2011年，

① 大不列颠岛指英格兰、威尔士和苏格兰；英国指英格兰、威尔士、苏格兰和北爱尔兰。

我们将与国家统计局合作，调查建立一致的回溯时间序列的可能性，以便能将这些评估数据与以往的评估数据进行比较。这将是一项复杂的工作，而且可能并不是所有的部门都能完成。我们会随时将这一领域取得的进展告知邮件列表中的用户。如果您想获取进展信息，请用电子邮件联系我们：CIEEBulletin@ culture.gsi.gov.uk。

2. 改进评估创意产业的标准产业分类代码

标准产业分类代码的更新提供了一个很好的机会，来回顾衡量创意产业使用过的框架。在进行了广泛的用户咨询后，本报告改善了这个框架(见附录 B)。然而，完善这个框架还有更多的工作要做。这项工作将持续到 2011 年，我们将与国家统计局密切合作，使用数据源中详细的分类，来帮助形成尽可能精确的框架。在这个过程中，进一步与用户沟通也非常重要。

3. 基于 2007 年标准产业分类码进行出口评估

2011 年 3 月，由国家统计局发布的国际服务贸易数据将使用 2007 年标准产业分类代码。这意味着，可以修改创意产业出口的评估方式，但本报告还无法做到。

4. 使用更新的标准职业分类代码进行评估

2011 年 1 月，国家统计局将对标准职业分类代码进行自 2000 年以来的首次更新。这提供了修改创造性就业评估方式的机会。因此，下一次报告发布的就业数据将会反映 2010 年标准职业分类代码和 2007 年标准产业分类代码数据。

5. 创意产业的区域评估

我们认识到，许多用户需要区域评估数据。2011 年，我们将与国家统计局合作，调查产生区域数据的可能性，来满足这一需求。

(五)将比例应用于数据

本报告在进行评估时，许多情况下无法获得想要的 5 级代码的详细数据。在这种情况下，就需要考虑使用其他相关数据来源，将其按比例应用于 4 级代码数据，或要求国家统计局提供支持。将比例应用到数据的主要原因如下。

1. 5 级代码数据无法用于就业人员和企业数量

这是迄今为止应用比例数据最常见的原因。年度商业调查可以用详细的 5 级代码数据，但跨部门商务注册或劳动力调查的5级代码数据不可用。因此，尽管有创意产业总增加值的5级代码的详细数据，但是当评估企业和员工数量的时候，4级代码仍然是最好的分类。

年度商业调查涵盖企业和就业总数(以及总增加值)的每个5级标准产业分类代码数据。因此，能够使用这些数据来计算每个4级标准产业分类代码数据在年度商业调查中的比例。然后，将这些比例应用到跨部门商务注册和劳动力调查的4级代码数据，得出就业人数和企业数量的5级代码评估数据，应用的精确比例可以在附录A和表A2中找到。

但是，要注意，很重要的是，由于年度商业调查数据的滞后性，就意味着，要把2008年商业调查数据的比例应用到2010年跨部门商务注册和劳动力调查数据中。因此，这些比例可能不完全准确，而且2008年以来的数据可能有所变化。因此，需要谨慎对待这些数据。

我们将继续与国家统计局合作，探讨访问跨部门商务注册和劳动力调查5级代码数据的更好的方法，这样，就可以直接使用数据，而不必应用比例得出数据。

2. 将不可用的4级代码进一步分类

在两种情况下，我们需要应用比例。

(1)代码74.10——专业设计活动

2007年标准产业分类代码包含了这个新类别，能够更精确地定义“设计”和“时尚设计”。然而，这个代码无法在比4级代码更细化的水平上使用。因此，我们要求国家统计局做一小部分建模工作，看看这一类别怎样进一步细化。这就涉及这个类别中所有雇员超过20人的企业，并计算如何划分不同类型企业的总增加值、就业人数和企业数量。

这可以将时尚和建筑设计从其他设计活动中分离出来。然而，必须注意，这项工作只是建模，只能提供关于这一类别非常粗略的评估分类，因此，任何比4级代码更细化的数据都必须谨慎对待。

希望未来标准产业分类代码的变更可以使代码74.10类别被进一步细化到5级代码水平。

(2)代码59.12——电影、视频和电视节目后期制作活动

由于这个类别缺少5级代码数据，这就意味着在这一类别中面临如何划分“广播和电视”和“视频、电影和摄影”。我们认为，使用一个与其密切相关的类别(代码59.11——电影、视频和电视节目制作活动)的比例将是最准确的方法。然而，这显然有一定风险，鉴于这两个类别在现实中的分类可能并不相同，因此，需要谨慎对待这些数据。

希望未来修改标准产业分类代码时可以采用与相似代码59.11和代码59.13类别细化同样的方式，将代码59.12类别细化到5级代码水平。到那时候，我们将检查为下一版报告准备的原始数据，找出这一类别的分类是否真的与代码59.11类别类似。

3. 信息披露问题表明没有使用5级代码数据

这些问题意味着无法在本报告中及时将代码78.10——就业安置机构细化至5级代码水平。这是

因为将这个 4 级代码细化至 5 级代码水平可能会要求识别数据内的个体经营者。

因此，国家统计局同意提供近似比例，这个比例详细说明了这个类别是如何按照总增加值、企业和就业数量来细化为 5 级代码的。将比例应用到 4 级代码数据，能够进行数据评估。应用比例的性质意味着必须谨慎对待数据结果。

下一版报告打算申请将代码 78. 10 类别进行特殊的 5 级代码划分，这样就不需要应用比例了。

4. 标准职业分类代码没有获得所需的级别细化

当(使用标准职业分类代码)计算创意产业之外的创造性就业人员数量的时候，在两种情况下，有必要应用劳动力调查数据的比例，这些都是出于不同的原因。

(1)横跨两个不同创意产业部门的标准职业分类代码

代码 3422(产品、服装及相关设计师)包含了设计和时尚设计两个行业的就业人员。为了将这个代码下的数据进行细分，就要用国家统计局建模工作中的比例，把标准产业分类代码 74. 10(“专业设计活动”——如前文所示)中的就业人员分离出来。这些模型比例是使用 2008 年的年度商业调查就业数据进行计算的。因此，建议谨慎使用这些数据，因为其是使用 2008 年度商业调查标准产业分类代码数据计算的比例，并将它们应用于 2010 年劳动力调查的标准职业分类代码数据。

(2)标准职业分类代码只有一部分与创意产业相关

在代码 9121(建筑和木材加工贸易中的劳动力)中，只有一小部分真正涉及创造性就业。因此，需要由国家统计局提供比例来反映这个类别下从事创造性工作的人员数量，然后把比例应用于这个代码的数据。

附录A　官方纲领文件规定的创意产业分类

表A1　创意产业年度商业调查数据与2007年标准产业分类对照表

纲领文件章节	行业	标准产业分类		用于总增加值的代码比例（*）
		代码	描述	
1	广告	73.11	广告代理	
		73.12	媒介代表	
2	建筑	71.11	建筑活动	
		74.10	专业设计活动	√（4.5%）
3	艺术品和古董	47.78/1	商业艺术画廊零售	
		47.79/1	古董，包括古籍，在商店的零售	
4	工艺	许多商店太小，无法计入商业调查		
5	设计	74.10	专业设计活动	√（89.6%）
6	时尚设计	10个代码	服装制造（+）	√（0.5%）
		74.10	专业设计活动	√（5.8%）
7	视频、电影和摄影	18.20/2	视频录像复制	√（25%）
		74.20	摄影活动	√（25%）
		59.11/1和59.11/2	电影和视频生产活动	
		59.12	电影、视频和电视后期制作活动	√（18.4%）
		59.13/1和59.13/2	电影和视频发行活动	
		59.14	电影放映活动	
9和10	音乐、视觉和表演艺术	59.20	录音和音乐发行活动	
		18.20/1	录音复制	√（25%）
		90.01	表演艺术	
		90.02	表演艺术的辅助活动	
		90.03	艺术创作	
		90.04	艺术设备操作	
		78.10/1	电影、电视和其他戏剧制作	√（0.07%）
11	出版	58.11	图书出版	
		58.13	报纸出版	
		58.14	杂志、期刊出版	
		58.19	其他出版活动	√（50%）
		63.91	新闻社的活动	

续表

纲领文件章节	行业	标准产业分类		用于总增加值的代码比例(*)
		代码	描述	
8 和 12	软件和电子出版	18.20/3	计算机媒体的再生产	√(25%)
		62.01/2	商业和国内软件开发	
		62.02	计算机咨询活动	
		58.29	其他软件发布	
8 和 12	数字和娱乐媒体	58.21	电脑游戏发布	
		62.01/1	现有互动休闲和娱乐软件开发	
13	广播和电视	60.10	电台广播	
		60.20	电视节目和广播活动	
		59.11/3	电视节目制作活动	
		59.12	视频、电影和电视后期制作活动	√(81.6%)
		59.13/3	电视节目发行活动	

注：*表示标准产业分类代码包含创意产业之外的活动，且数据评估只包含部分活动总量(见附录 C)。

+用于时尚设计的 10 个服装制造代码：14.11、14.12、14.13、14.14、14.19、14.20、14.31、14.39、15.12、15.20。

表 A2　创意产业跨部门商务注册和劳动力调查数据与 2007 年标准产业分类对照表

纲领文件章节	行业	标准产业分类		用于跨部门商务注册机构的代码比例(*)	用于劳动力调查的代码比例(*)
		代码	描述		
1	广告	73.11	广告代理		
		73.12	媒介代表		
2	建筑	71.11	建筑活动		
		74.10	专业设计活动	√(4.5%)	√(4.5%)
3	艺术品和古董	47.78	其他专业商店新产品的零售	√(4.7%)	√(3.8%)
		47.79	古董，包括古籍，在商店的零售	√(39.6%)	√(21.1%)
4	工艺	许多商店太小，无法计入商业调查			
5	设计	74.10	专业设计活动	√(89.7%)	√(89.7%)
6	时尚设计	10 个代码	服装制造(+)	√(0.5%)	√(0.5%)
		74.10	专业设计活动	√(5.8%)	√(5.8%)
7	视频、电影和摄影	18.20	视频录像复制	√(4.3%)	√(10%)
		74.20	摄影活动	√(25%)	√(25%)
		59.11	电影和视频生产活动	√(53.5%)	√(9.6%)
		59.12	视频、电影和电视后期制作活动	√(53.5%)	√(9.6%)
		59.13	电影和视频发行活动	√(96%)	√(90%)
		59.14	电影放映活动		
9 和 10	音乐、视觉和表演艺术	59.20	录音和音乐发行活动		
		18.20	视频录像复制	√(18.3%)	√(10%)
		90.01	表演艺术		
		90.02	表演艺术的辅助活动		

续表

纲领文件章节	行业	标准产业分类		用于跨部门商务注册机构的代码比例(*)	用于劳动力调查的代码比例(*)
		代码	描述		
		90.03	艺术创作		
		90.04	艺术设备操作		
		78.10	就业安置机构活动	√(1%)	√(0.5%)
11	出版	58.11	图书出版		
		58.13	报纸出版		
		58.14	杂志、期刊出版		
		58.19	其他出版活动	√(50%)	√(50%)
		63.91	新闻社的活动		
8和12	软件和电子出版	18.20	视频录像复制	√(2.3%)	√(5%)
		62.01	电脑编程活动	√(99.2%)	√(98.2%)
		62.02	计算机咨询活动		
		58.29	其他软件发布		
8和12	数字和娱乐媒体	58.21	电脑游戏发布		
		62.01	电脑编程活动	√(0.8%)	√(1.8%)
13	广播和电视	60.10	电台广播		
		60.20	电视节目和广播活动		
		59.11/3	电视节目制作活动	√(46.5%)	√(90.4%)
		59.12	视频、电影和电视后期制作活动	√(46.5%)	√(90.4%)
		59.13/3	电视节目发行活动	√(4%)	√(10%)

注：*表示标准产业分类代码包含创意产业之外的活动，且数据评估只包含部分活动总量(得出这些比例的方法，见附录C)。
+用于时尚设计的10个服装制造代码：14.11、14.12、14.13、14.14、14.19、14.20、14.31、14.39、15.12、15.20。

表A3　创意产业与2000年标准职业分类对照表，估算创意产业创造性工作岗位数量

纲领文件章节	行业	标准产业分类		使用代码的比例(Δ)
		代码	描述	
1	广告	1134	广告和公共关系经理	
		3433	高级公关职员	
		3543	市场营销助理专业人才	
2	建筑	2431	建筑师	
		2432	城市规划人员	
		3121	建筑技术专家和城市规划技术人员	
3	艺术品和古董	该领域没有代码		
4	工艺	5491	玻璃和陶瓷制造商，室内装潢师和整修工	
		5492	家具制造商和其他木工艺家	
		5493	模型技工(模具)	
		5494	乐器制造工和调音师	
		5495	金匠、铁匠、宝石工人	
		5496	插花师、花匠	

续表

纲领文件章节	行业	标准产业分类		使用代码的比例(Δ)
		代码	描述	
		5499	其他没有地方归类的手工艺职业	
		8112	玻璃和瓷器加工技工	
		9121	建筑和木材加工贸易中的人员(Δ)	√(5%)
5	设计	2126	设计开发工程师	
		3411	艺术家	
		3421	平面设计师	
		3422	产品、服装及相关设计师	√(93.9%)
6	时尚设计	3422	产品、服装及相关设计师	√(6.1%)
		5411	编织工	
7	视频、电影和摄影	3434	摄影师和视听设备运营商	
9 和 10	音乐、视觉和表演艺术	3412	作者、作家	
		3413	演员、艺人	
		3414	舞蹈家和舞蹈设计者	
		3415	音乐家	
		3416	艺术人员、制片人和导演	
11	出版	3431	记者、报纸和期刊编辑	
		5421	印刷发起工、印刷合成工和印刷操作工	
		5422	印刷工	
		5423	装订工和印刷精加工师	
		5424	丝网印刷工	
8 和 12	软件和电子出版	1136	信息传播技术经理	
		2131	IT 战略和规划专家	
8 和 12	数字和娱乐媒体	该领域没有匹配的代码		
13	广播和电视	3432	广播助理专业人员	
		5244	电视、视频和音频工程师	

注：Δ 表示标准产业分类包含创意产业之外的活动，且数据评估只包含部分活动总量(见附录 C)。

附录B　2003年与2007年标准产业分类代码对照

本附录提供了行业指南，说明2007年标准产业分类代码的变化，可以在《2003—2007年标准产业分类代码对照表》中找到将2003年标准产业分类代码映射到2007年标准产业分类代码的完整指南，其网址如下：http://www.statistics.gov.uk/statbase/product.asp? vlnk=14012。这显示了目前2003年标准产业分类代码分离为2007年标准产业分类代码的比例。

快速提醒：

①ABS：年度商业调查；

②IDBR：跨部门商务注册；

③LFS：劳动力调查；

所有比例都与总增加值数据(来自国家统计局)相关。对于2007年标准产业分类代码来说，在某些情况下，会不同比例地采用来自劳动力调查和跨部门商务注册的数据。这些都可以在附录A中找到。

1. 广告

2003年标准产业分类代码		使用比例	2007年标准产业分类代码		使用比例
74.40	广告	100%	73.11	广告代理	100%
			73.12	媒介代表	100%

2003年标准产业分类代码在2007年标准产业分类代码中被分解成了两套独立的代码，内容比以前更详细。

2. 建筑

2003年标准产业分类代码		使用比例	2007年标准产业分类代码		使用比例
74.20	建筑和工程活动以及相关技术咨询	25%	71.11	建筑活动	100%
			74.10	专业设计活动	4.5%

2003年标准产业分类代码要求使用涵盖其他领域和建筑活动的部分代码。在2007年标准产业分

类代码中，建筑活动有专门的代码。由国家统计局做的部分建模工作允许将“专业设计活动”部分包括在内，这涵盖了建筑设计的一小部分工作。

3. 艺术品和古董

2003年标准产业分类代码		使用比例	2007年标准产业分类代码		使用比例
52.48	专业商店的其他零售	5%	47.78/1	商业艺术画廊零售	100%
52.50	商店二手货物的零售	5%	47.79/1	古董，包括古籍，在商店的零售	100%

使用2003年标准产业分类代码，只能根据国家统计局提供的比例，采用这一类别的部分4级代码。今年，能够使用年度商业调查的5级代码数据，总增加值得到更精确的评估数据。

然而，并没有可以用于企业和就业人员数量的5级代码数据。基于此，本报告使用年度商业调查的就业和企业数量的5级代码数据，并将计算出的比例应用到劳动力调查和跨部门商务注册的4级代码数据，使用的比例可以在附录A中找到。

4. 工艺

正如2003年标准产业分类代码一样，仍然没有可以统计工艺业的可识别代码。而且，这个行业绝大多数企业都太小，没办法在劳动力调查和跨部门商务注册等商业调查中进行统计。

5. 设计

2003年标准产业分类代码	2007年标准产业分类代码		使用比例
没有匹配本领域的代码	74.10	专业设计活动	89.6%

2007年标准产业分类代码添加的新类别使设计业能够首次进行数据评估。

国家统计局进行的建模工作分解了设计业的活动，使建筑和时尚设计业脱离设计业，归入相关领域，保留其他所有设计活动。基于此建模工作，总增加值、就业和企业数量使用了稍微不同的比例。这些可以在附录A中找到。

6. 时尚设计

2003年标准产业分类代码		使用比例	2007年标准产业分类代码		使用比例
9个代码	服装制作	0.5%	10个代码	服装制造	0.5%
74.87	没有归类到其他地方的商业活动	2.5%	74.10	专业设计活动	5.8%

2003年标准产业分类代码采用了部分服装制造的代码。2007年标准产业分类对这些代码进行了修订，除了之前一直使用的9个代码，还增加了一个额外的代码(15.12——行李箱、手提包之类，皮革制品鞍其及挽具)。2010年牛津经济研究院(Oxford Economics)在向代表英国时尚产业(UK Fashion Industry)①价值的英国时装协会(British Fashion Council)提供的一份报告中提到过此次修订。

除此之外，国家统计局进行的关于"专业设计"类别(74.10)的建模工作，为计算该类别中代表时尚设计的比例提供了支持。相对于2003年标准产业分类只能采取更普遍的类别比例(74.87)来说，这是巨大的进步。

7. 视频、电影和摄影

2003年标准产业分类代码		使用比例	2007年标准产业分类代码		使用比例
22.32	视频录像复制	25%	18.20/2	视频录像复制	25%
74.81	摄影活动	25%	74.20	摄影活动	25%
92.11	电影和视频制作活动		59.11/1和59.11/2	电影和视频制作活动	
92.12	电影和视频发行		59.12	视频、电影和电视后期制作活动	18.4%
92.13	电影放映		59.13/1和59.13/2	电影和视频发行活动	
			59.14	电影放映活动	

2007年标准产业分类代码增添了新的后期制作活动代码，改善了对这个领域的衡量。代码进行调整，"电视制作和发行"与"视频制作和发行"一起归到代码59.11和代码59.13类别。以前，"电视制作和发行"是被放在"广播和电视活动"里面的。

这种改变并没有给总增加值数据带来问题，因为有年度商业调查的5级代码数据，可以把电视从电影和视频中分离出来，但这种改变给就业和企业数量数据统计带来一个问题，因为这两项只有4级代码数据。为了解决这个问题，本报告采用年度商业调查中就业和企业数量的5级代码数据，并将这些比例应用到劳动力调查和跨部门商务注册的4级代码数据中。

类似的，"视频录像复制"也是2003年标准产业分类代码中的一个4级代码，但在2007年标准产业分类代码中成了5级代码。这对于5级代码数据可用的地方(例如总增加值)来说，不是一个问题，但对于只有4级代码数据适用的就业和企业数量，就必须将适当的比例应用到年度商业调查的就业和企业数量5级代码数据中。

不幸的是，代码59.12(视频、电影和电视后期制作活动)并没有像代码59.11和代码59.13那样分解到5级代码数据。这意味着，需要把代码59.12的数据之中的"电视与电台"和"视频、电影与摄影"分离开来。本报告基于一个密切相关的类别(59.11——视频、电影和电视节目制作活动)的5级代码分类计算出比例，然后将这些比例应用到代码59.12数据中。

① 来源和参考见附录D。

9和10. 音乐、视觉和表演艺术

2003年标准产业分类代码		使用比例	2007年标准产业分类代码		使用比例
22.14	录音发行		59.20	录音和音乐发行活动	
22.31	录音复制		18.20/1	录音复制	25%
92.31	艺术和文学创作及解读		90.01	表演艺术	
92.32	艺术设备的操作		90.02	表演艺术的辅助活动	
92.34	其他没有归类的娱乐活动	50%	90.03	艺术创作	
			90.04	艺术设备的操作	
92.72	其他没有归类的休闲活动	25%	78.10/1	电影、电视和其他戏剧制作	0.07%

艺术活动的代码进行了改进，之前只有2个代码专门指代这些活动，但现在有4个代码。这意味着，2007年标准产业分类代码不再像2003年标准产业分类代码一样，需要更普遍的代码(92.34)比例。

至于“录像复制”和“录音复制”，在现在的2007年标准产业分类代码中都是5级代码，而在2003年标准产业分类代码中是4级代码。这对于5级代码数据可用的地方(例如总增加值)来说不是问题，但对于只有4级代码数据适用的就业和企业数量，就必须将适当的比例应用到年度商业调查中就业和企业数量5级代码数据中。

2007年标准产业分类代码78.10有信息披露问题，这样，国家统计局就无法提供包含足够细化的可以识别个体企业数据的5级代码数据。因此，国家统计局提供了从代码78.10中分离出代码78.10/1~78.10/9的近似比例。然后，本报告将这些比例应用到总增加值、就业和企业数量的4级代码数据中。

国家统计局提供的代码78.10的分解比例跟此前的统计报告中用到的非常不一样。这可能是由于其使用的4级代码包含的企业类型也非常不同。除了电视和戏剧制作，2003年标准产业分类代码92.72还包括公园和海滩活动以及投币式电子游戏机的操作，而2007年标准产业分类代码78.10包括就业机构的其他所有活动，例如招聘机构。这或许可以解释为什么之前代码92.72的使用比例为25%，而现在只有0.07%。2007年标准产业分类代码78.10被认为是一个大的类别，使用一小部分(0.07%)仍然是值得的。

11. 出版

2003年标准产业分类代码		使用比例	2007年标准产业分类代码		使用比例
22.11	图书出版		58.11	图书出版	
22.12	报纸出版		58.13	报纸出版	
22.13	杂志、期刊出版		58.14	杂志、期刊出版	
22.15	其他出版	50%	58.19	其他出版活动	50%
92.40	新闻社的活动		63.91	新闻社的活动	

就内容而言，这一类别与此前的统计报告相比没有变化。

8和12. 软件和电子出版、数字和娱乐媒体

2003年标准产业分类代码		使用比例	2007年标准产业分类代码		使用比例
22.33	计算机媒体的再生产	25%	18.20/3	计算机媒体的再生产	25%
72.21	软件发布		62.01/2	商业和国内软件开发	
72.22	其他软件咨询和供应		62.02	计算机咨询活动	
			58.29	其他软件发行	
			58.21	电脑游戏发行	
			62.01/1	现有互动休闲和娱乐软件开发	

最大的变化是将原来的“软件、电子游戏和电子媒体”类别划分为2个单独的类别：

①软件和电子出版；

②数字和娱乐媒体。

这样做主要是为了更好地了解电子游戏产业对经济的贡献。事实上，这个行业代表了绝大多数“数字和娱乐媒体”。不幸的是，2007年标准产业分类代码不太允许将这个行业完全分离出去，所以，在这个类别中还有一些其他的数字媒体活动。

而从2003年标准产业分类代码72.22分离出来的“软件和电子出版”，大大提高了衡量这个领域的能力。2007年标准产业分类代码72.22被分成3个代码：62.01、62.02和62.09。使用2001年《创意产业纲领文件》的定义，能够去掉代码62.09(其他信息技术和计算机服务活动)，因为很明显，这并不属于创意产业。代码62.09类别包含以下类型的业务：

①计算机救灾服务；

②个人电脑安装(装配)；

③软件安装服务。

根据涵盖的内容，代码62.01和代码62.02被分为“软件和电子出版”和“数字和娱乐媒体”。

这些变化对总增加值有重要的影响。如果像2007年那样测量软件(例如，包括代码62.09)，那么本报告评估的创意产业总增加值所占比重会略低于7%，可能会比之前稍高。因此，更准确地评估创意产业的能力(排除那些主要活动是非创造性的企业)实际上导致了评估值的下降。

另一个有用的代码改进是把“软件发布”分成“电脑游戏发行”和“其他软件发行”。这很符合将这整个类别分成两个新类别的打算，“电脑游戏发行”适合“数字媒体和娱乐”，而“其他软件发行”适合“软件与电子出版”。

录像和录音的再生产情况也一样，在2003年标准产业分类代码中，“计算机媒体的再生产”是一个4级代码，而2007年标准产业分类代码中则将其细化为一个5级代码。这对于5级代码数据可用的地方(例如总增加值)而言不是问题，但对于只有4级代码数据适用的就业和企业数量，必须将适当的比例应用到年度商业调查的就业和企业数量5级代码数据中。

13. 广播和电视

2003 年标准产业分类代码		使用比例	2007 年标准产业分类代码		使用比例
92. 20	广播和电视活动		60. 10	电台广播	
			60. 20	电视节目和广播活动	
			59. 11/3	电视节目制作活动	
			59. 12	视频、电影和电视后期制作活动	81. 6%
			59. 13/3	电视节目发行活动	

标准产业分类代码的改变也提高了衡量该领域的能力。2003 年标准产业分类代码中“广播和电视”只有 4 级代码数据，而在 2007 年标准产业分类代码中，它们都有了 5 级代码数据。在 2007 年标准产业分类代码中，电视节目和广播的制作和发行有了单独的代码类别，并第一次包含了一个新的“视频、电影和电视后期制作活动”类别(59. 12)。

尽管衡量这个领域的能力有了明显的改善，但是将电视节目的制作和发行与电影和视频的制作和发行归属同一个 4 级代码类别，在只有 4 级代码可用的地方就会产生问题。因此，要使用年度商业调查关于就业和企业数量的 5 级代码数据计算比例，然后应用到代码 59. 11 和代码 59. 13 的劳动力调查和跨部门商务注册的 4 级代码数据。至于总增加值，则能够直接使用年度商业调查的 5 级代码数据。

代码 59. 12(视频、电影和电视后期制作活动)并没有像代码 59. 11 和代码 59. 13 那样被细化至 5 级代码数据，这就意味着，需要计算出代码 59. 12 中与电视后期制作活动相关的比例。本报告中使用基于一个密切相关的类别(59. 11——视频、电影和电视节目制作活动)的 5 级代码数据分类计算出比例，然后将这些比例应用到代码 59. 12。

附录C 辅助说明

(1)企业数据

需要注意的是，创意产业中企业数量的数据是指在特定标准产业分类代码下的企业数量，而不是地方企业的数量。例如，一系列广告公司只会被算作一个企业单位。

(2)年度商业调查不完整的覆盖

年度商业调查覆盖了英国经济领域约2/3的行业，包括生产、建设、分配和服务行业。为了计算创意产业在英国总增加值中所占的比例，需要用创意产业总增加值除以经济总增加值，从年度商业调查中获得创意产业的总增加值(通过把所有相关的标准产业分类代码加起来)，从《国民经济核算蓝皮书》中获得总增加值。不过，由于年度商业调查没有完全覆盖所有经济部门，因此其创意产业总增加值要少于《国民经济核算蓝皮书》(完全覆盖所有经济部门)中的创意产业总增加值。

为了解释这一点，本报告调整了从《国民经济核算蓝皮书》中获得的总增加值数据，按相应比例缩小，这样就能准确地反映事实：创意产业的总增加值数据来自没有完全覆盖所有英国经济的数据源。

(3)在评估时使用的一些总增加值数据是负的

“广播和电视”领域的总增加值数据包括2008年报道的近似总增加值水平以下的活动。国家统计局解释说，这些水平以下的情况——例如代码59.11类别的组成部分(视频、电影和电视制作)和代码59.13(视频、电影和电视发行)——是由企业较低的营业额和较高的购买力造成的。

产生较低的营业额的部分原因可能是，这个行业的企业现在不再需要年度商业查询的赠款和捐款报告数据。

附录 D 来源和参考文献

(1) 文化传媒和体育部 2001 年《创意产业纲领文件》

(2) 国家统计局年度商业调查

年度商业调查原名年度商业查询，这个调查的评估数据涵盖英国所有注册增值税和/或预扣所得税的企业数据。年度商业调查根据企业样本从跨部门商务注册(见下文)收集数据，并使用 2007 年标准产业分类代码。关于年度商业调查的更多信息，请访问国家统计局网站中“年度商业调查”栏。

(3) 国家统计局跨部门商务注册

跨部门商务注册是政府用于统计目的的英国企业的全面列表。它涵盖所有的经济部门，除了一些非常小型的企业(个体经营者和那些没有雇员和较低人员流动的企业)和非营利组织。这对一些创意产业部门(如工艺)的影响要超过其他部门，因为内部包含了很高比例的小型企业。跨部门商务注册使用的是 2007 年版标准产业分类代码。关于跨部门商务注册的更多信息，请访问国家统计局网站中“跨部门商务注册”栏。

(4) 国家统计局劳动力调查

劳动力调查是对英国私人住址的季度抽样调查。它的目的是提供有关英国劳动力市场的信息，可以用于开发、管理、评估和报告劳动力市场政策。劳动力调查使用的是 2007 年标准产业分类代码和 2000 年标准职业分类代码。关于劳动力调查的更多信息，请访问国家统计局网站中“劳动力调查”栏。

(5) 国家统计局国际服务贸易

国家统计局对提供商业服务的公司的国际贸易进行调查。关于国际服务贸易的更多信息，请访问国家统计局网站中“国际贸易”栏。本报告中使用的数据都是文化、传媒和体育部专门委托国家统计局发布的。它使用的是 2003 年标准产业分类代码。

(6) 英国时装协会的英国时尚产业价值

本报告尝试评估英国时尚产业对经济的价值，包括总增加值和就业两方面。它对时尚有更广泛的影响，包括比评估时所涵盖的更广泛的行业。更多信息请参见《英国时尚产业价值报告》(*Value of UK Fashion Industry Report*)。

(7)英国设计创新部的设计产业价值调查

这是由英国设计创新(British Design Innovation)部对 4 000 多个英国设计创新注册设计机构进行的年度调查。本次发布的设计出口数据就来源于此。更多信息见《设计产业价值调查》(*Design Industry Valuation Survey*)。

(8)《古董贸易公报》

本次发布中使用的艺术品和古董出口数据就是《古董贸易公报》通过分析英国皇家税务与海关总署(HM Revenue and Customs)的数据产生的。它涵盖了英国向欧盟和非欧盟国家的出口数据。

外交事务委员会对英国文化协会的工作评价

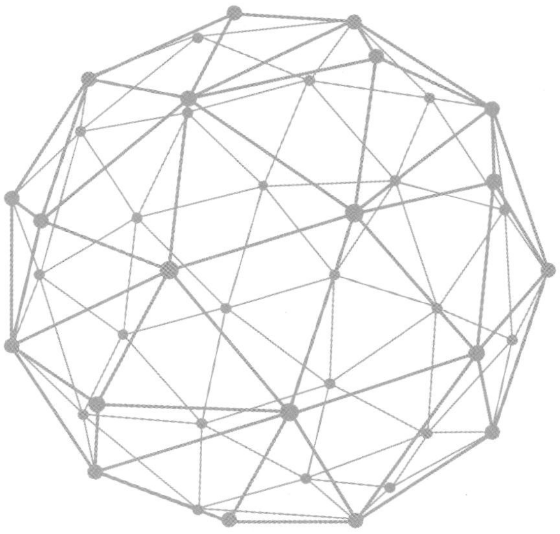

* 文件发布于 2011 年 11 月 4 日。

目　　录

一、概　　要

①运用英语，英国艺术、教育和社会的吸引力，英国文化协会继续为英国的繁荣、安全与提升国际影响力作出重要贡献。

②支出审查(Spending Review)给英国文化协会带来了很大的挑战。2014—2015 年度，政府拨款按实际价值计算减少了 26%，从 2010—2011 年度的 1.85 亿英镑减至 2014—2015 年度的 1.54 亿英镑。此外，2010—2011 年度，我们为英国海外发展援助投入了 9 080 万英镑，2014—2015 年度增加到 9 790 万英镑。2014—2015 年度，此项支出将占外交和联邦事务部(Foreign and Commonwealth Office，FCO)下拨预算的 66%，这将导致英国文化协会计划关注点的转移。

③我们对效率和性价比的要求一向严格，2009—2011 年度，英国文化协会节省支出 2 100 万英镑，精简了国内 30%的职员，2011—2015 年财务结算需要再削减支出 7 000 万英镑。为了减小支出削减带来的影响，我们将力求大幅度提升英语教育、考试和发展合同方面的收入，预计增幅达 50%以上，达到 74 800 万英镑。我们也在努力增加合作的收益，到 2015 年能提升 75%，达到 6 500 万英镑。2010—2011 年度，外交和联邦事务部的拨款占英国文化协会收入的 27%，到 2014—2015 年度，该比例将下降到 16%。

④尽管财务状况艰难，但 2010—2011 年度，英国文化协会的影响力继续增强，其业务直接覆盖超过 3 000 万人，相较前一年增加了 1 000 多万人。此外，广播和数字媒体还传播覆盖 5.78 亿人。英国文化协会正在进行改革，计划到 2015 年，其影响力将会覆盖全球 6.4 亿人。英国文化协会每花纳税人 1 英镑，就能获得 5 英镑收益，在增强英国影响力的同时，也成为全英国成本效益最好的公共组织之一。

二、英国文化协会改革，用更少的公共资金办更多的事

英国文化协会在支出审查前就已对全球经济环境恶化作出了迅速反应，并快速适应了货币贬值导致的海外购买力大幅下降的情况。英国文化协会开展了大规模改革，2009—2011 年节省支出 2 100 万英镑。这是通过全面改革辅助服务与国内运营达成的，在辅助服务方面，在印度诺伊达(Noida)创建了全球共享服务中心，强化地方中心的角色；在国内运营方面，精简了英国国内 30%的员工。

支出审查给英国文化协会带来了很大的挑战，政府拨款按实际价值计算减少了 26%。此外，我们面对货币价格波动仍然无助，因为外交和联邦事务部享受的外币机制(Foreign Currency Mechanism)不适用于我们。然而，过去压缩支出的优秀业绩与企业化的做法有助于应对这些困难。尽管拨款减少了，但我们仍决心增强影响力。要达成这一目标，需要从根本上改革运营模式，并且需要具备和以往大不相同的技能。

英国文化协会的辅助服务要提高效率，需要进一步裁员，同时也应该简化或中止一些项目。这样，至 2014—2015 年度，将再节省 7 000 万英镑。结合此前的效率提升计划，英国文化协会将能够维持全球网络，并继续扩大成果。迄今为止成果最显著的改革是，以位于印度的全球共享服务中心为基础，在 2011 年 5 月成功地将 IT 与金融服务转化为新的全球输送模式。现在，我们手中有一批优质合算的辅助项目，这些项目很容易进行调整，以适应未来的需求。在符合协会发展需求又能节省支出的同时，英国文化协会也加入一些跨政府平台、采购和联合工作。英国文化协会在全球 30 个城市与外交和联邦事务部及其他政府部门共享办公地点，最近，与大东电报公司签订协议，按外交和联邦事务部的模式购买网络。购买人力资源信息服务使用的是英国国际发展部(DFID)已有的协议模式。当前的平台成本占总支出的 19%，至 2015 年，此项支出将缩减 20%以上，比例降至 15%。

英国文化协会的目标是让服务收入每年增长 9% ~15%。至 2014—2015 年度，政府拨款将只占英国文化协会总收入的 16%。这 4 年，英国文化协会将投入全部成本回收工作产生的盈余，以实现效率更高的全新运营模式。英国文化协会还计划提升合作的收益，预计到 2015 年能提升 75%，达到 6 500 万英镑。这将有助于获取更多的知识资源和资金，强化英国文化协会的组织形象、市场深度及运作能力。

英国文化协会正在推出更好的数字产品，以进一步扩大影响力。同时，英国文化协会还为每个业务领域开发新产品，并更多地融入社交媒体。到 2015 年，英国文化协会的数字化平台将传播覆盖 1.4 亿人。

三、英国文化协会的目标：扩大影响力与提高收入

英国文化协会历来为全球 200 多万人提供优质的有偿服务，包括英语服务与考试，扩展有偿服务将显著提升英国的影响力。英国文化协会将减少在发达地区的政府拨款支出，特别是在东亚与欧洲。同时，英国文化协会计划接下来的 4 年将大幅度提升营业收入，预计提升 55%，达到 7.48 亿英镑。

英国文化、教育与证书的需求巨大——全球约有 10 亿人在学习英语——而英国文化协会正适合满足此需求。许多人既有能力也有意愿购买有偿服务，这使得英国文化协会在政府资源削减的情况下仍能扩大受众范围，增强影响力。例如，英语教育能让人们与英国建立联系，有助于英国经贸、旅游与教育的发展。

到 2015 年，英国文化协会的学生数量将增加 70%。英国文化协会教育中心网络将覆盖 50 个国家，全世界的报考者将有更多类型的考试可选。例如，在东亚，英语教育项目将会结合数字化渠道，在 2015 年前建立 6 个新的学习中心，使教师人数达到 50 万人，学生人数达到 3 600 万人。

现有的政策与监管将保证扩展付费服务中的交易公平。我们保证，严格区分盈利项目与用拨款举办的活动。

盈利项目的结余将再投资文化相关的项目，包括英语、考试以及其他英国文化协会涉及的领域，如教育、社会与艺术，为促进英国的长期繁荣、安全与提升国际影响力做出重要贡献。

四、英国文化协会对英国繁荣、稳定、安全和国际影响力的重要贡献

1. 对英国的经济效益

英国文化协会的工作是建立英国与世界人民之间的联系与信任。这有助于人们与英国进行商业合作、到英国学习或访问。有学术研究证实，提升信任与发展经济之间存在直接关系。英国文化协会给英国带来的信任创造了12亿英镑的国家经济价值；或者说，英国人每纳税1英镑，带来超过6英镑的回报。这还不包括下文所述的经济效益。

英国文化协会为英国树立了有吸引力的国际形象，为商贸往来创造条件。查塔姆研究所(Chatham House)最近的调研表明，英国语言、教育与文化为支撑英国国际声誉的3个最主要因素。英国文化协会在全球推动这三大无形资产的发展，去年，英国文化协会的业务直接覆盖3 000多万人，比前一年增长1 000多万人。数字媒体、广播和电视还有5.78亿名观众。

英国文化协会在支持高等教育输出方面扮演着重要的角色。去年，英国文化协会与高等教育机构合作，吸引了超过40万名留学生来英国。招收的留学生每年对英国的经济贡献达到98亿英镑。在发展国际高等教育合作、构筑英国科研能力与帮助英国机构赚取海外收入方面，英国文化协会也是全国的“领头羊”。

过去一年，英国文化协会开办的英语活动与考试直接影响了200万人，在支持个人实现抱负的同时，也巩固了英国提供教育机会的声望，有助于英国企业出口与投资。去年，英国文化协会在全世界共主办了250万场考试——为英国考试委员会赚得5 000万英镑出口收入。英国的创意产业每年为英国经济贡献170亿英镑，而英国文化协会继续在支持该产业中扮演重要的角色。

英国文化协会通过各种项目强化英国与主要新兴国家的联系。英国文化协会与外交和联邦事务部及英国贸易投资总署合作，承办2010年上海世博会的英国展馆，在馆内举办了1 857场活动。据估计，在上海世博会期间，英国对中国出口额增长超过40%，为英国带来20亿英镑的额外收入。之后我们将继续努力，准备在2012年在中国举办有史以来最大的英国艺术节。艺术节将包含超过100项活动，游历中国10个主要的城市，吸引各大企业的领导、名人及公众。此外，英国巴西艺术节(UK Brasil)计划于2012年举办，我们将趁着奥运会主办城市交接的机会，拓展英、巴关系。通过此活动，政府、企业与主要国家机构的资源将统合起来，开展一系列艺术、教育及科研方面的重要项目。这将使巴西12个主要城市的主要决策者更加认可英国。

英国文化协会与外交和联邦事务部密切合作，确保2012年奥运会能有效强化英国形象，具体方式

包括“伟大英国”运动(GREAT campaign)。英国文化协会为文化奥运(Cultural Olympiad)增添了国际色彩，并为其国际遗产保护与推广做出了主要贡献。通过与英国贸易投资总署和英国体育协会(UK Sport)共办的“国际启示”运动(International Inspiration)，英国文化协会超额完成了 2012 年以运动的力量丰富 20 个国家 1 200 万人生活的目标。

英国文化协会为英国人培养所需技能带来国际经验与技术，拓展了他们的眼界，让下一代英国企业领袖与劳动者能有效融入全球经济。英国文化协会是欧盟流动性计划在教育培训领域的英国承办机构，包括“夸美纽斯”项目(Comenius)、“伊拉斯谟”计划(Erasmus)和“青年在行动”项目(Youth in Action)。这些项目每年培育 35 万名年轻人，使其获得国际经验与技能，仅去年一年，国内参与者就达 320 万人。“校际连线”项目(Connecting Classrooms)现在覆盖超过 1 200 所英国学校，与 50 个不同国家建立联系。参与院校开展各种联合课程项目，改善教学水平与成果。英国文化协会还开展了“语言助手”项目(Language Assistants)，为英国学校提供来自世界各地的语言教师，同时，也为英国学生提供赴海外任教的机会。过去一年，英国文化协会向全英国境内派遣了超过 2 500 名语言助手，大幅度推动了语言教育的发展。今年夏天，英国文化协会与汇丰银行合办两门面向英国小学生的探索性的中文“浸入式课程”。此课程要求六年级学生花一周时间来学习中国语言和文化，以此扩展年轻人的思维，让他们体会何为全球化与国际参与。

2. 支持英国对“阿拉伯之春”的应对

中东和北非形势发生了明显变化，而英国文化协会迅速做出了应对，与新政府、新政治家、新企业以及年轻民众合作，辅助他们国家进行教育改革与就业技能培训，为其塑造国家未来的年轻一代提供发声的渠道。多年来，英国文化协会在这些地区帮助了数以百万计的年轻人，培养他们的信心与技能，给予他们更高的目标。英国文化协会活跃于中东及北非 17 国民间，建立了长久的运作网络，影响范围远远不止政府人士与传统精英人群。去年，英国文化协会在此地区吸引或影响了 550 万人，仅在埃及就有超过 60 万人。许多参与或接触了英国文化协会项目的人现在正活跃于政坛，为埃及、突尼斯和利比亚构建崭新的未来。在这些地区，英国文化协会专注于英语、教育与培训、青年领袖以及艺术领域，以应对“阿拉伯之春”中显现的核心问题。

这些地区对英语技能的需求巨大，超过 4 400 万人正在学习英语。英语在各个领域为英国提供与世界各国接触的渠道，有助于英国经济与社会发展，对英国就业和学习也发挥了关键作用。重要的是，英语让这些地区的人们接触到外国的思想。英国文化协会在这些地区 13 个国家中的 18 个城市设立了 20 个教育中心，去年，面对面英语教学总时长超过 25 万个小时，学员超过 10 万人。

今年，英国文化协会在这些地区尽全力保持运营，只在安全状况不允许的情况下才暂停运营，之后也会尽早开放。埃及与突尼斯革命期间，我们组织 100 多名工作人员及其家属撤离，但高层英籍人员都坚守当地，保持协会运营，之后，撤离者也重返岗位。在利比亚，我们被迫于 2 月闭，并撤离了 70 多名英籍工作人员及其家属。然而，“学英语”(LearnEnglish)广播节目从未停止。大部分利比亚籍员工现在又回到英国文化协会旗下工作。一旦安全形势允许，我们就准备正式重新开放(可能的话，在 2011 年内)。应全国过渡委员会(National Transitional Council)的要求，英国文化协会为重新开放利比亚分部又增加了 100 万英镑的投入。教育部要求我们恢复大规模英语改革项目，支持二级和三级区域发展，并扩展“就业技能”项目(Skills for Employability)，以支持政治改革。应教育部的要求，英国文化协会正在起草面向反对派民兵的国际奖学金计划。在叙利亚内站中，我们一直坚持运营，高层英籍员工坚守当地，但撤离了英籍英语教师及其家属。

英国文化协会正就如何最大化英国的影响力，与外交和联邦事务部及英国国际发展署展开紧密合作。特别是合办的“阿拉伯伙伴关系倡议”(Arab Partnership Initiative)，为此，英国文化协会在该区域开展了 7 个项目。“阿拉伯伙伴关系倡议”为“扩大就业机会”项目(Widening Opportunities for Employability)提供了部分资金，此项目将扩展埃及与突尼斯国内年轻人的职业培训机会。本项目将历时 2 年，直接培训 1 万人，通过社交媒体传播覆盖 6 万人，并通过一个技能性电视节目吸引 1 200 万名观众。“未来英语”项目(English for the Future)于 2010—2011 年度在该区域吸引了 570 万名观众，今年预计将增加到 800 万人。此项目通过电视、广播、新闻及互联网直接教学。英国文化协会开展在线服务越来越受欢迎，去年，每天约有35 000人通过社交媒体访问学习资料。此项目也鼓励国家政策支持更多英语教学与教师培训。“阿拉伯青年之声”项目(Young Arab Voices)为期 2 年，在埃及、突尼斯与约旦推进年轻人技能培训，并提供更多对话辩论机会。此项目将通过 80 个长期辩论俱乐部，让 25 000 名年轻人参与到有组织的辩论中，并为他们提供专业服务网络，预计还有 50 万人将通过网络参与其中。

3. 为国际发展做贡献

为支持英国对外发展，英国文化协会战后地区与发展中地区增加了开办项目，通过提升民众技能促进英国对外发展，包括英语教学、支持教育系统以及多种社会项目。英国文化协会的目标远大，计划在 2014—2015 年度向资助项目投入 9 190 万英镑(66%)，支持英国海外的发展。

今年，欧睿公司发布报告指出，英语技能与经济利益存在联系。报告显示，会英语与不会英语的人的工资差距达 10% ~50%，且英语水平与平均收入有关。战后稳定局势和参与国际讨论也非常需要英语技能。

英国文化协会在广播、电视与手机上提供越来越多英语相关的内容。“教英语”(Teaching English)广播系列节目致力于提升英语教师的水平，在非洲拥有近 700 万名听众。英国文化协会也在手机上提供英语教育，今年，在亚洲、非洲及拉丁美洲提供的短信服务，订阅者达 150 万人。英国文化协会将努力把这一数字提升到 1 500 万以上。英国文化协会与 BBC 波斯语电台合办了一系列面向青年学习者的主题节目，他们在日常生活中很少用到英语。该节目于 7 月在 BBC 波斯语电台首播，并含有学英语的网站——街头英语(Word on the Street)的链接。这使我们得以向大量分散的目标受众展示英国的当代生活。开放大学国际部(Open University Worldwide)播出了此节目，英国文化协会已与五国达成播出协议，其他国家正在准备中。第二季将于 2012 年 4 月开播。

在阿富汗，英国文化协会的学校项目让 11 000 多名师生参与到与英国学校共通的课程计划中。英国文化协会持续为军人提供英语培训，并向教育部英语顾问传授现代英语教学方法。2011 年 8 月，喀布尔的英国文化协会分部遭受了惨重的袭击，但我们的回应是无所畏惧。英国文化协会在英国大使馆建立了临时办公地点，确保所有主要项目继续运行，还启动了一个2 300万英镑的项目，目的是支持民间社会组织，让阿富汗政府更有责任心，应对更及时，以及更尊重人权。

在缅甸，英国文化协会与英国国际发展署及外交和联邦事务部密切合作，谨慎行事，确保能快速应对变化，其工作重点是在全社会为市民培养领导能力。英国文化协会在仰光和曼德勒的图书馆和办公室，每周有超过3 500名访客。“新发展”(Pyoe Pin)计划在当地吸引了数以万计的改革推动者，此计划由英国国际发展署和瑞典国际发展合作署资助。

今年早些时候，英国文化协会在南苏丹开设了办公室，将帮助这个新生国家预防冲突、加强安保和推动民主化进程。英国文化协会的行动得到欧盟、英国国际发展署和国防部支持，并且还开展了一项“英语兴国”计划(English for development)，此计划通过提升司法、警务及军队人士的英语水平，加强政府管理。

2011年11月4日

本月早些时候，我在面见外交事务委员会(Foreign Affairs Committee)时承诺，会提供一些额外的信息，回答委员们的疑问。

4. 收入趋势

委员会注意到，英国文化协会2009—2010年度总收入为7.07亿英镑，但在2010—2011年度，却明显下滑至6.93亿英镑。这是由于会计处理方式的变化，2010—2011年度起，代理合同的收益不再计入协会报表。2009—2010年度和2010—2011年度，这类代理合同总值1 600万英镑，预期至2015年，此数值都会保持不变。

我还想说明一下，在此次支出审查期间英国文化协会所获拨款与预期运营收入的关系。2010—2011年度，外交和联邦事务部拨款占英国文化协会总收入的27%，运营收入占总收入的73%——换句话说，英国文化协会每得到1英镑政府拨款，就赚入3英镑。至2014—2015年度，政府拨款将只占英国文化协会总收入的16%，运营收入将占总收入的84%，届时，纳税人每向英国文化协会投资1英镑，就会赚入5英镑。

5. 企业商务辅助服务移往印度

委员们要求英国文化协会概述与印度新建共享服务中心相关人员的削减与职位变动。可以确认的一点是，英国文化协会在英国和全球网络的其他地方削减了165个金融与管理职位，而位于印度诺伊达的新中心增加了141个新岗位，另有36人从德里分部调去了诺伊达的共享服务中心。

我也承诺会提供人事变动节省的支出明细。2009—2010年度节省了350万英镑，2010—2011年度提高到560万英镑，预期2011—2012年度将节省640万英镑，共计1 550万英镑。到2012—2013年度，预期将再增加 100 万英镑，届时，每年可节省 740 万英镑。

弗农 · 埃利斯(Vernon Ellis)和我都感谢委员会的关心，并重视回答委员们关于战略、计划与业绩方面问题的机会。我静候委员会的适时回应。

2011 年 11 月 30 日

6. 要点概括

①由于重组与预算削减，2009 年到 2014—2015 年度，英国文化协会的国内工作人员数量将会减少 50%以上。巨大的损失让协会捉襟见肘，对其工作质量有负面影响，并迫使其放弃部分项目。最终结果将会严重损害英国文化协会促进英国与世界文化联系的角色，而这一角色是维持英国国际影响力的关键部分之一。

②新的海外运营模式意味着，在世界许多地区(例如撒哈拉以南非洲)，英国文化协会将只有象征性的实体存在，将会弱化英国在这些国家的影响力。

③大幅度的职位削减与人事变动打击了员工的士气，员工们加班增多，这将持续剥夺员工的权利。

7. 证词

2009—2011 年度，英国文化协会面对人员冗余的征兆，将国内员工人数裁减了约 35%，目前还尚未恢复过来。

尽管员工数量大幅度减少，但总的工作量却基本未变。这导致员工超负荷运转，工作质量下降，并迫使我们彻底放弃部分项目(例如，停止某些海外项目对公众开放并/或取消针对特定国家的“本地文化关系”活动)。我们相信，从中长期看，这将损害英国的国际地位。

令人担忧的是，现在形势趋于恶化。英国文化协会最近发布的 2011—2015 年协会计划确认，当前目标为“2014—2015 年度前，在英国实施第二阶段裁员计划(已经削减了约 1/3 的岗位)”。公众和商业服务联盟与英国文化协会的对话显示，在这段时期，英国国内的岗位还要再削减 25%。

协会计划也明确解释了其中的缘由：“外交和联邦事务部拨款减少，教育部停止拨款，通货膨胀的可能影响，英镑持续走低以及投资需求意味着，到 2014—2015 年度，英国文化协会需每年节省预算约 7 000 万英镑，2011—2012 年度需节省 2 600 万英镑。”

协会计划里列出了另一项关于协会在海外运作的成本缩减措施。这项措施的目标是“通过新的运作模式，削减英国文化协会的全球网络成本，但这几乎肯定会导致一些分部，甚至整个国家分部的关闭”。这些“新的海外运作模式”即将有英国文化协会运作的国家分为“低”“中”“高”优先级，过半将为“低”优先级。这些国家中，许多协会将只保留 2 ~3 支工作队伍，且不从英国委派人员去本地。在许多情况下，我们预测，网络数字化可以取代现实中的跨文化面对面交流，尽管英国文化协会已经采用后一种做法达 75 年以上。撒哈拉以南非洲就是实例之一：英国的身影与活动减少，而中国的影响持续倍增。同样，我们认为，这也有损于英国的长远利益。

协会计划也承诺，将更多岗位迁至印度，“进一步开发德里的全球共享服务中心，让其接手更多针对全球网络的辅助服务”。这意味着，把更多英国本地的工作外包给印度的全资子公司呼叫中心。我们不认为这真正有利于英国的成本效益，尤其考虑到国内失业率已如此快速地上涨。

协会员工士气受损，工作如此缺乏保障，导致人员流失风险。近期，部分员工的海外派驻期即将结束，这时，他们却得知，回国后可能面临裁员。这将导致员工不愿接受临时委任，而现在，正是我们最需要员工灵活性的时候。

同样，英国员工很难重新投入工作，不仅因为他们已超负荷运转，还因为随着协会越来越依赖中介派遣员工(目前约占总员工数量的20%)，他们作出更大贡献的机会越来越少了。

2011年10月24日

英国文化、媒体和体育部 2010—2011 年度报告及报表

* 文件由文化、媒体和体育部发布于 2011 年。

本报告是年度报告及报表内容的一部分，与《2011—2012 年度主要预算报告》以及《2011 年公共支出：统计分析》共同说明了 2011—2012 年度政府结算和计划支出的具体情况。

前　　言

过去一年对于英国文化、媒体和体育部(Department for Culture, Media and Sport, DCMS)来说非同寻常，我们成功应对了众多挑战。

一年以前，我刚进入文化、媒体和体育部，对所有部门信心满满。不过我也知道我要以不同的方式管理各部门。我相信，我们已经证明政府可以做得更好。感谢各部门的努力、付出及决心，我们取得了惊人的进展：推动文化慈善，鼓励地方电视台发展，创建欧洲最好的超快宽带网络，落实旅游长期战略，举办校园运动会(School Games)……我们克服了巨大的困难，向成功迈出了一大步。

每个人都不会忘记 2011 年 4 月的皇室婚礼(Royal Wedding)，这是整个国家的成功，也是全球的盛典。英国文化、媒体和体育部在组织此次公开活动中发挥了重要作用，并从中学到了很多经验，可以用于 2012 年女王陛下登基 60 周年钻石庆典(Diamond Jubilee)。2012 年，文化、媒体和体育部会变得更加强大，更加自信。

在确保到 2015 年英国建成全欧洲最好的超快宽带网络方面的工作，文化、媒体和体育部也取得了实质性进展。到那时，英国各地区 90%的人口都会受益，英国每个家庭、每个公司都将享受到至少 2Mbps 的宽带速度。这将是巨大的成就，真正从根本上改变英国的个人、文化及商业生活。

强有力的地方媒体是地方民主至关重要的一部分，地方媒体能促进各机构承担各自的职责，并确保居民知道当地社区正在发生的事情。虽然观众想获得更多地方新闻，但和欧洲及北美洲大多数国家相比，英国几乎没有什么地方电视台。因此，当务之急就是要改变这种状况，文化、媒体和体育部正着手在 2012 年夏天建立获得许可证的第一批地方电视频道。

在推动慈善事业发展方面也进展良好。文化、媒体和体育部与英格兰艺术协会(Arts Council England)以及遗产彩票基金(Heritage Lottery Fund)合作发起了一个 1 亿英镑的基金项目。我相信，这将有助于全国大大小小的艺术组织建立自己的支持团队，也有助于提高募资效率。政府发布了《捐赠白皮书》(*White Paper on Giving*)，国务大臣(The Secretary of State)在预算中宣布了一系列严格的税收措施，将刺激文化产业捐赠。接下来的一年，我们想在全国范围内形成更浓厚的文化遗产捐赠氛围。但建立文化慈善并不仅仅是为了让更多人捐赠，还意味着不忘感激他人。因此，我们也努力增强公共意识，感激那些为国家文化生活奉献时间或金钱的人。在此，对所有人表示深深的感谢。

最后，来年的重中之重就是举办一场既安全又成功的奥运会和残奥会，留下永恒的体育精神，为社会和经济发展留下富贵的遗产。去年，此项工作取得了实质性的进展，创造了价值 1 亿英镑的旅游市场，举办了校园运动会。文化、媒体和体育部对今天所取得的成就感到骄傲与自豪。奥运会比赛场馆及基础设施已基本成形，83%的赛时工程项目已完成。想到几个月后全世界将收看这项全球盛典，我不禁激动万分。我们是这场全球盛典的举办国家。对此，我已经迫不及待了。

英国文化、奥运、媒体和体育部(State for Culture, Olympics, Media and Sport)国务大臣
杰里米·亨特(Rt Hon Jeremy Hunt)

对文化、媒体和体育部来说，2010—2011年是艰难的一年，面临着政府大选、挑战性的开支结算、剧烈的内部变化。即便如此，我们也依照新联合政府(Coalition Government)的重点事项优先开展工作，确保伦敦奥运会及残奥会的准备工作步入正轨，并将开销控制在预算范围内。奥林匹克体育场已按时完工，国际奥林匹克委员会(International Olympic Committee, IOC)对我们的完备计划与精心准备给予了高度赞扬。在挑战性的支出审查结算过程中和改革期间，我们领导文化、媒体和体育部各种独立机构(Arm's Length Bodies)开展详尽的工作，以便今后与独立机构开展更密切的合作。

2010年12月，政府机构改组，改变与传媒、广播、数字和电信部门相关的竞争政策，文化、媒体和体育部承担起一系列新责任。这将我们推向政府发展议程的最前端，主导建立全英国范围的超快宽带网络，利用无线电频谱来为下一代提供移动宽带服务。

今年，文化、媒体和体育部将重心转向2012年奥运会及女王陛下钻石典礼。现在，新的组织机构已开始运行，我相信，我们已准备好向全世界呈现一场无与伦比、全球瞩目的空前盛事。

常务副大臣(Permanent Secretary)　乔纳森·史蒂芬森(Jonathan Stephens)

目　　录

17. 金融工具
18. 减值
19. 库存资产
20. 应收款项及其他流动资产
21. 现金和现金等价物
22. 净现金需求与现金增加/(减少)对账单
23. 应付款项和其他流动负债
24. 负债和费用备付金
25. 报告关键业务
26. 资本承付款
27. 租赁承付款
28. 私人融资计划合同承付款
29. 其他财务承付款
30. 财务担保、赔偿以及同意协助书
31.《国际会计准则》第 37 条关于公开或有负债的规定
32. 或有资产
33. 损失和专项支付
34. 关联交易
35. 第三方资产
36. 部门管辖范围内的实体机构
37. 2009—2010 年度调整
38. 资产负债表日后的大事记

一、年度报告

(一)简　　介

本报告是英国文化、媒体和体育部2010—2011年度(截至2011年3月31日)报告及报表。

2010年5月，英国政府大选，文化、媒体和体育部也相应地有了新的工作重点，并在下列重点工作中取得了重大进展。

①2012年伦敦奥运会及残奥会准备工作正按计划进行，未超出预算，其中奥运会体育场已在预算范围内如期建成，安全性达到示范水平；

②投资匹配基金计划(match funding scheme)，鼓励个人向艺术组织机构捐赠，并发展多样化的基金，帮助文化机构长期发展壮大，保持活力；

③制定具体实施计划，鼓励地方电视台发展，争取到2015年有10~20家电视运营商正常运行，争取在2012年夏天发放第一批地方运营许可证；

④支持英国地方当局及地方分权政府在偏远地区普及宽带，朝着到2015年建立全欧洲最好的超快宽带网络的伟大目标努力；

⑤公布旅游长期战略计划，借助2012年伦敦奥运会及女王钻石庆典的重要机会，在接下来的4年内再吸引400万名海外游客，带来20亿英镑额外消费，并且创造成千上万个工作岗位；

⑥举办校园运动会，使每名儿童享有参加体育比赛的机会，创造2012年伦敦奥运会的宝贵遗产；

⑦协调政府职能，筹备2011年4月威廉王子及未婚妻卡瑟琳娜·米德尔顿的婚礼，并为婚礼的成功举办发挥重要作用。

距离2012年伦敦奥运会仅剩一年时间，我们的目标是与各部门、各行业共同努力，继续促进经济增长，赢得未来的成功，并改变文化、媒体、体育及旅游的推广方式。

(二)目　　标

本部门面临的最大紧急挑战是在2012年举办一场安全、成功的奥运会及残奥会，这是英国在和平时期举办的最大规模的活动。届时，英国将向全世界展示经济活力、社会状况和文化复兴。我们还期望，通过2012年伦敦奥运会，扩大体育基础设施建设，促进校园体育竞赛蓬勃发展。

政府期望通过消除创新障碍和提供公平竞争环境，创造适宜创新、通信、文化、旅游及休闲经济增长的条件。如若任何地方需要特殊干预，文化、媒体和体育部都会提供支持和指导，鼓励各部门、各行业推动各自工作议程。我们将摒弃各种繁文缛节，确保人们受到必要规章制度的保护，并改革媒体监管制度。

国务大臣制定了到 2015 年建立全欧洲最好的超速宽带网络的宏伟目标。为此，将鼓励私营公司投资，因为私营公司是经济增长的重要构成部分。我们将和地方机构共同努力，确保农村人口以及城镇人口都能够切实通过网络获得此举措带来的社会及经济效益。我们期望真正看到地方电视台可持续发展的美好前景。

政府鼓励个人向文化组织机构捐赠，培养新一代慈善家，旨在促进大社会(Big Society)发展。我们还恢复了国家彩票建立的初衷，即造福艺术、体育、文物及志愿者行业。我们将改革一些独立机构，调整其运营模式，使其继续呈现全世界最好的文化、传媒与体育。我们将支持各类大型活动和传统活动的举办，如 2012 年 7 月女王钻石庆典。

大臣们认为，应设立艺术与文化公共基金，保留免费参观国家博物馆与美术馆的传统。我们需要确保在削减公共支出的情况下，让世界一流的英国文化机构依旧繁荣发展。

本部门的目标是将体育与文化作为工作重点，并不断推进。我们有能力在 4 年内削减基础支出 15%。本部门欲将管理成本减半，并要求主要独立机构减少类似支出。为响应政府号召，从根本上提高所有公共服务的效率，使工作更加透明，推进责任制度的实施，并实现资金对公众更好的价值，本部门将对 55 个公共机构中的 19 个进行撤销或改革，将资源重点投入公众关心的基础服务。

(三)绩　　效

1. 结构改革计划进展

结构改革计划(Structural Reform Plans，SRP)是政府使各部门落实联盟协议(Coalition Agreement)相关规定的重要抓手。改革计划与文化、媒体和体育部目标一致，都对支出审查发挥重要作用。

表 1-1 是结构改革计划的进展情况(2010 年 7 月至 2011 年 3 月)。我们将每月发布结构改革计划进展报告，详见 http://www.culture.gov.uk/publications/7545.aspx#srp。

表 1-1　结构改革计划进展

优先事项	项目数量	按时完成项目数量	延误 1 个月的项目数量	延误 2 个月的项目数量	延误 3 个月及以上的项目数量	仍未完成的项目数量
举办 2012 年奥运会及残奥会	3	3				
创造经济增长条件	3	2		1		
推动大社会发展	13	8	2		2	1
加快宽带普及建设	4	3	1			
通过奥运会及残奥会锻造体育精神	9	7			1	1
强化文化组织作用	2	2				

表1-2为结构改革计划中未按时完成项目的具体信息。

表1-2 结构改革计划中未按时完成项目情况

项目(按优先顺序)	计划完成时间	实际完成时间	延误原因(结构改革计划月度进展报告)
创造经济增长条件			
发布政府旅游战略	2011年1月	2011年3月	3月初发布旅游战略，该战略是根据首相1月5日的声明制定的。声明指出，基金目标为1亿英镑，该基金将为旅游业创造5万个工作岗位
推动大社会发展			
以法律工具为保障，将彩票基金的60%用于艺术、体育及遗产事业，40%用于志愿服务及社区	2010年9月	2010年10月	法律文件未于9月出台，是因为9月上议院休会。文化、媒体和体育部已于议会允许时间内提交议案
发布新的政策方向，改革大彩票基金(Big Lottery Fund)，保证基金仅用于志愿服务及社区，不用于政治项目	2010年9月	2010年10月	文化、媒体和体育部仅发布了政策方向草案，有待进一步商讨。12月才发布正式政策方向
向议会提交提案，为地方媒体创造更多更灵活的机会	2010年11月	2011年2月	审核通信管理局(Ofcom)提供的附加分析，文化、媒体和体育部进一步彻底取消对跨媒体地方所有权的规定。这使整个过程变得更加复杂。议案于2月14日提交
允许国家博物馆建立慈善信托框架，这将有利于博物馆捐赠和私人收入的增加，并能对其进行规范管理	2011年3月	仍未完成	该工作仍未完成，大臣们仍在和博物馆进行讨论，某些技术问题仍需进一步审查。最终框架将于近期公布
商讨当地电视台的授权问题	2011年3月	2011年4月	4月13日完成商讨
加快宽带普及建设			
召开企业圆桌会议，讨论如何吸引对超快宽带项目确定投资的潜在投资商，提高他们的信心	2010年12月	2011年1月	由于天气恶劣，交通受阻，会议取消。会议推迟到1月11日召开
通过奥运会及残奥会锻造体育精神			
制定指导方针，使各类体育运动成为校园奥运运动会的比赛项目	2010年12月	第一阶段已于2011年3月完成，第二阶段预计2011年10月完成	该项目分两个阶段。第一阶段已完成，制订方案，将多种体育运动纳入校园运动会项目。第二阶段预计2011年10月完成，考虑合适形式，切实将体育项目纳入校园运动会
发布利用休眠账户中的现金创建资本基金的调查结果，以改善地方体育设施，支持体育俱乐部的发展，并推动改革措施的实施	2011年1月	仍未完成	为了与其他相关结果保持统一，至今未发布，将尽快公布调查结果

2. 投入指标与效果指标

有多项指标用于衡量文化、媒体和体育部在结构改革计划重要工作中的绩效。指标可以分为投入指标(Input Indicator)与效果指标(Impact Indicator)。投入指标表明利用公众资金正在“购买”的物品，例如，为达到我们和合作伙伴的预期目标而正在使用的资源。效果指标提供关于我们工作结果的信息。效果指标反映商业计划中的项目和重点工作的质量与效果，以及对社会的影响。效果指标大致反映我们的绩效，尤其关注公平性是否提高。

(1)投入指标

投入指标的相关信息，见表1-3。

表1-3 投入指标相关信息

投入指标	数据来源	最新发布时间	如何分类
宽带扩展项目开支中每100万英镑所涉及的房屋数量	英国宽带扩展(Broadband Delivery UK)项目	2012年	不适用
依照奥运会及残奥会预算，按时完成项目的进展(实际支出与预算的百分比和完成进度的比例)	奥运会交付管理局(Olympic Delivery Authority)季度经济报告	2011年3月底支出为41.6亿英镑(占总预算54.84亿英镑的75.9%)，完成进度为76.2%。支出与进度之比为75.9%/76.2%=0.996。比值小于1，意味着进度比实际支出应完成的进度快	不适用
每所学校校园运动会的公共基金	校园运动会数据库(青少年运动信托基金(Youth Sport Trust))	2011年9月	依据学校类型、在校生人数以及位置
文化、媒体和体育部资助的文化机构(英格兰艺术协会、英国电影协会、英国遗产组织、国家博物馆及美术馆)收到的慈善捐赠与财政补助之比	单独报表	2011年7月	根据文化机构、文化交流协会定期资助的不同形式的艺术组织，以及包括捐赠物品在内的财政收入源流

(2)效果指标

效果指标的相关信息，见表1-4。

表1-4 效果指标相关信息

效果指标	数据来源	最新发布时间	如何分类
衡量英国宽带扩展是否达到全欧洲最优标准(覆盖率、速度、价格以及宽带服务的选择)	英国宽带扩展项目	2011年7月	依据固定或移动下载、上传平均速度，移动、固定和/或超快服务，以及市场集中化
直接从事旅游业的人口比例	国家统计局旅游情报机构(Tourism Intelligence Unit)、英国旅游卫星账户(ONS UK Tourism Satellite Account)、表7	2008年英国旅游行业的工作岗位数量约173.66万个(137.9万个全职岗位)	根据性别、含旅游性质的活动以及就业状况
参与残疾竞技体育比赛的儿童比例	文化参与调查(Taking Part Survey)	2011年8月	根据在校或非在校、宗教、年龄、乡村/城市、性别、残疾、种族及社会经济群体

续表

效果指标	数据来源	最新发布时间	如何分类
文化、媒体和体育部资助的文化机构所获得的慈善捐赠总额(捐赠和赞助)	单独报表	2011年7月	根据文化机构、文化交流协会定期资助的不同形式的艺术组织，以及包括捐赠物品在内的财政收入源流

各指标相关的技术资料都可在评估模板文件中找到。投入指标和效果指标以及支出、人力资源数据将在季度数据总结中进行公布，可以在文化、媒体和体育部官方网站上查询数据总结报告。

某些指标来源于正在进行的统计调查，在本报告发布时仍在继续进行。已发布奥运会资金项目及旅游就业的投入指标及效果指标的数据。

(3)奥运会投入指标

该投入指标说明了奥运会资金项目中各项目完成时间与预算的进度。它反映了在季度报告完成时，支出的政府发展援助(Official Development Assistance，ODA)资金预算额度，由此得出最终预算成本与政府发展援助已完成的资金项目总支出之比。

上季度末(2011年3月)，政府发展援助资金项目实际开支为41.6亿英镑，包括赛后转型在内的资金项目总额的当前基线预算(Current Baseline Budget)，为54.84亿英镑(占预算的75.9%)，政府发展援助资金项目总额的进度为76.2%。因而，支出与进度之比为75.9%/76.2%=0.996，比值小于1，表明进度百分比高于支出百分比，如图1-1所示。

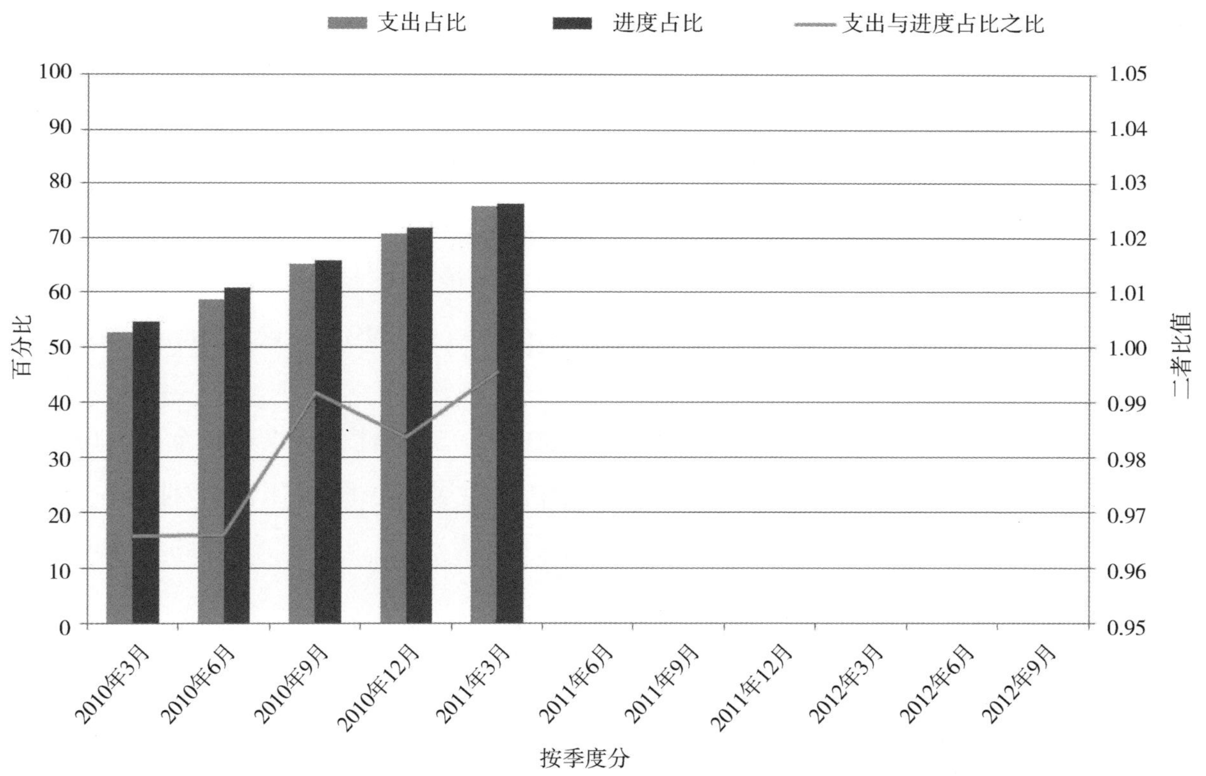

图1-1　奥运会投入指标

来源：奥运交付管理局季度经济报告。

(4)旅游效果指标

旅游效果指标显示了直接从事旅游业的人数。从奥运信息服务旅游卫星报表(TSA)可以发现，2008 年英国共有 1 736 600 个工作岗位是由旅游支出直接资助的①，相当于 1 378 700 个全职岗位(FTEs)直接从事旅游业。根据旅游卫星报表的数据，2008 年从事与旅游相关行业的总人数为 340 万人，约有 170 万人直接由旅游支出资助。

表 1-5 根据不同就业状况和性别，对直接从事旅游业的岗位数量进行统计。

表 1-5 旅游行业不同就业状况的岗位数量

旅游性质活动	不同就业状况的岗位数量(单位：千)						员工数量			
	受雇佣者			自主经营			全职(单位：千)	兼职(单位：千)	旅游业就业数量(单位：千)	旅游业全职岗位数量(单位：千)
	男性	女性	总数	男性	女性	总数				
针对游客的食宿服务	198.7	252.8	451.6	21.6	27.6	49.2	292.4	159.2	500.7	404.7
餐饮服务	170.0	199.6	369.6	12.3	14.4	26.7	153.1	216.6	395.8	255.2
轨道客运	14.3	2.5	16.7	0.6	0.1	0.8	15.8	1.0	17.5	17.1
公路客运	30.4	4.1	34.6	51.5	7.0	58.5	27.4	7.2	92.9	82.1
水路客运	0.7	0.2	0.9	0.1	0.0	0.1	0.8	0.2	1	0.9
航空客运	24.8	22.9	47.7	0.2	0.2	0.3	39.8	7.8	48	43.9
交通工具租赁	0.7	0.4	1.0	0.0	0.0	0.1	0.9	0.2	1.1	1
旅行社及其他预订服务	23.5	47.8	71.3	3.7	7.6	11.2	55.1	16.2	82.6	73.4
文化活动	49.2	41.9	91.0	52.1	44.4	96.6	58.9	32.2	187.8	147.4
体育及娱乐活动	8.8	7.8	16.6	0.8	0.7	1.5	7.8	8.8	18.1	11.8
展览及会议活动	0.1	0.1	0.3	0.0	0.0	0.0	0.2	0.1	0.3	0.3
其他消费产品	151.2	168.4	319.6	41.5	29.6	71.1	189.2	130.4	390.7	340.9
总数	672.4	748.6	1 421.1	184.4	131.7	316.0	841.2	579.8	1 736.6	1 378.7

根据 2008 年英国旅游业就业岗位情况，可以得出以下结论。

①旅游行业约 50 万个工作岗位都是针对游客的食宿服务(占 29%)，岗位数量居第二位的是餐饮服务(占 23%)；

②由女性直接参与的旅游岗位约有 880 000 个(占 50.7%)，男性为 857 000 个(占 49.3%)；

③旅行社及其他预订服务岗位以及食宿服务岗位中女性居多，所占比例分别为 67%和 56%，然而，在交通运输业(水路、轨道、公路交通以及交通工具租赁)中，男性工作者约有 10 万人，而女性工作者仅有 14 400 人；

④在 170 万个旅游岗位中，全职岗位不足一半，其中 1/3 为兼职岗位，剩下的 18%为自主经营岗位；

⑤在公路客运中，自主经营岗位占比最高，为 63%，29%的岗位为全职，8%为兼职；

⑥除了公路客运，其他所有运输部门(包括轨道、航空、交通工具租赁及水路)的全职岗位占比最

① 旅游卫星报表为试验性的，根据参考数据，2 年后发布英国国民经济核算(2008 年国民经济核算于 2010 年 9 月发布)，并包含详细供给使用图表。

高，为85%，自主经营岗位仅占2%；

⑦在食宿服务中，每有一个全职岗位就有2.3个兼职岗位，而在航空客运中，每有一个全职岗位则有1.8个兼职岗位，在餐饮服务中，超过半数的岗位为兼职(217 000)，39%为全职，7%为自主经营。

3. 优化管理报告

优化管理策略与实施的基石是坚持良好管理的五大原则。五大原则要求任何管理均应透明、负责、适当、一致性、目的性——仅用于需要的地方。

文化、媒体和体育部以这五大原则为基准，坚持制定更少、更好的规定，并将其作为实现目标的手段。

(1)一进一出

联合政府制定了“一进一出”(One-in，One-out，OIOO)规定，各管理部门都要遵守。该规定意味着，在未得到现有可撤销的具有同等效力的法规认可的情况下，若新的英国主体法律或次级法律提高了商业或民间社会组织的成本，则不能通过。所有欧盟的义务“镀金”(即要求超出了欧盟义务规定的情况)须撤销现有的具有同等效力的法规。除此之外，需要履行的欧盟义务及公共部门规定的法规现在还未纳入“一进一出”的范围。

政府每半年发布一次监管提前声明(Forward Regulatory Statement，FRS)，提前把接下来6个月即将生效的监管措施与即将撤销的监管措施告知商业市场。2011年1—6月发布了两项即将撤销的管制措施，这两项措施分别针对文化、媒体和体育部的跨媒体所有权(Cross Media Ownership)，以及《2005年博彩法：B3类博彩机》(Gambling Act 2005：Category B3 Gambling Machines)。跨媒体所有权对商业的净成本为零。《2005年博彩法：B3类博彩机》每年将带来约900万英镑的商业收益。

(2)政策监管委员会

影响评估(Impact Assessments，IAs)是政策制定过程的一部分，对成本、收益、商业提议风险、慈善或志愿服务部门进行评估。各部门要求在政策制定过程的不同阶段(协商、确认及实施阶段)发布影响评估报告。

政策监管委员会(Regulatory Policy Committee，RPC)是一个独立的外部组织，是对所有管理提案，包括推行的欧盟法律进行影响评估的外部组织。委员会负责对成本与收益的准确性与稳定性进行审查，以及判断所评估的政策在选择范围内是否能够替代现行法规。各部门在向减少监管二级委员会(Reducing Regulation Cabinet Sub-Committee，RRC)提交任何监管建议的影响评估时，均应征求政策监管委员会的意见。

自2011年1月起，政策监管委员会开始使用“红色、黄色、绿色”(Red，Amble，Green，RAG)三个颜色对影响评估级别进行区分。红色代表政策监管委员会对该影响评估持否定意见。对影响评估的证据质量、分析质量以及整体质量有较大担忧。期望该评估在提交至减少监管二级委员会审核之前要进行修订。黄色代表政策监管委员会对该影响评估持肯定意见。政策监管委员会将指出影响评估存在的一些问题，这些问题在提交审核之前应予以解决。绿色代表政策监管委员会对该影响评估持肯定意见。影响评估不存在问题，可以直接提交至减少监管二级委员会审核。

2010年9月至2011年4月，文化、媒体和体育部共收到来自政策监管委员会关于影响评估的20项意见，分别是：3个“红色”——影响评估协商阶段；3个“黄色”——影响评估协商阶段；2个“红色”——影响评估确认阶段；12个“绿色”——影响评估确认阶段。

(3)审查

文化、媒体和体育部对其负责推行的法规的审查工作取得了很大进展。除了对博彩(B3类博彩机)以及跨媒体所有权的审查提出具体措施，还将对通信领域进行广泛审查。此外，还将建立一个专门小组，作为推进旅游战略发展的组成部门，专门负责减轻旅游业的监管负担。

(4)自我管理

电影业依照行业内部认可的规定对电影进行分级，这是自我管理的一个实例。英国电影分级委员会(British Board of Film Classification，BBFC)是一个独立的认证机构，根据法律规定、电影的可接受程度以及潜在危害为电影设定标准。虽然文化、媒体和体育部具有制定政策的职责，但实际上并没有时刻履行实施/监督的职责。但这并不影响政策的执行效果，因为政府依然有权重新对电影进行分级，或者禁止电影在本地上映。电影业的自我管理是为了解决地方决策者意见不统一的问题。

(5)欧盟法规

《电子通信框架》(the Electronic Communications Framework，以下简称《框架》)，具有监督管理性质，适用于电子通信的所有传输网络和服务(包括接收)，包括电信(固定及移动)、电子邮件、互联网的使用以及相关内容的传播。《框架》的目标是，提高27个欧盟国家的通信市场管理标准及竞争水平。2002年建立《框架》，2009年9月《框架》修订版完成，并在2011年5月前实施。

文化、媒体和体育部在英国实施修订版《框架》是建立在充分协商与证据收集的基础上，包括4个大型公共会议、7场小型的与具体政策问题相关的会议、80场利益相关者会议以及历时3个月的协商过程。我们还针对一些最具争议性的话题，包括信息、安全及恢复能力开展调研。文化、媒体和体育部分析了利益相关者和通信管理局提出的意见，最后修订了一些实施方案，具体如下。

①关于建立一个欧洲监管机构(最终定为欧洲电子通信监管机构(Body of European Regulators for Electronic Communications，BEREC))的提议。《框架》审查建议的第一轮协商讨论中存在许多批评性的意见，这对提议产生了很大影响，也影响了英国在接下来的协商中对欧洲电子通信监管机构的最终结构和资源分配所持的立场。

②关于储存在用户本地终端上的数据问题。行业反馈希望英国开发更好的浏览器，生产商是《框架》实施的一个重要部分。

③关于争议解决的问题。监管机构有权对争议进行裁定，这样有助于监管机构解决网络使用条件争议的问题。

④关于安全及恢复能力的问题。目前，指导方案已经十分灵活，为未来政策发展提供空间。

文化、媒体和体育部确保不会通过随意效仿以及采用最简单的法律方法，来为修订版《框架》实施“镀金”，目前，正在受理针对英国一家独立国家监管机构(通信管理局)所做出的决定提出的上诉，以此解决 2002 年原始《框架》存在的“镀金”问题。

4. 公众来信回复

文化、媒体和体育部希望能大幅提高市民回信服务的质量。我们采用了新的工作方式，所以去年才能在收到来信的 48 小时内完成一大半(52.3%)来信的回复。这是一个巨大的进步，在英国白厅独一无二。对于未能在 48 小时内给予回复的来信，我们也保证将尽快回复——90%的信件会在 10 个工作日内给予回复，99.4%的信件会在 20 个工作日内给予回复。新的工作方式也降低了成本(纸、墨水等)，减少了所需雇员的数量，具体情况为：官方回复(由公务员回复)以及部长回复(获得部长批准及签字)在 20 个工作日内完成，占比为 99.4%；官方回复(由公务员回复)以及部长回复(获得部长批准及签字)在 10 个工作日内完成，占比为 90.6%；官方回复(由公务员回复)以及部长回复(获得部长批准及签字)在 48 小时内完成，占比为 52.3%。这样的服务水平使文化、媒体和体育部成为白厅工作效率最高的部门之一，也是唯一一个能够在 48 小时内完成公众来信回复的部门。

(四)核 心 表 格

表 1-6、表 1-7、表 1-8、表 1-9、表 1-10、表 1-11、表 1-12、表 1-13、表 1-14 已附在 2009—2010 年度报表附录中。

表 1-6 公共支出(此表建立在对某一职位清晰了解的基础上)

文化、媒体和体育部

部门支出总和

单位：千英镑

	2005—2006 年度结算	2006—2007 年度结算	2007—2008 年度结算	2008—2009 年度结算	2009—2010 年度结算	2010—2011 年度预计结算	2011—2012 年度计划	2012—2013 年度计划	2013—2014 年度计划	2014—2015 年度计划
资源部门支出限额(Department Expenditure Limit，DEL)										
A 部分：对博物馆和美术馆的支持	1 080	754	5 421	3 256	4 004	3 831	14 123	17 895	20 571	21 120
B 部分：博物馆和美术馆赞助机构	302 525	339 107	333 435	277 281	357 278	368 732	399 944	393 224	425 614	390 404
C 部分：图书馆赞助机构	95 763	95 906	98 348	102 539	103 497	106 244	119 851	118 504	116 711	116 492
D 部分：博物馆、图书馆和档案理事会	47 077	48 525	59 804	63 521	59 113	66 761	52 923	48 523	47 779	47 522
E 部分：对艺术部门的支持	1 210	1 549	2 188	−2 710	−4 412	−1 737	−674	874	897	921
F 部分：艺术赞助机构	392 911	385 244	399 695	403 181	420 612	420 204	378 518	350 289	344 739	342 265
G 部分：对体育部门的支持	1 774	1 783	7 625	2 203	8 801	1 098	12 698	13 951	13 874	13 874
H 部分：体育赞助机构	114 424	111 731	141 744	161 154	151 945	149 039	146 049	150 790	120 239	121 454

续表

	2005—2006年度结算	2006—2007年度结算	2007—2008年度结算	2008—2009年度结算	2009—2010年度结算	2010—2011年度预计结算	2011—2012年度计划	2012—2013年度计划	2013—2014年度计划	2014—2015年度计划
I部分：庆典以及对遗迹部门的支持	-10 396	16 609	18 818	20 009	18 555	22 200	9 677	15 081	15 561	16 108
J部分：遗迹赞助部门	158 710	162 398	139 345	149 187	149 696	144 917	134 868	121 822	118 302	114 938
K部分：皇家公园	26 835	17 430	18 954	20 092	18 487	15 921	17 029	16 408	15 868	15 324
L部分：对旅游部门的支持	1 900	1 925	1 985	2 230	127	2 362	30	—	—	—
M部分：旅游赞助机构	48 936	52 101	50 248	49 473	47 023	39 479	37 326	34 338	32 043	29 707
N部分：对广播和媒体部门的支持	1 265	1 154	4 417	1 039	1 887	1 559	4 505	3 600	3 410	3 220
O部分：广播和媒体赞助机构	122 226	120 786	118 164	129 501	136 260	138 139	121 401	116 488	35 543	35 393
P部分：管理与研究	47 267	53 527	53 107	55 587	55 991	53 406	54 642	52 785	37 254	35 460
Q部分：对博彩部门的支持	-8 293	-8 827	-10 341	-6 342	-4 061	4 020	-9 011	—	—	—
R部分：对国家彩票委员会的补贴	8 815	8 415	12 502	6 490	4 974	4 917	6 696	727	771	815
S部分：博彩委员会	9 417	14 126	4 108	1 383	816	-566	1 127	1 159	1 175	1 234
T部分：奥运遗产项目	4 057	154	459	-67	524	13 022	84 160	690 245	43 100	—
U部分：伦敦2012	—	-146	-386	-27 278	-4 563	-18 700	9 900	490 700	127 600	—
部门未分配资金	108	—	—	—	—	—	—	—	—	—
资源部门支出限总额	1 367 611	1 424 251	1 459 640	1 411 729	1 526 554	1 526 808	1 595 782	2 637 403	1 521 051	1 306 251
其中：										
工资	444 861	508 044	591 534	552 911	570 152	565 967	172 159	154 351	132 751	132 751
净流动采购①	309 789	399 512	383 902	393 920	397 309	363 973	770 476	1 346 364	627 153	539 483
对私有部门和国外的流动补助和补贴	487 872	496 655	565 116	570 275	644 166	621 286	488 130	468 586	434 647	434 647
对地方政府的流动补助	22 001	25 174	41 046	91 378	38 415	39 981	—	—	—	—
折旧②	102 052	101 589	106 463	26 840	113 217	106 976	148 000	635 600	295 300	175 500
其他	1 036	-106 723	-228 421	-223 595	-236 705	-171 375	17 017	32 502	31 200	31 800
资源年度管理支出(Annually Managed Expenditure，AME)										
V部分：英国广播公司	2 643 700	2 797 000	2 962 800	2 868 987	3 020 000	2 841 000	3 245 902	3 296 884	3 368 520	3 005 084
W部分：彩票资助	641 522	735 566	882 351	1 010 728	1 000 814	1 089 744	930 499	789 599	930 499	930 499
文化、媒体和体育部管理和研究规定	—	704	1 416	-218	181	705	—	—	—	—
皇家公园规定	2 973	400	298	79	171	179	—	—	—	—
新的以及对现有调整的规定	—	1 112	-1 641	14 171	25 211	14 715	—	—	—	—
发行规定	—	-8 010	-7 848	-6 755	-5 578	-321	—	—	—	—
资源年度管理支出总额	3 288 195	3 526 772	3 837 376	3 886 992	4 040 799	4 080 022	4 176 401	4 095 483	4 299 019	3 935 583

① 销售商品和服务的净收入。

② 包括损坏。

续表

	2005—2006 年度结算	2006—2007 年度结算	2007—2008 年度结算	2008—2009 年度结算	2009—2010 年度结算	2010—2011 年度预计结算	2011—2012 年度计划	2012—2013 年度计划	2013—2014 年度计划	2014—2015 年度计划
其中：										
工资	931 700	916 000	1 097 800	975 300	1 248 000	1 194 000	1 215 345	1 124 904	1 147 402	1 145 000
净流动采购①	2 279 000	2 411 000	2 375 000	2 409 700	2 279 117	2 191 800	2 585 855	2 681 896	2 735 534	2 381 000
对私有部门的流动补助和补贴	789 772	735 187	729 672	784 288	784 245	840 312	838 949	717 922	838 949	838 949
对地方政府的流动补助	—	—	—	—	—	—	—	—	—	—
净公共服务养老金②	—	—	—	—	—	—	—	—	—	—
规定的占用	8 220	7 028	4 527	17 283	39 571	138 799	—	—	—	—
规定的发行	—	—	—	—	—	—	—	—	—	—
折旧③	35 000	35 000	35 000	84 787	93 000	93 000	127 102	145 084	145 084	145 084
其他	-755 497	-577 443	-404 623	-384 366	-403 134	-377 889	-590 850	-574 323	-567 950	-574 450
总资源预算	4 655 806	4 951 023	5 297 016	5 298 721	5 567 353	5 606 830	5 772 183	6 732 886	5 820 070	5 241 834
其中：										
折旧④	137 052	136 589	141 463	111 627	206 217	199 976	275 102	780 684	440 384	320 584
资本部门支出限额										
A 部分：对博物馆和美术馆的支持	—	23	2 734	-1 490	3 904	4 390	3 550	2 550	550	2 550
B 部分：博物馆和美术馆赞助机构	99 695	38 128	56 096	110 870	60 564	50 155	59 747	77 844	63 566	47 838
C 部分：图书馆赞助机构	10 513	35 460	29 217	26 982	30 634	26 543	14 006	4 547	3 189	3 331
D 部分：博物馆、图书馆和档案理事会	50	—	65	424	120	—	77	77	77	77
E 部分：对艺术部门的支持	187	220	323	268	314	254	104	109	114	119
F 部分：艺术赞助机构	755	35 550	27 178	27 663	32 051	35 931	12 983	12 771	12 602	12 439
H 部分：体育赞助机构	-14 426	42 493	41 997	53 578	55 306	42 481	25 858	25 949	26 038	26 129
I 部分：庆典以及对礼仪和遗迹部门的支持	-620	2 111	600	1 200	550	2 400	1 300	1 329	1 364	1 400
J 部分：遗迹赞助部门	19 428	12 464	41 096	39 015	28 172	31 379	12 155	16 448	20 440	16 894
K 部分：皇家公园	1 463	408	536	1 384	2 076	1 723	781	819	857	895
M 部分：旅游赞助机构	298	307	395	1 176	304	130	192	192	192	192
N 部分：对广播和媒体部门的支持	307	470	323	205	211	157	44 113	84 118	15 124	15 129
O 部分：广播和媒体赞助机构	2 765	4 044	1 571	3 898	7 265	11 420	108 142	117 186	54 231	10 275
P 部分：管理与研究	5 820	12 852	5 396	2 569	2 350	1 381	1 166	1 166	1 164	1 164
Q 部分：对博彩部门的支持	—	—	—	—	—	—	-60	—	—	—

① 销售商品和服务的净收入。
② 根据要求，在 FRS17 准则下的养老金计划报告，包括由现金支付和收到的捐款，以及某些非现金项目。
③ 包括损坏。
④ 包括损坏。

续表

	2005—2006 年度结算	2006—2007 年度结算	2007—2008 年度结算	2008—2009 年度结算	2009—2010 年度结算	2010—2011 年度预计结算	2011—2012 年度计划	2012—2013 年度计划	2013—2014 年度计划	2014—2015 年度计划
R 部分：对国家彩票委员会的补贴	67	125	44	62	36	45	60	—	—	—
T 部分：奥运遗产项目	—	—	—	—	—	—	24 500	220 100	—	—
U 部分：伦敦 2012	—	98 372	383 502	1 117 725	1 051 337	1 023 000	1 066 100	—	-24 300	-69 900
G 部分：对体育部门的支持	—	—	3 000	9 880	—	—	—	—	—	—
S 部分：博彩委员会	574	3 733	1 736	1 327	599	217	—	—	—	—
从开放政府数据获得的奥运数据	—	—	—	-432 530	-664 240	-654 845	—	—	—	—
总资本部门支出限额	126 876	286 760	595 809	964 206	631 553	577 825	1 374 774	565 203	175 208	68 532
其中：										
净资本采购①	118 340	267 741	571 478	1 276 154	1 454 318	1 328 787	1 178 591	312 396	52 238	-6 669
对私有部门和国外的资本补贴	20 516	84 634	85 530	76 982	77 072	127 042	244 243	273 807	122 970	75 201
对地方支持的资本支持	39 373	-4 758	-56 244	-89 646	-86 871	-171 820	—	—	—	—
对公共机构的资本支持	—	—	35	—	—	—	—	—	—	—
其他	-51 353	-60 857	-4 990	-299 284	-812 966	-706 184	-48 060	-21 000	—	—
资本年度管理支出										
V 部分：英国广播公司	94 000	103 000	85 000	81 100	123 000	114 000	191 500	83 300	83 300	100 000
W 部分：彩票补助	445 607	619 925	713 455	535 632	751 532	721 311	469 501	501 401	469 501	469 501
资本年度管理支出总额	539 607	722 925	798 455	616 732	874 532	835 311	661 001	584 701	552 801	569 501
其中：										
对私有部门和国外的资本补助	898 014	745 117	352 830	257 613	277 427	254 096	255 452	273 197	255 452	255 452
给私有部门和国外的净贷款	—	—	—	—	—	—	—	—	—	—
公共机构的资金支持	—	—	—	—	—	—	—	—	—	—
其他	-358 407	-22 192	-445 625	359 119	597 105	581 215	405 549	311 504	297 349	314 049
总资本预算	666 483	1 009 685	1 394 264	1 580. 938	1 506 085	1 413 136	2 035 775	1 149 904	728 009	638 033
总部门支出②	5 185 237	5 824 119	6 549 817	6 768 032	6 867 221	7 019 966	7 532 856	7 012 106	6 107 695	5 559 283
其中：										
部门支出限额总额	1 494 487	1 711 011	2 055 449	2 375 935	2 518 107	2 104 633	2 970 556	3 202 606	1 696 259	1 374 783
年度管理支出总额	3 827 802	4 249 697	4 635 831	4 503 724	4 915 331	4 915 333	4 837 402	4 680 184	4 851 820	4 505 084

D 部分包括图书馆、博物馆以及档案理事会在未来数年会向艺术委员会提供的支持。O 部分包括在政府机构发生变更时，由商业、创新和技能部(Department for Business, Innovation and Skills)转交给文化、媒体和体育部的资金，用于通信管理局的发展。2010 年 12 月 21 日，英国首相宣布："……与

① 在有形或无形固定资产上的净销售额的支出。

② 总部门支出是资源预算以及减去折旧的资本预算的总和。同样，部门支出限额总额是支出限额资源预算与在部门支出限额中减去折旧的部门支出限额资本预算的总和，年度管理支出总额是年度管理支出资源预算与在年度管理支出中减去折旧的年度管理支出资本预算的总和。

媒体、广播、数码以及电信行业相关的竞争与政策议题的所有职责，将被立即转移到文化、奥运、媒体与体育秘书会。”这解释了 O 部分广播和媒体赞助机构出现的 6 981 英镑的差异。

表 1-7　地方政府在相关职能部门上的支出

（单位：千英镑）

	2005—2006 年度结算	2006—2007 年度结算	2007—2008 年度结算	2008—2009 年度结算	2009—2010 年度结算	2010—2011 年度预计结算
日常支出	1 242 962	1 351 389	1 431 821	1 407 402	1 422 473	1 628 468
资本支出	138 856	291 275	593 028	912 248	638 311	749 645

注：这些不代表由文化、媒体和体育部控制的支出。

表 1-8　公共支出控制

（单位：千英镑）

	规定结算	最初规定结算——主要预估	最终投票规定——春季补充估计
资源部门支出限额			
中央财政支出			
线 A：对博物馆、美术馆和图书馆的支持	3 831	3 517	4 757
线 B：艺术支持	-1 737	-4 784	-1 847
线 C：体育支持	1 098	1 430	2 309
线 D：建筑和历史环境支持预算	893	3 587	3 788
线 E：宗教场所	21 307	14 719	19 719
线 F：皇家公园	15 921	19 799	19 328
线 G：旅游支持	2 362	4 243	2 382
线 H：广播与媒体支持	1 521	67	103
线 I：创意经济	38	980	39
线 J：管理、研究与其他调查	53 406	46 189	54 569
线 K：国家彩票委员会	-4 020	-4 880	-5 880
线 L：奥运，包括 OGD 为奥运交付管理局接收的	13 022	1 600	1 600
赞助机构			
线 M：博物馆、美术馆和图书馆赞助机构	541 737	564 279	577 442
线 N：英国文化交流协会	420 204	414 106	408 450
线 O：体育赞助机构	149 039	148 770	148 257
线 P：建筑和历史环境赞助机构	144 917	151 763	151 763
线 Q：英国旅游局	39 479	40 397	40 397
线 R：广播与媒体赞助机构	131 158	129 397	133 397
线 S：国家彩票委员会	4 917	5 527	6 527
线 T：博彩委员会	-566	637	637
线 U：伦敦 2012	300	0	0
资源年度管理支出			
线 V：管理规定	2 842	0	1 958
部门支出限额总额			

续表

	规定结算	最初规定结算——主要预估	最终投票规定——春季补充估计
中央财政支出			
线A：对博物馆、美术馆和图书馆的支持	4 390	128	909
线B：艺术支持	256	200	260
线C：体育支持	0	−15 000	0
线D：建筑和历史环境支持预算	400	0	0
线E：宗教场所	2 000	0	0
线F：皇家公园	2 785	1 358	1 358
线H：广播与媒体支持	157	157	157
线J：管理、研究与其他调查	1 381	1 750	1 750
线L：奥运，包括OGD为奥运交付管理局接收的	−654 845	−647 900	−647 900
赞助机构			
线M：博物馆、美术馆和图书馆赞助机构	76 698	61 224	97 409
线N：英国文化交流协会	35 931	1 550	35 848
线O：体育赞助机构	42 481	60 494	41 994
线P：建筑和历史环境赞助机构	31 379	31 950	30 126
线Q：英国旅游局	130	100	100
线R：广播与媒体赞助机构	11 420	31 547	20 547
线S：国家彩票委员会	45	60	60
线T：博彩委员会	217	0	0
线U：伦敦2012	1 023 000	1 023 000	1 023 000

注：此表不包含2010—2011年度资本补助金预算。资本补助金在估算与报表中被视作资源，但在预算中被视作资本部门支出限额。另外，在评估中的赞助机构预算仅仅记录的是机构现金援助(表1-8中记录着这些预算)。

文化、媒体和体育部及所有政府部门的管理，不是通过个体的项目，而是依照分配以及年度管理者对整体总量的控制(例如，总资本或者总资源)，当最终评估时，对各个机构的估算分配可能会因此而变更。

表1-9　资金投入　（单位：百万英镑）

	2006—2007年度结算	2007—2008年度结算	2008—2009年度结算	2009—2010年度结算	2010—2011年度预计结算
年末财务状况声明中的资产和负债					
资产					
非流动资产					
无形资产					
财产、厂房和设备	96	69	68	64	64
其中：					
土地和建筑	80	54	51	50	26
厂房和机器	15	9	11	8	7
遗产资产	1	6	6	6	31
投资	—	—	—	—	—

续表

	2006—2007 年度结算	2007—2008 年度结算	2008—2009 年度结算	2009—2010 年度结算	2010—2011 年度 预计结算
流动资产	52	133	98	72	35
负债					
流动(<1 年)	-49	-52	-106	-59	-55
非流动(>1 年)	—	—	—	—	-11
条款	-2	-2	-1	-1	-4
主要部门投入的资金	97	148	59	76	29
非政府部门公共机构净资产	4 244	3 884	5 284	4 781	4 638
部门小组投入的总资金	4 341	4 032	5 343	4 857	4 667

表 1-10　管理预算　（单位：千英镑）

	2005—2006 年度结算	2006—2007 年度结算	2007—2008 年度结算	2008—2009 年度结算	2009—2010 年度结算	2010—2011 年度 预计结算	2011—2012 年度计划	2012—2013 年度计划	2013—2014 年度计划	2014—2015 年度计划
C 部分：图书馆赞助机构	—	—	—	—	—	—	10 896	10 746	10 626	10 511
D 部分：博物馆、图书馆和档案理事会	—	—	—	—	—	—	6 449	—	—	—
E 部分：对艺术部门的支持	—	—	—	—	—	—	347	354	364	373
F 部分：艺术赞助机构	—	—	—	—	—	—	24 403	25 080	21 952	17 306
H 部分：体育赞助机构	—	—	—	—	—	—	19 476	19 220	19 395	17 692
I 部分：庆典以及对遗迹部门的支持	—	—	—	—	—	—	250	250	250	250
J 部分：遗迹赞助部门	—	—	—	—	—	—	22 722	21 414	20 726	18 270
K 部分：皇家公园	—	—	—	—	—	—	3 136	3 003	2 885	2 774
M 部分：旅游赞助机构	—	—	—	—	—	—	36 599	33 799	31 599	29 415
O 部分：广播和媒体赞助机构	—	—	—	—	—	—	2 384	—	—	—
P 部分：管理与研究	45 425	49 392	50 932	52 324	53 155	49 811	54 142	52 285	36 754	34 960
管理预算总额	45 425	49 392	50 932	52 324	53 155	49 811	180 804	166 151	144 551	131 551
其中：										
工资	22 191	25 243	26 047	25 327	30 319	27 987	169 004	154 351	132 751	119 751
支出	25 720	26 052	26 441	39 487	25 692	24 847	15 107	11 800	11 800	11 800
收入	-2 486	-1 520	-1 447	-1 601	-2 399	-3 023	-3 307	—	—	—

注：在 2010 年结构改革中，管理预算拨给了文化、媒体和体育部的许多独立机构(博物馆和美术馆除外)——以前独立机构的所有管理成本都记录在项目支出内。

表 1-11　在职人员

	2005—2006 年度	2006—2007 年度	2007—2008 年度	2008—2009 年度	2009—2010 年度	2010—2011 年度
文化、媒体和体育部						
全职人员	507	517	464	453	469	443
加班	12	11	10	10	8	1
总和	519	528	474	463	477	444
皇家公园						
全职人员	121	92	99	101	125	124
加班	2	2	1	2	2	0
非正式人员	1	5	0	0	0	0
总和	124	99	100	103	127	124

注：1. 此表为本年度最后一天在职人员数量，数据不包含中介人员。

2. 皇家公园的人员支出属于项目成本支出。

表 1-12　国家及各地区总支出　（单位：百万英镑）

文化、媒体和体育部	国家统计局					
	2005—2006 年度结算	2006—2007 年度结算	2007—2008 年度结算	2008—2009 年度结算	2009—2010 年度结算	2010—2011 年度预算
东北	105	118	97	89	105	101
西北	194	186	180	168	182	157
约克郡和汉伯	175	173	147	144	163	147
东密德兰	161	132	119	108	118	100
西密德兰	194	215	151	140	128	142
东部	126	121	125	124	100	81
伦敦	666	591	572	490	518	484
东南	187	214	204	200	187	180
西南	197	192	160	148	177	167
英格兰总和	2 006	1 941	1 754	1 610	1 679	1 559
苏格兰	189	153	90	103	90	92
威尔士	187	198	147	163	154	166
北爱尔兰	105	99	35	38	65	48
英国可识别支出	2 487	2 392	2 027	1 914	1 989	1 867
英国以外	175	182	230	246	202	189
可识别支出总额	2 662	2 574	2 258	2 159	2 190	2 056
不可识别支出	3 305	3 529	3 944	4 562	4 738	4 882
服务支出总额	5 967	6 103	6 201	6 721	6 928	6 938

表1-13　国家及地区人均可识别服务总支出(2005—2006年度到2010—2011年度)　(单位：人均英镑)

文化、媒体和体育部	国家统计局					
	2005—2006年度结算	2006—2007年度结算	2007—2008年度结算	2008—2009年度结算	2009—2010年度结算	2010—2011年度预算
东北	41	46	38	34	41	39
西北	28	27	26	24	26	23
约克郡和汉伯	34	34	28	28	31	28
东密德兰	37	30	27	24	26	22
西密德兰	36	40	28	26	24	26
东部	23	21	22	22	17	14
伦敦	89	79	76	64	67	62
东南	23	26	25	24	22	21
西南	39	37	31	29	34	32
英格兰	40	38	34	31	32	30
苏格兰	37	30	18	20	17	18
威尔士	63	67	49	54	51	55
北爱尔兰	61	57	20	22	37	27
英国可识别支出	41	39	33	31	32	30

表1-14　根据功能、国家及地区划分的服务支出(2009—2010年度)　(单位：百万英镑)

文化、媒体和体育部	东北	西北	约克郡和汉伯	东密德兰	西密德兰	东部	伦敦	东南	西南	英格兰	苏格兰	威尔士	北爱尔兰	英国可识别支出	英国以外支出	可识别支出总额	不可识别支出	总和
经济事务																		
普通经济、商业和劳动力事务	0.0	0.1	0.1	0.0	0.1	0.0	0.2	0.1	0.1	0.6	0.0	0.0	0.0	0.6	0.1	0.7	0.0	0.7
其他经济事务	0.8	3.2	1.5	1.5	2.4	3.0	22.4	5.8	3.3	44.0	4.1	1.4	0.4	50.0	0.1	50.1	0.0	50.1
经济事务总和	0.8	3.2	1.6	1.6	2.5	3.0	22.6	5.9	3.4	44.6	4.1	1.4	0.5	50.6	0.2	50.8	0.0	50.8
环境保护																		
环境保护	3.2	8.3	5.2	3.2	5.1	3.2	14.5	5.4	4.3	52.4	9.1	5.1	4.5	71.1	0.0	71.1	0.0	71.1
环境保护总数	3.2	8.3	5.2	3.2	5.1	3.2	14.5	5.4	4.3	52.4	9.1	5.1	4.5	71.1	0.0	71.1	0.0	71.1
健康																		
健康	2.4	6.2	4.0	2.5	3.8	2.4	10.8	4.0	3.2	39.3	6.8	3.8	3.4	53.3	0.0	53.3	0.0	53.3
健康总数	2.4	6.2	4.0	2.5	3.8	2.4	10.8	4.0	3.2	39.3	6.8	3.8	3.4	53.3	0.0	53.3	0.0	53.3
娱乐、文化和宗教																		
娱乐和体育服务	17.4	51.2	37.8	48.0	32.7	33.2	60.3	43.0	39.4	363.0	20.9	9.7	14.2	407.8	0.1	407.9	1 087.6	1 495.5
文化服务	84.3	124.5	128.0	80.8	102.1	89.4	372.2	169.3	152.7	1 303.3	46.4	28.8	27.8	1 406.3	193.7	1 600.0	0.0	1 600.0
广播和出版服务	0.0	0.1	0.1	0.1	0.1	0.1	0.4	0.2	0.1	1.1	0.0	104.0	0.0	105.2	0.3	105.4	3 650.0	3 755.4
宗教及其他社区服务	0.4	1.6	1.0	1.0	1.3	1.7	0.9	2.6	1.4	12.0	1.3	0.9	0.7	14.9	0.0	14.9	0.0	14.9

续表

文化、媒体和体育部	东北	西北	约克郡和汉伯	东密德兰	西密德兰	东部	伦敦	东南	西南	英格兰	苏格兰	威尔士	北爱尔兰	英国可识别支出	英国以外支出	可识别支出总额	不可识别支出	总和
研发娱乐、文化和宗教	0.1	0.2	0.2	0.2	0.2	0.2	0.7	0.3	0.2	2.4	0.0	0.2	0.0	2.7	0.4	3.1	0.0	3.1
娱乐、文化和宗教	2.6	4.2	4.6	3.1	3.7	3.3	13.1	5.9	5.3	45.8	0.6	3.6	0.4	50.4	6.8	57.2	0.0	57.2
文化、媒体和体育部总和	104.8	181.8	171.7	133.3	140.1	127.8	447.6	221.4	199.2	1 727.6	69.3	147.2	43.1	1 987.2	201.4	2 188.6	4 737.6	6 926.2
教育																		
教育	2.7	6.8	4.3	2.7	4.1	2.7	11.8	4.4	3.4	42.9	7.4	4.1	3.7	58.1	0.0	58.1	0.0	58.1
教育总数	2.7	6.8	4.3	2.7	4.1	2.7	11.8	4.4	3.4	42.9	7.4	4.1	3.7	58.1	0.0	58.1	0.0	58.1
社会保护																		
老年	-23.4	-60.3	-45.5	-39.2	-48.6	-53.1	-49.5	-76.5	-54.0	-450.0	-44.6	-29.5	-12.9	-537.0	0.0	-537.0	0.0	-537.0
其中：养老金	-23.4	-60.3	-45.5	-39.2	-48.6	-53.1	-49.5	-76.5	-54.0	-450.0	-44.6	-29.5	-12.9	-537.0	0.0	-537.0	0.0	-537.0
社会保护	14.6	36.1	21.9	13.5	21.5	14.4	60.7	22.4	17.5	222.6	37.5	22.2	23.1	305.4	0.0	305.4	0.0	305.4
社会保护总数	-8.8	-24.2	-23.6	-25.7	-27.1	-38.7	11.2	-54.1	-36.5	-227.4	-7.1	-7.3	10.2	-231.6	0.0	-231.6	0.0	-231.6
文化、媒体和体育部总和	105.2	182.2	163.2	117.6	128.5	100.4	518.4	187.0	176.9	1 679.4	89.7	154.2	65.4	1 988.7	201.6	2 190.3	4 737.6	6 927.9

注：表中数据来源于国家统计局。

地区部门报告表格——脚注/解释

①表 1-12、表 1-13 和表 1-14 是国家、地区和不同功能的支出分析。表格数据与财政部(HM Treusury)发布的国家及地区分析(country and regional analyses，CRA)一致，详见 2011 年度公共支出数据分析(Public Expenditure Statistical Analyses，PESA)第九章。数据来源于财政部 2010 年 11 月公共支出数据库，区域数据于 2011 年初汇总完成。因此，表格无法显示最新状况，与文化、媒体和体育部报告的其他表格数据不相符。

②分析是在服务总支出(Total Expenditure on Services，TES)总体框架内完成的。广义上讲，服务总支出代表公共部门的日常支出和资本支出，与国家总管理支出(Total Managed Expenditure)报表略有出入。表格表明，服务总支出由中央政府与公营公司(Public Covporatvons)共同参与，包含文化、媒体和体育部及非政府部门公共机构(Non Departmental Public Bodies，NDPBs)的日常支出与资本支出，以及公营公司的资本支出，但不包含公营公司的资本金融，也不包含政府的部分支出和政府自身的支出。

③服务总支出是用于衡量公共支出的等额现金。上述表格未考虑贬值、资本费用或部门预算条款的变动，也不包含工资、采购、资本支出、奖金以及个人和私营企业补贴金。更多信息，请查阅 2011 年公共支出数据分析附录 E。

④数据基于总支出的一部分——可识别的服务支出——通过分析可知，许多支出能给各个国家及地区带来收益。为整个英国带来收益的支出部分不包含其中。

⑤政府的大部分支出都不是按计划进行的，也不是依照不同地区进行分配。例如，将社会安全费分发给符合条件的个人，而不论他们住在什么地方。其他项目支出则要看在部门职责范围内(通常是英国)这些项目的重要性，然后进行分配。分析对各地区的支出情况进行说明，但总体上看，支出并非根据地区差异而进行分配。

⑥表1-14中支出功能分析的基础是联合国政府职能分类(United Nations Classification of the Functions of Government，COFOG)，这是国际标准。消费功能分析与2011年公共支出数据分析第九章的内容一致，但与本报告中其他部分的战略重点存在差异。

⑦非政府部门公共机构的资金分配方式虽然不一样，但包含的基础信息相似，尤其是在资本支出方面。例如，一些公共机构将资金投入其所在地区，而另一些公共机构则利用游客调查结果来估算地区资金分配。公共机构对外国游客的数据进行调查采用的方式也不一样。公共机构对于资金分配方式给出的解释一贯很简洁，也没有给出根本原因与具体细节，因此很难评估此方法是否稳妥。由于缺乏确切信息，公共机构的金融部门相对缺乏自主性，资金分配方式与数额不得不按照现有方式进行。文化、媒体和体育部工作人员已尽其所能对报表进行订正，使统计方式更加统一，与财政部出台的方针更加一致，这对娱乐、文化和宗教的影响最大。

⑧国家彩票支出的地区分配存在很大差异。这在很大程度上是由于收集地区信息的组织在收集信息的同时也有所发展，而国家及地区分析则是以现金支付为基础。由于支付可以在多年内完成，地区分配可能会由于支付时间不同而受到影响。

(五)公共账户委员会建议

文化、媒体和体育部依照所有现有重要的、虽然不完整的公共账户委员会(Public Accounts Committee，PAC)的建议，对其自身以及独立机构开展的项目进行监管，并确保项目正常进行。详情参见网址：http://www.dcms.gov.uk/publications/Annual Report and Accounts。

2007—2008年度和2009—2010年度共举行了4场公共账户委员会听证会(2010—2011年度未举行听证会)，其中，2场会议是关于2012年伦敦奥运会及残奥会的准备，1场会议是关于促进历史环境建议的问题，1场会议讨论了保留仍被使用的皇宫。有的建议被全部采纳，有的建议被部分采纳，有些问题已完全解决，有的仍需要继续努力。

公共组织

这一年，文化、媒体和体育部负责55个公共组织，由这些组织来推进部门战略目标的实现。这些公共组织包括4个公营公司、2个公共广播部门以及49个非政府部门公共机构。公共组织目录包含这些组织的详细信息，包括金融与分析数据，可在以下网址下载副本：http://www.culture.gov.uk/about_us/our_sponsored_ bodies/publicbodiesdirectory。

(六)咨询及临时工的监管支出

此部分内容参见“管理评论”。超过 500 英镑的单项支出的详细信息，参见文化、媒体和体育部的相关网站，网站提供文化、媒体和体育部的独立机构发布的数据链接。

(七)对议会监察专员的投诉

2010—2011 年度收到的需调查的投诉，见表 1-15。

表 1-15　2010—2011 年度需调查投诉

<table>
<tr><td colspan="2">2010—2011 年度收到需调查的投诉数量</td><td>无</td></tr>
<tr><td rowspan="3">2010—2011 年度由议会监察专员(Parliamentary Ombudsman)开展的调查的数量，以及包含投诉的百分比</td><td>完全支持</td><td>—</td></tr>
<tr><td>部分支持</td><td>—</td></tr>
<tr><td>不支持</td><td>—</td></tr>
<tr><td rowspan="2">监察专员建议数量</td><td>遵守</td><td>—</td></tr>
<tr><td>不遵守</td><td>—</td></tr>
</table>

二、2010—2011年度管理评论

(一)管理评论

文化、媒体和体育部的职责

文化、媒体和体育部的职责是，制定与艺术、体育、国家彩票、旅游、图书馆、博物馆、美术馆、广播、创意产业、新闻自由与约束、许可、博彩以及历史环境相关的政策。同时，其也是负责2012年奥运会与残奥会的主要部门。

文化、媒体和体育部负责列出历史建筑的清单，整理古纪念碑的历史，为文化产品颁发出口许可，以及管理政府艺术收藏委员会(Government Art Collection)和皇家公园(The Royal Parks)；负责举行许多仪式，包括国事访问、皇室婚礼、烈士纪念碑悼念活动的协调工作；还负责向遭受重大紧急事故或恐怖主义袭击的人群提供人道主义援助。

文化、媒体和体育部与商业、创新和技能部共同致力于数字转换和设计问题(包括设计委员会(Design Council)的赞助)，以及协调电子游戏和出版行业的关系。2010年12月21日，英国首相宣布，所有与传媒、广播、数字及电信部门有关的竞争和政策问题，由商业、创新和技能部转向文化、奥运、媒体和体育国务大臣负责，这包括负责通信管理局在该区域开展的所有活动。2011年4月13日，职能移交令(Transfer of Functions Order)正式生效，责任正式移交。

文化、媒体和体育部同国民教育部共同负责制定儿童剧目政策。2010—2011年度，英国建筑与建筑环境委员会(Commission for Architecture and the Built Environment，CABE)同时受到文化、媒体和体育部以及社区和地方政府部门的资助。

文化、媒体和体育部还对50多个独立机构负责，这些机构能协助完成目标。

2010年7月20日，英国首相宣布，将由内政部(Home Office)负责执行《2003年许可证法》(已有规定的娱乐项目除外)——在此之前，此项业务是由两个部门共同负责，这一举措有望避免重复劳动。

(1)文化、媒体和体育部的任务和目标

文化、媒体和体育部的任务是帮助创造有利于创新、通信、文化、旅游及娱乐经济增长的条件，为创新消除障碍，创造公平的竞争环境。

文化、媒体和体育部的目标是通过文化及体育活动提高人们的生活质量，追求卓越，支持旅游、创新及休闲产业的发展。

2010 年 11 月 8 日，文化、媒体和体育部与其他部门共同发布了 2011—2015 年的商业发展计划。其中包含 6 项重点工作：①成功举办奥运会及残奥会；②通过奥运会和残奥会锻造体育精神；③创造适合旅游、传媒、娱乐、创新及文化机构发展的条件；④促进大社会发展；⑤协助推进宽带普及工作；⑥加强文化组织建设。

商业发展计划已于 2011 年 5 月更新，新的计划将第④与⑥项工作进行合并，因此共有 5 项重点工作。第④与⑥项工作合并后为：促进大社会发展，加强文化组织建设。

1)文化、媒体和体育部的报告周期

文化、媒体和体育部每年于议会夏季休会前发布年度报告和报表，向议会提交一份年度主要预算，同年后期还将提交一份补充预算。预算附件参见财政部网站：www.hmtreasury.gov.uk/publicspending&reporting/financialreporting&Parliamentarysupplyestimates/mainestimates；www.hmtreasury.gov.uk/publicspending&reporting/financialreporting&Parliamentarysupplyestimates/ supplementaryestimates。

2)支出审核

经财政部同意，文化、媒体和体育部将在下一个支出审核期间，在 2011—2015 年的商业发展计划中提出其支出计划，最新版本登录网站：www.culture.gov.uk/publications/DCMS business plan 2011—2015。

3)既定目标完成进度

每个部门都与财政部就一系列部门战略性目标达成一致，以覆盖 2008—2011 年支出审核的重点问题。由于政府大选，商业发展计划依据 2010 年支出审核意见确立了新的工作重点。据悉，2010—2011 年度文化、媒体和体育部的绩效报告对政府新确定的优先事项，而非先前确立的目标的完成情况进行统计。

4)透明

为了实现政务透明、公开，文化、媒体和体育部致力于为公众提供政府绩效与工作效率的信息，以及政府政策对社会的影响，具体数据登录网站：www.transparency.culture.gov.uk/。

(2)资源报表准备基础

文化、媒体和体育部负责两项投票支出。

1)资源需求 1(Request for Resource 1，RfR1)

通过文化及体育活动提高人们的生活质量：包含文化、媒体和体育部的行政花费与给赞助机构的财政补助金，以及给其他机构的补助和相关费用。

2)资源需求 2(Request for Resource 2，RfR2)

通过广播与其他服务和活动，使更多人参与丰富的文化和体育生活：包含给 BBC 提供的资金。

(3)资源报表中的实体机构

这类资源报表将文化、媒体和体育部以及皇家公园的数据进行合并。

皇家公园的年度报告和金融声明与此类报表进行充分结合，并作为下议院文件(House of Commons

Paper)单独发布。可以在文书局(Stationary Office)获得文件副本，也可登录网站：www.royalparks.gov.uk。

文化、媒体和体育部主要负责为广泛的文化和娱乐活动制定政策。该部门本身很小，每年行政支出仅为5 269万英镑(2009—2010年度为5 427万英镑)，同时还支持了10个咨询性非政府部门公共机构和1个法庭的支出。文化、媒体和体育部每年为皇家公园、赞助机构以及项目提供26.34亿英镑(2009—2010年度为25.95亿英镑)的财政补助金及其他基金，这既是对政府政策的支持，也是对其的补充。文化、媒体和体育部还通过资源需求2对英国广播公司(British Broadcasting Corporation，BBC)进行资助。

英国皇家公园负责管理8座公园：圣·詹姆斯公园(St James' Park)、格林公园(Green Park)、海德公园(Hyde Park)、里根公园(及樱草山)(Regent's Park(with Primrose Hill))、格林尼治公园(Greenwich Park)、里其蒙公园(Richmond Park)、布希公园(Bushy Park)和肯辛顿公园(Kensington Gardens)。还负责管理布朗普顿公墓(Brompton Cemetery)、维多利亚塔花园(Victoria Tower Gardens)和格罗维诺广场花园(Grosvenor Square Gardens)。同时，皇家公园也负责维护唐宁街10号、11号和12号花园(Downing Street Gardens)，坎宁绿地(Canning Green)，圣·玛格丽特教堂绿地(St Margaret's Church Green)，诗人绿地(Poet's Green)和朗福特河(Longford River)(汉普顿宫公园内的支流除外)。

(4)资源报表以外的单位

以下所列包含了不在报表范围内的公共机构以及它们的作用，文化、媒体和体育部负责为这些机构制定政策。这些机构各自发布年度报告和报表。大部分机构都接受来自政府部门的补助金，更多详情参见部门报表，详情见网址：http://www.culture.gov.uk/about_us/our_sponsored_bodies/default.aspx。

1)公营公司

公营公司是市场主体，它们的收益多半来源于出售商品与服务。公营公司的运营具有很强的独立性。

公营公司包括：英国第四台(Channel 4 Television Corporation)、历史皇家宫殿(Historic Royal Palaces)、赛马博彩管理局(Tote)、通信管理局(Ofcom)①。

2)公共广播机构

公共广播机构(Public Broadcasting Authority)属于特别的公共机构类别。BBC受《皇家宪章》(Royal Charter)和一项与政府签订的协议的约束。《皇家宪章》与协议规定，BBC有权使用收到的公共拨款，其使用对议会负责，同时要保留BBC对编辑政策与规划的独立性。威尔士第四频道(Sianel Pedwar Cymru，S4C)是一家法定公司，负责威尔士第四台(Welsh Fourth Channel Authority)战略性政策的实施，以完成其法定职责。威尔士第四频道最初由政府补助金资助，补助金级别由法律法规确定。

公共广播机构包括：英国广播公司、威尔士第四频道。

3)非政府部门公共机构

公共机构具体如下。

① 文化、媒体和体育部全面负责工作开展，除非政府部门改组，通信管理局与商业、创新和技能部要共同推进工作开展。

A. 博物馆与美术馆

大英博物馆(British Museum)

杰弗瑞博物馆(Geffrye Museum)

霍尼曼公共博物馆及公园信托基金(Horniman Public Museum and Public Park Trust)

帝国战争博物馆(Imperial War Museum)

曼彻斯特科学与工业博物馆(Museum of Science and Industry in Manchester)

国家美术馆(National Gallery)

国家海洋博物馆(National Maritime Museum)

国家科学与工业博物馆(National Museum of Science and Industry)

利物浦国家博物馆(National Museums Liverpool)

国家肖像美术馆(National Portrait Gallery)

自然历史博物馆(Natural History Museum)

皇家军械库(Royal Armouries)

约翰·索恩爵士博物馆(Sir John Soane's Museum)

泰特美术馆(Tate)

维多利亚与艾伯特博物馆(Victoria and Albert Museum)

华莱士收藏馆(Wallace Collection)

B. 图书馆

大英图书馆(British Library)

博物馆、图书馆和档案馆理事会(Musems, Libraries & Archives Council)

公共借阅权协会(Public Lending Right, PLR)①

C. 艺术

英格兰艺术委员会(Arts Council of England)

D. 建筑与历史环境

建筑与建筑环境委员会(Commission for Architecture and the Built Environment, CABE)②

英国古迹署(English Heritage)

国家遗产纪念基金会(National Heritage Memorial Fund)(包括文化遗产彩票基金)

E. 旅游

英国旅游局(VisitBritain)

F. 创意产业

设计委员会(与商业、创新和技能部共同负责)③

英国电影委员会④(UK Film Council)

---

① 2010 年 10 月宣布，公共借阅权协会的职能正在移交给另一个公共机构，将取消公共借阅权协会。

② 2010—2011 年度收到各社会团体与当地政府的资助，文化、媒体和体育部已从 2011 年 3 月 31 日起撤销项目基金。

③ 2011 年 4 月 1 日起不再属于非政府部门公共机构。

④ 2011 年 4 月 1 日起英国电影委员会的许多职责已移交给英国电影协会和伦敦电影公司。

G. 体育

足球事务管理局[①](Football Licensing Authority)

英格兰体育理事会[②](Sport England)

英国体育局[③](UK Sport)

英国反兴奋剂组织(United Kingdom Anti-Doping Limited)

H. 奥林匹克

奥运交付管理局 (Olympic Delivery Authority)

奥运彩票发行中心(Olympic Lottery Distributor)

I. 博彩和国家彩票

大彩票基金[④](Big Lottery Fund)

博彩委员会[⑤](Gambling Commission)

赛马投注委员会(Horserace Betting Levy Board)

国家彩票委员会[⑥](National Lottery Commission)

4)文化、媒体和体育部其他机构

以下机构接受补助金:

查塔姆海军造船厂(Chatham Historic Dockyard);

设计博物馆(Design Museum);

格林尼治旧皇家海军学院基金会(Greenwich Foundation for the Old Royal Naval College);

国家煤矿博物馆(National Coal Mining Museum);

国家影视学校(National Film and Television School);

国家足球博物馆(National Football Museum);

人类历史博物馆(People's History Museum);

泰恩威尔郡博物馆(Tyne and Wear Museums)。

与非政府部门公共机构一样，以下机构接受财政补助金:

教堂保护信托基金(Churches Conservation Trust);

英国王室(Royal Household)。

文化、媒体和体育部通过项目预算，为许多其他机构提供补助金。

5)国家彩票

文化、媒体和体育部负责国家彩票发行基金(National Lottery Distribution Fund，NLDF)和奥运彩票发行基金(Olympic Lottery Distribution Fund，OLDF)的运营工作，这两个基金数据单独统计，未包含在该报表中。

---

① 正在制定法律，扩展足球事务管理局的职责范围，并将其更名为运动场安全局。

② 2010 年 7 月 26 日，文化、媒体和体育部宣布将考虑将英格兰体育理事会和英国体育局合并。

③ 2010 年 7 月 26 日，文化、媒体和体育部宣布将考虑将英格兰体育理事会和英国体育局合并。

④ 鉴于政府支出审核，政府已将文化、媒体和体育部制定大彩票基金政策的责任移交给内阁办公厅，文化、媒体和体育部仍保留其赞助人身份。

⑤ 内阁办公厅已于 2010 年 9 月 24 日确认，将合并国家彩票委员会和博彩委员会，这是公共机构审核的一部分。

⑥ 内阁办公厅已于 2010 年 9 月 24 日确认，将合并国家彩票委员会和博彩委员会，这是公共机构审核的一部分。

文化、媒体和体育部也负责分发给彩票发行中心的彩票基金，其中一些机构属于非政府部门公共机构(NDPBs)，也受文化、媒体和体育部管理。2010—2011 年度，国家彩票发行基金应得收入总额为 15.7 亿英镑，其中 2.92 亿英镑转交给奥运彩票发行基金(2009—2010 年度发行总额为 15 亿英镑，转交给奥运彩票发行基金的金额为 2.92 亿英镑)。奥运彩票发行中心的收入为 1.07 亿英镑，同时收到国家彩票发行基金的拨款 2.92 亿英镑，向奥运交付管理局支出 3.53 亿英镑(2009—2010 年度奥运彩票发行中心收入为 8 700 万英镑，收到奥运彩票发行基金拨款 2.92 亿英镑，向奥运交付管理局支出 3.79 亿英镑)。国家彩票发行基金和奥运彩票发行基金的年度财务报表可参考文书局或以下网址：www.culture.gov.uk/reference_library/publications/。

6)2012 年伦敦奥运会和残奥会

2005 年 6 月 6 日，国际奥林匹克委员会宣布伦敦将举办 2012 年奥运会和残奥会。

奥运交付管理局负责建造奥运会使用的永久场馆及基础设施。比赛的举办由伦敦奥组委(London Organizing Committee of the Olympic Games and Paralympic Games，LOCOG)负责。所有土地征用和整治的费用由伦敦发展署(London Development Agency，LDA)负责，不纳入奥运支出。伦敦发展署对伦敦市长和大伦敦政府(Greater London Authority)负责。奥运执行委员会(Government Olympic Executive，GOE)由文化、媒体和体育部负责，代表中央政府行使奥运委托人的职能，向国务大臣及体育和奥运大臣汇报工作。奥运执行委员会也为奥运交付管理局和奥运彩票发行中心提供资金。奥运执行委员会有责任确保一场成功的奥运会和残奥会的举办，并负责所有政府要求的相关工作任务，包括资金、与负责安全问题的内政部联络，还有一项重要工作，就是协调伦敦和英国遗产。

除了资助奥运交付管理局和奥运彩票发行中心，文化、媒体和体育部还负责对伦敦奥组委进行监管。伦敦奥组委是为举办奥运会和残奥会创建的一家有限担保责任公司。伦敦奥组委由国务大臣、伦敦市长和英国奥林匹克协会(British Olympic Association)共同建立、经营管理，在 2010—2011 年度，并不受文化、媒体和体育部资助。

伦敦奥组委的预算为 20 亿英镑，大部分来源于私人，如国内赞助、国际奥林匹克委员会赞助、门票费和出售商品。根据与主办城市签订的合同，英国政府负责残奥会的费用。

2007 年，伦敦奥组委估计预算为 6 600 万英镑。由于伦敦奥组委负责制订预算，并决定哪些费用不计入奥运会举办费用，因此将预算提高至 9 500 万英镑，其中 6 600 万英镑由奥运彩票发行中心提供，2 900 万英镑由文化、媒体和体育部提供，而这些资金都来自公共部门资金计划。此外，2011 年 4 月起，公共部门资金计划的分配发生改变，这反映了项目重点由施工转向赛事。先前分配给政府发展援助组织的 6 700 万英镑公园运营(Park Operation)费用，现在将由伦敦奥组委负责，资金已经到位，还有 3 600 万英镑将用于奥运村的建设，以及应对比赛会场成本发生变化的情况，另外的 2 700 万英镑由英国政府持有，以应对可能产生的成本压力。

英国政府也已经向国际奥林匹克委员会做出保证，若财政收入不足以支付奥运成本，包括伦敦奥组委的任何预算不足，英国政府都会是最终经济担保人。

奥林匹克公园遗产有限公司(The Olympic Park Legacy Company Limited)于 2009 年 5 月 8 日成立，是一个非营利的担保性有限公司，其目的在于规划、发展并保留奥林匹克公园及相应设施，在 2012 年伦敦奥运会结束后，奥林匹克公园及设施将属于该公司。2011 年 3 月 31 日，国际奥林匹克委员会的政府成员是社区与地方政府大臣(Secretary of State for Communities and Local Government)和国务大臣。

比赛场馆和赛事举办的进度已在奥运执行委员会的年度报告和季度数据更新中进行汇总。这些文件可在部门网站上查询。最新的季度报告已于 2011 年 5 月发布，可以通过以下网址进行查阅：http://www.culture.gov.uk/publications/8086.aspx。

(二)财务评论

(1)实际支出与预算对比

2010—2011 年度，文化、媒体和体育部的实际支出比预算少 1 亿英镑(1.9%)，2009—2010 年度的实际支出比预算少 1.15 亿英镑。最终预算已于 2011 年 1 月完成，反映了当时最好的状况。根据财政部对所有政府部门提出的要求，文化、媒体和体育部坚持管理自身的预算分配与支出，以免超出部门支出限额(Departmental Expenditure Limits，DELs)，并且充分利用所获得的资金与预算。因此，预算与实际支出的逐一对比并不能反映文化、媒体和体育部的整体财务状况。这些差异产生的主要原因包括以下几点。

①BBC 仅收到 2 100 万英镑资金，比预算要低，原因在于，实际许可证费用收入比年初预计的低。

②政府发展援助支出 5 200 万英镑，这也比预算低，原因在于，预算中包含了文化、媒体和体育部划拨给奥运交付管理局的现金补助，由于现金增长额超出了预期，文化、媒体和体育部不需要支付原本计划的大额资金。奥运交付管理局的支出与预期持平。

③其余差额主要是由于文化、媒体和体育部的独立机构使用了储备金，而没有使用现金补助金。部分原因在于，今年政府大选后，做出降低支出的决定。还有部分原因在于，这些机构提高了现金支出的监管能力，除非在需要时，否则不发放补助金。

通过对临时的实际支出与预算的对比发现，文化、媒体和体育部的实际支出比资源部门支出限额预算(不包括贬值和其他账务调整)少 7 370 万英镑，主要原因是，伦敦奥组委改变了预测持仓净额，说明今年的收入高于支出。这与年初的预测结果恰恰相反。伦敦奥组委是一个按商业模式运营的组织，管理终生预算而非年度预算，因此，其年预测结果会有变化。伦敦奥组委后来被列入公营公司的范畴，其支出不列入部门支出限额预算，文化、媒体和体育部承认其商业与财务性质。

临时的实际支出比资本部门支出限额预算少了 2 110 万英镑(3.5%)。许多机构，主要是博物馆和美术馆，未用完它们的配套资金，这些机构没有如预测的那样需要储备金。由于对文化、媒体和体育部没有现金影响，因此预算中无法反映储备金的使用或伦敦奥组委所发挥的最终作用。伦敦奥组委的资金来源不是政府补助金；关于博物馆和美术馆，它们使用的是往年的现金资产，主要来自捐赠。

(2)调整财务部资金监管方式

表 2-1 对文化、媒体和体育部的支出、提交给议会的预算以及经财政部同意的预算进行说明。随着 2011—2012 年度“校准计划”(clear line of sight，CLOS)倡议的推出，不再需要进行账目整合，因为这三种报告中的统计口径将变得更加一致。这将是一个更加透明的报告体系，只存在一套规则和数据。

随着“校准计划”倡议的推进，2010—2011 年度进行了很多改革，包括取消非现金预算分类。部分非现金项目被废除(资本支出成本)，部分移至年度管理支出(预备)，或者归于部门支出限额(贬值)，见表 2-1。

表 2-1　资源消耗的估算、报表和预算情况

（单位：千英镑）

	2010—2011 年度	2009—2010 年度
净资源结算(估算)	5 053 418	4 924 817
要取消的：		
早些年投票的条款	—	—
需添加的：		
非投票的支出	—	—
统一基金额外收入	(13)	(3 021 233)
其他调整	—	—
净运营成本(报表)	5 053 405	1 903 584
需取消的：		
给当局的资本补助金	(41 230)	(978)
现代化资本基金资助的补助金	—	—
欧盟收入及相关调整	—	—
预算外的投票支出	(5 584 126)	(3 021 099)
需添加的：		
其他统一基金额外收入	9	3 015 419
公共机构的资源消耗	4 396 672	2 348 885
未分配的资源供应	—	—
其他调整	1 782 100	844 322
资源预算结算(预算)	5 606 830	5 090 133
其中：		
部门支出限额	1 526 808	1 224 712
年度管理支出	4 080 022	3 865 421

注：资源预算结算分析的基础是公共机构为公共支出结算白皮书提供的临时数据。

表 2-1 中显示的 2009—2010 年度净运营成本(Net Operating Cost)与报表中的综合净支出声明(Statement of Comprehensive Net Expenditure)数据不一致，原因是前期修订后未做重新声明。

1. 未来财务——文化、媒体和体育部的目标与活动的巨大变化产生的影响

文化、媒体和体育部在目前支出审查阶段(2008—2009 年度到 2010—2011 年度)的支出限额已在 2007 年综合支出审核(Comprehensive Spending Review)中设定。2010 年 6 月，文化、媒体和体育部及其独立机构 2010—2011 年度的预算约下降了 4%(8 800 万英镑)。文化、媒体和体育部通过降低管理费用，成功实现了成本削减，也将对一线服务的影响降到最低。

2010 年支出审查结果表明，2014—2015 年度以前，要这轮支出审查结束时，文化、媒体和体育部的组合资本和资源预算将比 2010—2011 年度下降约 25%。为了实现这一目标，文化、媒体和体育部提

出了 4 个原则：减少浪费、提高效率、取消不重要的工程；尽可能保护一线工作；2012 年举办一场安全、成功的奥运会和残奥会；促进经济增长。

关于支出审查结算的完整细节，可登录相关网站进行查阅，网址：http://www.culture.gov.uk/news_stories/7502.aspx。

文化、媒体和体育部已制订支出审查期间的支出计划，并得到财政部的同意，发布在 2011—2015 年商业计划中。商业计划的最新版本于 2011 年 5 月发布。该计划将文化、媒体和体育部的核心部门管理费用降低 50%。这将通过以下几点实现：

①降低食宿费用、设施管理费用，及其他非中央支付的费用；

②重视奥运会和残奥会的举办，分两步缩减文化、媒体和体育部的规模——2011 年初成形，2013 年 4 月前与奥运执行委员会发挥同样作用；

③减少职员数量，奥运会结束后，文化、媒体和体育部可能会变成更小的部门，工作人员数量减少，管理成本降低约 50%，某些削减措施已经作为奥运执行委员会计划的一部分。

中央政府 2011—2012 年度主要供应预算已在 2011 年 4 月公布，也可登录相关网站进行查阅，网址：http://www.hm-treasury.gov.uk/psr_estimates_index.htm。

2011—2012 年度，在财政部"校准计划"倡议的指导下，文化、媒体和体育部的财会界线将得到扩展，并将包含许多文化、媒体和体育部赞助的机构。有关该项目的详情可登录网站进行查阅，网址：www.hm-treasury.gov.uk/psr_clear_line_of_sight_intro.htm。

2. 投资管理战略

文化、媒体和体育部设立了一个投资委员会，负责计划、管理并监管本部门及独立机构的资本支出。与奥运会有关的机构由奥运执行委员会(Government Olympic Executive，GOE)负责管理。

投资委员会的具体职责是监管所有投资金额超过 300 万英镑的项目。若此类项目中的单个工程(或独立项目)超过 300 万英镑，也需要投资委员会的监管。

投资委员会同意将所有需要正式批准的商业案例(总金额超过 500 万英镑的项目)转交财政部，并对每个案例提出建设意见。委员会主席由财务部长担任。

3. 供应商支付政策

文化、媒体和体育部已签署《即期付款准则》，并将遵守《1998 年商业债务逾期付款(利息)法案》(Late Payment of Commercial Debts (Interest) Act 1998)，在出示有效发货清单(如果逾期则是交付)后的 30 天内支付所有没有违反合同条款的单据。2010—2011 年度的支付表现分析表明，99.5%的发票(不存在争论的)都按合同条款要求支付，或者在 30 天内支付(2009—2010 年度支付比例为 99.0%)。

2008 年 10 月，英国首相提出，中央政府部门应该在 10 个工作日内支付所有商业账单。2010 年 3 月，预算声明指出，政府部门应该努力实现在 5 个工作日内支付 80%的账单。该目标报告于 2010 年 5 月公布。基于此，文化、媒体和体育部的支付率为 73.4%。2011 年 1 月对注册发票进行改进，此后，文化、媒体和体育部的支付率提升至 83.4%。

4. 成本分摊政策

文化、媒体和体育部遵守财政部和公共事务咨询办公室提出的有关成本分摊和收费的要求。

5. 咨询、宣传、广告及其他支出

2010—2011 年度的咨询支出为 35 万英镑，上一年度为 147 万英镑。支出减少的原因之一是，本年度常任副大臣停止雇佣所有咨询师及临时员工，还有就是采纳全新的更具挑战性的方法，在特定时间实行预约服务，并对预约服务的必要性进行审查。

本年度，文化、媒体和体育部在咨询和临时员工方面支出 46 万英镑，为过渡期间经理支出 240. 5 万英镑，此项支出主要和奥运会相关。

宣传和广告支出降低，2009—2010 年度为 50 万英镑，2010—2011 年度为 17 万英镑。

通过一项员工活动得到关于如何减少每日支出的建议。有关出差、招待和办公室设备的建议已于本年度投入实施。这一举措的确大大降低了支出成本，具体信息参见图 2-1、图 2-2、图 2-3。

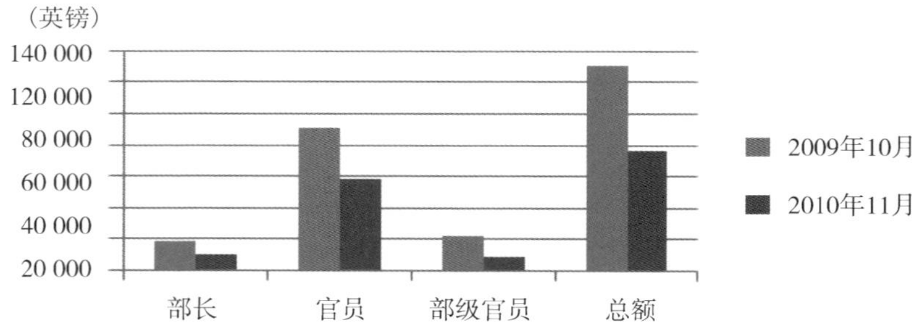

图 2-1　出差和生活费

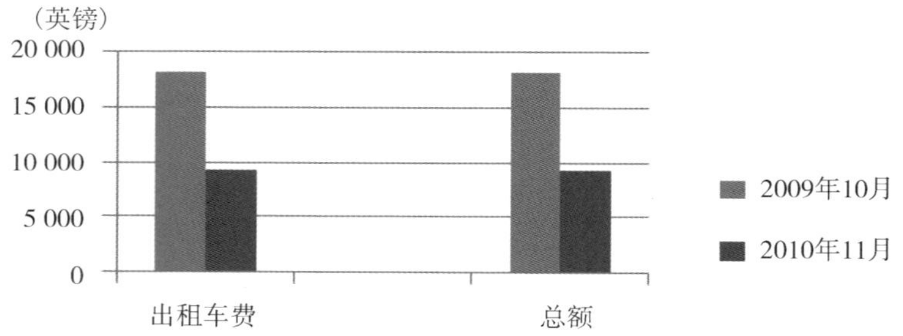

图 2-2　出租车费用

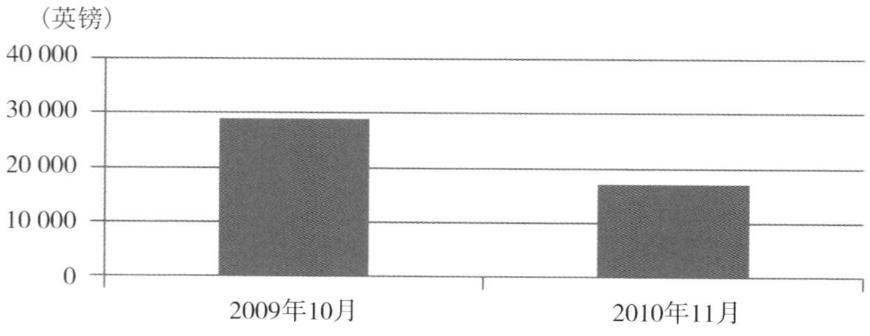

图 2-3　办公文具成本

(1)包含养老金债务的持久债务

养老金债务的详细信息参见《薪酬待遇报告》及报表注释 10。

(2)根据议会要求的重大长期临时债务

参见报表注释 30。

(三)管理和资源

(1)大臣

本年度负责文化、媒体和体育部的大臣，见表 2-2。

表 2-2　大臣名单

国会议员杰里米·亨特(Rt Hon Jeremy Hunt)	文化、奥运、媒体和体育部国务大臣(2010 年 5 月 12 日上任)
国会议员约翰·彭罗斯(John Penrose)	旅游及遗产大臣(2010 年 5 月 14 日上任)
国会议员休·罗伯逊(Hugh Robertson)	体育及奥运大臣(2010 年 5 月 14 日上任)
国会议员艾德·维泽(Ed Vaizey)	文化、通信及创意产业大臣(2010 年 5 月 14 日上任，并于 2010 年 12 月成为商业、创新和技能大臣)
国会议员本·布拉德肖(Rt Hon Ben Bradshaw)	国务大臣(2010 年 5 月 11 日卸任)
国会议员及英帝国勋章获得者玛格丽特·霍奇(Rt Hon Margaret Hodge)	文化、创意产业和旅游大臣(2010 年 5 月 11 日卸任)
国会议员格里·萨克利夫(Gerry Sutcliffe)	议会副大臣，主管体育(2010 年 5 月 11 日卸任)

泰萨·乔维尔一直是一位兢兢业业的奥运大臣兼财政部主计大臣，直至 2010 年 5 月 11 日卸任。奥运执行委员会通过常务副大臣向泰萨·乔维尔进行工作汇报。

(2)文化、媒体和体育部管理

年初，文化、媒体和体育部委员会由 9 名成员组成：6 名执行委员和 3 名非执行委员。

根据内阁办公厅(Cabinet Office)发布的修订版指南，白厅的管理方式发生了变化。除了白厅部门委员的组成及角色发生变化，文化、媒体和体育部其他委员会的结构和成员也发生了变化。

(3)大臣委员会

部长听取官员的意见，并决定政策的制定。委员会的管理范围在于管理和执行，并对其部门发挥战略性的领导作用。委员会每年举行 6 次会议。大臣委员会(Ministerial Board)带有建议性质，以促进政策提议得到采纳及发挥有效性，努力使政策发挥真正的效果和作用。

(4)成员

委员会由国务大臣主持，包括大臣、执行委员会与非执行委员。委员会所有成员必须体现其领导力量，共同制定策略方向，确保文化、媒体和体育部能获得充足的资源，以完成其目标。白厅所有委员会需遵守的协议已经发布在内阁办公厅的网站上。

1)大臣

杰里米·亨特(主持)，受邀担任；

艾德·维泽(Ed Vaizey)；

约翰·彭罗斯(John Penrose)；

休·罗伯逊(Hugh Robertson)；

2)执行委员

乔纳森·史蒂芬森，常务副大臣；

安德鲁·拉姆塞(Andrew Ramsay)，项目与合作总负责人(至 2011 年 4 月)；

杰瑞米·比顿(Jeremy Beeton)，奥运执行委员会总负责人；

西蒙·贾奇(Simon Judge)，金融主管。

3)非执行委员

自 2010 年 5 月大选以来，白厅内各部门委员会的组成与作用发生了变化。其中一个变化是，每个部门都包含一名非执行委员，他将在委员会运转过程中发挥重要的积极作用，也会与内阁办公厅保持密切联系。

非执行委员的职责是发挥对外沟通作用，并对策略、表现及风险做出独立的判断。

2011 年 3 月 31 日，非执行委员包括：大卫·华利(David Verey)(文化、媒体和体育部主要非执行委员)，2010 年 12 月 10 日接受委任；皮特·巴扎尔吉特(Peter Bazalgetta)，2011 年 1 月 20 日接受委任；特蕾西·朗(Dr Tracy Long)；科勋爵①(Lord Coe ex officio)。

其他在本年度参与工作的非执行委员包括：亚历克西斯·克利夫兰(Alexis Cleveland)(至 2010 年 12 月 31 日)；安娜·格林(Ann Green)(至 2010 年 12 月 31 日)。

主要非执行委员将定期与其他非执行委员会面，确保其他委员明确其观点、看法，并确保国务大臣对所有关注的问题有全面了解。主要非执行委员将支持国务大臣主持委员会工作，并与政府进行联络。

非执行委员将通过提出建议与意见发挥其作用，这既是对官员的支持，也是对他们的挑战。非执行委员将对绩效(包括主要绩效指标)、运营问题(包括政策提议的运营/交付影响)以及部门管理效率提出建议。非执行委员还将对商业计划的进度与实施提供支持、引导与提出要求。非执行委员将通过学习其他组织成功和失败的经验来使部门做到最好，还将与政府其他非执行委员及主要非执行委员定期会面。

(5)执行委员会

执行委员会对部门进行领导，协助常务副大臣开展工作，也协助常务副大臣完成会计主计长

① 依照其作为伦敦奥组委主席的身份，若他离开伦敦奥组委，则不再参加部门委员会。

(Accounting Officer)工作。委员会负责部门商业计划(Business Plan)的推行，并对改变项目(Change Programme)提供支持。执行委员会向大臣委员会汇报工作情况。

大臣委员会的执行委员和以下人员担当本年度的执行委员会委员：安妮塔·查尔斯沃思(Anita Charlesworth)，证据分析单位和首席科学顾问主管(至2010年9月13日)；简·库珀(Jane Cooper)，沟通与变化(Communications and Change)主管(至2010年10月22日)。

(6)审计及风险委员会

审计及风险委员会(Audit and Risk Committee，ARC)是大臣委员会下设的一个分会，负责为治理、风险管理与控制提供支持。审计及风险委员会代表大臣委员会行使职能，向大臣委员会报告，并根据收到的建议做出决定。

审计及风险委员会每年有一系列事情需要考虑，不过其关注重点在保险与风险管理以及与国内外审计工作有关的问题。每次开会，审计及风险委员会都能看到关于这些领域的进度报告。审计及风险委员会对内部审计的监管包括服务的所有方面，并进行战略和计划审批，推进工作的开展。

审计及风险委员会包括以下非执行委员，名单见表2-3。

表2-3　审计及风险委员会非执行委员会名单

成员		加入时间
特蕾西·朗(Tracy Long)	非执行理事(主席)	2009年7月1日
大卫·查特(David Carter)	独立外部成员	2009年7月1日
克里斯·沙利文(Chris Sullivan)	独立外部成员	2009年7月1日
克里斯·沃尔顿(Chris Walton)	独立外部成员	2010年8月1日
迈克尔·希金(Michael Higgin)	独立外部成员	2010年8月1日

(7)政策委员会

2010—2011年度，政策委员会负责部门的人力分配，以及完成部长要推进的重点工作，例如对绩效进行管理，以降低运营和战略风险。政策委员会安排工作人员完成工作，监督重要工程的进度，并确保商业计划中的可交付工程在截止日期之前完成。政策委员会向文化、媒体和体育部执行委员会汇报。

(8)投资委员会

从今以后，文化、媒体和体育部投资委员会负责对各组成部门和独立机构(除与奥运会相关的机构外)的资金支出进行审批并进行监管。投资委员会向执行委员会汇报相关工作。

(9)咨询委员会

咨询委员会(The Advisory Board)利用外部专业指导提高部门的战略管理能力。咨询委员会提供独立的意见、建议，以及全面的战略性问题，并为更高效地与战略性公共机构和其他伙伴建立合作关系搭建平台。咨询委员会由常务副大臣任主席，成员主要来自文化、媒体和体育部所辖的独立机构。

(10)文化、媒体和体育部及委员会领导的任命

文化、媒体和体育部领导(常务副大臣)及委员会的其他执行委员都是依照《公务员管理条例》(*Civil Service Management Code*)中的相关规定进行任命。这些员工有单独的雇佣合同，合同包含任期时长(如果合适的话)以及终止程序。

(11)高层工资披露和建立组织结构图

按照政府政务透明议程(Government's Transparency Agenda)的相关要求，文化、媒体和体育部及非政府部门公共机构已于 2011 年 3 月 31 日发布各自的高级职员薪酬数据和工作人员组织结构图，将高级职员组成结构以及初级职员的所有信息进行说明。具体信息登录网址：www.transparency.culture.gov.uk/category/staff/。

可以在每个非政府部门公共机构的网站上获取详细数据。

(12)领导职位及其他重大利益

文化、媒体和体育部委员会成员要严格履职，不能因职务之便获得领导职位或重大利益。

(13)大臣和委员会成员的薪酬

大臣和委员会成员的薪酬可以在《薪酬待遇报告》中进行查询。

(14)战略风险

今年要对文化、媒体和体育部的风险管理进行审查。现有的对工作人员的评估与管理风险指导方针已有很大改善。在管理层面，风险的处理方式也有了改善。执行委员会确定部门面临的最主要战略风险，并确保所有工作人员都了解相关情况，并能积极承担责任。指导方针包含机构内部是如何以最恰当的方式和步骤进行风险处理的。

(四)人力资本管理报告(核心部门)中涉及的社会和社区问题

(1)职员规模与组成

文化、媒体和体育部是一个规模较小的政府部门，其基本职能是进行决策，核心职能包括政策推进、对其独立机构进行支持和管理。文化、媒体和体育部有少量后备职员负责食宿、人力与财务等工作。根据任务结构和人员资质对职员进行分配，73.1%(2009—2010 年度为 72%)的工作人员是中层干部，承担专业和高级管理任务。

文化、媒体和体育部的年龄结构情况如表 2-4、图 2-4 所示。

表 2-4 文化、媒体和体育部的年龄结构

年龄(岁)	<25	25~29	30~34	35~39	40~44	45~49	50~54	55+	总和
比例(%)	1.36	10.18	20.24	14.95	11.88	18.34	10.20	12.85	100

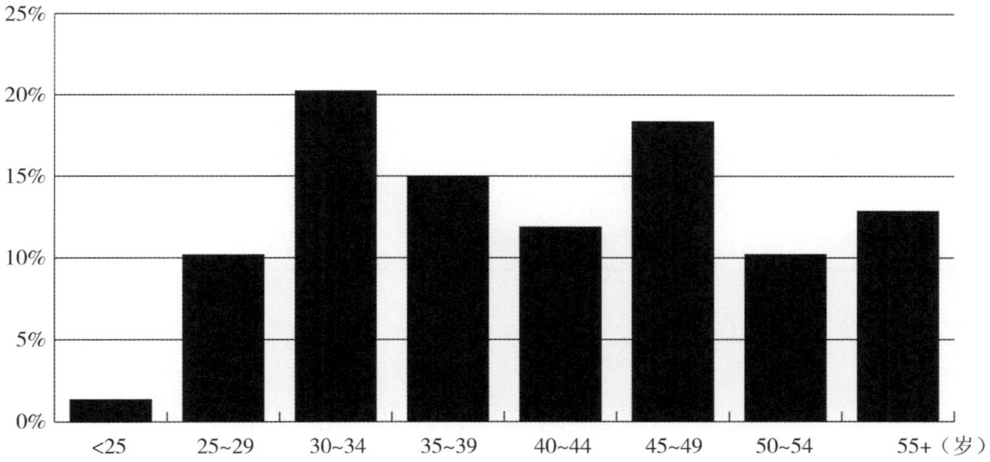

图 2-4 文化、媒体和体育部的年龄结构

表 2-4 是基于 2011 年 3 月 31 日统计的全职员工数，不包含临时工。

文化、媒体和体育部的员工等级见表 2-5。

表 2-5 文化、媒体和体育部员工等级

等级	2010—2011 年度平均员工数量(全职员工)	2009—2010 年度平均员工数量(全职员工)
副大臣	1.0	1.0
高级公务员(工资级别 3)	2.0	2.0
高级公务员(工资级别 2)	11.2	11.2
高级公务员(工资级别 1)	31.7	31.7
A+级(6 级)	25.5	21.3
A 级(7 级)	102.0	106.4
B 级(高级行政官员，快速晋升)	9.9	8.9
B 级(高级行政官员/资深行政官员)	150.1	148.8
C 级(行政主管官员)	92.0	93.7
D 级(行政官员/行政助理)	30.4	29.1
总和	455.9	454.1

注：此表不包含大臣、代办员/临时工及特别顾问。

2011 年 4 月 1 日，共有 32 位高级公务员在岗，并由文化、媒体和体育部发放工资。随后，4 名公务员在 2011—2012 年度第一季度离职。表 2-6 显示了 2010—2011 年度工资达到 5 万英镑及以上的员工

数量，以 5000 英镑为一个增长单位。

表 2-6　文化、媒体和体育部 2010—2011 年度工资情况

工资范围(单位：英镑)	员工数量
55 000~59 999	3
60 000~64 999	11
65 000~69 999	5
70 000~74 999	1
75 000 以上	12

(2)绩效

年度绩效评价系统强调员工发展，包括个人发展目标和工作目标以及与员工发展有关或增长他人学识的目标。这些目标得到基层负责人的认可，作为下一阶段绩效评估基础。评估还以文化、媒体和体育部的核心工作为依据。

(3)义务

为促进多样性发展，满足商业需求，员工有广泛且灵活的工作方式选择，甚至可以选择在家工作。文化、媒体和体育部正在开展一项雇员援助项目，该计划提供保密咨询服务。

鼓励员工参加部门调查与跨部门公务员调查。

(4)机会平等与多样性

文化、媒体和体育部提供平等的机会。不因性别、婚姻状况、种族、肤色、国籍、民族、宗教、残疾、年龄或性取向而歧视员工或合格的应聘者。所有员工都受到平等、公正的待遇，招聘、任用、培训、晋升及职业管理的唯一标准即是工作。鼓励弹性工作模式，并致力于营造个体差异得到珍视与尊重的文化，不容忍任何形式的歧视、骚扰及迫害。

文化、媒体和体育部为所有员工提供一项有关平等机会意识培训的项目，目的在于促进平等与多样性。平等评估依照文化、媒体和体育部的政策每年进行。

与上述项目和平等计划相关的更多信息，可以访问以下网址：http://www.culture.gov.uk/about_us/working_with_us/7266.aspx。

高级公务员中女性所占比例得到提高。已经制定出一项促进多样性和平等的战略，在 2008—2011 年实施。该战略支持员工的聘任与留任，这也是“人民战略”中所要推进的重要工作。

(5)雇佣残疾人

文化、媒体和体育部不因任何理由歧视任何员工或合格的应聘者，包括残疾人。残疾人无须使用专门的职位申请表和填写其他表格。

文化、媒体和体育部再次获得“积极对待残疾人两个勾标志”，这是对我们确保人人拥有平等机会的再次肯定。

组建残疾参考小组对相关问题进行审核。

我们还与残疾人雇主论坛保持密切联系，解决所有与残疾人相关的问题，包括招聘。

(6) 因病缺勤

2010—2011 年度，文化、媒体和体育部全职员工的平均病假天数为 4.8 天(2009—2010 年度为 4.7 天)。

(7) 健康与安全

文化、媒体和体育部拥有电脑在线培训及自我评价程序包，有助于在办公桌轮用环境下确保员工的健康与安全。

健康与安全委员会每年召开 4 次会议。员工代表和工会代表也参会，对文化、媒体和体育部的健康与安全风险评估进行审核。

(8) 改变项目

为促进白厅能从更广泛层面进行效能节约，常务副大臣、议会成员杰里米·亨特决心降低文化、媒体和体育部的管理支出，至 2014—2015 年度降低 50%。减少文化、媒体和体育部及其独立机构的管理预算意味着，我们对基层服务和项目的影响将会降低。

若推行商业计划中的重点工作，我们在削减预算时就必须重新对工作模式进行审查。我们正在建设一个不一样的，更加简洁、更加灵活、更加有效的部门，一个真正能够为公众带来价值的部门。

改变项目是完成这些目标的步骤之一。改变项目小组将工作推进分为 3 个阶段：在奥运会和残奥会之前成形(2010 年 9 月至 2011 年 7 月)；准备并举办奥运会(2011 年 8 月至 2012 年 10 月)；赛后(2012 年 11 月至 2014 年 3 月)。

第一阶段目前正着眼于减少成本(例如，自愿离职、高级公务员招聘)，食宿变化，依据商业计划调整工作，更灵活地寻找资源和工作，以及文化、媒体和体育部与其独立机构如何开展合作。

因此，文化、媒体和体育部减少了高级公务员的数量，自上而下的管理模式逐步减弱，更多地关注如何使普通人发挥更大作用。文化、媒体和体育部还提出了自愿退休和离职的建议。

自愿退休和离职申请于 2011 年 1 月 14 日截止，收到的申请超过 90 份。人力规划委员会审核这些申请是否符合标准，并对他们的离开时间进行审批，同时要确保不影响部门的商业发展要求。

用更少员工完成同样的工作任务，改变项目计划设立了一个更加灵活的组织，以适应不断变化的工作重点，同时，鼓励员工跨行业发挥才能。

审查小组和政策引领正努力依照商业计划制定政策，确认工作优先顺序。

鉴于 2010—2011 年底进行的一些审查，执行委员会决定由项目办公室独自进行灵活资源的管理，并对工作推进情况进行审查，同时采用更具灵活性的工作。同时，推出一些项目，来完成政府部门职能转换，如将商业、创新和技能部的通信政策制定和知识管理移交给文化、媒体和体育部负责。

2011—2012 年度，文化、媒体和体育部将引进矩阵管理。由一个小组(项目办公室)负责管理审查，积极争取资源，为各项目推进配备合适的工作人员。

为文化、媒体和体育部的所有员工指派一名发展经理，发展经理将对他们的表现和发展进行总体管理。发展经理与员工共同工作，管理他们的行为，帮助他们认识自己的学识和发展需求，并为他们的年度评估做准备。除此之外，员工还有可能与一名或者多名活动经理共同完成本年度的项目/任务。

(五)环　　境

可持续发展以及节能

文化、媒体和体育部一直努力使其更具可持续发展的潜力。在这一年，文化、媒体和体育部在其官网上发布了每半小时的日能源消耗数据，以顺应政府的政务公开、透明要求。这些数据一直受部门相关小组的监管，以便人们每天都能充分利用能源。

在这一年，文化、媒体和体育部达到了政府要求的将碳排放量降低10%的要求，目前，正在向更高目标努力。

位于阔克斯本尔大街2-4号(2-4 Cockspur Street) 的文化、媒体和体育部被正式授予"碳信任标准"(Carbon Trust Standard)称号，这证明我们的行动产生了效果，降低了20.7%的碳排放量，积极应对气候变化所带来的变化。

(六)关于个人相关数据的报告

2007年12月发布的政府报告指出，政府要求各部门应在年度报告中包含信息风险管理的内容。

政府应和议会以及公众携手努力，致力于提高保护信息、行动及行动结果的透明度。各部门应在年度报告里包含信息保护的问题。

表2-7、表2-8列举的任何一种情况都可被定义为事件，例如：丢失、未经授权进行公布、不安全的建议等。所有这些都在表2-7、表2-8中列出。

表2-7　2010—2011年度向信息委员会正式上报的与受保护的个人信息相关的事件总结

信息危险程度	在《内部监管声明》第30段中，相关部门发言指出，该部门只掌握了极少量个人信息，并对信息风险进行控制，降低到内阁要求的程度			
事件发生时间(月)	时间性质	相关数据性质	潜在影响人数	通报步骤
	无			
对信息风险采取的进一步措施	该部门将继续对信息风险进行监管和评估，以便更好地识别和应对风险及工作中存在的弱点，从而使该部门运行系统不断得到完善			

表 2-8　2010—2011 年度其他与受保护的个人信息相关的事件总结

下列数据为经数据控制中心审核后，认为不需要报告给信息委员会，但应在部门内进行通报的数据。本土化的小数据未被统计在内，此处也就未引用		
种类	事件性质	总计
Ⅰ	因保护不周而丢失政府提供的电子设备、装置或者具有保密性的文件	无
Ⅱ	因保护不周而丢失非政府提供的电子设备、装置或者具有保密性的文件	无
Ⅲ	对保护不周的电子设备、装置或者保密文件缺乏安全处理的措施	无
Ⅳ	未经授权的报告	无
Ⅴ	其他	无

受保护的个人信息数据是指，在最狭义的范畴内对其所做的界定，或者是政府部门认为应获得类似程度保护的数据。如果数据没有得到有效保护，会使当事人面临重大伤害或损失的风险。

由信息泄露本身引发不可接受的损害风险的事件可能不适用于《2000 年信息自由条款》所规定的豁免情况，或者可能受到英国其他关于信息立法的限制。

审计长

监察官和审计长已根据《2000 年政府资源与账户法案》(*Government Resources and Accounts Act 2000*)被任命为该部门的审计官，他们也属于会计部门(Accounting Boundary)成员。

国家对审计服务收费为 1.62 万英镑(2009—2010 年度为 17.4 万英镑)。这包括文化、媒体和体育部 9.5 万英镑(2009—2010 年度为 8.5 万英镑)服务费，以及皇家公园 4.1 万英镑(2009—2010 年度也是 4.1 万英镑)服务费。还包括政府部门进行内部审计的 2.6 万英镑(2009—2010 年度为 2.8 万英镑)收费。

2009—2010 年度，文化、媒体和体育部及皇家公园还分别被多收取了 1.3 万英镑和 0.7 万英镑服务费，原因是对国际财务报告标准的执行情况进行审查。

除此之外，没有提供其他服务。

1. 相关审计信息的披露

会计主管认为，到目前为止，没有任何相关信息是部门审计员所不了解的。同时，会计主管也采取了所有必需的步骤得知所有相关的审计信息，并且确保部门所有的审计员也了解这些信息。

2. 年底以来所发生的重要事件

重要事件已在报表注释 38 备注中进行说明。

签字和批准

会计主管乔纳森·史蒂芬森

2011 年 7 月 6 日

三、文化、媒体和体育部核心薪酬报告

皇家公园的相关信息已在单独报表中进行说明。

1. 薪酬政策

高级人才薪金评定小组会针对高级公务员的薪酬单独向首相提交建议。

在发放议员薪金、养老金和津贴，贵族津贴，大臣薪金、养老金和津贴以及其他薪资时，需要根据《1975年部长及其他官员薪资发放法案》(*Ministerial and Other Salaries Act 1975*)中规定的官员薪资标准发，评定小组也会向首相提出建议。

关于评定小组工作的更多信息可参照网站：www.ome.uk.com(人力资源办公室(Office of Manpower Executive)网站)。

2. 服务合同

根据《2010年改革和治理法案》(*Constitutional Reform and Governance Act 2010*)的相关规定，公务员的任命需要通过考试公开招募。公务员招募委员会(Civil Service Commission)在发布的公务员招募原则(Recruitment Principles)中对公务员任命的其他情况进行说明。

除非下文另有说明，否则本报告中的官方任命都是采用公开的方式。根据《公务员补偿金方案》(*Civil Service Compensation Scheme*)的规定，在没有失职的情况下，如果提前离任，可以得到补偿金。

更多关于公务员招募委员会的信息可登录网址：www.civilservicecommission.org.uk。

3. 薪酬(包括工资)和应领养老金(审计信息)

接下来，将提供关于大臣和高级管理人员(即委员会成员)的薪酬以及养老金的详细信息。

(1)薪酬(薪水和实际支付)

1)大臣

大臣的薪酬信息，见表3-1。

表3-1　大臣的薪酬信息　（单位：英镑）

	2010—2011年度	2009—2010年度
	薪酬（全年折合量）	薪酬（全年折合量）
杰里米·亨特，国会议员，国务大臣（2010年5月14日上任）	61 056（68 827）	—
约翰·彭罗斯，国会议员，旅游及遗产大臣（2010年5月14日上任）	20 894（23 697）	—
休·罗伯逊，国会议员，体育和奥运大臣（2010年5月14日上任）	20 894（23 697）	—
艾德·维泽，国会议员，文化、通信及创意产业大臣（2010年5月14日上任，2010年12月前是商业、创新和技能部的联合大臣）	20 894（23 697）	—
本·布拉德肖，国会议员，国务大臣（2010年5月11日卸任）	8 847（78 356）	61 176（78 356）
玛格丽特·霍奇，国会议员，国务大臣（2010年5月11日卸任）	4 589（40 646）	21 339（40 646）
格里·萨克利夫，国会成员，议会副大臣（2010年5月11日卸任）	3 483（30 851）	30 851

注：这两年均无实物福利。

2010年初到5月11日，国会议员泰萨·乔维尔担任奥运大臣和财政部主计大臣，也在内阁办公厅任职，直接向首相汇报工作。她的薪酬明细可以在内阁办公厅的财务报表中进行查询。

2）政府官员

政府官员的薪酬信息，见表3-2。

表3-2　政府官员的薪酬信息　（单位：千英镑）

	2010—2011年度		2009—2010年度	
	薪酬	奖金支付	薪酬	奖金支付
乔纳森·史蒂芬森，常务副大臣	155~160	—	155~160	—
安德鲁·拉姆塞，总主任	130~135	—	130~135	10~15
杰瑞米·比顿，总主任	225~230	130~135	225~230	35~40
西蒙·贾奇，主任	95~100	5~10	95~100	5~10
安妮塔·查尔斯沃思，主任（2010年9月13日卸任）	30~35（全年全职等同额为90~95）	0~5	70~75（全年全职等同额为90~95）	5~10
简·库珀，主任（2010年10月22日卸任）	110~115，包括代通知薪金（全年等同额为95~100）	5~10	90~95	5~10

注：这两年均无实物福利。

2010—2011年度奖金与2009—2010年度工作表现相关，参见下面“奖金”部分。

常务副大臣决定不接受与2008—2009年度和2009—2010年度工作绩效挂钩的非联合性工作的奖金。

杰瑞米·比顿于2007年被任命为奥运会执行委员会总主任，任期到2012年12月。他的薪酬标准是经财政部和内阁办公厅审批的，这是根据其相关经验和在固定期限内要应对奥运会事务的独特挑战来决定的。除了年薪之外，杰瑞米·比顿如完成了具体的年度工作目标，还可以获得年度奖金，同时也能得到长期奖金。其2010—2011年度工资首次上调，因为他在2010、2011和2012年完成了具体的可量化的工作目标。

奥运会执行委员会的财务主任大卫·哥德斯通虽然不是委员会的成员，但其年薪为18.5万~19万英镑，也享受类似的年度奖金及长期奖金。

安妮塔·查尔斯沃思是兼职的，她的薪酬根据兼职标准发放。

3)非执行委员

非执行委员的薪酬信息，见表3-3。

表3-3　非执行委员薪酬信息　　（单位：千英镑）

	薪酬(全年等同额)	
	2010—2011年度	2009—2010年度
大卫·华利，英国二等勋位爵士(2010年12月上任)	5~10(20~25)	—
亚历克西·克利夫兰(2010年12月31日卸任)	—	—
安娜·格林，英帝国二等勋位爵士(2010年12月31日卸任)	5~10(5~10)	5~10(5~10)
特雷西·朗	5~10	0~5(5~10)
皮特·巴扎尔吉特(2011年1月上任)	0~5(15~20)	—
科勋爵(2011年1月上任)	—	—

注：1. 亚历克西·克利夫兰是一名公务员，因此，她没有获得任何薪酬。

2. 科勋爵也没有获得任何薪酬。

3. 非执行委员的薪酬不包括养老津贴和实物奖金。

(2)薪酬

薪酬包括基本工资、加班工资、伦敦地区差别工资津贴或伦敦津贴、招聘和保留津贴、个人办公津贴以及其他任何属于英国纳税范围内的津贴。就下议院的大臣而言，文化、媒体和体育部只承担他们额外的大臣薪酬；他们作为国会议员所得的薪酬(65 738英镑，2010年4月1日起)以及其他应获得的津贴由政府统一发放。

(3)实物福利

实物福利的价值涵盖部门提供的所有福利，并且由国家税务部门纳入纳税范围。

(4)奖金

奖金根据工作表现情况决定，并且已纳入工作评估程序。2010—2011年度奖金报告中的数据是根据 2009—2010 年度的工作表现评定的，2009—2010 年度奖金报告中的数据是根据 2008—2009 年度的工作表现评定的。

1）养老津贴

大臣的养老津贴信息，见表 3-4。

表 3-4　大臣养老津贴信息　（单位：千英镑）

大臣	2011 年 3 月 31 日起算，65 周岁时应计养老金	65 周岁时养老金实际增长	2011 年 3 月 31 日的现金等价转移价值	2010 年 3 月 31 日的现金等价转移价值	现金等价转移价值的实际增长
杰里米·亨特，国会议员，国务大臣（2010 年 5 月 12 日上任）	0~5	0~2.5	11	0	5
约翰·彭罗斯，国会议员，旅游及遗产大臣（2010 年 5 月 14 日上任）	0~5	0~2.5	7	0	3
休·罗伯逊，国会议员，体育和奥运大臣（2010 年 5 月 14 日上任）	0~5	0~2.5	5	0	3
艾德·维译，国会议员，文化、通信及创意产业大臣（2010 年 5 月 14 日上任，2010 年 12 月前是商业、创新和技能部的联合大臣）	0~5	0~2.5	6	0	2
本·布拉德肖，国会议员，国务大臣（2010 年 5 月 11 日卸任）	5~10	0~2.5	90	89	1
玛格丽特·霍奇，国会议员，国务大臣（2010 年 5 月 11 日卸任）	10~15	0~2.5	192	186	6
格里·萨克利夫，国会成员，议会副大臣（2010 年 5 月 11 日卸任）	5~10	0~2.5	112	111	1

2010 年初到 5 月 11 日，国会议员泰萨·乔维尔阁下担任奥运大臣和财政部主计大臣，在内阁办公厅工作，直接向首相汇报工作。她的薪酬明细可以在内阁办公厅的财务报表中查询。

2）大臣养老金

大臣所得的养老津贴由议会缴纳的养老基金会（Parliamentary Contributory Pension Fund，PCPF）提供。该方案是依法制定的（依照的法律法规参见 1993 年修订的法定文件的第 3253 条）。

根据基金会相关规定，属于国会议员的大臣可获得一份国会议员养老津贴（该报告中不包括这份养老津贴的明细）。大臣的福利是在“平均薪水”的基础上提供的，参考其工作表现。从 2002 年 7 月 15 日起（针对愿意追溯变更的，可从 2001 年 7 月 5 日算起），福利增长率为 1/40（百分位计数，下同），但是，大臣和其他基金会成员可以选择 1/50 的增长率，成员享受的增长率可能会更低。1/60 的增长率（可追溯至 2008 年 4 月 1 日）于 2010 年 1 月 1 日执行。

大臣的福利可在基金会同意发放国会议员的福利时进行发放，而对于非国会议员的大臣来说，福利则在 65 周岁退休时发放。养老津贴每年都会根据养老津贴增长法定文件进行调整。2009 年 4 月 1 日起，部长需要缴纳薪水的 5.9%购买增长率为1/60的养老津贴，缴纳薪水的 7.9%购买增长率为1/50的养老津贴，或者缴纳薪水的 11.9%购买增长率为 1/40 的养老津贴。此外，大臣还能得到一份由国库支付的员工贡献奖，这是由政府精算部门建议的代表收支平衡的一种方式。目前，这份奖项占了他们薪水的 28.7%。

增长的养老金在大臣 65 周岁时才可领取，或者是他们已经 65 周岁却并不在这一福利方案的范围内。

3)现金等价转移价值(Cash Equivalent Transfer Value，CETV)

这是对部门成员在特定时间根据养老金计划评估出的资本化价值。接受评估的福利是部门成员将获得的福利，以及根据福利计划其配偶也可获得的福利。现金等价转移价值是根据养老金计划或是养老金安排所应支付的款项，以保证某一养老金计划成员退出该计划或选择转移到另一养老金计划时，依然享有另一养老金计划或养老金安排提供的养老金。报告公布的养老金数据与大臣们所有工作表现挂钩，并不仅仅取决于他们作为大臣的身份。现金等价转移价值是根据精算师学院和研究所拟定的指导方针和框架计算出来的，且并未考虑因终身津贴税(Lifetime Allowance Tax)引起的任何实际或潜在的津贴缩减。当开始领取养老金时，可能要缴纳终身津贴税。

4)现金等价转移价值的实际增长值

这是由国库提供的养老津贴的增长成分，见表 3-5。它排除了因通货膨胀引起的增长以及大臣所缴纳的部分。在计算期起止处，均采用共同市场估值进行估算。

表 3-5　政府官员所获养老津贴增长信息　　（单位：千英镑）

	2011 年 3 月 31 日应获得养老津贴的官员所获得的养老津贴及相关汇总	应获得养老津贴的官员所获得养老津贴的实际增长值及相关汇总	2011 年 3 月 31 日的现金等价转移价值	2010 年 3 月 31 日的现金等价转移价值	现金等价转移价值的实际增长值
乔纳森·史蒂芬森，常务副大臣	55～60，汇总额 165～170	0～2.5，汇总额 0～2.5	967	883	10
安德鲁·拉姆塞，总主任	65～70，汇总额 195～200	—	1 495	1 389	—
杰瑞米·比顿，总主任	15～20	5～7.5	280	198	67
西蒙·贾奇，主任	30～35，汇总额 100～105	0～2.5，汇总额 0～2.5	575	523	7
安妮塔·查尔斯沃思，主任（2010 年 9 月 13 日卸任）	15～20，汇总额 55～60	0～2.5，汇总额 0～2.5	230	222	1
简·库珀，主任(2010 年 10 月 22 日卸任)	10～15	0～2.5	154	130	12

用来计算现金等价转移价值的精算因素在 2010—2011 年度做了修订。为保持数据的一致性，在计算 2010 年 3 月 31 日和 2011 年 3 月 31 日的现金等价转移价值过程中，采用了新的精算因素。因此，2010 年 3 月 31 日的现金等价转移价值与前一年的数据存在差异，因为前一年的数据是使用旧的精算

因素计算出来的。

雇主不向合作养老金账户上缴资金。

(5)公务员养老金

养老金收益是通过公务员养老金安排予以保障。自2007年7月30日起，公务员可以在4种既定的福利方案中选择一种，或者是最终薪酬方案(基本工资、奖金，或者基本工资加成)，或者是职业生涯方案(nuvos)。这些法定规定并非由每年议会投票支持的款项提供资金。以基本工资、奖金、基本工资加成或是职业生涯方案等方式支付的养老金，会根据《养老金增长法》的规定逐年提升。自2002年10月起纳入计划的成员可以在既定福利方案中进行选择，或者选择“现金购买”存托养老金(Stukeholder Pension)方案，而雇主(合作养老金账户)也要为员工缴纳一定份额。

选择基本工资薪酬方案的雇员缴纳养老金收入的1.5%，采取奖金、基本工资加成和职业生涯方案等方案的雇员按3.5%比例缴纳。在职期间，基本工资薪酬方案的员工所得津贴按最终养老津贴收入所得的1/80增长。除此之外，退休时还会一次性获得一笔相当于三年基本养老金的资金。至于奖金，则以每年养老金所得的1/60增长。与基本工资方案不同的是，采用奖金这种方案没有一次性补贴。基本工资加成本质上是2002年10月1日前按照基本工资方案计算出的收益和2002年10月后按照奖金方案计算出的收益的叠加。而选择职业生涯方案成员所获得的养老金，是其参与该方案期间所获得的养老金收入。在方案实施年底(3月31日)，该年所得养老金的2.3%会进入成员的养老金账户，应付养老金的利率会按照《养老金增长法》的规定而增加。根据《2004年财政法》的相关规定，选择任意一种养老金方案的人员，可以选择一次性领取所有养老金。

合作养老金账户属于存托养老金方案计划。雇主缴纳3%~12.5%(取决于雇员年龄)的资金，让雇员在3个选项中进行选择。雇员不需要缴纳费用，但若他们缴纳，雇主要配套最多不超过3%的养老津贴(不含雇主基本缴纳份额)。雇主也需提供额外0.8%的退休薪金来承担集中供款风险成本(在职死亡及因病退休)。

上述提到的应计养老金是指，当成员达到领取养老金年龄时有权获得养老金，或是那些已经达到或超过养老金年龄的即将中止缴费的成员提供养老金。选择基本工资、奖金和基本工资加成方案的成员退休年龄为60周岁，选择职业生涯方案的成员退休年龄为65周岁。

了解更多关于公务员养老金安排方案，请点击网址：http://www.civilservice.gov.uk/my-civil-service/pensions/index.aspx。

1)现金等价转移价值

这是对部门成员在特定时间根据养老金计划评估出的资本化价值。接受评估的福利是部门成员将获得的福利，以及根据福利计划其配偶也可获得的福利。现金等价转移价值是根据养老金计划或是养老金安排所应支付的款项，以保证某一养老金计划成员退出该计划或选择转移到另一养老金计划时，依然享有另一养老金计划或养老金安排提供的养老金。报告公布的养老金数据与大臣们所有工作表现挂钩，并不仅仅取决于他们作为大臣的身份。现金等价转移价值是根据精算师学院和研究所拟定的指导方针和框架计算出来的，且并未考虑因终身津贴税(Lifetime Allowance Tax)引起的任何实际或潜在的津贴缩减。当开始领取养老金时，可能要缴纳终身津贴税。

2)现金等价转移价值的实际增长值

它反映了由雇主提供的现金等价转移价值的增长值。它不包括由于通货膨胀和雇员所缴纳的部分

（包括由其他养老金计划或安排所转化的所有利益的价值）而增加的应计养老金，在计算期起止处，均采用共同市场价值进行估算。

3）离职补偿损失

一名主任根据提前退休法案于2010年10月22日离职，其收到的补偿资金是16.5万~17万英镑。

签署及批准

会计主管　乔纳森·史蒂芬森

2011年7月6日

四、会计主任职责说明

根据《2000 年政府资源及会计法案》，财政部指定文化、媒体和体育部在每个财政年度提交资源报表，详细说明该年度获取、持有或处理的资源及其使用情况。

资源报表建立在收益的基础上，必须真实、公正地反映各部门的具体状况，以及该财政年度的资源产出、用于目标的资源、认可的收益和现金流。

在准备资源报表过程中，会计主管应遵照《政府财务报告须知》的要求，尤其需要注意以下几个方面：遵照财政部公布的报表说明，包括相关报销及信息披露要求，还应遵循统一的账目管理政策；合理地做出判断和评估；说明是否遵循适用的账目管理标准，如《政府财务报告须知》；对报表中任何不符合标准的数据进行说明和解释；在持续关注的基础上准备报表；

财政部已经任命文化、媒体和体育部的常务主任，出任部门会计主管一职。会计主管的职责包括负责维持公共财政的正当性及规则性、落实痕迹管理和确保部门资产安全，在财政部公布的《公共基金管理条例》中做出相关规定。

五、内部监管说明

①内部监管说明的内容介绍如下：

a. 第 2 ~11 点，描述了职责范围，包括说明的主体内容和 2010—2011 年度部门面临的总体风险以及环境监管上出现的重大变革。

b. 第 12 点，说明了内部监管系统的目标。

c. 第 13 点，概述了如何管理欺诈风险。

d. 第 14 ~17 点，说明了部门风险处理能力。

e. 第 18 ~31 点，描述了风险以及监管框架，包含风险的种类和内部保证流程，以及政府部门如何对众多独立机构、奥运会项目及信息进行风险管理。同时，也对这一年国家审计办公室(National Audit Office，NAD)对政府部门所做的外部评估进行总结。

f. 第 32 ~38 点，对内部监管系统的有效性进行审查，包括关于我认为在这份说明中应该阐明的具体问题，以及内部审计服务(Internal Audit Services，IAS)负责人对此进行的全面评价。

1. 职责范围

②作为会计主管，我有职责保持并维护内部管理体系的良好运行，这有利于实现文化、媒体和体育部内部的政策及目标。(新一届文化、媒体和体育部大臣委员会于 1 月 27 日召开第一次全体会议，确立部门的集体战略运行的领导层)同时，有责任确保公共基金以及部门资产的安全，这是《公共基金管理条例》赋予我的责任。

③文化、媒体和体育部在推行一项长达 4 年的大型项目，旨在管理、协调部门在下一个支出审查期间的发展，使之更好地应对公共部门支出削减的挑战，并对所负责的其他领域加强管理。我们建议，到 2014—2015 年度，文化、媒体和体育部的运行支出可以减半，希望高度积极又有才能的员工团队可以将部门建设得更好。与此同时，部门将优先考虑重点完成的工作，尤其是 2012 年伦敦奥运会以及残奥会，要承担数字电信行业管理的新责任。所有人员都会参与这个过程，并进行定期交流，从而减少重大变化带来的风险。涉及部门的监管系统以及风险管理时，要充分考虑这些重大变化项目及其潜在影响。

④我和各位大臣密切合作，定期与国务大臣以及部门其他大臣进行会面，与他们讨论相关的重要事务。在政策方面，除了一般性建议，我的主要关注点在于，确保他们预先了解决策的潜在影响，如可能引发的规律性问题或者适当性问题，或者这些决定并不会带来更大的收益。此外，我要尽快使各位大臣意识到风险问题，特别是关于文化、媒体和体育部发展的战略性或重要政策风险问题。

⑤我已经指派皇家公园首席执行官(Chief Executive of The Royal Parks)作为皇家公园的会计主管，负责皇家公园的年度账目(该账目已汇总到部门账目中)管理以及内部监管。同时，我指定了受部门资助的非政府部门公共机构的首席执行官，作为这些机构的会计主管。目前，他们的账目尚未汇总到文化、媒体和体育部的账目中。

⑥根据 2010—2011 年度我向各位大臣所做的工作汇报，对于皇家公园和非政府部门公共机构来说，我有责任做到以下几点：

a. 定期审查它们与文化、媒体和体育部的财务关系，对照《框架文件》(或者《管理报表》及《财务备忘录》)和《报表指南》对其进行解释说明；

b. 确保它们及其支持的子公司或者组织能够高效、廉洁地运行；

c. 它们获得财政补贴的条件与《预算估计》的条款保持一致；

d. 它们已经建立了体系来确保内部监管系统能保持稳定，并且达到好的财务管理要求，并及时向我汇报系统中出现的任何重大事宜；

e. 作为文化、媒体和体育部内部监管系统的一部分，要对它们内部监管报表进行审查。

⑦除了皇家公园和我们管理的非政府部门公共机构，文化、媒体和体育部还对一些咨询类非政府部门公共机构负责，如获得财政资助的未分类组织，获得文化、媒体和体育部补助资金的公营公司、公共广播机构以及其他独立机构。同时，部门有权对国家彩票进行监督。这些组织的具体信息以及资金在账目的其他地方有所说明。大部分组织会获得数额相对较少的资金支持，作为会计主管，我认为这符合风险标准以及监管措施的要求。

⑧公营公司及公共广播机构有更大程度的独立性。关于国家彩票，政府部门和国家彩票委员会(独立监管机构)会进行适当监管。我对这些机构的职责如下。

公共广播机构包含如下机构：

a. 威尔士第四频道(S4C)。它以固定模式从部门获得财政补贴，同时，它的收费由威尔士当局监管。我指派一名会计主管来确认财政补贴是否已按应有的规范和标准被恰当地使用。

b. 英国广播公司。它是独立的机构，由英国广播公司信托基金会根据章程进行监管。英国广播公司信托基金会负责英国广播公司的收费价格。英国广播公司通过电视许可费获得资金，许可费是政府设定的。

国家彩票收入由操作员卡米洛特负责管理，国家彩票委员会负责监管。国家彩票委员会是文化、媒体和体育部的一个非政府部门公共机构。国家彩票收入被拨给国家彩票分配基金和奥运彩票分配基金，注释的第 34 点对与文化、媒体和体育部相关部分的账目进行解释。作为会计主管，我对此也身负责任。

⑨鉴于 2012 年伦敦奥运会以及残奥会的筹备工作对政府部门来说非常重要，文化、媒体和体育部做了适当的额外安排(安排会在说明的后部分进行具体解释)，以对内部监管和风险管理进行有效调配。这些储备工作分别由奥运交付管理局(Olympic Delivery Authority，ODA)、伦敦奥组委(London Organising Committee of the Olympic Games，LOCOG)及残奥会组委会负责，在注释的第 26 点将对此进行更加详细的说明。

⑩2010 年 12 月 21 日公布了政府机制改革，商业、创新和技能大臣已将与所有比赛相关的责任以及与媒体、广播、数字电信领域相关的政策问题移交给文化、奥运、媒体和体育大臣。文化、媒体和

体育部以及商业、创新和技能部展开密切合作，来应对这一转变，以减少各类短期风险和长期风险带来的挑战。这些风险包括支持关于宽带和频谱重大项目所需财政资源和人员资源的移交。职能转变的指令已于 4 月 13 日生效。

⑪在 2011—2012 年度，以及剩下的支出审查时间内，文化、媒体和体育部对独立机构进行重大的改革，具体内容包括撤销、合并以及停业整顿。独立机构方案委员会的任务是确保这些改革能产生成效。因为这些变革，公共机构的数量会减少，责任制有望得到加强，透明度会更大，并且货币价值会有所提升。同时，这项改革伴随而来的风险主要有以下几个方面：随着机构倒闭，会出现新的无资金准备的负债；如何保存核心部门的功能；在文化、媒体和体育部裁员过程中如何处理与独立机构的关系；公共机构法进展缓慢等。现在，我们正在对这些风险进行管理。

2. 内部监管系统的目标

⑫内部监管系统将风险控制在合理的范围内，而不是试图消除政策推行、目标或目标实现过程中面临的所有风险，因此，该系统只能提供合理的而并非绝对的有效性保证。内部监管系统是基于一项正在进行的项目制定的，该项目旨在对影响部门政策及目标实现的风险进行识别，并确定工作开启的优先次序，以便评估此类风险及可能带来的影响。并高效、低成本地应对此类风险。截至 2011 年 3 月 31 日，内部监管系统已在部门内推行，根据财政部指示，要在账目审批通过之后才停止使用。

3. 对文化、媒体和体育部欺诈风险的管理

⑬保持诚实是部门的核心价值观，它指导着我们的道德规范和商业行为。文化、媒体和体育部对于部门内以及其所支持的组织中出现的欺诈、腐败以及玩忽职守行为实施“零容忍”。在这一年，部门实施反欺诈政策，并出台了欺诈应对措施，对部门应对欺诈的方法做出规定。在这一年，部门也开展了欺诈研讨会，并希望通过此次会议来提高部门职工以及独立机构职工的欺诈防范意识。另外，一旦发现欺诈行为，部门会与独立机构进行沟通，并对调查过程中可能出现的问题进行预警。依照最近推出的跨政府部门倡议，文化、媒体和体育部设立了反欺诈专员岗位，要求其能对欺诈行为最佳解决方案进行收集及广泛推广。

4. 处理风险的能力

⑭作为会计主管，我深知，我所有的责任就是构建高水平的合作治理体系，包括对文化、媒体和体育部出现的风险进行有效管理。

⑮部门审查和风险委员会一致通过部门的风险管理政策，并将其提交至委员会。同时，在过去的一年中对此项政策进行了复审。所有员工可以通过部门的内部网站查阅政策和指导方案。

⑯部门设立了风险改善经理职位（Risk Improvement Manager，RIM），其职责是确保风险管理指导方案的合理性，并在整个部门进行推行。由于风险改善经理参与了财政部协调组建的风险改善小组，可以了解到其他组织在内部审计过程中采用的良好做法，有机会看到内部审计报告，并与独立机构进

行讨论，因此，可以对部门的风险政策提供最优化的方案。在部门培训课程中会包含风险管理的内容。此外，设立风险管理专员的岗位，在对其进行一对一的培训过程中也要对风险管理特征进行介绍。风险管理专员要对其业务范围内的最优实践方案进行推广。

⑰鼓励在部门的独立机构中大力推行最优实践方案，例如，与这些机构共享根据《财政系统风险评论》得出的财政指导方案。

5. 风险以及监管框架

⑱文化、媒体和体育部的审查和风险委员会已审议通过部门风险管理政策声明及指导方针。其中对“风险”以及“风险管理”进行了界定，并概括了风险管理的关键原则、风险管理的等级结构、风险辨识和管理过程、员工的角色和责任等。

⑲文化、媒体和体育部面临的主要风险有4类。

a. 战略风险：主要是指外部风险，这是文化、媒体和体育部执行委员会应承担的责任，因为这是在全面实现部门目标时面临的风险。比如，与独立机构关系处理失败的风险。这一风险主要通过赞助团队中的客服经理进行管理，会根据《战略风险登记簿》对所有战略风险进行管理，《战略风险登记簿》已通过审查并进行更新。

b. 商业风险：在这一年，任命主管负责管理和更新影响部门有效运营的此类风险。这一点已在《委员会经营计划》中的风险登记部分进行说明，比如，一些员工因部门重构离职时，应如何确保工作顺利交接以及经验的传递。最迫切或者影响运营的最大风险由政策委员会负责审查。明年，这项方案会发生变化，以对部门内发生的组织机构变更进行回应。

c. 计划方案和项目风险：这类风险出现在个人计划方案和项目中，通常是关于计划方案或项目的具体问题，但是可能包含计划方案或项目失败的风险。这类风险由高级负责人员(通常是正、副主任)负责，在风险登记簿中进行登记，并且会随着计划方案或项目的进程进行更新。如果这类风险对于《委员会经营计划》的实现产生重大影响，那么也会在《委员会风险登记簿》中进行登记。

d. 与合作伙伴相关的风险：这类风险由合作伙伴管理，但是，由于部门可能会被合作伙伴面临的相关风险所影响(如独立机构产生的风险，在投资中遭受财物损失的风险)，在高层级风险监管过程中，和合作伙伴的密切合作至关重要。负责人每季度要向审查与风险委员会报告这些风险。

具体来看，商业、创新和技能部将所有赛事以及与媒体、广播和电信领域相关的政策问题移交至文化、媒体和体育部时会产生风险。这项移交增加了短期运营风险(在进行大臣优先工作移交过程中，要对政策和相关资源进行成功移交)以及长期战略风险，比如，关于频谱拍卖的工作安排，以及英国电信养老金计划中的或有负债(Contingent Liability)。这些风险由专门的项目团队负责管理，每两周向项目委员会报告一次。这个项目是文化、媒体和体育部大范围推行变革实施的组成部分，要对其进行监管、风险管理以及推行报告机制，因此，项目的全面监管和问责应由文化、媒体和体育部执行委员会负责。

⑳文化、媒体和体育部的风险承受能力(即在没有监管的情况下，可视为可容许的风险等级)在表格中进行记录，对一系列可能带来的影响和可能的风险进行说明，并以此为指导制订应对个别风险的措施。在这一年，文化、媒体和体育部进行了结构性重审，财务小组根据政策对每个部门资助的机构

进行了风险等级评定。这些风险等级已经过审计和风险委员会复审并得以批准。这些促使我们开发一种以风险为基础的风险等级评估方法，用于部门处理与独立机构各个方面的关系，包括审查年度账目和监管月度预测。一般来说，这个风险评估方法，加上提供的指导方案以及我们对非政府部门公共机构的监管是卓有成效的。在本报告的注释第34对一个重要例外情况进行说明。

㉑文化、媒体和体育部的部门计划以及与奥运会相关的部门商业计划结构改革重点工作已经在交付计划和风险登记簿中进行记录。风险登记簿的使用有助于每个涉及结构改革的重大项目以及许多小项目的推进。为了确保有效的监管和干预，每季度的进程报告会提交给项目委员会。报告内容包括恰当的系统风险追踪、潜在问题的预警以及早期行动的建议。如果有需要，重大风险或者不能充分解决的风险会提交给文化、媒体和体育部大臣委员会。

㉒依据部门的风险政策及指导方案，已对部门的风险进行确认和评估。关于这些政策和方案的详细信息，可以通过部门内网查阅。2010—2011年度，每个委员会都有一本风险登记簿，由相关委员对其负责，委员会设立一个风险专员对其进行维护。部门财务团队对提高部门对风险的管理能力、优秀经验的推广以及维护部门战略性风险登记簿负有全面责任。财务团队与委员会成员以及风险专员召开了一系列会议，对风险登记簿的相关问题进行讨论，并对如何提升管理风险的能力提供指导方案。本年度起草了关于部门的运营风险登记簿，并由政策委员会负责审查。从去年底开始，部门的组织结构就发生变革，为此，2011—2012年度开始对风险管理结构进行审查。

㉓2010年4月20日，我赋予每个委员2010—2011年度的正式财务权力，这一举措强化了遵守授权限制的重要性，同时也使高效的内部监管系统的重要性得到了强化，这些增强了我签署这份报告的信心。

㉔在我的职责范围内，部门与皇家公园以及其直接投资的非政府部门公共机构签订协议，协议规定了部门的期望或者它们因为获得公共资金支持而同意实施的战略，还包括详细的财务安排或相关责任规定。发放彩票的机构签署了类似的协议，其中规定了他们接收或者发放彩票基金的框架。任职以来，我让这些机构的会计主管通过讨论或者他们所接受的任命书意识到按比例管理风险，维系一个健全的内部监管系统和在管理、决策以及财务管理的各个方面确保允当性、正规性以及现金价格的重要性。为了在年底能够确保这些目标的落实，我要求他们将账目汇总并签署一份内部监管声明，以保证公共资金管理与部门协议规定相一致。

㉕我也确保每年都对所有这些单独的内部监管系统进行审查，将它们与我们赞助机构的年度报表和账目一起进行审查，若有需要，还会进一步拓展审查范围，包括在本报告中公开一些重要的事情。然而，不是所有的内部监管系统都会在本报告签署之前就收到通知并进行审查。因此，特别是在这些情况下，我主要依靠针对内部监管缺陷的通报，或者会计主管在财政年度内（或者年底）向我报告的问题来开展相关工作。我保证所有这些通告部分都会得到充分重视，并且按照公告内容来考虑是否将它们写入声明。

㉖作为奥运会相关的机构，其权益受部门奥运执行委员会保护。关于这些机构的安排以及更广泛的工作布置如下。

a. 和许多其他非政府部门公共机构一样，奥运交付管理局按照财政部批准的《管理声明》以及《财务备忘录》开展相关工作，同时，奥运交付管理局有完整、适当的内部审计安排。奥运执行委员会作为奥运交付管理局的风险管理主管，参加奥运交付管理局审计委员会会议，同时也参加奥运交付管理委员会会议。奥运交付管理局项目或者超出授权范围对项目进行变更，都要得到奥运项目评审小组的批准才能实施。相关政府部门如文化、媒体和体育部(奥运执行委员会受其管辖)以及财政部都是奥运评审项目小组成员，在对奥运会全面负责的大臣未停止奥运评审项目小组职权的情况下，承担对奥运项目的详细监管工作。在风险管理以及推进奥运交付管理局项目的良好运行中，这些布置发挥了重要的作用，使项目按照进度表不断推进，从2007年11月至今，已节约7.8亿英镑的支出。

b. 伦敦奥组委服从另外的安排。伦敦奥组委按照奥运执行委员会成员签署的联合协议设立，它是具有担保性质的有限公司，成员包括国务大臣，他是重要的利益相关者，代表政府扮演奥运会最终财务的角色。通过和奥运执行委员会紧密合作，伦敦奥组委拥有了充足的预算，确定能够对项目产生影响的风险和机遇。包括应对意外事件的资金，伦敦奥组委的预算是22亿英镑。国务大臣和伦敦奥组委主席紧密合作，每季度会和首席执行官会面，并对财务进展进行审查，确保使那些可能影响项目交付的问题得到解决。国务大臣任命伦敦奥组委审计委员会的一名成员加入伦敦奥组委委员会。

c. 为了确保对奥运会项目风险的成功管理以及应对赛后各类奥运设施转型的风险，重要的是要认识到奥运会给部门带来的压力。尽管存在挑战，但是我仍然相信，在2010年10月出台的《支出审查解决机制》的指导下，我们能够完成奥运会项目的交付，并保证在预算范围内使赛后各类奥运设施转型工作走上正轨。

d. 奥运执行委员会也负责监管并保证整个奥运会以及残奥会的交付工作安排，因此，委员会对项目和风险管理进行布置，这涉及很多其他机构，包括其他政府部门。为了确保奥运会项目交付工作成功且安全，奥运执行委员会在这一年做出一些重要变革，以对项目进行合适的管理。这些变革包括实施新的管理布置，以简化监管和决策问题，使交付项目变得更加完善。

e. 2011年5月公布了最后一个季度的经济报告，报告指出，各项工作在预算范围内稳步推进，要让2012年伦敦奥运会成为奥运史上的一颗明珠。

㉗担保报告程序是对部门风险管理程序的补充。高级管理人员以及主管必须每6个月进行一次汇报，并说明他们是否按照部门的内部监管程序推进工作，并确保他们所承担的工作得到及时和恰当的审查。他们需要向风险审查委员会(Audit and Risk Committee，ARC)提交报告。同发现风险一样，担保程序中发现的任何需要关注的问题须都被列出。去年，这项举措得到有效推进，并在部门内部发挥越来越大的作用。在担保程序中没有发现重大的需要关注的问题。考虑到由于机构重组，年底前大部分高级管理职员要调离的现实，已通过担保程序进行调整。

㉘部门已经和效率改革小组(Efficiency Reform Group，ERG)建立了牢固的战略伙伴关系——很多备受瞩目的计划和项目已通过审核，政府商务办公室的代表成为部门投资委员会的成员。我们将继续提高项目管理能力，提升我们高效地进行项目审查的能力，快速制订方案，对那些需要跟进的项目进行有效管理。不同于仅有一个独立的项目团队，我们已经建立了包含所有工作人员在内的灵活的资源分配工作模式，这是目前工作的重中之重。强烈鼓励对所有适合的工作人员进行培训，使其达到项目工作的基本水平，对部分工作人员进行更加高级的培训。相关人员也在这一年进行了入门培训。风险管理会继续成为计划和项目管理中一个必不可少的部分。我们期待所有的项目和风险管理都能制订严格的项目计划管理方法。

㉙对文化、媒体和体育部的外部评审已经完成，评审结果已公布，没有重要建议需要在本声明中特别提出。

今年，国家审计办公室已经发布2份审计报告，并已得到广泛推广。

a.《文化、媒体和体育部财务管理报告》(2011年3月10日发布)。国家审计办公室发现，文化、媒体和体育部在某些具体方面的财务管理已日趋成熟，包括部门自身的财务功能以及部门的赞助团队。(在国家审计办公室开展的独立研究中发现，在奥运会项目中部门展示了良好的财务管理能力。)在这次审查中，国家审计办公室指出，为了更好地展示部门自身的价值，在某些方面仍有提升的空间——包括扩大财务带来的影响，更好地支持财务决定，以及改变独立机构的管理方法。

文化、媒体和体育部努力通过利用有限的资源，分析、管理战略和商务计划的风险以实现自身价值。由于部门和独立机构处于机构重组阶段，我们将继续尽力实现我们的目标，并尽可能实现自身价值。部门在处理与独立机构的关系上有明确的指导原则，比如，采取框架文件、资助协议以及财务备忘录的形式。这些指导原则给予独立机构高度的自由。然而，部门要与它们定期联系(与个人以及与独立机构财务经理代表团进行联系)，对它们的最新支出以及未来资源需求进行监管，投资委员会现在负责监管重要的资本支出。除此之外，独立机构的财务管理问题在性质上比较多变，难以预测，因此，文化、媒体和体育部有时需要在短时间内对发现的问题和情况做出回应。

b.《对伦敦2012年奥运会的筹备：2011年2月进程报告》。国家审计办公室认为，从总体上看，奥运会的筹备工作进展顺利。尽管时间紧迫，但是伦敦奥运交付管理局仍按照规定按时交付施工计划，目前普遍认为，公共部门资金计划应该足以满足预期开销。关于2012年伦敦奥运会项目更广泛的运营计划非常复杂，只有到奥运会结束，才会清晰地看到所取得的成效。在他们上次报告之后，已经取得了不俗的进展，寻找更协调的方法推进工作。不过还是存在风险，鉴于需要优先在规定期限前成功交付与奥运会相关的项目，那么会对遗产雄心产生影响。奥运会的最终支出不确定，尽管如安全等重要领域的支出问题已经解决，但是增加了4.98亿英镑其他方面的支出，因而可用于进行风险管理的支出越来越少。此外，政府作为保证人，如果伦敦奥组委不能实现收支平衡，政府的财务状况就会受到影响。尽管伦敦奥组委在巩固财务方面取得了一些进步，但是还存在风险，当出现重大的财务压力时，可能需要政府对国际奥委会做出担保。正如在上次的报告中提到的，筹备工作日益紧张，为应对一些不可预见的财政压力，节约开支的灵活性变得越来越低。

部门尽可能在切合实际的期限内对公共账户委员会的建议做出回应，但是不太可能在本财政年度结束之前就能采取合适的行动。截至2011年3月31日，公共账户委员会发布的4份报告中共提出15项很好的建议。这些建议已经在报表中有所体现，并处于落实过程中。其中，已有3项建议得到落实，2项关于奥运会的建议尚未全部落实，其他一些关于维护使用中的皇家宫殿以及保护历史环境的建议还无法得到快速落实。

㉚部门掌握的个人信息很少，并且个人信息存在风险。按照政府内阁办公厅的要求，风险已经得到有效应对。部门持续对项目进行跟进，以此来提升管理信息风险的能力。推出的具体措施包括以下几方面。

a. 员工。要求所有工作人员完成关于信息安全的年度培训，但是由于国家政府培训数据库出现错误报告，因此，无法确认此项工作的推进情况。已提供关于如何处理带有受保护标签的材料的指导方案。对所有关于信息技术和信息安全的政策进行修订，并在员工中进行宣传。

b. 系统。对所有手提电脑和移动媒体进行加密设置；对信息技术系统进行单独的安全规范审查和渗透测试；为了提升安全性，改变个人电脑的密码长度和设置自动锁定功能。

c. 过程。加强信息管理和信息报告结构；将信息资产所有者的识别和培训信息在综合信息资产系统中进行登记；实施新信息安全管理程序，并对员工进行培训。

d. 受资助机构。我们为资助机构提供指导以及一个在线协作网站；我们为资助机构提供业内专家的实用课程工作坊；我们对存在潜在信息风险的主要交付伙伴进行现场信息标准评估，大部分机构都严格按照相关规定推进工作开展，需要改进的机构也在积极努力。

㉛内部审计机构已完成对信息安全系统成熟程度的评估，评估结果是文化、媒体和体育部完全符合数据处理审核要求。2011—2012 年度，文化、媒体和体育部会继续对上述项目进行跟进，目的是改善监管环境以及提高信息安全成熟程度。文化、媒体和体育部对评估结果进行充分考虑，强调在组织文化中纳入更多关于信息安全的元素。

6. 审查的有效性

㉜作为会计主管，我有责任对内部系统以及上述关键要素的有效性进行审查。审查内容包括以下几个方面。

a. 文化、媒体和体育部关键的管理机构(在“管理评论”中对账目进行说明)：文化、媒体和体育部大臣委员会、执行委员会(年初已取代先前的执行委员会)以及审查和风险委员会(负责委员会的风险、监管以及管理)。

b. 内部审计人员以及部门负责发展和维护内部监管框架的所有执行经理的工作。

c. 外部审计人员在管理任务书以及其他报告中所做的评论。

㉝既然我已经将上述提到的所有系统、过程和监管落实到位，同样地，部门赞助机构的会计主管也应将其落实到位，但是事实并非如此，总会存在例外。我已经强调机构的会计主管或者文化、媒体和体育部的相关团队务必在合适的时间及时对他们提出警告。我们将根据监管问题的性质来决定是否将其写入声明。后来我意识到，这是发生在赞助机构的事件，不受部门直接管理，按照正常的部门监管程序也不可能发现，因此，我认为它们不需要写入报告——除非这些问题重要到可能对账目产生潜在影响。但是，我要了解这些问题的性质，以及它们是否会在非政府部门公共机构的账目中出现。此外，为了提升对它们的监管能力，减少类似问题在其他机构出现的可能性，我会考虑是否应该举办一次关于监管问题的交流会，并将这些经验在所有的部门资助机构中进行推广。

㉞关于文化、媒体和体育部资助机构的监管问题确实需要在本报告中进行具体说明。国家审计办公室负责利物浦国家博物馆 2009—2010 年度报告以及报表的审查工作。在审查过程中，国家审计办公室重点关注利物浦国家博物馆资本建设项目的治理和管理工作，特别注重为审计人员提供完整的信息。文化、媒体和体育部支持国家审计办公室的审查决定，尽管利物浦国家博物馆的账目不存在任何问题，但也发现了潜在的需要改进的问题，包括部门何时以及如何关注博物馆的相关事宜，并对此做出审批。

㉟我已经知悉审计和风险委员会所做的关于内部监管系统的有效性的审查结果。

㊱内部审计机构严格按照政府内部审计标准对社区和地方政府进行审计。为了高效率地处理部门相关风险，部门内部对内部审计机构工作项目进行了讨论。内部审计机构要定期提交报告，内容包括内部审计主管对风险管理、控制和治理安排的适当性和有效性，以及与管理机构要一致的改进措施。内部审计委员会确定的改进措施由内部审计机构监管，管理层负责按照审计报告制订的时间表进行具

体实施。截至 2011 年 3 月 31 日(即报告中所覆盖的时间段),内部审计主管的观点是,没有重要的监管问题需要在部门内部控制声明中公开。

㊲为了让人们对审查过程有更充分的了解,让人们意识到全年都要进行强有力的内部监管的重要性,以及提高内部监管系统的整体可靠性,我会继续重视发展以及丰富风险管理框架。

签署及批准

会计主管　乔纳森·斯蒂芬森

2011 年 6 月 6 日

六、审计官和总审计长向下议院提交的证明和报告

我承诺，已根据《2000 年政府资源和会计法案》对文化、媒体和体育部上一个财政年(截至 2011 年 3 月 31 日)的财务报表进行审查。这些财务报表包括《议会提供资源报表》《综合净支出汇总报表》《财务状况汇总报表》《现金流量汇总报表》《纳税人资产净值变化汇总报表》以及相关注释，这些报表全部符合相关会计政策。我也对薪酬报告标注的需要审查的信息进行审查。

1. 会计主管和审计员各自的责任

《会计主管职责声明》对会计主管的责任进行了全面说明，会计主管负责准备财务报表，并保证这些报表真实、公正。我将根据《2000 年政府资源和会计法案》对财务报表进行审计、核实和汇报。我根据《国际审计准则(英国和爱尔兰)》进行审查。根据准则要求，我和我的工作人员必须遵守审计实务委员会制定的《职业道德准则》。

2. 关于财务报表的审查范围

审计工作包括获取有关财务报表的足够信息，从而保证这些财务报表没有因为舞弊或者失误出现重大错误。报表内容包括：会计政策是否符合文化、媒体和体育部的情况，其是否一直遵守会计政策以及对会计政策进行适当公开；部门所做的重要会计概算的合理性；财务报表的整体介绍。另外，我会查阅年度报告中所有财务和非财务信息，并找出与进行审计的财务报表存在不一致的地方。如果我发现任何明显的错误或者与财务报表不一致的信息，我会用我的能力进行判断。

另外，我需要获取足够的证据，以确保财务报表中的支出和收入与议会的既定目标相一致，财务交易符合管理部门的相关规定。

3. 关于规律性的意见

我认为，支出和收入与议会的既定目标相一致，财务交易符合管理部门的相关规定。

4. 关于财务报表的意见

我的意见

①2011 年 3 月 31 日发布的财务报表对文化、媒体和体育部的事务做出真实、公正的总结，包括净现金需求、净资源结算以及净经营成本；

②财务报表是根据《2000 年政府资源和会计法案》以及财政部的指示来准备的。

5. 关于其他事宜的意见

(1)我的意见

①经审计的薪酬报告是根据财政部参照《2000 年政府资源和会计法案》相关规定来准备的；

②过程中所提供的信息与这一财政年度的体制改革计划(Structural Reform Plan)以及管理评论相悖，但是与财务报表一致。

(2)需要特别报告的事宜

关于下列事宜，我没有进行专门汇报，如果有需要，我会进行报告。这些事宜包括：

①没有对会计记录进行合适的保存；

②财务报表以及薪酬报告中需要审计的部分与会计记录或者会计收益不一致；

③我在审计中没有获取我所要求的全部信息以及说明；

④内部监管的声明和财政部的指导方案不一致。

6. 报告

我对财务报表没有任何异议。

国家审计办公室总审计长　埃米亚斯·莫尔斯(Amyas C. E. Morse)

2011 年 6 月 13 日

伦敦维多利亚，白金汉宫路 157-197 号

邮编：SW1W 9S

七、汇总报表

(1) 议会提供资源报表

议会提供资源表，见表 7-1、表 7-2。

表 7-1　2010—2011 年度资源结算总计　　（单位：千英镑）

资源需求	注释	估值			实际结算			2010—2011 年度净结算总额与估值比较：节省/（超额）	2009—2010 年度实际结算净额总计
		总额	拨款	净支出总额	总支出	拨款	净额总计		
1. 文化、媒体和体育部管理和规划	2	2 862 681	832 867	2 029 814	2 686 858	735 456	1 951 402	78 412	1 903 718
2. 英国广播公司国内广播	2	3 123 467	—	3 123 467	3 102 016	—	3 102 016	21 451	3 021 099
资源总额		5 986 148	832 867	5 153 281	5 788 874	735 456	5 053 418	99 863	4 924 817
非运营性成本拨款援助	4	—	3 355	—	—	—	—	（3 355）	—

表 7-2　2010—2011 年度净现金需求　　（单位：千英镑）

	注释	估值	实际结算	2010—2011 年度净结算总额与估值比较：节省/（超额）	2009—2010 年度实际结算
净现金需求	4	5 152 123	5 005 142	146 981	4 951 906

(2) 支付给统一基金的收益总计

除了拨款援助外，表 7-3、表 7-4、表 7-5、表 7-6、表 7-7、表 7-8 所列收益与文化、媒体和体育部相关，并要划拨到统一基金账户（现金收入用斜体表示）。

表 7-3　2010—2011 年度收益总计　　（单位：千英镑）

	注释	2010—2011 年度预测		2010—2011 年度结算	
		收益	现金收入	收益	现金收入
总额	5	6 692	*6 692*	13	*13*

估值和实际结算的差异在注释 2 中进行说明，重要的差异在“管理评论”中进行解释。

关于报表的相关注释见下文。

表 7-4　综合净支出汇总报表

（截至 2011 年 3 月 31 日）

（单位：千英镑）

	注释	人工成本	其他成本	2010—2011 年度综合收益	2009—2010 年度同期综合收益
管理成本					
人工成本	10	27 717	—	—	29 862
其他管理成本	11	—	27 760	—	26 807
运营收益	13	—	—	（3 023）	（2 399）
项目成本					
资源需求 1					
人工成本	10	5 405	—	—	4 894
项目成本	12	—	2 625 976	—	2 589 468
收益	13	—	—	（732 446）	（746 367）
资源需求 2					
项目成本	12	—	3 102 016	—	3 021 099
净运营成本	—	33 122	5 755 752	（735 469）	4 923 364
截至 2011 年 3 月 31 日				5 053 405	4 923 364

表 7-5　其他综合支出汇总

关于固定资产及机器设备重估的净（获利）/亏损	993	2 804
截至 2011 年 3 月 31 日综合总支出	5 054 398	4 926 168

表 7-6　财务状况汇总报表

（2011 年 3 月 31 日）

（单位：千英镑）

	注释		2011 年 3 月 31 日汇总		2010 年 3 月 31 日汇总		2009 年 4 月 1 日汇总
非流动资产：							
财产、厂房和设备	15		63 924		65 120		69 778
无形资产	16		488		734		89
其他非流动资产	20		54		80		—
非流动资产总额			64 466		65 934		69 867
流动资产：							
库存	19	8		—		—	
贸易和应收款项	20	13 799		43 384		72 482	
现金和现金等值	21	21 573		20 645		23 867	
流动资产总额			35 380		64 029		96 349
总资产			99 846		129 963		166 216

续表

	注释		2011年3月31日汇总		2010年3月31日汇总		2009年4月1日汇总
流动负债：							
贸易以及其他应收款项	23	(55 617)		(51 070)		(104 533)	
流动负债总额			(55 617)		(51 070)		(104 533)
非流动资产加上/减去净流动资产/负债			44 229		78 893		61 683
非流动负债：							
其他一年以上应付款项	24	(11 000)		—		—	
供应金	23	(3 828)		(1 180)		(1 457)	
非流动负债总额			(14 828)		(1 180)		(1 457)
资产减去负债			29 401		77 713		60 226
纳税人基金：							
普通基金			3 153		49 327		32 846
重估价储备金			15 912		17 387		17 156
捐赠资产储备金			10 336		10 999		10 224
纳税人基金总额			29 401		77 713		60 226

会计主管　乔纳森·斯蒂芬斯

2011年6月6日

表7-7　现金流量汇总报表

（截至2011年3月31日）　　（单位：千英镑）

	注释	2010—2011年度	2009—2010年度
经营活动中的现金流			
净运营成本		(5 053 405)	(4 923 364)
非现金交易调整	11, 12	4 928	6 581
一年中贸易或其他应收款项的(增加)/减少		26	(80)
贸易或其他应收款项的(增加)/减少		29 585	29 098
少量应收款项中没有通过全面净收入声明的变动		—	(61 129)
库存资产(增加)/减少		(8)	—
应付款项增加/(减少)		4 547	(53 463)
少量应付款项中没有通过全面净收入声明的变动		5 213	55 660
一年以上应付款项增加/(减少)		11 000	—
条款变化	24	2 648	(277)
经营活动中的净现金流		(4 995 466)	(4 946 974)
投资活动中的现金流			
购买财产、厂房与设备	15	(4 403)	(4 586)
捐赠资产		—	432
无形资产的购买	16	(47)	(721)
处理财产、厂房与设备所得的收益		—	—

续表

	注释	2010—2011 年度	2009—2010 年度
投资活动中的净现金流		(4 450)	(4 875)
财务活动中的现金流			
来自统一基金(供给)——2010—2011 年度		5 003 000	4 970 000
来自统一基金(供给)——2009—2010 年度		—	61 129
来自统一基金(非供给)		—	—
净融资		5 003 000	5 031 129
在对统一基金收支进行调整前的一段时间内现金以及现金等价物的净增加/(减少)		3 084	79 280
统一基金余额的调整		(2 143)	—
应划归统一基金账户的金额数目		(13)	(82 502)
在对统一基金收支进行调整后的一段时间内现金以及现金等价物的净增加/(减少)		928	(3 222)
初期现金以及现金等价物	21	20 645	23 867
末期现金以及现金等价物	21	21 573	20 645

表 7-8　纳税人资产净值变化汇总报表

(截至 2011 年 3 月 31 日)

(单位：千英镑)

	注释	普通基金	重估价准备	捐赠资产储备	储备金总额
2009 年 3 月 31 日余额		32 846	17 156	8 224	58 226
会计政策变化		—	—	2 000	2 000
2009 年 4 月 1 日同期余额		32 846	17 156	10 224	60 226
议会投资净额——争取到的		4 970 000			4 970 000
议会投资净额——预计		—			—
供给(应付款项)/应收款项调整		(26 786)			(26 786)
应划归到统一基金账户的非供应收入		(58)			(58)
本年度的全面支出		(4 923 364)			(4 923 364)
非现金调整：					
审计人员的薪酬	11，12	174			174
储备金的变动：					
收到的捐赠资产	15			432	432
综合支出声明中得到认可：释放储备金	12			(107)	(107)
财产、工厂以及设备重估的净收益/(亏损)			(2 804)		(2 804)
储备金的转换		(3 485)	3 035	450	—
2010 年 3 月 31 日余额		49 327	17 387	10 999	77 713
净议会资金——争取到的		5 003 000			5 003 000
净议会资金——预计					
供给(应付款项)/应收款项调整		5 213			5 213
应划归到统一基金的账户非供应收入		(13)			(13)
统一基金账户余额调整		(2 140)			(2 140)
本年度的全面支出		(5 053 405)			(5 053 405)
非现金调整：					

续表

	注释	普通基金	重估价准备	捐赠资产储备	储备金总额
审计人员的薪酬	11，12	162			162
储备金的变动：					
—					
收到的捐赠资产	15				
全面支出声明中得到认可：释放储备金	12			（136）	（136）
财产、工厂以及设备重估的净收益/（亏损）			（466）	（527）	（993）
储备金的转换		1 009	（1 009）	—	—
2011年3月31日余额		3 153	15 912	10 336	29 401

注：普通基金意味着文化、媒体和体育部以及相关机构的总资产减去负债，并且总资产并非等于其他储备金和金融项目的总和。

八、部门资源报表注释

1. 会计政策声明

这些财务报表是根据财政部 2010—2011 年度《政府财务报告手册》制订的。《政府财务报告手册》中涉及的会计政策符合《国际财务报告准则》(International Financial Reporting Standards, IFRS),可适用于公共部门。

《政府财务报告手册》选择这项会计政策,是因为它最适合客观、公正地处理文化、媒体和体育部的具体情况。文化、媒体和体育部采取的特殊政策将在下文中进行说明。在处理对账目有重大影响的项目时,这些政策发挥了作用。

除了按照《国际财务报告准则》准备的财务报表之外,还要求文化、媒体和体育部另外准备一份财务报表。从《议会提供资源报表》以及相关的注释可以看出,在净资源需求以及净现金需求方面,结算和估值之间存在差异。

(1)会计惯例

这些报表是按照历史成本原则制订的,适用于对财产、工厂、设备、无形资产以及重要的库存资产进行再评估。

(2)账项综合算法

这些账目综合了核心部门、资金供应机构皇家公园、咨询类非政府部门公共机构以及提供补助金的仲裁类非政府部门公共机构的所有情况。正如《政府财务报告手册》中规定的,这些实体归文化、媒体和体育部管辖。这些实体间的交易已经计算在汇总报表中,在此,不重复计算。

以下实体由基金承担支出:历史沉船遗址咨询委员会(Advisory Committee on Historic Wreck Sites)(2011 年 3 月 24 日停业清理)、国家历史船舶咨询委员会(Advisory Committee on National Historic Ships)、政府艺术收藏咨询委员会(Advisory Committee on the Government Art Collection)、图书馆咨询委员会(Advisory Council on Libraries)、马赛赌博征税上诉法庭(Horserace Betting Levy Appeal Tribunal)、法定送存顾问小组(2010 年 8 月 31 日停业清理)、艺术品出口审议委员会(Reviewing Committee on the Export of Works of Art)、掠夺品咨询小组(2010 年 4 月 12 日更名为"非政府部门公共机构")、剧院基金会(Thearres Trust)(由英国古迹署提供资金)、宝藏估价委员会、英格兰旅游局(资金来源于英国旅游局的财政资源)。

除了财产、工厂、设备以及无形资产信息单列之外，其他核心财务报表以及汇总财务报表之间的差异不大，因而没有单列。

(3)《国际财务报告准则》以及《财务报告手册》修订的影响

《国际财务报告准则》第30条“遗产”从2010年4月1日起开始施行，要求在财务状态表上体现政府遗产资产，并且所有关于政府遗产资产的信息必须进行公开，不管它们是否在财务状态表里进行呈现。

下列新的、已校订或者修正过的《国际财务报告准则》以及《政府财务报告手册》修正案将在新的报表周期实施，并且没有在以下财务报表中采用：

①《国际财务报告准则》第9条“金融工具”(2013年1月1日起生效)；

②财务报告咨询委员会(98)06B和财务报告咨询委员会(103)05：使预算、估算及账目保持一致；

③财务报告咨询委员会(101)05：《国际会计准则》第20条及第16条——政府补助以及类似财务的会计核算。

根据《国际财务报告准则》第9条，应该根据实体的管理运营模式及现金流量特征对金融资产进行分类。这些资产首先应该按照公平价格来计量，随后按照公平价格或者摊余成本计量。《国际财务报告准则》第9条简化了对金融资产的说明与计量，删除了《国际会计准则》第39条对金融财产的具体分类，得出减值方法。

《政府财务报告手册》介绍了2011—2012财政年度的众多变化。针对文化、媒体和体育部的主要变化如下：

①部门会计范围将扩大，并将许多部门赞助的非政府部门公共机构以及其他公共机构纳入核算范围；

②《议会提供资源报表》及其相应注释的格式将会与财政部的“校准项目”(Clear Line of Sight)倡议的修订版本格式一致。

不存在任何有争议的其他标准或解释，但人们还没有意识到部门预测将会在未来报告周期中发挥关键作用。

(4)无形资产

无形资产与第三方开发的软件的使用许可有关，并且按照成本减去摊销价值来估价。超过2 000英镑的无形资产支出已经转变为部门的核心资本。超过5 000英镑的支出由皇家公园投资。

(5)财产、工厂以及设备

财产、工厂以及设备按照现行使用价值进行估值。当差异较小时，折余的历史成本可以替代现有价值。

作为实体的文化、媒体和体育部，应该根据《政府财务报告手册》提供的专业估价方法，对自由保有土地每五年进行一次估值。自由保有土地最后一次估值是在2011年3月31日，估值差异并不大。

资产没有按照特定的指标进行重新估值，因为修改过的历史成本和原有的历史成本并无太大差别，因此，财政状态表中没有对历史成本进行记录。另外，对账面净值和公允价值进行了比较，发现两者之间没有太大差异。

皇家公园财产的再评估将作为五年长期计划的一部分，并且采用《政府财务报告手册》提供的评估方法。从 2007 年 4 月 1 日起，皇家公园改变了政府指数再评估的方针。皇家公园认为，再评估行动并无任何实质性影响，并且根据《国际会计准则》第 16 条的规定，皇家公园中止了通过政府指数对资产进行再评估的行动。这些资产的价值为 2007 年 3 月 31 日的价值减去折旧。

超过 2 000 英镑的财产、工厂以及设备资产支出已经转变为部门的核心资本。超过 5 000 英镑的支出由皇家公园投资。

资产化的数额包括人工成本在内。人力资本可以使资产为部门未来发展带来收益。

关于政府遗产资产的政策详见注释 1 第(8)点。

(6) 折旧和摊销

自由保有土地和收藏品没有折旧，因为它们的预计使用年限是无限制的。

折旧是自有产权建筑以及其他有形和无形固定资产，在预计的使用年限内，按照平均分摊其价值的方法进行折算。施工过程中的资产直到资产投入使用后才能折旧。

资产年限见表 8-1。

表 8-1　资产年限表

类别	资产年限
建筑	可达 100 年
改良租赁物	租赁期限
住房	可达 100 年
信息技术	3~10 年
工厂和机器	3~10 年
家具配件	3~20 年
无形资产	2~5 年

(7) 捐赠资产

捐赠资产根据收据上的现有价值进行资本化，并且这一价值被计入捐赠资产储备金。捐赠资产的升值、折旧以及减损估值和其他固定资产的计算方法相同。升值数额会被纳入捐赠资产储备。每年，捐赠资产储备会扣除与资产折旧费以及减值费等额的费用，并在综合净支出报表中进行体现。

(8) 遗产资产

文化、媒体和体育部拥有的自由保有不动产超过 100 处，其中很多是由英国古迹署管理。这些不动产的主要目的是让人们更多地了解英国遗产知识，增强对遗产的认知和提升对遗产的品鉴能力。

对于这些非运营性遗产资产，政府部门认为，由于资产价值具有不可比较的特征，传统的估值方法不够可靠。即便能够进行估值，但是与从文化、媒体和体育部以及账户用户获得的额外利益相比，估值成本太大。因此，在部门的财政状态表中没有收录关于这些资产的价值。

另外，政府部门监护着约 420 处不动产，这些不动产的自有产权由第三方拥有，由英国古迹署负责管理日常事务。

一般来说，应不动产所有者的要求，签订了监管协议，在所有者不能或者不愿动用必要资源对遗产进行保护时，也能确保最具价值的遗产能够得到持续的保护。政府同意负责管理和维护这些不动产，同时，也获得对这些不动产的一些权利。

1979 年出台的《古迹和考古法》是我们要遵循的主要法律法规，这个法案使国务大臣、英国古迹署以及地方政府成为古迹的“监护人”。相关机构有责任维护历史遗迹，并有这些遗迹的控制权和管理权，但是不具有不动产的所有权。一旦历史遗迹受到监护，相关监护人就要承担维护该不动产的法律责任。

包括艺术作品在内的收藏品，由政府艺术收藏委员会负责在英国政府大楼以及全世界进行展览，确保这些收藏品可以面向公众。照管以及陈列艺术作品的主要目的是提升英国形象。

政府艺术收藏委员会拥有超过 13 500 件艺术作品，这些艺术品的创作年代从 16 世纪一直延续至今。这些作品分为以下几个大类：油画、版画、素描、相片、纺织品以及雕塑。每件作品的信息都存储在政府艺术收藏委员会的专家数据库中，信息内容包括作品的详细信息，作品的名称、创作日期、规格、来源渠道、原始购买价(如果可以)以及收藏地点等。

对这些没有市场价的收藏品做出一个精确的估价是不可能的。对一件艺术品的准确货币估值只有在购买、销售或是专业估值时才能进行。一方面，艺术品的交易并不活跃；另一方面，若动用公共基金来对所有收藏品进行专业估值，那么这些支出就不是合理的。

从 2000 年 4 月 1 日开始，政府艺术品收藏委员会的任何新添加的艺术品都在资产负债表中予以确认。购买价将为估价提供一个可靠的基础。

部门和皇家公园也拥有许多非运营性遗产资产，由相应的历史文化协会单独管理。这些非运营性遗产资产价值为零。

运营性遗产资产，即用来保存国家遗产的资产，因其对知识以及文化的贡献而不断得到维护，它们还可以创造收入或者提供其他服务。它们在资产负债表中进行体现，要附有成本信息，并且获得成本信息所带来的收益超过了找寻信息所花的成本。

非遗产资产将符合注释 1 第(5)点的相关规定。

(9)库存

转售商品按成本及可变现净值中较低者进行估价。

(10)研究

研究支出纳入当年的运营成本。

(11)行政支出和项目支出

综合净支出报表对行政支出和项目支出进行对比分析。对行政支出和项目支出的分类，应以财政部发布的联合预算指导中对行政成本的定义作为依据。

行政成本反映了部门的运营成本。运营成本由行政成本和相关的运营性收入构成。在注释中对收入进行分析，一部分收入可以依照行政成本制度规定，以行政成本限额为参照，确立估算额，并可用于抵销总体行政支出；另一部分收入即运营收入，不能用于抵销总体行政支出。

项目成本即关于文化、媒体和体育部的核心部门中行政成本控制之外的资源成本。

注释 2 中“其他流动负债”一栏的支出包括规划工作人员成本、项目支出资产的折旧、部门支付给第三方完成交付项目以及资助项目管理的其他费用。

注释 2 中“补助金”一栏的支出包括对非政府部门公共机构以及定期资助机构的补助金(这些补助金用于资助这些机构的资源和资本支出)的支出，以及对其他机构的特别补贴。

皇家公园的收支全算作计划收支。

(12) 专项应付款

政府补助和财政补贴会于拨款当日全部到账。

(13) 英国广播公司补助

文化、媒体和体育部与英国广播公司达成一项协议，规定文化、媒体和体育部向英国广播公司提供补助。同时，协议规定，国务大臣应该付给英国广播公司的费用与净许可费收入等值。因此，补助金是支付给统一基金的许可费收入中数额较低部分，还要扣除文化、媒体和体育部的管理费用，或是由议会投票表决确定额度。

许可费收入应该是许可证买方支付给英国广播公司的费用，然后由英国广播公司支付给统一基金。截至 2010 年 3 月 31 日，文化、媒体和体育部作为统一基金的代理者，从英国广播公司代理者处收取许可费，并将其转入统一基金账户。为了凸显文化、媒体和体育部的现金管理职责，特设立了一名债务人负责英国广播公司代理者所收取的但未支付给文化、媒体和体育部的现金。

作为“校准项目”的一部分，为了使预估、预算以及账目保持一致，从 2010 年 4 月 1 日起，电视许可费收据以及算入统一基金的部分在单独的信托基金报表中体现。英国广播公司负责准备这份报表，并监管电视许可费缴纳工作。这些交易不再在文化、媒体和体育部账目中体现。

(14) 资本费用成本

直到 2010 年 3 月 31 日，运营成本才将政府部门资本使用成本计算在内。

《政府财务报告》11. 5. 2 规定，名义成本不应该记入资本成本，这意味着资本费用不需计入《政府财务报告》11. 5. 2 规定的账目。

为了更好地说明这一问题，已经对数据进行再次分析。

(15) 运营收入

运营收入是指与文化、媒体和体育部运营活动相关的收入，包括为外部客户提供服务，以及为公共部门偿还工作提供服务所获取的收入。它包括估算拨款援助的运营收入以及财政部授权计入统一基金收入但算作运营收入的部分，与政府财务报告是一致的。运营收入被视为增值税净收入。

从其他政府部门获取的资金计入文化、媒体和体育部拨款资助的增值部分，与补助金受让人的关系在注释 1 第(11)点中进行说明。

(16)外汇

外汇的收支以交易之日的汇率为准。

(17)增值税

部门的许多活动都不需要缴纳增值税，一般来说，销项税并不适用，而进项税无法获得补偿。不可补偿的增值税要计入相关支出，或者包含在购买固定资产的成本中。凡是收取的销项税或者不可补偿的进项税，都计入增值税净额。

(18)养老金

在职和退休雇员均享有公务员基本养老金计划(Principal Civil Service Pension Scheme，PCSPS)规定的养老金，这在"薪酬报告"以及注释 10 中都进行了解释。除了涉及家属的情况之外，计划中确实的养老金都是无资金准备且由雇主支付的部分。政府部门意识到，这些福利的预期成本是建立在系统性和理性基础上，在一定时期，员工以累积的方式向公务员基本养老金账户存入资金。未来福利可以通过公务员基本养老金计划得到保障。对于任何已经确定的纳税计划，政府部门负责确定每年应付的税额。

(19)条款：提前退休成本

对于提前退休的员工，文化、媒体和体育部需要支付超出公务员基本养老金计划规定的福利成本。当提前退休声明得到承认，就意味着部门要承担法律责任，需要支付其退休费用。在某些特定情况下，部门可以按照公务员养老金表决案的规定提前汇款到财政部主计大臣的英格兰银行账户，来付清部分或全部的款项。支付的金额要是净金额。当货币的时间价值变化显著时，要支付贴现金；如果差异不明显，则无须支付贴现金。

最新的公务员补偿金计划规定如下：

①低于正常退休年龄的员工，对于将到达退休年龄的员工，每年补发 1 个月服务费，补发期限为 6~21 个月。

②超过正常退休年龄的员工，每年补发 1 个月服务费，最多补 6 个月。

③达到最低退休年龄(女 50 岁，男 55 岁)的员工，可以选择提前退休，并获得全部养老金。但是为了提前拿到这份养老金，员工必须用一部分(或者全部)离职费来抵销相关费用。

(20)金融工具

政府部门根据《国际会计准则》第 32 条关于金融工具的介绍，《国际会计准则》第 39 条关于确认与计量，《国际财务报告准则》第 7 条关于金融工具的公开的规定，对金融工具进行说明。

金融工具是指形成一方的金融资产并形成其他方的金融负债或权益工具的合同。金融资产、债务以及权益工具会按照涉及的合同具体内容进行分类。《国际会计准则》第 39 条规定，金融工具需反映资产或者债务的公允价值。

应收款项以现存价值为基准，减去对预估不可补偿资产的适当补助。应收款项是短期的，以现存价值为准，并且要认识到这些债务一年之内到期。

(21)运营性租赁

运营性租赁租金在租赁期内以等额形式计入综合净支出报表。

(22)或有债务

除了按照《国际会计准则》第 37 条规定的公开的或有债务之外，因议会报告以及责任制需求，政府部门公开了某些法定或有债务以及非法定或有债务，这些债务的经济效益转移的可能性很小，但是根据公共资金维护的要求，也将这些数据提交至议会进行审查。

审查内容包括：超过 25 万英镑(或者法律规定的更低数额)，但不是通过正常贸易过程产生，并在部门实施之前就以会议纪要的形式上报给议会的债务。政府财务报告要求所有通过正常贸易过程产生的超过 25 万英镑(或法律规定的更低数额或重要账目)债务，应在报表中进行说明。

货币的时间价值非常重要，根据《国际会计准则》第 37 条的规定需要公开的或有债务是以贴现金额形式呈现并单独上报给议会，不需要公开的或有债务则以上报给议会的数额为准。

(23)亏损以及特定支付

与文化、媒体和体育部资助机构相关的亏损和特定支付与受资助机构违反授权限制有关。

(24)前期损益调整

根据财政部的建议，因除去资本支出而产生的前期损益调整并没有包含在 2010—2011 年度春季补充概算中，因前期损益调整可能令人产生误解，因此仅对其进行了注释说明。2009—2010 年度关于供应结算的会计政策上的变化所带来的影响详见注释 1 第(24)点。因以前记录失误或者会计政策的其他变化而产生的前期亏损调整按照常规在预算表中列出。

(25)《议会提供资源报表》

2009—2010 年度除去资本支出会对资源产量有如下影响。但是《议会提供资源报表》以及相关的注释并没有进行而更新。账目的其他部分已经进行了相应的更新，见表 8-2。

表 8-2　2009—2011 年账目信息　　(单位：千英镑)

	2009—2010 年度
净资源结算(《议会提供资源报表》)	4 924 817
除去资本支出花费	(1 395)
调整过的净资源结算	4 923 422

2. 各部分净资源结算分析

各部分净资源结算分析，见表 8-3。

表8-3　净资源结算情况表

（单位：千英镑）

	管理	其他流动负债	补助金	拨款	实际结算总净额	预算	实际结算总净额与预算的差值	2009—2010年度实际结算额
资源需求1：								
A. 博物馆、美术馆、图书馆	—	255	9 479	(1 513)	8 221	7 880	(341)	8 074
B. 艺术	—	705	2 260	(4 642)	(1 677)	(1 787)	(110)	(3 761)
C. 体育	—	3 436	15 920	(18 258)	1 098	2 309	1 211	8 468
D. 建筑、历史环境	—	852	2 471	(2 030)	1 293	3 788	2 495	4 177
E. 已注册的宗教场所	—	213	23 094	—	23 307	19 719	(3 588)	14 930
F. 皇家公园	—	29 889	—	(13 829)	16 060	19 328	3 268	19 506
G. 旅游	—	4	2 358	—	2 362	2 382	20	127
H. 广播和媒体	—	1 545	32 606	(32 473)	1 678	260	(1 418)	2 430
I. 创意经济	—	38	—	—	38	39	1	737
J. 管理、研究及其他调查	52 815	4 419	—	(3 846)	53 388	54 569	1 181	57 991
K. 英国国家彩票委员会	—	—	—	(4 020)	(4 020)	(5 880)	(1 860)	(4 061)
L. 奥运会（包括OGD对奥运交付管理局的收款）	—	11 422	1 600	(654 845)	(641 823)	(646 300)	(4 477)	(677 391)
M. 博物馆、美术馆、图书馆	—	—	540 123	—	540 123	546 578	6 455	518 865
N. 艺术	—	—	437 523	—	437 523	448 751	11 228	425 532
O. 体育	—	—	184 104	—	184 104	186 151	2 047	201 059
P. 建筑、历史环境	—	—	164 672	—	164 672	169 302	4 630	183 833
Q. 旅游	—	—	40 323	—	40 323	41 073	750	49 227
R. 广播和媒体	—	—	145 210	—	145 210	150 268	5 058	138 403
S. 英国国家彩票委员会	—	—	5 220	—	5 220	5 940	720	4 061
T. 博彩许可、赛马	—	—	481	—	481	486	5	545
U. 2012年伦敦奥运会(ODA GIA)年度管理支出	—	—	971 200	—	971 200	1 023 000	51 800	923 974
V. 部门管理制度	(127)	2 748	—	—	2 621	1 958	(663)	—
地区文化协会	—	—	—	—	—	—	—	(8)
资源需求1总量	52 688	55 526	2 578 644	(735 456)	1 951 402	2 029 814	78 412	1 903 718
资源需求2：								
A. 国内广播	—	—	3 102 016	—	3 102 016	3 123 467	21 451	3 021 099
资源结算	52 688	55 526	5 680 660	(735 456)	5 053 418	5 153 281	99 863	4 924 817

正如《议会提供资源报表》中显示的，资源需求1的总资源实际结算额是2 686 858千英镑(2009—

2010 年度是 2 652 426 千英镑)。它包含管理费用、其他流动负债以及补助金三个部分。

资源需求 1 的计划开支是 2 634 170 千英镑(2009—2010 年度是 2 595 485 千英镑),包含项目人工成本,它在综合净支出报表中已单独列出。在预算中,列在“其他流动负债”以及“补助金”两栏中。

“财务评论”中对产生的重大变动进行解释。

资源需求和报表各部分主要说明

注释 2 对不同类型的支出在表格的纵列中列出,而且与其预估值一一对应。所有议会批准的资源支出都是通过“权责发生制”(accruals basis)的方式进行核算。

“管理”和“其他流动负债”显示了文化、媒体和体育部与办事处以及其他实体在资源合计范围内所产生的直接支出。

“补助金”一栏显示了补助金以及流转到文化、媒体和体育部资源会计范围以外机构的资金。

这 3 栏包括资产的现有消费金额,但是不包括核心部门购买资本项目的金额。

A~V 部分列表表示对每项资源需求的分析,这是经议会批准,由财政部负责监管的。资源预估分析的分类如下:

①资源需求 1 中的 A~L 部分被视为部门开支限额,属于中央政府支出。

②资源需求 1 中的 M~U 部分以及资源需求 2 中的 A 部分被视为预算外支出,即部门支出限额以外的其他支出。

③资源需求 1 中的 V 部分是年度管理支出,属于中央政府支出。

公共部门的公共支出数据是以机构自身的总收入和总支出为基础计算的,不含政府补助金。

3. 净运营成本估算及行政预算对账表

(1)净运营成本与净资源结算对账表

净运营成本与净资源结算对账表,见表 8-4。

表 8-4　净运营成本与净资源结算对账表　(单位:千英镑)

	注释	供应预算	结算总额	2010—2011 年度结算总额与预算相比:节省/(超出)	2009—2010 年度结算
净资源结算	2	5 153 281	5 053 418	99 863	4 924 817
前期调整					3 019 780
非供应收入	5	(6 692)	(13)	(6 679)	(3 021 233)
净运营成本		5 146 589	5 053 405	93 184	4 923 364

(2)与行政预算终值比较

净运营成本与行政预算终值比较,见表 8-5。

表 8-5　净运营成本与行政预算终值比较表　（单位：千英镑）

	2010—2011年度		2009—2010年度
	预算	结算	结算
行政预算总额	54 392	52 688	56 941
用于行政预算的收入	(2 904)	(3 023)	(2 399)
行政预算终值与净总额差值	51 488	49 665	54 542

注：预算和结算之间重大差值的解释以及更多信息详见“财务评论”。

4. 净资源结算与净现金需求对账单

净资源结算与净现金需求对账单，见表 8-6。

表 8-6　净资源结算与净现金需求对账单　（单位：千英镑）

	注释	预算	结算	结算总额与预算相比：节省/(超出)
资源结算	2	5 153 281	5 053 418	99 863
资本：				
财产、工厂、设备以及无形资产的购置	15，16	3 355	4 450	(1 095)
投资		—	—	—
非运营性拨款：				
资产处理收益		(3 355)	—	(3 355)
利息调整：				
非现金项目	11，12	(9 658)	(4 928)	(4 730)
非现金运营资本变动		500	(34 150)	34 650
一年以上到期的应收款项的变动	23	—	(11 000)	11 000
供应增加	24	—	(2 970)	2 970
供应使用	24	8 000	322	7 678
净现金需求		5 152 123	5 005 142	146 981

注：预算和结算之间的变动以及更多信息详见“管理评论”。

5. 上交到统一基金账户的收入分析

除了拨款援助之外，表 8-7 中有关政府部门的相关收入应该支付给统一基金(进款用斜体表示)。

表 8-7　政府部门相关收入表　（单位：千英镑）

	注释	2010—2011年度预估值		2010—2011年度结算	
		收入	进款	收入	进款
超出拨款援助部分		—	—	—	—
非拨款援助类别的其他运营收入和进款		—	—	—	—
非运营收入和进款——超出拨款援助部分	8	—	—	—	—

续表

	注释	2010—2011 年度预估值		2010—2011 年度结算	
		收入	进款	收入	进款
非拨款援助类别的其他运营收入及进款	9	6 692	*6 692*	13	*13*
统一基金收取的其他金额		—	—	—	—
支付给统一基金的现金结余		—	—	—	—
应付给统一基金的收入总额		6 692	*6 692*	13	*13*

6. 综合净支出报表中记录的收入与上交到统一基金账户的运营收入对账单

综合净支出报表中记录的收入与上交到统一基金账户的运营收入对账单，见表 8-8。

表 8-8　综合净支出报表记录的收入与上交到统一基金账户的运营收入对账单　（单位：千英镑）

	注释	2010—2011 年度	2009—2010 年度
运营收入		735 469	3 769 941
前期调整	37	—	(3 021 175)
总收入	13	735 469	748 766
拨款援助收入		(735 456)	(748 708)
上交到统一基金账户的净运营收入	5	13	58

7. 统一基金收入

注释 6 中的统一基金收入没有包含部门收取的任何金额，部门只是作为统一基金的代理人，而不是责任人。作为统一基金的代理人，部门没有收取任何费用。（否则，会把这些费用从财务报表中除去）

8. 非运营收入——超出拨款援助部分

文化、媒体和体育部非运营收入，见表 8-9。

表 8-9　非运营收入　（单位：千英镑）

	注释	2010—2011 年度	2009—2010 年度
出售财产、工厂、设备的收益		—	—
拨款援助		—	—
上交到统一基金账户的非运营收入	5	—	—

9. 非拨款援助类别的非运营收入

文化、媒体和体育部非拨款援助类别的非运营收入，见表 8-10。

表8-10　非拨款援助类别非运营收入　（单位：千英镑）

	收入	进款
从足球授权局收取的授权收入	9	9
暂记账户的收入	4	4
	13	13

足球授权局按照政府政策执行，即所有参加英格兰超级联赛和足球冠军联赛的俱乐部必须有拥有全座席球场，并且在第一级别和第二级别联赛中，站位空间必须符合规定标准。

足球授权局允许观众观看指定的足球赛，并对此进行收费，截至2011年3月31日，向俱乐部发放94个许可证，每个座位允许收取100英镑。这些许可证费用都要上交给文化、媒体和体育部，并由其上交到统一基金账户。

10. 人工支出

人工支出分析，见表8-11。

表8-11　人工支出　（单位：千英镑）

	2010—2011年度总额	长期雇员	其他雇员	大臣	特别顾问	2009—2010年度总计
工资和薪金	26 661	22 527	3 823	168	143	28 294
社会保障基金	2 010	1 971	13	12	14	1 999
其他养老金成本	4 451	4 395	35	0	21	4 463
净成本总值	33 122	28 893	3 871	180	178	34 756
其中，核心部门——行政管理	27 717	23 708	3 651	180	178	29 863
核心部门——项目	4	4	0	0	0	8
核心部门——全部	27 721	23 712	3 651	180	178	29 871

这份综合注释包括540万英镑的人工支出(2009—2010年度为488.6万英镑)，并在项目成本中进行记录。

另外，实施人力资源管理系统所产生的2.8万英镑人工支出已计入资本。

公务员基本养老金计划(Principal Civil Service Pension Scheme，PCSPS)是一项无资助的多雇主且共同确定的福利计划。但是，政府部门不能确定其相关资产和债务份额。2007年3月31日对养老金价值进行了精确估算。细节部分可参照内阁办公厅的公务员养老金资源账户的账目(网址：www.civilservice-pensions.gov.uk)。

2010—2011年度，根据薪金级别差异，雇主按照4种养老金费率标准(16.7%~24.3%)向公务员基本养老金计划缴纳税额的总金额为501.9万英镑(2009—2010年度是465万英镑，费率为16.7%~24.3%)。负责养老金计划的精算师通常根据一个全面的估值计划每四年对雇主的捐税进行一次核查。

缴纳养老金税率要与 2010—2011 年度退休雇员总计支付的福利成本相匹配，而不用考虑已领取养老金的人员。

雇员可以开设一个合作养老金账户，它由存托养老金和雇主缴纳的养老金组成。雇主将 2.5 万英镑养老金支付给一个或多个由 3 个指定存托养老金提供者组成的小组。雇主缴纳养老金与年龄有关，按照可供计算养老金薪酬的 3%～12.5%标准缴纳。雇主缴纳的养老金要与雇员按照不超过可供计算养老金薪酬的 3%缴纳的养老金额度相匹配。

另外，雇主向公务员基本养老金计划缴纳 0.2 万英镑，按照可供计算养老金薪酬的 0.8%标准缴纳（2009—2010 年度是 0.1 万英镑，按占 0.8%标准缴纳），用于雇员因公死亡及健康原因而提前退休的金额支付开销。

在 2011 年 3 月 31 日仍作为合作养老金的提供者，核心部门缴纳税额为零（2009—2010 年度是 4 598 英镑），皇家公园应缴纳 610 英镑（2009—2010 年度是 1 886 英镑）。在资产负债表日前缴纳的捐税为零（2009—2010 年度是零）。

没有人因健康问题需提前退休（2009—2010 年度也没有），相应的年度额外养老金总额也为零。

（1）全职员工平均数

今年全职员工的平均数见表 8-12。这些数据包括部门以及皇家公园代理处的工作人员。

表 8-12　全职员工平均数

	总计	长期雇员	其他雇员	大臣	2010—2011 年度特别顾问	2009—2010 年度总计
核心部门	488	373	109	4	2	495
皇家公园办事处	124	100	24	—	—	125
总计	612	473	133	4	2	620
以上包括：						
资本项目的工作人员	1	1	—	—	—	1

工作人员总平均数包括皇家公园雇佣的 124 名员工（2009—2010 年度为 125 名），其中 6 名是高级管理人员。

为了推进减员节支，政府部门将有 3 名员工在 2011 年 3 月 31 日前离职，2011 年 3 月 31 日有 27 名员工离职，在接下来的几个月，还有 30 名员工将离职。

（2）公务员以及其他赔偿计划报告——遣散费：合计费用

公务员以及其他赔偿计划的遣散费用，见表 8-13。

表 8-13　遣散费

2010—2011 年度遣散人员支出（单位：英镑）	强制裁员人数	其他原因离职人数	遣散人员总计
<10 000	—	—	—
10 000～25 000	—	10	10

续表

2010—2011 年度遣散人员支出(单位：英镑)	强制裁员人数	其他原因离职人数	遣散人员总计
25 000~50 000	—	8	8
50 000~100 000	—	16	16
100 000~150 000	—	7	7
150 000~200 000	—	2	2
200 000~250 000	—	—	—
250 000~300 000	—	1	1
按类型发放遣散费的总人数	—	44	44
资源支出总额(单位：千英镑)	—	2 891	2 891
2009—2010 年度遣散人员支出(单位：英镑)	强制裁员人数	其他原因离职人数	遣散人员总计
按类型发放遣散费的总人数	—	—	—
资源支出总额(单位：千英镑)	—	—	—

裁员以及其他离职支出要以公务员赔偿法定计划为依托，这是根据 1972 年养老金法案制定的法定计划。在离职前要进行成本清算。如果政府部门同意员工提前退休，由政府支付额外支出，而不从公务员赔偿计划中支出。因健康问题提前退休的费用，从公务员赔偿计划中支出，但在表格中没有显示。另外，对于提前退休的 40 名员工，政府补贴费为 279. 1 万英镑，详见报表注释 24。

11. 其他行政费用

其他行政费用情况，见表 8-14。

表 8-14　其他行政费用　　(单位：千英镑)

	注释	2010—2011 年度总计	2009—2010 年度总计
营业租赁费		6 952	6 824
非现金项目			
折旧和摊销		3 150	4 634
处置财产、厂房和设备(利润)/损失		17	307
审计人员报酬和费用		95	85
对《政府整体财务报告》进行审计的工作人员报酬和费用		26	28
其他审计服务		—	13
提供资源		2 789	—
提前离职花费		2 891	181
其他支出：			
建筑设备		4 046	4 247
信息技术维护和支持		3 552	3 522

续表

	注释	2010—2011年度总计	2009—2010年度总计
顾问工作		350	1 467
专业服务		1 739	2 111
市场推广		173	539
人力资源		605	780
信息中心		248	286
财务		694	704
其他		433	1 079
总计		27 760	26 807

核心部门的审计费用理论上为9.5万英镑(2010年是8.5万英镑)，没有审计成本方面的费用。对《政府整体财务报告》进行审计的额外费用为2.6万英镑(2010年是2.8万英镑)。(2009—2010年度，就《国际财务准则》的相关内容进行审计的费用为1.25万英镑)。对于审计以外的工作，审计人员无任何报酬。

所有皇家公园办事处的支出，包括政府支出和审计费用，都包含在整合项目成本中(见注释12)。

12. 项目成本

项目成本分析，见表8-15。

表8-15 项目成本 (单位：千英镑)

	2010—2011年度总计	2009—2010年度总计
资源需求1项目成本		
目前的拨款	2 573 407	2 546 367
其他当前支出	22 840	10 465
资本拨款和其他资本支出	5 235	5 064
皇家公园	22 515	25 817
提前离职及其他情况的费用	177	83
营业租赁费——皇家公园	150	177
提前离职支出——皇家公园	13	(19)
非现金项目——文化、媒体和体育部		
折旧	—	18
非现金项目——皇家公园		
折旧	1 438	1 462
减值	234	92
理论收入(从捐赠资产储备金调动)	(136)	(107)

续表

	2010—2011 年度总计	2009—2010 年度总计
处置财产、厂房和设备损失	62	1
审计人员的报酬和费用	41	41
其他审计服务	—	7
	2 625 976	2 589 468
资源需求 2 项目成本	3 102 016	3 021 099
总计	5 727 992	5 610 567

皇家公园的审计费用理论上为 4. 1 万英镑(2010 年是 4. 1 万英镑，其中对《国际财务准则》的相关内容的审计费用为 0. 7 万英镑)，没有审计成本方面的费用。对于审计以外的工作，审计人员无任何报酬。

13. 收入

(1)根据分类和活动分析运营收入

根据分类和活动对运营收入进行分析，结果见表 8-16。

表 8-16　运营收入　　(单位：千英镑)

	2010—2011 年度总计	2009—2010 年度总计
资源需求 1 行政收入：		
外部租户租金和相关收入	2 018	1 611
退税额	—	69
彩票发行基金——管理基金	351	314
因欧盟事务从欧盟获得的收入	3	8
开放政府数据对奥运执行委员会的贡献	292	388
IT 成本补偿	230	—
法律费用和债务补偿	84	—
其他行政收入	45	9
资源需求 1 行政收入总额	3 023	2 399
资源需求 1 项目收入：		
其他部门所得的奥运会资金资助	654 842	677 915
其他部门购买档案以及艺术品的资金资助	107	68
因部门核心行动而从其他政府部门调用的资源	29 595	47 952
数字转换帮扶计划收入	29 213	1 430

续表

	2010—2011 年度总计	2009—2010 年度总计
皇家公园收入	13 829	14 051
国家彩票委员会因彩票监管获得的补助金	3 786	3 784
国家彩票委员会因彩票监管获得的补助金	235	277
“参与”调查的收入	729	481
2012 年伦敦奥运会竞标补助	—	276
奥运会的经济和社会影响研究经费	60	—
从文化、媒体和体育部活动中获得其他拨款援助收入	37	24
文化、媒体和体育部对气候的联合研究	—	50
	732 433	746 308
CFER 收入——足球授权局发放许可证费用	9	9
其他 CFER 收入	4	50
资源需求 1 项目成本总额	732 446	746 367
核心部门超出拨款援助部分	—	—
资源需求 1 行政以及项目成本总额	735 469	748 766

(2)租赁收入

租赁收入情况，见表 8-17。

表 8-17　租赁收入　（单位：千英镑）

	2010—2011 年度总计	2009—2010 年度总计
禁废租赁合同到期金额：		
建筑：		
不到一年	1 975	1 908
一年到五年	3 014	4 094
五年以上	—	960
	4 989	6 962

出租人的租赁和出租安排全面说明，见表 8-18。

表 8-18　租赁情况

考克斯柏街 2-4 号	
租赁期满	2017 年 12 月 16 日
出租	私人租户转租 7 楼(749 平方米)
交易	整体转让要得到业主的同意。整体转租或者分楼层转租要得到业主的同意。转让、转租或与另一个政府机构共享无须得到业主同意就可以进行(视情况而定)

续表

考克斯柏街2-4号	
租金	租金每5年审查一次。上次租金审查是2010年9月29日，最后一次租金审查定于2015年9月29日
丛林别墅，橘街	
租赁期满	2013年6月23日
出租	私人租户转租直到租约结束
交易	禁止部分转让。整体转让须得到业主和上一级业主的同意，并且视条件而定。全部转租或者部分转租须得到业主的同意，并且视条件而定。转租须为一个楼层或是全部楼层。如果租户是王室，可以无需经业主同意和另一王室机构共享所租处
租金	租金每5年审查一次。最后一次租金审查是2008年6月24日
海洋别墅，考克斯柏街1a号	
租赁期满	2012年12月16日
占有	根据备忘录，其他政府组织对建筑拥有所有权
交易	整体转让须得到业主的同意。整体转租或分楼层转租须得到业主的同意
租金	租金每5年审查一次。最后一次租金审查是2009年12月16日
皇后区，托特纳姆法院路179a号	
租赁期满	2014年4月30日
出租	
交易	禁止转让或转租，部分、整体转让或转租须得到业主的同意。如果租户是王室，可以无需经业主同意和另一王室机构共享整体或部分租处
租金	租金每5年审查一次。最后一次租金审查是2009年5月6日

14. 支出机构的净运营成本分析

支出机构的净运营成本分析，见表8-19。

表8-19　支出机构净运营成本　（单位：千英镑）

	预算	2010—2011年度结算	2009—2010年度结算
支出机构：			
核心部门	95 471	98 912	91 117
皇家公园办事处	19 328	16 060	18 383
非政府部门公共机构（14.1）	2 453 128	2 370 518	2 348 885
其他中央机构(14.2)	(577 237)	(583 681)	(621 137)
地方政府	14 420	13 618	40 079
其他机构	24 704	35 962	24 938
净运营成本—资源需求1	2 029 814	1 951 389	1 902 265

续表

	预算	2010—2011年度结算	2009—2010年度结算
净运营成本—资源需求2			
英国广播公司—国内广播	3 123 467	3 102 016	3 021 099
净运营成本—文化、媒体和体育部	5 153 281	5 053 405	4 923 364

支出机构补助金以及拨款的详细分析见下文。

(1)非政府部门公共机构

非政府部门公共机构补助金及拨款情况，见表8-20。

表8-20　非政府部门公共机构补助金及拨款　（单位：千英镑）

	2010—2011年度预算	2010—2011年度结算	2009—2010年度结算
不英博物馆	50 343	46 343	48 348
自然历史博物馆	48 586	48 586	51 186
帝国战争博物馆	23 910	23 910	24 163
国家美术馆	28 201	28 201	27 287
国家海洋博物馆	19 002	19 002	19 240
利物浦国家博物馆	23 712	23 712	23 463
国家肖像美术馆	7 577	7 577	7 744
国家科学与工业博物馆	40 153	40 153	40 608
泰特美术馆	55 429	54 729	55 987
维多利亚与艾伯特博物馆	44 318	44 318	44 761
华莱士收藏馆	4 212	4 212	4 301
曼彻斯特科学与工业博物馆	5 612	4 882	4 987
约翰·索恩博物馆	1 169	1 169	1 181
霍尼曼博物馆	4 518	4 518	4 566
杰弗瑞博物馆	1 773	1 773	1 791
战略调试	4 113	3 797	3 530
文艺复兴和其他地区基金	47 040	46 336	26 180
皇家军械博物馆	8 645	8 389	8 474
大英图书馆	106 308	105 847	109 464
公共借阅权协会	7 453	7 451	7 582
博物馆、图书馆和档案馆理事会	13 004	15 218	4 015
英格兰艺术委员会	448 751	437 523	451 964
英格兰体育理事会	123 189	121 389	134 422
英国体育局	55 367	55 363	65 376
英国反兴奋剂组织(2010年包含在英国体育局的花费里)	6 372	6 372	—

续表

	2010—2011 年度预算	2010—2011 年度结算	2009—2010 年度结算
足球授权局	1 223	980	1 261
英国古迹署	131 004	129 854	131 072
国家遗产纪念基金会	—	—	20 000
英国建筑与建筑环境委员会	19 032	16 127	13 463
英国旅游局	41 073	40 323	45 800
英国通信管理局	—	—	1 059
英国电影委员会	52 613	45 563	37 034
英国国家彩票委员会	5 940	5 220	4 061
英国政府博彩委员会	486	481	541
伦敦奥运会交付管理局	1 023 000	971 200	923 974
	2 453 128	2 370 518	2 348 885

(2)其他中央机构

其他中央机构补助金及拨款情况，见表 8-21。

表 8-21　其他中央机构补助金及拨款　　（单位：千英镑）

	2010—2011 年度预算	2010—2011 年度结算	2009—2010 年度结算
教育部	(14 704)	(14 239)	(12 833)
免费游泳项目			
卫生部资源贡献	(7 024)	(7 024)	(20 000)
工作和养老金部资源贡献	(3 469)	(3 469)	(10 000)
社区和地方政府资源贡献	(1 734)	(1 734)	(5 000)
其他中央政府资源贡献			
英国外交和联邦事务部	(61)	(21)	(101)
司法部	—	—	(7)
商业、创新和技能部	—	—	(10)
社区和地方政府	—	(2 000)	—
伦敦奥运交付管理局提供资金：			
运输部门出资	(233 800)	(236 363)	(224 335)
社区和地方政府出资	(414 100)	(418 478)	(453 580)
其他中央政府出资			
教育部	—	—	(60)
英国外交和联邦事务部	—	—	(8)
商务、创新和技能部——资助地方发展局举办旅游活动	—	—	3 428
威尔士第四频道	97 655	99 647	101 369
	(577 237)	(583 681)	(621 137)

15. 财产、厂房和设备

(1)2011 年核心部门

核心部门 2011 年财产、厂房和设备情况，见表 8-22。

表 8-22 核心部门 2011 年财产、厂房和设备 （单位：千英镑）

	土地和建筑	信息技术	工厂和机械	固定设备和配件	遗产—收藏品	总计
成本和价值						
2010 年 4 月 1 日	10 463	14 807	1 937	2 042	6 303	35 552
新增固定资产	—	1 187	172	22	196	1 577
转让	—	(298)	—	(235)	—	(533)
注销	—	(102)	—	(8)	—	(110)
重新分类	—	—	—	—	—	—
2011 年 3 月 31 日	10 463	15 594	2 109	1 821	6 499	36 486
折旧						
2010 年 4 月 1 日	3 192	11 530	1 353	1 298	—	17 373
收取年费	803	1 500	142	368	—	2 813
转让	—	(296)	—	(220)	—	(516)
注销	—	—	—	—	—	—
重新分类	—	—	—	—	—	—
2011 年 3 月 31 日	3 995	12 734	1 495	1 446	0	19 670
账面净值						
2011 年 3 月 31 日	6 468	2 860	614	375	6 499	16 816
2010 年 3 月 31 日	7 271	3 277	584	744	6 303	18 179

(2)2010 年核心部门

核心部门 2010 年财产、厂房和设备情况，见表 8-23。

表 8-23 核心部门 2010 年财产、厂房和设备 （单位：千英镑）

	土地和建筑物	信息技术	工厂和机械	固定设备和配件	遗产—收藏品	总计
成本和价值						
2009 年 4 月 1 日	11 386	13 222	1 592	2 313	6 046	34 559
新增固定资产	—	1 944	56	100	255	2 355
转让	(145)	(153)	—	—	—	(298)
注销	(859)	(245)	—	—	1	(1 103)
重新分类	81	39	289	(371)	1	39
2010 年 3 月 31 日	10 463	14 807	1 937	2 042	6 303	35 552
折旧						
2010 年 4 月 1 日	3 019	8 901	1 023	916	—	13 859

续表

	土地和建筑物	信息技术	工厂和机械	固定设备和配件	遗产—收藏品	总计
收取年费	836	2 782	329	382	—	4 329
转让	(118)	(153)	—	—	—	(271)
注销	(545)	—	—	—	—	(545)
重新分类	—	—	1	—	—	1
2010 年 3 月 31 日	3 192	11 530	1 353	1 298	—	17 373
账面净值						
2010 年 3 月 31 日	7 271	3 277	584	744	6 303	18 179
2009 年 3 月 31 日	8 367	4 321	569	1 397	6 046	20 700

(3)2011 年汇总

2011 年财产、厂房和设备情况汇总，见表 8-24。

表 8-24　2011 年财产、厂房和设备　（单位：千英镑）

	土地和建筑物	住房	信息技术	工厂和机械	固定设备和配件	遗产	建设中的资产	总计
成本和价值								
2010 年 4 月 1 日	51 870	3 647	14 867	2 639	6 174	59 137	131	138 465
新增固定资产	344	103	1 259	284	170	562	1 681	4 403
转让	(392)	—	(308)	—	(261)	—	—	(961)
注销	—	—	(102)	—	(8)	—	—	(110)
重新分类	131	—	—	—	—	—	(131)	—
重估	(6)	3	—	—	—	(314)	—	(317)
2011 年 3 月 31 日	51 947	3 753	15 716	2 923	6 075	59 385	1 681	141 480
折旧								
2010 年 4 月 1 日	25 180	2 298	11 562	1 657	4 115	28 533	—	73 345
收取年费	1 606	42	1 512	206	570	248	—	4 184
转让	(331)	—	(307)	—	(244)	—	—	(882)
注销	—	—	—	—		—	—	—
重新分类	—	—	—	—	—	—		—
重估	913	114	—	—	—	(118)	—	909
2011 年 3 月 31 日	27 368	2 454	12 767	1 863	4 441	28 663	—	77 556
2011 年 3 月 31 日账面净值	24 579	1 299	2 949	1 060	1 634	30 722	1 681	63 924
2010 年 3 月 31 日账面净值	26 690	1 349	3 305	982	2 059	30 604	131	65 120

(4)2010 年汇总

2010 年财产、厂房和设备情况汇总，见表 8-25。

表 8-25　2010 年财产、厂房和设备　（单位：千英镑）

	土地和建筑物	住房	信息技术	工厂和机械	固定设备和配件	重申遗产	建设中的资产	总计
成本和价值								
2009 年 4 月 1 日	50 865	3 324	13 920	1 593	6 476	55 622	2 098	133 898
新增固定资产	714	105	1 972	56	515	1 093	131	4 586
转让	(145)	—	(241)	—		—	—	(386)
注销	(859)	—	(245)	—	(76)	1	—	(1 179)
重新分类	2 178	1	(539)	990	(741)	1	(2 098)	(208)
重估	(885)	218	—	—	—	2 421	—	1 754
2010 年 3 月 31 日	51 868	3 648	14 867	2 639	6 174	59 138	131	138 465
折旧								
2008 年 4 月 1 日	24 125	2 043	9 143	1 023	3 946	23 840	—	64 120
收取年费	1 714	49	2 789	391	583	253	—	5 779
转让	(118)	—	(241)	—	—	—	—	(359)
注销	(545)	—	—	—	(72)	—	—	(617)
重新分类	—	—	(129)	243	(342)	—	—	(228)
重估	4	206	—	—	—	4 440	—	4 650
2010 年 3 月 31 日	25 180	2 298	11 562	1 657	4 115	28 533	—	73 345
2010 年 3 月 31 日账面净值	26 688	1 350	3 305	982	2 059	30 605	131	65 120
2009 年 3 月 31 日账面净值	26 740	1 281	4 777	570	2 530	31 782	2 098	69 778

注：截至 2011 年 3 月 31 日、2010 年 3 月 31 日和 2009 年 3 月 31 日的所有资产，包括短期租赁的所有权。

(5)遗产资产

遗产资产情况，见表 8-26。

表 8-26　遗产资产　（单位：千英镑）

	非运营成本支出	估值	运营性成本支出	估值	遗产资产总计
成本或估值					
2009 年 4 月 1 日	8 524	3 390	1 218	42 490	55 622
新增固定资产	647		447		1 094
重估				2 421	2 421
2010 年 3 月 31 日	9 171	3 390	1 665	44 911	59 137
折旧					
2009 年 4 月 1 日		70	24	23 746	23 840
收取年费			61	192	253
重估				4 440	4 440
2010 年 3 月 31 日	—	70	85	28 378	28 533
2010 年 3 月 31 日账面净值	9 171	3 320	1 580	16 533	30 604

续表

	非运营成本支出	估值	运营性成本支出	估值	遗产资产总计
成本或估值					
2010 年 4 月 1 日	9 171	3 390	1 665	44 911	59 137
新增固定资产	196		366		562
重估				(314)	(314)
2011 年 3 月 31 日	9 367	3 390	2 031	44 597	59 385
折旧					
2010 年 4 月 1 日	—	70	85	28 378	28 533
收取年费			81	167	248
重估				(118)	(118)
2011 年 3 月 31 日	—	70	166	28 427	28 663
2011 年 3 月 31 日账面净值	9 367	3 320	1 865	16 170	30 722

注：1. 捐赠资产：本年度没有捐赠资产资本化。

2. 重估：数据显示，皇家公园资产重估净值下滑 31.7 万英镑。

3. 土地和建筑物：建筑的净账面价值见表 8-27。

表 8-27　建筑净账面价值　　(单位：千英镑)

	2011 年 3 月 31 日	2010 年 3 月 31 日	2009 年 4 月 1 日
自由持有	36 747	38 008	38 471
短期租赁	5 013	5 816	6 912
	41 760	43 824	45 383

《政府财务报告》将非流动资产划分为以下 4 类：纯遗产资产(非运营性遗产资产)、运营性遗产资产、运营性(非遗产)资产。

1)运营性遗产资产

这包括英国伦敦塔的燧发枪建筑——自 1990 年以来由基本建设工程支出进行建筑维护。

此外，文化、媒体和体育部拥有以下运营性遗产资产的永久产权。

A. 布莱斯宫

布莱斯宫目前为大英博物馆、科学博物馆、维多利亚与艾伯特博物馆所有。尽管处理与博物馆相关的所有财产问题的职责已经移交给文化、奥运、媒体和体育大臣，但不动产所有权还是由主管环境的国务大臣所有。这三个机构都是布莱斯宫的拥有者。2009 年 3 月 31 日，莱坊国际公司和杰拉尔德公司对它们的股权分别进行了专业估值，总估价为 1840 万英镑。按照《国际财务报告准则》第 16 条“国际会计准则”规定，上面提到的 3 个博物馆的资产负债表中都要公开此股权信息。2011 年 3 月 31 日，在 3 个博物馆的资产负债表中，布莱斯宫的总估价为 1840 万英镑，其中包括装修机械设备和电气设备。

B. 萨默塞特宫

萨默塞特宫信托基金是一个私人担保有限公司，同时也是一个注册慈善机构，成立于 1997 年，旨在保护和发展萨默塞特宫和周围的开放空间。文化、媒体和体育部对政府持有的萨默塞特宫的不动产进行管理，保证萨默塞特宫信托基金的租赁期持续到2125年。

2)非运营性遗产资产

政府部门持有的非运营性遗产资产价值为零，因为这种类型的资产没有市场；市场价值不会真实反映国家遗产资产的价值；如果失去了这些资产，将无法被取代或重建。

从2000年4月1日起，政府艺术收藏委员会购买的新增固定资产，按原价在政府部门的资产登记表中进行登记。这是根据《政府财务报告手册》的要求，对收藏品进行增补，2000年3月31日前拥有的重要收藏品未被资本化，而购买价格信息通常会为资本化提供一个可靠依据。

3)其他非运营性遗产资产

①王室因某些目的拥有温莎的两处不动产，并对温莎城堡及其周围地区进行管理。温莎的不动产要受《英王室领地法》的约束，所有地产的出售或租赁相关的行为都要按照《英王室领地法》的规定执行。

②没有任何法定指令将格林尼治的两个雕像转交给英国古迹署或皇家海军学院的格林尼治基金会。

③赫维宁汉动产——詹姆斯·怀亚特最初为赫维宁汉庄园设计的一套家具，自从1984年曼城委员会在希顿大厅对其进行展览后，便长期租赁给曼城委员会。

国务大臣以1851年《英王室领地法》及相关法令为基本遵循，对英国皇家庄园不动产进行管理，通过签署一系列管理协议将管理责任转交给相关部门。具体变更如下：

①皇家公园由皇家公园办事处管理，在注释1第(5)条关于会计政策的说明中可以看到资产改进情况；

②英国皇家宫殿(白金汉宫、圣詹姆斯宫、温莎城堡和其他较小的不动产)和马尔巴罗王府由王室管理，国务大臣支付补助金；

③英国的历史皇家宫殿（汉普顿宫、基佑宫、伦敦塔、白厅宫国宴厅以及大部分肯辛顿宫）由历史皇家宫殿信托基金管理，合同中规定信托基金管理宫殿、提供教育和游客服务，以此来获取皇家宫殿的门票费用。

国务大臣还拥有土地、建筑物、纪念碑和遗迹的所有权，这些资产是白宫办公室及继任者使用国库资金购得，或是依据《1947年惠灵顿博物馆法案》及《旧英王室领地法》等特定法令的规定获得。在财政补助金的资助下，英国古迹署负责管理这些不动产和皇室土地。英国古迹署管理的不动产接近100处，约250处不动产由其监管。英国古迹署也对面向公众开放的不动产如停车场进行监管。这些不动产由文化、媒体和体育部负责管理。以下列出的不动产(根据游客数量)特别重要：阿普斯利邸宅(Apsley House)、奥德利大宅(Audley End)、巴特尔修道院(House Battle Abbey)、博尔索弗城堡(Bolsover Castle)、布罗德沃斯公馆(Brodsworth Hall)、克利福德塔(Clifford's Tower)、大理石拱门(Marble Arch)、老塞勒姆城堡(Old Sarun Castle)、巨石阵(Stonehenge)、威弗利修道院(Waverley Abbey)。

政府艺术收藏委员会的主要作品不能以价格列出，主要包括凡·戴克(van Dyck)、劳伦斯·史蒂芬·洛瑞(L. S. Lowry)、爱德华·李尔(Edward Lear)、威廉·荷加斯(William Hogarth)、托马斯·庚斯博罗(Thomas Gainsborough)、卢西恩·弗洛伊德(Lucian Freud)、西克尔特(W. R. Sickert)的画作，以及亨利·摩尔(Henry Moore)、雅各·爱泼斯坦(Jacob Epstein)、芭芭拉·赫普沃斯(Barbara Hepworth)的雕塑品。委员会收藏了众多艺术家作品，一些不知名艺术家的作品一经委员会收藏，就会享有国际声誉。

4)资产管理政策

政府要成为保护历史遗产的榜样，要凸显历史环境保护和维护的重要性。

四年一度的状况调查、预防性修理计划以及维护历史建筑的要求，在文化、媒体和体育部公布的政府历史遗产保护协议做出规定。协议要求政府部门和机构提名一位部门保护专员，负责监管政府部门保护活动，为资产管理者提供建议，并与建议政府历史遗产单位(Government Historic Estates Unit, GHEU)建立联系。政府历史遗产单位隶属英国古迹署，负责对政府部门和机构及其他机构提供国家层面的建议和指导。

英国古迹署代表政府部门对所有遗址进行管理。英国古迹署遵守《1983 年国家遗产法》，确保英国古迹和历史建筑得到完整保存(包括毗邻英格兰的英国领海)。另外，政府部门审核通过英国古迹署关于遗址保护和维护的政策，对坐落在英格兰保护区遗址的特色和外观进行维护，并提升其价值。

英国古迹署对其资产进行精准登记，并及时更新数据。英国古迹署在其网站上推出了英国国家遗产清单栏目，网址为 www. english-heritage. org. uk/about/news/national-heritage-list-for-england-and-corporate-plan/。

政府艺术收藏委员会隶属文化、媒体和体育部，每年，文化、媒体和体育部会为其提供补贴。其他政府部门为新建的或者翻新的建筑提供额外资助，主要用于特定场地佣金。艺术作品在英国和国外近 400 栋政府大楼中展示，包括唐宁街 10 号、兰卡斯特宫、主要政府部门以及周边的地方政府办公室；国外场所包括大多数国家的大使馆、名人故居、高级专员公署和总领事馆。

政府艺术收藏委员会组建团队负责选择和准备艺术作品，并做好布展前各项协调工作，包括物理维护、建档、摄影、运输、研究和提供展品信息。

政府艺术收藏委员会从各种渠道购买作品，包括拍卖行、展览、商业艺术画廊、经销商以及艺术家本人。艺术品购买活动暂停了 2 年，直到 2013—2014 年度才重新开始。政府艺术收藏委员会有时会直接向艺术家购买作品。政府艺术收藏委员会并不认为收藏品是纯粹的金融投资，管理收藏品时需遵守展馆的正规标准。政府艺术收藏委员会在购买收藏品时非常谨慎，要保证购得的收藏品在现在以及可预见的未来有更大的增值空间。

保护收藏品是一项持续的工作，2010—2011 年度大约花费 26 万英镑用于收藏品的维护。资产管理的更多细节由政府艺术收藏委员会负责，最新购买收藏品信息详见网址：www.gac.culture.gov.uk/resources/reports。

5)补充

2010—2011 年度，政府艺术收藏委员会购买了 75 件作品，所支出的费用其中 24.1 万英镑来自收藏委员会的资金，7.5 万英镑来自外交部，7.5 万英镑来自司法部。2009—2010 年度，政府艺术收藏委员会花费 20.1 万英镑购买了 30 件作品。

只有两年的数据是可用的，因为无法提供前几年的信息。

6)转让

无。

7)运营性非遗产资产

除了租赁写字楼作为办公使用外，文化、媒体和体育部在温莎公园街拥有 3 处不动产。这 3 处不动产是温莎城堡及周边地区历史遗迹的一部分。当 70 年租约到期时，文化、媒体和体育部只能将其转让，如果现有租户有购买意向，可以将其转让给他们。这 3 处不动产现在都有租户，当问其是否有购买意愿时，他们均表示不愿购买。2011 年 6 月，克拉顿斯律师事务所对这些不动产进行了估价。

8）皇家公园

本年度，皇家公园继续推进其五年评估计划，定期对建筑进行重新估价，已对 20%的建筑进行了重新估价。

2011 年 3 月 31 日，格兰特、米尔斯和伍德公司承担对皇家公园资产进行专业评估的职责。该公司是调查者和估价者，同时也是英国皇家特许测量师学会成员。

自由保有土地并未扣除折旧费，其在 1999 年的估价是 2 万英镑，还要加上 1999—2000 年度购买土地的 0.3 万英镑。

纯粹的非运营性资产没有折旧费。

从皇家财产委员处获悉，皇家公园对里士满公园（Richmond Park）的彭布罗克旅馆拥有 99 年租期，截至 2011 年 3 月 31 日，还有 80 年租期。这处不动产包括土地和建筑物，现行重置成本总值 367.7 万英镑（2010 年为 367.7 万英镑，2009 年为 367.7 万英镑）。

在建资产包括民间住宅建筑翻新的成本。皇家公园持有的非运营性遗产土地和建筑物要全面发挥其作用，在财务状况报表中就要把它们作为非流动性资产，这样才能对其进行有效估值，否则它们的价值为零。皇家公园认为，确定独特而多样的资产现有价值成本是不合理的。非运营性文化资产包括纪念碑、雕塑、喷泉、桥梁、城墙、演奏台和古城门，也包括历史的和新建的纪念碑，如肯辛顿花园的艾伯特纪念碑和海德公园（Hyde Park）的七七纪念碑。除了桥梁和城墙，皇家公园有 97 处这样的资产未被记录在财务状况报表中，也没有对它们的情况进行单独登记。除了建筑之外，大部分皇家公园的土地和遗产资产没有进行估价。创建新的遗产资产的支出是资本化开支，进行资产维护同样也要有支出。

运营性遗产土地和建筑，包括皇家公园、租户或特许经营公司使用的建筑，皇家公园除了用于实现其全方位目标外，也用于创造收入或实现其他非遗产性目的。对它们进行专业估值，并在财务状况报表中进行记录。采用的估值方法由建筑的类型及其用途决定。

对运营性（非遗产）土地和建筑进行了专业估值，在财务状况报表中进行记录。

皇家公园非流动资产的更多细节可以在皇家公园的独立账户中查阅。

16. 无形资产

无形资产包括政府部门和皇家公园办事处的软件许可证。政府部门有一个非专有的、不可转让的、有限的商标许可证，即可以使用 2012 年伦敦奥运会和残奥会的标志。文化、媒体和体育部没有支付许可证费用，也没有从使用中获得经济效益，因此不能将其作为一项无形资产。

（1）2011 年无形资产

2011 年无形资产分析，见表 8-28。

表8-28　2011年无形资产　（单位：千英镑）

	核心部门软件许可证	软件许可权证
成本或估值		
2010年4月1日	1 738	2 223
新增固定资产	26	47
转让	—	（7）
注销	—	—
重新分类	—	—
2011年3月31日	1 764	2 263
分期偿还		
2010年4月1日	1 291	1 489
收取年费	229	293
转让	—	（7）
重新分类	—	—
2011年3月31日	1 520	1 775
2011年3月31日账面净值	244	488
2010年3月31日账面净值	447	734

（2）2010年无形资产

2010年无形资产分析，见表8-29。

表8-29　2010年无形资产　（单位：千英镑）

	核心部门软件许可证	软件许可权证
成本或估值		
2009年4月1日	1 674	1 674
新增固定资产	440	721
转让	（328）	（371）
注销	（9）	（9）
重新分类	（39）	208
2010年3月31日	1 738	2 223
分期偿还		
2009年4月1日	1 585	1 585
收取年费	34	46
转让	（328）	（371）
重新分类	—	229
2010年3月31日	1 291	1 489
2010年3月31日账面净值	447	734
2009年3月31日账面净值	89	89

17. 金融工具

由于政府部门要通过评估程序才能满足其现金需求，因此，相比于规模相似的非公共部门组织，金融工具在政府部门风险产生和管理过程中发挥着更加有限的作用。

大部分金融工具与非金融项目的合同相联系，并且与政府部门的预期购买以及使用要求一致。因此，政府部门几乎不存在信贷、流动性或市场风险。

《国际会计准则》第 32 条关于金融工具的介绍、《国际会计准则》第 39 条关于金融工具的认可和计量、《国际财务报告准则》第 7 条关于金融工具的信息公开的规定已经得到广泛应用。《国际财务报告准则》第 7 条规定，要进行信息公开，允许账目用户对金融工具的重要性及其产生的风险本质和风险程度进行评估，金融工具可以用于了解实体的财务状况和财务绩效。由于政府部门活动主要是非交易性的，加上政府部门所采用的资助方式，文化、媒体和体育部不遭受其他业务实体面临的金融风险。相比于遵从《国际财务报告准则》第 7 条规定的典型上市公司，金融工具在创建或改变风险方面的作用极其有限。文化、媒体和体育部在借贷或投资盈余资金方面的权利非常有限，在日常经营活动中会产生金融资产和负债，但不能转变部门开展活动时所面临的风险。

文化、媒体和体育部的资源供给由议会投票产生，因此没有重大的流动性风险。

文化、媒体和体育部没有金融租赁或贷款。除去政府银行服务(Government Banking Service，GBS)持有的余额以及 Mass 账户(皇家公园开设的商业银行账户，是其经营收入的一部分)，它不持有现金余额，其金融资产和负债要么是零，要么有固定的利率，因此，它不会面临任何重大利率风险。

政府部门有最低外汇交易限额，外汇交易产生的任何应收款或应付款都是短期的。因此，政府部门不存在汇率波动的风险。

18. 减值

今年的减损支出包括皇家公园报表中价值 23.4 万英镑(2010 年为 9.2 万英镑)的财产、厂房和设备减值。

19. 库存资产

库存资产分析，见表 8-30。

表 8-30 库存资产

(单位：千英镑)

	2011 年 3 月 31 日总计	2010 年 3 月 31 日总计	2009 年 4 月 1 日总计
适合转售——皇家公园	8	—	—
	8	—	—

20. 应收款项及其他流动资产

(1)应收款项

应收款项分析，见表8-31。

表8-31 应收款项 （单位：千英镑）

	2011年3月31日总计	2010年3月31日总计	2009年4月1日总计
一年内到期的应收账款：			
应收款项	8 260	2 730	5 365
存款和放款	190	185	210
增值税	1 108	1 021	972
其他应收款项	498	190	440
预付款项和应计收入	3 743	39 258	4 366
统一基金供应金额	—	—	61 129
	13 799	43 384	72 482

(2)其他流动资产

其他流动资产分析，见表8-32。

表8-32 其他流动资产 （单位：千英镑）

	2011年3月31日总计	2010年3月31日总计	2009年4月1日总计
一年以上到期的应收账款：			
其他流动资产	54	80	—
	54	80	—

与资助相关的其他非流动资产将在一年后偿还。

根据《政府财务报告手册》的相关规定，英国海关与消费局征收的销项增值税要抵销对外包服务征收的不可补偿的进项增值税的应收账款。

皇家公园的应收款项为198.6万英镑(2010年为154.3万英镑；2009年为132.7万英镑)，其他流动资产为100.5万英镑(2010年为177.2万英镑；2009年为168万英镑)。

2010年预付款项和应计收入高达3 400万英镑，由交通局、社区以及当地政府提供，以支持奥运会的举办。

(3)政府内部结余

政府内部结余分析，见表8-33。

表 8-33　政府内部结余　　（单位：千英镑）

	一年内到期的应收账款			超过一年到期的应收账款		
	2011 年 3 月 31 日	2010 年 3 月 31 日	2009 年 4 月 1 日	2011 年 3 月 31 日	2010 年 3 月 31 日	2009 年 4 月 1 日
其他中央政府机构结余	7 759	36 571	67 611	—	—	—
地方政府结余	742	937	410	—	—	—
公共基金和贸易基金结余	19	108	189	—	—	—
小计：政府内部结余	8 520	37 616	68 210	—	—	—
政府外部机构结余	5 279	5 768	4 272	54	80	—
3 月 31 日	13 799	43 384	72 482	54	80	—

政府内部结余指根据《整体财务报告》(*Whole of Government Accounts*, *WGA*)制订的会计边界范围内文化、媒体和体育部以及其他部门之间的结余。这个注释提供了对文化、媒体和体育部和其他政府机构之间重要应收账款结余的分析。应付账款结余详见注释 23。

21. 现金和现金等价物

现金和现金等价物分析，见表 8-34。

表 8-34　现金和现金等价物分析　　（单位：千英镑）

	2011 年 3 月 31 日总计	2010 年 3 月 31 日总计	2009 年 4 月 1 日总计
4 月 1 日结余	20 645	23 867	34 022
现金及现金等价物余额净变化	928	(3 222)	(10 155)
3 月 31 日结余	21 573	20 645	23 867
3 月 31 日结余：			
政府银行服务	19 634	20 494	23 703
商业银行和现金	1 939	151	164
3 月 31 日 结余	21 573	20 645	23 867

皇家公园在政府银行服务的结余是 67. 4 万英镑(2010 年为 441. 8 万英镑；2009 年为 275. 1 万英镑)，在商业银行的结余是 193. 9 万英镑(2010 年为 15. 1 万英镑；2009 年为 16. 4 万英镑)。商业银行的结余与皇家公园的运营要求有关。

政府部门的会计服务提供商代表政府部门在政府银行服务开设的已注册宗教场所和纪念馆资助计划的账目里持有小部分结余。

22. 净现金需求与现金增加/(减少)对账单

净现金需求分析，见表 8-35。

表8-35　净现金需求分析　（单位：千英镑）

	2010—2011年度	2009—2010年度
净现金需求	(5 005 142)	(4 951 906)
从统一基金(供应)——2010—2011年度	5 003 000	4 970 000
从统一基金(供应)——2009—2010年度	26 786	61 129
从统一基金(供应)——BBC收入调整	(2 143)	2 143
应归于统一基金的金额——2010—2011年度	—	(83 366)
应归于统一基金的金额——2009—2010年度	(21 573)	(1 222)
增加/(减少)现金	928	(3 222)

23. 应付款项和其他流动负债

应付款项分析，见表8-36。

表8-36　应付款项　（单位：千英镑）

		2011年3月31日 总计		2010年3月31日 总计		2009年4月1日 总计
一年内到期的应付款项						
其他税收和社会保障		643		570		558
应付账款		1 481		1 146		2 324
其他应付款		7 229		7 036		1 793
收益和递延收入		24 691		16 754		18 634
年底结余的统一基金金额	21 573		26 786		—	
应付给统一基金的额外收入						
收到	—		—		60 421	
结转①	—		(1 222)			
统一基金收到的额外运营性援助拨款	—		—		15 887	
应收款项	—		—		4 916	
		21 573		25 564		81 224
		55 617		51 070		104 533
一年后到期的应付款项						
其他应付款项、收益和递延收入		11 000		—		—

① 根据会计政策里关于英国广播公司许可费收入变化的需要，这种结余从上一年度调整中产生。

皇家公园的应付款项是 82. 8 万英镑(2010 年为 99. 8 万英镑，2009 年为 192. 3 万英镑)，其他流动负债是 619. 4 万英镑(2010 年为 814. 5 万英镑，2009 年为 512. 5 万英镑)。

作为比赛资助协议的一部分，一年后到期的应付款项会上交给伦敦奥组委，用于 2012—2013 年度比赛场馆的维护。

政府间结余

政府间结余情况分析，见表 8-37。

表 8-37 政府间结余 （单位：千英镑）

	一年内到期的应付款项			一年后到期的应付款项		
	2011 年 3 月 31 日	2010 年 3 月 31 日	2009 年 4 月 1 日	2011 年 3 月 31 日	2010 年 3 月 31 日	2009 年 4 月 1 日
其他中央政府机构结余	24 113	29 146	89 762	—	—	—
地方政府结余	822	1 150	574	—	—	—
公共基金和贸易基金结余	10 396	6 630	—	11 000	—	—
小计：政府内部结余	35 331	36 926	90 336	11 000	—	—
非政府机构结余	20 286	14 144	14 197	—	—	—
3 月 31 日	55 617	51 070	104 533	11 000	—	—

24. 负债和费用备付金

皇家公园提前退休成本备付金分析，见表 8-38。

表 8-38 皇家公园提前退休成本备付金分析 （单位：千英镑）

	总计		
	提前退休成本	其他	总计
2009 年 3 月 31 日结余	1 248	209	1 457
本年度备付金	199	114	313
无需冲回备付金	—	(38)	(38)
本年度使用备付金	(535)	(17)	(552)
2010 年 4 月 1 日结余	912	268	1 180
本年度备付金	2 791	242	3 033
无需冲回备付金	—	(63)	(63)
本年度使用备付金	(190)	(132)	(322)
2011 年 4 月 1 日结余	3 513	315	3 828

2011 年 3 月 31 日，皇家公园提前退休成本的备付金为 17. 8 万英镑(2010 年为 19. 8 万英镑，2010 年为 19. 8 万英镑)。此外，用于未决赔款的备付金为 31. 4 万英镑(2010 年为 26. 8 万英镑，2009 年为 20. 9 万英镑)(见注释 24 第(2)条)。

预期执行时间现金流量分析，见表8-39。

表8-39 预期执行时间现金流量分析 （单位：千英镑）

	总计		
	提前退休成本	其他	总计
一年以内	1 848	315	2 163
一年到五年	1 458	—	1 458
五年以上	207	—	207
2011年3月31日结余	3 513	315	3 828

(1)提前退休成本

对于提前退休的公务员而言，部门和其办事处要为他们支付正常公务员基本养老金计划的额外成本，也就是要为他们在提前退休日期和正常退休日期之间每年要向公务员基本养老金计划支付的养老金，一旦以预估值为基准设立备付金，就使提前退休计划具有约束力，这就意味着政府部门需支付预估款项。备付金一直没有减少，因为基本上没有太大变化。

(2)其他

皇家公园的报表中还有用于损害赔偿的备付金，额度为31.5万英镑(2010年为26.8万英镑，2009年为20.9万英镑)。

25. 报告关键业务

按照《国际财务报告准则》第8条的规定，文化、媒体和体育部需要确定运营业务，并对其运行情况进行报告。运营业务的确定是以首席运营决策者定期进行审查的内部报告为基础。内部报告审查是为了对运营业务进行资源分配，并对其效能进行评估。文化、媒体和体育部认为，执行委员会可以扮演“首席运营决策者”的角色。每月，执行委员会都召开会议，对绩效和资源分配进行审查，并对关键业务做出决策。2010—2011年度，独立委员负责委员会支出，并将各类支出汇总后向委员会报告。委员会认为文化、媒体和体育部有两个运营业务：文化、媒体和体育以及奥运会。

这两个运营业务的绩效分析，见表8-40。

表8-40 经营业务绩效分析 （单位：千英镑）

	2010—2011年度	2009—2010年度
文化、媒体和体育	4 724 041	4 677 958
奥运会	329 377	246 859
净资源结算	5 053 418	4 924 817

26. 资本承付款

资本承付款分析，见表 8-41。

表 8-41　资本承付款分析　（单位：千英镑）

	2011 年 3 月 31 日总计	2010 年 3 月 31 日总计
2011 年 3 月 31 日合同规定的资本承付款未包含在这些财务报表中		
文化、媒体和体育部财产、工厂和设备	162	371
皇家公园财产、工厂和设备	849	217
	1 011	588

27. 租赁承付款

(1) 经营租赁

经营租赁的未来最低租赁总金额，具体见表 8-42。

表 8-42　经营租赁的最低租赁额　（单位：千英镑）

	2010—2011 年度总计	2009—2010 年度总计
经营租赁的构成：		
土地和建筑物：		
租赁期在一年以内	6 672	6 817
租赁期在一年至五年	20 675	21 832
租赁期在五年以上	7 078	9 442
	34 425	38 091
其他：		
租赁期在一年以内	81	108
租赁期在一年至五年	92	52
租赁期在五年以上	—	—
	173	160

在租约中，土地与建筑密不可分。
出租人的租赁和出租安排的相关描述见注释 13 第(2)条。

(2) 融资租赁

文化、媒体和体育部没有重要的融资租赁。

28. 私人融资计划合同承付款

文化、媒体和体育部没有需要报告的承付款。

29. 其他财务承付款

文化、媒体和体育部没有需要报告的承付款。

30. 财务担保、赔偿以及同意协助书

根据《国际会计准则》第37条的规定，不需要公开或有负债，但议会报告和责任制要求对其进行说明，具体如下。

(1)可量化

文化、媒体和体育部通过提供担保、赔偿或是同意协助书获得的可量化或有负债，见表8-43。按照《国际会计准则》第37条的规定，这些都不是或有负债。因为在结算过程中，经济效益转移的可能性不大。因此，只能按照《国际会计准则》第39条的规定进行测量。

公共资金管理要求将合同中涉及的全部潜在成本上报议会，具体数据见表8-43。

表8-43　可量化或有负债　　(单位：百万英镑)

	2010年4月1日	年增长额	年度负债	到期债务	2011年3月31日	通过部门会议记录呈报给议会的金额
保证金						
借给皇家历史宫殿的设施	4.0	—	—	—	4.0	—
赔偿金						
政府赔偿金计划	5 427.4	6 075.8	—	7 595.0	3 908.2	3 908.2
借给政府艺术收藏委员会的艺术品	1.9	—	—	—	1.9	1.9
从皇室典藏借出的艺术品	257.5	—	—	29.8	227.7	227.7
总计	5 690.8	6 075.8	—	7 624.8	4 141.8	4 137.8

2011年3月31日，文化、媒体和体育部宣布，每年上报给财政部关于其赞助的相关机构的或有负债为41.378亿英镑(2010年为56.868亿英镑)。这包括根据政府的赔偿计划应承担的法定负债为39.082亿英镑(2010年为54.274亿英镑)。当展览越来越多，或为了研究或者展览而需要长期贷款时，这一计划有效地保护了博物馆、美术馆和其他机构的私人贷款者；负责赔偿皇家收藏的艺术品中借出的艺术品的非法定负债为2.277亿英镑(2010年为2.575亿英镑)；借给政府艺术收藏委员会的艺术品价值为190万英镑(2010年为190万英镑)。这些赔偿方案中的负债受借出的艺术品数量和价值的影响，每年都会变化。今年数额较低，因为皇家学院举办的凡·高艺术展已经关闭。

政府赔偿方案不包括借给苏格兰博物馆和威尔士博物馆的贷款，这些贷款分别以苏格兰和威尔士部长的名义对其进行补偿。

(2) 不可量化

文化、媒体和体育部通过提供担保、赔偿或是同意协助书获得的不可量化的或有负债如下。因为在结算过程中，经济效益转移的可能性很小，根据《国际会计准则》第 37 条的规定，这些都不是或有负债。

1) 非法定

如果灌木公园的临时通行权撤销，那么就要支付不可量化的赔偿金。

皇家军械库和英国水道局签订了一份关于利兹皇家军械博物馆的地址问题的赔偿契约。

文化、媒体和体育部与英格兰体育理事会各自给银行一笔赔款，作为某些特定情况下英国体育场项目的安全信托基金。

有一笔赔偿金专门用作皇家公园之前的警备人员可能提出的索赔。

2) 奥运会和残奥会

英国政府向国际奥林匹克委员会做出承诺，如果奥运会的成本和收入之间出现赤字现象，那么，英国政府将作为最终的经济担保人，也包括对伦敦奥组委的预算缺口提供担保。

2007 年 3 月，公共部门经费筹集计划筹资 93.25 亿英镑，主要为伦敦奥运交付管理局建设所需的奥运会和残奥会基础设施和场馆，以及提供安保工作。公共部门经费筹集计划的应急经费超过 20 亿英镑。

为应对国家整体预算赤字，奥运交付管理局的预算将减少 2 700 万英镑，这项决定已通过并在 2010 年 5 月公布，这意味着奥运会整体资助计划减少至 92.98 亿英镑。

随后，2010 年 10 月 20 日公布的政府支出审查中，确定资助额度为 92.98 亿英镑，包括为奥运会交叉项目准备的 5 亿英镑应急支出。这笔经费也要应对可能出现的任何重大变化。

2011 年 4 月 1 日起，将对经费筹集计划进行重新调配，增加关于运营要求的备付金，这也反映了从建设到运营交付的转变。

2010—2011 年度，奥运会项目整体上取得了良好的进展。截至 2011 年 3 月 31 日，已经支出 55.9 亿英镑。奥运交付管理局支出 51 亿英镑，预估的最终成本为 72.66 亿英镑，现在，83%的场馆和基础设施已建成。奥运交付管理局可以在预算之内按时完成任务。

2011 年 2 月，奥运执行委员会在 2012 年伦敦奥运会及残奥会年度报告中，对公共部门整体资金计划的最新情况进行介绍，每季度更新一次，详细信息可登录文化、媒体和体育部的网站：http://www.culture.gov.uk/publications/7800.aspx 。

3) 数字转换

2007 年 5 月 4 日，向议会提交了数字转换援助计划。

《数字转换援助计划协议(修订版)》(Cm7523)附件 1 第一段指出："如果项目成本超过 6.03 亿英镑，那么超出部分将不由英国广播公司的节目、服务或其他资源支付。"如果需要或预期需要，将在适当的时间确定实现这一目标的精准机制，然而这项计划即将结束，因此，不太可能出现超支情况。2011 年 6 月发布的更新协议中指出，"如果计划支出预计低于 6.03 亿英镑的预算，国务大臣将和英国广播公司协商后决定如何处理支出不足的部分”。关于如何使用潜在支出不足的任何决定都未征得政府同意，所以，在与英国广播公司协商前需要做出相关决定。

4)橄榄球世界杯

2009年7月，国际橄榄球理事会宣布，橄榄球联盟已经成功申办在英格兰举办2015年橄榄球世界杯赛事。关于2015年橄榄球世界杯比赛的8 000万英镑费用，文化、媒体和体育部同意最多支付2 500万英镑，但前提是资金缺口超过200万英镑。

5)大英图书馆报纸数字化项目

大英图书馆对档案馆数百万资料进行数字化，商业合作伙伴将会承担数字化的费用，以此获取数字化商业开发的权利。

供应商在与图书馆签订的合同中做出承诺，在进行数字化利用的过程中，不会侵犯版权，或产生任何可能的诽谤行为，并承诺承担大英图书馆因此类索赔产生的责任，所承担的费用(除了为此辩护的花费)达到500万英镑。

如果期间出现类似的索赔，文化、媒体和体育部已同意承担所有额外责任。超过500万英镑的索赔是极不可能的，但如果要承担责任，任何支付的赔偿金将按照正常供应程序进行赔付。

6)英国设计协会

从2011年4月1日起，文化、媒体和体育部同意为建筑与建筑环境委员会转到设计协会的20名员工提供担保，2013年9月截止。这可能会导致向社区和地方政府支付高达60万英镑的冗余成本。

7)银禧花园

文化、媒体和体育部打算为英格兰艺术委员会和南岸中心有限公司提供一笔补助金，以偿还Shirayama Shokusan有限公司对郡政厅的某些债务。这笔补助金将用于支付Shirayama Shokusan有限公司在对新银禧花园进行改造的过程中产生的所有费用，Shirayama Shokusan有限公司应该利用其在花园地下的地皮租约建造地下停车场。

Shirayama Shokusan有限公司需要一笔资金对花园进行改造，成本约200万英镑，没有时间限制，被要求赔偿的风险很低，因为目前还没有计划建设这样一个停车场，因此获得规划许可的可能性很小。

31.《国际会计准则》第37条关于公开或有负债的规定

(1)文化、媒体和体育部

文化、媒体和体育部向伦敦奥组委拨款2 500万英镑，用于租用奥运村。这笔拨款将在2012—2013年度到账。为了获得这笔拨款，伦敦奥组委必须达到一定的资格标准。

(2)皇家公园

皇家公园有许多未处理的关于人身伤害的赔偿要求。如果有一定数量的备付金，那么问题就可能得到解决；如果没有备付金，那么问题就无法解决，或者解决不彻底。

32. 或有资产

截至 2011 年 3 月 31 日，没有或有资产。

33. 损失和专项支付

(1) 损益表

损益情况分析，见表 8-44。

表 8-44 损益表 （单位：千英镑）

	2010—2011 年度	2009—2010 年度
共有 8 例（2010 年 9 例）	275	1 331
没有超过 25 万英镑的情况（ 2010 年 1 例）	—	—

(2) 专项支付

有少量不重要的专项支付，已经包含在注释 33 第(1)点的损益表中。

34. 关联交易

文化、媒体和体育部以及皇家公园持有利益登记表，如有要求，需提供查阅服务。

文化、媒体和体育部是皇家公园的上级部门，支持“管理评论”中列出的所有机构，负责英格兰艺术委员会、大彩票基金、国家遗产纪念基金会(包括文化遗产彩票基金)、奥运会彩票经销处、英格兰体育理事会、英国体育局、英国电影委员会(UK Film Council)等彩票资助机构。这些机构被视为关联方，其中一部分受国库资助。

这些机构是文化、媒体和体育部的关联方，在本年度与文化、媒体和体育部有各种重要的贸易往来。

另外，文化、媒体和体育部与其他政府部门以及其他中央政府机构也有重要的贸易往来。注释 14 对此进行了解释说明。

被授予大英帝国司令勋章的安·格林曾在本年度担任非执行委员，她是皇家军械库(行政性非政府部门公共机构)的主席。本年度，皇家军械库从文化、媒体和体育部获取 840 万英镑资助。

本年度，文化、媒体和体育部与自筹经费公营公司，如英国第四台没有重要贸易往来，这些公营公司也是关联方，因为国务大臣有任命其委员会成员的权利。

皇家公园基金会是一个关联方，是皇家公园为了方便工作开展而创立的注册慈善机构。皇家公园与皇家房地产公司以及皇家公园基金会有各种重要贸易往来。2011 年 6 月 3 日公司成立时，皇家公园非执行董事霍·阿普夫·巴格利(Hon Apurv Bagri)和安德鲁·芬威克(Andrew Fenwick)成为基金会的受托人，芬威克成为皇家公园基金会贸易有限公司的董事之一，这是基金会的全资子公司。本年度，为应对国家总体预算削减的挑战，皇家公园要求皇家公园基金会负责新希望教育中心的工作，并负责海德公园和肯辛顿花园的教育项目，双方就签订 20 年授权协议进行了谈判，皇家公园基金会可以选择以极低的租金延期 5 年。基于谈判的进展以及双方订立协议的意愿，皇家公园开始建设新希望教育中心大楼。根据协议，基金会未来向学校和公众提交教育和社区参与计划，将为教育中心组建一支教育志愿者队伍。预计英国皇家公园将提供一笔小额的运行费用补贴。

基金会增加了现有的限制储备金，承诺增加至 134.2 万英镑，包含 92.1 万英镑的教育中心发展基金。今年，皇家公园收到基金会的 1 万英镑资助（2009—2010 年度为 65.7 万英镑，2008—2009 年度为 4.4 万英镑）。

伦敦 2012 有限公司曾经也是一个关联方，因为前国务大臣曾是公司的成员。成立伦敦 2012 有限公司（担保有限公司）是为了组织英国申办 2012 年奥运会和残奥会的相关工作。实现这一目标后，公司于 2010 年 4 月 27 日停止运营。

负责奥运会、残奥会的伦敦奥组委有限公司是一个关联方，国务大臣是公司的成员。

奥林匹克公园遗产有限公司成立于 2009 年 5 月 8 日，是一个非营利担保有限公司。其目的是计划、开发和维护奥林匹克公园以及 2012 年伦敦奥运会后使用的设施。2011 年 3 月 31 日，董事会的政府成员是社区与地方政府大臣以及文化、奥运、媒体和体育大臣。

国家彩票发行基金和奥运彩票发行基金都受国务大臣监管和管理。它们都是文化、媒体和体育部的关联方。今年，文化、媒体和体育部许多员工都参与了国家彩票发行基金和奥运彩票发行基金的相关活动，还调用了文化、媒体和体育部旗下的资产。文化、媒体和体育部对提供的资金支持进行重新调配。

此外，今年文化、媒体和体育部还与其他关联方有各种重要贸易往来，具体见表 8-45。

表 8-45　文化、媒体和体育部与关联方贸易往来　（单位：千英镑）

关联方	贸易往来性质	2010—2011 年度收入	2010—2011 年度支出	关系
内阁办公厅	议会法律顾问和其他相关活动	86	67	中央政府部门
环境、食品和农村事务部	共同开展研究	—	20	中央政府部门

亚历克西斯·克利夫兰（Alexis Cleveland）被任命为非执行委员，任期为 2009 年 5 月到 2010 年 12 月 31 日。她是内阁办公厅总主任以及环境、食品和农村事务部非执行委员。

今年没有大臣、委员会成员、大客户经理或是相关关联方与文化、媒体和体育部开展任何重要贸易往来。

今年年初，内阁办公厅负责伦敦奥运会的大臣以及财政部的主计长是泰萨·乔维尔（Tessa Jowell），负责整个奥运项目的全面实施。她是奥林匹克委员会的成员，任命了奥运交付管理局委员会成员和 1 名伦敦奥组委的委员会成员。

35. 第三方资产

今年，文化、媒体和体育部代表英国广播公司在收取电视授权费时设立了政府银行服务账户。收取的费用与文化、媒体和体育部的现金分开管理，收取的费用要转入统一基金账户。如果英国广播公司开通政府银行服务账户，那么授权费会经过他们的账户，文化、媒体和体育部不再负责收取和上缴许可证费用。2010—2011 年度，共收取 310 万英镑电视许可费。详细信息可以在英国广播公司单独设立的电视许可费用信托基金的报表中进行查阅。

文化、媒体和体育部没有《政府财务报告手册》中定义的第三方资产。

36. 部门管辖范围内的实体机构

文化、媒体和体育部管辖范围内的实体机构详见注释 1 第(2)条。皇家公园的年度报告和报表是分开公布的。咨询类非政府部门公共机构没有设立单独的报表。

37. 2009—2010 年度调整

2009—2010 年度，皇家公园报表调整情况，见表 8-46。

表 8-46　2009—2010 年度皇家公园报表调整　　（单位：千英镑）

	普通基金	重估价准备	捐赠资产准备
2010 年 3 月 31 日纳税人股值	49 327	17 387	8 999
调整：			
捐赠遗产资产			2 000
英国广播公司许可费收入	—	—	—
	—	—	—
2010 年 4 月 1 日纳税人股值	49 327	17 387	10 999
2009—2010 年度净营业成本			1 903 584
调整：			
英国广播公司许可费收入			3 021 175
资本成本			(1 395)
2009—2010 年度净营业成本			4 923 364

捐赠的资产与 2009—2010 年度皇家公园报表一致。皇家公园的报表在 2009 年 4 月 1 日将其记录成附加固定资产，并且从那时起它的价值没有变化。对于英国广播公司许可费收入的改变，应收款项及应付款项在 2010 年 3 月 31 日调整为 795.4 万英镑，2009 年 4 月 1 日调整为 214.3 万英镑，这对净资产或纳税人的责任没有影响。改变资本成本的核算方式对净资产也没有影响。

38. 资产负债表日后的大事记

在议会批准财务报表之日，即主计大臣签署审核意见的那一天起，发生的重大事件主要包括以下几件。

(1) 出售赛马博彩管理局

2011 年 6 月 3 日，政府宣布已签订具有约束力的协议，决定将赛马博彩管理局出售给 Betfred 公司，总交易值为2.65亿英镑。由1.5亿英镑的首期付款和延期付款构成，包括应计利息1.15亿英镑。

扣除债务和养老金后，Betfred公司需要支付给政府的资产净值超过1.8亿英镑。纳税人和赛马将平分这笔资金，因而每方能获得9 000万英镑净收益。赛马的份额使用将遵循国家援助的规定。此外，截至2012年3月，Betfred公司为赛马提供商业资金1 100万英镑，预计在接下来的6年中，每年会提供900万英镑的资助。

作为销售过程的一部分，Betfred公司将享有7年独家营业许可，可以在英国所有赛马场进行经营投注，其中一个条件是要求为国内每个获批赛马场提供投注。

Betfred公司向政府做出了有关赛马行业和职工的多项承诺，包括不出售投注业务，即使赛马博彩管理局的部分业务向海外发展，也要继续支付赛马税款，直到政府当前外包咨询工作结束，相关问题已经得到解决。Betfred公司还公开承诺建立赛马发展委员会，协助进行投注经营，促进更广泛的合作。英国所有的赛马场中仍然可以看到赛马博彩管理局的品牌标志。

必须通过与员工适当协商来完成交易，预计2011年7月底完成。将尽早向议会公开相关信息。

(2)公共部门机构的变化

1)英国电影委员会和英国电影协会

2011年4月1日起，英国电影协会成为英国电影的引领机构。英国电影委员会的大部分核心功能已经转移给英国电影协会，包括英国电影的开发和创作过程中国家彩票资金的分配，通过支持电影发行和影响吸引更多观众。

英国电影协会还负责接管英国电影的认证(允许英国电影制片人享受减税)，电影教育；对英语地区电影支持进行监管；与发达国家的国家影视机构进行联系；为技能小组协会提供资金；支持黎明传媒和英国媒体的发展。

对英国电影协会的监管责任，已由英国电影委员会移交到文化、媒体和体育部。

2011年4月1日起，英国电影委员会鼓励对内投资的功能，电影伦敦与华纳兄弟、松林制片厂、创作协会、英国影视协会以及其他机构建立了公共/私人伙伴关系，共同推进英国电影的发展。

2011—2012年度，英国电影委员会将被撤销。

2)博物馆、图书馆和档案馆理事会(Museums Libraries and Archives council，MLAC)

经过一段时间协商后，同意在2011—2012年度撤销博物馆、图书馆和档案馆理事会，具体工作正在推进中，其专业技能和核心责任将于2011—2012年度移交给英格兰艺术委员会。

3)建筑与建筑环境委员会

2010年10月20日，作为综合支出审查的一部分，文化、媒体和体育部决定撤回对建筑与建筑环境委员会的资助。按照之前与政府的协议，设计委员会和建筑与建筑环境委员会同意从2011年4月1日起将关键设计活动进行合并。

2011—2012年度，建筑与建筑环境委员会将被撤销。

作为皇家特许的慈善机构，设计协会的名称和地位将不会受到影响。从2011年4月1日起，按照公共机构审查的规定，该组织将不再是非政府部门公共机构。

4)其他修改建议

关于提议合并国家彩票委员会和博彩委员会的工作正在进行，同时也在考虑英国体育和英格兰体育的合并计划。2010年10月宣布，正在将公共出借版税权功能转交由另一个公共机构负责，将非政府部门公共机构的公共出借版税权废除。正在制定法律，以拓展足球事务管理局的职责范围，并将其更名为体育场安全管理局(Sports Ground Safety Authority)。

(3)委员会变化

自 2011 年 4 月 4 日起，执行委员会的成员如下：乔纳森·斯蒂芬森(常务书记)、海伦·麦克纳马拉(Helen MacNamara)、克莱尔·皮尔曼(Clare Pillman)、西蒙·贾基(Simon Judge)、乔恩·泽夫(Jon Zeff)、杰里米·比顿(Jeremy Beeton)、大卫·布鲁克(David Brooker)。

(4)从商业、创新和技能部移交给文化、媒体和体育部的职能

2010 年 12 月 21 日，首相宣布："……所有涉及媒体、广播、数字和电信部门的竞争和政策问题的责任将立即移交到文化、媒体和体育大臣手中。"1 月 18 日，他宣布，从商业、创新和技能部移交到文化、媒体和体育部的具体责任是"与媒体、广播、数字和电信行业相关的竞争和政策问题"。

2011 年的职能移交令(媒体和电信等)于 2011 年 4 月 13 日开始执行，将商业、创新和技能部的原有职能(包括财产、权利和责任的转让)移交给文化、媒体和体育部。

2011—2012 年度职能移交带来的项目收入预计将增加 6850 万英镑。项目支出估计将增加 1.057 亿英镑，政府支出将增加 340 万英镑。

(5)英国电信养老金

1984 年，当英国电信私有化时，政府给予私有化公司一定程度的债务保证(《1984 年电信法》有相关规定)。根据《1984 年电信法》第 64 条的规定，皇室担保要对在私有化期间属于电信养老金计划的人群负有养老金责任，作为 2011 年 4 月 13 日生效的职能转交令的一部分，已从商业、创新和技能部转移给了文化、媒体和体育部。

(6)伦敦奥组委的重新分类

2011 年 4 月，国家统计办公室(Office for National Statistics，ONS)将负责奥运会、残奥会的伦敦奥组委归类为公营公司。这个决定可以追溯至 2008 年 4 月 1 日，从那时起奥组委就成了由文化、媒体和体育部赞助的公营公司。之前，伦敦奥组委被归为中央政府机构。

(7)利比亚行动中艺术品损失

2011 年 5 月 1 日，在的黎波里给英国大使官邸(不是大使馆)造成的损失中，政府艺术收藏委员会的许多艺术作品遭到了破坏，损失的资产价值预计达 13.1 万英镑。

(8)皇家公园的奥运会现场直播

奥运会主办城市合约要求进行现场直播。已经与 Live Nation 公司签订协议，要为其提供便利，如果违约，将确认皇家公园与第三方签订的合同(如与艺术家的合同)有关的潜在责任。

对本报告有任何疑问，请联系英国文化、媒体和体育部，通信地址为：伦敦科克斯普尔街 2-4，邮编：SW1Y 5DN。

本报告下载网址：www.official-documents.gov.uk

本报告发布网址：www.culture.gov.uk

ISBN：978 0 10 297292 4

印刷：英国，文仪办公室

谨代表女王陛下文仪办公室主任

ID 2443156 07/11 19585 12363

印刷用纸至少含有 75%再生纤维。

英国 2011 年创意产业统计报告

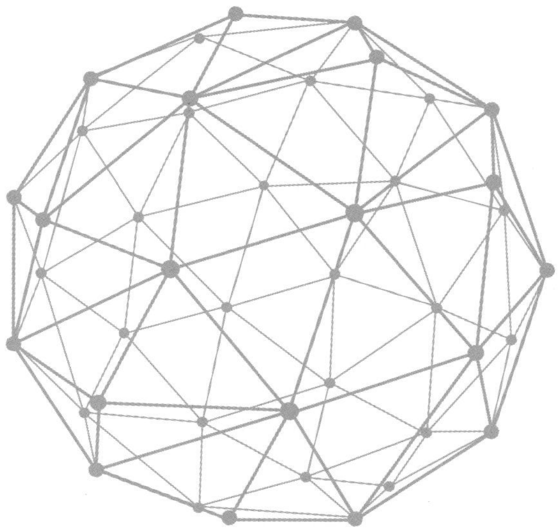

* 文件由文化、媒体和体育部发布于 2011 年 12 月 8 日。

1. “实验统计”和未来贡献

今年是第二年采用标准产业分类对创意产业进行评估。去年，因为是第一年使用评估方法，还在完善中，因此，去年的数据发布被称为“实验统计”。今年是运用此方法的第二年，其核心理论并没有改变(其他改变之处参见第一章第三节)，所以“实验统计”这一名称也就此停用。

然而，本报告使用的评估方法会定期评审，如果您愿意提出意见，请联系我们，邮箱：CIEEBulletin@ culture.gsi.gov.uk。

2. 注意事项

去年，统计报告中开始修正适用范围和方法论(参见第一章第三节)，所以无法将统计报告的结果和先前公布的数据进行比较。本报告已尽可能重新计算了前几年的评估数据，所以，可以根据本报告的结果来完成时间序列的比较。

和 2010 年公布的数据相比较，今年的数据有 2 个重大转变：一是，2007 年标准行业分类代码删除了软件/电子出版领域的代码 62. 01 和 62. 01/1；二是，先前总增加值评估运用的比例因子有所下降(参见第一章第三节)。这些变化导致总增加值评估值大幅度下降，但是也使本报告发布的评估数据更加精确地展现了创意产业的发展状况。

目　　录

重 要 发 现

1. 对经济的贡献——总增加值

①2009 年，创意产业的总增加值占英国总增加值的 2.89%；

②与英国所有的总增加值相比较，创意产业的总增加值增长了 0.07%（相比 2008 年的 2.82%），但是按绝对价值计算，总增加值相对于 2008 年有所下降（从 366 亿英镑下降到 363 亿英镑）；

③出版业占据英国总增加值的最大份额，2009 年时高达 0.92%。

2. 服务出口

①2009 年，创意产业出口额占英国出口总额的 10.6%；

②出版业和广播电视业出口额占服务业出口总额的比例最大（分别占英国出口总额的 3.1%和 2.6%）。

3. 就业

①在创意产业或者其他产业的创新部门工作的人数达 150 万（占英国就业总人数的 5.14%），与 2008 年相比（144 万人就业，占英国就业总人数的 4.99%），只有微小的增长；

②创意产业中音乐、视觉和表演艺术行业雇员人数最多，于 2009 年雇佣了 30 万人（占英国就业总人数的 1%）。

4. 企业数量

①2011 年有 106 700 家创意企业（占英国企业总量的 5.13%）以及 108 820 家创意企业地方经营单位（占英国企业总量的 4.27%）；

②与 2009 年相比，不管是创意企业所占比例（4.9%~5.1%），还是创意企业地方经营单位所占比例（4.2%~4.3%），都有所提升；

③音乐、视觉和表演艺术行业的企业数量最多（2011 年企业占比 1.46%，地方经营单位占比 1.21%）。

5. 完整结果

（见第三章）

一、引　　言

(一)创意产业的定义和评估

1. 创意产业的定义

2001年,《创意产业纲领文件》(*Creative Industries Mapping Document*)将创意产业定义为“源于个人创造力、技能和才华,通过产生和利用经济属性创造财富和就业机会的有潜力的行业”,包括:

① 广告;

② 建筑;

③ 艺术品和古董;

④ 工艺;

⑤ 设计;

⑥ 时尚设计;

⑦ 视频、电影和摄影;

⑧ 互动休闲软件;

⑨ 音乐;

⑩ 表演艺术;

⑪ 出版;

⑫软件及计算机服务*;

⑬广播和电视。

2. 评估内容及数据来源

根据《创意产业纲领文件》对创意产业所作的定义,评估创意产业对经济的贡献,包括4个方面:

①总增加值——参见下文的解释;

②就业;

* 本报告中对这些产业的定义有所变动(参见本章第三部分)。

③企业数量；

④出口。

本报告既从整体的创意产业来评估这些方面的数据，又对上面列出的行业分别进行数据评估。

所有评估数据都来自英国国家统计局(Office of National Statistics，ONS)，包括：

①年度商业调查(Annual Business Survey，ABS)；

②国际服务贸易(International Trade in Services，ITIS)；

③年度人口普查(Annual Population Survey，APS)；

④跨部门商务注册(Inter-Departmental Business Survey，IDBR)。

3. 评估原因

2001年《创意产业纲领文件》中提出，要考虑如何统计更及时、连贯的创意产业活动数据，要完成这一系列工作，需要对官方数据源不断进行开发。对于许多为创意产业制定政策、支持其发展，或者在该行业工作的人来说，本报告中的数据是他们重要的信息来源。这些数据是这个领域唯一可用的数据源之一，是由我们与几个创意产业组织紧密合作得出的。这些创意产业组织包括：英国国家科学、科技和艺术资助协会(NESTA)；技能小组(Skillset)；英国电子技能组织(E-skills)；创意文化技能协会(Creative and Cultural Skills，CCS)。

4. 总增加值

总增加值代表个体企业、行业或部门为经济做出的贡献。广义上说，总增加值是通过企业、行业或部门产生的收入减去为了获得产出而消费使用的商品和服务来进行评估的。

因此，总增加值是官方统计中用于评估产业对经济的贡献所使用的标准方法，并可以进行跨部门/行业比较。其计算方法如下：

总增加值+产品税-产品补贴=国内生产总值

所以，国内生产总值(Gross Domestic Product，GDP)和总增加值密切相关，通过税收和补贴，总增加值可以更准确地评估创意产业对经济的贡献。

更多关于总增加值的信息，可以访问国家统计局的网站。

(二)标准产业分类和标准职业分类

1. 标准产业分类定义

英国标准产业分类(Standard Industrial Classifications，SIC)是对企业参与的活动类型进行归类，提供了一个收集和展示企业数据的框架。更重要的是，英国标准产业分类与欧盟统计局(Statistical Office of the European Communities, Eurostat）的国家电子顾问委员会（National Advisory Committee on Electronics, NACE）提出的4级分类类似。这意味着，整个欧洲的企业数据分类是一致的，不同的国家数据可以进行比较。

标准产业分类通过分级的方式对企业进行分类，开始是非常基础的（1级）水平，然后，越来越详细地分级，直到细化至5级水平。然而，即使这种细化的级别，也不可能使每个行业都有代码（有些代码分类实在是太细了），所以，有些行业可能与其他的行业一起构成一个类别。有关标准产业分类（和标准职业分类）代码的信息可以在国家统计局网站上获得。

2. 标准产业分类代码更新

2008年1月，标准产业分类代码从2003年版更新至2007年版。代码列表中删除了一些旧代码，因为行业不再相关；增添了一些新代码，因为有新的行业出现；还有一些代码被更改、分解或与其他代码合并。有关标准产业分类代码更新的更多信息，可以在国家统计局网站上获得。

前年，更新的2007年标准产业分类代码已经应用于国家统计局的多个数据集，包括本报告评估使用的所有数据集。然而，所有的数据集并不是在一年更新的，本报告使用的数据是国家统计局公布的最新数据。

3. 标准职业分类定义

标准职业分类（Standard Occupational Classifications, SOC）是一种根据工作类型对个人职业进行的分类。和标准产业分类一样，它提供了一个框架，可以为重要调查，比如劳动力调查收集数据。最近更新标准职业分类是在2000年，并将马上进行再次更新。

和标准产业分类一样，标准职业分类代码先将职业归类到一个非常基础的（1级）水平，然后进行越来越详细的分类，直到细化至4级水平。

（三）2010年统计方法的修订

1. 创意产业的标准产业分类代码和标准职业分类代码的修订

对创意产业的标准产业分类代码的修订是经过协商的。通过公布最新数据后收到的反馈表、与主要合作伙伴的商讨、政府部门的内部协商和对数据的进一步研究，整个协商过程才得以完成。其修订内容如下。

①从软件/电子出版业中删除以下标准产业分类代码：

○ 62.02——计算机咨询活动；

○ 62.01/2——商业和国内软件开发。

②将以下标准产业分类代码增加到出版业：

○ 18.11——报纸印刷；

○ 18.13——印前和多媒体前处理服务。

标准产业分类代码 62.02 和 62.01/2 已被删去，相较于创意软件，这些行业与商业软件的关系更为紧密。有关标准产业分类代码的信息仍然可以通过国家统计局网站获得(参见附录 E)。

2. 总增加值比例因子的下降

近年来，比例因子被应用于年度商业调查的总增加值中。因为年度商业调查不能涵盖整个英国的经济状况，比例因子则涉及将近英国经济的 2/3。比例因子的应用要根据数据的覆盖范围做出调整，在按照英国总增加值评估创意产业总增加值时，它可以为数据使用者提供帮助。然而，随着时间的推移，当年度商业调查几乎可以涵盖全部创意产业时，这种调整就越来越没必要。所以，比例因子将从今年的计算中删除。

比例因子为 1.3，将其删除会降低约 30% 总增加值估量值。所以，重要的是，不要将本报告的结果和先前相比较。本报告采用的新时间系列使以后年年可以做比较。

3. 使用年度人口普查数据评估创意产业

此前的报告使用了劳动力调查(Labour Force Survey，LFS)的夏季调查数据，来评估创意就业。本报告将采取年度人口普查数据。年度人口普查和劳动力调查密切相关，劳动力调查是季度调查，年度人口普查则是 4 个季度的劳动力调查整合形成年度调查。年度人口普查不像劳动力调查那么及时，但是它包含了一整年的数据，样本量也更加庞大。庞大的样本量给创意就业评估带来了额外的“生机”，同时，由于涉及整年数据，收集的数据用于年度分析，而非季度分析。

4. 创意产业就业评估

在本报告中，创意产业的就业数据被分成 2 类：一类包含创造性岗位；一类不包含创造性岗位(被称为“支援”员工)。

创意产业外的创造性岗位就业数据仍然在评估。参见“方法论”章节，以及附录 B 中有关零散就业的数据。

5. 比例

某些运用于标准产业分类代码的比例(参见“创意产业的定义”)已经通过审查，并得到修订。修订工作是通过进一步检查英国跨部门商务注册的原始数据完成的。

6. 时间序列

由于上述修订工作，本报告采用的评估值无法和先前报告的评估值相比较。本报告已按照修订标准重新计算了前几年的数据，以获得连续的数据序列。需要指出的是，当2007年标准产业分类代码运用于之前的数据源时，其应用的范围是有限制的。

7. 修订的影响

标准产业分类代码62.02和62.01/1的删除以及比例因子的下降，意味着本报告中的总增加值评估值远低于前几年。但是，这些变化使本报告的评估数据能够更加准确地展现现代英国创意产业的整体情况。

8. 数据解读

所有读者都应该明白：

①所有的数据都是估算值，因为标准产类分类和标准职业分类代码使用的数据源并不总是完美地映射到我们感兴趣的创意产业领域。在附录A中，尝试将数据映射到这些行业。

②标准产业分类代码的更新以及本报告中运用的不同的统计方法意味着，这些评估数据不应和以前的创意产业数据公报(2010年12月)相比较。在本报告中，对早年数据进行了重新计算，得出数据序列。本报告纯粹是使用最新可用数据得出的对创意产业的简单印象。

③数字产业和创意产业有相当大的重叠区，因此，任何数字产业的评估数据都不应该与创意产业的评估数据比较或合并。相似地，如果评估时包括其他数字产业(例如电信)，将大大增大得出的数据。本报告努力改善了数字产业的评估方法，保证其与创意产业的一致性。

④尽量将国家统计局的数据源作为评估的基础，以确保部门之间的一致性和相容性。对于国家统计局无法提供的数据，由于其他研究使用的是可能没有经过相同质量检测的数据，因此，这些评估数据和一些可能包括这些评估的数据，可能无法和国家统计局提供的数据一样准确。

⑤除了企业的数量之外，其他数据来源于抽样调查。因此，这些数据可能会受到抽样误差的影响，特别是当样本规模比详细分类小的时候。

⑥由于数据源中使用的是标准产业分类代码，有必要把“音乐”和“表演艺术”结合起来进行评估。数据还在进一步分离中。

⑦由于需要一个单独的“电子游戏”类别，因此将之前使用的“软件、电子游戏和电子出版”类别划分为两个小类。其中，现在的“数字和娱乐媒体”与电子游戏行业非常相似，尽管其中一定比例的企业是属于其他数字媒体的，但目前无法将该类别进行进一步划分。

二、方 法 论

1. 创意产业的定义

创意产业是使用标准产业分类代码的产业。这些代码在前文已有详述。最符合创意产业定义的代码(来自纲领文件)已被挑选出来，这些代码得出的数据用于产业评估。本报告的完整代码表参见附录 A。

在某些领域，标准产业分类代码并不直接和创意产业相对应。通常，因为代码包含标准产业分类代码中的非创意成分(例如，标准产业分类代码的“时尚设计”包含“制衣”)或者其他非创意产业成分(例如，标准产业分类代码的“照相活动”包含“护照、照片”之类的成分)。标准产业分类中运用了比例，这样，可以仅包含创意成分，详情见附录 A。

来自跨部门商务注册的数据以及年度人口普查的数据只出现在 4 级标准产业分类表格中。5 级标准产业分类代码可以对应创意领域，其数据只能在 4 级标准产业分类中获得。所以，应用 4 级标准产业分类代码数据的比例估算 5 级标准产业分类代码的数据。这些比例参见附录 A。

尽管运用了上述比例，但仍然要记住，只有当使用的数据源(即标准产业分类代码)并不能很好地符合创意产业的定义时，得出的数据才是估算值。

2. 总增加值评估

创意产业的总增加值数据来源于年度商业调查，而且在需要的情况下会使用比例进行评估。在某些情况下，披露问题数据是有限制的。2007 年标准产业分类代码得出的总增加值数据是通过不同的年份或者使用 4 级标准产业分类代码数据来评估的。要想估算各个领域的总增加值以及整个创意产业的比例，整个英国总增加值的数据就要来源于国家统计局的《国民经济核算蓝皮书》。

3. 服务出口

创意产业的出口数据来源于国际服务贸易数据源。有关创意产业的数据进行了汇总，比例也得以合理应用。为了评估英国各个领域出口以及整个创意产业的比例，英国出口的全部数据来源于国际服务贸易。

4. 就业

就业的相关数据来源于年度人口普查。这项调查为受访者收集了2007年标准产业分类以及2000年标准职业分类代码，可以对以下群体进行评估：

①从事创造性工作或者在创意产业工作的人员；

②在创意产业从事非创造性工作的人员（“支援”员工，见前文）；

③不在创意产业工作却从事创造性工作的人员。

虚拟变量的产生就是来定义受访者是否有份创造性工作，以及他们是否在创意产业工作。那么，以上三类群体都是通过交叉制定这些虚拟变量评估的。这些群体还可以根据是受雇于他人还是自营生路来进一步分类。要评估英国就业情况的比例，英国就业总体的数据就要来自年度人口普查。

5. 企业数量

关于企业数量以及地方经营单位的数量（详情请参见下文“创意产业的企业数量”），可以通过跨部门商务注册获得。2007年标准产业分类的4级代码是获得该数据的唯一途径，通过使用比例可以评估5级代码数据。要想评估英国每个领域和整个创意产业对英国企业的贡献，与英国企业总量相关的数据就要来源于国际债务偿还银行。

三、结　　果

1. 总增加值(2008年和2009年)

2009年，创意产业为英国总增加值贡献了363亿英镑(占英国总增加值的2.89%)。出版业、广告业以及广播和电视业对英国总增加值贡献最大(分别是116亿英镑、59亿英镑以及53亿英镑)。

按绝对值计算，2008—2009年度创意产业总增加值有所下降(从366亿英镑下降到363亿英镑)，然而相对来说，创意产业总增加值(作为英国总增加值的一部分)占英国总增加值的比例在从2008年的2.82%增加到2009年的2.89%。为什么创意产业总增加值下降了，而占英国总增加值的比例却有所提升呢?这是因为2008—2009年度创意产业总增加值下降了不到1%，而英国总增加值却下降了3%。

这两年，广告业经历了巨大的改变，其总增加值占英国总增加值的比例下降了0.07%。除广告业外，建筑业是创意产业中总增加值唯一下降的行业，其他所有行业的总增加值保持不变，或者增加0.01%~0.04%。在英国总增加值中，广播和电视业总增加值增长最快，增加了0.04%。详细信息如表1、图1所示。

表1　创意产业总增加值(2008年和2009年)

行业	2008年		2009年	
	总增加值*(单位：百万英镑)	占英国总增加值的比例(%)	总增加值*(单位：百万英镑)	占英国总增加值的比例(%)
1. 广告	7 160	0.55	5 990	0.48
2. 建筑	3 650	0.28	3 290	0.26
3. 艺术品和古董	310	0.02	260	0.02
4. 工艺				
5. 设计	1 660	0.13	1 790	0.14
6. 时尚设计	110	0.01	120	0.01
7. 视频、电影和摄影	2 680	0.21	3 000	0.24
9和10. 音乐、视觉和表演艺术	3 740	0.29	4 070	0.32
11. 出版	11 610	0.90	11 560	0.92
8和12. 软件和电子出版	570	0.04	560	0.04
8和12. 数字和娱乐媒体	160	0.01	400	0.03
13. 广播和电视	4 950	0.38	5 260	0.42
创意产业总增加值总量	36 600	2.82	36 290	2.89
英国所有产业总增加值总量	1 295 633		1 256 932	

*基本价格

注：①所有产业总增加值的数据来源于2010年和2011年《国民经济核算蓝皮书》。

②创意产业总增加值的数据来源于年度商业调查。

③前些年，比例因子会运用到分析年度商业调查中，今年不再使用。详情请见修订部分。

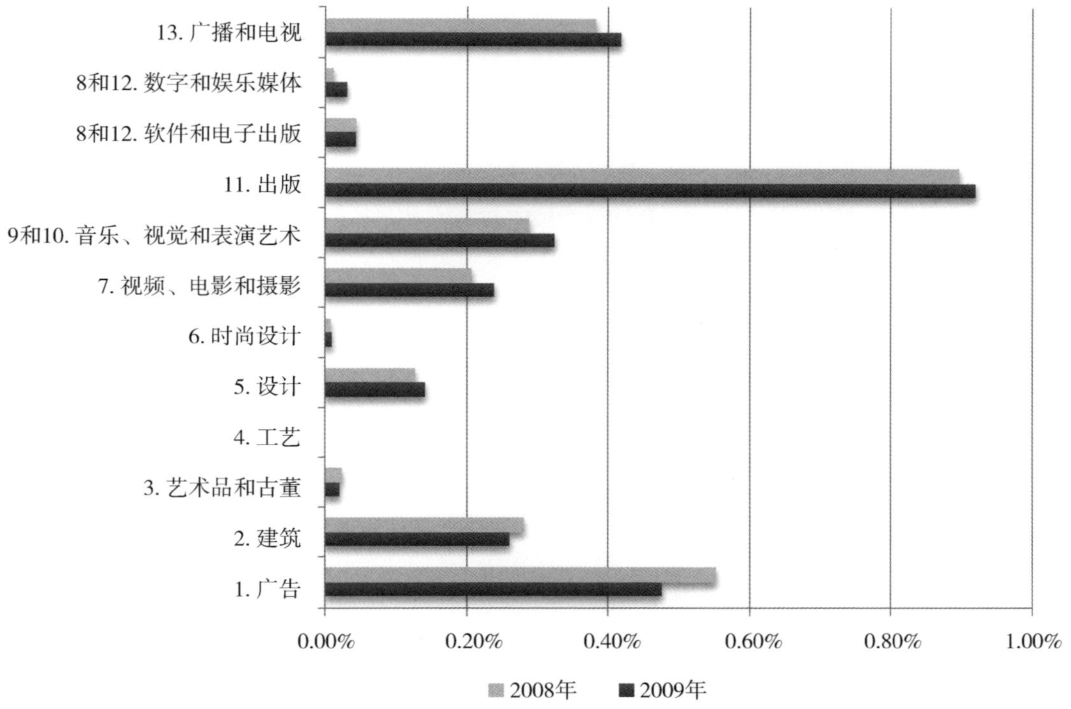

图 1　创意产业总增加值占英国总增加值比例(2008 年和 2009 年)

2. 服务出口(2009 年)

2009 年，创意产业的服务出口额高达 89 亿英镑(占英国出口总额的 10.6%)。在创意产业中，出版业的出口额占英国服务出口额的比例最高(26 亿英镑，占英国出口总额的 3.1%)，紧接着是广播和电视业(22 亿英镑，占英国出口总额的 2.6%)。视频、电影和摄影业以及广告业的出口额分别是 16 亿英镑和 15 亿英镑(分别占英国出口总额的 1.9%和 1.8%)。

请注意，这些数据并不包括商品出口。艺术品和古董业被归为实体商品，所以不在此处出现。某些产业的出口贸易包括服务出口和商品出口，但此处只包含服务出口的数据。具体信息如表 2、图 2 所示。

表 2　2009 年创意产业的服务出口

行业	英国总值(单位：百万英镑)	占创意产业出口额(%)	占英国出口总额的比例(%)
1. 广告	1 477	16.6	1.8
2. 建筑	324	3.6	0.4
3. 艺术品和古董			
4. 工艺			
5. 设计	104	1.2	0.1
6. 时尚设计	7	0.1	0.01
7. 视频、电影和摄影	1 627	18.2	1.9
9 和 10. 音乐、视觉和表演艺术	286	3.2	0.3
11. 出版	2 631	29.5	3.1

续表

行业	英国总值(单位：百万英镑)	占创意产业出口额(%)	占英国出口总额的比例(%)
8 和 12. 软件和电子出版	215	2.4	0.3
8 和 12. 数字和娱乐媒体	78	0.9	0.1
13. 广播和电视	2 175	24.4	2.6
创意产业总值	8 923	100.0	10.6
英国出口额总值	84 120		

注：无法获得手工业服务出口的有关数据。

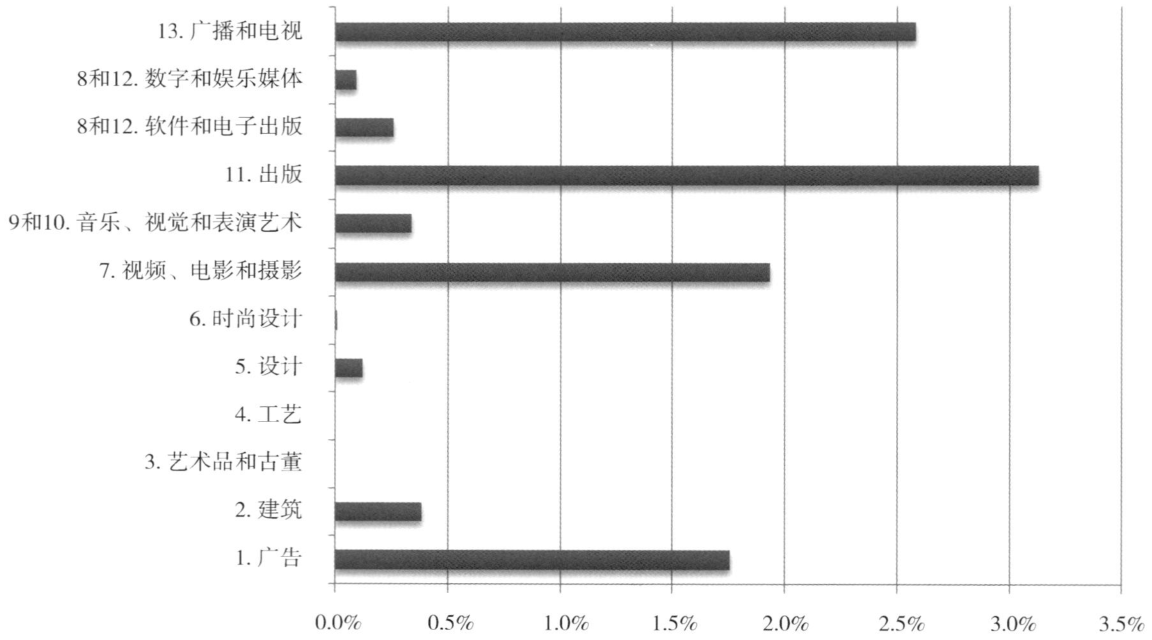

图 2　创意产业服务出口占英国服务出口总量的比例

3. 创意就业(2009 年和 2010 年)

创意就业包含在以下行业工作的雇员或是个体经营户：

①创意产业中具有创造性的工作；

②创意产业中非创造性工作(“支援”雇员)；

③非创意产业的创造性工作。

2010 年，创意产业提供了 150 万个工作岗位，占英国就业岗位总数的 5.1%，无论是绝对价值还是相对价值，与 2008 年相比都有所提升(144 万个工作岗位和英国就业岗位总数的 5.0%)。

2010 年，音乐、视觉和表演艺术业(1%)、广告业(0.92%)、出版业(0.84%)以及设计业(0.72%)是占英国就业岗位总数比例最高的创意产业。

附录 B 进一步将就业类别进行了划分，即创意产业中具有创造性的工作、创意产业中非创造性工作、非创意产业的创造性工作，随后，根据是雇佣于他人还是个体经营来细分。

创意就业的详细信息，如表 3、图 3 所示。

表3　2009年和2010年创意就业

行业	2009年		2010年	
	就业	英国就业比例(%)	就业	英国就业比例(%)
1. 广告	252 022	0. 87	268 254	0. 92
2. 建筑	136 534	0. 47	136 298	0. 47
3. 艺术品和古董	10 351	0. 04	8 818	0. 03
4. 工艺	84 224	0. 29	91 983	0. 32
5. 设计	209 045	0. 72	208 810	0. 72
6. 时尚设计	18 409	0. 06	25 583	0. 09
7. 视频、电影和摄影	67 250	0. 23	71 731	0. 25
9和10. 音乐、视觉和表演艺术	279 636	0. 97	292 536	1. 00
11. 出版	241 881	29. 5	243 809	0. 84
8和12. 软件和电子出版	23 282	2. 4	23 205	0. 08
8和12. 数字和娱乐媒体	7 579	0. 9	13 179	0. 05
13. 广播和电视	113 124	24. 4	113 966	0. 39
总值	1 443 338	100. 0	1 498 173	5. 14
雇佣总值	28 905 000		29 121 000	

注：①数据来源于劳动力市场统计公告。

②该数据比其他公告的数据覆盖面更广，因为不仅包含创意产业的工作，还有非创意产业中创造性工作，例如，制造公司的平面设计师。

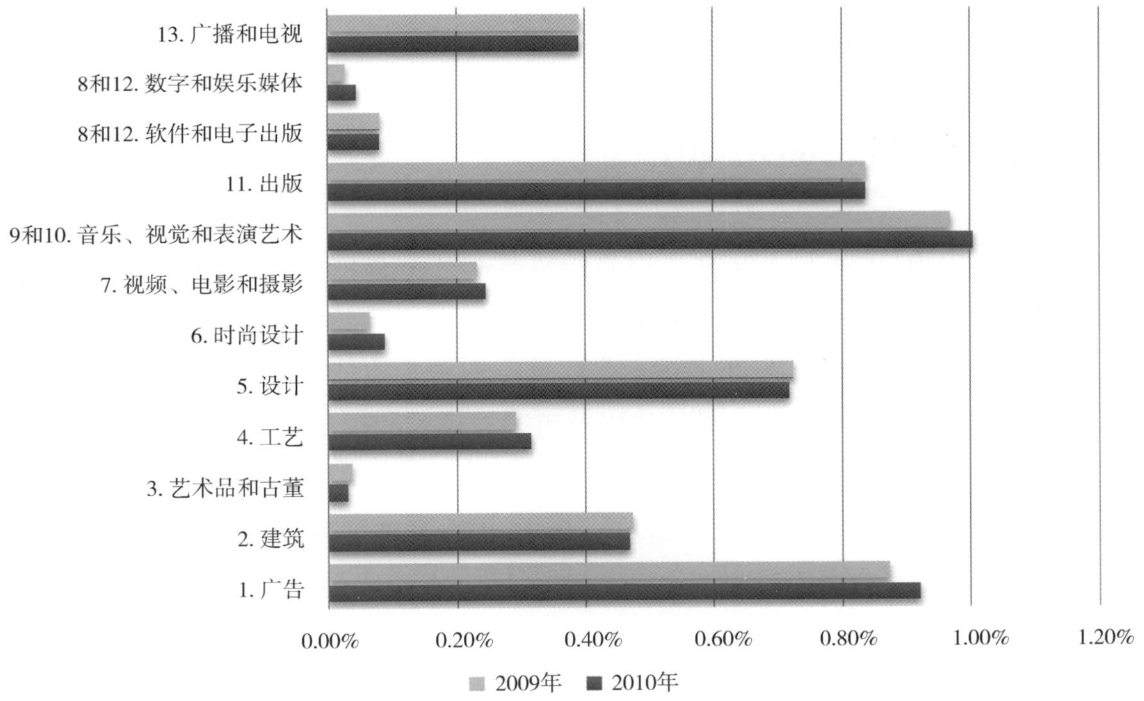

图3　英国创意产业就业比例(2009年和2010年)

4. 创意产业的企业数量

跨部门商务注册机构中的经营单位以 3 种形式展现：企业集团、企业以及地方经营单位，如图 4 所示。它们的定义是：

①共同所有权下的法定单位称为企业集团；

②企业是最小的法定单位(通常是根据增值税以及/或者所得税预扣记录划分)，在企业集团中，它有一定的自主权；

③企业中的个体经营场所(例如，一个工厂或是商店)称作地方经营单位。

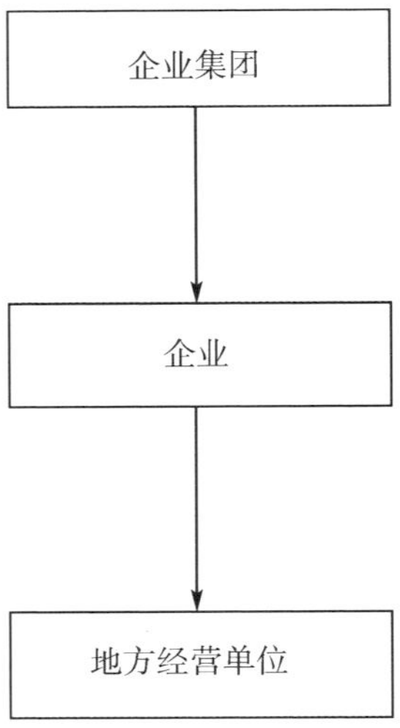

图 4　跨部门商务注册中的经营单位

企业和地方经营单位是本报告中的计算单位。

5. 创意企业的数量(2009—2011 年)

2011 年，英国有 10.67 万个创意企业，占英国所有企业数量的 5.1%。2009—2011 年，不管是在绝对值，还是相对值上，创意企业的数量都有小幅度上升。

2011 年，音乐、视觉和表演艺术行业的企业数量占创意企业数量的比例最大(30 500 家，占英国企业总数的 1.5%)。广告业，建筑业，设计业以及电影、视频和摄影业各有 10 000~16 000 家企业(占英国企业总数的 0.5%~0.8%)。

2009—2011 年，广告企业的数量增长最快，从 13 930 家增加到 16 010 家(占英国企业总数的比例从 0.65%上升到 0.77%)。其他行业的企业数量同样也有所增加，如建筑业、设计业以及电视和广播业，出版业是唯一下降幅度较大的行业(从 10 820 家下降到 9 700 家企业)，下降比例超过 0.1%。

各地区创意产业的企业数量，参见附录 C。

创意产业中创意企业的数量信息，如表 4、图 5 所示。

表4　创意产业中创意企业数量(2009—2011年)

行业	2009年			2010年			2011年		
	英国企业总量(个)	占创意产业比例(%)	占英国产业比例(%)	英国企业总量(个)	占创意产业比例(%)	占英国产业比例(%)	英国企业总量(个)	占创意产业比例(%)	占英国产业比例(%)
1. 广告	13 930	13.3	0.65	14 790	14.1	0.70	16 010	15.0	0.77
2. 建筑	11 320	10.8	0.53	11 500	10.9	0.55	11 700	11.0	0.56
3. 艺术品和古董	2 760	2.6	0.13	2 660	2.5	0.13	2 580	2.4	0.12
4. 工艺									
5. 设计	13 600	13.0	0.63	14 160	13.5	0.67	14 720	13.8	0.71
6. 时尚设计	900	0.9	0.04	940	0.9	0.04	970	0.9	0.05
7. 视频、电影和摄影	10 150	9.7	0.47	10 200	9.7	0.49	10 360	9.7	0.50
9和10. 音乐、视觉和表演艺术	31 350	29.9	1.46	30 730	29.2	1.46	30 460	28.5	1.46
11. 出版	10 820	10.3	0.50	10 200	9.7	0.49	9 700	9.1	0.47
8和12. 软件和电子出版	2 090	2.0	0.10	1 930	1.8	0.09	1 810	1.7	0.09
8和12. 数字和娱乐媒体	220	0.2	0.01	350	0.3	0.02	440	0.4	0.02
13. 广播和电视	7 550	7.2	0.35	7 680	7.3	0.37	7 960	7.5	0.38
创意产业总量	104 690	100.0	4.86	105 100	100.0	5.00	106 700	100.0	5.13
英国总体	2 152 400			2 100 400			2 080 860		

注：①还无法获得手工业企业数量的相关数据。

②表格简要介绍了2011年3月下旬的情况。

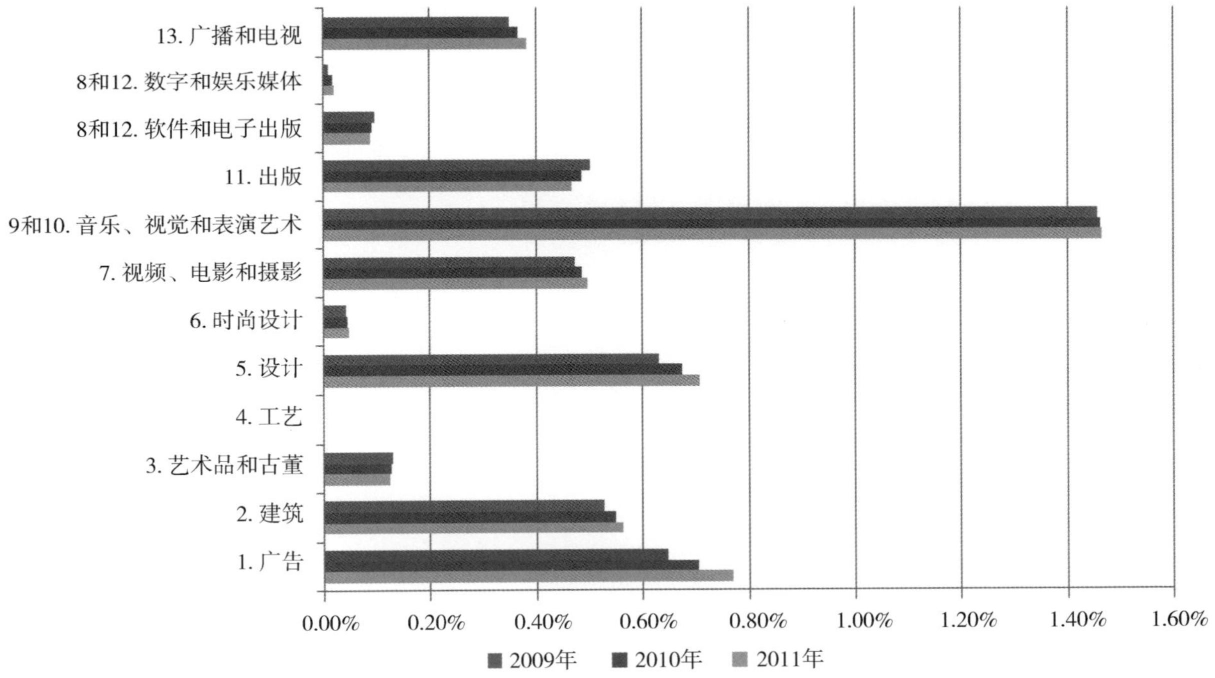

图5　创意产业中创意企业占英国企业的比例(2009—2011年)

6. 创意产业地方经营单位数量(2009—2011年)

2011年，英国有108 820个创意产业地方经营单位，占英国所有地方经营单位的4.3%。2009—2011年，不管在绝对值，还是相对值上，创意产业地方经营单位的数量都有小幅度上升。

2011年，音乐、视觉和表演艺术业是创意产业中最大的行业(30 880家，占英国创意产业的1.2%)。广告业，建筑业，设计业以及电影、视频和摄影业分别有10 000~16 400个地方经营单位(占英国创意产业的0.56%~0.64%)。

各地区地方经营单位分布详情，请见附录D。

创意产业地方经营单位数量信息，如表5、图6所示。

表5　创意产业地方经营单位的数量(2009—2011年)

行业	2009年			2010年			2011年		
	英国企业总量(个)	占创意产业比例(%)	占英国产业比例(%)	英国企业总量(个)	占创意产业比例(%)	占英国产业比例(%)	英国企业总量(个)	占创意产业比例(%)	占英国产业比例(%)
1. 广告	14 340	13.5	0.56	15 170	14.2	0.59	16 360	15.0	0.64
2. 建筑	12 040	11.3	0.47	12 200	11.4	0.47	12 380	11.4	0.49
3. 艺术品和古董	3 590	3.4	0.14	3 490	3.3	0.14	3 510	3.2	0.14
4. 工艺									
5. 设计	13 720	12.9	0.54	14 340	13.4	0.56	14 900	13.7	0.58
6. 时尚设计	910	0.9	0.04	950	0.9	0.04	990	0.9	0.04
7. 视频、电影和摄影	10 730	10.1	0.42	10 780	10.1	0.42	10 970	10.1	0.43
9和10. 音乐、视觉和表演艺术	31 790	29.9	1.25	31 150	29.1	1.21	30 880	28.4	1.21
11. 出版	9 190	8.6	0.36	8 700	8.1	0.34	8 350	7.7	0.33
8和12. 软件和电子出版	2 110	2.0	0.08	1 940	1.8	0.08	1 830	1.7	0.07
8和12. 数字和娱乐媒体	210	0.2	0.01	330	0.3	0.01	410	0.4	0.02
13. 广播和电视	7 850	7.4	0.31	7 970	7.4	0.31	8 240	7.6	0.32
创意产业总量	106 480	100.0	4.20	107 010	100.0	4.16	108 820	100.0	4.27
英国总体	2 547 840			2 574 225			2 547 840		

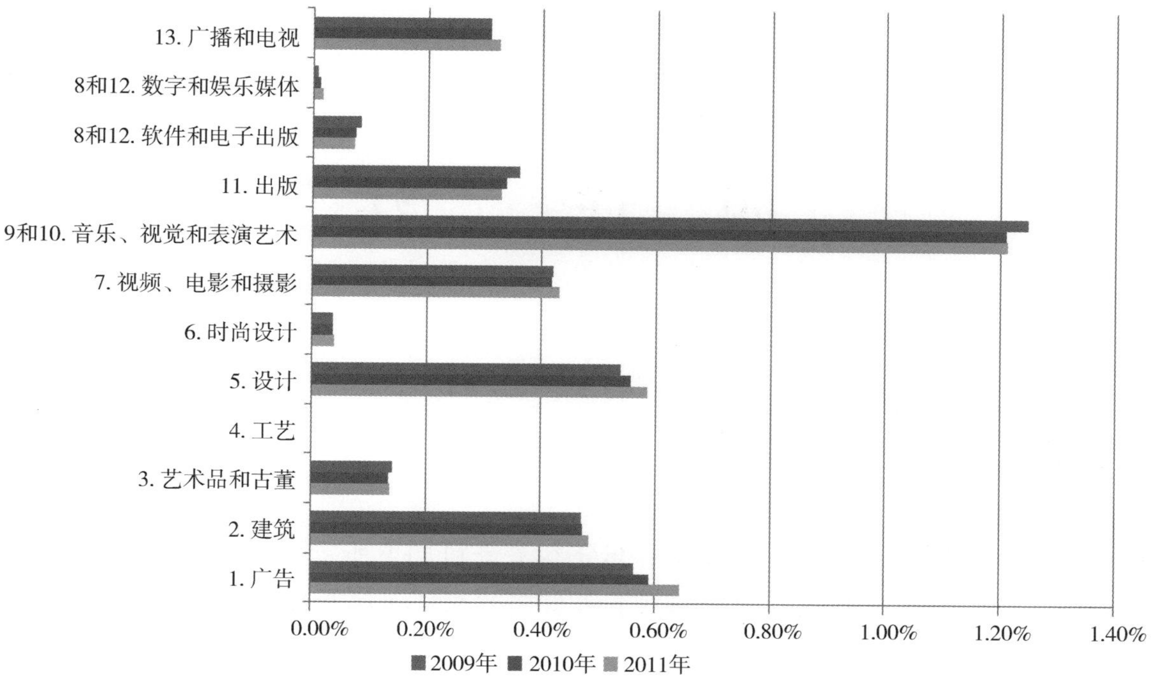

图 6　创意产业中地方经营单位占英国企业的比例(2009—2011 年)

四、详　　注

1. 关于创意产业的其他报告

创意产业特定行业的报告已经生成，其中部分参考资料如下所示。下列清单并不详尽，希望在适当的时候，能够在文化、媒体和体育部的网站上收集到更多其他行业的信息。

2. 音乐

英国音乐著作权协会发布了《提升 2010 年英国音乐行业》的报告，与本报告中使用的方法相比，它对音乐行业的定义更加宽泛。详情见网址：http://www.prsformusic.com/creators/news/research/Pages/default.aspx。

3. 时尚

英国时尚委员会发布了《时尚的价值》的报告，同样采用了一个不同于本报告的定义，详情见网址：http://www.britishfashioncouncil.com/content.aspx?CategoryID=1745。

4. 电视游戏

关于电子专业技能的报告对英国的游戏行业进行了评估。详情见网址：https://www.e-skills.com/tools/login/? ReturnUrl=%2fDocuments%2fResearch%2fTech-Insights-2011%2fe-skillsUK_GamesReport_final_20sep11.pdf。

附录 A 创意产业和 2007 年标准产业分类对照表

表 6 创意产业总增加值(年度商业调查)和出口额(国际服务贸易)与 2007 年标准产业分类对照表

行业	标准产业分类		应用比例
	代码	描述	
1. 广告	73.11	广告代理	
	73.12	媒介代表	
2. 建筑	71.11	建筑活动	
	74.10	专业设计活动	4.5%
3. 艺术品和古董	47.78/1	商业艺术画廊零售	
	47.79/1	古董，包括古籍，在商店的零售	
4. 工艺	许多商店太小，无法计入商业调查		
5. 设计	74.10	专业设计活动	89.6%
6. 时尚设计	10 个代码	服装制造(+)	0.5%
	74.10	专业设计活动	5.8%
7. 视频、电影和摄影	18.20/2	视频录像复制	25%
	74.20	摄影活动	25%
	59.11/1 和 59.11/2	电影和视频生产活动	
	59.12	电影、视频和电视后期制作活动	18.4%
	59.13/1 和 59.13/2	电影和视频发行活动	
	59.14	电影放映活动	
9 和 10. 音乐、视觉和表演艺术	59.20	录音和音乐发行活动	
	18.20/1	录音复制	25%
	90.01	表演艺术	
	90.02	表演艺术的辅助活动	
	90.03	艺术创作	
	90.04	艺术设备操作	
	78.10/1	电影、电视和其他戏剧制作	0.07%
11. 出版	18.11	报纸印刷	
	18.13	印前和多媒体前处理服务	
	58.11	图书出版	
	58.13	报纸出版	
	58.14	杂志期刊出版	
	58.19	其他出版活动	50%
	63.91	新闻社的活动	

续表

行业	标准产业分类		应用比例
	代码	描述	
8 和 12. 软件和电子出版	18. 20/3	计算机媒体的再生产	25%
	58. 29	其他软件发布	
8 和 12. 数字和娱乐媒体	58. 21	电脑游戏发布	
	62. 01/1	现有互动休闲和娱乐软件开发	
13. 广播和电视	60. 10	电台广播	
	60. 20	电视节目和广播活动	
	59. 11/3	电视节目制作活动	
	59. 12	电影、视频和电视后期制作活动	81. 6%
	59. 13/3	电视节目发行活动	

注：用于时尚设计的 10 个服装制造代码：14. 11、14. 12、14. 13、14. 14、14. 19、14. 20、14. 31、14. 39、15. 12、15. 20。

表 7　创意产业就业数据(年度人口普查)与 2007 年标准产业分类对照表

行业	标准产业分类		2009 年	2010 年
	代码	描述		
1. 广告	73. 11	广告代理		
	73. 12	媒介代表		
2. 建筑	71. 11	建筑活动		
	74. 10	专业设计活动	4. 5%	4. 5%
3. 艺术品和古董	47. 78/1	商业艺术画廊零售	3. 0%	3. 1%
	47. 79/1	古董，包括古籍，在商店的零售	26. 9%	27. 2%
4. 工艺	许多商店太小，无法计入商业调查			
5. 设计	74. 10	专业设计活动	89. 7%	89. 7%
6. 时尚设计	10 个代码	服装制造(+)	0. 5%	0. 5%
	74. 10	专业设计活动	5. 8%	5. 8%
7. 视频、电影和摄影	18. 20/2	视频录像复制	7. 3%	7. 7%
	74. 20	摄影活动	25%	25%
	59. 11/1 和 59. 11/2	电影和视频生产活动	37. 8%	33. 8%
	59. 12	电影、视频和电视后期制作活动	37. 8%	33. 8%
	59. 13/1 和 59. 13/2	电影和视频发行活动	98. 8%	98. 8%
	59. 14	电影放映活动		
9 和 10. 音乐、视觉和表演艺术	59. 20	录音和音乐发行活动		
	18. 20/1	录音复制	14. 7%	14. 4%
	90. 01	表演艺术		
	90. 02	表演艺术的辅助活动		
	90. 03	艺术创作		
	90. 04	艺术设备操作		
	78. 10/1	电影、电视和其他戏剧制作	0. 5%	0. 2%

续表

行业	标准产业分类		2009年	2010年
	代码	描述		
11. 出版	18. 11	报纸印刷		
	18. 13	印前和多媒体前处理服务		
	58. 11	图书出版		
	58. 13	报纸出版		
	58. 14	杂志期刊出版		
	58. 19	其他出版活动	50%	50%
	63. 91	新闻社的活动		
8和12. 软件和电子出版	18. 20/3	计算机媒体的再生产	3. 0%	2. 9%
	58. 29	其他软件发布		
8和12. 数字和娱乐媒体	58. 21	电脑游戏发布		
	62. 01/1	现有互动休闲和娱乐软件开发	5. 0%	2. 3%
13. 广播和电视	60. 10	电台广播		
	60. 20	电视节目和广播活动		
	59. 11/3	电视节目制作活动	62. 2%	66. 2%
	59. 12	电影、视频和电视后期制作活动	62. 2%	66. 2%
	59. 13/3	电视节目发行活动	1. 2%	1. 2%

注：用于时尚设计的10个服装制造代码：14. 11、14. 12、14. 13、14. 14、14. 19、14. 20、14. 31、14. 39、15. 12、15. 20。

表8　创意产业企业数量(跨部门商务注册)与2007年标准产业分类对照表

行业	标准产业分类		2009年	2010年和2011年
	代码	描述		
1. 广告	73. 11	广告代理		
	73. 12	媒介代表		
2. 建筑	71. 11	建筑活动		
	74. 10	专业设计活动	4. 5%	4. 5%
3. 艺术品和古董	47. 78/1	商业艺术画廊零售	4. 0%	4. 1%
	47. 79/1	古董，包括古籍，在商店的零售	41. 1%	40. 7%
4. 工艺	许多商店太小，无法计入商业调查			
5. 设计	74. 10	专业设计活动	89. 7%	89. 7%
6. 时尚设计	10个代码	服装制造(+)	0. 5%	0. 5%
	74. 10	专业设计活动	5. 8%	5. 8%
7. 视频、电影和摄影	18. 20/2	视频录像复制	4. 3%	4. 4%
	74. 20	摄影活动	25%	25%
	59. 11/1和59. 11/2	电影和视频生产活动	55. 4%	56. 1%
	59. 12	电影、视频和电视后期制作活动	55. 4%	56. 1%
	59. 13/1和59. 13/2	电影和视频发行活动	96. 7%	93. 5%
	59. 14	电影放映活动		

续表

行业	标准产业分类		2009 年	2010 年和 2011 年
	代码	描述		
9 和 10. 音乐、视觉和表演艺术	59. 20	录音和音乐发行活动		
	18. 20/1	录音复制	18. 4%	18. 3%
	90. 01	表演艺术		
	90. 02	表演艺术的辅助活动		
	90. 03	艺术创作		
	90. 04	艺术设备操作		
	78. 10/1	电影、电视和其他戏剧制作	0. 4%	0. 4%
11. 出版	18. 11	报纸印刷		
	18. 13	印前和多媒体前处理服务		
	58. 11	图书出版		
	58. 13	报纸出版		
	58. 14	杂志期刊出版		
	58. 19	其他出版活动	50%	50%
	63. 91	新闻社的活动		
8 和 12. 软件和电子出版	18. 20/3	计算机媒体的再生产	2. 4%	2. 3%
	58. 29	其他软件发布		
8 和 12. 数字和娱乐媒体	58. 21	电脑游戏发布		
	62. 01/1	现有互动休闲和娱乐软件开发	1. 3%	1. 9%
13. 广播和电视	60. 10	电台广播		
	60. 20	电视节目和广播活动		
	59. 11/3	电视节目制作活动	46. 5%	46. 5%
	59. 12	电影、视频和电视后期制作活动	46. 5%	46. 5%
	59. 13/3	电视节目发行活动	3. 2%	4. 7%

注：用于时尚设计的 10 个服装制造代码：14. 11、14. 12、14. 13、14. 14、14. 19、14. 20、14. 31、14. 39、15. 12、15. 20。

附录B 创意就业

表9 根据就业种类划分的创意就业情况(2010年)

行业	创意产业内创意雇员	创意产业内"支援"雇员	创意产业内创造性个体经营者	创意产业内"支援"个体经营者	其他产业中从事创造性工作的雇员	其他产业中从事创造性工作的个体经营者	就业总数
1. 广告	31 517	56 189	14 374	13 209	135 406	17 559	268 254
2. 建筑	43 657	28 674	23 657	7 542	28 098	4 671	136 298
3. 艺术品和古董	263	4 919	265	3 372			8 818
4. 工艺					53 799	38 184	91 983
5. 设计	18 830	22 776	37 576	19 326	96 693	13 609	208 810
6. 时尚设计	1 240	1 637	2 454	1 268	11 716	7 268	25 583
7. 视频、电影和摄影	11 576	25 637	17 116	3 855	9 992	3 554	71 731
9和10. 音乐、视觉和表演艺术	18 335	41 957	120 102	10 877	35 137	66 128	292 536
11. 出版	54 596	100 682	16 658	10 804	54 161	6 909	243 809
8和12. 软件和电子出版	469	20 944	446	1 346			23 205
8和12. 数字和娱乐媒体	1 237	9 786	736	1 421			13 179
13. 广播和电视	38 909	29 459	22 824	4 782	12 528	5 464	113 966
总数	220 628	342 659	256 208	77 802	437 530	163 347	1 498 173

创意产业内创意就业	476 835
创意产业内"支援"就业	420 461
创意产业外企业就业	600 877
创意就业	1 498 173
就业总数	29 121 000
创意就业所占比例(%)	5.1%

注:①就业的所有数据来源于2011年2月《劳动力市场统计公告》。

②该数据比其他公告的数据覆盖面更广,不仅包含创意产业的工作,还有非创意产业中的创造性工作,例如,制造公司的平面设计师。

③调查数据并不能评估某些类别的就业情况,所以保持空白。

表10 根据就业种类划分的创意就业情况(2009年)

行业	创意产业内创意雇员	创意产业内“支援”雇员	创意产业内创造性个体经营者	创意产业内“支援”个体经营者	其他产业中从事创造性工作的雇员	其他产业中从事创造性工作的个体经营者	就业总数
1. 广告	35 865	60 520	12 614	10 902	120 992	11 129	252 022
2. 建筑	43 906	29 400	20 108	6 712	32 067	4 342	136 534
3. 艺术品和古董	294	5 607	106	4 343			10 351
4. 工艺					51 857	32 367	84 224
5. 设计	22 524	17 039	38 288	17 834	91 508	21 851	209 045
6. 时尚设计	1 482	1 283	2 501	1 176	7 137	4 830	18 409
7. 视频、电影和摄影	11 270	22 253	15 632	2 782	10 071	5 243	67 250
9和10. 音乐、视觉和表演艺术	19 994	39 247	114 020	10 090	37 148	59 137	279 636
11. 出版	60 893	96 215	16 521	10 469	51 102	6 682	241 881
8和12. 软件和电子出版	1 705	19 807	137	1 632			23 282
8和12. 数字和娱乐媒体	1 307	4 717	238	1 318			7 579
13. 广播和电视	32 604	35 865	23 663	5 053	11 126	4 813	113 124
总数	231 845	331 953	243 828	72 310	413 008	150 394	1 443 338

创意产业内创意就业	475 673
创意产业内“支援”就业	404 263
创意产业外企业就业	563 402
创意就业	1 443 338
就业总数	28 905 000
创意就业所占比例(%)	4.9%

注:①就业的所有数据来源于2011年2月《劳动力市场统计公告》。

②该数据比其他公告的数据覆盖面更广,不仅包含创意产业的工作,还有非创意产业中的创造性工作,例如,制造公司的平面设计师。

③调查数据并不能评估某些类别的就业情况,所以保持空白。

附录C　各地区创意企业

表11　2011年各地区创意企业数量

行业	东北	西北	约克郡和亨伯河口湾	中部地区的东部	中部地区的西部	英格兰东部	伦敦	东南	西北	威尔士	苏格兰	北爱尔兰	英国总体
1. 广告	350	1 590	930	760	990	1 540	4 660	2 940	1 210	280	590	200	16 010
2. 建筑	270	940	670	610	750	1 060	2 790	1 850	1 010	350	990	410	11 700
3. 艺术品和古董	60	220	170	150	180	240	520	430	300	90	150	70	2 580
4. 工艺													
5. 设计	320	1 060	850	870	940	1 460	4 210	2 560	1 190	340	680	230	14 720
6. 时尚设计	20	70	60	60	60	100	280	170	80	20	40	20	970
7. 视频、电影和摄影	120	510	310	260	320	700	5 120	1 590	670	250	380	130	10 360
9和10. 音乐、视觉和表演艺术	380	1 580	1 140	1 020	1 150	2 510	13 290	5 140	2 300	680	1 070	190	30 460
11. 出版	140	640	530	540	610	1 100	2 520	1 850	940	240	470	120	9 700
8和12. 软件和电子出版	30	140	110	100	140	210	350	430	150	40	100	10	1 810
8和12. 数字和娱乐媒体	10	30	20	20	30	40	120	100	40	10	20	10	440
13. 广播和电视	90	370	200	190	260	500	4 030	1 230	500	220	280	100	7 960
总数	1 800	7 100	5 000	4 600	5 400	9 500	37 900	18 300	8 400	2 500	4 800	1 500	106 700
占所有创意企业比例	1.7%	6.7%	4.7%	4.3%	5.1%	8.9%	35.5%	17.2%	7.9%	2.3%	4.5%	1.4%	100.0%

表12　2010年各地区创意企业数量

行业	东北	西北	约克郡和亨伯河口湾	中部地区的东部	中部地区的西部	英格兰东部	伦敦	东南	西北	威尔士	苏格兰	北爱尔兰	英国总体
1. 广告	340	1 480	850	710	950	1 460	4 210	2 650	1 160	270	550	190	14 790
2. 建筑	260	920	650	620	740	1 050	2 720	1 830	990	350	960	420	11 500
3. 艺术品和古董	60	230	170	160	190	250	530	440	310	100	150	70	2 660
4. 工艺													
5. 设计	320	1 020	840	840	900	1 410	4 040	2 460	1 130	320	660	220	14 160
6. 时尚设计	20	70	60	60	60	90	270	160	70	20	40	10	940
7. 视频、电影和摄影	130	500	330	260	330	690	4 970	1 550	670	260	390	120	10 200

续表

行业	东北	西北	约克郡和亨伯河口湾	中部地区的东部	中部地区的西部	英格兰东部	伦敦	东南	西北	威尔士	苏格兰	北爱尔兰	英国总体
9 和 10. 音乐、视觉和表演艺术	400	1 650	1 200	1 030	1 180	2 530	13 230	5 200	2 320	720	1 070	200	30 730
11. 出版	160	710	590	590	620	1 180	2 550	1 920	980	250	510	140	10 200
8 和 12. 软件和电子出版	30	140	110	110	150	220	380	470	170	40	110	10	1 930
8 和 12. 数字和娱乐媒体	0	30	10	20	20	40	80	80	30	10	10	10	350
13. 广播和电视	100	370	220	180	260	470	3 810	1 190	480	220	290	90	7 680
总数	1 820	7 110	5 030	4 560	5 400	9 380	36 780	17 950	8 300	2 560	4 740	1 470	105 100
占所有创意企业比例	1.7%	6.8%	4.8%	4.3%	5.1%	8.9%	35.0%	17.1%	7.9%	2.4%	4.5%	1.4%	100%

表 13　2009 年各地区创意企业数量

行业	东北	西北	约克郡和亨伯河口湾	中部地区的东部	中部地区的西部	英格兰东部	伦敦	东南	西北	威尔士	苏格兰	北爱尔兰	英国总体
1. 广告	320	1 420	800	690	920	1 350	3 960	2 460	1 050	270	530	190	13 930
2. 建筑	260	870	650	610	740	1 020	2 750	1 790	970	330	920	420	11 320
3. 艺术品和古董	60	240	180	170	200	260	550	450	320	100	150	70	2 760
4. 工艺	0	0	0	0	0	0	0	0	0	0	0	0	0
5. 设计	309	969	803	821	852	1 318	3 955	2 345	1 063	305	623	215	13 600
6. 时尚设计	20	70	50	60	60	90	260	150	70	20	40	10	900
7. 视频、电影和摄影	130	520	320	260	330	670	4 940	1 530	660	270	390	130	10 150
9 和 10. 音乐、视觉和表演艺术	420	1 660	1 230	1 060	1 240	2 590	13 500	5 270	2 350	750	1 080	200	31 350
11. 出版	180	780	640	620	690	1 220	2 680	2 020	1 030	270	540	150	10 820
8 和 12. 软件和电子出版	40	150	110	130	170	240	420	500	170	40	120	10	2 090
8 和 12. 数字和娱乐媒体	0	20	10	10	10	20	50	50	20	10	10	10	220
13. 广播和电视	90	380	210	180	240	440	3 770	1 170	470	230	280	90	7 550
总数	1 800	7 100	5 000	4 600	5 500	9 200	36 800	17 700	8 200	2 600	4 700	1 500	104 690
占所有创意企业比例	1.7%	6.8%	4.8%	4.4%	5.3%	8.8%	35.2%	16.9%	7.8%	2.5%	4.5%	1.4%	100.0%

附录D 各地区创意企业地方经营单位

表14 2011年各地区创意企业地方经营单位数量

行业	东北	西北	约克郡和亨伯河口湾	中部地区的东部	中部地区的西部	英格兰东部	伦敦	东南	西北	威尔士	苏格兰	北爱尔兰	英国总体
1. 广告	350	1 650	940	770	1 000	1 540	4 820	2 950	1 240	290	620	210	16 360
2. 建筑	290	1 020	710	640	800	1 110	2 920	1 900	1 070	380	1 100	440	12 380
3. 艺术品和古董	100	340	280	230	280	320	500	540	410	160	260	90	3 510
4. 工艺													
5. 设计	330	1 080	870	880	950	1 460	4 300	2 560	1 210	340	700	230	14 900
6. 时尚设计	20	70	60	60	60	100	280	170	80	20	50	20	990
7. 视频、电影和摄影	140	570	350	290	360	730	5 280	1 660	730	280	440	150	10 970
9和10. 音乐、视觉和表演艺术	390	1 610	1 160	1 040	1 170	2 540	13 460	5 160	2 330	710	1 120	200	30 880
11. 出版	140	510	390	400	450	880	2 380	1 540	830	230	470	150	8 350
8和12. 软件和电子出版	30	140	110	100	140	210	360	430	150	40	100	10	1 830
8和12. 数字和娱乐媒体	10	30	10	20	20	40	110	100	30	10	20	10	410
13. 广播和电视	90	400	220	200	270	520	4 120	1 250	530	240	310	110	8 240
总数	1 890	7 400	5 100	4 610	5 510	9 450	38 530	18 260	8 590	2 690	5 180	1 600	108 820
占所有创意企业地方经营单位比例	1.7%	6.8%	4.7%	4.2%	5.1%	8.7%	35.4%	16.8%	7.9%	2.5%	4.8%	1.5%	100.0%

表15 2010年各地区创意企业地方经营单位数量

行业	东北	西北	约克郡和亨伯河口湾	中部地区的东部	中部地区的西部	英格兰东部	伦敦	东南	西北	威尔士	苏格兰	北爱尔兰	英国总体
1. 广告	340	1 540	860	730	970	1 470	4 370	2 660	1 180	280	590	200	15 170
2. 建筑	280	990	690	640	790	1 100	2 850	1 880	1 050	380	1 090	440	12 200
3. 艺术品和古董	100	340	270	230	280	320	510	550	400	150	250	80	3 490
4. 工艺													
5. 设计	320	1 030	850	850	910	1 420	4 130	2 470	1 130	330	680	220	14 340
6. 时尚设计	20	70	60	60	60	90	270	160	70	20	50	10	950
7. 视频、电影和摄影	150	570	360	280	370	820	5 110	1 620	720	290	440	140	10 780

续表

行业	东北	西北	约克郡和亨伯河口湾	中部地区的东部	中部地区的西部	英格兰东部	伦敦	东南	西北	威尔士	苏格兰	北爱尔兰	英国总体
9 和 10. 音乐、视觉和表演艺术	410	1 680	1 230	1 050	1 200	2 540	13 390	5 220	2 360	740	1 120	210	31 150
11. 出版	150	550	420	440	470	930	2 410	1 570	850	230	510	180	8 700
8 和 12. 软件和电子出版	30	150	110	100	150	220	380	480	170	40	110	10	1 940
8 和 12. 数字和娱乐媒体	0	20	10	20	20	30	80	80	30	10	10	10	330
13. 广播和电视	100	390	230	190	280	480	3 910	1 200	510	240	320	100	7 970
总数	1 920	7 330	5 090	4 580	5 490	9 420	37 420	17 880	8 480	2 710	5 170	1 610	107 010
占所有创意企业地方经营单位比例	1.8%	6.8%	4.8%	4.3%	5.1%	8.8%	35.0%	16.7%	7.9%	2.5%	4.8%	1.5%	100%

表 16　2009 年各地区创意企业地方经营单位数量

行业	东北	西北	约克郡和亨伯河口湾	中部地区的东部	中部地区的西部	英格兰东部	伦敦	东南	西北	威尔士	苏格兰	北爱尔兰	英国总体
1. 广告	320	1 470	820	700	940	1 360	4 130	2 490	1 090	280	570	200	14 340
2. 建筑	280	950	700	640	790	1 070	2 890	1 850	1 040	350	1 040	450	12 040
3. 艺术品和古董	110	350	280	240	290	340	520	560	400	160	260	80	3 590
4. 工艺													
5. 设计	310	980	810	830	850	1 330	4 040	2 350	1 070	300	630	220	13 720
6. 时尚设计	20	70	50	60	60	90	270	150	70	20	40	10	910
7. 视频、电影和摄影	140	590	360	280	370	690	5 090	1 610	720	300	440	150	10 730
9 和 10. 音乐、视觉和表演艺术	430	1 690	1 260	1 070	1 260	2 610	13 670	5 300	2 370	770	1 130	210	31 790
11. 出版	160	620	450	460	530	940	2 520	1 670	900	240	520	190	9 190
8 和 12. 软件和电子出版	40	160	120	130	170	240	420	510	170	40	120	10	2 110
8 和 12. 数字和娱乐媒体	0	20	10	10	10	20	50	50	20	10	10	10	210
13. 广播和电视	100	400	230	180	260	460	3 860	1 190	500	250	310	100	7 850
总数	1 910	7 290	5 080	4 590	5 530	9 130	37 460	17 730	8 350	2 720	5 070	1 620	106 480
占所有创意企业地方经营单位比例	1.8%	6.8%	4.8%	4.3%	5.2%	8.6%	35.2%	16.7%	7.8%	2.6%	4.8%	1.5%	100.0%

附录E　数据来源

1. 报告

(1)2011年创意产业纲领文件

网址：http://webarchive. nationalarchives. gov. uk/+/http:/www. culture. gov. uk/reference _ library/publications/4632.aspx。

(2)创意产业经济评估数据

网址：http://www.culture.gov.uk/what_we_do/research_and_statistics/4848.aspx。

2. 数据

登录国家统计局网站，获得最新公布的数据，也可以获取本报告中涉及不同年度的数据。

(1)年度商业调查(总增加值)

网址：http://www.ons.gov.uk/ons/search/index.html?pageSize=50&newquery=annual+business+survey。

(2)服务出口

网址：http://www.ons.gov.uk/ons/search/index.html? pageSize=50&newquery=ITIS。

(3)就业

网址：http://www. ons. gov. uk/ons/search/index. html? pageSize = 50&newquery = annual + population + survey。

(4)企业数量

网址：http://www.ons.gov.uk/ons/search/index.html? pageSize=50&newquery=idbr。

文化教育

——文化教育项目和机会总结

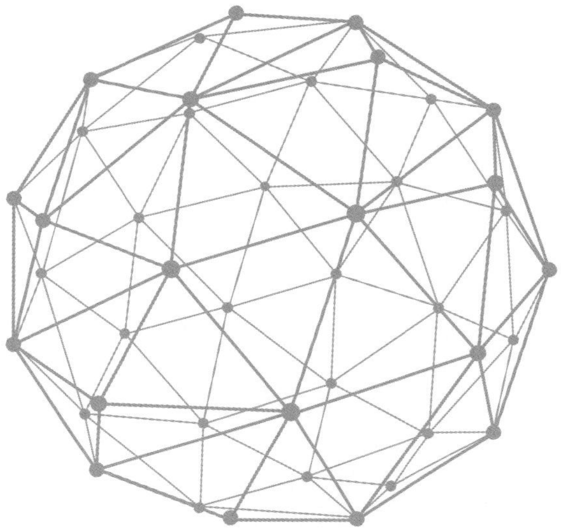

* 文件由教育部，文化、媒体和体育部发布于 2013 年 7 月。

目　　录

序　　言

艺术是人类成就的最高形式。通过艺术，我们不仅了解了自己和世界，也让我们的生活充满了魔力。艺术让我们可以为共同的人性而庆贺，可以使我们跨越边界进行沟通。艺术创作使我们成为美的创造者和欣赏者，从而将我们与自然界其余的一切区分开来。

因而，如果没有使艺术和创造力成为孩子生命的中心，我们根本无法让他们接受任何完整的教育，甚至根本无法开展任何教育项目。

我们教孩子读书、写字，不仅是为了让他们在现代社会中成为有见识的公民，也不仅是为了让他们在全球竞争中取得成功。我们教孩子使用英语、享受英语，是因为它是承载莎士比亚(Shakespeare)和狄更斯(Dickens)、德里克·沃尔科特(Derek Walcott)和阿兰达蒂·罗伊(Arundhati Roy)、罗伯特·伯恩斯(Robert Burns)和艾维斯·卡斯提洛(Elvis Costello)思想的媒介。灵活自信地使用英语，就掌握了游弋在这些灵魂和心灵之间的船帆。这就是为什么课程改革要强调早期的阅读学习、广泛的快乐阅读和清晰的写作本能这三者的重要性。

我们的信条造就了学习英语的方法，即要让每个孩子成为自己人生故事的主人，要让他们自由地表达个性，每天都创造新的事物。

这种致力于创新的思想贯穿所有教育方法。

英国许多成功的学校都将文化作为核心课程，我们希望所有的学校都能效仿，甚至超越那些目前很优秀的学校。

为了实现这一目标，我们需要认识到，最好的学校之所以优秀，不是因为有政府法令的偏护，而是因为有鼓舞人心的教师进行引领。我们给学校领导和教师的自由度越高，让他们自主安排学生在学校一天、一周、一年的课程，自主地使用他们的资金，他们就会有越多创新和超越的空间。

虽然政府不应该领导学校，但可以引领、鼓励和促进学校的发展。这正是本文件想要实现的目的——我们不会像理想中的社会现实主义者那样要求生产，而是要像最好的教师那样去鼓励和解放他们。

我们将在中学实施新的责任制，鼓励更多学校开设更具广泛性的创造性学科。

我们已进行意见征集，从全面的视角判断各学校的表现，不断强调艺术和文化科目的重要性。建设最好的学校不会是孤立运行的，要创设一个良好的文化教育环境，有赖于许多其他合作伙伴积极贡献力量。本文件列出了政府、独立机构(Arm's Length Bodies，ALBs)、文化教育机构以及家长、学生和学校的贡献。独立机构如英格兰艺术委员会(Arts Council England，ACE)、英国电影协会(British Film Institute，BFI)和英国古迹署(English Heritage，EH)。

我们还要认识并感谢许多慈善机构、公益组织和志愿组织，以及当地政府与其他艺术和文化组织所做出的巨大贡献，它们提供了一个由图书馆、博物馆、文物古迹和电影俱乐部组成的卓越的文化网络。

我们很高兴有各种各样的文化教育伙伴关系，并且还在不断发展新的伙伴关系。我们还推出新举措，帮助学校与卓越的文化组织和专业人士建立合作关系。在本文件中，我们对公共资助的文化教育项目进行了总结，并列出达伦·亨利（Darren Henley）的《文化教育调查》（*Cultural Education Review*）①中所推荐的优秀文化项目。

我们希望学校看到这些文化教育项目会感到振奋，并利用它们为所有的孩子提供文化教育，吸引并激励他们参与生活中的文化活动。

英国教育大臣（Secretary of State for Education）　迈克尔·戈夫

文化、通信和创意产业部（Culture, Communications and Creative Industries）大臣　艾德·维济

① “英国文化教育的独立调查报告”（The independent Review of Cultural Education in England）由英国教育大臣和文化、通信和创意产业部大臣于 2011 年授权发布。调查报告和政府所做出的回应可以从英国政府网站进行下载。

前　　言

确保儿童获得卓越的文化教育是很重要的。

最好的文化教育可以改变一个年轻人对周围广阔世界的感知，让他们觉得之前似乎不可能企及的未来变为可能。而且，学习特定的文化教育科目，如艺术与设计、舞蹈、戏剧、电影研究和音乐，能使儿童直接获益，使年轻人获得伴随一生的宝贵知识和技能。

对创意和文化产业，以及其他一些为推动英国经济增长创造未来劳动力的经济部门来说，也可以从中获益。而对于社会而言，从整体上不断了解共同的文化遗产也有广泛的益处。不要忘了，这些科目要求严格，年轻人要想达到最高水平，需要努力学习，不要为没有达到最高水平而感到羞愧，而要在学习过程中体验到快乐。

我受英国教育大臣迈克尔·戈夫议员和文化、通信和创意产业部艾德·维济议员的委托撰写了《文化教育调查》报告，是去年出版的。我很感谢在整个过程中他们给予我的慷慨支持，也很感谢他们对我所提的建议给予了认真回应。

他们给我的概要内容宽泛，我希望尽可能地听到来自更多教师、文化遗产从业人员和涉及文化教育各个方面的机构的批评指正。实证阶段涉及来自诸多领域的个人和机构，如考古学、建筑学和建筑环境、档案、工艺、舞蹈、设计、数字艺术、戏剧和戏院、电影和电影院、画廊、文化遗产、图书馆、文学、现场表演、博物馆、音乐、诗歌和视觉艺术等。听到所有这些给予我批评指正的人们的热情倡议，我更加坚定地认为，这些领域都在英国年轻人的文化教育中发挥了重要作用。

政府采纳了我在《文化教育调查》中提出的很多建议，我两年前发表的《英国音乐教育资助和传播调查》中提到的很多意见也被政府采纳。

在这两个调查报告发布后，新的音乐教育中心(Music Education Hub)获得了资金支持；“和谐无间”(In Harmony)项目获得越来越多的支持；“音乐和舞蹈项目”(Music and Dance Scheme，MDS)和“舞蹈和戏剧奖”(Dance and Drama Awards，DaDA)持续获得资助；创办了新的博物馆和学校项目(Museums and Schools Programme)、新的文化遗产学校项目(Heritage Schools Programme)、新的国家青年舞蹈团(National Youth Dance Company)和新的英国电影协会电影学院(BFI Film Academy)；索雷尔国家艺术与设计周六俱乐部基金会(Sorrell Foundation’s National Art and Design Saturday Clubs)的规模不断扩大；新的“文化护照”(Cultural Passport)工作已经开展；新的艺术教育从业资格正在引进；新的文化教育合作组织(Cultural Education Partnership Group，CEPG)与国家彩票基金机构(National Lottery Funding Bodies)正在以一种新的方式进行合作。

来自教育部，文化、媒体和体育部，英格兰艺术委员会，英国古迹署和英国电影协会的资助，帮助了全国范围内卓越工作的开展。文化机构和场馆、地方政府、慈善机构、创意产业、慈善家和志愿部门都将继续发挥作用，支持其他极具价值的文化教育领域的发展。当然，最重要的是，全英国范围的学校的校长们认识到文化教育课程在学校课程中的重要性，在他们的领导和带动下，学校教师帮助孩子们日复一日地学习更多文化教育课程。除此之外，我们依然有很多工作需要推进。

我非常高兴第二份调查报告中提出的意见被写入政府新出台的文化教育文件。我认为它应该被视为与政府的“国家音乐教育计划”(National Plan for Music Education，NPME)具有同等地位，该计划是在我的 2011 年音乐调查报告之后发布的。这两个报告的存在凸显了所有科目的重要性，并肯定了文化教育课程在全面发展丰富文化和多才多艺的一代年轻人中所做出的重要贡献。

我的第二份调查报告确定了整个文化素质教育最佳范例中最常见的 3 个特定元素。

第一个元素是以知识为基础，把现在已经存在或正在创建的文化中最好的部分(例如，伟大的文学、艺术、建筑、电影、音乐和戏剧)教给孩子们，要向年轻人介绍广阔的文化思想和无限的创造力，这些比他们在学校以外的生活中可能会遇到的世界更加广阔。

第二个元素的核心是提高孩子的分析和判断能力(这还和我调查范围之外的其他课程有直接的相关性)。学习创造性和批判性地进行思考，清晰地表达自己的观点，这对于每个年轻人来说都是很重要的特质。学习文化教育课程有助于培养孩子的个性、能力和想象力。

第三个元素是以技能为基础，教孩子们如何参与并创造新的文化作品(例如，产品设计、绘画、作曲、排戏、编舞或者制作短片)。这些技能包含一些个人活动，如读书、编故事、画画、学习工艺或创造音乐，还包含一些协作工作，如需要众人参与的唱歌和表演，这会帮助孩子学习如何在一个团队里面协同合作。校外的文化教育活动，如参观博物馆、美术馆或文化遗产，或者倾听和欣赏专业艺术家的表演，也会帮助年轻人以新的视角理解课堂所学的知识。

英国因具有高质量的文化教育而在国际舞台上备受推崇，这是我们应该珍视的。政府的文化教育文件既饱含雄心壮志，又带有求真务实的态度。我希望它会成为一个有用的工具，成为一个活生生的会呼吸的“实体”，会随时间的推移而不断更新和充实，让父母、教师、辅导员、州长和文化部的教育者们更加了解全国正在举办的许多项目以及工程的目标和范围。人们彼此相互合作，各大组织之间建立合作伙伴关系的目的是，为下一代提供他们应该获得的高质量文化教育。本文件旨在介绍一些当前文化教育中推行的最激动人心的计划和项目，我希望这将是我们共同努力创建一个更美好未来的基础。

英帝国勋章(Order of the British Empire，OBE)获得者、经典调频(Classic FM)总经理　达伦·亨利

我们的雄心：世界一流的文化教育

(1)所有学生都有接受文化教育的机会

所有的年轻人都应该有机会参加我们可以提供的最好的文化教育活动。

(2)培养人才，克服劣势

具有卓越天赋的年轻人，无论背景如何，都值得拥有特殊的项目来支持其发展。我们要确保音乐、艺术和设计、舞蹈、戏剧和电影方面的新项目不断扩展。

(3)高质量的艺术学科课程与资格认证

课程与资格认证改革将确保艺术学科提供优质的课程与资质认证。

(4)卓越的教育

所有的年轻人都应该接受卓越的教育，以帮助他们增加文化知识，提升理解力和技能。

(5)弘扬国家历史文化

所有的年轻人都应该了解国家的标志性象征，了解塑造了我们民族性格和文化的重要历史事件。我们将支持举办特定的节目，来纪念那些塑造了我们国家的事件和人。

(6)无论是现在还是将来，都要创建一个持久的伙伴关系网络，来实现我们的雄心

我们将鼓励地方创建能够保持持久伙伴关系的安全框架。

介　　绍

任何地方、任何一代的英国孩子都可以宣称他们拥有最富有的文化遗产。我们要确保每个人都能拥有这种自豪感。我们将促进高质量文化教育的普及，更致力于发展卓越的音乐、电影和艺术。未来3年，即到2015年3月，将有2.92亿英镑资金用于资助文化教育活动，以此来保障这个目标的实现。与此同时，还有来自私立学校、地方当局和独立机构的投资以及其他来源的一些支持。

我们有更广阔的雄心。实现它们需要有优先使用现有预算的权利，以及非政府组织和伙伴关系的持续帮助。这些伙伴关系需要集中资源和专业知识来设计，并提供一系列连续的文化活动，以适应当地的需要。必要的时候，他们将调用当地政府的力量，促进学校和学生之间供需量的改善和提高。

这需要一个有机的变化，学校、地方当局、独立机构和文化教育提供者要共同努力为学生提供高质量的文化教育。学校应该依靠专业文化从业人员的专业知识，来开发鼓舞人心的课程，鼓励学生终身参与国家的文化生活。这种参与可以是为了快乐或者充实自我，也可以是为了成为文化创意产业的贡献者。同样地，我们也希望文化教育提供者也能利用这个机会来设计并调整他们提供的服务，以满足学校和学生的需求和兴趣。

最好的学园、卓越的公立学校和最具竞争力的私立学校都充分展示了它们提供的丰富的文化教育。在卓越而信心满满的负责人的带领下，这些学校构建的文化教育体系成为我们追求卓越的标准。

本文件确定了英国文化教育的雄心，并对学校和教师开放的项目和机会进行汇总。

背　景

教育部(Department for Education，DfE)与文化、媒体和体育部(Department for Culture，Media and Sport，DCMS)委托《经典调频》总经理达伦·亨利对音乐和文化教育发展情况进行调研。2011 年秋天，达伦·亨利发布了"国家音乐教育计划"的报告。他对文化教育的调查——《文化教育在英国：由达伦·亨利进行的一项独立调查》(*Cultural Education in England：An independent review by Darren Henley*)，连同政府所做出的回应共同发表于 2012 年 2 月。

达伦·亨利的一个重要建议是，政府应该推出一个国家计划，制定一个学校可以参考的供给框架，确保文化教育调查的目标能够实现。我们的青少年儿童所接受的文化教育已经获得了政府的大量支持。学校的课程以英语、历史、音乐、舞蹈、戏剧和艺术以及设计为特色，并且文化、媒体和体育部在文化领域投入了大量的资金，这有助于支持这些课程的发展。我们的博物馆、美术馆、艺术机构和图书馆为青少年儿童提供了兼具吸引力和知识性的教育项目及活动、积极组织各类研讨会、提供各种参观机会，所有这些要么是作为学校学习的一部分，要么是作为家庭生活的一部分。文化、媒体和体育部的独立机构——英格兰艺术委员会(ACE)、英国古迹署(EH)、文化遗产彩票基金(Heritage Lottery Fund，HLF)和英国电影协会(BFI)，以及其他一些机构都为教育活动进行了大量投入(财政补贴和国家彩票)。它们为文化教育活动提供资金，这些活动囊括了从伦敦南岸中心(London's Southbank Centre)的"儿童想象节"(Imagine Children's Festival)，到圣盖茨黑德音乐厅(the Sage in Gateshead)的家庭表演，到英国的罗马城堡(Roman forts)，到都铎王朝的城堡(Tudor castles)，再到维多利亚花园(Victorian gardens)等 400 多个历史古迹的免费教育性参观。

重点项目总结

以下将详细解释文化教育的目标，以及为实现这一目标所推出的一系列项目。这里对我们以及我们的合作伙伴正在实施的重要举措进行简要总结。

(1) 音乐教育中心

2012 年 8 月至 2015 年 3 月，我们为英国 123 家音乐教育中心组成的网络注资。这些中心于 2012 年 9 月开始运行，英格兰艺术委员会代表教育部对这个网络进行管理。

(2) “和谐无间”项目

“和谐无间”是一项国家项目，旨在通过以社区为基础的管弦乐制作启发和改善孩子们的生活。它通过高质量的音乐教育提高期望值，改进孩子们的生活机会。“和谐无间”项目由教育部和英格兰艺术委员会国家彩票基金联合赞助。

(3) 音乐和舞蹈项目

国际知名的音乐和舞蹈项目支持极具才华的年轻音乐家和舞蹈家进入 8 个专业机构或高级培训中心进行学习，他们将在自己选定的领域接受世界一流的培训和良好的学术教育。

(4) 博物馆和学校项目

博物馆和学校项目于 2012 年 7 月启动，该项目由教育部资助，由英格兰艺术委员会代表教育部进行管理。它为英国大批学生提供博物馆开发的课程相关的高质量活动。

(5) 国家青年舞蹈团

教育部与英格兰艺术委员会联合资助了一个新的国家青年舞蹈团，来发掘和培养年轻人的天赋，使他们有机会将自己的技能提升到最高水平。

(6) 索雷尔基金会国家艺术与设计周六俱乐部

教育部与英格兰艺术委员会联合支持索雷尔基金会国家艺术与设计周六俱乐部的发展，有才华的学生有机会通过位于当地艺术院校的艺术与设计周六俱乐部接受更多高质量的教育。

(7) “文化护照”项目

文化、媒体和体育部与英格兰艺术委员会，以及教育部共同推出了“文化护照”项目，该项目允许青少年儿童记录、分享和评论他们在校内外的文化学习和体验。

(8)文化遗产学校

我们正在与英国古迹署合作开展文化遗产学校项目，确保孩子能够了解当地，认识当地的文化遗产，以及这些文化遗产在国家历史中的地位。

(9)英国电影协会电影学院

在英国电影协会的大力支持下，一所新的电影学院正在培养新一代有才华的电影制作人。

(10)国家青年音乐组织(National Youth Music Organisations，NYMOs)

英格兰艺术委员会和教育部共同资助了国家青年音乐组织，该组织为全国最有才华的年轻音乐家提供高质量的机会，提升他们的技能以及与国家合唱团共同演出的经验。

(11)音乐青年(Music for Youth，MFY)

音乐青年提供全年度地区和国家活动项目，使年轻人和家庭成员有机会参加音乐节或在音乐会上进行表演。

(12)学校莎士比亚戏剧节(Shakespeare Schools Festival)和皇家莎士比亚剧团(Royal Shakespeare Company，RSC)莎士比亚教师工具包(Shakespeare Toolkit for Teachers)

我们正在支持一项雄心勃勃的项目，到2014年，给英国5万名儿童提供上台表演莎士比亚戏剧的机会。学校莎士比亚戏剧节为学校提供节选脚本和排练技巧，在当地寻找可供表演的剧院。皇家莎士比亚剧团将为所有公立中学免费提供一份莎士比亚教师工具包。

(13)“诗歌在心中”(Poetry By Heart)——全国诗歌朗诵比赛(National Poetry Recitation Competition)

我们想丰富和激励学校的诗歌教学，鼓励学生和教师了解我们的世界一流文学遗产。比赛可以促进人们理解诗歌这种动态的艺术形式，培养学生的自信心，提升他们的文化理解力和创造理解力。

一、所有学生都有接受文化教育的机会

文化体验和教育不应该只为少数特权阶层所有。创造性表达存在于每个人的基因当中，我们希望所有的孩子在成长过程中都能体验丰富的文化生活，当地政府可以为孩子们提供高质量且可参与的机会。我们国家的每个地区都拥有丰富的文化资源。例如，康沃尔(Cornwall)充满活力的艺术资源包括150个节日、300个私人画廊、10个戏剧和舞蹈公司、72座博物馆和1 000个经常用于文化活动的乡村礼堂。在白金汉郡(Buckinghamshire)，米尔顿·凯恩斯委员会(Milton Keynes Council)投资19.7万英镑打造的“文化节之夏”(Summer of Culture Festival)，在2012年5月到9月吸引了超过16万人参与各种艺术和文化遗产项目，参加各种活动，并体验到不同节日的文化气息。

去年，地方政府投资8.2亿英镑，用于公共图书馆服务，支持图书馆提供基础读写设施和文学作品，而英格兰艺术委员会投资600万英镑建立了一个基金会，专门用于资助图书馆举办各类以艺术为主导的项目。与此同时，当地政府支持博物馆和美术馆、艺术中心、档案馆和公共艺术组织大量文化活动，使当地社区的青少年儿童能够拥有丰富的文化体验。

1. 学校的作用

尽管这些资源面向所有人开放，但必须有人引领孩子们进行文化体验，并且父母们也需要意识到这些资源能带来的独特好处。在有些地区，这些资源没有得到有效利用。尽管文化产品从本质上来说应该是多样化的，但我们通常也要根据兴趣、教育需要和当地居民的不同文化背景来改进它们的质量和条件。

学校要让学生进行文化体验，并将其作为学校广泛、丰富的课程体系的一部分。在这个过程中，学校发挥着重要作用。学校不仅要利用当地提供的资源，还要利用国家提供的卓越的资源来实现自己的理念，争取支持。国家提供的资源内容丰富，各种类型的文化机构都能提供独具特色的项目。

参与文化活动的时间不能以失去学习核心课程的时间为代价。它们并不相互矛盾，而是要形成整体推进的格局，实现学生的全面发展。所有学校都有责任促进学生的精神、道德、文化、心理和生理发展。在文化教育调查中，达伦·亨利提出了文化教育要达到的最低要求，即孩子应该接受全面发展的学校教育(见附录A)。我们认为，学校是决定为学生提供何种文化教育的最佳人选，这些建议可能会对他们有用。

学校可以在其认为合适的情况下将文化教育融入课程，并且学校应该确保充分利用现有的一些供给，来决定采取各种教学和学习风格。学园和私立学校具有很强的灵活性，可以自由安排课程，以满足学生的需求。但它们也必须保持课程体系具有广泛性和均衡性，也要开展英语、数学、科学和宗教教育。

柯克利思(Kirklees)的创意媒体工作室学校(Creative and Media Studio School)

柯克利思的创意媒体工作室学校打破传统的课堂教学模式，通过学校和周围社区提供的真实的企业主题项目来展开教学。目前提供的主题项目包括创意艺术与媒体、时装和纺织品以及表演艺术。14~16 岁的学生将在设计教学环境中学习有利于商业发展的各种技能，并从中受益，在这个环境中，他们可以把自己在课堂上所学的知识直接应用到实际业务当中。

迪克森初级音乐(Dixons Music Primary)——约克郡(Yorkshire)布拉德福德(Bradford)

迪克森初级音乐小学是英国第一所专业音乐学校。人们认为，如果孩子能在幼年时期打下坚实的音乐基础，将会有助于他们发展多种技能，包括听力、阅读和数学，以及培养真正对音乐怀有热情的信心满满的学习者。

除了将音乐融入整个课程体系，学校还会从“学摇滚”请来技艺精湛的音乐家，通过小组教学方式为学生授课。学生学习如何演奏乐器、唱歌、戏剧技巧和表演技巧。学前班的孩子主要学习键盘、手铃、非洲手鼓和唱歌。当升入高年级后，他们可以选择自己想学的乐器，选择范围包括电吉他、萨克斯管和鼓。专家们还会为学生提供跳舞、歌唱、戏剧和乐器方面的专业培训。此外，学生每年有机会参加 2 场音乐会。

伍尔斯顿国王领导力学院(King's Leadership Academy Woolston)——沃灵顿(Warrington)

所有学生都可以参加一个名为“国王护照”(The King's Passport)的项目，其是学校“追求”项目的组成部分，主要关注学生的性格发展。该项目每年为学生提供各种多样的体验机会，内容涵盖学校生活的所有方面(音乐、戏剧和体育)、当地社区(慈善、社区服务)到走出社区(文化的、历史的、国际访问和生活体验)的方方面面的体验活动，目的是确保学生成为成功、自信和有责任感的公民，使他们能够在顶尖大学和职业面试中脱颖而出。

所有学生都可以有文化体验的机会，例如，参加由约翰·哈里斯(John Harris)主持的文学沙龙，他是《耶阿特人——贝奥武夫和格伦德尔的故事》(*Geat-the story of Beowulf and Grendel*)一书的作者；参加一项国际体验活动，学生可以在 2013 年 3 月在美国国家航空航天局(National Aeronautics and Space Administration，NASA)参观一天，并且在 2013 年 7 月有机会参观佛罗里达州(Florida)的肯尼迪航天中心(Kennedy Space Centre)；参加一项职业生涯体验，如完成一项创意媒体体验，为广播电台的开放日制作一则商业广告；参观大学，包括 2013 年 7 月在剑桥大学(Cambridge University)进行为期 2 天的大学生活体验。作为项目的一部分，学生们访问了一些文化机构，如利物浦表演艺术学院(Liverpool Institute of Performing Arts)和世界博物馆(World Museum)，还观看了圣·乔治大厅(St George's Hall)的“圣诞颂歌”(A Christmas Carol)(这个故事是由查尔斯·狄更斯的重孙撰写的)表演。学校每两周还举办一次“世界职场演说家”活动，演讲人来自各行各业，其中来自一家建筑公司的演讲人激励学生成为新一代建筑师。

西伦敦自由学校(West London Free School，WLFS)——伦敦哈默史密斯和富勒姆区(Hammersmith and Fulham)

西伦敦自由学校是一所音乐专科学校，为学生提供经典通识教育，以传统的人文学科为核心，辅之以艺术、音乐、戏剧和体育。学校还重点教授语言和历史。

七、八年级的学生需要用跨学科的方法进行主题学习，如“古代世界”或“文艺复兴”。这种整体性学习方法可以使学生走出狭隘的学科定义的视角，能从许多不同的角度对主题进行分析。

在教学日，所有学生都可以从全部管弦乐器、钢琴、吉他、鼓和唱歌当中选择一项接受专家培训，学校希望每个孩子通过学习每年都能通过水平考试。学校积极关注歌唱活动，每年年初，学校会组织专业歌唱教师对每个培训小组进行为期一天的指导，开展班歌表演活动。学校合唱团会演唱各种各样的歌曲，包括流行歌曲、圣歌和古典音乐，还有机会在大型演唱会上进行表演，还会有机会在伦敦各地进行演出。

学校还与哈默史密斯歌剧院(Lyric Hammersmith)开展密切合作，剧院的专业人员围绕学校课程体系编排戏剧节目。除了表演活动外，学生还有机会学习更多戏剧表演技巧，例如，灯光、声音和舞台布置。

西南金斯布里奇大学(Kingsbridge College South West)——德文郡(Devon)

西南金斯布里奇大学第一批入选了教学学校(Teaching Schools)，是国家高校领导力项目(National College leadership programmes)在西南地区的许可证持有人，并且是“挑战合作者”(Challenge Partners)项目的创始成员和高级合伙人。“挑战合作者”项目是由全国200多所学校组成的网络，为学校提供机遇和支持，以提高学校的水平。西南金斯布里奇大学是一所获得艺术标志奖金奖(Artsmark Gold)的学校。

金斯布里奇的员工和团队一直秉承着分享优秀教学和学习实践的精神，努力为学习者创造文化机会。学校的“艺术社区协调员”(Arts Community Co-ordinator)为所有艺术部门提供支持，并负责与外部人员和合作伙伴建立紧密联系。学校积极挖掘校外资源，与学校莎士比亚戏剧节、托特尼斯摇滚学校(Totnes School of Rock)、巴比肯中心(The Barbican)和普利茅斯皇家剧院(Theatre Royal in Plymouth)开展合作，与当地艺术家和陶瓷艺术家积极联系，并与各类演出公司如兰伯特舞蹈团(Rambert Dance Company)开展合作。学校的舞蹈、音乐和媒体专业知识教学外包给了中小学合作伙伴。

学校鼓励学生参加各种各样丰富多彩的活动，其中包括参观大英帝国和英联邦博物馆(British Empire and Commonwealth Museum)并做专业记录，通过戏剧性的方式对奴隶贸易及其同普利茅斯的关系进行解析，九年级的学生还有机会观看《命中注定》(*Doomed Youth*)，这是一部讲述第一次世界大战中年轻人的故事的影片。

学校还会为学生提供关于媒体教育的知识，如数字电影、摄影和编辑等。学生编导的在线媒体展示作品《删节》(Abridged)获得了国家级奖励。

马尔伯里女子学校(Mulberry School for Girls)——伦敦陶尔哈姆莱茨(Tower Hamlets)

马尔伯里女子学校是一所优秀的专业艺术综合性学校，招收11~18岁的女学生。它的目标是培养学生的“信心、创造力、领导力和对学习的热爱”。

马尔伯里女子学校每年开展很多丰富多彩、充满活力的表演活动。马尔伯里女子学校目前坐落在南岸中心，正在开展一项激动人心的活动。学校和伦敦西区以及当地剧院和艺术场馆都有密切联系，学生有机会与驻场艺术家合作，并在公共场所进行演出。他们每年在知名度比较高的剧院，如萨瑟克区剧场(Southwark Playhouse)，举办一次戏剧艺术节，马尔伯里剧团(Mulberry Theatre Company)会表演由自己的剧作家和戏剧导演创作的原创戏剧。

学校戏剧团连续三年在爱丁堡艺术节(Edinburgh Festival)进行原创戏剧表演，2009年，剧团在与专业戏剧团队的比赛中凭借其新作赢得了“第一艺穗”奖(‘Fringe First’ award)。2011—2012年度，学生参加了学校莎士比亚戏剧节，在南岸中心的独角兽剧院(Unicorn Theatre)表演了《错中错》(*Comedy of Errors*)。还有学生在广播剧比赛中获奖，并在“大杂烩”进行表演。

艺术家驻场项目是马尔伯里女子学校文化工作中必不可少的一部分，通常也是鼓舞人心的一部分，学校与很多专业舞蹈演员、导演、剧团和音乐家都开展紧密合作。例如，马尔伯里舞蹈团就曾在英国皇家歌剧院(Royal Opera House，ROH)林伯瑞剧场(Linbury Theatre)表演了肖伯娜·叶娅辛(Shobana Jeyasingh)的作品。它的媒体部门已经在电影制作方面积累了大量专业知识，去年，学校学生与英国广播公司电影制作人菲奥娜·劳埃德·戴维斯(Fiona Lloyd Davies)合作，以波斯尼亚大屠杀为主题创作了电影《正义行动》(*Justice in Action*)，这需要学生前往波斯尼亚(Bosnia)和海牙(Hague)采访那些幸存者，并参与到将肇事者绳之以法的行动中。这部电影获得了“超时”影评(‘Time Out’ Critic)的推荐，并且已经入围2013年纽约人民电影节(the People's Film Festival)。

马尔伯里女子学校配备有陶瓷设备、摄影暗房、全副武装的舞蹈工作室、作曲套件和一个录音室。专业剧院定于2013年7月面向公众开放。

这项工作提高了学业标准，2005年39%的学生取得5门以上C~A*的成绩，包括数学和英语，到2011年，这一比例达到了78%。马尔伯里89%的六年级学生进入了大学。

2. 国家提供的文化教育资源

为了让学校更好地利用地方和国家提供的文化资源，帮助青年人获得更高水平的机会，政府支持那些能让学校更好地获得并利用文化资源的项目。

这些项目已有从其他公共、慈善和私人机构获得资助而推进的大量文化机会。本文件中将以个案研究的方式对推进文化项目进行介绍，以便能展示文化教育的全景。

免费教育参观

英国古迹署每年让37万名儿童参与免费参观项目，目的是鼓励下一代人关心历史遗迹。学校师生能够免费参观400多个爱国主义教育基地。他们可以在中世纪国王的庭院里体验生活，或者沉浸在多佛城堡(Dover Castle)《敦刻尔克大撤退》(*Dunkirk Evacuation*)的戏剧里；在贝特修道院(Battle Abbey)重现1066年英国历史上最难忘的日子；在哈德良长城(Hadrian's Wall)上英格兰最完整的罗马要塞——罗马边境豪斯感德(Housesteads)追忆当时的生活；在肯尼沃斯城堡(Kenilworth Castle)追寻女王伊丽莎白一世(Queen Elizabeth I)的脚步；或是在世界上最具标志性的遗产之一——巨石阵(Stonehenge)前思考石阵的真正含义。

除此之外，教师可以在英国古迹署负责维护的其他一些网站上下载资源，了解相关活动，并制订参观计划。这些资源对历史遗迹的情况进行介绍，还为跨学科探索提供主题。

接下来，我将会描述一些由政府资助的核心活动，这些活动旨在加强增加国家提供文化教育机会的影响力。

3. 教育部支持的项目

(1)学校莎士比亚戏剧节和皇家莎士比亚剧团莎士比亚教师工具包

2014年是伟大的剧作家和诗人莎士比亚诞辰450周年纪念，2016年将是莎士比亚逝世400周年纪念。为了庆祝这些重要的纪念日，教育部支持开展一项雄心勃勃的项目，到2014年，让英国5万名儿童有机会上台表演一部莎士比亚戏剧。

学校莎士比亚戏剧节，其赞助人包括丹奇·朱迪女爵(Dame Judi Dench)、凯文·斯贝西(Kevin Spacey)和珍妮·艾格特(Jenny Agutter)，已为这一项目筹募14万英镑资金。学校莎士比亚戏剧节以“莎士比亚的一代”(Shakespeare Generation)的名义进行筹款，参与合作的学校数量几乎会增加3倍。上面提及的筹款活动是其中的一部分，英格兰合作的小学和中学从2012年的600所(全英国有700所)增加到2014年的1350所(全英国有1500所)。这将使英格兰4.3万名学生参与这项活动，他们将在英格兰160多个剧院表演他们所选择的莎士比亚戏剧(全英国有5万名学生和240个剧院)。

此外，来自教育部的资助将使学校莎士比亚戏剧节能够向学校提供简略的脚本，提供排练技巧培训，并寻找当地可以演出的剧院。它还将支持来自学校莎士比亚戏剧节的合作伙伴——中央演讲与戏剧学院(Central School of Speech and Drama)的教师开展研讨会，讨论编导方法和舞台艺术。

除了与学校莎士比亚戏剧节的创造性合作，教育部还在推进对莎士比亚作品的研究。皇家莎士比亚剧团(RSC)获得了13.5万英镑经费，为所有公立中学提供一份免费的皇家莎士比亚剧团莎士比亚教师工具包。这个教师工具包为教师提供了60多个小时的教学资源，涉及研究最多的3个莎士比亚戏剧文本：《麦克白》(*Macbeth*)、《罗密欧与朱丽叶》(*Romeo and Juliet*)和《仲夏夜之梦》(*A Midsummer Night's Dream*)。

(2)“诗歌在心中”——全国诗歌朗诵比赛

我们想丰富和激励学校的诗歌教学，鼓励学生和教师了解我们世界一流的文学遗产。所有学生都应该有机会在学校学习并欣赏诗歌，举行“诗歌在心中”朗诵比赛就是为了实现这一目标。比赛通过记忆和背诵诗歌，帮助学生提高对诗歌的理解。通过诵读让人们了解诗歌是一种动态的艺术形式，并能培养学生的自信心，提升他们的文化和创造性理解力。

英国很多学校和学院参加了2013年第一届“诗歌在心中”比赛，参赛选手主要是10~13岁的学生。14~18岁的学生要从专门为比赛精选的130多部当代经典诗歌的选集中挑选诗歌，其中包括马修·阿诺德(Matthew Arnold)的《多佛海滩》(*Dover Beach*)，珀西·波比·雪莱(Percy Bysshe Shelley)的《奥西曼达斯》(*Ozymandias*)和莎士比亚《第十二夜》(*Twelfth Night*)中小丑的歌——《当我还是一个小男孩的时候》。

比赛也给教师提供了机会，使他们可以提高自身的诗歌教学，并学习新的能够提高背诵和表演技巧的教学方法。9个教育工作者与诗人开展合作的地区为教师开办了与诗歌相关的“教与学”研讨会。

“诗歌在心中”为学生们提供了一个扩展和丰富诗歌知识的机会，参赛选手要从特别精选的选集中挑选两首诗歌进行背诵，这两首诗歌要从1914年前后发表的诗歌中进行挑选。这些诗歌长度各异，发音和表演形式多种多样，涵盖英国本土和全球的英语诗歌遗产。

从康沃尔到坎布里亚(Cumbria)参加乡镇决赛的41名大学生获胜者将参加4月份在伦敦国家肖像美术馆(National Portrait Gallery)举行的地区和全国总决赛。

7个地区半决赛获胜者和最佳亚军选手将会角逐2013年“诗歌在心中”全国冠军的称号。来自诺丁汉郡(Nottingham)比尔伯勒公立学院(Bilborough College)18岁的卡提·苏丹娜(Kaiti Soultana)赢得了这一称号。卡提背诵的是节选自14世纪原版《高文爵士和绿骑士》(*Sir Gawain and the Green Knight*)中的片段和伊丽莎白·毕晓普(Elizabeth Bishop)的《鱼》(*The Fish*)。来自诗歌、教育界和媒体的评委们，以及前任桂冠诗人安德鲁·莫逊爵士(Sir Andrew Motion)一致认为卡提是当之无愧的获胜者，认为她的表演“完全与众不同”。

2013—2014年度比赛筹备工作正在有条不紊地进行。我们期望“诗歌在心中”能够继续鼓舞学生扩展阅读范围，背诵美丽而动人的诗歌，并用诗歌丰富他们的生活。

更多关于比赛的信息，请访问网址：www.poetrybyheart.org.uk。

(3)音乐教育中心

教育部承诺，要在2012年8月至2015年3月为英国123家音乐教育中心组成的网络投资超过1.71亿英镑。这些教育中心于2012年9月开始运行，由英格兰艺术委员会代表教育部进行管理。

这些中心同地方当局、当地的音乐教育机构和学校积极开展合作。它们的作用是帮助所有学生，尤其是来自弱势家庭背景的学生，为他们提供更多和更广泛参与音乐活动的机会。

发表于2011年11月的“国家音乐教育计划”对它们的职责做出明确规定。这些音乐教育中心必须确保每个5~18岁的孩子有机会学习唱歌，并且能演奏一种乐器，还要作为合奏组或合唱团的一分子进行表演。它们的部分职责是审核当地的需要和协调包括学校在内的广泛的伙伴关系的建立，进一步支持年轻人发展他们的天分，或是参加当地的乐团，或是参加国家资助的音乐组织和音乐教育机构。他们与所有当地的学校都建立了合作关系，以便确定学校的需求和学校可以为音乐教育中心提供的资源。

音乐中心已经在全国开展很多创新项目。在考文垂(Coventry)，音乐中心正在与“和谐搭档”(Armonico Consort)合作，该组织正在城里的4个地区设置唱诗班；在沃里克郡(Warwickshire)，音乐中心正在与“混搭艺术”(Hybrid Arts)合作，推出“不升学、不就业、不培训”(Not in Education Employment or Training，NEET)项目，使年轻人参与音乐技术和音乐/媒体项目，并将其作为通往大学课程的桥梁；英国皇家歌剧院正在巴肯—达格南自治区(Barking and Dagenham)、黑弗灵(Havering)、艾塞克斯(Essex)、瑟罗克(Thurrock)和邵森德(Southend)为音乐教师推出歌唱“继续专业发展”(Continuing Professional Development，CPD)项目。

还有几个地方政府共同合作，通过创建地区联合方式推进工作的例子。例如，大曼彻斯特音乐中心(Greater Manchester music hub),就是波尔顿(Bolton)、伯里(Bury)、奥尔德姆(Oldham)、洛奇代尔(Rochdale)、索尔福德(Salford)、斯托克波特(Stockport)、坦姆赛德(Tameside)、特拉福德(Trafford)和威根(Wigan)的音乐机构,包括哈勒管弦乐团(Hallé Orchestra)和北方皇家音乐学院(Royal Northern College of Music),共同开展工作。格林尼治(Greenwich)、伦敦朗伯斯区(Lambeth)、刘易舍姆(Lewisham)和南华克区(Southwark)的音乐教育中心建立了南河岸区音乐伙伴关系(South Riverside Music Partnership),并通过谅解备忘录(Memorandum of Understanding)与三一拉邦音乐舞蹈艺术学院(Trinity Laban Conservatoire of Music and Dance, TL)和伦敦爱乐管弦乐团(London Philharmonic Orchestra, LPO)合作开展联合活动,如高水平的艺术团体和灵动管弦乐团(the Animate Orchestra)——“21 世纪青年人的乐团”。

更多关于音乐中心的信息,请访问英格兰艺术委员会的网站:www.artscouncil.org.uk(搜索“音乐教育中心”)。

伯明翰音乐教育伙伴关系

伯明翰音乐教育伙伴关系(Birmingham Music Education Partnership, MEP)是一个强大的音乐组织网络,主推音乐服务,目前是一个独立的教育信托基金——教育服务(Services for Education)的一部分,其他合作伙伴是艺术委员会非营利组织(Non Profit Organization, NPO):伯明翰城市交响乐团(City of Birmingham Symphony Orchestra, CBSO)、宗座权威(Ex Cathedra)、伯明翰当代音乐团体(Birmingham Contemporary Music Group)和伯明翰表演(Performances Birmingham)(市政厅、交响乐大厅和伯明翰爵士乐(Town Hall Symphony Hall and Birmingham Jazz))。伯明翰的议员希望支持该市 400 多所学校学生的音乐发展。伯明翰音乐服务(Birmingham Music Service)支持了超过 90%的学校,并且这些学校中的大部分都通过该机构进行了良好的互动和紧密的联系。

除了音乐教育中心的核心作用,伯明翰音乐教育伙伴关系还将给所有七年级的学生(不管是在洛杉矶学院、专科院校,还是私立学校)一项权利,让他们至少能在世界著名的交响乐大厅听一场专业音乐家演奏的音乐会。学校只需要承担往返的交通费用。第一季特别为七年级学生提供的伯明翰市交响乐团系列音乐会将在 2013 年 1 月举行。一批音乐教师代表学校为演奏节目提供建议,校长通过第二论坛的简报或者与代表的私人联系来获取相关信息。

另一项为学校提供的大型文化活动项目——伯明翰议员声乐策略关系城市的每一所小学。我们要在所有的小学中推行一项权威的一流歌唱广场项目。该项目通过 16 所小学结成的联盟携手工作,为教师提供培训和资源。

鼓励孩子在学校分享、创造和改编唱歌游戏,而且每个小组都要有一名有领导技巧的“唱歌领袖”带领其他孩子共同完成游戏。

北安普敦郡音乐教育中心(Northamptonshire Music Education Hub)

北安普敦郡音乐教育中心将根据国家音乐教育计划中做出的规定,对北安普敦郡的青少年和社区开展音乐教育。前地方当局音乐服务(Local Authority Music Service)以及北安普敦郡音乐和表演艺术信托基金(Northamptonshire Music and Performing Arts Trust, NMPAT)将领导一个合作伙伴联盟，积极推进音乐教育，鼓励参与音乐制作，通过推进本地创新来提升音乐教育参与度，推进音乐教育的发展。

为推出最高质量的活动和提高活动参与度，北安普敦郡音乐和表演艺术信托基金与合作伙伴携手努力。它为该郡几乎每所公立学校提供各类乐器教学(2012—2013年度为289所学校中的286所处于2岁及以上关键阶段的儿童提供相关教学活动)。为了推进独奏项目的发展，音乐教育中心还对郡内全部27所幼儿园进行了参观考察。它与伙伴合作扩大了活动范围，让一些不易接触到音乐教育的年轻人，如医学院、学生收容处和青年俱乐部的年轻人，也能有机会接受音乐教育。

它还与当地由英格兰艺术委员会资助的国家合作机构(National Portfolio Organisations，NPO)，包括皇家和德恩盖特(Royal and Derngate)、科比立方体(Corby Cube)、韦灵伯勒城堡(Wellingborough Castle)和皇家爱乐乐团(Royal Philharmonic Orchestra)开展合作，在有特殊需要的领域提供一系列有针对性的项目。北安普敦郡音乐和表演艺术信托基金计划为学校和生活在北安普敦郡的青少年儿童发展音乐中心提供高质量的音乐学习机会，其核心工作是继续发现新的机会，并培养和发展现有的伙伴关系。

(4)国家青年音乐组织(NYMOs)

目前，有8个国家青年音乐组织(NYMOs)可以获得由英格兰艺术委员会和教育部提供的资助，目的是为本国最有才华的年轻音乐家提供在国家艺术团演奏的机会。鼓励学生拓展和发展在一系列音乐流派上的表现技巧。目前受资助的组织机构分别是国家儿童乐团(National Children's Orchestra)、英国国家青年铜管乐队(National Youth Brass Band of Great Britain)、国家青年合唱团(National Youth Choirs)、国家青年爵士团(National Youth Jazz Collective)、国家青年管弦乐团(National Youth Orchestra，NYO)、南亚青年管弦乐团(South Asian Music Youth Orchestra)和英国青年音乐剧场(Youth Music Theatre UK)。

国家青年音乐组织致力于为青年人提供平等的机会，招收更多贫困家庭的学生，并提供资金来帮助这些学生参加研讨会、排练和表演。

国家青年管弦乐团(National Youth Orchestra，NYO)

国家青年管弦乐团成立于1948年，是一个由来自全国各地的165名年轻音乐家组成的管弦乐队。管弦乐队的成员都在13~19岁。每年秋天，不同地区会通过面试来选择学员。虽然并不需要参加任何考试，但是面试所需的最低标准是英国皇家音乐学院(Associated Board of the Royal Schools of Music，ABRSM)/圣三一音乐学院(Trinity Guildhall)/伦敦音乐学院(London College of Music)的音乐八级。

管弦乐队成员每年会在学校假期集中三次，在导师指导下参加为期两周的驻地培训课程。演奏的曲目包括浪漫主义、20世纪和当代作曲家的作品。除了这些主要的活动，管弦乐队成员还有时间参与其他一系列活动，包括室内音乐和研讨会。国家青年管弦乐团让年轻音乐家有在专业音乐会进行演出的机会，为其提供演出场所和使其在巡回演出中演奏核心曲目。

国家青年音乐组织的资金来自教育部和英格兰艺术委员会，并通过英格兰艺术委员在国家青年音乐组织中进行分配，委员会还负责协调各类关系，并对资金进行管理。

(5)音乐青年

音乐青年(MFY)是国家青年音乐组织旗下的机构，它同样获得来自教育部和英格兰艺术委员会的资助。教育部的资金专门用于为那些原本无法在公共场合表演或参加音乐会的年轻人提供机会。音乐青年全年推进国家和地区活动项目的开展，使年轻人(包括家境不好的年轻人)和家庭也有机会参与表演，参加节日庆典和音乐会。

音乐青年支持来自各种背景的年轻人从事音乐创作，并获取新的音乐机会。对于成千上万名年轻人和学校来说，在皇家阿尔伯特音乐厅(Royal Albert Hall)举办的学校舞会是年度表演大戏。节日庆典和舞会也为学生提供了受他人鼓舞启发、与他人合作的机会。

教育部自1998年开始资助音乐青年，近年来，每年承担一系列庆典活动大约10%的运营成本。因此，青少年儿童能够出席一些知名度比较高的场馆，并参与表演。教育部的资助使学校能够带学生第一次参与一些活动，并为那些无法缴纳活动费用的学生提供资助。

(6)博物馆和学校合作项目

许多博物馆和美术馆都围绕学校课程体系设计了教育项目。英格兰艺术委员会通过投资主要的合作博物馆为教育供给提供支持。此外，为了使更多年轻人可以参观博物馆，博物馆和学校合作项目增加了参观博物馆的学校的数量，带动更多人参观博物馆。到2015年3月，教育部将投资360万英镑，支持10个地区博物馆服务与国家博物馆(National Museum)、英格兰桥梁组织(见下文“一个全国性的桥梁网络”)和英格兰最有需要的地方学校开展合作。在那些最有需要的地方，学校对文化活动的参与程度很低。

这个项目将吸引更多学校与博物馆开展合作，预计将会显著提升平等获取机会。每个地区都已同意制订好的活动项目，所有地区的师生都在为当地的项目设计做出努力，目前，该项目正在实施当中。艺术奖(Arts Award)和艺术标志奖(Artsmark)也作为目标包含其中，并且它们已经与“文化护照”和文化教育活动建立了联系。前期报告显示，到2013年1月，通过该项目，已经实现了4 000多次的博物馆参观访问量。

看到博物馆和学校合作项目将要投资的活动可以激励一代人积极寻求博物馆为他们提供机会，来支持他们现在和未来的教育，我很激动。

——英格兰艺术委员会副首席执行官　奥尔西娅·伊凡希勒(Althea Efunshile)

通过打开一扇通往丰富文化体验的大门，我们可能实际上为许多人开启了终身享受和欣赏艺术的旅程。

——文化部部长　艾德·维济

10个博物馆合作伙伴分别为：

①布鲁内尔(Brunel)的“大不列颠号”蒸汽船信托基金与科学博物馆(Science Museum)；

②梅德斯通博物馆(Maidstone Museum)与大英博物馆(the British Museum)；

③犹太博物馆(the Jewish Museum)、瓦朗斯之家(Valence House)与帝国战争博物馆(the Imperial War Museum)；

④大雅茅斯生活岁月博物馆(Time and Tide Museum of Great Yarmouth Life)和皇家格林尼治博物馆

(Royal Museums Greenwich);

⑤彼得伯勒博物馆(Peterborough Museum)和自然历史博物馆(Natural History Museum);

⑥考文垂交通博物馆(Coventry Transport Museum)、赫伯特博物馆(Herbert Museum)、艺术画廊(Art Gallery)和维多利亚与艾伯特博物馆(Victoria and Albert Museum, V&A);

⑦林肯郡(Lincolnshire)的航空遗产合作组织(Aviation Heritage Partnership)(11家航空旅游景点的合作组织)与英国皇家空军博物馆(Royal Air Force Museum);

⑧布莱克本博物馆(Blackburn Museum)、艺术画廊、兰开夏郡博物馆(Lancashire Museums)和约翰·索恩爵士博物馆(Sir John Soane's Museum)以及维多利亚与艾伯特博物馆;

⑨蒂斯瓦利博物馆联盟(A consortium of Tees Valley Museums):雷德卡和克利夫兰博物馆(Redcar and Cleveland Museums),普雷斯顿大厅博物馆(Preston Hall Museum),哈特尔普尔博物馆(Museum of Hartlepool)和艺术画廊,米德尔斯堡博物馆(Middlesbrough Museums),蒸汽主管—达灵顿铁路博物馆(Head of Steam—Darlington Railway Museum)和克利夫兰铁矿石开采博物馆(Cleveland Ironstone Mining Museum)与国家肖像美术馆;

⑩巴恩斯利博物馆和美术馆(Barnsley Museums and Galleries)与华莱士收藏馆(Wallace Collection)。

"大不列颠号"蒸汽船信托基金(SS Great Britain Trust)与科学博物馆

"大不列颠号"蒸汽船信托基金与科学博物馆在伦敦结成合作关系,并正在与"现实主义组织"(Real Ideas Organisation)(西南地区的桥梁组织)合作,开展布里斯托尔的博物馆与学校合作项目。他们组织了一项活动,使学生可以参观这艘由伊桑巴德·金德姆·布鲁内尔(Isambard Kingdom Brunel)设计的船舶及其收藏品。该活动将专门提供给处于关键阶段2和3的学生,帮助实现从小学到初中的过渡。它的目标是在2015年3月底之前,让8 100名学生参观这艘船3次。

该项目还包括移动课堂,让参观者与布鲁内尔先生一起回顾他出席2012年伦敦奥运会开幕式的场景。他会带领参观者在船舶启动时进行船舶检查,让学生协助他对其杰作进行最后的检查。

他们也为学生和教师开发了一系列自主活动。这些活动对处于关键阶段3的学生更有挑战性,学生要发掘这些收藏品和故事之间更深刻的含义和联系。

夏季的过渡活动将为学生提供在假期与家人继续学习的机会。诸如"这是魔术吗?"这样成功的节目,将鼓励观众积极参与,并提高他们解决问题的能力。

网络游戏的发展为学生在虚拟世界里继续他们的访问提供了机会。玩家通过解锁关卡和代码来发现更多的信息,博物馆也能通过这些数据获取重复访问的人数。

通过短时间的项目开展,合作伙伴之间已经建立了良好的合作关系。所有合作伙伴间的知识共享具有非常重要的价值。

(7)学校学生的借书证

教育部,文化、媒体和体育部以及英格兰艺术委员会正在试验一项确保青少年儿童使用自动化图书馆会员证的方案。该项目正在22个地方进行试点,旨在提高当地图书馆的利用率,刺激更多人体验读书的乐趣。该项目将鼓励青少年儿童在当下和未来使用图书馆,并培养他们对学习真正的热爱和对周围世界天生的好奇。

(8)图书馈赠(Book-gifting)

“图书馈赠”是教育部支持的一项活动，旨在促使所有的孩子能够熟读书、多读书。自2004年以来，教育部拨款资助了图书信托基金会(Booktrust)，来针对婴儿、幼儿和儿童实施“图书馈赠”项目，提高民众的读写能力，促进对阅读的热爱。该项目提供一些受人尊敬的作家和插图画家编著的优质图书，所有入选图书都是经过儿童读写和文学领域的专家们精心挑选的。馈赠的图书中还包括适合儿童其他需求的图书，并且他们的父母也可以获得相应的辅助材料，这样，他们就可以和孩子在家里分享图书、诗歌和故事。

2010—2011年，图书信托基金利用所获资金向5个年龄段(9~12个月、24个月左右、3~4岁、学前班和七年级)的所有儿童提供图书。此外，2012年4月以来，它向所有七年级学生的学校图书馆捐赠了一批图书；在来自弱势家庭背景学生和其他学生之间学业水平存在巨大差距的375所学校中，每位七年级学生都获赠了图书。

教育部已经为图书信托基金拨款1 200万英镑，在2015年3月之前继续推进针对婴儿、幼儿和儿童的“图书馈赠”项目，并且又推出了一项针对2岁弱势群体的新项目。

(9)文化护照

“文化护照”为人们提供在线服务，服务对象是5~25岁的青少年。他们可以使用“护照”记录校内外的文化活动，然后与他人进行分享。青少年能够对同龄人的活动进行评论，并与之进行比较，并在此过程中激发新活动的灵感。该项目还将促进校内外文化活动之间的联系，并鼓励家长也能与孩子们共同参加文化活动。

“文化护照”项目由英格兰艺术委员会和伦敦圣三一学院共同推进，除了进行特定的项目，如“暑期阅读挑战”(Summer Reading Challenge)，还会参与音乐教育中心组织的项目。同时，它还在艺术奖框架下开展活动。2013年夏季学期，“文化护照”项目在20所学校的300名年轻人中进行了试点，并于2013年9月开始在全国推广。教育部在3年中投资了24万英镑用于该项目的发展，此外，英格兰艺术委员会也投资了24万英镑。

4. 国家提供文化教育的例子

伯明翰市交响乐团与伯明翰市德意志银行(Deutsche Bank)继续调整合作开展项目

伯明翰市交响乐团(City of Birmingham Symphony Orchestra，CBSO)与德意志银行学校合作资助了伯明翰市12所中学，并在交响乐大厅举行了一场学校音乐会。由伯明翰市交响乐团(艺术委员会资助的组织)和伯明翰音乐服务挑选的学校来满足整个城市音乐教育发展的需要。这个项目是在综合考虑地区发展水平低下、年轻人缺乏机会，以及学校想为学生提供更多音乐机会等因素的基础上制订的。该项目通过与德意志银行的融资，使合作成为可能。

参加该项目的每所学校可以获得以下机会：伯明翰市交响乐团在每所学校进行的2场全校范围的交互式小型演奏会(例如，弦乐四重奏、铜管五重奏等)；音乐家驻场，将有2名音乐家4次访问学校，每次会与30名学生开展研讨，一些学校选择歌词写作或作曲为主题来开展研讨会，而另一些学校会选择提升音乐技能，驻场结束时，音乐家会鼓励年轻人与伙伴或家人分享他们创作的作品；所有参加音乐家驻场活动的学生都可以在交响乐大厅现场聆听2场音乐会，其中一场是在2013年1月举行的学校音乐会。

该项目鼓励伯明翰市交响乐团寻找与学校合作的新方式，并及时解决困扰许多学校的问题，即如何在学生的课程学习和广阔的文化体验之间实现平衡。这12所学校中，有3所已经3年多没有音乐教师和开设音乐课。

金斯希思男子学校(Kings Heath Boys)数学和计算机学院的艺术主管罗西·马丁(Rosie Martin)说："听听这些乐器的历史故事挺有趣的……(黄铜爆炸音乐会)赋予了(学生)一个全新的宝贵体验，扩大了他们的文化范围——既鼓舞人心又生动有趣……谢谢。"

圆屋(The Roundhouse)——伦敦

圆屋建于1846年，最初是用于蒸汽机修理棚，现在是实现创意项目计划的摇篮。该项目针对11~25岁人群，拥有24个世界一流的工作室，其设施包括电视、广播和音乐制作、媒体套房和音乐表演排练室。圆屋是艺术委员会资助的一个慈善机构。它会从私人/企业租用或从慷慨的个人、信托基金、赞助商和公共基金获得收入，其中公共基金每年帮助他们筹资300万英镑，支持他们与年轻人的工作。该创意项目通常为那些想在音乐、媒体和表演艺术行业工作的年轻人提供一小部分项目，如拍摄短片、为格拉斯顿伯里音乐节(Glastonbury festival)创作节目、录制广播节目或学习街头马戏团的特技等。

新维克剧院学校和学院项目(The Young Vic Schools and Colleges Project)——伦敦朗伯斯区(Lambeth)和萨瑟克区(Southwark)

新维克剧院由艺术委员会资助，它使当地年轻人参与了工作的各个方面，不管是作为台下的观众，还是舞台上的演员。学校和学院项目使各类年轻人体验到与戏剧相关的所有经验，包括戏剧创作、戏剧欣赏、剧院开放，并对下一代从业人员和观众充满期许。

新维克剧院与当地学校的合作增加了学生进行剧院体验的机会，使学生能够直接接触戏剧从业人员，并拓展他们的创意天赋。

通过与伦敦朗伯斯区和萨瑟克区周围的学校和学院携手努力，该项目为参与者提供以下机会：观看所有作品的门票，这项资助通常是针对初次到剧院看戏的年轻人；参加校内研讨会的机会，可以与助理导演探讨创作过程的某一方面；参加舞台表演研讨会，提供难得的机会来体验一场戏是如何拍摄的，通过跟随团队工作，他们在后台真正参与了戏剧制作的每一个具体环节；学校的戏剧节助推了一个创意团队的产生，他们与专业团队有着同样的高产出价值；为有特殊教育需求的年轻人和学生收容处的学生设计的专门项目。

参与这些项目可以使年轻人真正了解戏剧制作的创造性过程。新维克剧院不仅能够提高学生的软技能，如听说能力、团队合作和提高自尊心，而且能够为年轻人提供一个在专业环境中进行体验的机会，从而鼓励年轻人，鼓励教师和学生把戏剧看作一种释放潜力、发现真正自我的有效渠道。许多学校的学生继续参加新维克剧院项目，有一些成了他们中最有前途的新兴戏剧制作人。

最终，他们在自己能力范围内为学校提供专业的帮助，激励创新，传授技能、知识和动力。教师和学生都可以将这些东西带回课堂。

火花节儿童艺术节(The Spark Festival Children's Art Festival)——莱斯特郡(Leicester)

由艺术委员会资助的火花节，旨在激励、帮助和教育 13 岁儿童成为他们自己艺术作品的欣赏者、学习者和创作者。通过"在你的学校"项目('At Your School' programme)，将众多国家和国际艺术家带到了当地学校，并为学生进行特别的现场表演。它支持和加强了从幼年时期到关键阶段 3 的国家课程体系的建设，还为教师提供了网络资源。

通过进行表演和举办研讨会，该项目鼓励孩子探索自我，创建丰富多彩的自我世界和周围世界。孩子们还会对社会冲突和道德困境进行深入思考，鼓励参与者把自己看作引发变化的活性剂，并鼓励孩子们学会理解别人和做出决定。

这项工作已经拓展到学校或幼儿园，这样能确保更多原本由于社会、文化或经济障碍而无法参加艺术活动的孩子能够参加这些活动。2012 年，3500 名儿童在学校礼堂观看了现场表演，在 18 所学校、儿童中心和幼儿园共举办了 46 场表演和研讨会。

2011 年，一位参加项目的教师说："我太幸运了，竟然能参加火花节为儿童举办的活动。活动质量很高，更为重要的是，这些体验激发了教育/学习的文化维度。"(引自德蒙特福德大学(De Montfort University)的研究报告)

火花节还通过"改变一所学校"项目增进了与商业部门的联系。该项目旨在鼓励当地企业和该城市的学校建立合作伙伴关系，为剧院旅行提供资助，让孩子们能在火花节期间体验到最好的国家和国际艺术活动。

除了节日外，火花节还与当地组织和机构合作，改善该市提供给孩子们的文化教育质量。他们领导莱斯特早期艺术伙伴(Leicester Early Arts Partnership)，通过与"万能创意"(The Mighty Creatives)(东米德兰兹桥梁组织)的合作关系，帮助学校获得参与艺术奖和艺术标志奖的机会，并(通过节日)为孩子们提供新的文化环境。

二、培养人才，克服劣势

我们认识到发现和培养年轻人天赋的重要性。天赋异禀的学生，无论出身背景如何，都应该有机会得到最好的发展。

为了实现这一目标，我们正在与独立机构和世界一流的文化机构合作，推出一系列新项目。这些项目将帮助所有青少年儿童获得高质量的文化教育，开发那些天才的潜力，帮助他们获得成功。

1. 组建一个新的国家青年舞蹈团

达伦·亨利认识到，尽管这个国家拥有现代舞和古典舞的杰出人才，却没有由中央资助的国家青年舞蹈团。他建议成立一个新的永久的青年舞蹈团，为任何出身背景的有才华的年轻人提供机会，培养他们具备职业舞蹈家所需要的高水平技能。

通过与艺术委员会的合作，一个新的国家青年舞蹈团已经成立，由赛德勒的维尔斯信托有限公司(Sadler's Wells Trust Ltd.)管理。每年，它为30名16~19岁年龄段的天才舞者提供强化训练和表现机会，他们由世界顶尖的舞蹈家进行指导。第一批舞者已经招募完毕，在2013年4月进行驻场训练之后，该舞团于6月8日在赛德勒的维尔斯举行了第一场演出。

所有的舞者都将获得支持，帮助他们赢得艺术奖金奖。2014—2015年度，教育部和艺术委员会各自提供20万英镑，总投资120万英镑，用于支持舞蹈团的发展。了解更多相关信息，请访问网址：www/sadlerswells.com/page/national- youth-dance-company。

能由赛德勒的维尔斯来组建新国家青年舞蹈团，我很激动。这是在教育领域实现舞蹈与其他艺术形式平等的重要一步，也是支持新一代演员成长的重要一步。

在学生关键阶段培养舞蹈家和舞蹈人才是赛德勒维尔斯的工作重点。通过新青年舞蹈团，我们将提供一个为期三年的定制整体性项目，帮助16~19岁年龄段的年轻天才舞者，支持他们的体格发展、艺术提升和个人进步。我们与世界一流的艺术家和公司联系，为青年舞者接触极其丰富多元的艺术体验创造机会；通过内部资源使他们接触世界一流的设施和专业知识；通过与舞蹈部门建立伙伴关系，我们为青年提供优质、丰富的项目体验。

——赛德勒维尔斯艺术总监和首席执行官、“舞动英国”前任主席　阿利斯泰尔·斯伯丁(Alistair Spalding)

2. 索雷尔基金会的国家艺术与设计周六俱乐部

教育部提供了 39.5 万英镑资金，艺术委员会又投资了 9 万英镑资金，来支持索雷尔基金会国家艺术与设计周六俱乐部的发展。这些俱乐部为 14 ~16 岁年轻人提供独特的学习机会，他们可以在每周六早上到当地艺术和设计学院或大学免费学习艺术和设计。

为期 30 周鼓舞人心的课程涉猎内容广泛，从绘画、雕塑、版画到定格动画无所不包。除此之外，俱乐部成员还可以参观伦敦最好的博物馆和美术馆，以及萨默塞特宫(Somerset House)的夏季展览。他们还将有机会参加由英国顶级艺术家或设计家举办的鼓舞人心的大师班。大师班课程负责人包括托马斯·赫斯维克(Thomas Heatherwick)、彼得·兰德尔佩奇(Peter Randall-Page)、达尔吉特·辛格(Daljit Singh)和贝蒂·杰克逊(Betty Jackson)。

有 100 所开设艺术与设计课程的大学和学院可以开办周六俱乐部。在 2012—2013 学年，俱乐部已经在英国 26 个地区开办，来自 200 多所学校的 900 人参加。未来三年，它将继续发展，为更多年轻人提供机会和灵感。

了解更多相关信息，请访问网址：http://thesorrellfoundation.com/saturday-club.php。

国家艺术与设计周六俱乐部(National Art & Design Saturday Clubs)

周六俱乐部针对那些无法支付课外文化活动经费的年轻人，为那些来自各种背景的年轻人提供接受教育的机会，并为他们在创意产业就业提供机会。

周六俱乐部是为了对学校进行的艺术和设计以及设计和技术教学进行补充，提供 100 小时的额外培训。大量事实证明了这一举措对处于关键阶段 4，开始选择传统核心课程的年轻人尤其有帮助。

随着周六俱乐部的发展，它开始寻求文化合作伙伴。11 家博物馆和美术馆支持了 2012 年 11 月的伦敦之行；去年，泰特美术馆和维多利亚与艾伯特工艺博物馆成为它的合作伙伴。它们正在发展更多的区域文化合作，并与现有合作伙伴一起，为导师和教师提供特别活动和专业持续发展支持。许多俱乐部成员以前从未参观过博物馆或美术馆，所以伦敦之行为年轻人提供了一个增强文化意识的额外机会。周六俱乐部还鼓励成员努力争取艺术奖铜奖或银奖，有 4 个学院已经成为艺术奖中心。

3. 英国电影协会电影学院

电影可以改变青少年儿童理解世界的方式，也可以帮助他们通过不同的视角看待世界。在英国学校，已经有 7 000 多个电影俱乐部。通过英国电影协会南岸艺术中心或是在全国各地的地方文化影院和电影资料馆，年轻人可以探索当代世界电影以及当地电影和动态影像遗产。

作为电影协会独特的伙伴，教育部在 3 年内投资了 300 万英镑，专门支持面向 16 ~19 岁青少年的英国电影协会电影学院的创新发展，目的是使来自不同背景的各类年轻人都能够成为电影产业的一分子，为他们提供机会发展新的技能，建立自己的职业生涯。这项工作将英国电影协会现有的教育方案从 5 岁扩展到 19 岁，将是英国建立的第一个统一的在全国范围内协调合作完成的培养年轻电影人才的项目。

从2013年1月开始，英国电影协会的24个区域合作伙伴(见表1)，包括各种各样的电影和媒体培训组织、大学以及在文化和教育领域的专家，为英国400多名16~19岁年轻人带来了丰富的学习经验。这些合作伙伴提供了为期3个月的培训课程，每个合作伙伴都对电影涉及的所有知识提供一个完整的概述，从实践的和理论的、文化的和商业的等维度进行解析。此外，参与者有机会见到行业的带头人，包括作家、导演、制片人、电影批评家、技术专家、工匠和电影公司高管，并聆听他们的见解，还可以就如何发展自己的事业和工作的不同类型以及他们可以追求的不同路径获得宝贵的建议。

表1　2012—2013年度英国电影协会电影学院地区合作伙伴

东 赫特福德大学(University of Hertfordshire)、创意艺术学校(School of Creative Arts)、文化作品基金会(Culture Works Foundation)、剑桥电影城(City Screen Cambridge)	**东米德兰兹(East Midlands)** 百老汇媒体中心(Broadway Media Centre)、英国教师中心(Centre for British Teachers, CfBT)、教育信托基金会(Education Trust)	**伦敦** 电视和通信中心有限公司(CTVC) 东区教育信托基金(Eastside Educational Trust)、梅特电影学院(Met Film School)、左轮娱乐(Revolver Entertainment)、电影和视频研讨会(The Film And Video Workshop)、青年电影学院(Young Film Academy)
东北 亚佩吉欧电影(Arpeggio Films)、泰恩赛德影院(Tyneside Cinema)	**西北** 角屋中心(Cornerhouse)(大曼彻斯特 Greater Manchester)、联邦反版权抄袭(Federation Against Copyright Theft, FACT)	**东南** 南城影视(Screen South)、资源产品(Resource Productions)、牛津电影(Film Oxford)
西南 分水岭艺术信托基金(The Watershed Arts Trust)、布里斯托尔老维克剧院学校(Bristol Old Vic Theatre School)、萨默塞特影视有限公司(Somerset Film and Video Ltd.)	**约克郡和亨伯河(Yorkshire and Humber)** 谢菲尔德媒体和展览中心(The Sheffield Media & Exhibition Centre)、雷埃尔解决方案(Reel Solutions)	**西米德兰兹郡** 托马斯·亚当斯学校(Thomas Adams School)

2013年3月，地区项目中54名最优秀、最努力的年轻人在世界一流的英国国立电影电视学校(National Film and Television School)参加了一次驻场体验，以发展他们的技能，获得进一步教育和培训的机会，以及对电影行业的未来就业有更深入的了解。本课程的每个参与者选择一个专业方向，如导演、制作、编辑、摄影和录音，然后组成团队，由电影行业的专家对团队进行指导。他们可以使用学校的电影制片厂和世界一流的教学设施制作短片。

学完英国电影协会电影学院提供的课程之后，年轻人将获得很多成长机会，包括在电影行业当学徒或就业，或是进一步接受高等教育。英国电影协会电影学院也正在和英国电影和电视艺术学校(British Academy of Film and Television Arts, BAFTA)、创意技能小组(Creative Skillset)和松林摄影棚(Pinewood Studios)建立合作关系。

更多信息请访问网址：www.bfi.org.uk/bfi-film-academy。

想了解英国电影协会推出的更多教育项目，请访问网址：www.bfi.org.uk/education-research。

4. 音乐和舞蹈项目

国际知名的音乐和舞蹈项目(MDS)为 8~19 岁的音乐天才和 11~19 岁的舞蹈天才提供支持和严格的专业教育。2013—2014 年度，教育部提供了 2 810 万英镑资金，使 2 300 名学生在这个鼓舞人心的项目中获益。自 20 世纪 70 年代初音乐和舞蹈项目被引进以来，该项目已经使成千上万名极具天赋的青少年儿童获得世界一流的培训，他们或是通过 8 个专业机构培训，或是通过高级培训中心(Centres for Advanced Training, CATs)网络接受培训。任何一个在这些学校或在高级培训中心网络学习的孩子，在经过经济情况调查之后都可以获得教育部的拨款资助。该项目每年还支持约 100 名 8 ~13 岁低收入水平家庭的唱诗班歌手，帮助他们在 36 个独立大教堂学校或学院合唱团接受合唱训练和专业教育，以传承英国著名的合唱传统。

音乐和舞蹈项目学音乐的学生经常参加重大比赛，并能在比赛中获奖，比如 BBC 年度青年音乐家(BBC Young Musician of the Year)、作曲比赛(包括电影配乐)。例如，音乐和舞蹈项目中一个 12 岁的长号手，彼得·摩尔(Peter Moore)，参加 2008 年青年音乐家比赛，并成为该赛事获奖年龄最小的选手；2012 年比赛的两名亚军，夏洛特·巴伯-康德妮(Charlotte Barbour-Condini)(竖笛)和杨远帆(Yuanfan Yang)(钢琴)，也是音乐和舞蹈项目的学生。音乐和舞蹈项目皇家芭蕾舞学校(Royal Ballet School)的学生也经常赢得重要的比赛，例如，英国年度青年舞蹈家(Young British Dancer of the Year)和在瑞士(Switzerland)洛桑(Lausanne)举办的国际芭蕾舞大赛(International Ballet Competition)。

5. 舞蹈和戏剧奖

舞蹈和戏剧奖是英国顶尖的 20 所私立舞蹈和戏剧学校为那些经过审核无法支付学费和生活费的学生提供的奖学金。该奖学金面向那些在面试中被认为在该领域最有潜力，将最可能获得成功的最优秀的学生，申请舞蹈奖的学生必须年满 16 岁，申请舞蹈课的学生必须年满 18 岁。他们获得的奖学金数额由学校按照全国统一标准和收入门槛，综合考虑他们的家庭收入情况来确定。舞蹈和戏剧奖预算总额超过 1 400 万英镑，其中教育部提供近 700 万英镑，商业、创新和技能部(Department for Business Innovation and Skills)在 2013—2014 年度提供了约 800 万英镑。舞蹈和戏剧奖每年大约会颁发 1 500 个奖项，其中约有 500 个奖项为新人(包括现有的学习者)设立。

6. "和谐无间"项目

"和谐无间"是一项国家项目，以委内瑞拉(Venezuela)的"音乐救助体系"(El Sistema)原则为指导，旨在通过以社区为基础的管弦乐音乐创作，激发和改变孩子们的生活。它通过高质量的音乐教育提高期望值，改善孩子们的生活机会。

"和谐无间"项目努力使所有儿童参与学校或社区活动，并向所有人开放。孩子们从很小时候就开始，一周几次聚在一起来弹奏乐器，共同学习。他们鼓励孩子们通过音乐表达自己，同时通过严格的方法以实现他们的平衡发展。实际上，从一开始该项目的进展就已经包含在项目之中。

这些项目相互支持，并积极分享学习经验和专业知识。项目负责人寻求一种可复制、可持续，并可以在不同的社会环境中自我调整的发展模型。政府的“国家音乐教育计划”是为这个国家最贫困地区的约1 000名儿童提供丰富的音乐体验。“和谐无间”项目由教育部和国家彩票基金通过艺术委员会进行联合资助。

教育部和艺术委员会又继续资助了伦敦朗伯斯和利物浦(Liverpool)的两个原创项目，时间是2012—2015年。2012年5月该项目开始进行拓展，从2012年9月至2015年3月继续追加了4个项目。这4个项目同样是由教育部和艺术委员会共同资助。在接受申请之后，艺术委员会宣布追加以下4个项目。

①北方音乐信托基金(North Music Trust)：这个项目的重点是霍索恩小学(Hawthorn primary school)和阿什菲尔德托儿所(Ashfield Nursery)，54%的学生可以获取免费校餐(free school meals，FSM)。北方交响乐团(Northern Sinfonia)和圣盖茨黑德乐团(Orchestra of The Sage Gateshead)在项目推进过程中发挥核心作用。在创收建议的指导下，将有一个完整的计划和全新的机会，来推动慈善模型的发展。

②北方歌剧院(Opera North)：北方歌剧院将会和南利兹市贝尔岛(Belle Isle，South Leeds)的风车小学(Windmill Primary school)合作，该学校有60%的学生可以获得免费校餐。1~6年级的学生将参加利兹和谐管弦乐团(Harmony Leeds Orchestra)。此外，该学校正与当地的学院和利兹大学(Leeds University)积极建立联系。

③诺丁汉市议会(Nottingham City Council)：诺丁汉音乐服务(Nottingham Music Service)和非凡交响乐团(Sinfonia Viva)正与英国20个最贫困地区的4所小学开展合作，旨在解决提升学生成绩的难题。该项目将会和当地乐队建立联系，并且会获得几个当地企业的赞助。

④特尔福德-雷金(Telford and Wrekin)：特尔福德(Telford)、斯托克(Stoke)和斯塔福德郡(Staffordshire)的音乐中心正在与曼彻斯特室内乐团(Manchester Camerata)和伯明翰城市交响乐团(CBSO)合作。这个项目的工作重点在两所学校：旧公园小学(Old Park Primary School)和赫伦十字小学(Heron Cross Primary Schools)，这两所小学都在教育贫困地区。

每个项目都主要是为了帮助那些教育贫乏地区的孩子。“和谐无间”项目也将会与专业乐团合作，参加国家评估，它会通过探索独立创收机会，确保长期、可持续性发展。

“和谐无间”项目由艺术委员会管理，并由教育部和艺术委员会联合资助，从2012年9月至2015年3月，双方共资助150万英镑。艺术委员会还额外提供了7.5万英镑，为每个孩子提供一种乐器。

“和谐无间”项目案例研究

诺丁汉“和谐无间”项目是由诺丁汉城市音乐服务与诺丁汉音乐教育中心、非凡交响乐团、4所小学和诺丁汉大学音乐系合作推进的，其中诺丁汉音乐服务起主导作用。

其核心活动主要在诺丁汉4所小学举办，这些学校中有31%~47%的孩子享受免费校餐。选择这4所学校是根据其在该城市的地理分布，以及他们与诺丁汉音乐教育中心积极开展合作的记录。

2013年1月，诺丁汉城市音乐服务的员工与非凡交响乐团的音乐家携手努力，使项目得以正式启动。来自大学的大学生导师对该项活动提供支持，这既有利于青年参与者，也有利于大学生自己的专业发展。

开展的活动包括为所有年级的学生提供音乐课程；参与艺术团和地区乐队的体验；点对点学习；社区提供的资源(包括家庭组辅导和非凡交响乐团的非正式演出)；鼓舞人心的表演活动(至少定期举行)；学校之间的合作项目；假期课程；教师持续专业发展。

与非凡交响乐团的合作将意味着参与项目的孩子会经常有机会与专业艺术家一起演奏，向他们学习，并有机会在社区观看专业艺术团的表演。要使整个学校都参与“和谐无间”项目，需要校长、全体员工、家长/监护人和孩子自己的坚定承诺。

诺丁汉大学的学生作为导师参与该项目是音乐教育中心尝试的一种新的工作方法。学生将发挥重要的指导作用，提高孩子们的参与愿望，反过来，他们自己也将体验激动人心的学习和发展机会。

此外，通过志愿者导师试点来支持这一伙伴关系的建立，将提高项目的可持续性，还有助于加大来自大学团队的支持。

7. 国家提供文化教育的例子

“故事部”——伦敦

位于伦敦东部的故事部(Ministry of Stories，MoS)是一个由艺术委员会资助的组织，它有一个“霍克顿街怪物供应”(Hoxton Street Monster Supplies)的店面，为日常生活用品定制各种能想象到的怪物。进了门就到了活动中心区域，在这里，8~18 岁的青少年可以参加研讨会和随访会，可以得到那些愿意免费提供时间、技能和天赋的作家、艺术家、当地居民和教师的一对一辅导。志愿者支持青少年儿童参与写作。例如，2011 年 10 月，故事部推出了《非常糟糕的怪物管家指南》(*The Awfully Bad Guide to Monster Housekeeping*)，这是由当地小学 150 名学生在 5 位优秀诗人和 5 位顶尖儿童读物插画师的帮助下完成的。这个四卷本的文集，分为时尚和美容、字母表、食品和食谱以及家庭和娱乐 4 个部分。

2012—2013 年，故事部的目标是覆盖超过 2 000 名中小学儿童，故事部的工作信念是每次能坚持参与的孩子越少，产生的影响越深入、越持久。故事部为哈克尼(Hackney)、伊斯灵顿(Islington)和陶尔哈姆莱茨(Tower Hamlets)的青少年儿童设计了多种多样的发展项目，这些项目还会继续扩展到整个伦敦，并在英国其他地区进行推广。

“苹果和蛇”(Apples and Snakes)——伦敦

“苹果和蛇”成立于 1982 年，在诗歌朗诵表演方面的影响力位居其他同类机构之首。它是国家艺术委员会的合作组织，也是其桥梁组织之一。

“散落尘埃”(Shake the Dust)是一个为期 18 个月的文学领域专业发展、表演、研讨会和基础发展项目，参与者包括 36 000 名年轻人、1 080 名教师和数百名艺术家。9 场地区预赛最终在南岸艺术中心举行，活动现场座无虚席，国际巨星索尔·威廉姆斯(Saul Williams)进行压轴表演。

每一个赛区都组织了 5 场高水平的研讨会，360 名选手参与了研讨会安排的所有项目，真正实现了全民参与。最终有 78 名选手入围总决赛。所有选手都是第一次参加比赛。

这个项目的影响非常广泛，2012 年之后将继续得以推广，成千上万名青少年儿童都希望有机会参加朗诵表演，增强“后奥运时代”当代文学的影响力，数百名经过培训的艺术家走近学生，提高他们的创意写作能力和技巧。

三、高质量的艺术学科课程与资格认证

对所有青少年儿童来说，最重要的是享受高质量的课程学习，而在这个课程体系中学习和享受文化成为教育不可或缺的一部分。因此，我们的课程与资格认证改革旨在建设高质量的课程体系，进行更有含量和高质量的对学生发展具有重要意义的资格认证。

1. 新设置的国家课程体系

新设置的国家课程体系对5~14岁青少年儿童应该掌握的基本知识做出规定。我们的新学习计划草案既充满挑战，又雄心勃勃，关注的是学习的基本要素，要让每个孩子都可能取得成功，获得知识和增强理解力(见附录C)。艺术与设计、音乐、设计和技术，以及体育学习项目明显减少，一些关于如何开展教学的不必要的指导也被删除了。教师们在教授这些学科的时候将能更好地使用他们的创造力和判断力，例如，艺术与设计课更强调绘画技能，音乐课更强调通过音乐创作活动学习音乐。

2014年，新的国家课程体系将在学校首次推行。为这些科目提供一项更简明的高质量课程，将使学校和教师拥有更多的自由来进行设计，并调整他们提供的文化教育，并满足学生的需要和兴趣，从而提高文化教育的质量。高质量的文化教育应该确保所有学生都有机会读书，唱歌，创作音乐、电影或动画，跳舞，画画，设计，表演，并有机会参观艺术画廊、博物馆，去影院看电影，去剧院看戏剧，去听音乐会。

对学生表现进行的国际调查表明，许多司法管辖区的学生在阅读、数学和科学方面的表现一直比英格兰地区的学生要好。例如，在国际学生评估项目(Programme for International Student Assessment, PISA)中，英格兰地区学生的阅读水平落后于表现良好的司法管辖区的学生，学生学业水平差距非常明显。在国际数学和科学趋势研究评估(Trends in International Mathematics and Science Study, TIMSS)中，我们看到10岁学生的数学成绩自2007年以来一直没有提高。此外，学生的科学成绩在不断下降。

这样的事实要求我们对核心课程进行改革，以确保我们在全球市场保持竞争力。改革要拓展到整个课程体系，这样，学校才能在包括艺术在内的所有科目中实现卓越。我们的改革要对课程进行简化，要给教师更大的自主权，这也就意味着学校需要担当起更大的责任，对包括艺术在内的所有科目中所涉及的细节做出规定，并将每个年级、每个科目的课程设置都放到网上。资格认证改革将意味着处在关键阶段4的学生的艺术和创造性科目的普通中等教育资格认证也将专注卓越。这样，我们就可以自信地说，我们的考试制度非常严格，可以与世界上最好的制度相媲美。最后，我们的中学责任制改革将包括一项涉及艺术资格认证的新措施，这就使学校不能仅仅关注核心课程的改革。

2. 改革普通中等教育资格认证

除了国家课程改革，我们还需要确保学生可以获得资格认证。这些认证对学生提出的要求与司法管辖区表现最好的学生的能力相匹配，甚至超过了司法管辖区表现最好的学生的能力。将对普通中等教育资格认证进行全面的改革，确定更具挑战性的科目内容和制定更严格的评估体系，将保留容易通过的通用资格认证，并通过良好的教学，使与目前参加普通中等教育资格认证同样比例的学生，在关键阶段4课程结束时获得资格认证。这些改革会最先应用于英语语言文学等课程，之后会尽快应用到其他学科，包括其他文化科目。我们的目标是，2016年9月实施新资格认证的教学。随着信息与通信技术课程内容的最新变化，我们将鼓励文化组织在改革中等教育资格考试中发挥积极作用。艺术委员会已经在进行课程和艺术学科资格认证审核工作。我们将与艺术委员会以及其他艺术和文化组织合作，对这些科目的课程和评估方法进行审查，确保未来它们是有可比性的，具有内容相关性，并且经过严格审核。

我们已经采取措施来提高职业资格认证。自沃尔夫教授审查之后，我们确保职业课程接受了适当评估和更严格的质量控制。沃尔夫教授的审查帮助我们发现了有价值的职业资格认证，为发展提供了基础。

学生和家长要相信，他们选择的资格认证将会给他们带来进步，并取得丰硕的成果。上述改革将与学徒制和甲级考试改革一起，确保让创意文化产业及相关职业资格认证的年轻人相信，他们正遵循严格的学习规划，通往教育和就业的康庄大道。

为年轻人提供以就业为导向的学习机会

创意就业项目（Creative Employment Programme，CEP）是艺术委员会和创意文化技能行业技能委员会（Creative and Cultural Skills Sector Skills Council）的合作项目，它为年轻人提供就业机会，旨在让6 500名年轻人通过增加工作经验、带薪实习和参与2 900个学徒岗位进入创意产业。艺术委员会已经为创意就业项目提供了1 500万英镑的资助。该项目为雇主雇佣年轻人提供了有吸引力的激励机制。

创意就业项目还通过“学徒雇主补助”（Apprenticeship Grants for Employers）（16~24岁）接受来自“国家学徒服务”（National Apprenticeships Service）的资助。这项1 500英镑的补贴是为了支持拥有不超过1 000个雇员的小企业主雇佣16~24岁的学徒，这些学徒在此前12个月内从未做过学徒。雇主可以要求最多雇佣10名新学徒。

国家技能学院（National Skills Academy）是这个项目的合作者，它与“国家学徒服务”和特别就业中心网合作，确保整个英格兰的年轻人和雇主都可以参与该项目。

除了创意就业项目，创意数字部门也提供了就业机会。在伦敦时装周（London Fashion Week）之前，该部门开放了创意技能组新型高级时装和纺织品学徒申请；在广告和营销通信领域也推出高级学徒制；在创意与数字媒体、时装和纺织品、工艺品和照片成像领域也有高级学徒。

同时，随着创意产业被确定为产业战略增长领域，一些地方政府和当地企业合作组织为创意企业招收学徒提供更高工资补贴。

3. 责任制

我们决定采用新提案来改善中学的权责方式。该提案主要是为了建立一个更平衡、更有意义的责任制，鼓励在关键阶段 4 推行广泛而均衡的课程标准。新的绩效评估系统将认可学生在诸多学科的成就，加强文化科目在学校课程中的地位，规定每所学校要有一定比例的学生在英语和数学这些重要核心科目达到最低标准。除此之外，我们提议为 8 个资格认证引进一套以分数为基准的激励措施。这项措施所涉及的 8 个资格认证将使艺术学科在中学责任制改革中得到完全认可。这一举措将会大力推进学校为所有学生提供广泛而均衡的课程，包括艺术和设计、音乐、戏剧、舞蹈和表达艺术等科目。这 8 个资格证书的新措施会极大促进学校改善所有课程的教学。通过测量平均分，而不是通过单一的 C 级分界点，确保所有学生，包括成绩低的学生和成绩高的学生得到平等的认证。

综上所述，这些改革将确保所有科目的课程与资格认证制度可以与世界上最好的制度相媲美。

四、卓越的教育

没有什么比教学质量更能影响孩子的成绩。绩效管理和职业发展都需要以清晰、明确的教师标准为支撑，提高教育行业的质量。

我们为新教师制订了更高的标准，也支持现有教师不断进行改进和提升，并通过新的评估标准和能力标准使校长更容易识别和处理表现不佳的教师。新推行的教师标准于 2012 年 9 月生效，国家教师奖学金基金已经建立，其目的是帮助英格兰的教师更进一步了解学科知识。

1. 专业发展

促进教师专业发展，重要的是确保教师的知识不断更新，提高他们的技能，使其引导学生参与教学活动，让教学与学生息息相关。来自全球最优秀的教学案例表明，教师可以从其他教师那里获取最好的教学经验，比如，通过听其他教师讲课、让其他教师旁听自己的课程，并接受来自他们的反馈。教师的专业发展方法侧重于加强学校在教师培训和发展方面的引领作用，并创造更多朋辈学习机会。各大学校已经组建教学网络，每所学校专注于特定的科目，着力提升学校教学水平。我们的目标是在 2014—2015 年度建立一个约 500 所学校组成的全国教学网络。

我们支持专门从事文化方面课程的学校教学网络的构建，这对于促进教师专业发展材料和资源的宣传和推广发挥主导作用。下文会提供更多关于这个项目的信息。

学校联合信托学院——约克郡和亨伯赛德郡(Humberside)唐卡斯特(Doncaster)

学校联合信托学院(School Partnership Trust Academies，SPTA)涵盖英格兰北部 40 所初级和中等学校，总计有 2 万多名 3~19 岁的青少年儿童，他们来自不同的社会、宗教和文化背景。学校联合信托学院已经任命一名艺术总监对各大学校内部和学校之间开展的文化教育进行指导和监督。

过去 8 年，在艺术委员会的资助下，学校联合信托学院已经成功开展了伽福斯艺术节(Garforth Arts Festival)。这个项目通过伙伴关系的建立、年轻人、艺术家、艺术机构和学校社区，将文化教育汇集在一起。这种全年式文化供给为所有年轻人在课程内外创造了激动人心而丰富多彩的文化学习机会，并为教师提供了一个综合的项目和开展文化教育的方法，也成为提升教师专业发展水平的重要资源。

2012 年，该项目在开展高质量文化活动方面取得的成就包括：超过 3 000 名年轻人参与了表演；22 所学校参与；与 11 个艺术组织共同努力；创建了 23 个追加教育项目；创建 CPD 模型、方法和材料，支持文化教育的开展；提供额外的 276 个参与式艺术课程；支持超过 100 名艺术家；为近 5 000 人进行 70 场专业艺术演出，还有 1 万多人通过其他方式，包括网站、广播和媒体报道观看表演；通过音乐交流项目与南非德班(Durban，South Africa)的 Mzuvele 高中建立强有力的艺术联系。

校长有责任为学生提供广泛而均衡的课程，以促进他们文化水平的提升。同时，他们要确保教师具有教授课程的必要技能和知识。在规划课程的时候，学校应该考虑如何将文化教育作为全年课程的一个组成部分，并确保文化教育不局限于特定的科目。只有当文化教育成为学校素质教育的一部分时，高质量文化教育才能实现。

要确保文化教育成为学校生活中最具活动的部分，校长在其中发挥着重要作用。在这次调研过程中，我见到了很多校长，聆听了这个重要团体在会议上的讨论和提出的建议，很受鼓舞。他们都强调了文化教育在他们学校所发挥的重要作用。

——达伦·亨利《文化教育调查》

2. 对教师和学校文化教育的支持

从2013年2月开始，教育部资助10个教学学校联盟(Teaching School Alliances，TSAs)，来推进文化教育“持续专业发展”资源和活动的开发，旨在支持学校进行项目改进，并持续进行高质量的文化教育。三年来，教育部已经提供了30万英镑资金。

教学学校联盟要确保他们提供的支持类型多样化，专注于广泛的文化体验和文化教育提供者；并要考虑文化科目的课内体验，而不仅是课外体验。这些资源和活动将鼓励学校和文化教育提供者开展有效的融入式合作，包括与艺术委员会桥梁网络内部的相关组织开展合作。

教学学校联盟与文化教育机构建立伙伴关系，确保他们能更清晰地了解如何提供满足学校需求的机会。这些学习经验将被推广到全国其他教学学校网络。

3. 文化教育提供者支持教师专业发展

文化教育提供者可以通过设计与学校课程相匹配的活动，或是为不同教育阶段的儿童提供相应的适龄体验，来为学校和教师提供支持。最好与学校合作开展活动，这样可以使学生在课堂上学到的知识得到进一步的深化。

学校要和与之合作的文化机构开展有意义的双向对话，这是很重要的。文化组织需要确保他们提供的课程和活动满足学校的特定需求；学校要向文化组织明确表达他们的需要。质量、标准和学习成果应该是所有参与学校活动的文化组织的重要考量。

——达伦·亨利《文化教育调查》

许多文化教育提供者联合学校及教师共同努力，通过提供大量资源和机会，例如，提供课程计划或培训，帮助教师提升其技能。

国家档案馆提供专业发展服务

国家档案馆教育服务处推出了一个专业发展项目，使教师能够查阅档案馆独特的收藏，并支持教师开展以新资源为基础的活动。他们和学术合作伙伴携手，依托硕士认证课程或是在海外工作的教师，提供在线工作的机会。这种灵活的课程将教育团队的专业知识与大学学者和知名专家的专业知识进行了有机结合。美国国家档案馆通过组织教学研讨会和在线资源获奖项目，将历史教育融入人们的日常生活。

英国古迹署对教师的支持

每年，英国古迹署都会向新一代教师介绍文化遗址，教师可以将这些遗址作为户外教学的重要依托，为孩子们提供最难忘的学习经历。每年有超过 1 000 名教师参与初级教师培训(Initial Teacher Training，ITT)项目或个人发展项目，这些项目是与教师教育提供者和学校教学培训机构合作开展的，一般在文化遗址中进行。

赫普沃思·韦克菲尔德(The Hepworth Wakefield)

创造性学习网络(Creative Learning Network)是一个发展项目，为教师提供了网络学习的机会，在这里，教师和艺术家可以分享各自的思想和经验。该网络由韦克菲尔德皇家剧院(Theatre Royal Wakefield)和赫普沃思·韦克菲尔德合作运行。后者是艺术委员会下的一个国家投资组织，由海角英国(Cape UK)(一个桥梁组织)资助。该学习网络组织了 5 个由艺术家主持的研讨会，每个研讨会讨论一个与创造性教学和学习相关的特定主题，此外，还有 6 个反思研讨会。

该学习网络涵盖的内容很广泛，从儿童哲学和鼓励孩子提问，到戏剧、跨学科角色扮演方法和细节构建等问题，探索如何在保持创造性的同时，达到良好的教育标准，获得满意的成绩。每场研讨会都会由具有实际实践经验的艺术家来主持。

对艺术家而言，这是一个很好的机会，他们可以与教师接触，并深入了解学校面临的一些问题，并尝试通过创意项目来解决这些问题。对于教师们而言，他们有机会与艺术家见面，同他们共同探讨潜在的可行项目，并获得新的技能；与其他教师进行经验交流和思想分享。

皇家莎士比亚剧团

皇家莎士比亚剧团(RSC)的首要任务是提升教师技能，使他们通过积极的方法，让更多学生在课堂上体会莎士比亚戏剧的魅力。他们的工作受到了剧团的艺术实践以及演员、导演在排练时解说莎士比亚语言方式的启发。剧团为全国学校打造了一系列内容丰富的专业发展项目，在工作初期，每年与超过 2 500 名达到甲级教学水平的教师合作。专业发展项目包括一天的入门课程，一周的等级强化训练和研究生水平认证课程；开创性的在线平台——莎士比亚教学；高质量的教学材料，如莎士比亚戏剧教师工具包和带有文本的以表演为特色的数字资源，如由英国广播公司(BBC)创建的“揭秘莎士比亚”(Shakespeare Unlocked)栏目。

4. 初级教师培训

初级教师培训(ITT)的愿景是让全国最好的学校与最好的初级教师培训提供者(将越来越多地是学校本身)合作，招募和培训新一代教师，确保他们具备提高学生学业成绩的技能和能力，并帮助其实现职业能力的自我提升。

通过“学校直通车”项目，学校能够进行教师选聘，并为未来教师提供培训，而这些未来的教师也有更多在课堂学习的机会。“学校直通车”允许学校与教师培训认证提供者开展合作，并对培训课程进行相应的调整，以满足他们的需求。我们还在积极推进学校初级教师培训(School Centred Initial Teacher Training，SCITT)工作的开展，允许学校与初级教师培训提供者构建伙伴关系，与学校最优秀的教师共同提供初级教师培训和学员认证培训项目。我们也使学校成为初级教师培训提供者的认证程序更加简化。

阿瑟·特里学校(Arthur Terry School)——伯明翰

阿瑟·特里学校领导了一个由伯明翰、沃里克郡和斯塔福德郡的12所中学和12所小学组成的联盟。它最近被成功地认证为SCITT，提供戏剧、化学、数学和物理领域的研究生教育认证(Postgraduate Certificate of Education，PGCEs)，学员可以根据伯明翰城市大学(Birmingham City University)提供的两条途径来获得认证。这个为期38周的认证分为结构化的训练和学校教学体验两个阶段，由学校教练及SCITT负责人提供相关支持。

通过这个联盟，所有参加初级教师培训的学员被分配到至少3个学校，阿瑟·特里学校开发了一个“配对共享”模型，让一名学员有跟随一名优秀教师进行学习的机会。

2012—2013年度，该联盟开展了18个“学校直通车”，提供音乐、英语和生物领域的研究生教育认证，明年将拓展到38个，覆盖的学科范围更加广泛。

学校和参与初级教师培训的合作伙伴要对新的国家课程标准有更清晰的理解和更明确的期望，这是非常重要的。

作为学校主导系统的一部分，教育部为每个主要科目都建立了专家自治小组。这些主要科目包括艺术与设计、音乐、设计和技术。专家自治小组由学科协会、学科专家、高等教育ITT提供者、教学学校和学校ITT提供者组成。它们将依托现有资源对新国家课程标准框架下的初级教师培训提供支持，并指出存在的不足。

5. 音乐教育者认证

音乐教育的独特之处在于，学校经常外聘教师教学生演奏乐器，来作为课堂教育的补充。达伦·亨利在《音乐教育调查》中提议设立一个专门的音乐者认证。这样，为了职业生涯的发展，那些把为孩子们授课作为职业生涯历程一部分的兼职教师和音乐家就必须获得一个新的资格认证。

英格兰艺术委员会与创意文化技能部(CCS)、音乐教育专家和高等教育提供者合作，开始进行音乐教育者四级证书(CME)的认证。

音乐教育者证书由音乐教育部门颁发，针对那些参与青少年儿童音乐学习的音乐工作者。它旨在鼓励音乐工作者，不管是毫无经验的新手，还是经验丰富的老手，都能发展新的技能，强化他们对音乐教育目的的理解，并鼓励他们采用最佳方式提升青少年儿童的知识、技能和对音乐的理解。音乐教育者证书将由资格及考试监督局正式认证，并在 2013 年秋季在音乐教育者中推行。

6. 教育标准局的作用

教育标准局在确保高质量教学方面发挥着主导作用。自 2012 年 9 月起，将由“需要改进”等级取代原来的“合格”等级。教育标准局正在尝试对“失败”学校的帮扶方法，希望通过经验丰富的检查员进行针对性的监管，来支持教学质量较差学校的发展。

尽管教育标准局并不对学校科目课程进行检查，但学校应该向其报告自己提供的课程是否具有广泛性和均衡性，是否能促进学生的精神、道德、社会和文化发展，是否实施了课程科目调查的长期项目。每个学校都要提交一份三年期的总结报告，并且可以在网站 www.ofsted.gov.uk 上进行查询。

教育标准局调查

2012 年 4 月，教育标准局发布了针对高校艺术、工艺和设计教育进行的调查结果。检查员对高校进行调查，并对中小学、特殊学校以及艺术画廊和博物馆进行抽样，以发现高效、创新的实践案例。在题为《作出标记：2008—2011 年艺术、工艺和设计》的报告中阐释了良好或优秀高校课程的主要特征，详情可以访问网址：www.ofsted.gov.uk/news/making-mark。

当检查教学质量的时候，教育标准局的检查员将关注所有科目的教师，而不仅仅关注核心科目的教师对学习活动的规划和实施。

评估领导力的时候，检查员将考虑课程在多大程度上促进了学生的精神、道德、社会和文化发展。当评估学校的领导和管理时，检查人员会考虑课程的广泛和均衡程度，以及在多大程度上满足了学生的需要、能力和兴趣。检查人员也将考虑学校如何有效提高父母的信心和参与度，如何与其他学校、外部机构和社区合作来改善学校教育质量，如何扩大课程的范围和质量来增加学生的学习机会。

教育调查为学校提供了一个独立有效的外部评价，判断学校应该做哪些方面的改进，使其能适应国家框架发展的需求。这些调查是对一所学校的表现进行的专家独立评估，是家长为子女选择学校的重要参考。他们还向议会和教育大臣提供信息，例如，学校的工作和可以接受的教育标准程度，这既有利于每所学校教育质量的提高，也有利于提升整个教育系统的质量。

五、弘扬国家历史和文化

英国文化是独一无二的，我们的语言铸就了一些世界知名的伟大作家和诗人，我们独特的时尚和著名设计师在全世界受到追捧，我们的历史常常激发我们创造出最深刻、成功的艺术和诗歌。

我们希望孩子们能带着一种对当地真正的自豪感长大，能深刻理解它的传统和在国家历史中的地位。所有的孩子和年轻人都应该了解我们国家的标志性象征，理解那些塑造了我们民族性格和文化的重大历史事件。

1. 文化遗产学校项目

截至2015年3月，英国古迹署将投资270万英镑，用于与学校开展合作，帮助学校有效利用当地的历史环境，使课程变得生动、活跃。来自190所学校的2 000名教师将参加培训项目，用以支持他们的发展。

学生将在课堂之外花费更多的时间，从文化遗产资源如当地历史协会、档案馆以及当地博物馆中获得知识。学校还将得到额外的资金，以确保原本不可能有机会参观这些文化遗产的学生至少参观一次。该项目要实现以下几个主要目标：孩子们为他们居住的地方感到骄傲；孩子们理解当地的文化遗产，以及它们与国家历史的关联；教师对有效利用当地文化遗产资源进行授课更有信心；将当地的历史背景纳入学校学习课程；遗产提供者更了解当地学校的需要；家长参与孩子的学习；社区更深入地参与学校生活。

除了直接与学校开展合作，该项目还将支持没有设置教育员工岗位的遗产组织也能让教师和学生有所收获。

该项目为教师提供资料和支持，使这一个模式能在所有学校中进行推广。这些资源将为全英国的教师提供实践基础，帮助他们更好地利用身边的文化遗产来进行教育。

遗产资源开发网站提供了成千上万张按主题分类的图片、大量鼓舞人心的适合各个年龄段学生的教学活动，还有现成的白板课和工具包，来帮助教师创建他们自己的活动。这个网站不断更新来自英国遗产档案馆提供的图片，这些资源可以使学生很容易联想到英国文化辉煌的过去。

除了遗产资源开发网站提供的图像库和文化活动信息，英国古迹署还提供了大量来自Geocache的其他类型资源，为教师教学活动提供指导，同时，还提供很多关于英国遗产的相关信息以及它们所推出的活动，每年有10万多次资源下载量。

了解更多关于文化遗产资源开发网站的信息，请访问网址：www.heritage-explorer.co.uk。

文化遗产学校——布里斯托尔弗罗姆威尔学院(Frome Vale Academy)

弗罗姆威尔学院是位于布里斯托尔的一所初级学校，从2012年9月开始与文化遗产学校项目开展合作。仅仅3个学期之后，他们已经做好准备，要开展针对本地历史的全新探访，这对全校的员工、学生和当地社区都产生了重大影响。

在第四学期一个鼓舞人心的日子里，由受人欢迎的“绝望人”戏剧团推出的互动式戏剧拉开全校开展历史探访活动的序幕。学前班的学生了解了很久以前戏剧的模样，并和家人一起探索过去存在的各式各样的戏剧。

一年级和二年级的学生会问：“我们学校是什么时候建立的?”然后邀请路过的学生和工作人员使用本地的网络资源，来了解学校相关的历史。掌握使用这些资源的技能已经成为英国古迹署推出的专业发展项目中所包含的重要内容。

三年级和四年级的学生了解关于学校建筑的故事。他们接受一名当地的历史学家和当地建筑中心的访问，并与当地一个摄影师合作，来记录学校如今的发展。教师们纷纷表示，这是他们参加过的最有趣、最刺激的一项活动。孩子们对自己社区的和国家的尊重之情溢于言表。

五年级和六年级的学生从20世纪50年代发生在学校附近的一场骇人听闻的空难讲起，对新闻报道的发展历史进行生动讲解。孩子们使用各类资源，包括地图和档案故事开展调查，在事故现场附近的树林里与当地说书人一起回忆整个事件的发生过程，并对一天的研究探访活动进行总结。

全校教师都认为这个活动对写作和其他课程产生了重大影响。校长罗莎蒙德·法雷尔(Rosamond Farrell)说：“我们发现这一活动帮助我们努力实现了一个核心目标，那就是社区参与。本学期，学校所有班级都组织了这项活动。我们得到了英国古迹署的大力支持，当地居民也通过讲故事和访问的形式积极支持我们。”

2. 纪念第一次世界大战爆发100周年

我们历史上最重大的事件之一就是第一次世界大战。为了纪念第一次世界大战爆发100周年，我们正在计划推出一项具有长远意义的教育活动。

我们将开展一项旗舰项目，让成千上万名学生和教师有机会参观世界大战的战场。学生将了解战士们做出的牺牲和参战者的英雄故事。参与者会把他们从这场体验中学习到的东西传递下去，让那些没有参观的孩子也可以从中获益。鼓励学校举办各类纪念活动，如收集照片、发现当地故事等。这个项目可以使这场关于我们历史文化的标志性事件成为永久的遗产。

作为纪念活动的重要组成部分，我们还会开展其他一系列活动。许多活动都是通过文化教育合作机构(包括英格兰艺术委员会和英国古迹署)来组织的。例如，英国电影协会的数字化项目将优先考虑推出关于第一次世界大战题材的电影；英国古迹署和教育部的遗产学校项目，旨在让学生们了解当地的遗产，关注与第一次世界大战相关的文化遗产，以便学生可以了解战争中发生的故事以及对社区的影响；帝国战争博物馆(Imperial War Museum，IWM)在纪念活动中发挥重要作用，并将在2013—2019年协调英国和国际范围内各类活动的开展；文化遗产彩票基金(HLF)将给予不少于3 000英镑补贴，用于支持大量以社区为主导的纪念第一次世界大战的遗产项目，并探索其与当代社会的相关性；英联邦战争公墓委员会(Commonwealth War Graves Commission)正在开发关于两次世界大战完整的数字记录。

它将对教育资源进行审查，让广大民众更容易获得这些资源；英格兰艺术委员会正在与帝国战争博物馆和文化遗产彩票基金密切合作，支持博物馆开展的一系列艺术活动，以及举办一场与百年纪念相关的儿童比赛；战争纪念信托基金(War Memorial Trust)支持社区将进行照片纪念作为遗产项目的组成部分，向年轻人讲解地区记忆的重要性以及地区发展历史。

第一次世界大战——英国参战的年轻人

2012年10月，首相戴维·卡梅伦(David Cameron)指出，英国政府要举办纪念第一次世界大战爆发100周年系列活动。在讲话中，他强调了文化遗产彩票基金所推出的新的纪念活动，并认为它是对已经开展的纪念活动，例如政府为学校举办的战场旅游项目的重要补充。从2013年5月开始，政府将投入0.3万~1万英镑，用于帮助年轻人和他们的社区参与第一次世界大战的纪念活动。

文化遗产彩票基金承诺连续6年每年至少投入100万英镑，支持这些项目的发展，鼓励年轻人探索、了解和保护当地与第一次世界大战有关的遗产。一大批主题项目将得到支持。主题涉及研究、识别和记录当地遗产；通过诸如展览、追踪、智能手机应用程序等媒体工具对历史进行全新阐释；基于遗产资源编写和表演的创意材料；保护战争纪念碑；创建社区档案或收藏等。

文化遗产彩票基金认为，这个关于第一次世界大战纪念的新的小额赠款项目将会在未来几年凸显巨大的效益和重大的意义——包括对年轻人也会产生重大的影响。到现在为止，活动的效益已经开始凸显：在2010年4月以来的所有资助项目中，文化遗产彩票基金已经在70多个关于第一次世界大战纪念的项目上投入1 200多万英镑资金，其中有许多年轻人直接从事和参与了项目的推进和实施。

阿克林顿帕尔斯军团(Accrington PALS)

文化遗产彩票基金青年根基项目帮助年轻人研究阿克林顿帕尔斯军团的辛酸故事，该军团在第一次世界大战开始的时候，从兰开夏郡小镇招募了数百名男子。他们创作表演了一个短片，讲述了这个军团的开始和1916年的塞尔战役。塞尔战役夺去了大多数阿克林顿士兵的生命，给他们的家庭带来了毁灭性的破坏。这部电影在社区场馆上映，有助于人们了解当地的历史。关于更多青年根基项目的相关信息，请见本文件第六章。

3. “为我的学校朗读”

“为我的学校朗读”是由教育部支持的一项国家比赛，由图书信托基金会和培生基金会(Pearson Foundation)承办。第一年比赛面向五、六年级的学生，旨在激发不同水平、怀揣不同梦想的孩子都可以快乐地阅读。

比赛的目的是让孩子们接触各种主题类型的图书，这些主题包括“历史冲击”(带你重回过去的故事)；“这是一个秘密”(恐怖小说、推理小说、恐怖故事)；“保持真实”(用事实填满你的大脑的书)；“放声大笑”(爆笑阅读)；“走出这个世界”(带有少许科幻、幻想或魔法色彩的小说)；“银幕明星”(影视明星的故事)；“寻求刺激”(惊心动魄的冒险故事)；“野外世界”(动物的滑稽故事)。

学生从推荐书目中进行选择，或主自选择。这个比赛中所蕴含的竞争元素激发不同水平、怀揣不同梦想的孩子快乐地阅读。参加比赛的学生通过阅读来回报他们自己和学校。

关于比赛的更多信息，请访问网址：www.readformyschool.co.uk。

4. 纪念查尔斯·狄更斯诞辰 200 周年

我们总是抓住一切机会纪念我们国家的标志性象征。2012 年 2 月 7 日是查尔斯·狄更斯诞辰 200 周年纪念日。学校国务大臣尼克·吉布(Nick Gibb)议员以此为契机，向史托克威尔·帕克高中(Stockwell Park High School)的教职工和学生讲述阅读的乐趣。

他在讲话中指出："狄更斯是一位作家，他总是如饥似渴地进行阅读，如果他知道他的书被人们阅读、不断重读、分享、赏析和注释，直到书页泛黄，他将会很高兴。然而，具有讽刺意味的是，狄更斯写作的时代，很少有人有机会阅读。只有不到一半的孩子可以进入早期维多利亚时代的学校。工业革命带来了可怕的贫穷和困苦，识字成为少数人的特权。"

5. 国家提供文化教育的例子

巴克勒哈德(Buckler's Hard)——汉普郡

巴克勒哈德是 18 世纪比尤利河岸边的一个造船村庄，它推出了一系列有奖教育项目。这些项目针对造船村和 18 世纪的社会和家庭生活教育，在这些项目里，村庄、重现的海事博物馆和历史小屋内部都是需要关注的重点。

角色扮演旅游允许孩子打扮成 18 世纪的游客来参观这个村子，尼尔逊海军(Nelson's navy)的船只就是在那里建造的，包括他最喜欢的阿伽门农(Agamemnon)。孩子们可以了解尼尔逊、亚当斯家族和九尾鞭，以及 18 世纪的村庄生活，在那里曾建造了 3 艘参加特拉法加战役(the battle of Trafalgar)的船只。他们将有机会发现这些船舶是如何建造的，并且参观建造这些船舶的下水滑道，并了解那些参加战斗的人如何在海边生活。

时尚博物馆(The Fashion Museum)——巴斯(Bath)

巴斯的时尚博物馆举办了当代世界一流的现代和历史服装展，并为关键阶段 1 到高中阶段的学生提供教育活动。

与国家课程相关的活动让孩子们了解服装的过去和现在，探索不同类型的服装、面料和样式。处于关键阶段的学生有机会遨游在 20 世纪时尚服装特展之中，或探索过去 400 年的时尚服装，将过去的"猫步"与最新服装时尚连接起来。该活动还提供创造性项目，比如，使用拼贴来进行时装设计、鞋设计、素描、绘画、个人或团体拍照。

查尔克·瓦利历史节(Chalke Valley History Festival)

查尔克·瓦利历史节成立于 2011 年，主要是为了让人们能欣赏和理解我们丰富多样的历史。其所有收入都将归属查尔克·瓦利历史信托基金(Chalke Valley History Trust)。该基金的成立是为了促进所有年龄段的孩子，尤其是学校的学生，能理解历史，并了解历史的重要性。历史节日将文学作品与"亲历历史"展览结合起来，由许多知名演讲嘉宾主持。历史节日将在 2013 年推出一个新的学校项目，它以广泛的课程科目为特色。

英国古迹署发现之旅(English Heritage Discovery Visits)

达尔文(Darwin)真正喜欢的是什么？我们如何了解盎格鲁-撒克逊的历史？你能做一名王室仆人吗？每年有超过3万名儿童参与英国古迹署的发现之旅项目，亲身体验历史。这种亲身体验由演员、作家和志愿者进行指导，参与者能从各大遗迹工作的人员分享的宝贵专业知识中汲取经验。该项目由于提供高质量的教育体验而获得了众多奖项。它还推出一些任何学校都可以进行预定的促进会议。英国古迹署致力于通过与学校及其他教育机构的合作项目，来推进自身教育专业知识的提升，还通过合作推出了一系列活动：根据肯伍德别墅(Kenwood House)里的画编写故事；由极具特色的贝尔赛大厅(Belsay Hall)激发灵感创作电脑探险游戏；由学校和社区成员为现代民间歌谣作曲，并进行表演，这也是铁桥谷(Ironbridge Gorge)历史遗迹周围宝藏追踪项目的一部分。这项工作基于英国古迹署工作人员的专业知识，不仅引领了遗产教育的实践发展，同时也为遗产提供者和学校教师提供教育的契机。

全国学校文化周(National Schools Culture Week)

达伦·亨利在《文化教育调查》中提议，要在全英国范围内推广文化周活动，文化周将“举办与学校文化教育相关的所有活动，包括表演、展览、研讨会、文化专家访问、访问文化场馆和网站。简而言之，它将关注所有领域的文化学习、活动和体验”。

儿童和艺术王子基金会(The Prince's Foundation for Children and the Arts)积极响应，并致力于开发、规划和开展一个国家项目，为学校组织的文化教育和学习提供重要参考。

这个项目仍处于早期阶段，目标是在全英国范围内开展文化教育活动，并以为期一周的节日将欢庆推入高潮，其是对现有学校项目的补充；同时，鼓励当前尚未参与的学校和机构能积极开展文化教育；使孩子拥有参与规划和发展活动的机会；在跨学科教学和学习环境中提升文化教育的益处；突显文化教育的影响；在当前的教育理论界引发一场关于全国性的教育大讨论。

儿童和艺术王子基金会将带头寻找潜在的赞助商，并与各大文化机构建立联系，积极发展伙伴关系，确保这个项目具有包容性，并能推进文化教育的发展。这一项目将于今年晚些时候启动。

六、创建一个持久的伙伴关系网络，来实现我们的雄心

达伦·亨利的调查得出这样的结论，尽管艺术组织和学校之间有一些成功的合作范例，但还需要推出一个更为系统的方法，为年轻人推出一系列连续的、卓越的教育文化活动。有些学校可以自主开展文化教育，而有些学校可能很难找到合作伙伴，以满足学生文化教育的需要。

已经成立跨政府工作小组，对这个复杂领域开展的活动进行监管。这个小组成员包括教育部部长，文化、媒体和体育部部长，独立机构合作伙伴和学校代表，他们群策群力支持文化教育的发展，并积极应对所面临的各类挑战。

1. 文化教育合作组织

在《英国文化教育：由达伦·亨利进行的一项独立调查》出版（2012 年 2 月）后，英格兰艺术委员会、文化遗产彩票基金、英国电影协会和英国古迹署共同合作成立了文化教育合作组织。

该组织致力于考虑各类意见建议，并着手推进各类可行意见的实施。他们共同努力，保证文化教育所形成的合力超过“各部分的总和”。他们共同努力，利用各自的资源为青少年儿童提供更多高质量的文化教育机会。艺术标志奖项目为年轻人提供了解电影和文化遗产的机会，为学校提供了更具统一性的艺术文化教育，使它们信心满满地向实现教育标准迈出坚实的第一步。

他们将布里斯托尔城、巴肯—达格南（Barking and Dagenham）和大雅茅斯（Great Yarmouth）作为工作的重点，在那里，他们将对共享方案进行试点，以及开展更多的活动和提供更多的资源。目前，已经确定要开展许多新的活动，例如，文化护照项目以及学校和博物馆项目，这些活动的更好协作可以使更多年轻人获益。

大雅茅斯文化教育合作试点

大雅茅斯文化教育合作试点（Cultural Education Partnership Pilot，CEPP）中所有的组织都有共同的目标和愿景，那就是要为青少年儿童提供高质量的文化教育。文化组织、地方政府和学校共同努力，使更多年轻人参与文化教育。文化组织和学校也积极合作，并对项目进行规划，确保文化组织提供的项目满足学校和学生的需要。

文化机构将分享彼此的活动项目，以确保大雅茅斯的年轻人能享有振奋人心的、综合全面的文化教育活动，并为这些活动的交流创建了一个共享平台。

进行文化教育合作试点的活动都是经过精心策划的，活动内容丰富，能促进人们的积极参与，要让那些相对贫困试点地区的青少年儿童的愿望得以实现，然后有效利用当地的文化教育资源培养他们的自豪感。

布里斯托尔文化教育合作试点

布里斯托尔文化教育合作试点——旅行之光T台灯光剧将项目推广到布里斯托尔多个贫困地区，该项目关注5~7岁儿童个人、社会和情感技能的培养。它们与小学开展合作，推出了一个每周课后一小时的戏剧俱乐部活动，为16名5~7岁儿童教授戏剧表演的基本技巧。工作组重点创作合作型和充满想象力的戏剧，将个人发展融入其中，鼓励团队合作精神、韧性、共享、交流和信心的培养。

青年根基(Young Roots)

目前，文化遗产彩票基金(HLF)每年为该项目投入4亿英镑，帮助全英国的年轻人了解历史古迹。文化遗产彩票基金资助的青年根基项目针对11岁以上的青年，鼓励他们积极参与遗产项目的规划和开发。

该项目的年度预算为400万英镑，其中发放奖助学金1万~5万英镑。通过遗产项目和青年组织的合作，“青年根基”项目为年轻人创造了大量了解遗产、发展新技能的机会，并与社区分享他们的成就。

文化遗产彩票基金已经在1 300多个“青年根基”项目上投入2 700多万英镑。它涵盖的活动范围很广泛，包括探索记录文化和音乐传统、进行自然保护工作、恢复老式摩托车以及对博物馆的收藏进行数字追踪。

海滨记忆(Seaside Memories)

在东方媒体项目(Media Projects East)、洛斯托夫特遗产中心(Lowestoft Heritage Centre)和东盎格鲁人电影资料馆(East Anglian Film Archive)的帮助下，来自萨福克郡(Suffolk)两所学校的20名青年对当地海滨遗产进行了研究。他们学会了如何记录口述历史访谈，用传统的小丑哑剧形式设计自己“码头的终点”的表演，并基于他们的学习创作了一部电影，还获得了网络开放大学的学分。

> 这个小组一整周都在同学和朋友之中谈论他们正在这里开展的工作。这对他们学校文化教育所产生的积极影响是不言而喻的。
>
> ——教师

要获得更多关于这类项目的信息，或了解如何申请“青年根基”项目，请访问网址：www.hlf.org.uk/youngroots。

2. 一个全国性的桥梁网络

艺术委员会建立了一个全国性的桥梁组织网络，其作用是通过联合学校和文化机构，改善青少年的艺术学习机会。桥梁组织鼓励在复杂的艺术和教育格局中实现一致性和连贯性，帮助青少年和地方社区能够通过高质量的创意和艺术体验获益。

桥梁组织的责任包括分析和了解当地的文化教育格局；使学校与文化机构、地方政府和社区之间建立新的伙伴关系，为青少年儿童提供一个强大的文化教育供给；创建和促进艺术、文化和教育之间形成网络，持续开展对话；使学校发现和获得适当的艺术和文化机会，并将它们的观点融入当地的文化项目；推动学校和学生积极参与艺术标志奖和艺术奖。

教育部在 3 年内追加投资了 426.5 万英镑，桥梁组织利用这笔资金使更多学校（特别是教学学校）参与其中，并与更广泛的文化组织，包括艺术机构、博物馆、图书馆、电影中心和遗产机构进行合作。

桥梁组织与教学学校和其他文化机构合作，为具有良好教育意义的文化活动和资源建立标准，并为教师提供指导。教学学校和桥梁组织会将这种支持推广到它们的网络之中。

可以通过访问网址：www.artscouncil.org.uk，在搜索框中输入“桥梁组织”，了解更多关于桥梁组织的信息。

桥梁组织案例研究

“新方向”是伦敦的主要桥梁组织，它由艺术委员会资助。

在“新方向”，我们相信伦敦真正有机会利用这个城市丰富的文化组织、艺术家和其他资产，以此成为世界上文化和创造性教育的首选之地。我们希望每个年轻人能够有效地参与到这个城市提供的文化机会。

2011 年 4 月以来，我们的工作集中在了解学校的需要，以及它们是如何在经历重大结构性变化的同时继续推进文化教育。这有助于我们为文化合作伙伴提供信息，让它们知道如何最好地参与到学校活动中，以及指导学校开展复杂而具广泛性的文化活动。

我们已经与伦敦市长办公室合作开展了关于伦敦教育的调查。教育调查小组提交了一份具有划时代意义的报告，对伦敦的学校状况进行评估，并对未来优先要开展的工作提出建议。在这个框架内，我们与桥梁组织合作对“伦敦课程”（London Curriculum）的概念进行深入挖掘。我们将这些核心内容汇报给市长，伦敦政府负责建议的具体实施。

“伦敦课程”提供了一整套资源、材料、思想和目标性的支持，学校可以从中汲取有用元素对现有的项目进行丰富和拓展。作为一种学习资源，它引导学校和教师思考历史、文化和城市地理。

我们将“伦敦课程”作为一种连接学校与当地文化机构（以及伦敦市中心的文化组织）的重要载体。它可以作为构建学校（有时是学校群，或者是个体学校）和文化部门之间有意义的伙伴关系的框架。

我们已经讨论了与“伦敦课程”有关的 40 多个文化组织，举几个例子来说，包括西沃恩·戴维斯舞蹈团（Siobhan Davis Dance Company）、言论自由中心（Free Word Centre）、“良好沟通”（Sound Connections）以及维多利亚与艾伯特博物馆等。

以区域为中心来丰富课程的方法是一种新的方式，探索学校如何在保持和发展它们的文化事业的同时关注英国新文凭证书考试（The English Baccalaureate，EBacc）。它还利用学童津贴，为真正有潜力的学生提供旅行和项目资金支持。

3. 国家合作机构

除了桥梁组织之外，在艺术委员会新的“国家合作”框架下(大约65%)还有约460个艺术机构，在接下来的4年，它们将会为青少年儿童艺术发展贡献重要力量。

它们与学校保持着良好的合作关系。事实上，国家合作机构是最大的团体组织之一。它们不像学校那样提供国家课程，而是通过提供广泛的技能和专业培训加强艺术供给，这些技能和专业知识可以使课程变得鲜活、生动。除此之外，它们能够为青少年儿童在校外学习技能提供场地。

这些课程为国家合作机构与学校开展合作创造机会，帮助确保丰富、广泛而均衡的学习项目的开展。它们也在当地为青少年儿童提供文化活动中起到重要作用，来满足当地学校、儿童和家庭的需要。

国家合作机构为年轻人获取丰富艺术体验做出重大贡献。

舞蹈案例研究——东部舞蹈(DanceEast)

东部舞蹈是艺术委员会管辖的一个国家合作机构，其目标是让英格兰东部的每个年轻人都能获得舞蹈体验机会，要让舞蹈激发他们的灵感，让他们对舞蹈充满好奇，让舞蹈成为他们学习的桥梁。

东方舞蹈学院与包括地区组织东部青年舞蹈团在内的其他组织开展合作，通过其下设的杰瑞伍德舞蹈坊(Jerwood DanceHouse)为不同年龄段的青年舞者提供丰富的舞蹈课程。年轻人可以在当地、大区和国家层面的表演中展示他们的创意和表演技巧。那些在舞蹈方面有特殊潜力和远大抱负的学生可以参加东部舞蹈学院的面试。东部舞蹈学院是9个全国舞蹈高级培训中心(National Dance Centres for Advanced Training, CATs)之一。

东部舞蹈学院以创新的方式利用舞蹈来提升学生的学业水平，如通过舞蹈扫盲项目，以及支持学校获得艺术标志奖和年轻人获得艺术奖，来丰富学校课程。东部舞蹈学院帮助教师提升专业技能，增强教师信心，并与合作伙伴共同推进项目开展，比如皇家芭蕾舞团(The Royal Ballet)的“关键一步”项目，王子基金会济贫院项目(Princes Foundation Start Hospices)和学校启航项目。同时推出一系列特定的项目，以满足那些有特殊需求的年轻人和生病住院的年轻人，并通过“大舞汇”，让年轻舞者在诸如纬度音乐节(the Latitude Festival)和萨福克郡演出秀(the Suffolk Show)中崭露头角。

这些推进舞蹈发展的举措为年轻舞者创造了非常多的机会。年轻人通过参加研讨会、参与演出以及与专业艺术家探讨等多种方式实现自我提升。东部舞蹈学院正与全国各地的合作伙伴研究毛利人的舞蹈，为年轻人和他们的家庭创造更为广阔的舞蹈空间。

皇家歌剧院的学习与体验

在皇家歌剧院(ROH)进行学习和体验，通过歌剧和芭蕾丰富人们的生活，是皇家歌剧院战略发展的中心任务。去年，皇家歌剧院为22 238人创造了机会，并有21 207人参与文化项目表演。

皇家歌剧院通过数字技术进一步拓展了活动范围，加大继续教育专业课程建设，提高教师和实习生的专业技能，让他们信心满满地进行艺术教育。课程主要关注以下几个方面的内容：让学生学会在教室里创作原创短歌剧，这是关键阶段 2(KS2)课程体系中要素的有效载体；在课程中引入创造性舞蹈教学和学习方法；教会孩子学习唱歌的方法。这种训练会对学生产生持续的影响。皇家歌剧院提供公开课，并经常与地方政府和教师培训机构联合采取有针对性的干预措施，以解决特定问题。

皇家歌剧院能够直接面向青年开展行动。皇家歌剧院与大学、学院和社区组织开展合作，共同推进合作计划项目开展，支持青少年儿童的文化和创造性发展，尤其关注那些由于各种各样的社会、地理和经济原因使青少年儿童只能获得有限的艺术熏陶机会的地区。他们希望开展的这些行为能够对国家课程和特定课程给予支持。作为艺术组织，皇家歌剧院应该引领艺术的发展，并提供真实的创造性艺术体验，对教师和学校/学院提供的艺术体验进行补充和丰富。

皇家歌剧院推进的项目主要针对瑟罗克(Thurrock)和泰晤士河口区(Thames Gateway)的年轻人。帕弗利特(Purfleet)的“大型创作园”(High House Production Park)是皇家歌剧院与英格兰艺术委员会、瑟罗克议会，以及瑟罗克和泰晤士河口开发公司联合创办的，是国家后台工艺品中心和文化再生的催化剂，拥有自己的景观建筑和绘画工作坊(画廊和学习空间的融合视角)和全新的国家技能学院后台中心。通过与瑟罗克议会教育和学习团队的密切联系，皇家歌剧院与学校、学院、学生收容所和音乐教育中心以及其他当地合作伙伴合作创造新的文化体验机会(特别是在剧场后台)，增强社区凝聚力。这进一步扩展了它们作为艺术委员会桥梁组织的工作，将青少年儿童与肯特(Kent)、埃塞克斯(Essex)、赫特福德郡(Hertfordshire)和贝德福德郡(Bedfordshire)的艺术和文化连接起来。

没有艺术委员会、赞助商、个人慈善信托基金和基金会的资助，所有这些工作都不可能推进。

伯明翰皇家芭蕾舞团——舞蹈之路(Dance Track)

“舞蹈之路”是伯明翰皇家芭蕾舞团的人才选拔项目，旨在训练 6~8 岁的儿童舞蹈演员。由英格兰艺术委员会资助的伯明翰皇家芭蕾舞团负责“舞蹈之路”项目的运行。这个项目努力发掘和训练有潜力的儿童芭蕾舞者，从小就培养他们对舞蹈的热情。

最初，伯明翰皇家芭蕾舞团学习部与伯明翰北部和南部的 30 多所学校开展合作，为所有一年级的学生提供参加工作坊的机会。工作坊以喜闻乐见的方式向学生介绍关于舞蹈的各类知识。

项目每年运行经费为 9 万英镑，这些经费都是通过筹款获得的。

参与者通常是原本可能没有机会接触跳舞的人，现在，伯明翰皇家芭蕾舞团的工作人员每周免费给他们教授芭蕾舞课。这一年，参与者被邀请到伯明翰皇家芭蕾舞团的幕后，与舞者零距离接触，还会获得门票去伯明翰穹顶剧院观赏伯明翰皇家芭蕾舞团的表演。这些活动旨在向儿童参与者和他们的家人介绍芭蕾舞，并激发他们对这种艺术形式的兴趣。

通过参与学校的工作坊，学生们的信心、沟通技巧和创造力都得到很大提升。“舞蹈之路”项目继续与具有特定潜力的学生携手前行，帮助他们准备英国顶尖芭蕾舞学校，包括艾姆赫斯特舞蹈学校(Elmhurst School for Dance)、皇家芭蕾舞学校和英国国家芭蕾舞学校(English National Ballet School)的面试。

工作坊有时候是在上课时间举行，有时候利用预留给体育课的时间。伯明翰皇家芭蕾舞学校为参与项目的学校教师提供培训。

“舞蹈之路”项目的一个著名的成功案例是伯明翰佳能山地区(the Canon Hill area)11岁的雅克布(Jakob)。在参加完芭蕾舞培训项目之后，雅各布被艾姆赫斯特舞蹈学院录取。

雅各布的母亲杰基(Jackie)说：“孩子每天晚上都有机会在O2馆的7 000人面前表演。不会有比这更好的培训了。我非常高兴。”

2011—2012年度，为了完成“舞蹈之路”项目的面试，伯明翰皇家芭蕾舞团访问了伯明翰南部的18所学校和北部的17所学校，并为2 500多名学生提供了参加工作坊的机会。

4. 音乐学院和高等教育

英国音乐学院在实现教育、经济和社会目标方面起了重要作用。它们不仅参与高水平的专业培训，还通过初级和推广项目发掘培养年轻人才；提供大量的公共表演和参与式项目；提高艺术实践，并支持英国文化创意产业的研究和发展。

音乐学院的校友伊芙莲·格妮(Dame Evelyn Glennie)、安妮·蓝妮克丝(Annie Lennox)和简尼夫·班纳(Kenneth Branagh)，他们为奥运会所做的贡献展示了来自英国和世界各地的英国人才的风采。残奥会闭幕式上鼓舞人心的舞蹈明星大卫·图尔(David Toole)，三一拉邦艺术学院的教师伊若琳·沃伦(Erollyn Wallen)，也为这叹为观止的艺术表现贡献了力量。

5. 音乐教育的新组织

音乐服务联盟(Federation of Music Services，FMS)和全国音乐教育协会(National Association of Music Educators，NAME)联手创建了英国音乐教育协会——马克音乐协会(Music Mark)，这个组织通过联合方法促进所有部门音乐教育的发展。该组织于2013年3月19日正式运行。

英国音乐教育协会——马克音乐协会将联合所有致力于青少年儿童音乐教育的人，帮助不同背景的青少年儿童开发潜力，提高教育水平，改善教育效果。

协会的愿景是让英国音乐教育协会——马克协会成为音乐教育质量的标志。该组织将支持全国音乐教育社区的专业发展，为达到音乐教育的最高标准不懈努力。

通过将各个不同领域的专业人士联合起来，英国音乐教育协会——马克协会希望参与音乐教育的人都能有一个更伟大、更统一的使命，增加彼此的合作，提高校内外青少年儿童的学习和个人成就。

6. 英国电影协会电影政策调查

为了应对达伦·亨利提出的问题(见下文)和《电影政策调查》(*The Film Policy Review*)中所提出的问题，英国电影协会推出了每年700万英镑的彩票投资项目。该项目旨在用一个简单、容易的方式实现供给水平上的一个重大改革。这些活动应该强化年轻人获得文化权利，让他们能享受文化、学习文化，促进他们软实力和硬实力的发展。

政府委托芬斯伯里(Finsbury)的史密斯勋爵(Rt Hon Lord Smith)对英国推行的电影政策进行调查，并于2012年初发布调查报告。调查报告包括对电影教育发展提出的具体参考，以及在所有与文化产业相关活动中支持版权信息的重要性。史密斯勋爵和他的小组在调查过程中与英国电影协会通力合作。

随着职权范围扩大，英国电影协会是近年来正式和非正式电影教育活动的最合适的组织者。除了史密斯勋爵针对这一特定领域提出的建议，我还鼓励英国电影协会大胆地将这些电影活动联合起来，组成一个整体连贯的电影教育供给。

——达伦·亨利《文化教育调查》

2013年4月12日，英国电影协会成立了一个新的组织——电影英国(Film Nation UK)，该组织将从2013年9月起推出一个大胆而富有远见的新电影教育项目，为英国26 700所学校中所有5~19岁的学生提供文化教育机会。电影英国的新项目将国家彩票基金的资金用于公益事业，让青年人能够有机会学习和欣赏电影，这将有助于维持和促进未来电影群体的发展，促进新一代电影制作人和电影人才的培养和发展。

7. 国家提供文化教育的例子

剧院和艺术合作伙伴

数字剧院与顶尖的剧院公司和艺术组织开展合作，通过台式电脑、平板电脑或电视屏幕为民众带来最好的戏剧体验。合作伙伴包括许多英格兰艺术委员会支持的组织，如皇家莎士比亚剧团和独角兽的青年维克以及环球剧场。

“数字剧院+”(Digital Theatre Plus)是项目的一个组成部分，是电影艺术生长的温床，为学校、学院和大学提供卓越的英国戏剧作品电影，是学生进行在线学习，了解戏剧的全新、大胆的尝试。通过运用各类学生所熟知的媒介来进行戏剧推广，让学生了解到戏剧是振奋人心、与人们生活息息相关并且可以获取的艺术形式，吸引和激励学生参与电影文本的创作和评审。这一项目是对剧院活动的补充和延伸，帮助学生了解更多关于戏剧表演和戏剧解析的方法。

设计实验室(DesignLab)——赫斯维克工作室(Heatherwick Studio)、维多利亚与艾伯特博物馆以及赫里福德(Hereford)的怀特克罗斯高中(Whitecross High School)

设计实验室积极探索新的方式，来吸引学生和教师参与设计。它由维多利亚与艾伯特博物馆发起，力图将学校和博物馆教育工作者、职业设计师和博物馆的藏品有机结合起来，激励新一代创意从业者的成长。

设计实验室已经推出一个项目，它是由维多利亚与艾伯特博物馆、赫斯维克工作室以及赫里福德的怀特克罗斯高中合作开展的。该项目旨在展示赫斯维克工作室卓越的跨学科工作方法，也为我们提供艺术教育模板，那就是如何利用维多利亚与艾尔伯特博物的藏品来解释当代的简约设计。

他们从7~9年级的学生中挑选了一批学生，组成一个纵向教学小组。每个小组由不同年龄层次的学生组成，并且成员之间之前没有任何交集。他们会收到来自赫斯维克工作室的邀请，对工作室的工作和相关流程进行了解。工作室的建筑师、设计师和制造商的学生发出挑战，让他们解决各种各样涵盖不同学科的现实问题。这些问题包括从跨越瓦伊河(the river Wye)的结构设计到赫里福德简(Hereford)的装饰性建筑设计。每个问题都与现实生活密切相关，都是发生在居住地或学校附近。

工作室将维多利亚与艾伯特博物馆收藏中看似不相干的领域进行配对，包括陶瓷、玻璃、珠宝和铁制品。学生在博物馆进行初步调查研究，包括对管理人员进行访谈，参加各类研讨会，以促进创新思想的产生，在不断的讨论中产生创作灵感。学生回到学校后将在带队教师尼克·哈里曼(Nick Harriman)的带领下继续开展研究，他们以工作室实践为模型，并与其他不同学科的教师开展合作，以期获得更全面的解决方案。尼克认为："这个项目让我们对自己设计的项目进行审视，改变我们使用语言的方式，进而改变我们向学生提问的方式。"

最后，学生们回到博物馆，向工作室、博物馆馆长、教师以及维多利亚与艾伯特博物馆学校团队展示他们的研究成果。学生们借助当代设计实践和维多利亚与艾伯特博物馆的丰富资源，用创新的方法开展工作。尼克总结说："这个项目教会了学生与事物和周围环境进行互动，用创造性的方法来解除一切阻碍。他们能从看到和感受到的日常信息和经验中找到解决问题的无限可能性。"

巴比肯中心(Barbican Centre)、市政厅学校(Guildhall School)、东伦敦和城市文化合作伙伴

达伦·亨利的《文化教育调查》中指出，巴比肯、市政厅和伦敦交响乐团建立的合作伙伴关系是艺术组织合作开展文化教育的典范，是"有远见的合作关系。其他艺术和文化组织可以通过对这一合作模式进行深入考察而从中获益"。

巴比肯中心以及市政厅音乐和戏剧学院致力于构建东伦敦和城市文化合作伙伴，目标是对现有文化活动进行进一步拓展和深化。伦敦东部的巴比肯和市政厅学校邻近的6个音乐教育中心都要举办高质量且鼓舞人心的文化活动，内容涉及戏剧、舞蹈、视觉艺术、诵读和电影等多个方面。

新的合作关系将致力于构建学校、艺术和社区组织之间持久的合作关系；为艺术家和教师的培训和专业发展提供可借鉴的模型，确保青少年儿童能够进行高质量的学习体验。

巴比肯中心、市政厅音乐和戏剧学院以及伦敦桥梁组织共同推出的"新方向"项目期待与包括伦敦东部和本市音乐教育中心在内的一系列组织开展合作，使"文化合作"成为现实。

附录 A 达伦·亨利的文化教育愿景

孩子应该获得什么样的文化教育?

建议 1：面向所有孩子的广泛文化教育

学校教育应该为孩子提供最基本的文化教育。如果孩子在全日制教育中没有广泛涉猎以下列举的文化教育内容，那么，这将是教育体系的失败，因为这个体系要培养的人才不仅要具有学术能力，还要能全方位地欣赏周围的世界。

4.3 孩子 7 岁的时候，他们应该经常参加各类文化活动，如阅读和讲故事、工艺品、动画制作、唱歌、音乐和舞蹈；也应该有机会参加与他们年龄相匹配的活动和走进各类文化场所，如剧院、电影院、音乐厅、博物馆、美术馆、图书馆或历史古迹。

4.4 在 2011 年出版的政府独立报告《早期岁月：生活、健康和学习的基础》(*The Early Years: Foundations for life, health and learning*)中，克莱尔·蒂克尔女爵(Dame Clare Tickell)明确阐述了在儿童早期阶段开展文化教育的理由："除个人、社会和情感发展，交流和语言能力的提升，以及生理发育这 3 个主要领域之外，我建议，要重点培养孩子四方面的能力：读写、数学、富有表现力的艺术和设计以及了解世界。幼教工作者应该关注这些重点领域，但人们也要意识到，从出生开始就要关注对这些能力的培养。例如，在早期通过阅读识字，通过感知到的数量和空间关系学习数学。任何能力的提升都必须通过特定领域的学习对其进行补充和强化，例如，表达艺术对儿童发展语言和身体机能发挥关键作用。"

4.5 孩子 11 岁的时候，他们应该接受高质量的课程学习，包括获取文化教育专业知识，发掘自身创造力；与同学合作进行创造、设计、策划、创作和为自己的新作品编舞；进行创作体验，比如编写一个故事、创作诗歌或戏剧剧本；能在各类观众面前进行展示、表现和表演；利用特定的艺术词汇做出回应，能对自己和别人的艺术作品进行评估、解释、分析、质疑和批判；学习应用最新技术来获取文化。

4.6 此外，要积极鼓励他们大胆地参加各类文化活动，要对他们日常活动范围之外的文学、电影、视觉艺术、工艺品、古迹、音乐和舞蹈进行学习；了解创作或正在进行艺术创作的人，获得关于这些艺术形式历史发展的知识；有机会学习乐器；经常参加唱歌表演；参加戏剧表演；参加有专业艺术家、工匠、建筑师、音乐家、档案管理员、策展人、舞蹈家、电影制作人、诗人、作家或演员参与的工作坊；在每个关键阶段的学习中能够走进文化机构和场所，其中包括博物馆、剧院、画廊、文化遗产和电影院；成为图书馆的普通用户；经常从阅读中获得乐趣，而不是只将其作为学业的一部分；鼓励使用数字技术获取文化，并对它们有更深的了解；参与一个短片的创作（写作、表演、拍摄、编辑）；有机会通过初级艺术奖获得资格证书；获得必要的支持，进一步发展自身感兴趣或有热情的事物；发现当地可以利用的其他活动和资源；可以加入午休时间或校外俱乐部，继续发展个人爱好。

4.7　孩子16岁的时候，应该继续接受关键阶段3所提供的高质量的丰富课程，涵盖艺术、舞蹈、戏剧、设计、历史、文学和音乐等多种内容。

4.8　他们也应该有机会进行文化教育科目的学习，获得二级证书；鼓励他们大胆参加喜欢的文化活动，继续文化探索之旅；要对与文化相关的各类知识进行探析，包括理解艺术、戏剧、设计、文学、音乐的发展历程和所处的时代背景；要对每个文化领域所涉及内容有所了解（例如，文学包括诗歌、剧本、短篇故事和小说，音乐体裁包括古典、流行、嘻哈、摇滚、爵士、民谣、音乐剧和世界音乐）；在每个关键阶段学习中要定期参观博物馆、文化遗迹、画廊和电影院；参加学校合唱团演出；欣赏专业音乐会和戏剧；参加一项艺术表演；观看和了解除"好莱坞大片"以外的电影，鼓励观看英国电影；进行广泛阅读，不仅阅读现代作家作品，也要品读历史上文化巨擘的经典作品，有些书的主题可能跟今天读者的生活息息相关，但年轻人也应该阅读一些能够扩大视野的书籍，这些书籍为他们了解未知世界，获得直接体验之外的知识提供了可能性；要让图书馆成为进行广泛阅读及获取其他研究材料的有效渠道；无论身处何处，都要经常使用数字技术来观看、阅读和聆听伟大的文化；通过出版、展览、表演和放映等方式，在学校层面和更广阔的社区层面来推广他们的艺术和创意工作；能有机会获得艺术奖金奖，为他们未来发展、接受高等教育或就业提供支持；为发展他们特殊的天赋和兴趣提供支持；有机会了解创意文化产业所涵盖的职业，如果他们想在这一领域发展，要为他们提供进行工作体验的机会；借助在学校俱乐部帮忙，担任"艺术指导"或在学校图书馆帮忙的机会来组织或策划学校活动；可以加入学校或校外俱乐部，对创意写作、舞蹈、戏剧、艺术、音乐、电影或数字媒体等领域有更深入的理解。

4.9　一个青年18岁或19岁离开学校的时候，他们应该还有机会继续学习文化教育学科，获得三级证书；能有机会获得创意文化技能部（工艺、文化遗产、设计、文学、音乐、表演和视觉艺术等行业技能委员会）和技能小组（电视、电影、广播、互动媒体、动画、电脑游戏、设施、照片成像、出版、广告以及时尚和纺织品的行业技能委员会）提供的学徒机会；能有机会与文化专业人士（例如，艺术家、作家、档案管理员、音乐家、策展人、技术人员、电影制作人、设计师和舞者）进行交流；除了争当一线演员或"大名鼎鼎"的创意实践者，要对创意文化产业存在广泛就业机会有更深了解；鼓励他们在闲暇时间进行更多文化体验，继续文化探险之旅；鼓励他们继续参加广泛的文化活动，包括在学校或者生活的更广阔领域举办的活动；用文化进行知识建构，提升个人能力，能对接触的新文化作品进行批判性思考；在学校或在更广泛的社区文化生活中展现个人素养。

4.10　在英格兰的教育体系中，学生至少要接受一定程度的教育，要培养具有文化意识和文化素养的新一代青年，要让他们在成年之后能真正理解文化，并具有远见卓识，能决定在未来生活中参与文化活动。我将鼓励父母和监护人参与孩子的学校活动，这是对文化教育的最低要求。

附录 B　独 立 机 构

1. 英格兰艺术委员会

英格兰艺术委员会是英格兰推进国家艺术发展的一个机构，负责对来自政府和国家彩票基金的公共资金进行分配。英格兰艺术委员会资助英格兰人参与艺术和文化活动，或者帮助艺术家和艺术机构、博物馆和图书馆开展工作。

英格兰艺术委员会通过支持、开发和投资艺术体验活动，让每个人都能接触伟大的艺术，从而丰富人们的生活。它支持艺术、博物馆和图书馆开展的一系列活动——从剧院到数字艺术，从阅读到舞蹈，从音乐到文学，从工艺品到收藏。

通过对“使每个人都获得伟大的艺术”和“文化、知识和理解：所有人的伟大博物馆和图书馆”主题的深入讨论，提出了 5 个颇具雄心的核心目标作为未来 10 年的愿景。它以多样性和创新性为基础，以追求卓越为根本目标，通过全新的协作精神来推进艺术的长期发展，让艺术真正属于每一个人。

英格兰艺术委员会相信，通过更广泛的合作和伙伴关系的建立，可以培育更多有才华的艺术家，支持他们的发展，促进英国成为国际艺术中心。

着眼于长期合作行动，英格兰艺术委员会制定的战略框架，使其能够与合作伙伴共同推进艺术的积极变革。这说明英格兰艺术委员会投资艺术和文化是非常正确的。

框架的核心是 5 个十年目标，其中一个致力于帮助青少年儿童，使每个青少年儿童都有机会体验丰富的艺术。它的目标是确保青少年儿童拥有当前和未来能够接触到的最好的艺术生活，而且他们可以发展自己的艺术能力，并参与艺术活动，进行艺术塑造。

艺术有助于激发孩子与生俱来的好奇心和批判能力。孩子能在早期生活中接触到艺术是非常重要的。艺术有助于青少年儿童的发展，为他们幸福生活奠定基础，能给他们带来启发，并激励下一代艺术家和艺术引领者的成长。

英格兰艺术委员会当前的工作重点是，确保一个长期国家政策得到有效实施，以改善青少年儿童在校内外参与艺术和文化的方式，并使更多孩子和年轻人能接触到卓越的艺术和文化。

英格兰艺术委员会通过一系列投资和行动促进目标的实现，通过国家艺术合作机构和建立伙伴关系的合作博物馆，还有桥梁组织网络积极开展行动，运用它们的经验和专业知识将青少年儿童、学校和社区与艺术和文化连接起来。

艺术标志奖是由英格兰艺术委员会资助和管理的一个旗舰项目，使学校和其他机构能够对它们提供的机会进行评估，并增强和提升艺术文化教育水平。伦敦圣三一学院和 10 个地区桥梁组织都积极参与项目的实施。它提供在线审计工具、基准标准、来自艺术专业人士的支持、参与工作网络的组建，并积极推进高质量艺术教育的发展。教育标准局新制定的监察框架将学校如何促进学生的精神、道德、社会和文化发展作为评估学校教育整体效果的重要指标。艺术标志奖是对学校学生文化发展所取得成绩的最好认可。关于艺术标志奖的更多信息，请访问网址：www.artsmark.org.uk。

艺术标志奖案例研究

罗克沃尔汀·伍德艺术学院是一所面向泰尔福特(Telford)地区11~16岁孩子的中学。在过去4年，学校一直不断追求进步，教育标准局对其评定等级从合格提升到良好，在2008年只有30%的学生取得5门课程C~A+成绩，到2012年，这一比例增加到68%。

这所学校很早就获得艺术标志奖。2001年，在艺术标志奖设立第一年，罗克沃尔汀·伍德艺术学院第一次申请并成功获得银奖，在第二年的评选中获得了金奖，从此保持了10年金奖得主的记录。

艺术标志奖给罗克沃尔汀·伍德艺术学院带来了长远变化。为了获得艺术标志奖金奖，学校引进了更多舞蹈课程。这为舞蹈课程的发展提供了跳板，并和音乐课程一起成为最受欢迎的课程，也是卓有成效的课程。最近，教育标准局对学校的考核意见是："大量杰出的表演艺术和体育活动极大地丰富了课程内容，对学生的精神、道德、社会和文化发展具有重要促进作用。学校开设的舞蹈课很受学生们的欢迎。"

这所学校的艺术教育特色是为关键阶段4的学生提供广泛的课程，从表演艺术到艺术和设计无所不包。艺术标志奖有助于保证学校在为学生提供文凭证书考试的同时也为学生提供大量的艺术课程。学生为学校的合唱团和音乐家们感到自豪。学校有一个90人的合唱团，在学校、整个社区演出，甚至到欧洲进行巡回演出。

罗克沃尔汀·伍德艺术学院对未来提供的艺术教育设定更高的目标。由于它的艺术标志奖地位，最近成为地区中心学校桥梁组织网络的一部分，并且很快就会成为一个众多学院组织的信托基金的牵头学校，将为另外500名学生和更广范围的社区产生巨大影响。

艺术奖是一个国家级奖励，支持那些想深入接触艺术的年轻人，帮助他们成为艺术家和艺术领袖。艺术奖是由英格兰艺术委员会和伦敦三一学院合作管理的，面向所有7~25岁青少年开放。更多关于艺术奖的信息可以访问网址：www.artsaward.org.uk。

艺术奖案例研究

默西塞德郡马格尔(Maghull，Merseyside)的凯斯高中(Deyes High School)，自2009年开始开展艺术奖的评选，为学生提供诸多艺术领域(包括工艺品、舞蹈、电影、新媒体、文学、戏剧和视觉艺术)的工作机会。铜奖、银奖和金奖由表演艺术教师颁发。

艺术奖在九年级的音乐课上或者在课外活动时间进行颁发。九年级的大部分学生努力争取铜奖，其中两个班学生达到了银奖水平。2012年，凯斯高中扩大了金奖的获奖范围，将六年级学生也包含在其中。

艺术奖为金奖、银奖获得者提供与关键阶段2的学生共同学习的机会，凯斯高中与小学的合作关系通过这些机会得以加强。这些获奖学生在小学开办舞蹈俱乐部，然后关键阶段2的学生在凯斯高中舞蹈秀中表演所学的舞蹈。艺术奖获得者也曾与小学生合作开展学校报纸、漫画、艺术和摄影俱乐部以及写作项目。

凯斯高中与很多艺术和文化组织开展合作，这些组织包括拉夫剧院(Theatre in the Rough)、塞夫顿音乐服务(Sefton Music Service)、乌尔比亚茨(Urbeatz)、马格尔管乐团(Maghull Wind Orchestra)、中班大乐队(Swingshift Big Band)、马格尔艺术团(Maghull Art Group)和利物浦喜剧团(the Liverpool Comedy group)。

学校与这些机构开展广泛合作以满足学生的需求。选择这些合作伙伴是因为它们的卓越声誉。学校与他们开展了多年的合作，并通过各种评估提升合作效果。

艺术奖的评选成为培养学生领导力的一个重要的维度，并为我们的学科发展注入生机和活力。教师们都认为，这是一个非常好的机会，可以为学生的发展提供支持。

——体育和表达艺术主管　P. E. 特雷纳(P. E. Treanor)

2012 年 8 月—2015 年 3 月，艺术委员会代表教育部投资了超过 1.71 亿英镑，用于英国音乐教育中心网络建设。2012 年 5 月，由 123 家音乐教育中心组成的全国性网络(详情见第一章)宣布成立。

音乐教育中心将确保每个 5~18 岁的孩子有机会学习唱歌和学习演奏一种乐器，以及作为艺术团或合唱团的成员参加各类表演。它还为年轻人进一步发展个人天赋提供机会。可以通过与当地艺术团，与包括国家合作机构在内的国家资助的音乐组织开展合作，或通过参与音乐和舞蹈项目来实现这一目标。

英格兰艺术委员会和更多艺术和文化机构正在开展的工作是通过宽泛的质量原则的建立，帮助艺术机构更好地判断为青少年儿童创作、供他们使用和享受的作品的质量。通过向艺术机构进行咨询和委托研究，英格兰艺术委员会正在与艺术机构开展广泛合作，共同探讨对质量原则进行测验的方法，并将这些原则应用到国家合作机构、文化机构和艺术评估员、青年评估员等的工作。

它还与创意文化技能部合作，为音乐从业人员推出了一个新的资格认证，这是对为青少年提供艺术教育的音乐家的认证。

2. 英国电影协会

英国电影协会的目标是要让每个人，尤其是年轻人，无论他们住在哪里，都可以有机会了解和欣赏大量的电影。英国电影协会的愿景是让电影成为英国青年人教育的一部分。为了实现这一目标，英国电影协会加大投资力度，每年从国家彩票基金中划拨 700 万英镑经费，用于一个大胆的、全新的电影教育项目的推进，这是一个令人振奋、雄心勃勃的项目，内容主要涵盖以下方面。

①为全英国 5~19 岁学生提供一体化(观看、理解和创作)的教育机会：在课堂上，电影可以成为年轻人教育不可或缺的部分，并确保英国 2.76 万所学校都可以获得信息和服务；放学后，鼓励所有学校成立令人兴奋和着迷的课外俱乐部，组织学生观看、理解和创作电影；在校外，确保与影院开展紧密合作，并与那些可能无法参与正规教育的年轻人建立紧密联系。

②增加电影教育专家的数量，包括教师的数量，要加强与青年的联系，来培养他们对电影文化的鉴赏能力，发掘他们的创造天赋。

③增加电影院和其他电影放映厅的数量，采取积极战略，与教师、家长和监护人协同努力，将电影打造成学习和娱乐的空间。

④打造一个世界领先的针对5~19岁学生进行电影教育的数字平台，无论是在正式还是非正式的环境下，都能成为满足英国各类层次的学习者和教育者的“一站式商店”。

了解更多关于英国电影协会的信息，请访问网址：www.bfi.org.uk。

3. 英国古迹署

英国古迹署作为各级政府(包括中央和地方政府)的法律顾问，对古迹遗产保护发挥重要作用，也是410个国家古迹遗产的监管人。

英国古迹教育项目用生动活泼、引人入胜的教育方式，在重大历史事件发生地向孩子们介绍历史。每年有超过37万名孩子参加400多个历史遗迹举办的免费教育活动。

为了支持这个项目的发展，英国古迹署在古迹搜索网站上提供了丰富的资源。了解更多相关信息，请访问网址：www.heritage-explorer.org.uk。

这些精心设计的资源为学生参观提供支持，也为教师提供教育原材料，他们可以利用成千上万张英国遗产档案照片来开展教育活动。英国主要考试委员会都推荐使用英国古迹署提供的数字资源，其每年下载量超过20万次。

此外，英国古迹署每年为1 200名教师提供培训，或是组织初级教师培训，或是通过与大学、教学学校和其他文化教育提供者合作开展专业继续教育。培训内容主要包括如何充分获取教育资源；如何有效地使用初等教育资源；作为教育部资助的遗产学校项目的组成部分，如何利用当地的遗产资源来进行课程的调整。

此外，英国古迹署与大量合作伙伴共同推进一系列项目和规划的实施，积极探索创新工作方式，以吸引更多新的观众。英国古迹署正与一所学校开展合作，针对具有情感和行为障碍的儿童开发一系列教育工具，支持特殊教育的教师带领孩子走出校门，进行实地参观访问。

关于英国遗产的更多信息，可以访问网址：www.english-heritage.org.uk。

附录 C　学习计划草案

一、艺术和设计

1. 学习目的

艺术、工艺和设计体现最高形式的人类创造力。高质量的艺术与设计教育应该吸引、激励和启发学生，赋予他们知识和技能，来试验、发现和创作自己的艺术、工艺和设计作品。随着学生的进步，他们应该能够进行批判性的思考，并提升对艺术和设计的理解。他们也应该知道，如何通过艺术和设计来反映和塑造我们的历史，为我们国家的文化、创造力和财富做出贡献。

2. 目标

国家艺术和设计课程旨在确保所有学生：①制作创造性作品，发掘他们的潜力，将思想转变为现实；②精通绘画、着色、雕塑和其他艺术、工艺和设计技术；③使用艺术、工艺和设计的语言对创造性作品进行评估和分析；④了解伟大的艺术家、手工艺者和设计师，从历史和文化维度来理解他们的艺术形式。

3. 成就目标

每一个关键阶段结束的时候，学生都应该知道、应用和理解相关学习项目中所规定的事项、技能和流程。

4. 主题内容

(1) 关键阶段 1

应该教学生：①创造性地使用一系列材料设计和制造产品；②通过绘画、着色和雕塑，促进思想和经验交流，激发想象力；③通过使用色彩、图案、纹理、线条、形状、形式和空间来促进各类艺术和设计技术的提升；④了解艺术家、手工艺人和设计师创作的作品，能对不同的实践和学科之间的异同点进行分析，并将其与自身工作联系起来。

(2)关键阶段2

应该教学生运用创造力和不断试验来提高自己的技能，包括对材料的控制和使用，同时要增强对不同类型艺术、工艺和设计的认识。

应该教学生：①用素描本来记录他们的观察结果，并通过这些记录对自己的思想进行反复打磨与推敲；②提高他们对艺术和设计技术，包括绘画、着色和雕塑材料(如铅笔、木炭、油漆、黏土)的掌握；③了解历史上伟大的艺术家、建筑师和设计师的故事。

(3)关键阶段3

应该教学生发展他们的创造力和思想，并提高使用的熟练度。他们应该深刻理解艺术家、建筑师和设计师，能够对他们自己的作品进行合理的评判。

应该教学生：①使用一系列技巧，在速写本、杂志和其他媒体形式上记录他们的观察，并将其作为探索自身思想的基础；②使用包括绘画在内的一系列技术和媒体形式；③提高处理不同材料的熟练度；④通过对自身和他人作品的分析和评估，增强自身作品的视觉冲击以及应用；⑤关于艺术、工艺、设计和建筑的历史，包括时间、风格以及从古至今的主要变化。

二、音　　乐

1. 学习目的

音乐是一种通用语言，是创造力表现的最高形式之一。高质量的音乐教育应该能吸引学生并激发学生对音乐的热爱，同时挖掘他们成为音乐家的天赋，提升他们的自信、创造力和成就感。随着学生的进步，他们应该与音乐有更深入的接触，要进行音乐创作，拥有更高水平的音乐鉴赏力。

2. 目标

国家音乐课程旨在让所有学生：①借助表演、聆听、审视和评估等方式，对不同历史时期的音乐流派、风格和传统，包括伟大作曲家和音乐家的作品有所了解；②学会唱歌和运用音符，独立或与他人合作进行音乐创作，能有机会学习一种乐器，掌握适当的新技术，同时有机会提升音乐素养，实现更高水平发展；③通过对各种相关要素，包括音高、持续时间、力度、节奏、音色、神韵、结构和合适的音乐符号的探讨，来理解音乐的创作和产生，以及如何通过音乐来表达人的思想感情。

3. 成就目标

完成每个关键阶段的学习之后，学生都应该了解、应用和理解相关学习项目所要求掌握的事宜、技能和程序。

4. 主题内容

(1) 关键阶段 1

应该教学生：①饱含感情和创造性地运用他们的声音来唱歌和说唱；②用乐器演奏各种音乐；③认真聆听，并能理解一系列高质量的现场或录制音乐；④用相互关联的音乐要素来尝试进行音乐、创作和音响合成。

(2) 关键阶段 2

应该让学生在唱歌和享受音乐过程中提升信心和控制力，培养他们对乐曲的理解，在音乐结构中整合和控制思想，并根据听觉记忆来复制音乐。

应该教学生：①在独奏和合奏场合进行演奏和表演，提升他们运用声音和演奏乐器的准确度、流畅度，更好地进行音乐控制和表达；②使用相互关联的音乐要素进行各类即兴表演和音乐创作；③认真倾听每一个细节，强化听觉记忆，能对声音进行回放；④使用和理解五线谱，了解其他音乐符号的内涵；⑤欣赏和理解大量来自不同传统和伟大作曲家、音乐家所带来的高质量现场或录制音乐；⑥理解音乐的历史。

(3) 关键阶段 3

学生应该通过表演、创作和倾听等方式对先前的知识和技能进行建构。他们应该提升音乐的流畅度、准确性和表现力，并理解音乐结构、风格、流派和传统，能分辨不同音乐元素在乐曲中的应用。他们应该不断提高自身倾听辨别和认知能力，并引领自己要像音乐家一样去努力实践。他们应该使用适当的技术来欣赏和理解各种背景和风格的音乐。

应该教学生：①在独奏和合奏场合自信地进行演奏和表演，准确、流畅地运用声音和演奏乐器，能用音乐自由地表达思想；②即兴表演和音乐创作，用各种音乐结构、风格、流派和传统来丰富音乐思想；③在不同音乐风格、流派和传统中恰当、准确地使用五线谱和其他有关的音乐符号；④用相互关联的音乐元素表达思想，使用音调、不同类型的音阶和其他音乐技巧让音乐变得更加完美；⑤广泛倾听伟大作曲家和音乐家的音乐，不断提升音乐鉴赏力；⑥深入理解他们所演奏的音乐，要对他们倾听的音乐有更深的感悟，并了解这些音乐的历史。

任何本文件的疑问，请联系以下地址：www.education.gov.uk/help/contactus。

下载链接：www.gov.uk/government/publications。

参考文献：教育部-00103—2013

影响力与吸引力

——21 世纪文化和软实力的竞争

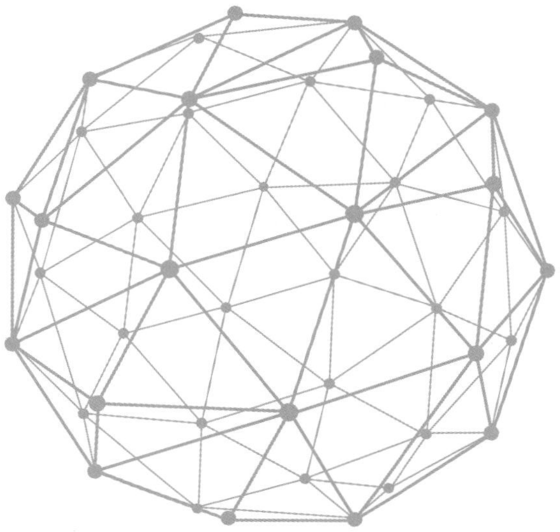

＊文件由英国文化协会发布。

衷心感谢 Demos 对本报告给予的支持。

作者：约翰·霍尔顿(John Holden)，Demos 会员，伦敦城市大学客座教授

Demos 会员克里斯·特赖霍恩(Chris Tryhorn)协作完成本报告。

Demos 是英国主要的跨党派智库。该机构主要开展原创性研究，发表创新型文章，举办引人深思的活动。Demos 致力于政策辩论已有 20 年之久，其主要任务是让政治更贴近大众。

了解更多信息，请登录网址：www.demos.co.uk。

关于英国文化协会

英国文化协会(The British Council)旨在为英国和其他国家的人民创造国际交流的机会，建立英国与各国人民之间的信任。作为皇家宪章慈善机构，英国文化协会是英国提供教育机会与促进文化交流的国际机构。

英国文化协会的办事处遍及 100 多个国家，共 7 000 名员工——包括 2 000 名教师与数千名专业人士和政策制定者，与每年参加英语、艺术、教育和社会等项目的数百万名年轻人合作工作。

该机构的年度营业额为 7. 39 亿英镑，其中超过 75%的份额来自服务项目，包括客户支付、教育、竞标开发合同，以及合作伙伴。剩余 25%由英国政府拨款提供。本协会会加倍努力，将公众资助的每一镑都用于追求慈善目标。

更多信息请访问网址：www.britishcouncil.org。

联系英国文化协会，请访问网址：http://twitter.com/britishcouncil 和 http://blog.britishcouncil.org。

目　　录

（一）传统动机
（二）相互性
（三）文化工作者促进社会变革
（四）“金砖四国”及其他国家的态度
（五）西方衰退

六、谁在做什么？

（一）寻找信息，利用信息
1. 定义问题
2. 各国信息
3. 做出比较
（二）跨文化交际组织
（三）教育交流与学生人数
（四）广播

七、面对 21 世纪的挑战

（一）文化和商业
（二）文化和全球问题
（三）交流对文化的影响

八、文化关系的新理念

1. 功利主义的因素
2. 更广泛的因素

九、结语：下一步去向何方？

（一）政府的角色将会发生变化
（二）民间组织和第三方机构的作用会加大
（三）将会在不同的政府层面形成不同的文化网络
（四）点对点文化接触会越来越多
（五）个人将会发挥更大的作用

附录

参考资料

致谢

前　　言

强烈推荐这份由英国文化协会和 Demos 联合推出的报告。对于争论性的话题：英国如何充分利用其文化实力和国际影响，此报告显得重要且及时。

如今，外交政策再也不是政府的专属。现今社会，个人、民间团体、企业、压力集团和慈善组织之间交流密切，成为国际关系的一部分。因此，运用包括社交媒体在内的更多渠道来挖掘新的人际关系网络，在国际舆论法庭和国际谈判桌上发表我们的言论，比以往任何时候都要重要。

幸运的是，英国在下列领域拥有大量资产和优势：英语，将我们与数十亿人联系起来；英国历史和多元化的社会，使我们几乎与每个国家都有交流；在金融服务、工程学和科学技术领域的成就首屈一指；英国文化协会、英国广播公司国际频道(BBC World Service)以及历史悠久的大学，都担当着世界民主观念的灯塔角色。

然而，世界不断变化，我们必须不断寻找与其他国家及人民交流的新方式，适应时代的发展。

为了支持人权、自由以及鼓励创新，我们需要寻找新的方法，和世界日渐兴起的各种势力联系，了解公众的观点。

我们必须运用新的方式与其他国家交流，并了解他们，确保我们的外交政策在 21 世纪卓有成效。

我们必须继续吸引最杰出、最聪明的年轻人，到英国旅游、学习、工作，并与其他国家建立新型文化合作关系。

不论是履行我们对国际发展做出的承诺，还是与冲突中出现的诸如强奸和性暴力之类的重大全球问题做斗争，我们都必须始终确保利用在世界上的实力和影响力，像支持英国公民一样，同各国政府一道，支持其他国家人民的各项权利、安全和繁荣。

因此，英国政府人员将仔细研究这份报告，我建议其他人也认真阅读这份报告。

我们无须惧怕日益多样化的国际文化，因为我们将从中获益良多，也将为英国和英国人民带来新的机遇。

英国仍旧是一个现代文化超级大国。但在未来几十年，要保持软实力的竞争力，就意味着要像对待军事、经济和各种外交优势一样，培植和重视文化资产。政府人员决心全力以赴，帮助并展现国民生活的智慧和才华，使之成为世界一流的力量。

国会议员、外交和联邦事务大臣　威廉·海格

概　　要

过去10年，各国人民之间文化交流的规模逐渐增大，大多数世界公民置身其他文化之中的事例也呈指数增长。国际交流的很多内容都与文化有关。

由此产生的结果就是，当今世界，文化和国际政治存在相互依存的关系，文化在其中既发挥积极作用，也发挥消极作用。在新的全球环境下，民间文化交流为传统的国家外交奠定了基调，有时甚至决定了国家外交的议程。各个国家努力增进对彼此文化的理解，避免文化误解，致力于使本国软实力得到最大化发展。软实力这一术语被用来形容一个国家通过吸引、同化等手段，而非高压政治，来实现国际目标的能力。①

本报告对国际文化关系与文化外交领域最新的数据和研究进行了调查，在日趋多元化发展的政策制定和领域研究中，提供了划分和理解的方法，为文化交际活动提供了新的理论依据，为希望改进国际文化战略的国家分析发展趋势，提供经验教训。

就本报告而言，文化这一概念包括公共资金资助文化、商业文化，以及个体“自产”文化。其核心表达活动为语言、运动、教育、食物和宗教。跨文化交际是指国与国之间分享、交流文化，尤其是通过教育交流、语言教学、艺术表演、博物馆展览、国际广播等一系列活动进行交流。

促使跨文化交际活动形成的力量包括：

①外交政策利益；

②在国际上塑造积极形象的愿望；

③各国独特的历史文化遗产；

④意识形态；

⑤财力投资；

⑥语言；

⑦文化资产——艺术、教育和个体表达；

⑧商业。

跨文化交际活动的主要因素包括：

①国家、州和城市；

②文化、广播和教育机构；

③非政府组织；

④企业；

⑤基金会、信托和慈善机构；

① 约瑟夫·奈：《软实力：在国际政治中取胜的手段》，纽约：公众事务出版公司2004年版。

⑥个体，尤其是艺术家、运动员和表演家。

跨文化交际活动包括一系列传统工具主义目标，但随着科技不断创新，人们也越来越认识到，文化在社会变化中扮演着代理商的角色，很多国家的跨文化交际活动都表现出突破简单的文化“规划”，而向互惠模式发展的趋势。

跨文化交际可以使各国公民建立起对彼此的信任，反过来也对许多不同的活动产生积极影响，特别是旅游和贸易活动。“金砖四国”(巴西、俄罗斯、印度和中国)以及更广泛的亚洲和中东地区国家，越来越重视跨文化交际活动，在这方面的资金投入也逐渐增加。西方国家面临日益开放的新兴高增长经济体带来的竞争压力。相比之下，很多西方国家在面临巨大的经济压力时，偏重内部发展，对文化交际活动的投资也有所缩减，多是短期投资。这使国家的长期国际影响力和文化、教育、旅游和贸易方面的表现存在潜在风险。

未来，非政府组织和第三产业将发挥越来越大的作用。各级政府，尤其是城市与城市之间，将会形成新的文化网络。点对点文化交流将继续增加，个体公民文化外交也将有所增长。

各国对软实力的财力投资很重要，但要在软实力竞争中保持领先地位，真诚开放的文化和思想交流则更为重要。未来，只有对其他文化灵活开放以及对不断变化的全球趋势反应迅速的国家，才能取得最大的成功。

对各国政府的启示：

①创造条件，使广泛深入的文化交流更加繁荣——因为点对点交流更容易产生信任；

②发挥商业和第三产业主动性——这将鼓励创新，减少对公共资金的依赖；

③采用传统与数字手段相结合的策略——这一策略成本效益好，并能与不断发展的高新技术相结合；

④像重视对外文化交流一样重视内在发展——有助于提高国家人口的文化素养和增强全球意识；

⑤支持独立自主机构的文化交流活动——政府的直接参与容易产生猜疑和敌意；

⑥支持建立长期交流关系，而非短期交易型、工具型文化交流——长期关系效率更高。

一、场景设置——英国视角

2012年7月27日，一位戏剧、电影导演，一位作家和几千名志愿音乐家、演员和舞蹈家，在数十年来政治家们未能攻克的领域取得了成功——他们最终为难以捉摸的“英国身份”下了定义。

万众瞩目下，在伦敦奥运会开幕式上，英国人民欢聚一堂。之后，出现了一种新的舆论现象，英国人被赋予一种新的身份。出现这种现象的原因是，这届开幕式不再选取英国集体身份中代表某个人或某类群体的文化符号，相反，它反映了英国文化的多层次性。当人们看到或听到开幕式的某个部分时，可能会想：“我不赞成这一点，但这是我们身份的一部分。”这表明，我们每个人不仅仅是个体，还是某个更大组织的一部分。奥运会开幕式是一场文化盛事。

英国有理由为文学、音乐、电影、舞蹈以及其他所有领域感到骄傲。奥运会开幕式为一个国家证实和享受其文化多样性和丰富性提供了机会，但其意义远不在此。通过这一盛事，英国有力地向世界展示了其身份和作为：开幕式代表英国与世界对话。

英国也通过文化向世界展示了自己，全球观众看到的不再是圆顶礼帽和红色巴士，而是一个现代化国家复杂多样的全貌，这个国家现代文化的广度与其历史深度一样耐人寻味。开幕式上虽然有些部分可能很难为外国观众所理解，如提到的国民健康保险制度，这些专属于英国，但也有其他可以吸引全球目光的内容，如憨豆先生。通过蒂姆·伯纳斯·李，英国证实了在世界上的特殊作用：英国要求享有发明万维网的所有权，但却使其具有普遍性——“这是属于每个人的”。

每个英国人都深知，他们具有独特性，但也具有共性，彼此之间的差异错综复杂，但他们却能因文化在奥运会开幕式上欢聚一堂，同样地，英国也与这个多极的、相互依存的世界紧密相连，因此，必须承认，文化是创建全球对话的基本的、不可或缺的因素。各国人民通过文化了解彼此。这是跨文化交际重要的原因，也是他们许下承诺的原因。

二、重新审视跨文化交际的必要性

2007年，Demos出版了《文化外交》(*Culture Diplomacy*)，这本小册子审视了科技创新、移民和大规模外交刺激下文化关系的变化方向，以及这些变化对政治产生的影响。①

从最早的人类——群居人类开始，无论是部落还是国家，都通过各种文化形式表达自己，通过展示文化和交换礼物表达价值观，展示技能和知识。21世纪，文化交流逐步发生变化。无论是当年来欧洲旅游的澳大利亚学生，还是在装有电池的电视机上观看《第一滴血》(*Rambo*)的阿富汗公民，这一时期，世界人民接触的文化内容比以往任何时候都广泛得多。这为不同社会的人们相互了解彼此创造了更好的条件，但同时也更容易产生误解。

《文化外交》称，大规模的点对点文化交流日益增加，这种现象为跨文化交际增添了新的意义。文化交流最初是精英对精英(各国皇室和大使之间)的交流，然后扩展到精英对大众(通过广播或电影)的交流，现在正进入大众对大众(通过旅游、移民和网络)的交流模式。其还指出，不同的国家通过不同的方式进行文化交际，而且，如果政府想要参与文化交际活动，那只有在不插手独立机构的事务，不试图实施控制的情况下，才能发挥作用。

显然，这本小册子引起了共鸣。据"今日"(Today)节目报道，文化外交在上、下两院引起了争论。产生这一反响的部分原因可以归结为特殊的历史时刻——当时伊拉克战争伤亡惨重，财政支持困难，英国与反对伊拉克战争的国家之间的长期关系存在潜在危险。英国必须寻找新的途径解决问题，发挥软实力的作用，部分答案可能就藏在民间外交和跨文化交际之中。

六年来，跨文化交际领域仍然如2007年一样充满各种可能性，神秘难测，错综复杂，然而，也发生了很多改变。大规模点对点文化外交比小册子中预测的范围要广泛得多，这超出了所有人的想象。仅举一个例子，youtube网站创建于2006年11月，也就是《文化外交》开始编纂当年，如今，每分钟有72小时的视频内容上传到该网站——其中只有30%的流量来自美国，而且，每月有超过10亿名独立访客。②

此外，五年以来，人们对跨文化交际和文化外交的浓厚兴趣为创立柏林文化外交协会奠定了基础，促使该学术课程在世界各地开展，同时也促成了一系列会议和活动稳定举办。在美国和其他国家，围绕软实力已经开展了一系列工作，软实力的概念是由哈佛大学教授约瑟夫·奈(Joseph Nye)提出的，他在2004年的著作《软实力：在国际政治中取胜的手段》③(*Soft Power: The Means to Success in World Politics*)和新作《未来实力》④(*The Future of Power*)中用了这一术语，用来形容一个国家"吸引与同化，

① Bound K，Briggs R，Holden J，Jones：《文化外交》，伦敦：Demos，www.demos.co.uk/publications/culturaldiplomacy，2007年。

② 优酷网：《数字统计》，www.youtube.com/t/press_statistics，2012年。

③ 约瑟夫·奈：《软实力：在国际政治中取胜的手段》，纽约：公共事务出版公司2004年版。

④ 约瑟夫·奈：《未来实力》，纽约：公共事务出版公司2011年版。

而非施加高压政治的能力”。2012 年，迪奇雷基金会[①]（Ditchley Foundation）和萨尔斯堡全球研讨会（Slazbury Global Seminar）组织了会议，来讨论这一议题，爱丁堡艺术节举行了世界首次文化部长国际峰会。

对跨文化交际持续增长的关注，促使产生新的成果——本报告试图理顺一些疑问，对数据和研究进行检验，同时提出理论框架，协助解决问题，并为寻求跨文化交际活动影响最大化的国家设置新的相关课程。

① 迪奇雷基金会：《文化外交：起作用吗?》，www. ditchley. co. uk/conferences/past-programme/2010-2019/2012/cultural-diplomacy，2002 年。

三、“文化”的含义

(一)什么是文化?

众所周知，“文化”这一概念很难界定。广义的“文化”概念用来形容与“自然”区分的人类活动，而“自然”这一概念也同样难以界定。“文化”也被用来形容将某一特定群体与其他群体区分开来的所有内容，例如，部落文化、国家文化或办公室文化。狭义上讲，可以将文化当作“艺术”的同义词。

讲到跨文化交际，在实践中，人们大致通过 3 种类型的活动表达自己。第一类是受资助的文化活动，也就是说，文化活动受到政府或慈善机构的支持。这类文化活动包括传统艺术形式，如芭蕾舞、戏剧、视觉艺术等，由专业艺术家表演，公共资助机构做中介。资助人讲究实效，他们会根据融资决策决定文化活动的类型。在国际文化交流中，这类文化活动很重要，因为受政府资助的文化遗产将刺激旅游业的发展，而旅游业不仅对经济发展有重要意义，游客对一个国家的印象在很大程度上受到他们在该国文化体验的影响。57%的游客表示，一个国家的文化遗产对他们旅游目的地的选择影响很大；2011 年，在英国前 20 个最受欢迎的景点中文化景点排名第 18 位；英国的文化遗产每年吸引游客消费约 45 亿英镑。①

第二类是商业文化，即由文化产品市场支持的文化活动。众所周知，好莱坞电影在全球颇有影响。它宣扬美国的生活方式，推销美国的消费产品。贸易协议中的“文化例外”，以及联合国教科文组织关于保护和提高文化表达多样性的公约，都表示文化商品和服务“包含的价值、身份和意义超出了他们本身绝对的商业价值”。② 如法国议员雅克·勒让德(Jacques Legendre)说：“说到文化例外，这无疑是一场斗争，在这场斗争中，法国率先确保文化不被当作商品看待，同时，也意味着一些国家要对他们的文化产业实施保护，否则在当代文化传媒中，这些国家将面临丧失地位的风险，将失去制造电影、音乐等文化产品的可能性。”③

商业文化为创造奇迹提供了可能性：西方人和亚洲人对马里和牙买加的不同理解，在商业音乐中

① 英国旅游局：《文化遗产简要统计数据》，www.visitbritain.org/Images/Culture%20&%20Heritage%20Topic%20Profile%20Full_tcm29-14711.pdf，2010 年，第 5~6 页。

② 加拿大文化多样性联盟：《文化多样性竞争：为什么对你重要?》，www.cdc-ccd.org/IMG/pdf/CDC_LowRez_EN.pdf，2010 年。

③ 法国 Diplo 电视台：《什么是文化外交?》，www.youtube.com/watch? v=qPcCvwZtjNw，2012 年。

有所体现；韩国歌手鸟叔(Psy)的《江南 style》(*Gangnam Style*)——2012 年在包括英国在内许多国家的歌曲排行榜位居榜首，成为 YouTube 的热门歌曲——将韩国推到聚光灯之下。韩国流行音乐也因此在全球名声大噪：韩国男生组合“Uhkiss”在 2012 年底访问秘鲁，掀起了怀念披头士的热潮。商业文化的实力显而易见，其财政价值也是如此，音乐是英国一项主要出口产品，每年为英国带来大约 20 亿美元的财政收入①，音乐也刺激其他类型的创新——正如乔治敦大学的辛西娅·施耐德(Cynthia Schneider)所说：“你不可能指望不喜欢音乐的人发明 iPod。”②

第三类，是快速发展的“自创文化”。一直以来，人们都在唱诗班唱歌，制造手工艺品，自创舞蹈和音乐，但是在过去的 15 年，人们创作具有专业水平作品的能力、与他人交流分享作品的能力、寻找平台出售其作品的能力，都在新科技的帮助下发生了很大转变。这使文化创新呈爆炸式增长，虽然其中很多作品至多算是平庸之作，但有些作品却能够启发灵感。文化创新的庞大数量对于研究世界上的人们如何与彼此发生联系，以及如何形成对他人的印象意义重大。

这三种文化“范围”存在紧密的内在联系。这些联系在一国之内或国家之间，通过合作、旅游和跨境销售发生作用。在英国，在公共资助领域，几乎所有的组织都在混合经济中经营，他们通过销售赚取收入，并从资助者那里获得私人支持。

围绕这些复杂的中心活动，还有一些因素可以包含在“文化”这一概念之下，尤其是语言、体育和教育，还有食物和宗教。在世界上的一些地区，“文化”和“宗教”是等同的，文化表达只是宗教信仰的外在表现。食物是更广泛文化概念的特殊组成部分，在文化形成中发挥着作用——音乐和食物在节日庆祝中是密不可分的。高等教育为人们，尤其是年轻人，提供了体验其他文明和其他国家文化的主要渠道。诸如世界杯、奥运会和残奥会之类的主要体育赛事，是全球关注的焦点，“曼联”(Manchester United)很可能是英语中最著名的一个词语。

各国为占据奥运会奖牌榜榜首位置(表 1，图 1)，为获得从英联邦运动会到一级方程式锦标赛等主要体育赛事的举办权而相互竞争。显然，这些赛事被看作一个国家向世界“展示”自己，并与世界交流的机会。正如《金融时报》(*Financial Times*)最近报道：“2014 年和 2016 年是里约和巴西运用文化和体育外交展示自己的机会：21 世纪舞台上的运动健将。”③

表 1　1998—2012 年夏季奥运会金牌榜前五名国家

	1988 年	1992 年	1996 年	2000 年	2004 年	2008 年	2012 年
1	苏联	俄罗斯	美国	美国	美国	中国	美国
2	东德	美国	俄罗斯	俄罗斯	中国	美国	中国
3	美国	德国	德国	中国	俄罗斯	俄罗斯	英国
4	韩国	中国	中国	澳大利亚	澳大利亚	英国	俄罗斯
5	西德	古巴	法国	德国	日本	德国	韩国

① 英国贸易投资署：《音乐》，www.ukti.gov.uk/uktihome/item/109992.html，2012 年。

② 新加坡国立大学：《李光耀公共政策学院——21 世纪文化外交》，www.youtube.com/watch? v=C4Qgq92bF0E，2012 年。

③ Glenny M：《里约：为巴西贫民窟而战》，载《金融时报》2012 年 9 月 2 日，www.ft.com/cms/s/2/27511af8-23b3-11e2-a46b-00144feabdc0.html#axzz2MaETP3XU。

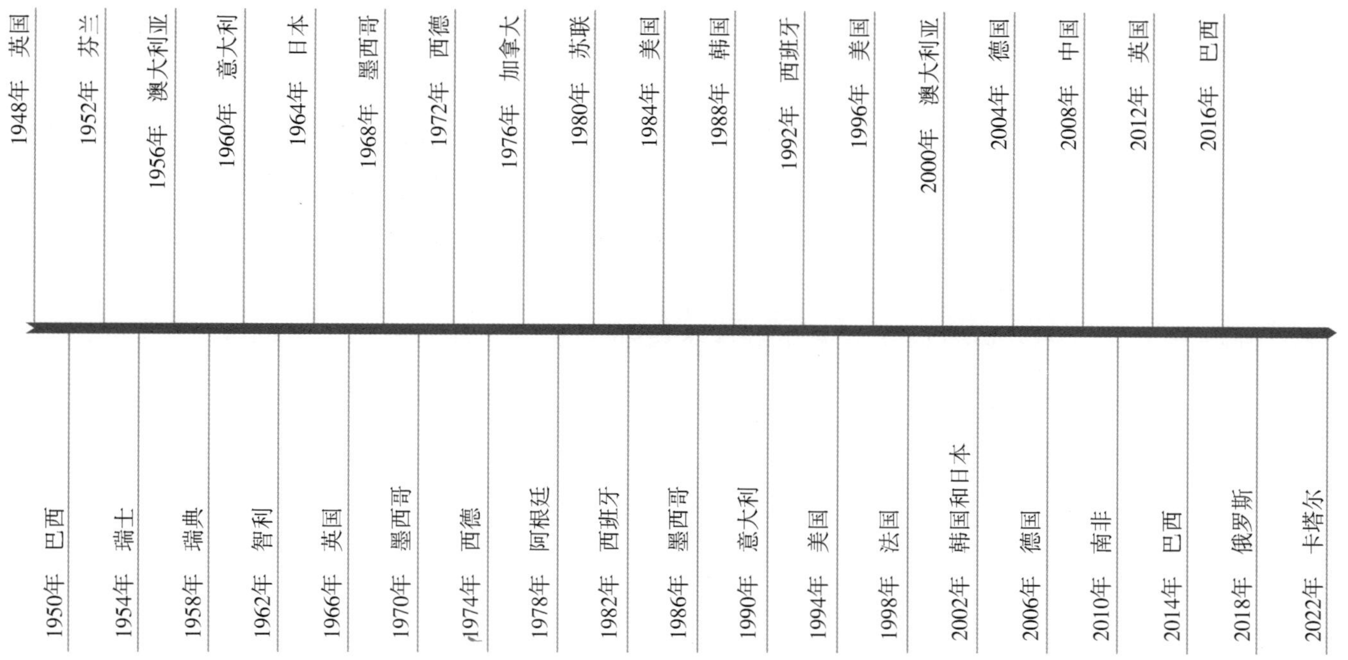

图1 1948—2022年夏季奥运会与世界杯足球赛东道国

注：夏季奥运会东道国：1948—2016年；世界杯足球赛东道国：1950—2022年。

（二）政府与文化

正如我们看到的，在跨文化交际背景下，文化的意义有些模糊，而且不断发生变化：这正是当代人类的状况。虽然严格的文化意义难以捉摸，但对文化领域的描述却并非如此。关于什么应该包含在文化领域内，什么不应该包含在内，一直存在争议——涉及评估、数据和"影响"时更是如此——然而，人们对文化各种定义的关注掩盖了一个中心点：与10年前相比，各国之间的文化交流规模，以及大多数世界公民必须置身于其他国家文化之中的情况，已经发生了翻天覆地的变化。

各国政府必须注意到这一重要事实。国际交流的速度和频率——无论是无形的还是有形的——正呈指数上升，而且国际交流的内容通常与文化相关。

然而，各国政府需要注意的不只是日益增长的文化交流这一简单的事实，由此产生的结果也不容忽视：现今世界，文化和政治相互依存，相互为彼此创造运作环境。一方面，各国政府在联合国、欧盟、世界贸易组织多边协议的背景下，聚集在一起商讨促使文化因素发挥作用的合法框架和结构，但反过来，文化活动对政治行动也有所限制，文化活动可以揭露外交辞令中夸张与现实之间的差距，可能成为政治优先权的推力，也可能是阻力。

例如，2007年1月戈登·布朗（Gordon Brown）因贸易谈判问题出访印度，但他的印度之行却因印度人民的普遍愤怒受到了影响，而愤怒的来源正是《老大哥》（*Big Brother*）节目中发生的希尔帕·谢蒂和杰德·古迪事件①（Shilpa Shetty/Jade Goody incident）。因此，文化冲突决定了政治议程，这位前首相发现，自己不得不回答关于节目的问题，而不能进行贸易谈判。还有很多其他例子，包括电影《勇

① Tryhorn C：《老大哥划向全球》，载《卫报》2007年1月17日，www.guardian.co.uk/media/2007/jan/17/bigbrother.politicsandthemedia。

敢的心》(*Braveheart*)对苏格兰政治产生的影响，还有电影《波拉特》(*Borat*)在哈萨克斯坦引起的反响。这些都是具体事例，但总体上讲，文化潮流——我们读到的、看到的、听到的——为政治运行创造了环境。

文化与政治关系中另一个日益重要的方面，是艺术家在民间社会扮演的重要角色，从戏剧导演在开罗解放广场发起的抗议，到某些导演在其电影中宣扬的社交媒体激进主义，都证实了这一点。

因此，文化在国际关系中扮演的角色发生了变化，而基本概念的改变正是政府需要重点关注的地方。之前，文化外交的手段主要是展示自己，告诉其他国家："这就是我们，这就是我们倡导的，顺带一提，我们是不是很了不起?"现在，文化的概念更加复杂，点对点交流也更频繁，人们倾听来自世界各地的音乐，反对几千英里之外出版的卡通漫画，请愿释放被关在地球另一端的艺术家，我们已经从一个世界踏入了另一个全新的世界。

现如今，与表达自己相比，人们更需要向别人学习，世界各国政府要对跨文化交际有全新的认识，并为此改进办事议程。新的议程应该将大规模的点对点国际文化交流这一最新事实考虑在内。

四、理解跨文化交际的意义

正如我们看到的，过去 10 年，人际交往的规模经历了革命性的变化，国际交流的很多内容也都与文化相关，只有认识到这些，才能对当代跨文化交际的意义有所理解。

政治精英和企业精英往往意识不到这种改变的力量。他们继续采用 20 世纪的经商策略与方法，追求传统的目标，这限制了他们在专业领域对新科技的应用。然而，旧方法之上附加了文化交流的新层面，即人们自创和消费文化的能力，以及使各种类型的文化为己所用的能力，已经发生了转变。

广播和电视仍然具有强大的力量，政客们仍旧通过大使馆和各种峰会处理事务，商业巨头也定期在达沃斯会面。除此之外，积极活动分子也参与政治表达，迪旺乐团的管弦队员为以色列和巴基斯坦架起一座桥梁，伊朗人通过劫持电影《斯巴达 300 勇士》(300)的网站来破坏好莱坞对古代波斯人的粗鲁描绘。

我们应该如何理解这个快速变化的世界？尤其是应该如何理解各国政府在跨文化交流中扮演的角色？政府应该远离文化领域吗？涉及文化问题，政府是无能为力，还是能够起到建设性作用？为了回答这些问题，我们应该首先搞清楚，是什么力量促使跨文化交际的形成，都有谁参与其中，都有哪些跨文化交际类型。

(一)促使跨文化交际形成的力量

各国采用的不同跨文化交际模式源于很多因素之间复杂的相互作用，但以下几个促成因素在每个模式中都或多或少发挥着作用(图 2)。

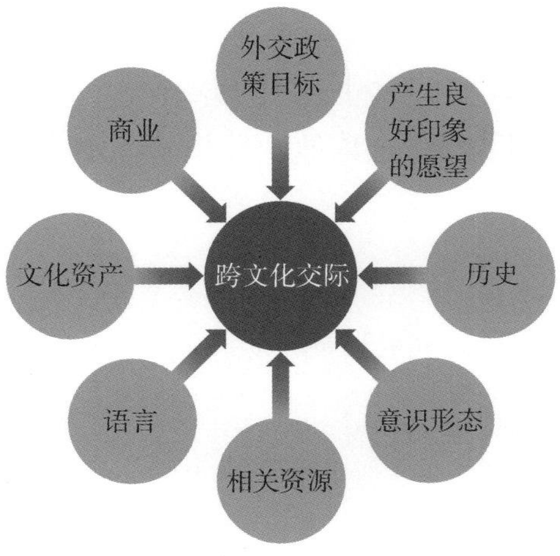

图 2　跨文化交际活动的形成力量

1. 外交政策目标

人们普遍认为，国家对文化活动的控制会破坏其有效性。来自许多国家的代表参加了 2012 年迪奇雷会议，他们得出的结论是：“政府远离文化活动，并尽可能少地参与其中，是非常必要的。”①英国的卡特勋爵（Lord Carter）主持了 2005 年民间外交审查②，他在特别委员会听证会上说：“如果英国广播公司对外广播，发表一条这样的署名声明：‘我们的工作与政府的中长期目标始终保持一致。’那么，它的国际声誉将受到致命打击。”③

然而，当西方文化活动的优先权发生改变时，外交政策、国内政策和文化之间的隐形关系就变得显而易见，例如，当预算目标从一个地理区域转移到另一个地理区域时，便是如此，正如大多数欧洲国家所做的那样，他们减少在欧洲地区的活动，将注意力转移到“金砖四国”和中东地区。

另外，政策和文化活动之间还存在很多明确的、指导性的联系。例如，2011 年 5 月，《中国日报》（*China Daily*）报道：“中国共产党最新发表的‘十二五’计划明确指出，在未来 5 年，文化产业将发展成为支柱产业，这意味着，到 2015 年，文化产业应占国内生产总值的 5%以上，然而，目前文化产业所占比重少于 2. 5%……中国的文化品牌和文化产品将参与国际文化市场的竞争。”④

2. 产生良好印象的愿望

很多国家将文化视为创建国家印象或交流价值观的一种途径。例如，挪威环境干净，挪威人具有冒险精神，挪威利用文化会议塑造“情调音乐”的形象，在国际关系中担当可靠的中介这一角色。⑤许多政府对资源的部署基于相信文化可以使其他国家的人对他们更有好感：很多西方政府增加了中东地区的跨文化交际活动，是因为希望借此破坏宗教激进主义，而且，很多贸易往来也包含文化因素。

3. 历史

大多数欧盟国家的跨文化交际机构和广播覆盖范围反映了他们的殖民历史。帝国主义遗产使很多国家共用同一种语言进行贸易往来，建造移民社区，在某种程度上共享一种文化，这并不奇怪。历史也导致不同的国家拥有支配不同文化资产和资本的权利。例如，中国在跨文化交际活动中可以倚重其历史悠久的手工艺品，而巴西则要把目标转向其他文化资产，如音乐和舞蹈。

---

① 迪奇雷基金会：《文化外交：起作用吗?》，www. ditchley. co. uk/conferences/past-programme/2010-2019/2012/cultural-diplomacy，2012 年。

② 卡特：《民间外交回顾》，www.britishcouncil.org/home-carter-report，2005 年。

③ BBC 评估委员会：《BBC 宪章审查——第二次报告》，www.publications. parliament. uk/pa/ld200506/ldselect/ldbbc/128/12808. htm，2006 年。

④ 李振宇：《中国文化产业将快速发展》，载《中国日报》2011 年 5 月 12 日，www.chinadaily. com. cn/bizchina/2011-05/12/content_12754102.htm。

⑤ Batora J：《中小型国家的民间外交：挪威和加拿大》，见《外交讨论文件》2005 年版。

4. 意识形态

虽然美国人提出了软实力理论，虽然美国中央情报局和美国军队对文化外交的介入具有历史意义①，虽然美国国务院试图在 21 世纪前 10 年的中期加强对文化领域的干涉②，但是，政府对文化活动的干预也使美国政体在意识形态上面临很大的阻力。因此，其结果就是，美国因发达的商业而不是国家支持的文化闻名世界。相比之下，大多数亚洲和欧洲国家政府支持对艺术和文化遗产的公共资助，认为政府在跨文化交际中扮演的角色完全合理。

5. 相关资源

政府准备在文化活动和文化外交上投入资源无疑是重要的因素，本报告将在后面章节讨论这方面内容。

6. 语言

跨文化交际与语言问题直接相关。语言教学与正式的跨文化交际活动联系频繁，这表明，语言作为进行文化交流、施加文化影响的入口，具有重要的作用。英国文化协会发布的《信任有所得》(*Trust Pays*)报告表明，在英国，对外国受访者而言，会说英语意味着将最有可能得到信任。③ 全世界通过听流行歌曲或观看视频学习基础英语或法语的人肯定不在少数。

7. 文化资产

跨文化交际活动受到一个国家可用资产的实力和吸引力的引导。这些资产包括教育体系、科技成就、艺术和文化领域、民间团体，更广泛的还包括个人表达。

8. 商业

随着商业和第三部门跨境文化贸易的增加，非国家行为体也在跨文化交际这一领域继续扩增。各国政府既要追求本国商业文化影响的最大化(如美国总统对好莱坞的支持——据戴维·普特内姆(David Puttnam)的著作《未宣之战：控制全球电影业的斗争》④(*The Undeclared War*：*the struggle for control of the world's film industry*)一书记载——以及中国的五年计划都说明了这一点)，又要保护商业文化不受外国文化主导(法国政府对电影业的保护就是一个经典例子)。

---

① Valero RE：《国家安全、文化外交与艺术》，载《粉线计划》2010 年 11 月 15 日，http://pinklineproject.com/article/national-security-cultural-diplomacy-and-art。

② 文化外交咨询委员会：《文化外交：文化外交的关键》，华盛顿：美国国务院，www.state.gov/documents/organization/54374.pdf，2005 年。

③ 英国文化协会：《信任支付》，www.britishcouncil.org/trustresearch2012.pdf，2012 年。

④ Puttnam D：《未宣之战：控制全球电影业的斗争》，伦敦：哈珀柯林斯出版社 1997 年版。

(二)跨文化交际参与者

在不同的国家，不同的跨文化交际参与者扮演不同的价值，拥有不同的价值，但无论是哪个国家，都要重视以下几种类型的参与者(表 2)。

表 2　跨文化交际活动参与者与主要活动

活动	国家和城市	独立机构	非政府组织	企业	基金会、信托和慈善机构	个体
语言教育	√	√	√	√		
高等教育	√	√		√		
广播	√	√		√	√	
艺术和博物馆	√	√			√	√
娱乐				√		√
辅助的	√		√	√		√

1. 国家和城市

出于政治优势和国家利益的考虑，各国拥有的组织机构和相关资源会对跨文化交际产生影响，在某些情况下甚至起到控制作用。至少，他们会签署一些条约，或加入可以控制某些文化活动运行环境的国际组织。他们还通过签证政策和电子封闭等手段控制人们的文化使用——不管方式是有形的还是无形的。各国在其他国家设立的外交机构中，通常包括一位文化专员。民主国家通过民主选举获得权力，在文化交流中扮演的角色最终由民意决定。政府直接参与文化活动可能会适得其反，导致他们对文化交流的影响受到限制，作用不大。尽管如此，在制定法律和商业机制，以及为文化领域提供资金方面，政府还是至关重要的。

2008 年，在这个历史性的发展阶段，全世界城镇居住人口占总人口的比例超过 50%。过去 20 年，在跨文化交际活动中，城市的参与度越来越高。“21 世纪文化议程”源于 1992 年联合国举办的一次关于可持续发展的会议，各个城市的地方政府首脑集聚此次会议，目的在于铭记他们做出的关于人权、文化多样性、可持续发展、分享民主机制和为和平创造条件的承诺。① 欧洲文化资本计划进一步证明，人们对城市文化越来越感兴趣。各个城市越来越倾向发展城市之间的合作，在某种程度上会绕过国家政府，直接从海外谋取利益。伦敦历任市长的对外访问就体现了这一点，2006 年肯・利文斯通(Ken Livingstone)带着乐团“高歌女孩”(Girls Aloud)访问了中国上海，2012 年鲍里斯・约翰逊(Boris Johnson)访问印度时，与印度小学生打板球。由此可见，城市在国际文化交流中扮演的角色可能会越来越重要。

① 21 世纪文化议程，www.agenda21culture.net/index.php? option=com_content&view=article&id=1&Itemid=88&lang=en。

2. 独立的文化广播和教育机构

就正式的文化关系而言，独立的文化广播和教育机构是最显而易见、最重要的参与因素。诸如西班牙塞万提斯学院(Spain's Cervantes Institute)、德国歌德学院(Germany's Goethe-Institute)和英国文化协会之类相对独立的文化机构，是跨文化交流的典型范例。重要的博物馆和大学本身就具有国际性质，正是他们与其他国家同类机构的长期深入联系，成就了他们现在的影响力。文化纽带非常有价值，即使是在国家间外交关系紧张或不存在外交关系的情况下，文化纽带也可以发挥作用。在跨文化交际中，这些机构在很多方面都是最高效的参与者，尤其是当这些机构独立于政府，不直接受政治控制时，却能通过融资协议和管理结构对公众负责。理论上说，文化机构运行的动力在于对文化的关注，其相信艺术和文化本身存在价值，但政府却不这样认为。

其他公共团体和政府机构也直接参与跨文化交流活动。例如，英国艺术与人文研究委员会(Arts and Humanities Research Council)与印度建立研究伙伴关系,① 以及英国贸易与投资总署(UK Trade and Investment's involvement)参与卡塔尔(Qatar)的文化活动。②

3. 文化类非政府组织

数以百计的第三部门文化组织，无论规模大小，除了在本国活动外，还会在其他国家推销自己、组织表演、进行巡回演出，或开展其他工作。虽然这些组织有时依赖公共资金，但通常不在政府优先考虑的范围。

4. 企业

在文化领域，企业通过 3 种途径发挥作用。第一，企业是文化内容的重要生产者，如出版商、电影制片厂和音乐录制公司，他们在价值观形成方面非常有影响力。第二，企业为文化活动提供赞助，有些公司投入大量资金，并与文化机构保持长期关系，如安永会计师事务所(Ernst & Young's)和维多利亚与艾伯特博物馆(Victoria & Albert Museum)，有些公司则具体问题具体分析，如美国航空公司(American Airline)对爱德华·霍普(Edward Hopper)在泰特美术馆(Tate Modern)展览的支持。第三，企业会提供更直接的帮助，而不仅是资金支持。例如，可口可乐公司在巴基斯坦建立了可乐录音室，帮助当地音乐家录制、宣传他们的作品。③ 控制大规模资产的大型企业关心利润，而非公益服务，他们不会通过任何民主程序对公众直接负责。在某种意义上，他们凭借自身的规模和地理范围成为文化参与者。这些企业的运营方式可能会增强或削弱他们国家的软实力，例如，英国石油公司(British Petroleum，BP)的墨西哥湾漏油事件，在美国激起一股反英情绪。这些企业的举措或政策可能促进也可能阻碍企业中多元化员工之间的文化理解。

---

① 艺术与人文研究委员会：《庆祝英国与印度建立艺术与人文研究伙伴关系》，www.ahrc.ac.uk/News-and-Events/Watch-and-Listen/Pages/Celebrating-UK-India-arts-and-Humanities-Research.aspx。

② 英国贸易与投资总署：《品牌卡塔尔：文化》，www.ukti.gov.uk/uktihome/premiumcontent/323360.html，2012 年。

③ 可乐录音室：www.cokestudio.com.pk/season5/。

5. 基金会、信托和慈善机构

很多私人和第三部门资助者致力于促进艺术和教育交流，同时也支持旅游和其他类型的跨文化交际活动。例如，多丽丝公爵慈善基金会(Doris Duke)和福特基金会(Ford Foundations)对费城的亚洲艺术委员会(Philadelphia's Asian Arts Initative)开展的艺术家交流计划给予支持。①

6. 个体

很多艺术家、运动员和公民环游世界，开展国际合作。出于创作需要、体育要求或实际考虑(譬如谋生之类)，艺术家和运动员成为文化交流领域独立的、重要的参与者。个体旅游者和公民也是如此，他们在旅游过程中通过交往或文化消费，在向其他国家展示本国文化的同时，也对他国文化有所了解。

组织和政府规定的条条框框不同的活动，是能够更好地理解跨文化交际的途径。出现的问题是，一些国家很难将政府机构与主要文化机构区分开来。他们之间的关系可能是一方完全控制另一方，也可能是相互独立的，但这种独立关系仅限于产生非正式影响时，而且政府对文化机构的引导程度会根据融资协议的实际情况发生改变，如欧洲文化机构(European cultural agencies)。

(三)跨文化交际的类型

为了更全面地认识跨文化交际活动，我们需要创建多种途径去了解这一问题。下面对跨文化交际类型的分类可以帮助我们更好地了解这一领域。

1. 各国概况

纵观世界，不同国家的跨文化交际活动可以分为以下4类。

①文化驰名的大国。长久以来，这类国家的政府通过建立机构或体系影响跨文化交际活动，英国、法国、美国、日本和西班牙都属于这一类。一般来说，这些国家在跨文化交际活动方面的预算即使没有减少，也面临着压力，而且他们对活动覆盖范围是否需要如此之广产生了怀疑——2011年1月，英国宣布削减英国广播公司国际频道的资金支持就是一个例子。正如迪奇雷基金会所言："不幸的是，削减预算与影响评估这一令人担忧的问题紧密相关。"②

②文化形象快速提升的国家和地区。这类国家包括"金砖四国"和一些新兴经济体，如韩国和中国台湾。同样，这些国家和地区的文化也受到广泛认可，他们正着力扩大跨文化交际活动，在世界各地

① 国家表演组织网络：《亚洲—美洲艺术家交流》，https://npnweb.org/whatwedo/project-profiles/cmf-profiles/artists-exchange。
② 迪奇雷基金会：《文化外交：起作用吗?》，www.ditchley.co.uk/conferences/past-programme/2010—2019/2012/cultural-diplomacy，2012年。

设立新的文化机构，并增加预算投资。孔子学院①的扩张——从无到 7 年后在 104 个国家设立机构——就是最明显的例子。同样，海湾国家在成功建立卡塔尔半岛电视台(AlJazeera)后投资广播也说明了这一问题。这类国家认为，文化是强调其在世界舞台上存在感的重要方面，同时也是帮助外国人了解他们的一条途径。亚洲和拉丁美洲的文化预算不断增加，相比之下，欧洲和北美的预算却持续缩水，这清楚地表明，亚洲和拉丁美洲的自信心日益增长，而欧洲和北美正面临经济困难，全球实力也逐渐衰退。

③已建立文化形象的小型国家。这类国家都是小型国家，包括挪威、葡萄牙等已具备比较完善的文化机构的国家，以及牙买加和泰国等具有强烈文化认同并在世界舞台上广为人知的国家。

④正在建立文化形象的小型国家。目前为止，这类国家数量最多。这些小型国家正努力使本国文化在全球意识中留下印象。这类文化本身可能非常丰富，但却不为大家熟知(如马达加斯加的音乐)。面对占主导地位的文化，以及外国商业文化同化的影响，这些文化可能也是脆弱的。

2. 正式活动与非正式活动(图 3)

另一种分类方法是，根据文化活动的正式程度进行分类，创建文化级别，一方面是大写字母 C 级文化(高雅艺术和“正式”文化形式，如博物馆和舞台艺术)，另一方面是小写字母 c 级文化(娱乐、电影、电视等)。同样，也可以对外交级别进行划分，分别为大写字母 D 级外交(关于外交关系和国家利益的正式活动)和小写字母 d 级外交(自由演员的跨境交流)。再有，这些类别之间的分界线必定是模糊的。不过，这个概念模型可以帮助人们增进对跨文化交际范围的理解。

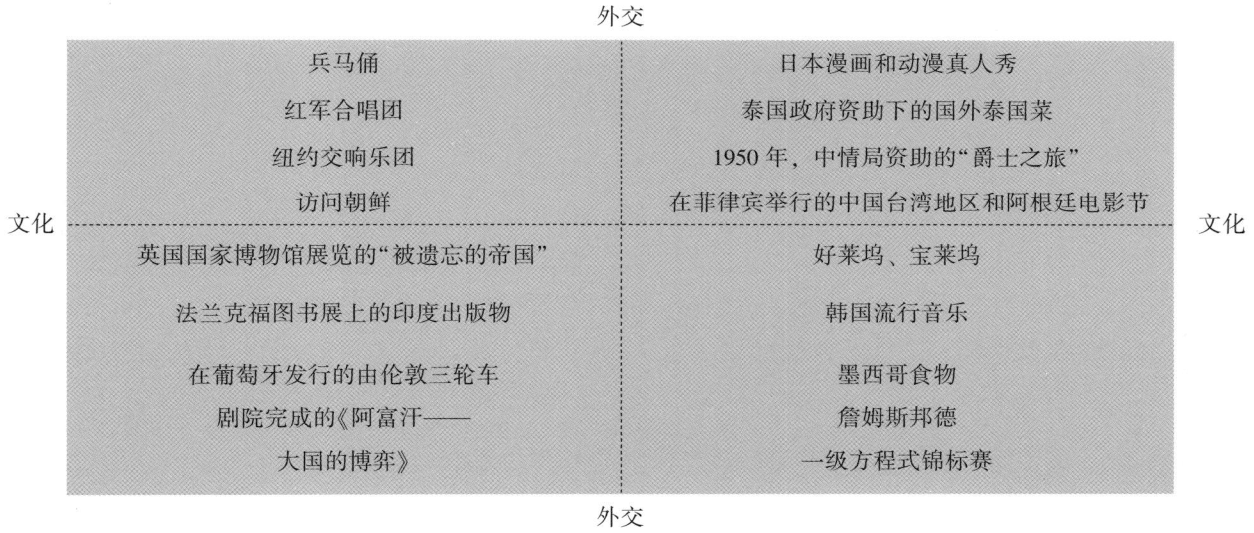

图 3　正式活动与非正式活动

3. 对内文化活动与对外文化活动

传统的文化交际观点认为，在跨文化交际中，一个国家应注重向另一个国家展示自己，换句话说，

① 中国孔子学院自 2004 年开始，在外国推广中文和中国文化。孔子学院为中国和其他国家的文化交流创造了平台，其操作模式通常是从东道国机构内部向外发展。来源：http://english.hanban.org/node_10971.htm。

是指向外界的。这些例子比比皆是，例如，每当有欧盟国家接任总理职位，这个国家都会举办向其他欧盟成员国展示其文化产品的文化活动。软实力的概念表明，跨文化交际注重外在表现，一个国家要通过文化活动声明其主张。正如学者张卫红对中国文化的未来所作的评论：“软实力作为一项策略，意味着中国温柔地运用其实力，在国际上寻求正常的经济和政治优势。软实力作为成果，意味着中国的崛起和中国文化的复兴。”①

然而，越来越多的人相信，跨文化交际并不是一种实力，而是共同活动的空间，在这个空间吸收其他国家的文化与向世界其他国家展示本国文化一样重要：“在这个领域，倾听和诉说至少同样重要，国家关系需要谨慎经营，做到互惠互利。”②一个很好的例子就是，大英博物馆最近举办了一系列展览，向英国人民讲解伊朗、墨西哥、印度和中国，中国也热烈欢迎来自其他国家的博物馆展品和表演艺术家。

理解对内文化活动和对外文化活动的另一种方法就是思考两种策略之间的区别，即建造旅游景区(即可以吸引外国游客的地方，如毕尔巴鄂的古根海姆(Bilbao Guggenheim)，还有位于海湾地区的许多文化旅游景点)与扩大文化出口(如管弦乐巡回演出或博物馆展品巡回展出)之间有何不同。

---

① 张卫红：《文摘：中国文化的未来：从软实力到综合国力》，www.tandfonline.com/doi/abs/10.1080/10286630903134300，2010 年。

② Aspden P：《出卖民主？西方跨文化交际和民间外交的过去和未来》，伦敦：英国文化协会，www.interarts.net/descargas/interarts663.pdf，2004 年。

五、全球趋势和新的应对方法

(一)传 统 动 机

巩固政府的跨文化交际策略和扩大民间外交的基本原理是显而易见的。正如外交政策专家马克·伦纳德(Mark Leonard)在 2002 年写的那样，这些战略的目标主要包括：

①提高亲密度——使人们对本国产生兴趣，并持续更新本国形象；

②增进了解——促进对本国的积极认知，并从本国公民角度看待问题；

③提高吸引力——将本国塑造为理想的旅游和学习佳境，鼓励人们购买本国产品，认同本国价值观念；

④扩大影响——吸引公司投资，鼓励公众支持本国立场，说服政客将本国视为盟友。①

这些原则仍旧有效，但在此基础上，人们也产生了一些新的理解。

(二)相 互 性

首先，传统的跨文化交际观点比较重视向别的国家展示自己，但现在，这种观点发生了改变，人们越来越认识到，跨文化交际存在相互性。美国政治学家小米尔顿·C. 卡明斯(Milton C Cummings Jr)提出的关于文化外交的定义现在经常被人引用，定义认为，跨文化交际是“各个国家和人民为了更好地相互了解而进行的思想、信息、艺术及其他与文化相关的交流”②。现今世界，每个人都有可能与世界相连，英国公民可以了解伊朗文化和中国文化，而英国也给伊朗和中国提供了解英国文化的机会，这两方面都同样重要。在跨文化交际策略中，除了展示、传达、影响和劝服等已存在的因素外，合作、理解、真诚和学习也逐渐成为这一领域新的关键词。

(三)文化工作者促进社会变革

人们对跨文化交际的另一种认识就是，文化工作者，如艺术家、戏剧导演和电影制造商等总是站在世界变化的最前沿。各个领域的艺术家不仅批判政府，还组织积极的、有建设意义的反对党，如突

① Bound K, Briggs R, Holden J, Jones S:《文化外交》，伦敦：Demos，www.demos.co.uk/publications/culturaldiplomacy，2007 年。

② Cummings MC:《文化外交与美国政府：一项调查》，华盛顿特区：艺术与文化中心 2003 年版。

尼斯嘻哈歌手埃尔·杰纳勒尔(El General)、缅甸艺术家田林(Htein Lin)以及埃及小说家亚拉·阿斯万尼(Alaa Al-Aswany)。2011 年,塔利尔广场的游行示威活动相对和平的一方面原因就是,这场游行是由剧院人员组织和领导的,他们知道如何组织讨论,如何创建和平的对话环境。2012 年发生在美国和英国的占领运动就带有强烈的文化因素,发生在西班牙的更大规模的"愤怒者"运动也是如此,演出和学习研讨会对这场运动起到了推动作用。英国文化协会最近出版的《人民之声》①(*Voices of the People*)对这一现象做了更为细致的探索(图 4)。

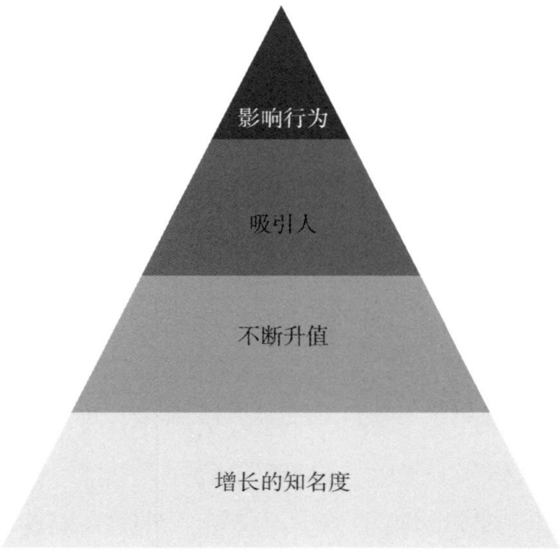

图 4　参与等级

人们对文化工作者在社会变革中扮演的角色有了新的认识,美国学者辛西娅·施耐德对此评论道:"实施文化外交的新途径就是利用当地人民的声音发挥杠杆作用。"②而异议人士将这句话翻译成,这赋予当地人民一种他们并不喜欢的身份。柬埔寨电影制造商潘礼德(Rithy Panh)对此评论道:"对于我们这些居住和活动在困难国家的人来说,如果能获得戛纳电影节(Cannes)或南方基金(Fonds Sud)的支持,当然可以处理困难复杂的事情。"③

(四)"金砖四国"及其他国家的态度

新出现的第三个因素是,亚洲、中东地区国家和"金砖四国"越来越重视文化外交。中国台湾、文莱和新加坡一直在举行文化会议,韩国也正努力在全世界开设文化中心,很多海湾国家在新的文化基础设施建设上投入大量资金,以色列最近做出决定,未来 5 年,将"投资 4 亿英镑,用于宣传犹太文化和以色列文化,这也是以色列为解决与犹太移民的关系进行战略转移的一部分资金"④。但是"金砖四国"对跨文化交际领域感兴趣的最明显的例子是,巴西举办了 2014 年世界杯和 2016 年奥运会,而中国

① 英国文化协会:《人民之声》,www.britishcouncil.org/sites/default/files/documents/Voices-of-the-people-v9_0.pdf,2012 年。
② 新加坡国立大学:《李光耀公共政策学院——21 世纪文化外》,www.youtube.com/watch? v=C4Qgq92bF0E,2012 年。
③ 法国 Diplo 电视台:《什么是文化外交?》,www.youtube.com/watch? v=qPcCvwZtjNw,2012 年。
④ Pfeffer A:《以色列政府将投资宣传以色列》,载《犹太纪事报》2012 年 9 月 9 日,www.thejc.com/news/israel-news/89996/israeli-government-invest-promoting-country-world。

的孔子学院扩张迅速。中国对文化领域的投资比任何国家都多。①

如约瑟夫·奈所说："中国的国家主席胡锦涛在迎接2012年发表的重要演讲中提到，中国正受到西方文化的强烈冲击：'我们必须清楚地认识到，国际敌对势力正在加紧他们西化和分裂中国的战略图谋，思想文化领域是他们长期渗透的重点区域。'他又补充道：'如果中国的文化力量软弱下来，那西方的国际文化将变得强大。'"②

(五)西方衰退

与"金砖国家"努力提高文化影响形成对照的是，很多西方国家政府似乎正往相反方向发展，如减少预算，减少外语广播，提高外国旅游者和外国学生获得签证的难度。正如迪奇雷基金会对现状的描述："文化活动是人类社会的基本组成部分，是一国之内人民或国与国之间进行对话、增加理解不可或缺的媒介。"③考虑到这一事实，西方国家的政策确实让人惊讶。

西方国家政府往往认为，跨文化交际花费较大，甚至将对文化本身的投资看作"可以牺牲的奢侈品"④。另外，软实力这一术语的广泛应用可能会造成跨文化交际活动减少的不幸结果。莎士比亚和甲壳虫乐队当然比坦克、飞机温柔，但是"温柔"这个单词意味着"低效"和"次要"。然而，实际情况并非如此，当然，东方国家也不会如此看待跨文化交际。

西方国家减少跨文化交际投资的另一层原因——除了西方经济正陷入困境这一事实外——还在于政府对跨文化交际投资产生的影响难以衡量。文化在本质上是不可预测的，文化投资要在长期作用下才能产生效果，而且效果也不确定。这与注重立竿见影和短期目标的西方政治经济范式不相符。

但是，在跨文化交际上实行短期主义是目光短浅的表现。正如我们看到的，中国并不为文化活动的成本效益而烦恼，因为他们懂得文化影响的重要性。此外，西方国家在跨文化交际上的投资相对较少：美国国务院教育与文化事务局每年的预算基本上等于美国军队在阿富汗两天的开销。⑤ 如中国古代哲学家孙子所言："是故百战百胜，非善之善者也；不战而屈人之兵，善之善者也。"⑥

---

① Jung H J，Young N C：《中国的软实力：讨论、资源和前景》，载《亚洲概览》2009年第48卷第3期，第458~461页。

② 约瑟夫·奈：《中国软实力为什么较弱》，载《纽约时报》2012年1月17日，www.nytimes.com/2012/01/18/opinion/why-china-is-weak-on-soft-power.html? _r=0。

③ 迪奇雷基金会：《文化外交：起作用吗?》，www.ditchley.co.uk/conferences/past-programme/2010—2019/2012/cultural-diplomacy，2012年。

④ 迪奇雷基金会：《文化外交：起作用吗?》，www.ditchley.co.uk/conferences/past-programme/2010—2019/2012/cultural-diplomacy，2012年。

⑤ 2011年，美国用于教育与文化交流项目的预算为6亿美元。选自美国国务院：《执行预算总结》，www.state.gov/documents/organization/183755.pdf，2012年。根据美国国防部总管办公室的统计，截至2011年9月，美国用于阿富汗战争的花费是每个月78亿美元，即每天大约2亿美元，见 Capaccio T：《五角大楼称，阿富汗战争的花费随着大股部队的撤离有所下降》，彭博社《商业周刊》2012年2月8日，www.businessweek.com/news/2012-02-08/pentagon-says-afghanistan-war-costs-dip-as-surge-troops-leave.html。

⑥ 孙子：《孙子兵法》，更多资料见 www.goodreads.com/author/quotes/1771.Sun_Tzu。

六、谁在做什么？

（一）寻找信息，利用信息

跨文化交际领域的研究面临的主要困难：首先，难在定义；其次，难在从各个国家收集信息；最后，难在进行信息对比。

1. 定义问题

如前所述，“文化”本身是个模糊的概念，“跨文化交际”“文化外交”也是如此，这些词语在常用概念和正式语境中都没有固定、一致的含义。

2. 各国信息

要提供政府对跨文化交际活动确切的总投资额是一件不可能完成的事。揭露政府在英国文化协会或歌德学院等机构的直接花费相对比较容易，不过，如果想再深入发掘就难了。首先，政府拨款对个体机构投资与政府的整体拨款分不开（罗浮宫哪部分的收入应视为对跨文化交际的投资？）；其次，数百家艺术和文化组织至少会开展一些国际工作，而合计这些工作是一项不可能完成的任务。

另一项挑战是，划分整体调查范围的界限在哪里——用于吸引外国游客的花销是否应该算作文化投资？如果算，应该用什么方法计算？拿英国举例，大约 57%的外国游客表示，他们来英国的原因之一就是其文化遗产，因此，应将旅游宣传花费总额的 57%算作对跨文化交际的投资吗？如果是这样，那每个国家都需要用不同的比例进行计算，因为对于不同的国家来说，数字也是不同的，如荷兰和日本。

3. 做出比较

对不同的国家进行比较并非易事，因为各国采用不同的统计方法收集数据，信息公开水平也不尽相同，文化结构也存在差异。在同比基础上比较金融数据非常少见，因此，与试图从金融数据中得出结论相比，用随意的、描写性的方法进行比较通常更加有用。

然而，本报告对全球 12 个跨文化交际组织的办公室数量和地点进行了数据收集。图 5 对这 12 个跨文化交际组织的办公室数量做了全球概览和区域分解。对国际跨文化交际组织所拥有办公室的国家级分类见本报告附录。

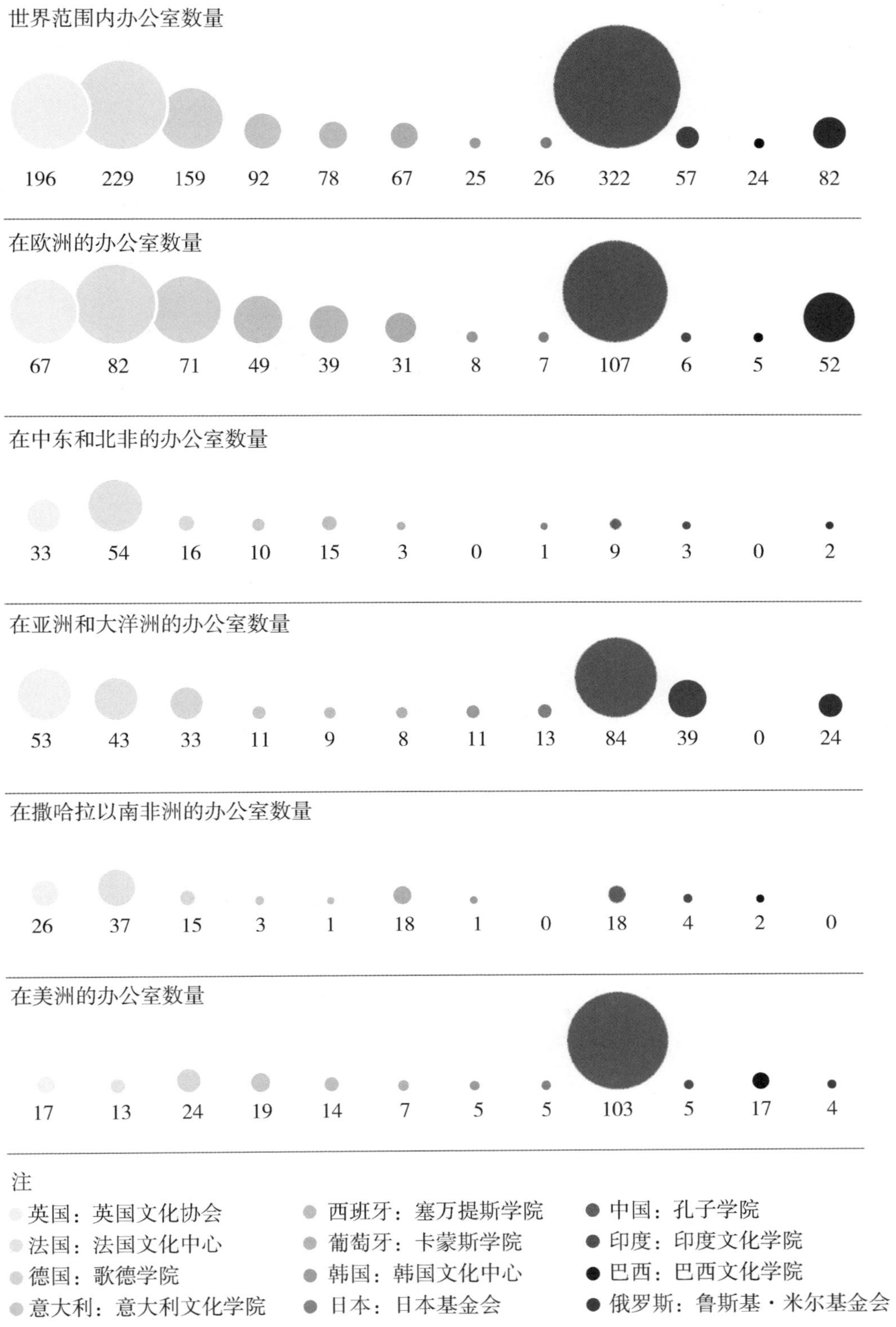

图 5　国际跨文化交际组织的全球分类

(二)跨文化交际组织

过去 10 年，世界新兴经济体变得越来越自信，已经开始考虑扩大国际影响力。这一趋势中最让人吃惊的例子便是中国孔子学院在全球的快速发展。到 2011 年 8 月，孔子学院和孔子课堂的总数已经从 2006 年的 122 个增长到 826 个，① 具体分布如图 6 所示。

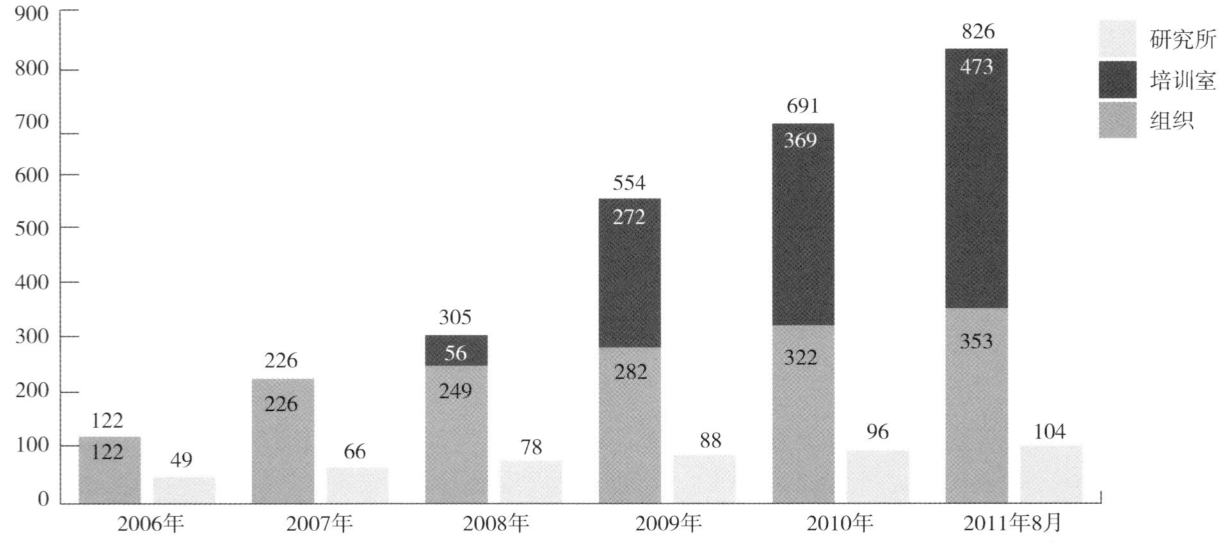

图 6　孔子学院世界分布图(2006—2011 年)

虽然欧洲的孔子学院办事处主要集中在大城市，但这些汉语教学办公室与当地的大学和中学合作，其分布更广，嵌入可能也更深。在英国，目前有 13 个孔子学院办事处，包括利物浦大学、谢菲尔德大学和诺丁汉大学，共计 57 间教室。在美国的大学里，如斯坦福大学和加州大学洛杉矶分校，共有 72 处孔子学院办公室，在美国全国各地还有 215 间教室。②

中国在跨文化交际领域的努力并非个案。过去 10 年，韩国和俄罗斯都为增加国际文化活动做出了非常大的努力。

2007 年，俄罗斯成立了鲁斯基·米尔基金会(Russkiy Mir Foundation)，宣传俄语和俄罗斯文学，尤其将注意力集中在苏联和“原东方集团”国家。此基金会在全球已经有 82 个办事处。印度正在扩大其文化中心网络，明确要“提高印度在海外的软实力”③，而巴西主要集中在拉丁美洲的文化中心网络也正日益扩张。

这些计划都需要相当大的投资：中国政府对孔子学院“主要项目”的投资已经从 2006 年的 3.5 亿元人民币上升到 2009 年的 12.3 亿人民币。④

与此同时，西方国家政府忙于处理持续的经济危机，文化交际方面的预算正面临压力。英国对英

① 孔子学院总部：《孔子学院简介》，http://english.hanban.org/node_7716.htm。

② 2010 年 12 月数据修正见汉办(孔子学院总部)：《2010 年年度报告》，www.hanban.edu.cn/report/pdf/2010_final.pdf。

③ 印度文化关系委员会：《印度文化关系委员会的全球分布，印度海外文化中心》，www.iccrindia.net/foreigncentres.html。

④ 汉办(孔子学院总部)：《2006 年年度报告》，www.hanban.edu.cn/report/pdf/2006_final.pdf。
汉办(孔子学院总部)：《2009 年年度报告》，www.hanban.edu.cn/report/pdf/2009_final.pdf。

国文化协会的资助明显减少，但协会通过服务项目，如英语教学，获得的收入不断增加。① 2009—2010 年，来自英国外交和联邦事务部的拨款是 2.01 亿英镑——占协会总营业额的 28%，而 2014—2015 年拨款下降到 1.54 亿英镑——少于协会总营业额的 15%。② 在西班牙，政府对塞万提斯学院的拨款从 8 000 万欧元下降到 2013 年的 5 000 万欧元，塞万提斯学院关闭了 3 个办事处，撤销了 200 个工作岗位。③ 然而，德国继续增加对歌德学院的投资，政府预算从 2008 年 9 月的 2.11 亿欧元(占总预算的 66%)上升到 2011 年 12 月的 2.32 亿欧元(占总预算的 63%)④。在调整预算的同时，欧洲国家也改变了战略焦点，减少在其他欧洲国家的文化活动，加强在中东地区和亚洲的文化交流。

(三)教育交流与学生人数

教育交流是公认的能对价值观产生最强大、最持久影响的举措之一。根据罗伯国家形象指数⑤(Anholt-GfK Roper Nation Brands Index)和皮尤全球态度调查⑥(Pew Global Attitudes)进行的调查，美国大力欢迎海外留学生的举措与其世界大国地位的持续保持不无相关。在迪奇雷会议上，美国富布赖特奖学金(Fulbright Scholarship)⑦竞选“被认为是特别高效的长期竞选活动。从各个方面看，学生和学者之间的交流都是良好的投资”。⑧ 巴西政府的“科学无国界”项目设定了目标：到 2014 年，10 万名巴西学生有资格进入美国、英国、法国、德国和意大利的高校。⑨ 在当前学年，已经有超过1 000名学生进入英国的大学。⑩

苏格兰政府最近将圣安德鲁十字奖学金(Saltire Scholarship)扩展为双向计划，一方面，资助苏格兰学生出国留学(中国、印度、加拿大和美国)；另一方面，资助海外留学生到苏格兰学习。⑪ 相比之下，英国外交部将奖学金资助总额从 2008 年 9 月的 3 130 万英镑下调到 2011 年 12 月的 1 690 万英镑(虽然到 2012—2013 年度上升到 1 900 万英镑)。支持海外学生到英国留学的外交部志奋奖学金(Foreign Office's Chevening scholarship)，在 2008—2009 年的奖学金预算金额为 2 290 万英镑，资助了 997 名学生，到 2010—2011 年，其奖学金金额减少到 1 450 万英镑，资助了 598 名学生(2012—2013 年上涨到 1 700 万英镑，资助了 712 名学生)。⑫ 2002 年是该奖学金金额最高的年份，奖学金金额为 3 200 万英镑，资助了 2 400 名学者访问英国。⑬

---

① 英国文化协会：《2012—2015 协会计划》，www.britishcouncil.org/sites/default/files/2012—15%20Corporate%20Plan.pdf，2012 年。

② 英国文化协会：《2009—2010 年度报告》，www.britishcouncil.org/new/Global/BC%20Annual%20Report%202009-10_reupload.pdf，2010 年。

③ 《塞万提斯学院的新课程减少预算 37%》，载《国家报》2012 年 10 月 11 日，http://cultura.elpais.com/cultura/2012/10/11/actualidad/1349958069_285119.html。

④ 信息由歌德学院提供。

⑤ 捷孚凯北美客户调研，《罗伯国家形象指数》，www.gfkamerica.com/practice_areas/roper_pam/placebranding/nbi/index.en.html。

⑥ 见网址：www.pewglobal.org。

⑦ 美国国务院教育与文化事务局：《富布赖特项目》，http://fulbright.state.gov。

⑧ 迪奇雷基金会：《文化外交：起作用吗?》，www.ditchley.co.uk/conferences/past-programme/2010-2019/2012/cultural-diplomacy，2012 年。

⑨ 科学无国界常见问题解答，www.cienciasemfronteiras.gov.br/web/csf-eng/faq。

⑩ 科学无国界：《好消息：科学无国界首先在英国取得胜利》，http://sciencewithoutborders.international.ac.uk/about/news.aspx。

⑪ 苏格兰人才，圣安得鲁十字奖学金，www.talentscotland.com/Students/Study/Scholarships/Saltire-Scholarships.aspx。

⑫ 信息来源：外交和联邦事务部。

⑬ 见网址：www.fco.gov.uk/en/about-us/what-we-do/scholarships/chevening/facts-figures。

从世界范围看，留学海外高校的学生数量在过去 10 年急剧上升。英国和美国仍旧处于领先地位，但在 1999—2009 年，这两个国家留学生的增长幅度远远小于其他国家，如图 7 所示。

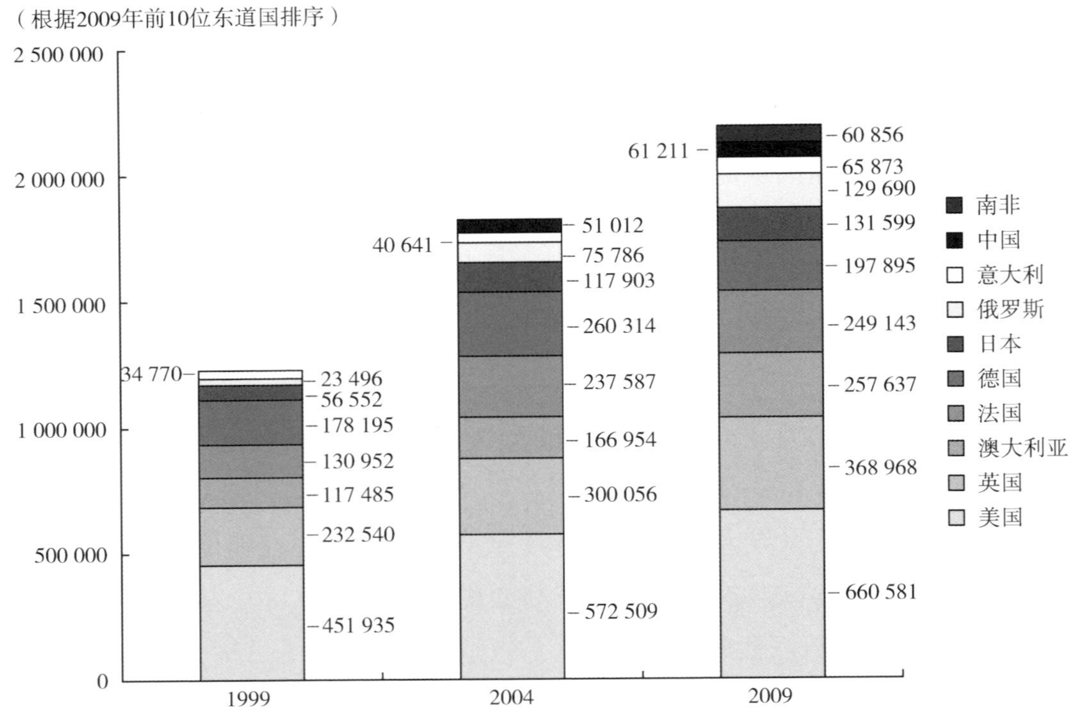

图 7　海外留学生总数、东道国统计(1999—2009 年)

数据来源：联合国教科文组织统计研究所。

中国和印度留学生的分布明显不同，大量中国留学生前往日本和澳大利亚，印度留学生前往英国的比例较高，如图 8、图 9 所示。

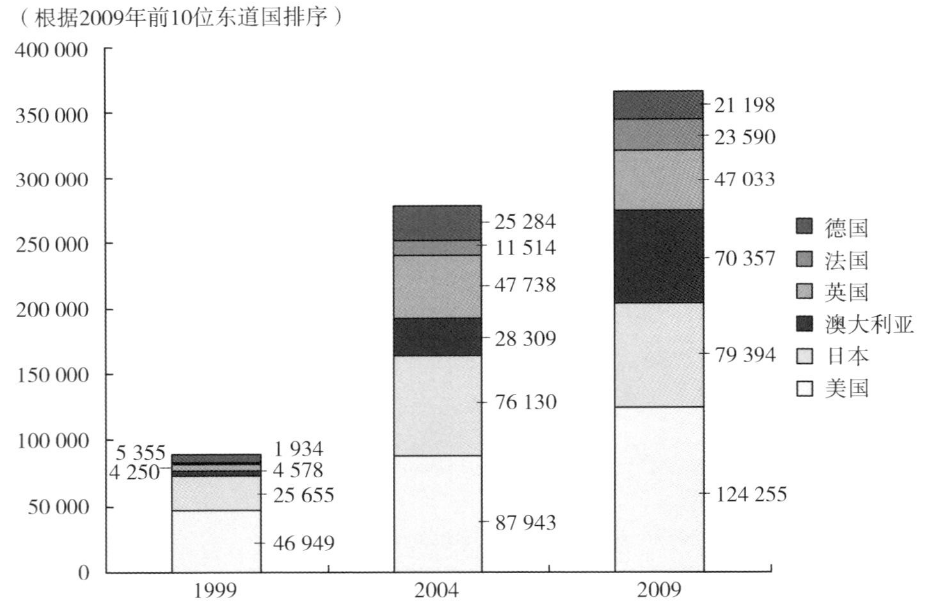

图 8　海外中国留学生总数、东道国统计(1999—2009 年)

数据来源：联合国教科文组织统计研究所。

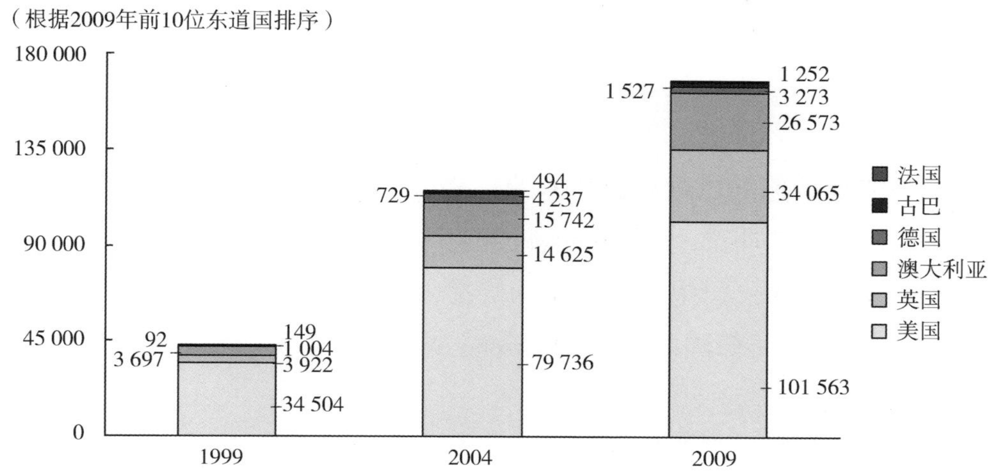

图9　海外印度留学生总数、东道国统计（1999—2009年）

数据来源：联合国教科文组织统计研究所。

（四）广　　播

多年以来，广播都是一个国家试图扩大其影响力的一种途径，英国广播公司全球服务要追溯到1932年，而《俄罗斯之声》（Voice of Russia）的创建要早3年。广播作为主导媒介一直持续到最近，但是有线电视和卫星电视的发展为跨境交流提供了更好的机会，各国跨境交流的能力也大幅度提高，因此，情况发生了变化。过去10年，国家支持的国际电视频道数量激增。卡塔尔半岛电视台已经成为阿拉伯世界最大的新闻品牌，也成立了英语频道，而中国、俄罗斯和伊朗也都发展了外语电视服务，为外国人，尤其是西方人提供了解世界的另一种途径。中国在扩大国家媒体上尤其雄心勃勃，据报道，中国在这方面的开支已经达到40亿英镑。① 互联网也为影响外国观众提供了新的平台。新兴国家希望站在世界舞台上讲话，纷纷增加其广播活动，而老牌选手的优先地位也发生了改变。在2008年和2009年，英国广播公司全球服务削减了10种语言服务，以创建阿拉伯语频道和波斯语频道。根据2010年政府的支出审查，政府对英国广播公司的预算将削减16%，关掉了其他5种服务，再也没有针对欧洲联盟或者巴尔干半岛的外语服务了。② 英国政府对英国广播公司的拨款在2009—2010年达到最大值2.68亿英镑，此后每年都有所下降。③ 尽管如此，英国广播公司仍是世界上业务覆盖面最广的国际广播公司，2011—2012年，每周有1.8亿人使用其世界服务，如果加上商业资金资助的英国广播公司《世界新闻》频道，每周共计2.39亿人次收听英国广播公司的广播服务。④ 美国政府支持的国际广播

① Branigan T：《中国国家电视台公布的全球扩张计划》，载《卫报》2011年12月8日，www.guardian.co.uk/world/2011/dec/08/china-state-television-global-expansion。

② 英国广播公司新闻办公室：《BBC世界服务削减语言服务和广播实现严格的支出审查结算》，www.bbc.co.uk/pressoffice/pressreleases/stories/2011/01_january/26/worldservice.shtml，2011年1月26日。

③ 英国广播公司：《英国广播公司世界服务年度审查》，http://downloads.bbc.co.uk/worldservice/pdf/bbc_world_service_annual_review_0910.pdf，2009年10月。

④ Horrocks P：《英国广播公司全球新闻的新观众数据》，《英国广播公司新闻》2012年6月27日，www.bbc.co.uk/blogs/theeditors/2012/06/new_audience_figures_for_bbc_g.html。

和电视服务，如《美国之声》(Voice of America)和《自由阿拉伯》电视服务(Alhurra Arabic TV service)，2011 年吸引了 1.87 亿名观众或听众，政府大约花费 7.5 亿美元。①

如今，在世界上政治争议最严重的地区上演的激烈的电视广播比赛也接近尾声。在中东地区，半岛电视台可能是“阿拉伯街”的开辟者，但这并未阻止其他阿拉伯国家开设服务，如沙特阿拉伯的阿拉伯电视台和《阿拉伯语》频道，该频道是由英国天空广播公司和阿布扎比媒体投资公司的合资企业开办的，该企业属于曼索尔·本·扎耶德·阿(Mansour bin Zayed Al Nahyan)，他是阿布扎比酋长国统治家族的成员之一。在这些国际广播公司中，除了英国广播公司的《阿拉伯语》频道和《自由》频道，又增添了《法国 24 小时》(France 24)、《德国之声》(Deutsche Welle)、《今日俄罗斯》(Russia Today)和《中国中央电视台》(China's CCTV)。

要评估这些广播活动的消费程度并非易事。因为没有标准的国际化测量系统来评估国际广播公司，所以只能依赖广播公司自身的评估。益普索集团 EMS 社会调查(Ipsos EMS)(见图 10)提供了一个关于观众覆盖率的调查简况，记录了一个地区最富裕消费者和顶级商业决策者的数量，他们均知道或积极地消费不同的电视服务，如图 11、图 12 所示。

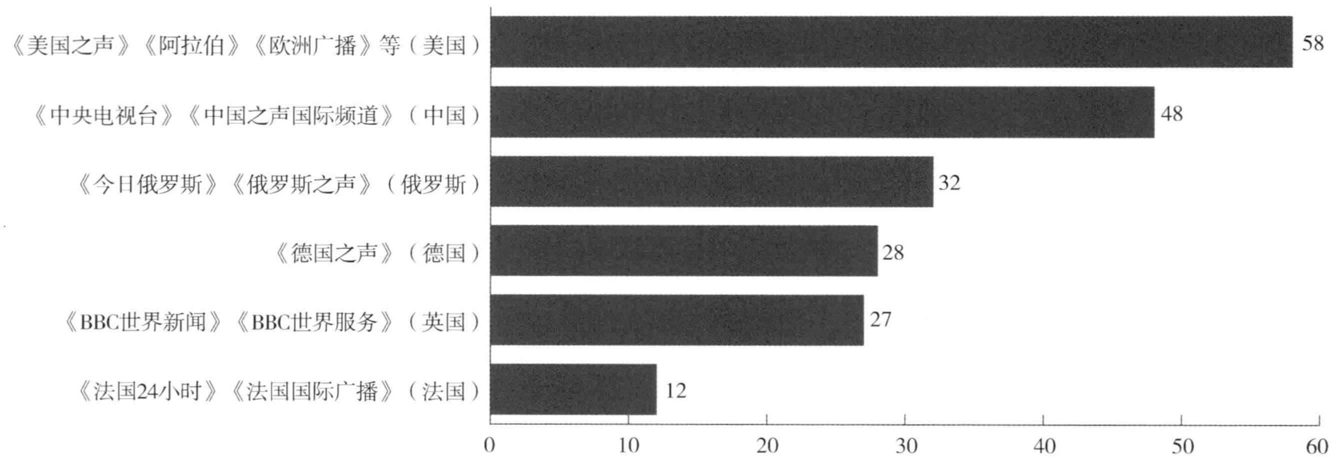

图 10 国家国际广播商拥有的外语服务广播数量

注：我们只计算外语数量。因此，对中国来说，中文、藏语和维吾尔语不算外语。中国广播还包括世界语。《俄罗斯之声》将英语算了 2 次(有一个专门针对印度的广播服务)，而我们只算了一次。《德国之声》认为，巴西的葡萄牙语和非洲的葡萄牙语是两种语言，而我们只将葡萄牙语算了一次。

数据来源：美国广播理事会网址：www.bbg.gov/about-the-agency/history/faqs/#q9；中国广播电台网址：http://english.cri.cn/11114/2012/09/21/1261s723419.htm；《俄罗斯之声》网址：http://english.ruvr.ru；《德国之声》网址：www.dw.de；英国广播公司国际服务网址：www.bbc.co.uk/worldservice/languages/index.shtml；法国国际广播电台网址：www.english.rfi.fr。

① 广播理事会：《年度报告：美国国际广播：创新和融合影响》，www.bbg.gov/wp-content/media/2012/04/BBGAnnualReport_LoRes_Part1.pdf，2011 年。

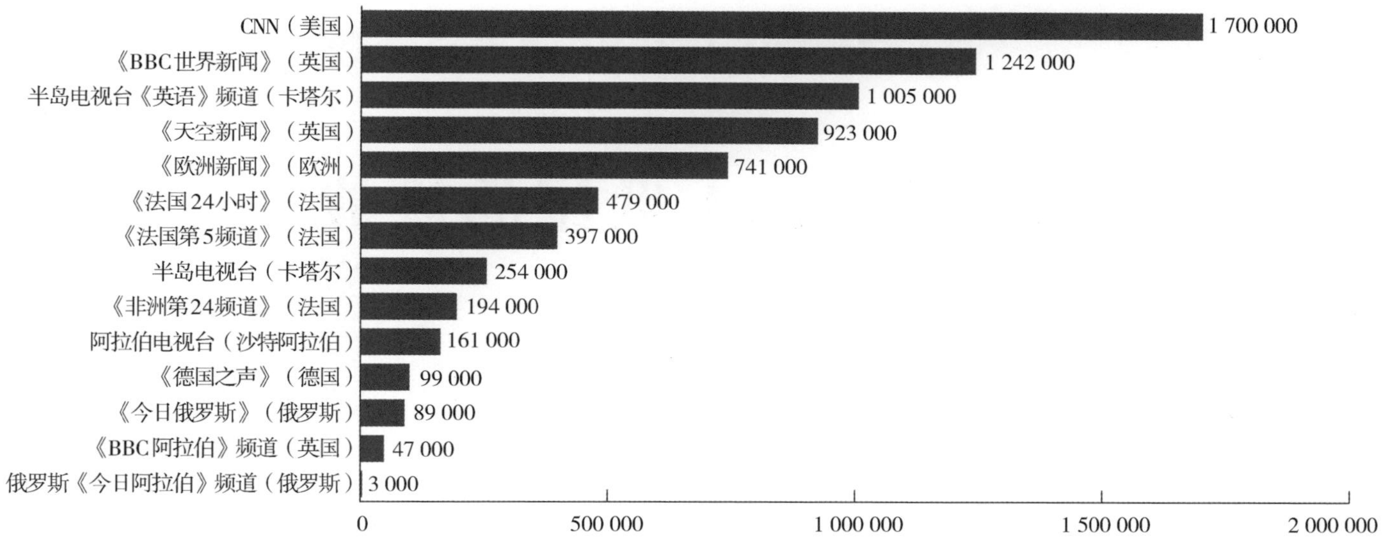

图 11　覆盖率达到非洲人口 15%的国际广播公司(挑选)每周估测覆盖率

注：在喀麦隆、加纳、肯尼亚、摩洛哥、尼日利亚、南非和乌干达的主要大城市，对 2 473 名市民进行调查，他们代表 330 万名潜在观众。每周覆盖率基于概率计算。

来源：2012 年非洲益普索 EMS，2012 年 7 月出版。

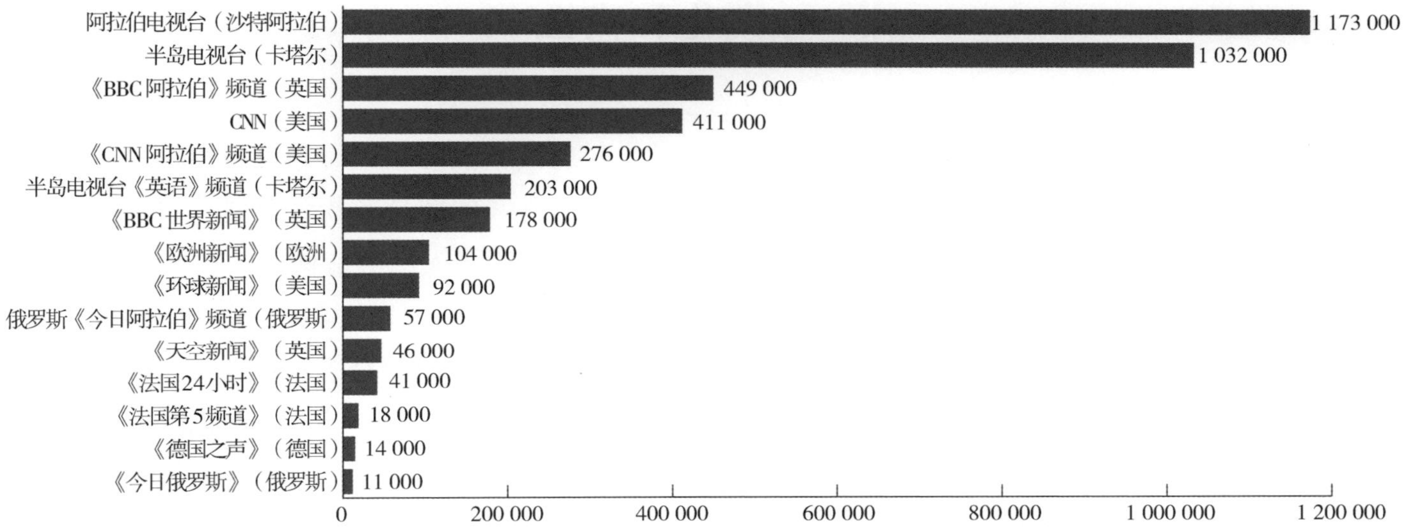

图 12　覆盖率达到中东地区人口 13%的国际广播公司(挑选)每周估测覆盖率

注：在巴林、科威特、卡塔尔、沙特阿拉伯、阿联酋、埃及、约旦和黎巴嫩的主要大城市，对 3 002 名市民进行调查，他们代表 190 万名潜在观众。每周覆盖率基于概率计算。

来源：2012 年非洲益普索 EMS，2012 年 7 月出版。

七、面对 21 世纪的挑战

传统意义上讲，政府支持的跨文化交际活动都是为了谋求自身利益。这既不让人吃惊，也不令人反感。我们已经看到，政府在文化关系中最高效的处理方式就是不插手文化事务。放弃文化活动控制权，国家将获得服务于国家利益的直接或间接的优势。

Demos 发行的《文化外交》列举了很多跨文化交际促进外交的例子，有些是为建立非官方政治关系而举办论坛，有些是在其他国家困难时伸出援助之手，有些是在变革时代组织重新谈判政治关系。众所周知，文化冲突和误解也可能破坏政治努力。人们追求直接的积极影响，希望避免消极影响，这就为支持跨文化交际提供了理论依据，但是从文化活动中获得的间接利益也同样重要。

(一)文化和商业

跨文化交际对各种各样的活动都会产生影响，尤其是对旅游和贸易。保持和提高信任水平对英国的长期发展至关重要："不同国家间的人们越信任彼此，他们之间的贸易和投资就越多。"[①]有证据显示，参加一个或多个与英国相关的跨文化交际活动，可以提高对英国人民的信任度，在参与调查的 10 个国家中，信任度提高的比例为 7%~26%。[②]

目前，英国对"金砖国家"的出口极低。正如英国财政大臣所说，我们对爱尔兰的出口量比对中国的大(2011 年英国向中国出口价值 98 亿欧元商品，而向爱尔兰出口价值 199 亿欧元商品)，因此，我们要与可以繁荣贸易的国家建立信任关系。[③] 最近，瑞典对外交流委员会正利用丹麦的哥本哈根经济咨询公司提出的一种研究方法，试图使国家之间的信任关系产生经济价值，引进更多海外直接投资，扩大出口和进口。他们的工作表明，相互之间拥有较高信任度的国家，彼此间的投资和贸易往来更加密切。

英国公民，无论是国内的，还是海外的，都要拥有全球意识，熟练使用多种语言，适应世界变化，具备文化自信。正如迪奇雷会议指出："未来，自守排外的社会尤其不可能取得大的成功。主动与其

① Knack S，Keefer P：《社会资本有经济回报吗？一次越境调查》，载《经济学季刊》1997 年第 112 卷第 4 期，第 1251~1288 页。Dekker P，Ederveen S，de Groot H，Van der Horst A，Lejour A，Straathof B，Vinken H，Wennekers C：《多元欧洲——关于欧盟、文化多样性、经济和政治的公众舆论》，见荷兰经济政策研究局和社会与文化规划办公室：《欧洲前景 4》，2007 年。

② 英国文化协会：《信任支付》，www.britishcouncil.org/trustresearch2012.pdf，2012 年。

③ 欧盟委员会欧洲统计局：《欧洲国际贸易统计详细数据，CN8 中自 1988 年以来欧盟 27 国贸易》，http://epp.eurostat.ec.europa.eu/portal/page/portal/statistics/search_database。

他文化交流、包容其他文化，并鼓励文化合作，是建立必要国家关系的行之有效的方法。”①韩国和朝鲜就是开放和闭守两种文化交际策略的对比实例。

英国也要在“商业文化”上保持领先地位。从古迹保护到数字艺术，英国在各类文化知识方面都处于前沿地位，对于创意产业占国内生产总值6%的国家来说，保持领先地位这一点至关重要，跨文化交际是使英国保持这一地位的重要组成部分。

(二)文化和全球问题

在我们面临全球问题，只能通过多边合作方案解决问题的时候，各国之间的信任也是非常重要的。像气候变化和病毒性传染病等全球问题，只能通过签订国际协议解决，这只有建立在信任的基础上才能发挥作用。信任是互谅互让，在成员之间是相互作用的，要建立对其他文化的信任，我们需要去了解其他文化。正如退休外交官卫亦信勋爵(Lord Wilson of Tillyorn)在其著作《文化改变生活的力量》(*The Power of Culture to Change Lives*)中所言：“文化能够也应该发挥其作用，将世界人民，即使是具有截然不同世界观的人们，联系在一起……这对解决棘手的社会和经济问题，提高人与人之间、国与国之间的相互理解大有帮助，对解决世界面临的重大挑战也有促进作用。”②大英博物馆2010年向伊朗国家博物馆(National Museum of Iran)借用塞勒斯圆筒(Cyrus Cylinder)，2011年将其归还，这就是通过文化建立信任的一个很好的例子。③

历史悠久的欧洲文化机构和组织自创建以来就开始发展互信关系，在创建和促进新的社交网络的形成，拉近人与人之间的距离方面发挥了重要作用。

另外，文化还提供了平等的国际舞台，在这里，经济和政治上薄弱的个体也拥有平等的地位——鲍勃·迪伦(Bob Dylan)和鲍勃·马利(Bob Marley)身份平等，但美国和牙买加却并非如此。这为“隐藏的声音发声”④挑战传统智慧提供了机会。

(三)交流对文化的影响

文化交流最重要的一个方面——很奇怪，经常被人忽视——是文化自身通过交流发展。不管文化的政治和经济影响如何，其自身都是“好的”，文化通过以往的或当代的对话交流发展自身。正如立体派学生和“丝绸之路”学者所了解的那样，艺术和技术实验在与“他人”的对比中受到激励。

文化自身通过交流发生改变，而文化交流也促进新的思维方式、新的行动方式以及新的学习和交流模式的产生，简而言之，文化交流促进创新。随着跨国问题和全球问题的激增，我们需要进行更多

① 迪奇雷基金会：《文化外交：起作用吗?》，www.ditchley.co.uk/conferences/past-programme/2010-2019/2012/cultural-diplomacy，2012年。

② 英国文化协会：《改变世界的文化力量》，www.britishcouncil.org/sites/default/files/documents/The%20Power%20of%20Culture.pdf，2012年。

③ 大英博物馆：《居鲁士文书》，www.britishmuseum.org/about_us/news_and_press/statements/cyrus_cylinder.aspx。

④ 迪奇雷基金会：《文化外交：起作用吗?》，www.ditchley.co.uk/conferences/past-programme/2010-2019/2012/cultural-diplomacy，2012年。

创新，以应对挑战。要能观察到其他文化存在的问题，对不同文化实践引起的问题进行质疑，不同的观点将帮助我们找到解决问题的方法。国际跨文化交际为创新繁荣发展提供了合适的条件。多学科和跨学科团队更具创造力和创新精神，这已是不争的事实。① 有不同才有创新，文化交流具有不稳定性、刺激性、多元化和多样性的特点。

① Capozzi M M, Dye R, Howe A：《激发团队创造力：执行指南》，载《麦肯锡季报》2011 年，www.mckinseyquarterly.com/Sparking_creativity_in_teams_An_executives_guide_2786。

八、文化关系的新理念

文化既反映社会，也塑造社会，并且会一直如此，这是不言而喻的事实。但在当今时代，普通民众创造文化以及与他人进行文化沟通的能力正经历着一场革命性的变化。

事实上，相比在商业和“自制”文化领域的活动，政府资助的活动在国际文化关系中扮演着相对较小的角色，但政府仍然发挥着有力的作用。通过税制、国际贸易协定、教育政策、签证安排和审查制度，政府为商业文化和“自制”文化领域的活动制定条款。政府活动可以促进或限制文化活动。

但为什么政府要发挥作用呢？鉴于政府在文化的影响力相对薄弱，人们认为政府越是参与文化，文化的可信度就越低，那么究竟是什么原因让他们发挥作用呢？正如我们所看到的，文化的内在价值是表达、沟通和交流的方式，文化活动既有效果也有影响，政府对这两者都感兴趣。

短期和中期的功利因素，加上长期的更广泛的提议，充分解释了文化关系应该由政府支持的原因。

1. 功利主义的因素

①理解减少冲突。莫桑比克前能源部长卡斯蒂戈·兰加(Castigo Langa)清楚地阐释了这一原理：“最基本的一点是，国家之间应该相互了解，因为有时候之所以产生怀疑是因为人们不了解彼此。”[①]日本的学术刊物《通过文化倡议促进和平》(*Fostering Peace through Cultural Initiatives*)[②]对这一点进行了详细介绍。

②文化是旅游的主要推动力，旅游创造就业机会和收入。

③创意产业含有文化部分，其经济地位越来越重要。包括教育交流和语言教学在内的文化关系能够促进国与国之间的信任，反过来也会促进贸易发展。

④雇主需要有文化素养的员工，能与国际伙伴和同事合作，拥有较强技能，其中包括语言技能。

2. 更广泛的因素

①文化交流有助于文化自身的创新和发展。

②文化交流有助于减少“因为不同而产生的敌意”[③]。

③文化合作支持社会经济发展和政治变革。

① 贝德电视台：《文化外交》，http://ireport.cnn.com/docs/DOC-309837，2009 年。

② 福岛·A：《文化、冲突与和平：通过文化倡议促进东京和平》，青山学院，2010 年。

③ 迪奇雷基金会：《文化外交：起作用吗?》，www.ditchley.co.uk/conferences/past-programme/2010-2019/2012/cultural-diplomacy，2012 年。

④文化合作有助于建立开放的、动态的社会。

⑤文化交流鼓励更广泛的创新、学习和咨询。

政府行为的最佳方式是作为推动者为文化交流的繁荣发展创造条件。

艺术家必须完全独立，艺术组织和机构也必须自主公正地运行，不受政治控制。英国在国家博物馆方面有很好的管理模式，该模式由议会直接投票拨款资助国家博物馆，由政府部门进行管理。

九、结语：下一步去向何方？

国际文化关系的新时代初露曙光，在西方，旧的文化展示模式正转变成为交流和相互学习的平台，在此平台上，文化得到精准、细腻的理解。随着基本原理的转变和技术能力的变化，我们期待看到文化关系的创新。

（一）政府的角色将会发生变化

点对点的文化交流发展已不可遏制，经济在商业文化中的重要性不断增加，人们认识到，政府部门是通过本国文化可信度和文化凭证在国际舞台上取得“营业执照”，种种意识的不断发展都将迫使将文化关系提上政治议程。更多投资可能会衡量正确的文化关系所获的益处——不管这些益处可能会多么长远和分散——与错误的文化关系所付出的代价上。

随着“金砖国家”在世界上发挥更大的作用，他们的文化影响力也会增强，政府将高度重视这一点，因为，正像中国作家山飒说的那样：“文化不仅是一种娱乐形式，还是一种经济资产和政治资产。”①在西方，文化的广度和深度将提供一种补偿衰落的军事、商业和政治影响力的方式。其他国家也会以创新方式开发特定的文化领域。例如，在泰国，“政府将促进在海外开办更多的泰国餐厅，将泰国发展成‘世界厨房’”②。

当政府越来越意识到文化关系的重要性，并开始更认真对待文化关系，他们会想弄清楚这种作用的基本原理，了解什么可行，什么不可行，从而使政府为文化关系所做的努力更加高效。

政府需要：

①通过开放言论自由，允许艺术家和游客旅行和访问，为文化交流的蓬勃发展创造条件，因为在个人层面点对点的深度文化交流更容易产生信任；

②在文化关系领域与商业机构和第三方机构合作，因为异质性有利于创新，减少对公共资金的依赖；

③鼓励传统和数字网络，采用并充分利用与现代通信技术的数字策略相混合的方法，将人们聚在一起开会、表演和展览——这种策略节约成本，并与不断增长的尖端技术相适应；

④同等重视对内文化关系（即接收和学习其他文化）和对外文化关系（将自己的文化推广给他人），这将有助于培养人们的文化素养和全球意识；

① 法国外交电视台：《文化外交是什么？》，www.youtube.com/watch? v=qPcCvwZtjNw，2012年。

② 见网址：http://thailand.prd.go.th/ebook/kitchen。

⑤支持通过独立、自治机构进行文化交流——政府直接参与会引起怀疑，甚至是敌意；

⑥考虑长远，从短期事务和工具性思维转向建立长期关系，因为这最终会是一种更有效的方法。

(二)民间组织和第三方机构的作用会加大

未来 10 年，将会有越来越多的点对点文化交流，除此之外，我们还将看到更多的民间行动。第三方机构在促进特定文化发展中总是扮演一个小角色——例如，伦敦的吉尔班金安基金会(Calouste Gulbenkian Foundation)50 年来一直通过出版物和活动推动葡萄牙文化在英国的发展。他们这样做是“通过提供文化互动和文化交流，帮助改善人们对彼此的看法”①。

世界范围内流散社区的数量和规模都在增加，将会有更多这种类型的例子，比如伦敦的“巴西人”(Braziliality)，这是一个非营利性组织，帮助巴西的艺术家和灵感来自巴西的国际艺术家，创建当代巴西艺术和文化世界的影响力的 360 度全景视图②。

(三)将会在不同的政府层面形成不同的文化网络

不同级别的政府将发展专业文化交流形式。姊妹城市将会繁荣发展。全球城市的市长网络自 2005 年已经存在，2012 年，伦敦举办了第一届世界城市文化峰会，出版了一份与峰会相关的报告，指出“在文化资产的活动范围和影响力方面，此报告针对 12 个主要城市收集了前所未有的数据量，包括柏林、伊斯坦布尔、约翰内斯堡、伦敦、孟买、纽约、巴黎、圣保罗、上海、新加坡、悉尼和东京。根据 60 项指数和每个参与城市的报告形成此报告，报告显示，文化被看作与金融和贸易同等重要，且位于公共政策的核心”③。

在超越国家层面，情况也正在发生变化，欧盟委员会(European Commission)对自身的文化发展越来越感兴趣，想更好地了解各个欧盟成员国在做什么，“加强文化在欧盟对外关系中的作用，这是发表于 2007 年欧盟文化议程的三大支柱之一”④。

(四)点对点文化接触会越来越多

我们有理由相信，互联网和移动技术将继续创新，全球越来越多的人将获得这些技术。结果将“弹出”更多正面和负面影响兼有的文化现象。积极的影响将包括不被听到的声音能够触及广大受众，

---

① 《吉尔班金安基金会的文化理解》，www.gulbenkian.org.uk/partnerships/cultural-understanding.html。

② 《关于“比利时”》，www.braziliality.org/? page_id=2。

③ 大伦敦管理局：《伦敦举办第一次世界城市峰会，重大国际报告显示文化与金融和贸易一样重要》，www.london.gov.uk/media/press_releases_mayoral/london-hosts-first-world-cities-culture-summit-major-international-report-shows-culture-imp，2012 年 8 月 1 日。

④ 欧盟委员会：《欧盟对外关系及其成员国之间促进文化多样性和跨文化对话的结论》，http://ec.europa.eu/culture/documents/icd_external_relations_en.doc.pdf，2008 年 11 月 20 日。

艺术家找到愿意付费的观众来支持他们的工作，找到组织机构来承担责任；负面影响可能是漫画和电影界将有更大的混乱，以及当地文化被强势文化的统治地位扼杀。流散社区成员之间的点对点联系，以及原籍国的人们将为文化发展提供丰富的机会。

(五)个人将会发挥更大的作用

1996 年，英国前外交官彼得·韦克菲尔德(Peter Wakefield)领导建立了“亚洲之家”，这是英国非营利、非政治性的泛亚洲组织。文化关系领域将会出现更多私人行动。其中部分人将从慈善家开始，如“东—西方：对话的艺术”，一个由埃及实业家和艺术品收藏家沙菲克·加百资(Shafik Gabr)助的文化交流项目。其他人会从街头出现。公民外交的概念，“一次与一个人握手”，自 20 世纪 50 年代以来一直存在，还有了新的复杂发展，以美国学生布兰登·汉密尔顿(Brendan Hamilton)为例，他制作了一个关于伊朗的故事片《伊朗：热茶，冷谈》①。在 21 世纪，每个人都是潜在的公民外交家②。

国际文化关系正在进入新严肃时代，不仅因为“金砖国家”和其他新兴经济体已经意识到他们的重要性，也因为要解决紧迫的全球性问题，其先决条件是文化理解。文化关系也进入新的民主化时代，个人可以通过直接的文化联系丰富他们的生活，增强对世界的理解。在这个快速发展的领域，政府不能也不应该试图控制文化或文化接触，但还是能够发挥建设性作用，为本国公民的利益服务，通过发展对既成事实的理解，促进公民社会其他演员文化作品的发展。

① 金门影院：《伊朗：热茶，冷谈》(电影预告片)，www.youtube.com/watch? v=JAZAIybiFWM，2008 年。
② 沃恩：《数字外交：英国文化协会的声音》，http://blog.britishcouncil.org/2012/09/28/digitaldiplomacy，2012 年 9 月 28 日。

附　　录

跨国/边境的国际文化交际组织和办事处数量

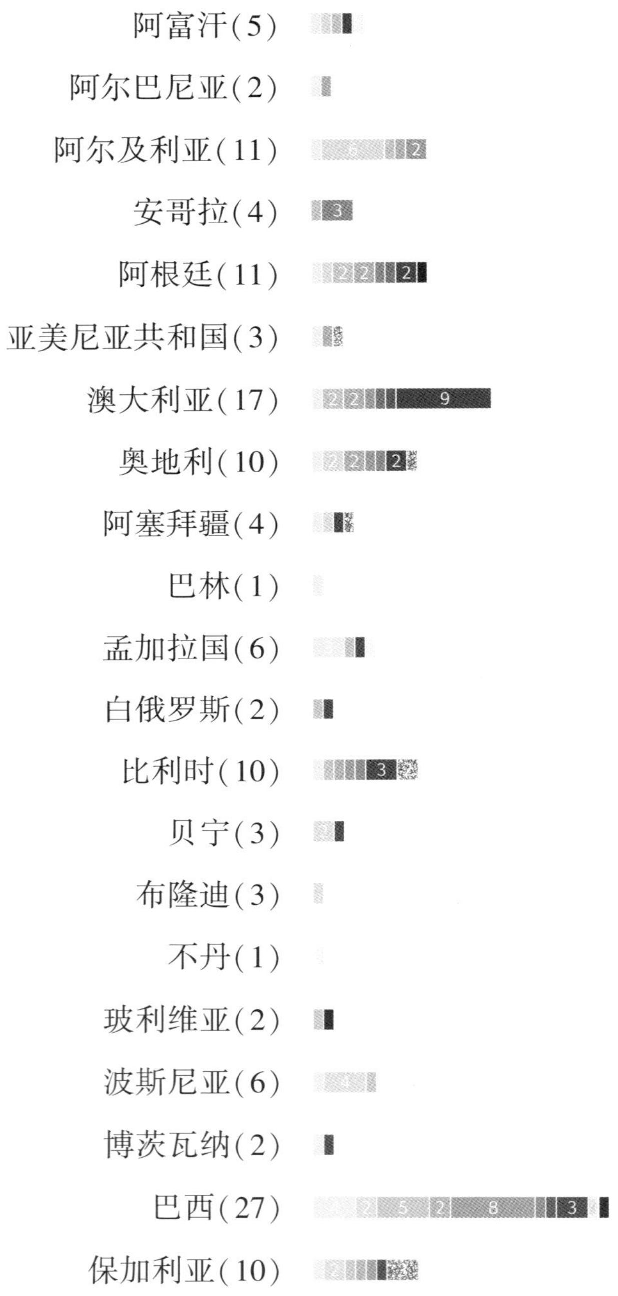

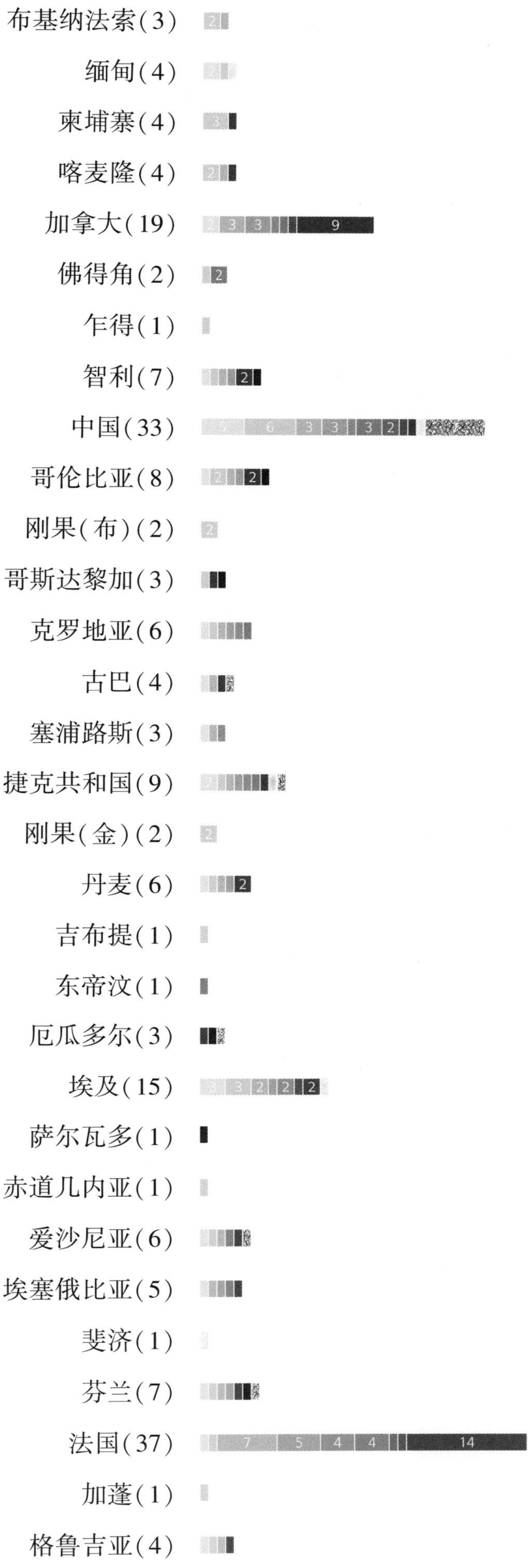
布基纳法索(3)
缅甸(4)
柬埔寨(4)
喀麦隆(4)
加拿大(19)
佛得角(2)
乍得(1)
智利(7)
中国(33)
哥伦比亚(8)
刚果(布)(2)
哥斯达黎加(3)
克罗地亚(6)
古巴(4)
塞浦路斯(3)
捷克共和国(9)
刚果(金)(2)
丹麦(6)
吉布提(1)
东帝汶(1)
厄瓜多尔(3)
埃及(15)
萨尔瓦多(1)
赤道几内亚(1)
爱沙尼亚(6)
埃塞俄比亚(5)
斐济(1)
芬兰(7)
法国(37)
加蓬(1)
格鲁吉亚(4)

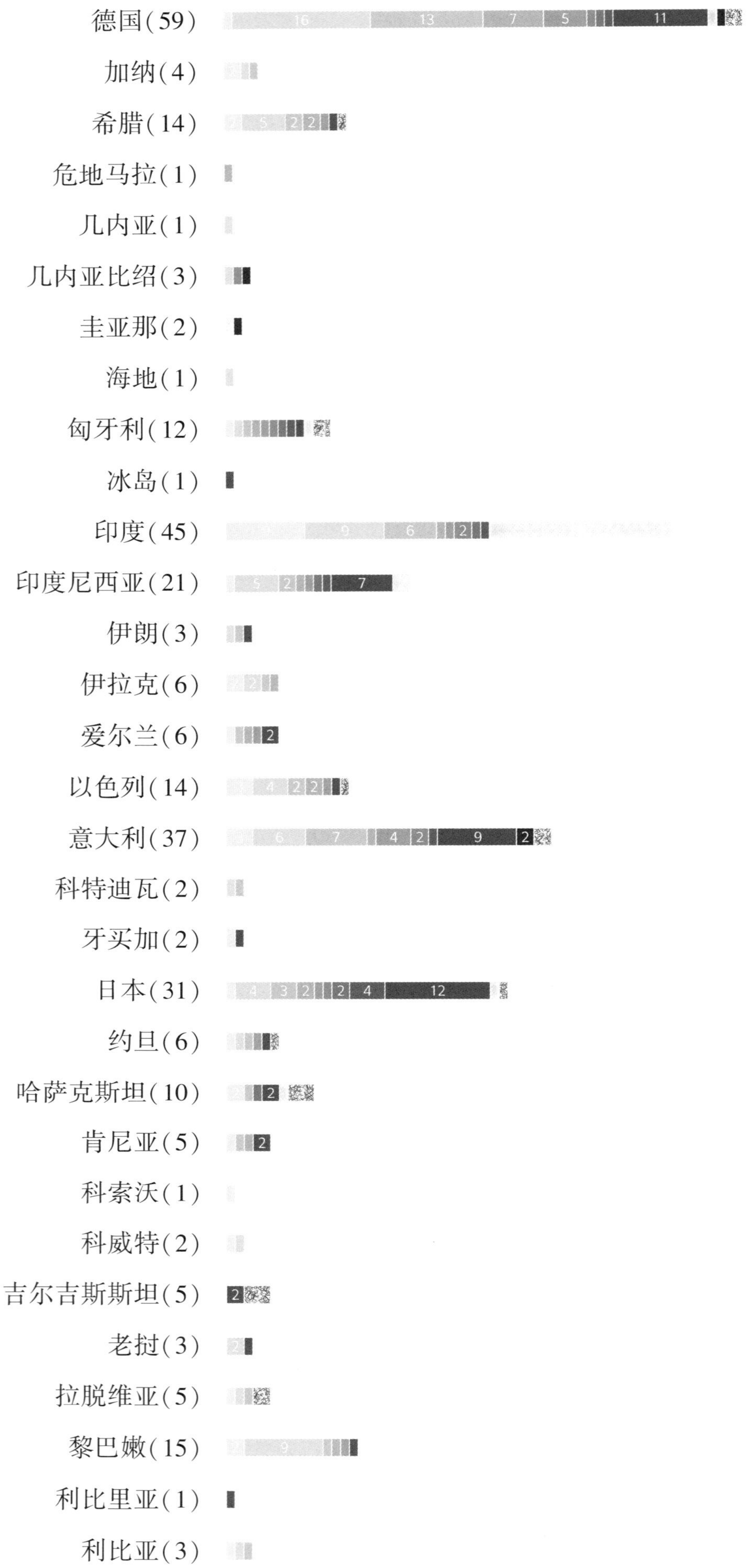
德国(59)
加纳(4)
希腊(14)
危地马拉(1)
几内亚(1)
几内亚比绍(3)
圭亚那(2)
海地(1)
匈牙利(12)
冰岛(1)
印度(45)
印度尼西亚(21)
伊朗(3)
伊拉克(6)
爱尔兰(6)
以色列(14)
意大利(37)
科特迪瓦(2)
牙买加(2)
日本(31)
约旦(6)
哈萨克斯坦(10)
肯尼亚(5)
科索沃(1)
科威特(2)
吉尔吉斯斯坦(5)
老挝(3)
拉脱维亚(5)
黎巴嫩(15)
利比里亚(1)
利比亚(3)

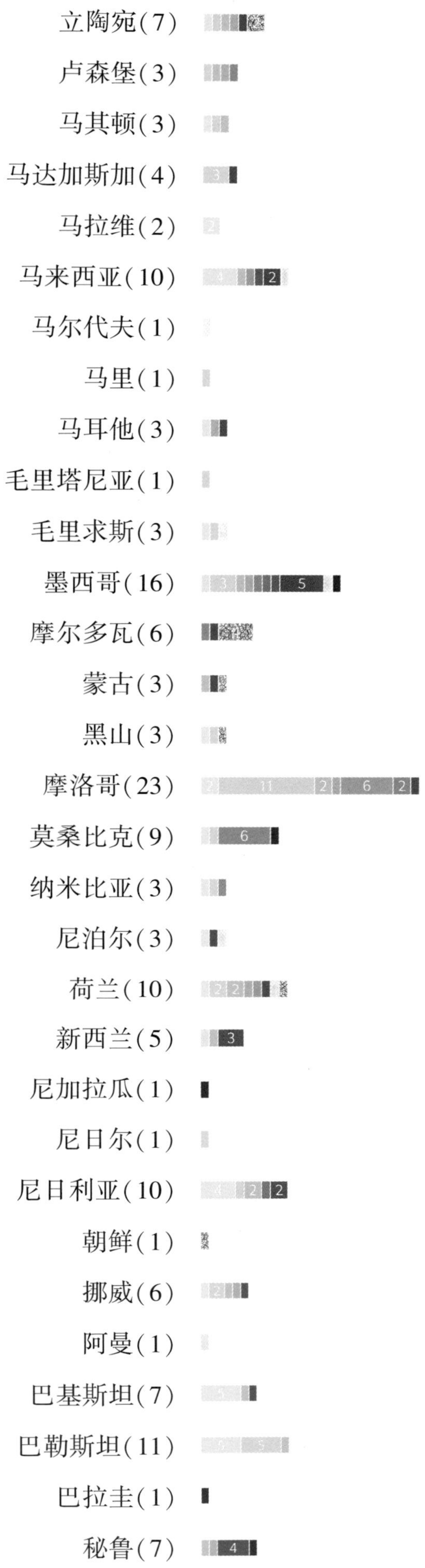
立陶宛(7)
卢森堡(3)
马其顿(3)
马达加斯加(4)
马拉维(2)
马来西亚(10)
马尔代夫(1)
马里(1)
马耳他(3)
毛里塔尼亚(1)
毛里求斯(3)
墨西哥(16)
摩尔多瓦(6)
蒙古(3)
黑山(3)
摩洛哥(23)
莫桑比克(9)
纳米比亚(3)
尼泊尔(3)
荷兰(10)
新西兰(5)
尼加拉瓜(1)
尼日尔(1)
尼日利亚(10)
朝鲜(1)
挪威(6)
阿曼(1)
巴基斯坦(7)
巴勒斯坦(11)
巴拉圭(1)
秘鲁(7)

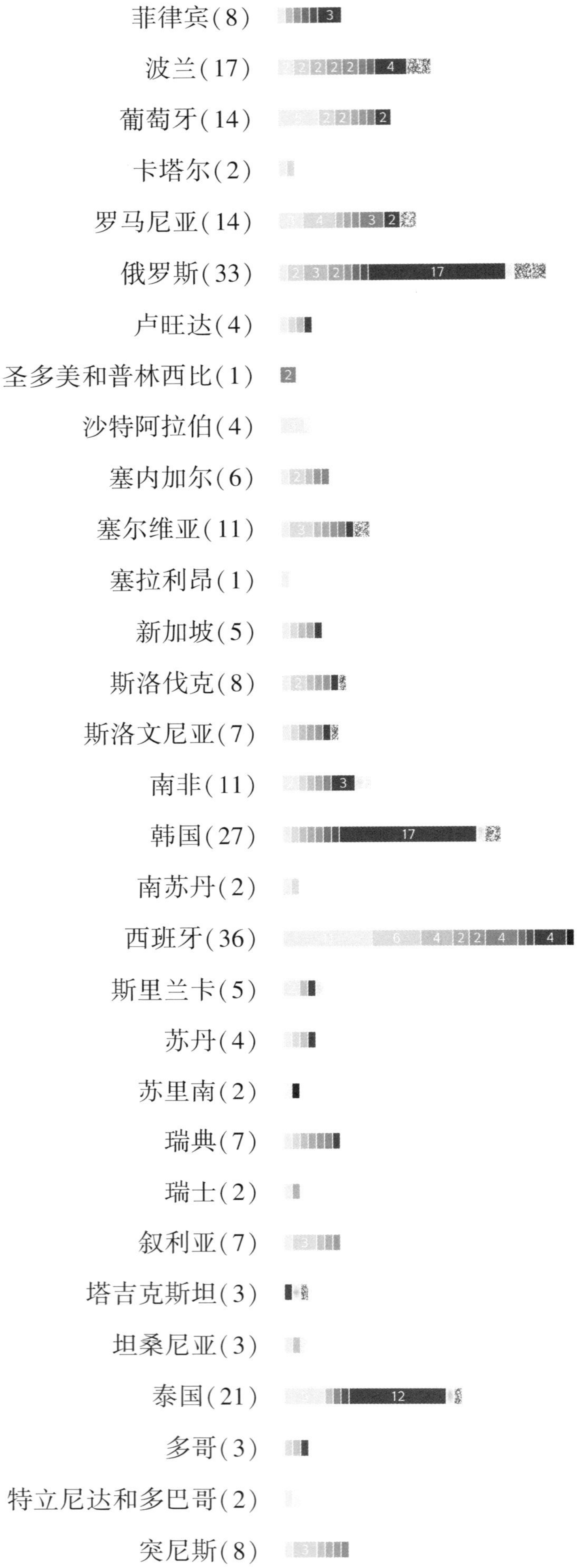
菲律宾(8)
波兰(17)
葡萄牙(14)
卡塔尔(2)
罗马尼亚(14)
俄罗斯(33)
卢旺达(4)
圣多美和普林西比(1)
沙特阿拉伯(4)
塞内加尔(6)
塞尔维亚(11)
塞拉利昂(1)
新加坡(5)
斯洛伐克(8)
斯洛文尼亚(7)
南非(11)
韩国(27)
南苏丹(2)
西班牙(36)
斯里兰卡(5)
苏丹(4)
苏里南(2)
瑞典(7)
瑞士(2)
叙利亚(7)
塔吉克斯坦(3)
坦桑尼亚(3)
泰国(21)
多哥(3)
特立尼达和多巴哥(2)
突尼斯(8)

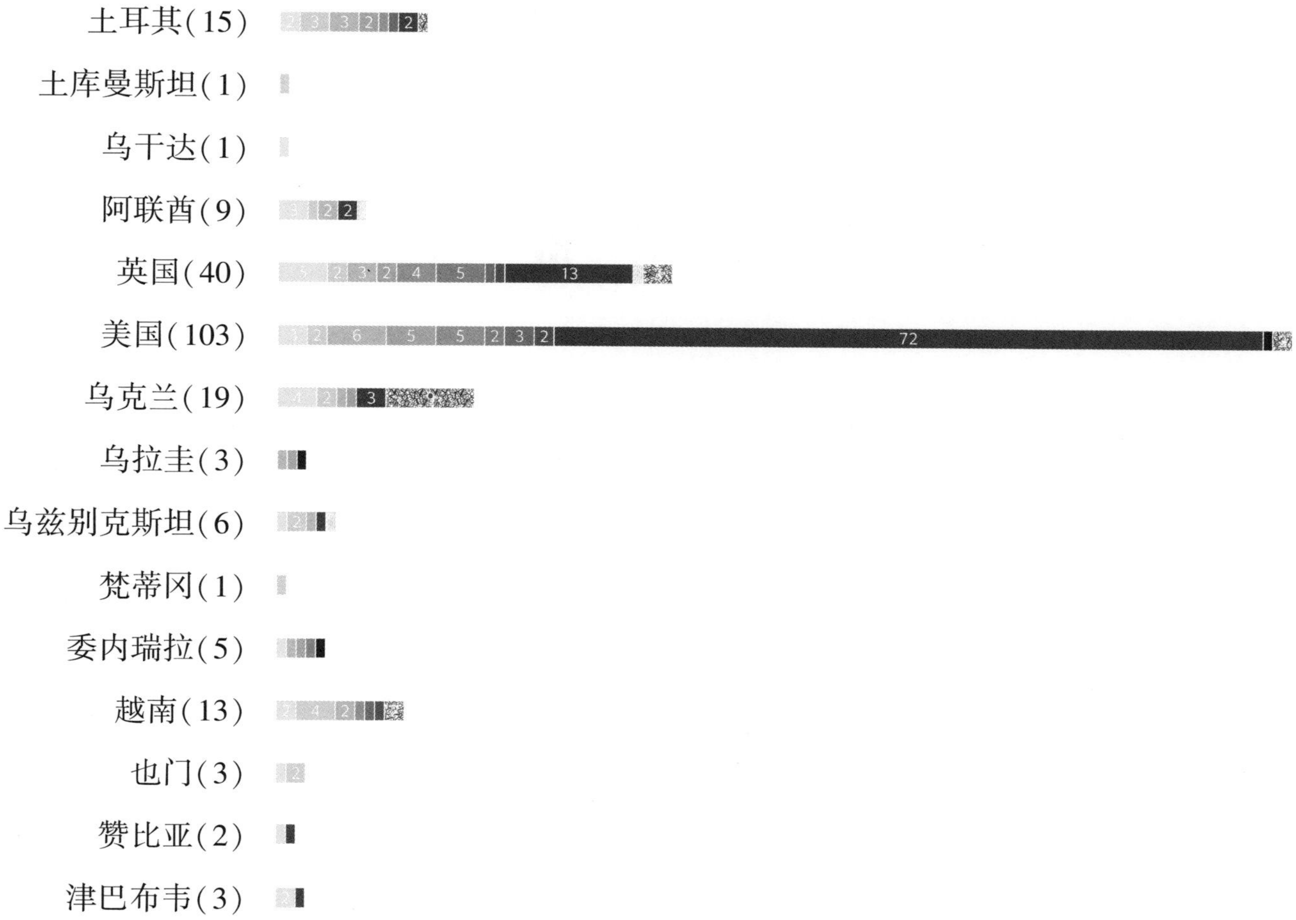

主要机构

- 英国：英国文化协会
- 法国：法国文化中心
- 德国：歌德学院
- 意大利：意大利文化学院
- 西班牙：塞万提斯学院
- 葡萄牙：卡蒙斯学院
- 韩国：韩国文化中心
- 日本：日本基金会
- 中国：孔子学院
- 印度：印度文化学院
- 巴西：巴西文化学院
- 俄罗斯：鲁斯基·米尔基金会

(0) 列表中国际文化交际组织在该国设有办事处的数量

参考资料

英国文化协会——《英国文化协会 2011—2012 年度报告》，第 106 页，网址：www.britishcouncil.org/sites/default/files/documents/C011_Annual_Report_web%20V12%20240812.pdf。

法国文化中心——法国文化中心网站的世界地图，第 88 页，网址：www.institutfrancais.com Goethe-Institut-Goethe-Institut Jahrbuch 2011/2012，www.goethe.de/uun/pro/jb12/jahrbuch_2012.pdf8。

联络处已经包含在总数之中。

意大利文化学院——摘自网址：www.esteri.it/MAE/IT/Ministero/LaReteDiplomatica/Istituti_Cultura/default.htm

塞万提斯学院——摘自网址：www.cervantes.es/sobre_instituto_cervantes/direcciones_contacto/sedes_mundo.htm

卡蒙斯学院——摘自语言中心，网址：www.instituto-camoes.pt/index.php? option = com_moofaq&view = category&id = 768&Ite mid = 729，文化中心网址：www.institutocamoes.pt/index.php? option = com_moofaq&view = category&id = 190&Itemid = 855。数字代表统计的语言中心和文化中心数量，若语言中心和文化中心列在同一个城市，则此处只统计一次。

韩国文化中心——网址：www.kocis.go.kr/eng/main.do#a，只统计了文化中心的数量，仅有文化和信息官员的办事处不包含在内。

日本基金会——网址：www.jpf.go.jp/world/en。

孔子学院——汉办(孔子学院总部)2010 年年度报告，第 74～79 页，网址：www.hanban.edu.cn/report/pdf/2010_final.pdf，Appendix。

印度文化学院——地区办事处网址：www.iccrindia.net/regionalofficeslist.html，印度以外的文化学院网址：www.iccrindia.net/culturalcentres/culturalcentreslist-jan2013.pdf。

巴西文化学院——摘自巴西萨尔瓦多文化中心网站：www.ccbes.org.sv/Paginas/cebmundo.html。

鲁斯基·米尔基金会——网址：www.russkiymir.ru/russkiymir/en/rucenter/catalogue.jsp。

致　　谢

《影响力和吸引力》由英国文化协会出版。
根据 1988 年《版权、设计和专利法案》，本文作者为约翰·霍尔顿，其拥有该作品的著作人身权。
编者：莫娜·劳顿
丛书编辑：约翰·杜贝尔
其他贡献者：安妮·博斯坦斯，莉莉·米德斯，马克·穆丁

ISBN 978-0-86355-707-1

英国文化协会是英国建立文化关系、提供教育机会的国际组织。

文化创造商机

——国际文化关系如何促进英国贸易增长和竞争力

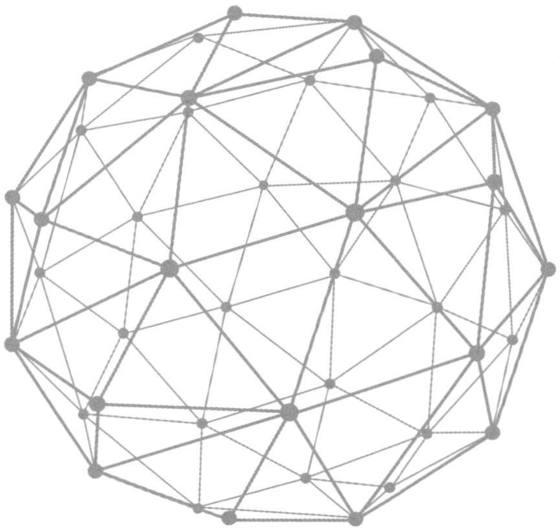

* 文件由英国文化协会发布。

十分感激易普索·莫里机构（Ipsos Mori）和 YouGov 网站对本研究的支持。

关于英国文化协会

英国文化协会(The British Council)旨在为英国和其他国家的人们创造国际交流的机会，建立英国与其他各国人民之间的信任。作为由《皇家宪章》认可的慈善机构，英国文化协会是英国提供教育机会与促进文化交流的国际组织。

英国文化协会的办事处遍及 100 多个国家，共有 7 000 名员工——包括 2 000 名教师——与数千名专业人士和政策制定者，以及每年参加英语、艺术、教育和社会项目的数百万名年轻人共同工作。

英国文化协会的年营业额为 7.39 亿英镑，其中超过 75%的份额来自服务项目收益，包括客户支付、教育、竞标发展合同以及合作伙伴，余下的 25%是来自英国政府拨款的收入。英国文化协会将加倍努力，把公众资助的每一英镑都用于实现慈善目标。

了解更多信息，请访问网址：www.britishcouncil.org。

联系英国文化协会，请访问网址：http://twitter.com/britishcouncil 和 http://blog.britishcouncil.org。

目　　录

前　　言

本报告提及的一项调查研究对商业和文化互相排斥，甚至互相竞争、互相冲突这种荒诞的说法提出重要挑战。该项研究对当前商业和文化是如何进行互补的，以及为什么两者的结合是英国成功的关键进行说明。

本报告集中了来自10个国家的未来可能成为全球商业领导者和企业家的年轻人的观点。研究结果清楚地显示，那些参加过英国组织的国际文化活动，比如获得英国颁发的证书、发展英语语言技能、参加教育交换活动或英国艺术和文化活动，如艺述英国(UK Now)的年轻人，他们与英国人共同追求商机的兴趣比他们没参加活动时更浓厚。

研究中有这样一个例子：接受采访且没参加过英国组织的文化活动的受过教育的俄罗斯年轻人中，只有31%的人群对和英国人一起工作和做生意的机会表示感兴趣。而在参加过英国组织的文化活动的俄罗斯年轻人中，有52%的人群对此表示有兴趣。

许多商业领导人已经了解了文化的影响力，这体现在他们对英国艺术、文化和教育产业的支持和赞助上，而且英国拥有丰厚的历史文化遗产。文化不仅是英国过去的一部分，也是未来最伟大的财产。文化仍然是英国最有活力的力量之一，展现了英国的创造能力、发明能力和创新能力。

很多年前，有人告诉我，如果你真的想和一个国家做生意，最好理解他们的文化。通常，这指的是理解他们的语言，但是还有许多文化元素会带来更好的关系和理解。让人们想和你做生意是你可以拥有的最伟大的资本之一，而文化可以帮助创造这种能力，因为吸引你和一个国家做生意的因素不仅是这个国家的经济增长率或是市场结构。

在英国，我们总是倾向去我们想去的地方。这一直是我们的一大重要优势。然而，我们并不是依靠自身的文化和出口架起与其他人沟通的桥梁，帮助我们从事日常贸易。文化创造理解，把人们和组织汇集到一起，创建共同的联系，这样，成功的商业才会产生。

博然思维董事长　艾伦·帕克

艾伦·帕克是博然思维集团董事长，该公司于1987年成立。如今，博然思维已经成长为在世界各地设立办事处、拥有80多个合伙人的国际公司。艾伦·帕克是2012年在英国举办的“艺述中国”节的创始人，并担任副主席，也是2012年在中国举办的“艺述英国”节的主席，同时担任英国拯救儿童基金会主席。

概　　要

本项研究主要是调查参与文化活动和人们与英国做生意的倾向之间的关系。

对本项研究的分析拓展了我们之前在《信任有所得》(*Trust Pays*)所发表的成果，探索了参与文化活动、信任程度和对与英国一起做生意和贸易的兴趣之间的关系。该研究主要调查来自 10 个国家受过教育的年轻人，这 10 个国家分别是巴西、中国、印度、巴基斯坦、波兰、俄罗斯、沙特阿拉伯、西班牙、泰国、土耳其，它们都是英国的重要贸易伙伴。这些年轻人可能是未来 30 年全球商业的领导人、企业家和国际贸易人员。他们所在的国家代表多样化的国际环境，因此，英国愿意与他们进行贸易往来。同时，这些国家也是英国的经济竞争对手。

本项研究由我们委托的两家民意调查研究机构易普索·莫里和 YouGov 网站开展。

主要调查结果如下：

参加英国组织的文化活动的年轻人与没参加的年轻人相比，更倾向于与英国人一起工作和做生意，如图 1 所示。通常来说，他们也认为英国提供了适宜的机会，并对这些机会给予更高的评价。

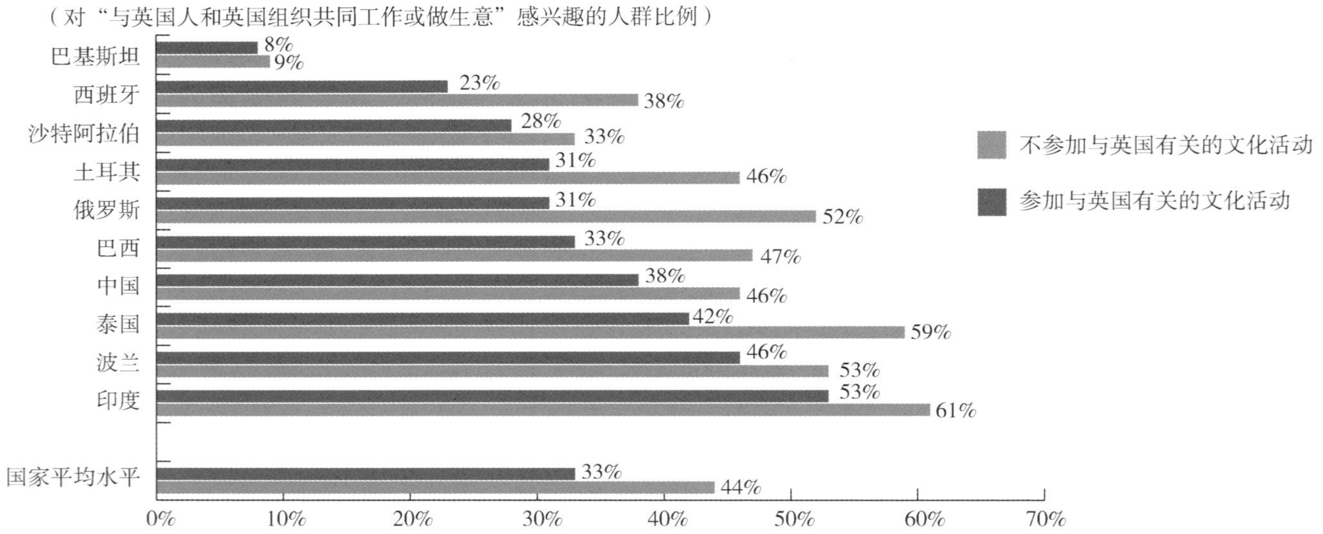

图 1　参加英国组织的文化活动的年轻人明显对与英国有关的工作和商业机会有更浓厚的兴趣

资料来源：对 16/18~34 岁人群中至少接受过中等教育的受访者进行的线上调查(备注：巴基斯坦的研究是通过访谈的方式进行的，受访对象最低学历水平为高等教育)。

调查基础：YouGov，2010 年：印度(1 203)、中国(1 205)、波兰(1 205)、沙特阿拉伯(520)；易普索·莫里，2011 年：土耳其、巴基斯坦、俄罗斯、泰国、西班牙、巴西(1 000)。

具体调查结果如下：

①在接受调查的10个国家中，9个国家参与过英国组织的文化活动的人更愿意与英国人和英国组织做生意。

②在接受调查的10个国家中，8个国家参与过英国组织的文化活动的人更倾向对英国提供的商业和贸易机会给出“非常好”的评价。

③世界各地的年轻人对与英国人和英国组织做生意的兴趣基准更高。

④在英国、法国、德国和美国这个竞争体系内，英国作为国际留学生的目的地，对年轻人具有很强的吸引力。根据经济合作与发展组织调查，英国在学生流动和教育出口的国际排行榜上位居前列。

⑤具有良好英语技能的受访者更愿意与英国人共同工作和做生意，他们对英国作为一个提供商业机会的国家给予更高的评价。

⑥对年轻人而言，有关英国商业机会的认知与更广泛地了解英国社会及其文化资源，尤其是了解英国科研创新的品质、教育体系和艺术、创造性产出密切相关。例如，那些给予英国高度评价，认为英国是学习的好地方的人，也倾向于对英国的商业和贸易机会给予高度评价。

在某种程度上，这些结果可能包含光环效应，受访者因对英国教育有更加直接的体验，而产生对英国教育的认知，从而产生光环效应，然而这也反映出一个现实：商业不是孤立存在的，人们也不认为其与所在的社会是相互隔离的。

还需考虑文化参与度和商业之间的关系质量维度。一般说来，与参加其他英国机构举办或推进的活动相比，参与英国文化协会举办或推进的文化活动后，受访者对英国提供的商业机会的兴趣和评价更高。

总体而言，这些调查结果为我们提供了强有力的证据，那就是通过与英国人有目的的文化交流和接触，能为提高英国的竞争力做出积极贡献，并最终促进英国的繁荣发展。文化交流有其自身的目的。调查结果显示，其会产生积极具体的效果，如提高功能技巧、增强对英国艺术和文化的展示，同时也会提高参与者的英语能力，由此引发一系列的影响。从长远来看，这些影响会体现在促进英国贸易和商业活动的增长上。

这些调查结果也表明，英国社会的开放性和其通过国际参与分享文化资源的做法，应该被认为是英国促进未来经济增长的强有力的因素。

正如文化大臣玛利亚·米勒所说：“文化能传递其他产业所不能传递的东西。文化给我们的国家带来生机，鼓励人们到我们国家来参观；文化有助于集体归属感的培养，吸引游客到英国各地旅游；文化可以促进国际关系的建立，为未来的贸易交易奠定基础；文化还能培养创造力，为工业生产提供有力支撑。”

研究说明

本项研究选取了对英国有重要战略意义的10个国家。

参与调查的国家在地理位置、人口规模、与英国的联系、经济发展水平和经济增长率、对英国发展具有重要意义的议题(如经济、安全、战略等)等方面存在明显差异。

参与调查的是16~34岁年龄段的人群，他们在互联网上表现活跃，一般居住在主要城市地区，至少接受过中等教育(巴基斯坦的受访者至少是高等教育水平)。他们不一定代表整个国家的情况，但是也反映了他们各自社会的年轻人的可能状况。他们也是各自所在国家的关键群体，可能推动国际交流和商业往来的长期发展。

本项研究的第一阶段由YouGov于2010年在4个国家开展，第二阶段由易普索·莫里于2011年秋季在6个国家开展。这两个阶段得到的数据资料集中起来，目前已经覆盖了“金砖四国”——巴西、俄罗斯、印度和中国；2个欧洲民主国家——西班牙和波兰；东南亚的重要角色——泰国；3个全球占主导地位的伊斯兰国家——沙特阿拉伯、巴基斯坦和土耳其。

YouGov、易普索·莫里及其合作机构，通过组织独立的网上调查小组，联系每个国家的受访者。唯一例外的是巴基斯坦，由于实际原因，受访者以访谈形式接受易普索·莫里的采访。所有国家的受访者都是由调查机构单独进行联系。这些受访者之所以被选中，并不是因为以前参与过英国文化协会的工作或是参与过任何其他相关国际文化组织的工作。

研究人员抽取了除沙特阿拉伯之外的4个国家的1 000名甚至更多受访者，但在沙特阿拉伯只抽取了520人。研究的更多细节和研究方法在附录中进行说明。

本报告也吸收了易普索·莫里在2012年秋季对12个国家(包括英国)开展的研究的成果。2012年开展的调查主要关注奥运会和残奥会之后人们对英国的看法。这项调查也是受英国文化协会的委托。

一、全球经济中的英国

过去几年，国际经济争论的主导性论题一直是经济萧条以及随之而来的经济紧缩。

在英国，正如在美国和大部分欧洲国家一样，政治家们一直在设法解决这样一个问题：如何让政府支出与经济创造收入和财富的能力相一致，含蓄地说，与政府筹集税款的能力相一致。

未来几年，经济紧缩无疑会继续成为新闻焦点，但是争论越来越清楚地转向，英国如何在竞争日益激烈、世界日益相互依赖的21世纪实现自我发展，并承担更多国际责任。

这虽是陈词滥调，但都是真实的，也就是说，英国不仅要同欧洲和北美的传统工业化经济体系竞争，还要同巴西、中国、俄罗斯和印度这些目前已成为强国的国家进行竞争。渐渐地，英国也要与墨西哥、土耳其、南非、印度尼西亚和越南这样的国家竞争。这些国家工业化发展的速度极快，使它们有能力和雄心去更广阔的领域竞争，而不仅是在过去10年它们重点发展的低成本的制造领域竞争。

在2012年11月的市长宴会上，戴维·卡梅伦谈到了一个观点："英国现在处在一场全球竞赛中。每个国家都在思量是沉下去还是游上来，是有所为还是任其衰退。关键的问题是，英国如何在周围新兴国家正在崛起的世界中参与竞争并取得胜利?"

在19世纪和20世纪早期，英国在全球的综合优势是建立在其工业和制造能力基础上的。20世纪末，这种优势转移到服务业上，最显著的是金融服务业，伦敦是金融服务业最突出的代表。即使今天，经历了2008年的金融危机及其余波后，伦敦和英国的金融服务仍支持了超过200万的就业岗位，并且在2011年，与世界其他国家形成470亿英镑的贸易顺差(The CityUK 2013年1月公布的数据)。

未来，我们可以预见金融服务业仍然会是英国全球竞争的关键领域。英国也在其他一些重要产业，如传媒业和医药业居于全球领先地位，并且政府开始致力于制定产业战略，以期在某些领域，如航空航天、生命科学、农业科技、数字技术和绿色技术等领域，开拓新的机会。

除了确定有核心竞争力的产业，英国政府也要力争弘扬更加商业化的精神，而这应该作为外交部重点关注的工作。英国首相和外交大臣都支持英国对世界其他各国开放，开放是英国综合优势的重要体现之一，也是适合21世纪产业战略的核心部分。

人们不断增进对英国开放程度的认识，事实上，这可能是伦敦奥运会和残奥会留下的遗产中最重要的部分。如图2所示，在伦敦奥运会和残奥会后，易普索·莫里为英国文化协会在11个主要国家所做的研究表明，受访者对英国人民对海外游客的热情和开放给予了非常积极的评价。

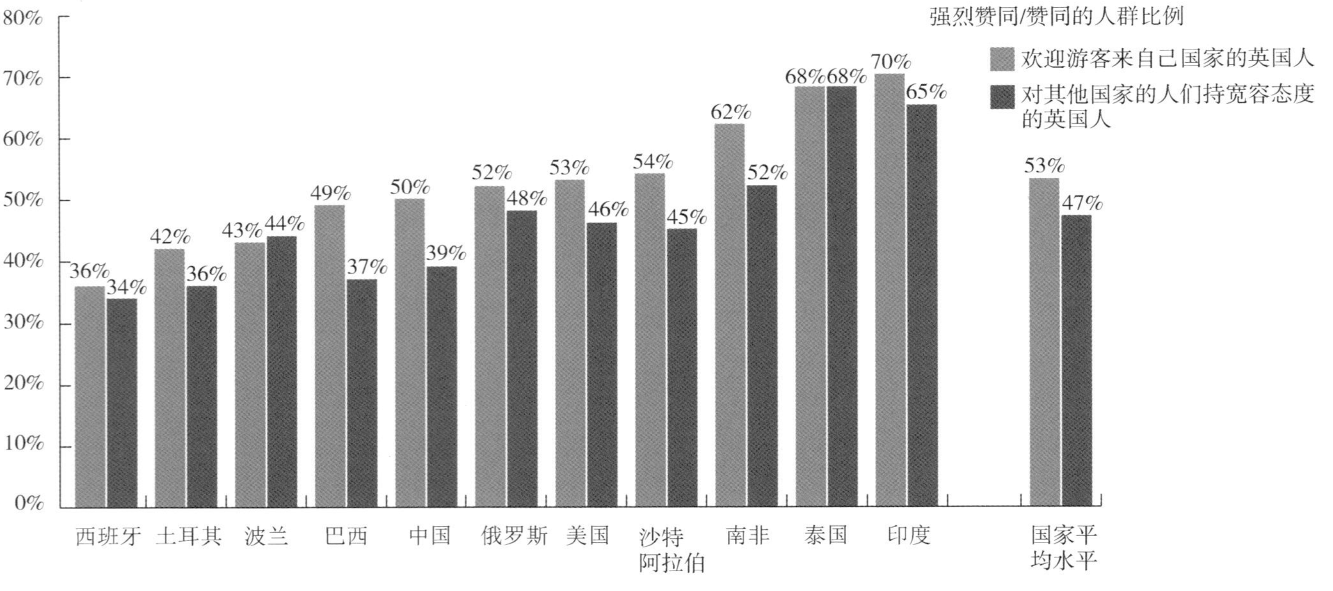

图 2　受访者普遍认为英国人民对世界其他国家的人民热情、宽容

资料来源：易普索·莫里全球调研服务——受英国文化协会委托开展的 2012 年影响力调查。在每个国家抽取 500 名受访者，对采集的数据进行了加权。

二、对英国商业机会的兴趣

英国的愿景是成为一个向世界人民开放的国家，希望其商业和政治代表积极推进英国技术、产业和人才的发展。

由此带来的一个根本问题是，英国现在如何能被人们视为提供商业和贸易机会的国家。在我们的研究中，通过衡量未来可能成为企业家、商业领导者和国际贸易人员的年轻人对英国提供的商业机会的兴趣，来对这个问题进行探索。

如图 3 所示，除了巴基斯坦(数据是从一个略有不同的样本中进行采集①)，其他国家受访者对与英国人和英国组织共同做生意的兴趣普遍比较高，在西班牙和沙特阿拉伯，仅有不到 1/3 的人群感兴趣，在土耳其，有接近 2/3 的人群感兴趣。

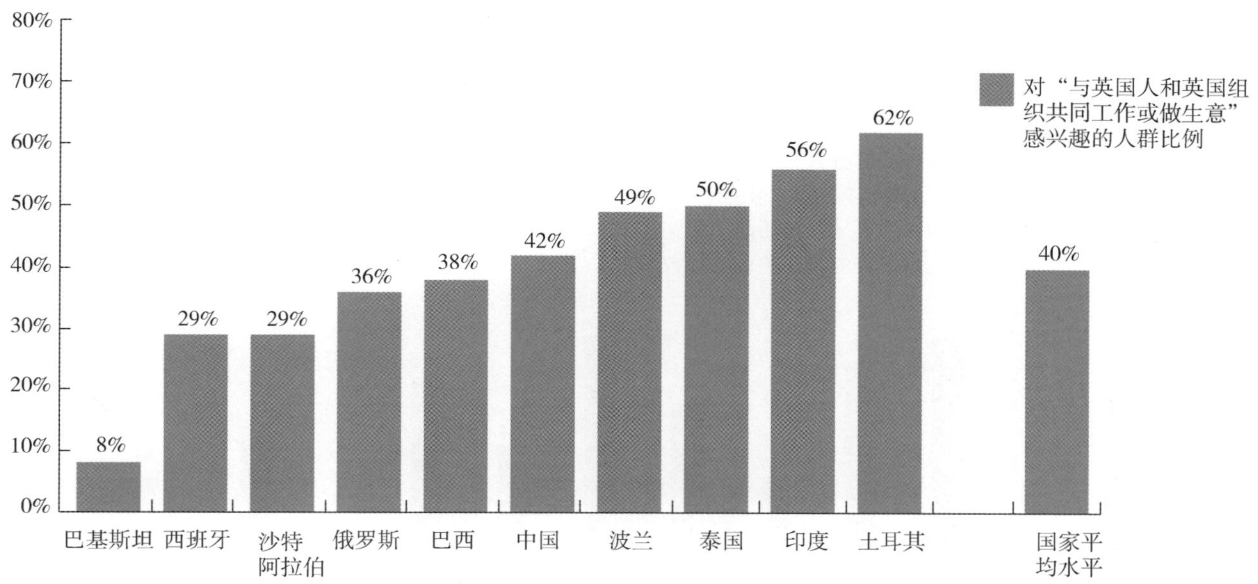

图 3 世界各地的许多年轻人表示他们对与英国人和英国组织共同工作或做生意感兴趣

资料来源：对 16/18~34 岁人群中至少接受过中等教育的受访者进行的线上调查(备注：巴基斯坦的研究是通过访谈的方式进行的，受访对象最低学历水平为高等教育)。

调查基础：YouGov，2010 年：印度(1 203)、中国(1 205)、波兰(1 205)、沙特阿拉伯(520)；易普索·莫里，2011 年：土耳其、巴基斯坦、俄罗斯、泰国、西班牙、巴西(1 000)。

为了反映全体受访者的情况，对采集的数据进行了加权。

在泰国、印度和土耳其这样正在强劲发展的国家，受访者的兴趣显得更高。与这些国家相反，西班牙明显面临自身严峻的经济挑战，尤其是对年轻人而言。在一些国家，如泰国和土耳其，受访者的

① 巴基斯坦的受访者接受过高等教育，对其的调查以访谈的形式进行。

兴趣可能会更多地受到入境旅游机会的影响。

广泛地说，受访者的兴趣似乎受很多复杂因素的驱动，包括地理、获取方式、政治和可能在其他地方获取机会可能性的评估。

当然，年轻人通常有广泛的兴趣，所以把他们对与英国做生意和贸易的兴趣和对常常十分关注的两个其他的活动——教育和旅游的兴趣进行比较，是非常有益的。

图 4 和图 5 把对在英国学习或接受教育的兴趣与同英国做生意的兴趣进行了比较。

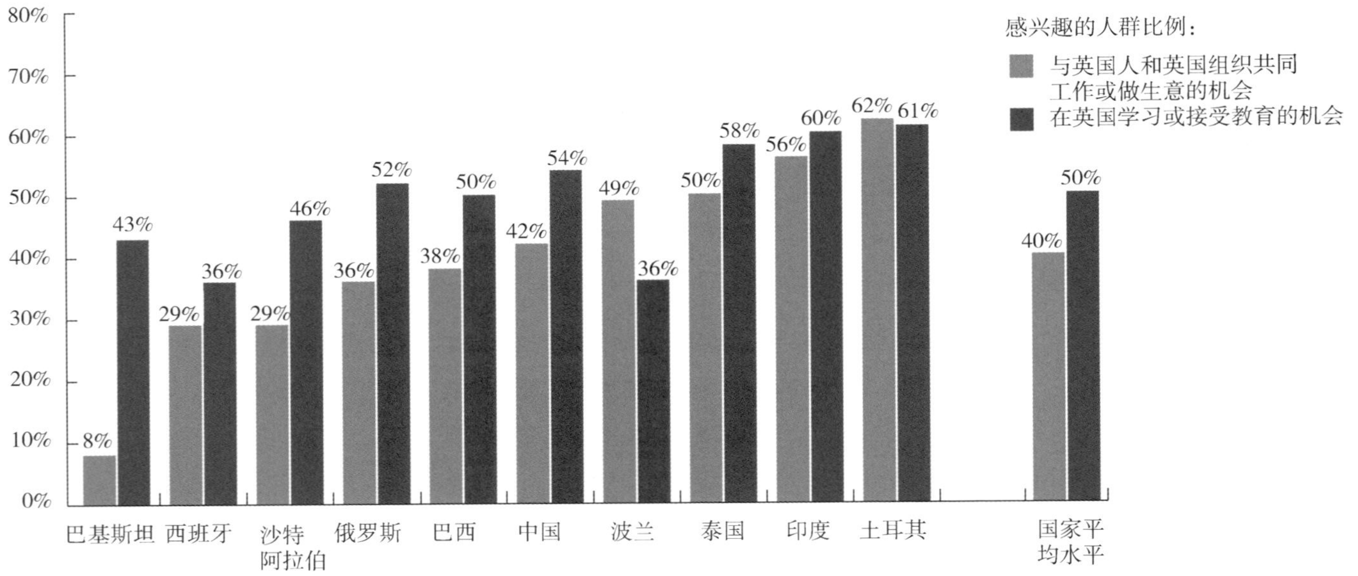

图 4　一半年轻人对在英国学习表示感兴趣

资料来源：对 16/18~34 岁人群中至少接受过中等教育的受访者进行的线上调查(备注：巴基斯坦的研究是通过访谈的形式进行的，受访对象最低学历水平为高等教育)。

调查基础：YouGov，2010 年：印度(1 203)、中国(1 205)、波兰(1 205)、沙特阿拉伯(520)；易普索·莫里，2011 年：土耳其、巴基斯坦、俄罗斯、泰国、西班牙、巴西(1 000)。

为了反映全体受访者的情况，对采集的数据进行了加权。

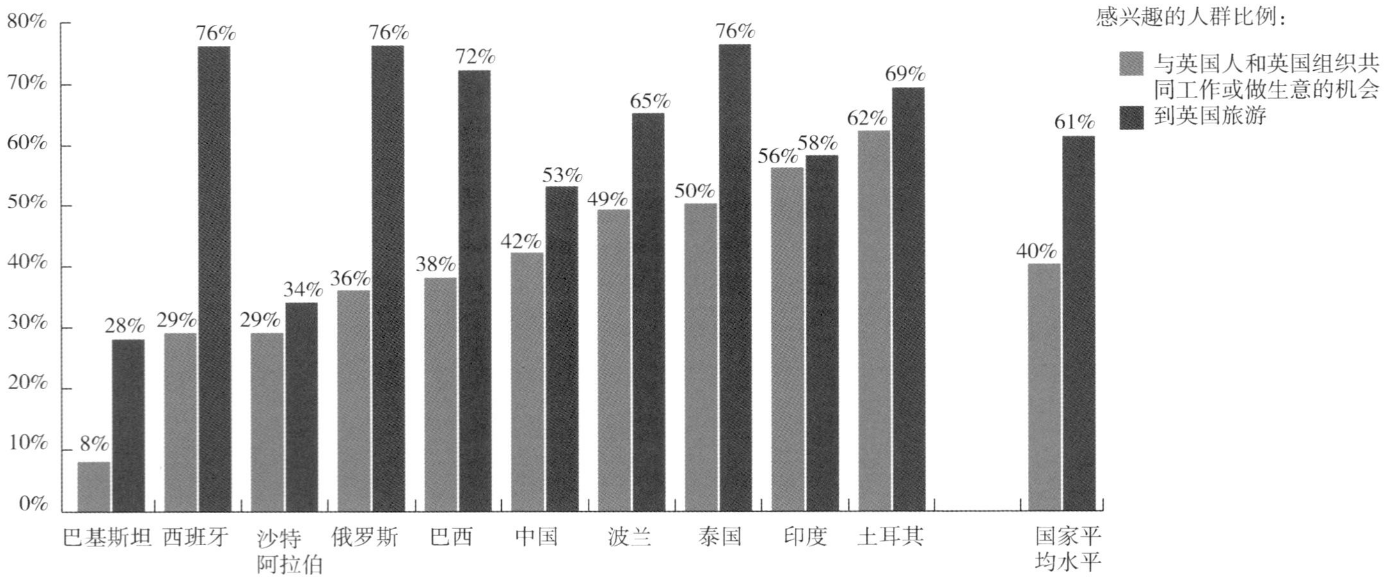

图 5　3/5 年轻人对到英国旅游感兴趣

资料来源：对 16/18~34 岁人群中至少接受过中等教育的受访者进行的线上调查(备注：巴基斯坦的研究是通过访谈的方式进行的，受访对象最低学历水平为高等教育)。

调查基础：YouGov，2010 年：印度(1 203)、中国(1 205)、波兰(1 205)、沙特阿拉伯(520)；易普索·莫里，2011 年：土耳其、巴基斯坦、俄罗斯、泰国、西班牙、巴西(1 000)。

为了反映全体受访者的情况，对采集的数据进行了加权。

图5的数据显示，在接受调查的年轻人中，更高比例的人群对到英国旅游感兴趣，在西班牙、俄罗斯、巴西和泰国，在接受调查的所有受访者中，这一比例接近75%。

从表面上看，这些结果对英国未来的竞争而言是鼓舞人心的。世界各地许多受过教育的年轻人对到英国求学或到英国旅游感兴趣，因此极大地促进了英国两个重要商业部门的发展。

尽管对英国提出的一般商业和贸易机会感兴趣的受访者的绝对比例较低，平均只有40%，但仍代表大量潜在商业伙伴和客户群体的存在。

当然，兴趣不一定转化为行动。许多实际问题会影响年轻人及其家人的抉择，因此也会影响他们对与英国竞争的国家的吸引力的看法。

三、对英国相对竞争地位的看法

与 3 个直接竞争对手——美国、德国和法国相比，我们想了解人们对英国竞争力的看法。

因此，我们询问受访者会给年轻同伴推荐哪个国家作为旅游、学习和发展商业关系的最佳国际目的地。我们的直接目的在于，了解对潜在竞争力的纯粹看法，因此我们让受访者试着忽视一些实际存在且最终也是重要的因素，比如获得签证的费用和难易程度。

作为旅游目的地，法国备受欢迎不足为奇。法国的国际形象一直得益于其丰富的文化遗产，以及亚洲人的联想，人们一想到巴黎，就会联想到浪漫的氛围、高级时装和奢侈品。如图 6 所示，在 10 个接受调查的国家中，8 个国家的年轻人表示，法国是最受年轻人推荐的旅游目的地。2 个例外的国家是西班牙和巴基斯坦，西班牙的受访者放弃法国而选择了美国，可能是因为对邻国过度熟悉。但是在巴基斯坦，与英国的历史联系似乎使人们对到英国旅游保持强烈的兴趣。总的来说，在这 10 个国家中，就年轻人对旅游的看法而言，英国、美国和德国的竞争力似乎相当接近。

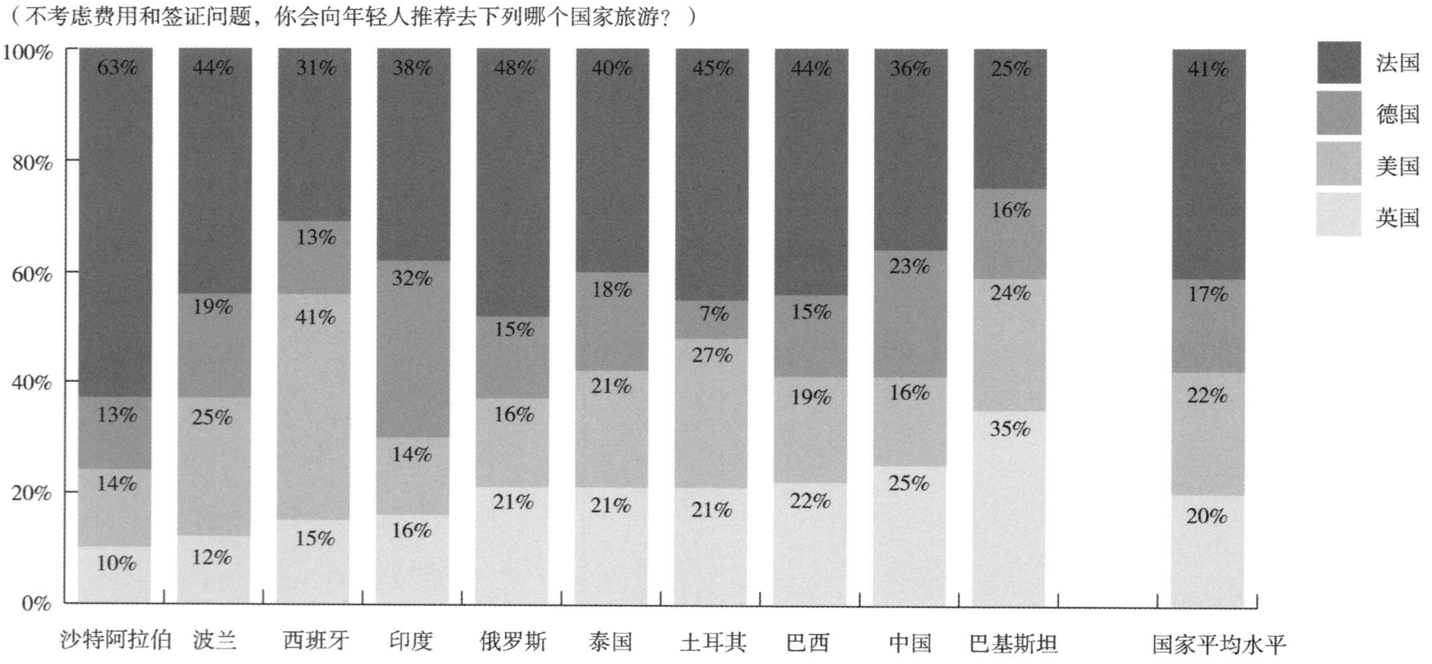

图 6　法国是旅游业的主要竞争对手

资料来源：对 16/18～34 岁人群中至少接受过中等教育的受访者进行的线上调查(备注：巴基斯坦的研究是通过访谈的方式进行的，受访对象最低学历水平为高等教育)。

调查基础：YouGov，2010 年：印度(1 203)、中国(1 205)、波兰(1 205)、沙特阿拉伯(520)；易普索·莫里，2011 年：土耳其、巴基斯坦、俄罗斯、泰国、西班牙、巴西(1 000)。

为了反映全体受访者的情况，对采集的数据进行了加权。

图 6 所反映的情况同联合国世界旅游组织收集的数据相当接近。该组织在 2011 年公布了最新的全球排名情况，法国以 7 950 万的国际游客人数位居排行榜首位，美国排名第二，英国排在第七位，而德国排在第八位。

然而，对于留学目的地的选择都大为不同(如图 7 所示)。尽管这次的比较中缺少了一个重要的国际竞争对手——澳大利亚。但显而易见的是，在全世界范围内，英国作为留学目的地的形象在年轻人心中是极其牢固且有竞争力的。平均来说，在来自 10 个国家的年轻人中，几乎一半的受访者会推荐英国作为留学目的地，而不选择其他 3 个英国的竞争对手。在这 4 个留学目的地中，几乎所有国家的年轻人都会推荐英国，除沙特阿拉伯(选择英国和美国的比例不相上下)和泰国(选择美国的比例更高)例外。

（不考虑费用和签证问题，你会向年轻人推荐去下列哪个国家留学？）

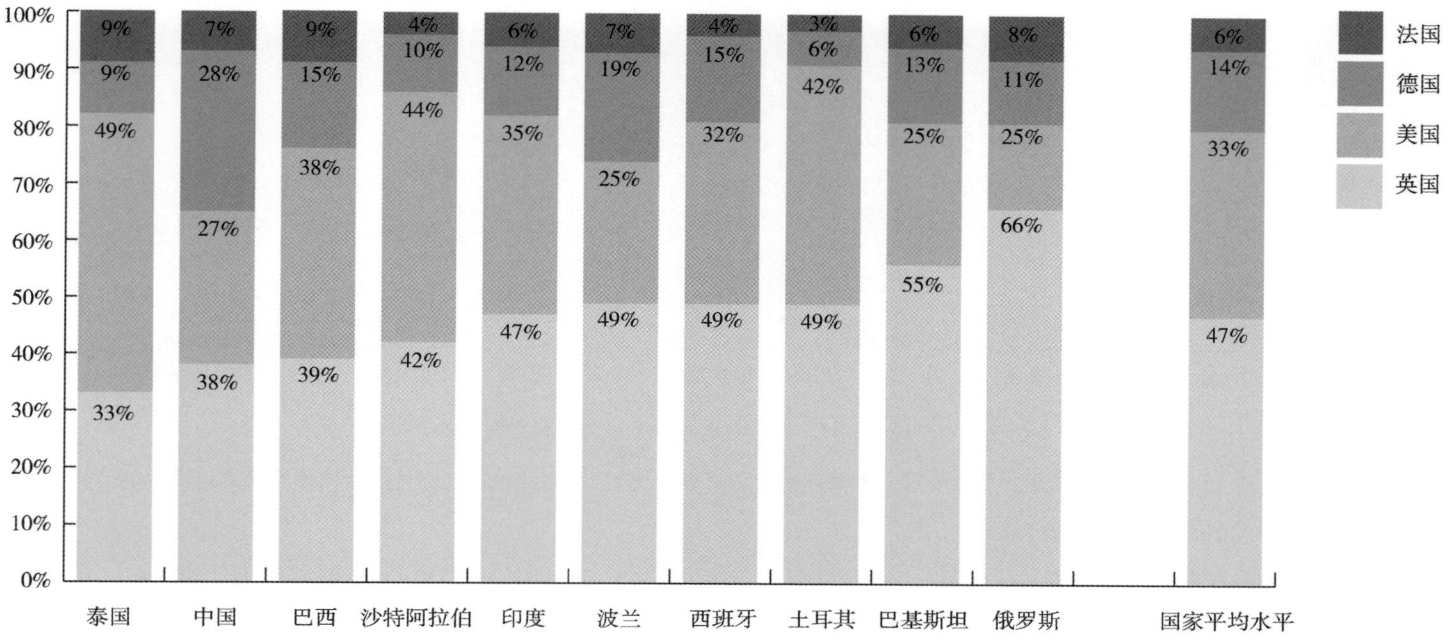

图 7　英国对留学生有更强的吸引力

资料来源：对 16/18~34 岁人群中至少接受过中等教育的受访者进行的线上调查(备注：巴基斯坦的研究是通过访谈的方式进行的，受访对象最低学历水平为高等教育)。

调查基础：YouGov，2010 年：印度(1 203)、中国(1 205)、波兰(1 205)、沙特阿拉伯(520)；易普索・莫里，2011 年：土耳其、巴基斯坦、俄罗斯、泰国、西班牙、巴西(1 000)。

为了反映全体受访者的情况，对采集的数据进行了加权。

国际教育本身当然是一个非常重要、迅速发展的商业领域。经济合作与发展组织收集的数据表明，2000—2014 年，全世界高等教育注册入学的留学生的数量几乎翻倍，达到 410 万人。美国的留学生比例最高，在 2010 年接近 17%；英国排在第二名，占 13%；紧随其后的是澳大利亚、德国和法国，比例为 6%~7%。

根据英国高等教育统计局公布的数据，2011—2012 年度，43. 5 万名不在英国定居的学生在英国接受高等教育。商业、创新与技能部 2011 年 6 月公布的最新数据表明，2008—2009 年度，英国教育出口价值总额为 141 亿英镑。

就为年轻人推荐一个发展商业关系的目的地这个更广泛的问题而言，图 8 的数据并没有那么鼓舞人心。就全球范围而言，对于发展商业关系，在 4 个国家中美国最具吸引力，而德国也是一个强势的竞争对手，英国领先法国。作为首选发展商业关系的目的地，英国仅获得 10 个国家中 2 个国家年轻人的推荐，比较而言，德国获得近 3 个国家年轻人的推荐，美国获得 5 个国家年轻人的推荐。

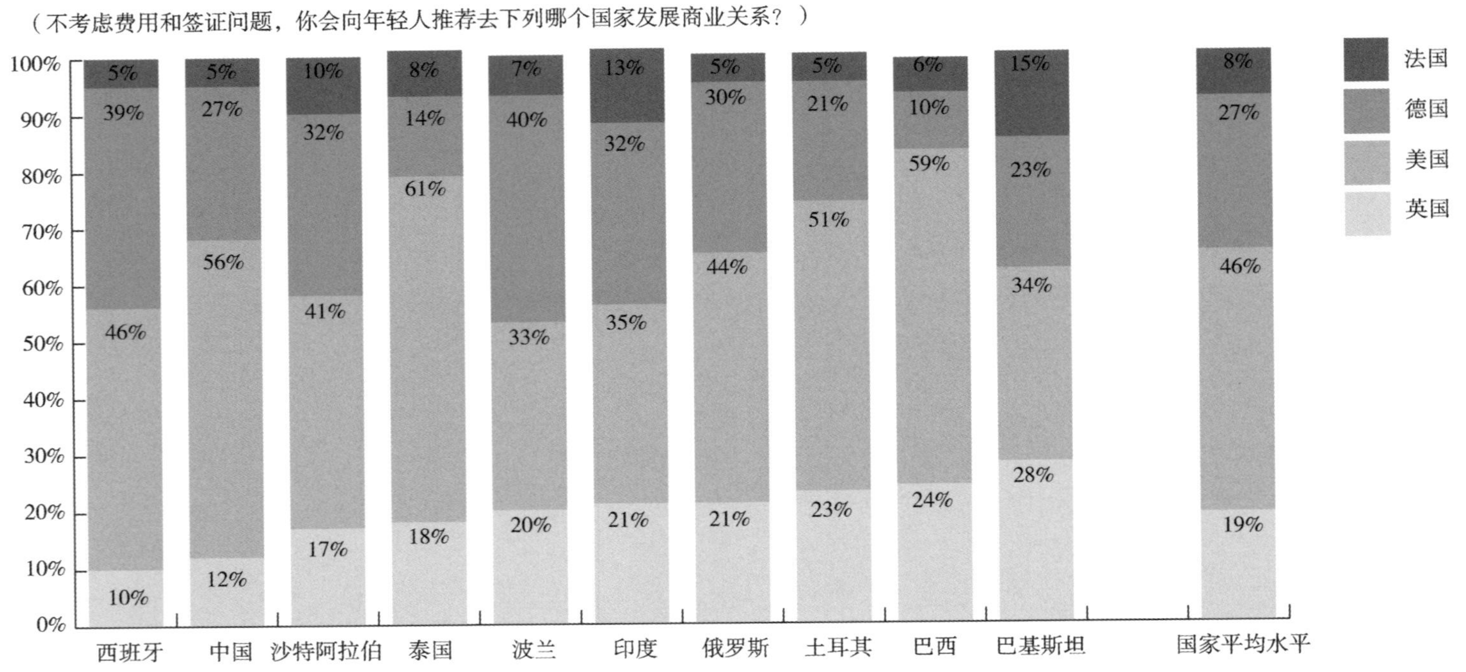

图 8　美国和德国被认为是发展商业关系的强有力的竞争者

原始资料：对 16/18~34 岁人群中至少接受过中等教育的受访者进行的线上调查（备注：巴基斯坦的研究是通过访谈的方式进行的，受访对象最低学历水平为高等教育）。

调查基础：YouGov，2010 年：印度（1 203）、中国（1 205）、波兰（1 205）、沙特阿拉伯（520）；易普索·莫里，2011 年：土耳其、巴基斯坦、俄罗斯、泰国、西班牙、巴西（1 000）。

为了反映全体受访者的情况，对采集的数据进行了加权。

竞争的因素有助于我们理解为什么全球的受访者对英国提供的商业机会所做的评价比较高，但并不太感兴趣。正如图 9 所示，刚过 20%的受访者就英国所提供的商业和贸易机会做出“非常好”的评价。调查中“非常好”的评价（与“好”的评价相比）设置了一个非常高的标准。我们可以看出，那些参加了与有英国有关的文化活动的人倾向于对英国提供的商业和贸易机会给出更高的评价。以此为基准，除了巴基斯坦和巴西，在参与调查的所有国家中，做出“非常好”的评价的比例低于与英国做生意和贸易的兴趣水平。

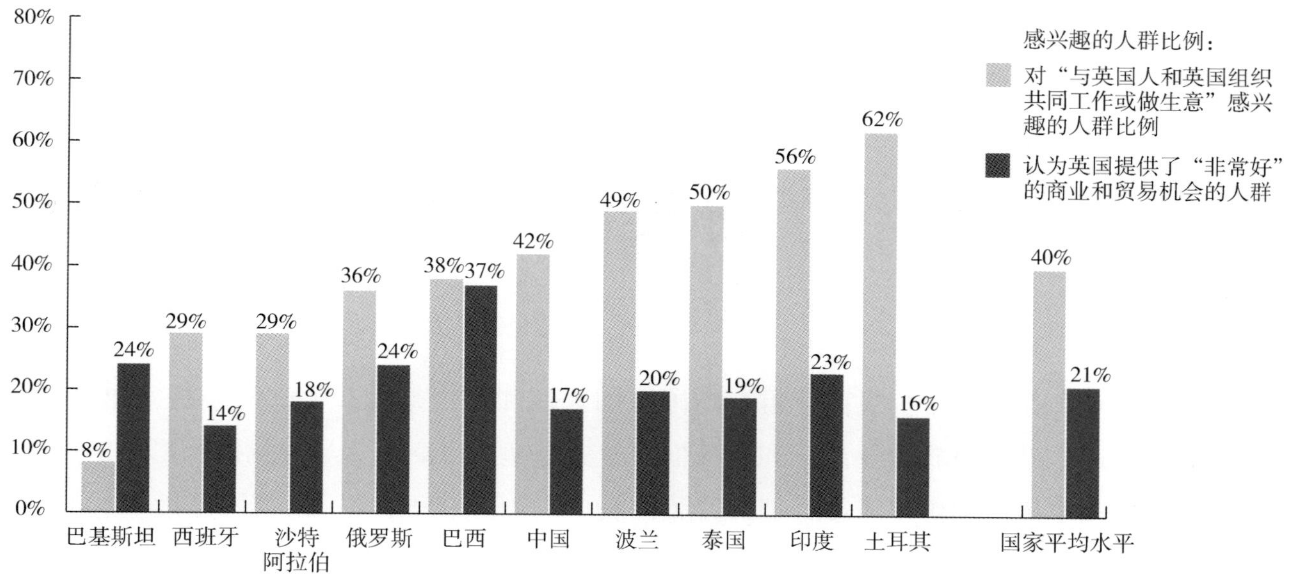

图9　1/5年轻人认为英国提供了“非常好”的商业和贸易机会

资料来源：对16/18~34岁人群中至少接受过中等教育的受访者进行的线上调查（备注：巴基斯坦的研究是通过访谈的方式进行的，受访对象最低学历水平为高等教育）。

调查基础：YouGov，2010年：印度（1 203）、中国（1 205）、波兰（1 205）、沙特阿拉伯（520）；易普索·莫里，2011年：土耳其、巴基斯坦、俄罗斯、泰国、西班牙、巴西（1 000）。

为了反映全体受访者的情况，对采集的数据进行了加权。

四、什么推动了对英国商业机会的认知

已经建立了将英国作为一个提供商业机会的国家的兴趣和评价基准，关键问题是，如何提高人们的理解。交通和连通性基础设施以及法律和税务框架显然是塑造以商业为导向的国际形象的重要方面。

政府领导的英国推广活动可以非常好地提升英国资产的国际意识，提高“英国是做生意的地方”这一认知。这项推广活动集中在 10 个卓越领域，这些领域向世人展示英国是旅行、学习、工作、投资和商业的最佳选择之一，并且在共同目标下联合所有英国海外的活动，共同促进国家的发展。

在我们的研究中，要验证文化和对英国文化资源的欣赏是否对将英国视作商业发展之地的看法也发挥重要作用。

我们从最容易想到的英语开始。英语能力与对英国商业机会的理解相关吗？根据我们的调查，二者确定相关。图 10 是在第二轮课题研究中所涉及的 6 个国家的平均情况。为了去除其他因素的影响，第二轮调查研究抽取的样本是没有参加过英国组织的任何具体的文化活动的年轻人。

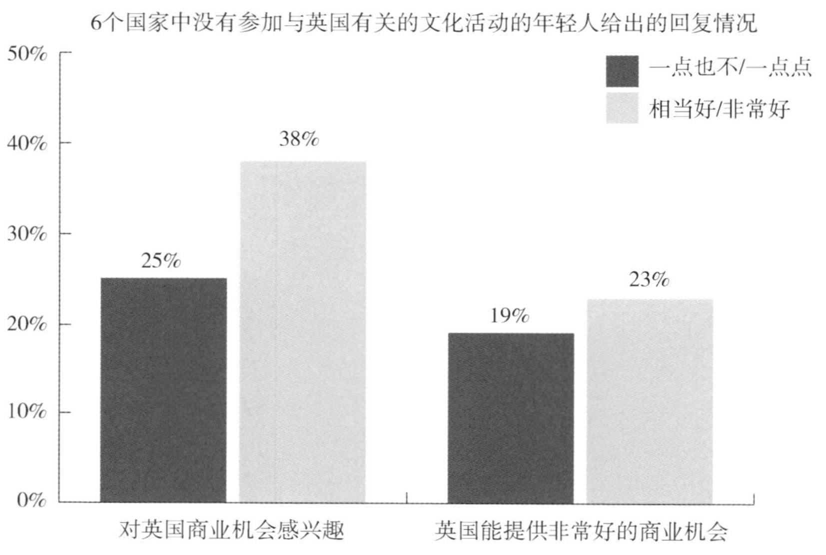

图 10　随着受访者说英语水平和英语理解能力的提高，他们会对英国提供的商业和贸易机会给予更加积极的评价

资料来源：对 16/18~34 岁人群中至少接受过中等教育的受访者进行的线上调查(备注：巴基斯坦的研究是通过访谈的方式进行的，受访对象最低学历水平为高等教育)。

调查基础：易普索·莫里，2011 年：土耳其、巴基斯坦、俄罗斯、泰国、西班牙、巴西(1 000)。

调查结果清晰地表明，对在英国工作或与英国进行业务往来的兴趣随着受访者英语能力的提高而大幅上升；对英国能提供商业机会的评价也随之提高，尽管好评价所占的比例并不高。

我们认为，与英语能力相关的可以提高对英国认知的机制包括：

①增加关于英国信息的获取渠道；

②增进与各国人士一起旅游和交往的信心；

③在更广泛的商业和法律环境下，增进彼此之间的理解，增强与英国人和英国组织共同工作的信心，这与增进彼此之间的信任密切相关，而共同语言则有助于增进彼此之间的信任，这也是2012年出版的《信任有所得》所关注的主题；

④提高获取英国文化和教育机会的能力。

这些发现与经济学家们围绕国际贸易引力模型所做的一系列研究得出的结论基本一致。所有这些研究表明，有牢固文化亲和力——包括具有共同的语言、宗教和历史方面的联系的两个国家，也可能有牢固的经济联系。

显而易见，英语是英国非常重要的文化资源，但是正如前文提到的，英国的其他领域，比如支撑英国作为旅游目的地的教育体系和文化遗产，也得到全世界年轻人的高度评价。我们想了解人们对除英语之外的英国其他社会和文化资源的看法是否会影响他们对英国商业的看法。我们通过测量人们对英国提供的商业和贸易机会的评价和对英国文化和社会其他各领域的评价的关联度进行判断（如图11所示），我们选取的领域包括：

①教育体系；

②当代科学研究和创新；

③当代艺术和创作产出；

④社会体系，比如司法体系、行政部门体系等；

⑤传媒。

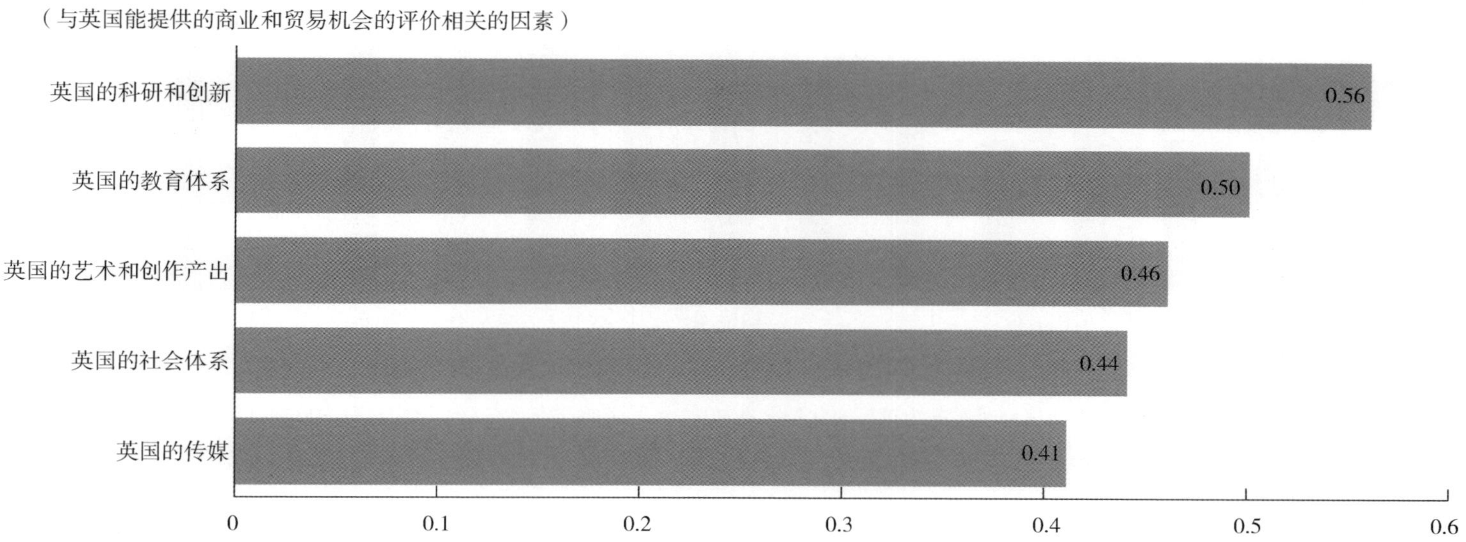

图11　对英国能提供的商业和贸易机会的评价与对英国文化和社会的其他方面的评价相互关联

注：关联度用0~1表示。关联度为0，表示两个因素没有关系；关联度为1，表示关联性很强。

资料来源：对16/18~34岁人群中至少接受过中等教育的受访者进行的线上调查（备注：巴基斯坦的研究是通过访谈的方式进行的，受访对象最低学历水平为高等教育）。

调查基础：易普索·莫里，2011年：土耳其、巴基斯坦、俄罗斯、泰国、西班牙、巴西。

对参与第二轮调查研究的6个国家的数据取平均值，如图11所示，年轻人对英国科学研究和创新及教育体系的评价与对英国商业机会的评价密切相关(关联度为 0.5 及以上)。这表明，对英国社会这些领域的评价与对商业机会的评价是一致的。对其他因素如当代艺术和创作产出、社会体系、传媒等的评价与对英国商业机会的评价密切相关。

这一研究结果非常重要，其表明年轻人对英国商业机会的认知，与他们对英国社会和文化的其他领域具有一定关联度。从某种程度看，这可能是因为人们对一些领域如教育领域的认知而产生的光环效应，人们对英国教育有更加直接的体验。但这同时也反映出一个经济学事实，那就是商业与其存在的社会并不是孤立存在的。例如，教育体系的质量体现在潜在劳动者的技能和能力上；社会体系的质量，比如法制体系，转化成对做生意的难易程度和投资环境安全的信赖和信心；艺术和创作产出向我们诠释了一个社会的价值，也支撑起一个不仅是以商业为导向，而且有创造力、有活力、有趣的国家形象。这样的国家值得人们了解、探索。

英国文化协会最近开展的对 2012 年奥运会遗产的研究，从社会和文化认知方面为人们对遗产的更广泛解读提供了有力支持。在接受调查的 11 个国家中，36%的受访者认为，伦敦奥运会和残奥会使他们更有可能到英国旅游，35%的受访者则认为，伦敦奥运会和残奥会使到英国旅游和经商变得更有吸引力(如图 12 所示)。

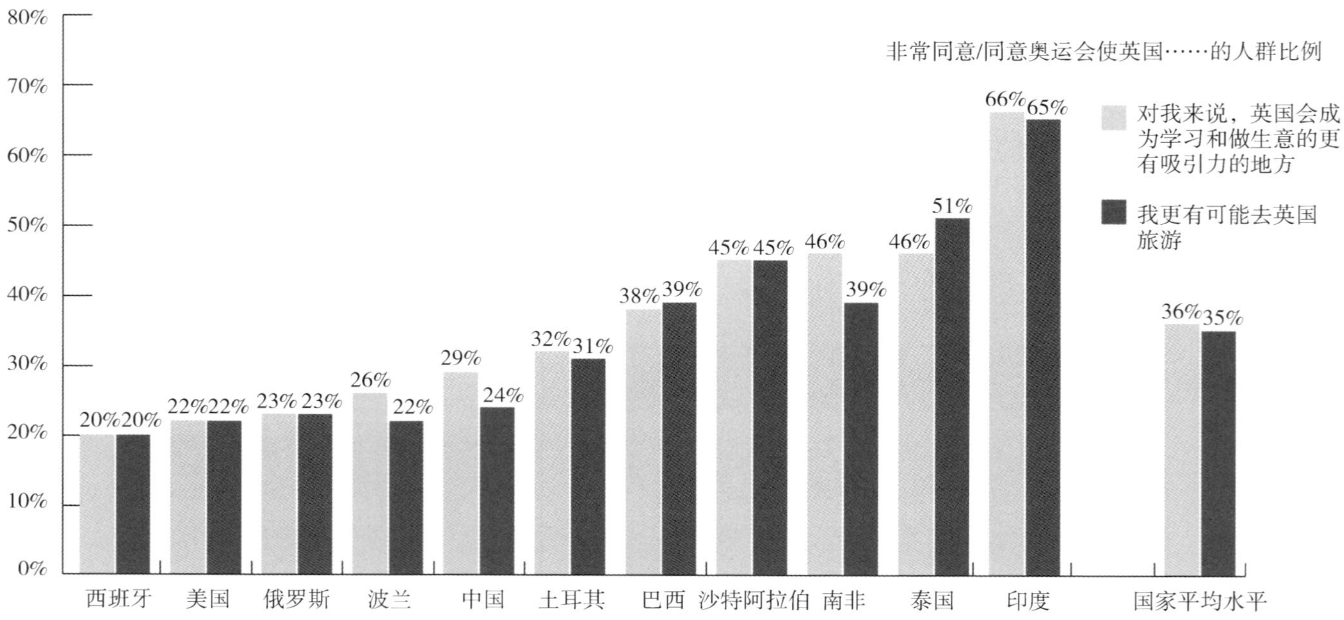

图 12　奥运会对提高人们到英国旅游、经商和留学的兴趣有积极影响

资料来源：易普索·莫里全球调研服务为英国文化协会在 2012 年所做的调查，在每个国家选取 500 名受访者，对采集的数据进行了加权。

五、案例研究

2012年4月至12月，英国在中国举办“艺述英国”(英国艺术及创意产业节)，这是在中国举办的规模最大、最有活力、耗资最大的英国文化节。

“艺述英国”由英国文化协会及其合作伙伴博然思维(Brunswick)和汇丰集团(HSBC)主办，得到多家公司的慷慨赞助，它们分别是博柏利(Burberry)、帝亚吉欧(Diageo)、雅思(IELTS)、洲际酒店(IHG)、捷豹路虎(Jaguar Land Rover)、太古集团(John Swire & Sons)、诺顿罗氏(Norton Rose Group)、英国保诚(Prudential plc)以及渣打银行(Standard Chartered)。400多万人参加了在中国29个城市举办的现场活动，近800名英国艺术家和表演者参加。媒体对该节日进行了6 000多篇报道，令人印象深刻。

贸易投资国务部大臣格林勋爵说：“英国的组织如何共同创造出覆盖全球商业的强健有力的、声誉良好的效果，在中国举办‘艺述英国’就是一个优秀范例。通过与充满活力的市场，比如中国开展合作，我们展示了在商业管理方面的技能和专业知识，为英国潜能的挖掘开了先河。因为有丰富的本土人才，英国才能继续处在艺术和创意的前沿。”

观众的反馈不仅强烈表明这是一个成功的、专业化运行的文化节，还表明了人们对英国文化的认识和理解与日俱增。在接受调查的人群当中，超过2/3的人认为，他们从文化的体验中学到了新的东西。考虑到这是文化节，而不是(比如说)一系列培训和发展活动，这个结果令人印象深刻。我们也清楚地感觉到，文化节的影响远超预期，辐射了更多地区和人群，包含了比通常可能情况下更多的活动。对文化节的赞助商而言，有助于提升它们的品牌知名度、公众和媒体形象，以及为企业和贵宾提供定制服务的机会，他们在中国市场的直接商业回报并不一定是关键所在，尽管为雕刻家托尼·克拉格的展览会提供赞助的捷豹路虎吸引了很多参观者，他们对体验新款路虎“揽胜极光”的兴趣激增，但对许多赞助商而言，关键是声誉上的好处——奥运年期间，全世界的目光聚焦在伦敦，以及加深与中国的联系。

对各自文化的共同理解、人们之间新奇而明智的对话是更多双边关系的核心。正如一位赞助商所说：“作为一家在中国运营历史悠久的银行，我们想做一件有意义、难忘的事。”一位上海的观众说：“在参加‘艺述英国’前，我对英国的印象是传统英国式的傲慢自大。但是通过参加这些活动，我认识到当今英国的个性和活力。”

戴维·卡梅伦说：“‘艺述英国’是由2008年成功的‘艺述中国’节演化而来，在‘艺述中国’节期间，中国展示了其在北京奥运会取得的成就。在2012年伦敦奥运会期间，我们度过了一个精彩绝伦的夏天，我们也自豪。如果要在全球竞赛中竞争，我们必须继续提升英国在海外的商业和创新形象。”

六、文化活动的影响

最后一个我们想急迫知晓答案的问题是，参与英国组织的有目的的文化活动，是否会提升人们对英国提供商业和贸易机会的认知。

为了找到答案，我们需要看受访群体对英国提供商业机会的兴趣和评价(如图 13 所示)，这些群体唯一的区别在于，是否参加过英国组织的文化活动，包括参与中英学校之间的交流活动、在一家总部位于英国的机构学习英语、参加英国本土的资格考试或是参加由英国机构组织的重大文化活动或展览会。详细分类见附录。

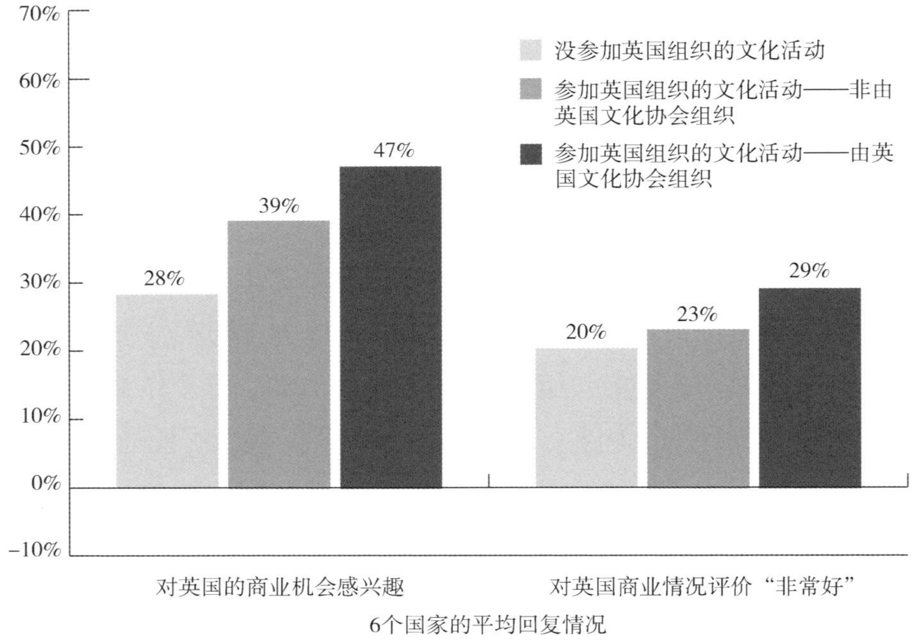

图 13　参加英国组织的文化活动与对英国所提供的商业和贸易机会有更加积极的看法有关

资料来源：对 16/18~34 岁人群中至少接受过中等教育的受访者进行的线上调查(备注：巴基斯坦的研究是通过访谈的方式进行的，受访对象最低学历水平为高等教育)。

调查基础：易普索·莫里，2011：土耳其、巴基斯坦、俄罗斯、泰国、西班牙、巴西(750 份完全回复，250 份非完全回复)。

主要调查结果如图 13 所示。为了确保具有一定的可比性，这些结果只限于 2011 年底开展的第二轮调查中接受调查的 6 个国家人群，从中可以得出 3 个结论：

①参加英国组织的文化活动和对与英国人和英国组织共同工作或做生意的兴趣之间存在强烈的正相关；

②参加英国组织的文化活动和对英国提供的商业和贸易机会的评价呈正相关；

③一般而言，与参加其他英国组织举办或推进的文化活动相比，参加英国文化协会举办或推进的文化活动会明显提升对英国商业机会的兴趣和评价。

七、文化参与、商业和贸易

研究表明，参加这些文化活动和与英国人共同工作和做生意的平均兴趣水平、对英国提供的商业和贸易机会的平均评价之间存在明确的正相关关系。

之前出版的《信任有所得》中公布的结果与这次调查得出的一系列理论成果一致，这些研究结果表明，不同国家人民之间的信任增长与他们国家之间的贸易和投资水平增长存在非常明显的联系。从早期的研究得出的结论是，缺乏信任会阻碍贸易，而信任增强不仅会降低不确定性，还会减少参与国际贸易的人员或机构的调查和交易费用。

荷兰学者(德克，2007)运用欧盟国家的数据，正式模拟了信任增长对贸易水平和对外直接投资水平的影响。他们的结果表明，在其他因素不变的情况下，如果两个国家之间人民的相互信任增长1%，出口额就增长0.6%，对外直接投资存量增长3%。

目前的研究表明，年轻人参加文化活动不仅与信任水平增长有关，还与做生意的兴趣提高有关。重要的是，我们不认为这两项结果中的其中一项应该是跨文化活动的明确目标。这些活动必须有自己的目标和重点。但是正如图14所示，英国文化协会认为，所产生的积极具体结果，如提高功能技巧、增加对英国艺术和文化的了解、提高英语能力也会带来一连串的影响，从长远来看，这些影响会增进世界其他国家与英国进行商业贸易往来。

文化活动范例	直接参与的影响	间接参与的影响	对商业认知的影响	长期的经济影响
学习英语； 互访； 文化事件； 参加英国考试/资格证书学习	提升技能和知识； 增加对英国社会和文化资源的理解和评价； 扩大和加深与英国的联系网络	增加个人信心； 增加对英国人民的理解和信任； 增加了解英国信息的渠道和信息互换	提高对英国商业机会的兴趣； 提高对英国商业机会的范围和质量的评价； 减少与英国进行贸易的认知障碍	减少与英国进行贸易的实际障碍； 增加与英国进行贸易和做生意的倾向

图14 文化参与支持英国商业贸易增长的简单模型

参 考 文 献

①玛利亚·米勒(2013 年 4 月 24 日)在英国博物馆发表的演讲《考验的时刻：在紧缩的时代维护文化的地位》(*Testing times：Fighting culture's corner in an age of austerity*)。

②商业、创新与技能部(2011 年 6 月)第 46 号研究文件《评估教育出口对英国的价值》(*Estimating the value to the UK of educational exports*)。

③英国文化协会(2012)出版的《信任有所得》(*Trust Pays*)。

④德克等人(2007)发表的《不同的欧洲——公众对欧盟的看法》(*Diverse Europe-Public opinion on the European Union*)。

⑤经济合作与发展组织出版的《2012 年教育概览：经济合作与发展组织的指标》(*Education at a Glance：OECD Indicators*)。

⑥首相戴维·卡梅伦(2012 年 11 月 12 日)在市长宴会上发表的讲话。

⑦TheCityUK(2013 年 1 月)发表的《有关英国金融和专业服务的关键事实》(*Key Facts about UK Financial and Professional Services*)。

⑧首相戴维·卡梅伦推荐的英国文化协会举办的 2012 年"艺述英国"节日书籍。

附录一　研究方法

国家	样本	年龄范围	方法	机构	日期
中国	1 205 人，其中 993 人与英国有文化互动	16~34 岁	网络	YouGov	2010 年
印度	1 203 人，其中 994 人与英国有文化互动	16~34 岁	网络	YouGov	2010 年
波兰	1 205 人，其中 982 人与英国有文化互动	16~34 岁	网络	YouGov	2010 年
沙特阿拉伯	520 人，其中 279 人与英国有文化互动	16~34 岁	网络	YouGov	2010 年
巴西	1 000 人，其中 750 人与英国有文化互动	18~34 岁	网络	易普索·莫里	2011 年
巴基斯坦	995 人，其中 770 人与英国有文化互动	18~34 岁	访谈	易普索·莫里	2011 年
俄罗斯	1 000 人，其中 750 人与英国有文化互动	18~34 岁	网络	易普索·莫里	2011 年
西班牙	1 000 人，其中 750 人与英国有文化互动	18~34 岁	网络	易普索·莫里	2011 年
泰国	1 000 人，其中 750 人与英国有文化互动	18~34 岁	网络	易普索·莫里	2011 年
土耳其	1 000 人，其中 750 人与英国有文化互动	18~34 岁	网络	易普索·莫里	2011 年

附录二　英国组织的文化活动/交流

在本项研究里，如果受访者参加了下列活动中的一项或多项，可以认为其参加了英国组织的文化活动：

①在本国的英国机构或教学中心学习英语(不包括在正式学校、学院、大学的学习)；

②为英国的考试或资格证书学习；

③在学校里，参加英国学校的交流或联合培养项目；

④曾访问包含英国的学校或参与包含英国的学校交换项目，涉及访问英国；

⑤在英国一所面向海外英语学习者的学校或学院学习；

⑥在英国一所学校参与其他类型的学习；

⑦在英国一所专科学校或大学学习；

⑧在专科学校或大学里，参与英国专科学校或大学组织的交流或联合培养项目；

⑨曾访问英国专科学校或大学，或参与英国专科学校或大学的交换项目；

⑩因为工作而参加的包含赴英国的学习访问或工作交换项目；

⑪参加英国机构组织的志愿活动项目；

⑫参加英国机构组织的社区交换项目；

⑬参加英国机构组织的领导力、技能、职业发展培训项目；

⑭在本国参加英国机构组织的教育活动、展览会、交易会；

⑮参加英国机构组织的关于不同群体、宗教团体或国家之间关系的项目、会议、研讨会、讲习班；

⑯过去 3 年，参加英国机构推进的关于不同群体、宗教团体或国家之间关系的网上项目、讨论或辩论；

⑰过去 3 年，参加英国机构组织的重要艺术或文化活动、展览会。

致　　谢

《文化创造商机——国际关系如何促进英国贸易增长和竞争力》由英国文化协会出版。
文字：基隆·卡利根(Kieron Culligan)(应用市场解决方案有限公司)；
主编：保罗·豪森(Paul Howson)；
丛书主编：约翰·达贝(John Dubber)；

英国文化协会是英国负责文化关系和教育机会的国际组织。

外交和联邦事务部以及英国文化协会管理条例

* 文件发布于 2013 年 7 月。

目　　录

一、引　　言

本管理条例和《财务备忘录》由外交和联邦事务部以及英国文化协会共同商议起草。本条例涉及英国文化协会以及外交和联邦事务部的合作关系，以及财政补贴的使用要求。本条例不代表任何法律效力或责任，由外交和联邦事务部以及英国文化协会共同签署。条例的副本和后续修正本存放在国会上议院和下议院的图书馆，民众可登录英国文化协会官方网站（网址：www.britishcouncil.org/about/publicaitons）进行查询。

《财务备忘录》将更详细地规定英国文化协会应该遵守的财务条例。

外交和联邦事务部应该根据本条例第 5 部分确定的相关规定，对本条例进行定期审查。

英国文化协会或者国务大臣可以在任何时间对本条例提出修改要求。英国文化协会提出的任何修改意见应综合考虑外交和联邦事务部的政策目标、运行要素以及英国文化协会自身的运行情况，要给予英国文化协会一定的灵活性和自由度，但要对其内部控制质量、运行需求和状况有良好把控，同时还要接受内阁办公厅和财政部的指导。如果发生任何变动，国务大臣有权将变动纳入条例，其内容要完全服从法律条款。任何重大的变化应该尽量准确地向英国财政部或者内阁办公厅进行汇报。（“重大”的定义由外交和联邦事务部以及英国财政部或内阁办公厅共同商议决定）

对本条例释义有任何疑问，都由外交和联邦事务部与英国文化协会，必要时与英国财政部或内阁办公厅进行协商讨论之后进行解释。

英国文化协会的目的和地位

英国文化协会是在英格兰和威尔士（编号为 209131）以及苏格兰（编号为 SC037733）注册的慈善机构，以皇家特许状形式注册。《皇家宪章》明确了英国文化协会的组成。英国文化协会是一个非政府部门公共机构，被归类为公营公司。它利用不同性质的身份，在不同司法框架内运行。英国文化协会在英国以及海外拥有大量独立的法人实体。

如果发生争议，英国文化协会作为一个注册的慈善机构，其相关法律法规和地位享有优先权。

二、管理和责任

（一）慈善目标

《皇家宪章》明确规定了英国文化协会的慈善目标，具体如下：

①促进英国人和其他国家人民之间对不同文化的相互了解；

②更广泛地普及与英国相关的知识；

③促进英语的发展；

④鼓励英国与其他国家在文化、科学、技术和教育等领域进行合作；

⑤促进教育发展。

在《皇家宪章》规定和委员会慈善目标框架内，由英国文化协会的托董事会和国务大臣确定协会的总体目标，即为来自英国和其他国家的人民创造走向国际的机会，并在全世界范围内建立互信关系。

（二）宗旨和目标

依据外交和联邦事务部制定的英国文化协会的慈善目标，以及英国的长期战略目标，英国文化协会董事会确定协会的执行框架。为了实现其目标，英国文化协会设定自身的行业标准和计划。英国文化协会的目标应与外交和联邦事务部协商制定，并且符合英国文化协会董事会制定的商业规划进程和战略。

英国文化协会以及外交和联邦事务部任意一方可以向下级机构咨询协会的活动情况、宗旨和目标。

（三）部长责任制

负责外交和联邦事务的国务大臣对英国文化协会的行动和表现负责，并向议会汇报。其责任（可以授权给副国务大臣）主要包括：

①审核英国文化协会制订的战略目标，包括公司计划、政策和运行框架（制定管理条例、财务备忘录和相关文件）；

②将英国文化协会的运行情况汇报给议会；

③批准补助经费如何进行支出。相关支出由英国文化协会管理，并要得到议会批准。

④根据协议，每年约见英国文化协会董事会主席；

⑤执行《皇家宪章》和章程中批准任命董事会或者重新选举主席和副主席的相关规定，并具有事先批准任命首席执行官的权力。

⑥提名常务副大臣作为其法定代理人，并成为董事会成员（董事会成员也应在英国文化协会薪酬与提名委员会占有席位）。

（四）外交和联邦事务部的会计主管

常务副大臣作为外交和联邦事务部的首席会计主管，主要负责管理议会对英国文化协会的财政补贴。首席会计主管任命英国文化协会的首席执行官作为协会的会计主管。如果首席会计主管认为，被任命的会计主管不再适合该职位，他（她）有权撤回其任命。

特别需要指出的是，外交和联邦事务部的首席会计主管也要负责给相关大臣提供以下建议：

①英国文化协会的战略目标有助于实现英国国际战略的长期目标；

②根据外交和联邦事务部整体公共支出的优先顺序，为英国文化协会划拨合理的财政补贴预算；

③英国文化协会如何实现其战略目标，是否发挥其应有的作用。

此外，首席会计主管还要确保以下工作能够得到落实：

①确保外交和联邦事务部针对英国文化协会的财务和其他管理措施，能够合理地保障财政补贴资金的使用，并且根据《财务备忘录》对资金进行有效监管；

②确保英国文化协会在每笔资金循环伊始就能获得相关战略指导，明确其财政补贴使用的优先条件和其他附加条件；

③解决英国文化协会的重大问题，对重大事务采取合理的干预措施；

④定期评估外交和联邦事务部以及英国文化协会的目标和开展活动的风险；

⑤将相关政府和组织的政策、内部新条例和指导原则及时告知英国文化协会；

⑥将英国文化协会对行动的相关顾虑转达董事会，并要求董事会对此进行解释，确保合理措施得以实施。

（五）外交和联邦事务部的辅助小组

在外交和联邦事务部内部，参与和交流理事会是英国文化协会的辅助小组。该部门是国务大臣和首席会计主管获取建议的主要来源，也是其履行对英国文化协会相关职责的重要途径；是英国文化协会和外交和联邦事务部的主要沟通部门；该辅助小组将从外交和联邦事务部，包括财务、人力资源、协议和内部审计等在内的部门听取专业的建议。

(六)首席执行官作为英国文化协会会计主管

外交和联邦事务部的首席会计主管任命英国文化协会的首席执行官担任会计主管。

英国文化协会的会计主管亲自负责财政补贴的安全使用事务，确保这些公共资金使用的正当性和合法性，以保证英国文化协会的日常运行和管理得以顺利进行。作为会计主管的首席执行官应该承担以下责任。

1. 议会责任制

责任制主要包括：

①根据 2. 13 所列的会计发展方向，签署账户，并且要保留相关的记录；

②签署一份财务主管的责任声明，其中包括年度报告和账目；

③签订关于内部监控制度的管理条例，其中包括年度报告和账目；

④确保高效地处理关于英国文化协会的投诉，并且将相关问题在组织内部进行通过；

⑤根据外交和联邦事务部、英国财政部和内阁办公厅发布的文件条款、《财务备忘录》、公共资金管理原则和其他指导原则，采取相应的行动；

⑥与外交和联邦事务部的常务副大臣一起，经常向议会委员会提交英国文化协会的公共资金管理办法。

2. 外交和联邦事务部的职责

外交和联邦事务部的职责包括：

①引领英国文化协会董事会制订战略政策和企业计划并实施，关注财政补贴条款、外交和联邦事务部以及英国制订的国际长远发展目标；

②了解英国文化协会在推进英国国际长远目标实现进程中所做的贡献，以及利用资源取得的成效；

③及时开展评估，了解英国文化协会的效益和资金运转的相关信息，如果财政补贴超出或低于预算，应该立即采取合理的纠正措施；

④通过内部审计或其他途径监测并及时获取关于英国文化协会财务和其他方面的重大问题。

3. 董事会的职责

首席执行官主要负责：

①建议董事会密切关注不定期发布的各类文件，根据本条例、慈善立法、《皇家宪章》以及其他指导文件积极履行其职责；

②建议英国文化协会董事会根据其目标积极开展行动；

③在执行决议的每一阶段，应充分考虑财务因素，并充分利用财务评估技术；

④如果董事会或主席尝试一个行动方案，但首席执行官认为该方案侵犯了交易的合理性和合法性，也没有体现经济管理的原则，不能产生任何经济效益，那么首席执行官可以根据《公共资金管理办法》3. 7. 3 条采取措施。

(七)首席财务官作为合并报表官

为了统一政府财务管理，根据《公共资金管理办法》附件 4. 1 所示，合并报表官将正式成为首席财务官。

作为英国文化协会的合并报表官，首席财务官应亲自负责英国文化协会财务结算和地位的合并信息；安排审计，并把合并信息和审计报告发给财政部任命的总合并报表官；

作为合并报表官，首席财务官应当遵守《合并报表官会计备忘录》的要求，尤其应当注意以下两点：

①确保英国文化协会能够适时提供各类记录，这些记录将为信息合并过程提供重要信息；

②在进行信息合并(包括相关的会计记录和披露要求，以及所有与信息合并相关的调整)的过程中，要按照财政部发布的整合指导(“致合并报表官”和“致合并报表经理”)，确保发布信息在形式、方式和时间点等方面保持一致。

(八)职 权 委 托

首席执行官可以将其日常财务管理工作委托给英国文化协会的其他人；但是，他(她)不能把文件中规定的所有职责完全委托给其他人。首席财务官不能行使合并报表官之外的职权。

(九)首席执行官作为首席监察专员

首席执行官是处理英国议会行政监察专员受理的投诉案件的主要负责人。他(她)应将由监察专员负责调查的关于英国文化协会的投诉，根据议会行政监察专员的建议，将英国文化协会所做的回应和采取的措施及时汇报给联邦和外交事务部的常务副大臣。

(十)英国文化协会董事会

英国文化协会董事会成员通常是由董事会公开招聘选举产生，由国务大臣直接任命的情况除外。作为英国文化协会的董事，他们应该在慈善法框架内履行其职责。

董事会应该确保在风险管理、支配和内部控制等方面进行高效的安排。董事会应设立由独立非执行委员领导的审计委员会，并提供独立的建议。董事会主要负责提高内部控制效率和风险管理系统的有效性。

董事会在英国文化协会宪章和慈善法框架下履行职责，并确保人力和其他资源的有效利用。董事会的主要职责如下：

①确定英国文化协会的整体战略方向，考虑政府补贴条件和英国国际长期目标；

②务必将任何可能影响英国文化协会的战略方向，及与外交和联邦事务部相一致的发展目标的变化告知国务大臣，并确定其能采取合理的措施来应对这些变化；

③确保使用财政补贴的法定要求和行政规定，符合外交和联邦事务部的法定权限和代理权限的规定，要达到该目标，应考虑外交和联邦事务部发布的指导原则；

④确保接收和审核关于英国文化协会管理相关的常规财务信息，及时了解英国文化协会活动的相关情况，为外交和联邦事务部提供积极的保障，并采取合理的措施；

⑤进行高标准的业务管理，包括使用独立审计，其他委员帮助董事会解决关键财务问题和应对其他风险；

⑥在取得国务大臣的同意后，与外交和联邦事务部协商，任命英国文化协会的首席执行官，为首席执行官设立执行目标以及确定与之相关的薪酬体系，要充分重视公共资金的合理管理和使用；

⑦在取得国务大臣的同意后，任命主席和副主席；

⑧设立审计和风险管理委员会、薪酬管理委员会、提名管理委员会等分支委员会。

(十一)英国文化协会主席

英国文化协会主席是由董事会组织公开选举产生的，该选举首先要获得国务大臣、外交和联邦事务部的同意，任期为3年(主席有资格参加第2个三年任期的选举)，任命必须参照公职人员委任理事会印发的管理条例。

主席是慈善法框架下的受托人，主要负责英国文化协会董事会事务及与国务大臣合作。主席要确保英国文化协会的政策与《皇家宪章》的规定相一致；英国文化协会的活动有助于实现英国的长期战略目标；推进英国文化协会相关事务的正常运行。在工作中，主席要紧密配合首席执行官，并支持其完成英国文化协会设立的目标。主席和其他董事会成员共同承担本管理条例中涉及的业务责任，并确保英国文化协会实现其和国务大臣签订的协议中设立的目标。

董事会和国务大臣一般应通过主席或国务大臣在董事会的代表进行沟通。主席应该确保其他董事获得相关消息。

主席在以下方面具备特别的领导责任：

①制定董事会战略；

②维持与外交和联邦事务部的关系；

③在实现英国文化协会的长远目标时，应确保董事会在国务大臣或外交和联邦事务部的指导下积极开展工作；

④促进人力和其他资源的有效利用；

⑤鼓励高标准的礼仪文化的推广；

⑥代表董事会向全体公众公布董事会的决定；

⑦根据协议，每年与外交和联邦事务部国务大臣进行会面。

主席同样有义务确保：

①对董事会的工作进行审查，并确保董事会成员有效开展工作；

②根据中央政府部门的业务管理规定和操作规范，董事会应以平衡的方式合理引导英国文化协会开展相关业务；

③所有董事在就职时对其进行任命，使其了解职位职责、权利和义务，并使其接受适当的指导培训，内容包括财务管理、对公共机构的报告要求以及私有部门和公共部门之间存在的差异；

④每年与股东协商，对首席执行官的表现进行评估；

⑤如果董事会要对董事进行重新任命，则需要对该董事的业绩进行评估；

⑥董事会成员的行为规范与内阁办公厅发布的公共机构董事会成员的行为规范和慈善委员会的指导原则相一致；

⑦与首席执行官一起签署账户和制定管理条例。

（十二）董事的职责

董事应该承担以下责任：

①始终与英国文化协会的行为准则保持一致，不得违反公共资金使用情况和利益冲突相关的规定；

②既不能为了个人利益或政治目的，使用在公共服务领域获取的任何信息；也不能利用公共服务为个人或相关组织和个人谋取利益；

③不得违反董事会对捐赠、服务和商务会谈所做的相关规定；

④任何行为应以实现英国文化协会利益最大化为准则。

（十三）年度报告和报表

在每个财政年度结束时，英国文化协会需要公布与其活动和年度审计报表相关的年度报告。报告在发布之前，需要得到董事会的批准。

年度报告和报表必须：

①符合《政府财务报告手册》的规定，满足由英格兰和威尔士慈善理事会发布的符合慈善组织推荐做法声明的会计和报告要求。对英国文化协会监管的所有实体的情况进行整合。

②总结英国文化委员在上一财政年度的主要活动和表现，并制定英国文化协会的未来规划。

根据《政府财务报告手册》的规定，报告和报表应交由外交和联邦事务部存放在议会，并且该信息可以在英国文化协会的网站上查询。英国文化协会应该与外交和联邦事务部官员分享其设计草案，以帮助其与议会进度安排相一致。

（十四）内部审计

英国文化协会需根据财政部政府公共部门内部审计标准，进行内部审计。英国文化协会应与外交和联邦事务部协商，确保后者根据政府公共部门内部审计标准开展工作，并对内部审计工作负责人的能力和资格表示满意。

英国文化协会应参照《英国财政部审计委员会手册》的规定，在董事会下设立一个独立审计委员会。

英国文化协会应根据政府公共部门内部审计标准，对内部审计工作定期进行质量评估。外交和联邦事务部应该决定，是否可以依赖这些审查数据来确保内部审计的质量，如有需要，可以对英国文化协会实行独立的内部审计。

外交和联邦事务部在进行内部审计时有权审阅由英国文化协会内部审计员准备的所有文档，包括外包服务的相关资料。审计战略、定期审计计划和年度审计报告，包括英国文化协会的负责人关于风险管控的内部审计意见，应尽快提交外交和联邦事务部内部审计负责人，并且外交和联邦事务部内部审计负责人应尽量和英国文化协会内部审计负责人磋商。

此外，英国文化协会应该向外交和联邦事务部提交一份年度欺诈和盗窃报告，尽可能将一些特殊或重大事故、内部审计参考条件变化、审计委员会职权范围、诈欺政策和应对计划报告提供给外交和联邦事务部的审计和风险管理委员会。

（十五）外部审计

审计官和审计长主要负责审计英国文化协会的年度报告和报表。为了完成审计，审计官和审计长拥有查阅政府资源和《2000年账户法案》（包括依据法案第25（8）条制定的所有法令）中规定的查阅相关文档的法定权利。

审计官和审计长将与外交和联邦事务部协商，决定选择国家审计署还是商业审计机构代表其担当实际审计工作。最后的决定权取决于审计官和审计长。

审计官和审计长将与外交和联邦事务部共享审计过程中获取的信息和审计结束后的审计报告（以及其他文件信息）。这在英国文化协会内尤其适用，可能会影响外交和文化委员会涉及财务系统的相关责任。审计官和审计长将对经济和效益进行审查，促使英国文化协会充分利用其资源行使职权。根据《1983年英国国家审计法案》第8部分的规定，审计官和审计长拥有查阅相关文档的法定权利。此外，英国文化协会应该为审计官和审计长提供赠款和合同，查阅收款单位的相关文件，承包商和分包商也有可能被要求配合这些审查。英国文化协会还应该尽最大努力帮助审计官和审计长查阅其所需的、其他机构持有的相关文档。

（十六）查阅权利（知情权）

外交和联邦事务部有权查阅英国文化协会的文件记录，但是在查阅的同时应该向英国文化协会解释查阅理由。外交和联邦事务部应该尊重协会的商业机密。

（十七）管理职责和财务职责

英国文化协会应遵循与外交和联邦事务部签订的《财务备忘录》。如有必要，除非征得外交和联邦事务部或财政部同意，英国文化协会应该遵循公共资金管理原则。

（十八）业 务 计 划

英国文化协会在每个财政年度都将公布一份业务计划，时间涵盖整个支出审查周期。业务计划应该与外交和联邦事务部协商完成，并且考虑外交和联邦事务部更广泛的国际优先权。

业务计划应该设定英国文化协会未来几年财务和非财务的高级目标和相关绩效目标，财务计划制订要覆盖剩余的支出审查周期。

该计划的主要因素应该与外交和联邦事务部协商。

该业务计划应该可以通过网络查阅。

在个别国家的目标应该由英国文化协会地区总监与外交和联邦事务部代表共同讨论确定。外交和联邦事务部以及英国文化协会同意之后，由代表评估并报告英国文化协会在实现代表团的长期目标方面所做出的贡献；地区总监将报告代表团的工作效率。外交和联邦事务部以及英国文化协会共享所有的报告。

（十九）财政补助和预算程序

外交和联邦事务部向英国文化协会提供部分财政补贴。外交和联邦事务部提供的财政补贴的期限和条件，以及英国文化协会运营相关的其他条例在《财务备忘录》中做出规定。

英国文化协会通过合作伙伴、代理和客户创造其他收入。其服务项目主要包括英国政府和国内外机构在相关领域的项目管理、英语教学和组织英语考试。这些项目创造的收入主要用于推进慈善事业的发展。

外交和联邦事务部承认，需要分离其作为服务的发起者和购买者的角色。外交和联邦事务部将尊重英国文化协会的商业机密，确保这些权利与外交和联邦事务部的其他信息公开义务不发生冲突。

(二十)向外交和联邦事务部汇报执行情况

英国文化协会应该运行管理系统、信息系统和会计系统，这样可以及时有效地评估业务计划指定的财务与非财务业绩在预算和目标方面的契合度。

与外部条件相关的变化或多或少会影响目标的实现，或影响业务计划的预算和目标，英国文化协会应告知外交和联邦事务部。

应该将英国文化协会在实现英国长期发展目标过程中所做出的贡献，定期向外交和联邦事务部汇报。

英国文化协会违背战略目标的表现应该记录在年度报告和报表中。

经外交和联邦事务部同意，英国文化协会可以在任何地区设立或撤销委员会。

英国文化协会应该参照如下指导原则开展工作：

①非政府部门公共机构——对政府部门的指导原则(2004)；

②公共机构对非政府部门公共机构审查的指导；

③大臣任命的实践准则也适用于公共机构；

④进行公共任命和管理公共任命——政府部门指导原则。

三、员工管理

经国务大臣和财政部同意，英国文化协会可以招聘、保留和调动其工作人员。英国文化协会应确保：

①员工招聘和管理规定要具有包容性，创建多样性的文化氛围。根据员工的能力进行任命和提拔，不能因为性别、婚姻状况、性取向、种族、肤色、民族、宗教、残疾、社会背景和年龄等因素对员工进行歧视，英国文化协会可应要求起草一份完整的声明；

②员工的水平和结构，包括员工等级和数量，要与高效率和经济性的功能和要求相适应；

③对各级员工的绩效表现进行较好地评估，并时常对英国文化协会的绩效管理系统进行审查；

④鼓励员工学习适当的、专业的、管理方面的和其他必要的专业知识，以实现英国文化协会的目标；

⑤对涉及员工切身利益的关键问题，应该与员工进行适当协商；

⑥足够的申诉和惩戒程序已经形成；

⑦报告行为不当问题的程序应与《1998 年公众利益披露法案》中的规定相一致；

⑧员工行为准则应根据内阁办公厅出台的《非政府部门公共机构工作人员行为规范》制定。

四、对英国文化协会的职能进行审查

根据内阁办公厅出台的指导原则，应定期对英国文化协会进行审查。

五、协议和管理机构的审查

本管理条例每三年至少进行一次审查，或者在内阁办公厅对非政府部门公共机构进行例行审查时，对英国文化协会的职能进行审查。

对本管理条例和相关财务备忘录进行任何重大修改，都应与财政部进行协商。

该协议自签字之日起生效。

英国文化协会 2013—2015 年工作计划

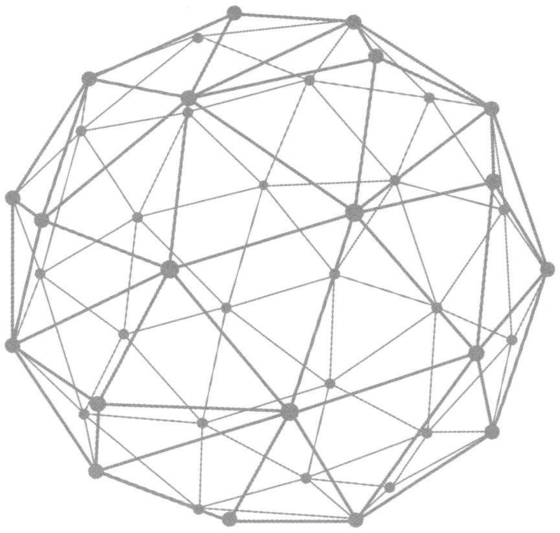

* 文件由英国文化协会发布于 2013 年。

目　　录

1. 地区背景
2. 需要优先开展的工作

（五）南亚

1. 地区背景
2. 需要优先开展的工作

（六）撒哈拉以南非洲地区

1. 地区背景
2. 需要优先开展的工作

（七）更广阔的欧洲大陆

1. 地区背景
2. 需要优先开展的工作

八、业绩目标

1. 工作范围
2. 和谁合作
3. 与各类人群开展合作的方法
4. 计划和活动参与
5. 工作影响
6. 工作质量
7. 其他组织的目标

九、财务计划

1. 收入
2. 支出

前　　言

我很高兴来介绍英国文化协会 2013—2015 年的工作计划。

2012 年是英国在世界舞台上表现的黄金年，一项外部调查显示，英国的软实力居于世界前列。未来两年以及更长时期，英国面对挑战就是以此为基础继续稳步发展。英国文化协会依旧决心致力于维护英国长期繁荣发展，保证其能一直跻身最受欢迎的语言、教育和文化国家之列，并且吸引更多人到英国旅游、学习和经商。

英国文化协会正着力推进这项工作的开展。在 2016 年里约奥运会之前，英国文化协会启动了一项为期 4 年的英国—巴西艺术和文化节项目，以加强两国之间的关系。继去年英国艺术节在中国成功举办之后，英国文化协会计划 2013 年在越南和卡塔尔举行展示活动，以提升英国的形象；2014 年在俄罗斯和南非举行展示活动；2015 年在尼日利亚举行展示活动。英国文化协会将会继续支持展示英国的艺术和文化，向全世界推广英国。基于奥运会的经验，英国与其他国家合作，例如，和格拉斯哥 2014 英联邦运动会以及 2013 德里—伦敦德里郡英国城市文化节合作，在全球开展推广英国的活动。为了满足全世界不断增长的对优质英语和资格认证的需求，英国文化协会开始从事创意、新型考试项目以及教育和英语服务。

本计划没有制定新的策略或者进行巨大的方向性变动，但是重新确认了协会的发展方向。英国文化协会将根据不断变化的全球环境，推动计划的实施，致力于实现特定的目标和 2015 年奋斗目标。2011 年英国文化协会首次制定工作目标，到现在，英国文化协会的目的和目标有所更新，但是没有从根本上改变。英国文化协会致力于推动英国繁荣发展，提高英国的国际安全，使英国保持安定和国际发展优势。

未来两年，英国文化协会将会保持或者增加在影响力和活动方面的目标，考虑到不容乐观的经济环境，降低了收入目标，但英语和考试业务会继续把收入增长作为目标。总体来说，英国文化协会的目标是，在英国中央政府资金减少、经济环境困难的背景下，继续保持发展雄心和增长战略。原来制定的 2011—2015 年计划的目标是使年营业额增加 30%，总额达到 9 亿英镑。

即使在困难时期，英国文化协会的营业额依然在增长，这样的能力来自协会致力于成为一个具有创业精神的公共服务组织的决心。英国文化协会是《皇家宪章》认可的能够依靠文化创造收入的公共服务组织。这种运作方式意味着英国文化协会继续成为一个更快步伐、更具雄心、更具竞争力和更有创业精神的组织。30 年前，英国文化协会在 79 个国家进行运营，面对不到 40 万人群开展工作。现在，英国文化协会在 110 个国家进行运营，所要面对的是 1 200 多万的人群。如果按照时价进行折算，其营业额已经超过当时的两倍。英国文化协会所获的政府拨款占收入的比例从 1980—1981 年度的 40%下降到 2012—2013 年度的 25%，并且会在 2015 年下降到 20%以下。我们相信，在合作和发展有偿服务的道路上，随着创造力的增加和创业精神的开拓，英国文化协会会为英国和所在的国家创造更持久的价值。

关于合作，我所指的是和全球品牌的合作，例如微软、汇丰银行、英格兰足球超级联赛以及诺基亚，目的是为世界人民创造机会，并且获得他们的信任。此外，还包括与英国最好的文化和教育机构、商业和品牌合作，以扩大英国的文化和教育对世界的贡献。这些贡献的一部分是在崛起的市场分享英国的专业技术和机遇；一部分是保持英国作为发达经济体中人才和创新选择的目标和对象的地位；一部分是在脆弱的、历经战乱的国家和发展中国家做出贡献。

英国文化协会同时在英国也有很多工作需要开展。在英国，很少有人，尤其是年轻人，具备语言技能、信心或者获得实际的支持，并去充分利用这些国际机遇。我们知道，学习、工作或者海外志愿的经验对于就业前景和经济的成功是至关重要的。英国文化协会将继续致力于促进年轻人的语言学习，为他们创造更多参与国际项目的机会，并且帮助他们抓住改变命运的机会。

未来两年，我们将展望2020年，会继续追问我们自己；我们怎样才能做得更好。作为一个具有创业精神的公共服务组织，这意味着要不停地追问我们自己，如何在更大的范围内，在对当今世界有意义的范围内，为英国工作。这也意味着，我们要正视核心公共资金的关键作用，尤其是实现英国对不能从中获益的国家所做的承诺。

但是，最重要的是，作为一个企业模式的公共服务组织，当我们决定采取哪一个对英国教育和文化发展具有重要机遇的模式时，都要以我们的核心目标为驱动。我们的核心目标是，建立英国人民和其他国家人民之间的信任。仅仅创造产生收入的机会是不够的，首要的是服从我们的核心目标。正是我们对文化交流的热情吸引着顾客、利益相关者和合作伙伴，同我们携手工作。2012年，我们依靠遗产在英国和世界范围内收获很多。未来，这份执着的热情会让我们收获更多。

英国文化协会执行总裁　马丁·戴维森（Martin Davidson）

一、2015年计划和优先开展的工作

从成立之日起，英国文化协会就以提供教育机会和促进文化交流为目的，2015年，它将成为世界公认的提供教育机会和促进文化交流的国际组织。英国文化协会的公共服务精神和慈善目标一直没有改变，但是对于英国的影响范围以及协会的创业方针，现在已经变得非常不同。依靠这个转变，英国人民会和全世界100多个国家数百万计人民、数千家机构和数百个合作伙伴，分享他们的文化和生活方式。

英国文化协会有义务维护英国在全球范围内的影响力和专业影响力，给那些对英国来说比较重要的国家以及英国可以对其形成重大影响的国家以优先权。现在，英国文化协会在许多国家开展了更精简和快捷的业务，来更好地利用数字服务以及各类合作伙伴、英国政府和服务办公空间。

英国文化协会的目的是，通过新的合作，通过已经开发的合作，以及通过国际教育和发展合同做更多努力。英国政府给予发展中国家更多资金支持，比如世界上一些最贫穷的国家以及快速发展和历经战乱的国家。

在尝试把高质量的数字英语服务带给每一位需要的学习者或者教师的同时，英国文化协会的英语和考试工作吸引了比以往更多的付费消费者。英国文化协会将继续和世界其他国家的地方政府携手，帮助他们转变教育体系，并且通过英语和英国资质认证增加就业机会和提升就业能力。

在艺术、教育和社会方面，英国文化协会的明确立场是，帮助全世界数亿人学习和体验英国的创造性和卓越。

数以千计的政策制定者、学者、研究人员、艺术家、运动爱好者、科学家、管理者、创造性的企业家、领导人和课堂教师，直接和我们以及在英国的同行进行合作，继续改善政策、完善专业标准以及推进对英语、艺术、教育和公民社会的参与——为英国和他们自己的社会创造更多机遇和可能性。

考虑到英国政府资助减少的情况，英国文化协会的一个主要目标是致力于收入增长，总的营业额会从2010—2011年度的6.93亿英镑提高到2015年的9.14亿英镑——32%的高期望增长目标，同期所得收入会从73%提高到80%以上。

未来两年，英国文化协会优先开展的工作主要包括以下几个方面：

①加快新的服务和产品的开发；

②提高收入和影响力；

③实现物有所值。

到2015年，英国文化协会将推进在相关领域开展新的服务和产品开发：

①支持公共教育系统的发展和提高；

②在众多领域中推动英语技能的发展；

③英语的学术目的；

④艺术和文化领域技能的发展；

⑤双边的学校工作；

⑥青年和公民社会。

为了支持新的服务和产品开发，我们会：

①增加对英语的投入，尤其是通过诸如混合学习（线下和数字的学习方法相结合）以及扩展可用的资源，为人们提供更多学习机会；

②与英国合作伙伴共同开展工作，并创造新的机会，这需要进行市场数据共享，对已经确定的、需向海外合作伙伴提供的产品和服务给予共同答复；

③对数字平台、内容和服务进行大量投资。

到 2015 年，英国文化协会将会实现在规模、质量和影响方面设定的目标，并且年营业额将达到 9 亿英镑。为了实现这些目标，协会将开展以下几方面工作：

①和英国合作伙伴携手，在经济快速增长背景下在迅速扩大的市场中引入一个全新的、混合的、创造性的服务和程序；

②扩大英语教学的范围，同时为未成年学习者和成年学习者提供获得英国资格证书更好的渠道；

③使用行动所得的可用盈余，扩大在主要市场中的教学和考试业务；

④满足北非新政府和发展中国家政府的要求，根据协议与它们以及其他英国合作伙伴合作，对学校和高等教育中的英语教学进行改革；

⑤通过高质量的数字和广播资源启发和教育学习者，推动英语教学的发展，增加线下活动，推动各类活动和展示工作的开展，以及增加 10%的总体参与度；

⑥与政府、捐赠人、公司以及基金会签订合同，开展更多合作，增强可能达到的影响力。

到 2015 年，政府资助将会低于协会营业额的 20%，并且协会将会拥有一个更加有效的占总支出 15%以下的信息服务平台。为了实现这一目标，将开展以下几方面的工作：

①尽管政府资助减少了，但也要通过增加服务收益的总量和盈余，保持英国在发达国家的影响力和辐射力；

②继续削减计划，提高效率，并且重塑海外网络，将继续节约支出，未来两年削减对英国和海外的资助力度，削减额度为 3 000 万英镑，到 2015 年削减额度达到 7 000 万英镑；

③投资发展 IT 和金融平台，支持增长和创新能力的提升，开展更多有成本效益的全球性支持服务；

④利用活动所得收入的盈余进行投资——到 2015 年，一些盈余也会用作支付一些运营项目的成本。

为了实现这些目标，还要推进以下几方面的工作：

①继续提升工作人员在艺术、英语、教育和社会领域的专业知识，以及支持诸如数字、商业合作和业务开发领域专业知识技能的发展；

②加大投资，推进工作人员的个人发展，吸引有才能的新人在全球范围内与我们开展合作，除了雇佣某些特殊领域的专家，还将投资开展新的毕业生和实习生招募计划；

③在全世界范围内招募人才，推进全球团队的组建；

④继续努力成为一个能反映当今英国状态、擅长与不同文化建立友好关系并且遵循机会均等和具备多样性的最佳实践的多元化组织；

⑤维护对人的价值评价的标准：正直、互惠、创造性和敬业精神。

正是协会对文化交流的热情，吸引着顾客、利益相关者和合作伙伴与我们一起工作。也是这种热情，促使协会在2015年，在英国和世界范围内实现更高的目标。

至2015年，英国文化协会将会向着以下方向努力：

①为英国和其他国家的人们创造国际性的机会，并且在世界范围内建立起彼此之间的信任；

②艺术——通过艺术建立彼此联系、理解彼此的新方法；

③英语——在世界范围内促进英语更广泛地传播，推进更高质量的英语教学的发展，改进英语学习和评估方法；

④教育和社会——增加英国在国际英语教育中的领导地位，与国际教育界进行经验分享，使不同社会的年轻人、公民和组织机构为建设一个更加包容、开放和繁荣的世界做贡献，并且从中受益。

为了推进每一项计划的实施和提升服务水平，英国文化协会制订了长远的目标。今后，这些目标将与以上艺术、英语以及教育和社会方面所要达到的高水平的成果联系在一起。

至2015年，英国文化协会将会和以下人群开展合作：

①1 200万名领导人、教师和其他有影响力的人、考生、英语教学中心学生和线下的参与者；

②9亿名展会、文化节、展览会和表演的参观者；

③1亿名数字客户和网站用户；

④5亿名观众、听众和读者。

在2013—2015年，英国文化协会的发展目标是在所有活动中实现合作人数的稳定增长。

二、艺　　术

通过艺术建立彼此之间的联系，理解彼此的新方法。英国文化协会将致力于：

①在重大国际事件中分享英国文化最卓越的部分；

②与英国的艺术和创新行业携手努力，并肩作战，发展可持续的国际合作，为建立联系更加紧密、社会更加繁荣的英国做出贡献；

③和其他国家合作，帮助他们发展技能和能力，鼓励艺术家和创造性的企业家从所有需要提供创造力的事物中受益；

④在所有事情中，证明艺术、新兴创意产业以及文化经济之间的联系和相关性；

⑤拥护和利用最新的数字技术，实现更加丰富的计划，提升影响力以及实现更广泛的参与。

英国文化协会将会通过推广优势、多元性和创造力来实现这些目标。

英国文化协会将通过以下方法实现艺术的影响力：

①新的以及有挑战性的思想的交流；

②情绪的展现和分享；

③对不同问题的探索；

④增加对多元文化和其他文化的理解；

⑤通过交流实现个人创造潜能的开发。

2014—2015年度，英国文化协会每年将会和以下人群开展合作：

①100万名艺术家、文化领导人和部长；

②75万名艺术家和在线社区的参与者；

③超过1亿名观众、听众和读者；

④超过1 000万名参加展会、文化节、活动和表演的参加者；

⑤超过600万名网站用户。

如何实现艺术的影响力

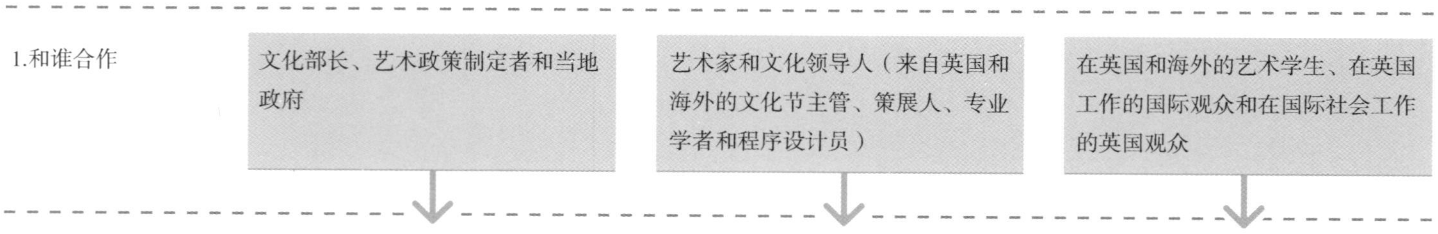

2.他们体验了什么	国际性的艺术活动、艺术政策对话、出版物、研究和咨询	专业发展讨论、艺术发展、艺术论坛和网络、合作创意、交流看法、最好的实践和体验、在其他国家工作的机会	鼓舞人心的、令人愉悦的和多种多样的国际艺术活动（展会、陈列、文化节、展览会、表演）
3.他们获得了什么	增加了在世界范围工作的知识和技能； 增加了英国以及国际艺术管理和政策的知识； 提升了在海外创新领域的知识和技能； 支持宽容、尊重和多元化的知识和技能		提高了对英国艺术多元化的认知
4.他们做了什么	通过世界范围的工作，推动了艺术实践的发展； 在世界范围内发展艺术政策和开展实践的合作； 开发新市场； 与英国和国际上的同行合作； 在海外和英国发展创新性的文化机构； 国际对话的影响		向其他人推荐并且分享他们的经验
5.持续的影响	向海外展示更多的英国就业机会； 增加国际合作； 加强英国艺术计划的国际合作； 增加英国在文化和经济增长方面的创新能力的声誉； 更多国际对话受到英国艺术和创造性思考的影响； 通过艺术和文化加强民主社会、社会凝聚力和言论自由	在英国工作的外籍员工增加，在其他国家工作的英国人也增加； 更好地接触英国艺术的广度和多元性	
	通过艺术进行彼此联系，相互理解新方法		

三、英　　语

英国文化协会致力于在世界范围内促进英语更广泛地传播，推进更高质量的英语教学的发展，改进英语学习和英语评估的方法。

英国文化协会为全世界提供了更多通过学习英语获得改变命运的机会和获得有价值的英国资格认证。

英国文化协会将会采取以下措施推动英语的发展：

①通过与教育部和捐赠人合作，提高全世界学校英语教学的质量，有效地支持英语教学政策的落实和英语教师的发展；

②支持国际上高等教育系统中学生和教师对英语的需求；

③通过网络和移动科技以及印刷和广播媒体，扩大英语学习自助程序的开发；

④投入资金，建设高质量英语教学中心的全球网络，并且扩大其影响力；

⑤通过教学网络和学习自助程序，使英语学习者的数量在两年内增加 27%；

⑥继续发展备受赞誉的数字学习内容，利用英国充满活力的文化，推动全球的英语学习；

⑦继续推进将英国作为英语学习目的地；

⑧有效增加英语测试的渠道，支持全世界的英语教学；

⑨在全球范围内，推进英国学校和专业资格认证的发展；

⑩总体上来说，将获得英国资格认证的人数增加 50% ；

⑪继续加大对英国文化协会马德里分部的投资，促进马德里小学和初中双语和双边文化的发展。

2014—2015 年度，英国文化协会将会和以下人群开展合作：

①50 万名政策制定者和部长、教师以及教练；

②超过 50 万名教学中心的学习者；

③数千万名网站用户；

④超过 500 万名在线社区的教师、学习者；

⑤超过 300 万名考试候选人；

⑥数千万名观众、听众和读者。

如何实现英语的影响力

2.他们体验了什么	政策对话活动、出版物、研究、咨询、机构资格认定	教学资源、培训课程、发展计划、网络、专业发展框架	英语课程、考试、移动应用程序、广播和社交媒体内容、重要的学习环境
3.他们获得了什么	提高了英语政策改革的实施能力； 英国利益相关者意识到海外发展的机遇	提高了英语能力，并且增加了课堂技能和信心； 提高了数字和社交媒体技能	提高了英语能力和社会以及媒体技能和自信； 改善了对英国资源质量的印象
4.他们做了什么	引进语言政策，提高教师能力，并且支持有效地开展教与学的活动； 同英国供应商建立联系	更加有效和有信心地开展教学活动； 和同事合作分享经验和思想； 加入网络并且同海外同事进行联系	用英语改善就业前景和教育前景； 参加社交媒体网络； 参与在线社区的活动
5.英语的印象	英语的地位在支持国家发展教育政策中稳固地建立起来； 英国作为一个英语国家以及语言政策和改革的合作伙伴的信誉得到加强	教学能力的提升； 语言教学专业人员将英国看作一个提供培训机会、推动教学资源发展和专业发展的世界性权威	国内英语能力提高； 语言学习者能积极地看待英语，英国被视作一个高质量教育机遇的提供者； 英语成为与国际交流的工具

推动更高质量的英语教学在全世界更广泛地传播、促进英语学习和推进英语评估工作

四、教育和社会

英国文化协会一直努力提升英国在国际英语教育中的领导地位，与国际教育界进行经验分享。

英国文化协会支持一些国家的年轻人、公民和机构为建立一个更加包容、开放和繁荣的世界做出贡献，并且从中受益。

英国文化协会将会努力从以下几方面促进教育和社会的发展：

①集中推进高等教育国际化的进程，支持英国在思想引领中的核心地位，创造英国乃至全世界范围内的政府、高等教育机构、研究者和商业之间合作和交流的氛围；

②支持英国和全世界的领导人和政策制定者，通过专业发展、政策和课程改革、奖励项目(比如国际学校奖励)以及技术辅助学习，提高教育质量和学生的学业水平；

③通过青年和校友网络，提升年轻人的国际愿景、发言权和领导潜能，使他们能够制订全球和地区的发展议程；

④安全稳定的社会可以让更多年轻人获得成功，通过支持管理改革以及提供就业和创业技能的发展机遇，为创建安全和稳定的社会做贡献；

⑤加大同私有、公有企业和第三产业的合作，在英国和国际范围内投入经费，推进项目的制订和实施；

⑥通过数字渠道同现有的和新的客户之间建立关系，扩大在教育和社会领域的影响力，并且增加从客户支持的合约和服务中获得的营业额。

2014—2015 年度，英国文化协会将会和以下人群开展合作：

①超过 200 万名教育部长、教师、学者、教育者和年轻的部门领导人；

②超过 500 万名在线社区教师、学者，大学和高等教育的领导人；

③150 万名参与教育和公民展览以及展览会的人；

④数千万名网站用户。

1. 如何实现对教育的影响

1.与谁合作	教育政策制定者	教师和学者、学校、大学和高等教育领导者	小学、中学和大专学生

2.他们体验了什么

- 政策对话和研究，例如，国际高等教育地区政策论坛；部门报告和市场信息服务
- 专业发展和培训、朋辈网络、资格认证和标杆管理；联合教育规划
- 竞赛和联合项目、工作实习、交流、教育展览会

3.他们获得了什么

- 增强了对教育、工作场所和广大社会不同发展议程和政策的理解
- 增加了对文化之间异同点的理解；提升了技能、动力和信心

4.他们做了什么

- 寻求教育问题的共同解决方案；分享在教育和教育改革方面最好的实践
- 对课程进行改革和评估；选择英国和英国机构进行学习和考试
- 和其他国家的学生合作，并且利用这个经验和同伴共同学习和工作

5.持续的影响

- 增加了对英国作为一个专业知识来源以及教育和技能发展合作伙伴的认可；增加了支持教育机构发展国际合作的能力；增加了英国的商业价值和利益；增加了英国对国际教育和研究合作的贡献以及从中获得的收益
- 通过增加知识和技能，包括跨文化的理解以及受教育的机会，增加个人在英国和海外的教育和就业机会

增加英国在国际教育中的领导地位以及从国际教育中进行学习共享

2. 如何实现对社会的影响

1.和谁合作

- 英国和海外年轻组织、年轻人领导团体以及更广范围的政策制定者；社区领导者、非政府的及以社区为基础的组织、社会企业、志愿者和年轻人群
- 包括领导人、政策制定者、民主社会和商业代表在内的政府和机构

2.他们体验了什么

- 青年政策、圆桌会议和专题讨论会、对话、社交媒体网络化；志愿活动、培训教练、指导以及学术交流
- 建设能力，包括技能、政策和领导能力；公开对话、经验交流

3.他们获得了什么

- 提高社会凝聚力和就业的领导力以及跨文化技能培养；提高对不同政策议程和进程的理解；支持合作和对话的知识和工具；通过志愿活动、培训、辅导、指导和交流获取新的技能和收获更多信心
- 增强对法律、社会和政府改革的理解能力；发表意见和参与政事的举措宣传，比如和政策对话；从英国和国际经验中取得的知识和技能

4.他们做了什么	同在英国和其他国家的同行、相关的合作伙伴以及在地区和全球问题的政策制定者开展合作； 清楚地表达年轻人的思想、影响政策和展现好的实践； 通过支持社区发展和社会凝聚力的培育积极参与其中	制定新的政策和实践、法律和法规； 建立更强大的机构和新的实践团体； 建立更加有效的民主社会组织； 分享经验和能力，有效地维护和代表人们的需求
5.持续的影响	由英国和海外青年团体和青年专业人员创立和领导的创新型国家、地区和全球的合作网络； 让社区积极地融入民主社会和社会企业； 提高对英国资源的了解	开放的、负责的政府和机构，积极地参与民主社会的构建； 将英国视为专业知识来源，将英国视为支持公开对话和积极改革的有效合作伙伴； 从国际经验中获得更加强大的民主社会能力
	一些国家的年轻人、公民和机构为建设一个更加包容、开放和繁荣的世界做贡献，并且从中受益	

五、计划和活动

1. 艺术、英语、教育和社会携手合作

未来两年，英国文化协会将会寻找创新方法，把艺术、英语、教育和社会工作结合，创造出最大极限的影响力，正如现在为2012年奥运会和残奥会所做的一切。去年，英国文化协会把奥运会鼓舞人心的力量作为凝心聚力的载体，使世界范围内的所有年轻人建立起国际联系。这种联系是以学校为纽带，通过参与文化奥运艺术活动以及通过和奥运会相联系的新的英语资源建立起来的。

英国文化协会将会在这个经验的基础上，让来自英国和全世界的人参与为纪念即将到来的重大纪念日和国家盛事而举办的文化和教育活动。这些重要庆典包括格拉斯哥2014年英联邦运动会、2014—2018年第一次世界大战百年纪念、2014年莎士比亚诞辰450周年和2016年莎士比亚逝世400周年纪念日。

英国文化协会为英联邦运动会制定的旗舰教育计划将会成为一项大规模的学校纽带建设项目。该项目以学校伙伴关系的建立为模型，通过加强与英国广播公司的合作，同英国广播公司和联邦秘书处携手并进，为促进2012年奥运会成功举办做出贡献。英国文化协会的目的是通过奥运会激励10个最大联邦国家的1 700万名学生，对联邦国家的价值观进行思考，并且了解作为联邦国家公民所承载的一切。

同时，英国文化协会也制定了一些艺术项目。这些艺术项目是文化计划的组成部分，要为奥运会的成功举办做出贡献。英国文化协会将与创意苏格兰(Creative Scotland)以及英格兰艺术委员会(Arts Council England)携手，支持PRS音乐基金会(PRS for the Music Foundation.)举办新一届音乐双年展(Music Biennial)；将与苏格兰国家美术馆(National Galleries of Scotland)、创意苏格兰以及格拉斯哥生活(Glasgow Life)合作，支持庆祝苏格兰视觉艺术(Scottish visual arts)成立25周年的一个项目。这个项目在进行海外巡展之前，要在苏格兰地区的所有美术馆进行展览。

英国文化协会正在计划关于奥运会以及其他的周年纪念和更多重大事件的纪念活动，其中包含教育和艺术活动以及新英语教学资源的开发。

英国文化协会将会继续成为英国政府重大活动的主要参与者，这些活动会持续到2015年。这个跨政府的倡议，目的是利用2012年伦敦的遗产资源鼓励全世界人民到英国旅游，并在英国开展贸易活动。同时，在一些特定的国家，支持高等教育的发展、推广英国艺术和语言，并且继续进行学生招募。

2. 体育、科学和可持续发展

这些主题对于英国文化协会所做的事情贡献很大，能帮助其在艰苦的环境中建立与人们沟通的桥梁，走进人们的内心。通过这些，英国文化协会可以向世界展示英国的力量，增加英国的优势，并且吸引更多合作伙伴开展合作。

体育在文化交流中具有天然的作用——所有的国家都注重体育事业的发展。是体育消融了人们彼此之间的分歧，将世界人民凝聚在一起，并且提供了提升技能和信心的简单而又实用的方法。

英国文化协会在体育方面将要推进的工作，都应该在合作中进行。同合作伙伴一起进行政策改革、专业发展以及能力建设。英国文化协会将会对教练、教师和年轻人进行培训，并且支持社团的发展和教育网络的建设。伴随英格兰足球超级联赛(Premier League)的开展，英国文化协会将会探索如何在英超技术工作坊计划的基础上，推动社团发展，并且帮助年轻人发展生活技能，以及通过足球这一载体进行英语学习。同合作伙伴——联合国儿童基金会(UNICEF)和英国体育(UK Sport)携手，英国文化协会将会继续推进国际激励(International Inspiration)计划的实施，其为 2012 年伦敦奥运会和残奥会的国际体育遗产计划。这个计划已经完成了通过体育丰富全世界 1 200 万名年轻人的生活的目标，未来要为实现更高的目标而努力奋斗。

在科学领域，英国文化协会支持政策讨论和新的研究合作，以及高等教育部门、政府和商业团体之间的创新。例如，通过英国—印度教育和研究计划(UK-India Education and Research Initiative)，一个涉及多个利益相关者的计划，继续支持英国和印度高等教育机构之间的新的可持续发展合作关系的建立，在研究和创新领域开展合作。这项计划也会鼓舞和支持印度两个“创新大学”的发展。

英国文化协会将会帮助早期职业研究人员，尤其是新兴科技国家的研究人员，增强他们的交流技能，帮助他们成就国际事业，并且发展他们和英国之间互惠互利的关系；继续推进公众参与科学领域的工作，支持有才能的科学工作者构建国际网络，并且帮助他们激发新一代科学家和工程师的成长。这项工作建立在一些方案的基础上，比如国际名望实验室(FameLab International)。名望实验室在切尔滕纳姆节(Cheltenham Festivals)创建，它让年轻的科学家有三分钟时间与现场观众进行交流和互动。目前，名望实验室和英国文化协会开展合作，并且在超过 23 个国家都有合作伙伴。我们要培养未来的科学家和工程师，要通过将更多科学和技术课题引入学校计划、通过英国在传播科学领域的声誉实现这一目标。

通过和大学、政府以及学术团体，如皇家学会的合作，英国文化协会利用英国的主要专业技术为教育和社会计划提供可持续发展的内容。例如，“气候 4 教室”计划(Climate 4 Classrooms programme)，同皇家地理学会(Royal Geographical Society)和皇家气象学会(Royal Meteorological Society)开展合作，为学校在线门户(Schools Online portal)提供材料。

英国文化协会 2013—2014 年度主要工作计划和活动，见表 1。

表 1　英国文化协会 2013—2014 年度主要计划和活动总结

2012 年伦敦遗产	以 2012 年的成功为基础，在即将到来的周年纪念和重要的国家大事，包括格拉斯哥 2014 年英联邦运动会、2014—2018 年第一次世界大战百年纪念、2014 年莎士比亚诞辰 450 周年纪念日和 2016 年莎士比亚逝世 400 周年纪念日中发挥积极作用
艺术	
展示活动	新作品与合作、技能发展和实习计划，包括 2013 年英国和卡塔尔开展的艺术和文化季项目、2014 年英国和俄罗斯开展的艺术和文化季项目、从 2014 年开始英国和南非开展的艺术和文化季项目
2012—2016 年英国—巴西交流活动	为 2012 年伦敦奥运会和 2016 年里约奥运会搭建桥梁。交流将为巴西和英国的艺术作品注入活力，并且为两个国家建立长久的关系奠定基础
英国文化协会收藏品	用新作品不断更新我们的收藏，使其能够最好地展现英国现代艺术的魅力。通过与艺术收藏委员会建立新型合作关系，使更多英国和海外机构可以获取更多收藏品，进行一系列展览，在世界范围赢得更广泛的新受众
创意经济	用更新的计划在英国和海外快速增长的创意产业部门之间建立联系，从充满生机的创意经济中，使英国获得最大的收益
英语	
英国考试	为全世界提供接触英语和其他英国资质认证的机会
公共教育体系中的英语	支持英语学习和教学的发展，在学校和高等教育机构中提倡用英语进行课程教学。通过研究、咨询、和政策制定者之间的合作、课程发展和教师培训计划，促进英语教学质量的提升，在文化交流和发展中进行语言解读
线下和混合英语	依靠合作伙伴和遍布世界的 80 多个学习中心，为 40 多万名个人和团体英语学习者提供线下和混合课程
英语自主学习者	为学习者提供课件以及在线的、移动的、广播的和打印的资料，通过各种渠道以及英语教师的全球在线培训资源，提高他们的英语能力
教育和社会	
学校	
学校计划	通过政策和课程改革、专业发展、学校联系、资格认证以及技术支持学习，提高学校的教学水平，数字平台——学校在线(Schools Online)可以提供相关支持
国际发展协议	通过政策改革、教师培训和课程发展，为学校发展提供支持
“夸美纽斯”项目	提高年轻人和教育专业人员的技能，加强他们的知识学习以及对欧洲文化和语言多元性的理解(欧盟提供资金)
国际高等教育	
英国文化协会—国际教育市场办事处	为英国教育提供者提供专门服务，促进其国际教育策略的发展
智能教育	对全球性的、地区性的和国家性的高等教育动态的研究和客户提供资金服务
走向全球	通过思想引领和全球政策对话(包括年度峰会：走向全球)，制订全球高等教育发展议程
知识经济合伙	推进和支持国际研究合作以及政府、大学和商业之间建立全球伙伴关系
学生和校友	引导和创新学生全球流动，为学生国际经验的积累铺平道路
英国—印度教育和研究计划	将大学、企业和政府有机结合起来，共同推进研究和创新的发展；为高等教育机构、职业院校和学校的专业以及领导地位的发展提供机遇；制定学生流动和技能发展计划
“伊拉莫斯”项目	欧盟出资的项目，用来支持高等教育层面上学生的流动，为学生进入劳动市场做准备
奖学金协议	支持学生流动、国际教育和发展的一些协议

续表

技能	
就业技能	支持技能发展，满足劳动力市场的需求和学习者的需要，尤其是在有大量年轻人的国家
社会创业者技能	支持新的就业、社会企业的生长和发展，尤其是在新兴国家和发展中国家
国际发展协议	同高等教育团体合作，帮助年轻人改善就业前景，并且增加雇主在高等教育实施过程中的参与度
年轻人和社会	
下一代人的网络	由社会年轻创业者、社团领导人和有影响力的人共同组成的一个全球性的工作网络，为创造生活、社区和世界的积极改变而不懈奋斗
国际激励	与合作伙伴伦敦 2012 携手，加强和改善全世界的体育事业，让更多人参与到体育活动中，培养年轻人的技能，帮助年轻人树立信心，改善他们的生活质量，为永恒国际遗产的创建而不懈奋斗
英超技术工作坊	与英格兰超级足球联赛合作，通过足球发展年轻人的生活技能，推进英语语言学习，加强社区指导
“青年在行动”项目	欧盟出资的项目，积极推进欧盟公民的构建和个人技能的发展，促进欧洲年轻人之间的文化理解
管理和社会	
积极的公民	同具有凝聚力的团体组织以及它们的领导人开展合作，支持更多有凝聚力的社团和有效的民主社会，帮助他们进行创新、承担更多责任，并且获得英国和国际经验
起点	为中东地区的女性提供个人发展的机会
国际发展协议	支持扶贫、经济增长，实现正义以及社会和经济发展，尤其要推动非洲和南亚地区的发展

六、英　　国

奥运会、残奥会、文化奥运和钻石庆典的巨大成功，对英国在世界舞台上的地位有巨大的提升作用。英国的文化地位已大大加强，对世界一流的文化和教育机构的认知，对开放的、受欢迎的和成功实现了多样化的人群结构的认知也不断得到提升和更新。

在未来几年，还有很长的路要走。英国文化协会的研究表明，人们对在英国进行访问、学习和开展贸易活动的兴趣在不断提升。英国的软实力，就是文化的吸引力，得到前所未有的重视，对英语、英国教育和艺术的全球需求大大超越了英国的回应能力。

英联邦的 4 个成员国家继续高度重视英国从国际发展机遇中获得的经济利益，并且高度重视年轻人的国际体验，并进行投资。同时，国际机遇也在不断增加，致力于分享英国专业知识和创意内容的英国文化和教育机构的合作伙伴的范围也在日益扩大。

放眼 2015 年，我们坚信，能在 2012 年遗产基础上有所建树，我们能够通过为英国的年轻人、为充满活力的教育和文化部门以及为作为英语家园的英国提供更多的国际发展机遇。

1. 在 2012 年遗产基础上有所建树

英国文化协会将会继续作为英国政府重大活动的主要参与者，参与英国政府开展的重大活动，旨在通过突出英国为世界提供最好的资源和机会，进而推动英国经济的增长。同时，鼓励和支持国际学生，尤其是新兴国家的学生到英国学习。

在 2012 年伦敦奥运会经验的基础上，英国文化协会将会把英国和全世界人们、品牌和文化机构融入具有标志性的重大周年纪念和国际事件，这些事件和活动包括：

①2013 年德里—伦敦德里“英国文化城市”；

②2013 年和 2014 年爱丁堡艺术节；

③2013 年加的夫世界音乐博览会(WOMEX)

④2013 年本杰明・布里顿(Benjamin Britten)百年纪念；

⑤2014 年格拉斯哥英联邦运动会(Glasgow Commonwealth Games)；

⑥2014 年迪伦・托马斯(Dylan Thomas)百年纪念；

⑦2014—2018 年第一次世界大战百年纪念；

⑧2014 年莎士比亚诞辰 450 周年和 2016 年莎士比亚逝世 400 周年纪念。

2. 让英国年轻人国际化

①英国文化协会将会继续和英国的学校开展合作，通过一系列计划，使更多英国学生认识世界，了解更多国际发展机会；

②为英国年轻学者提供更多国际学习机会，比如，欧盟资助的“伊拉莫斯”计划（Erasmus programme）；

③帮助年轻人发展必备的语言技能，来获取更多国际发展机会，例如，通过外语援助计划，安排母语使用者到英国学校工作。

3. 推动英国高等教育的发展

①现在，英国文化协会和英国所有大学开展合作，继续推进高等教育国际化的发展，和英国合作伙伴共同开展国际教育活动，比如合作发展、学生招募、学生流动、课程发展、教育质量保证以及国际智能市场；

②与早期的英国和海外研究者建立更广泛的研究联系，与他们开展长期的合作；

③每年举办全球大会（Going Global conference），继续在国际高等教育政策论坛中保持主导地位，英国机构在走向全球大会中扮演着核心作用。

4. 推动英国成为英语学习的目的地

①英国文化协会将会继续成为英式英语的语言提供者，每年招收数万名英语学习者，英语考试和资质证书为英国考试委员会创造了大量出口收入；

②继续巩固英国的地位，并凝聚力量成为全球高质量英语教学的引领者；

③为全世界的英语学习者开发新的数字材料和线下学习材料，激发他们对英语的学习兴趣，并且给予他们就业所需要的英语技能。

5. 把英国当代顶尖的艺术带给世界人民

①通过重大的国际艺术节，比如2012—2016年举办的巴西艺术节、2013年举办的卡塔尔艺术节、2014年举办的南非和俄罗斯艺术节，同世界艺术网络开展合作，让英国最好的合作伙伴、赞助商、投资人和参与者都能参与英国的艺术节，并且通过这些艺术节尽可能地提升英国的影响力。

②在重大的国际文化事件中展示英国文化的多样性，并且肯定艺术是4个英联邦成员国家的利益相关者首要开展的工作。

七、全球网络

过去 30 年，英国文化协会将全球网络从 79 个国家拓展到 110 个国家。立足于现实是我们做所有事情的核心，我们要继续保持在世界上的影响力。尽管我们知道，建立信任需要持久力，但是我们会继续改变和发展网络体系，来回应国际上需要首先开展的工作和提供资金的可用性。这意味着开放新的运营和教学中心，有时也要做出艰难的决定，那就是关闭规模比较小的教学中心。

在每一个地区，英国文化协会都确定了一些优先国家，在接下来的论述中，会对计划中涉及的重点国家用黑体标注出来，这些国家从更多资源和更大范围的活动中受益。优先权是由一个国家对英国的重要性决定的，是由我们可能会产生的影响决定的，也是由业务可行性决定的。一些新兴国家，比如中国、印度、巴西、墨西哥、土耳其、印度尼西亚、越南和尼日利亚，会继续作为优先国家。我们关注中东和北非一些国家，比如阿富汗和巴基斯坦。这些国家正在经历深刻的变化，并且继续寻求在具有挑战性的环境中发挥作用。我们的英语工作正在通过海外文化中心不断拓展，会重新考虑通过英语扩大在拉丁美洲的影响力。

为了确保未来海外文化中心体系的发展，英国文化协会将会继续尝试更多用更少的固定资本开展工作的灵活方法。多年以来，我们对海外文化中心的政策从所有权持有转变为租赁，这对改变海外文化中心的规模或者进行地点变化提供了更大的灵活性。在有些地区，我们会放弃品牌工作场所，用更低成本的办公场所或者同外交和联邦事务部(Foreign and Commonwealth Office)、其他合作伙伴或相似的机构共用办公场所。在有些地区，很多海外行动由地区分部负责管理，而不是通过英国中央管理中心来统一调配。例如，在波兰的中心监督在保加利亚、拉脱维亚、立陶宛和爱沙尼亚的行动。技术会帮助我们创造“更灵巧”的工作环境，并且有助于真正的全球队伍的构建。这样，我们就可以更有效地利用来自世界各地的专业知识。从全球视角来看，我们在印度的共享服务中心会提供大量的金融和 IT 支持。我们会继续在全世界寻求合作伙伴，在英国和各地区发展和实施新计划。

未来两年，缩减的政府资助意味着我们会将对海外文化中心体系的拨款削减 1 800 万英镑。同时，投资给英国用于海外发展的拨款数量会增加。我们将加大对能够获得收益的活动的投入，将海外自有收入增加 30%——这是一个非常具有挑战性的目标。为了应对这些要素，英国文化协会已经在 7 个海外地区进行了资源重新分配。我们要抓住新的发展机遇，切实满足地理政治优先权的改变。从政府划拨经费分配情况来看，给予南亚、中东和非洲优先权。我们发现，通过劳动收入对这些发展中国家、冲突后国家和脆弱国家进行资助会受到很多限制。相反，到 2015 年，东亚和欧盟的欧洲地区 90%以上的资金都是由自有收入提供。各海外地区的收入情况，如图 1 所示。

英国文化协会的目标是，到 2015 年完成工作计划，使我们在全世界的身份更加规范化。目前，我们已经在 66 个国家解决了身份的问题。在某些情况下，不是作为英国文化协会的一个慈善分支，我们

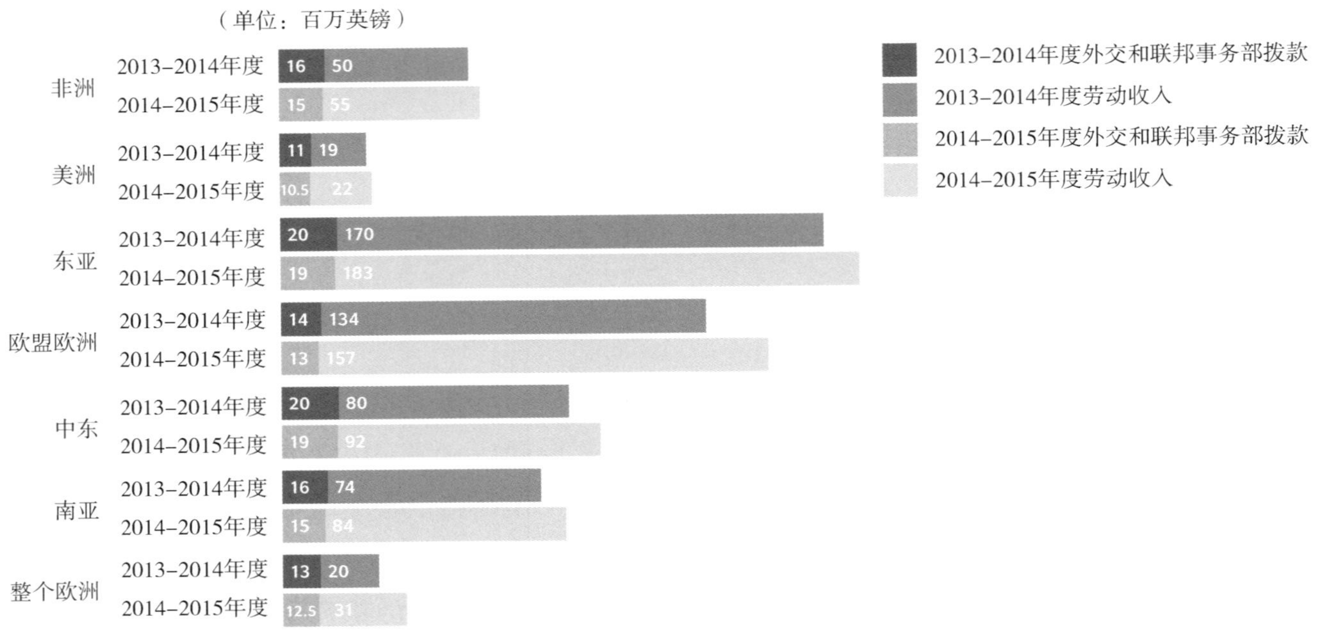

图 1　2013—2014 年度以及 2014—2015 年度海外地区的收入

必须建立一个新的公司或者基金会，以便有效地进行运营。到 2015 年，我们期望在海外拥有大约 20 个独资公司和基金会，可以完成最需要优先开展的工作。这个日益复杂的结构需要更多报告许可要求，这为我们雄心勃勃的收入增长计划提供了重要的资金，以及继续通过网络进行运营的许可。

(一) 美　　洲

美洲包括阿根廷、**巴西**、加拿大、智利、哥伦比亚、古巴、牙买加、**墨西哥**、特立尼达和多巴哥、**美国**、委内瑞拉。

1. 地区背景

这个地区有一些英国最重要的国际合作伙伴，还有很多未来潜在的合作伙伴。持续强劲的经济增长、新兴的中产阶级、稳定的民主政治以及在世界舞台上越来越响亮的声音是拉丁美洲经济大国的主要特征。巴西、墨西哥和其他快速增长的经济大国，比如哥伦比亚，对全球贸易和对话的重要性日益拓展。政府和公民的国际视野日益拓展，对英语、教育和培训服务以及新的合作伙伴的需求也日益增加。

在北美洲，在高等教育和艺术方面，美国市场依然对英国合作伙伴保持着优先权，对英国来说，和美国的关系仍然非常重要。美国和加拿大变化的人口分布意味着，这些国家的许多人和拉丁美洲及亚洲有比与欧洲更深的联系。这就创造了一个通过文化交流活动更新跨大西洋关系的机会，这些机会是为新一代重新构想的。

英国文化协会的应对是：

①英国要利用千载难逢的机会，通过奥运会和残奥会的交接来加强英国和巴西之间的关系；

②为英语教学政策发展做出贡献；

③在更大范围内，通过创新和合作支持整个拉丁美洲更高质量的英语教学和学习；

④发展新的高校和学校国际合作伙伴关系，并且通过技能和体育分享正规教育或者非正规教育的经验；

⑤创建和英国创新的关系；

⑥通过和主要合作伙伴，比如微软的合作，扩大在地区的影响力。

2. 需要优先开展的工作

英国文化协会在拉丁美洲的首要优先工作是英语。我们会实施一个教师发展策略，这个策略会使用远程教学技术，包括来自第三国的视频连接，并且会利用在线导师和教练来推动网络体系的发展。这个策略会让 750 万名英语学习者和 45 万名英语教师拥有获得来自英国的高质量资源的机会；通过和政策制定者、教育部长以及供应商合作的方式促进数字化用户数量不断增加；推出更多考试，除了现有的由 3 个中心提供的教学之外，还要继续扩大规模。

艺术会触及新的和更多的受众。2012—2016 年英国—巴西交接的活动，是构建的一个最大的舞台，它是旗帜性的文化事件，有助于增强英国和巴西之间的关系。与英国最好的艺术组织和机构，例如维多利亚与艾伯特博物馆、大英博物馆、海伊文学节以及爱丁堡展览开展合作，加强整个地区的交流和合作。还会和文化以及创意企业家合作，推动有助于繁荣和跨文化理解政策的实施。

对高等教育国际化的支持会集中在巩固英国市场计划并且发展高等教育和工业之间的联系，为合作关系和政策对话提供更多机会，将会发展领导人计划，包括体育教育，并且为年轻领袖，包括那些曾在英国学习的年轻公民构建合作网络。

这一地区的人口刚刚超过 800 万人

来源：联合国

这一地区的人均 GDP 从美国的 4.8 万美元到古巴的 0.5 万美元不等

来源：世界银行

根据 GDP 的发展，巴西目前是世界上第七大经济体，墨西哥是第十一大经济体

来源：中央情报局世纪概况

(二) 东　　亚

东亚市场包括澳大利亚、缅甸、**中国**、中国香港、**印度尼西亚**、**日本**、韩国、马来西亚、新西兰、菲律宾、新加坡、中国台湾、**泰国**、**越南**。

1. 地区背景

亚洲作为一个经济和政治力量，崛起的主要特征是经济和社会的快速变化。中国新一代领导人会继续关注经济发展。经济发展和城镇化成为创意领域进行创新和发展的动力，同时也对技能提出了新

的要求。东南亚国家联盟的一些国家对外部的兴趣在增加。这些国家的经济增长是通过人口的增加、教育改革的强大动力以及技能的发展来实现的。在这样的大背景下，印度尼西亚和缅甸成为优先市场。大量的市场(比如新加坡)都对国内和跨国教育进行了巨大的投入，但是受人口萎缩的影响，日本和中国台湾正在通过吸引海外留学生的方式推进高等教育国际化的发展。

快速成长和就业能力的挑战，导致英语学习者和教师以及社会和创意产业部门非常注重技能的发展。在这个地区，数字技术和社交媒体越来越多地成为人们日常生活的一部分。

英国文化协会的应对是：

①通过强有力的合作关系，比如东南亚国家联盟知识合作，增加计划的规模、相关性和影响力；

②通过增加英语、教育和创意产业以及英国资格认证的有偿收入，满足这些地区的人对技能发展和国际化发展的要求；

③不断提高能力，以应对数字内容发展和社交媒体的参与；

④在中国推动英国现代艺术节的发展，推动英国的创造力和创新能力在中国得以展示。

2. 需要优先开展的工作

在马来西亚签订了一单大的教师培训合同和一个附加的提高技能水平的合同，这意味着我们聚焦的英语有偿教育机构的运行情况非常好。我们会通过综合的业务方法、国家制度、线下教学、在线和移动设备以及广播媒体的发展，推动英语学习者计划。我们会继续开放新的教学中心，包括在印度尼西亚推行的一项新的计划。参加雅思考试的人数在不断地增加，为学习者推行新的普思考试，将会成为首要开展的工作。普思考试现在是满足政策制定者改进测试需求的主要产品。

在教育和社会方面，通过成功的全球教育对话，继续支持地区教育领导人对政策进行新的思考。同时，重点关注英国跨国计划的市场，例如，支持越南—英国在岘港的新大学计划，并且基于英国在这个高优先发展区的有偿市场分析服务开展。在中国，扩大知识经济领域的合作，并且，同其他英国机构携手，在东南亚国家联盟国家开展一系列新的合作。和私有以及公共组织的合作伙伴一起，继续增强技能培训，以及促进年轻人参与社会事业。同时，注重自身能力的提升，增强和拓展同印度尼西亚、越南、缅甸、中国和菲律宾的合作。

所有的国家都会开展艺术项目，以增加英国创意产业的受众。英国文化协会将会把在中国举行的英国现代艺术节的巨大成功，延续到 2013 年在越南举办的展示活动和 2014 年在印度尼西亚举办的展示活动。同时，推动艺术管理、文化遗产和创意产业的技能发展。韩国会成为 2014 年伦敦书展的重点关注对象。

在这一地区的 13 个市场中，有 6 个市场的 GDP 位列全球经济 20 强	这一地区共有 8 个国家获得了经济合作与发展组织政府发展援助资格	这一地区的人口超过 20 亿(占世界总人口的 1/3)，超过 1/4 的人口年龄低于 14 岁
来源：中央情报局世界概况	来源：经济合作与发展组织	来源：联合国和中央情报局世界概况

（三）欧　　盟

欧盟包括奥地利、比利时、保加利亚、克罗地亚、塞浦路斯、捷克共和国、丹麦、爱沙尼亚、芬兰、**法国**、**德国**、希腊、匈牙利、爱尔兰、意大利、拉脱维亚、立陶宛、卢森堡、马耳他、荷兰、挪威、波兰、葡萄牙、罗马尼亚、斯洛伐克、斯洛文尼亚、西班牙、瑞典、瑞士。

1. 地区背景

这个地区涵盖了欧盟成员国以及挪威和瑞士。这些高速发展的经济体面临着从全球经济衰退中恢复、适应人口老龄化以及解决青年就业问题的挑战。尽管一些重点国家，如波兰和德国，具有相对较强的抵御风险的能力，但欧元区国家在处理债务和重获市场信心方面面临重大的风险。财政紧缩给社会凝聚力的构建带来了压力，加之民族主义日益抬头，使欧盟许多地区都受到移民带来的压力。欧盟继续作为英国最大的贸易合作伙伴，并且对英国的利益来说其是非常重要的。

这个地区有很多重要的公司、政府和民主社会合作伙伴，有很多机会和他们合作，并且根据欧洲委员会的合同，可以大范围开展与文化相关的工作。作为欧盟文化中心（EUNIC）合作组织网络中的主要合作伙伴，英国文化协会将在影响欧盟的文化政策方面发挥了重要的作用。我们有巨大的英语学习和资格认证市场，可以继续从有偿服务中获得大量收入。对这个地区的政府资助已经大幅下降，到2015年，这个地区90%以上的营业额来自自产收入。

英国文化协会的应对是：

①英国要与欧洲合作，要动员欧盟的合作伙伴，为英国的利益而积极努力；

②为英国的年轻人创造尽可能多的国际交流和学习的机会，使青年在和欧洲其他同龄人建立联系的过程中拓宽视野，同时，积极鼓励英国年轻人参与欧洲流动计划；

③创造自产收入的机会，并且使这些机会多元化，尤其是在经济上更具有复苏潜力的国家，要优先给予发展机会，让它们到2017年实现自力更生；

④寻求欧盟委员会和成员国政府提供的新机会，通过共同投资开展更多与文化相关的工作；

⑤积极加大数字投入，获得更多的受众。

2. 需要优先开展的工作

英国文化协会首要的优先开展的工作是通过有偿的教学和考试服务，以及为所有教师、学习者和语言政策制定者提供更多支持，满足英语可持续发展的需要。我们会与公共教育机构和英国合作伙伴合作，提升英语教学和考试的质量。我们会加大投资，提供更多付费与免费下载资源的数字渠道和内容。马德里学校为年轻的西班牙人提供了非常有价值的双语自由教育和英国课程，应该给予这个学校优先发展权。

艺术要在选择的国家中得到优先发展，英国文化协会的目标是促进数字和广播艺术作品，例如创新的国家剧院（National Theatre）在所有国家进行现场直播。我们会赢得新的受众，同合作伙伴以及英国专业艺术人员合作，支持商业和创新合作活动的开展。从2014年开始，我们会通过欧洲委员会的创意欧洲计划，促进创新产业的发展。

关于教育和社会，英国文化协会的工作重点集中在高等教育国际化，重新和大学一起合作，迎接共享政策的挑战。我们会促进全球教育市场的智能产品、人员的流动，并且为年轻人提供更多就业机会。我们会为英国的年轻人建立新的共同出资的合作伙伴关系，让英国的年轻人同欧盟的年轻人能够建立联系，并且习得在当今全球经济竞争中所需要的技能。

欧盟人口数量约为 5.03 亿，仅占世界人口的 7%

来源：欧盟统计局

这一地区的人均 GDP 从挪威的 9.8 万美元到保加利亚的 0.7 万美元不等

来源：世界银行

2008 年，欧盟人口的平均年龄为 40 岁，到 2030 年将会提高到 45 岁

来源：欧盟统计局

（四）中东和北非

中东和北非包括阿尔及利亚、巴林、**埃及**、**伊拉克**、约旦、科威特、黎巴嫩、**利比亚**、摩洛哥、阿曼、**巴勒斯坦**、卡塔尔、**沙特阿拉伯**、叙利亚、突尼斯、**阿联酋**、也门。

1. 地区背景

自 2011 年的暴动之后，中东和北非一直在经受巨变。革命性的巨变产生了新的政治和社会力量，并且导致突尼斯和埃及伊斯兰教派在选举中获得胜利。在整个地区，所有国家都受到影响，在未来一段时间里，不安定和不确定因素将会继续存在。

西方国家对历史的高度误解依然存在，这就使得和英国之间建立信任异常重要。有许多机会可以同英国建立信任关系，可以通过国际合作支持文明社会的改革和发展。年轻人占这个地区人口数量的一半以上。年轻人需要帮助，去获得就业的技能、国际机会以及塑造未来的发言权。英国也有很多机会支持海湾地区教育的发展，促进这一地区经济和社会的发展。

英国文化协会的应对是：

①帮助年轻人处理走向社会和就业方面所面临的挑战；

②支持个人、政府和私人企业能够携手，共同探索塑造未来的方法；

③支持人民在新的领域，比如创新经济和社会企业中获得工作技能。

2. 需要优先开展的工作

英国文化协会将教育重点放在就业技能、高等教育引领和建立学校之间彼此联系上。我们会发展和教育部门之间现有的关系，以支持教育政策改革。通过与合作伙伴合作，让年轻人接受教育，发展就业所需要的技能和推动社会发展的技能。我们会支持女性参与经济和政治生活。我们的社会工作是建立年轻人网络，并且通过诸如阿拉伯“青年之声”计划鼓励社会范围内的大讨论，这个计划由外交和联邦发展事务部/办公室的阿拉伯国际发展合作关系计划资助。我们会以 2012 年突尼斯哈马马特北非领导人会议为基础，组织各类会议，加强北非的新任领导人和英国之间的联系。为了倾听年轻人的声

音，增加对他们的认同，我们会和当地组织合作，对海湾地区的工作进行审查和改革。

该地区对英语的需求很大，并且在继续提升。英国文化协会与突尼斯教育部就教育体制问题开展合作，并以此为基础支持国家英语培训政策的发展。通过数字和广播媒体以及线下的方式，向教师和英语学习者提供支持。与合作伙伴，例如汇丰银行和阿拉伯联盟合作，力争到 2015 年，整个地区的英语教师和英语学习者数量超过 1 000 万人。

这个地区给予艺术极大的尊重和支持。这就为言论自由受限的地区提供了表达的载体，并且创造了同英国开展对话的机会。关于艺术在改革中的作用的研究会促使我们重塑艺术计划，支持一些国家发展自己的文化政策。通过展会、出版物、巡回演出和展示，比如卡塔尔 2013 文化年，建立更多新的联系和产生新的创意。

这一地区的人均 GDP 从卡塔尔的 9.25 万美元到也门的 0.1 万美元不等	这一地区的人口接近 3.15 亿，并且大约一半人口的年龄在 25 岁以下	这一地区的 17 个国家中有 11 个被列在经济合作与发展组织政府发展援助的名单上
来源：世界银行	来源：欧盟	来源：经济合作与发展组织

（五）南　　亚

南亚包括**阿富汗**、**孟加拉国**、**印度**、**伊朗**、**尼泊尔**、**巴基斯坦**、斯里兰卡。

1. 地区背景

南亚发展迅速，社会动荡，经济飞速发展，中产阶级日益崛起，但同时也存在冲突、极度贫穷和低识字率等突出问题。这个地区的贸易、经济、安全和发展等领域对英国而言也是非常重要的。印度是一个新兴的全球力量，英国热衷于恢复同印度之间的关系。尽管存在经济和安全方面的困难，尼泊尔、孟加拉国和斯里兰卡每年的经济增长率都在 6% ~8%。英国承诺，2014 年从阿富汗撤军之后，还会继续支持阿富汗的长期发展。孟加拉国仍然是接受英国提供的发展援助的最大受益国之一。巴基斯坦同英国之间存在着强大的侨民联系。

这一地区对英语就业能力有极大的需求，同时，增长的教育投资、日益浓厚的对艺术和文化产业的兴趣、迅速增长的对数字技术的应用，也是南亚地区发展的迫切需要。

英国文化协会的应对是：

①鼓励计划和资源倾斜，让南亚地区的英语学习者和教师数量达到 1 亿人；

②通过健全国家教育体制，提供英语教育和资格认证，为年轻人提供更多受教育的机会；

③通过艺术为英国和南亚人民之间增进理解和信任；

④支持南亚下一代领导人的发展，以及增强他们和英国之间的联系；

⑤建立有效的办公体系，为印度、巴基斯坦、孟加拉国和斯里兰卡分部的运营进行投资，2013 年，会在贾夫纳开设一个新的办事处。

2. 需要优先开展的工作

英语对南亚地区的发展来说是非常重要的。为了获得更多的支持，将会发展新的合作伙伴，加大在数字传输和线下英语教学方面投资，并且寻找方法，让以前没有接受过英语教育的人也能学习英语。拓展英语教师培训计划，已经培训了超过 75 万名英语教师，到 2015 年，这一数量还会大幅增加。在巴基斯坦，我们的目标是培训 50 万名教师。南亚是英国考试委员会在全球最大的市场之一。我们会继续加大对英语资格考试的投资，提升用户体验，并且让考生同其他文化相关的活动取得更多联系。

在教育方面，优先推进高等教育国际化。英国—印度教育和研究计划项目会继续创造新的印度—英国高等教育合作伙伴和研究关系。未来 4 年，将会进行一个重要的欧盟投资项目，加强欧盟和印度之间的合作。学校工作的重点是增强领导能力和质量，并且为英国和南亚之间建立 435 个合作项目。社会计划主要在巴基斯坦、孟加拉国、印度和斯里兰卡进行，致力于增强年轻人的能力和信心。

加强艺术领域方面的工作，加强英国和南亚的创意产业和艺术从业人员的合作，为阿富汗、斯里兰卡和巴基斯坦开发一个新的计划，探索艺术如何为化解冲突做出贡献。

英国人口的 7.5%来自南亚地区	所有这些国家都获得了经济合作与发展组织政府发展援助资格	南亚地区的人口数量达到 17 亿，30%以上的人口年龄在 20 岁以下
来源：2011 年英国人口统计	来源：经济合作与发展组织	来源：联合国

（六）撒哈拉以南非洲地区

撒哈拉以南非洲地区包括博茨瓦纳、埃塞俄比亚、加纳、肯尼亚、马拉维、毛里求斯、莫桑比克、纳米比亚、尼日利亚、卢旺达、塞内加尔、塞拉利昂、南非、南苏丹、苏丹、坦桑尼亚、乌干达、赞比亚、津巴布韦。

1. 地区背景

撒哈拉以南非洲发展飞速。到 2050 年，在这个地区定居的人口会达到 17.5 亿，预测未来 20 年，该地区 GDP 每年将以 7%的速度增长，前景充满希望。高速增长的新兴经济体，比如中国、印度和巴西，会继续在这个地区进行投资，不断增加在该地区的影响力。但是，这一地区薄弱的领导力和法治体系仍然是严重的问题，并且政治不稳定、贪污腐败和不平等依旧限制着文明社会的发展。非洲拥有众多年轻人，他们有理想、有抱负，并且不被陈规陋习所束缚。未来 15 年，非洲 25 岁以下的人口将占世界年轻人口数量的 1/4，并且这些年轻人口中有 25%会面临失业的压力。

英国面临的挑战是，如何应对这个新的非洲，以满足人口增长引发的需求的改变，推动非洲继续发展，并且提高新一代人对英国的认识。

英国文化协会的应对是：

①通过提高就业技能和资质，满足年轻人的就业需求；

②提高非洲年轻人对新非洲的认识，以及对英国文化和教育实力的认识；
③同国际发展合作伙伴合作，加强政府改革和民主社会的建设；
④利用国际合作伙伴的利益共享，对世界发展产生重大影响；
⑤支持英国英语教学部门，满足英国英语和职业培训发展的需求。

2. 需要优先开展的工作

英国文化协会将会满足地区日益增长的需求，将英语作为推动地区发展的工具，包括那些英语质量下降但是却以英语为母语的国家；增加对英语资源，例如太阳能数字播放器的使用；引入新的英语水平评估考试——普思，满足个人发展和更广泛的经济增长需求；通过与政府部门、学校、教师联盟和各类合作伙伴，比如英国海外志愿服务社和开放大学开展合作，增强影响力。采用线下和在线支持的方式，为 140 万名教师提供培训。

在教育方面，推动有助于提高就业质量的核心学科的发展。通过分享使用国际上良好的实践(包括知识和创新)以及相关技能(专业发展和英国的资格认证)，解决地区不平等和贫困问题。继续同合作伙伴(例如微软)加强合作，以增强学校的领导能力以及推动 1 万名教师对信息通信技术的创新应用。在社会方面，尤其是针对处于弱势地位的女性和年轻人，继续集中在安全、公正以及构建民主社会等领域开展工作，并且持续推进安全稳定地工作，寻求解决冲突的合理方法。

艺术方面的计划围绕以下两条主线开展：一是，通过引人注目的展示会，分享英国提供的最好的艺术；二是，给予创意企业支持。2014 年在南非，2015 年在尼日利亚，将启动重大的展示项目。和区域合作伙伴携手，通过支持政策发展和帮助创意企业发展商业技能，促进创意产业的增长。英国文化协会将以成功的创意博览会为基础，将来自英国和尼日利亚的从事创意产业的人汇聚到一起，分享各自的经验和想法。

根据 2012 年的世界发展指数，23 个国民总收入最低的国家中，22 个属于撒哈拉以南非洲

来源：世界银行

这一地区的人均 GDP 从毛里求斯和博茨瓦纳的 9 000 美元到埃塞俄比亚和塞拉利昂的只有不到 400 美元不等

来源：世界银行

非传统的合作伙伴，比如中国、巴西和印度，其贸易交易现在占非洲进口总额的 50%及出口总额的 60%

来源：国际货币基金组织

(七)更广阔的欧洲大陆

更广阔的欧洲大陆包括阿尔巴尼亚、亚美尼亚、阿塞拜疆、波斯尼亚和黑塞哥维那、格鲁吉亚、**以色列**、哈萨克斯坦、科索沃、马其顿、黑山、**俄罗斯**、塞尔维亚、**土耳其**、乌克兰、乌兹别克斯坦。

1. 地区背景

这是一个充满活力的多元化地区，这里拥有年轻人、土耳其和俄罗斯繁荣的经济、哈萨克斯坦和

阿塞拜疆丰富的石油和天然气。许多国家都从冷战时期开始兴起，并且和世界上其他国家重新建立关系。我们愿意积极工作，满足政府和个人对高质量的英语学习、来自英国的世界一流的艺术计划、高等教育合作和技能发展的需求。

这一地区互联网的普及率在迅速增加，并且推动社交媒体应用的不断拓展。到 2015 年，会有 2 亿名在线用户，比 2011 年增加 5.5 亿人，并且 75%的在线用户会使用社交媒体，而 2011 年，这一比例只有 58%。我们要紧紧地抓住这些机会，通过创造更简单的、更加数字化的智能行动来减少政府的投资，加大对了解市场的工作人员(半数负责人现在是国家外派工作人员)的资助，同时，要使资金来源多样化，拓展活动范围，进而提升影响力。

英国文化协会的应对是：

①同政策制定者、教师和学习者合作，并且最大限度地利用数字渠道，满足对英语的需要和需求；

②通过艺术和创意产业领域的工作，加强和英国之间的关系，提高人们的意识，让英国成为想象力和创造力的迸发之地；

③加强英国在高等教育和技能领域内伙伴关系的建立和合作的开展。

2. 需要优先开展的工作

英语是这一地区在所有国家都需要优先开展的工作，我们要全面地回应这个需求。我们计划在土耳其、哈萨克斯坦、阿塞拜疆和塞尔维亚等国家增加新的教学行动，以便推进在乌克兰和格鲁吉亚现行的计划。还计划将提供的英语考试的数量增加一倍，目的是让每位参与公共教育的教师，除了能得到线下的培训，还能获得在线课程和资源。增加和教育部门之间的直接合作，满足他们对更有效的教师发展和学习者评估的需求。

艺术是另外一项需要优先开展的工作。通过建立充满活力的合作关系，把英国新的成就带给整个地区的受众，并且充分证明文化在发展过程中发挥的作用。2011—2012 年度，开展了很多重要的文化合作，后续将以此为基础，通过英国—俄罗斯 2014 文化交流年，继续加强俄罗斯和英国之间的纽带建设。在 2013 年伦敦图书博览会上，土耳其是需要重点关注的市场。在以色列和乌克兰，继续开展电影和视觉艺术领域的大胆合作。通过邀请知名度较高的公司参加文化节，为剧场的"后台"专业人员提供能力建设计划，以及利用创新的英国模式和具有开创性的包容性表演项目，不断推进表演艺术合伙关系的重新振兴。

支持高等教育改革计划，并且通过政策对话和合伙关系计划加强同英国之间的合作。发展英国高等教育机构的国际贸易服务，继续借助英国职业教育模式，推进国家技能的发展。

这一地区的人口数量大约 3.5 亿，其中 1/3 的人口年龄小于 24 岁	这一地区的人均 GDP 从以色列的 3.1 万美元到乌兹别克斯坦的 0.15 万美元不等	这一地区的 15 个国家中，13 个国家被列入经济合作与发展组织政府援助名单
来源：联合国	来源：世界银行	来源：经济合作与发展组织

八、业绩目标

1. 工作范围

未来两年，将会继续增加同我们开展合作的人群的规模，同时，保证工作的质量以及工作产生的影响力。

2. 和谁合作

英国文化协会的合作目标是海外和英国的 3 类主要人群：

①有影响力的人——成功的/成熟的职业人士、教育家、艺术家、科学家、社团或者企业领导人以及政策制定者。经常通过同这些人合作，来提高影响力，或者将影响力达到最大化。

②有雄心的人——这些人通常是接受教育的年轻人，或者是处于事业起步阶段的年轻人。这些有志向的人可能成为网络意见领袖，并且可能成为有影响力的人。

③领导者——参与者中数量相对较少的一部分人，但是在建立长期的政府关系、文化关系、教育关系和民主关系的过程中，领导者发挥着重要的作用。领导者可以对政策变化进行讨论，为我们和许多国家更多人群的合作提供了可能。

3. 与各类人群开展合作的方法

英国文化协会主要通过以下 4 种方式同有影响力的人、有雄心的人和领导者开展合作：

①线下——在参与活动的过程中，要进行线下接触，包括领导者、教师、考生和教学中心的学生；

②会展、节日、展览会和表演——人们参加会展、现场的艺术表演、艺术和教育展览会以及节日；

③数字化——人们通过数字化手段进行参与，包括社会网络、在线学习社区、网站，以及移动设备和应用软件；

④广播和出版物——人们观看、聆听或者阅读英国文化协会创作或者合作创作的内容。

4. 计划和活动参与

英国文化协会2013—2014年度、2014—2015年度计划和活动参与目标，见表2。

表2　计划和活动参与目标　（单位：人）

	2013—2014年度的目标	2014—2015年度的目标
线下	1 100万	1 200万
会展、节日、展览会和表演	800万	900万
数字用户	9 000万	1亿
广播和出版物	4.5亿	5亿

我们的预期目标是，与2013—2014年度相比，2014—2015年度增长比例大约为10%。

5. 工作影响

通过对参加计划的最有影响的人的年度调查，以及对合作项目或者代表项目的外部评估来对工作的影响开展评估。

我们委托莫里调查机构进行年度影响力调查(Annual Impact Survey)。调查结果包含我们的工作对他们的职业发展和/或他们的组织的发展和/或他们对英国的洞察力产生影响的比例。

我们规划，未来两年，我们的年度影响力调查要实现以下目标。

我们的工作对他们在以下各方面的要素产生影响力的比例，见表3。

表3　工作影响

专业发展	90%
意识到英国对他们的领域产生影响	85%
同英国的联系	80%
组织的发展	80%

6. 工作质量

英国文化协会通过以下两个主要的方式对我们工作的质量进行测量：

①线下的或者在线客户满意度情况；

②参与者推荐其他人和我们合作或者使用我们提供的服务的意愿的净推荐分数。

我们的目标就是要维持或者改善工作质量。

(1)客户满意度

2011—2012 年度，根据对 25 万名参与者的调查，我们的客户满意度得分是 83 分。国家审计署(National Audit Office)认为，客户满意度达到 80 分以上就可以给予“很好到优秀”的评价。我们的目标是，未来两年，继续保持这个成绩水平。

我们的目标是，在 2013—2014 年度和 2014—2015 年度，将我们的客户满意度得分维持在 83 分。

(2)净推荐

净推荐方法被广泛使用，并且能通过基准进而计算外部分数。根据国际基准，净百分比是通过支持者减去批评者得出的数据。2011—2012 年度的净推荐值是 58%，略高于预计目标。

经过两年的努力，英国文化协会每年的净推荐值达到 59%。根据行业标准报告提供的数据，可以同高端品牌的净推荐值相媲美。比如，苹果的硬件净推荐值是 59%，特斯科的移动电话服务的净推荐值为 47%。①

未来两年，我们的净推荐值的目标是 59%。

7. 其他组织的目标

外交和联邦事务部领导任务调查(The Foreign and Commonwealth Office Heads of Mission survey)每年进行一次，对我们的业绩进行评估，并提供有价值的反馈。

我们的领导任务调查的目标分值是 82 分。

多元化评估框架能让我们通过评估了解英国以及同我们合作的国家的平等和多元化的程度。从 2011—2012 年度开始，在一个 10 级指标体系中，我们能达到 7 级，低于目标等级 8 级。2013—2014 年度以及 2014—2015 年度，我们的目标保持在 8 级。

我们多元性评估框架的目标是 8 级。

我们正在实施一项可持续的环境行动计划。2011—2012 年度，在英国的所有办公室都遵循国际环境管理标准(ISO14001)。我们制定了一个包含 5 个等级的环境框架。2011—2012 年度，我们设定了一个具有挑战性的目标，就是所有的办事处都要达到 3 级，即“做出成绩”，共计有 39%的海外办事处达到了这个水平。2012—2013 年度，我们的目标是让所有办事处达到 3 级标准。2013—2014 年度，我们会为所有工作者提供环境意识网络学习，并且目标是达到 4 级水平。

从 2013—2014 年度开始，我们的环境框架的目标等级调整为 4 级。

① 来源：2012 年 Satmetrix NPS 基准。

九、财务计划

1. 收入

根据 2010 年 10 月的支出审查结算，在未来两年，来自外交和联邦事务部的拨款会继续降低到 1.54 亿英镑，见表 4。

表 4　外交和联邦事务部拨款情况　　（单位：百万英镑）

外交和联邦事务部拨款	2012—2013 年度	2013—2014 年度	2014—2015 年度
财力	166*	157	149
资本	6	5	5
总计	172	162	154

注：* 包括为重大活动额外划拨的 1 亿英镑。

但是，同一时期，英国文化协会计划增加近 30%的劳动收入。2010—2011 年度，外交和联邦事务部拨款占营业额的 27%。2014—2015 年度，拨款比例会低于 20%。

尽管在困难的经济环境中，但英国文化协会的工作大体上已经走上正轨，可以满足在 2014—2015 年度之前的协会计划中制订的雄伟的目标。英国文化协会对目标做了如下调整：

①2014—2015 年度的考试收入增长 1.50 亿英镑，继续强有力地开展业务并且推出新的支持项目，比如一个全新的英语考试——普思；

②鉴于有些市场的经济发展速度暂缓，将 2014—2015 年度的教学收入减少 900 万英镑。但是，和 2012—2013 年度相比，该目标仍然增加了 33%；

③引入一个新的收入种类，即“其他有偿服务”，例如从国际教育市场服务获得，它是英语、教育和社会领域获得收入的新来源。2014—2015 年度的收入目标是 1 600 万英镑；

④考虑到详细的商业计划和市场评估，2014—2015 年度的合同收入目标预计减少 7 200 万英镑。和 2012—2013 年度相比，该目标仍然增长了 28%。

具体目标，如图 2 所示。

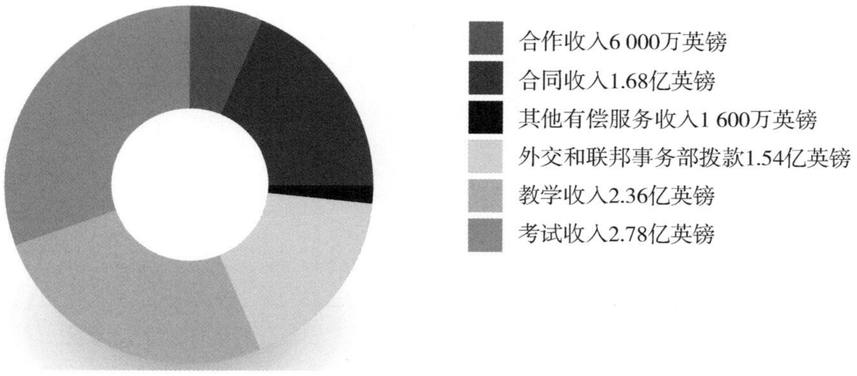

图 2　2014—2015 年度收入目标

2. 支出

外交和联邦事务部拨款在逐渐减少，加之通货膨胀和外汇汇率可能带来的影响，要继续保证优先开展的工作，这意味着从 2015 年开始，要在原来节约的 4 000 万英镑成本和过去两年已经节约的成本基础上，每年仍需要继续节约 3 000 万英镑的支出。

未来两年，我们将投资 1. 28 亿英镑，促进业务发展，增强影响力，并且增加操作平台和辅助服务的有效性。该投资几乎全部由开展活动赚取的盈余提供。投资计划会包含新的产品和服务的发展、技术平台的升级、财务系统和能力的提升、在线支付系统的提升、数字服务和合作关系管理的实施。

过去两年，在建筑物、基础设施和工作人员方面的花费从占总成本的 19%下降到 17%。2014—2015 年度，这些支出比例计划下降到 15%以下。

多年来，英国文化协会一直通过政府拨款帮助英国开展援助行动。尽管政府拨款在降低，但英国政府补助行动的一部分资源拨款的比例到 2014—2015 年度仍会上升到 64%。对海外发展援助设定的目标是，从 2012—2013 度的近 9 300 万英镑增加到 2014—2015 年度的 9 800 万英镑。

英国文化协会的财政计划、收入计划，见表 5、表 6、表 7。

表 5　英国文化协会财政计划(2012—2013 年度到 2014—2015 年度)

(单位：百万英镑)

	2012—2013 年度预计	2013—2014 年度	2014—2015 年度	年平均增长率(%)
外交和联邦事务部拨款	172	162	154	(5)
教学	177	210	236	15
考试	236	261	278	9
合作	41	50	60	21
合同	131	137	168	13
其他有偿服务	0	11	16	
银行利润	2	2	2	0
收入	759	833	914	10
合同支出	107	115	141	15
直接成本	488	540	579	9
营业成本	595	655	720	10
平台成本	122	129	130	3

续表

	2012—2013年度预计	2013—2014年度	2014—2015年度	年平均增长率(%)
总成本	717	784	850	9
总盈余/(亏损)	42	49	64	23
投资(包括资本)	60	56	72	10
折旧和其他调整	0	(10)	(10)	
净盈余/(亏损)	(18)	3	2	

表6　英国文化协会拨款和合作伙伴提供资金财务计划(2012—2013年度到2014—2015年度)

(单位：百万英镑)

	2012—2013年度预计	2013—2014年度	2014—2015年度	年平均增长率(%)
外交和联邦事务部拨款	172	162	154	(5)
合作	41	50	60	21
合同	5	2	3	(23)
银行利润	1	1	1	0
收入	219	215	218	0
营业成本	169	172	175	2
平台成本	53	53	50	(3)
总成本	222	225	225	
总盈余/(亏损)	(3)	(10)	(7)	54
投资(包括资本)	12	5	5	
折旧和其他调整	(3)	(5)	(5)	
劳动收入的资金提供	(12)	(10)	(7)	
净盈余/(亏损)	0	0	0	

表7　英国文化协会劳动收入财务计划(2012—2013年度到2014—2015年度)

(单位：百万英镑)

	2012—2013年度预计	2013—2014年度	2014—2015年度	年平均增长率(%)
教学	177	260	236	15
考试	236	261	278	9
合同	125	135	165	15
其他有偿服务	0	11	16	0
银行利润	2	1	1	(29)
收入	540	618	696	14
合同支出	103	113	139	16
直接成本	323	370	407	12
经营成本	426	483	546	13
平台成本	70	76	79	6
总成本	496	559	625	12
总盈余/(亏损)	44	59	71	27
投资(包括资本)	48	51	67	18
折旧和其他调整	(3)	(5)	(5)	
净盈余/(亏损)	(7)	13	9	

英国文化协会是英国促进文化交流和提供教育机会的国际组织。

文化白皮书

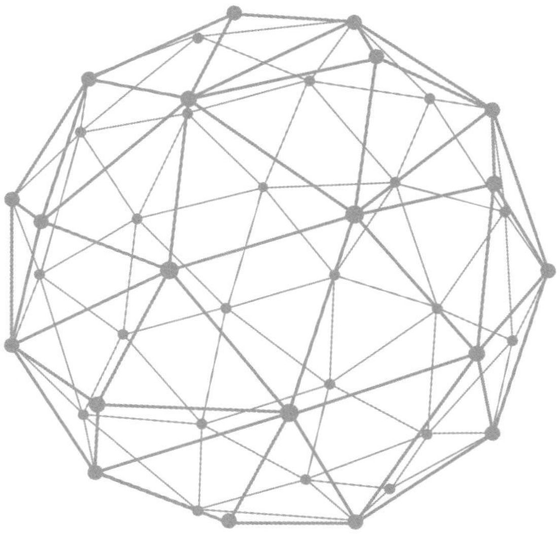

* 文件由文化、媒体和体育部发布于 2016 年 3 月。

如果你和我一样激情满满地支持公共资助的艺术和文化，那么你必须要保证普通民众接触文化和艺术的公平性，吸引并欢迎他们。

——国会议员 戴维·卡梅伦

目　　录

前　　言

时隔50多年，再次发布《文化白皮书》，这是公共资助艺术和文化的最新贡献。

当前对艺术和文化的资助始于第二次世界大战，实际上，战争期间就出现了相关思考。约翰·梅纳德·凯恩斯——英国艺术委员会(Arts Council of Great Britain)第一任主席——谈及他的理想时提到，希望将来有一天，“剧院、音乐厅和画廊在每个人的成长过程中能积极发挥作用”。

1965年，詹妮·李所著的《艺术白皮书》中，这一想法更具体，确立了政府维持和加强艺术发展的神圣使命，并强调“艺术发展要惠及更多人群”。

1992年，英国成立了国家遗产部(Department for National Heritage)，即现在的文化、媒体和体育部。1994年，国家彩票基金(the National Lottery)成立，在启动仪式上，约翰·梅杰指出：“要使国家强盛、兴旺发达、人民富足，有赖于文化遗产的兴盛和大众艺术审美水平的提升。我希望，文化为所有人平等享有，而不仅仅是少数人的特权……我确信，彩票基金能使数百万普通民众拥有完美、充实的生活。”

彩票基金资助了数以千计的艺术遗产项目，为全英国范围内的博物馆、美术馆和历史建筑的整修翻新工程提供资金支持。

2001年，文化大臣克里斯·史密斯提出，英国博物馆实行免费开放的政策。这一举措极大地提高了人们对文化的热情，10年来，博物馆的参观人数激增。

过去70年，公共资助为文化面向大众提供支持，使每个人都能得到最优质的文化；保护人类共同的文化遗产；让文化惠及更多人。

本白皮书基于以前的版本制定，是改进，而非革新。它从国家、地区和地方层面认可了政治领导和文化部门内外领导的重要性。我们的文化愿景是为社会的发展以及国家和地区的经济增长注入新的活力。在布里斯托尔(Bristol)、曼彻斯特(Manchester)、堤斯瓦利(Tees Valley)、赫尔(Hull)和东林齐(East Lindsey)的农村地区，都将文化作为战略思考的重要组成部分。英国的创意产业，正如乔治·奥斯本在2015年《秋季声明》(*Autumn Statement*)中指出的，“对国家而言，是一种最好的投资方式”。

2016年，在莎士比亚逝世400周年之际，我们幸运地发布了《文化白皮书》。

莎士比亚在《爱的徒劳》中写道：“它们是知识的殿堂，艺术的宝库，装扮、蕴涵、滋养着整个世界……”

我们与莎士比亚的关系是《文化白皮书》发布意义的最好例证。《文化白皮书》将探讨，如何为儿童和青少年提供更多接触文化的机会。去年，莎士比亚剧团(Royal Shakespear Company，RSC)的学校计划惠及了50多万名儿童，为英国学校提供了教育支持。

我们的工作着眼于如何将文化用于地方建设，斯特拉福镇(Stratford-on-Avon)便是由文化塑造的小镇，作为莎士比亚的故乡，其每年吸引 490 万名游客。

我们还探讨了文化对国家软实力的贡献。今年，英国文化委员会与“大不列颠推广”(GREAT Britain campaign)计划组委会推出了“永恒的莎士比亚”(Shakespeare Lives)纪念活动，将莎士比亚的作品带到世界 140 个不同的国家，这些作品包括一部由曼彻斯特皇家交易所剧院(Manchester Royal Exchange)力荐的电影——由玛克辛·皮克(Maxine Peake)担任主演的《哈姆雷特》(*Hamlet*)。《哈姆雷特》世界特别巡回演出不久将结束，值此莎士比亚逝世 400 周年之际，这一经典剧目已经在 196 个国家和地区上演。

当寻求新的融资模式时，莎士比亚剧目演出经验为我们提供了重要思路。在英国伦敦贫民区巴京(Barking)，聚焦于社区的户外演出——《威尼斯商人》(*The Merchant of Venice*)，众筹到 8 万英镑资金，并从一个房地产公司募集到 2.5 万英镑资金。

《文化白皮书》力求借助文化的力量，激发年轻人的想象力，点燃他们的雄心和使他们抓住机遇，为社区构建贡献力量。

《文化白皮书》力求将艺术、遗产和文化的宝贵财产传播到世界每一个角落，让更多人能从中受益。同时，为创作天才的发展铺平道路，为创造一个更加美好的世界而努力拼搏。

英国国会议员、文化大臣、文化和数字经济部部长　艾德·维济

概　　述

1. 无论背景如何，每个人都应该享有接触文化的权利

我们将提出地方策略，来提高文化参与度，特别是针对那些目前没有体验到文化福利的人群，尤其要保证来自落后地区的儿童和青少年能够受到文化的启发，并与文化建立全新有意义的联系。

英格兰艺术委员会(Arts Council England)和遗产彩票基金(Heritage Lottery Fund)将启动新的文化公民计划，该计划将覆盖文化参与度最低的70个地区。

随着学徒税引入，我们希望，规模较大的文化组织能够雇佣学徒，推动工作场所多样性和包容性发展。

在文化行业，需要多样化的领导者和劳动者。我们将降低文化行业的准入门槛，为艺术专业人员从业铺平道路。我们将要求投资机构推出提升文化多样性的策略。

2. 丰富的文化资源理应惠及每个社区

文化行业对地区和城镇的重建、卫生和福利发挥着至关重要的作用。

我们将与英格兰艺术委员会、遗产彩票基金、英格兰公共健康委员会(Public Health England)以及其他合作伙伴携手，共同推动和促进文化行业为公民健康和福利做出贡献。

文化有改变社区的潜力，我们的项目印证了这一点，包括“英国文化城市”(UK City of Culture)、“北部大展览”(the Great Exhibition of the North)和4 000万英镑的“发现英格兰”(Discover England)计划。

我们力求在国家和地区范围内建立新型文化合作伙伴关系，希望具有丰富经验的国家文化领导者能够一同构建发展中的文化合作伙伴关系。

我们将国家艺术和遗产彩票资助者聚集起来，一起从事新的“伟大的地方”(Great Place)项目。这一项目将扶持那些把文化作为制定计划和政策的核心因素的地方社区，支持就业、经济发展、教育、卫生和福利。

我们将在英格兰启动“遗产行动区”(Heritage Action Zones)计划，国家遗产组织将为社区提供建议，帮助其更好地利用历史建筑，包括如何获取历史建筑的所有权。

我们鼓励各大委员会和遗产所有者暂时免费帮助这些文化组织。

在2016—2017年度和2017—2018年度，将投入2 000万英镑，用于第一次世界大战百年纪念教堂

修复，并对英格兰的教会建筑和大教堂如何获取更多可持续的资金支持进行全面思考。

科学技术通过多种方式为更多人提供接触文化的机会。我们将与文化机构携手努力，使英国成为世界上公共馆藏数字化领先的国家，并利用技术提升使用者的在线体验。

3. 文化实力可以提升国际影响力

英国引领着软实力的发展，其尊重民主，崇尚个性解放、多样性和言论自由：英国文化一直在弘扬这种价值观。

我们将采取一系列措施(比如“大不列颠推广”计划)，与英国文化委员会(British Council)合作，在文化行业创造新的机会，推进贸易、出口和文化交流。我们已经加大对“大不列颠推广”计划的投资，使英国能承办更多世界盛事。

我们将与英国贸易和投资部(UK Trade & Investment)携手推动发展全球文化出口项目，竭力开辟新的市场，确保文化行业能参与英国贸易和投资部推出的“高价值机遇计划”(High Value Opportunity programme)。

为纪念莎士比亚逝世400周年，今年我们将重点支持“永恒的莎士比亚”计划。这是一项集现场表演、公开放映和数字化活动于一体的全球计划。我们将与海外志愿服务社(Voluntary Service Overseas)合作，以纪念活动为契机，募集基金，支持全球儿童扫盲计划。

我们将加强立法措施，保护世界文化遗产，特别是处于战乱地区的文化遗产。我们将设立一项新的文化保护基金(Cultural Protection Fund)，帮助遭到破坏的国家的文化尽快恢复。

4. 文化投资、文化承载力和文化改革

英国拥有成功的文化投资模式，赢得收益的公共基金、私有投资和慈善都是文化投资的重要组成部分。这种混合投资模式为文化行业的蓬勃发展奠定了基础，增强了文化行业的承载力。

我们将继续加大投资力度，强化奖励措施。

我们将增值税偿还计划拓展到博物馆和美术馆，让更多人从中获益。2017 年，我们将为博物馆和美术馆引入一项新的税收减免政策，用于支持临时和巡回展览。

我们将改革礼品援助(Gift Aid)捐赠受益规定，使其更加简化。

鉴于国家拨款有限，我们将增加符合“社会投资税收减免”(Social Investment Tax Relief)政策的投资。

我们将成立全新的文化商业学院(Commercial Academy for Culture)，在文化行业中传播商业知识。

我们需要充满活力的企业捐赠政策。英格兰艺术委员会委托进行了一项“私人投资调查”(Private Investment Survey)，形成了一份私人投资，包括文化行业的公司投资状况的综述。

我们将开展对英格兰艺术委员会和遗产彩票基金的审查，同时也将全面审查博物馆界。

综　述

每年，数百万民众参观英国世界级的博物馆，领略杰出的戏剧、电视和电影风采，惊叹其在视觉艺术和建筑上的新发展，欣赏遗产和历史古迹……英国有太多精彩的故事要告诉世界。

——英帝国勋章获得者，国会议员，文化、媒体和体育部国务大臣　约翰·惠廷德尔

《文化白皮书》阐释了接下来政府将如何支持文化行业，在建设更加公平、繁荣的英国时，文化如何发挥积极作用，使英国成为国际舞台的引领者。

自詹妮·李发布《艺术白皮书》50年来，政府政策让公众能更充分地享受英国的艺术和遗产。我们对文化的理解也在与时俱进。

文化不再简单意味着熟悉罗列的艺术作品和建筑，而是生活中创造力、艺术、博物馆、美术馆、图书馆、档案馆和遗产的累积影响。我们谈及的“文化行业”，是由很多个体和机构组成的非同寻常的网络，它们是多样性的体现，共同保护和推进多样性的发展。

通常情况下，文化的美学内涵表现为多种形式，政府将支持文化的卓越发展。但是每个社区都有其自身的文化——历史、博物馆和传统。在全球和互联网经济背景下，独有的地方文化具有特殊的价值，应该得到支持与鼓励。我们不应该对社区文化指手画脚，而是要告诉人们，要创造什么以及如何进行创造。政府的作用就是成就伟大的文化，推动创造力的发展，并且确保每个人都能接触文化。

文化行业在经济和社会生活中发挥着不可或缺的作用。文化投资不仅能带来巨大的经济效益，也对人们的日常生活产生重要影响。我们清楚地认识到，文化让儿童教育变得与众不同，对文化、健康和福利三者之间的深远关系有了更全面的理解。

人人都应该享有文化、参与文化、创造文化，并享受文化给人们生活带来的改变。《文化白皮书》为人们，特别是为那些很少体验文化的人，提供了更多接触的文化机会。

《文化白皮书》评估了此前的机遇和挑战，阐释了政府将采取的保障文化地位的措施。通过文化，鼓舞年轻人为社区发展注入新的活力，同时，提高英国在全世界的影响力。《文化白皮书》强调了经济张力以及文化领域和跨文化领域的合作需求。此外，还阐释了如何通过强有力的领导，将国家愿景转变为地方愿景。

在制定《文化白皮书》的过程中，我们发现文化领域实施了很多好的创意措施。将这些创意措施汇集成一个独立的案例研究文本，将与白皮书一起发布。需要说明的是，我们进行的并不是一项综合性

的研究，而只是将文化领域内的创意案例进行收集。电子版本的《文化白皮书》中包含了这些创意案例的链接。

1. 英国政府制订的文化框架

英国政府推进和支持文化行业在国内外的发展，有责任推动有助于英国产业发展的政策和计划。这些政策和计划包括税收减免和激励，从英国的国家彩票销售中建立基金，提高高速宽带的普及率，支持电子游戏产业的发展，推动“英国文化城市”计划和“大不列颠推广”计划的实施，以及推进英国文化的出口。

英国政府同样支持特定文化项目的实施，如为维多利亚与艾伯特博物馆邓迪分馆(V&A at Dundee)募集资金，还为文化组织和机构，如英国文化委员会、英国电影研究所、国家博物馆和美术馆(包括大英博物馆、英国图书馆)等提供资金支持。此外，英国政府负责的遗产彩票基金，为全英国范围内的遗产和博物馆提供彩票资金。

对于英格兰、威尔士和北爱尔兰地区，对文化行业其他方面的支持则分别由苏格兰地方议会、威尔士地方议会和北爱尔兰行政部负责。在共同利益下的文化及其相关国际问题中，它们与英国政府之间的合作日益紧密。

英国政府继续为推动英格兰地区的文化产业发展负责，包括为只隶属英格兰的机构，比如英格兰艺术委员会(分配国家彩票基金，为英格兰地区的艺术团体提供资金支持)以及英格兰历史建筑和古迹委员会。因此，《文化白皮书》中确立的一些政策和提案只适用于英格兰地区。

图 1 展示了 2009—2010 年度至 2014—2015 年度 6 年间，英格兰艺术委员会获取的财政补贴和国家彩票基金提供的资金支持情况，图 2 展示了 2009—2010 年度至 2014—2015 年度 6 年间，英格兰历史建筑和古迹委员会获得的财政补贴以及国家彩票基金为艺术和遗产提供的资金支持情况。从这些数据可以看出，无论是财政补贴还是国家彩票基金，对于艺术和遗产的支持总体上都有较大的提升①。

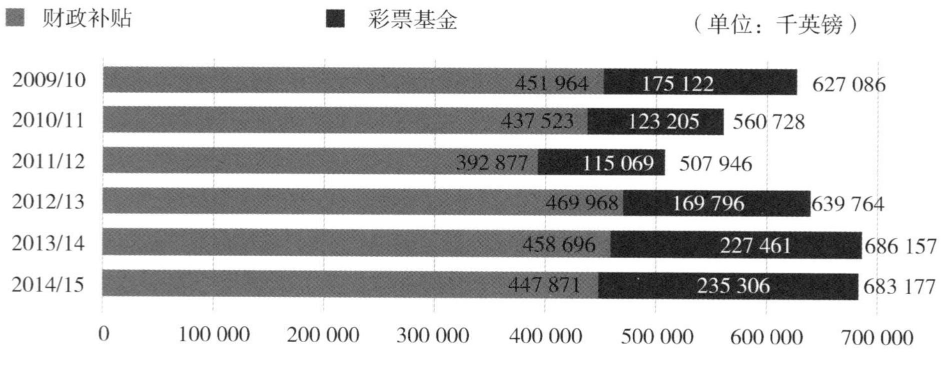

图 1 英格兰艺术委员会获取的财政补贴和国家彩票基金提供的资金支持

① 所有数据都以现金形式计算，没有进行通货膨胀的调整。财政补贴数据均来源于文化、媒体和体育部年度资料报表，相关链接为：https://www.gov.uk/government/organisations/department-for-culture-media-sport/about#corporate-reports，国家彩票基金的数据来源于网址：https://www.gov.uk/government/uploads/system/uploads/attachment_data/file/445563/National_Lottery_Distribution_Fund_Account_2014-15__print_file_. pdf。

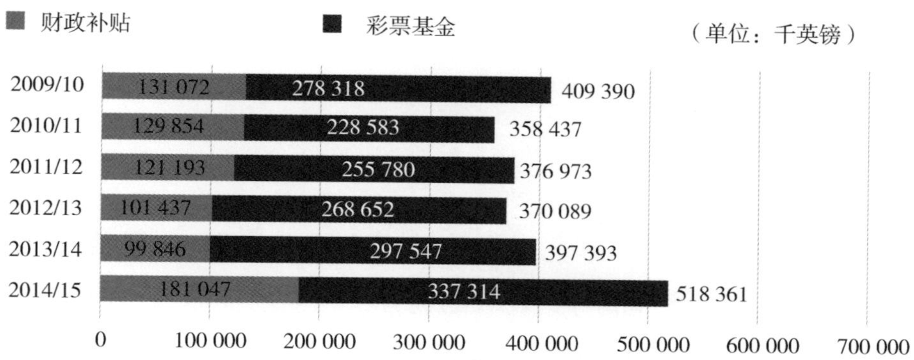

图 2　英格兰历史建筑和古迹委员会获得的财政补贴①以及国家彩票基金为艺术和遗产提供的资金支持

2. 文化价值

文化可以带来很多收益。在《文化白皮书》中，主要关注 3 个层面的价值：①内在价值——文化自身丰富的价值；②社会价值——提高人们受教育的程度，使人们更健康地生活；③经济价值——文化有利于经济的增长，创造更多就业机会。

本部分将对文化的收益进行详细解读。

(1) 文化的内在价值

文化创造灵感，丰富人们的生活，改变人们的人生观。

研究表明，文化具有内在价值，对个人幸福感产生积极影响。研究还发现，参与文化活动(参观、参加与分享)能够显著提高人们的生活满意度②。

(2) 文化的社会价值

文化能产生重大的社会收益，有助于健康和教育事业的发展，提升社会凝聚力。

大量事实表明，文化能促进人们身心的健康发展，包括积极改变临床中人们的生理和心理，减少去医院看病的时间，改善个体精神、健康③。

研究还表明，参与文化活动有助于提高个体接受高等教育的可能性④。研究表明，16~18 周岁参与艺术活动、参观遗址或图书馆的青年，今后接受高等教育的可能性更大⑤。

大量数据显示，文化与受教育程度之间呈现明显的相关性⑥。

---

① 2015 年 4 月，英格兰历史建筑和古迹委员会从英国遗产委员会中分离出来，前者提供法定服务，并获取国家财政补贴，后者成为一个慈善组织，管理国家遗产和遗址。

② 对收入、性别、年龄和居住地等因素进行控制后获得数据，相关链接：https://www.gov.uk/ government/uploads/system/uploads/attachment_data/file/304899/Quantifying_and_valuing_the_wellbeing_ impacts_of_sport_and_culture.pdf。

③ https://www.gov.uk/government/uploads/system/uploads/attachment_data/file/416279/A_review_of_the_Social_Impacts_of_Culture_and_Sport.pdf。

④ 参与艺术活动的 16~18 周岁青年，接受高等教育的比例提高了 14%，相关链接：https://www.gov.uk/government/uploads/system/uploads/attachment_data/file/304896/Quantifying_the_Social_Impacts_of_Culture_and_Sport.pdf。

⑤ 参见链接：https://www.gov.uk/government/uploads/system/uploads/attachment_data/file/446273/Health_and_educational_benefits_of_sport_and_culture.pdf。

⑥ http://eprints.qut.edu.au/69164/1/69164.pdf，引自 https://www.gov.uk/government/uploads/system/uploads/attachment_data/file/416279/A_review_of_the_Social_Impacts_of_Culture_and_Sport.pdf。

研究表明，文化参与度能增强社会关系，提高群体凝聚力，使社区变得更安全、更强大。研究还发现，文化参与度与提高社会技能之间呈现正相关的关系，使人们能参与更广泛的社区生活。同时，文化还有助于打击犯罪①。

(3)文化的经济价值

2014 年，博物馆、美术馆、图书馆和艺术②对经济的贡献达到 54 亿英镑，占英国经济总量的 0.3%。从 2010 年开始，文化的经济价值得到显著的提升，目前已经达到英国经济总量的 59%(按名义价值计算)，如图 3 所示。与同期经济总体增长的 16%(按名义价值计算)相比，增长势头迅猛。

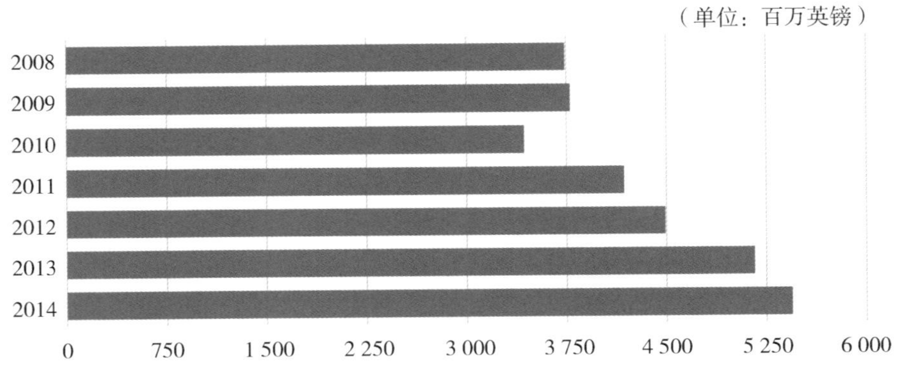

图 3　2008—2014 年文化总值(总增长值，按名义价值计算)③

遗产旅游每年可以创造 260 亿英镑收益，占国民生产总值的 2%④。

从 2011 年开始，在文化和创意领域就业的人数不断增加，现在已经达到 321 000 人，如图 4 所示。

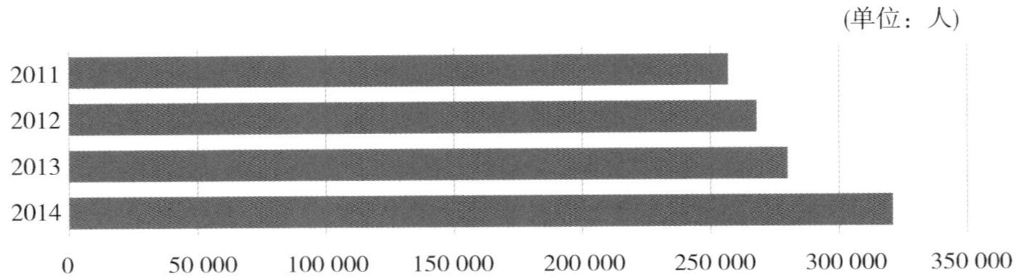

图 4　2011 年文化产业就业人数(音乐、表演、视觉艺术、博物馆、美术馆、图书馆)⑤

事实上，文化不仅为英国带来了直接经济收益，还有可观的间接经济收益。在旅游业方面表现得尤为突出。英国文化委员会的调查显示，文化吸引力是英国魅力的最普遍性要素，而艺术只能排在第

① 研究表明，文化参与和社会融合呈现明显的正相关，相关链接：https://www.gov.uk/government/uploads/system/uploads/attachment_data/file/416279/A_review_of_the_Social_Impacts_ of_Culture_and_Sport.pdf。

② 文化、媒体和体育部创意产业经济评估，见网址：https://www.gov.uk/government/statistics/ creative-industries-economic-estimates-january-2016。

③ 文化、媒体和体育部创意产业经济评估，见网址：https://www.gov.uk/government/statistics/ creative-industries-economic-estimates-january-2016

④ 包括旅游和建筑。使用牛津经济学(2013)计算《英国遗产旅游经济的经济影响》，网址：https://www.hlf.org.uk/economic-impact-uk-heritage-tourism-economy。

⑤ 文化、媒体和体育部创意产业经济评估，见网址：https://www.gov.uk/government/statistics/creative-industries-economic-estimates-january-2016。

三位，如图5所示。

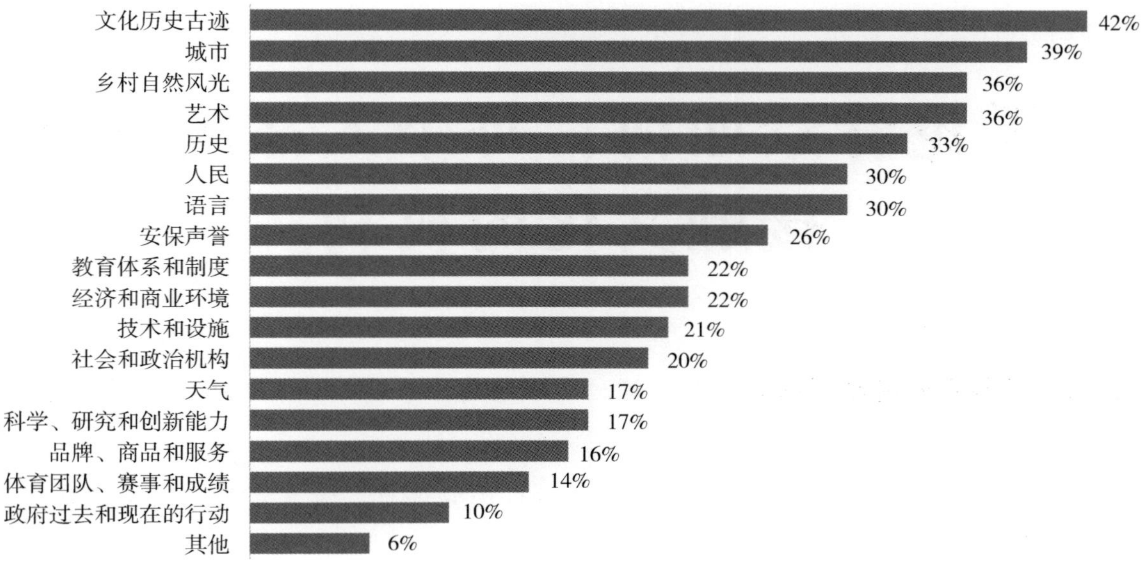

图5 英国魅力的构成要素①

在2015年波兰进行的“软实力30指标调查”②和2012年“政府研究所软实力调查”中，英国的软实力排名都位列第一③。

① 见英国文化协会网址：https://www.britishcouncil.org/sites/default/files/as-others-see-us-report.pdf。

② 见网址：http://softpower30.portland-communications.com/ranking。

③ 见网址：http://www.instituteforgovernment.org.uk/publications/new-persuaders-iii。

一、无论背景如何，每个人都应该享有接触文化的权利

我希望，每个年轻人都有权利探索，如何通过艺术丰富个人生活。文化教育关乎社会公平。

——国会议员，教育大臣　洪·妮基·摩尔根

本章主要强调终身文化体验的重要性，以及如何让不同背景的人都能享有文化体验。政府将采取措施，拓宽文化获取的途径，让更多人走进文化。

政府相信伟大的机会——受到鼓舞的机会、体验的机会、交流的机会和提升生活品质的机会，蕴涵在国家文化之中。

无论背景如何，每个人都应该拥有这些机会。众所周知，人是最宝贵的自然资源之一，唯有这些机会在广大民众之间得到普及，才是人尽其才。不同社会经济背景的群体参与文化活动的情况，如图6所示。

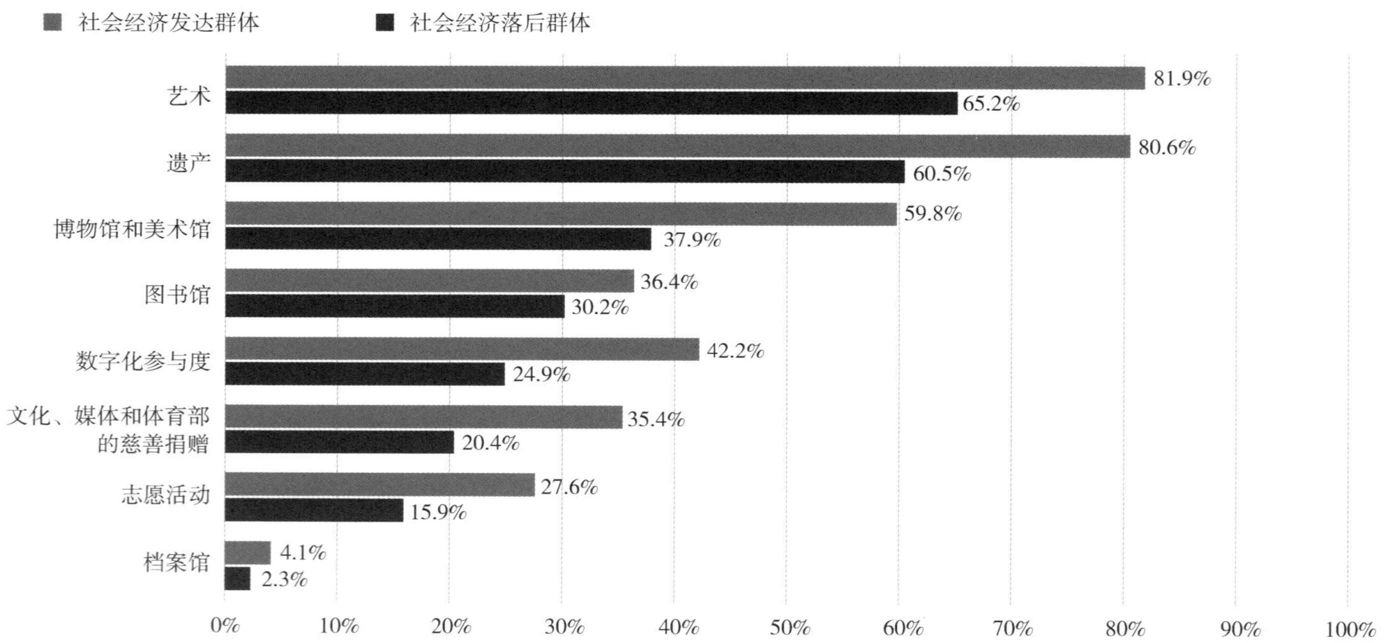

图6　不同社会经济群体参与文化活动的情况（调查）①

① 不同社会经济群体参与文化活动的情况，见网址：https://www.gov.uk/government/uploads/system/uploads/attachment_data/file/495586/Taking_Part_2015-16_Quarter_2_Report_2.pdf。

希望提高公共文化的参与度，让更多人参与到艺术中，让更多人参观博物馆、美术馆、图书馆、档案馆和遗产。

重要的是，要提高那些尚未从文化中受益的群体的社区参与度，要重点考虑年轻人，还有那些贫困和自闭的人。

文化参与度较低的人群主要来自社会经济落后的地区。

我们期待更好的就业途径，文化行业要坚持多样性，并从多样性中获益，同时要全心全意地用科技创造机会。

为了实现这一目标，需要强有力的领导和文化领域内更好的协作。

(一)文化应该成为儿童正式教育和非正式教育的重要组成部分

政府知道，与文化的终身联系应该从小就开始建立。

所有公立学校必须提供丰富而均衡的课程体系，培养精神、道德、文化和身心全面发展的学生。体验和理解文化是教育不可或缺的组成部分。了解伟大的艺术作品、不朽的音乐、文学的瑰宝、卓越的戏剧及其创作者，是儿童教育的重要部分。学校还要教儿童学习乐器、绘画、手工、舞蹈、戏剧。所有这一切都将使儿童产生终身的热情和激情，为未来的职业生涯开辟道路。没有这些知识和技能，很多来自落后地区的儿童将与英国丰富的文化遗产失之交臂。

“国家课程”规定，学生应该学习艺术设计、音乐、歌剧、舞蹈设计和技术。新的优质标准的普通中等教育证书(General Certificate of Secondary Education，GCSE)和普通中等教育高级证书(General Certificate of Education Advanced Level，A level)都将这些课程纳入其中。英国教育标准局(Office for Standards in Education)的巡视员要对学生的文化发展进行考察，包括他们参与艺术、音乐、体育和其他文化活动的意愿。巡视员希望学校提供丰富而均衡的课程体系，大力发掘第二课堂的功能，在艺术、创作和体育活动中拓展学生的知识、理解能力和技能。

“艺术标志”(Artsmark)计划的主旨，是为学校提供卓越的艺术教育。这一计划得到了政府的大力支持，目前，已经有1700多所学校参与其中，1200多人为此积极工作。

高品质的文化体验应该成为正式教育的补充。2012年，政府成立了123家音乐教育中心，目的是提高地方音乐教育水平。政府还制定了其他支持音乐教育的计划，比如，具有开创意义的“和谐”计划“青年音乐”计划和“国家青年音乐机构”计划。

英国政府还通过正在发展的公司，资助舞蹈和音乐剧院，以及由英格兰历史建筑和古迹中心(Historic England)管理的“文化传承学校”(Heritage Schools)项目。“文化传承学校”主要通过地方考古、建筑和文物古迹让儿童了解地方历史。此外，政府还支持索雷尔基金会(Sorrell Foundation)的“国家艺术和设计星期六俱乐部”。该俱乐部为14~16周岁青少年免费提供在英国47个城镇的高等教育机构中学习艺术和设计的机会。这些是对博物馆中公共资助的教育举措的重要补充。

克罗尔-达菲尔德基金会(Clore-Duffield Foundation)支持全英国境内的博物馆、美术馆和地方遗产建筑成为学习空间。

通过英格兰艺术委员会，政府投资建设了一批桥梁机构，将学校、艺术和遗产机构有机地联系起来，负责“文化教育专家领导”(Specialist Leaders in Cultural Education)计划的实施，与教师共同推动学校文化教育的发展。

英格兰艺术委员会的文化教育挑战在于改变方式，创建英国国内的文化教育合作伙伴关系，传递文化教育。

大多数文化历史机构都实施了一系列的教育举措。受英格兰艺术委员会和遗产彩票基金资助的大部分机构都承诺为儿童和青少年服务，诸如，家庭艺术节和夏季阅读挑战赛等计划吸引了很多年轻家庭走进当地文化机构，尤其是图书馆。每年，数以千计的成年人(很多都已经为人父母)走进以文化为主题的成人教育课堂。工人教育协会(Workers' Educational Association)(英国提供成人教育的最大型的志愿组织)及其社区内的合作伙伴为成人教育提供了机会。

伦敦市长的音乐基金资助了数以千计的儿童和青少年，为他们提供奖学金以及与资深音乐人学习和同台演出的机会，激发他们的音乐潜能。

通过英格兰艺术委员会的博物馆和学校项目，英国政府努力使参与优质教育交流的人数不断增加，特别是参与度低于平均水平的中小学学生。英格兰艺术委员主办的艺术奖(Arts Award)受到专家和各种艺术形式的分级审核，通过这一奖项，有助于进一步激发有抱负的年轻人的文化热情。

政府认为，许多部门应该为儿童和年轻人提供现有的优质文化机会，但是供应的机制却不完善，因为地理阻障和社会壁垒使来自最贫困地区的儿童和年轻人无法获取接触文化的机会。

要重点关注那些目前仍无法很便利地接触文化的群体。

2016 年 1 月，在关于人生机遇的演讲中，首相先生郑重承诺，要开展一项全新的“文化公民”计划。

对于很多人而言，走进剧场或者在展览中驻足是再自然不过的事情，已经成为家庭生活的组成部分，然而，对于那些来自落后地区的人们而言，这只能是奢望。

无论背景如何，希望每个人都能有机会进行文化体验。因为文化开启了希望之门，促进社会的流动性，对人生机遇具有举足轻重的影响。

希望所有接受公共资助的艺术机构和团体，包括博物馆、剧院、美术馆、歌剧院等，要面向来自不同教育和成长背景的所有人开放。

同时，要求艺术和文化机构要加倍努力，让来自贫困地区的人们有更多机会走进文化。我们将与英格兰艺术委员会共同努力，确保每一个接受了纳税人资助的文化机构都能履行其神圣使命。同时，文化机构要定期汇报这项工作取得的进展。

我们将在艺术文化生活最贫瘠的地区启动一项新的计划。从 2016 年 9 月开始，英格兰艺术委员会将与文化机构合作，积极为来自贫困地区的年轻人提供文化体验的机会。参与这一计划的年轻人将有机会走进艺术文化机构，领略世界级艺术作品的风采，结识那些创造艺术奇迹的大家。这些年轻人将从中深受启发，并将他们的所感、所想传递给更多人。

这一计划将在 3 个地区进行试点，如果成效显著，未来 3 年内将在全国范围内进行推广。我们的目标是用3年时间在全国70个地区推广该项计划，每年要惠及14 000名年轻人。

政府每年提供大约25亿英镑的额外资助作为学童津贴，用以支持中小学提高贫困地区学生的教育标准，增加他们的文化体验机会。我们将鼓励更多中小学使用学童津贴，让那些来自贫困地区的学生对我们共同的文化和遗产有更好的理解。我们将携手皇家艺术、生产和商业推进协会(Royal Society for the encouragement of Arts, Manufactures and Commerce, RSA)，共同推动文化教育的发展，提高贫困地区学生的受教育程度。

今年，政府将文化作为久负盛名的"中小学生奖学金"(Pupil Premium Awards)的核心。奖金将用于鼓励在提高贫困地区学生受教育程度方面做出卓越贡献的学校，包括皇家莎士比亚剧团，皇家艺术、生产和商业推进协会以及英格兰艺术委员会资助的相关组织在内的20多个机构将各尽其能地做出贡献，包括预约工作坊、展览、旅游和会谈、教育和启发学生。我们将与获奖的中小学一起扩大该奖项的影响力，强调文化经验和文化参与对全英国中小学的益处。

即将开展的工作

在彩票经销商的支持下，将建立全新的"文化公民"计划，为来自贫困地区的数以千计的年轻人创造更多、更新的文化机会。

我们将携手皇家艺术、生产和商业推进协会(RSA)，通过学童津贴共同推动文化教育的发展，提高贫困地区学生的受教育程度。

我们将利用"中小学生奖学金"，强调文化教育给贫困地区学生带来的益处。

(二)人才的技能发展理应具有更好的和更清晰的途径

文化产业和创意产业需要人才和技能，来追求卓越。文化教育为人才提供表现的机会，所以必须明确路径，以支持其发展。

许多文化组织，从剧院到遗产部门，已经开始提供或者专门研究职业和生涯发展，并与高等教育逐步形成联系，例如，文化场馆正成为学习场所。

英国政府的"音乐与舞蹈"计划(Music and Dance Scheme)和"舞蹈与戏剧奖"计划(Dance and Drama Awards Scheme)在经济调查后提供了支持，确保来自不同背景的天才儿童和年轻人都能接受世界一流的培训，有助于他们在音乐、舞蹈和表演生涯中获得成功。

英国政府同样支持英国电影协会(British Film Institute)的电影学院，为电影界所需的一系列技能提供专业培训。

我们需要确保，在文化产业中，技术人员和表演者的技能和职业发展具有清晰的、成熟的途径。

进入文化产业之路需要更好地被界定、标示和支持，特别是对来自贫困地区的年轻人。需要解决的问题是，进入文化产业会受到方法上的限制。目前，创意经济的就业极不均衡，偏向那些具有良好社会经济背景的人，如图7所示。

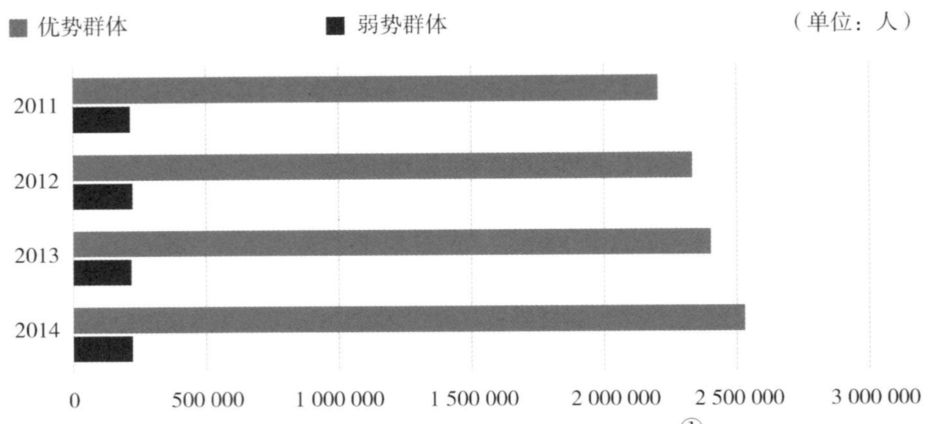

图 7　社会经济分类下创意经济的就业情况①

我们将协同英格兰艺术委员会，了解阻止低收入家庭和弱势群体成为艺术领域专业人员的障碍。

我们将协同英格兰艺术委员会的相关组织，鼓励文化产业中有灵感的个体到中小学，与儿童分享他们的经验，激发和鼓励年轻人思考文化产业的职业生涯发展。

我们想支持更多年轻人获得文化产业技术工作所需的知识和技能。我们正在制定职业教育的改革计划，并与塞恩斯伯里勋爵(Lord Sainsbury)主持的独立专家小组紧密合作，共同探讨如何打造一些职业路径，以便支持更多人获得高技能就业的机会。

国立创意和文化产业学院(National College for Creative and Cultural Industries)是在位于埃塞克斯郡铂弗利特(Purfleet，Essex)的幕后中心(Backstage Centre)基础上建立的，即将在秋天迎来学生。它将迎合舞台的内部和幕后技能需求，如灯光、绳索和制片的需求，通过学徒制和专业文凭，提供严谨而又灵活的文化产业准入路径。该学院将由文化和创意技能部管理，代表诸多雇主和行业组织，包括莱恩公司(Live Nation)、皇家歌剧院(Royal Opera House)、白光(White Light)和英国剧院工作者协会(Association of British Theatre Technicians)。

遗产彩票基金将继续投资 1 000 万英镑，用于“面向未来的技能”(Skills for the Future)计划，尤其注重吸引更多新人，使其成为遗产行业劳动力。

英国政府认为，学徒制是提升专业技能的有效途径，特别符合文化和创意行业的专业需求。

英国政府承诺，到 2020 年，将学徒人数提高至 300 万，并由学徒税提供资金。所有大型文化组织都要接收学徒。

英格兰历史建筑和古迹委员会将创建遗产学徒制，以迎合自身的需求，补充遗产彩票基金的“面向未来的技能”计划，以及教堂保护信托基金(Churches Conservation Trust)对传统建筑技能的投资。

我们要求英格兰艺术委员会和英格兰历史建筑和古迹委员会及其合作伙伴，共同考虑如何才能更好地实施学徒制标准。

---

① 政府创意产业经济估算表明，在创意经济领域工作的人员结构比例严重失衡，绝大部分人来自优势家庭背景。2014 年，英国文化、媒体和体育部的《创意产业经济估算》显示，具有良好社会经济背景的群体获得了创意经济中 91.9%的工作。见文化、媒体和体育部创业产业经济评估，网址：https://www.gov.uk/government/statistics/creative-industries-economic-estimates-january-2016。

即将开展的工作

我们将协同英格兰艺术委员会，探析阻止弱势群体成为艺术领域专业人员的障碍。

我们要求英格兰艺术委员会和英格兰历史建筑和古迹委员会制定战略，支持文化组织更好地利用学徒制，推动技能的发展和进行职业选择。

（三）公共资助的文化应该体现国家的多样性

政府期望文化产业中的艺术天才、工作者和观众能代表多样化的社会。

多样性是成功的关键。多元文化产业将利用人才，应对挑战与改进产业，并增加用户人数。少数族裔和残疾的年轻人认同文化产业，并能从事相关工作。

实现多样性已成为多年来的问题。虽然文化产业在解决性别平衡、同性恋、双性恋和变性者方面已取得重大进展，但是在一定程度上还需要继续努力，并且多样性的总体数据并不反映国家的平均水平。

具有斗志的组织，如“为改变而行动”（Act for Change）强调剧院在各个层面缺乏多样性，从戏剧学校到舞台，从导演到幕后工作人员都存在这个问题。音乐家琪琪·瓦诺库（Chi-chi Nwanoku）创立了Chineke！基金会，该基金会主要聚焦古典管弦乐队面临的类似问题，并成立了欧洲第一支全黑人管弦乐队，他们都是欧洲大陆的天才音乐家。

希望黑人和少数族裔群体以及残疾人有更清晰的文化参与方式。不同种族人群的文化活动参与情况，如图 8 所示。

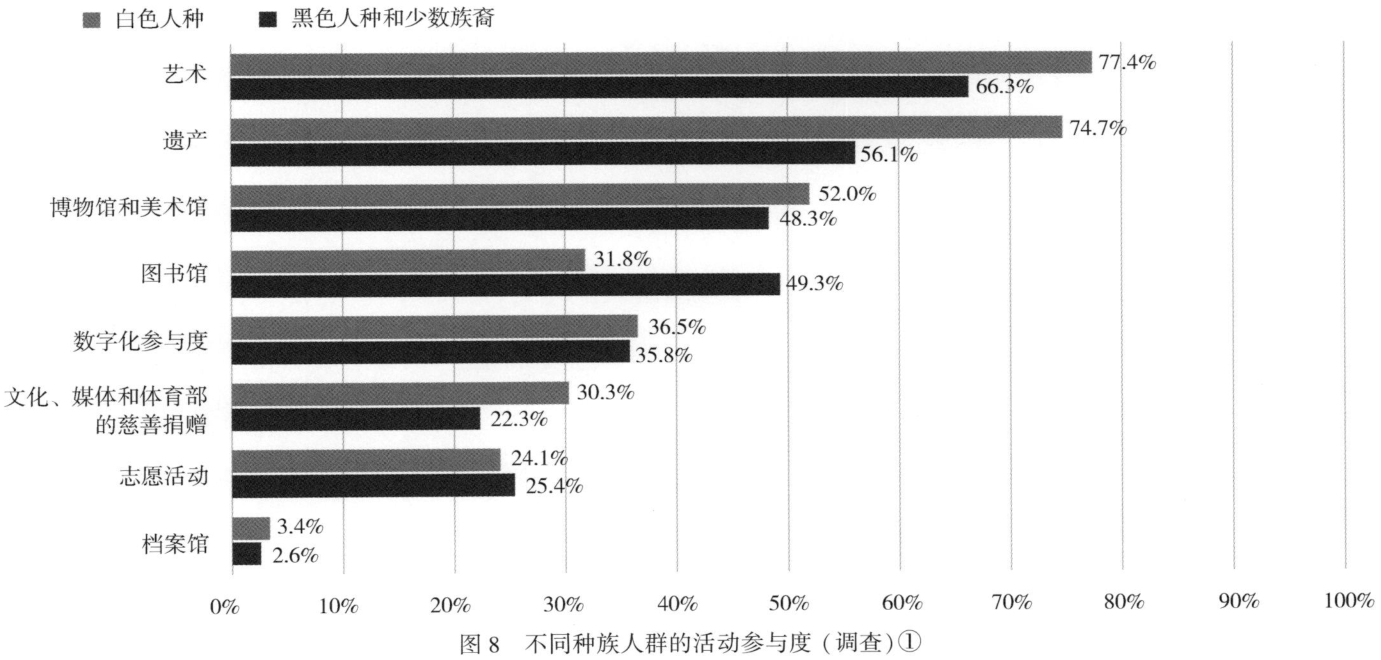

图 8　不同种族人群的活动参与度（调查）①

① 参加机构见网址：https://www.gov.uk/government/uploads/system/uploads/ attachment_data/file/495586/Taking_Part_2015-16_Quarter_2_Report_2.pdf。

目前，许多文化机构终于付诸行动。政府正与广播公司合作，改进战略，同样，英国电影协会已经实施相应的策略。

最近，英格兰艺术委员会在方式上做出重大改变，启动“多样性的创造性案例”(The Creative Case for Diversity)计划。这要求英格兰艺术委员会资助的组织及其工作，能够更加反映他们所服务的社区。该方面的进展将会影响他们未来获得的资助。

英格兰艺术委员会将进行一项新的研究，改善他们对文化产业中残疾人的认识，还将确定策略，增加文化产业工作的残疾人人数，目前这一人数极低。

政府希望看见由 Stagetext 和 VocalEyes 提供的服务被广泛采用，前者为剧院和其他艺术场馆提供字母和标题，后者是全国性的音频描述慈善机构。我们将继续与文化产业合作，提升人们在文化场馆的亲身体验。

然而，除非有领导层承诺会持久地进行变革，否则将无法真正实现多样化的文化产业。

从 2016 年开始，英格兰艺术委员会将公布领导层着眼于多样性发展的数据，包括首席执行官、艺术主管和资助组织的主席。

志愿活动是不同年龄、不同背景、各行各业的人参与文化活动，支持文化组织工作的方式。政府期望看见越来越多的人参与志愿活动和社会行动，包括文化行业内的。我们将与英格兰艺术委员会、英格兰历史建筑和古迹委员会以及其他公共资助文化机构合作，鼓励提供更多文化行业的志愿活动机会。

即将开展的工作

我们将要求英格兰艺术委员会、英格兰历史建筑和古迹委员会、国家博物馆和美术馆开发并共享解决文化行业领导层缺乏多样性的策略，并定期汇报取得的进展。

我们将审查网络在促进黑人、少数族裔和残疾人更容易加入文化行业所发挥的作用。

我们将要求遗产行业在成功计划(如遗产彩票基金会的“年轻根”计划)的基础上，为年轻人创造更多非正式教育机会，享受和学习遗产或者引导遗产社会行动。

二、丰富的文化资源理应惠及每个社区

我们正进行放权革命。我们希望国家和地方文化机构合作，支持地方利用文化实力促进经济增长、教育发展和人民幸福。

——国会议员，英国社区和地方政府国务大臣　格雷格·克拉克

本章将阐释，文化是如何作为全国各地的身份象征，潜在地改变一座城市。我们希望见证国家和地方之间建立更多合作伙伴关系，将文化作为地方建构的核心。

文化扎根于地方，从地方丰富的多样性中汲取养分，并充分地反映这种多样性。

文化的地方建构能够为地区、城镇和农村提供机遇。

在赫尔(Hull)，我们见证了文化投资是如何有助于增长城市自信。2017 年，赫尔当选为“英国文化城市”(UK City of Culture)，目前，在《旅游指南》(*Rough Guide*)中作为世界最值得参观的十大城市之一。赫尔吸引了新的商业投资，创造了更多就业机会，这绝非巧合。2017 年，“英国文化城市”的称号将给当地经济带来 6 000 万英镑的收益。

这只是最近的一个例子。历史上，伦敦创意和经济产业的成功归功于艺术、剧院、遗产和博物馆。很多其他城市，从马尔盖特(Margate)到利物浦(Liverpool)，都明白强势文化带来的收益。

我们希望看见这种收益能延伸得更远，惠及更多地方。

实现伦敦和其他地区之间资金的权利平衡，仍需要持续的关注。英格兰艺术委员会致力于伦敦以外地区文化的发展，提高财政补贴基金的比例，下拨给伦敦以外的地区组织，同时承诺，在 2018 年将下拨给伦敦以外地区的彩票基金比例提升至 75%。英格兰艺术委员会不仅提供资金支持，还开展战略发展工作，以支持全英国文化产业的发展。重要的是，分配公共基金，包括彩票基金，从某种程度上可以支持无处不在的艺术和文化上的雄心抱负。

每个社区都是景观和建筑、传统和节日、工匠和艺术家的独特组合。希望更多地方领导者能够抓住文化的潜力，实现对社区的愿景，将文化置于重要的战略地位。

英格兰艺术委员会与地方政府协会(Local Government Association)合作，支持 150 多个地方当局的文化资产持有者，通过“文化领导要点”计划(Culture Leadership Essentials Programme)、图书馆领导层研讨会以及同行评议来实施改革。

公共图书馆是地方社区的重要组成部分。2015 年，政府和地方政府协会成立了图书馆领导小组，旨在支持与英格兰公共图书馆的合作，改善服务，并促进其发展。

除了领导层，我们还需要合作伙伴。赫尔的成功更多地归功于地方和国家资助机构以及公立和私

立资助机构之间的合作。

“英国文化城市”计划和“欧洲文化之都”计划面向英国境内所有城市开放，为新的文化投资提供了独特的机会，吸引了新的观众，展示了英国文化的精华。

政府关于英格兰境内的分权计划将赋予当地居民权利，构建社区的未来。希望英国文化机构和资助机构(包括公立的、私立的和慈善机构)共同努力，支持地方领导者、地方当局、地方商业、地方社区及文化组织等的意愿。国家资助将有助于实现他们的愿景。

很多地区正努力朝这个方向发展。在英格兰北部，利物浦(Liverpool)、曼彻斯特(Manchester)和提斯瓦里(the Tees Valley)正在制订新的文化计划，构建全新的合作伙伴关系。

政府相信，技术和经过改良的数字基础设施对构建社区之间的联系至关重要，确保社区是学习和工作的最佳地点。技术将促进文化组织及其合作伙伴更好地协作，有助于吸引更多用户。此外，数字体验本身正成为普遍存在的“方式”，将转变身处任何地点的任何人的文化访问方式。

图书馆小组

图书馆领导小组正实施战略，支持并为英格兰公共图书馆服务注入新的活力。政府与领导小组合作实现英格兰公共图书馆的共同愿景，即通过强调现有的最佳服务实践和提供支持图书馆的合作意愿，指导图书馆服务的发展目标。这将包括支持文化访问和参与、阅读与学习、数字化阅读、经济增长、健康幸福和社区融合。

(一)发挥文化的作用，构建更强和更健康的社区，促进经济增长

文化带来了巨大的收益，提高了地方社区的生活质量。

我们希望社区思考，如何将文化作为计划的中心，促进人民富足、社会革新、经济增长。

政府支持北部经济体(Northern Powerhouse)，联合了大城市和英格兰北部农村地区，通过建设更好的运输联系和商业基础设施，促进经济发展。地区的文化供给将是新投资的主要驱动力。为此，政府采取了诸多措施，如为曼彻斯特的工厂提供主要的资本投资，建设 2018 年北部博览会(the Great Exhibition of the North)，这将展示北部的文化、技术、创新和设计。

在 2016 年的预算中，财政大臣宣布，将追加对北部经济体的投资，包括在诺斯利(Knowsley)投资 500 万英镑，建立新的莎士比亚剧院和教育综合体；在谢菲尔德(Sheffield)投资 100 万英镑，建立新的艺术中心。

英格兰艺术委员会的“地方创意增长”基金(Creative Local Growth Fund)支持文化机构与当地企业的合作，战略的核心在于推动地方经济发展。目前，已将 400 万英镑资金分给英格兰 9 个地区，预计从其他渠道引入 840 多万英镑额外资助。

2016 年，启动了一项新的投资 4 000 万英镑“发现英格兰”(Discover England)基金，旨在使游客更

容易发现英格兰的国家宝藏和隐藏的珍品，鼓励各方合作，跨越地理边界，开发标志性的旅游路线。文化是重要的有利条件，将在新的“必须参观”的路线中发挥关键作用。

文化对振兴沿海社区做了重要的贡献。9 000 万英镑的沿海社区基金用于支持大量文化项目。在英格兰 118 个沿海社区团队制定的系列经济计划中，文化特色十分突出，将当地居民、地方当局和企业联合起来，推动沿海城镇经济增长、兴盛繁荣。

无论是建筑物，还是与其他博物馆的合作，国家博物馆在伦敦市外已建立一个很好的平台。最近，关于搬空伦敦的储存点——布莱斯宫(Blythe House)的决定，得到政府 1.5 亿英镑的建设补助金资助，反映提高公共访问国家收藏品体验的决心。

最好的英国博物馆热情欢迎民众，其易于参观，并举办了大量的活动，使用收藏品和空间来获取公共收益。一些英国博物馆正经历管理和资金分配上的显著变化。重要的是，它们将持续创新和繁荣发展。由英格兰艺术委员会资助的“英国博物馆领导者”网络项目，帮助博物馆领域的领导者制订战略，促进当代英国博物馆的兴盛发展。

文化干预是如何影响生理和心理方面的健康与医疗结果，并且有利于个体、家庭和更广阔的社区，许多很好的例子解释了这个问题。越来越多的个案研究和研究项目关注文化活动对老年人，包括患有痴呆的老年人的益处。

临床委托小组的诸多委员和地方当局都认可文化在改善健康与医疗结果方面的作用，我们期望成功的成果和实践能够在社区中广为人知，并且这些委员和文化产业能够更加密切地合作。

文化委托项目由英格兰艺术委员会资助，国家志愿组织委员会(National Council for Voluntary Organisations)引导，有助于文化机构更好地参与到公共领域，支持公共领域委员更好地认识文化机构在传递成果方面的潜力。在该项目研究结果的基础上，我们与英格兰艺术委员会、遗产彩票基金和英格兰公共卫生委员会合作，确保公共资助文化活动和项目对健康有多重积极影响，在各党派议会团报告下一年度艺术与健康政策时，提出建议作为回应。

还有很多好的实例，解释了文化干预如何有益于罪犯、释囚和有参与犯罪风险的人们。文化有助于提高自信、社交技能和幸福感，有利于降低犯罪和再次犯罪的风险，使社区更加安全。我们将与英格兰艺术委员会、遗产彩票基金和其他合作伙伴共同努力，确保罪犯和有参与犯罪风险的人们持续从文化体验中获益。

即将开展的工作

通过“英国文化城市”“北部博览会”和“发现英格兰”基金 3 项计划展示文化改变社区的力量。

2017 年，将举办竞赛，评选 2021 年度“英国文化城市”，并启动 2023 年度“欧洲文化之都”的评选。

我们将与英格兰艺术委员会、遗产彩票基金和其他合作伙伴协作，促进文化对健康、幸福和平安社区产生积极的作用。

(二)国家和地方合作伙伴关系对文化在地方建构中发挥作用来说是必要的，要求国家机构支持地方愿景

文化产业之间，文化机构及其国家、地区和地方合作伙伴之间更好的合作关系，将推动文化完全有益于社区发展。

在一些地方，愿景已经实现：东北部文化合作伙伴关系展示了什么是可以完成的。《文化案例》(*Case for Culture*)阐释了未来15年文化发展的宏伟蓝图。1 000多人和代表商业、体育、教育、旅游和文化利益的机构，连同12个地方当局和5所大学都助力文化发展。

政府希望看见，英国和地方当局的计划和政策中执行相似的战略。

文化战略应该包含各种利益相关者，其应该是有雄心壮志的、长期的和可持续性的。

有效的合作伙伴关系将国家和地方范围内合作的文化机构、技能、领导者和知识聚集起来。

地方合作伙伴包括：①地方政府，文化发展最大的资助者，密切迎合地方需求；②地方企业，部分企业将旅游、遗产和创意产业作为战略核心；③地方健康与医疗要员，越来越关注文化对健康和幸福有利的影响；④警察和社区安全合作伙伴，解释了文化如何影响行为；⑤大学，不仅关注重要的博物馆收藏品，还是文化的主要支持者，开拓性地研究遗产保护；⑥国家公园、杰出自然风景区和资源保护局，保证最珍贵的风景地貌能够为不同的游客所欣赏，并为后代保护这些风景名胜；⑦地方志愿和社区部门，包括信托机构和基金会。

国家合作伙伴包括：①国家彩票经销商，包括遗产彩票基金、英格兰艺术委员会、大彩票基金，在2014—2015年度获得10亿英镑收益，其中95.6%用于志愿和社区部门，包括地方文化机构；②英格兰历史建筑和古迹委员会以及设计委员会，英格兰历史建筑和古迹委员会为如何保护和维护历史环境提供专家意见，帮助公众访问和享受历史环境，设计委员会帮助民众理解设计，并将设计作为战略的组成部分；③国家博物馆，寻求建立在现有地区的影响力；④国家艺术机构，期望通过旅游和教育项目，使国家艺术机构对英国有越来越大的影响力；⑤国家遗产机构，包括英国古迹署(English Heritage)、国民托管组织(National Trust)、古建筑协会(Historic Houses Association)和地标信托(Landmark Trust)，保护最美的风景和最爱的建筑。

我们将与彩票经销商和国家文化机构合作，启动新的“伟大的地方”(Great Place)计划，首先在12个地区进行试点，其中包括至少4个农村地区，支持承诺将文化融入地方当局计划和政策的地区。英格兰历史建筑和古迹委员会将为试点地区提供关于规划和发展的建议，支持地区更广阔的文化供给。我们将要求文化领导者帮助各地区规划新的文化愿景。

即将开展的工作

与有经验的国家文化领导者合作，建立或者考虑建立新的文化合作伙伴关系。

与国家彩票经销商和国家文化机构合作，通过一项新的“伟大的地方”计划，支持社区实现文化愿景。

(三)历史建筑环境是独特的财富，地方社区将支持最大程度利用珍视的建筑

历史建筑环境的发展能促进广泛改造建筑、创造就业机会、驱动经济增长和繁荣兴盛。然而，一些开发者认为，因为这些遗产的地位，承担这些项目十分冒险。特别是在英国部分地区，地产市场没有此前那番活跃，可能需要当地的专家来号召。英格兰历史建筑和古迹委员会发挥了关键性的作用，确保开发者和地方当局有信心修缮历史建筑，同时保证新的发展战略，支持和增强这些历史建筑的特色和特殊之处。

地方社区、企业家或者第三部门组织希望获得宝贵遗产建筑的所有权，但是在应对改造和修缮建筑及管理这些财产的挑战时，可能缺乏能力、资金和所需的一些技能。然而，在国家遗产组织的合理支持下，这些建筑能够很好地发挥作用。

我们已经为建筑遗产基金(Architectural Heritage Fund)提供了300万英镑资助，用以支持遗产组织为社区提供咨询建议，如关于如何最大限度地利用历史建筑，包括获得所有权。

我们将支持英格兰历史建筑和古迹委员会在英格兰设立新的遗产行动区(Heritage Action Zone)。英格兰历史建筑和古迹委员会将改善与地方合作者的关系，通过改造历史环境，更好地应对改革和新发展，刺激生产。

根据地方当局考古委员会的评述，英格兰历史建筑和古迹委员会将确定，如何为地方当局提供更多支持，如何通过更加清晰的指导降低本地服务的需求，如何鼓励充分利用资源的新配送模型。

遗产彩票基金在对遗产项目投资2 500万英镑的基础上，支持拥有遗产的企业财务自主。

闲置的空间和建筑有时可以被文化机构临时用来进行表演和展览。但是这些机构在付诸行动时，可能会遇到计划和许可方面的问题。

新进展出现之时，可能会对现有的娱乐场所产生负面影响。剧院信托机构(Theatres Trust)与当地规划人员和社区紧密合作，确保剧院向原先预定的目标发展。我们还要保证，文化机构能够利用闲置空间和建筑，同时考虑现有的艺术和音乐场馆的新进展，以及为文化创建新的空间。

允许艺术家发展创新的设施理应得到支持。

几百年来，教堂一直是社区的中心。英格兰教堂和教堂保护信托机构(Churches Conservation Trust)正演示，将教堂面向公众开放，将教堂历史融入公众生活。目前，还需要进一步的行动，确保教堂仍作为社区生活的中心。2016年度预算报告指出，政府将在2016—2017年度和2017—2018年度投入2 000万英镑，用以扩充第一次世界大战百年纪念教堂的修缮基金，并将审查英格兰教堂建筑物和大教堂如何在财政上更可持续发展。

即将开展的工作

支持英格兰历史建筑和古迹委员会在英格兰设立新的遗产行动区。

持续支持遗产组织为社区提供咨询建议，如关于如何最大限度地利用历史建筑，包括获得所有权。

鼓励地方当局和业主，为临时的文化活动提供更多空闲场所和建筑，鼓励他们在制定新发展计划时考虑文化元素，如艺术家工作室。

在 2016—2017 年度和 2017—2018 年度投入 2000 万英镑，用以扩充第一次世界大战百年纪念教堂的修缮基金，并将审查英格兰教堂建筑物和大教堂如何在财政上更可持续发展。

(四)技术正在拓展创造和享有文化的方式，数字模式本质上正成为文化“场所”

很多国家和地方机构正示范如何将公共收藏品数字化或者筛选在线内容。

国家剧院(National Theatre)的《国家剧院在线》(NT Live)电影广播节目在 2014—2015 年度吸引了 120 万名观众。《国家剧院在线》在全球范围内都能观看，从澳大利亚、泰国到冰岛、智利，其在线内容十分丰富。皇家歌剧院(Royal Opera House)仍在进行歌剧和芭蕾舞的现场演出，英国成千上万名观众都能到此观看。

大英博物馆正探索新技术，通过与谷歌文化学院(Google Cultural Institute)合作，使世界人民都可以接触文化宝藏。

通过使用虚拟现实技术，现在可以体验自然历史博物馆(Natural History Museum)陈列的青铜时代的遗址或者史前海洋的最深处。

英国电影协会(British Film Institute)将在 2017 年完成国家档案馆(National Archive)中 10 000 件作品数字化的工作，让每个人都能接触到电影遗产。

许多博物馆正积极地将收藏品进行数字化处理，但是公众只能方便地观看英国国家博物馆大量独特收藏品的一部分。接下来五年，政府将为大英博物馆(British Museum)、科学博物馆(Science Museum)以及维多利亚与艾伯特博物馆(Victoria and Albert Museum)提供 1.5 亿英镑资本融资，维持、保护和改革当前伦敦布莱斯宫存储的收藏品的公众访问路径，并以合适的世界级条件来重新安置收藏品。作为该策略的一部分，收藏品将会被拍摄并进行数字化处理。

数字化过程仅仅是一个开始。“艺述英国”计划(Art UK)和收藏品信托基金(Collections Trust)案例表明，当机构合作使访问数字化数据成为可能时可以实现的目标。

数字化的好处是明显的。它将使无法亲身参观收藏品或者观看表演的数百万名观众，有机会远程体验这些内容。例如，皇家莎士比亚剧团和国家剧院在 60 家国际艺术机构中选择与谷歌合作，拟真的数字化展览允许在线观众 360 度全方位体验表演艺术。

"艺述英国"计划

公共目录基金会(Public Catalogue Foundation)和英国广播公司(BBC)集合多方资源开发"艺述英国"网站(网址:www.artuk.org)。"艺述英国"(Art UK)计划提供了一个数字化平台，可以访问3 000多个公共艺术收藏品中超过20万幅油画。这个平台是完全可检索的，并且正在扩展中。该计划得到英格兰艺术委员会的资助，以及国民托管组织、英国政府艺术收藏委员会(Government Art Collection)、英国古迹署、遗产彩票基金会和信托机构的支持。"艺述英国"计划搭建了一个平台，展示公众可能无法很容易参观的艺术品，并提供教育资源及公共收藏品的潜在收益流。

在数字化志愿者的帮助下，大众将能了解文物的相关知识。国家档案馆计划招募志愿的"公民历史学家"，对第一次世界大战中的战争日记进行数字化处理，并邀请世界各地民众分享他们相关的知识和记忆，即网络相册中数千张殖民地时代的照片所记录的人物、地点和事件。

通过数字化，各个机构可以收集数据，包括哪些人参观了收藏品及他们的兴趣所在；网络世界的用户更容易参观收藏品；馆长和研究人员可以采用机器学习和数据工具，习得更多关于收藏品的知识。

我们希望在数字化公共收藏品目录上走得更远，并使英国成为世界领先的国家之一。我们希望用户拥有完美的在线体验，有机会深入了解特别的收藏品，以及在所有收藏品中进行检索。

我们将委托撰写一份报告，涉及需要处理的关键问题。这份报告将包括如下问题：通用技术标准和许可要求；机构数字化处理收藏品需要哪些帮助；收藏品在线存储容量；科技快速发展背景下更新数字化收藏品的需求；文化机构当前和今后发展所需的技能。

我们将与基金组织、国家机构、提供专业支持的组织，如数字化弹射中心(Digital Catapult)和政府数字化服务中心(Government Digital Service)以及潜在的商业技术合作者一同实现这一愿景。

即将开展的工作

委托制订一份报告，涉及需要处理的关键问题，使英国成为数字化公共收藏品目录上世界领先的国家之一。

要求英格兰历史建筑和古迹委员会与地方当局合作，在接下来10年整理和理清国家和地方遗产档案，以便社区民众和开发商可以方便地查阅历史环境档案。

三、文化实力可以提升国际影响力

英国以其非凡的遗产闻名遐迩，吸引了来自世界各地数百万名观众。作为一个国家，我们幸运地继承了丰富的文化历史遗产。这一战略不仅确保我们能够继续纪念这些历史遗产，还保证能向后代传递更加充满活力和鼓舞人心的遗产。

国会议员，运动、旅游和遗产大臣　特蕾西·克劳奇

本章将探寻如何通过文化提高英国的软实力，包括向其他国家推广艺术和遗产，通过国际外交提高艺术和文化影响力，以及保护世界遗产。

英国是软实力的领导者。在2015年波兰“软实力30”(The Soft Power 30)复合指数中，英国位列第一。遵从强大而稳固的民主、对个体自由的信仰，强调多样性和言论自由：英国文化弘扬这些价值观。

文化可以继续扩大英国的影响力，推动贸易发展和投资，吸引游客亲身体验英国的风景地貌、国家遗产瑰宝和城镇生活。

我们弘扬的价值观和文化影响力保证了英国在全球网络和国际组织中的地位，反过来，也提供了提高文化创造能力的机会。

今年是莎士比亚逝世400周年纪念。随着时间的推移，莎士比亚的读者和影响力不断扩大，将继续塑造英国的价值观念。在这段举世瞩目的时间，莎士比亚的全球巡回演出作品《哈姆雷特》将在2016年4月遍及全世界每一个国家。

政府将在一些措施的基础上，如“大不列颠推广”计划和与其他国家的互惠项目，为文化产业创造新的契机，展示产品和促进贸易出口。

我们有责任对人道主义灾难作出回应，包括文化破坏行为。借由文化保护，政府将采取新举措，帮助各国恢复社会稳定和经济繁荣。

2015年，政府宣布成立新的繁荣基金(Prosperity Fund)，其主要目的在于推动经济发展和发展中国家的福祉。文化将在其中发挥重要的作用，有助于推动发展、减少贫困以及开启新的全球机遇。

(一)通过文化出口推广英国，提高英国的世界声誉和软实力

在软实力和国家品牌的调查中，英国的排名遥遥领先。政府希望，英国文化能够进一步提高英国的世界声誉。

英国文化协会利用文化加强国际关系，创造教育机会。其与100多个国家合作，通过文化和教育共享知识，建立友谊，在支持艺术组织和博物馆的国际性工作中发挥了重要作用。

2016年，我们将支持"永恒的莎士比亚"计划，这是全球性的现场表演、公共播放和数字化活动项目。

广播产业同样是英国文化在海外强有力的支持者。英国广播公司在所有广播公司中拥有全球最广的覆盖范围。在全球主要市场中，超过50%的全球商业领导者每周都会收听英国广播公司的节目：其中79%的领导者认为，英国广播公司是英国最伟大的外交大使，在所有机构中名列前茅。

在2015年度《支出审查》(*Spending Review*)中，政府宣布对英国广播公司的全球服务追加经费至每年8 500万英镑，其中7 000万英镑将用于海外发展援助(Overseas Development Assistance)。额外追加的经费将使英国广播公司维持其全球覆盖范围，拓展民众的新闻和信息获取方式，这将有助于全球范围内的有效管理，支持经济、社会和政治的发展。

英国广播公司关注艺术输出以及英国文化景观的财富。

针对国际电影和档案专业人员，英国电影学院已建立一个执行的教育项目，利用其世界领先的专业知识和技能，帮助海外合作者，同时作为电影保护、数字化和归档方面的领导者，来提高英国的声誉。

英国政府艺术收藏委员会在英国和世界各地的政府建筑中组织英国艺术品展览。我们将为民众继续寻求更多的方式来观看和欣赏收藏委员会的艺术品。

"文化日记"(Culture Diary)计划促使文化行业组织机构与外交和联邦事务部(Foreign and Commonwealth Office)全球网络、英国贸易投资总署(UK Trade & Investment)及商业界进行合作。我们将审查和改进这一计划，确保其成为高效的工具。

"文化日记"计划

"文化日记"计划是一张文化总览表，是一份所有艺术形式的国际日程表，是一个与政府互动的场所，它使文化行业内各种规模的文化机构能够拓展国际覆盖范围。通过文化机构之间的相互联系、"大不列颠推广"计划以及政府外交大使和特派使节的全球网络，英国文化机构可以认识到国际性工作带来的利益，并满足英国文化和遗产在海外宣传的需求，计划网址：www.theculturediary.com。

即将开展的工作

与英国贸易投资总署合作，共同推进全球文化出口计划，开辟新的市场，确保文化行业可以参与英国贸易投资总署推出的"高价值机遇"(High Value Opportunity)项目。

通过国际交流、合作、创业与革新，要求公共机构提供资金保障，支持发展文化行业追求新机遇的能力。

要求英格兰历史建筑和古迹委员会与其他遗产机构合作，开发遗产行业的国际商业产品。

(二)“大不列颠推广”计划将利用文化打造“英国品牌”，通过向世界提供最佳文化，增强对游客的文化供给

在 2012 年伦敦奥运会和残奥会创造机会的基础上，2011 年 9 月启动“大不列颠推广”计划旨在通过显示英国是旅游、学习和做生意的最佳地点，增加贸易、出口和对内投资。2015 年，该计划支持世界范围内 190 多个地点的 1 100 多项不同的项目和活动。

2012—2015 年，对“大不列颠推广”计划的投资达 1. 135 亿英镑。该计划已确定为英国带来 18 亿英镑的经济收益。

政府已增加对该计划的投资，到 2019—2020 年，将达到每年 6 000 万英镑。

英国节日和重要的文化盛事成为吸引游客的主要卖点，创造了国家和地方的经济收益。

伦敦和爱丁堡拥有历史悠久的著名文化节，令人鼓舞的是，曼彻斯特国际文化节超越其他节日获得成功。曼彻斯特国际文化节于 2007 年启动，是由艺术家主导的每两年一次的节日，目前正吸引全球注意力。

政府活动产业委员会(Events Industry Board)设置协调方式，借此可以创造更多由文化盛事提供的机会。“大不列颠推广”计划将为此提供资金，为英国吸引世界一流的文化活动。

2015 年 3 月在上海举办的创意英伦盛典(GREAT Festival of Creativity)，以及 2015 年 10 月习近平主席对英国国事访问期间的创意展(Creative Showcase)，巩固了英国—中国创意产业贸易关系的发展。

2015 年，英国财政大臣(Chancellor of the Exchequer)在与中国的经济和财政对话(Economic and Fiscal Dialogue)中宣布，2016—2019 年大英图书馆将首次在中国展示部分最重要的珍宝，包括莎士比亚、狄更斯(Dickens)、勃朗特姐妹(Brontë sisters)和阿瑟·柯南·道尔爵士(Sir Arthur Conan Doyle)的手稿和作品的早期版本。

其他主要的文化机构将在 2015 年文化交流年(the 2015 Year of Cultural Exchange)的基础上，继续加强与中国的文化合作。在与英国文化协会和其他机构的合作中，文化外交的全球项目将继承以往的文化遗产，包括 2015 年英国墨西哥文化年(the 2015 UK/Mexico Dual Year)，2016 年俄罗斯英语语言文学年(the 2016 Year of English Language and Literature with Russia)，2017 年与印度(India)、韩国(Republic of Korea)和阿拉伯联合酋长国(United Arab Emirates)的文化合作庆典。

即将开展的工作

协同英国文化协会和文化部门，资助与其他国家的文化合作，支持艺术家四处游历，帮助其确保文化跨越政治和地域。

与“大不列颠推广”计划合作者、英国文化协会和海外志愿服务社(Voluntary Service Overseas, VSO)共同支持英国文化部门，即通过莎士比亚鼓舞人心的作品和遗产，向世界展示英国当代文化的魅力，帮助海外志愿服务社利用纪念日募集资金，资助世界范围内的儿童开展扫盲行动。

2017 年，将庆祝与印度、韩国和阿拉伯联合酋长国的文化季。

(三)与全球伙伴携手保护世界遗产

英国拥有一份引以为豪的国际发展资助纪录，包括资助文化发展，签署了大量国际文化公约，与许多资助文化发展的组织紧密合作，包括欧洲理事会(Council of Europe)和联合国教科文组织(United Nations Education, Scientific and Cultural Organisation)。

文化遗产是国家认同感的关键，其支持教育和研究，有助于长期经济和社会收益。我们理应继续在英国内外处于文化保护的前沿。

世界遗产委员会(World Heritage Committee)认定世界遗产遗址(World Heritage Sites)。世界范围内的遗址超过1 000处，其中英国有29处，从史前巨石阵(Stoneheng)、埃夫伯里巨石圈(Avebury)到布莱纳文(Blaenavon)、福斯桥(Forth Bridge)矿业遗产。

我们希望在管理世界遗产遗址方面设置全球标准。通过与世界遗产中心、世界遗产遗址管理机构、英格兰古迹署和其他机构合作，促进世界遗产遗址的可持续发展，确保这些遗址受到保护。

根据立法程序，我们将正式批准《1954年关于武装冲突情况下保护文化财产的海牙公约》(1954 *Hague Convention for the Protection of Cultural Property in the Event of Armed Conflict*)及其两份草案。该公约制订了一系列措施，用于保障文化财产免受武装冲突的影响。

我们将批准其他保护文化遗产和文物的国际公约，包括联合国教科文组织的《水下文化遗产保护公约》(*Convention on the Protection of the Underwater Cultural Heritage*)，并审查自身发挥的作用。

2015年，政府举办了文化保护峰会，将国会议员、专家、文化组织和慈善机构聚集起来，共同探索支持、保护世界文化遗产的措施。作为回应，我们正在创建一项3 000万英镑的文化保护基金，该基金将由英国文化协会管理。

即将开展的工作

通过一项3 000万英镑的文化保护基金，拓展国际援助，支持保护文化遗产和古迹，帮助各国从文化破坏行动中恢复原有状态。

根据立法程序，正式批准《1954年关于武装冲突情况下保护文化财产的海牙公约》及其两份草案。

与世界范围内的合作伙伴共享文化发展和保护方面的专业知识、技能，尤其是那些身处发展中国家和正在经历或者刚摆脱冲突的国家。

四、文化投资、文化承载力和文化改革

对非凡创意产业进行投资是国家能进行的一项最佳投资。

——国会大臣，英国财政大臣　乔治·奥斯本

本章将关注如何利用公共资金，资助最有效的文化投资模式，为文化机构的繁荣发展提供最坚实的基础。

第二次世界大战以来，我们开发了一种独特的文化投资模式，包括公共资金、私人投资、慈善和劳动收入。

这种混合收益渠道是文化产业繁荣发展的基础。

政府对文化的公共投资充满信心。如同核心财政和彩票基金，政府通过税收优惠来支持文化产业的发展，并鼓励慈善。

政府支持民众免费参观国家博物馆和美术馆的永久收藏品。

重要的基金机构，如遗产彩票基金、国家遗产纪念基金和艺术基金将继续支持英国的博物馆和美术馆，以获得重要的艺术品和具有显著文化性的其他重要物品。

政府还制定了管理框架，保障慈善筹款的信誉和信心，长期支持慈善捐助，如图 9 所示。

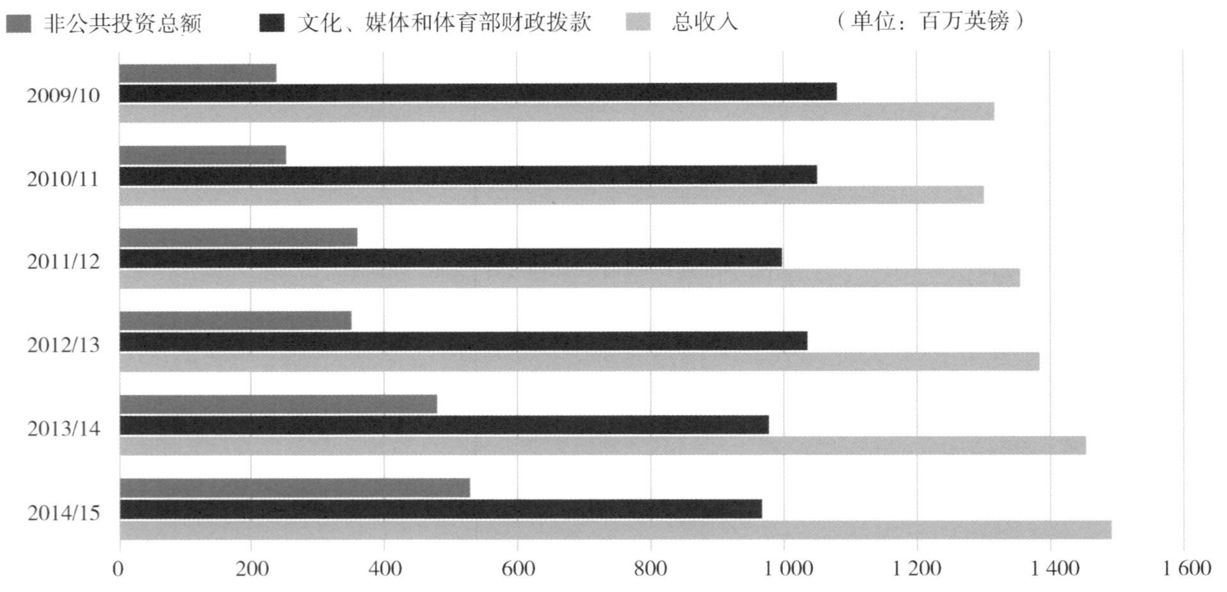

图 9　文化、媒体和体育部资助的文化机构收入的现金①

① 文化、媒体和体育部慈善捐助指标，见网址：https://www.gov.uk/government/statistics/charitable-giving- indicators-201415。

政府欢迎慈善行业重新承诺负责筹款，并在新的筹款监管者监督下加强自我管理。

政府认为，文化组织有机会进一步从慈善和私人捐赠中获取利益，更好地利用非拨款资金，包括商业税收。

近年来，许多文化组织对变化的经济环境作出回应，审查组织结构、管理运行模式、丰富资金流。

文化组织已发展新的捐赠者，形成了新型合作伙伴关系。这些策略帮助它们在富有挑战的经济环境中继续前行。

政府扶持机构提高了资金募集占财政补贴的比例，2009—2010 年度的比例为 22%，到 2014—2015 年度，这一比例超过了 55%。每一英镑的财政补贴，超过一半来源于资金募集或者劳动收入。①

承载力仍是一个关键问题，尤其是在地区和地方层面。文化组织需要确保公共投资的每一英镑都能发挥最大的作用。他们必须进一步思考如何调整商业模式和财政策略，来应对资助所带来的潜在挑战。

在 2010 年首次宣布的关于文化的"十点慈善"计划(10-point philanthropy plan for culture)的基础上，政府将帮助文化组织增强承载力，并鼓励他们思考增加和丰富收益流的新方式。

我们也将关注政府直接拨款的文化机构，看他们如何最大程度地满足文化行业的需求，这亦是《文化白皮书》的重点。

私有资源对文化的支持②

2011—2012 年度，文化行业内的私人投资总额超过 6.6 亿英镑。

英国主要的信托机构和基金会每年对文化项目的资助超过 5 000 万英镑，这些资助都是慈善性质的。2011—2012 年度，信托机构和基金会对文化的资助总额为 1.738 亿英镑。

每年，文化行业可获得每百万捐赠款的 7%。2012 年获得 9 540 万英镑捐赠款，2011—2012 年度个人捐赠款超过 3.72 亿英镑。

2011—2012 年度，文化行业得到经济行业超过 1.13 亿英镑的资助，并将从一些非常成功的商业关系中获益，如韩国现代公司(Hyundai)建造泰特现代美术馆(Tate Modern)的涡轮大厅(Turbine Hall)。

"十点慈善"计划

2010 年公布了关于文化的"十点慈善"计划，该计划旨在提供长期的支持，推动文化组织开发更混合的资金模式，在遵从前期计划的同时，实现长期的财务可持续。该计划包括：①"催化剂"项目(Catalyst programme)，即 2012—2015 年文化行业 8 000 万英镑的配套资金项目，由政府、英格兰艺术协会和遗产彩票基金联合资助，旨在帮助文化组织丰富收益流，包括建立捐赠基金，从私人来源获取更多资助；②采取一系列补充措施，鼓励并促进个人和公司捐赠，加强对捐赠的认知，推进数字技术，提高整个文化行业的募资技能；③三项独立进行的研究，着眼于推动文化行业募款的方式③。

① 参见网址：https://www.gov.uk/government/collections/charitable-giving-indicators。

② 见 2012 年艺术和私有贸易投资调查，网址：http://artsandbusiness.bitc.org.uk/research/ latest-private-investment-culture-survey-201112;andCoutts2014:http://philanthropy.coutts.com/。

③ 消除遗产赠予的障碍，见网址：http://www.legacy10.com/sites/default/files/downloads/Removing% 20Barriers% 20to% 20Legacy-Giving_0.pdf Philanthropy Beyond London：https://www.gov.uk/government/ publications/philanthropy-beyond-londonDigital Giving in the Arts-Democratising Philanthropy：https://www.gov.uk/government/publications/digital-giving-in-the-arts-democratising-philanthropy。

(一)政府将继续对发展中的文化产业进行投资

政府为一些重要的文化组织提供国库和彩票基金支持。这些组织包括英格兰艺术委员会和遗产彩票基金，反过来，它们也提供资金，资助英国境内的博物馆和美术馆、艺术和遗产组织，以及图书馆和档案馆。

政府直接资助 18 个文化机构，包括国家博物馆和美术馆、大英图书馆、国家档案馆和英格兰历史建筑和古迹委员会。

政府直接投资一些资本计划，如“曼彻斯特工厂”计划(The Factory in Manchester)；拥有一些合作伙伴关系，如与沃尔夫森基金会(Wolfson Foundation)合作建立博物馆和美术馆改善基金(Museums and Galleries Improvement Fund)；投资一些项目，如“英国文化城市”计划；通过艺术和人文研究委员会(Arts and Humanities Research Council)进行资助研究。

近年来，政府为文化组织和慈善家出台了重要的税收减免措施，有益于全英国境内的文化组织。在 2011 年的财政预算中，将 10%的遗产应征税(taxable estate)用于慈善的人，其遗产税(Inheritance Tax)从 40%下降到 36%。2014 年，政府又提出新的社会投资税款减免政策(Social Investment Tax Relief)，更简单的礼品援助(Gift Aid)捐赠规定以及定向税款减免政策，适用于电影、电视、动画和电子游戏产业。

2014 年 9 月政府提出剧院税款减免政策，支持各种艺术形式的作品，包括戏剧、音乐、歌剧、芭蕾、马戏和舞蹈。

2014 年秋季预算报告(Autumn Statement)宣布的新乐团税款减免政策将于 2016 年 4 月启动。

2016 年财政预算宣布一项新的博物馆和美术馆税款减免政策。该政策的制订经过正式商讨，将于 2017 年 4 月启动，并支持博物馆和美术馆在全英国范围内展出其收藏品。

“文化赠予”(Cultural Gifts)与“替代遗产税”(Acceptance in Lieu)计划为重要的艺术品、遗产物品、手稿和档案提供成为英国国家公有物品的机会。这些计划在整个英国境内执行，在税收减少的情况下承担 4 000 万英镑年度预算。

2001 年政府提出增值税退税计划，支持民众免费参观英国境内的博物馆和美术馆。这一计划允许英国国家和大学博物馆索回此前购买物品和服务的增值税支出，以便获得免费参观收藏品的权利。

在 2016 年财政预算中，宣布将拓宽增值税退税计划的资格标准，以便为民众提供免费参观收藏品机会的博物馆和美术馆能够获取收益。

考虑到所有的减免政策和免税政策，2016 年财政预算终结了营业税审查。财政大臣宣布，会增加小型企业的税款减免政策。其他现有的减免政策将仍旧执行，如慈善机构减免 80%的政策规定。酌情减免政策也没有变化，这由地方当局决定。我们将继续资助 50%的减免后支出。

我们正在商讨改革礼品援助捐赠收益规定。

我们计划增加适用于社会投资税款减免政策的投资金额。这将使文化产业的社会投资更具有吸引力。

即将开展的工作

就2017年4月启动的博物馆和美术馆税款减免政策进行正式磋商。
作为对现有磋商的回应，考虑改革礼品援助捐赠收益规定。
根据国家补助结算，增加适用于社会投资税款减免政策的投资金额。

(二)政府支持文化组织开发更混合的投资模式，并且能显著地发挥作用

在认识到加强私人和公司对文化行业资助的需求后，2010年政府发布了关于文化的“十点慈善”计划。其核心是“催化剂”项目，即政府、英格兰艺术协会和遗产彩票基金合作，帮助文化组织获取更多私人来源的资助。“催化剂捐赠”计划支持了49个文化组织，在艰难的筹款形势下，募集了超过6 400万英镑资金。总体而言，该计划已获得超过1亿英镑的新投资，帮助400多个文化组织丰富筹款方式，强化筹款技能。

英格兰艺术委员会承诺，将2 600万英镑战略资助用于2015—2018年慈善和募款，其中包括价值1 760万英镑的“催化剂进化”项目(Catalyst Evolve)，旨在帮助缺少募款经验的组织①。

英格兰艺术委员会还支持博物馆更具有可持续性和承载性。博物馆承载力基金(Museum Resilience Fund)补充了英格兰艺术委员会对主要合作博物馆(Major Partner Museums)、博物馆发展和国家项目的投资，尤其是资助那些得到认可却未从上述投资中获益的博物馆。通过这一基金，英格兰艺术委员会将在2015—2018年对博物馆行业投资3 000万英镑，用于提高承载力和性能的项目。

我们与沃尔夫森基金会成功地合作设立了博物馆和美术馆改善基金，极好地展示了当公共资金和私人慈善结合时，能达到的效果。自此以后，该基金在博物馆和美术馆领域投资超过5 800万英镑，使更多博物馆和美术馆可以改进展览和改进设施。它还作为进一步支持博物馆和美术馆获取其他资助的催化剂。我们将利用400万英镑投资来支持英格兰地区博物馆和美术馆接下来的资本改革。

政府、英格兰艺术委员会和遗产彩票基金承诺遵循“十点慈善”计划的原则，将支持和鼓励文化组织丰富资金来源，探索非拨款的收入渠道，改革募款方式。

遗产彩票基金已宣布，在2016—2017年度的新一轮捐款中投资1 000万英镑。它每年还投资700万英镑，用于新型能力提高项目——遗产承载力(Resilient Heritage)，整合当前由变革基金、新拨款和小型拨款提供的资助。

政府认为，探索从新社会投资和其他财政模式中获取收入是可能的，这是文化领域尚未利用的。

我们将与英格兰艺术委员会、遗产彩票基金和其他合作者共同探索新模式的收益与风险，鼓励更多不同的文化组织思考是否可能以及如何吸引新来源的资助，并扩张现有的资金。

众筹是指实践中集合很多人的资金来支持一个项目或者企业。文化产业的一些部门有巨大的潜力。

① 见网址：http://www.artscouncil.org.uk/funding/apply-funding/funding-programmes/catalyst-arts/catalyst-evolve/。

众筹发展迅速，正成为各类规模项目中一种主流资助方式。2015 年，以捐赠为基础的众筹在所有财政模式中发展最快，与去年同期相比增加了 507%，达到 1 200 万英镑。我们将与国家科学、技术和艺术捐赠委员会(National Endowment for Science, Technology and the Arts)，英格兰艺术委员会以及遗产彩票基金合作，启动一项新的试点计划，探索资助文化项目的众筹创新方式，在实践基础上支持这一募款方式的发展。

社会投资有助于满足文化产业对可持续性财政的需求，通过将文化组织与对文化发展感兴趣的投资者联系起来，可以产生明显的社会效果，例如，在健康或教育领域。

①700 万英镑的艺术影响基金(Arts Impact Fund)，得到私人和公共混合资金的支持，同时借款给艺术组织以展现社会影响力；

②"文化委托"计划(Cultural Commissioning Programme)，得到英格兰艺术委员会的资助，由国家志愿组织委员会(National Council for Voluntary Organisations)主导运行，正协助文化组织在文化推广过程中前行，以及展示如何传递公共服务的成果；

③查尔斯王子复兴基金会(Prince's Regeneration Trust)，正启动一项 4 000 万英镑社会投资基金，以支持改革项目；

④较小规模的建筑遗产基金，向拥有当地遗产建筑的社区群体提供借款。

艺术影响基金

艺术影响基金发起于 2015 年，拥有 700 万英镑资金，由英格兰艺术委员会，美银美林(Bank of America Merrill Lynch)，国家科学、技术和艺术捐赠委员会及费尔巴恩基金会(Esmée Fairbairn Foundation)合作，向英国境内的文化组织提供必须偿还的财政资助，资助是可以再利用和重新投资的，额度为 15 万~60 万英镑。

政府希望探索使用社会效益债券(Social Impact Bonds)和其他运转模式应对社会变革。

政府希望看到文化行业使用更多商业技能。我们支持创意产业委员会(Creative Industries Council)提出的"创意英国"(Create UK)战略，创意企业需要更好地接触更广阔的资金来源。为了成功地获得资助，文化和创意行业的企业需要增加有关商业模式的知识，通过较强的规划技能，改善投资准备情况，更好地向潜在投资者传播价值观。

我们将建立一个全新的虚拟文化商业学院(Commercial Academy for Culture)，帮助文化产业增加商业方面的专业知识。这可以通过公共和商业领域专家的合作来实现，利用现有的网络平台并创建新的平台，最终在文化产业中建立一个强大的商业专业知识中心。

我们将继续强调和鼓励文化产业和慷慨的私人捐赠者建立联系，包括企业、信托机构、基金会或者个体慈善家。我们需要更多地提及合作伙伴关系的共同利益，以及如何能长期有助于文化组织和公共生活。尤其是，我们希望以一种富有活力的方式，激发企业部门的兴趣，与文化组织建立联系。

为了再次吸引关键的捐赠团体，极其重要的是了解当前的捐赠趋势。英格兰艺术委员会已委托进行一项私人投资调查(Private Investment Survey)，对英格兰文化产业的私人投资提供一份更新的概述。第一份报告将于秋天发布。

即将开展的工作

继续向博物馆和美术馆改善基金投资200万英镑，同时将得到沃尔夫森基金会200万英镑的配套经费。

建立一项众筹试点计划，由英格兰艺术委员会和遗产彩票基金共同执行，通过众筹，为文化机构募集资金，提供配套资金。

建立一个全新的虚拟文化商业学院，帮助文化行业增加商业方面的专业知识。

与英格兰艺术委员会、遗产彩票基金和其他伙伴合作，支持文化组织丰富资金来源，探索非拨款的收入渠道，改革募款方式。

与英格兰艺术委员会、遗产彩票基金和其他伙伴合作，以一种富有活力的方式激发重要捐赠团体的兴趣，与文化组织建立联系，包括寻求改善文化行业中企业参与度的方式。

(三)支持公共机构实现《文化白皮书》所确立的目标

前任政府承诺改革公共机构，撤销一些机构，要求现有机构承担更多责任，并发挥更大效能。

改革项目鼓励政府部门和公共机构探索其他模式，如合资企业是否可以改善服务传递，或者产生新收入。

2015年，英国古迹署被分化为英国古迹署慈善机构以及英格兰历史建筑和古迹委员会，前者拥有8 000万英镑捐款，管理国家遗产收藏品，包括文物和遗址，后者承担法定的遗产服务。

政府正制订计划，将皇家公园(Royal Parks)并入皇家公园基金会(Royal Parks Foundation)，使其成为一个单一的慈善机构。

作为《利物浦城市地区移交协定》(*Liverpool City Region Devolution Agreement*)的一部分，政府正与利物浦城市地区(Liverpool City Region)和利物浦国家博物馆(National Museums Liverpool)合作，为利物浦国家博物馆提供可持续的和可行的商业模式选择。

政府不时会对公共机构进行审查，目前，重点关注以下两个方面。

①针对单个公共机构的审查：制定2012—2015年三年审查计划，包括行政机构和非内阁部门，但是不含咨询机构。这类审查的目的在于质疑单个公共机构的长期需求，涉及功能和形式，同时审查控制和管理安排。

②针对公共机构群体的专题或者集体审查：各种类型的审查将关注拥有相似功能、客户或者程序的公共机构如何提高工作效率和成效。

为了提高最具特色的公共文化机构的效率，在2013年《支出审查》中，政府启动了一项试点计划，有关国家博物馆的运行自由。认识到这项计划的成功后，在2015年《支出审查》中，我们确定为其永久提供运行自由，并将其拓展至英国电影协会、教堂保护信托基金和英国古迹署。

自由是指行为自由和财政自由，前者可以给予公共机构灵活选择统购流程的权利，后者包含允许花费此前的生产储备，授权投资非财政补贴收入，以及免除报酬标准 1%的限制。

公共机构改革

2010—2015 年，政府主要通过撤销一些机构，并将一些职能转移到现存其他机构的方法，实现缩减文化领域内公共机构数量的目的。

撤销的机构主要有：英国电影协会、历史沉船遗址咨询委员会（Advisory Committee on Historic Wreck Sites），国家历史船运咨询委员会（Advisory Committee on National Historic Ships）、政府艺术收藏咨询委员会（Advisory Committee on the Government Art Collection）（重建专家委员会），图书馆咨询委员会（Advisory Council on Libraries），建筑与建筑环境委员会（Commission for Architecture and the Built Environment），法定存缴咨询委员会（Legal Deposit Advisory Board），博物馆、图书馆和档案馆委员会（Museums，Libraries and Archives Council），公共出租版税权委员会（Public Lending Right），英国电影协会（UK Film Council）。

此外，曼彻斯特科学与工业博物馆（Museum of Science and Industry Manchester）成为科学博物馆集团的一部分。

文化产业需要扩展改革。地方层面需要新的文化服务传递模式。许多组织正展示这些模式如何保障地方文化的可持续性。

所有的文化机构都需要强有力的、富有远见的领导和管理。随着组织和资助机构的改革发展，领导者和董事会成员需要相关的技能和经验。

我们已经阐释了为何需要更多样化的领导，这同样适用于董事会。根据董事会成员的专业技能，包括募集基金、商业和数字技能来进行选拔。通过任命董事会成员以及设置必须运行的财政和管理结构，政府在保障资助机构有效管理上发挥了重要作用。

我们还执行了一项针对博物馆行业的全方位审查。这项审查将关注与国家基础设施相关的重大问题，包括政府、英格兰艺术委员会和遗产彩票基金在促进博物馆行业发展上发挥的作用，以及博物馆在支持《文化白皮书》所涉及的主题上发挥的作用。这项审查还将关注受政府直接资助的博物馆以及地区和地方博物馆所面临的挑战和机遇。

博物馆审查

博物馆和美术馆都很受欢迎。调查表明，2015 年 1 月—9 月，超过半数（51.6%）成年人参观了博物馆或者美术馆。博物馆和美术馆鼓舞并吸引了英国民众，拥有追求卓越的国际声誉。

我们收集到大量不同类型博物馆的数据，包括成功、期望以及清除其阻止对《文化白皮书》做出贡献的障碍。因此，我们决定单独审查博物馆界，将与英格兰艺术委员会和遗产彩票基金紧密合作，共同致力于对国家、地方和地区博物馆的全方位审查。现在正是合适的时机：上次对博物馆行业进行审核分析还是 10 年前，这些年博物馆行业已经有了很大变化。

审核主要针对以下 3 个方面。

一是，关于博物馆国家基础设施的重大问题：这些国家的基础设施有哪些、应该有哪些、可以有哪些；政府、英格兰艺术委员会和遗产彩票基金在促进其发展上发挥的作用；英格兰的基础设施与苏格兰、威尔士和北爱尔兰的基础设施有何联系；博物馆在支持《文化白皮书》主题上发挥的作用。

二是，由政府直接拨款博物馆：应该如何使用核心资助；如何与其他博物馆更好地合作。

三是，地方和地区博物馆：挑战和机遇；这些博物馆如何更加紧密地携手工作；英格兰艺术委员会和遗产彩票基金在资助尚未获得政府直接拨款的博物馆上发挥的作用。

《文化白皮书》所涉及的主题将包含审查的3项内容，特别强调博物馆共享服务、存储、数字化和承载力。

关于存储，审查将不仅关注共享存储设施的范围，还关注如何将储存于伦敦的物品在别处进行展示。

我们期望此次审查在2016—2017年完成。

博物馆是英国皇冠上的一颗璀璨明珠，我们希望能确保其始终保持优势。博物馆最适用于参观、地方建构和提高软实力。

即将开展的工作

2016—2017年度，全面审查英格兰艺术委员会和遗产彩票基金。

全面审查英格兰博物馆。

附录一　效果评估

评估框架是为了对塑造文化价值观提供更好的依据，也是为了成功地实现我们的目标，即让更多民众可以从文化中获益，无论他们是谁，无论身处何处。

评价框架中包含的指标同文化的内在、社会和经济方面的收益相关联。第四章文化投资、文化承载力和文化改革中并没有制定结果指标，因为是通过文化机构的繁荣发展，来实现第一章到第三章所制订的目标。例如，没有可持续性的文化机构，人们无法经历从文化中获取福祉利益。

在国家层面，文化并非影响这些结果的唯一因素。借助文化政策，我们可以展示文化对其他领域的影响。当前强化这一影响评价，是因为对经济发展具有推动作用。对于人民的幸福、受教育程度、人生机遇和软实力，更多的是要继续改善对文化带来特别影响的评估工作。《文化白皮书》中提及的计划评估，将需要提供重要的依据。特别是对于人民幸福的评估，还需要找到更多的依据。政府及其公共机构将与福利工作中心（What Works Centre for Wellbeing）开展合作，弥补这些缺陷。

（一）第一章“无论背景如何，每个人都应该享有接触文化的权利”

（1）目标

丰富每个人的生活。

（2）主要术语

ONS：国家统计局；
DCMS：文化、媒体和体育部；
BAME：黑色人种和少数族裔。

（3）成果指数

提高主观幸福感（国家统计局4项评估）	“参与调查”（国家评估）或国家统计局人口调查（地方评估）
16～18岁年龄段接受教育或者在职教育者的数量增加，不参与教育就业或者培训的人的数量减少	教育部——教育、就业或者培训统计数据
降低失业率	劳动力调查

(4)产出指数

过去一年提高所有成年人和儿童获取文化的比例	"参与调查"
过去一年提高所有成年人获取数字化文化的比例	"参与调查"
过去一年提高贫困地区成年人和黑人及少数族裔接触艺术和文化的比例	"参与调查"
提高贫困家庭儿童和年轻人接触文化的比例	儿童参与度的新评估
增加志愿参与文化组织的人数	"参与调查"(新数据)
增加文化产业就业的人数	文化、媒体和体育部关于文化产业就业人数的统计数据(新数据)
增加文化组织雇佣学徒的人数	资助机构的相关数据(新数据)
增加文化组织委员会中黑人和少数族裔及贫困民众的数量	

(二)第二章"丰富的文化资源理应惠及每个社区"

(1)目标

成功的社区。

(2)主要术语

ONS:国家统计局;
DCMS:文化、媒体和体育部;
GVA:总增加值(比如文化对英国经济的贡献);
RSA:皇家艺术、生产和商业推进协会。

(3)成果指数

提高主观幸福感(国家统计局4项评估)	"参与调查"(国家评估)或国家统计局人口调查(地方评估)
促进经济增长	国内生产总值的变化数据
降低贫困家庭的比例	家庭收入调查
降低失业率	劳动力调查

(4)产出指数

增加文化总增长值	文化、媒体和体育部关于文化总增长值和就业的统计数据
增加社区认同感	理解社会
提高志愿参与者的比例	理解社会
增加志愿参与文化组织的人数	"参与调查"(新数据)国家调查,地方调查需要定制
增加文化产业就业的人数	文化、媒体和体育部关于文化产业就业人数的统计数据(新数据)
提高文化在地方计划中的重要性	2016—2017年"伟大的地方"(Great Place)计划中12个成功应用
增加以遗产为主导的革新	4~5个遗产行动区,由英国古迹署执行的3~5年遗产行动区计划认定

续表

减少处于危机中的遗址数量	英国古迹署"危机中的遗产"登记簿
增加最大程度利用遗产财产的城市数量	皇家艺术、生产和商业推进协会遗产指数——排名垫底城市的分数提高情况
提高文化组织的比例，它们使数字化访问现有的纪录或者展览成为可能(通过社交媒体平台或者文化组织的网址)，联播或者提供实体展览的在线交互参观	数字文化研究项目

(三)第三章"文化实力可以提升国际影响力"

(1)目标

提升英国的声誉。

(2)主要术语

SP30：波兰通信公司软实力 30 指数；
Anholt NBI：安霍尔特国家品牌指数；
DCMS：文化、媒体和体育部；
ALBs：独立机构(在这一背景下，文化、媒体和体育部的独立机构包括英格兰艺术委员会以及英格兰历史建筑和古迹委员会)。

(3)成果指数

提高或者维持英国软实力排名	波兰通信公司软实力 30 指数或安霍尔特国家品牌指数

(4)产出指数

提高或者维持英国文化软实力的排名	波兰通信公司软实力 30 指数
增加文化交流的数量	"文化日记"计划活动的执行情况
增加英国文化出口的数量	与独立机构共同搜集的数据(新数据)
增加英国文化出口的价值	文化、媒体和体育部创意产业经济评估
实现文化保护基金第一年的目标(在实现阶段性目标后将制订下一步的产出评估计划)	制订和巩固现存的适当的文化遗产保护项目，实现 3 个目的：文化遗产保护、培训和能力建设，以及宣传和教育 通过文化遗产保护支持创新的、可行的新计划的开展，并促进发展中国家社会经济福利的发展

(四)第四章"文化投资、文化承载力和文化改革"

(1)目标

促进文化机构的蓬勃发展。

(2)主要术语

DCMS：文化、媒体和体育部；
NPO：国家档案组织(由英格兰艺术委员会提供资金)；
NPM：国家档案博物馆(由英格兰艺术委员会提供资金)；
DCLG：社区与地方政府部。

(3)成果指数

没有特定的成果指数——本章的产出指数支持第一章至第三章中的成果指数。

(4)产出指数

对于接受公共投资的文化组织，增加它们非公共投资的额度	文化、媒体和体育部慈善捐赠指数，英格兰艺术委员会的国家档案机构以及国家档案博物馆的统计数据
增加伦敦以外地区文化组织的私人投资额度	在文化调查中，整合文化、媒体和体育部慈善捐赠指数、英格兰艺术委员会统计数据和最新的艺术商业更新(Update of Arts and Business)投资(新数据)
增加伦敦以外地区文化组织总投资的额度	在文化调查中，整合文化、媒体和体育部慈善捐赠指数，艺术委员会统计数据，社区和地方政府部统计数据和最新的艺术商业更新投资(新数据)
增加要求给予税收减免的文化组织数量	英国税务海关总署创意产业统计数据
通过文化赠予计划，增加捐赠物品的数量和价值	英格兰艺术委员会——文化赠予计划和替代遗产税报告

1. 效果评估

要了解文化对高级需求，尤其是对个体幸福感、年轻人受教育程度和人生机遇的影响，还有很多工作要做。需要通过定制评估(Bespoke evaluations)，对《文化白皮书》中概述的一些计划所产生的影响进行评估，将极大地增强实证研究的基础。

(1)“文化公民”计划

《文化白皮书》提出一项新的“文化公民”计划，为贫困地区的儿童和年轻人提供高质量的文化体验。需要采用定制评估，类似于在全国范围内对“和谐”(In Harmony)计划进行的评估，来对这一计划产生的影响进行评估。这一评估将考虑年轻人参与文化活动的数量的变化，同时，将通过监测参与者的受教育程度、未来的雄心以及关于信心和能力的自评指标(如自我效能)来综合考虑其影响。为了能准确评估该计划所带来的变化，有必要在一些地区进行试点，并与未参与该计划的“控制”地区进行比对。采用定制调查获取试点地区和控制地区的基线指标数据，以及对计划实施后所产生的变化进行定期评估。测量指标包括受教育的水平、文化参与水平、完成教育后的去向以及自我效能水平。

(2)“伟大的地方”计划和“遗产行动区”计划

对全新的“伟大的地方”计划和“遗产行动区”计划的评估同样需要定制。“伟大的地方”计划最初将在 12 个地区进行试点，这将使我们对试点地区以及与试点地区相似但未参与该计划的地区进行审查，形成对计划影响的全方位的评价。我们建议“遗产行动区”计划也采取类似的方法。定制评估将使我们调整一些成功的标准，以此来确定该计划对不同地区的影响。这一点非常重要，因为该计划针对不同地区制订了不同的目标，而这些目标是由各地区强调的工作重点决定的。然而，评估很可能要依靠以下提供的部分或者全部测评方法（这些测评方法也为总体成果指数提供支持）：①个体幸福感（年度人口调查）；②失业率（劳动力调查）和/或地方经济增长（地方总增长值评估）；③社区归属感和志愿活动的频次（了解社会调查[①]）；④居住在贫困地区的家庭比例（住房成本低于收入平均值的 60%）（家庭收入调查）。已经搜集了足够的数据来形成地方层面的报告。

此外，政府将与文化机构合作，利用幸福和条件价值评估技术（contingent valuation techniques），以便更好地评估这些机构对个人（包括利用文化机构和未利用文化机构的个体）幸福感和生活质量的影响。这些技术在艺术和人文研究委员会（Arts and Humanities Research Council）新近发布的关于自然历史博物馆（Natural History Museum）和利物浦泰特美术馆[②]（Tate Liverpool）的经济价值评估中得到印证。

(3) 英国文化城市

将通过采用与“影响 08”（Impacts 08）相一致的定制评估，对“英国文化城市”和“欧洲文化之都”的影响进行评估。该方法类似“伟大的地方”计划效果评估的方法，加之考虑游客数量的增加和相关地区经济的蓬勃发展，是比较可行的。

2. 制订新的产出评估方法

正如以上表中“新数据”所指出的，在某些情况下，正在开发或者需要开发新的产出评估方法。

(1) 儿童参与

通过现行的“参考调查”，可以对儿童文化参与的总体情况进行评估。然而，为了更准确地监测来自低收入家庭背景的儿童参与情况的改变，政府将与英格兰艺术委员会合作，开发一个全新的儿童参与数据库。新的统计数据将使我们能对文化参与的人口分布和地区分布进行监测。

(2) 学徒

政府将与英格兰艺术委员会、英格兰历史建筑和古迹委员会以及遗产彩票基金合作，确保接受资助的机构上报雇佣的学徒人数。

(3) 机构多样性

英格兰艺术委员会已经要求国家档案机构和国家档案博物馆上报多样性的数据。我们将与英格兰历史建筑和古迹委员会合作，确保遗产机构也能提供多样性的数据。

① 这是对所有志愿活动进行评估的方法（“参与调查”对文化领域内的志愿活动的评估并没有在地方政府层面选取足够多的样本数量对比问题进行报告），因此，文化领域内关于志愿活动的任何评估都需要采用定制调查。

② 见网址：http://www.ahrc.ac.uk/newsevents/news/economicvaluereport/。

(4)文化遗产中的志愿服务

目前“参与调查”对志愿活动进行了评估。与很多其他社会调查所得的结果相比，“参与调查”得到的志愿活动水平偏低。为此，“参与调查”努力寻找产生这一结果的原因，认为问题的症结在于提问的方式。目前，正在对提问的方式进行审查和修订，这将有助于获得参与文化和体育领域志愿服务的人口比例的准确数据。

(5)文化和遗产领域经济总增长值和就业人数

我们与国家统计局合作，发布新的统计数据，包括经济总增长值(GVA)和文化领域中就业的人数。在目前发布的与创意产业相关的统计数据中，缺少这些方面的数据。第一批数据将于 2016 年 7 月发布。

(6)文化出口数量

对创意产业经济进行评估，其对象是文化服务出口值，而不是不同出口服务的数量。因此，需要与出资机构合作填报这些数据。

(7)文化投资信息——伦敦以及伦敦以外地区

为了对文化组织的投资总量进行统计，需要从文化、媒体和体育部，英格兰艺术委员会以及社区和地方政府部门获取相关数据。因为是从地区层面采集的数据，可以将伦敦以及伦敦以外地区的数据进行区分。

在地区层面上，对文化组织的私人投资数据可以从英格兰艺术委员会关于文化领域内私人投资的调查中获取。

首轮调查结果将于 2016 年秋季公布。

附录二　参与意见征集的人员名单和组织机构

2015 年 8 月至 2016 年 2 月，政府充分征求了众多机构和个人的意见，最终形成了《文化白皮书》。

在伦敦、伯明翰、吉尔福德、利物浦、曼彻斯特、诺丁汉、纽尔斯尔、彼得伯勒和谢菲尔德都举行了圆桌会议，就文化外交、多样性、遗产、资金、创新和青年等具体问题进行了磋商。

232 个组织和机构参加了圆桌会议，线上问题讨论环节还收到 63 份自荐书和 87 封邮件。此外，还会见了很多机构的代表。

我们与苏格兰、威尔士和北爱尔兰的地方事务部进行了磋商。

在此一并向大家表示感谢。

参与磋商的组织机构列表

A

ARC
Artiscape 杂志
Artscape
艾恩布里奇峡博物馆信托
奥尔德堡音乐场馆

B

B Sharp
Beam
Bluecoat
巴林基金会
芭比肯
保罗・哈姆林基金会
北安普敦郡议会
北部阶层剧院

北林肯郡博物馆信托
贝尔格莱德剧院
本·乌里画廊
比米什
彼得伯勒 900
彼得伯勒和剑桥郡地方企业合作伙伴
彼得伯勒郡议会
伯明翰博物馆信托
伯明翰城市交响乐团
伯明翰皇家巴黎舞团
伯明翰竞技场剧院
伯明翰艺术合作伙伴
博特新冒险舞蹈公司
博物馆协会
布拉德福德博物馆和美术馆
布赖顿-霍夫议会
布里斯托尔博物馆

C

Cockpit Arts
ContactMCR
Curve(莱特斯特剧院信托)
查尔斯王子复兴基金会
车站 12-风险投资
城市之舞
筹码-诺森伯兰郡创意人和地方
创意产业财经
创意产业联盟
创意苏格兰
创意英格兰

D

Dazed
达达
大不列颠管弦乐协会
大不列颠考古委员会
大不列颠考古委员会伦敦分会
大彩票基金

E

F

G

盖茨黑德议会
盖特剧院
盖伊和圣托马斯慈善团体
概念公园
概念汽车旅馆
高古轩画廊
格莉伊剧院公司
工人教育协会
工艺品协会
公民之声
古尔班基基金会
古建筑协会
谷歌文化学院
广场联盟
国际纪念碑及遗址委员会
国家便利设施协会联合委员会
国家玻璃中心/桑得兰大学
国家博物馆馆长委员会
国家博物馆利物浦分馆
国家档案馆
国家皇家海军博物馆
国家剧院
国家历史博物馆
国家美术馆
国家肖像美术馆
国家信托

H

HEI
HomeMCR
哈勒管弦乐团
海皮克自治市议会
汉娜·巴里美术馆
汉普郡文化信托
赫特福德大学美术馆
黑人乡村生活博物馆
湖区国家公园管理局
皇家阿尔伯特纪念馆
皇家博物馆格林尼治分馆

J

K

L

M

T

W

X

Y

英国国际广播公司
英国国家芭蕾舞团
英国国家歌剧院
英国皇家空军博物馆
英国土地
英国舞蹈
英国乡村生活博物馆
英国艺术发展
英国议会
英国音乐集团
婴儿强人
圆屋
约翰·埃勒曼基金会
约克博物馆信托
约克考古信托运河和河流信托

Z

哲尔伍德慈善基金会
拯救-大英考古信托
拯救我们的英国国际广播
纸箱公民剧团
志愿艺术
志愿者组织执行协会
中央马戏团
众筹平台
作者协会

网址：www.gov.uk/government/publications。

如有任何疑问，可以发送邮件，邮箱：publiccorrespondence@ cabinetoffice.gov.uk。

印刷书号　ISBN 9781474129312

网络书号　ISBN 9781474129329

编号　2402161503/16

印刷的纸张至少包含75%的可再生纤维。

英国公共资讯署授权威廉·利出版集团印刷。

《文化白皮书》案例研究

* 文件由文化、媒体和体育部发布于 2016 年 3 月 23 日。

本文件阐述了《文化白皮书》中所涉及文化问题的案例、行动计划、项目和倡议。

在可能的情况下，提供了相关组织机构的链接，可以获取更多信息。但此文件并不是一个全面的调查。还有更多个人和机构在文化领域做出了令人惊叹的、激动人心的和开创性的贡献。

目　录

一、教育倡议

(一)“经典100”

皇家音乐学院与经典调频、德加唱片公司合作，实施了“经典100”项目，为帮助小学教师介绍古典音乐提供了免费的数字资源。该项目共挑选了10个世纪以来100首著名的古典音乐，从儿童熟知的作品《彼得与狼》《动物狂欢节》，到经典的《贝多芬第五交响曲》和亨德尔的《弥赛亚》，对其进行录音并辅之以数字化教学资源，包括作曲家和音乐背后的故事等信息。更多信息，包括如何注册，详见网址：http://gb.abrsm.org/en/about-abrsm/news-articles-and-comment/latest-news/article/welcome-to-classical-100/631/。

(二)面向学校的100本经典书籍

为了响应部长尼克·吉卜的号召，企鹅出版集团提供了包含100本经典图书的套装产品。

图书选自企鹅出版集团最受欢迎的“黑色经典系列”，涵盖从最早期的文学作品到20世纪近期的作品。这100本书包括小说和非虚构作品、诗歌和散文，是政府启动的新举措项目，确保在学校教育中，学生能接触更多经典文学作品。这些书以单套100英镑的价格出售给学校，或者以班级为单位购买，价格为3 000英镑/30套。

该项目的截止日期是2016年6月30日。学校订购的更多信息，详见网址：http://edu.penguinclassics.co.uk/。

(三)贝斯纳尔格林学院和艺术奖励计划

2014年10月，贝斯纳尔格林学院荣获艺术奖励计划金奖。该奖项给予学院的评价是：为学生创造更多接触艺术的机会，学生由此获得全面发展，项目产生了积极的个人和社会效应。

对卓越文化艺术教育的追求，已经深深地烙在学院的生活和精神中。无论是选择中学会考课程还是大学预科课程，所有学生都有参与艺术活动的机会。学科课程设置包含多种艺术元素，包括戏剧、舞蹈、音乐、绘画，以增强学生的学习体验。活动形式也呈现多样化，小到小规模的课堂活动，如罗马宴会，大到国际层面的交流，如与西雅图的学校联合演出的第二次世界大战主题话剧。

学员充分利用与艺术机构的联系和伙伴关系丰富学生体验。通过和声乐专家、画家以及艺术机构共同工作，学生不仅快速取得进步，而且还打开了通往艺术职业道路的大门。在这里，学生能获得高质量的实习岗位，以及关于基础课程的专业帮助。学生丰富、广泛的学习体验包括参观剧院、画廊、工作室，参加艺术家沙龙、新闻发布会以及各种试听课程。

学生会设有志愿艺术大使，负责推进全校的艺术活动，帮助选择合作的艺术机构等。学校每年举办一次奥斯卡颁奖晚会，授予学生艺术奖项，学校新闻通讯和宣传手册《艺术快讯》还对此进行宣传报道。

当前，学院的入学率达到历史最高峰。过去 4 年，陶尔哈姆莱茨地区的入学率达到 97.6%，其中 90%以上的学生在中学会考中取得 5 分以上成绩(学院成绩全国排名第 5)，91%的学生定期参加志愿活动，培养包容、尊重等能力以及社区精神。

(四)“和谐共处”项目

“和谐共处”项目旨在改善英国贫困地区儿童的生活质量。项目以委内瑞拉音乐救助体系(El Sistema)为基础实施，将引导学生学习交响音乐作为主要内容。

2012 年 4 月，“和谐共处”项目从 3 项扩展到 6 项，覆盖了 20 所学校的 4 000 名儿童。另外 3 所学校计划在 2015—2016 年度加入该项目。

2014—2015 年度，在埃弗顿家庭和儿童中心，利物浦“和谐共处”项目吸引了 200 名幼儿及其家庭的参与。而在诺丁汉，为了吸引更多学校参与，项目将参与学校分为金、银、铜三个等级，金牌学校属于项目的核心成员，向该地区所有学生开放。8 名来自纽卡斯特的优秀成员正在参加在圣盖茨黑德音乐厅举办的高级训练课程。

“和谐共处”项目是由英国政府、英格兰艺术委员会以及地方机构共同出资组织的。2012—2015 年，政府和英格兰艺术委员会对项目投入了 300 万英镑。英国政府承诺 2015—2016 年度将继续投入 50 万英镑。关于“和谐共处”项目，更多信息详见网址：http://www.artscouncil.org.uk/funding/apply-funding/funding-programmes/harmony/。

(五)TES 试验计划

2015 年 3 月，《泰晤士报教育副刊》宣布了新的试验计划，该方案由英格兰艺术委员会主持，大英博物馆、英国电影协会、维多利亚与艾伯特博物馆以及皇家莎士比亚剧团参与合作。参与机构做出战略承诺，通过协调建立 TES 资源平台，提供数以万计的图片、视频、教学资源、艺术家指南、档案影片剪辑、名人访谈、职业发展等各种资料。英格兰艺术委员会正在与艺术奖励计划和“海角英国”(Cape UK)合作，积极探索新的方式，利用《泰晤士报教育副刊》的文化伙伴关系，提高项目的影响力，扩大影响范围。

（六）克洛尔学习空间

克洛尔·达菲尔德基金会一直向英国国内众多慈善机构提供慷慨的捐助，其中包括资助许多艺术组织和项目。过去15年，基金会已经向英国许多学习空间，包括博物馆、画廊和文化遗产提供了资助，并在布里斯托尔老维克剧院、韦克菲尔德的沃斯画廊和盖茨黑德音乐厅建立了克洛尔学习空间，另有5所学习空间自2016年陆续加入该项目。

为了促进项目的顺利实施，基金会还向各学习空间提供成本、灯光、选址、设计、展示、实施范本等多方面的指导。基金会还发表了一系列关于创造性空间促进儿童发展的研究成果。

关于克洛尔学习空间，更多信息详见网址：http://www.cloreduffield.org.uk/Clore_Learning_Spaces.htm。

（七）BBC“十大作品”计划

在英格兰艺术委员会的支持下，BBC策划了“十大作品”计划，目的在于引导7~11岁儿童了解古典音乐。精心挑选的十大作品希望能够激发孩子们表达自己对音乐的感受，其表达形式各异，包括舞蹈和绘画等。BBC还专门为此计划拍摄了一部面向学生的影片。2015年，该项目范围进一步扩大到包括12岁以上的中学生。由此可见，项目前期实施得很成功。该项目专门制作了DVD免费向所有中小学提供，这也是项目实施的内容之一。

关于“十大作品”计划，更多信息详见网址：http://www.bbc.co.uk/programmes/articles/4KCVB2XVgPQ0JwnqLGJl8y0/about-bbc-ten-pieces。

（八）皇家歌剧院——“舞蹈的机会”

瑟罗克皇家歌剧院的教育方案希望能够为提高不同年龄层次人的学习和创造能力提供支持和帮助。从2007年皇家歌剧院在瑟罗克开始该项工作以来，已有6万人次参与。皇家歌剧院的“舞蹈的机会”项目在瑟罗克、伦敦的兰贝斯以及萨瑟克等地和24所小学开展合作，向三年级的孩子提供创造性的芭蕾舞介绍课程，内容包括皇家芭蕾舞团的示范以及一些实践课程。孩子们还应邀参加舞蹈的机会公司长达4年的舞蹈课程，该课程每周在当地上课，还会不定期参加皇家歌剧院的家庭活动日，每年和皇家芭蕾舞团的演员同台演出。关于“舞蹈的机会”项目，更多信息详见网址：http://www.roh.org.uk/learning/schools-and-colleges/chance- to-dance。

（九）U. Dance舞蹈项目

U. Dance是一个全国性的舞蹈表演项目，面向青少年就其校内外的舞蹈主题活动提供支持。项目于 2008 年提出，由英国一支舞公司运作，根据该项目，全国的舞蹈表演者都可免费报名参加，每年据此举办全国范围的青年舞蹈节，选拔全英国最优秀的舞蹈作品，并且在专业的场地展示。音乐节还因其展示的作品中包含残疾青年表演者而出名，2015 年的参赛选手中有 8%的残疾青年，历年参赛的残疾青少年占总人数的 5%。从 2008 年开始，U. Dance 项目参与了 1 153 场舞蹈表演，共 164 863 人次的青年舞者参加。

关于 U. Dance，更多信息详见网址：http://www.onedanceuk.org/programme/u-dance/national-festival/。

(十)工人教育联盟

工人教育联盟是英国最大的提供成人教育的志愿机构，每年向英格兰和苏格兰的 70 000 成人学生提供教育。它拥有 350 个伙伴机构，为 2 500 多个社区提供教育，有 400 多个志愿者分支机构，这些机构中绝大多数在艺术和文化领域开展成人教育。2014—2015 年度，该联盟共开设以手工艺、创造性艺术和设计为主的课程 2 000 多门，28 000 名学生参加了这些课程，其中超过 2 000 名学生参加了 178 门创造性写作课程，6 500 多名学生参与了 474 门表演艺术课程。参与课程的学生中，22%来自黑色或少数民族群体，41%为残疾人群体。学生中有一半接受社会福利救济，28%来自贫困区域。工人教育联盟开设的课程实施得非常成功。课程平均通过率达到 95. 5%。2015 年，工人教育联盟的一项研究表明，不论这些学生在学习期间选择了何种课程，81%的学生在工人教育联盟的课程结束之后参与了包括读书在内的更多文化活动。在学生中进行的调查还表明，36%的学生比以前更重视艺术、音乐或文学，而 35%的学生表示他们对其他国家的文化有了更深入的了解。

关于工人教育联盟，更多信息详见网址：http://www.wea.org.uk/。

二、平等和多样性

(一)“态度决定一切”项目

“态度决定一切”项目通过与观众、艺术家和音乐产业合作，增加聋哑人和其他残疾人接触现场音乐的机会。该项目敦促各类活动的主办者，除了遵守平等法案规定的法律义务之外，还应当尽其所能改善服务实践，向聋哑人和其他残疾消费者提供更公平、平等的服务。项目协助音乐产业深入了解聋哑人和其他残疾人士对音乐节和表演现场的音乐需求，并通过制定“最佳实践公约”，作为实现平等的战略步骤。目前，已有100多场现场表演以及音乐节签署了该文件。

关于“态度决定一切”项目，更多信息详见网址：http://www.attitudeiseverything.org.uk/。

(二)本·乌里画廊

本·乌里画廊希望打造新型的博物馆，以艺术、身份和移民为主题。他们的目标是通过与其他少数族裔社区共享空间和平台，利用艺术促进社会融合和提高创造性技能。根据他们所做的测评，移民和贫穷社区对其本土艺术项目可以作出积极回应，但未能与现有的传统博物馆提供的英国主流文化形成互动。

本·乌里画廊的收藏品主要是20世纪移民艺术家的作品，特别是现当代少数族裔移民艺术家的作品。同时，也包括创建画廊的犹太社区居民的主要作品。2016年春，一场名为“意外”的展览呈现了他们收集的来自加勒比地区和巴基斯坦地区的英国艺术家的作品，以及一些近期难民艺术家的作品，这些艺术家正努力在这个国家找到适合他们自己的位置。本·乌里计划在伦敦开设新的关于艺术、身份和移民的博物馆，希望通过重新构建传统的博物馆模式，从根本上解决“分裂”以及缺乏“代表性声音”的问题。博物馆入口空间的设计将邀请当地10个不同社区，以4个月循环一次的方式，策划一个“弹出式”展览，在英国首都讲述他们迁徙到伦敦的旅途故事，以及他们的生活体验。与此相连的第二空间将由这些来自不同族裔的艺术家的作品组成联合展厅，同时，为他们创造机会，促进和提高博物馆的策划技能。

关于本·乌里画廊的更多信息，详见网址：http://benuri.org.uk/。

(三)杰伍德慈善基金会

韦斯顿·杰伍德创意奖学金项目于 2015 年启动，是由英国文化、媒体和体育部与英格兰艺术委员会于 2010—2012 年共同支持的一项试验计划的后期项目。这些全国范围的奖学金用以解决艺术行业缺乏社会经济多样性带来的各种问题，传统方式中无薪酬的实习期是进入艺术行业的主要和必需的入门阶段，该奖学金项目针对这一问题提供了解决方案。奖学金用于资助未来的艺术家和艺术领导者，而他们将成为有影响力的倡导者，推动文化领域的变革，实现真正的、稳固的文化多样性。

项目已经召集了全英国范围内最好的 40 家艺术机构，为近期毕业的学生提供了 40 个具有发展空间的岗位，这些机会专门面向来自社会经济背景不佳，并且整个大学阶段都依靠助学金完成学业的学生。伴随这些岗位，还配备有相应的培训和发展计划。该项目的试验计划已于 2012 年完成，产生了显著的效果。90%受资助的个人在完成评估之后正式受雇于艺术行业，这一比例明显高于对照组的 39%。参与项目的艺术机构中，90%明确表示愿意再次接受毕业生申请，60%延长了安置岗位合同计划，33%增设了永久性的新岗位，使本项目产生了新的积极效果，创造了更多就业机会。

韦斯顿·杰伍德创意奖学金方案由杰伍德慈善基金会与加菲尔德·韦斯顿基金会、安德鲁·劳埃德·韦伯基金会和 J. 保罗盖蒂慈善信托基金共同支持。

关于韦斯顿·杰伍德创意奖学金项目，更多信息详见网址：http://www.jerwoodcharitablefoundation.org/weston-jerwood-creative-bursaries。

三、“英国文化城市”项目

“英国文化城市”项目是一个全国性的文化活动，持续了一年时间，希望使文化成为城市发展的催化剂。起初是因为利物浦在2008年获得“欧洲文化之都”的称号，随后，借此发展成为一项专门的英国活动，每4年举行一次。获得这一称号的城市能吸引更多游客，促进社会融合，提升城市的文化形象，并且有助于建立新的合作和伙伴关系。

2013年，伦敦德里当选“英国文化城市”，当年的访客数量超过100万。据估计，2017年，作为“英国文化城市”的赫尔将会在地方财政收入上增长6 000万英镑。

赫尔——2017年“英国文化城市”

2016年度的政府财政预算中，宣布2017年对赫尔增加1 300万英镑资助，其中500万英镑用于装修赫尔新剧院，800万英镑用于保障“英国文化城市”持续建设的需要。去年，政府提供了150万英镑，用于资助Ferens艺术画廊承办2017年特纳奖，同时，英格兰艺术委员会增加了对赫尔的资金投入，超过300万英镑用于该市国家艺术联合组织2015—2018年的运营。

关于赫尔——2017年“英国文化城市”，更多信息详见网址：http://www.hull2017.co.uk/。

四、生活质量

(一)“惠特沃思”项目

“惠特沃思”项目是曼彻斯特市美术馆和博物馆的合作内容之一。2015年，曼彻斯特重新开始了1 500万英镑的修缮计划。从效果上看，该修缮计划非常成功，惠特沃思获得“2015年最佳博物馆”称号，仅3个月就打破了前一年的访问人次纪录。

惠特沃思博物馆非常重视社区参与，尽其所能使其新的空间和环境对所有人开放。博物馆的教育团队努力开创新的方式，吸引传统的非艺术观众，包括生活在低收入地区的民众，使博物馆成为受人欢迎的场所。社区参与已经成为博物馆工作的核心内容，例如，策划吸引家庭参与的活动，和当地的穆斯林社区开展合作，还有曾获得奖项的针对婴幼儿开发的活动，帮助儿童在早期阶段就开始接触美术和音乐，这对他们的成长发育和沟通都大有益处。同时，博物馆还与曼彻斯特老年组织合作，由老年人策划设计适合老年人的活动项目。

关于“惠特沃思”项目，更多信息详见网址：http://www.whitworth.manchester.ac.uk/about/。

(二)超级行动

超级行动是一个非营利性组织，从2012年开始，由政府资助开展面向草根阶层的年度音乐节，音乐节名为“我们的盛大演出”，在全国范围内开展。音乐节的全部活动都是在超级行动组织的协助下，由当地的志愿者负责实施。参加音乐节是免费的，音乐节充分展示了当地人的音乐才能，以及当地音乐的多样性，并且为当地人参与音乐活动创造了许多机会。

关于超级行动，更多信息详见网址：http://www.superact.org.uk/。

(三)“街头歌剧”活动

“街头歌剧”也是一项获奖的慈善活动，利用音乐，帮助无家可归者在生活中作出积极改变，每周在全英国流浪者之家和其他艺术场所开展音乐活动。这些演出为艺术家们的表演提供了专业的舞台。

街头歌剧有助于改善社会福利，增强社会包容性，特别是会关注最脆弱却又受到社会排斥的人群。2014—2015年度，该活动共计帮助了800名参与者，其中97%的人认为个人精神状态变得更健康，83%的人认为与他人的关系得到了改善，84%的人感觉更愿意尝试新事物。

关于“街头歌剧”活动，更多信息详见网址：http://www.streetwiseopera.org/。

（四）“经纪人”项目

该项目借鉴了在巴西实施的另一个项目，并根据英国的实际情况进行了调整。该项目主要资助青少年，帮助他们成为文化大使和社会精英。项目目前进行到第三年，实施方式是由艺术机构资助伦敦和曼彻斯特贫困地区的青少年，发掘他们的进取心，帮助他们克服因文化和社会不平等而导致的不足。艺术机构采用多种方式帮助青少年开发才能，例如，由商务人士提供“一对一”指导。这是一个不同资助机构共同协作的典型范例，卡鲁斯·古尔本基安基金会是该项目的经纪人和创始人，英国艺术理事会、英国文化协会、大彩票基金、巴特西艺术中心和康特剧院是该项目的合作伙伴。

关于“经纪人”项目，更多信息详见网址：https://www.bac.org.uk/content_category/3381/young_people/the_agency_1525。

（五）“+1”项目

“+1”项目由德比剧院和德比儿童收容中心合作，为孩子们提供参与艺术的机会。该项目由当地桥梁组织“伟大的创意”发起，通过创新基金，为资源匮乏的儿童创造机会，接受艺术的熏陶。市民在德比剧院购买门票时，将会被动员参与“+1”项目，即为被收容或曾经被收容的儿童额外购买一张门票。由于获得了来自伯纳德慈善基金会、德比郡议会和德比市议会的支持，可以确保这些门票和观看机会能够到达需要的人手里，该项目成功在全市各校园实施，并与其他艺术团体，如Déda，QUAD和Baby People开展合作。2013年12月至今，该项目已经筹集了35 000英镑，为儿童及其监护者组织了1 500场艺术体验。德比剧院也和年轻人开展了一些长期项目，发展更深层次的关系，创造更重要的机会，例如，提供带薪的工作和实习岗位。

（六）比米什：北方生活博物馆

比米什是位于英格兰东北地区的露天博物馆，用它的展品讲述着这片地区的日常故事。它展示了博物馆如何成功地通过文化旅游，在一个地区的经济发展中发挥重要作用，同时，也成为一个充满活力的社区和教育资源。比米什就是一个非常好的例子。

博物馆的参观人数增长明显，从2008年的297 000人，发展到2016年的675 000人。一半以上的游客来自东北地区以外，重要的是，几乎90%的游客选择在这里过夜，并且继续参观其他景点。超过一半的游客因为比米什强大的吸引才选择访问东北地区，由此可见，其在本地经济中发挥的强大作用。

随着游客数量的增加，博物馆的收入已增加至 1 000 多万英镑，博物馆已经从依赖公共资金运营，转变为在收支上完全实现自给自足。同时，经济的增长使工作机会也增加了一倍以上，过去 6 年，职工总数达到 400 多人。

比米什的吸引力是不分阶层的，所有访客中超过一半的访客属于低收入群体。博物馆还成为当地人探索自己历史的起点，有 45 000 名儿童每年使用这里的教育资源。博物馆正在开发面向老年人和痴呆症患者的创新中心。

未来 4 年，博物馆计划从遗产彩票基金获得 1 700 万英镑资金，投入博物馆建设，为人们创设体验东北地区历史的新途径，包括修建一座 20 世纪 50 年代风格的小镇，并在景区内部提供住宿。这笔投资将继续扩大比米什博物馆的影响力，创造 95 个就业机会，50 个实习机会，并且吸引 100 000 名游客来东北地区参观。

五、健康保障研究

（一）“艺术生活”项目

“艺术生活”项目旨在医生处方中加入艺术成分，其主要在普通执业医生中实施，得到格洛斯特郡国家医疗服务(NHS)基金会资助。西蒙·欧菲医生是项目的发起人，其强调在手术中与艺术家合作，因为他发现，患者接触艺术家后一年，就诊次数有所下降(与前一年相比)，去综合医院的次数也有所下降。这代表每个病人为国家医疗服务节省了576英镑（按艺术生活运营费用人均360英镑计算）。格洛斯特郡大学进行的平行混合分析方法表明，“艺术生活”项目能增强主观幸福感。

（二）“帕金森的舞蹈”项目

“帕金森的舞蹈”项目在全英国范围内，为帕金森症患者提供高质量的舞蹈课程，有助于改善他们的活动功能，提高生活质量。课程的舞蹈形式多样，从探戈到芭蕾。课程开设方式从乡村社区的小课堂到全国性机构，例如，英国芭蕾舞团组织的大型活动（网址：http://www.ballet.org.uk/learning/dance-parkinsons/），所有课程都由受过专业训练的教师开设，为参与者们带来特殊的舞蹈体验。

（三）巴林艺术基金

英格兰艺术委员会与巴林艺术基金以及老年人基金会合作开发了一个项目，旨在促进养老机构联合艺术机构，为居民提供高质量的艺术体验，开创一系列可持续方案，在养老院展示艺术的卓越。基金会2013年底宣布，有4家申请者成功得到100万英镑资金资助：康沃尔艺术和健康中心(在康沃尔郡、德文郡和萨默塞特开展的艺术活动)、安庭护理院(在南部和中部地区组织的艺术参与项目)、We Do护理院(约克郡护理院的艺术项目)和阿比菲尔德养老院(在东米德兰兹养老院为老年人开展的艺术项目)。

（四）格林希夫护理院

保罗·哈姆林基金会资助了由佩卡姆的格林希夫护理院发起的“给我魔力”(magic me)项目。该项目由潘奇德拉科剧院与格林希夫护理院合作，这是双方首次合作的一个为期两年护理院艺术项目的一部分。“给我魔力”项目已经有25年艺术项目运营经验，能够将英国多家顶尖的表演艺术公司的作品带到护理院。

该项目旨在挑战现有的年龄歧视态度，即年老的居民被认为将不愿意享受最新的作品，因此，项目为当地护理院提供接触最高水平艺术表演的机会，即使居民有身体或智力上的缺陷。这是潘奇德拉科剧院第一次为老年人群体服务。他们保留了自己一贯的风格，但也提到如何探索和修改参与的方式。这一例证表明，护理院也有机会接触高品质的表演作品，对这里的居民和护理机构而言，这都是很宝贵的经历。

（五）Hoot项目

Hoot项目由医疗和艺术机构合作，为人们提供参与音乐和舞蹈的机会，以这种方式改善人们的身体和精神状态。其在哈德斯菲尔德的基地，与本地组织和社区共同发展创造性的项目和服务，让每个人都能参与其中。其成人心理健康方案“摆脱忧郁”，希望通过与个人建立联系的方式，帮助他们寻求力量、确定目标、建立信心、培养技能，并支持他们取得进步。另外，“动听歌唱”合唱团方案旨在改善55岁以上人群的心理健康状态和减少孤独感。

（六）“相遇奥尔巴尼”项目

“相遇奥尔巴尼”项目于2013年启动，主要参与者包括刘易舍姆社区理事会、隐德莱希艺术机构以及奥尔巴尼地方政府。“相遇奥尔巴尼”是一个为60岁以上人群组织的艺术俱乐部。该项目要关注和解决的问题是，如果独居老人希望到当地艺术中心而不是护理中心参加活动，我们可以为他们做些什么？“相遇奥尔巴尼”是一种全新的照顾模式，为参与者提供了聚会场所，他们可以将其作为创意工作坊，欣赏知名艺术家的表演，或者简单地休憩，并享受这里的氛围，也可以享受一顿家庭风味的便餐和饮品，而每天的花费只需6英镑。

刘易舍姆社区理事会承诺，未来3年，每年资助110 000英镑，并打算扩展不同模式的衍生项目，如建立当地的老人居住中心。这一项目极有可能向伦敦其他社区甚至更大范围扩展。

（七）“医院里的绘画”活动

“医院里的绘画”活动可以通过视觉艺术和创造性活动帮助改善患者、接受服务者、护理人员以及公众的健康和状态。该活动征集了近4 000幅风格迥异的作品，制定了4项美术作品租借计划，通过这些措施，帮助医疗和社会护理机构，将美术作品引入医疗环境，使医疗和护理环境充满活力，使患者、来访者以及员工有机会享受这些艺术作品。

（八）“读好书”计划

“读好书”计划由图书馆员协会和阅读机构联合发起，于2013年正式启动。该计划是由公共卫生组织认可的全国性项目，由图书馆提供一些备受好评的自我管理图书，帮助人们调整精神状态。普通执业医生或医疗专业人士指定了一些常见心理健康和痴呆症状相关的图书，供人们自由借阅。目前，正在设计开发针对青年人的精神健康图书清单。

计划实施第一年（2013—2014年度）的全国调查显示，共计275 000人次借阅了清单上的图书。所有接受调查的读者表示，计划方案有助于他们了解自身的状态，90%的读者认为，这些图书非常有帮助，1/3的被调查者认为，他们的症状有所缓解。

（九）“起点”项目

索尔福德的“起点”项目通过创造性方式，帮助弱势人群提高技能，建立自信心。他们名为“鼓舞人心”的项目，提供有针对性的“艺术处方”，帮助人们改善状态、认识自我价值、增强信心。每次课程持续3个小时，起初每周参加一次，完成后可选择加入课余小组活动。其课程包括视觉艺术、摄影、园艺、书法、陶艺以及纺织。

（十）中风患者协会演唱组

中风患者协会在英国组织了5个演唱组，有的是自筹资金，有的是自愿组成，有的利用当地的发展资金筹建。演唱组是帮助中风幸存者改变生活的有效方式。中风发生的时候，大脑的血液供应被切断，因为供血不足，脑细胞可能因此损坏或死亡。这种脑损伤将影响人的身体机能，50%以上的中风幸存者承认，他们有发音吐字的障碍。

参加演唱组可以帮助这些患者从多方面提高沟通技能，增强信心，改善心情，同时减少社会孤立感。

参与者们的反馈说明了一切：“我除了参与活动就不怎么出门。”“这是我一周最精彩的时刻。”“参与表演确实让人激动，而且表演的反响很好，这使我们更有干劲。”“我从活动中收获了很多，表演很受人欢迎，人们说了很多赞美的话。”

（十一）泰恩威尔档案博物馆

泰恩威尔档案博物馆实施了多个专门的对外拓展项目。这些项目包括通过“文化遗产重获认同”

（RICH）项目，专门针对接受过戒毒治疗或刑事处罚的人；“康复”项目，面向精神健康有缺陷的人；“白金”项目，服务 55 岁以上老年人；“卫星社区展览”项目，协助泰恩威尔社区开办展览。项目的活动形式包括访谈、参观、艺术研讨、音乐录制、地方历史回顾、创造性写作训练以及家族历史研究。

（十二）利物浦国家博物馆——“回忆之家”项目

这是一项屡获殊荣的训练方案，训练对象是痴呆症患者的护理人员，帮助他们掌握实用的技能和知识，以便协助患者建立积极的生活方式。该项目在利物浦和英国其他地区训练了 7 000 多名护理人员，目前，正在向医疗、居住、社会保障等其他方面扩展。通过这个例子可以证明，项目参与者在利物浦博物馆接受过展品、档案、历史故事等文化熏陶之后，能够对当地脆弱人群产生积极影响。

“回忆之家”还有一个“伙伴”项目，支持当地社区对不断增加的痴呆症人群加强关注。在“伙伴”日，邀请朋友、家庭和志愿者，到博物馆了解更多关于痴呆症的信息，以及社会应向他们提供怎样的支持和帮助。

政府大力支持这一项目，将项目推广到英国东南部地区，参与的文化机构有大英博物馆和布莱顿皇家宫殿与博物馆。

六、艺术和司法

(一)国家艺术和刑事司法联盟

国家艺术和刑事司法联盟（网址：https://www.artsincriminaljustice.org.uk/）目前有700多名成员，在监狱、看守所以及社区开展艺术推广工作。越来越多的证据表明，艺术对预防重新犯罪、增加生活机会以及改善精神状态有积极影响。以下是其成员参与的一些项目范例。

1. UNITAS项目：减少青少年犯罪

UNITAS是一个全国知名的慈善基金，与青少年司法委员会合作，利用艺术和文化训练，帮助青年人获得主流教育。UNITAS的夏日艺术学校是一个向收到“拘留和训诫令”的青少年提供的独特项目。研究表明，青少年完成夏日艺术学校课程后，识字和算术水平达到1级的人数与最初相比几乎翻了一倍，再次犯罪率几乎减少了一半。可以登录UNITAS的网站：http://www.unitas.uk.net/SummerArtsColleges/，了解更多相关信息。

2. “联合舞蹈”项目：用创新的舞蹈吸引约克和肯特郡的风险人群

一直以来，舞蹈就是能够吸引年轻人的一种艺术形式。该项目前两年试验阶段的评估显示，年轻人的学习能力有明显提升。在这两年，以12周为一组分成了6组，70多名青少年违法者以及具有犯罪风险的青年加入了学习，他们分别来自学校、阿斯科哈姆女子监狱、韦瑟比青少年监狱、布拉福德青少年纠正小组以及利兹青少年违法者服务机构等。该项目传授给学生们一些“软”技能，而这些技能反过来在司法体系中产生了积极的“硬”效果。

3. “古怪的艺术”项目：曼彻斯特恢复性司法

“古怪的艺术”项目最近与年轻人合作开发了一套恢复性司法工具，这些工具使受教育者具备解决冲突的能力，并帮助他们选择未来的道路。该项目对参与并完成90%课程的学生建立了跟踪档案，还和年轻人一起探讨生活中的复杂问题，例如，反对极端主义、管理家庭生活以及应对矛盾。

关于项目工作内容的更多信息，详见网址：http://www.oddarts.co.uk/。

4. 艾琳·泰勒信托基金：在伦敦与“啃老族”携手努力

该项目针对兰贝斯的高风险青年人，包括那些处于犯罪边缘以及那些被称为“啃老族”(即未受教育、未就业、未受训)的人群。基金会的“步入正轨”项目，旨在通过一周的集中课程，开拓青年人的视野，将社区现场演出作为课程的结束，后续还有一系列 4 周以上的音乐课程。该项目与王子信托基金“费尔布里奇”项目合作，青年人还能得到关于后期发展机会的鼓励与支持，以及为其量身设计的进一步指导。

关于项目的更多信息，详见网址：http://irenetaylortrust.com/what-we-do/our-projects/making-tracks/。

5. “螺旋艺术”项目：和东北地区的年轻人一起工作

“螺旋艺术”项目联合了面临困境的艺术家和社区，共同创作伟大的艺术作品。30 多年来，他们一直在东北地区开展创造性艺术活动，并取得了巨大成功。最近，他们出版了“调谐”——一套创意资源组合，供“狱中音乐”的工作人员帮助有犯罪风险的年轻女孩时使用。该项目的试点工作正在密德萨斯大学接受评估。他们还与恢复性司法小组的高级成员开展讨论，探索艺术家与年轻人的合作方式，这项研究是恢复性司法项目的一部分。

6. 协作剧院：让训练有素的出狱人员协助激发青年人的创造力

“协作教育”项目在伦敦实施，以高质量的戏剧表演为主要活动内容，吸引有犯罪风险或曾有犯罪记录的年轻人。这些活动由专业从业人员负责组织，受过训练的出狱人员作为协调人，因为他们对犯罪行为的后果有切身体会，使活动更具有可信度，对青年人而言，更真实、坦诚。他们的作品和影片以犯罪相关内容为主题，目前，正在伦敦的各所学校、学生收容处、青年犯罪机构以及独角兽剧院等巡回演出。更多信息，详见网址：http://www.synergytheatreproject.co.uk/。

7. “一刀两断”项目：帮助女性犯罪者

该项目提供高质量的戏剧类课程、资格证书、培训机会以及专家支持，有助于狱中或社区的犯罪女性恢复正常生活。他们还创作了原创性和屡获殊荣的戏剧，表现女性与犯罪、刑罚的关系和经历。在他们的主要节目《肆无忌惮》一剧中，参加者为卡姆登地区 17~24 岁的女性。该项目提供系统化的艺术教育和培训，特别针对有犯罪经历或者因为酗酒、吸毒或精神健康等原因具有犯罪风险的年轻女性。更多信息，详见网址：http://www.cleanbreak.org.uk/。

8. 科斯特勒信托基金：展示罪犯艺术，提供改变人生的机会

科斯特勒信托基金每年接受 8 000 幅参展作品申请，鼓励有违法经历者参与艺术创作，努力获得

成功，并由此改变人生。其年度展览吸引了 2 万名来访者，向公众展现了这些失足者的艺术天赋和潜力。2015 年，第六届科斯特勒展览的承办者中，5 家机构与南岸艺术中心合作，提供永久性工作岗位。其目前在盖茨黑德的波罗的海艺术中心，由行为矫正机构的学生，在艺术家保罗·梅里克的指导下策划展览。展出的作品形式非常广泛，包括绘画、雕塑和创意写作等，作品是 2015 年科斯特勒奖的获奖作品。更多信息，详见网址：http://www.koestlertrust.org.uk/index.html。

（二）萨里郡康普顿的瓦茨画廊

吉尔福德附近的瓦茨画廊是一个专门的美术馆，主要展示了维多利亚时代艺术家 G. F. 瓦茨的作品。画廊还管理档案和图书馆、玛丽·瓦茨设计的小教堂，同时开展一些有利于当地的项目。

“大议题”项目让那些受到社会排斥的人有机会和当代艺术家一起探索瓦茨画廊，学习艺术和设计的技巧，表达他们对关注事项的观点。过去一年，参与瓦茨画廊活动的有各类受到排斥的人群，包括监狱的囚犯、单亲家庭以及其他弱势群体。

在萨里郡一个封闭的女性监狱培训项目中，女性罪犯的艺术创作已经成为她们恢复正常生活以及促进个人发展过程中最重要的环节，帮助她们在出狱后进一步寻求相关培训或就业机会。

2014—2015 年度的活动中，9 名有犯罪风险的青年获得了艺术铜奖，并首次获得相关资格证书，5 名有犯罪风险的青年回去继续原来的学业或者找到新的工作岗位，已经从风险名单中去除。

“大议题”项目作品被国家预防犯罪艺术联盟认定为最佳实践，其作品集将在近期出版。

（三）德比大学和德比剧院

2009 年，德比大学在当时闲置的市中心大楼里建立了德比剧院，早前，德比剧院曾在这里演出。该举措一方面为德比郡恢复了一座剧院，另一方面，使德比大学戏剧表演专业的学生有机会在专业场所得到锻炼。2012 年，该剧院开发了新的商业模式，作为一家学习型剧院，得到英格兰艺术委员会的支持。这种模式影响并改变了剧院和学习的现状，建设高水平的剧院帮助各种水平层次的学生、观众、艺术家、参与者以及工作人员获得学习的机会。剧院还有进一步的计划，继续开放剧院，为所有人，包括来自最贫困家庭的人群，提供参与和学习的机会，使剧院成为繁荣卓越艺术的实验室。

每周有 125 名学生在剧院聆听课程，通过训练、实习或协助工作的方式参与专业演出，并从中学习。对这些项目效果的研究正在进行，前期研究成果表明，这种模式对提高学生的自信心、知识以及就业能力都产生了显著影响。截至目前，德比大学已经承担了 250 万英镑支出，此外，还给予了一定的税收支持，所有这一切都体现了德比大学为建设一座面向公众的专业剧院所提供的经济支持。

（四）大学博物馆：齐克美术馆和皮特河博物馆

齐克美术馆的目标是通过设计青年感兴趣的课程，帮助脆弱的人群重新接受教育熏陶；长期的目标是帮助他们返回全日制教育体系。皮特河博物馆主持并联合牛津青年艺术基金共同组织了 2015 年的项目，作为拥有全世界最精美的人类学以及考古学藏品的收藏者，皮特河博物馆为青年人创造了激发灵感的氛围。

齐克美术馆将附属场馆改造成青年人创意活动聚集地。和艺术家们一起通过有趣的新方式和新材料进行创作，青年人发现了惯常生活之外的新灵感，为他们创造了无数的可能性。这些创意性活动包括丝网印刷、摄影、多维地图制作、绘画、蜡彩画、诗歌创作、表演艺术试验、思考、歌唱、解决问题、欢笑以及谈论艺术和文化。

在博物馆环境下，齐克美术馆为青年人和艺术专家之间的对话与合作提供了安全、舒适的空间。青年人在这里规划了自己的学习之路，从中受益，并影响他们的人生。该项目鼓励所有人争取艺术奖项，提供适合所有青年人的工作框架，还提供进一步继续深造和获得资格证书的机会，皮特河博物馆最后举办的展览和庆祝仪式是该项目活动的高潮和总结。

七、历史建筑环境

(一)常青藤之家

坐落在伦敦南部的南海德的常青藤之家是一座20世纪30年代的酒吧，至今仍保留着当年的原始面貌。2012年，该建筑被私营开发商收购，当地社区担心建筑会被改建成公寓或者零售商店。于是，当地发起了一场运动，呼吁保留建筑的原始用途。该运动的领导团队演变成一个社区利益团体，寻求途径为当地居民保留这个酒吧。该酒吧在关闭之前就已经被列为二级保护建筑，社区利益团体利用地方化法案将其确定为社区价值财产，这是英国的首个案例。通过建筑遗产基金、社会投资集团以及社区筹款等方式募集的资金，为购买和修缮房屋提供了保障。2013年8月，酒吧重新开张，重新获得南海德社区中心的地位，成为当地重要的地方性标志和文化象征。该建筑现在用于举办社区服务，同时，还利用当地供应商来推动本地经济发展。

(二)Sill项目：国家景观发现中心

诺森伯兰郡的Sill是一个广泛而宏大的项目，希望帮助各年龄层的人群，以不同的方式理解和探索诺森伯兰郡以及英国东北部地区的风景、历史、文化和遗产。该项目的主要目标是使诺森伯兰国家公园及其周边的壮观自然景色为更多人所了解，包括儿童、家庭、老年人以及那些对探索自然缺乏信心的人。

Sill项目为广泛的学习和研究打开了新的渠道，将成为景观、环境保护、乡村管理、休闲以及旅游教育的主要教育机构。该项目还希望为地区带来实质上的经济利益，包括建立支持20多家乡村企业的地区发展中心，为当地企业创造更多机会，确保对诺森伯兰地区甚至更广范围产生积极影响。

(三)贝德福德圣保罗广场街1-4号的艾尔德维克房地产集团

艾尔德维克房地产集团项目用于挽救4栋联排历史建筑免遭废弃，并将地面空间用于提供经济实惠的居住场所。这些建筑在贝德福德已经有550多年的历史。

这些建筑从 1969 年开始已经不再使用，勉强躲过拆除。接下来的 46 年，建筑物的状态每况愈下，年久的建筑材料存在风险。该项目由艾尔德维克集团牵头，由贝德福德市议会提供方案，希望能将建筑修复到可使用状态，并提供经济的居住空间。

考虑到修缮成本高昂，政府拨款和公共资金成为执行方案最主要的经济来源，资助主要来自贝德福德高街市镇遗产项目(由政府管理的彩票基金)、家庭与社区机构的空屋计划(由艾尔德维克公司担保)，以及市议会的经济住房预算。余下的项目资金则由艾尔德维克公司提供，他们于 2014 年 7 月购买了这些建筑。修缮工程始于 2014 年 8 月，计划建成 9 套公寓和 1 栋房屋。该项目已于 2015 年 6 月完工。

(四)切斯特大教堂

切斯特大教堂经历了巨大变化，从负债 100 万英镑的破旧建筑，到现在经过完好修缮、有着良好信用，还能创造财富的大教堂，这都是 5 年之内发生的。

为了实现这一切，大教堂停止收取门票，采用自愿捐助模式，此外，还争取到了修缮教堂的地方拨款，修缮完成后开始实施收费的“教堂登顶之旅”。

教堂采用商业运营模式，确保与其使命一致。教堂已经发展成一个标志性品牌，向访客提供欢迎礼包、鹰之体验，以及手工艺作坊等。教堂还承办各类新型表演或展出，例如受欢迎的乐高，带来了丰厚的收入；还有足球，吸引了更多年轻和多样化的人群。

(五)黑斯廷码头修复

黑斯廷码头的修复是利用各种资金的成功范例。长久失修的码头即将于 2016 年春季重新开放。英国文化、媒体和体育部发出了强制购买令(CPO)，允许黑斯廷码头慈善基金购买该建筑，并从 2013 年开始修复工作。工程花费了 1 400 万英镑，从多处筹集资金，包括黑斯廷彩票基金(1 170 万英镑)、社区与地方政府(170 万英镑)、沿海社区基金(120 万英镑)以及英国古迹委员会(7 500 英镑)。新的游客中心、艺术中心和餐厅将极大地推动当地旅游业和企业的发展。

(六)米德尔波特陶器厂

特伦河畔斯托克市的米德尔波特陶器厂属于二级保护机构，也是英国仅存的维多利亚时期的陶瓷作坊。多年来，它一直登记在英国濒危历史古迹名单中。遗址面临严重的关闭威胁，一项英国历史基金调查显示，仅外部材料的修复工程就需要花费至少 230 万英镑，而且米德尔波特的瓷器生产商计划搬出伯斯勒姆，英国工业将损失宝贵的一部分以及大量就业机会，特伦河畔斯托克市引以为傲的工业遗产将受到重大打击。王子复兴信托基金成功地开展了复兴运动，得到来自英格兰历史委员会、遗产彩票基金、欧洲地区发展基金(ERDF)以及区域发展基金等多方面的支持。修复工作还包括形式各异、数量繁多的培训和教育项目，以保证为当地提供足够的技术供应，这种技术以传统英国手工艺为主要特色。该项目的整个修复阶段以及修复完成之后都需要大量志愿者服务，因此，该项目也为志愿者创造了机会。

经过3年的努力，投入900万英镑资金完成了修复工作，陶器厂于2014年7月开始重新对公众开放。整个修复项目挽回了50个就业机会，并且创造了66个就业机会。未使用的建筑已经开发成为工作坊的住所、企业空间、手工艺和社会空间、咖啡馆、画廊以及古迹访客中心。

详细信息见网址：http://www.princes-regeneration.org/middleport-pottery/visit-us。米德尔波特陶器厂还成为最近BBC的热门节目“陶器大挑战”的取景地。

(七)牛津古堡

牛津古堡是牛津市中心社会和文化发展的重要标志。这一片由围墙围起的五英亩场地，融合了牛津古堡作为古代监狱的遗迹和更多现代监狱的特征。

如今，这里已经发展成具有多种功能和用途的场所，包括艺术画廊、酒店、教育中心、古迹游览胜地、居住公寓、餐馆和酒吧，穿插其中的还有公共广场和花园，每一处都独具特色。

牛津古堡的修复工作由牛津维护基金负责，当然，修复工作的完成也离不开各种公、私主体和第三方主体成功的合作、仔细的修复、大胆的规划以及积极的社区参与。这里所有的建筑和建构都在保护清单范围之内，想要创造一种可持续的商业发展模式有一定难度，这些建筑是牛津镇最重要的部分，其发展模式必须在校园外保留它们的独特之处，还将在古堡1 000多年的历史中首次开放接待公众来访者。

(八)罗瑟汉姆市政厅

罗瑟汉姆商业街是2012年政府基金确定的27个试点之一，以试验如何通过活动方案给商业街注入活力。城镇古迹景观计划是这个项目的起始，目标是恢复小镇的历史核心，并吸引更多人来到这里。重振市镇中心项目包括“格林公司”计划，一项扫盲和零售计划，在一栋挂满艺术作品的建筑中开展；“工匠商店”计划，向62位当地艺术家提供支持。

这样的巨大转变使罗瑟汉姆在2015年不列颠商业街奖励中获得市镇中心类奖项。该奖项由政府和商业机构共同承担，回馈商业机构和社区为复兴商业街所做的努力。

(九)伦敦市长的音乐场所委员会

音乐场所委员会是伦敦市长2014年为探索保护和保障伦敦音乐表演场所的有效运行而制订的方

案，在此之前，已有为数不少的知名音乐场所关闭。2015 年 10 月，委员会发布了关于伦敦草根音乐场所拯救计划的报告，提出多种建议方案，包括整体规划和商业评级措施。具体而言就是，包括采纳代理变更原则，要求开发者承担责任，缓解新开发场所和现有场所之间的潜在矛盾，还倡议地方政府针对草根音乐场所实施商业评级。

(十)约克郡艺术空间

约克郡艺术空间是英国最大和最知名的工作室提供者。当前向谢菲尔德的 4 栋建筑中的 140 多名艺术家提供经济优惠的工作空间。它是英格兰艺术委员会组织成员，向艺术工作者们提供高品质且价格优惠的工作室空间，为他们定制规划专业发展活动，在当地、全国和世界范围内提升艺术家的形象。它打造了屡获殊荣的陶瓷及银器课程，帮助组织外展服务的艺术家联系住所、学校，协助艺术家在工作室外举办手工艺和设计画廊，并提供辅助设施。该组织是当地知名的文化领导者，也是全国艺术工作室联盟的创始成员和全国协调机构。

(十一)艺术城市斯托克

埃丝米·费尔贝恩基金会向斯托克的艺术组织提供了 5 年的资金援助，用于发展艺术城市。这个五年项目主要将当地闲置的建筑以及未使用的空间用于建设剧院、画廊、工作室和电影院。B 艺术是一个设在北斯塔福德郡的艺术组织，与当地独立艺术机构一起规划了“艺术城市”项目。他们开展的活动包括艺术空间画廊、文化姐妹、迎接光明、创意学习伙伴以及复兴斯托克等。参与活动的包括各类艺术家代表，涵盖视觉艺术、手工艺与纺织、电影和视频、音乐、舞蹈以及戏剧领域。斯托克市政厅将为其提供现有闲置建筑房产资源，该项目还得到来自斯坦福德郡大学的支持。

该项目不仅计划把斯托克建设成艺术圣地，还证明了艺术产业对社会和经济发展的巨大推动作用。该项目的目标是鼓励更多斯坦福德郡大学毕业生留在斯托克继续生活和工作，在斯托克组织更多艺术活动，对外提升斯托克市的创造力形象。

(十二)谷歌文化学院

谷歌文化学院将全世界的文化宝藏带到互联网用户的手指边，并设计各种工具，以便文化产业可以与全世界分享成果。

谷歌文化学院旨在利用科技，推动全世界的文化财富使任何人在任何地方都唾手可得。谷歌文化学院还帮助文化产业通过数字方式推广最新成果，使艺术产品接触更多新观众，帮助他们在线保存作品集。我们正和艺术文化组织(英国和世界不论规模大小的艺术文化组织)开展密切合作，帮助他们自如地运用专门为文化产业设计的科学技术，促进文化组织内部的互动。

谷歌文化学院坚持的理念是，科技对于推广文化具有无限潜力，能够消除传统艺术形式形成的屏障，使艺术不再是只属于精英阶层的专享。该学院是谷歌的非营利部门，致力于利用科技，使世界文化遗产向全世界所有人敞开大门。他们已经和世界 1 000 多所文化机构建立了合作，其中英国境内有 50 多所。

谷歌近期和大英博物馆的合作(网址：https://www.google.com/culturalinstitute/collection/the-british-museum)是谷歌文化学院合作项目的完美典范，仅靠鼠标简单点击，全世界的互联网用户就可以迅速浏览大英博物馆 1 500 件最珍贵的藏品。

(十三)圣保罗大教堂(谷歌文化学院项目)

圣保罗大教堂和谷歌文化学院的合作意味着全世界的人都可以欣赏大教堂的世界知名建筑及其隐藏宝藏。

谷歌文化学院的网站上目前提供了 100 多家艺术场馆的数字展览，为圣保罗项目提供了大量图片，包括大教堂内部的超高像素图片与街景片段，方便用户近距离观察这些珍品。圣保罗教堂收藏部的专家策划了数字展示，为图片以及视频片段配备了文字说明。

这些图片包括超高像素的著名高坛穹顶，这是目前谷歌文化学院制作的最大规模的图片。还有其他图片展现了圣保罗教堂建筑设计师克里斯托弗·雷恩设计的教堂内的精美细节。

谷歌街景项目也开放了教堂的回音壁，以及从穹顶望出去的壮观的伦敦天际线，那些爬楼梯有困难的游客可以欣赏这一著名景色。

(十四)国家档案馆："战争日记"和"透过镜头看世界"

"战争日记"（网址：http://www.operationwardiary.org/）是一个创新的群众参与项目，旨在吸引人们关注国家档案馆的第一次世界大战收藏品。国家档案馆请志愿者"公民历史学家"在档案馆记载的数百万页数字化的战争日记中标记人物、地点和活动等数据，帮助人们重新认识战争和冲突。国家档案馆和他们的数字志愿者一起，使这些原本不容易获取的资料，现在对世界范围内的研究机构、学者、家庭开放，为第一次世界大战的百年纪念留下永久记忆。参与该项目的还有帝国战争博物馆和牛津大学宇宙科学联盟。

国家档案馆和多个社区合作，以创新的方式开放档案。他们与社区的开创性合作主要帮助人们获取档案资源。"透过镜头看世界"(网址：http://www.nationalarchives.gov.uk/through-a-lens/）项目通过开放照片收集，扩大国家档案馆数字收藏的范围。国家档案馆对来自全球的 30 000 张图片进行了数字化，并通过 Flickr 网站对外开放，还请求人们补充与这些片段有关的知识和记忆。这些图片现在成为国家档案馆以及其他组织和团体共有的永久性丰富馆藏资源。

八、文 化 外 交

(一)“文化节与文化季”项目

英国文化协会的“文化节与文化季”项目和重点国家计划帮助我们与英国的主要贸易伙伴以及新兴经济实体快速建立友好关系。这些文化季为英国打造了现代化、充满活力和创造力的形象，对于英国建立未来的贸易关系至关重要。

由英国文化协会组织的“艺述英国”文化节是在中国举办的最大的英国文化艺术盛会。2012 年 4—12 月，英国艺术与创意产业的代表，包括维多利亚与艾伯特博物馆、大英博物馆，在中国 29 个城市举办了 200 多场文化活动，共计约 400 万人参加。我们与中国的长期友好关系在 2015 年的中英文化交流年中得以继续。

(二)赫斯维克工作室

英国文化协会与赫斯维克工作室、“大不列颠”计划、英国旅游局、英国贸易投资总署一起举办了大型巡回展览，展现具有创造力的英国，为英国发展了新的贸易机会。这项巡回展览突出了英国的标志性形象，包括 2012 年伦敦奥运会盛况、2010 年上海世博会的英国馆以及重新塑造的英国著名双层公交车。在巡回展览期间，赫斯维克工作室向听众介绍了英国教育的优势、英国的创新创意产业，以及为英国的建筑古迹做旅游宣传。

(三)“叙利亚：第三空间”

英国文化协会展示了他们的艺术家与 100 多名叙利亚艺术家一起参与的 2015 年修复项目成果。“叙利亚：第三空间”旨在体现艺术家在文化修复和复原中发挥的重要作用。艺术家可以打破国界，相互支持与合作，通过作品重新阐释文化或提供不同的视角理解文化。该项目是英国文化协会“全球文化与发展”项目的一部分，通过有重大影响的新途径，建设包容且开放的社会。该项目的宗旨是以艺术为手段，支持和鼓励以创新的方式应对社会发展的挑战，提高社会参与程度。

（四）“永恒的莎士比亚”项目

“永恒的莎士比亚”是2016年的全球性重点项目，在莎士比亚逝世400周年纪念活动中，纪念他的作品及其在文化、教育和社会各方面产生的影响。英国文化协会，“大不列颠”计划与英国剧院、博物馆、教育家、艺术家等一起合作，为学校和不同年龄的英语学习者提供全新制作的莎士比亚戏剧、电影、公众读物以及其他教育资源。该项目将在140多个国家开展，涉及数百万人参与，将通过多家合作机构实施，包括BBC、英国电影学院、国家剧院、皇家莎士比亚剧院、400多家莎士比亚团体、莎士比亚故居基金会以及莎士比亚环球剧院等。

（五）曼彻斯特国际艺术节

曼彻斯特国际艺术节作为2002年英联邦运动会的传统而保留，现在已经发展成一个重要的文化活动。艺术节于2007年启动，由艺术家引领，展示表演艺术、视觉艺术和流行文化等新作品，每两年举办一次。活动由英格兰艺术委员会和曼彻斯特市政厅拨款资助。最近一次举办是在2015年，策划了230场表演，共259 648人参与，持续18天。

艺术节还与国外伙伴合作，展现最新艺术成果。艺术节的演出还被搬到纽约公园大道、德国鲁尔艺术节、马德里皇家歌剧院以及巴塞尔艺术展等世界各地的舞台。

艺术节成功地在曼彻斯特的艺术机构，例如皇家交易剧院、布里奇沃特音乐厅、曼彻斯特室内乐团和BBC爱乐乐团之间建立了密切联系。艺术节还因其在少数非艺术场馆和特殊场所举办而闻名，例如，使用过梅菲尔德的仓库以及老格拉纳达影城作为表演场地。

（六）2015年中英两国文化交流

2015年举办了第一届中英文化交流年，为两国的艺术和创意产业相关的个人、组织、政府部门之间加强合作创建了平台。文化交流年在中国展现了最好的英国文化，同样也在英国宣传了中国文化。英国大使馆的文化教育处还在3—6月在中国开展了英国文化季活动。中国文化部当年晚些时候也在英国举办了中国文化季。两国之间的友好关系不仅加强了现有联系，还为两国艺术和创意产业的个人、组织与政府部门之间的交流建立起新的联系渠道。

九、催化资金运作的范例

(一)圣盖茨黑德音乐厅

圣盖茨黑德音乐厅(网址:http://www.artscouncil.org.uk/media/uploads/pdf/Catalyst_BOP_Evaluation_Year_2.pdf)各方面的工作,不论是地区性的,还是国际性的,均由北方音乐信托基金管理。北方音乐信托基金向英格兰艺术委员会申请了一级孵化基金捐助。他们的申请获得了批准,这意味着利用200万英镑拨款筹集到400万英镑资金,他们成功实现了这一目标。这次筹款的成功主要依靠筹备圣盖茨黑德十周年庆过程中与筹款专家进行的充分沟通。

这次筹款活动从几个方面取得了成果,不仅激发了原有捐赠者的兴趣,还募集到新的捐助,其中有两家机构捐助了50 000英镑以上。其中起关键作用的因素是,音乐厅并没有将筹款限于高净值目标人群,而是通过大众传媒每季度向60 000名受众传递。在800名捐赠者中,一半以上来自社区。这些捐赠者通过不同的方式筹集资金,包括主流慈善基金使用的传统方式,例如参加公益长跑或公益表演。得到孵化资金支持的筹款运动向外界传递了这样的信息:圣盖茨黑德是一个慈善机构,在社区中发挥着重要作用。一部分捐赠者除了捐款之外还捐赠了其他物品。对圣盖茨黑德而言,这次筹款运动不仅是一次巨大的成功,还使其作为慈善机构的形象和募集资金的功能,无论在机构内部还是在外部关系中,都深入人心。

(二)特纳现代美术馆

2011年,特纳现代美术馆对外开放,2012年孵化基金项目启动时,美术馆几乎没有筹集资金的经验。除了成功的资金动员,美术馆可以采用的募集资金手段有限。特纳美术馆申请了一级孵化基金捐助。在美术馆开放的初始阶段,筹集资金是一项重要挑战,但特纳现代美术馆依然完成了任务。当前,美术馆已经募集的资金达200万英镑。孵化资金项目促使真正意义上的文化机构向自筹资金的企业转变,意味着它们像企业一样运营,并且对争取资金毫不迟疑。关于特纳现代美术馆的案例研究(网址:http://www.artscouncil.org.uk/media/uploads/pdf/Catalyst_BOP_Evaluation_Year_2.pdf)表明,机构整体在资金问题上的投入程度决定了目标的实现程度,机构的高级管理人员在募集资金方面的努力也功不可没。

(三)谢菲尔德剧院

孵化基金项目(网址:http://www.artscouncil.org.uk/media/uploads/pdf/Catalyst_BOP_Evaluation_Year_2.pdf)帮助谢菲尔德剧院，使它们的募集资金翻倍，这完全出乎工作人员和观众的预料，培育了更慷慨的文化捐助氛围。这些筹款活动的影响还在持续，今年的筹款有望增长40%以上。新的文化形式以及新的捐助方式不仅拓宽了文化机构获得资助的来源，同时也提高了捐助水平。对于文化机构而言，最明显的变化莫过于他们在阐释方案并请求资金援助时更自信。孵化基金项目的启动使我们有机会对文化机构的资金募集现状以及他们自身发展的潜力进行评价，对外传递令人信服的信息，通过运营模式的转变实现美好前景。

(四)帕兰德之家画廊

奇切斯特的帕兰德之家画廊(http://www.pallant.org.uk/) 最近完成了100万英镑筹款动员，捐款通过孵化基金项目从遗产彩票基金获得。画廊设立了一个传统方式的资金筹集项目，并利用筹款动员的机会，寻找新的收入来源，与现有捐赠者加强联系，同时寻找新的赞助者，与画廊伙伴开展密切合作。

画廊的发展部主管伊莲·宾利发表评论:“画廊的每个人见到机会都很激动。我们已经获得了一笔捐助资金，但我们也认识到，要想实现稳定的发展，还需要使这笔资金大幅度地增长。即便没有这笔孵化资金，我们仍然会努力增加资金来源，但那将比现在困难得多。对我们而言，稳定的发展不仅意味着从捐款得到收入保障，还要求我们做到不完全依赖公共资金而生存。”这笔捐款现在用于画廊每年的维护费用，也意味着画廊可以制订更雄心勃勃的展览计划以及社区活动规划。

(五)诺里奇大教堂

诺里奇大教堂意识到，他们有长期资金需求，这要求他们从多种外部渠道提高筹款的金额，从而不过分依赖变化不定的收入。教堂获得了一笔小额孵化基金，总额不到10 000英镑，用于开展筹款动员。为了实施筹款动员，教堂制作了捐赠指南及宣传册，由受过专门培训的志愿者推广遗赠方案，还邀请了律师指导遗嘱写作细节。项目实施后期，教堂还举办活动，分享他们与27家地方慈善基金会交往的经验和教训。资金动员还会继续举办年度活动，但目前他们已经争取到19个新捐赠者，这些新捐赠者承诺，在遗嘱中做出共计200万英镑的遗赠。

十、非政府拨款范例

(一)生 活 剧 院

生活剧院(网址：http://www.live.org.uk/)建在纽卡斯尔岸边，其在制订新的资产战略和提高抗压能力方面一直是国内的行业领军者。过去 10 年，他们开创了一家美食酒吧，为艺术项目以及一个在线剧本写作项目提供补贴，该项目使他们成为出色的写作和创作型剧场。埃丝米·费尔贝恩基金会与慈善协助基金为这种多元化的经营模式提供了无抵押贷款。2014 年，生活剧院宣布启动“生活工程”项目，投资 1 000万英镑购买和开发岸边土地和剧院周边建筑，用于建造商业办公楼、公园以及青少年写作中心。

(二)联 合 礼 堂

联合礼堂建于 1876 年，作为韦克菲尔德工业合作协会总部，20 世纪 90 年代中期以后基本处于闲置状态，一直为私人占有。2011 年成立了商业互助会，目标是将联合礼堂变成全国性音乐、会议和活动场所以及创意企业中心。该项目需要 450 万英镑，资金来源包括一项组合基金(由欧洲区域发展基金、社会商业投资机构以及韦克菲尔德市政厅筹集)、社会投资贷款、建筑遗产基金以及 400 多人募集的社会零散资金。

(三)艺术移动服务

埃丝米·费尔贝恩基金会通过艺术移动服务，向地方性或小型制作公司提供资金援助。当作品通过移动服务在伦敦西区上演之后，成功的竞标者将获得所投入资本的收益分配权。该项目也有助于提高这些小公司的管理能力、竞争力以及商业运营水平。目前，基金会已经投资 5 项移动项目，其中包括投资 144 000 英镑，用于将剧院公司 1927 年最成功的作品《傀儡》迁至伦敦西区的特拉法尔加工作室进行演出。

(四)里德舞蹈演艺学院

里德舞蹈演艺学院向青年人提供表演艺术课程，课程看重的是学生的艺术才能，而不是其是否有能力支付费用。2014 年，慈善协助基金为他们提供了 30 000 英镑贷款，以应对措手不及的资金短缺。这项资助不仅帮助学校渡过难关，而且还为学校增加了学生生源。当前有 25 名学生登记参加课程(比去年增长了 40%)，而且通过成功的外展项目，他们还额外帮助了 300 名青年，为他们提供职业发展意见以及实用课程。

(五)"拯救罗克希影院"

罗克希影院是英格兰最小的社区影院，为萨莫特车达谷的居民提供服务。该项目由志愿者发起，为萨莫特乡村地区的电影或其他艺术提供经济又方便的场所，这里的许多人可能因为场所、残疾或成本等原因放弃体验文化活动的机会。罗克希剧院成功地利用克劳德基金(网址：http://www.socentsomerset.org.uk/news/2016/02/05/support-the-roxy-cinema/)募集了 5 000 英镑，用于影院的生存和发展，以及负担影院的主要维护费用。

(六)大英图书馆商业和知识产权中心

大英图书馆的商业和知识产权中心向各行业的企业家和创业者提供各种信息、建议和支持。商业与文化之间的距离正在缩短，1/4 以上的营利企业来自创意和科技产业。2015 年的一项报告显示，2 年来，中心帮助创立了 1 692 家新企业以及 4 178 个工作岗位。在利用中心开办新企业的人群中，47% 为女性，26%为黑人、亚裔以及其他少数族裔，25%为待业或被裁减人员。

(七)沃尔夫森基金会——伯明翰博物馆

2015—2016 年度，伯明翰博物馆信托基金从博物馆和美术馆改善基金中获得 25 万英镑拨款，用于改善它的旗舰场馆伯明翰博物馆和艺术画廊的访客设施。文化部和沃尔夫森基金会通过艺术协会、BMT 伙伴以及伯明翰博物馆与画廊城市发展基金等资助机构，实现项目的总体收支平衡。

这项拨款使博物馆为家庭和儿童监护人提供更好的服务，特别是在博物馆二楼，可以享受最美妙的艺术。博物馆的主要入口将用自动门取代，洗手间也将焕然一新。博物馆外部和内部的欢迎标识将用标准化的地图和指示信息代替，使访问者更方便地游览展馆。儿童和成年人的新讲解器将引入有趣的与展品进行互动的功能。

博物馆和美术馆改善基金是由文化、媒体和体育部会同沃尔夫森基金一起合作的项目。

十一、地区慈善基金案例

(一)布伦特伍德奖

布伦特伍德奖（网址：http://www.writeaplay.co.uk/）是每两年一届的剧本写作比赛，2015 年刚举办了 10 周年庆典。所有居住在英国的剧本作者都可以参加此项比赛。皇家交流剧院和地产公司之间建立了创新进取型伙伴关系，双方共同的目标促成了布伦特伍德奖的诞生，他们的目标，一是鼓励和发现新的剧作；二是为全国有才华的作者创建交流平台。自 2005 年启动以来，该奖项发展成为全国普遍认可的奖励，共产生了 7 000 部参赛作品，15 位获奖者，发放奖金 16 万英镑，已经成为英国规模最大的剧本写作比赛。

(二)陶瓷艺术中心

开创性的新陶瓷艺术中心是 2015 年重新开发的约克郡美术馆新的发展方向，展现了私有资金和公共资金合作发挥的巨大作用。安东尼·肖信托基金为陶瓷艺术中心的当代陶瓷收藏品而向其提供长期贷款，为中心的资金筹措做出了重要贡献。约克郡美术馆的重新开发资金来自英格兰艺术协会、约克郡市政厅，以及一大笔来自马德森夫妇的遗赠。陶瓷艺术中心自身主要依靠私人收藏者捐赠的藏品而建立，目前共收藏了 600 多名艺术家的作品。

(三)“走向公众”艺术慈善项目

在“走向公众”艺术慈善项目(网址：http://www.ourfaveplaces.co.uk/events/art/going-public)中，4 名持有大量私人藏品的国际慈善家，将其持有的艺术品租借给谢菲尔德的多家画廊以及教堂进行展出。这种新型合作模式的目标是探索私人慈善行为在公共艺术领域可以发挥的积极作用。这些展品中最引人注目的是桑德雷托·雷·雷鲍登戈基金会在谢菲尔德大教堂展出的艺术品，包括查普曼兄弟的雕塑作品《网络符号中的人》。

（四）乔纳森·鲁夫

慈善家乔纳森·鲁夫计划将比夏·奥克兰地区一所废弃的学校和银行建成世界上最重要的西班牙艺术中心。该项目耗资550万英镑，计划在2018年完成，届时，这些破旧的建筑将变为画廊、艺术学院以及游客中心。到项目建成之时，比夏·奥克兰将会成为了解和研究西班牙艺术在西方现代文化中地位和作用的“圣地”。

十二、艺术作品的捐赠和遗赠

（一）艾弗·布雷克和托马斯·戴恩

2015年，艺术经销商艾弗·布雷克和托马斯·戴恩向曼彻斯特的惠特沃斯捐出6件当代英国艺术家作品，此行为受到美术馆重建项目的鼓舞而促成。惠特沃斯美术馆还接受了艺术收藏家宝琳·卡皮达斯捐赠的90件当代艺术作品。收集当代艺术家的主要作品是英国公共艺术场馆面临的巨大挑战，在这一领域，收藏者有能力为艺术场馆提供援助。

（二）赫普沃思美术馆

自2011年开放以来，赫普沃思美术馆确定收到的捐赠作品，价值达700万英镑，包含赫普沃思家族的捐赠。其中蒂姆·塞尔的遗赠是对地区美术馆最重要、最慷慨的捐赠之一。2016年春天，赫普沃思美术馆将汇集大约100件来自蒂姆·塞尔的个人收藏作品（网址：http://www.hepworthwakefield.org/whatson/tim-sayer/），这是他过去50年的精心收藏。

（三）“开端”政府艺术收藏基金

“开端”政府艺术收藏基金（网址：http://outset.org.uk/england/）是私有资金和公共资金之间的新型合作。该基金的目标是为当代艺术馆增加12件重要作品。12名艺术家和“开端”当代艺术基金建立长期合作关系之后，将获得专门拨款，用于日后创作新的用于公共展出的作品。接受拨款以后，每名艺术家需要捐出一幅现有作品或即将产生的新作品，用于充实基金会的收藏。

（四）约翰·埃勒曼基金会：为地区性博物馆与美术馆提高展览策划技能

这是基金会首次向地区性博物馆与美术馆提供资助。基金会参考了一项研究，伦敦以外的地区正在经历经费消减和策展专家缺乏的困境，该研究对此表示忧虑。基于此，基金会制定了这项三年的资助项目，资助总额为170万英镑，目的是通过加强策展能力的培养，推动地区域博物馆和美术馆的发展。基金面向全英国范围，但目前主要资助对象集中在英国北部地区。该项目针对现有或未来的职业策展人员，传授收藏知识，提供培训和发展空间。已经有许多艺术机构得到资助，它们在全国形成了一定的影响力。

资助的案例包括约克郡博物馆信托基金项目，用于推广约克郡美术馆的英国陶瓷工艺收藏展；曼彻斯特博物馆项目，用于加强工作人员在使用合作伙伴馆藏的伊斯兰艺术、纺织和其他作品过程中所需的知识、技能和信心；利兹博物馆项目，帮助地质馆助理馆员提高对展品的理解能力，指导其如何与其他10家小型博物馆合作，帮助他们加强地质方面的馆藏。

当前，年度资助申请已经截止。

关于资金的更多信息，详见网址：http://ellerman.org.uk/how-to-apply/regional-museums-and-galleries-fund。

十三、新型模式和伙伴关系的范例

(一)“动力”音乐基金

“动力”音乐基金(网址：http://www.prsformusicfoundation.com/funding/momentum-music-fund/)向艺术家和乐队提供 5 000 ~15 000 英镑资助，帮助其提升职业发展水平。资金资助的范围包括录音、巡演以及市场推广所需费用。“动力”音乐基金于 2013 年启动，是英国表演权协会音乐基金、英格兰艺术委员会以及音乐服务商 sportify 的合作成果。

(二)皇家公园

政府正在积极推动文化、媒体和体育部下属的皇家公园与其合作组织皇家公园基金进行合并，形成新的慈善组织，采用更灵活高效的运营方式，有效地吸引更多商业和慈善投入。

作为英国文化、媒体和体育部下属的执行机构，皇家公园当前为国家庆典等系列文化活动提供服务，所涉及的 8 家皇家公园由政府承担相应费用(2014—2015 年度为 1 400 万英镑)。这远远低于公园的总体运营成本(同期是 3 700 万英镑)，缺口达到 2 300 万英镑，约占总费用的 65%，缺口部分由皇家公园基金通过商业或慈善捐款填补。

促成目前改革的主要原因是，在不增加财政部压力的情况下，维持皇家公园现有服务质量和体验。当前，皇家公园的年度访问规模达 7 700 万人次(其中 1 800 万人次来自英国以外)，从新模式中受益的绝不仅是游客和财政部。

8 家公园全部入选了历史景观名录，该名录包含 195 处建筑和 3 处规划中的历史遗迹。保存这些历史遗迹将会惠及数百万名将来的游览者，这是一项需持续若干世纪的长期投资。

这 8 处皇家公园对当地来说都是具有重要意义的自然保护区，也是野生动物的天堂，其中 2 家公园被指定为有特殊研究价值的地区(SSSI)，1 公园家为国家自然保护区。公园内由 17 万株树木，5 000 英亩草地孕育了多样化的生物，此外还有 21 处池塘和湖泊。

公园增加了旅游资源，此外，通过提供体育、休闲设施，帮助促进所在地区居民的健康生活方式，提高他们的精神健康状况和幸福指数。

这种新模式有望于 2016 年底实施。

(三)英国遗产保护协会新模式

新模式下，原有的英国遗产保护协会分化为 2 家机构：一家名为英格兰历史建筑和古迹中心，作为英国文化、媒体和体育部的历史环境法规顾问；另一家名为英国遗产保护信托基金，是一家新成立的慈善组织，负责管理国家遗产名录中 400 多处历史建筑和遗址。

信托基金从政府获得了一次性的 8 000 万拨款，作为 2015 年 3 月支付给前英国遗产保护协会的援助金。2015—2016 年度到 2022—2023 年度，信托基金还会陆续收到此类拨款，但金额将逐年下降，最终信托基金需实现自给自足。

经政府部门认可的英国遗产保护信托基金的商业规划中，制订了相应的收入增长目标，目前为止已基本实现预期。用于遗产保护和修复以及增加新游客设施的投资预算已经制订，正在按计划实施。

(四)约克博物馆信托基金

约克博物馆信托基金是 2002 年成立的独立慈善基金组织，负责代表约克郡市议会管理约克郡的主要博物馆和美术馆。基金会负责的场馆包括约克美术馆、约克城堡博物馆、约克博物馆与公园、约克圣玛丽教堂，以及指定的艺术、历史、科技和考古类收藏。

基金会的主要资金来源包括通过收取会费获得的资金以及英格兰艺术委员会的资助，9%的资金收入来源于约克郡市议会。基金会还从遗产彩票基金获得资金，如 2013 年获得了 110 万英镑，用于约克城堡博物馆的发展，包括为纪念第一次世界大战 100 周年举行的重大展览。

基金会的营业额逐年递增，从 2002 年的约 300 万英镑增长到如今的近 700 万英镑。信托基金采用企业化的运营方式，特别是关于场地租赁，每年带来 15 万英镑的利润。从 2002 年开始，博物馆的来访者从 100 万人增长了 1/4 以上，尽管最近发生的洪水以及对当地约克居民的收费事件对此产生了一定的负面影响。

当前，约克博物馆信托基金与约克郡市议会积极合作，为了在未来 5 年适应新情况的发展，制订规划并签署协议。

(五)东林齐“高尚生活”文化和休闲信托基金

“高尚生活”是东林齐区议会 2015 年 1 月设立的信托基金，为了协助开展议会的文化和休闲服务，以及实施健康改善计划。基金服务的地区分为乡村地区以及沿海市镇，这些地区都属于贫困地区，信托基金希望能够推动当地的经济发展，以及改善居民的健康和福利。

“高尚生活”项目提供了种类丰富的服务，包括建设一家剧院礼堂、承办艺术演出和文化节。此外，当地的普通执业医生可根据病人的具体情况推荐其接受 12 周的课程，包括舞蹈，病人还可选择参加最终的艺术节表演。

基金会还与瑞典和丹麦的城市建立合作联系，并采取了一些新的举措，包括免费向本地学生借用管弦乐器，参加斯凯格内斯的音乐会，并在瑞典和丹麦的户外国际艺术节中表演这些节目。

通过 2009 年的文化和休闲项目，议会和“高尚生活”项目为地方经济带来至少每年 100 万英镑额外收入。举办的艺术活动，观众可能高达 5 万人。由英格兰艺术委员会协助的“SO 艺术节”取得了巨大的成功，2015 年夏天吸引了 9 万名观众。艺术节在时间安排上刻意延长了传统节假日，目的在于帮助本地经济获得增长。

地方经济还因英国的全国宽带扩展项目而受益。由于乡村地区宽带覆盖率低，全国的媒体没有条件传播基金会主办的这些活动。由林肯郡议会管理的“在线林肯郡”项目，协助为“高尚生活”项目系列活动提供了不同带宽解决方案。

（六）约克“探索”中心

约克郡的图书馆与档案馆服务部是当地最早演变成公共服务互助组织的机构，从内阁办公室互助项目获得 10 万英镑的支持和建议。机构的 1/3 归职员所有，2/3 属于社区成员。作为独立于议会的公共服务机构，机构的目标十分明确，旨在激发当地人更积极参与各方面的服务，促进社区建设更灵活、创新的伙伴关系。除了保证图书馆的开放政策之外，该项目还希望将图书馆建成社区活动中心，例如，与执业医生一起开设健康和福利中心。

探索中心还与 Be Independent，即约克郡的成年人社会养护服务机构合作，帮助 3 500 名足不出户的老年人在数字世界里更加活跃。通过平板电脑和面对面培训，这些居民可以方便地通过便携 Wi-Fi 接入互联网，可以通过 Skype 即时通信软件与家人、朋友沟通，可以进行网上理财，可以采购食物以及从图书馆借阅书籍。这有助于老年人利用数字手段融入约克郡社会，可以促使图书馆服务直接覆盖更多人，还可以帮助居民获得一些独立性。